“十二五”国家重点
出版物出版规划项目

中国志书精品工程
High Quality Project of China's Local Records

汶川特大地震抗震救灾志

WENCHUAN TEDA DIZHEN KANGZHEN JIUZAI ZHI

《汶川特大地震抗震救灾志》编纂委员会　编

卷五

抢险救灾志

方志出版社
Publishing House of Local Records

图书在版编目（CIP）数据

汶川特大地震抗震救灾志. 卷五，抢险救灾志 /《汶川特大地震抗震救灾志》编纂委员会编. -- 北京：方志出版社，2015.8

ISBN 978-7-5144-1223-9

Ⅰ. ①汶… Ⅱ. ①汶… Ⅲ. ①抗震—救灾—概况—汶川县 Ⅳ. ① D632.5

中国版本图书馆 CIP 数据核字（2015）第 049099 号

汶川特大地震抗震救灾志

2008·5·12

汶

WENCHUAN
TEDA DIZHEN
KANGZHEN JIUZAI ZHI

WENCHUAN

TEDA DIZHEN

KANGZHEN JIUZAI ZHI

《汶川特大地震抗震救灾志》编纂委员会

主　任

陈奎元

副主任

吴恒权　项兆伦　张　茅　罗平飞　杨士秋　尹　力　王国庆　朱佳木
赵和平　徐经年　冯健身　赵正永

委　员

宋　涛　杨周复　刘燕华　苗　圩　丹珠昂奔　刘金国　张苏军　张少春
王世元　周　建　仇保兴　翁孟勇　王志国　矫　勇　危朝安　姜增伟
周和平　刘士余　黄淑和　支树平　张海涛　邬书林　王德学　邵琪伟
蒋坚永　周　波　郜风涛　郑立中　王守荣　王兆星　刘新华　陈文辉
史玉波　杨冬权　王石奇　孙来燕　徐德明　王昌顺　苏　和　刘　怡
李庆林　王海京　华　桦　于建伟　董贵山　刘继贤　寿晓松　陈祖武
张海鹏　刘庆柱　厉　声　王振中　景天魁　张星星　李孝聪　邹逸麟
田　嘉

办公室主任

田　嘉

办公室副主任

李富强　刘玉宏　邱新立（常务）

《汶川特大地震抗震救灾志》编纂人员

总　纂

田　嘉　　邱新立

指导专家（按姓氏笔画排序）

王卫明　　王复兴　　齐家璐　　苏炎灶　　李　云　　张东升　　陈泽泓　　武铁良
罗保平　　周　慧　　赵庚奇　　段育达　　姜昆阳　　梅　森　　谭烈飞　　颜小忠
颜越虎

校　核（按姓氏笔画排序）

牛润珍　　毛东武　　仇玉英　　任根珠　　刘仕仲　　刘柏修　　杨大明　　李继隆
李维怡　　张世民　　陈　华　　陈　野　　林顺道　　欧阳发　　卓　林　　郑汝成
郑洪英　　孟庆斌　　陶利辉　　梁建楼　　梁滨久　　曾祥麟　　缴世忠

编　务

段志贤　　刘永强　　程方勇　　和卫国　　王会世　　曾　荣　　谷春侠　　李一龙
汪秀红

《汶川特大地震抗震救灾志》终审人员

朱佳木　　吴恒权　　项兆伦　　穆　虹　　姜　力　　杨士秋　　徐　科　　王国庆
赵和平　　孙原生　　刘永富　　江泽林　　陈祖武　　李孝聪

《汶川特大地震抗震救灾志·抢险救灾志》编纂委员会

《汶川特大地震抗震救灾志·抢险救灾志》编纂人员

主　编

于海涛

副主编

王玉杰　孙生玉　渠鸿章　孙成行　张社卿

编　辑（按姓氏笔画排序）

丁国瑞　史祥东　刘钧军　孙志彦　肖显社　吴佳熹　吴晓燕　邹达开
张　博　张先禄　张国君　陈永红　段育达　曹　杰　谭开先

图片编辑

丁国瑞　曹　杰

指导专家

赵庚奇　齐家璐　段育达

参编单位编写及提供资料人员（按姓氏笔画排序）

丁文慧　于建慧　马东红　王　龙　王立新　王永利　王亚红　王成玉
王雨亭　王建春　王荣新　王　勇　王　娟　王　皎　韦德星　巨　川
邓　宇　邓阳春　艾　默　石特临　石道祥　史天柱　付超峰　成华城
吕　涛　朱云枫　刘　玲　刘祖来　刘　彬　刘雁飞　刘　锐　汤玉英
阮志宏　折燕玲　李世才　李冬云　李兰颂　李　扬　李成日　李宏城
李宗嗣　李　涛　李海涛　李鹏飞　杨　兰　杨建勇　杨春萍　杨晓勇
肖　红　吴春晓　邱晓兵　宋　瑾　张安福　张　军　张建军　张俊玲
张　辉　张登高　陈小军　陈岸然　陈建华　陈　虹　陈海峰　陈晶波
陈鑫舟　罗建平　周凤生　周　健　周海滨　孟　婵　赵剑有　胡晓玮
胡耀明　柳长森　姜安鹏　姜晓峰　洪玉管　徐久红　徐　平　徐　伟
徐庆超　高永福　高　伟　高　武　黄丽巍　黄晓琴　曹昌杰　康海军
章江宁　梁中磊　董　栋　韩　琳　程正红　程如意　程彦韬　傅　虹
曾坤宾　靳双鹏　褚明华　薛　刚　魏立忠

《汶川特大地震抗震救灾志·抢险救灾志》审稿人员

初　审

齐家璐　邱新立　赵庚奇　段育达　梅　森　周　慧　陈泽泓

复　审

王辉青　贾　群　邱新立　吴喜铧　王雨亭　齐家璐　徐久红　陈云江
李玉柱

凡　例

一、编纂《汶川特大地震抗震救灾志》（以下简称全志），坚持以邓小平理论、“三个代表”重要思想、科学发展观为指导，贯彻落实习近平总书记系列重要讲话精神，坚持辩证唯物主义和历史唯物主义的立场、观点和方法，存真求实，全面、客观、系统地记述汶川特大地震灾害、抗震救灾和灾后恢复重建的全过程，以存史资鉴。

二、全志设 11 卷，《总述》总括汶川特大地震灾害及抗震救灾、灾后恢复重建活动全貌，概述特点；《大事记》记述抗震救灾和灾后恢复重建中有全局性影响的大事、要事；《图志》直观再现汶川特大地震灾害、抗震救灾和灾后恢复重建的真实场景；《地震灾害志》记述地震灾区地质地貌、地震灾害成因等，反映地震破坏、次生地质灾害等对自然生态环境、经济社会发展的严重破坏和灾难性影响，以及人民生命财产的巨大损失；《抢险救灾志》记述在中共中央、国务院、中央军委的领导下，全党全军全国各族人民全力抢救人民生命财产、抢修基础设施和防治次生灾害等的全过程；《灾区生活志》记述党和政府全力实施生活救助、恢复生产、保障受灾群众生活等工作；《灾区医疗防疫志》记述各方支援，全力开展医疗救治、卫生防疫、卫生监督及恢复灾区医疗卫生服务等工作；《社会赈灾志》记述全国各地、社会各界、港澳台同胞、海外侨胞以及国际社会的捐助活动；《灾后重建志》记述灾区人民自力更生恢复生产、重建家园，以及各地对口支援和社会援建等工作；《英雄模范志》重点记述抗震救灾英雄集体和模范人物事迹；《附录》收录与抗震救灾和灾后恢复重建有关的法律法规、重要文献、部分媒体评论及文艺作品。

三、全志综合运用述、记、志、传、图、表、录等体裁，以志体为主。对影响面大、事关全局的典型、特色内容，采用专记记述；与各卷记述内容密切相关的重要文献、档案资料等，采用文献辑存方式收录于各卷正文之后。

《英雄模范志》以传记形式记述在抗震救灾中牺牲的烈士、因公殉职并受到省部级表彰的人物；以简介形式记述 2008 年 10 月 8 日中共中央、国务院、中央军委联合表彰的全国抗震救灾英雄集体和模范，国务院、中央军委记功的集体和个人，以及中央军委表彰或记功的集体和个人。

四、各卷记述时限，《总述》《大事记》《图志》《灾后重建志》和《附录》为 2008 年 5 月 12 日至 2011 年 10 月；《地震灾害志》《抢险救灾志》《灾区生活志》《灾区医疗防疫志》《社会赈灾志》和《英雄模范志》为 2008 年 5 月 12 日至 10 月 14 日。为保持记述内容的相对完整，在必要的背景内容、捐赠款物统计、与抗震救灾工作密切相关的原始文件、重大事件后续发展等方面，记述时限适当上溯、下延。

《灾后重建志》中恢复重建工作“三年”和“两年”的时间概念，从国务院制定的《汶川地震灾后恢复重建总体规划》印发之日算起。其中，“三年”指从2008年10月1日起，至2011年9月30日止；“两年”指从2008年10月1日起，至2010年9月30日止。

五、全志记述范围，涉及地震灾害的，以2008年7月22日民政部、发展改革委、财政部、国土资源部、地震局联合发布的《汶川地震灾害范围评估结果》所界定的灾区范围为准，重点记述极重灾区10个县（市）、重灾区41个县（市、区）的地震灾害及抗震救灾；涉及救灾、赈灾的，以有关主管部门公告为准；涉及灾后恢复重建的，重点为《汶川地震灾后恢复重建总体规划》所确定的规划范围，即上述位于极重灾区和重灾区的51个县（市、区），一般用“重灾地区”代指。支援抗震救灾与灾后恢复重建对口支援，以事件（事项）涉及地区为准，包括非灾区及相关国家和地区。

六、全志横分门类，纵述史实。除《总述》《大事记》《图志》《英雄模范志》《附录》外，其余各卷按篇、章、节编次，节下设目。卷首设概述，篇下设无题述，章、节下视需要设无题述。

七、全志记述顺序，灾区一般按《汶川地震灾害范围评估结果》界定的极重灾区、重灾区和一般灾区的顺序排列，非灾区按民政部《中华人民共和国行政区划手册·2009》（中国社会出版社，2009年3月版）所列行政区划顺序排列；记述国家、地区，按其英文名称首字母顺序排列。

《大事记》依时叙事，有具体时、分的事条居前，无具体时、分的排后；时间相同的，按中央国家机关、解放军和武警部队、社会团体、灾区和非灾区省（区、市），以及国家、地区和国际组织顺序排列；为体现事物的完整性，个别时间跨度较大的，或将其结果记于开始之日，或将其起始情况记于结束之时。

《英雄模范志》记述英烈人物，按教育、公安、其他行业、解放军、武警部队顺序排序，各系统内按烈士被批准的时间先后为序，时间相同者以相关文件中的排名顺序为序；其他因公殉职人物排列于烈士之后，以表彰时间为序。记述英雄集体和模范，以中共中央、国务院、中央军委表彰文件所列名单为序。由国务院、中央军委记功的集体和个人，分别排列于公安系统抗震救灾英雄集体和模范之后；由中央军委表彰或记功的集体和个人，分别排列于解放军抗震救灾英雄集体和模范之后。

《附录》按类收录文献，同类文献按公布、刊发时间顺序排列。碑文据其所在地区，按极重灾区、重灾区、一般灾区顺序排列。

八、全志记述内容涉及国家法律法规的，以其时现行者为准。

九、全志行文规范，按照全志编委会制定的《〈汶川特大地震抗震救灾志〉行文规范》执行，个别条款有所调整。

县级以上行政区划名称及其隶属关系，以民政部《中华人民共和国行政区划手册·2009》

（中国社会出版社，2009 年 3 月版）为准。乡镇名称及其隶属关系，以民政部《中华人民共和国乡镇行政区划简册 ·2010》（中国统计出版社，2010 年 9 月版）为准。国家、地区名称的规范简称，以《世界地图》（中国地图出版社，2009 年版）为准。

出现频率较高的党政机关、企事业单位、行政区划等名称，大体按照全志编委会办公室制定的《〈汶川特大地震抗震救灾志〉专有名称全称、简称使用规范》（见《索引》）使用简称；出现频率不高的部门、单位名称等，或用全称，或用约定俗成的简称。《英雄模范志》中英雄集体的名称使用表彰文件中的名称。

在上下文不产生歧义的前提下，记述汶川特大地震发生当年的事情，除《总述》“恢复重建”部分及《灾后重建志》外，其余各卷均直书月、日，不标注“2008 年”；其他年份，标明年、月、日。同一段落中连续记述同月发生的多条事项，首次出现时标注月份，后直书日期。记述灾后恢复重建工作，同一目下记述同一年度内容的，首次出现年份时注明年份，后承前省略；记述跨年度内容的，逐年注明年份。

出现频率、知名度较高的人物，首次出现时交代职务（职称），其后一般直书其名。《英雄模范志》中人物职务以表彰文件中所列职务为准。

《英雄模范志》人物传、简介所记人物，凡未注明性别、民族及学历者，分别为“男”“汉族”及“高中（含）以下”。

《附录》收入的原始文献，只校正其中的错字、漏字、衍字以及明显有误的标点符号，标题、目题版式根据全志统一要求予以调整。

记述货币，除特别注明的币种外，均为人民币。其他币种与人民币的汇率，均以当时市场汇率为准，一般不作换算。物资价值按照当年市场价格折算。

计量单位一般保持原貌，不特作统一处理，以避免换算后出现误差和约数；对“亿”“万”数据的表述，也不强求一致。

十、全志资料，主要由中央国家机关、各民主党派和人民团体、各省（区、市）、解放军、武警部队提供，个别摘引自媒体报道、官方网站、公开出版物等，一般不注明资料出处，情况特殊者随文交代。《附录》收录公布或刊发的文献，一般注明出处。

全志记述的主要灾情数据，以 2008 年 7 月 22 日民政部、发展改革委、财政部、国土资源部、地震局联合发布的《汶川地震灾害范围评估结果》为准；其他数据，以中央国家机关、各民主党派和人民团体、各省（区、市）、解放军、武警部队等提供者为准。其中，《地震灾害志》所用数据，反映灾区总体情况和川甘陕三省灾区的数据，采用《汶川地震灾害范围评估结果》中的评估数，以及民政部、发展改革委、财政部、地震局发布的《汶川地震灾害损失校核结果的报告》中的校核数；所记经济损失主要为直接经济损失，记述间接经济损失的随文说明。其他各卷数据，反映同一事物的数据，凡有校核数的用校核数，无校核数的用评估数；地方数据用各级地方政府提供的数据，专业数据用行业主管部门、专业部门提供的数据，另有少量调查数据。因统计时间、统计口径不同等因素，统计范围与统计分组可能与评估报告不完全一致，致使个别统计结果会有出入；数据亦可能因四舍五入计数保留法而出现分项之和与总数不完全一致的情况。

《灾后重建志》中涉及总体规划和专项规划实施情况的数据，由国务院汶川地震灾后恢复重建工作协调小组办公室提供，灾损数据以规划公布数据为准；其他行业（专项）情况和数据，由中央和国家机关有关部委提供；项目重建、软件支援情况和数据，由各灾区、对口支援省市和有关社会组织提供。由于灾后恢复重建项目资金来源多样，对口援建和社会支持部分项目资金只是对口支援单位的投资部分；部分项目投资规模大于援建资金规模的，包含了中央重建基金、灾区地方自筹资金，或两者兼有；两者个别数据不一致而又不便取舍时，分别交代其资料来源。

《社会赈灾志》中的统计数据，以政府职能部门统计者为准；凡未说明截止日期的，截止日期为2008年10月14日。

目　录

概　述

矗立在四川省绵竹市汉旺广场钟楼上的那座时钟，定格在 2008 年 5 月 12 日 14 时 28 分：中国四川汶川，突然爆发举世震惊的 8.0 级、最大烈度达Ⅺ度（11 度）的特大地震，震级之高超过 1976 年的唐山大地震，是中华人民共和国成立以来破坏性最强、波及范围最广、救援难度最大的一次地震。

那一时刻，大地痉挛，山崩地裂，诸多城镇乡村被夷为平地，大量生命被废墟压埋，精心呵护的家园顿时满目疮痍，多年构筑的基础设施毁于一旦，地震灾区呈现的惨状不忍目睹；随之而来的塌方、滑坡、泥石流、堰塞湖等多种次生灾害举世罕见，更在时刻威胁着已经饱尝震灾之苦的灾区群众。

面对如此惨烈的灾难，全党、全军、全国各族人民万众一心、众志成城，在中共中央、国务院、中央军委的坚强领导和正确指挥下，迅速开展了中国历史上救援速度最快、动员范围最广、投入力量最大、把抢救人的生命放在首位的抢险救灾斗争，以无所畏惧的英雄气概、排山倒海的强大力量、可歌可泣的伟大壮举，书写了中华民族发展史上新的壮丽诗篇。

一

灾情火急，人命关天。灾区人民的安危，牵动着中南海。面对汶川特大地震，中共中央总揽全局、审时度势，把抗震救灾作为全党全国最重要、最紧迫的任务，有序、有力、有效地部署组织抗震救灾。中共中央总书记、国家主席、中央军委主席胡锦涛做出批示，要求尽快抢救伤员，确保灾区人民生命安全。5 月 12 日当晚，中共中央政治局常委会召开会议，全面部署抗震救灾工作。会议决定，立即成立国务院抗震救灾总指挥部，把抗震救灾作为全党全国最重要、最紧迫的任务，组织解放军、武警和民兵预备役部队，赶赴灾区全力以赴抢救伤员，卫生部门派医疗队及时救治；千方百计迅速向灾区运送物资、药品、帐篷，确保受灾群众有饭吃、有衣穿、有干净水喝、有临时住处；对电信、电力设施进行抢修，尽快恢复公路、铁路交通；密切关注灾情动态，预防余震和次生灾害，同时做好相关工作，维护社会稳定。会议号召，全党、全军、全国各族人民万众一心、众志成城，迎难而上、百折不挠，共同夺取抗震救灾斗争的胜利。在不到一个月的时间里，中共中央先后召开了 4 次政治局常委会议和 1 次政治局会议，深入研究和部署抗震救灾各项工作。中共中央果断决策，迅速启动应急机制，带领军民以最快的速度、最有效的措施，高效率展开全面救援行动，为取得抗震救灾全面胜利奠定了坚实基础。

地震发生后，中共中央政治局常委、国务院总理温家宝乘坐飞机赶赴灾区，在飞机上召开会议，研究部署抗震救灾工作；下飞机后，立即赶赴极重灾区指挥抢险救灾。当天晚上，按照中共中央政治局常委会议的决定，国务院成立了国务院抗震救灾总指挥部，由总理温家宝任总指挥，副总理李克强、回良玉任副总指挥，全面负责抗震救灾工作。国务院抗震救灾总指挥部下设8个抗震救灾工作组（后增加一个组，共9个组），其中抢险救灾组由总参谋部牵头，成员单位由公安部、安全监管总局、地震局、成都军区和武警部队等组成，负责组织指挥清理灾区现场，搜索营救被困群众和受伤人员，发动基层干部群众开展自救互救，调集救援人员，组织物资空运、空投工作。在5个月的时间里，国务院多次召开常务会议和特别会议，国务院抗震救灾总指挥部先后召开了26次会议，研究部署抗震救灾工作。抗震救灾期间，国务院抗震救灾总指挥部周密组织、科学调度，建立上下贯通、军地协调、全民动员、区域协作的抢险救援机制，举全国之力抢险救灾，为夺取抗震救灾斗争全面胜利提供了坚强的组织保障。

地震发生后，中央军委召开紧急会议，全面部署抗震救灾行动，决定成立军队抗震救灾指挥组，组织指挥军队抗震救灾行动。5月13日，军队抗震救灾指挥组召开第一次会议，要求把抗震救灾作为全军的首要任务，坚决打赢抢险救灾这场硬仗。15日，根据中央军委决定，成立由各个救灾部队领导参加的成都军区抗震救灾联合指挥部，担负部队抗震救灾的统一组织指挥工作。成都军区抗震救灾联合指挥部将四川灾区分为5个责任区，要求救灾部队分片负责实施救灾任务。每个责任区设立指挥所，构成中央军委统一领导下的“军队抗震救灾指挥组—成都军区抗震救灾联合指挥部—各责任区指挥所”三级指挥体系，对抗震救灾部队实施集中统一领导。抢险救灾期间，军队抗震救灾指挥组先后召开6次会议，部署指挥解放军、武警部队和民兵预备役部队的抢险救灾行动。

地震发生后，灾区省（自治区、直辖市）党委和政府成立抗震救灾指挥机构，组织灾区群众开展自救互救，奋力抗震救灾，尽最大努力把地震灾害造成的损失减少到最低程度。中央国家机关各部门全面启动应急机制，成立抗震救灾指挥机构，迅速按照应急预案投入抢险救灾。解放军四总部、军区、军兵种和武警部队也都成立指挥机构，执行中央决策部署，组织解放军、武警部队、民兵预备役部队和医疗卫生人员，尽快赶赴灾区，全力抢救受伤人员；调集各种运力向灾区运送食品、饮用水、药品和帐篷、防寒衣被等救灾物资，确保灾区群众有饭吃、有衣穿、有干净水喝、有临时住处；迅速组织力量，抢修受损公共设施，尽快恢复灾区的通路、通电、通信和供水，保证重要基础设施和水库大坝、铁路、涵洞安全，保证社会秩序的稳定。

灾情就是命令。在中共中央、国务院和中央军委的领导下，全党、全军和全国人民奋不顾身地投入到抗震救灾第一线，急灾区人民群众之所急，解灾区人民群众之所难，与灾区人民心连心、同呼吸、共命运，共同抗击地震灾害。军地各级指挥机构和一大批指挥员，娴熟运用信息化手段，从容指挥调动救灾力量，展现了强有力的指挥能力、动员能力、资源调配能力、统筹协调能力、处理突发事件能力和驾驭复杂局面的能力。

时间就是生命。解放军总参谋部迅速启动应急机制，按照应急预案部署调动部队投入抢险救灾。地震发生后十几分钟，总参谋部发出预先号令，要求以66150部队为主组建的国家地震灾害紧急救援队做好集结救援准备，5小时30分钟后从北京飞赴灾区投入救援。5月12日深夜，经中央军委主席胡锦涛批准，总参谋部下达中央军委《关于参加抗震救灾的命令》，首先调动3.4万名官兵参加抗震救灾；总政治部下发抗震救灾政治工作指示，部署抗震救灾部队政治工作；总后勤部迅即决定，全力以赴做好抗震救灾的各种物资保障；总装备部明确提出，切实完成救灾部队的装备器材保障和支援地方抢险救灾双重任务。抗震救灾期间，各军区、各军兵种、总部直属单位紧急调集兵力共 12.3 万人，出动运输机和直升机 190 余架、汽车机械 17194 辆（台），携带装备器材和保障救援物资，快速赶赴灾区。武警部队先后调集官兵 2.3 万人，组成 120 支紧急救援队和通信保障队，动用汽车 1283 辆、工程机械 335 台，组成各种救援队伍赶赴灾区。

与此同时，全国 15 个省（区、市）的 7.5 万余名民兵预备役部队人员投入抢险救灾，成为解救受灾群众、医疗救护、卫生防疫、交通通信、油料保障、电力抢修、恢复生产和灾后重建的重要力量。公安部先后从全国调集公安特警、消防部队 2.8 万人，以空中投送、摩托化开进等形式迅速到达灾区，实施抢险救援和维护灾区秩序。国资委组织中央企业，调集专业人员和设备，对电力、通信、公路、铁路等基础设施进行抢修。国防科工局利用 20 颗卫星和风云一号、二号气象卫星以及移动卫星通信车等先进装备，为紧急救援服务。安全监管总局调集全国 98 支 1057 人的矿山危化应急救援队伍赶赴灾区参加救援。环境保护部从全国抽组 26 个救援工作组和应急小组、1350 名环保人员进入灾区救援。交通运输部组织全国交通系统和武警交通部队人员对口支援广元、绵阳、德阳、阿坝三市一州，先后投入 6545 名救灾人员、1391 台抢通保通机械设备、1153 辆保障车辆突入四川抢修公路。气象、广电、水利、供水、供气以及其他系统组织的专业救援队，为抢修灾区的基础设施、排除次生灾害发挥关键作用。国家地震系统救援队在灾情监测、预报和专业服务等方面发挥了特殊作用。各省（区、市）党委、政府发扬中华民族“一方有难、八方支援”的优良传统，根据抢险救灾的紧迫需求，及时派出救援队伍开赴灾区，汇聚成规模空前千里大驰援和生命大营救的巨大力量。

中华民族骨肉相亲。香港、澳门特别行政区政府和台湾红十字组织紧急组织人员、物资、器材，赶赴四川灾区救援。社会救援力量中，既有来自全国各地、各行各业的群众团体，也有不同职业、不同年龄的志愿者队伍。四川、甘肃两省共青团组织发动广大青年，组织突击队、救援队 1300 余支参加抢险救灾。

汶川地震，让亿万中国人结成一个血脉相通、牢不可破的生命体。中共中央、国务院、中央军委一声令下，解放军和武警部队实施了规模最大、兵力最多、速度最快、机动范围最广的非战争军事行动。各专业救援机构、社会各界、海外侨胞，组成各种形式的救援力量奔赴灾区救援。来自全国的各路救援力量争分夺秒通过空中、公路、铁路、水路立体开进，火速赶赴灾区。解放军和武警部队各级指挥员全力组织跨军兵种联合救援，采取空中投送、铁路运输、摩托化开进并举的方式疾进灾区。空军动用各型运输飞机进行最大负荷的空中投送，先后从北京、武汉、郑州、开封等机场将 2.13 万名官兵投送至成都地区。陆军航空兵各部队直升机火速转场到成都周边机场，对整个救灾过程中的组织指挥、运送救灾人员、转运伤员、空运空投救灾物资发挥了重大作用。

5 月 13—29 日，中国民航局紧急调集国航、南航、东航等 30 多家航空公司和直属航空大队的 150 余架客、货运输机，分别从洛阳、郑州等 30 个机场起飞，向灾区运送解放军、公安特警、消防部队官兵、地震灾害专业救援队和医疗救护人员 4.7 万余人、各类救灾物资 1.4 万余吨。铁道部及其郑州、昆明等铁路局与部队密切协同，紧急调集各类铁路车辆，组配军用专列298列，快速将5.36万余名解放军、武警部队官兵及其装备运往四川灾区。为了加快运输速度，铁路运输系统和各级军交部门以临战姿态执行输送命令，简化运输审批手续，采取提高开行等级、压减停站次数、军供站送饭上车等超常措施，确保专列快速输送。

在采取空中运输和铁路运输的同时，解放军和武警部队还采用摩托化行军方式疾进地震灾区。71521部队编为12个行军梯队，出动运输车辆1585台，分别从安阳、洛阳、焦作等地出发，组织摩托化开进。部队翻越秦岭、巴山，连续行军40小时，行程1800公里，安全抵达四川灾区青川、平武一线。92051部队编为4个梯队，途经五省，机动1980公里，到达绵竹、什邡。武警8690部队编为10个梯队，出动各种车辆365台，跨越七省，行程2800公里，先后到达北川、都江堰。成都军区、兰州军区的2.1万余名官兵分别在本军区内的川、甘、陕、渝四省（市）范围内实施短距离摩托化开进，迅速赶赴地震灾区。

汶川地震的重灾地区海拔多在千米以上，山高谷深，加之干线公路和乡村公路多段不能通车，救援队伍被迫采用陆路、水路、空中同时并进，甚至徒步在巨石翻滚、泥石流频发的山路上艰难穿越，向地震灾区挺进。各地救援大军到达成都、绵阳、广元等地集结后，在极度恶劣的条件下，争分夺秒地突入救援现场。乘车开进的解放军和武警部队官兵、民兵预备役部队以及各类专业救援队，面对高山峡谷、道路崎岖、余震不断、山体塌方、沙石滚落等险恶环境，只能短途换乘、边开路边开进，或弃车负重徒步行进，艰难攀爬，力排艰险，向极重灾区汶川县突进。5月13日凌晨，77100部队增派4000名官兵向震中地区挺进，部队长许勇率领精干先遣队30人率先进入映秀镇；5月12日21时45分，武警8740部队参谋长王毅率领的200名突击队官兵，从古尔沟出发，经过近26小时艰难跋涉，于13日23时15分徒步强行军抵达汶川县城；13日深夜，“铁军”先遣队队长杨恩红率领71781部队600名敢死队员，冒死穿越“死亡大峡谷”，从都江堰—映秀镇—银杏乡方向突入汶川县城。在进入映秀镇的公路短期内无法抢通的情况下，成都军区联指毅然决定在紫坪铺水库开辟通向映秀镇的水上通道。77105部队、四川省航务局等单位临危受命，火速修筑通往库区的道路，并在库区沿岸修建临时码头，多方筹集冲锋舟，经过冒险试航，开辟了从紫坪铺水库沿岷江至映秀镇的“水上生命线”；77105部队架设4座漕渡门桥，使救援部队官兵和大型救灾工程机械进入映秀镇。

5月14日10时20分，77116部队3架直升机运送10名通信兵官兵飞向与世隔绝的汶川县城，面对恶劣的气象环境和复杂的地理条件，冒着机毁人亡的危险，成功降落在县城旁的一座小山上，打通了汶川与外界的通信联系。11时48分，95829部队15位勇士为查明极重灾区的灾情，冒险从4000米高空空降茂县灾区，创造了世界空降史上的奇迹，书写了在无地面引导、无地面标识、无气象资料条件下伞降的历史。调派至成都周边的100余架直升机，在地形复杂、气候多变的险恶条件下，频繁起降，穿梭飞行，向灾区运送抢险、医护人员和技术专家，以及医疗药品、器械、救灾物资。

各路救援大军克服艰难险阻，从陆路、水路、空中突进任务区，发起抢险救灾攻坚战。截至5月15日，成都军区、兰州军区、济南军区、空降兵部队、武警部队、民兵预备役部队和公安特警、消防部队，以及全国各系统的救援队伍，陆续进入到重灾地区展开救援。

这一切，充分体现了中国共产党和人民政府始终坚持以人为本、人民利益高于一切的理念，生动展现了危难时刻党和政府强有力的领导和指挥能力，体现了解放军和武警部队听党指挥、服务人民的根本宗旨和指挥顺畅、英勇善战、无坚不摧的强大战斗力，极大地鼓舞和坚定了全国各族人民夺取抗震救灾斗争胜利的勇气和信心。

二

数万人遇难、数十万人受伤、数千万人受灾，地震发生的那一刻成为13亿中国人心中永远的伤痛；生命大救援、爱心大奉献，危难之际迸发出的骨肉亲情、爱国热情，令人动容，令人讴歌。“第一位是救人”，“一线希望，百倍努力”。中共中央、国务院、中央军委和地方各级党委、政府，始终坚持人民利益高于一切的理念，把抢救人的生命摆在第一位。抗震救灾斗争历经自救互救、重点抢救和全面搜救三大阶段，开展了规模空前的生命大营救，最大限度地保护人民群众的生命财产安全。

在救援队伍未到达之前，灾区各级党委、政府沉着冷静，迅速采用分片分区、责任到人的方法，组织群众自救互救、转移安置伤员和受灾群众。在群众最需要的时候，广大党员和领导干部忘记自己伤痛，迅速承担起紧急营救生命的使命，涌现了一大批催人泪下的英雄事迹。5月12日14时20分左右，北川庆祝五四青年节暨青年创业大赛颁奖表彰大会刚要开始，剧烈地震袭来，坐在主席台上的县长经大忠等8位领导立即组织疏散。礼堂只有两个一米多宽的大门，经大忠和其他领导几乎同声高喊：“让学生先走，党员、干部留下！”200余名学生很快脱险。经大忠和其他同志随即组织全县人民抢险，当日从废墟中救出了千余人。

抗震救灾期间，灾区企业普遍开展抢险自救、保护国家财产行动。突如其来的特大地震，瞬间摧毁了中国东方电气集团东方汽轮机有限公司的大片厂房和大量设备，520余人遇难，千余人受伤。然而，东汽人没有被地震震垮，他们以特有的坚忍和毅力，从余震不断的废墟上站起。他们掩埋好遇难同伴和亲人的遗体，擦干泪水，顽强救灾，两个月内就在德阳、成都租借厂房陆续恢复生产，按期向客户交付了产品，书写了中国工人阶级“泰山压顶不弯腰”的壮丽篇章。这种在平常中历练、在危难中迸发的精神，就像当年铁人王进喜带领石油工人创造的“大庆精神”一样，凝聚成催人奋进的“抗震救灾精神”，鼓舞着人们，感动着中国。

驻灾区解放军和武警部队官兵，按照应急预案迅速有序撤离，成为人员伤亡最少的群体。官兵视灾情如命令，哪里有被压埋群众，就冲向哪里，从废墟中挖出遇险遇难群众，从危房中救出被困人员，把伤员和群众转移安置到安全地域。北川羌族自治县人武部在全部建筑被毁，干部、职工和民兵数十人遇难的危难下，迅速组织民兵展开营救，在24小时内从废墟里救出42名幸存者。

在没有专业救援工具的条件下，受灾群众自觉抢险、主动互救，用手刨、肩扛，用镐撬，用锹挖，积极抢救被埋压的邻里乡亲。在生死关头，他们把生的希望留给他人，把死的威胁留给自己。其中，许多教师英勇无畏，置自己和亲人安危于不顾，用血肉之躯保护学生。汶川县映秀镇小学数学教师张米亚正在给学生上课，虽然离楼梯仅几步之遥，但他毫不犹豫地把生的机会让给了学生。当救援人员挖开废墟时，只见他双膝跪地、双臂张开，紧紧地搂着两个8岁的学生，用大爱铸就了永远的丰碑。大地颤抖时，北川中学遭到灭顶之灾，所有幸存教师都坚守现场，无一人回家救自己亲人。校长刘亚春失去妻儿，紧要关头坚守岗位，不放弃一个教师和学生。他和党支部书记一起，组织教职员工将200余个年轻的生命从死神的魔爪中夺了回来。还有许多人民教师，大难突降时为抢救学生义无反顾地献出了自己的生命。他们以英勇无畏和大爱之举，诠释了“为人师表”的真正含义。

危难时刻，灾区孩子奋勇自救和舍己救人。有的脱险后，又冲进废墟抢救老师和同学；有的给被困同学打气鼓劲；有的为救同学献出了宝贵生命。全国有20名学生成为“抗震救灾英雄少年”，30名学生成为“抗震救灾优秀少年”。年仅9岁的汶川县映秀小学二年级学生林浩，在头部被砸破、手臂严重拉伤的情况下，充满着坚强的自信和斗志，自己爬出废墟后，连续救出两名同学。少年强则国家强。学生在灾难面前表现出的非凡勇气、顽强意志和可贵爱心，充分展示了新时代青少年的精神风貌。

在72小时“救援黄金时间”内，军民掀起抢救生命的“疯狂”行动，各路救援大军拼命与时间赛跑，全力展开重点抢救。在72小时“救援黄金时间”内，温家宝在飞机上、在指挥棚里、在抢救现场，强调最多的就是“救人”。在震中汶川县映秀镇、在北川县城和擂鼓镇、在绵竹市汉旺镇、在什邡市蓥华镇、在青川县木鱼镇、在都江堰市聚源镇、在平武县南坝镇……在所有的极重灾区和重灾区的抢险救灾现场，聚集了解放军、武警官兵、消防队员、公安特警和各类专业救援队员。他们每个人心里都牢记着72小时“救援黄金时间”，全力抢救被压埋在废墟深层下的生命。哪里有呼救声，哪里就有救援队伍忘我奋战的身影。从高级将领到普通一兵，从各救援队队员到医护人员，从抢险救灾志愿者到国际救援人员，都夜以继日、全力以赴，不惜一切代价，采取一切措施，搜救被压埋群众。

面对被埋、被困人员，解放军和武警部队官兵拼死展开生命大营救。14个军级指挥所全部开设在乡镇救灾第一线，百余名军以上干部率先垂范，带领部队官兵奋战在救人现场。在整个灾区，各类救援力量通力协作，以高度负责的态度，快速投入到拯救生命的救援中。搜救队利用生命探测仪和搜救犬仔细搜寻着每一个角落，废墟清理队采取人工与机械结合的方式迅速清理救命通道，医疗救护队及时提供医疗诊治，绿色迷彩服和橘色救援服交相辉映，构成一道独特的生命救援链条。在重点抢救阶段，救援队共从废墟中抢救出被压埋人员1.2万余人，救治伤员31万余人，转移受困群众66万余人。

地震发生时，正是学校上课之时，未及逃离的中小学生大多被压埋在废墟之下，所有救援队伍都把学生作为重点抢救目标。余震频发，抢险人员毅然破楼板、拆墙体、入危房、钻废墟，置自身安危于度外，置受伤流血于不顾，绝不轻言放弃，终于在“救援黄金时间”内从各个中小学校的废墟中救出5200余个稚嫩的生命。广大消防特勤、解放军工兵部队和地震专业救援队伍发挥专业技术优势，争分夺秒，抢救被埋人员。在北川中学的废墟上，先后云集了2500余名不同隶属关系的公安消防人员和解放军、武警部队官兵，他们在现场指挥部的统一调度下，生命搜救队、废墟清理队、遗体搬运队、医疗救护队与专业救援队互相协作，密切配合，共从废墟中救出 234 名师生。在各个救援现场传来一个又一个生命奇迹，北川羌族自治县社保局局长熊吉才在压埋 125 小时后被江苏省公安消防大队成功救出，北川羌族自治县人民医院医生唐雄在与死神搏斗 139 个小时后被海南消防战士成功救出，北川羌族自治县陈家坝乡青竹村的老人何有信在被困 147 小时后被宁夏消防总队救出，国家电网映秀发电总厂虞锦华被压埋 150 小时后被云南消防总队救出。被救出的还有压埋 164 小时的李明翠、压埋 165 小时的王秀华和王春邦、压埋 179 小时的马元江、被困 196 小时的赖元平……各路救援队不失时机地从废墟中抢救出 1 万多名被压埋人员。

抢险救灾初期，在缺少工程机械的情况下，官兵们昼夜连续奋战，仅靠携带的简单工具和双手抢救被压埋群众。在救援中，针对倒塌的学校、医院、居民楼、农舍等不同建筑特点和救援要求，及时改进救援方法和手段，抽调专家和专业技术骨干开展现场指导，有效使用生命探测仪、透墙雷达和破拆工具等专业救援器材进行救援。国家地震灾害紧急救援队发挥专业优势，共搜寻定位被埋幸存者近百人，救出被埋幸存者 49 人，挖出遇难者遗体 1080 具。

5 月 16 日下午，胡锦涛下达“进村入户”全面搜救的指示后，当日深夜，各路救援部队转入“进村入户”全面搜救阶段。广大官兵牢记使命，尽快进入所有村庄，排查每一处倒塌的房屋，竭尽全力搜救被困群众。在搜救过程中，针对震区环境复杂、救援地域广远、时间十分紧迫、参战部队多元的特点，各任务部队首长率先垂范，与官兵同吃、同住、同救灾，既当指挥员，又当战斗员，灵活运用集中指挥、靠前指挥、越级指挥、现地指挥等方式，对搜救部队实施统一领导，使各个系统的任务部队万众一心、众志成城，连续掀起四轮全面搜救高潮。第一轮为 5 月 16—26 日，近 80 名军以上领导干部率领 6 万余名部队官兵和民兵预备役人员，编成 1480 个小分队，采取机降和徒步的方式，跋山涉水、昼夜行军，进入重灾地区 174 个乡（镇）、1480 个行政村，逐户逐人施展营救；第二轮为 5 月 27 日至 6 月 12 日，实施以“安居、解困、排险、通路、防疫、保安”为重点的联合救援行动，兵力增至 10 万人，救援范围扩大至 274 个乡（镇）、2480 个行政村；第三轮为 6 月 13 日至 7 月 16 日，工作重点为安置受灾群众，帮助受灾群众尽快恢复生产、生活；第四轮为 7 月 17 日至 8 月 20 日，工作重心转至少数民族地区和极重灾区的边远山区，尽最大努力为灾区群众排忧解难。截至 8 月 20 日，部队官兵和民兵预备役人员共搜救出被压埋群众 1.7 万余人，解救被困群众 140 余万人，转移安置群众 102 万人，圆满完成了全面搜救任务。

地震发生后，中国政府快速公开发布消息。国际社会除向中国政府和中国人民表示慰问并捐款捐物之外，先后有日本、俄罗斯、韩国、新加坡等国家 39 名国际救援人员参加汶川地震的救援行动。5 月 16 日，日本救援队首先到达震区，分别在青川、北川救援。在青川县乔庄镇，队员用生命探测仪细致搜索，找到两具尸体。俄罗斯救援队在都江堰市废墟中救出被压埋 127 小时的一名幸存者。温家宝在北川偶遇美国“心连心国际组织”志愿者领队鲁滨逊，紧紧地握住他的手说：“谢谢你们，我感谢美国人民对这场抗御特大自然灾害斗争的支持。国际救援队的敬业和对生命的敬畏，受到灾区人民和全中国人民的尊敬和尊重。”俄罗斯、日本、意大利、法国、古巴、巴基斯坦、印度尼西亚等国政府向灾区派遣了医疗队。5 月 20 日至 6 月 18 日，共有 10 支国际医疗救援队在四川、甘肃灾区参与医疗救援。

在抢救生命的同时，广大救援人员还不辱神圣使命，从废墟中挖掘抢救出大批金融资产、重要档案、珍贵文物，保护了一批珍稀动物。第二炮兵工程部队官兵在农业银行北川支行和北川农村信贷社的废墟中，挖掘出现钞770余万元，全部移交当地政府。济南军区在都江堰市青城山、二王庙救灾，部队官兵自发拿被褥包裹大佛，搬运和维护文物，使4.3万件珍贵文物被妥善转移。

截至9月2日，共有84017名群众被从废墟中抢救出来，149万名被困群众得到解救，430多万名伤病员及时得到救治，1万多名重伤员被转送到全国20个省（区、市）的医院，5.5万余名受困游客及时得到救援疏散。其间，空中搜救出动各型飞机4800余架次，运送伤员1万余人，救援被困群众2万余人，空运、空投物资6900余吨，运送救灾物资152万余吨。

抗震救灾期间，广大救援人员心系灾区人民安危，肩负党和人民期望，不畏艰险，冲锋在前，舍生忘死，英勇奋战，取得空中大搜救、地面大营救、灾区群众大转移、搜救失事直升机等一系列重大胜利。

三

汶川特大地震，使得灾区房屋大量倒塌损坏，基础设施大面积损毁，工农业生产遭受重大损失，生态环境遭到严重破坏，给地震灾区人民的生产和生活带来巨大灾难。

为安置好受灾群众生活，使1510万紧急转移的受灾群众得到妥善安置，881万灾区困难群众得到救助，中小学校在新学期全面复课开学，确保大灾之后无大疫，切切实实做到让灾区人民有饭吃、有衣穿、有干净水喝、有住处、有病能及时得到医治，各路救援力量全力抢修交通、电力、通信、广电、水利、供水、供油、供气等基础设施和生活设施，及时处理和化解堰塞湖等次生灾害，帮助灾区尽快恢复生产、生活秩序。

地震灾区公路多处于山区，倚峭壁、临河谷，施工作业面极其狭窄，加之余震不断，常常是刚抢通的路段再次被巨石压埋。参加抢修交通设施的救援队伍克服重重困难，奋力抢通通往震中汶川及其他灾区的交通生命线，为抗震救灾取得最后胜利发挥了关键作用。交通运输部和灾区省市各级交通运输部门把“抢通、保通和保运”作为抢险救灾的重要任务，以震中汶川为中心，从东、南、西、北4个方向，实施“多头推进、中间开花、两头夹击、协同作战”的工作方针。大批专家、工程技术人员冒险勘测，精心制订方案，各省（区、市）组织交通抢修大军对口支援灾区交通抢险，终于在5月17日打通了都江堰至震中映秀镇的“生命通道”。当日，基本打通所有极重灾区、重灾区干线公路。20日，全国12个省（区、市）对口支援单位发起以抢通灾区县乡农村公路为重点的总攻。至9月2日，经4000余名施工人员夜以继日奋战，国道213线都江堰至汶川段全线抢通。原本需要3年时间才能打通的道路，100余天奇迹般地被全线抢通。温家宝在考察都江堰至汶川公路老虎嘴抢通工程时指出：“交通部门的干部职工以顽强拼搏的精神创造了修复、修建公路史上的奇迹，他们的业绩是史无前例的，他们的精神也是史无前例的。”

铁道、民航、水运和管道运输等部门动用大量人员和大型工程机械，发挥专业技术优势，顽强战斗在抢修铁路、机场、渡口、码头、航道、航电枢纽、水运、管道设施现场。铁道部针对宝（鸡）成（都）线等10条铁路线运输中断情况，立即启动应急预案，成都、西安、兰州铁路局对所有铁路线路、路基、桥梁、隧道等设施进行排查。成都铁路局调集100余台大型养路机械和2000余台小型养路机械投入线路抢修，并组织广安、自贡、重庆工务段等11个单位支援绵阳和成都工务段，直接参与线路抢修人数达47.8万人次，出色地完成受损铁路桥梁、隧道、路基等设施的抢修任务。地震引起宝成铁路109隧道12节油罐车起火，随时可能爆炸。铁道部、西安铁路局和兰州军区、武警部队抢修队伍到达现场，立即投入惊心动魄的抢险战斗。至5月24日9时53分，经过抢险勇士们顽强拼搏与艰难抢修，“抢”977次列车从109隧道通过。震区民航空管运行指挥设施和机场设施损失巨大，中国民航局从全国各地空管部门抽调专业力量，支援西南空管局救灾和重建，迅速恢复并增强援救灾区的空运能力。同时，成都军区空军根据救灾飞行需要开放邛崃、太平寺、凤凰山、彭山军用机场，空运空投物资，运送救灾人员和伤员。实施抗震救灾大空运、大空投、大航管，在关键时刻发挥了关键作用。

地震使灾区水库出现严重险情，部分河道严重受阻、变形，水运和水文监测设施损坏严重。全国的1800余名水利专家、工程技术人员日夜战斗在抢险第一线，抢险部队官兵与阿坝、成都、德阳、绵阳等地人民群众一起，抢修水库大坝，加强对渡口、码头、水库的安全督察，为救灾大部队进入灾区、为上级领导靠前指挥提供水上通道，争取了更多宝贵的时间。地震突袭，灾区的电力设施遭受严重破坏。全国电力系统调集抢修队伍和抢修物资，加快抢修受损的发电设施，加快抢修输变电设施。至6月10日，四川、甘肃、陕西、重庆灾区国家电网系统可恢复的10千伏及以上电力线路全部恢复。至8月8日，华中电网五省一市对口支援四川地方电网共抢修恢复110千伏变电站1座、线路1条，35千伏变电站16座、线路29条。

地震发生后，中国电信、中国移动、中国联通、中国铁通、中国网通、中国卫通六大中央电信集团公司，快速启动应急机制，组织抢险队全力抢修受损通信光缆、通信台（站），建立应急通信系统，保障各级抗震救灾指挥机关和灾区通信联络。至5月15日下午，四川移动北川、茂县、理县部分基站开始恢复；四川电信绵竹、安县通信部分恢复；铁通全力保障宝成铁路通信畅通，网通、联通相继恢复通信。16日8时，中国卫通协助中国移动开通第一个利用卫星通信手段实现地面通信的基站。国家邮政局启动一级应急响应，组织四川、甘肃、陕西等省邮政局抢修邮政基础设施。广电总局和四川省广电局通过企业捐赠或采用紧急采购等方式，为汶川、北川、青川等灾区广播电视播出机构及四川广电集团所属各台紧急运送调频发射机，为青川、安县、绵竹、北川、崇州广播电视播出机构及各台紧急运送电视发射机。至19日24时，发射中断一周的灾区广播电视节目恢复播出。

灾区各级党委、政府和有关企业及时抢修石油管线、天然气管道设施，抢修各类生活设施，及时排除各种险情隐患，千方百计解决受灾群众生活困难。中国石油西南油气田公司、长庆油田公司、川庆钻探工程公司3家油气生产和技术服务企业，在解放军和武警部队支援下，组织专业抢险队，通过拉网式排查，及时抢修、维护各类设施、设备，成功排除故障285处，巡护管网648公里，巡护干线伴行道路4条158公里，突击抢修井场道路13处2430米，抢修受损高压供电专线13条，巡查水电气网络近200公里，完成水电气抢险70余次。灾区天然气管线抢修突击队对输气站、配气站和输气管线等设施及时进行了抢险抢修，保证了灾区人民的生活需要。

灾区相关业务部门及救援队伍全力做好余震监测，严密防范地质灾害等隐患，开展环境安全隐患排查、预防和治理。地震导致山体崩塌、滑坡和泥石流堵塞河道形成多处堰塞湖，其中极高危级唐家山堰塞湖犹如一巨盆汪洋之水悬在下游130多万群众的头上，引起国内国际社会的特别关注。温家宝先后3次前往唐家山堰塞湖实地查看灾情，主持研究应急处置具体方案；解放军和武警部队官兵日夜奋战，抢运排险设备物资，快速开挖泄洪槽。经各方专家和抢险勇士们的艰苦施工和顽强拼搏，6月11日，唐家山堰塞湖成功泄流，消除了险情，实现了“安全、科学、快速、不死一人”的目标。至24日，经过军民艰苦努力，基本排除老鹰岩、肖家桥、石板沟、文家坝、小岗剑上游等6处高危级堰塞湖和98处中、低危级堰塞湖的险情，确保灾区人民生命财产安全，创造了世界上成功处理大型堰塞湖的范例。

余震不时发生，新的塌方、滑坡、泥石流等次生灾害随时都会危及灾区群众生命。灾区各级党委、政府和抢险救灾部队迎难而上，排除巨石险情，清理垮塌山体，清除电站下游壅堵物，整修农村塌方道路，回填地质裂缝，治理滑坡、泥石流。水利、水电工程专业技术人员和抢险救灾部队齐心协力，组织水库泄洪排险，加固水库大坝和沟渠堤坝，治理变形河道，使灾区3000余座水库、800余座水电站、1000余公里堤坝等水利设施得到有效保护。

为快速处置地震造成的危险化学品泄漏和易燃易爆物品的险情威胁，灾区各级党委、政府和抢险救灾部队组织力量，采取多种应急抢险措施和除险手段。抢险救灾官兵冒着刺鼻的有毒气体和浓烟，有毒大火和雷管、炸药、液化气罐、煤矿瓦斯发生爆炸的危险，奋不顾身，争先上前，扑灭化工厂有毒大火，封堵有毒气体、液体泄漏，搜寻剧毒化学品，销毁转移雷管炸药和民兵武器弹药等易燃易爆物品，及时排除各种重大险情隐患。抢险救灾官兵还配合灾区党委、政府，拆除大批摇摇欲坠的水塔烟囱和开裂倾斜的高危建筑，消除影响灾区人民生产生活的各种安全威胁。在排除次生灾害隐患的日日夜夜里，抢险救灾官兵视灾区人民利益高于一切，哪里需要就到哪里，哪里灾情危急就冲向哪里，用自己的忠诚和血肉之躯战胜灾难，保护了灾区群众的生命财产安全。

四

抗震救灾的伟大胜利，依靠的是中国共产党的坚强领导和以人为本、执政为民理念，依靠的是能够集中力量办大事的社会主义制度优势和政治工作的传统优势，依靠的是改革开放30年的伟大成就、强大的综合国力和雄厚的物资资金投入。以此，才能最大限度地调动人民群众的积极性、主动性、创造性，迸发出万众一心、生死与共、无坚不摧、无往不胜的坚强斗志，为夺取抗震救灾的伟大胜利提供强大的精神动力和可靠的政治保证；才能弘扬中华民族“一方有难、八方支援”的优良传统，为抗震救灾行动提供紧急可靠的运输、通信、电力、测绘和气象水文保障；才能举全国之力，紧急调拨、生产和输送抗震救灾所急需的装备物资，保障救援行动的快速有序开展。

汶川特大地震发生后，从中央到地方，从部队到企事业单位，从群众团体到社会各界，紧急进行全民动员，持续进行思想发动，号召广大军民迅速投入到抗震救灾行动之中。中共中央连续召开政治局常委会议，向全党和全国军民发出动员令，要求各级党委、政府和中央各部门把抗震救灾作为当前最重要、最紧迫的任务，不畏艰难、顽强奋斗、团结协作、全力以赴，坚决打赢抗震救灾这场硬仗；号召全党和全国军民更加紧密地团结起来，奋不顾身地投入抗震救灾一线，急人民群众所急，解人民群众所难，以实际行动为抗震救灾贡献力量。解放军总政治部连续发出《关于贯彻落实胡锦涛主席指示、扎实做好抗震救灾中的政治工作》和《抗震救灾宣传教育提纲》等5个文件，要求部队进入最急需的地区、担负最艰巨的任务、发挥最关键的作用，向全党、全国人民交一份最合格的答卷。各军区、各军兵种、武警部队也都通过印发政治工作指示、动员教育提纲、政治动员令和向军旗宣誓等形式，深入搞好动员教育。部队紧急动员后，有的参战官兵递交了要求当先锋、打头阵的请战书，有的放弃休假或提前归队，有的转业待安置干部一起随队开赴前线。3774名家在灾区、亲属遇难的官兵，强忍悲痛，奋战在救灾岗位上。71566部队分队长陈艳华自费2700元，乘出租车从千里之外的家中赶回部队，带领分队奔赴前线救灾。

抗震救灾斗争全面展开后，各部队按照中央军委的部署，做到部队到哪里救灾，思想政治工作就跟进到哪里，通过召开誓师会、军旗下签名、挑应战、开办战地快报、编发手机短信等方式，把思想工作做到抗震救灾现场，渗透到每项救灾活动之中。同时针对不同时期、不同阶段的遂行任务特点和部队思想倾向，不断改进思想工作方式，增强政治工作的针对性、实效性。在重点抢救阶段，通过举起旗帜、挂出横幅、亮出标志、喊响口号等，营造英勇战斗、不怕牺牲和连续作战的战斗氛围，激励部队斗志，振奋拼搏精神。在“进村入户”全面搜救阶段，有针对性地提出强化任务第一、独立作战、爱民守纪、以人为本、科学施救的思想，广泛开展向英雄模范学习、向灾区人民学习、向友邻部队学习、向优秀志愿者学习的活动。在部队身心极度疲劳阶段，及时提出“防自满、防松懈、防急躁、防松散”的要求，树立持续作战、艰苦作战、长期作战的思想，确保部队思想不松、作风不散、斗志不减。95829部队针对少数官兵存在的畏难情绪，组织向茂县“空降15勇士”学习、向“上甘岭特功八连”冒死架设“生命天梯”的英雄壮举学习，开展在黄继光铜像前宣誓、在上甘岭战旗下签名活动，激励官兵作为英雄部队后代的自豪感、责任感。

地震发生后，中组部相继下发16份文件，对各级党组织在抗震救灾中发挥领导核心、战斗堡垒、先锋模范作用提出要求，对恢复重建基层党组织、“火线”入党、考察培养干部做出指示。灾区各级党委和参加抢险救灾的各路救援大军，及时调整加强党的组织机构，建立健全临时党委和党支部，充分发挥各级党委的领导核心作用、党支部的战斗堡垒作用和广大党员的先锋模范作用。成都军区联指党委、5个责任区党委、2000多个部队建制党委（党支部）和临时党委（党支部）、3.7万名党员，形成抗震救灾部队党的组织领导体系，对来自不同军区、不同军兵种、不同建制的14.6万部队官兵实施高度集中的统一指挥，在抢险救灾中的发挥了中流砥柱作用。百余名军以上干部深入到边远山寨指挥救灾行动，3000余名师团干部与部队一起奋战在抢险救灾第一线，2800余个党员突击队主动承担最艰巨、最危险的任务，广大党员不畏艰险，冲锋在前，展现了共产党员的光辉形象。71282部队政委刘法峰为组织突击队进入随时可能倒塌的危楼救人，要求党员和不是独生子女的举手先上，在场的285名官兵全部举起了手。71332部队1连担任尖刀连，强闯“死亡大峡谷”，向汶川县银杏乡桃关村开进，19名党员组成突击队走在最前面，爬断崖峭壁、闯江上断桥、滑空中铁索、钻坍塌隧道，提前进入桃关村展开救援。

抢险救灾部队继承和发扬战争年代的光荣传统，广泛开展“火线”入党和立功创模活动，形成比思想、比作风、比干劲、比贡献的立功竞赛热潮。截至6月6日，共有33991名积极分子向所在部队递交入党申请书，要求把最艰苦、最繁重的任务交给自己，在特殊战场接受党组织考验，先后有3240人被批准“火线”入党，仅济南军区部队就有939人“火线”立功。济南军区某部实习士官武文斌，因过度劳累引发肺血管畸形破裂而光荣牺牲，被中央军委授予“抗震救灾英雄战士”荣誉称号，追认为中共正式党员。各级领导和组织部门注重在艰苦环境下、艰巨任务中考察使用干部，考察掌握干部的政治表现、战斗精神、组织指挥和临机处置复杂问题的能力，一批决心很硬、标准很高、要求很严的优秀干部被提拔重用或被列入后备干部名单。

抗震救灾期间，中央、军队和地方各级宣传部门，调动一切宣传力量，运用现代传媒手段，以丰富多彩的宣传形式，宣传中共中央、国务院、中央军委的决策部署和军民战胜一切困难的英勇事迹。广大新闻工作者以神圣的职责意识深入抢险第一线，大力宣传抗震救灾先进集体和模范人物，宣传伟大的抗震救灾精神，宣传军民同呼吸、共命运的鱼水深情。文艺团体、出版部门和大批艺术家、作家、科技工作者，深入灾区，夜以继日地创作演出，编辑出版各种读物，为抗震救灾提供不竭的精神动力和科技支持。各级党委和政治机关，运用多种形式开展战地鼓动，营造攻坚克难、不怕苦累、勇于牺牲的战斗氛围，极大地鼓舞了军民抗震救灾的士气。

地震发生后，国家采取统一调拨、应急采购、紧急生产、社会筹措等形式，在全国范围内筹集食品、药品、帐篷、油料、建材等各种救灾物资，以最快的速度运往灾区。5月22日上午，胡锦涛主持召开中共中央政治局常委会议，第三次专题研究抗震救灾工作，要求一个月内向灾区生产调运90万顶帐篷。会议结束后，胡锦涛立即赶赴浙江湖州，实际考察帐篷生产情况。浙江泰普森休闲用品有限公司董事长杨宝庆参加完胡锦涛主持召开的调研会之后，当即与国外客户沟通，推后了2000万美元外贸订单的交货时间，将国家下达的3万顶帐篷生产任务增加为8.5万顶，开足马力，日夜奋战，提前两天完成生产、打包、发送任务。

为了确保抗震救灾行动的快速有序开展，国家交通运输部门、各级人民政府、解放军和武警部队，以及各企事业单位共调集征用5.9万余台客货运输车辆，开行各种铁路专列2万余列，执行救灾飞机飞行1万余架次，将抗震救灾人员和装备物资运向灾区；军地密切配合，科学划定临时空中管制区，严密实施地面和空中管制，确保大密度、高强度的输送通畅与安全；广大军民在公路、铁路、水路、空运沿线及交通枢纽，对救灾车辆提供引导、护送、信息、餐饮等多种服务保障，使立体交通网成为快速通向灾区的“绿色生命通道”。军地通信部门和电信行业，以“保畅通就是保生命，就是保胜利”的信念，科学组织，团结协作，在很短时间内，形成空中地面一体、固定移动结合、数字传真兼容、网络语音互补、传统现代并举的通信保障体系。电力部门在奋力抢修发电、输变电设施的同时，紧急调集应急发电机（车）1205台，重点保障了指挥机构、抢救现场、医疗救治、交通枢纽等重要部位和场所电力供应。军地测绘、气象、水文等部门，及时侦察监测灾情，提供气象水文和测绘信息，为各级抗震救灾指挥和救灾行动提供全天候服务。

卫星定位、红外探测与遥感技术等先进技术的使用，大大提高了指挥和救援效率。

国家和军队各部门、各系统、各行业，在全国、全军调集筹措了大批抢险工具、装备器材、工程机械等抢险器材和航空油料，源源不断地运往灾区。交通运输、通信、电力等系统和解放军、武警部队，采取定点保障、伴随保障等方式，设立临时维修点和流动维修队伍，及时维修“战损”的各类装备器材、车辆与机械。国家交通战备办公室为尽快恢复灾区公路畅通，从全国紧急调拨42座大型战备钢桥，4天内全部运抵广元、绵阳、德阳、成都等重灾地区。国务院应急压缩各类开支，紧急向灾区下拨40.2亿元的救灾资金。各任务部队和地方救援队、突击队采取自筹、贷款、预支垫付、动用“家底”等办法筹措资金，支援抗震救灾。强大的综合国力和雄厚的物资、装备以及资金投入，确保了救灾行动的顺利进行。

地震灾区的各级党组织、人民政府、公安部门和参加抢险救灾的解放军、武警部队和民兵预备役人员，在紧张抢险救灾的同时，高度重视灾区社会稳定工作，妥善解决抗震救灾中出现的各种问题，及时化解各种社会矛盾，加强对重点目标安全守护，严厉打击各种违法犯罪活动，快速处置各种突发情况，广泛开展军、警、民联防联治，大力维护灾区社会稳定，为抗震救灾工作全面顺利开展，提供了良好的社会安全保障。

五

在波澜壮阔的抗震救灾斗争中，中国人民以无所畏惧的英勇气概，团结一致的强大力量，气吞山河的伟大壮举，书写了中华民族发展史上新的壮丽篇章，铸就了“万众一心、众志成城，不畏艰险、百折不挠，以人为本、尊重科学”的伟大抗震救灾精神，成为鼓舞全国军民夺取抢险救灾伟大胜利的强大精神动力。

“万众一心、众志成城”，这是在特大地震灾害面前，中华民族展现出前所未有的团结和奋起的共同心声。举国上下患难与共，前方后方同心协力，海内海外和衷共济，凝结成坚如磐石、牢不可破的生命共同体，迸发出排山倒海、所向披靡的巨大力量，转化为全力以赴、同心协力、奋勇抗震抢险救灾的实际行动。冲破艰难险阻的千里大驰援，规模空前的生命大营救，如春潮涌动的爱心大奉献，共克时艰的社会主义大协作，奏响了同舟共济、顽强拼搏，战胜特大地震灾害的时代最强音。

汶川特大地震发生后，中共中央审时度势，果断决策，当即把抗震救灾确定为全党全国最重要、最紧迫的任务，迅速组织各方救援力量赶赴灾区，举全国之力抗震救灾。震后1个多小时，胡锦涛的重要指示随电波传遍全国；震后2小时，温家宝就飞赴灾区指挥抗震救灾。当日20时，胡锦涛主持召开中央政治局常委会议，全面部署抗震救灾工作。国务院抗震救灾总指挥部迅速成立，指挥机构高效运转。

在大灾面前，灾区各级党委和政府快速反应，紧急动员，发挥了中流砥柱作用，成为受灾群众的“主心骨”；参加抗震救灾的各级领导干部挺身而出，身先士卒，发挥了表率带头作用；在生与死的考验面前，广大党员舍生忘死，勇往直前，展现了新时期共产党人的光辉形象。

面对特大地震灾害，14.6万名解放军指战员、武警部队官兵坚决响应中共中央、中央军委紧急号令，从祖国四面八方火速驰援灾区，承担起抗震救灾最紧急、最艰难、最危险的抢险救灾任务。7.5万名民兵预备役人员迅速行动，成为解救受灾群众、抢修基础设施、防治次生灾害等方面的重要突击力量。广大消防官兵、公安民警恪尽职守，奋力救援，全力维护社会稳定，为抗震救灾的顺利进行提供了坚强有力的社会安全保障。

灾难当头，中华民族在悲痛中凝聚不屈的力量，神州大地奔涌着爱心热流。近20多万名志愿者自发从天南海北赶赴灾区，4550多万名党员自发向党组织交纳“特殊党费”，全国各族人民自发为灾区捐款捐物，各个城市的献血点被争先恐后无偿献血的人群“挤爆”。香港特区救援队、澳门特区医疗队、台湾红十字组织救援队赶赴灾区，港澳台同胞、海外华侨华人慷慨解囊，展现出全球华人的骨肉亲情。从城市到乡村、从部队到厂矿、从机关到基层、从街道到学校、从内陆到海外，社会各界迅速行动，汇聚成全民族共同战胜特大地震灾害的强大合力。俄新社载文赞誉中国“一个能够出动十万救援人员的国家，一个企业和私人捐款达到数十亿的国家，一个因争相献血、自愿抢救伤员而造成交通堵塞的国家，永远不会被打垮”。

“不畏艰险、百折不挠”，这是中华民族历经磨难而信念愈坚、饱尝艰辛而斗志更强、勇于自立于世界民族之林的重要支柱，是自强不息的强大动力。中华民族在数千年发展史上不曾向任何困难屈服，地震灾害更不能压垮中国人民。山摇地动，废墟上挺起不屈的脊梁；屋毁人亡，危难中铸就非凡的坚强。在极其惨烈的地震灾难突袭而来之际，广大军民“泰山压顶不弯腰”，生死较量不战栗，千难万险不放弃，顽强挑战体力、精神、生存极限，哪里有受灾群众就向哪里集结，哪里灾情危急就向哪里冲去，哪里有艰难险阻就向哪里挺进。这种压倒一切困难而不为任何困难所压倒的勇气，充分展现了中华民族敢于拼搏、敢于胜利的民族品格。

在同地震灾害的搏斗中，解放军和武警部队官兵、民兵预备役人员、公安民警和20多万名志愿者，以及灾区广大干部群众，经历了生与死、血与火的考验和锤炼。为尽快到达救灾现场，救援部队突破禁区强行空降，不顾危险打通道路；为尽快营救被困群众，救援人员在各个城镇、乡村舍生忘死奋力搜救；为确保灾区人民生命财产安全，救援部队冒着生命危险排除各类重大险情隐患；为排除举世关注的唐家山堰塞湖险情，解放军和武警部队官兵，以顽强的战斗意志连续奋战，克服各种艰难险阻，终于彻底征服了灾区130万群众头顶上的“悬湖”。在抢险救灾现场，灾情就是命令，时间就是生命。哪里有危险，哪里就有人民子弟兵的身影；哪里有困难，哪里就有志愿者的声音；哪里有需要，哪里就有无数双援助之手。废墟之上的一幕幕感人场景，展示了中国人民的勇敢坚强，见证了中国人民不畏艰险、战胜灾难的强大精神力量。

在大巴山深处，胡锦涛在简易防震棚里的小黑板上给孩子们写下16个大字“一方有难、八方支援、自力更生、艰苦奋斗”，鼓励孩子们树立信心，团结奋进，战胜灾难。在北川中学高三（1）班的临时教室里，温家宝用粉笔在黑板上写下“多难兴邦”4个大字，勉励学生勇敢面对困难和挑战，为振兴中华努力学习，报效国家。突如其来的地震灾难，是对中华民族意志和生命力的一次严峻考验，是对中华民族凝聚力和抗灾能力的一场现实挑战。挫折让中国更加团结，磨难让中国走向进步，中国人民在灾难面前感动世界。

“以人为本、尊重科学”，充分展现了在同地震灾害的艰苦搏斗中，中华民族关爱生命、崇尚理性的民族品格。以人为本是中国共产党的执政理念，更是抗震救灾的一面旗帜。灾难面前，人民生命高于一切！“第一位是救人”，“一线希望，百倍努力！”党和国家领导人在最短时间发出紧急号令，各方力量迅即展开一场气壮山河的生命大营救。从自救互救到重点抢救，从城镇搜救到“进村入户”全面搜救，抢险救援人员和时间赛跑、和死神竞速，采取一切有效手段，尽最大努力千方百计抢救人的生命。为了抢救生命，救援部队争分夺秒疾进灾区；为了抢救生命，救援人员坚持不抛弃、不放弃任何一线希望，深入到村寨的每一个角落实施搜救。为了践行生命至上、以人为本的庄严承诺，5000年中国文明史上又增添了多个“第一次”：第一次大规模调集多军种兵种部队全力救灾，第一次启动紧急救援机制举全国之力支援灾区，第一次作为受灾国向国际救援队敞开大门，第一次设立全国哀悼日使普通百姓可祭国哀，第一次国旗为在自然灾害中罹难的同胞而降。抗震救灾斗争从第一刻起，就在前所未有的公开透明中进行。地震发生不到半小时，震情就得到了公开报道。几小时内，国家和地方数次召开新闻发布会，公布最新震情统计数据。地震伤亡人数在互联网上实时更新。相关地方政府迅速通过手机短信发布上百万条安民信息。国务院新闻办公室、受灾地区政府的发布会天天举行。新闻工作者奔赴抗震救灾现场采访，各类媒体全程进行“实况直播”。及时准确、公开透明的信息传播，充分体现了中国共产党和中国政府对生命的尊重和关怀，让全世界看到了一个文明进步、团结自信、开放透明的中国。

在抗震救灾过程中，中国共产党、中国政府和参加抢险救灾的广大军民始终坚持依靠科学、运用科学，坚持把科技力量与顽强斗争精神有机结合起来。各路救援大军合理调配科技资源，综合运用各种科技手段，集中群众的智慧和技术，充分发挥空投空运、架桥筑路、医疗防疫、卫星通信、导航定位等专业技术力量的特殊优势，让每一台设备、每一项技术都转化为抗震救灾的最大效能。当大地痉挛、通信中断时，“风云”“资源”“北斗”“遥感”等系列卫星，成为抗震救灾的“千里眼”；当山崩地裂、桥断路毁时，大量的直升机、运输机、民航客机和军用飞机，成为抢险救灾的“千里马”；当深埋在废墟中的群众急需救援时，“生命探测仪”成为探测生命信号的“顺风耳”。尊重科学使救灾大军“与死神赛跑”如虎添翼，运用科学使“灾害损失降到最低”成为现实，科学处置使各种险情隐患、各类次生灾害化险为夷，科学救援使灾情得到有效控制，实现了“大灾之后无大疫”。

灾难让中华民族的力量空前凝聚，灾难使中华民族的生命力强力迸发。中国人民在战胜汶川地震灾害中所创造的伟大的抗震救灾精神，是中华民族精神的一次大洗礼，是集体主义、爱国主义精神的大检阅、大弘扬，是社会主义核心价值观体系的生动实践，也是全面建设小康社会征程上凝聚的新的精神力量，必将载入历史史册，给后人留下一笔取之不尽、用之不竭的宝贵财富。

抗震救灾斗争的伟大实践，使人们更加深刻地认识到：战胜这次特大地震灾害，离不开中国共产党的坚强领导。中共中央总揽全局，果断决策，各级党委和广大共产党员行动迅速，冲锋在前，发挥了坚强的核心领导作用；离不开中国特色社会主义的制度保证，集中力量办大事，“一切为了灾区，全力支援灾区”，紧急动员如此巨大的人力物力，让世界看到令人惊叹的中国力量、中国优势和中国奇迹，充分展现了社会主义制度的巨大优越性；离不开改革开放30年的经济发展成果和综合国力，强大的综合国力既为抗震救灾提供了坚实的技术保障和物资支持，又为抗震救灾提供了协调联动的应急救援体系和现代高效的国家管理能力；离不开人民子弟兵的主力军作用，危难时刻，人民军队用忠诚和血肉之躯在中华大地上筑起了巍然屹立的不朽丰碑，不愧为保卫人民的钢铁长城；离不开全国各族人民团结一心的巨大力量，灾难无情，人间有爱，人不分男女老幼，地不分东南西北，人人伸出援助之手，强大的民族凝聚力、向心力构成战胜特大自然灾害的有力支撑。

中国是世界上自然灾害最为严重的国家之一，灾害种类多、分布地域广、发生频率高、造成损失重。要深刻认识中国的基本国情，认真总结借鉴抗震救灾的实践经验，进一步加强和完善国家、地方和军队各级应对自然灾害的应急反应体制机制，建立和完善不同层级、不同专业应对不同自然灾害"精细化""实案化"应急反应预案，加大相关救灾专业技术装备研发力度，注重各类专业队伍能力建设，提高全民应对重大自然灾害快速动员水平，加快拓展信息集成、资源整合、应急联动等军民融合式发展道路，切实增强国家应对特大自然灾害的整体救援能力。

每一个时代、每一个民族都会遭受灾难，承受考验。将灾难的记忆，磨砺为民族振兴的坚强意志；让伟大的抗震救灾精神，升华为社会进步的强大动力。面对灾难，从大风大浪中走来的、具有5000年文明历史的中华民族不会屈服，也不会被任何艰难困苦所压倒。正是这种坚韧不拔的民族品格，推动着中华民族生生不息，开拓奋进。汶川特大地震抢险救灾斗争，充分显示了中国共产党和中国人民的智慧和力量，也锤炼出了伟大的抗震救灾精神，这是中华民族最宝贵的精神财富，必将激励中国人民战胜前进道路上的一切艰难险阻，信心百倍地实现中华民族的伟大复兴。

第一篇

部署抗震救灾

第一章　决策部署

第二章　组织实施

汶川特大地震发生后，中共中央总揽全局、审时度势，当即确定把抗震救灾作为全党、全国、全军最重要最紧迫的任务。中共中央总书记、国家主席、中央军委主席胡锦涛在地震发生当天即做出重要指示，要求调动各方力量全力以赴救人，确保灾区人民群众生命安全；相继又多次主持召开中共中央政治局常委会议和政治局会议。中共中央、国务院还召开了省区市和中央部门主要负责人会议，国务院多次召开常务会议和专题会议，国务院抗震救灾总指挥部先后召开 26 次会议，中央军委及军队抗震救灾指挥组多次召开会议，全面部署抗震救灾各项工作，研究解决抗震救灾中遇到的各项重大问题，组织全国各方力量支援灾区。在抢险救援的危急关头和生死考验的关键时刻，中共中央政治局常委和中央其他领导同志多次深入抗震救灾第一线，了解灾情，慰问灾区群众和参加抗震救灾的救援人员，现场组织指挥抗震救灾工作。

国务院抗震救灾总指挥部各成员单位，解放军各总部、各军区、各军兵种、武警部队，四川、甘肃、陕西等灾区和其他省（区、市）各级党委和政府，坚决贯彻中共中央的决策部署，迅速成立抗震救灾指挥机构，建立起上下贯通、军地协调、全民动员、区域协作的工作机制，组织各方救援力量赶赴灾区，搜救被困群众，救治受伤人员；紧急调集大批救灾物资运往灾区，精心部署受灾群众安置工作。

在惊心动魄的抢险救灾斗争中，各级指挥机构精心安排部署，及时组织指挥抢险救灾，贯彻以救人为主的方针，采取自救互救、重点抢救、入户搜救等有力措施，使人员伤亡减少到最低限度；适时调配力量，抢修被损毁的公路、铁路、机场及通信、电力、广播等基础设施，尽快恢复灾区群众的正常生活和保障抢险救灾人员需要；各级领导坚持深入现场，实施及时、正确和不间断的组织指挥，调整救援力量，有计划、有重点地解决突出问题，妥善安排灾区群众生活，逐步恢复各项基础设施，消除各种次生灾害，组织医疗救护、疫病预防，加强灾区社会治安，维护灾区稳定，确保抢险救灾斗争取得全面胜利。

第一章 决策部署

汶川特大地震发生后，中共中央、国务院、中央军委紧急做出决策部署，启动应急机制，调集人员和物资运往灾区，举全国之力抗震救灾。中共中央总书记胡锦涛，中共中央政治局常委吴邦国、温家宝、贾庆林、李长春、习近平、李克强、贺国强等先后深入灾区查看灾情，看望灾区群众和抢险救灾人员，组织指挥抢险救灾工作。

地震发生当晚，中共中央政治局常委会召开会议，决定成立国务院抗震救灾总指挥部，全面负责抗震救灾工作。国务院抗震救灾总指挥部还成立了四川前方指挥部，指挥抗震救灾工作。中央军委在地震发生不久，立即组织调集大批解放军、武警部队官兵和民兵预备役人员紧急驰援地震灾区，并迅速成立军队抗震救灾指挥组。灾区和其他省（区、市）各级党委和政府，也都紧急启动应急机制，成立抗震救灾指挥机构。

各级抗震救灾指挥机构，认真贯彻中共中央、国务院及国务院抗震救灾总指挥部的决策部署，具体实施抗震救灾工作，组织人力、物力、财力投入抢险救灾，研究解决急难险重问题，确保抢险救灾各项工作的落实。

第一节 指挥部署

面对突发的地震灾情，中共中央、国务院和中央军委迅速应对，统领全党、全军和全国各族人民奋勇投入抗震救灾斗争。地震之日当晚，中共中央政治局常委会召开会议，全面部署抗震救灾工作。中央政治局常委先后深入灾区一线，现场指挥和指导抢险救灾工作。国务院及国务院抗震救灾总指挥部高效运转，根据抗震救灾工作进展及时做出组织部署。中央军委指挥解放军、武警部队和民兵预备役人员，全力投入抗震救灾一线。果断有力的决策指挥，引领、推动了全国抗震救灾斗争有效顺畅的开展，组织凝聚了海内外中华儿女同舟共济的巨大力量，为夺取抗震救灾斗争的全面胜利提供了根本保证。

一　中共中央决策指挥

地震发生后，中共中央总书记、国家主席、中央军委主席胡锦涛就四川汶川发生特大地震做出重要指示，要求“尽快抢救伤员，保证灾区人民生命安全”。5 月 12 日 16 时 44 分，中共中央政治局常委、国务院总理温家宝从北京南苑机场乘专机飞赴四川灾区，现场部署指挥抗震救灾工作。

5 月 12 日 20 时，胡锦涛主持召开中共中央政治局常委会议，全面部署抗震救灾工作。会议听取了有关部门关于汶川地震灾情的汇报。会议强调，灾情就是命令，时间就是生命。灾区各级党委、政府和中央各有关部门一定要紧急行动起来，把抗震救灾作为当前的首要任务，不怕困难，顽强奋战，全力抢救伤员，切实保障灾区人民群众生命安全，尽最大努力把地震灾害造成的损失减少到最低程度。会议要求，立即组织解放军、武警部队、民兵预备役和医疗卫生人员，尽快赶赴灾区，全力抢救受伤人员；千方百计向灾区运送食品、饮用水、药品、帐篷和防寒衣被等救灾物资，确保灾区群众有饭吃、有衣穿、有干净水喝、有临时住处；迅速组织力量，抓紧抢修受损的设施和设备，尽快恢复灾区的通路、通电、通信和供水；严密监测地震灾情，采取有效措施，防止次生灾害发生，同时要科学组织救灾工作，防止造成新的伤亡；切实做好稳定人心的工作，加强正面舆论引导，对那些散布谣言、干扰破坏抗震救灾的行为，要坚决依法处理，确保社会大局的稳定。为加强对抗震救灾工作领导，中央决定成立国务院抗震救灾总指挥部，全面负责抗震救灾工作。中央号召，灾区各级党组织和全体党员一定要坚持人民利益高于一切，奋不顾身地投入到抗震救灾第一线，急人民群众之所急，解人民群众之所难，把党和政府的关怀送到每一个受灾群众中去。全国各地区、各部门一定要大力发扬“一方有难、八方支援”的精神，万众一心、众志成城，迎难而上、百折不挠，共同夺取抗震救灾斗争的胜利。22 时 34 分，胡锦涛就抗震救灾工作向中央军委委员、解放军总参谋长陈炳德做出指示：当务之急是救人，兵力出动越多越好、越早越好、越快越好；现在的关键是速度，要抓紧救人。

5 月 12 日晚，中共中央政治局常委、全国人大常委会委员长吴邦国委托全国人大常委会副委员长兼秘书长李建国，致电四川省人大常委会，表达对四川灾区人民和全省广大干部群众的深切慰问。同日晚，中共中央政治局常委李长春主持召开抗震救灾宣传报道专题会议。会议传达当晚中共中央政治局常委会议精神，对抗震救灾宣传报道工作做出部署。李长春强调，新闻宣传战线要认真贯彻落实中央精神，增强政治意识、大局意识、责任意识，以对党对人民高度负责的精神，牢牢把握正确舆论导向，坚持团结稳定鼓劲、正面宣传为主，大力营造万众一心、众志成城、迎难而上、百折不挠的社会氛围，为抗震救灾工作提供强大的精神动力、舆论支持和思想保证。

5 月 13 日，胡锦涛就抗震救灾工作做出指示：抗震救灾工作要点、线、面总体部署；当地党委、政府要组织力量搞好自救，积极抢救受伤群众；救援部队与地方干部要组织联合救援组，深入县城和受灾乡镇，全力实施抢救；在抓好点上救援的同时，一定要考虑面上的救援工作，要根据情况迅速组织力量到需要救援的地方抢救群众。

5月14日下午，胡锦涛主持召开中共中央政治局常委会议，进一步研究部署抗震救灾工作。会议听取国务院抗震救灾总指挥部关于抗震救灾工作的汇报。会议认为，面对特大地震灾害，在中共中央、国务院、中央军委的坚强领导下，地方各级党委和政府紧急行动，解放军、武警部队冲锋在前，各有关部门大力支持，社会各界无私援助，抗震救灾各项工作正在有力、有序、有效地进行，灾区社会秩序总体稳定。会议指出，这次地震灾害影响范围广，人员伤亡多，抢救难度大，抗震救灾工作面临严峻的挑战和困难。中央要求各地、各有关方面，务必把抗震救灾工作作为最重要最紧迫的任务，不畏艰险，连续作战，团结协作，全力以赴，坚决打胜抗震救灾这场硬仗。会议要求，要把抢救被困群众放在第一位，只要有一线希望，就要尽一切努力施救。中央决定，增派解放军、武警部队、公安消防特警，并配备必要的器械和工具，迅即赶赴灾区一线，全力投入抢险救援；继续从各地和部队调集医护人员，组成医疗队和专家组，到灾区对受伤群众实施救治，并加强卫生防疫工作，防止灾区疫病流行；千方百计安排好灾区群众生活，继续筹措和调运灾区急需的食品、饮用水、衣被、帐篷等物资，切实解决好受灾群众的吃饭、饮水、穿衣、住宿等问题；同时，深入细致地做好灾区群众思想工作，确保灾区社会稳定；抓紧抢修道路、电力、通信等基础设施，想方设法尽快恢复通往灾区的公路交通，以保证整个抗震救灾工作顺利进行；切实防止次生灾害发生，避免造成新的损失；进一步加强对抗震救灾工作的领导，统一指挥，科学调度，加强协调，分工负责，严明纪律，确保中央抗震救灾决策部署落到实处。中央号召，全党和全国军民要更加紧密地团结起来，一切为了灾区，全力支援灾区，以实际行动为抗震救灾贡献力量。同日上午，中共中央政治局常委、中央纪委书记贺国强主持召开中纪委常委会议，传达学习中共中央政治局常委会议精神，通报抗震救灾工作情况。会议要求，加强对抗震救灾资金和物品管理、使用情况的监督检查，保证以最快的速度用于受灾群众，对贪污、私分、截留、挪用行为，严惩不贷。

5月15日下午，中共中央政治局常委、中央书记处书记、国家副主席习近平在北京会见到访的美国耶鲁大学校长莱文一行，介绍四川汶川地震灾害的有关情况与中国党和政府带领人民为抗震救灾所做的巨大努力。同日14时20分，受胡锦涛委托，中央政法委主要负责人赶赴宝（鸡）成（都）铁路109隧道塌方现场，指导抢险工作，慰问抢险人员。途中，听取陕西省委、省政府关于地震灾情和抗震救灾工作的汇报；随后，在列车上召集铁道部、国土资源部、水利部、总参谋部有关负责人和随行专家，研究109隧道抢险工作；21时10分，在徽县召集甘肃省委、省政府和国务院有关部门及军队的负责人，进一步研究抢险方案。16日上午，中央政法委主要负责人前往陇南市武都区考察，看望受灾群众和抗震救灾部队，随后又前往陇南市第一人民医院看望受伤群众；下午，前往武都区桔柑乡、文县城关镇圆茨头村看望受灾村民，到文县第一人民医院看望受伤群众。21时30分，中央政法委主要负责人在文县召开会议，听取甘肃省委、省政府抗震救灾工作汇报后强调，继续千方百计救治受伤人员，妥善安排好受灾群众的生活；抓紧灾后重建和生产自救；高度重视次生灾害尤其是地质灾害和病险水库的监测防范工作；维护好社会秩序和市场秩序，确保社会大局稳定；更加尊重自然规律和社会发展规律，把科学发展观的要求更加自觉地贯彻落实到具体工作中。中央政法委主要负责人在武都区蒿坪村查看灾情时希望广大民兵“继续发扬不怕疲劳、连续作战的作风，以更积极的行动和更加顽强的意志投入抗震救灾中，把灾区群众的损失降到最低限度”。

5月16—18日，胡锦涛赶赴四川地震灾区，实地考察地震灾情和抗震救灾进展情况。16日10时30分，胡锦涛飞抵绵阳，随即在南郊机场主持召开会议，同温家宝共同研究部署抗震救灾工作，就继续做好抗震救灾工作做出重要指示。会议强调，抗震救灾工作要坚持以人为本，把抢救人民群众生命作为重中之重；要继续尽最大可能救人，只要有一线希望，就要做出百倍努力。会议要求，增派的3万名部队官兵要尽快到位，立即投入抗震救灾一线；要采取措施保证救援队伍在进入所有乡镇的基础上，尽快进入所有村庄；救援队伍要与基层干部结合起来，深入到群众中去，广泛开展救援工作；要为救援人员配备必要的设备、进行必要的培训，真正实行科学救援；对已经救出的群众要及时转移，对其中的孤儿、孤老要妥善安置；要密切关注震情，加强余震防范，防止发生新的伤亡。随后，胡锦涛乘车赶赴北川灾情最严重的乡镇之一擂鼓镇，向当地干部询问群众伤亡和安置情况，在北川中学救援现场接见正在抢险救援的部队官兵，到设在绵阳市南河体育中心的安置点看望慰问受灾群众，到绵阳市中心医院安慰伤员。17日，胡锦涛到汶川灾区查看受灾情况，指导抗震救灾工作。胡锦涛向当地干部询问灾情，在汶川振冲电力公司城关供电所同四川省和部队、公安部门负责人现场研究救援工作；到位于漩口镇的阿坝铝厂详细了解灾情；在白云顶隧道口，与来自海南公安边防医院的医务人员交谈；在寿江大桥边，看望来自上海、广东的公安特警和边防民警。随后，胡锦涛前往灾情严重的彭州市龙门山镇查看、了解抗震救灾工作进展情况。胡锦涛强调，要坚持把救人放在首要位置，继续争分夺秒地营救被困群众；要在妥善安置好受灾群众生活的同时，加快清理废墟，为下一步重建家园做好准备。20时，胡锦涛在成都组织召开抗震救灾工作会议，听取抗震救灾工作汇报，研究部署下一步抗震救灾工作。在听取汇报过程中，胡锦涛详细询问灾区粮食供应、伤员救治、水库安全等方面问题，并就解决这些问题做出重要指示。胡锦涛要求，继续争分夺秒地搜救被困群众，全力救治受伤人员，想方设法安排好受灾群众基本生活，抓紧抢修因灾毁坏的基础设施，做好恢复重建准备工作，切实加强对抗震救灾工作的领导。会后，胡锦涛接见参加会议的军以上干部。18日上午，胡锦涛在什邡灾区指导抗震救灾工作，看望慰问受灾群众和救援人员，要求抗震救灾部队组织精干小分队，带着食品、饮用水和药品深入边远山区救援，努力把抗震救灾工作延伸、拓展、落实到每一个村寨，并强调党和政府一定会帮助灾区人民渡过难关，任何困难都难不倒英雄的中国人民。10时15分，胡锦涛到什邡市蓥华镇蓥峰实业有限公司化工厂抢险救灾现场，慰问正在抢险救援的部队官兵。胡锦涛要求官兵发扬不怕疲劳、连续作战的作风，争分夺秒、千方百计地抢救受灾群众的生命，坚决打好抗震救灾这一仗。胡锦涛在蓥华镇考察时，了解到石门村灾情严重、急待救援的情况后，向空降兵下达救援任务。11时30分，胡锦涛在什邡灾区两棵树灾区群众安置点考察解放军医疗队，询问有关情况，勉励他们认真做好医疗防疫工作。晚上，胡锦涛在列车上召开会议，听取陕西省关于抗震救灾和恢复重建工作的汇报。胡锦涛在充分肯定陕西省抗震救灾斗争取得的重大阶段性成果后强调，一定要认真贯彻执行中央决策部署，坚持一手抓抗震救灾工作，一手抓经济社会发展，继续把抗震救灾作为当前最重要最紧迫的任务抓紧、抓实，扎扎实实做好各项工作，坚决打胜抗震救灾这场硬仗。胡锦涛指出，坚持以人为本，必须贯穿抗震救灾斗争全过程；要坚持把人民利益放在高于一切的位置，尽最大努力挽救伤员生命、减轻伤员病痛，使伤员在生理和心理上都得到良好的恢复；要着力加强卫生防疫力量，强化对饮用水和食品的卫生监督，防止灾区疫病流行；要千方百计安排好受灾群众生活，确保受灾群众有饭吃、有衣穿、有干净水喝，尤其要下最大的气力解决好受灾群众最急迫的临时住所问题，迅速筹集救灾帐篷、篷布房材料、活动板房，让受灾群众尽快安顿下来，让灾区学生尽快复课。胡锦涛强调，夺取抗震救灾的全面胜利，既需要依靠中央大力支持和全国人民无私援助，也需要发动灾区干部群众互帮互助、奋起自救；当务之急是要组织灾区群众搞好农业夏收夏种，组织灾区企业在确保安全的前提下尽快恢复生产，努力挽回灾害造成的损失。

5 月 16 日下午，中共中央政治局常委、全国政协主席贾庆林出席全国政协举行的政协委员抗震救灾捐赠活动仪式并讲话。贾庆林强调，抗震救灾是统一战线和人民政协当前最重要最紧迫的任务。政协委员是参加人民政协的各党派团体和各族各界人士的代表，参与抗震救灾是广大政协委员的责任和使命。政协委员要走在前头，做出表率，以实际行动对抗震救灾做出贡献。同日 23 时 30 分，李长春到新华社总编室，通过视频与四川抗震救灾报道前方指挥部的记者见面通话，并到新闻信息发稿中心与值班编辑记者交谈。17 日零时 20 分，李长春到中央电视台新闻中心、播控中心、海外新闻中心看望紧张工作的编播人员，与正在都江堰灾区现场采访的记者连线通话表示慰问。李长春强调，宣传思想战线要坚决贯彻中央决策部署，发扬不怕疲劳、连续奋战的优良作风，急灾区人民之所急，想灾区人民之所想，全力以赴抓好抗震救灾宣传报道工作，为夺取抗震救灾斗争的胜利提供强大的精神动力、思想保证和舆论支持。

5 月 18 日，中央政法委主要负责人在中央办公厅秘书局信息综合专报《四川省汶川县地震情况及抗震救灾工作》“震区 5 月 19—25 日天气趋势预报”上做出批示，要求国土资源部当前一定要把防治地质灾害放在首位，动员一切可以动员的力量，使用一切可以使用的技术手段和力量，加强监测和预防。

5 月 19 日，胡锦涛在军队有关情况报告上批示：“全军担负任务的部队在完成现有任务的同时，要抽调力量组成小分队，深入责任区内村庄，营救被困群众，医治伤员，帮助群众解决困难。要争分夺秒，时不我待。”同日，习近平主持召开中央党的建设工作领导小组会议。他强调，抗震救灾斗争正处在刻不容缓的紧要关头，党的建设战线要把抗震救灾作为当前最重要最紧迫的任务，以更加顽强的精神、更加得力的举措、更加深入的作风、更加扎实的工作，为打胜抗震救灾这场硬仗提供坚强的思想、政治和组织保证。19—21 日，习近平赴陕西灾区指导抗震救灾工作，慰问灾区干部群众。19 日，习近平在陕西理工学院向学校师生员工表示亲切的慰问，叮嘱当地干部和学校领导，一定要采取各种过渡办法让学生能正常上课，并尽快启动灾后恢复重建工作，为学生营造美好的校园环境。在汉中市中心医院，习近平看望了来自本地和甘肃灾区的受伤人员，一一询问他们的伤情和家庭情况，祝愿他们早日康复；叮嘱参与救治的医务人员要千方百计治疗伤员，把党和政府的关爱落实到伤员身上。习近平连夜主持召开会议，听取陕西省委、省政府关于抗震救灾的工作汇报，对陕西省抗震救灾工作给予充分肯定，鼓励大家再接再厉，进一步做好抗震救灾、灾后恢复工作。20日，习近平继续在陕西灾区查看灾情，强调各级领导干部要始终坚持以人为本，切实把群众利益放在第一位，满腔热情地为受灾群众排忧解难，妥善安排好他们的生产生活。21日，习近平到宝鸡灾区查看灾情，要求灾区各级党委、政府和有关部门再接再厉，认真贯彻落实胡锦涛在四川抗震救灾工作会议上的讲话精神，坚持把抗震救灾作为当前最重要、最紧迫的任务，群策群力、共克时艰，坚决打胜抗震救灾这场硬仗。

5月20日，贺国强到火车重庆北站考察四川灾区伤员治疗转运工作，充分肯定重庆警备区伤员转运队官兵的工作效率。21日上午，贺国强到重庆市交通委员会考察指导抗震救灾工作，并通过视频连线，查看重庆—遂宁公路抗震救灾运输保畅现场情况。在听取重庆市交通委员会关于重庆抗震救灾交通运输保障工作情况汇报后，贺国强对重庆市交通运输部门前一阶段的抗震救灾工作给予充分肯定，要求重庆市交通运输系统发扬不怕疲劳、连续作战的精神，保证成都—重庆的通道畅通，为四川抗震救灾以及灾后重建提供有力的运输保障。同日，贺国强出席重庆市抗震救灾工作会议并强调指出，抗震救灾工作形势依然严峻，任务艰巨，时间紧迫，重庆市要一如既往地做好抗灾自救和援助四川灾区工作。在自身抗震救灾工作方面，要进一步加强领导，统筹协调，精心组织，科学指挥，严明纪律，最大限度地发挥集体的智慧和组织的力量。在援助四川抗震救灾工作方面，要响应中央“一切为了灾区，全力支援灾区”的号召，以更高的热情、更大的努力、更多的投入、更扎实的工作，继续全力参与救援四川灾区被困群众工作，全力接收救治四川灾区受伤人员，全力帮助四川灾区安排好受灾群众的基本生活，全力支援四川灾区抢修因灾毁坏的基础设施，全力帮助四川灾区做好恢复重建准备工作。同日，贺国强到解放军驻渝某部看望即将赴四川灾区抗震救灾官兵。

5月22日上午，胡锦涛主持召开中共中央政治局常委会议，研究部署继续全力做好抗震救灾工作。会议听取了国务院抗震救灾总指挥部关于当前抗震救灾工作的汇报。会议强调，四川汶川等地特大地震灾害发生后，在中共中央、国务院和中央军委坚强领导下，四川等受灾省份各级党委、政府和中央各有关部门紧急行动，解放军指战员、武警部队官兵、民兵预备役人员和公安民警顽强奋战，广大医疗卫生人员、新闻工作者、科技工作者齐心协力，灾区广大干部群众奋勇自救，全国各地区、各部门和社会各界全力支持，海外华侨华人踊跃捐助，国际社会积极施援，抗震救灾各项工作取得了重大进展，为打胜这场抗震救灾的硬仗奠定了坚实基础。会议指出，抗震救灾形势依然严峻，任务十分艰巨，要继续把抗震救灾作为当前最重要、最紧迫的任务，扎扎实实做好各项工作；要继续搜救被困群众，切实把搜救工作落实到每一个乡村，特别是要抓紧彻底排查边远乡村，努力做到无一疏漏；要继续抓紧救治伤病群众，尽快将重伤员转送到条件较好的医疗机构救治，保证灾区医疗急救物资供应，尽最大努力保障受伤群众生命安全；要继续做好卫生防疫工作，尽快充实专业防疫力量，强化灾区防疫，加强疫情监测，确保大灾之后无大疫；要下大气力做好受灾群众安置工作，抓紧调运粮食、食品、饮用水、衣被等物资，加快帐篷、活动板房等急需物资的生产和调运，切实保障受灾群众基本生活，确保他们有饭吃、有衣穿、有干净水喝、有安全住处，特别要精心安置好孤儿、孤老、孤残；要继续抢修因灾毁损的基础设施，特别是要抢护发生险情的水库、水电站和堰塞湖，严防次生灾害造成新的损失；要继续做好思想工作，注重做好心理安抚和思想疏导，加强社会管理，维护好社会秩序，确保灾区社会安定、人心稳定；要在确保安全的条件下，组织灾区干部群众尽快恢复生产，积极帮助广大农民抢收抢种、恢复农业生产，积极创造条件帮助灾区学生恢复上课，努力把这场地震灾害造成的损失减少到最低程度。会议强调，在全力做好抗震救灾工作的同时，各地区、各部门要按照中央的决策部署，一手抓抗震救灾工作，一手抓经济社会发展，全力以赴支援灾区，努力保持经济平稳较快发展，努力保持社会和谐稳定。中央有关部门要指导受灾地区在深入调查、综合评估、科学规划的基础上，及早规划和适时开展灾后重建工作。会议号召，各级党组织、各级领导干部和广大党员要牢记全心全意为人民服务的根本宗旨，真正做到想群众之所想、急群众之所急、办群众之所需、解群众之所难，团结带领广大群众继续信心百倍地同地震灾害做斗争，克服一切困难，排除一切险阻，坚决夺取这场抗震救灾斗争的全面胜利。

5 月 22 日下午，吴邦国主持第十一届全国人大常委会第四次委员长会议，听取国务院关于汶川地震抗震抢险及救灾工作情况的汇报。李克强列席会议并代表国务院做汇报。吴邦国强调，全国人大常委会全力支持抗震救灾工作，决定将听取审议国务院关于抗震救灾工作情况的报告，列入 6 月下旬召开的十一届全国人大常委会第三次会议议程；对 2008 年预算支出结构做出相应调整，以抗震救灾、保障灾区人民生活为根本，一切从抗震救灾工作实际情况出发，需要多少给多少；及时总结经验，研究修改突发事件应对法、防震减灾法等相关法规，增强针对性和可操作性，为抗震救灾和应对突发事件提供更加有力的法律保障。吴邦国同时还强调，要把思想和行动统一到中央的决策部署上来，同心同德，坚定信心，全力以赴夺取抗震救灾斗争全面胜利，奋发图强，实现经济社会又好又快发展。同日下午，李长春主持召开中央主要新闻单位负责人会议时强调，要按照中央部署，在继续宣传搜救被困群众的同时，宣传好妥善安置群众生活、恢复生产、救治伤员、卫生防疫、防止次生灾害等；在继续宣传灾区抗震救灾工作的同时，宣传好全国各地、各部门一手抓抗震救灾工作、一手抓经济社会发展，为保持经济平稳较快发展、维护社会和谐稳定、夺取抗震救灾斗争的全面胜利提供强大的精神动力、思想保证和舆论支持。

5 月 23 日，贾庆林主持政协第十一届全国委员会第四次主席会议并讲话。李克强代表国务院到会通报汶川特大地震抗震抢险及救灾工作情况。会议围绕做好下一阶段抗震救灾工作进行认真讨论，积极建言献策。贾庆林对各级政协组织和广大政协委员提出了积极协助党和政府做好抗震救灾工作，为夺取抗震救灾斗争的全面胜利做出更大的贡献的要求。同日下午，中央政法委召开会议，研究部署政法系统抗震救灾和维护社会稳定工作。会议强调，全国政法机关和广大干警要继续把抗震救灾作为义不容辞的重大政治责任，继续发扬不怕疲劳、连续作战、能打硬仗的优良作风，积极主动地做好抗震救灾和维护社会稳定的各项工作。

5 月 25 日，胡锦涛先后到河北廊坊雅致集成房屋（廊坊）有限公司、中太建设集团股份有限公司实地考察救灾过渡安置房生产情况。胡锦涛考察后指示，要挖掘生产潜力，克服各种困难，千方百计增加产量，努力完成过渡安置房生产任务；要把质量放在首位，符合防震、防火、防水、通风、采光、卫生等方面的设计要求，坚持质量不合格决不出厂；要抓紧抢运装配，运输部门要扩大运力、特事特办，优先保证生产出来的过渡安置房第一时间运往灾区；装配企业要及时组织队伍赶赴灾区一线，迅速把过渡安置房装配起来，让受灾群众尽快住进去；要加强组织领导，各级政府部门要为过渡安置房生产企业提供服务，帮助这些企业解决原材料供给、零部件配套和流动资金等问题，为他们按期完成中央下达的任务创造有利条件。

5月26日，胡锦涛主持召开中共中央政治局会议。会议指出，四川汶川发生的特大地震是新中国成立以来破坏性最强、波及范围最广、救灾难度最大的一次地震。地震发生后，在中共中央、国务院和中央军委的坚强领导下，全党全军全国各族人民万众一心、众志成城，各地区、各部门、各方面紧急行动、全力以赴，灾区广大干部群众不屈不挠、奋起自救，全社会奉献爱心、倾力支援，香港同胞、澳门同胞、台湾同胞以及海外华侨华人和衷共济、踊跃捐献，形成了抗击地震灾害的强大力量，开展了规模空前的抗震救灾斗争。众多外国政府、国际组织和国际友人积极支援，为抗震救灾提供了宝贵帮助。经过顽强努力，抗震救灾斗争取得了重大阶段性成果。会议指出，抗震救灾形势依然严峻，任务十分艰巨，仍处在刻不容缓的紧要关头；要坚持以人为本，在继续做好被困群众搜救工作的同时，把安置受灾群众、恢复生产、灾后重建摆在更加突出的位置，扎扎实实做好抗震救灾各项工作。会议强调，增派有经验的专家，保证医疗急救物资供应，做好部分伤员转移治疗工作，全力抢救受伤群众，尽最大努力保障伤员生命安全；着力安排好受灾群众生活，调动各方面资源，抓紧生产和调运帐篷、篷布房材料、活动板房等物资，抓紧调运生活物资，确保灾区群众临时居住和基本生活；全力开展卫生防疫工作，增派卫生防疫人员，及时调运防疫药品，迅速把卫生防疫力量覆盖到所有乡镇、村庄，加强疫情监测报告，确保大灾之后无大疫；严密防范次生灾害，加强地震监测预报，做好余震防范工作，重点做好堰塞湖险情处置；抓紧抢修基础设施，尽快全面恢复灾区交通、通信、供电、供水。在确保安全的前提下，灾区企业要自力更生、奋起自救，农村要组织抢收、抢种，尽快恢复工农业生产；创造条件帮助灾区学生恢复上课，妥善安排孤儿、孤老、孤残生活，深入做好受灾群众心理安抚和思想疏导工作，加强社会管理，维护好灾区社会秩序；认真做好灾后重建前期工作，统筹规划、科学评估、分步实施，抓紧制定灾后重建规划和具体实施方案，建立对口支援机制，举全国之力，加快恢复重建。会议强调，要进一步加强组织领导，加强地方、部队及各方面救援力量的协调配合，建立健全强有力的市、县、乡、村抗震救灾领导体制，充分发挥基层党组织的战斗堡垒作用、各级干部的模范带头作用、广大党员的先锋模范作用，确保抗震救灾各项工作和措施的落实。各级干部要坚持把群众利益放在第一位，深入灾区，深入基层，靠前指挥，把受灾群众安危冷暖放在心上，满腔热情帮助受灾群众排忧解难，尽心尽力帮助他们渡过难关；引导灾区群众发扬自力更生、艰苦奋斗精神，互帮互助，苦干实干，在全国人民的支持下，满怀信心重建家园，创造美好的生活；加强宣传舆论工作，及时、准确地公布震情、灾情和抗震救灾情况，深入宣传抗震救灾中涌现出来的先进集体和模范人物，激励广大干部群众振奋精神，团结一心搞好抗震救灾工作。会议强调，改革、发展、稳定的任务很重。各地区、各部门要按照中央的决策部署，坚持一手抓抗震救灾工作、一手抓经济社会发展，全力以赴支援灾区，全力以赴保持经济平稳较快发展、社会和谐稳定，切实做好奥运会和残奥会的筹备工作，以实际行动支持抗震救灾，坚决夺取这场抗震救灾斗争的全面胜利。同日，胡锦涛在新华社报道《救灾官兵中出现多种疾病应引起重视》上做出批示：要关心救灾一线官兵的生活，认真落实后勤保障的各项措施，使部队保持持续旺盛的战斗力。深夜，胡锦涛给正在四川前方指挥抗震救灾的回良玉打电话，询问唐家山堰塞湖抢险进展情况，并要求一定要坚持以人为本，把确保人民群众生命安全放在首位；要认真组织，精心安排，加强巡视，做好应急预案，确保紧急情况下不出大的问题。

5月26—28日，吴邦国赴四川灾区慰问受灾群众，看望救援人员，实地查看灾情，了解抗震救灾工作进展，指导抗震救灾工作。26日，吴邦国到成都军区总医院慰问伤病员和医务人员，看望抗震救灾部队。27日晨，吴邦国乘直升机前往汶川县映秀镇查看灾情，随后乘直升机赴都江堰灾区，前往紫坪铺水库查看灾情；下午，到都江堰市幸福社区集中安置点考察慰问。28日上午，吴邦国到绵竹市汉旺镇考察东汽灾情，慰问东汽干部职工，指示东汽重建家园、重建工厂，早日恢复生产，重建更高水平的东汽；下午，到平武县平通镇考察并看望抗震救灾官兵，看望企业职工和学校师生，慰问灾区干部群众和来自四面八方的救援人员；赶往德阳市第一人民医院的帐篷病房，看望受伤人员和医务人员。傍晚，吴邦国驱车到位于绵阳市的长虹培训中心，看望在那里复课的北川中学师生。

5月28日，贺国强在抗震救灾资金物资监管工作汇报会上提出，加强抗震救灾资金、物资监管，要成立抗震救灾资金、物资监督检查领导小组，切实加强组织领导；建立健全规章制度，为加强抗震救灾资金、物资监管提供重要保障；充分发挥各方面作用，对抗震救灾资金、物资管理使用情况进行全方位监督；开展专项审计，确保抗震救灾资金、物资及时拨付、有效使用；组织专项检查，及时发现和纠正抗震救灾资金、物资管理使用过程中出现的问题；坚持公开透明，切实把抗震救灾资金、物资管理使用置于阳光之下；严格执行纪律，从快、从严、从重处理抗震救灾资金、物资管理使用中的违纪违法行为。

5月29—31日，贾庆林赴四川灾区慰问受灾群众，看望救援人员，实地查看灾情，了解抗震救灾工作进展，指导抗震救灾工作。29日16时许，贾庆林抵达成都太平寺机场，随即前往四川省人民医院，慰问接受治疗的受伤群众和救援人员；随后看望四川省政协机关和统战部门干部，会见海内外佛教、道教界人士。晚上，贾庆林在火车上听取四川省委、省政府抗震救灾工作的情况汇报。贾庆林强调，要坚持以人为本，在继续做好被困群众搜救工作的同时，把安置受灾群众、恢复生产、灾后重建摆在更加突出的位置；要广泛动员统一战线成员和政协委员投身抗震救灾工作，充分发挥统一战线和人民政协的优势和作用。30日，贾庆林在广汉机场慰问交通运输部救捞局和香港特区政府飞行服务队抗震救灾联合机组。31日上午，贾庆林实地考察63820部队自救、支援地方抗震救灾和恢复建设工作；下午，到青川县沙州镇查看灾情，看望慰问抗震救灾部队官兵。

5月31日至6月1日，胡锦涛第二次赶赴地震灾区。5月31日，胡锦涛抵达宁强县，实地考察抗震救灾和恢复重建工作，看望慰问受灾群众和救灾人员。上午，在广坪镇金山寺村一个简易防震棚中，胡锦涛拿起粉笔，在小黑板上写下“一方有难、八方支援、自力更生、艰苦奋斗”16个大字；号召党员干部要发挥模范带头作用，带领群众恢复生产、重建家园。下午，胡锦涛接见在金山寺村执行抗震救灾任务的兰州军区赴汉中医疗队医护人员，希望他们继续发扬救死扶伤的人道主义精神，保证灾区群众有病能及时得到治疗，尽最大努力保障灾区群众身体健康。随后，胡锦涛到金山寺村的帐篷医疗点，与正在接受治疗的4名受伤群众进行亲切交谈，鼓励他们安心养病，争取早日康复。当晚，胡锦涛在列车上召开会议，听取陕西省关于抗震救灾和恢复重建工作的汇报。在充分肯定陕西省抗震救灾斗争取得的重大阶段性成果后，胡锦涛强调，一定要认真贯彻执行中央决策部署，坚持一手抓抗震救灾工作，一手抓经济社会发展，继续把抗震救灾作为当前最重要、最紧迫的任务抓紧、抓实。胡锦涛指出，必须把坚持以人为本贯穿于抗震救灾斗争全过程；要坚持把人民利益放在高于一切的位置，尽最大努力挽救伤员生命、减轻伤员病痛，使伤员在生理和心理上都得到良好恢复；要着力加强卫生防疫力量，强化对饮用水和食品的卫生监督，防止灾区疫病流行；要千方百计安排好受灾群众生活，确保受灾群众有饭吃、有衣穿、有干净水喝，尤其要下最大的气力解决好受灾群众最急迫的临时住所问题，迅速筹集救灾帐篷、篷布房材料、活动板房，让受灾群众尽快安顿下来，让灾区学生尽快复课。6月1日，胡锦涛抵达陇南市武都区、康县查看灾情，看望慰问受灾群众和抢险救灾官兵，检查指导抗震救灾工作。8时30分，胡锦涛到康县王坝乡李家庄村查看灾情，并到村民集中安置点看望慰问群众和部队官兵。9时43分，在王坝乡李家庄村东庄社，胡锦涛接见了正在执行抢险救灾行动的官兵，询问部队抢险救灾情况；先后到抗震救灾部队为受灾群众搭建的东庄社灾后重建示范村、抗震救灾部队宿营地了解灾后群众生活和抢险救灾官兵生活情况。胡锦涛要求官兵继续发扬连续作战、不怕困难、不怕吃苦、英勇顽强的作风，与灾区人民群众团结起来，共同奋斗，夺取抗震救灾的全面胜利。随后，胡锦涛又赶往遭受重灾的武都区，前往陇南市第一人民医院，看望慰问伤员、医务人员和正在参与救治的巴基斯坦医疗队队员。13时40分，胡锦涛到达武都区马街镇姜家山村，查看抗震救灾部队开设的“帐篷小学”，接见抢险救灾官兵代表。胡锦涛叮嘱部队领导，要继续胸怀大局，坚持解放军听党指挥、服务人民、英勇善战的优良传统，发扬不怕疲劳、连续作战的英勇精神，按照地方党委和政府的统一安排，在安置受灾群众生活、救治伤病人员、加强卫生防疫、帮助群众清理废墟、修复道路等基础设施、支持恢复生产、搞好重建规划、加强基层组织建设等方面继续发挥突击队作用，千方百计为受灾群众排忧解难，努力为夺取抗震救灾斗争的全面胜利再立新功；要进一步加强思想政治工作，妥善安排官兵生活，注意加强自身安全，保护部队战斗力。当晚，胡锦涛在列车上召开会议，听取甘肃省委、省政府关于抗震救灾和恢复重建工作的汇报。胡锦涛充分肯定了甘肃省抗震救灾斗争取得的重大阶段性成果，要求广大干部群众按照中央的决策部署，奋力夺取抗震救灾斗争的全面胜利，努力保持经济社会发展的良好势头，维护社会大局稳定。同日，胡锦涛在得悉77116部队一架直升机失事后指示，立即组织力量搜救。

6月1—3日，李长春赴四川灾区指导抗震救灾和恢复重建工作。1日，受胡锦涛委托，李长春到达四川灾区，看望慰问灾区少年儿童，并向灾区转移安置和受伤治疗学生转交中央宣传文化部门赠送的10万台收音机和一批少儿读物、学习用品。当日，李长春到绵阳市广播电视中心、绵阳日报社看望慰问干部职工，看望人民日报社、新华社、中央人民广播电台、中央电视台等中央新闻单位参加四川抗震救灾报道的一线编辑、记者代表，看望慰问奋战在抗震救灾第一线的新闻工作者。2日，李长春先后到平武县南坝镇考察灾情，看望参加抗震救灾的空降兵95900部队官兵和四川省军区民兵预备役人员；到设在长虹培训中心的北川中学临时学校，看望在那里复课的学生；到罗江县金山镇一个群众安置点看望受灾群众。同日，李长春在列车上召开座谈会，听取四川省委、省政府的汇报，对四川抗震救灾工作给予充分肯定，并就进一步做好抗震救灾宣传报道工作与四川省委负责人交换意见。3日，李长春先后到汶川县映秀镇实地查看灾情，看望慰问参加映秀镇抗震救灾和卫生防疫的解放军指战员、武警部队官兵、公安民警和防疫人员；到都江堰广播电视台，看望慰问干部职工；到世界文化遗产都江堰二王庙古建筑群，听取文物管理部门的情况汇报；到四川大学华西医院，慰问接受治疗的受伤群众；在成都会见从北京到灾区体验生活的作家、艺术家。

6月5日上午，胡锦涛主持召开中共中央政治局常委会议。会议指出，汶川地震发生后，在中共中央、国务院和中央军委的坚强领导下，全党全军全国各族人民万众一心、众志成城、顽强奋战，夺取了抗震救灾斗争的重大阶段性胜利。在这场抗震救灾的艰苦斗争中，全国各省（区、市）大力发扬一方有难、八方支援的精神，紧急派出大批抢险、医疗卫生等队伍奔赴灾区，全力参与搜救被困群众、救治伤员、防控疫情、抢修基础设施等工作，同时向灾区运送大批救灾物资，踊跃捐款捐物，千方百计帮助受灾群众解决临时和过渡住所，为抗震救灾工作做出了突出贡献。会议指出，这次特大地震是新中国成立以来破坏性最强、波及范围最广、救援难度最大的一次地震，灾后恢复重建是一项十分艰巨的任务，为加快灾后恢复重建，必须充分发挥社会主义制度能够集中力量办大事的政治优势，举全国之力，要坚持一方有难、八方支援，自力更生、艰苦奋斗的方针，按照“一省帮一重灾县”的原则，合理配置力量，建立对口支援机制，组织有关省市对口支援灾区，加快灾后恢复重建。会议要求，对口支援机制建立后，承担对口支援任务的有关省市要按照中央的统一部署，积极为灾区提供人力、物力、财力、智力等各种形式的支援，优先解决受灾群众基本生活条件，帮助恢复建设城乡基础设施、公共服务设施和居民住房，开展人才培训、科技支持服务等。中央将统一研究制定对口支援的优惠政策。

6月5—9日，中央政法委主要负责人先后到彭州、都江堰、汶川、什邡、北川、安县等极重灾县（市）看望受灾群众，慰问政法干警、武警官兵，就政法机关灾后重建、化解社会矛盾、维护社会稳定等问题进行专题调研，指导抗震救灾工作。考察期间，中央政法委主要负责人听取四川省委、省政府关于抗震救灾工作的汇报。7日，中央政法委主要负责人到甘孜看望农户，慰问基层干警、武警官兵，在成都接见政法系统抗震救灾基层优秀代表等。

6月10日10时55分，胡锦涛得悉失事直升机找到的消息后立即做出批示，向遇难机组人员和机上群众表示沉痛悼念，向遇难人员亲属表示慰问，向执行搜救失事直升机任务的部队官兵和民兵预备役人员表示感谢。

6月13日上午，中共中央、国务院在北京召开省区市和中央部门主要负责同志会议。胡锦涛、吴邦国、温家宝、贾庆林、习近平、李克强、贺国强等出席会议，吴邦国主持会议。胡锦涛在会上发表重要讲话，全面分析形势，提出了做好抗震救灾和恢复重建、推动经济社会又好又快发展等工作的总体要求和主要任务。温家宝在讲话中通报了前一阶段抗震救灾工作情况和当前经济形势，对地震灾后恢复重建对口支援、保持经济发展良好势头等工作做了具体部署。

6月13—15日，贺国强到四川灾区查看灾情，看望慰问受灾群众和救援人员，指导抗震救灾和恢复重建工作。13日，贺国强到成都市第三人民医院看望伤员和医务人员。当晚，贺国强主持召开座谈会，听取有关工作的汇报。14日晨，贺国强乘火车到都江堰市青城山镇泰安村受灾群众安置点，了解受灾群众生活、医疗等情况。考察期间，贺国强到海蓉药业物资调配中心、北川羌族自治县擂鼓镇救灾物资调配中心、成都双流机场考察抗震救灾款物接收、管理、分发及监管情况。下午，贺国强到北川老县城、擂鼓镇实地了解活动板房建设规划情况，在临时办公点看望纪检监察干部，慰问遇难纪检监察干部家属，看望参与救援的解放军指战员、武警部队官兵和公安民警。15日上午，贺国强听取四川省委、省政府抗震救灾工作汇报并给予充分肯定；下午，到成都双流机场货运站，考察抗震救灾国内外捐赠物资接收、管理、分发及监管工作，慰问药监、药检系统干部职工和志愿者。考察期间，贺国强还到四川省纪委、监察厅看望纪检监察干部，会见抗震救灾先进集体和优秀纪检监察干部代表。

6月14日，胡锦涛签署命令，授予成都军区某陆航团“抗震救灾英雄陆航团”荣誉称号，给该陆航团92734机组机长邱光华追记一等功。成都军区给遇难机组其他4人追记一等功。

6月24—26日，吴邦国主持召开第十一届全国人大常委会第三次会议，听取和审议了国务院关于汶川地震抗震救灾及灾后恢复重建工作情况的报告等。会议表决通过了关于四川汶川特大地震抗震救灾及灾后恢复重建工作情况报告的决议，批准国务院提出的2008年中央预算调整方案。

6月27日，李长春到中央电视台出席由中央文明办、教育部、共青团中央、全国妇联主办的“‘抗震救灾英雄少年’颁奖晚会——《英雄少年》”，为抗震救灾英雄少年颁奖。27—29日，根据胡锦涛的指示，习近平到四川灾区考察抗震救灾工作。27日，习近平会见四川省先进基层党组织和优秀共产党员代表，并在成都会见香港特区政府派往四川参加抗震救灾工作的飞行服务队、救援队、防疫队和医疗队成员。28日，习近平先后到都江堰市幸福家园受灾群众安置点、都江堰市龙池镇南岳村、北川羌族自治县桂溪乡、平武县平通镇，看望受灾群众、卫生防疫人员以及执行抗震救灾任务的部队官兵。29日，习近平到汶川县映秀镇考察抗震救灾工作，看望慰问映秀片区成都军区和武警部队等执行抗震救灾任务官兵，看望湖北医疗卫生防疫队队员。

6月30日，中共中央在北京中南海怀仁堂召开抗震救灾先进基层党组织和优秀共产党员代表座谈会。胡锦涛出席座谈会并发表重要讲话，习近平主持座谈会，吴邦国、温家宝、贾庆林、李长春、李克强等出席座谈会。座谈会前，胡锦涛等会见受到表彰的抗震救灾先进基层党组织、抗震救灾优秀共产党员代表和被追授为抗震救灾优秀共产党员的亲属代表。

7月6—7日，贾庆林到陕西汉中、甘肃陇南灾区指导抗震救灾和恢复重建，看望慰问受灾群众。6日，在宁强县广坪镇，贾庆林详细查看各单位建筑物受损情况，看望执行抢险救灾任务的部队官兵。7日，贾庆林前往文县中庙乡中坪村、肖家坝村漩滩社查看灾情和灾后重建情况，看望受灾群众和执行抢险救灾任务官兵，详细了解部队在灾区的生活和任务完成情况，勉励官兵要始终把灾区人民的利益放到首位。6—7日，贾庆林分别听取陕西省和甘肃省工作汇报时指出，抗震救灾工作进入安置受灾群众和恢复重建阶段，任务艰巨繁重，要坚持以人为本，继续做好食品、饮用水、衣被等生活必需品调运工作，集中力量抓好住房建设，抓紧研究解决受灾群众的生计问题，妥善安置好受灾群众生活；要制定科学合理的规划，统筹考虑基础设施和公共服务设施建设、城乡布局和生产力布局、生态环境保护和次生灾害防治，提高设防标准，有序推进灾区恢复重建进程；要充分发挥地方、企业和干部群众的积极性、主动性、创造性，加大政府支持力度，鼓励社会广泛援助，尽快恢复灾区的工农业生产；要做好对口支援工作，搞好规划论证，选好支援项目，抓好组织实施，努力争取最大效益和最好效果；要鼓励灾区人民自力更生，互帮互助，苦干实干，用自己的双手重建美好家园。

7月25日，胡锦涛在总后勤部部长廖锡龙呈报的《赴甘肃、四川地震灾区调研情况报告》上批示：抗震救灾等后勤保障工作做得是好的。要认真总结经验，不断提高保障能力和水平，更好地为部队执行任务服务。

10月7日，胡锦涛、吴邦国、温家宝、贾庆林、李长春、习近平、李克强、贺国强等分别到中国人民革命军事博物馆，参观“万众一心、众志成城——抗震救灾主题展览”。胡锦涛强调，气壮山河的抗震救灾斗争铸就了伟大的抗震救灾精神。大力弘扬伟大的抗震救灾精神，就一定能够战胜前进道路上的任何艰难险阻，把党和国家各项事业不断推向前进。同日，中共中央、国务院、中央军委公布《关于表彰全国抗震救灾英雄集体和抗震救灾模范的决定》。决定授予成都市公安局交通警察支队等320个集体“全国抗震救灾英雄集体”荣誉称号，追授雷勇等5人“全国抗震救灾模范”荣誉称号，授予蒋敏等517人“全国抗震救灾模范”荣誉称号。

二　国务院组织部署

国务院领导部署抗震救灾　5月12日16时44分，温家宝从北京乘专机飞赴四川灾区，部署、指挥救灾工作。专机起飞前，温家宝要来四川省地图，同国务委员兼国务院秘书长马凯及国务委员、公安部部长孟建柱一起听取有关部门汇报，了解灾区情况。温家宝在飞机上主持召开紧急会议，部署有关工作。温家宝要求各级党委、政府要把保护人民生命财产安全放在第一位，全力做好被困群众和受伤群众的救治工作，安排好受灾群众生活，全力组织恢复受损的基础设施，特别要抓紧通水、通电、通路，保证通信畅通，保证重要基础设施和水库大坝、铁路公路涵洞的安全，保证社会秩序的正常。19时10分，温家宝乘坐的专机抵达成都。随后，温家宝乘车赶往都江堰灾区。到达都江堰后，由于道路受阻，温家宝要求尽快打通道路，随即决定在都江堰市设立临时抗震救灾指挥部。初步了解灾区情况后，温家宝做出指示：部队要立即从南、北两个方向向震中地区前进，克服一切困难，尽快进入受灾最严重的地区；要争分夺秒抢修公路，哪怕修一条临时道路，也要把道路打通；进一步摸清受灾情况；想尽一切办法将包括药品和食品在内的救灾物资运进灾区；地震部门抓紧会商，对地震趋势做出科学研判。随后，温家宝前往都江堰市灾情严重的中医院和聚源镇中学查看灾情，慰问受灾群众。

5月12日19时40分，国务院召开抗震抢险救援工作紧急会议，分析地震灾情，研究部署抢险救援保障工作。李克强出席会议。会议要求，各部门和有关地方政府要紧急行动起来，把抗震救灾作为当前各项工作的首要任务来抓。各有关部门要各负其责，恪尽职守，一切为了灾区，一切服务灾区，围绕一线的抢险救灾和紧急救援开展工作，全力提供所需人力、物力、财力，切实做好各项保障工作。李克强指出，立即启动应急预案，切实保障抢险救灾急需，严密防范次生灾害，做好舆论引导和信息披露工作，实行24小时应急值守。同日，回良玉对汶川地震做出批示，要求国家抗震救灾指挥部、国家减灾委立即启动应急预案；切实强化监测预警预报，及时客观地发布信息；要把保证人民生命安全放在首位，千方百计搜救人员，抓紧救治伤员；认真安排好抗灾救灾工作，妥善安置受灾群众生活；严防次生灾害发生，切实保障水库、堤坝、桥梁等重要基础设施的安全；要积极做好维护稳定工作，加强应急值守。同日，中共中央政治局委员、国务委员刘延东指示教育部要高度重视、紧急动员、周密部署、切实做好教育系统抗震救灾工作。同时，刘延东致电科技部党组书记、副部长李学勇，询问地震灾区科技系统的损失情况，并要求科技界要最大限度地发挥科技在抗震救灾中的重要作用，奋力救灾。

5 月 13 日上午，温家宝到都江堰市区街道、新建小学，看望受灾群众和学生，又到德阳灾区看望参加抢险的工人；之后到绵竹灾区查看灾情，慰问群众。下午，温家宝到东汽看望受灾群众。得知东汽大部分建筑坍塌毁损，学校和办公楼里还压埋着孩子和职工后，温家宝当即决定调集国家地震灾害紧急救援队前往救援，尽快抢救废墟中的生命；要求想尽一切办法，采取一切措施，不惜一切代价挽救学生、职工和家属的生命。温家宝强调，第一步还是救人，要尽最大努力，不惜采取任何手段，付出任何代价，要用百倍的努力抢救生命。15 时许，温家宝到什邡市龙居中心小学查看灾情，16 时许，到绵阳市九洲体育馆看望安置点群众。

5 月 13 日下午，李克强在北京主持召开会议。会议进一步贯彻中共中央政治局常委会议和国务院抗震救灾总指挥部会议精神，研究部署汶川地震抗震救灾保障等工作，国务院抗震救灾总指挥部下设的 8 个工作组汇报了工作进展情况。会议强调，正值抗震救灾的关键时刻，各地各有关部门要按照中共中央、国务院和中央军委的统一部署，一切服从和服务于抗震救灾这个大局，全力以赴，不惜任何代价，切实解决当前抗震救灾工作中的突出问题，坚决做好各项保障工作。会议议定，要抓紧做好灾区抢险应急物资供应保障工作，确保在最短的时间，以最快的速度，把抢险所需物资运送到灾区；要全力做好抗震救灾的基本保障，抓紧抢修因灾受损的交通运输、铁路、电力、通信等设施设备；要严防发生次生灾害；要统筹做好四川和其他灾区的抢险救援保障工作；要切实维护全国市场供应稳定；要进一步加强信息联络和沟通。同日，李克强批示，国土资源部要加大对四川等地地质灾害的监测力度，要与已在灾区排查险情人员密切联系，运用好网络视频进行会商，尤其要注意排查重大隐患，及时预警预报。同日，孟建柱与公安部指挥中心通话，询问支援四川灾区的公安特警、消防、边防救援力量到达情况；指示公安部副部长刘金国，要增派公安特警、消防特勤人员参与救援；打电话传达当天召开的国务院抗震救灾总指挥部会议精神，鼓励消防部队继续发挥专业优势，争取抢救更多人员的生命；指示公安部消防局代表公安部参加国务院抗震救灾前线指挥部救援组，协调与地方和军队开展救援工作，负责指挥增援的公安消防特勤队伍。

5 月 14 日 10 时许，温家宝到北川羌族自治县曲山镇看望受灾群众和现场救援人员。在曲山镇通往县城的公路上，温家宝带领大家给伤员让路。温家宝在现场遇到几位从成都赶来的美国志愿者，向他们介绍有关救援情况，并表示感谢。15 时 50 分，温家宝乘直升机到达汶川县映秀镇查看灾情，看望受灾群众，慰问参加救援的解放军指战员、武警部队官兵和公安民警。下午，温家宝致电陕西省省长袁纯清，询问陕西省的灾情和抗震救灾工作。温家宝对陕西省委、省政府有效开展抗灾救灾工作表示满意，向陕西受灾群众表示慰问，希望进一步做好抗灾救灾工作。晚上，在从成都开往广元的列车上，温家宝组织召开国务院抗震救灾总指挥部会议，强调要尽一切力量，不惜任何代价，尽最大努力抢救人员。同日下午，李克强、回良玉召开会议，贯彻落实中共中央政治局常委会议和国务院抗震救灾总指挥部会议精神，研究部署和协调抗震救灾各项救援保障工作。会议强调，各地、各有关部门要按照中共中央、国务院的统一部署，进一步加强统筹协调，加大工作力度，打破常规，特事特办，高效、有序地组织抢险救援所需人力、财力和物力，确保把各项保障工作逐一落到实处，全力支持前方抢险救援工作。会议议定，进一步加强灾区应急物资保障，着力解决灾区运力紧张问题，加大次生灾害隐患排查力度，统筹做好经济社会发展和维护社会稳定的各项工作。同日晚，按照李克强、回良玉的指示，国务院副秘书长尤权主持召开会议，研究落实汶川地震抢险救灾物资保障工作。会议强调，抗震救灾工作正值关键时期，必须按照中共中央、国务院的决策部署，迅即解决救灾物资供应中存在的突出问题，务求高效、有序，切实做好抗震救灾物资保障工作。会议议定，明确救灾物资筹集和供应责任；铁路、交通、民航（包括军地直升机）要尽最大可能满足救灾物资运输的需要，按照特事特办的原则安排运输计划；加强救灾物资需求调配管理；建立救灾物资供求协调机制。同日，孟建柱就上海发现有人利用汶川地震灾情发送短信募集捐款行骗一事做出批示，要求依法查处；询问各地公安特警赴四川的行进情况及赴川警力现场协调小组、警务报道、宣传等工作情况；指示公安部消防部队要全力以赴投入抢救群众生命救援行动，同时要关心官兵的安全。

5 月 15 日中午，温家宝辗转赶到青川县木鱼镇查看灾情，指挥抗震救灾工作。温家宝在木鱼镇看望受灾群众和巴中军分区民兵“红军后代突击队”，在木鱼镇中学救灾现场看望抗震救灾部队官兵。同日，回良玉赶赴绵阳灾区考察抗震救灾工作，看望受灾群众，慰问正在紧张抢险救援的部队官兵、公安民警、医护人员和基层干部，现场协调解决有关问题。回良玉强调，抗震救灾第一位的任务是抢救被困群众，要认真贯彻落实中共中央政治局常委会议和国务院抗震救灾总指挥部会议精神，进一步解决好救援队伍、工具、物资进入重灾地区的问题，切实安排好受灾群众生活，强化组织指挥，高效、有序地推进，确保抗震救灾的各项措施落实到位。

5 月 16 日上午，温家宝在绵阳灾区查看灾情，组织指挥救灾工作。9 时，温家宝到中国工程物理研究院（以下简称中物院）考察、指导抗震救灾工作。下午，温家宝在离开四川返回北京前接受新华社、中央人民广播电台、中央电视台记者集体采访。温家宝说，无论从破坏性，还是从波及范围来说，汶川地震都是新中国成立以来最大的地震，超过了唐山大地震；面对这场特大地震灾害，必须举全国之力，以救人为核心，克服重重困难，把抗震救灾工作进行到底；地震已经过去 98 个小时，抗震救灾工作仍然处在抢救人员的关键时刻，救人还是救灾工作的重中之重，只要有一线希望，就要用百倍的努力，决不轻言放弃。同日下午，李克强主持召开会议，传达贯彻落实中共中央政治局常委会议和国务院抗震救灾总指挥部会议精神，研究部署和协调汶川地震救援保障工作。国务院抗震救灾总指挥部下设的 8 个工作组汇报各自工作进展情况。会议强调，各地各部门要按照中共中央、国务院的统一部署，加快抢险进度，全力做好救援保障工作。会议议定，全力以赴做好灾区急需物资保障工作，想方设法为前方灾区尽快打通道路提供支持，严密防范重大次生灾害发生。同日，刘延东在广电总局报送的《抗震救灾工作快报》上做出批示：在这次大灾面前，中央电视台在最短时间赶赴灾区，连续作战，进行实况报道，报道内容感人至深，报道形式求实创新，对抗震救灾、凝聚民心产生了很好影响；向所有参战人员致以问候和敬意，要对灾区广电部门受损给予必要的帮助。同日，孟建柱陪同温家宝到青川县木鱼镇初级中学救援现场，慰问辽宁省公安消防总队消防官兵；在青川灾区行进途中，电话了解公安部调动全国公安特警、消防和边防部队赴四川灾区开展抗震救灾工作的总警力数、在四川直接参与抢险救援的公安民警数和开展工作情况。

5 月 17 日上午，中共中央政治局委员、国务委员刘延东主持召开会议，研究部署教育系统抗震救灾工作。会议议定，把维护师生的生命安全放在首位，坚持安全第一，高度警惕并切实防范余震和次生灾害；加强灾区学校防疫工作；抓紧核查师生伤亡、学生致孤、校舍和设备受损情况，摸清底数，配合有关方面做好善后工作；尽快恢复教学，对灾后安抚人心、稳定情绪十分重要；组织专家组指导灾区开展心理调适教育；妥善做好灾区学生升学考试工作；按照国务院抗震救灾总指挥部统一部署，适时启动受灾学校重建工作；大力宣传和适时表彰教育系统抗震救灾先进典型和感人事迹。

5 月 18 日上午，中共中央政治局委员、国务院副总理张德江到交通运输部、铁道部、民航局、工业和信息化部检查指导抗震救灾工作，向奋战在一线的广大干部职工表示慰问。张德江要求，发扬不怕疲劳、连续作战的精神，一切为了抗震救灾，确保交通、通信畅通，为抗震救灾和恢复重建做出更大贡献。

5 月 18—21 日，李克强赴四川灾区，指挥抢险救援和防疫防灾工作。18 日 12 时 29 分，李克强抵达绵阳机场，乘车前往平武县平通镇。行进途中，李克强听取绵阳市委、市政府负责人的介绍。随后，李克强到平通镇林家坝村，慰问受灾群众和现场抢险的解放军指战员、消防官兵和抢修公路人员；到江油医院，看望伤员和医护人员；到平通镇抢险救灾现场，看望正在一线作业的防疫人员；还看望绵阳市抗震救灾应急指挥部的工作人员。李克强强调，要统筹协调救人、救治、防疫、防灾和受灾群众安置，有力、有序、有效地做好抗震救灾工作。18 时，李克强到绵阳市抗震救灾指挥部交通保障组，慰问战斗在抗震一线的交通运输系统干部职工，希望交通运输战线的职工克服困难，尽快恢复交通，保障运输，为及时向灾区人民运送衣被、食品和药品等物资，为受灾群众安置和重建家园提供交通保障。19 日下午，李克强到北川灾区查看灾情时，对质检总局卫生防疫工作队“三人一组、两人工作、一人注意观察周围环境”的工作方式给予肯定。21 日 9 时 50 分，李克强赴东汽查看灾情，指导重建工作，要求德阳市、绵竹市要抓紧规划土地，确保东汽重建。下午，李克强到四川省人民医院看望在地震中受伤的群众，慰问医护人员；到火车成都东站检查指导抢运抗震救灾物资工作，慰问参加抢运救灾物资的达州运政部门职工和驾驶人员。李克强希望交通运输部门继续发扬不怕疲劳、连续作战的作风，出色地完成抢通、保运任务，为抗震救灾工作提供有力的交通保障；要求铁路部门要充分发挥铁路大动脉的作用，继续全力抢运抗震救灾物资，把灾区群众最急需的帐篷、搭建帐篷的彩条布、活动板房、防疫消毒用品以最快的速度运抵灾区；同时，继续搞好食品、饮用水、粮食、衣被等物资抢运工作，确保灾区救灾和受灾群众安置工作的需要。在深入受灾现场查看灾情后，李克强连夜会商研究协调救灾需要解决的有关问题。李克强强调，抗震救灾仍处在紧要关头，要全面贯彻中共中央、国务院的一系列部署，按照胡锦涛、温家宝的要求，务必抓好各项工作的落实。

5 月 20—22 日，回良玉赴四川地震灾区，现场指导抗震救灾工作。20 日，回良玉在成都灾区查看灾情、现场协调解决有关问题时强调，抗震救灾工作必须把人民生命安全放在首位，在继续争分夺秒抢救被困群众的同时，务必切实抓好地震次生灾害防范，避免造成新的人员伤亡。21 日下午，回良玉到汶川灾区考察，看望救援部队官兵。回良玉到汶川县城和德阳等地查看灾情和群众生活、医疗防疫等情况，考察四川救灾物资转运中心和物资储备仓库，还到四川省地震台网中心和信息中心看望和慰问地震工作者。同日，回良玉主持召开会议，专题研究救灾物资调运工作。回良玉强调，加强救灾物资的调运管理事关重大，灾区群众十分关心，社会各界广泛关注；必须以对党和国家事业高度负责、对灾区人民高度负责、对援助者和捐赠者高度负责的精神，精心组织，科学调度，认真细致地做好救灾物资的接收、运送、发放工作，尽快送到受灾群众手中，最大限度地发挥效益，确保受灾群众基本生活和灾区医疗防疫需要。22日10时30分，回良玉到广汉机场慰问交通运输部和香港特区政府飞行服务队抗震救灾直升机联合机组，并为即将起飞执行任务的B-7125机组送行。

5月21日，温家宝在北京主持召开国务院第九次常务会议，研究部署抗震救灾和经济工作。会议强调，抗震救灾仍处在刻不容缓的紧要关头，要继续把抗震救灾作为当前最重要、最紧迫的任务；要以科学发展观统揽全局，坚持“两手抓”，一手要毫不松懈地抓抗震救灾，坚持以人为本，加强领导，统筹协调，科学调度，强化责任，严明纪律，做好各项抗震救灾工作；一手要坚定不移地抓经济发展，进一步加强和改善宏观调控，着力控制物价上涨，着力保持经济平稳较快地发展。其中，对做好抗震救灾工作，会议明确指出，要继续全力搜救被困人员，尽快将重伤员抢运到条件较好的医疗机构救治，增派和充实专业防疫力量，强化灾区防疫工作；做好灾区群众安置工作，确保灾区群众有饭吃、有衣穿、有干净水喝、有安全住处；抓紧抢修基础设施，重点抢护发生险情的水库、水电站和堰塞湖，严防次生灾害造成新的损失等。下午，温家宝主持召开国家汶川地震专家委员会成立会议，听取专家委员会组成情况和近期工作安排汇报。温家宝指出，成立专家委员会为抗震救灾提供科学支持，对于受灾群众的安置、开展生产自救和灾后重建十分重要。同日下午，刘延东到中科院地震灾害遥感监测应急指挥部听取有关工作汇报，看望慰问抗震救灾科研人员。刘延东强调，科技战线要坚决贯彻中央的决策部署，坚持创新为民，科技救灾，发挥学科交叉、综合集成的优势，发扬团结协作、连续作战的精神，全力以赴，为抗震救灾、灾区群众安置和灾后重建提供强有力的科技支撑与服务。

5月22—24日，温家宝深入地震灾区。22日上午，温家宝在绵竹灾区查看灾情时，得知东汽受震灾影响，厂区设备损失大、缺乏警卫力量后，为使国家不遭受新的损失，立即指示解放军副总参谋长葛振峰帮助解决。17时10分，温家宝乘机抵达绵阳，旋即乘直升机前往唐家山堰塞湖查看险情，随后又到北川羌族自治县禹里乡、擂鼓镇看望受灾群众和慰问抗震救灾部队官兵。温家宝指出，最重要的是要解决好受灾群众的安置问题，认真防范次生灾害特别是要预防堰塞湖溃堤造成新的损失；解放军和武警部队官兵要继续发挥突击队的作用，发扬不怕艰苦、不怕疲劳、连续作战的作风，在安置受灾群众过程中，继续做出新的贡献。23日，温家宝先后在绵阳404医院（川北医学院第二附属医院、绵阳市红十字医院）、北川中学临时学校、绵阳市九洲体育馆“帐篷学校”、汉旺镇东汽厂区和彭州市小鱼洞镇、通济镇检查指导抗震救灾工作，看望受灾群众，慰问解放军和武警官兵、公安民警、医护人员和志愿者。10时，温家宝在绵竹市汉旺镇汉旺广场医疗点看望慰问解放军医疗队，安慰和鼓励正在接受治疗的群众。10时22分，温家宝第二次到东汽，对东汽抗震救灾、灾后重建工作进一步做出部署和指示。同日，温家宝还到汶川县城看望抗震救灾部队；16时40分，考察抗震救灾部队援建的彭州市通济镇花溪村灾民集中安置点，仔细查看受灾群众住宿、饮食、用水、用电等基本生活条件，随后到抗震救灾部队援建的敬馀环保希望小学，对部队援建希望小学、千方百计安排受灾群众生活、解决受灾群众急难问题的做法和成果给予充分肯定。24日上午，温家宝首先到紫坪铺水库查看大坝安全情况，随后乘直升机前往汶川县城和映秀镇渔子溪村看望受灾群众。温家宝在映秀镇救灾现场，与专程走访慰问中国地震灾区的联合国秘书长潘基文会面，向潘基文介绍灾情和抗震救灾工作取得的进展情况，并接受了中外记者采访。下午，温家宝到四川大学华西医院、四川省人民医院看望地震伤员，还亲切看望了到中国参加抗震救灾的日本、古巴的医疗队，向医疗专家和他们所在的国家表示感谢。在四川省地震局考察时，温家宝要求地震工作者加强地震监测预报工作，特别是要保存好地震前后的各种监测数据，为提高地震科学研究水平创造条件。他还到成都双流机场，了解救灾物资转运情况。温家宝强调，抗震救灾的关键时刻，必须坚持以人为本，在继续做好搜救工作的同时，把安置受灾群众和灾后恢复重建工作摆到突出位置。温家宝在成都凤凰山机场看望空军某部领导和机组人员，充分肯定他们在救灾中发挥的作用。晚上，温家宝在成都主持召开抗震救灾工作会议，要求全力以赴排除唐家山堰塞湖险情，尽快拿掉地震灾区这个头号“悬湖”。

5月22日，张德江到国资委检查指导抗震救灾工作时强调，中央企业要坚决贯彻中共中央、国务院的决策部署，一手抓抗震救灾，一手抓生产发展，为抗震救灾和经济社会发展做出更大贡献。

5月23日下午，李克强在北京主持召开会议，研究抗震救灾各项保障工作。李克强指出，安置受灾群众突出的是临时住所问题，帐篷、篷布和活动板房的生产要加大力度，加快进度，保质保量保运；要进一步加强医疗救治、疾病防疫、次生灾害防治所需人员、技术、设备和物资的保障，加大转送伤员的力度；狠抓各项措施的落实，努力做到有求即应，有需必保，同时要考虑整个抗震救灾各阶段任务的相互衔接，提早谋划恢复生产和灾区重建工作。李克强又到国家电力调度中心，查看四川等受灾地区电网和全国电网运行情况。李克强强调，要进一步抓紧抢修灾区受损的电力设施，突出做好电煤调运入川工作，尽快全面恢复灾区电力供应，同时加大电网对保证四川电力供应的调度力度，确保满足抗震救灾和生产生活逐步恢复对电力的需求；指出要一手抓抗震救灾毫不松懈，一手抓经济社会发展坚定不移，打赢抗震救灾和经济社会发展这两场硬仗。

5月23—24日，张德江考察宝成铁路109隧道抢通工作。23日15时，在109隧道抢险现场，张德江深入隧道深处，看望执行抢险救灾任务的官兵，详细了解抢险工作进展情况，对隧道恢复通车的各项准备工作进行检查。张德江指出，尽快恢复宝成线全线通车，不但对当前的抗震救灾工作，而且对下一步灾后重建和整个西南西北经济社会发展都十分重要。24日，张德江在109隧道南口看望慰问执行隧道抢通任务的官兵。同日，张德江参加宝成铁路全线抢通的通车仪式。张德江指出，109隧道抢通和宝成线恢复正常运输，对支援四川灾区抗震救灾和恢复重建具有十分重要的意义。全国交通运输系统要坚决贯彻中共中央、国务院的决策部署，一手抓抗震救灾，一手抓生产发展，抓紧抢修受损的基础设施，尽快恢复正常交通运输，为抗震救灾和经济社会发展提供安全可靠的运输保障。

5月26—30日，回良玉在四川灾区考察指导抗震救灾工作。26日，回良玉考察国道213线都江堰至映秀段公路抢通保通工作，并详细查看都汶高速庙子坪大桥、国道213线的映秀桥和百花大桥，对四川交通系统及时抢通国道213（317）线都江堰至映秀段公路给予充分肯定，要求交通系统广大干部职工全力以赴做好保通工作，确保“生命线”的畅通，夺取抗震救灾的最后胜利。晚上，回良玉听取中国气象局关于抗震救灾气象服务工作的汇报，对安置、恢复重建阶段气象服务提出新的要求。27日，回良玉乘直升机赴唐家山堰塞湖现场查看险情，详细了解现场各项排险工作的进展情况，并看望慰问参加抢险施工的武警水电部队官兵、解放军指战员、工程技术人员和新闻工作者。随后，回良玉在绵阳主持召开唐家山堰塞湖应急抢险紧急工作会议，传达落实胡锦涛、温家宝的指示精神，进一步研究部署唐家山堰塞湖应急排危抢险工作。28日，回良玉在青川检查抗震救灾工作，看望抗震救灾部队官兵。29日，回良玉到沈阳军区青川野战医院现地考察，慰问医疗队员。回良玉还到四川省气象局和气象台，看望和慰问气象职工；随后，通过视频会商系统与正在参加中央气象台全国天气会商的中国气象局局长郑国光连线，要求气象部门进一步加强天气预报，积极做好气象服务；并在四川省气象局抗震救灾指挥部主持召开四川省农业恢复发展工作会议。30日，回良玉在看望慰问四川省民政系统干部职工时强调，下一阶段的救灾工作要做得更细、更实，把党和政府的救助措施和社会各界的爱心捐赠落到实处；要加强制度建设，提高工作规范性，切实把救灾款物管理好、使用好，发挥最大效益。

5月27日，刘延东出席在北京召开的国家自然科学基金会六届一次全委会。刘延东强调，科学家和广大科技工作者要利用自身独特优势，加大科技支持力度，为灾区传染病防控、伤员救治、生产自救、消除次生灾害隐患，以及重建家园做出积极贡献。同时，加强抗击各类灾害科学研究，特别是加强对灾害形成规律、致灾机理和防范对策的研究，不断提高防灾减灾科学决策水平。

5月28日上午，温家宝主持召开国务院第十次常务会议，研究部署煤电油气运和农资供应等工作。会议要求，要全力保障灾区煤电油运需要；在确保生产安全的前提下，加快恢复四川煤炭生产；继续组织电煤和成品油支援灾区，保证救灾和恢复重建急需；抓紧抢修电力设施，尽快恢复灾区供电。

5月28—30日，刘延东到四川地震灾区考察抗震救灾工作。28日，刘延东到彭州、都江堰、汶川、安县等极重灾县（市）及德阳市区、绵阳市区，深入中小学、受灾群众安置点和医院实地了解灾情，考察教育系统抗震救灾和恢复重建工作，慰问受灾师生和群众，看望奋战在一线的解放军指战员、公安民警、医护人员、基层卫生防疫和计划生育服务人员。29日，刘延东考察彭州灾区、通济镇中心小学和龙门山镇九年制学校，看望学校师生和抗震救灾部队官兵。30日，刘延东到63820部队查看灾情，并赴“总装备部·绵阳八一帐篷学校”看望慰问参与学校建设的部队官兵、职工和全体师生。

5月28日至6月3日，张德江到四川地震灾区考察指导抗震救灾工作。5月29日，张德江到绵阳科技工业园、四川航天技术研究院慰问职工，调研恢复生产工作。31日，张德江考察国道213线都江堰至映秀公路抢修保通工作，慰问参与抗震救灾抢通道路的交通系统职工，详细查看都汶高速庙子坪大桥、阿坝铝厂以及映秀至汶川公路施工现场，对四川交通系统及时抢通国道213（317）线都江堰至映秀公路给予充分肯定，对四川交通系统在抗震救灾中的英勇表现给予高度评价，要求交通系统全力以赴做好保通工作，确保“生命线”的畅通，夺取抗震救灾的最后胜利。6月1日，张德江考察东汽灾情，并对重建工作做出指示。2日，张德江到中核集团某厂考察指导工作，并在临时搭建的帐篷会议室发表讲话。张德江充分肯定“事业高于一切、责任重于一切、严细融入一切、进取成就一切”的核工业精神和抗震救灾中“坚定不移、坚韧不拔、坚强不屈、坚持不懈”的抗震抢险救灾精神。3 日下午，张德江到中国移动抗震救灾前线指挥中心，指导抗震救灾工作。

6 月 1 日下午，李克强主持召开会议，研究灾后重建对口支援有关工作。同日上午，刘延东到北京老年医院“爱心病房”慰问住院的地震灾区受伤的小朋友和其他住院伤员，以及工作在一线的医护人员。

6 月 4 日，温家宝主持召开国务院第十一次常务会议，研究部署农业生产工作，审议并原则通过《汶川地震灾后恢复重建条例（草案）》。会议决定，条例草案经进一步修改后，由国务院公布施行。

6 月 5—6 日，温家宝乘机抵达四川地震灾区，检查指导抗震救灾工作。5 日，温家宝到唐家山堰塞湖查看情况，看望参加唐家山堰塞湖抢险工作的部队指战员，并在绵阳机场看望俄罗斯米—26 重型运输直升机机组成员，接见陆航部队飞行员代表，马凯等随行。6 日，温家宝在绵阳灾区考察唐家山堰塞湖排险和受灾群众安置工作，看望转移安置群众和参加唐家山堰塞湖抢险工作的部队官兵、水利专家，要求按照安全、科学、快速的原则，采取果断措施，尽快解除唐家山堰塞湖的威胁。8 时 50 分，温家宝在绵阳市涪城区疏散点考察解放军野战方舱医院。

6 月 5—7 日，李克强到陕西灾区慰问受灾群众和救灾人员，实地考察群众安置情况，指导恢复重建工作。

6 月 8 日，温家宝签署第 526 号国务院令，公布《汶川地震灾后恢复重建条例》。

6 月 11 日，温家宝主持召开国务院第十二次常务会议，研究部署地震灾区恢复生产工作及其他事项。18 日上午，温家宝主持召开国务院第十三次常务会议，研究支持汶川地震灾后恢复重建的政策措施及其他事项。

6 月 20—22 日，温家宝赴地震灾区考察。20 日，温家宝看望正在略阳县白水江镇权力村受灾群众安置点巡诊的兰州军区赴汉中医疗队，看望在略阳县执行抢险救灾任务的官兵，要求部队多为人民群众做好事、办实事，为灾区重建再立新功。温家宝到权力村走马湾组实地查看灾情，向村民询问恢复生产、建材价格和建房补助政策落实情况，要求把重建与扶贫结合起来，加大支持力度，让老百姓早点住进新房、尽快富裕起来。温家宝十分惦念受损学校学生的学习情况，到略阳县第二中学了解校舍重建规划，看望在活动板房中上课的学生。温家宝指示，在恢复重建中，要把教育摆在重要位置，把学校建设好，让学校成为所有公用建筑中最好、最安全的地方，让每个孩子上学、增长知识和才干，并给师生们留下“艰难困苦、玉汝于成”的寄语。21 日上午，温家宝前往康县平洛镇贯沟村上庄社和豆坪乡豆坪村、成县黄陈镇苇子沟村下堡社查看灾情，看望农户。中午，温家宝到达豆坪乡豆坪村考察抗震救灾工作，接见曾担负决战宝成铁路 109 隧道和疏通嘉陵江堰塞湖突击队任务的部队官兵。

7 月 28—29 日，中共中央政治局委员、国务院副总理王岐山到绵阳市涪城区、北川羌族自治县考察地震灾情，了解金融网点营业、商贸市场供应等情况，看望慰问受灾群众及金融、商贸系统干部职工，并就金融、商贸等部门落实支持灾后恢复重建政策措施的情况进行实地检查。

8 月 31 日至 9 月 3 日，温家宝到地震灾区考察。9 月 1 日，温家宝到长虹集团培训中心的北川中学临时学校，参加正在举行的秋季开学典礼。温家宝寄语北川中学师生，要用自己刻苦的学习，不屈不挠的精神，高尚的品格，为人民、为人类服务的理想，赢得尊严、赢得荣誉。同日，温家宝考察东汽灾后重建工作时，勉励东汽人发扬自强不息、百折不挠、艰苦奋斗的精神，把东汽建成管理一流、技术一流、设备一流、质量一流的新东汽。同日，温家宝考察63820部队，了解受灾情况和恢复建设情况。温家宝表示，国务院一定要千方百计、竭尽全力支持部队的工作，为大家创造条件、改善科研环境，使大家的聪明才智能够得到充分发挥。温家宝对部队在抗震救灾中取得的成绩给予高度评价。2日上午，温家宝到汶川县映秀镇慰问受灾群众。在映秀镇居民安置点举行的记者招待会上，温家宝指出，过去的110天，抗震救灾工作取得了阶段性伟大胜利，灾区大规模重建工作异常艰巨而繁重，要以人为本、尊重自然、统筹兼顾、科学重建，用3年时间基本使灾区生产、生活条件得到恢复，争取超过震前；使灾区基础设施、公用设施和生产能力得到恢复，而且有比较大的提高。在考察都（江堰）汶（川）路老虎嘴抢通工程作业情况时，温家宝指出，都汶公路的抢通，创造了公路史上的奇迹，及时打通了中共中央、国务院连接灾区人民的“生命之路、安民稳心之路、希望之路”，为震中地区抓重建、保稳定、促发展做出了突出贡献。

9月2日，温家宝出席四川省抗震救灾工作会议。温家宝指出，抗震救灾斗争取得了重大阶段性胜利，灾后重建正在有序推进。温家宝强调，恢复重建是一项重大而紧迫的民心工程，受灾地区各级政府要全面加强灾后重建工作领导，全面落实和完成《汶川地震灾后恢复重建总体规划》提出的每一项任务，坚决打好灾后恢复重建这场硬仗。

国务院抗震救灾总指挥部部署抗震救灾　5月12日23时40分，在地震灾区都江堰临时搭起的帐篷内，温家宝主持召开国务院抗震救灾总指挥部第1次会议。会议分析抗震救灾形势，部署下一步抗震救灾工作。温家宝指出，第一位的工作是抓紧时间救人，多争取一分一秒的时间就可能多抢救出一个被困者，必须把抗震救灾工作组织好，尽最大力量救人，要调动更多的解放军和武警部队官兵紧急投入到抗震救灾中；要不惜一切代价连夜打通道路，同时要采取措施，尽快恢复通水、通电、通信，不能有丝毫耽误；卫生部要统筹协调，从各地调医疗人员赶赴灾区，要准备好足够的救护车、药品等；要全力妥善安置好受灾群众，要紧急从各地调运大批帐篷，满足群众避震、避雨需要。温家宝强调，人命关天，救人要紧，抗震救灾要科学、有序、统一进行。干部和党员要站在第一线，组织好抗震救灾工作。

5月13日7时，国务院抗震救灾总指挥部在都江堰召开第2次会议。温家宝强调，人民生命财产高于一切，还有很多人被压埋在废墟中，时间最为宝贵，时间就是生命，要争分夺秒，尽最大努力，抢救埋压在废墟下的群众的生命；部队指战员要全力以赴打通道路，进入震中区域，同时要组织对受灾地区进行空投，尽快将食品、药品和急需的抢险物资空投到重灾地区；要力争在当晚24时以前派人进入所有受灾的市、县甚至乡镇，进一步摸清灾情，组织开展抢救工作。

5月13日中午，国务院抗震救灾总指挥部在德阳召开第3次会议，要求要迅速调集食品尤其是饼干、奶粉、面包、牛奶和矿泉水，供应给受灾的群众和孩子们；灾区仍在下雨，要迅速调集帐篷，有序搭建，供群众避雨和休息；从各地调集的医疗队和药品，要加快速度克服一切困难到达灾区，有些交通不便的灾区可以采用空投医疗队和药品的方式解决；各地重灾区被压埋的群众还有很多，被压埋的孩子也很多，时间就是生命，各级党委政府要迅速组织力量，调集机械作业工具，全力以赴抓紧时间救人。

5 月 13 日 20 时 30 分，国务院抗震救灾总指挥部在开往绵阳的列车上召开第 4 次会议。温家宝强调，以人为本是救灾的核心，要抓住时机、抓紧时间抢救人员，这是整个抗震救灾工作的重中之重，全部工作都要紧紧围绕救人展开，把人员伤亡降低到最低限度；为使整个救灾工作顺利进行，必须力争尽快通路、通电、通水，保障电信畅通，通路是关键；要把受灾群众安置工作放在重要位置，在满足受灾群众物质生活需要的同时加强基层思想政治工作；要加强统一指挥，提高救人的效率，军队、武警、公安、消防、地震救援等多种救援力量要协调行动，使抗震救灾工作更加高效、更加有力。会议要求，卫生部门迅速从全国抽调 3000 名医护人员，以最快速度到达四川地震灾区，开展医疗救治工作。这次特大地震灾害造成有些地方多处山体滑坡，导致公路多处中断；山体移位，近距离相靠，给抢修公路造成极大困难，尽管各方面投入了很大的人力、物力和机械，但由于受工作面狭窄的影响，抢修作业无法全面展开。温家宝再次强调，尽管困难很大，也要想尽一切办法，连夜抢修，尽快打通通往震中地区的公路。同时，参与抢险救灾的军队和武警官兵、公安干警要通过各种不同途径，采取空运、水路、步行、翻山等多种方式尽早进入汶川等重灾地区。

5 月 14 日 12 时，国务院抗震救灾总指挥部召开第 5 次会议，研究落实中央有关决定的具体措施。会议议定，在已有兵力的基础上，再增派 3 万名解放军官兵，使总救援兵力达到 10 万人，由总参、武警、公安和四川省组成联合指挥部，统一部署抢救工作；调集救灾工具和设备；充实医疗救助队伍；保障生活用品供应；加强地方各级政府对救灾工作的组织领导。

5 月 14 日晚，国务院抗震救灾总指挥部在从成都至广元的列车上召开第 6 次会议。温家宝强调，救人仍是救灾工作的重中之重。经中央军委批准，决定向灾区新增 90 架直升机，用于紧急救援。会议要求，空军 15 日以空投方式将部队官兵送达救援人员尚未到达的重灾乡镇，以便尽快摸清灾情，抢救受伤群众，为进一步抢险救灾创造条件；随着救援队伍的增加，必须紧急调配抢救工作所需的各种工具，包括吊车、推土机、起重机等大型工具，也包括抢救人员随身携带的切割机、千斤顶、老虎钳等轻型工具；要加强领导，切实做好组织工作，直升机前往灾区时要带足物资设备、医疗人员和抢救人员，返回时要运送重伤员特别是妇女、儿童和老人；要将解放军指战员、武警部队、公安民警、预备役民兵和专业救援队伍紧密结合起来，更有效地开展救援工作。

5 月 15 日晚至 16 日凌晨，国务院抗震救灾总指挥部在列车上召开第 7 次会议。温家宝强调，抗震救灾工作是关系全国、关系全局的大事，必须举全国之力，才能把这项工作做好。温家宝强调，下一阶段两个问题可能会比较突出：一是善后，包括对遇难者遗体的处理、防止疫病出现等；二是受灾群众生活安置问题，伴随救援物资源源不断运到四川，要加强食品、药品和帐篷等救援物资的组织、协调、发放。温家宝强调，抢救人仍然是首要任务，只要有生还希望，就要抓紧时间救人，摸清情况，统一部署，集中指挥，合理调配，搞好分工，落实责任，要做到忙而不乱，紧张有序；要加强基层工作，重视思想工作，维护社会安宁和稳定。

5 月 17 日下午，国务院抗震救灾总指挥部召开第 8 次会议。会议分析了抗震救灾工作的形势，要求抗震救灾要始终坚持以人为本，把保护人民生命安全放在第一位。在搞好抢险工作的同时，要切实做好伤员救治和卫生防疫，妥善处理遇难者的善后工作，安排好受灾群众的生活，严密防范余震破坏和次生灾害，维护社会正常秩序。会议议定，继续全力搜救被困人员，抓紧被救伤病人员的救治工作，着力安排好受灾群众生活，全面加强灾区卫生防疫工作，妥善做好遇难者善后处理工作，进一步加强地震监测预报工作，严防次生灾害，做好灾区稳定工作。

5 月 18 日下午，国务院抗震救灾总指挥部在中国地震局召开第 9 次会议。会议要求，加强地震监测预报，做好灾害评估，开展地震科学考察和专题研究，为保护群众生命安全和灾后重建提供科学依据。会议听取了地震局关于汶川地震有关情况的汇报，并提出加强监测，努力准确把握震情发展趋势；做好地震灾害评估工作；加强科学考察和研究；继续发挥地震专业救援队伍在抢救工作中的骨干作用。

5 月 19 日下午，国务院抗震救灾总指挥部召开第 10 次会议，听取被困人员搜救、伤病员救治、遇难者善后处理和灾区卫生防疫等工作情况汇报。会议议定，扩大搜救范围，部队要克服一切困难，确保 24 小时内进入到所有村庄；做好防疫工作；做好善后处理工作，同时做好家属抚慰工作；做好孤儿、孤老、孤残的救助安置工作，确保他们的基本生活。国务院决定，3 个月内为每人每月提供 600 元基本生活费。

5 月 20 日下午，国务院抗震救灾总指挥部召开第 11 次会议，研究受灾群众生活安排、防范次生灾害等工作。会议议定，再向灾区紧急调运 4 万顶帐篷；两天内首批 6000 套安置房起运灾区，6 月 30 日前达到 25 万套，3 个月内达到 100 万套；对高危水库逐一排查，做到低水位或空库；对堰塞湖情况进行全面核查。

5 月 22 日晚，国务院抗震救灾总指挥部在绵阳召开第 12 次会议，听取水利组关于唐家山堰塞湖应急疏通工程方案的汇报，研究部署有关防止次生灾害的工作措施。会议议定，立即成立唐家山堰塞湖应急处置指挥部；马上施工并进一步细化除险工程及人员转移方案；加强水位和堰体等监测工作；做好空中运输和施工设备的保障工作。

5 月 23 日晚，国务院抗震救灾总指挥部召开第 13 次会议，研究部署卫生防疫工作，决定成立灾后重建规划组。会议指出，确保灾后无大疫是一项十分紧迫的任务，必须摆在突出位置。做好这项工作，要保证有充足的防疫技术人员和督导员覆盖到每个村，要保证防疫需要的药品，尤其是消毒剂、灭菌剂、杀虫剂，要切断污染源，防止污染扩散，要保证饮水和食品安全。会议指出，灾后重建是一项长期而艰巨的任务，首先要做好规划。

5 月 27 日下午，国务院抗震救灾总指挥部召开第 14 次会议，总结前一阶段抗震救灾工作，研究部署下一阶段任务。会议指出，抗震救灾工作已经进入新的阶段，要在继续做好被困群众搜救工作的同时，把安置受灾群众、恢复生产和灾后重建工作摆在更加突出的位置。会议提出，下一阶段要重点抓紧救治伤病人员，着力安排好受灾群众生活，全面加强卫生防疫工作，妥善做好遇难者善后处理工作，严防次生灾害，组织恢复生产，保持灾区社会稳定，做好灾后重建前期工作。会议重点研究了受灾群众住房安置、卫生防疫和堰塞湖险情处置问题。会议由温家宝主持，李克强、马凯、孟建柱和有关部门负责人出席会议。

5 月 30 日下午，国务院抗震救灾总指挥部召开第 15 次会议，研究规范和加强抗震救灾捐赠款物的管理，做好救灾物资和资金分配使用等问题。会议强调，抗震救灾物资的分配要根据受灾地区的情况，保证重点，做到公开、公平、公正。会议要求，建立抗震救灾资金物资使用管理信息公开制度。

6 月 3 日下午，国务院抗震救灾总指挥部召开第 16 次会议，部署灾区恢复生产工作，讨论《国家汶川地震灾后重建规划工作方案》。会议指出，灾区在安置好群众生活的同时，要着力抓好农业生产，要恢复工业生产，要加快基础设施恢复，要做好灾区商贸流通和服务业恢复工作。

6 月 5 日晚，国务院抗震救灾总指挥部在绵阳召开第 17 次会议，研究部署唐家山堰塞湖应急处置工作。会议强调，唐家山堰塞湖的除险工作备受世人关注。各有关方面要各尽其职，敢于承担责任，在保证安全的基础上科学果断决策，对可能遇到的险情研究制订多种应对方案，并在实践中积累经验，不断进行调整和完善，使各项措施更接近实际，达到更好的效果。会议议定，要尽早实现导流渠泄洪，要继续做好移民避险工作，要健全监测预警机制，要继续完善相关政策措施。

6 月 9 日上午，国务院抗震救灾总指挥部召开第 18 次会议，研究进一步做好灾区医疗防疫和甘肃、陕西抗震救灾工作。会议指出，灾区的医疗防疫形势仍很严峻，任务十分艰巨，一刻也不能放松，要继续做好伤员救治工作，切实做好卫生防疫工作，尽快恢复灾区正常医疗卫生服务秩序，坚持“地方为主、对口支援”的原则。会议要求，甘肃、陕西两省各级党委和政府要认真贯彻落实中央关于抗震救灾工作的部署，全面安排，统筹规划，带领灾区人民自力更生、艰苦奋斗，尽快恢复生产，修复基础设施，做好灾后重建各项工作。中央有关部门要在政策、资金、物资等方面对两省的抗震救灾工作给予支持，有关省市要做好对口支援工作。

6 月 16 日下午，国务院抗震救灾总指挥部召开第 19 次会议，研究防范地震次生灾害工作。会议要求，要抓好地震灾区安全度汛；要高度重视地质灾害的防范工作；要做好汶川地震余震活动的跟踪监视和趋势研判，防止余震造成新的灾害。

6 月 20 日上午，国务院抗震救灾总指挥部在汉中召开第 20 次会议，听取陕西省委、省政府关于抗震救灾工作的汇报，研究部署受灾群众安置、灾后恢复重建、次生灾害防范等工作。会议强调，要把重建和修复倒损房屋放在恢复重建工作的重要位置，科学制定规划，做好地震受灾范围和损失评估；学校、医院等重要公共设施，要严格标准、精心设计、搞好施工，使之成为最安全、最放心的建筑，成为遇到灾害时的避险场所；农村居民倒损房屋重建，要坚持安全、经济、适用、省地，并把安全放在首位。

6 月 21 日下午，国务院抗震救灾总指挥部在成县黄陈镇苇子沟村召开第 21 次会议，听取甘肃省委、省政府关于抗震救灾工作的汇报，研究部署受灾群众安置、灾后恢复重建、次生灾害防范等工作。会议议定，将因灾损毁公共基础设施纳入灾后重建总体规划，进一步做好灾区农民房屋重建资金保障，保障灾区建材供应，妥善处理受灾群众就地和异地安置，合理调整活动板房的使用。

6 月 26 日下午，国务院抗震救灾总指挥部召开第 22 次会议，研究灾后恢复重建工作的指导意见。会议强调，灾后恢复重建工作是一项长期而艰巨的任务，必须科学规划、有序推进，因地制宜、分类指导，要落实工作责任。灾区省级人民政府要对本地区的灾后恢复重建负总责，市县级人民政府要具体承担和落实恢复重建各项任务，国务院有关部门要按照职责分工做好指导、协调和帮助恢复重建的各项工作。

7 月 12 日下午，国务院抗震救灾总指挥部召开第 23 次会议，研究地震灾区困难群众后续救助政策等问题。会议决定，在3个月临时生活救助政策到期后，政府对生活仍不稳定的受灾群众继续给予救助。会议听取了国家汶川地震专家委员会关于汶川地震活动特征与灾损评估研究结果的汇报及民政部关于汶川地震灾害范围评估情况、发展改革委《关于灾后恢复重建规划范围的意见》的汇报，确定了极重灾区和重灾区为灾后恢复重建国家规划范围。

8月5日下午，国务院抗震救灾总指挥部召开第24次会议，讨论汶川地震灾后恢复重建总体规划。会议指出，灾后恢复重建工作要深入贯彻落实科学发展观，坚持以人为本、尊重自然、统筹兼顾、科学重建；优先恢复灾区群众的基本生活条件和公共服务设施，尽快恢复生产条件，合理调整城镇乡村、基础设施和生产力的布局，逐步恢复生态环境；坚持自力更生、艰苦奋斗，以灾区各级政府为主导、广大干部群众为主体，在国家、各地区和社会各界的大力支持下，精心规划、精心组织、精心实施，又好又快地重建家园。会议决定，规划组按照会议提出的意见对规划做进一步修改后对外公布，征求社会各界的意见。

8月31日晚和9月1日晚，国务院抗震救灾总指挥部在列车上召开第25次会议，分别听取四川省和国务院有关部门关于地震灾区受灾群众安置工作的汇报，研究部署下一步的工作措施。会议研究了受灾群众安置工作中需要解决的突出矛盾和问题，明确要求要突出抓好受灾群众安全过冬问题；要稳定灾区建材和居民生活必需品价格；要对住房毁损导致无房可住和受损需要除险加固的城镇家庭，中央财政给予适当补助，地方要抓紧制定具体办法；要保证灾区学校正常开学复课；要结合灾后恢复重建，采取多种措施对灾区实施重点就业援助，努力实现“零就业家庭”至少一人就业；要做好困难群众和孤残人员的救助安置工作。

10月14日上午，国务院抗震救灾总指挥部召开第26次会议，总结四川汶川特大地震抗震救灾工作，研究部署灾后重建任务。会议讨论了《四川汶川特大地震抗震救灾工作总结报告》。会议强调，抗震救灾已进入灾后恢复重建的阶段，要力争用3年左右时间完成恢复重建的主要任务，使灾区基本生活条件和经济发展水平达到或超过灾前水平，要加快恢复重建工作，确保中央制定的各项政策措施落实到位，要明确恢复重建的领导工作机制。会议议定，成立恢复重建工作协调小组。同日，国务院抗震救灾总指挥部撤离四川汶川地震灾区。

国务院抗震救灾总指挥部四川前方指挥部部署抗震救灾　四川前方指挥部坚决贯彻中共中央的决策及国务院和国务院抗震救灾总指挥部的部署，具体负责指挥和指导一线的抗震救灾工作。5月17日晚，回良玉连夜在成都主持召开四川前方指挥部会议。回良玉强调，要认真学习贯彻落实胡锦涛在抗震救灾工作会议上的讲话精神，准确把握当前抗震救灾工作形势，细化、实化工作方案，把抢救被困群众、救治受伤人员、安置受灾群众、防治次生灾害、抢修基础设施和恢复重建准备等工作抓紧、抓实，确保抗震救灾工作有力、有序、有效地进行。

5月19日，回良玉在成都主持召开四川前方指挥部会议，专题研究解决救灾帐篷调运、发放、使用等问题。

5月25日上午，回良玉在成都主持召开四川前方指挥部紧急会议，专项研究部署唐家山堰塞湖排险问题。回良玉强调，要认真落实温家宝主持召开会议确定的排险要求、目标、原则和时间表，下最大力气，争分夺秒排除唐家山堰塞湖险情。

5月29日，回良玉主持召开四川前方指挥部会议。会议专门听取汶川地震专家委员会主任、中科院院士马宗晋，专家委员会地震研究组组长张培震关于研究进展情况的汇报，以及对抗震救灾工作的看法和建议，并现场协调解决有关问题。

7 月 23 日上午，国务院副秘书长王勇主持召开四川前方指挥部全体会议，研究落实温家宝对四川灾区群众安置情况做全面调查的重要批示，通报前方指挥部和四川省政府联合拟订的《四川灾区群众安置情况调查方案》。

三　中央军委组织部署

中央军委领导组织部署抗震救灾　地震发生后，中央军委主席胡锦涛立即做出重要指示，灾区驻军和武警部队要加强与地方联系，了解受灾情况，部队要迅速出动，协助抗震救灾；驻灾区部队要认真清查自身受灾情况，同时做好自救和防护工作；要密切关注余震，防止发生次生灾害。

5 月 12 日 15 时 10 分，中央军委根据胡锦涛指示，迅速组织指挥部队抗震救灾行动，要求打破常规，特事特办，以灾情为命令，以救人为第一要务，以及时救援为原则。15 时 29 分，中央军委就部队抗震救灾工作做出指示，要求成都军区尽快掌握情况，积极组织抗震救灾，部队加强自身防护，协助地方维护社会稳定，及时向军委、总部报告情况。15 时 40 分，陈炳德签发第一份命令，派以 66150 部队为主组建的国家地震灾害紧急救援队赶赴灾区。同日深夜，经胡锦涛批准，总参谋部向济南军区、成都军区、空军、总后勤部下达参加抗震救灾的命令：命令 77283 部队 1 万人，以铁路输送和摩托化机动相结合的方式赶赴绵竹、北川、什邡地区，与先期出动的 77126 部队等一起参加抗震救灾；命令 71622 部队、71897 部队共 8000 人，以空运、铁路输送和摩托化机动相结合方式赶赴都江堰、彭州地区参加抗震救灾；命令 71282 部队 1 万人，以空运、铁路输送和摩托化机动相结合方式赶赴汶川、理县、茂县地区参加抗震救灾；命令 95900 部队、95942 部队和 95848 部队 6000 人，于 13 日 8 时空运到绵竹、安县、北川地区参加抗震救灾，并出动一个伞兵连，携带必要的通信设备，在汶川、理县、茂县、北川地区选择合适着陆场伞降，了解报告灾情；命令总后勤部迅速组织 10 支医疗和防疫队参加抗震救灾，其中武汉地区抽组 5 支、随 95829 部队行动，河南地区抽组 5 支、随济南军区抗震救灾前进指挥部行动。各部队到达灾区后，接受成都军区统一指挥。至此，中央军委调动首批 3.4 万名官兵参加抗震救灾。同日 16 时 10 分，中央军委指示成都军区及时掌握灾区损伤情况，组织部队全力救灾。强调灾情就是命令，要以最快速度投入救灾，把救人放在第一位。16 时 30 分，又指示部队要做好准备，尽量多地派出医疗机构参加救灾，注意与武警部队搞好协调，协助地方维护社会稳定。

5 月 13 日上午，中央军委召开常务会议，决定成立军队抗震救灾指挥组，在胡锦涛和中央军委领导下，按照国务院抗震救灾总指挥部的总体部署，组织指挥军队抗震救灾行动。10 时 10 分，中央军委领导飞抵成都，随即召开紧急会议，现地研判灾情，了解兵力到达情况，明确指挥、协同、保障关系，要求成都军区担当起此次抗震救灾的组织指挥和协调重任，认真研究统一组织指挥问题，确保责任清楚、关系明确；随后，前往都江堰市聚源镇及什邡市师古镇、龙居镇、洛水镇等地震灾区查看灾情，看望成都军区抗震救灾部队、国家地震灾害紧急救援队、空降兵95942部队、武警四川省总队官兵以及民兵预备役人员；同日，要求解放军和武警部队要坚决贯彻中共中央和胡锦涛的指示，把抗震救灾作为首要任务，紧急行动起来，全力以赴投入救灾工作，尽最大努力减少人民群众的生命和财产损失。

5月14日9时40分，中央军委领导抵达绵竹市汉旺镇查看地震灾情，看望执行抗震救灾任务部队官兵；10时许，深入雅安陆军预备役步兵团在中国银行绵竹市支行的抢险现场，要求部队官兵发挥人民军队作用，抓紧时间抢救群众生命，不放弃任何一个人；抗震救灾要设计最佳方案，讲求科学方法，团领导要到第一线组织指挥。13时，中央军委领导到北川中学查看灾情，看望抗震救灾部队官兵。同日下午，中央军委向成都军区、济南军区和海军、空军下达增派抗震抢险救灾部队命令，向灾区增派3.26万人，其中济南军区2.2万人、成都军区4000人、海军某陆战旅2600人、空降兵某部4000人，以摩托化开进、铁路输送、空运等不同方式向灾区机动。命令明确，各抗震救灾部队到达灾区后接受成都军区统一指挥；同日20时，召开空运、空投协调会，决定立即从全军调集增派直升机。

5月15日上午，中央军委领导在彭州市通济镇、小鱼洞镇、龙门山镇查看灾情，检查指导抗震救灾工作，慰问受灾群众和救灾官兵；还对参加抗震救灾直升机的指挥关系予以明确：空运空投任务由成都军区联指下达，空中管制和飞行指挥、调度、保障由成都军区空军负责，总参陆航部工作组负责相关工作的检查指导，并就应对北川、安县堰塞湖险情提出要求；15时，在成都军区主持召开解放军和武警部队抗震救灾任务部署会。会议明确，在国务院抗震救灾总指挥部和中央军委的指挥下，四川灾区解放军、武警部队和民兵预备役人员的抗震救灾工作由成都军区统一组织指挥，成立成都军区抗震救灾联合指挥部，将部队抗震救灾地区划分为5个责任区。

5月16日10时30分，在胡锦涛抵达绵阳机场后主持召开的会议上，中央军委领导汇报了部队参加抗震救灾情况；12时30分，陪同胡锦涛抵达北川羌族自治县擂鼓镇胜利村，查看受灾情况，看望受灾群众；13时20分，陪同胡锦涛抵达北川中学，接见抗震救灾部队官兵，看望受伤群众和医护人员。同日10时46分，中央军委指示李世明在成都军区空军开设空运协调指挥部，并由空军副司令员景文春统一组织指挥。同日19时30分，中央军委领导在成都军区组织召开抗震救灾工作会议，传达胡锦涛指示，研究贯彻落实措施。会议议定，各个地区抗震救灾部队的最高指挥员要参加当地救灾指挥机构，并担任副指挥长；地方请求救灾新增的乡镇要以最快速度到达，使救灾工作尽快由城市向乡村拓展；认真搞好10万救灾大军的各项保障工作，确保救灾任务的完成；全军支援灾区的救援物资统一交给成都军区，之后转交四川省分发灾区。晚上，中央军委领导主持召开抗震救灾部队领导干部会议，会议确定部队在3天内，于19日14时28分前全部抵达指定受灾村寨。同日，中央军委决定从战略储备中紧急筹措5000顶班用帐篷、10万套单兵食品、20万件御寒衣被以及2套野战方舱医院支援灾区，并派出240人的医疗队，分别在绵阳、德阳灾区开设野战医院。

5月17日8时30分，中央军委领导陪同胡锦涛抵达位于汶川县漩口镇的阿坝铝厂查看灾情，看望抗震救灾部队；下午，陪同胡锦涛到彭州龙门镇视察灾情和部队救灾情况。

5月18日上午，中央军委召开专题会议，传达学习胡锦涛17日在成都召开的抗震救灾工作会议上的讲话精神，研究军队贯彻落实的具体措施，军队抗震救灾指挥组成员参加会议。会议对军队下一步抗震救灾工作做出安排：要把继续争分夺秒搜救被困群众作为重中之重；要把救灾工作尽快扩展到所有乡镇，入村入户；要尽快把支援物资送到灾区，抓紧解决受灾群众基本生活急需；要抓紧抢修灾区基础设施；要加强组织领导；要做好宣传报道工作。同日10时，中央军委领导陪同胡锦涛在什邡市蓥华镇蓥峰实业有限公司查看灾情，看望抗震救灾部队；16时，在成都军区联指召开抗震救灾工作会议，对贯彻落实胡锦涛“尽快进入所有村庄，排查每一处倒塌房屋，竭尽全力搜救被困群众”（以下简称“进村入户”）的指示、派人参加地方抗震救灾指挥部、向边远山区空投抗震救灾部队等问题做了研究和部署，强调当前要把“进村入户”作为重点工作来抓。22时15分，中央军委领导主持召开成都军区联指专题会议，研究贯彻落实胡锦涛指示精神。会议强调，要把抢救人民群众生命作为当务之急、重中之重，坚决打胜抗震救灾这场硬仗；要立即把救灾工作拓展到农村，全力搜救被困群众；要尽快把救灾物资运送到灾区，安排好受灾群众基本生活；要认真搞好宣传报道工作，充分反映部队官兵抢救受灾群众生命财产的英勇事迹；要加强抗震救灾工作的组织指挥，进一步提高救灾效率。

5月19日，胡锦涛在军队有关情况报告上做出批示：“全军担负任务的部队在完成现有任务的同时，要抽调力量组成小分队，深入责任区内村庄，营救被困群众，医治伤员，帮助群众解决困难。要争分夺秒，时不我待。”同日，中央军委领导组织军委、总部和成都军区联指及有关大单位5个工作组，分乘5架直升机分别到茂县、理县、汶川、北川、平武、青川等灾区，检查各任务部队贯彻落实胡锦涛关于“进村入户”搜救受灾群众重要指示的情况，看望慰问灾区群众和抗震救灾部队官兵、民兵预备役人员；深入茂县凤仪镇宗渠村、勒都村和南新镇小学、石古村、墨都村，及汶川县卧龙保护区、卧龙镇、映秀镇等地，逐村逐户查看受灾群众的生产生活，鼓励群众生产自救、团结协作、共渡难关，向受灾群众赠送帐篷1300顶及生活用品和慰问金；还看望慰问了武警四川省总队、武警重庆市总队官兵以及第二军医大学医疗队、成都军区疾控中心等救灾部队，并对认真贯彻落实胡锦涛“进村入户”的重要指示提出明确要求。

5月20日上午，中央军委领导主持召开成都军区联指保障工作会议，围绕贯彻落实胡锦涛17日在成都召开的抗震救灾工作会议上的讲话精神，深入研究以保障工作为重点的相关工作安排；16时10分，抵达什邡市蓥华镇查看成都军区联勤部野战炊事车为灾区群众提供饮食保障情况，看望灾区群众和抗震救灾部队官兵。

5月21—24日，中央军委领导赴甘肃、陕西地震灾区考察指导工作；21日，到宝成铁路109隧道、嘉陵江堰塞湖河道考察抢通、疏通工作，看望抢险部队官兵，转交胡锦涛送给官兵们的收音机，并赞扬官兵作风很过硬、战斗力很强；22日上午，在陇南军分区听取兰州军区和武警甘肃省总队抗震救灾情况汇报，随后，到达陇南市武都区马街镇蒿坪村，看望抗震救灾部队官兵，详细询问官兵抢险救灾和生活情况，并向部队官兵赠送慰问品；11时，前往陇南市第一人民医院看望参加救灾的军队医疗分队，要求医疗分队尽最大努力，积极与当地医院搞好协调，多救治伤员，多为受灾群众排忧解难；17时45分，看望文县人武部官兵和民兵应急分队；23日10时，到文县中庙乡联丰村看望抗震救灾部队创办的“帐篷高考辅导班”；11时，在文县碧口镇码头抗震救灾部队宿营点，就落实胡锦涛“进村入户”展开搜救工作的指示提出要求；24日，考察汉中灾区抗震救灾工作，看望受灾群众和抗震救灾部队、民兵预备役人员。

5月22日下午，中央军委领导主持召开军委常务会议，强调军委和四总部要支持成都军区联指的工作，明确抗震救灾任务部队向总部反映情况通过成都军区联指，总部下达指示也通过成都军区联指，同时要求成都军区联指加强集中统一领导，把握住防止次生灾害、防止疫病发生两个重点，并提议为灾区修建康复中心和8所中学。

5月23日，中央军委领导在成都军区联指上报的《使用直升机参加抗震救灾阶段性工作情况报告》上做出批示，要求进一步搞好下一步的空运空投工作，同时加强机务、气象、指挥等各项工作，确保飞行安全，特别是重要飞行任务安全；24日，在中央办公厅秘书局《信息综合专报》上做出批示，要求成都军区联指要高度关注和严密防范青川县山体裂缝的威胁；26日，在中央办公厅秘书局《信息综合专报》第425期《抗震救灾一线部队因长期未洗澡烂裆严重》上做出批示，要关心战士身体，解决好专报反映的问题；同日，在中央军委办公厅《成都军区联指党委提出救灾款物管理“四项规定”》上做出批示，要求认真抓好落实“四项规定”和当日中共中央政治局会议上提出的严格救灾物资的管理发放指示要求，确保廉洁救灾。

5月27日至6月1日，中央军委委员、国务委员兼国防部长梁光烈带领工作组到四川灾区看望抗震救灾部队，了解贯彻落实胡锦涛主席和中央军委决策指示情况。梁光烈先后到什邡、绵竹、平武、青川、茂县、汶川等12个县（市）、20多个乡（镇）、30多个救灾点，听取5个责任区指挥所、任务部队和地方党委、政府的汇报，实地查看赈灾饮食供应站、受灾群众临时安置点、卫生防疫、援建学校、清理废墟等情况，与有关领导专题研究堰塞湖排险、群众疏散转移、核设施安全防护和道路抢修等措施。

5月27日下午，梁光烈听取成都军区司令员李世明关于部队在四川灾区参加抗震救灾情况汇报，座谈研究落实部队抗震救灾任务问题。

5月28日上午，梁光烈前往什邡灾区，看望抗震救灾部队官兵；随后前往绵竹，考察抗震救灾部队搭建的帐篷村受灾群众安置点、援建的东北镇天河中心小学新址、援建的安县飞龙村希望小学和北京军区第255医院野战医疗队，看望抗震救灾部队官兵、民兵预备役人员和地方干部群众，详细了解部队“进村入户”、安置受灾群众和帮助恢复生产等情况；慰问重庆电力公司永川供电局支援抗震救灾的员工。下午，前往北川羌族自治县擂鼓镇第四责任区指挥所，听取第四责任区领导、北川羌族自治县政府领导的简要情况汇报，先后查看了四川省军区搭建的受灾群众安置点、成都军区联勤部赈灾饮食供应站、野战供水站、野战加油站、成都军区联指装备部北线装备综合保障基地；接着，前往绵阳灾区，现地查看灾情及核设施防护情况，考察中国工程物理研究院，听取抗震救灾情况汇报，查看厂区受损情况，对绵阳市计划组织堰塞湖下游群众转移疏散演练提出了建议和要求。

5月29日，中央军委领导在成都军区联指党委上报的《坚决贯彻胡主席和中央军委决策指示，充分发挥抗震救灾主力军和突击队作用》上做出批示，要求继续发挥好党委的核心领导作用、党支部的战斗堡垒作用和党员的先锋模范作用，并在实践中不断总结经验，进一步提高部队党建水平，从组织上确保抗震救灾任务圆满完成。同日上午，梁光烈前往江油市太平镇、大康镇查看救援部队“进村入户”情况和部队搭建受灾群众安置点情况，看望参加救灾的民兵、预备役部队；前往平武县平通镇、响岩镇查看受灾情况，看望抗震救灾部队搭建的受灾群众安置点、赈灾饮食供应站及援建的“帐篷小学”，听取救援部队救灾情况汇报。

5 月 30 日，中央军委领导在成都军区联指党委上报的《坚决贯彻胡主席和中央军委决策指示，充分发挥抗震救灾主力军和突击队作用》上做出批示，要求贯彻落实中央军委“进村入户”、清理废墟、卫生防疫、安置群众、水利排险、恢复交通、运送物资和转移伤员、援建村庄和学校等任务（以下简称“八项任务”），把下一步工作做得更好，为夺取抗震救灾斗争全面胜利贡献力量。同日上午，梁光烈前往青川县乔庄镇，查看抗震救灾部队清理废墟情况，对部队前期抗震救灾工作给予充分肯定，并就扎实抓好下一步抗震救灾工作提出要求；看望沈阳军区第 201 医院野战医疗队，随后前往第五责任区指挥所，听取责任区指挥所领导、广元市和青川县政府领导简要情况的汇报。下午，梁光烈前往茂县、汶川灾区，查看抗震救灾部队清理废墟、卫生防疫情况，看望抗震救灾部队官兵。

5 月 31 日，中央军委领导陪同胡锦涛到宁强县考察抗震救灾和恢复重建工作，看望金山寺小学师生，慰问执行抢险救灾任务官兵。同日上午，梁光烈前往彭州市龙门山镇，查看抗震救灾部队清理废墟作业现场；前往通济镇花溪村，查看抗震救灾部队搭建的受灾群众集中居住点；前往第二责任区指挥所，听取责任区指挥所领导和彭州市委书记抗震救灾情况汇报，对第二责任区前一阶段的抗震救灾工作给予充分肯定。下午，梁光烈前往什邡市湔氐镇下院村查看抗震救灾部队搭建的受灾群众安置点施工情况；前往洛水镇看望武汉总医院医疗队；前往什邡市第三责任区指挥所，听取责任区指挥所领导、什邡市领导简要情况汇报。

6 月 1 日，胡锦涛得悉 77116 部队邱光华机组失事后，立即指示全力搜救。中央军委领导乘飞机抵达成都，听取成都军区联指关于失事直升机情况的汇报，传达了胡锦涛有关指示与成都军区联指总指挥李世明、政委张海阳、副总指挥吕登明和四川省委书记刘奇葆研究决定，增派人员加大搜救力度，并积极采取各种技术手段，扩大地面和空中搜救范围。同日上午，梁光烈在都江堰市虹口乡聚源镇查看灾情和铁军“帐篷学校”，到受灾群众安置点看望慰问群众，检查指导部队抗震救灾工作，在第一责任区指挥所听取责任区领导、都江堰市领导简要情况汇报。返回成都后，与成都军区联指领导交换意见时，梁光烈充分肯定成都军区联指做出的突出贡献，并对下一步工作提出要求。

6 月 2 日上午，中央军委领导在成都组织召开的某部团以上领导干部座谈会上强调，当务之急是全力搜救失事直升机和人员；下午，到失事直升机机组所在的 77116 部队，看望执行抗震救灾任务的飞行人员和机务人员；21 时，向成都军区、成都军区联指传达胡锦涛关于搜救失事直升机的重要指示，决定济南军区、成都军区、海军、空军、武警部队、民兵预备役人员和地方相关部门投入力量进行全力搜寻，要求扩大搜救范围，找到失踪直升机和人员，同时，采取有力措施，稳定部队思想，认真分析检查飞机技术状况，使飞机保持良好状态，鼓励和动员大家一如既往地投入抗震救灾工作，确保飞行安全。

6 月 3 日上午，中央军委领导在都江堰第一责任区指挥所检查抗震救灾工作，听取关于搜救失事直升机情况汇报；下午，到汶川县映秀镇与抗震救灾部队和地方相关部门领导、专家座谈，要求进一步加强对搜救失事直升机的现场组织指挥和管理工作。

6月4日，中央军委领导在成都军区联指组织指挥搜救失事直升机，研究分析搜救情况，对失事直升机搜救工作进行部署；同日，对贯彻落实胡锦涛关心和解决部分救灾官兵心理疾患的指示做出批示，要求采取具体措施，进一步加强部队思想政治工作，尽快帮助救灾部队中部分出现心理疾患的官兵恢复身心健康，使部队始终保持持续旺盛的战斗力。

6月5日，中央军委领导在成都军区联指主持召开军以上领导干部会议，传达胡锦涛3日晚做出的指示，提出要扎实做好思想政治和后勤保障工作；要做好部队安全稳定工作，严防发生重大安全事故；要按照科学发展观要求，科学领导和实施抗震救灾工作。同日，中央军委领导慰问失事的邱光华机组成员的亲属，要求部队各级领导要认真负责地帮助机组人员家属解决各种实际困难。同日上午，中央军委领导前往绵阳灾区检查指导部队抗震救灾工作，在绵阳机场接见和慰问陆航部队飞行员代表，并就科学安排工作、注重身心健康、严格飞行安全等问题做指示；下午，在抗震救灾部队听取抗震救灾情况汇报，指导抗震救灾和恢复重建工作，在绵阳市高新区看望78300部队开设的野战兵站、第153医院开设的野战医院官兵和医护人员，在唐家山堰塞湖抢险指挥部看望武警水电部队官兵，到济南军区抗震救灾前进指挥部（以下简称济南军区前指）考察抗震救灾工作。

6月8日，中央军委领导在成都军区联指召开的抗震救灾部队政治工作会议上强调，用中共中央、中央军委的决策指示统一部队思想和行动，自觉地维护军政军民团结，重视做好官兵的心理疏导工作，扎实地做好部队安全稳定工作，主动帮助部队解决物质文化生活方面的困难和问题，充分发挥各级党组织和广大党员的作用，深入探索创新抗震救灾政治工作。会议还明确了军队抗震救灾群众纪律“十个不准”，要求各救灾部队认真抓好教育，务必使每一个官兵条条牢记、坚决落实。

6月10日，中央军委领导与张海阳通电话，对失事直升机遇难人员善后处理工作做出具体指示；同日，在成都军区联指关于搜寻失事直升机的相关报告上做出批示，要求总政治部和成都军区联指对该机组的英雄事迹予以宣扬，并委托李世明、张海阳代为慰问遇难者亲属，妥善做好善后工作；在北京接见军队参加全国抗震救灾英模事迹报告团成员，勉励报告团成员广为宣传部队官兵在抗震救灾斗争中所展现的先进事迹和崇高精神，激励斗志，鼓舞士气，为打赢抗震救灾这场硬仗做出更大贡献。

6月15日下午，中央军委领导在成都参加中央军委授予77116部队“抗震救灾英雄陆航团”荣誉称号命名大会，并听取成都军区联指汇报失事直升机搜救和遇难烈士善后工作情况；16日10时，在成都军区小礼堂参加77116部队失事直升机遇难烈士追悼大会，看望成都军区某炮兵旅舍身救人的汽车营排长牛玉新。

7月1日，中央军委领导在北京会见受到中组部表彰的军队、武警部队抗震救灾先进基层党组织和优秀共产党员代表，向大家表示热烈祝贺，勉励大家要认真学习贯彻胡锦涛在抗震救灾先进基层党组织和优秀共产党员代表座谈会上的重要讲话，始终保持昂扬的精神状态和顽强的战斗作风，团结和带领部队坚决完成抗震救灾后续任务，为夺取抗震救灾斗争的全面胜利再立新功；7月4日，在成都军区联指《部队抢修的灾区4条未通道路情况报告》上批示，成都军区联指及有关担负难度很大工程任务的第二炮兵和武警部队，要加强组织领导，及时了解掌握情况，既要坚决完成修路任务，又要按科学规律办事，接受地方交通部门的指导，严防发生重大事故；7月8日，在成都军区联指党委《坚决贯彻胡主席和中央军委重要指示，大力推进进村入户工作情况报告》上做出批示，要求认真总结和运用前一阶段的成功经验，进一步加强组织领导，加强管理教育，严格群众纪律，搞好各项保障，确保善始善终地完成“进村入户”的工作任务。

7月11日，胡锦涛同意总参谋部《呈报〈抗震抢险救灾部队分期分批回撤方案〉》，要求在保证救灾需要的前提下分期分批回撤，具体方案要征求国务院抗震救灾总指挥部同意后组织实施。16日，中央军委下达《组织抗震抢险救灾部队分期分批回撤》命令。17日，军队抗震救灾新阶段任务部署会在成都军区召开。会议传达胡锦涛和中央军委领导的指示精神，研究部署进一步完成好抗震救灾任务和组织部队分期分批回撤安排。

7月29日，中央军委领导在成都军区联指《抗震救灾部队第一批回撤情况报告》上做出批示，要求增强忧患意识，充分估计后几批回撤工作的困难，确保不发生严重问题。中央军委领导给成都军区联指总指挥李世明打电话，强调要认真进行总结，注意查找问题，不断改进工作；要确保后面3批部队安全回撤并保障好；留下的部队要尽心尽力搞好灾区群众安置和恢复重建工作；要加强部队教育和管理，不能发生问题；要继续把后一阶段工作做好、把任务完成好。

8月4日，中央军委领导在成都军区联指《擂鼓镇至禹里乡道路抢修情况报告》上做出批示，要求第二炮兵、武警总部协同成都军区联指加强对施工部队的指导，帮助解决实际问题，确保部队安全顺利完成道路抢修任务。28日，中央军委领导在成都军区《抗震救灾部队第三批回撤情况报告》上批示，要求解放军四总部指导各相关大单位，进一步抓好部队回撤后的教育、管理和工作调整安排，尽快恢复正规的战备、训练、工作、生活秩序，确保全面完成年度各项任务；相关大单位加强对继续执行灾区道路抢修任务部队的工作指导，确保安全，圆满完成任务，并抓紧做好支援灾区修建学校的准备工作；成都军区再次全面检查抗震救灾部队执行群众纪律情况，发现问题及时处理并上报总政。

军队抗震救灾指挥组组织部署抗震救灾　军队抗震救灾指挥组成立后，及时掌握情况，因时制变，研究对策，从5月13日至7月15日，先后6次召开工作会议，研究解决抢险救灾中遇到的各种问题，对部队抢险救灾实施及时、正确和不间断的指挥；根据抗震救灾任务变化适时调整力量，周密组织部队抢修基础设施、防治次生灾害、维护灾区稳定、协助地方安置受灾群众。

5月13日16时30分，军队抗震救灾指挥组召开第一次会议。陈炳德强调，全军和武警部队要坚决贯彻胡锦涛和中央军委的决策部署，把抗震救灾工作作为当前首要和重大政治任务来完成。会议要求，要组织抗震救灾部队快速到位，全力做好各项保障工作，加强与国家有关部门和地方政府的沟通协调，严防发生连锁事件，确保部队自身安全稳定。会议明确，为提高组织效率，部队到达灾区后的组织输送和用兵安排由成都军区负责。

5月15日9时，军队抗震救灾指挥组召开第二次会议。陈炳德主持会议。会议要求，要在关键时刻上得去、过得硬，务必在15日全部到达受灾严重的乡镇；要及时掌握准确情况；要精心组织部队行动；要切实加强工作预见性；要周密搞好各项保障。同日，军队抗震救灾指挥组下发《明确军队参加抗震救灾指挥协同有关问题》的指示，明确军队抗震救灾指挥组接受国务院抗震救灾总指挥部的领导，负责组织全军部队抗震救灾行动；成都军区联指负责对进入四川灾区的抗震救灾部队实施统一指挥，统筹协调各部队救灾任务安排、协同行动、交通管制和综合保障；各级指挥机构派人参加相关地方政府抗震救灾指挥部工作，抗震救灾部队接受任务地域党委、政府的指导协调。

5月17日9时，军队抗震救灾指挥组召开第三次会议。会议学习贯彻胡锦涛考察灾区时的指示，分析当前部队抗震救灾进展情况，研究部署下一步工作任务。陈炳德对下一步抗震救灾工作提出要求：从政治和全局的高度出发，坚持以人民利益为重，顾全大局，团结协作；继续把救人作为当务之急、重中之重，适时调整救援工作重心；科学使用空运空投、道桥筑城、医疗防疫、核化防护力量；想方设法把情况查准、报快；在坚持救人高于一切的前提下，适当把工作重心转到救人与救灾结合上来；精心组织各项保障。

5月18日9时，军队抗震救灾指挥组召开第四次会议。陈炳德等及总政治部主任李继耐、总后勤部部长廖锡龙、总装备部部长常万全、第二炮兵司令员靖志远、海军司令员吴胜利、空军司令员许其亮参加会议。会议传达学习胡锦涛17日在成都主持召开的抗震救灾工作会议上的讲话，分析部队抗震救灾工作进展，研究部署下一步救灾任务。陈炳德就贯彻落实胡锦涛讲话精神做了具体部署：坚持把抢救人民的生命作为抗震救灾的当务之急、重中之重，部队务必于19日14时28分前到达所有受灾乡村；积极协助受灾群众解决基本生活急需；组织兵力帮助地方恢复基础设施和开展灾后重建；采取切实措施，确保安全稳定；进一步加强与地方指挥部的协调，有效改进组织指挥和行动方法。

5月24日，经胡锦涛和中央军委批准，军队抗震救灾指挥组下发《关于全力做好协助地方安置受灾群众工作的指示》，就军队抗震救灾需要重点做好的任务进行明确：开设野战炊事车、赈灾饮食供应站和野战供水站；搭建受灾群众临时安置点；帮助地方搭建临时中小学；组织部队清理废墟；组织防疫（医疗）队及防化洗消分队，进入重灾地区开展卫生防疫工作；继续为灾区运送急需的药品、食品、帐篷及其他物资，及时转移危重伤员和被困人员；集中使用工兵部（分）队抢修道路和水利工程排险；巩固“进村入户”成果。

6月17日9时，军队抗震救灾指挥组召开第五次会议。会议学习贯彻13日中共中央、国务院召开的省区市和中央部门主要负责同志会议以及军队领导干部会议精神，研究部署下一阶段军队和武警部队抗震救灾工作。会议要求，要切实把思想认识统一到中共中央、中央军委和胡锦涛的决策指示上来，要高标准、高质量地完成好下一阶段抗震救灾各项任务，要紧密结合抗震救灾形势任务调配使用力量，要继续搞好后勤、装备保障和部队安全管理，要大力加强抗震救灾部队的思想政治工作。

7月15日15时，军队抗震救灾指挥组召开第六次会议。军队抗震救灾指挥组副组长葛振峰介绍《抗震救灾部队分期分批回撤方案》。会议要求，坚决贯彻胡锦涛和中央军委的决策精神，统筹安排好抗震救灾部队的兵力使用；牢固树立持久作战思想，圆满完成抗震救灾任务；周密筹划组织，确保部队分期分批回撤安全顺利。会议指出，随着第二批部队回撤归建，四川地震灾区的任务部队基本以成都军区为主，届时可以视情考虑联合指挥部的工作由成都军区首长机关担负；军队抗震救灾指挥组的有关具体工作，也可视情考虑由军队处置突发事件应急办公室担负。

第二节 指挥机构

汶川特大地震发生后，中共中央、国务院、中央军委迅速决策部署，启动地震应急救灾预案。国务院、解放军和武警部队、地震灾区党政部门相继成立抗震救灾指挥机构。各级指挥机构在中共中央决策部署下，建立起上下贯通、军地协调、全民动员、区域协作的工作机制，紧急调集各方救援力量和大批救灾物资支援灾区，组织搜救被困群众，救治受伤人员，安置受灾群众，尽快修复灾区受损基础设施，严防次生灾害造成新的损失，恢复灾区生产、生活秩序，确保抗震救灾工作顺利推进。

一 国务院抗震救灾指挥机构

国务院抗震救灾总指挥部 5月12日晚，中共中央决定成立国务院抗震救灾总指挥部，温家宝任总指挥，李克强、回良玉任副总指挥。指挥部下设抢险救灾组、群众生活组、地震监测组、卫生防疫组、宣传组、生产恢复组、基础设施保障和灾后重建组、社会治安组8个组，后增设水利组（此以18日总指挥部工作组组成通知为准）。国务院办公厅负责承办总指挥部会议和总指挥、副总指挥召开的专题会议；统一收集、汇总、分析、报送、发布重要信息；负责总指挥部议定事项的督促落实；做好有关地区、部门以及军队、武警等方面重要事项的沟通、联络和协调；完成总指挥部交办的其他事项。

抢险救灾组由总参谋部牵头，公安部、安全监管总局（国家安全生产应急救援指挥中心）、地震局、武警部队、成都军区参加。负责组织指挥清理灾区现场，搜索营救被困群众和受伤人员，发动基层干部群众开展自救互救，组织救援人员和物资的空运、空投工作。

群众生活组由民政部牵头，外交部、发展改革委、财政部、住房城乡建设部、农业部、商务部、中国红十字会参加。负责制订实施受灾群众救助工作方案以及相应的资金物资保障措施，搞好灾区生活必需品供应，指导有关地区做好因灾倒房群众的紧急安置，保障灾区群众基本生活，保障灾区市场供应，接受和安排国内捐赠、国际援助，处理涉外事务。

地震监测组由地震局牵头，科技部、国土资源部、环境保护部、气象局、国防科工局参加。负责地震监测和次生灾害防范，调集必要的技术力量和设备，密切监视震情发展，全力做好余震防护；加强对重大地质灾害隐患的监测预警，一旦发生险情及时组织疏散群众；加强河湖水质监测和危险化学品等污染物防控，切实保障核设施运行安全。

卫生防疫组由卫生部牵头，发展改革委、农业部、质检总局、食品药品监管局、总后勤部、武警部队参加。负责医疗救助和卫生防疫，组织医疗救护队伍，调集医疗器械、药品，对受伤人员进行救治；检查、监测灾区饮用水源和食品，防范和控制各种传染病等疫病的暴发流行。

宣传组由中宣部牵头，外交部、广电总局、台办、新闻办、港澳办、地震局参加。负责灾情和抗震救灾信息新闻发布、宣传报道的组织工作，做好向国外和港澳台地区通报情况，及时准确发布灾情，加强舆情收集分析，正确引导国内外舆论。

生产恢复组由工业和信息化部牵头，发展改革委、财政部、商务部、人力资源社会保障部、农业部、国资委、安全监管总局、保监会、国防科工局参加。负责帮助群众抓紧开展生产自救，对受灾的工矿商贸和农业损毁情况进行核实，指导制订科学恢复生产方案，积极落实有关扶持资金、物资，开展恢复生产工作。

社会治安组由公安部牵头，教育部、司法部、人民银行、银监会、证监会、旅游局、信访局、武警部队参加。负责协助灾区加强治安管理和安全保卫工作，预防和打击各种违法犯罪活动，维护社会治安，维护道路交通秩序，加强对党政机关、要害部门、金融单位、储备仓库等重要场所的警戒，维护社会稳定。

水利组由水利部牵头，发展改革委、财政部、国土资源部、环境保护部、住房城乡建设部、卫生部、农业部、地震局、气象局、电监会、总参作战部参加。负责灾区水库安全，河道受灾造成变形的治理，研究解决饮用水源安全等问题。

基础设施保障和灾后重建组由发展改革委牵头，工业和信息化部、民政部、财政部、住房城乡建设部、交通运输部、铁道部、农业部、国资委、广电总局、安全监管总局、银监会、电监会、邮政局、民航局、国家电网参加。负责组织指挥铁路、公路、桥梁、隧道等交通设施，供电、供水、供气、通信等设施抢修维护；组织调集抢险救援装备，做好储备物资和医药调度，切实保障灾区抢险应急物资供应；协调运力，优先保证应急抢险救援人员和救灾物资的运输需要。负责组织研究拟订灾后重建规划，指导协调灾后重建工作。

国务院抗震救灾总指挥部四川前方指挥部 国务院抗震救灾总指挥部在四川地震灾区一线成立了四川前方指挥部，回良玉任总指挥。四川前方指挥部贯彻落实中共中央、国务院及国务院抗震救灾总指挥部的决策部署，具体指挥和指导四川地震灾区一线的抗震救灾工作。

二　解放军和武警部队抗震救灾指挥机构

地震发生后，解放军和武警部队各路救援大军迅速赶赴地震灾区，各个不同建制、不同军兵种的部队急需统一协调指挥。5 月 13—15 日，根据中央军委决定，先后成立了军队抗震救灾指挥组、成都军区抗震救灾联合指挥部、抗震救灾责任区指挥所，形成了在中央军委统一领导下的“军队抗震救灾指挥组—成都军区抗震救灾联合指挥部—抗震救灾责任区指挥所”三级指挥体系。

军队抗震救灾指挥组 5月13日上午，中央军委根据中共中央政治局常委会议精神，决定成立军队抗震救灾指挥组。总参谋长陈炳德任组长，副总参谋长葛振峰、总政治部副主任贾廷安、总后勤部副部长李买富、总装备部副部长李安东为副组长，总参作战部、通信部、军训和兵种部、军务部，总政办公厅、组织部、宣传部，总后司令部、财务部、卫生部、军事交通运输部，总装综合计划部和武警部队司令部为成员单位。16时30分，军队抗震救灾指挥组召开第一次会议，明确了军队抗震救灾指挥组组长、副组长和成员，开始对全军和武警部队抗震救灾工作实施指挥。

军队抗震救灾指挥组办公室设在总参作战部，在作战部副部长徐经年等领导下展开工作。其主要职责是及时了解四川地震灾情，掌握部队伤亡和出动情况，与总政、总后、成都军区、空军和国家机关有关部门保持密切联系，保障中央军委、总参谋部指挥部队抗震救灾。

成都军区抗震救灾联合指挥部 5月13日，根据中央军委关于成都军区统一指挥在四川抗震救灾的解放军、武警部队和民兵预备役人员的命令，成立成都军区抗震救灾联合指挥所，由成都军区司令员李世明、政委张海阳任指挥长，副司令员吕登明、李作成，参谋长艾虎生和济南军区副司令员叶爱群、空军副司令员景文春任副指挥长。指挥所下设指挥协调组、政治工作组、联勤保障组和装备保障组。

5月15日，根据中央军委决定，成立成都军区抗震救灾联合指挥部，统一指挥解放军、武警部队和民兵预备役人员在四川的抗震救灾行动。李世明任联指总指挥、张海阳任联指政委，吕登明、范晓光、方殿荣、叶爱群、景文春、于际训、刘红军任联指副总指挥（后增加李作成、顾文根、息中朝），段录定、杜恒岩任联指副政委（后增加赵开增、贾延明），艾虎生、吴昌德、董德元等分别任联指参谋长、政治部主任、联勤部部长、装备部部长。成都军区司令部、政治部、联勤部、装备部机关为成都军区联指机关，履行相应职能。（参见图1）

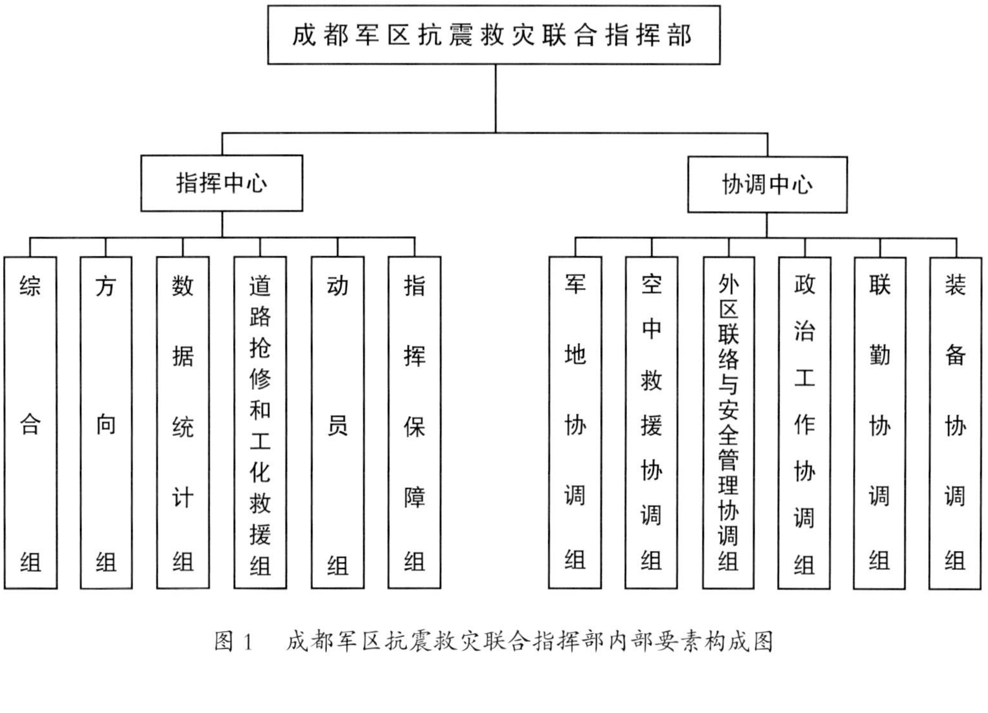

图1　成都军区抗震救灾联合指挥部内部要素构成图

5月16日，成都军区联指党委成立，党委书记张海阳、副书记李世明，党委委员为吕登明、范晓光、叶爱群、景文春、方殿荣、于际训、刘红军、段录定、杜恒岩、艾虎生、吴昌德、董德元等（后增加李作成、顾文根、息中朝、赵开增、贾延明）。5个责任区指挥所也成立了党委。

根据任务需要，成都军区联指还先后成立唐家山堰塞湖排险指挥机构、搜救失事直升机指挥机构、道路抢修指挥机构、部队回撤指挥机构等。8月20日，根据中央军委命令，成都军区联指和5个责任区指挥所工作于即日24时终止，继续留驻四川灾区执行抗震救灾任务的工程、陆航和医疗防疫等部队，从21日零时起由成都军区统一指挥。

抗震救灾责任区指挥所 根据灾情和部队部署情况，成都军区联指将在四川境内的部队抗震救灾区域划分为5个责任区，并依托所在区域军级救灾部队机关建立责任区指挥所。第一责任区为都江堰、汶川、理县、茂县地域，指挥所依托71521部队机关在都江堰开设，济南军区副司令

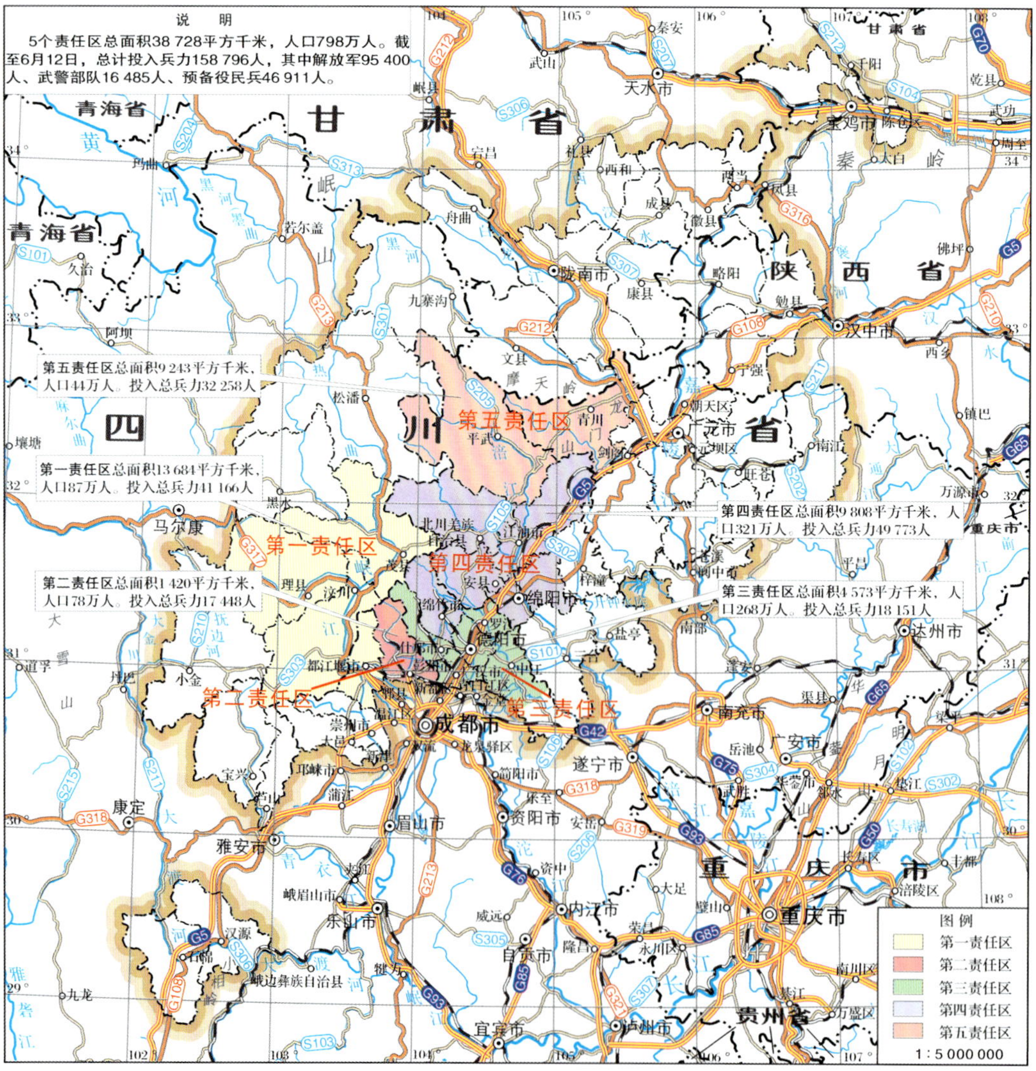

图2　解放军抗震救灾责任区划分及兵力部署图（6月12日）

员叶爱群任指挥长；第二责任区为彭州、崇州地域，指挥所依托71320部队机关在彭州开设，济南军区副政委杜恒岩任指挥长；第三责任区为广汉、德阳、罗江、什邡地域，指挥所依托95829部队机关在什邡开设，成都军区副司令员兼成都军区空军司令员方殿荣任指挥长；第四责任区为绵阳、江油、北川、绵竹地域，指挥所依托77200部队机关在北川开设，第二炮兵副司令员于际训任指挥长；第五责任区为青川、平武、平通镇地域，指挥所依托71521部队机关一部在青川开设，成都军区副政委段录定任指挥长。所在责任区内的部队正军职领导任副指挥长，武警部队领导为责任区指挥所成员。各责任区指挥所负责统一指挥协调责任区内的解放军、武警部队和民兵预备役人员的救援行动，并派员参加当地政府组织的抗震救灾领导机构。（参见图2）

三 三省灾区地方党委、政府抗震救灾指挥机构

四川省委、省政府指挥机构 地震发生后约20分钟，四川省委召开紧急会议，决定成立抗震救灾临时指挥中心（后改为“四川省‘5·12’抗震救灾指挥部”），由省委书记、省人大常委会主任刘奇葆任指挥长，省委副书记、省长蒋巨峰，省委另外一名领导任副指挥长（后补入成都军区司令员李世明）。指挥部下设总值班室、医疗保障组、交通保障组、通信保障组、水利监控组、救灾物资组、宣传报道组。

甘肃省委、省政府指挥机构 5月12日晚，甘肃省委、省政府召开紧急会议，决定成立由省委书记、省人大常委会主任陆浩任组长，省委副书记、省长徐守盛任副组长的抗震救灾领导小组。领导小组下设工作小组，分别负责抢险救援、预报监测、医疗救治、物资调拨、设施抢修、生活安置、舆论宣传、治安维护等工作。同日晚，甘肃省成立抗震救灾总指挥部，徐守盛担任总指挥，省委常委、常务副省长冯健身等任副总指挥。

陕西省委、省政府指挥机构 5月13日，陕西省成立抗震救灾工作指挥部，省委副书记、省长袁纯清任总指挥，常务副省长赵正永、副省长姚引良任副总指挥，省发展改革委、省监察厅、省财政厅、省科技厅、省民政厅、省地震局等40个单位为成员单位，统筹协调领导全省抗震救灾工作。

第二章　组织实施

汶川特大地震发生后，中共中央办公厅、国务院办公厅发出《关于四川省发生强烈地震情况和全力做好抗震救灾工作的通报》。国务院、中央军委坚决贯彻执行中共中央决策部署，组织国务院各有关部门、解放军、武警部队和民兵预备役部队等各方力量，投入抢险救灾。四川、甘肃、陕西、重庆等受灾省（市）各级政府，立即启动应急机制，成立各级指挥机构，组织人力、物力、财力投入抢险救灾。各级各部门、各部队秉承生命至上、人民利益高于一切的指导原则，迅速行动，精心组织，科学救援。各级领导和党员干部在抗震救灾第一线，发挥组织领导和模范带头作用，现场研究解决急难险重问题，推动抢险救灾各项工作的落实。

第一节　国务院组织实施

在国务院抗震救灾总指挥部的直接组织和领导下，中央直属机关、中央国家机关及社会团体都迅速反应、周密组织、科学调度，展现了强有力的总体指挥能力、组织动员能力、资源调配能力、统筹协调能力和处理突发事件、驾驭复杂局面的能力。由于篇幅所限，本节主要记述参加国务院抗震救灾总指挥部下设9个组的成员单位，包括国务院有关组成部门、直属特设机构和直属机构、办事机构、直属事业单位及部委管理的国家局在5月12—18日的组织实施情况。此后情况，参见其他分卷。

一　国务院组成部门组织实施

外交部组织实施　5月12日晚，外交部部长杨洁篪应邀与联合国秘书长潘基文通电话。潘基文代表联合国向中国政府和人民表示深切同情和诚挚的慰问，联合国全力支持中国的救灾和重建工作。外交部紧急启动应对地震灾情涉外工作应急机制，并向有关国家驻华使馆通报24小时值班电话，以便及时处理有关涉外工作。

5月13日，外交部发言人在例行记者会上表示，中国对国际社会有关抗震救灾的援助表示衷心感谢和欢迎。15日，外交部发言人说，中国政府已经同意日本政府派遣专业救援人员赴四川地震灾区协助救援行动。16日，外交部发言人表示，中国政府本着“邻近、快捷”的原则，同意俄罗斯、韩国、新加坡三国政府派遣专业救援人员赴四川地震灾区协助救援行动。中国政府对向地震灾区提供物资援助的各国表示欢迎和衷心感谢。

5月18日，外交部发布消息，中国有关驻外使领馆紧急设立“绿色通道”，在办理签证、物资交接、专机入境等方面提供最大便利，及时把国际社会捐赠的物资送达地震灾区。

发展改革委组织实施 5月12日23时，发展改革委组织召开由国务院有关部门参加的紧急会议，按照国务院抗震救灾总指挥部要求，组成基础设施保障组，专门负责四川汶川地震灾后基础设施抢修和恢复建设工作。会议要求，抓紧摸清电力、运输、水库等重要基础设施的损毁情况，全力以赴保障煤电油运和药品等重要救灾物资的供应，迅速抢修基础设施，尽快恢复通路、通电、通信和供水。

5月13日上午，发展改革委党组召开紧急会议，部署全力做好抗震救灾工作。会议决定，加强煤电油运和重要物资的保障，为灾区尽早实现“三通”（通水、通电、通路）扎实工作；加强市场物资供应和价格监测工作，保障全国市场特别是灾区市场供应，维护价格基本稳定，防止出现集中抢购现象；启动应急预案，建立24小时值守制度，第一时间做出反应。中午，发展改革委又召开紧急会议，研究基础设施保障方面重点工作，要求及时了解情况，加强与灾区的沟通，及时掌握电力、交通、通信、水利设施、居民住宅的受损情况，以及基础设施恢复工作的进展情况。20时，发展改革委组织召开国务院抗震救灾总指挥部基础设施保障组第二次会商会议，要求尽快摸清重要基础设施的损毁情况，迅速抢修基础设施，尽快恢复通路、通电、通信和供水；保障药品、生活等重要救灾物资供应和应急调运工作；全面进入一级应急响应状态，严防次生灾害，力争把地震灾害造成的损失降低到最低程度；在保障抗震救灾需求的同时，做好全国市场供应和价格稳定工作。同日，发展改革委发出《关于加强地震灾区价格监管，维护市场稳定的紧急通知》。通知要求，加强组织领导，加强灾区价格应急监测，及时启动临时价格干预，对救灾物资运输实行收费减免，加强灾区价格监督检查，运用价格调节基金支持救灾和灾后重建工作，以维护灾区市场稳定。

5月14日20时，发展改革委组织召开国务院抗震救灾总指挥部基础设施保障组第三次会商会议，要求全力组织向灾区调运生活物品和救灾物资，包括方便食品、帐篷、小型工具等；水利和电力部门密切跟踪水库大坝受损情况，防范次生灾害；启动重要商品市场供应和价格监测机制，稳定物价。当日，发展改革委紧急下达3亿元资金，统筹安排用于四川地震损毁基础设施应急抢修和恢复重建。

5月15日20时，发展改革委组织召开国务院抗震救灾总指挥部基础设施保障组第四次会商会议，就防范灾区水库垮坝和救灾成品油供应问题进行协调，建议国务院专题研究在外务工的灾区籍民工的稳定问题。同日，发展改革委、粮食局、财政部紧急安排中央储备和国家临时存储稻谷1亿公斤、小麦5000万公斤、食用油1400万公斤，运往四川地震灾区，用于灾区应急供应。其后，国家分3批下达中央救济粮（原粮）62629.1万公斤。当晚，发展改革委协调国药集团采购6%羟乙基淀粉1万袋、氯化钠注射液10万瓶、甘露醇200件、敌敌畏1000件，从北京发往成都；协调民航华东管理局，运输医药储备物资阿米卡星洗剂24万瓶、甘露醇200件、喷雾器2万台、碘酊98164瓶，从上海分批次运往成都。

5月16日，发展改革委组织召开国务院抗震救灾总指挥部基础设施保障组第五次会商会议，根据国务院有关会议要求，对绵阳机场航煤告急、四川部分电厂存煤不足和动用储备粮保障灾区粮食供应等问题进行协调，提出保障供应的方案与措施。同日，发展改革委根据《四川省人民政府关于请求解决我省抗震救灾急需药品医疗器械和环境消毒用品缺口的请示》，筛选出属于中央医药储备目录内的70个品种的药品，组织国药集团等企业做好相关工作，从当晚起陆续将这批产品运往成都。

5月17日，发展改革委组织召开国务院抗震救灾总指挥部基础设施保障组第六次会商会议，研究部署了公路物资运输的指挥协调、灾区损毁建筑和生活垃圾处理和确保灾区粮食供应等问题。同日，发展改革委紧急组织13个品种、价值300万元的医药用品、1000吨医疗器械和消杀药品等物资送达四川，向四川省政府办公厅发出《关于做好中央医药储备物资接收工作的紧急通知》。

5月18日，发展改革委组织召开国务院抗震救灾总指挥部基础设施保障组第七次会商会议。会议协调解决危险品（部分医药、卫生和防疫用品，如液体药品、消毒剂等）的航空运输、向灾区空投通信设备和油料等相关问题。同日，发展改革委指定下达四川省气象局专项资金500万元，用于灾区气象设施应急恢复建设。

教育部组织实施　5月12日16时，教育部召开紧急会议，启动教育系统突发公共事件应急预案，部署抗震救灾应急工作。同日，教育部成立抢险救灾应急领导小组，部长周济任组长。教育部发出《关于全力做好地震灾害预防和救助工作的紧急通知》，要求灾区各地教育部门和部直属高等学校紧急启动应急预案，组织力量开展自救、互救，确保师生生命安全；采取紧急处置措施，宣传地震灾害预防和救助知识，防止衍生灾害的发生；调整学校的教学安排，组织学生紧急避灾疏散；做好宣传、教育和引导工作，维护学校秩序，保持学校稳定。

5月13日上午，教育部召开会议，对领导带班制度、收集和掌握受灾情况、宣传典型人物和先进事迹以及开展捐赠活动等工作进行部署。同日，教育部发出《关于全力做好抗震救灾工作的紧急通知》，要求全国教育系统特别是受灾地区教育部门和各级各类学校要在当地党委、政府的领导下，迅速组织力量做好抗震救灾及自救、互救工作，全力抢救伤员，确保师生生命安全。通知强调，要及时开展灾后安全排查，做好次生灾害的防范工作。

5月14日，教育部在北京召开紧急会议，专题研究汶川地震灾害对高考的影响，决定立即启动教育考试应急指挥系统、突发事件应急预案，并制订详细应对措施。根据地震对高考造成影响，教育部向中共中央、国务院领导同志报送《迅速启动高考应急预案，应对四川汶川地震灾害》报告。中共中央政治局委员、国务委员刘延东要求全国高考按常规举行，重灾地区应特事特办。同日，教育部紧急开展“为了灾区的孩子”捐款活动，支援地震灾区师生抗震救灾。

5 月 15 日，教育部召开新闻发布会，介绍中国教育发展基金会开展捐款活动支援教育系统抗震救灾工作有关情况。教育部新闻发言人表示，灾区学校受损严重，教育部做出专门部署，要求各地区、各学校可以根据受灾情况决定放假或是停课。同日，首批心理咨询师志愿者队伍抵达德阳，对从绵竹、什邡等重灾地区转移出来的学生和群众开展心理援助工作。

5 月 16 日，教育部召开部党组会议，研究部署进一步做好抗震救灾工作有关问题。会议要求，继续把救人作为第一位的任务，积极配合有关方面，抓紧做好伤亡人员的搜救工作和失踪人员的核查工作；在各级各类学校全面开展安全检查，对广大学生深入进行防灾知识教育；抓紧筹备灾区学校开学和恢复教学秩序的工作等。同日，教育部分别召开专题会议和座谈会，研究地震灾区学生救助工作，部署灾后中小学生心理援助工作。17 日，教育部派出由北京大学、北京师范大学知名专家组成的中小学心理援助专家工作组赴四川受灾地区，协助指导灾区学生心理调适和复课等工作。

5 月 18 日，教育部召开会议，研究四川灾区高考工作的有关问题。同日，教育部紧急安排 300 顶专用帐篷送到已转移到安全地区的受灾学生聚集点，并指导绵阳市教育部门设立了第一批“帐篷学校”，开设“帐篷课堂”；教育部所属人民教育出版社和四川省出版集团、新华发行集团、教育厅等有关部门为四川灾区中小学生捐赠的 30 万册教科书完成印刷装订 10 万册。同日，教育部发出《关于继续做好抗震救灾工作有关事项的紧急通知》，要求坚持安全第一，高度警惕并切实防范余震和次生灾害，对教学设施进行安全排查，加强灾区学校防疫工作，抓紧帮助灾区学校恢复教学等。灾后所有教学设施在重新使用之前，必须通过权威部门的安全评估。

科技部组织实施　5 月 13 日上午，科技部党组书记、副部长李学勇主持召开部党组扩大会议，要求迅速组织多领域专家对地震灾情和预防次生灾害进行综合技术研判，利用卫星遥感、遥测等技术手段获取灾情图像资料，组织应急适用技术和高新技术产品（装备）服务抗震救灾和恢复重建，建立遥感、地质、建筑、医药等各领域的技术咨询专家组等。会议决定，从科技经费中紧急安排 500 万元，用于支援四川地震灾区，并从国家科技计划中再安排 3000 万元，专门用于支持抗震、防灾、减灾科技项目。会后，科技部发出《关于做好科技抗震救灾有关工作的紧急通知》。15 时，科技部组织召开由地震局、中科院、国土资源部、水利部、教育部、气象局等有关部门、单位负责人及部分高等院校、科研院所专家参加的地震灾情和科技应对措施分析会。会议就汶川地震灾害的发生机制及后续震情进行分析、研判。下午，科技部会同测绘局成立航空遥感工作组飞赴四川灾区。

5 月 14 日，科技部印发《农村地区抗震救灾应急技术及实用产品（第一批）》，要求从农村民居、农村安全饮水、动物疫病防治、农业生产应急恢复方面筛选出灾区应急适用技术和产品，为灾区抗震救灾工作服务。同日，科技部向各驻外使领馆科技处（组）发出通知，要求就地震灾后重建等开展紧急调研。同日，科技部在门户网站上设立“科技抗震救灾”专栏，发布第一批实用技术等信息。

5 月 15 日，科技部国家遥感中心组织专家，利用意大利 1 米雷达卫星数据和美国光学遥感卫星 1 米影像，形成都江堰市区和北川地震灾害遥感监测报告，上报国务院抗震救灾总指挥部。同日，国家遥感中心会同中国地理信息系统协会、中地数码集团公司将地理信息系统软件及设备捐赠给中国地震局。该系统和设备能明确标明地震发生地点、救援进展情况、救援队伍及灾区分布状况等，对于救灾指挥、人员及物资调度等起到重要的支撑作用。

5月16日，科技部在北京召开抗震救灾专家组会议，决定成立科技抗震救灾综合分析专家组和科技抗震救灾技术支撑专家组，宣布初步名单，确定专家组工作方案，明确各专家组的职责、任务、进度要求等，并对相关工作进行部署。同日，科技部印发《农村地区抗震救灾应急技术及实用产品（第二批）》，内容包括地震灾区动物尸体处理技术建议、震后灾区人畜共患病防治技术建议等技术和产品清单。同日，科技部紧急组织的首批高新技术救灾捐赠物资运往灾区，服务抗震救灾。其中，包括多功能LED聚光灯2万盏、太阳能草坪灯2000盏、太阳能野营灯1000盏、太阳能手电筒2000盏、200W便携式太阳能光伏电源100套、跟踪式太阳能卫星电视及照明系统100套、家用水压式净水器1万台、反渗透膜式供水净水器200套。

5月17日，科技部在科技抗震救灾专家组集中办公场所召开部长办公会，研究科技抗震救灾工作中的有关问题，部署科技抗震救灾有关工作。同日，科技部科技支撑计划“现代服务业共性技术支撑体系与应用示范工程”重大项目中的“区域协同医疗服务示范工程”课题，在绵竹市安置点成功开展远程医疗示范。战地医院设立后，近1100名患者得到远程会诊救治。

5月18日，按照国务院抗震救灾总指挥部的总体部署，国家减灾委和科技部联合组成抗震救灾专家组。专家组由来自不同部委、科研院所、大专院校的有关专家组成。专家组的主要任务是为国家抗震救灾决策提供信息保障，为当前抗震救灾提供应急科技支撑，开展综合灾情评估等。专家组下设地震烈度评价组、地震—地质灾害影响评价组、巨灾灾情评估组和综合对策组。

工业和信息化部组织实施 5月12日，工业和信息化部召开部抗震救灾指挥部会议，对全行业抗震救灾做出紧急部署。当晚，工业和信息化部召集六大电信运营商了解受灾情况，并要求运营商各分公司派出应急通信车，赶往汶川等受灾地区；同时，紧急调拨卫星电话等通信设施，支持抗震救灾工作。

5月13日晚，工业和信息化部抗震救灾指挥部召开会议。会议决定，成立医药设备保障组、军工民爆组、生产恢复组、电信恢复组，分别承担相关抗震救灾工作。同日，成立以部长李毅中为组长的抗震救灾应急指挥领导小组；工业和信息化部现场工作组携带350部卫星电话抵达成都，随后卫星电话被迅速送达阿坝、德阳、绵阳前线指挥部；中国网通派技术人员携38部海事卫星电话、便携油机、短波电台以及1000线程控交换机等赶赴灾区。

5月14日晚，工业和信息化部组织召开国务院有关部门负责人参加的会议，成立国务院抗震救灾总指挥部生产恢复组，由工业和信息化部、发展改革委等部门组成，主要职责是尽快了解各地受灾损失情况，研究制订恢复生产和灾后重建的方案和措施，提出灾后重建所需资金、物资、能源、交通等需求。同日，工业和信息化部无线电管理局授权四川省无线电管理委员会办公室，可以立即指配使用国家管理的800MHz数字集群通信频率、370MHz专用通信频率，协助地震灾区恢复无线电通信。

5月15日，工业和信息化部第二批现场工作组抵达成都。该部紧急调拨的60台海事卫星电话，由四川省抗震救灾指挥部分配给救援部队，20 套 IDR（域间路由选择）卫星移动系统设备、100 台 VSAT（甚小口径卫星终端站）设备、15 部卫星电话、25 台套应急通信设备运达成都。16 日，副部长苗圩到四川灾区，指挥工业和信息化系统的抗震救灾工作。

5 月 18 日，工业和信息化部召开会议，向 6 家电信运营企业传达国务院抗震救灾相关会议精神，要求各大运营企业进一步做好通信保障性恢复工作，设法尽快解决灾区的乡镇一级通信问题，尽早考虑为救援部队向行政村挺进提供通信保障。

公安部组织实施　5 月 12 日 16 时，公安部消防局启动公安消防部队地震抢险救援应急战备物资调运机制，调集抢险救援应急战备物资，于 17 时 30 分开始陆续调往四川灾区。同日，公安部抗震救灾指挥部成立，孟建柱任指挥长。17 时 40 分，公安部发出《关于全力投入抗震抢险救灾工作的紧急通知》，晚上又发出《公安部成立抗震救灾指挥部的紧急通知》《关于认真贯彻落实中央领导同志重要指示精神，全力以赴投入抗震救灾，切实做好维护社会稳定工作的紧急通知》等，要求各地公安机关把人民群众生命安全放在第一位，全警动员、全力以赴投入抗震抢险救灾，最大限度地抢救伤员，最大限度地减少人民群众的生命损失；要求灾区各级公安机关一方面要全力投入抗震抢险救灾，对各方面组织的赴灾区抗震抢险救灾人员、物资运输车辆，要一路放行，并加强交通引导，确保迅速安全通行，另一方面要切实做好维护灾区社会秩序工作，严密防范、严厉打击各种乘机进行违法犯罪活动的不法分子，对借机故意制造散播谣言、蛊惑煽动的别有用心之徒，要依法严厉打击，全力维护灾区社会秩序。与此同时，公安部紧急从全国消防部队抽调消防救援力量 1000 人，乘坐飞机、火车，携带搜救犬、生命探测仪等救援工具，迅速赶赴四川灾区实施救援；公安部还从天津、杭州、宁波、广州、深圳、重庆等城市抽调 1000 名特警飞赴四川重灾地区开展抢险救援工作。

5 月 13 日 11 时，公安部召开全国公安机关视频会议，对公安机关抗震救灾和维护社会稳定工作进行进一步部署。会议要求，在抗震救灾工作中，各地要采取有力措施，注意防止发生重大刑事案件，防止发生群死群伤的火灾、交通事故；要加大治安整治和打击力度，震慑犯罪，提高群众安全感；对传播谣言、制造恐慌的违法犯罪活动，要坚决依法严厉打击，稳定人心；各级公安交通管理部门对各方面组织的赴灾区抗震抢险救灾人员、物资运输车辆，要一路给予绿灯放行，并加强交通引导，确保迅速、安全通行。当晚至次日，公安部从全国紧急调集 1 万名公安特警、消防特勤以及医疗救援人员，其中 7650 名陆续抵达成都、绵阳。

5 月 14 日，公安部前方临时协调小组在四川成立，统一指挥、协调灾区公安机关的抗震救灾工作；公安部消防局再次调派北京等 20 个公安消防总队共 5485 名官兵，增援四川地震灾区。

5 月 15 日凌晨，公安部再次从济南、青岛、武汉等地调派 2159 名公安消防官兵携带必要的通信、搜救器材，破拆、照明等抢险救灾工具和个人防护物资飞赴四川灾区。同日，公安部新调派 552 名公安医务人员到达四川灾区。同日，公安部在都江堰市成立抗震救灾前线指挥部，指挥部下设作战指挥组、宣传组、保障组、治安组和综合组。2 时 20 分，前线指挥部召开会议，听取关于消防部队救援力量部署和作战进展情况、有关灾区治安和当地公安机关配合公安专业救援力量开展抢险救援工作情况的汇报，对参战消防部队兵力进行部署并提出具体要求。12 时，公安部在对当前抗震救灾工作进行全面分析的基础上，对公安专业救援力量工作的重点方向和力量部署、作战原则进行调整。

5月16日凌晨，公安部抗震救灾前线指挥部发出紧急通知，要求全体参战的公安消防特勤、公安特警、边防医务人员立刻发起抢救生命总攻，争分夺秒，抢救伤员，转移被困群众。同日，公安部召开党委会议，通报四川汶川地震的情况，总结全国公安机关抗震救灾工作，研究部署下一步的工作措施。会议要求，继续把抢救人民群众生命作为当前的首要任务，全力维护灾区社会治安稳定，切实加强道路交通、消防和危化物品安全管理，进一步强化不安定因素排查、化解，切实做好受灾藏区的社会政治稳定工作。同日，公安部刑事侦查局、公安部物证鉴定中心协调重庆市公安局及湖南省、贵州省、云南省公安厅50余个单位，抽调183名刑事科学技术人员组成刑事科学技术工作组，携带100套法医检验和30套照相设备，出动车辆52辆，仅用20个小时完成千里异地集结，于18日赴四川地震灾区开展地震遇难者遗体身份鉴别工作。同日，前线指挥部第三次紧急调集公安消防特勤队员，紧急协调民航部门派飞机急送。同日24时，前线指挥部紧急调集刚到灾区的9条搜救犬，连夜赶赴北川参加搜救。

5月17日，公安部召开会议，针对灾区社会治安管理防范工作相对薄弱等情况，再次部署灾区和全国各地公安机关要加强对社会治安管理和防范控制，防范、严厉打击各种违法犯罪活动，保证社会稳定。同日，公安部消防局发出《关于紧急调派生命探测仪和操作人员赴四川省参加地震灾害救援的命令》，要求北京、江苏、浙江、广东公安消防总队立即调派生命探测仪和操作人员及相应保障物资，乘飞机赶赴成都，参加地震灾害救援。

5月18日，公安部抗震救灾前线指挥部召开会议，明确要完成参与治安巡逻、保卫重要目标和协助处置突发性事件3项任务，部署维护灾区治安的重点工作。会议要求，继续全力搜救被困人员，努力做到搜救范围不留死角，解救被困人员和救治不漏一人。同日，公安部发出《关于认真贯彻国务院抗震救灾总指挥部会议精神，切实做好维护灾区和各地社会稳定工作的紧急通知》。通知要求，切实加强社会治安管理控制，严密防范、严厉打击趁灾进行的各种违法犯罪活动；切实加强道路交通、消防和危化物品安全管理工作，严防发生重特大治安灾害事故；切实加强对各类不稳定因素的排查化解，积极预防、妥善处置各种不稳定事端；切实加强对敌社情动态的掌握，高度警惕、严密防范境内外各种敌对势力和别有用心的人借机进行捣乱破坏；切实加强对当前各项公安保卫工作的统筹谋划。

民政部组织实施　5月12日15时，民政部国家减灾中心启动国内卫星遥感数据共享机制，向国内卫星数据提供方和数据代理机构申请商用高分辨率卫星数据。15时30分，国家减灾会启动“在重大自然或技术灾害中协调利用空间设施的合作宪章”机制，向其成员单位欧洲空间局、美国国家地质调查局、加拿大航天局、日本航天局、印度航天局等空间机构申请灾区遥感影像数据，利用11个国家的20颗卫星为四川汶川地震救灾和灾情评估提供图像及分析数据。15时40分，民政部启动国家二级救灾响应，并于22时15分将响应级别提升为一级响应。与此同时，民政部紧急要求所属10个中央救灾物资储备库将库存的14.96万顶救灾专用帐篷通过铁路、公路尽快运往地震灾区。晚上，民政部组织召开由国务院有关部门参加的紧急会议，按照国务院抗震救灾总指挥部要求，组建总指挥部群众生活组，负责掌握灾情、灾区群众生活困难和需求，以及抗灾救灾的综合情况；协调帮助解决受灾群众的生活问题，保障受灾群众基本口粮、棉衣被、帐篷等生活必需品供应；制订并实施受灾群众救助工作方案以及相应的资金物资保障措施，协调解决抗震救灾和灾区物资保障；指导地震灾区做好转移安置工作，组织、指导地方开展群众倒房的恢复重建工作；保障灾区群众基本生活，保障灾区市场供应，接受和安排国内捐赠、国际援助，处理和救灾有关的涉外事务。组长由民政部副部长罗平飞担任。同日晚，民政部成立以部长李学举为指挥长的抗震救灾应急指挥部，下设紧急救援（综合）组、信息和物资保障组、综合保障组、宣传报道组、救灾捐赠组5个工作组，实行联合办公。同日，民政部与总参作战部商定，向汶川县空投棉大衣10万件、棉被10万床、战备食品10万套。

5月13日凌晨，民政部紧急从沈阳、西安、天津、哈尔滨、合肥、郑州、武汉、南宁中央救灾物资储备库调运救灾专用帐篷49730顶、棉被5万条，用于解决四川、甘肃、陕西三省灾区群众的临时安置。15时，民政部、财政部派出赴汶川地震灾区联合救灾工作组绕道重庆到达成都，再赶往北川、绵竹查看灾情。晚上，民政部、财政部、审计署等部门组成的紧急采购工作领导小组召开第一次会议。会议决定，将年初安排的2008年中央级救灾储备物资采购资金3亿元，全部用于采购灾区群众急需的帐篷等生活物资。救灾帐篷采购均采取边生产、边发运的方式，尽快运抵灾区，解决群众生活困难。同日，民政部、财政部启动紧急采购程序，面向社会采购灾区急需的食品、瓶装水、衣裤、棉被、帐篷等物品。同日，民政部、总后勤部还联合发出《关于全力以赴做好抗震救灾军用饮食供应保障工作的通知》，要求全国军供系统立即行动起来，迅速投入到抗震救灾中去，全力以赴做好军用饮食和其他服务保障工作。同日，民政部发出《关于组织开展向地震灾区捐赠工作的通知》，要求各地民政部门动员党员、干部带头，发扬“一方有难、八方支援”的中华民族优良传统，积极为灾区捐赠救灾款物。同日，民政部紧急联系中国殡葬协会调拨遗体卫生袋。中国殡葬协会设备用品工作委员会联系组织相关生产企业连夜开展生产，至15日14时完成7万个遗体卫生袋的生产任务，并全部运抵成都。同日，民政部国家减灾中心开始处理灾区空间信息，利用受灾地区历史背景遥感数据及最新遥感数据，建立“小核心、大网络”的开放工作机制，进行灾情遥感应急监测与评估。

5月14日，民政部、财政部启动紧急采购程序，向有关厂商采购救灾帐篷13.9万顶、手摇式照明灯20万个、衣裤和棉被（或毛巾被）各20万件（床）、简易厕所1000套。同日，民政部向社会公布接受救灾捐赠账号和5条救灾捐赠热线电话，方便社会各界联系捐赠的相关事宜。15时29分，民政部网站公布部分受灾省市接收捐赠的账户和联系方式。与此同时，民政部发出《关于加强抗震救灾期间政务信息报送工作的通知》，要求确保受灾群众的基本生活是民政工作的重中之重，受灾地区民政部门要围绕做好当地群众生活安置，重点报送当地受灾情况、群众生活安排情况、民政部门关于抗灾工作的部署进展情况、救灾捐赠资金下拨使用情况、救灾工作中遇到的困难和问题以及救灾工作中的先进事迹等；其他地区民政部门要重点报送本地组织对口支援工作情况和公民、企业、机关及其他组织的社会捐助情况等。通知还强调，要把信息报送作为救灾工作的一个关键环节来抓，提高政务信息质量，确保信息报送及时。同日，民政部派出现场技术工作组赶赴四川灾区，进行灾害评估。

5月15日8时30分，民政部抗震救灾应急指挥部召开民政部机关全体工作人员会议，要求民政部干部职工恪尽职守，及时掌握灾情，提出应对措施，积极筹集物资，及时做好物资调拨工作，全力开展救灾捐赠的接受管理工作，同时要做好信息和舆论宣传工作，确保各项救灾工作有序开展。晚上，民政部紧急召开国务院抗震救灾总指挥部群众生活组协调会议。会议贯彻落实李克强有关批示精神和国务院《关于当前抗震救灾保障工作中急需解决的问题督办任务分解》方案要求，就四川省提出的灾区救灾应急物资需求问题进行研究。民政部、财政部商定，在已计划向有关厂商采购救灾帐篷13.9万顶的基础上，统筹捐赠资金，再紧急采购部分救灾帐篷，供灾区急需。当日，民政部与31家企业协议订购13.9万顶帐篷的生产任务。

5月16日，民政部、卫生部、公安部召开有关负责人会议，研究地震灾区遇难者遗体辨认及火化等问题。会议进一步明确各有关部门的职责，决定由民政部牵头，三部组成处理指导组，赴四川开展遗体处理指导工作。当日，按照温家宝关于遗体处理的指示，民政部在四川省民政厅主持召开由卫生部应急办和四川省民政厅、卫生厅、公安厅参加的会议，研究加快遗体处理、做好防疫工作的相关问题。同日，民政部发出紧急通知，要求北京、上海、天津、山西、内蒙古、河北、河南、湖北、湖南、广西、广东11个省（区、市）民政部门，分别为地震灾区提供10万件衣物和10万条棉被。同日，民政部根据灾区需求，向四川、甘肃地震灾区分别调拨救灾帐篷52080顶和2300顶。

5月17日，民政部发出《关于进一步做好抗震救灾工作的紧急通知》，要求各级民政部门的广大干部职工要继续扎实做好抗震救灾各项工作；同时，还要求各级民政部门要组织和协调好本地区的救灾捐赠活动，加强对捐赠物资和资金的管理。同日，民政部会同公安部、卫生部派出工作组，奔赴四川地震灾区指导协调地震遇难人员遗体处理工作。

5月18日，民政部、公安部、卫生部联合印发《“5·12”地震遇难人员遗体处理意见》，对遗体处理方式、遗体辨认程序、境外人员遗体处理、卫生防疫、协调配合和经费保障等方面提出明确要求。同日，民政部部署辽宁、吉林、黑龙江、江苏、浙江等省向甘肃省援助50万条棉被、毛毯、毛巾被及50万套衣物，部署福建、江西、山东、安徽四省向陕西省援助40万条棉被、毛毯、毛巾被及40万套衣物。

财政部组织实施 5月12日晚，财政部召开部长办公会议，专门研究部署支持做好抗震救灾工作。会议要求，迅速启动财政应急保障预案，成立财政应急保障政策协调小组，大力支持抗震救灾工作；按照“急事急办、特事特办”的原则，及时拨付抗震救灾资金；实行部领导24小时值班制度，相关司局留守值班，及时了解灾情及财政支持抗震救灾进展情况；积极加强与有关部门的工作协调。会后，财政部发出《关于大力支持做好抗震救灾工作的紧急通知》。同时，财政部安排综合财力补助资金5亿元，统筹用于各方面抢险救灾工作；同时会同民政部紧急下拨地震灾区自然灾害生活补助应急资金2亿元，用于受灾群众紧急转移安置。

5月13日上午，财政部党组召开部长办公会议，研究部署财政支持抗震救灾工作。会议要求，抗震救灾资金要按照“急事急办、特事特办”的原则，保证受灾群众的基本生活需要和社会稳定。会议决定，成立财政应急保障政策协调小组。同日，财政部会同民政部紧急下拨地震灾区自然灾害生活补助应急资金1.6亿元，其中甘肃省、陕西省各5000万元，云南省、重庆市各3000万元，帮助四省（市）开展救灾工作，并启动应急资金拨付通道，协调人民银行、相关国库支付代理行，紧急办理救灾资金拨付手续；财政部会同气象局紧急拨付气象部门预算机动经费2000

万元，全力支持四川等五省（市）气象部门抗震救灾，并要求尽快恢复气象预测预报业务。

5 月 14 日 19 时 10 分，财政部党组召开会议。会议要求，全力保障抗震救灾工作资金需要；全面掌握抗震救灾资金拨付使用、物资采购使用等情况，提高资金使用效益；努力加强和改善财政宏观调控，防止敏感商品价格过大波动，维护社会稳定；在灾后重建资金安排上，要充分利用好专项资金。当日，财政部预拨发展改革委抗震救灾资金 2 亿元，用于紧急采购及调运医疗卫生物资；会同教育部向四川省紧急拨付教育抗震救灾专项基金 5000 万元，用于灾区学校特别是中小学校抗灾自救、师生应急临时安置、重置必需的教学用具与学习用品；会同水利部紧急拨付特大防汛补助经费 1 亿元，其中四川省 6000 万元，重庆市、云南省、陕西省、甘肃省各 1000 万元，支持五省（市）做好地震后水库、闸坝、堤防等防洪工程险情排查以及对出现的险情及时抢护工作，另向四川省紧急安排补助资金 4000 万元，用于重点小型病险水库除险加固；预拨商务部抗震救灾资金 5000 万元，用于紧急采购及调运照明器材、食品、饮用水等生活必需品（后根据国务院有关会议精神，又增加了手套、口罩）；会同卫生部紧急拨付补助四川省卫生应急防疫救灾专项资金 1000 万元，专项用于支持受灾地区开展卫生防疫工作；拨付旅游局 4000 万元，支援灾区紧急救助和生产自救，其中 500 万元专款用于四川灾区受困游客撤离；会同民航局向地震灾区下拨救灾应急款 5500 万元，用于修复购置必需的生产设施设备，购置抗震救灾物资；另外，财政部还向四川省下拨 1000 万元资金，用于支持广播电视系统修复受损设备；紧急下拨红十字会彩票公益金 4000 万元，用于粮食、消毒剂、棉衣被、帐篷等物品采购，对地震灾区进行紧急人道救助。同日，财政部发出《关于切实做好中央财政抗震救灾资金管理使用监督工作的通知》，要求四川、甘肃、陕西等受灾地区财政部门和当地专员办全力做好抗震救灾资金监督工作，千方百计保证抗震救灾资金及时足额拨付到位。

5 月15 日，财政部紧急拨付 2 亿元资金，用于灾区急需的医疗救治药品和器械的采购和调运，免费用于地震灾区开展医疗救治工作。同日，财政部发出《关于追加卫生部 2008 年部门预算的通知》，追加卫生部 2008 年部门预算 3000 万元，以支持向地震灾区组派医疗防疫队工作。

5 月 16 日，财政部下拨四川省中央自然灾害生活补助应急资金 5 亿元，同时下拨综合财力补助资金 2 亿元；紧急向四川灾区下达中央储备粮 15 万吨和 1.4 万吨储备油无偿动用计划，中央财政负担粮油价款约 3.5 亿元。17 日，财政部紧急安排 2 亿元资金，用于地震灾区开展医疗救治和卫生防疫工作。同日，财政部发出《关于追加武警部队 2008 年预算的通知》，追加抗震救灾专项经费 3.3 亿元。

5 月 18 日，财政部会同民政部追加甘肃省自然灾害生活救助资金 1 亿元，用于地震灾区群众转移安置生活救助。

人力资源社会保障部组织实施 5 月 13 日，人力资源社会保障部部长尹蔚民主持召开党组会议，研究贯彻落实中央关于做好抗震救灾工作的具体措施。同日，人力资源社会保障部发出《关于全国人力资源和社会保障系统支持地震灾区做好抗震救灾工作的通知》，要求人力资源社会保障系统积极响应中央号召，采取有力措施，全力做好抗震救灾工作，并对地震灾区就业、农民工、医疗保险、工伤保险等工作提出要求。

5 月 14 日，人力资源社会保障部发出《关于认真做好地震灾区救灾期间基本医疗保险和工伤保险工作的紧急通知》，明确受灾地区可以按照“特事特办”的原则，对因灾伤亡的参保人员在医疗和工伤保险的报销范围、比例和资金使用等方面给予照顾，以确保地震灾区受伤人员得到及时有效的治疗。

国土资源部组织实施 5月12日16时，根据国土资源部领导指示，在湖北出差的国土资源部汛期地质灾害防治工作检查组绕道重庆，赶往四川灾区。13日，国土资源部和气象局联合发布的地质灾害气象预警预报开始加密预报，由原来的一天1次改为一天3次，并在中央电视台7时、12时、19时30分气象节目中播出。

5月14日20时，国土资源部部长徐绍史主持召开抗震救灾领导小组会议，部署抗震救灾工作。会议要求，灾区所在省国土资源部门迅速利用普查资料，向当地政府和抗灾指挥机构提出撤离人员避让地质灾害的建议；灾区省国土资源部门迅速组织当地地勘单位，制订详细的次生地质灾害排查工作方案，分别组成若干专家工作组，对受灾地区做好地质灾害隐患点的巡查预警工作；各地国土资源部门和地勘单位要积极支持抗震救灾，迅速组织技术力量赴灾区开展相关工作，并要以适当方式尽快为灾区提供活动房子、帐篷等急需的物资和地质灾害监测防治技术设备。同日，国土资源部派员赴都江堰、崇州等地实地查看次生地质灾害情况，并在研究协调对灾区进行飞机航拍事项的专题会议上，明确要求在四川组建航片专家解译队伍，要求做到即拍即译，即译即送。

5月15日8时，国土资源部抗震救灾领导小组会议召开。会议组织专家进一步对汶川、北川、茂县等地震灾区航空遥感影像图，就航遥震前震后照片解译结果进行研究，分析地质灾害发生情况，再次研究部署地质灾害的防治工作，要求尽快形成评估报告，提供给前方指挥部使用。8时30分，国土资源部航空遥感中心的“塞斯纳”飞机起飞，航摄线路为成都—都江堰—汶川—北川—德阳—成都。10时，“塞斯纳”飞机完成都江堰至茂县的航拍，覆盖面积450平方公里，分辨率20厘米，获得照片300幅。14时，国土资源部专家对北川、汶川两县遥感影像标注出房屋倒塌、山体崩塌与滑坡、公路桥梁损坏、江河堵塞、具有隐患的滑坡体等灾害分布情况调研后，提交评估报告。8时50分，测绘局“里尔”飞机起飞，航摄线路亦为成都—都江堰—汶川—北川—德阳—成都。20时，国土资源部对台湾福卫二号卫星14日图像资料初步解译分析，发现北川县城上游4.6公里河道南侧唐家山段，因滑坡堵江形成堰塞湖，对北川县城及下游构成巨大威胁。国土资源部随即向国务院抗震救灾总指挥部、水利部通报了情况。19时20分，国土资源部抗震救灾领导小组再次召开会议，强调核心工作是防范次生地质灾害和积极参与抗震救灾，并就及早开展支持灾后恢复重建的相关政策与规划的研究工作进行部署。

5月15日，国土资源部发出《关于支持抗震救灾切实加强地质灾害防治工作的紧急通知》。通知要求，受灾的相关省国土资源厅（局）立即根据已开展的县地质灾害调查成果资料，对受灾县威胁群众安全的大型以上的地质灾害隐患点，向省政府及抗震指挥机构提出撤离人员避让地质灾害的紧急建议方案，组织专家指导市、县政府做好避让工作，力保群众安全。同日，国土资源部专家组赴彭州市龙门山灾区的白水河、回龙沟、银厂沟等处崩塌、滑坡灾害现场进行考察指导。同日，国土资源部专家组赶赴都江堰，将连夜解译好的新航片送到水利、公安、军队等相关部门指挥部。

5月16日8时30分，国土资源部航空遥感中心“塞斯纳”飞机起飞，飞行路线为什邡—绵竹—绵阳—安县—北川。10时45分，飞机着陆，获取航拍图片400张。同日，国土资源部召开会议，进一步研究部署配合抗震救灾，加强地质灾害防治工作。会议明确，国土资源部参与抗震救灾的工作重点是根据部门职责和专业特点，为防范次生地质灾害和支持灾后重建做好保障服务工作。会议决定，进一步完善部抗震救灾应急指挥领导小组及其办公室，继续做好灾区的航空遥感拍摄和解译工作，继续做好次生地质灾害排查和撤离人员避让地质灾害工作。同日，国土资源部召开地震引发次生地质灾害防治四川工作组远程会商会，国土资源部地质环境司、中国地质调查局负责人从绵竹市现场传回报告，与参加会议的专家远程交流；中国地质科学院地质力学研究所专家组向震中汶川地区进发，用科学优势支持抗震救灾。

5月17日，国土资源部召开会议，听取有关抗震救灾最新情况汇报，指出当前国土资源部门参与抗震救灾的工作重点是根据部门职责和专业特点，为防范次生地质灾害和灾后重建做好保障服务工作。同日，国土资源部抗震救灾前线指挥部召开会议，对地震次生地质灾害防治工作进行会商。据国土资源部航拍资料显示，由于地震、滑坡，山上的土石堵塞了岷江支流的河道，在四川重灾地区形成了13个堰塞湖。国土资源部派出工作组对12个重灾地区的堰塞湖状况进行核查。同日，国土资源部抗震救灾前线指挥部将最新解译的灾区航空遥感资料提交给四川省抗震救灾指挥部，并与四川省就下一步提供资料的有效衔接工作做进一步的沟通。

5月18日，国土资源部地震地质灾害调查组赴安县开展次生地质灾害调查。同日，国土资源部向四川省提供200万份地质灾害防治科普折页、2万册防灾小手册。同日，国土资源部成都地质调查中心编制出12个重灾县分县地质图和汶川地震区地质图，供野外调查和震情分析使用。

环境保护部组织实施 5月12日晚，环境保护部召开会议，研究部署抗震救灾环境应急工作，成立以部长周生贤为总指挥的应急指挥部，组建前方工作组和后勤保障工作组，启动突发环境事件和核与辐射事件一级应急响应。会议要求，各级环保部门严密监控，确保核与辐射安全万无一失；及时了解化工厂、危险化学品、污水处理厂等环境敏感设施和区域的相关情况，做好应急预案，随时防控可能出现的环境事故。

5月13日，环境保护部组织由核安全、污染防治有关专家组成的21人环境专家组赶赴地震灾区，协调、指导灾区环保部门做好次生环境灾害的防范和应对工作。西南、西北环境督查中心和各级环保部门相关人员分别到地震灾害严重地区，协助当地的环境应急工作。同日，环境保护部发出《关于加强民用核设施和辐照装置抗震应急准备的通知》《关于防范和应对地震灾害次生环境污染事件的通知》；环境保护部办公厅发出紧急通知，印发《抗震救灾期间环境应急监测工作方案》，就加强环境污染监控，对水质自动站、饮用水源地水质监测、空气自动站、污染源、环境监测实验室等方面提出了具体要求。

5月14日，环境保护部党组召开会议，传达中共中央、国务院关于抗震救灾工作的部署和要求，研究环境应急工作。同日，环境保护部发出《关于地震期间进一步加强放射源监管的通知》，要求防范地震灾害后可能发生的次生放射性污染事件，确保辐射环境安全。

5月15日，环境保护部紧急筹措3500万元资金，用于购置环境应急监测设备、设施，支持地震灾区抗震救灾。其中将价值1000万元的应急监测设备、设施调往四川，主要用于饮用水、农药化工等高危行业以及核与辐射环境等应急监测急需。

5月16日，周生贤率领相关司局主要负责人和有关专家赶赴地震灾区，检查灾后核设施环境安全状况，指导抗震救灾环境应急工作。同日，环境保护部发出《关于批准四川、重庆、陕西、甘肃地震灾害次生环境污染事件预警与应急监测工作方案的通知》，要求各相关省市高度重视抗震救灾期间和灾后的环境应急监测工作，重点关注饮用水源地和地表水水质变化情况，加强水、大气自动监测站运行保障工作，及时了解污染企业泄漏和排放情况，加强特殊污染物监测分析，重点做好影响人民群众生活的有毒有害污染物监测分析工作，切实保障人民群众健康和环境安全。同日，环境保护部通报灾区水源地水质监测情况。根据地震灾区环保部门15日对绵阳、德阳、广元、都江堰、江油、什邡、绵竹、广汉、北川、彭州、安县11个地区的31个饮用水源地水质监测结果表明，以上地区监测的pH值、溶解氧、氨氮、挥发酚、氰化物、砷、六价铬等指标均为达标，符合饮用要求。

5月17日，环境保护部办公厅发出《关于加强对水库坝下环境隐患排查和治理的紧急通知》，要求四川、陕西、甘肃三省环境保护部门主动与水利部门沟通，了解危险水库和堰塞湖的名单、位置，对灾区危、险水库和堰塞湖坝下的石油化工、有色金属尾矿库等高危行业信息情况进行排查，防范堰塞湖对下游环境安全构成威胁。同日，环境保护部办公厅印发《预防和处置四川汶川地震次生环境灾害实施方案》和《四川汶川地震灾区次生环境灾害防治监测方案》。

5月18日，环境保护部从江苏、浙江、安徽、福建、江西、山东、广东、陕西等省环保局紧急调配了一批快速监测仪器，用于抗震救灾期间环境应急监测。

住房城乡建设部组织实施 5月12日，住房城乡建设部启动《建设系统破坏性地震应急预案》一级响应，并成立由部长姜伟新任指挥长的住房城乡建设部抗震救灾指挥部。同日，住房城乡建设部先后从北京、上海、天津、杭州、广州等城市共选派138名政治素质高、业务能力强、身体素质好的房屋安全鉴定专业技术人员，赴都江堰、德阳、绵阳、雅安等地开展房屋安全鉴定工作；还协调相关一体化净水设备厂家支援灾区应急供水，并向公安部、交通部、民政部发文，协调移动式净水设备运往灾区。

5月13日8时30分，住房城乡建设部召开党组扩大会议和部长办公会议，研究部署建设系统抗震救灾工作，决定立即开展灾区灾情调查工作，建立信息报告制度；抓紧组织做好技术支持准备工作，成立供水和燃气管道检测、灾后重建规划指导、施工技术指导等技术专家组，并组织好相关专业人员队伍，随时待命，根据国务院抗震救灾总指挥部有关部署和灾区抗震抢险工作需要，及时调派专家组赶赴灾区，协助当地开展抢险工作。同日，住房城乡建设部办公厅发出《关于做好住房城乡建设系统抗震救灾和防范次生灾害工作的紧急通知》，部署抗震救灾相关工作。同日，住房城乡建设部组织召开专家座谈会，统一研究部署城镇供水、供气等如何服务抗震救灾工作，并提出相应措施。会议确定，采取水车送水、饮水消毒片净水和水处理设备净化的方式，解决灾区临时应急供水问题。会议要求，灾害地区燃气经营单位严格按照规范操作，确保安全；要在受灾群众安置点设置临时供气点，保障灾区人民群众的基本生活需要；抓紧对地震波及区域燃气设施进行安全隐患排查，预防事故发生；组织专家尽快对灾区桥梁安全情况进行评估，需临时加固的，要制订完善措施，防止次生灾害发生。

5月14日上午，住房城乡建设部发布公告，启动建设系统对口援助地震灾区联络平台。公告要求，各省（区、市）建设厅（建委）和有关部门紧急行动起来，积极调动相关物资、设备、资金和技术人力资源，全力支持灾区抗震抢险工作。当晚，住房城乡建设部在四川省住房和城乡建设厅临时救灾应急指挥部组织召开救灾座谈会。会议根据四川省住房和城乡建设厅有关具体要求，决定增派房屋安全鉴定专家，预备一批灾后重建规划专家和工程地质方面专家，继续抓好各种救灾物资支援。会议还要求，四川省抓紧研究下一步恢复重建各种比较方案和相关政策，尽快克服困难摸清受损情况。同日，住房城乡建设部组织中国城市规划设计研究院、清华大学、同济大学、四川省城乡规划设计研究院、重庆市规划设计研究院等单位权威专家组成援建四川地震灾区规划工作队。同日，中国城市规划设计研究院规划工作小组抵达成都；住房城乡建设部首批专家工作组抵达都江堰，随后用8天时间对都江堰市的建筑震害进行应急评估和调研工作。

5月16日，住房城乡建设部召开援建四川地震灾区规划工作队第一次会议。会议决定，成立住房城乡建设部援建四川灾区规划工作队临时协调机构，成立绵阳工作组、德阳工作组、成都工作组、阿坝工作组、雅安工作组、广元工作组，援建队由80余人组成。18日，住房城乡建设部援绵阳和德阳工作组第一梯队第一批人员11人，以及住房城乡建设部灾后重建规划工作第一批专家组到达成都，随即奔赴灾区现场开展工作。

5月17日，住房城乡建设部召开会议，传达国务院领导指示，专题研究受灾群众过渡性住房问题。同日，住房城乡建设部派遣中国城镇供水协会专业队伍赴灾区抢险，组织上海市、济南市、郑州市、温州市的城市供水企业组成第一批应急抢修和管网检漏队伍，赶赴绵阳、江油、绵竹、都江堰等地开展抢险工作。

5月18日，住房城乡建设部召开各省（区、市）建设厅厅长、建委主任会议，研究部署为受灾群众解决过渡安置房建设工作。会议强调，要举全国住房城乡建设系统之力，以最快的速度建设一批过渡安置房，要尽快为灾区群众解决无家可归、露宿街头的问题。会议还就全面部署支援地震灾区的过渡安置房生产、运输、安装、建设等工作提出要求。同日，住房城乡建设部根据中央灾后重建规划工作的总体部署，组织国内权威专家带队的规划技术力量，成立由3个总体组、6个市（州）组、22个县（市）组构成的三级工作组，开展城镇体系规划、农村建设规划、城乡住房建设规划的编制工作。此后，规划工作组的100多名专家，分赴6个市（州）、22个县（市）开展工作，进行实地调查，收集基础资料，研究灾后重建规划工作思路和技术路线。

交通运输部组织实施 地震发生后，交通运输部启动国家交通运输突发事件应急一级预案，成立抗震救灾应急抢险指挥领导小组，部长李盛霖任组长；并与四川省政府及交通部门共同成立抗震救灾一线指挥部，调度各级地方交通部门、交通企业和部有关单位全力做好抗震救灾应对工作，组织人员抢救受灾群众生命，抢通损毁公路，确保救灾人员、物资运输畅通。副部长李家祥、翁孟勇以及部技术专家组赴灾区一线指挥、指导抢通救灾工作。5月12日21时，翁孟勇带领四川交通系统的业务尖兵，抵达国道213线都江堰至汶川段第一个塌方点紫坪铺灰窑沟指挥抢通；22时，到老成阿路紫坪铺大坝段查看灾情。23时30分，交通运输部召开紧急会议，部署交通抗灾救灾工作。同日晚，交通运输部发出《关于紧急应对并做好四川汶川地震抗灾救灾工作的紧急通知》，对全国交通系统抗震抢险工作进行部署，要求有关部门和有关地方要加强应对准备，迅速抢通损毁公路，确保救灾物资的运输。

5月13日，交通运输部抗震救灾应急抢险指挥领导小组召开3次会议，并通过视频连线四川省交通厅，了解灾区一线抗震救灾工作进展情况，紧急部署下一步公路抢通工作。同日，交通运输部向四川省紧急下拨专项资金1000万元，用于灾区公路、桥梁和防护设施的抢修和恢复工作；成立交通运输部专家组，奔赴灾区指挥救灾工作；交通运输部还发出《关于对抗震抢险救灾物资免缴车辆通行费的紧急通知》，要求对各地有关方面组织向灾区运送抗震抢险救灾物资的运输车辆，一律免缴车辆通行费，并结合现有“绿色通道”等专用收费道口，采取有效措施，确保救灾车辆快速、优先通行。同日，交通运输部启动国家公路水路交通运输突发事件应急一级预案，对抗灾救灾工作做出部署，要求尽快抢修受损公路水路基础设施，千方百计、争分夺秒抢通救灾“生命线”，为人员救援和物资运输等抗灾救灾工作提供交通保障。同日，交通运输部中国交通通信中心分两批为灾区提供50台海事卫星设备，用于指挥抗震救灾及媒体报道工作，同时紧急开通一批海事卫星SIM卡，满足救灾通信的需要。同日，国际海事卫星组织还应中国交通通信中心要求，为中国震区增加2倍卫星信道资源，提高海事卫星设备在灾区的通信能力。

5月14日，交通运输部主持召开抗震救灾第二次视频会商会议，强调要把抢通道路当作当前交通工作的重中之重，抓紧抓实；全面抢通公路困难很大，要突出重点；尽快打通一条通往汶川灾区的公路；在救灾的同时，要确保安全；灾区公路、桥梁和隧道损毁严重，要全面排查，加强监测，根据排查情况确定运输组织方案，努力做好救灾物资运输工作。交通运输部还发出《关于四川汶川地震抗灾抢通专项补助资金的通知》，决定对四川省交通厅一次性补助该省公路抢修专项资金1000万元。同日晚，交通运输部党组召开会议，要求各地交通运输部门进一步加大工作力度，把抢通四川汶川地震重灾地区公路作为当前工作的重中之重，保证整个抗震救灾工作顺利进行。同日，交通运输部紧急从重庆市调集100辆30～35座客车、100辆载重5吨厢式货车赴灾区提供运力支援。

5月15日，交通运输部召开第三次抗震救灾视频会商会议。会议听取四川、甘肃、陕西、重庆等省（市）交通部门的汇报，提出在抢通干线道路的同时积极抢通支线道路及加大对危险路段、桥梁、隧道的排查等要求。同日，交通运输部还发出《关于继续全力做好四川汶川地震抗震救灾交通保障工作的紧急通知》。

5月16日，交通运输部召开视频会商会议，提出要进一步细化打通四川受灾地区公路的逐个部署，尽快打通通往汶川灾区的道路，确保救灾物资运输，并高度重视安全问题。当晚，交通运输部召开紧急会议，对做好下一步抗震救灾工作提出了明确要求，全力抢通灾区公路，对已抢通的公路要保障畅通，同时着手开展灾后交通重建规划工作。

5月18日，根据灾区各海事机构因灾损失情况，交通运输部海事局决定给予适当经济补助，其中给予四川省地方海事局100万元，给予重庆市、甘肃省、陕西省地方海事局各10万元的灾后重建补助款，并支持四川省地方海事局6部海事卫星电话。

铁道部组织实施 地震发生后，铁道部成立抗震救灾指挥部。各铁路局按照《关于成立铁道部抗震救灾指挥部的通知》要求，迅速启动应急响应。受灾最为严重的成都、西安等铁路局，及时成立抗震救灾现场指挥部，在铁道部和地方党委、政府的统一领导下，迅速调集各种资源，全力以赴抗震救灾。

5 月 12 日，铁道部立即启动一级响应预案，要求迅速查明情况，投入抢险救灾。15 时 30 分，铁道部召开全路紧急电视电话会议，副部长胡亚东传达铁道部对确保铁路运输安全的指示，要求全路紧急动员起来，立即启动地震灾害应急预案，对震区所有线路、隧道、桥涵和设备进行检查。20 时 30 分，铁道部在西安铁路局主持召开全路抗震救灾紧急电视电话会议，传达温家宝和李克强对铁路抗震救灾工作的指示，部署铁路抗震救灾工作。会后，有关人员立即赶赴成都铁路局，先后到都江堰、德阳、绵阳等站区现场指挥抗震救灾工作。铁道部还先后成立宝成铁路抗震抢险指挥部、救灾运输调度指挥台、抗震救灾物资铁路运输协调小组和转运地震灾区伤员指挥部。22 时，铁道部运输局发布救灾运输第一个调度命令（1840 号），要求郑州、上海、南宁铁路局立即在郑州东、合肥南、南宁南站装运 3.5 万顶帐篷，开行专列紧急运往成都东站。

5 月 13 日 1 时 10 分，副部长卢春房赶到宝成线 109 隧道现场，组织铁路抢险人员，与前往支援的解放军及武警消防部队、公安民警共 1500 余人展开事故救援。随即，铁道部成立宝成铁路抢险指挥部，卢春房任总指挥。指挥部下设专家组、施救组、复旧组、运输指挥组、治安组、宣传组、生活组、综合组 8 个工作组。

5 月 14 日，铁道部公安局发出《关于开展“平安”专项行动，确保抗震救灾物资运输安全的紧急通知》《关于全力做好抗震救灾和维护稳定工作的紧急通知》。通知要求，全路公安机关加强抗震救灾物资列车始发、中途、到达站的安全保卫，确保抗震救灾物资运输绝对安全。

5 月 15 日，铁道部公安局发出《关于对抗震救灾运输物资专列实行武装押运的紧急通知》。通知要求，各铁路公安局对始发的抗震救灾物资运输专列派民警和保安实施武装押运。铁路部门全力做好抗震救灾人员和物资运输工作，采取停开部分短途客车等措施，最大限度地腾出运力，确保抢险部队、物资和灾区人民急需的食品药品等生活必需品运输。为保证地震灾后的大批伤员运输，铁道部在武汉等铁路局准备客车 1400 辆、棚车 350 辆，准备随时投入使用。至 15 日 6 时，军列计划安排 79 列，已开出 56 列，运送部队 2.8 万人，已经到达 21 列；军用救灾物资已装运 19 批 256 车，已到达 21 车。

5 月 17 日，铁路部门接受国务院转运地震灾区伤员到四川省外医疗条件较好医院救治的任务，铁道部主要领导要求有关单位做到“安全运输、优质服务、全力以赴、万无一失”。同日，铁道部在成都市召开铁路转运伤员工作第一次紧急会议，决定组织开行“救”字头专列，快速转运伤员至外省市救治。铁道部和各铁路局设立救灾调度台，设专人 24 小时值班，专门负责抗震救灾物资运输调度工作。同日，铁道部成立专门救灾运输调度指挥台，采取超常规运输措施，确保救灾物资以最快速度运往灾区。铁道部还紧急调集 100 列客车车辆，做好了运输伤员出川的准备。为确保运输计划得以迅速执行，各铁路局将储备性能良好的客车、空棚车、平板车等主型车种，随时启动，以应急需。同日 18 时，西安铁路局成立救灾运输调度指挥台，对抗震救灾物资计划、运输实行全程盯控，保证灾区群众急需物资快速送达。同日，57073 次货物列车到达德天支线上的绵竹站，为极重灾区绵竹市运进急需的大米。这是德天支线抢通后，首批经铁路直接运达灾区的救灾物资。同日，铁道部邀请民政部、商务部、卫生部、工业和信息化部、粮食局、中储粮总公司、中国石油、中国石化、国家电网和中国红十字会10家单位共同成立铁路抗震救灾物资运输协调小组。协调小组在铁道部运输局设立办公室，负责日常工作。

5月18日，铁道部召开党组扩大会议，部署抗震救灾重点工作，明确任务分工。会议要求，运输建设部门要进一步做好铁路基础设施抢修工作，加快打通109隧道，把救灾物资运输作为当前重中之重的任务，确保救灾物资安全、高效、快速运到灾区。会议还安排了灾区伤员转运工作、组织好铁路受灾自救工作等。至18日下午，铁路累计开行抗震救灾专列330列，装送救灾物资6553车，有4762车物资已经运到灾区，为灾区人民送去最急需的救灾帐篷14.4万顶、药品21万件、棉衣被36.5万件、矿泉水252万箱、食品54万箱。大批的医护人员和医疗设备也已经通过火车抵达灾区。此外，铁路还开行军列92列，运送近5万名参加抢险救援的部队官兵到灾区开展救灾工作。

水利部组织实施 5月12日15时30分，水利部召开紧急会议，决定派出工作组赶赴四川灾区，调查了解水利工程受灾情况；加强地震灾区水利工程的监测和巡查，加强预警预报；加强应急值守，确保信息畅通等。水利部总值班室、国家防汛抗旱总指挥部办公室值班室进入应急状态。同日，国家防总办公室下发《关于切实做好地震灾区防洪工程安全工作的紧急通知》，对水利设施灾情清查、震区防洪工程监测和巡查、预警预报等工作提出具体要求。晚上，副部长矫勇赴成都指导水利抗震救灾工作。12日，正在国外访问的水利部部长陈雷通过电话指示，要求水利部门迅速行动起来，积极开展抗震救灾与减灾工作，全力保障供水、防洪等水利基础设施安全。

5月13日5时，水利部成立紫坪铺大坝现场指挥部，召开专家会商会，决定抢修紫坪铺水库冲沙闸及2号泄洪洞，防止次生灾害发生。17时28分，紫坪铺水库2号泄洪洞闸门抢修成功，开闸泄水。上午，水利部召开部务（扩大）会议，对抗震救灾和防灾工作进行紧急动员，研究部署下一步抗震救灾工作措施。会议决定，成立由部长陈雷任总指挥的水利部抗震救灾指挥部，统一领导、指挥和协调水利抗震救灾工作。上午，国家防总、水利部同四川、甘肃、陕西、重庆、云南五省（市）紧急举行异地视频会商。会议要求，进一步加强险情排查，全面掌握工程受损情况；全力加强险情抢护，确保水库、水电站等工程安全；把确保群众的生命安全放在工作的首位；加强应急值守，确保各类信息畅通；加强雨水情监测预报，强化工程调度和险情防范；加强资金和物资等各项保障。当晚，国家防总和水利部派出的水利部抗震救灾工作组在成都紧急召开有四川省发展改革委、省经委、省地方电力局以及岷江上游有库容电站业主参加的工作会议，搜集震损电站情况，制订抢险救灾工作方案。同日，国家防总、水利部派出5个工作组，分赴四川、甘肃、陕西、重庆、云南等省（市）地震灾区指导抢险救灾工作。

5月14日，水利部抗震救灾指挥部召开全体会议，强调把抗震救灾工作作为水利部压倒一切的中心工作，重中之重是保证震损水利工程、堰塞湖安全度汛和防范次生灾害，以及抓紧摸排、修复震损供水设施等。晚上，水利部再次召开水利部抗震救灾指挥部会议，决定成立水利部抗震救灾前方领导小组；流域机构分省包片，组织有关专家和技术力量迅速赶赴一线；尽快组织水利抢险队伍赶赴一线，帮助灾区抢修震损水利工程和设施；加快修复通信、报汛和水文设施；强化行政首长防汛责任制，督促地方加强水库（水电站）防汛保安工作。同日，水利部专家组赶到紫坪铺水利枢纽指导抗震救灾。随后，水利部与四川省通过媒体发布信息，认定紫坪铺水库大坝结构稳定、总体安全。

5月15日晚，水利部召开会商会，对成立堰塞湖险情处置工作组、实地查勘核实灾情、制订应急处置方案和人员转移预案等工作进行部署。同日，水利部正式成立抗震救灾前方领导小组，由副部长矫勇担任组长，领导小组下成立6个工作组，以水库、水电站、堰塞湖为重点，兼顾堤防、涵闸，分赴成都、绵阳、阿坝、遂宁、广元、德阳六地；成立3个专业组，分别负责水文、供水和水电站专业指导。

5月16日，国务院抗震救灾总指挥部决定成立水利组，由水利部牵头，陈雷任组长。水利组职责是排查水库安全；排查河道次生灾害；解决灾区饮水问题，保障供水。同日，水利部召开抗震救灾指挥部全体会议，传达温家宝、李克强重要讲话及国务院会议有关精神，对落实国务院抗震救灾总指挥部水利组人员、机构和工作机制，核实震损水利工程和堰塞湖情况，解决灾区饮水，开展灾后重建前期工作，协调对口支援工作以及加强宣传报道和信息管理工作等进行部署。同日，水利部发出《关于做好受灾地区城乡饮水安全保障工作的通知》，对恢复灾区城乡供水、制订灾害应急预案、做好库坝安全防护、防范次生灾害等工作提出要求。同日，水利部增派6个工作组和水文、供水、水电3个专业组共100多位专家和工程技术人员，赶赴绵阳、阿坝、遂宁、广元、德阳、成都6个市（州），以水库、水电站、堰塞湖为重点，逐一制订应急抢险方案和措施，落实群众转移预案和应急度汛方案，保证水的供应。

5月17日，水利部与四川省建立部、省水利部门“合署办公、集体会商、共同决策、地方落实”的工作机制，由水利部专家组负责提出险情处置方案，地方负责组织实施。同日，水利部召开会商会，要求核查堰塞湖灾情和高危险情水库，抽调水利机动抢险队，排查供水设施，保障饮水安全等。同日，水利部下发《关于印发支援四川震损水利工程应急抢险工作方案的紧急通知》，决定组建水利工程应急抢险队，支援、帮助四川省对震损严重的水利工程进行应急抢险修复，妥善处置堰塞湖等险情。同日，国家防总办公室向四川省防汛抗旱指挥部下发《关于落实堰塞湖监测及安全防范工作的紧急通知》《关于切实做好高危堰塞湖安全防范工作的紧急通知》，要求切实加强对堰塞湖的监测和安全防范工作，制订落实下游人员避险转移安置预案，及时报送情况等。同日晚，水利部紧急组建的专业应急抢险队第一批6支340余人从各地出发，支援震损水利工程度汛抢修。这批应急抢险队分别由水利部长江水利委员会、黄河水利委员会，武警水电指挥部，河南省、辽宁省水利厅组建，携带挖掘机14台、装载机13台、推土机10台、自卸车39台等设备前往灾区。

5月18日，水利部召开会议，传达国务院抗震救灾总指挥部会议精神，要求继续扎实做好水库、水电站、堰塞湖的勘察除险和防洪保安工作，充分发挥国务院抗震救灾总指挥部水利组的职能和作用，加强水利抗震救灾信息和宣传的管理。同日，国家防总办公室向四川省防汛抗旱指挥部下达《关于切实做好存在溃坝及高危险情水库核查和应急抢护的紧急通知》《关于做好地震灾区城乡饮水安全保障工作的紧急通知》。通知对落实责任制、监测灾情、制订应急抢护方案和保障饮用水等工作提出明确要求。

农业部组织实施 5月12日晚，农业部组织召开紧急会议，部署全国农业系统抗震救灾等工作。会议要求，落实中央关于抗震救灾部署，统筹兼顾，一手抓抗震救灾，一手抓当前生产。会议还要求，摸清灾情，判断灾害走势，突出加强对粮油生产灾害影响，包括近期、中后期和全年影响，为救灾和恢复农业生产提供决策依据，及早采取应对措施；灾区要把抗震救灾放在首位，想方设法抓农时，抢收抢种。会议决定，成立以部长孙政才为指挥长的农业部抗震救灾指挥部，根据《农业重大自然灾害突发事件应急预案》启动应急响应，迅速行动，紧急部署，立即开展死亡动物无害化处理、养殖环境消毒、动物紧急免疫、疫情监测、无主畜处置、活畜转移安置、灭鼠等抗震救灾工作。

5月13日，农业部召开抗震救灾指挥部会议，研究提出农业抗震救灾指导性意见，全面启动各项工作。会议要求，农业系统要紧急动员起来，摸清受灾情况，加强疫情监测，确保灾区市场供应，着手制订重建方案，统筹兼顾，全力抓好当前农业生产工作。会后，农业部派出以国家首席兽医师贾幼陵为组长的动物防疫专家组，赴四川指导重大动物疫病防控工作，重点指导灾区强化环境消毒、疫情监控、无害化处理等，防止死亡畜禽流入市场，力争大灾之后无大疫，并发出《关于全力做好农业抗震救灾工作的紧急通知》。同日，农业部紧急安排100吨消毒剂等救灾物资运往灾区；紧急启动全国农产品市场日监测工作，每天监测报送全国和重灾地区农产品供应与价格变化情况，组织中国农产品市场协会会员单位积极筹集货源，开展市场对接，以实际行动支援灾区，并向海南、湖南、湖北、河南、河北、山东等省农业部门发出通知，要求积极引导当地经销商加大向灾区运销农产品，稳定市场供应。

5月14日，农业部办公厅发出《关于做好灾后重大动物疫病防控工作有关问题的紧急通知》。通知要求，做到“五个强化、一个确保”，即强化环境消毒，及时消毒灭源；强化无害化处理，防止病死畜禽引发疫情；强化疫情监测，及时发现疫情，及时报告，及时处置；强化灾后免疫，提高免疫密度和质量；强化检疫监管，防止病死畜禽流入市场；确保灾后无重大动物疫病、人畜共患病发生。通知还要求，严格落实病死畜禽“四不一处理”措施，即不准宰杀、不准销售、不准运输、不准食用及无害化处理，并做好抗灾救灾信息报告工作。同日，农业部紧急安排200万元专项资金支援四川地震灾区，用于购置1.2万台喷雾器和20吨消毒药品；紧急追加救灾专项资金300万元，支援四川地震灾区用于购置喷雾器、消毒药品和杀鼠药剂。

5月15日上午，农业部抗震救灾指挥部召开会议，分析最新地震灾情和灾害对农业生产的影响，进一步研究部署农业系统抗震救灾工作。会议强调，要一手抓好抗震救灾，一手抓好农业生产，全力夺取夏季粮油丰收。会议决定，紧急组织调拨消毒药品、器械等防疫物资，尽快开展灾区死亡牲畜无害化处理和消毒工作。同日，农业部抗震救灾指挥部启动灾情会商机制，并召开第一次会商会，及时了解灾情出现的新情况、新变化，汇总分析灾情走势，研判地震灾害对农业生产和农产品供应的影响，为农业抗震救灾、防止次生灾害以及灾后恢复生产提供决策依据。同日，农业部紧急编制2万张《地震灾后动物疫病防控知识宣传挂图》，发往受灾省份，指导灾后动物疫病群防群控；组织农业出版社、中央农业广播电视学校共制作并捐赠10万张技术明白纸、2万册口袋书和1.1万张技术光盘，指导灾后农业生产恢复。同日，农业部渔业局发出紧急通知，发布《受地震灾害影响死鱼无害化处理技术指导措施》，就防止死鱼腐烂后对公共环境卫生和水源造成污染做出规定。根据渔业灾情，农业部渔业局申请并落实渔业救灾资金1200万元，其中落实转移支付资金1120万元用于开展死鱼无害化处理和养殖池塘消毒，调剂80万元资金支持四川省水产局开展抗震救灾工作。

5月16日，农业部向灾区紧急下拨1000万元动物防疫和鼠害防控经费，向灾区追加300吨消毒药品、2100台手动式农用消毒器、100台机械消毒器械。同日，农业部抗震救灾前线专家组与四川省畜牧食品局等单位组建农业部·四川省联合动物防疫应急分队，分批进驻灾区开展动物疫病防控工作。

5月17日，农业部派出由107名队员组成的4个防疫小分队，奔赴重灾地区开展环境消毒和死亡牲畜无害化处理，并再次下拨500万元动物防疫经费。同日，农业部从河北承德草原防火物资储备库调集100顶大帐篷紧急空运调往成都，并组织成都、阿坝、凉山草原防火物资储备库向灾区调送帐篷47顶，供灾区防疫小分队和应急预备队使用。

5月18日，农业部召开会议，进一步研究部署农业抗震救灾工作。会议强调，要把人畜共患病防控作为当前最紧迫、最重大的工作，切实抓好落实。会议要求，全力开展消毒和无害化处理工作，继续组织调拨消毒药物等应急防疫物资，进一步做好突发疫情应急准备，切实做好动物防疫、灾区灭鼠工作。同日，农业部党组发出《关于迅速动员组织基层党组织、党员干部投入抗震救灾，恢复农业生产工作的通知》。

商务部组织实施　5月12日晚，商务部召开紧急会议，部署抗震救灾工作。会议决定，成立由部长陈德铭任组长的抗震救灾应急领导小组。会议要求，启动24小时应急值班机制，设在灾区的特派员办事处与当地商务机构保持密切联系，及时了解灾情和灾区市场供求情况。同时，商务部立即着手组织落实应急救灾物资货源，与上海、天津、河南等省（市）商务主管部门紧急联系，落实第一批蜡烛、手电筒、电池、方便面、饼干、面包、火腿肠、矿泉水等应急物资货源，准备随时运往地震灾区。

5月13日上午，商务部召开会议，部署安排商务部抗震救灾工作。会后，商务部办公厅发出《关于全力配合做好抗震救灾和保障市场供应工作的通知》，要求受灾地区商务主管部门紧急行动起来，加强组织领导，制订周密的方案，抓紧落实货源，全力保障市场供应，维护市场稳定，尽最大努力把地震灾害对市场造成的影响减小到最低程度。同日，商务部还发出通知，要求全国各省（区、市）商务主管部门加强市场监测，维护市场稳定，按照协调安排，落实应急救灾物资货源，调配生活必需品，向灾区运送食品、饮用水、药品和帐篷、防寒衣被等救灾物资，支援灾区做好市场供应。同日，商务部从上海向四川灾区紧急调运1万支手电筒、4万节电池、20万支蜡烛，支援抗震救灾工作。14日上午，商务部紧急调运16万箱饮用水到达地震灾区。同日，商务部集中采购200万箱饮用水，在铁道部的配合下，第一批25.2万箱于15时从武汉启运发往成都。

5月15日，商务部发出《关于全力做好抗震救灾用机电产品进口的紧急通知》，强调救灾工作急需的机电产品在办理进口手续时，可凭民政部、地震局、接受援助或捐赠的归口部门及省级部门出具的证明文件优先办理，保证立等可取，涉及招标的，可免于招标。16日，商务部发出《关于进一步做好抗震救灾保障市场供应工作的紧急通知》，要求各地商务主管部门要加强市场监测和信息引导，加强各种形式的产销衔接，建立应急调运机制，扩大应急商品数据库覆盖范围，增加企业库存和政府储备，并加强组织领导，全力以赴投入抗震救灾，保障灾区市场供应和全国生活必需品市场稳定。同日，商务部根据灾区需求，组织调运60吨火腿肠、220吨小包装奶、170万件饮用水、40吨奶粉运抵成都。17日，商务部向灾区紧急调运支援救灾部队急需的100万个口罩和100万双劳保手套。

5月18日，商务部发出紧急通知，要求灾区商务主管部门尽快恢复市场经营，并做好灾后重建准备工作。灾区商务主管部门要采取各种方式尽快恢复商场、店铺、市场以及餐饮等商贸流通和生活服务网点经营，设施受损较轻的，要尽快加固修复营业；设施受损严重的，应搭建临时简易商业设施进行营业。受灾群众临时集中居住点，应根据需要，组织商贸流通及服务企业开设小卖部、设立摊点或流动售货车、快餐车、简易厨房等，保障群众基本生活需要。灾区商务主管部门要深入受灾地区摸清受损情况，按照商业设施完全坍塌或严重损毁不能使用、虽受损坏但修复加固后可再使用、轻微受损无须大修即可使用3类情况进行调查统计。结合灾区重建总体布局，搞好流通网点重建规划，提出灾后重建资金预算。

卫生部组织实施 5月12日深夜，卫生部党组召开会议，研究部署卫生系统抗震救灾工作。会议决定，立即启动一级卫生应急响应机制，成立由部长陈竺和部党组书记高强任组长的卫生部抗震救灾工作领导小组，负责统一领导全国卫生系统抗震救灾工作。

5月13日，正在成都参加会议的卫生部副部长、中医药局局长王国强赶到四川省卫生厅应急指挥中心，了解四川灾区伤员救治工作开展情况，从应急救援的指挥协调、信息收集和报告、合理安排省内外医疗队伍和应急物资、切实加强伤员救治等方面提出具体要求和建议。同日，卫生部与食品药品监管局、中医药局联合下发通知，要求各地卫生部门在地方党委和政府的统一领导下，高度重视，全面动员，密切部门沟通，加强协调配合，切实落实各项抗灾救灾措施，积极救治伤员，全力降低致残率和死亡率，有效防控次生和衍生突发公共卫生事件，切实保障人民群众的身心健康和生命安全，最大程度减少灾害带来的损失。

5月14日，卫生部抗震救灾工作领导小组在北京召开第一次会议，决定在成都成立卫生部抗震救灾前方协调组。会议提出，进一步加快组织医疗队、救护车等急救力量赶赴四川灾区，从四川周边10个省（市），包括上海、天津，抽调的420辆救护车要到达四川指定位置，并从各地抽调1000名医疗队员，第一批500人于14日下午要赶赴灾区开展工作，第二批500人到达后随时待命；加强与军队医疗力量的协调与协作，在重灾地区，军队医疗力量主要负责现场急救，并建立野战医院，卫生部派出的医疗队负责重症和手术救治工作；抓紧建立医疗卫生应急指挥信息系统和工作机制，由卫生部统计信息中心负责，全面收集医疗队、伤情、手术、急救、药品、物资保障等方面的信息，绘制医疗卫生救援“作战地图”，并对医疗队、野战医院、急救物资等做出明确标示，便于指挥调度；协调《健康报》和其他媒体，对医疗救援工作、派出的医疗队加大宣传报道力度；做好灾区卫生防疫和物资保障工作，准备好卫生防疫队伍，备足消杀灭用品，对灾区的饮用水保护、环境保护以及遇难者遗体和动物尸体处理等工作进行指导；规划财务司要商财政部就各地调用医疗急救物资和人员的财政补助问题联合发文，提前明确政策措施，设立捐款捐物账户，集中管理。同日，卫生部抗震救灾工作领导小组与前方协调组、四川省卫生厅召开电视电话会议，要求进一步加强领导，依据属地化原则，积极配合、支持四川省卫生厅有序高效地开展各项工作；建立与四川省政府的协调机制，做好与军队卫生部门的沟通和工作衔接，加强现场救治能力，建立临时急救中心，建立科学的分检转运机制，全力以赴救治受伤群众；加强卫生防疫工作，防止肠道、病媒生物等传染病的暴发流行；做好各项物资保障与后勤保障，保证医疗队迅速、有效、持续开展工作。同日，卫生部抗震救灾工作领导小组召开会议，提出派往灾区的医务人员要与救援部队“同时行动、同时到达、同时开展工作”，做到“医疗救治队伍全覆盖、医疗急救物资全覆盖、防疫队伍全覆盖”（以下简称“三同时、三覆盖”），要求医疗救治队伍、医疗急救物资和防疫队伍覆盖到灾区的每一个县、每一个乡镇，尽全力救治伤员，挽救生命；加强人员、物资的调配，医疗队尽快进入重灾地区；做好伤员分检工作，加强重、危症患者救治；做好透析机、呼吸机等医疗设备的投放。通知重庆市的大型医疗机构做好接收分流重伤员的准备，必要时将四川省伤员向重庆市分流；加强灾区卫生防疫工作，及时组织好卫生防疫队伍，开展水源监测、食品卫生快速检测及粪便管理，防治破伤风、虫媒疾病等卫生防病工作。增加医疗队中防疫人员的数量，调派有经验能吃苦的市、县级防疫工作人员到灾区支援工作；疾控局要进一步组织防疫队伍随时待命，备足消杀灭用品，指导灾区加强防疫工作，同时做好新闻发布会的准备工作。

5 月 15 日，卫生部抗震救灾工作领导小组采取视频电话会议的形式，传达国务院抗震救灾总指挥部关于当前医疗卫生救援工作的要求，听取卫生部前方协调组和四川省卫生厅工作情况汇报，领导小组办公室、医疗救治组、宣传信息组、卫生防疫组和物资保障组分别与前方协调组沟通情况，研究和部署抗震救灾医疗救治和防疫工作中的紧迫问题。会议议定，完善工作机制，确保信息畅通；合理调配人员和急救物资，加强医疗救治；把灾区卫生防疫工作摆在更突出的位置，确保大灾之后无大疫；加强新闻宣传；全力做好物资保障工作等事项。

5 月 16 日，卫生部抗震救灾工作领导小组在北京召开会议。会议再次强调落实“三同时、三覆盖”的要求，前方协调组要进一步加强与四川省政府和抗震救灾前方指挥部的协调和沟通，落实国务院抗震救灾总指挥部和卫生部抗震救灾工作领导小组的各项工作部署。医疗救治重点从现场救治向重症救治转变，增加重症监护、院内感染控制专家以及心理医生数量；进一步落实灾区卫生防疫工作方案，选派第二批 340 名防疫专家根据前方需要随时开赴前线，确保防疫工作全覆盖，采取多种形式加强疫情报告，密切监测和搜索传染病灾情；配合当地政府加大环境卫生和饮食卫生监督管理工作力度，普及卫生防疫知识，提高灾区群众的防病意识；建立与当地政府和民政、农业、公安等部门的工作机制，做好遇难者遗体和动物尸体消毒处理工作。同时，千方百计做好救援物资和生活保障工作，完善物资调配工作机制，协调有关部门将物资采购、调拨、运输、分配等各环节的工作落实到位。关心医疗队员的工作和生活条件，想方设法做好医疗队的医药物资供应和生活补给，避免出现断水、断粮、断药等现象。

5 月 17 日，卫生部抗震救灾工作领导小组召开会议。会议要求进一步做好医疗资源调配，最大限度发挥现有医疗队作用。医疗救治组灾区医疗队联络中心要实时掌握全部医疗队的动态，随时保持信息畅通。前方协调组要利用好与军队建立的联动机制，科学调配医疗资源，要充分考虑随着重症救治病例增多和血液透析仪等设备到位，血液制品的需求量可能大幅增加，要做好采集、生产、储备等工作。根据灾区需要，准备随时增派防疫队伍。医疗队要承担起防疫工作职责。卫生防疫组要加强对应急状态下防疫工作程序和规范的指导，重点做好食品饮用水安全、环境消毒、遇难者遗体及动物尸体处理、疫情监测报告、预防接种及自身防护工作，特别是要按照国务院关于灾害中遇难者遗体处理意见的要求，以对灾区人民生命健康高度负责的态度，协助民政、公安等部门做遇难者遗体及动物尸体消毒等技术支持工作。进一步加强后勤保障工作的协调力度，确保前方医疗队的物资供应和生活保障。后勤保障组应细化工作职责，追踪了解卫生救援物资的需求、订货、生产、发送、运输和接收情况。做好国际卫生援助的联系和接收工作。按照国务院协调会议意见，积极协助外交部等部门做好外国政府、国际组织和港澳台地区卫生援助的联系和接收工作。同时，要求继续加强抗震救灾医疗卫生综合协调和新闻宣传工作。

5月18日，卫生部组织召开国务院抗震救灾总指挥部卫生防疫组第二次全体会议，研究国务院抗震救灾总指挥部17日会议提出的抗震救灾保障工作中有关卫生防疫任务的落实措施。会议针对主要由卫生防疫组负责的“抓紧被救伤病人员的救治工作”和“全面加强灾区卫生防疫工作”两项任务，具体分解为12项工作内容，并明确每一项内容的负责部门，确保各项工作落到实处。同日，卫生部还召开了抗震救灾领导小组会议，对抗震救灾工作进行部署。同日，卫生部发出《关于做好四川地震灾区部分伤员转出和接收工作的紧急通知》《关于做好地震灾区食品和饮用水卫生监督管理工作的紧急通知》；卫生部办公厅发布《地震灾区鼠疫疫情应急处理预案》《地震灾区霍乱疫情应急处理预案》《地震灾区炭疽疫情应急处理预案》，印发《四川汶川大地震灾区医院感染预防与控制指南》，对伤员的管理、消毒灭菌、临时（简易）手术室的管理、临时（简易）病房的管理、医务人员的防护、医疗废物的处理等工作提供技术参考。同日，卫生部第一批总价50万元的7种医疗救治药品、第二批总价500万元的11种药品与12种医疗耗材运抵成都。卫生部采购的首批350吨卫生防疫物资和6台海事卫星电话、200个冷光照明头盔与4000台小型收音机也运抵成都。同日，卫生部对各省心理危机干预骨干300人进行为期一天的紧急培训，开始支援灾区的人力筹备，同时召开心理危机干预专家紧急会议。同日，卫生部再次派出364名医院感染管理、ICU重症管理、肾透析专家奔赴灾区。

人民银行组织实施 5月12日22时，人民银行召开党委扩大会议，传达国务院领导关于做好抗震救灾工作的指示精神，分析人民银行系统受灾情况，研究部署紧急工作措施。会议强调，要全力维护支付系统、国库系统的正常运行，确保现金供应。人民银行国库系统迅速启动国库业务系统应急处置预案，总库及各省分库迅速开辟国库资金汇划“绿色通道”，保证收到财政部门的拨款指令后，15分钟内将资金款项通过支付系统划拨到位，并立即通过可以利用的通信方式，通知收款国库及时办理入库。

5月13日，人民银行发出《关于做好抗震救灾工作的紧急通知》，要求人民银行系统切实将抗震救灾作为当前工作的重中之重来抓，启动突发事件应急预案，确保支付清算系统稳定运行，确保网络运行安全，加强发行基金安全保卫和调运工作，建立国库资金汇划绿色通道，认真做好抗震救灾信贷支持和金融稳定工作等。

5月15日，人民银行召开会议，研究金融支持抗震救灾和灾后恢复生产、保证居民金融财产安全等政策。会议要求，金融部门要认真做好抗震救灾信贷支持和金融服务工作，抓紧研究、提出金融支持灾后恢复生产有关指导性意见和具体政策措施。同日，人民银行党委研究决定，成立中国人民银行抗震救灾工作组赴四川灾区，现场协助指导当地人民银行分支机构做好抗震救灾金融服务工作，维护支付系统、国库系统、货币发行等各项业务顺利开展。

5 月 16 日，中国人民银行抗震救灾工作组到达四川，协助指导当地人民银行分支机构做好抗震救灾金融服务工作，维护支付系统、国库系统、货币发行等各项业务顺利开展，保证灾区资金划拨、现金供应等正常运行。同时，出台支持四川金融机构增加信贷投入政策，保持货币充足流动，支持四川抗震救灾。

二　国务院直属特设机构及直属机构组织实施

国资委组织实施　5 月 12 日 16 时，国资委启动应急程序，成立以国资委主任李荣融为组长的抗震救灾应急领导小组，并召开应急领导小组第一次紧急会议，对做好中央企业抗震救灾工作做出部署，要求电力、电信等中央企业迅速了解和报告企业灾情，启动应急预案。20 时，国资委接到东汽受灾惨重的报告后，立即协调中国中铁、中国二重、兵器装备集团、中冶集团等中央企业，紧急调派人员和设备，连夜赶往东汽公司实施救援。

5 月 12 日 21 时，国资委召开应急领导小组第二次会议，传达国务院抗震救灾紧急会议精神，听取中国电信、中国移动、国家电网三家中央企业受灾及抗震救灾情况汇报，研究落实抢救职工、通电、通信、通路和救灾物资保障措施。

5 月 13 日上午，国资委召开第三次应急领导小组会议，传达中共中央政治局常委会议和国务院会议精神，部署国资委和中央企业抗震救灾工作，并向中央企业发出《关于中央企业做好抗震救灾工作的紧急通知》，要求中央企业迅速启动应急预案，做好自救工作，全力抢修重要基础设施，组织专业救援队伍和专业设备投入抗震救灾。

5 月 13 日下午，国资委向有关中央企业下发紧急通知，要求在四川及周边省市有分（子）公司或施工项目的中央企业将可用于支援救灾的铲车、吊车等施工机械情况报国资委，以便统一调配，支援抗震救灾。

5 月 13 日晚，国资委接到德阳昊华清平磷矿受灾严重的报告后，立即向国务院应急办上报情况，请示空投物资，并协调其他中央企业展开救援工作。

5 月 16 日，国资委紧急下发《关于抗震救灾捐赠有关工作的通知》，要求中央企业根据企业实际情况，加强捐款捐物工作的组织领导。

5 月 17 日下午，李荣融主持召开会议，研究部署抗震救灾工作，要求中央企业要继续做好抢险工作，千方百计安置受灾群众，全力做好通电、通信、通路工作，做好受灾企业恢复生产和灾后重建工作，加强党组织对抗震救灾工作的组织领导。

海关总署组织实施　5 月 12 日，海关总署迅速启动突发事件应急预案，成立由署长盛光祖任总指挥的抗震救灾指挥部。按照《海关系统突发公共事件应急预案》要求，成都、西安、兰州、重庆海关启动突发事件应急响应机制。晚上，海关总署发出《关于配合做好四川省汶川县抗震救灾工作的紧急通知》。通知要求，为进境的救灾物资和载运救灾物资的运输工具提供通关便利，加速验放，设立专门的抗灾物资报关窗口，实行 24 小时通关服务；对进境的救灾物资，可凭民政部、地震局及省级部门出具的证明先予登记放行，后补办手续，尽最大努力使救灾物资及时运抵灾区；对进出境的救灾、医疗队及专家，以及随身携带的救护医疗设备给予通关便利并快速验放。

5月14日，海关总署经与外交部、民政部等有关部门协商并下发通知，明确进口直接用于救灾的捐赠物资等可以特事特办，由进口地海关先凭民政部等部门或各省（区、市）民政厅（局）出具的有关证明函及救灾捐赠物资清单，先登记放行，后补办相关海关手续。

5月15日，海关总署发出通知，规定对于企业捐赠用于抗震救灾的加工贸易货物，可由企业向主管海关提出申请，主管海关应简化手续，特事特办，登记放行，事后海关凭民政部救灾救济司、全国妇联办公厅、中国红十字会总会、中华慈善总会或各省（区、市）民政厅（局）出具的证明函及救灾捐赠物资清单按规定补办相关海关手续。

5月17日，海关总署慰问小组赴四川检查成都海关关区地震灾情。14时45分，盛光祖指挥成都海关快速验放西班牙政府捐赠的一批折合人民币61.7万元的抗震救灾物资，主要是消炎类药品。这是欧盟国家中首个用包机运送救援物资的国家。同日，有4批抗震救灾物资通过海关验放运往灾区。这些物资主要是灾区急需的手动液压千斤顶、液压剪、血液透析机和药品等，总价值折合人民币1693.7万元。

工商总局组织实施 地震发生后，工商总局迅速采取措施，要求全国工商系统发挥职能作用，大力支持粮食、食品、蔬菜、饮水等生活必需品的流通，保障市场供应；严厉打击欺行霸市、以假充真、以次充好、缺斤短两、囤积居奇、哄抬物价以及散布虚假信息等扰乱市场秩序的行为，切实维护市场秩序和社会秩序。5月13日上午，工商总局召开会议，要求四川省工商系统立即启动市场监管应急预案，建立应急指挥机构，并充分发挥职能作用，保障市场供应，维护市场稳定，严厉打击欺行霸市、以假充真、以次充好、缺斤短两、哄抬价格以及散布虚假信息等扰乱市场秩序的行为。同日，工商总局发出《关于充分发挥工商行政管理职能作用，全力做好抗震救灾工作的紧急通知》，要求灾区各级工商行政管理机关立即建立应急指挥机构，启动市场监管应急预案，保障市场供应，维护市场稳定；灾区周边地区省市工商行政管理机关做好物资供应保障工作，严防假冒伪劣食品和不合格食品流向灾区。同日，工商总局还拨付100万元资金，用于支持四川省工商系统抗震救灾工作。

5月15日上午，工商总局党组召开会议，要求各级工商行政管理机关要把思想和行动统一到中共中央、国务院的部署和要求上来，切实把抗震救灾工作作为当前最重要、最紧迫的任务，千方百计保障市场供应，维护市场稳定。同日，工商总局抗震救灾工作组成立。15时，工商总局抗震救灾工作组到达四川灾区一线，指导、协助四川省工商系统做好抗震救灾工作。同日，工商总局发出《关于进一步做好抗震救灾工作，切实维护市场稳定的紧急通知》，要求全国工商系统充分发挥职能作用，高度重视抗震救灾工作，积极促进商品流通，加大市场监管力度，强化农资市场监管等，切实维护市场稳定。同日，工商总局再次拨款100万元，支持灾区基层工商局（所）修复损毁设施，尽快恢复正常工作。

质检总局组织实施 5月12日晚，质检总局召开紧急会议，研究部署质检系统抗震救灾工作。会后，质检总局发出《关于做好抗震、抢险、救灾工作的紧急通知》，要求受灾地区质检部门立即启动抗震救灾应急预案；其他地区的质检部门，认真做好抗震、防震和保证稳定的工作；按照应急预案，做好口岸安全、食品安全和特种设备安全工作；认真履行职责，确保各项业务工作不受影响；严格值班值守，保证信息畅通。

5 月 13 日下午，质检总局成立抗震救灾领导小组，领导小组成立特种设备抗震救灾专家组，以加强对受灾最严重的四川灾区特种设备抗灾救灾工作的指导。同日，质检总局抗震救灾领导小组召开第一次会议，要求加强对全系统抗震救灾的组织领导，做好救援准备，加强救灾物资质量安全监管，加强信息沟通和质检总局机关安全保卫工作，派出特种设备专家组，委托重庆、陕西质监机构为四川灾区质监系统提供部分救灾物资。同日，质检总局联合有关部门发出《关于做好震后国际援赠物资检验检疫相关工作的紧急通知》，要求各地检验检疫机构要依法做好进出境货物、人员和交通运输工具的检验检疫工作，保障检验检疫工作秩序和工作质量，保障通关顺畅和国门安全。对有关进境国际援赠物资，一律凭民政部救灾救济司出具的保函及货物清单受理报检，免收检验检疫费用，并按照特事特办的原则，给予检验检疫通关便利。凡从境外向地震灾区捐赠的医疗器械，一律简化程序，由相关检验检疫机构临时备案，经入境口岸检验检疫机构查验后快速放行，灾区检验检疫机构做好后续监督，事后向总局补办备案手续。同日，质检总局还发出《关于加大质量监督和执法打假力度，确保灾区食品、产品和救灾物资质量安全的紧急通知》《关于切实做好抗震救灾有关特种设备安全监察工作的紧急通知》。

5 月 14 日下午，质检总局抗震救灾领导小组召开第二次会议，要求进一步完善应急救援预案和措施，突出抓好供应灾区产品特别是食品的监管，做好国际、国内援助物资的检验和监管、特种设备安全监察、重点建筑材料的监督检查、质检系统自身安全保障等工作。当晚，质检总局派出特种设备工作组，赴四川地震灾区指导抗震救灾工作。

5 月 15 日，质检总局向外交部提供中国明令禁止进口的物资清单，由外交部发给中国驻外使领馆，供接受或婉拒外国政府援助时参考。清单包含动物产品和植物产品两大类，涉及上百个国家和地区。同日，质检总局还发出《关于做好国际救灾援赠物资出入境检验检疫相关工作的补充通知》。同日，质检总局特种设备安全监察局举行紧急会议，研究制订《关于在抗震救灾中做好特种设备安全保障工作的指导意见》，对特种设备分布情况、组织开展重点特种设备排查和实行特种设备排查治理等工作进行安排。

5 月 16 日，质检总局党组召开扩大会议，听取各司局关于抗震救灾工作情况汇报，决定充实抗震救灾领导小组，由局长李长江担任组长。会议部署质检总局卫生防疫队、特种设备队、检验检测队奔赴四川地震灾区，开展技术服务。同日，质检总局召集专题会议，研究质检总局支持灾后恢复生产工作。同日，质检总局发出《关于寻求紧急援助地震灾区实验室仪器设备的通知》，号召各质检部门为灾区质检部门提供急需的实验室仪器设备，帮助灾区质检部门尽快恢复实验室工作能力。同日，质检总局发出《关于组织动员全系统及有关企业为地震灾区捐款捐物的通知》。

5 月 17 日下午，质检总局工作组赶赴四川，当晚在成都召开会议，听取灾区质检部门抗震救灾工作汇报。会议要求，科学救灾，务实救灾，充分利用质检系统人才、设备、技术优势，确保灾区食品、消费品、特种设备安全；高度重视对灾区企业和群众的服务；做好赈灾物资特别是国际援赠物资的检疫查验，快速放行工作。同日，质检总局从江苏、浙江、广东、黑龙江、重庆等省（市）质监局和中国检验检疫科学研究院共抽调84名专业人员，组成7支检验检测技术服务队，携带便携式检验检测装备，前往四川执行抗震救灾物资应急检验检测任务。同日，质检总局特种设备安全监察局组建特种设备技术服务队到达成都，执行特种设备安全排查、抢修、检验任务；质检总局组建天津、辽宁等地9支卫生防疫技术服务队共91人，赶赴四川灾区，执行消毒、杀虫等卫生防疫任务。同日，质检总局向四川省委、省政府发出《关于支援四川抗震救灾方案的函》，决定对救灾物资供应企业实施生产许可“绿色通道”，对灾区生产企业申报免检予以特别支持，从3个方面对四川灾区进行支援。同日，质检总局发出《关于为地震灾区捐赠卫生处理药械的倡议书》，号召卫生处理药械生产、销售企业向灾区捐赠卫生处理药品、器械，并保证产品质量，做好服务。

5月18日，质检总局在成都召开质检系统支援四川灾区动员大会，来自全国检验检疫系统的9支卫生防疫队93人、7支特种设备队109人、4支检验检测队51人参加会议。会后，卫生防疫队赶赴绵阳市九洲体育馆受灾群众安置点进行消毒处理，之后分赴北川、平武、安县三地开展卫生防疫工作；特种设备队分赴广元、德阳、阿坝等地开展受损特种设备排查抢修检验；检验检测队分赴广元、德阳、绵阳等地展开食品、水、建筑材料等产品的应急检测。同日，质检总局还抽调10名卫生除害处理专业技术骨干组成质检总局卫生防疫一队，携59件约500公斤的物资，乘机飞往成都。同日，局长李长江、副局长蒲长城和总局有关司局负责人分两组，分别召集四川检验检疫局、四川省质监局负责人，研究部署抗震救灾有关事项，并到绵阳检验检疫局和绵阳、绵竹、都江堰质监局查看灾情。同日，质检总局发出《关于做好保障检验检疫系统抗震救灾卫生处理工作的通知》，要求派出卫生防疫工作队的单位负责本单位卫生检疫队伍的所有物资供应，包括队员的日常生活物品、后勤保障物资、个人防护用品、急救药品器械、卫生处理药品器械等，保证卫生处理工作顺利开展，保证卫生检疫人员在灾区的安全。

广电总局组织实施　5月12日14时40分，广电总局党组部署抗震救灾工作，立即启动全国安全播出应急预案，通过预警系统向四川、重庆、陕西、山西、湖南、湖北等省（市）广电部门发出紧急指令，要求做好安全播出工作，及时报告灾情。同日，广电总局召开宣传工作会议，部署广播电视抗震救灾宣传工作。同日，广电总局无线电管理局开动8部短波发射机、1部中波发射机，总功率9000千瓦，用9个频率向四川灾区转播中央人民广播电台第一套广播节目，及时传达中央政令。同日，局长王太华到总局安全播出调度指挥中心了解广电系统受灾情况。广电总局监测中心成立监测中心抗震救灾领导小组，全面部署并组织抢险救灾工作。

5月13日上午，广电总局召开局务会议，对启动总局紧急响应、建立值班和信息专报制度、做好宣传报道、启动广播电视安全播出应急预案、开展援助行动等工作进行部署。上午，广电总局又召开紧急会议，部署中央电视台第3套（频道）抗震救灾宣传报道工作，传达国务院、中宣部有关抗震救灾会议精神，并对宣传工作重点、节目调整、宣传纪律、丰富报道形式、网络宣传等方面提出了明确要求。同日，广电总局发出《关于全力做好抗震救灾工作的紧急通知》《关于做好广播电视抗震救灾宣传的紧急通知》《关于做好抗震救灾工作，确保广播电视安全播出的通知》，部署广电系统抗震救灾工作。同日，广电总局还给四川广电系统拨付救灾款专项资金1500万元用于紧急抢修恢复安全播出，紧急调拨专项资金100万元用于四川灾区影院的救灾；决定捐赠四川灾区便携式收音机（中短波）5万台（价值500万元），随后决定再增加2.25万台。

5月16日，广电总局协助泰景信息科技有限公司向在灾区报道的广电记者以及当地党委、政府有关部门捐赠1500部模拟电视手机。16日、22日，广电总局两次从电影专项资金中安排250万元，用于受灾影院维修。

5月18日，广电总局发出《关于进一步做好抗震救灾宣传的紧急通知》《关于动员全系统援助灾区广电救灾重建和恢复播出工作的通知》《关于做好全国哀悼日报道的紧急通知》《关于进一步做好全国哀悼日报道的紧急通知》《关于做好全国哀悼日报道的紧急补充通知》，安排部署抗震救灾宣传和全国哀悼日报道工作。同日，广电总局紧急采购100套现场广播扩音设备，与上海声跃广播电视设备有限公司捐赠的45台设备一起发往灾区。同日，广电总局协助将中国普天集团捐赠给中央电视台的一辆卫星电视转播车运抵四川灾区，用于现场报道。同日，广电总局电影局向全国各电影院线公司、影院、电影频道、电影发行放映协会、城市影院协会、各电影制片单位发出关于在全国哀悼日期间停止电影放映和相关活动的紧急通知。

新闻出版总署组织实施　5月13日，新闻出版总署发出《关于全力做好抗震救灾工作的紧急通知》。通知要求，深入灾区做好宣传报道，及时沟通信息，加强正面舆论引导，服务抗震救灾工作；灾区各新闻出版部门立即组织开展向受灾群众提供信息服务等活动；灾区新闻出版机关和新闻出版单位积极做好生产自救和灾后重建；加强新闻出版管理，强化舆论引导。

5月14日14时，新闻出版总署安排中国出版集团中国大百科全书出版社组织编写出版的《抗震救灾自助手册》一书首次印刷2万册，运往灾区赠送给抗震救灾一线的广大群众。

5月15日下午，新闻出版总署署长柳斌杰主持召开总署2008年第十次党组会议，研究部署新闻出版系统抗震救灾工作。会议要求，新闻出版系统要按照中央部署，进一步集合全系统力量，竭尽所能，以实际行动全力投入救灾工作之中。

5月16日，新闻出版总署向战斗在抗震救灾一线的新闻记者发出慰问信，肯定广大记者的抗震救灾报道起到了宣传员、组织者、鼓动者的巨大作用。新闻出版总署指出，在灾区通信中断、群众一度陷入恐慌和无望的时候，新闻记者的声音和身影给了他们希望和勇气；在一些别有用心者散布谣言、扰乱人心的时候，是新闻记者发出最强的主流声音，以事实消除谣言，用真情稳定人心；在交通中断、通信中断、抗震救灾信息极度不对称的情况下，是新闻记者的第一手报道成为中央和地方各级部门抗震救灾决策的重要依据。

安全监管总局组织实施　5月12日15时40分，安全监管总局应急指挥中心根据地震灾区情况，紧急通知山西、河南、湖南、陕西、甘肃、贵州、云南等省矿山救援力量及中国石油、中国石化在震区周边的应急救援队伍进入战备状态。21时45分，安全监管总局在北京召开抗震救灾工作紧急会议，全面部署安全监管监察系统抗震救灾工作。会议决定，成立以局长王君为组长的抗震救灾指挥协调小组，下设日常工作组、四川抗震救灾工作组、安全生产专家指导组；协助地方政府开展抗震救灾工作；加强灾区安全生产工作，防范次生安全生产事故发生；迅速调集安全生产应急救援队伍赶赴地震灾区，以实际行动支持地震灾区抗震救灾。

5月13日零时45分，安全监管总局召开第一次抗震救灾调度协调会，部署安全监管总局抗震救灾相关工作。8时30分，安全监管总局党组召开扩大会议，进一步部署抗震救灾工作。当日，安全监管总局工作组抵达灾区。9时，安全监管总局下发《关于做好抗震救灾中安全生产工作的紧急通知》。通知要求，切实做好抗震救灾期间的安全生产工作，落实防范措施，加强煤矿安全监管监察，强化非煤矿山、危险化学品等重点行业和领域的监控措施，防范地震引发重大生产安全事故。上午，安全监管总局应急指挥中心通知167个小队共1625人的矿山救援队伍和6个大队共100人、28辆消防车的危化救援队伍集结待命，通知15个小队、190人医疗救援队伍及19名液氯、液氨以及其他危险化学品救治专家准备完毕，随时准备赶赴灾区。17时，安全监管总局应急指挥中心通知调集国家矿山应急救援平顶山基地救护队等应急队伍8支200人，携带起重气垫、千斤顶、液压扩张器等起重、剪切、破拆装备，分乘35辆救援车连夜赶赴地震灾区实施救援。18时30分，应急指挥中心又通知国家危险化学品应急救援北京基地等，选配优势人员和装备组成7支应急救援队伍，做好相关准备工作；至当日22时，上述队伍已集结完毕。各队伍分乘35辆救援车，携带起重气垫、千斤顶、液压扩张器等起重、剪切、破拆装备，先后出发，连夜赶赴地震灾区现场实施救援。下午，安全监管总局工作组赶往什邡市蓥华镇，实地查看蓥峰实业有限公司受灾现场，对下一步抗震救灾工作做出具体部署。18时30分，安全监管总局应急指挥中心发出《关于做好赴汶川地震灾区实施救援准备工作的通知》，要求国家危化救援北京基地、沧州基地、淄博基地、宁波基地、广州基地、乌鲁木齐基地及国家矿山救援鹤岗基地7支救援队伍，做好相关准备工作。

5月14日8时30分，安全监管总局党组召开扩大会议。会议要求，有序组织安全生产专业救援队伍赶赴四川灾区参加抗震救灾；组织医疗专家救援队伍赶赴四川灾区参加抗震救灾；组织开展抗震救灾捐款活动；要求总局在地震灾区的百日安全专项行动督查组将工作重点转向防范因地震引发的次生安全生产事故；加强信息工作；加强领导。安全监管总局应急指挥中心紧急通知国家矿山救援天府基地、汾西基地、铜川基地以及晋城、临汾、运城、长治、鹤煤（鹤煤集团）、郑煤（郑煤集团）9支矿山救护队做好参加抢险救灾准备。10时、17时、22时，安全监管总局召开第二、三、四次抗震救灾调度协调会议。会议要求，立即通知部署灾区加强对可能诱发次生事故的隐患排查和治理，尤其是对尾矿库、化工企业、矿山企业等方面的排查，防范次生事故的发生；继续调集专业救援队伍做好准备，根据需要及时赶赴灾区救援；进一步加强信息工作，提高质量，及时报告，要统计财产损失情况；按照生产恢复组的要求，由规划科技司牵头提出恢复重建的措施和有关工作安排。11时20分，工作组有关人员到北川羌族自治县金焰煤业有限公司查看灾情，了解受灾情况。随后，安全监管总局工作组到绵竹市汉旺镇，听取金河磷矿、清平磷矿救援进展情况汇报，对下一步工作做出安排。工作组下设的危化小组会同四川省安全监管局有关人员对成都、德阳、绵阳的合成氨和氯碱企业进行检查。15时30分，根据安全监管总局党组决定，国家矿山医疗救护中心组织由20名专家组成的一支医疗救护队，携带医疗救护器材和药品赶赴灾区。至17日，对上述3个市16家合成氨和3家氯碱的企业全部检查一遍，抗震救灾期间无一发生次生灾害事故。

5月15日10时、17时，安全监管总局召开第五、六次抗震救灾调度协调会。会议要求，继续加强抗震救灾情况调度，加强组织领导，加强信息报送，确保信息及时、全面、可靠；及时掌握受灾地区煤矿、非煤工矿企业的损失情况；研究制订地震灾区受灾企业恢复生产措施。当晚，安全监管总局发出《关于切实做好防范灾区发生次生事故工作的紧急通知》，要求高度重视防范灾区发生次生事故工作，切实加强领导、落实责任；加强重大事故隐患的排查治理和重大危险源的监测监控；切实抓好煤矿、非煤矿山、危险化学品等重点行业（领域）的安全生产工作，有效防范次生事故的发生；切实加强应急救援队伍、装备、物资、专家等方面的应急准备，提高应急处置能力。

5 月 16 日 10 时、20 时 30 分，安全监管总局召开第七、八次抗震救灾调度协调会。会议要求，继续与国务院抗震救灾总指挥部抢险救灾组联系、协调，做好安全监管总局调派救援队伍的物资、装备保障工作；加强与安全监管总局调派救援队伍的联系，及时掌握救援工作开展情况，协调解决救援中出现的问题；督促地震灾区各级安全监管监察部门结合本地区实际情况，对本辖区安全生产工作提出明确要求，全面落实隐患排查治理和重大危险源监控工作，加强恢复生产中安全生产工作的监督检查，严防次生事故的发生。同日，安全监管总局工作组有关人员先后赶到广元市安全监管局、四川煤矿安全监察局川北监察分局临时帐篷办公地点，慰问坚守在岗位的工作人员，希望他们认真履行职责，严防次生事故发生。

5 月 17 日，安全监管总局召开党组扩大会议。会议要求，进一步摸清地震灾区煤矿、非煤矿山、危险化学品、烟花爆竹等行业（领域）企业受灾情况；继续做好人员救助、救治工作，增派应急救援力量；矿山医疗救护队要接受地方政府的统一领导和调派，做好灾区伤员的医疗救治；进一步做好防止地震灾害引发次生灾害的预防和隐患排查治理工作；着手谋划地震灾区恢复生产过程中的安全生产工作和地震灾区安全生产领域的恢复重建计划。同日，安全监管总局召开第九、十次抗震救灾调度协调会，要求继续加强与国务院有关部门及总参谋部的沟通协调，争取将安全监管总局调派的应急救援队伍与抗震救灾部队混编，发挥各自优势，联合作战。同日，安全监管总局工作组下设的煤矿小组、非煤矿山小组、危化小组进行前一阶段的工作情况汇报，同时在原有 3 个小组基础上增加抢险小组，具体负责安全监管总局调派的救援队伍的联络沟通与协调指导；将当前抗震救灾工作与下一步恢复生产结合起来，根据受灾情况及安全条件制订恢复生产分类指导原则。

5 月 18 日，安全监管总局召开党组紧急碰头会。会议要求，及时跟踪地震信息，防范余震引发次生安全生产事故；安全监管总局调派的救援队伍要做好应急准备，及时处置各类安全生产事故；加强对地震灾区恢复重建工作的指导，重点是地震灾区重建和恢复生产中的安全生产工作。同日，安全监管总局应急指挥中心紧急协调重庆、贵州、云南、陕西煤监局和重庆市安全监管局，调集灾区急需的雨靴、棉被、手电、劳保服、手套、口罩等救灾物资共 3.15 万件。

旅游局组织实施　5 月 12 日，旅游局发出《关于停止组团前往和途经四川地震灾区旅游的紧急通知》，要求各地立即停止组织赴四川地震灾区或途经灾区的旅游业务。为配合灾区抗震救灾，同时为确保广大游客安全，各省（区、市）及新疆生产建设兵团旅游局（委）迅速通知所辖地区旅行社，立即停止组织赴灾区或途经灾区的旅游业务。对已经组团的旅游团队，要立即终止途经灾区旅游，并做好说服解释工作。旅游局同时提示广大游客，为确保旅游安全，近期暂不要前往或途经灾区旅游。

5月13日晚上，旅游局抗震救灾协调领导小组召开第一次会议，分析灾区游客滞留情况，进一步明确信息收集渠道。会议决定，各级旅游部门要全力以赴协助做好灾区滞留游客的撤离和救援工作。同日，旅游局下发《关于全力做好抗震救灾工作的通报》。通报要求，各级旅游部门和旅游企事业单位要把抗震救灾作为当前的首要任务，立即启动相应旅游应急预案；立即停止组织赴灾区或途经灾区的旅游业务；抓紧收集了解灾区旅游者情况等。

5月14日晚，旅游局抗震救灾协调领导小组召开第二次会议，全面分析了灾区游客所处位置和安全保障情况，进一步研究旅游行业的抗震救灾工作。会议要求，要千方百计确定在灾区的旅游团队和游客的位置、去向和有关情况，对尚未明确具体位置、去向的旅游团要迅速采取措施尽快取得联系，已经明确位置的要千方百计协助解决他们最急迫的需求。同日，旅游局紧急争取财政部同意拨款4000万元，支援灾区紧急救助和生产自救；其中500万元专款用于四川灾区受困游客撤离，于15日拨付四川省旅游局。

5月15日凌晨，旅游局抗震救灾协调领导小组发布信息，滞留九寨沟的6000余名中外游客已经安全输送3000余人，剩余人员（其中境外游客682人）可于当日疏散完毕。同日下午，旅游局抗震救灾协调领导小组紧急派出专门工作小组前往成都，协助四川省旅游主管部门，组织在川的国内外及港澳台地区游客安全撤离灾区。晚上，旅游局局长邵琪伟在抗震救灾协调领导小组第三次会议上强调，要立即研究救援预案，按照中央的要求，有力、有序、有效地推动救援工作。邵琪伟提出，要高度关注仍然被困的游客、高度关注没有联系上的游客、高度关注已联系上游客的疏散情况，这3个“高度关注”，是当前全国旅游行业抗震救灾工作的重点。

5月17日18时，旅游局抗震救灾协调领导小组召开第五次会议，贯彻落实国务院抗震救灾总指挥部会议精神，对当前旅游行业的抗震救灾工作做出进一步部署。18日下午，旅游局召开抗震救灾协调领导小组第六次会议。会议要求，对已经取得联系但还被困在灾区的旅游团队，要抓紧确定其方位，尽量确定其准确位置，及早协调有关方面帮助疏散，帮助游客尽快撤离灾区。同时，密切关注新发现的受困于灾区的团队游客和境内外散客的情况。

三　国务院直属事业单位组织实施

地震局组织实施　5月12日14时41分，地震局成立汶川特大地震应急指挥部，局长陈建民任指挥长，统一指挥和部署地震局系统抗震救灾工作。在此之前，国务院副总理回良玉分别致电局长陈建民、副局长赵和平，要求立即启动国家地震应急预案一级响应；继续加强震情监视跟踪和趋势判定工作；部署四川省以及有感地区的地震部门做好震情监视及相关工作；协助地方政府做好抗震救灾和维护稳定工作。随后，地震局又成立汶川地震现场应急指挥部，由赵和平任总指挥。同日，地震局发出《关于四川汶川地震后加强地震应急处置工作的紧急通知》，就启动一级地震应急预案，加强地震后的应急处置工作做出紧急部署。指挥部调集全系统力量投入抗震救灾，派遣国家和23支省级地震灾害紧急救援队、地震现场工作队赶赴灾区开展地震紧急救援、地震灾情评估、震情跟踪和判定，并组织震情趋势紧急会商，及时判定震情趋势。

5月13日5时30分，地震局与四川省地震局联合现场工作队在都江堰市体育中心设立的四川汶川地震现场指挥部召开第一次工作会议。会议决定成立指挥机构，下设秘书组、灾评组、监测组、预报组、通讯组、保障组。同日，地震局派出13组地震灾害调查考察人员分赴北川、安县、广汉、绵竹、都江堰、重庆、绵阳、德阳等地开展灾害调查工作。18时30分，陈建民抵达四川灾区考察慰问，强调必须要搞好监测预报和快速收集灾情两方面的工作，要重视收集信息，快速果敢地应对地震。同日，中国地震局北川地震现场应急救援协调中心成立。此外，还协助韩国、日本、俄罗斯、新加坡等国家的救援队开展救援行动。同日，地震局派出国家强震动观测中心和西南强震动观测中心共10位强震观测技术人员，赴灾区抢收强震动记录数据、开展强震动流动观测等现场工作。同时，国家强震动观测中心人员及时分析处理此次地震获得的强震动记录数据，为灾情分析和灾害损失评估等提供依据。

5月16日晚，地震局召开抗震救灾工作会议指出，要进一步加强震情监视，地震部门全力组织专业救援队救助生命，加强与有关部门的信息沟通，做好地震灾情评估，做好国外救援队的接待服务。

5月17日，地震局发出《关于加强监测预报工作的紧急通知》。通知要求，强化震情会商，强化重点地区震情工作机制，加强速报和余震分析，保障地震宏观观测网点运行，保障台网运行，做好汶川地震应急流动前兆加密观测工作。

5月18日，地震局台网中心对汶川地震的震级进行修订，将速报震级7.8级修订为8.0级。地震最大烈度达Ⅺ度，破坏特别严重的地区超过10万平方公里。受灾最严重的地区是四川省的北川、什邡、绵竹、汶川、彭州等地，灾区涉及四川、甘肃、陕西、重庆、云南等地。

气象局组织实施　地震发生后，气象局局长郑国光要求，要保证各项业务工作正常运行，全力以赴做好灾区的气象预报服务，确保人员和工作安全运转，实行24小时主要负责人领班制度，全程做好实时监测、预报及服务工作。副局长王守荣紧急连线四川省气象局了解地震状况，要求四川省气象部门立即检查通信、预报等设施，随时汇报灾区信息。

5月12日16时45分，气象局启动地震灾害气象服务Ⅱ级应急响应命令，要求气象局应急办、减灾司、国家气象中心、国家卫星气象中心等部门以及四川、甘肃、青海、陕西等省（市）气象局立即进入Ⅱ级应急响应状态；上述单位实行24小时主要负责人领班制度，全程做好监测预报及服务工作；中央气象台每天增加一次灾区天气会商，及时提供最新灾区天气预报；国家卫星气象中心做好卫星监测和灾情分析等。同日夜，气象局下发《关于做好气象部门抗震救灾和气象服务工作的紧急通知》，要求切实做好抗震救灾和气象服务工作。成立中国气象局抗震救灾工作组，统一领导和指挥全国气象部门抗震救灾工作。18时，抗震救灾气象服务专题在中国天气网、问天网同时上线。四川、甘肃、陕西、重庆、青海等省（市）气象局立即进入Ⅱ级应急响应状态。

5月13日7时50分，气象局召开电视电话会议。会议要求受灾省（市）气象局及时做好抗震救灾气象服务和灾情直报工作。同日，财政部会同气象局紧急拨付气象部门预算机动经费2000万元，全力支持四川等五省（市）气象部门抗震救灾，并要求尽快恢复气象预测预报业务。同日，气象局办公室下发《关于进一步做好抗震救灾气象服务宣传工作的紧急通知》。通知要求，进一步做好抗震救灾气象服务工作的宣传报道。13—15日，气象局派出3支抗震救灾工作组，赶赴四川、陕西和甘肃地震灾区一线指导抗震救灾、气象保障服务以及气象监测网络恢复重建工作；同时，气象局还通过协调气象装备、加强灾区气象预报、派遣专家指导和提供温情气象服务等方式协助灾区气象保障。

5月16日，气象局召开抗震救灾专项工作组会议，进一步部署抗震救灾和气象保障服务综合协调工作。会议要求，气象服务组、灾情信息组、恢复重建组、宣传组和安全生产组要各司其职，综合协调气象部门抗震救灾和气象服务工作；做好灾区物资运输、灾区次生灾害监测预报、核安全保障和航空气象保障的协调工作，同时要加强与灾区的联系，及时了解灾区需求。同日，气象局派出预报专家组赶赴成都，协助灾区做好气象预报服务工作。国家卫星气象中心提前启动“风云二号”气象卫星加密监测，协助灾区气象台站做好抗震救灾气象服务。

5月17日，气象局派出第一批由国家气象中心、贵州省气象台、云南省气象台组成的3人预报专家组抵达四川省气象局，协助四川省气象局做好抗震救灾气象服务保障工作。

5月18日，气象局预测减灾司下发《关于进一步做好抗震救灾气象服务工作的通知》。通知要求，进一步加强与当地政府抗震救灾指挥部以及军队、交通、航空、卫生、水利和国土资源等部门的联系，根据救援工作的需求，及时做好有针对性的精细化气象服务工作。

银监会组织实施　5月12日18时30分，银监会启动应急预案，召开紧急会议，部署抗震救灾工作，与受灾地区保持密切联系，及时了解灾情和抗震救灾情况。银监会同时发出紧急通知，要求四川、甘肃、陕西等17个省（市）银监局立即启动应急预案，迅速行动起来，投入到抗灾抢险自救工作中去；尽快摸清查明受灾情况，及时有力做出工作部署；加强值班，保持上下联络畅通；实行信息上报制度，即发即报。

5月13日上午，银监会召开会议，要求受灾地区各级监管部门和银行业金融机构有力、有序、有效地开展各项抗震救灾工作，全力投入到抗震救灾工作中去，一手抓本系统抗震救灾工作，一手抓银行业服务工作；要求各银行业金融机构尽快恢复各项服务，做到工作不断、秩序不乱，保开门、保营业、保资金供应、保服务。同日，银监会办公厅发出《关于做好抗震救灾金融服务有关工作的紧急通知》。通知要求，银监会系统及各银行业金融机构要动员一切力量，迅速投入抗震救灾工作，全力抢救受灾群众和财产，尽快恢复生产生活秩序，为抗震救灾提供金融服务与支持。同日，银监会成立由主席刘明康任组长的抗震救灾工作领导小组，成立抢救人员和慰问小组、财务统筹工作小组，并派遣3个工作组奔赴抗震救灾第一线。

5月14日，银监会召开会议，研究部署银行业抗震救灾工作。会议要求，受灾地区各银监局和银行业金融机构要以“救人、保财产、恢复营业”为重点，积极做好抗灾救灾工作，确保灾区金融业稳定。同日，银监会发布公告，要求各银行业金融机构不得以任何形式向境内外汇往灾区的捐款收取手续费，以确保各项捐款迅速汇往灾区。同日，银监会办公厅发出《关于向救灾专用账户捐款免除跨行转账手续费的通知》。通知要求，各银行业金融机构开辟抗震救灾捐款快速通道，特事特办，提高工作效率，精减工作环节，不得以任何形式向境内外汇往灾区的捐款收取手续费，确保各项捐款迅速汇往灾区。

5月15日，银监会通过中国银行业协会组织主要银行业金融机构，发布抗震救灾期间的6项服务承诺，包括开设抗震救灾捐款、汇款绿色通道，做好救灾款项的支付清算服务，做好资金调运和汇划，在保证安全的基础上设法恢复受灾地区网点的正常营业，对有关抗震救灾的国际救助资金快速办理并尽可能减免费用，开启抗震救灾绿色授信通道。同日，银监会办公厅发出《关于黑客篡改救灾捐款专用账号案件的通报》，要求各商业银行进行风险提示，配合有关部门打击诈骗活动。

5 月 16 日，银监会抗震救灾工作组一行赶赴都江堰，查看部分受灾银行业机构，考察成都市商业银行为满足灾区金融服务需求专门租借公交车开设的“流动银行”。

保监会组织实施 5 月 13 日，保监会发出《关于加强保险业应对地震灾害工作的通知》，要求启动保险业重大突发事件应急预案 I 级响应程序，并设立应急指挥机构，做好应急保障，加强信息报送。保监会成立应急指挥中心，由主席吴定富任总指挥。同日，保监会还发出《关于做好抗震救灾工作的紧急通知》，要求各相关保监局、各保险公司立即启动保险业应急预案，切实做好抗震救灾和理赔服务工作，强化对保险理赔工作的指导，加大与地方政府的沟通协调力度。

5 月 14 日，保监会抗震救灾工作组到达重庆，慰问当地奋战在抗震抢险第一线的保险员工，并部署落实中共中央、国务院及保监会有关抗震救灾工作的各项指示，指导灾区保险机构抗震救灾工作。

5 月 15 日，保监会召开应急指挥中心办公室以及相关部门负责人会议，研究抗震救灾工作的新情况、新进展。同日，保监会抗震救灾工作组抵达成都，先后到四川保监局办公场所、都江堰查看灾情，慰问坚持在保险服务一线的公司员工，并召集四川各保险机构负责人会议，部署保险业抗震救灾工作。

截至 5 月 15 日 17 时，国内保险机构对奋战在抗震救灾一线的解放军、武警部队、公安民警、消防官兵、医护人员、地震局紧急救援队以及新闻记者等人员均有免费承保。同时，保险机构累计赈灾捐款超过 1 亿元。此外，中国人寿宣布将承担“汶川地震孤儿”成长至 18 岁的基本生活保障之后，华夏人寿也宣布向地震孤儿提供每人每年不少于 1000 元的学习资助，直至其完成全部学业。

电监会（含国家电网公司）组织实施 5 月 12 日 16 时，电监会主席王旭东主持召开紧急会议，通报电力系统受灾情况，部署电力行业抢险救灾保电工作，决定由副主席史玉波、王禹民分别担任四川、甘肃工作组组长。当晚，史玉波带领电监会四川抗震抢险保电工作组从北京飞赴四川；电监会发出《关于做好抗震救灾保电工作的紧急通知》，要求有关电力单位立即进入一级应急状态，启动相应预案，尽快恢复灾区正常电力供应；迅速摸清电力企业人员伤亡情况、电力设施受损情况及电力供应情况；采取切实可行的措施，防止余震和次生灾害引发的电力安全事故；加强震区及地震波及地区水电站大坝的安全监测；认真做好应急信息报送工作；加强与地方政府有关部门的沟通，在当地政府的统一组织指挥下，做好当地相关电力企业的抢险救灾工作。

5 月 13 日 5 时，电监会四川抗震抢险保电工作组在四川省电力公司听取电网灾情和恢复供电初步预案汇报，了解受灾地区的电力负荷和主要电站受损情况以及主网的运行和恢复状况。上午，电监会召开紧急会议，传达中共中央、国务院关于抗震救灾紧急会议精神，通报电力系统受灾情况，部署抗震救灾保电工作。下午，电监会四川抗震救灾保电工作组在四川省电力公司召开会议，明确职责分工和工作安排，要求全面掌握电力系统受灾情况，督促落实电网抢修方案，抓紧了解发电企业抗灾抢险的进展情况，并对映秀湾等水电站大坝现场勘查提出明确要求。当晚，电监会召开抗震救灾保电专题会议，传达国务院抗震救灾专题会议精神，进一步研究部署抗震救灾保电工作。

5月14日上午，电监会四川工作组在成都召开四川省电力企业抗震救灾汇报会。四川省电力公司、省地方电力局等19家单位负责人参加会议，汇报四川抗震抢险保电抗震救灾工作。下午，史玉波赶赴紫坪铺大坝实地了解情况。同日，成都电监办组织四川省电力承装修试行业协会召开主要由成都地区企业参加的抗震救灾动员会，号召全省电力承装修试企业积极行动起来，整合力量，充分发挥各自的专长，组织突击队投入灾区的电力抢修，全力支援抗震抢险保电工作。同日，王禹民一行12人抵达兰州，与甘肃省委、省政府有关负责人紧急会商，了解甘肃省开展抗震救灾工作的情况，听取兰州电监办等单位关于甘肃电力系统抗震救灾保电工作的汇报。当晚，电监会甘肃电力抗震救灾保电工作组成立。

5月15日，电监会召开会议，传达当日下午李克强主持召开的国务院会议精神，对抗灾抢险保电工作进行了部署。同日，电监会甘肃电力抗震救灾保电工作组到陇南市的成县、武都区等地查看灾情，了解受损及抢修情况。

5月16日，电监会召开会议，传达国务院会议精神，部署抗震救灾保电工作。同日，史玉波乘坐直升机查看岷江福堂、铜钟、姜射坝、沙牌水电站大坝安全情况。同日，电监会甘肃电力抗震救灾保电工作组一行赶赴文县灾区考察并检查电力设施受损及恢复情况，并听取甘肃省电力公司关于电网受损和抢修情况的汇报。

5月17日，电监会召开会议，传达抗震救灾指挥部会议精神，对下一步抗震救灾保电工作进行部署。同日，电监会决定在成都成立电监会四川抗震救灾保电工作指挥部，由四川工作组和成都电监办组成，下设综合、电网抢修与恢复、水电站大坝安全、对口支援协调、后勤保障5个组。同日，电监会发出《关于进一步做好灾区恢复电力供应有关工作的通知》。通知要求，灾区电力企业要按照温家宝的指示要求，努力做好搜救工作的电力保障，积极恢复灾区电力供应，防止次生灾害和衍生人身事故的发生。

5月18日，电监会四川抗震救灾保电工作指挥部紧急安排南方电网公司对口支援受灾严重的地方电网公司和电力建设企业50台应急柴油发电机（总容量649千瓦）和1286顶帐篷，直接送到受援单位。南方电网公司调集的210台（总容量1449千瓦）应急发电设备和3800顶帐篷运抵灾区。同日，电监会四川抗震救灾保电工作指挥部和甘肃抗震抢险保电工作组分别召开会议，部署灾区保电工作。

5月12日14时40分，国家电网启动应急机制，成立以国家电网总经理刘振亚为组长的抗震救灾工作领导小组，同时派出驻四川电网、西北电网两个抗震救灾工作组。华中电网有限公司、西北电网有限公司分别成立抗震救灾指挥部。四川、甘肃、陕西、重庆等省（市）电力公司和各级基层单位也相继成立抗震救灾工作指挥机构。抗震救灾应急指挥中心实行24小时应急值班，并下发紧急通知，要求四川、甘肃、陕西、重庆等省（市）电力公司立即查清灾情，全力组织抗震救灾，尽快恢复供电。

5月13日零时，国家电网召开抗震救灾紧急电话会议，传达中共中央、国务院及发展改革委、国资委、电监会关于抗震救灾工作部署，研究四川、重庆、陕西、甘肃等电网灾情，要求全力组织供电恢复，千方百计保证电力通信畅通，做好水电厂大坝和重要设备特巡，全力恢复医院、电铁等重要用户供电。当晚，国家电网还召开公司系统紧急电话会议，决定发挥公司集团化优势，调集其他省市电力专业抢修队伍、医疗救援队伍以及发电车（机）、配电变压器、电杆等抢修物资装备，分批赶赴四川、甘肃等地震重灾地区，全力开展供电抢修恢复及人员救援工作。同日，国家电网副总经理栾军到达四川电力公司，随即前往都江堰抗震抢险一线，现场指挥抗震救灾工作；国家电网公司安全总监、驻西北工作组组长李庆林等人抵达成县，统一指挥陇南地区电力抗震救灾工作。

5月15日，四川电网召开抗震救灾会议。会议决定成立抢修、物资、综合、宣传4个工作组，加强抗震救灾工作的组织协调工作。16日，国家电网向中国红十字会捐款捐物计2.16亿元，其中单位捐款1000万元，公司系统员工捐款7600万元，捐赠救灾物资价值1.3亿元。

四　国务院部委管理的国家局组织实施

国防科工局组织实施　5月12日，国防科工局党组召开会议部署抗震救灾工作。会后，国防科工局发出《关于做好抗震救灾工作的紧急通知》，要求国防科工系统各单位强化应急值班工作，保持24小时通信畅通；及时掌握和报告本地区、本单位军工及民用爆炸物品（以下简称民爆）企事业单位的受灾情况；切实加强组织领导，启动应急预案，做好安全保卫、保密、消防、防疫等工作，全力救治伤员，妥善安排群众生活，全力以赴做好抗震救灾工作。

5月13日8时30分，国防科工局召开抗震救灾专题办公会议，决定成立由局长陈求发担任组长的国防科技工业抗震救灾领导小组，启动相关应急预案。会后，国防科工局发出《关于进一步做好抗震救灾工作的紧急通知》，要求各部门、各单位立即成立抗震救灾领导小组，切实加强对抗震救灾工作的领导，动员一切可以使用的力量尽快实施救援，防范次生灾害，抓好灾后重建工作，强化安全保卫保密措施等。同日，国防科工局还发出《关于做好军工单位地震灾后重建工作的通知》。

5月14日，国防科工局组织召开各军工集团公司地震灾后重建布置会，要求各有关军工集团在抢险救灾的同时，尽快主动启动灾后重建工作。

5月15日，国防科工局在北京组织召开航天技术应对地震灾害专题研讨会，就后续利用航天高技术服务抗震救灾工作进行部署。会议要求，按照国务院批复的《航天发展“十一五”规划》，进一步加快民用公益性应急通信卫星、地震电磁监测卫星等关键技术的攻关研制，加紧环境与灾害监测卫星星座的研制、组网，进一步加快防灾救灾基础设施的建设，全面提高灾害预报和应急反应水平，不断增强航天技术服务于国家防灾救灾事业的能力。同日，国防科工局发出《关于开展军工单位地震灾害损失情况调查工作的通知》。

5月16日，国防科工局召开抗震救灾领导小组会议，对核应急值班制度、组织协调、生产自救、核设施环境监测、灾害评估等工作进行部署。同日，国防科工局分别组织召开各军工集团公司、机关司局有关领导参加的紧急专题会议，研究部署抗震救灾、灾损调查和生产恢复工作。同日，国防科工局抗震救灾领导小组责成地方军工行政管理部门，在地图上详细绘制标注民爆企业生产点和仓库位置，上报省、市、县抗震救灾指挥部，通报抢险部队和相关单位。四川省国防科工办按照要求完成民爆企业生产点和仓库位置图的绘制，实施重点监控。

测绘局组织实施　5月12日，测绘局启动测绘应急保障服务预案，紧急部署抗震救灾测绘保障服务工作，并组织各级测绘行政主管部门开通测绘应急保障绿色通道，连夜提供地图服务。18时，测绘局获取都江堰地区3米分辨率卫星雷达影像，面积约240平方公里。当日，测绘局协调全球主要卫星遥感公司支持抗震救灾，4颗高分辨率遥感卫星当即调整姿态，对准中国灾区。中国测绘科学研究院迅速组织技术人员进行数据处理，并于14日11时编制出都江堰地区雷达影像图。这是全国首张灾区高分辨率卫星遥感影像地图。

5月13日，测绘局发出《关于认真做好抗震救灾测绘保障工作的紧急通知》，要求把抗震救灾作为当前的首要任务，积极主动做好抗震救灾测绘保障。同日，测绘局直属单位国家基础地理信息中心向国务院应急办提供四川全省1∶5万数字线划图（DLG）1123幅、数字高程模型（DEM）1061幅等，为抗震救灾决策提供参考。该中心还为国务院应急办准备地形图8520张。

5月16日，按照测绘局指令，中国飞行试验研究院中飞通用航空公司派出一个机组，对甘肃灾区进行航空摄影。截至6月4日，甘肃机组飞行8架次、27小时，得到文县、康县、武都、徽县等地约1.8万平方公里的彩色航摄资料，完成陇南地区5万多平方公里1∶3.5万比例尺航摄。

5月17日，测绘局组织国家基础地理信息中心，分别向住房城乡建设部、国家防总、交通运输部、民航局制作提供所需地形图，用于抗震救灾工作。向住房城乡建设部提供512幅1∶5万DLG数据和1∶5万DEM数据，向国家防总提供140幅1∶10万地形图和267幅1∶5万DRG数据，向交通运输部提供震区14个市、县区域的测绘成果数据，向民航局提供149幅1∶5万地形图和10幅1∶10万地形图。

5月18日，按照测绘局指令，中国飞行试验研究院中飞通用航空公司派出一个机组，对陕西灾区进行航空摄影。截至6月18日，陕西机组在仅有的几个可飞天气日里，飞行5架次，完成陕南地区宁强、略阳、城固等地约3000平方公里1∶2000及1∶2.5万比例尺的彩色红外航摄。

民航局组织实施　地震发生后，民航局迅速成立抗震救灾领导小组，局长李家祥任组长。民航局所属各单位也成立抗震救灾领导小组，启动应急预案和应急程序，进入24小时值班状态。民航局发出《关于做好抗震救灾工作的紧急通知》，要求民航系统各单位立即启动应急预案和应急程序，紧急应对抗震救灾相关工作；震区所在地及相关管理局和监管办立即对受损机场、跑道、航管楼和相关保障设施设备进行评估，经评估后，在确保安全的前提下尽快开放机场，并全力以赴做好抗震救灾物资运输保障工作；有关机场和航空公司要采取妥善措施，做好旅客疏散和服务等工作。22时，民航局召开抗震救灾领导小组第一次会议，会后发出《关于进一步做好抗震救灾工作的紧急通知》，要求落实值班和信息报告制度，全力做好抗震救灾有关工作，确保抗震救灾期间飞行安全。当日，民航局空管局召开运行协调视频会议，要求西南、西北、中南地区空管局立即启动应急保障程序，做好保障专机和救灾飞行的准备。

5月13日8时，民航局空管局召开空管保障紧急视频会议，明确“优先保证救灾飞行”的航班调配原则。上午，民航局发出《关于确保畅通优先保障抗震救灾物资和人员航空运输工作的通知》。同日，民航局公安局发出《关于为抗震救灾人员物资提供快速安检通行的紧急通知》，要求保证航空运输安全的前提下，为抗震救灾人员、物资提供快速安检通行。同日，民航局抗震救灾领导小组召开第二次会议，会后发出《关于加强抗震救灾关键阶段有关工作的紧急通知》，要求全行业要全力保障抗震救灾人员和物资的航空运输，各航空公司要准备充足运力，优先运输救灾食品、药品和设备；抓紧建立民航机场抗震救灾“绿色通道”，对医用液态物品和专用设备安检部门特事特办；加紧抢修成都双流机场受损的空管设施设备，为空中交通管制指挥由程序管制恢复为雷达管制创造条件，尽早恢复到正常空管保障水平。同日，民航局调集国航、东航、南航、海航、山东航、西部航6家航空公司的10架飞机，飞行27班，从洛阳运送4160名解放军官兵赶赴灾区。14日3时至10时30分左右，民航局又组织国航、东航、南航、海航、山东航、中联航、厦航7家航空公司的55架飞机，从28个省（区、市）的30个机场运送特警、公安消防官兵及医务人员7450人赶赴灾区。14日晚上，民航局调集国航、东航、南航3家航空公司的19架飞机，从郑州、武汉等地运送4590名解放军官兵赶赴灾区，至15日中午完成运送任务。

5月14日上午，民航局发出《关于充分利用救灾飞行任务飞机积极疏散滞留旅客的紧急通知》。同日，民航西南管理局协调国航西南分公司、海航、南航从重庆、西安飞往九寨黄龙机场，积极疏散积压游客；民航西南空管局在城市空域东扇区划设合流水至五凤溪、綦江到资阳等多条临时航线，加快成都进出机场的飞行流量，确保运输救援物资及专业救护人员航班顺利到达。同日，民航局发出《关于征用直升机参加抗震救灾行动的紧急通知》，决定征用东方通用航空公司、江苏华宇通用航空公司、南航珠海直升机公司、中信海洋直升机股份有限公司、哈尔滨飞龙专业航空公司、新疆开元通用航空公司部分民用直升机30架参加抗震救灾，备份5架原地待命；成立民用直升机抗震救灾飞行指挥部，飞行基地设在民航飞行学院广汉机场；对参加抗震救灾工作的直升机免收航空性业务收费、地面服务费、进近指挥费和航路费；各公司加强安全管理，确保抗震救灾期间的飞行安全。同日，民航局发出《关于免收救灾飞机有关费用的通知》。

5月15日下午，民航局抗震救灾领导小组召开第四次会议，会后发出《关于确保救灾和航班安全的通知》，要求民航各单位充分认识救灾和航班飞行安全的极端重要性；严格执行规章标准；特别加强直升机救灾飞行的组织与实施；制定和落实救灾飞行医疗保护措施，防止因健康原因影响救灾飞行任务的顺利实施。下午，民航局批准台湾中华、长荣、复兴航空公司经营16—17日3班台北—重庆—台北的包机申请，准许3家航空公司飞赴重庆运送滞留的台湾游客。15日，民用直升机抗震救灾飞行指挥部在广汉机场成立，民航局调集的30架直升机从各地出发飞往广汉，这是中国民航历史上征用直升机数量最多、速度最快的一次救援活动。

5月16日，民航局发出《关于开展灾后卫生防疫工作通知》《关于救灾物资中危险品运输有关事宜的通知》。通知要求，各有关单位要成立卫生预防专业小组，制订本单位具体工作方案，确保航空器和航空港的卫生安全；各航空公司定期对航空器进行消毒，保证飞机客舱和驾驶舱环境卫生；各机场严格水源、垃圾、粪便卫生消毒和处理，保护好环境和公共场所卫生；航空食品公司和机场食品制作单位保证饮用水和食品卫生质量。

5月17日，民航局发出《关于通用航空飞机进行灾后疫情防治有关准备工作的紧急通知》，要求相关通用航空公司准备好飞机和设备，随时准备投入到灾区参加卫生防疫工作。

5月18日，民航局抗震救灾领导小组召开第八次会议，会后发出《关于认真贯彻落实中央领导指示精神，进一步做好民航系统抗震救灾工作的通知》。通知要求，以更高的标准、更高的姿态、更严格的要求，继续做好抗震救灾期间的航空运输服务；确保救灾运输安全和正常航空运输安全；继续坚持积极主动、靠前服务；正确处理抗震救灾运输任务和正常航空运输之间的关系；进一步协调好民航与部队、地方及民航系统各单位之间的关系；切实做好抗震救灾一线人员的后勤保障工作。

邮政局组织实施 5月12日16时30分，邮政局党组召开紧急会议，决定立即启动应急响应，成立由局长马军胜任组长的抗震救灾领导小组。17时，邮政局正式启动Ⅰ级应急响应。

5月13日10时45分，邮政局发出《关于做好抗震救灾工作的通知》，要求各级邮政部门要把抗震救灾作为当前的首要任务，紧急行动起来，按照中央的有关要求，切实做好抗震救灾工作。14时30分，邮政局抗震救灾领导小组召开第三次会议，决定由邮政局与中国邮政集团公司组成联合工作组，赴川参加抗震救灾工作。

5月14日8时30分、16时30分，邮政局抗震救灾领导小组召开第四、五次会议。会议决定，组建邮政局抗震救灾办公室，统一协调抗震救灾工作。会议还对救援受困群众、摸清人员伤亡情况、开展自救互救、恢复邮政通信网络等工作进行部署。同日下午，邮政局与中国邮政集团公司联合工作组奔赴四川灾区。随后两日，分别到郫县、都江堰、绵竹等地邮政部门了解受灾情况，指导抗震救灾工作。同日，邮政局和中国邮政集团公司研究确定特别发行1300万套《抗震救灾、众志成城》附捐邮票，将发行收入1560万元邮资和1300万元捐款全部捐给灾区。

5月15日8时40分，邮政局抗震救灾领导小组召开第六次会议。会议要求，加大支援力度，积极开展恢复和疏运工作，做好服务和保障工作，发行抗震救灾邮票，收集邮政业抗震救灾的先进事迹并加大宣传报道力度。从15日起，邮政部门陆续开通寄递爱心赈灾包裹、寻亲报平安和社会捐款汇兑服务3条抗震救灾“绿色通道”，打通受灾群众对外联系和社会救助的通道。中国邮政集团公司还在全国开展免费寄递业务，对寄往地震灾区47个市、县的赈灾包裹和救灾捐款免收邮费。

5月16日，国家邮政局抗震救灾领导小组召开第七次会议。会议要求，抓住救灾工作重点，做好机要邮件善后工作，组织邮件疏运等。

5月17日，邮政局发出《关于地震灾区邮政车辆通行问题的通知》。通知要求，相关省市邮政管理局主动和当地交通主管部门协调和衔接，贯彻落实交通运输部第三次抗震救灾视频会商会议精神，尽快将邮车列入救灾车辆管理，确保通行畅通，以满足邮政业抗震救灾工作的需要。

5月18日，邮政局抗震救灾领导小组召开第八次会议。会议传达胡锦涛在四川召开的抗震救灾工作会议上的讲话精神和国务院抗震救灾总指挥部会议精神，对发行赈灾邮票、恢复邮政通信、加强协调等工作进行部署。同日，邮政局捐赠并通过重庆市邮政管理局转送的价值10万元的1290床棉被等救灾物资运抵成都。

文物局组织实施 5月12日，文物局下发《关于做好震后文物保护工作的紧急通知》。通知要求，各有关地区文物部门要加强对抗震救灾工作的组织领导，启动应急机制，采取紧急措施，保障馆藏文物和不可移动文物的安全，及时做好灾情的上报工作。

5月13日9时，文物局局长单霁翔主持召开局长办公会，传达中共中央政治局常委会议精神以及中央办公厅、国务院办公厅有关要求，部署落实灾后文物保护工作。会议综合分析受灾地区文物分布情况和易损毁文物的类型，要求各级文物行政部门把抗震救灾作为当前的首要任务，坚决贯彻执行中共中央政治局常委会议精神，切实保障灾区文物安全，尽最大努力把地震灾害造成的损失减少到最低程度。

5月16日，文物局召开局长办公会议，传达中共中央政治局常委会议精神，部署下一阶段文物、博物馆系统抗震救灾工作。会议强调，抗震救灾工作已进入关键阶段，文物局要把抗震救灾工作作为当前最重要最紧迫的任务，认真部署，靠前指挥，动员全国文物博物馆系统的力量，团结协作，全力以赴，坚决打胜抗震救灾这场硬仗。

食品药品监管局组织实施 地震发生后，食品药品监管局立即与四川省食品药品监督管理局取得联系，了解灾情，并连夜联系发展改革委协调筹备急救药品等工作。

5月13日，食品药品监管局成立由局长邵明立任组长的抗震救灾工作领导小组。此后，领导小组多次召开会议，研究部署全系统抗震救灾工作，要求全面加强抗震救灾药品监管，确保救灾药品、医疗器械质量安全，积极配合有关部门做好救灾药械的供应保障，组织协调企业做好救灾药械的储备、生产和捐赠。

5月17日，食品药品监管局按照法定程序，紧急调整对抗震救灾所需血液制品及疫苗的批签发程序，在确保产品质量的前提下，优先安排批签发。另外，除需要的破伤风人免疫球蛋白外，对救灾工作中可能需要的人血白蛋白、乙脑疫苗、甲肝疫苗等产品的批签发程序，均进行了调整，以确保抗震救灾工作的需要。

第二节 解放军和武警部队组织实施

根据中共中央、中央军委和中央军委主席胡锦涛指示，解放军四总部成立军队抗震救灾指挥机构，迅速调动解放军、武警部队和民兵预备役人员投入抢险救灾，主动承担最紧急、最艰险的抢险救灾任务，充分发挥主力军和突击队的作用。中央军委委员陈炳德、李继耐、廖锡龙、常万全、靖志远、吴胜利、许其亮先后深入灾区，现场组织指挥部队抢险救灾，及时发现和解决遇到的各种问题，对部队抢险救灾实施及时、直接和坚强有力的组织指挥。各军兵种和成都、兰州、济南军区及武警部队领导均深入救灾现场组织指挥，保证抢险救灾工作快速、有序、有效地进行。

一　解放军四总部组织实施

总参谋部组织实施　国务院抗震救灾总指挥部成立后，由总参谋部牵头负责抢险救灾组的各项工作，同时还参与其他组的工作。副总参谋长葛振峰任国务院抗震救灾总指挥部抢险救灾组组长，总参谋长助理孙建国任国务院抗震救灾总指挥部四川前方指挥部抢险救灾组组长。

5月12日下午，总参谋长陈炳德传达胡锦涛指示，特别要求总参作战部“这是特殊时期，要建立特殊机制，简化程序，急事急办，特事特办，重要信息不必综合，可以直接用白纸传来”；同时指示各单位严格落实抗震救灾应急值班制度，主动、及时、准确上报情况。14时43分，陈炳德指示四川省军区副参谋长向怀树，要尽快查清、上报灾情，灾区部队立即投入救灾，要指导各部队搞好自救和自我防护，其他部队做好救灾准备。15时25分，陈炳德指示作战部，部队既要积极参加抗震救灾，又要重视防范余震，注意部队自身安全。15时40分，陈炳德签批汶川特大地震抗震救灾第一份命令，派以66150部队为主组建的国家地震灾害紧急救援队乘空军运输机紧急赶赴灾区。陈炳德在《关于派遣国家地震灾害紧急救援队赴四川执行地震救援任务问题》上批示：加强领导，迅即组织，立即行动，既要组织好救灾，又要做好自身防护。17时55分，孙建国向作战部传达温家宝指示：灾区附近部队立即做好应急救援准备，可根据灾情适时向灾区机动，同时做好自身救护、防护工作。18时30分，总参谋部下发《坚决贯彻胡主席重要指示，迅速展开抗震救灾工作》。19时20分，陈炳德电话指示四川省军区副司令员苏巍“马上组织部队进入灾区，民兵预备役部队可以直接行动，现役部队也可边行动边报告，在灾区附近的一切部队都可以使用”。21时15分，孙建国向作战部传达温家宝要求：“军队和武警部队重点，一是救人，组织部队千方百计，不惜一切代价赶到最困难、受灾最重地区。成都军区部队要南北共进，采取各种办法，包括徒步，也要迅速到达位置。二是抢修道路，想尽办法，疏通道路。”21时34分，陈炳德给济南军区司令员范长龙下达预先号令，要求济南军区部队立即做好执行抗震救灾任务准备，随时待命出动。当晚，总参谋部连夜下达中央军委《关于参加抗震救灾的命令》，调动3.4万名官兵参加抗震救灾。

5月13日10时10分，葛振峰等到达成都太平寺机场，在机场听取李世明有关情况介绍；13时30分，抵达都江堰，听取军地领导关于灾情和抗震救灾部队部署情况介绍；14时30分，到都江堰市聚源实验中学查看灾情，看望抗震救灾部队官兵；16时50分，到什邡市师古镇、龙居镇和洛水镇中心小学查看灾情，看望抗震救灾部队官兵。

5月14日10时，四总部下发《关于贯彻落实中办发电〔2008〕20号文件精神的指示》，要求全军部队切实把思想和行动统一到中央精神上来，精心组织部队行动，周密搞好后勤和装备保障，加强正面舆论宣传引导和确保部队自身安全。上午，葛振峰等抵达彭州市通济镇查看灾情，看望济南军区医疗队；抵达绵竹市汉旺镇查看地震灾情，看望执行抢险救灾任务的官兵；抵达小鱼洞镇查看灾情，看望执行任务的抗震救灾部队官兵；下午，到北川中学查看灾情，看望抢险救灾的官兵。15 时 59 分，中央军委下达《增派抗震救灾部队命令》，发电致济南军区、成都军区、海军和空军。

5 月 15 日 1 时 30 分，经中央军委批准，总参谋部下达《派直升机部队执行抗震救灾任务》命令。同日，根据抗震救灾动用飞机情况，向海军、空军、成都军区和中国民航局下发《全力以赴做好抗震救灾空管保障的通知》指示。同日，总参谋部和总政治部下发《关于进一步做好抗震救灾工作的指示》，就坚决响应中共中央、中央军委的号召，突出阶段性重点，紧紧围绕抢救被困、受伤群众开展工作，紧贴抗震救灾实际，大力加强思想政治工作，加强组织领导，科学有序地实施救灾行动提出具体要求。同日，陈炳德在总参动员部第 8 期《动员快报》上批示："充分发挥民兵预备役的力量大有可为，但要加强组织领导，最大限量地发挥作用。"副总参谋长张黎就加强指导民兵预备役人员救灾、发挥民兵专业人员作用做出指示。

5 月 16 日中午，葛振峰等陪同胡锦涛抵达北川羌族自治县擂鼓镇胜利村，查看受灾情况，看望受灾群众；下午，陪同胡锦涛抵达北川中学，接见抗震救灾部队官兵，看望受伤群众和医护人员；晚上，在成都军区参加成都军区联指会议，研究部署下一阶段部队抗震救灾任务。

5 月 17 日 1 时 13 分，经中央军委批准，总参谋部下达《组织抗震救灾紧急空运和输送的命令》。上午，葛振峰等陪同胡锦涛抵达汶川县漩口镇白花中学、阿坝铝厂查看灾情，看望抗震救灾部队。下午，葛振峰、孙建国参加回良玉主持召开的抗震救灾工作会议。

5 月 18 日 10 时，葛振峰等陪同胡锦涛在什邡市蓥华镇蓥峰实业有限公司查看灾情，看望抗震救灾部队官兵；16 时，在成都军区参加成都军区联指会议，研究部署当前抗震救灾急需解决的有关问题；同日，还乘坐直升机进入震中汶川县映秀镇查看灾情，检查指导抗震救灾。

5 月 19 日 11 时，葛振峰等到达茂县南新镇中学，看望抗震救灾部队官兵；带工作组在理县及汶川县威州镇老牛村、耿达乡幸福村、龙潭村检查抗震救灾部队贯彻落实胡锦涛"进村入户"指示的情况，看望慰问受灾群众和部队官兵。18 时 4 分，总参谋部下达《坚决贯彻胡主席重要指示，争分夺秒营救被困群众的命令》。

5 月 20 日上午，葛振峰在成都军区参加会议，听取军区抗震救灾有关情况汇报，研究军队参加抗震救灾保障问题；下午，抵达什邡市蓥华镇，查看成都军区联勤部野战炊事车为灾区群众提供饮食保障情况；同日，赴彭州市小鱼洞镇检查抗震救灾部队"进村入户"工作，并在该部队开设的饮食供应保障站了解对受灾群众的供应保障情况。同日，孙建国向温家宝和国务院抗震救灾总指挥部四川前方指挥部书面报告《抢险救灾组建立联合指挥协调机制情况》。

5 月 22 日，总参谋部下达《关于向四川灾区增派防化力量的命令》。孙建国在北川羌族自治县任家坪 77200 部队抗震救灾指挥所听取工作汇报；到安县花荄镇检查抗震救灾部队的抗震救灾工作；到绵竹市东北镇看望海军抢险救灾官兵，听取抗震救灾工作汇报。

5 月 23 日，葛振峰在绵阳第 404 医院看望受伤群众收治情况；在绵阳查看长虹培训中心的北川中学临时学校、九洲体育馆"帐篷学校"学生安置情况；在东汽查看救灾情况，现场协调确定由空降兵部队增派 200 人担负东汽警戒任务；在彭州市通济镇、小鱼洞镇沿线考察救灾工作；20 时，参加温家宝主持召开的会议。同日，孙建国到抗震救灾部队任务点查看清理废墟情况。

5月24日上午，陈炳德到72495部队抗震救灾前进指挥组及第153医院、第371医院医疗队考察工作，对抢险救灾工作给予充分肯定，要求医务工作者继续发扬不怕牺牲、连续作战的优良传统，用精湛的医术和优良品德为灾区群众服务。同日8时，葛振峰陪同温家宝前往紫坪铺水库考察大坝受损情况；10时，到汶川县映秀镇查看受灾情况，11时30分，陪同温家宝会见联合国秘书长潘基文、接受境内外记者采访；下午，在四川大学华西医院看望受伤群众救治情况，到四川省地震局查看地震预测预警工作，在四川省人民医院看望受伤群众收治工作，到成都双流机场查看救灾物资转运情况，参加四川省干部工作会议。同日，孙建国到抗震救灾部队检查指导。25日上午，葛振峰、孙建国和成都军区联指总指挥李世明部署唐家山堰塞湖爆破工作，并向温家宝书面汇报部队有关堰塞湖爆破准备情况。

5月27日，陈炳德在茂县凤仪镇查看灾情、看望群众，听取茂县县委书记尼玛木简要情况介绍；查看抗震救灾部队搭设简易住房现场，看望沈阳军区防疫大队和第二军医大学医疗队；前往汶川县威州镇七盘沟社区看望受灾群众，查看抗震救灾部队搭设活动板房现场和抗震救灾部队宿营地；到救灾现场检查工作，看望抗震救灾部队官兵；到映秀镇了解灾情，查看抗震救灾部队搭建简易活动板房现场。28日，陈炳德在成都凤凰山机场看望77116部队；9时10分，乘直升机到北川唐家山堰塞湖大坝，听取武警水电部队指挥部主任李光强的情况汇报，现场研究堰塞湖排险问题；11时40分，在青川查看受灾群众安置点、临时搭建学校、野战医院，听取第五责任区指挥所情况汇报；16时，在彭州查看成都军区空军抗震救灾部队清理废墟作业现场；16时20分，在彭州市龙门山镇宝山村查看四川省军区民兵预备役赈灾饮食供应站，查看抗震救灾部队清理废墟作业现场；16时40分，查看抗震救灾部队清理废墟现场和总参卫生防疫队作业现场；20时，在成都向回良玉汇报军队抢险救灾工作。陈炳德在检查部队时强调，要突出救灾工作重点，把“进村入户”做得更细、更扎实、更有成效；要集中力量把道路打通，尽早恢复灾区交通；要下决心解决次生灾害，防止更多的灾情；要充分发挥主力军、突击队作用，全心全意为灾区人民排忧解难；要把各种防疫力量整合起来，扎实细致地做好卫生防疫工作；要充分认识抗震救灾的长期性、艰巨性，发扬解放军连续作战的优良作风；要搞好部队自身生活保障，确保官兵以充沛的精力投入到抗震救灾各项工作中。29日，陈炳德听取李世明抗震救灾情况汇报，并与成都军区联指交换意见，对下一步抗震救灾工作提出要求。

5月31日上午，副总参谋长孙建国陪同梁光烈考察第二责任区抗震救灾工作，听取济南军区副政委杜恒岩汇报，赶赴彭州市小鱼洞镇、龙门山镇检查部队的抗震救灾工作，到回龙沟、银厂沟查看堰塞湖灾情；下午，赴什邡考察95829部队指挥所、广州军区武汉总医院的抗震救灾工作。

7月16日，陈炳德率工作组到成都军区联指部署抗震救灾部队回撤和新阶段抗震救灾任务。17日，陈炳德在成都军区主持召开抗震救灾部队回撤任务部署会。19日，孙建国率四总部工作组在成都军区联指检查指导第一批抗震救灾部队回撤工作。20日，孙建国在成都军区联指第一责任区、第三责任区检查指导部队回撤工作；听取第一责任区指挥所副指挥长赵立德关于部队回撤准备工作汇报，并在都江堰市向峨乡、大观镇检查77115部队、77108部队、92051部队和95985

部队等抗震救灾部队回撤准备。同日，孙建国到彭州市龙门山镇和都江堰青城山镇看望部队。21日，孙建国到抗震救灾第二责任区检查部队回撤准备情况，在第二责任区指挥所听取杜恒岩和白建军关于部队回撤汇报，随后到抗震救灾部队检查营区管理和回撤准备。22—23日，孙建国先后赴广元、江油、绵阳，考察抗震救灾部队空转返营准备，在铁路江油车站欢送抗震救灾部队回撤的第一列车梯队启运。22日，孙建国在广元、绵阳片区检查抗震救灾部队等单位回撤工作情况。23日，孙建国在江油市人武部听取成都军区联指副总指挥、第四责任区指挥长于际训关于责任区任务部队抗震救灾工作和回撤归建准备汇报。

抗震救灾期间，总参谋部作战部履行职责，具体实施抢险救灾的组织指挥。

总参作战部于5月12日14时40分迅速启动应急响应机制；14时42分，下达预先号令，向空军发出运送救援队准备，要求济南、兰州军区提出部队参加救灾实施方案，同时要求成都军区和空军上报可出动部队和兵力数，要求灾区驻地附近部队迅速展开救援。16时，作战部给兰州、济南、南京、广州、成都军区作战部及武警部队司令部作勤部下发《关于报告四川省汶川县地震发生后有关情况的通知》。18时，发出《坚决贯彻胡主席重要指示，迅速展开抗震救灾工作》电报，对了解灾情、部队救灾、部队组织指挥和自身防范等问题提出要求；20时5分，通知四川省军区，要求将有关情况直接报总参作战部应急办；20时10分，通知重庆警备区，要求将有关情况直接报总参作战部应急办；21时40分，向71320部队、71521部队下达预先号令，要求做好出动准备，并迅速制订空运计划、铁路输送计划；21时46分，通知总参陆航部做好直升机使用准备。

5月13日零时35分，作战部副部长马健向济南军区传达陈炳德指示，要求济南军区组成前线指挥部前往地震灾区，济南地区5支医疗队同行。1时20分，马健通知总后勤部第三军医大学、第四军医大学医疗救援队出发时间、指挥关系和人员数量组成。3时50分，作战部副部长徐经年通知济南军区作战部部长李亚东，“部队准备好可以组织行动”。4时10分，马健指示空军作战部，95829部队于13日5时30分前做好行动准备。9时5分，马健向济南军区传达陈炳德指示，71282部队增援兵力采取空运方式机动。10时10分，作战部部长戚建国随中央军委领导到达灾区一线组织指挥。23时，作战部协调总后司令部，落实温家宝和总参谋部领导“军队出50支医疗分队计1500人”的指示要求。

5月14日14时20分，作战部收到成都军区空军电话，报告95829部队15人已在茂县伞降和简要灾情后，马健要求应急办迅速将情况通报民政部和国务院抗震救灾总指挥部，并告成都军区派直升机支援。15日，总参谋部下发《全力以赴做好抗震救灾空管保障的通知》，要求海军、空军、成都军区和中国民航局要加强成都地区空管保障力量，迅速恢复受损设施设备，加强空管值班，建立抗震救灾空管保障“绿色通道”，加强协调配合，严密监控飞行动态，防止空中飞机相撞。

5月17日1时，总参作战部呈办《组织抗震救灾紧急空运和输送的命令》，就集中使用空军大中型运输机、抽组医疗队向相关单位进行明确。19日，作战部呈办《坚决贯彻胡主席重要指示，争分夺秒营救被困群众的命令》，要求各级领导干部要带头带领部队完成艰巨任务，坚决落实“进村入户”责任制，确保各责任区内不留任何救援空白点，争分夺秒地解救被困群众和游客。22日，作战部呈办《关于向四川灾区增派防化力量的命令》。23日15时49分，作战部呈办《关于全力以赴排除唐家山堰塞湖险情的命令》，就空运任务、水电部队组织和开辟空中“绿色通道”向成都军区联指进行明确。24日12时48分，作战部呈办《关于全力做好协助地方安置受灾群众工作的指示》，明确开设野战炊事车和赈灾饮食供应站、搭建受灾群众临时安置点、搭建临时中小学、清理城镇废墟、开展卫生防疫工作、运送急需物资、道路抢修和巩固“进村入户”成果8项需要重点完成的任务。

5月26日零时14分，总参作战部呈办《关于增调卫生防疫力量赴四川灾区执行防疫任务的命令》。28日，总参作战部、总政保卫部联合下发通知，要求对各部队加强思想教育、发挥情报部门优势、化解受灾群众情绪和矛盾纠纷、安全警卫和维护藏区稳定工作提出明确要求。31日21时44分，作战部下发《摘转71352部队抓好灾区危房拆除中的安全预防和废墟清理中的财物管理工作情况》至成都军区联指、兰州军区和武警部队，强调部队在清理废墟中，要按规定办好手续，加强组织指挥，确保拆除中的安全。6月12日至7月2日，作战部分别呈办《关于调整部分抗震救灾兵力恢复执行维稳任务》《关于调整四川抗震救灾武警部队兵力部署的请示》《参加抗震救灾的部分陆航直升机回撤》《空军调整部分救灾兵力》《关于调整部分航空救灾兵力》《部分抗震救灾医疗队归建》等文件，对部队部署进行调整。

7月1日，总参作战部向成都军区联指下发《关于上报部分抗震救灾部队回撤方案》的通知。16日，经中央军委批准作战部下发《关于抗震救灾部队分期分批回撤方案》，进一步明确抗震救灾部队回撤时间，按照“统筹安排、保障需要、区分缓急、分期分批”的要求，组织抗震救灾部队回撤归建。19日，作战部向成都军区联指下发《复抗震救灾部队第一批回撤实施计划》。31日，作战部下发《关于进一步做好抗震救灾部队回撤工作的指示》，就周密组织部队回撤行动、过细做好地震灾区群众工作和圆满完成好抗震救灾后续任务提出了明确要求。

8月2日，总参作战部下发《同意抗震救灾部队回撤实施计划，安全顺利圆满完成回撤任务》批复，就加强回撤行动组织领导、组织部队回撤教育、搞好回撤行动各项保障等提出要求。

总参通信部、总参军训和兵种部、总参动员部、总参陆航部等，也都相继成立抗震救灾指挥组，按照各自职责对部队抢险救灾工作做出具体部署。

5月15日9时20分，总参通信部发出通知，对加强抗震救灾部分卫星通信设备的有关事项进行明确。16日11时45分，通信部向成都军区司令部通信部发出通知，对组织抗震救灾有线通信保障提出要求；21时20分，通知成都军区司令部通信部指定专人负责与联通公司人员接洽，建立协调机制和情况通报制度，为CDMA移动通信网络恢复工作提供一切便利条件。19日18时35分，通信部为加强抗震救灾卫星通信值勤管理，下发传真电报，要求加强通信值班、抓好应急培训和加强检查。20日20时50分，通信部对在四川灾区开通抗震救灾指挥专网进行部署，并就网络组织、任务分工、时间安排、装备保障等问题提出明确要求。24日11时30分，通信部就理顺保障渠道、加强装备技术保障、严格落实制度等问题向成都、兰州、济南军区司令部通信部及海军、空军、第二炮兵司令部通信部发出传真电报，提出要求。7月14日，通信部在成都军区通信中心组织召开“全军抗震救灾通信工作座谈会”，副部长苏宏对深化遂行多样化军事任务通信问题研究、加强联合通信保障问题研究、加强非战争军事行动通信训练、加强通信能力和专业力量建设、建立与完善国防信息动员机制提出要求。

地震发生后，总参军训和兵种部迅速启动应急机制，成立由部长陈照海、政委贺江波任组长的抗震救灾领导小组，3次召开专题会议，研究论证兵种部队参与救灾行动的对策措施；组织指导直属工兵部队修订完善抗震救灾方案；组织部队机动、装备器材和物资准备，开展抗震救灾临战训练，并提出工程兵专业技术力量使用、次生灾害处置等方面10余条对策建议。

5月12日19时，总参动员部部长白自兴、副部长汪金玉紧急召开会议，要求立即组织民兵预备役人员投入抗震救灾，特别要加强民兵武器装备仓库安全管理。13日22时25分，动员部下发《关于切实做好地震灾区民兵预备役部队武器装备安全管理的紧急通知》，要求各级军事机关和人武部门，高度重视武器装备安全管理，严防武器装备丢失被盗并积极组织抗灾自救。14日，动员部和总政治部群工办联合下发《关于立即组织民兵预备役部队参加抗震救灾工作的紧急通知》，就加强组织领导、组织民兵预备役人员全力以赴抢险救灾、充分发挥思想政治工作服务保障作用等问题提出要求。20日，动员部组织7个预备役防化分队、9个预备役工兵分队跨区参加抗震救灾工作，要求任务分队拟定行动方案，补充、维修执行任务所需的装备器材，筹备好必备的生活物资，组织开展抗震救灾相关内容的训练。24日，动员部要求各级人武部门和预备役部队要继续抓好“进村入户”工作，开展医疗救护、卫生防疫和公共设施抢修工作，完成急难险重任务，并协助维护社会稳定和积极参加重建家园任务。6月3日，动员部要求各军区和省军区系统进一步强化责任，发挥民兵预备役突击队、抢险队的作用，把“进村入户”工作进一步做细、做实，协助抢修抢通道路，带头参加灾后重建，恢复生产。

5月14日晚，总参陆航部建立抗震救灾组织协调组，由马湘生带领作训局两人组成。15日10时30分，陆航部抗震救灾组织协调组赶赴成都军区联指，指导空中救援工作。下午，协调组对救灾初期各陆航部队的任务区域、陆航直升机进出任务区域高度调配、无线电通信使用、临时管制区划分等提出明确要求。19日，陆航部作训局副局长崔小军从北京赶赴绵阳机场，具体指导绵阳方向陆航直升机抗震救灾行动。下午，崔小军前往绵阳机场协调陆航直升机进驻事宜，并与绵阳市政府等地方部门达成一致意见，驻邛崃的直升机于20日全部转驻绵阳机场参加抗震救灾。

总政治部组织实施 地震发生后，总政治部迅速启动抢险救灾应急机制，成立以群工办主任常生荣为组长的抗震救灾应急工作小组。应急工作小组建立24小时值班制度，及时收集和上报部队抗震救灾情况；与成都军区、兰州军区和武警部队政治部业务部门联系，了解掌握部队开展抗震救灾情况；启动军地军内联系协调机制，及时与民政部、总参作战部沟通联系，了解国家对抗震救灾工作的部署及灾情，掌握抗震救灾部队兵力部署和完成任务情况；配合组织部起草下发部队抗震救灾政治工作指示，指导部队做好抗震救灾政治工作。

5月12日晚，中央军委委员、总政治部主任李继耐紧急主持召开部务会，传达学习中共中央政治局常委会议精神和胡锦涛指示要求，决定成立抗震救灾应急小组，迅速下发抗震救灾中政治工作指示，派出工作组赴一线了解情况、指导工作，加强对抗震救灾部队政治工作的跟踪指导，加大对部队抗震救灾工作的宣传力度，指导各级做好家庭受灾官兵的思想稳定工作，指导全军开展向灾区“献爱心、送温暖”活动。

5月13日，李继耐主持召开部务会，传达学习中共中央政治局常委会议精神和胡锦涛指示以及军队抗震救灾指挥组第一次会议精神，专题研究部署抗震救灾中政治工作。同日，总政治部下发《坚决贯彻落实胡锦涛主席重要指示，扎实做好抗震救灾中政治工作》，就坚决贯彻执行中共中央、中央军委和胡锦涛的决策指示，弘扬解放军战斗作风，发扬解放军特有的政治优势，注重发挥党组织的核心领导作用和党员干部的模范带头作用提出要求。14日，总政治部下发《关于在全军和武警部队开展向地震灾区捐赠工作的通知》，对有关事项提出要求。15日，李继耐主持召开部务会，传达学习14日中共中央政治局常委会议精神、胡锦涛指示和军队抗震救灾指挥组第二次会议精神，对紧贴抗震救灾进程和阶段转换，加强政治工作跟进指导，加强新闻舆论宣传工作，为抗震救灾部队办实事、解难题，搞好科学统筹等工作做出部署。

5月15日，总参谋部、总政治部下发《关于进一步做好抗震救灾政治工作的指示》，要求各任务部队认真学习贯彻胡锦涛的指示，发挥政治工作的服务保证作用。16日，总政治部群工办会同民政部有关部门以全国双拥办名义下发通知，对各地支持配合部队遂行抗震救灾任务做出部署。18日下午，李继耐主持召开总政治部抗震救灾工作部务会，传达学习胡锦涛17日晚的讲话精神和军委领导指示要求，就指导各级党委更加有力、有序、有效地推进抗震救灾工作，加强抗震救灾舆论宣传，大力激发抗震救灾部队的高昂士气等工作进行部署。同日，总政治部下发《关于认真学习胡锦涛主席在四川抗震救灾工作会议上重要讲话的通知》，要求认真学习领会胡锦涛重要讲话精神，增强做好抗震救灾工作的责任感和紧迫感，各级要切实加强抗震救灾中的思想政治工作，加强领导，科学组织；总政组织部下发《关于在执行抗震救灾任务部队中开展“火线”入党入团、立功创模活动的通知》，决定在抗震救灾部队中开展“火线”入党入团、立功创模活动，并对入党、奖励标准和比例，接收党员、团员组织程序以及活动宣传提出具体要求。

5月20日下午，李继耐主持召开总政治部抗震救灾工作会议，传达学习胡锦涛19日在中央电视台“爱的奉献”抗震救灾大型募捐活动情况简报上的批示，对进一步加强抗震救灾宣传文化工作做出部署，要求军队新闻媒体充实宣传计划，加大宣传力度，军队文艺工作者创作精品力作，并做好慰问演出相关准备，关心一线的记者和创作人员。22日，总政治部下发《关于加强抗震救灾群众纪律的通知》，要求有针对性地开展群众纪律教育，自觉尊重地方党委、政府，尽量不给地方增添麻烦，遵守民族宗教政策，尊重群众风俗习惯，全力保护公共财产和群众财物，严格规范军地交往，认真做好地方捐赠的接收工作，加强对群众纪律的检查；下发《关于加强抗震救灾中心理教育和疏导工作的通知》，对充分认清加强心理教育和疏导工作的重要性、必要性，及时有效地解决官兵抗震救灾过程中出现的心理问题，采取有力措施加强心理教育和疏导等工作提出要求。

5月23日上午，李继耐主持召开总政治部抗震救灾专题工作会议，传达学习中共中央政治局常委会议和军委常务会议精神，深入研究加强抗震救灾政治工作；对切实加强抗震救灾阶段转换后的任务指导，持续激发官兵战斗士气，保持抗震救灾舆论宣传的强劲态势，加强抗震救灾群众纪律，继续为抗震救灾部队和灾区群众办实事等工作进行部署。同日，总政治部下发《深入做好抗震救灾政治工作指示》，在用中共中央、中央军委和胡锦涛的指示统一思想，深入细致地做好官兵的思想教育和心理疏导工作，充分发挥各级党组织的核心领导作用、领导干部的带头作用和党员的先锋模范作用，注重结合抗震救灾斗争加强干部队伍建设，认真做好表彰奖励工作，严格遵守群众纪律，重视做好部队自身的安全稳定工作，进一步改进领导作风等方面，对抗震救灾政治工作提出明确要求。30日，总政治部下发《关于以抗震救灾实践为生动教材，深化“坚定中国特色社会主义信念，有效履行我军历史使命”主题教育活动的通知》，对相关内容提出要求。

6月1日，总政治部围绕安置群众和恢复重建工作的全面展开和有序推进，提出任务转换后的政治工作要点：坚决用中共中央、中央军委和胡锦涛决策指示统一思想和行动；紧贴抗震救灾任务转换后官兵思想实际，灵活有效地开展思想政治工作；针对“进村入户”点多面广的特点，充分发挥党组织的坚强领导和党员干部的模范带头作用；围绕帮助灾区群众排忧解难，当好宣传队、生产队、工作队；着眼任务部队安全稳定，严密细致地做好防范工作；注重搞好内外团结，形成抗震救灾强大合力。4日，李继耐主持召开总政治部抗震救灾政治工作专题工作会议，认真学习贯彻胡锦涛和中央军委的一系列重要指示要求，听取总政治部赴四川地震灾区第二批工作组和各部门情况汇报，研究进一步做好抗震救灾部队政治工作措施。对跟进搞好抗震救灾部队思想教育和心理疏导，开展“学人民、爱人民、为人民”教育实践活动，继续保持舆论宣传的强劲态势，重视抓好部队安全稳定工作进行了部署。同日，总政治部下发《关于转发海军政治部〈关于广泛开展“弘扬抗震救灾精神，立足本职岗位建功”活动的通知〉的通知》，要求各级党委和政治机关要采取多种形式，大力宣传部队抗震救灾中涌现出的先进典型，切实增强官兵特别是党员干部高举旗帜、听党指挥、履行使命的坚定性自觉性。

6月5日，李继耐到青川县竹园镇、乔庄镇考察受灾群众安置点和“帐篷学校”，检查指导部队抗震救灾工作，看望抗震救灾官兵，听取抢险救灾情况汇报。6日上午，李继耐在绵阳片区看望慰问抗震救灾部队官兵和受灾群众，并到江油市看望77225部队舍己救人的排长牛玉新；下午，在成都看望参加抗震救灾工作的军队新闻和文艺工作者；19时30分，在成都军区联指指挥中心看望慰问工作人员；20时，听取李世明、张海阳抗震救灾工作和搜救失事直升机情况汇报。7日上午，李继耐在绵竹、什邡片区看望抗震救灾部队官兵和受灾群众。李继耐强调，要进一步增强抗震救灾的使命感和责任感，完成好当前抗震救灾的“八项任务”，打赢抗震救灾这场硬仗；要运用综合手段，继续做好抗震救灾中的思想政治工作和心理疏导工作，解决好官兵实际困难；要发挥好宣传队、工作队、战斗队作用，宣传好党的政策，做好群众工作；要加强部队自身建设，更好地完成抗震救灾后续任务，打赢抗震救灾这场持久战。下午，李继耐在成都军区总医院、成都军区空军机关检查指导抗震救灾工作，看望慰问受灾群众和救灾官兵。8日，李继耐参加在成都军区联指召开的抗震救灾部队政治工作会议并主持会议，还前往四川省抗震救灾指挥部看望慰问官兵。

6月10日，总政治部副主任孙忠同到徽县嘉陵镇查看灾情，看望抗震救灾部队官兵、民兵预备役部队。11日上午，孙忠同到陇南市武都区马街镇姜家山村、蒿坪村查看灾情，检查部队抗震救灾工作，看望受灾群众、民兵预备役部队和抗震救灾部队官兵；下午，到文县一中、城关镇徐家坝村检查部队抗震救灾工作。12日，孙忠同赴文县碧口镇窦家坝村二中“帐篷学校”、中庙乡后渠村帐篷示范村查看灾情，看望抗震救灾部队官兵；下午到宁强县青木川镇慰问受灾群众，在广坪小学看望慰问正在拆除危房的68331部队官兵和民兵突击队。13日，孙忠同在略阳县检查指导民兵预备役人员抗震救灾工作，接见人武部全体干部和民兵应急分队人员，看望巡诊的兰州军区第三医院医务人员，鼓励参战人员继续做好抗震救灾工作，展现民兵预备役人员的风采。

6月11日上午，李继耐主持召开总政治部抗震救灾政治工作专题工作会议，传达学习抗震救灾部队政治工作会议精神，要求认真抓好会议精神的传达贯彻，细化落实措施，继续为抗震救灾部队办实事、解难题。12日，总政治部下发《关于贯彻落实抗震救灾部队政治工作会议精神的通知》，要求认真搞好会议精神的传达学习，进一步用中共中央、中央军委和胡锦涛的决策指示统一思想和行动；加强抗震救灾政治工作的跟进指导，为部队圆满完成抗震救灾任务提供坚强保证；认真总结抗震救灾政治工作经验，积极探索遂行多样化军事任务中政治工作的特点规律；大力弘扬抗震救灾精神，推动部队建设又好又快发展。15日下午，李继耐在成都市锦江大礼堂参加中央军委授予77116部队“抗震救灾英雄陆航团”荣誉称号命名大会。16日10时，李继耐在成都军区小礼堂参加77116部队失事直升机遇难烈士追悼大会。

7月10日，总政治部主任助理许耀元在成都军区联指与李世明、张海阳、吴昌德座谈交换意见。11日，许耀元在成都军区联指第一责任区的抗震救灾部队检查调研，听取汇报，召开座谈会，并到汶川县映秀镇检查指导老虎嘴壅堵体排险工作。12日，许耀元在成都军区联指第二责任区、第三责任区任务部队检查调研抗震救灾政治工作和领导干部履职情况，并到彭州市通济镇黄村、龙门山镇银厂沟等地查看灾情和部队救灾、管理及保障等情况，看望抗震救灾部队官兵。13日，许耀元到绵竹市抗震救灾部队，围绕旅团以上班子及领导干部在抗震救灾中发挥作用情况和对非战争军事行动中干部工作的意见建议，进行检查调研。14日，许耀元先后在第四责任区第二炮兵指挥所、77200部队指挥所、77283部队指挥所听取抗震救灾和干部工作情况汇报，实地检查抗震救灾部队援建的北川羌族自治县擂鼓镇中心小学、第二炮兵部队捐建的擂鼓镇柳林村居民安置点和武警宜宾市支队、96501部队正在抢通的擂鼓镇至禹里乡道路施工情况。15日，许耀元到第五责任区抗震救灾任务部队检查调研，听取情况汇报；到71521部队北线指挥所和71811部队等单位，就如何通过重大非战争军事行动发现、考察、锻炼和培养干部，以及抗震救灾对重大非战争军事行动中干部工作的启示进行调研。

7月16日，总政治部副主任贾廷安参加陈炳德带队的四总部工作组赴成都，研究部署下一阶段军队抗震救灾工作，重点对部队抗震救灾政治工作进行了调研。

总后勤部组织实施 地震发生后，总后勤部成立抗震救灾领导小组，组织领导军队参加抗震救灾的后勤保障工作。中央军委委员、总后勤部部长廖锡龙任组长，副部长李买富任副组长，总后机关有关部（署）领导为领导小组成员。领导小组下设办公室，由总后司令部副参谋长华桦任主任，总后机关各部（署）一名局领导为办公室成员。为加强抗震救灾后勤保障工作的指挥协调，总后勤部党委还决定，成立由总后司令部参谋长李长顺、总后卫生部副部长袁永林为负责人，总后机关财务、军需物资油料、卫生、军交运输、基建营房等部门抽调12人为成员的总后派驻成都军区联勤部抗震救灾工作组（亦称总后抗震救灾前方指挥组），协助成都军区联勤部组织指挥军队参加抗震救灾后勤保障工作。同时，军交运输部、基建营房部均相继成立抗震救灾指挥和保障机构。

5月12日15时，总后勤部开始搜集地震情况和灾区直属部队受灾情况。16时，廖锡龙要求总后机关和有关直属单位，坚决贯彻中共中央、国务院和中央军委抗震救灾决策意图，迅速做好思想发动和工作部署，高标准按时限完成后勤保障任务。16时40分，在第三军医大学调研的总后勤部政委孙大发在《传达胡主席关于抗震救灾的指示》上批示，要求第三军医大学、后勤工程学院迅速研究部署，把胡锦涛重要指示落实好，要加强与地方有关部门的联系，做好支援抗震救灾和收治伤病员的准备。21时9分，总后勤部下达《关于迅速做好抗震救灾后勤保障和相关准备工作的指示》，要求成都军区联勤部和总后机关及有关直属单位，做好抗震救灾后勤保障和相关准备工作。

5月13日6时、18时和14日12时49分，总后勤部分别给多个单位下达《关于抽组卫勤分队参加抗震救灾的通知》，抽组多支医疗队、防疫队。13日8时，孙大发决定将总后勤部在第三军医大学"考核调研组"改为"抗震救灾工作指导协调组"，并在第三军医大学设立总后驻渝部队抗震救灾工作指挥部。14日9时30分，孙大发到后勤工程学院检查指导抗震救灾工作。11时，廖锡龙指示成都军区联勤部政委郭正新，投放部分野战干粮接济受灾群众，对赴灾区执行任务部队要全力保障。21时20分，总后勤部下发《军队参加抗震救灾后勤保障指示》，明确后勤供应保障关系、经费保障标准、后勤装备物资和勤务保障、后勤管理和防护自救，以及支援地方救灾等工作。同日，总后勤部下发《关于派遣医疗专家组和防疫队参加抗震救灾的通知》，决定由解放军总医院派一支专家医疗队、军事医学科学院再派一支防疫队，赴四川地震灾区执行医疗救援和防疫指导任务。

5月15日，总后卫生部副部长袁永林抵达成都，召集解放军总医院、第二军医大学、军事医学科学院医疗队（防疫队）带队领导和成都军区联勤部领导联席会议，协调医疗救治、防疫工作及医疗队保障问题。16日，总后勤部下发《关于做好抗震救灾部队卫生防病工作的紧急通知》。同日，总后勤部向沈阳、北京、济南、南京军区联勤部下达《关于派遣医疗队和野战方舱医院的通知》，并就担负任务进行部署。17日，孙大发到第三军医大学3所附属医院看望慰问收治的灾区伤员。下午，总后卫生部下发《关于进一步加强抗震救灾卫勤保障工作的指导意见》。

5月18日12时，全军抗震救灾卫勤保障指挥组召开会议，研究制订《关于进一步做好抗震救灾卫勤保障工作意见》。19日，孙大发在成都军区联指联勤部检查指导抗震救灾后勤保障工作，先后到都江堰市看望慰问解放军总医院、第三军医大学、后勤工程学院等单位的救援分队官兵，检查部队遂行任务和自身保障情况，现场研究解决存在的困难和问题。20日上午，孙大发深入汶川县映秀镇、德阳、北川、安县、绵阳了解情况，看望解放军总医院、第二军医大学、第三军医大学、第四军医大学和第42医院、第452医院医疗队以及后勤工程学院净水站、总后营房部营房检测专家组等抢险救灾官兵。21日，孙大发到汶川县映秀镇看望第三军医大学医疗队。同日，总后勤部向第二军医大学、第四军医大学、第302医院、军事医学科学院下达《关于增派防疫队和心理救援队支援抗震救灾的通知》，对各任务单位抽组防疫队数量和任务进行明确。同日，总后勤部传达国务院抗震救灾总指挥部第11次会议精神，就抗震救灾后勤保障工作提出继续全力以赴做好抗震救灾各项后勤保障、及时做好物资消耗的统计工作、做好应对次生灾害的后勤保障准备、要实行严格科学的后勤管理等要求。

5月21日，廖锡龙在成都军区抗震救灾急需装备物资的文件上批示："各项保障要精确，不得浪费并考虑持续有力，落实严格的责任制。"22日下午，全军抗震救灾卫勤保障指挥组召开第九次会议，针对灾区一线医疗、防疫工作情况，研究应对措施。同日晚，抗震救灾领导小组研究抗震救灾部队热食供应、住宿安排、用水净化、防病防疫、物资运输等问题。23日，总后勤部向军事医学科学院下达《对加强抗震救灾部队卫生防疫防护工作建议的意见》，对开展灾区人畜共患病疫情侦察和灾区核化次生灾害防范等问题明确任务，提出要求。24日，李长顺在什邡、绵竹、安县等灾区查看野战兵站、供水站、淋浴站和北京军区野战方舱医院开设情况，检查第二军医大学、第四军医大学医疗队救治伤病员工作。25日，李长顺到抗震救灾部队检查指导后勤保障工作，要求加强一线官兵热食保障，保障官兵洗上热水澡。同日，总后勤部向第二军医大学、第三军医大学、第四军医大学和军事医学科学院下发《关于增派防疫队支援灾区的通知》，对抽组防疫队数量和输送方式进行部署。28日，李长顺检查指导济南军区前指联勤组工作。29日，总后勤部下发《坚决贯彻落实胡主席和军委首长的重要批示精神，扎实抓好抗震救灾后勤保障各项工作全面落实》的指示，对后勤保障各项工作再次提出明确要求。

6月2日，总后勤部专门下发通知，就紧急采购的野营装备质量问题提出具体要求，要求各采购单位开展不定期质量抽查，加大装备验收比例，建立每周质量和生产进度报告制度，适时运用奖惩机制。3—15日，总后勤部副部长丁继业带总后机关工作组先后赴成都、兰州军区部队，对遭受地震损毁的营房等基础设施情况及灾后恢复重建工作进行实地调研。8日，总后勤部对做好"进村入户"部队生活保障、指导成都军区联指搞好后勤保障、加强后勤管理和物资装备回补工作提出要求。9—23日，总后勤部副部长王谦带工作组先后到陕西西安、宝鸡，甘肃徽县、陇南、文县，四川成都、青川、绵阳、都江堰、汶川、德阳、安县、什邡等地，深入抗震救灾部队和部分医疗机构，了解抗震救灾后勤保障情况，研究探讨搞好持续保障的对策措施。26日，总后勤部向成都军区联勤部下发《关于组织好医疗防疫任务交接，安排好军队抽组医疗防疫队撤离工作的通知》，对医疗防疫队伍任务交接、撤离计划和运输计划，以及战储后勤装备等问题进行明确。

7月3日，总后勤部给所属单位下达《做好总后抗震救灾部队撤收归建事的通知》。16日，下达《关于做好下一步抗震救灾后勤保障工作的指示》，对组织实施继续抗震救灾部队和回撤归建部队的后勤保障提出明确要求。

7月17日，廖锡龙带领总后机关工作组抵达文县灾区，考察抗震救灾部队的救灾现场、抗震救灾部队宿营地，慰问抢险救灾官兵，检查了解官兵住宿、饮食、供水、医疗等后勤保障情况；就继续搞好抗震救灾后勤保障，支援灾区恢复重建，以及提高完成多样化军事任务能力和运用科学发展观推动工作发展等方面做出指示。18日，廖锡龙在青川、江油、绵阳任务片区看望71521部队北线指挥所、77225部队、成都军区联指联勤部第5野战兵站官兵和济南军区第153野战方舱医院医护人员，查看总装备部63820部队抗震救灾和恢复建设后勤保障情况，实地考察63839

部队厂区和生活区受损情况，听取第五责任区指挥所、63820部队抗震救灾工作汇报。19日，廖锡龙在北川、安县、绵竹等灾区检查调研抗震救灾任务部队的后勤保障工作；看望慰问第四责任区和77200部队抗震救灾指挥所及77223部队、77226部队官兵；看望沈阳军区总医院、成都军区昆明总医院、第二军医大学、第四军医大学医疗防疫队；查看63839部队地震损毁和恢复重建情况。20日，廖锡龙到第一责任区汶川县映秀镇、都江堰任务部队及成都凤凰山机场检查指导抗震救灾工作，先后与第一责任区指挥所领导和77126部队、71282部队官兵座谈抗震救灾中后勤保障工作，听取抗震救灾情况汇报；看望77116部队官兵，慰问失事机组人员亲属；检查成都军区联指联勤部开设的淋浴站、供水站为灾区群众提供服务情况；看望第42医院、第44医院医疗队。21日上午，廖锡龙在彭州第二责任区考察71320部队、71897部队，到成都军区总医院与医疗专家、骨干座谈，慰问重症伤员和医护人员。下午，廖锡龙在成都市温江区永宁镇查看军队援建的四川省八一康复中心选址现场，并与四川省政府、成都市政府、温江区政府、成都军区联勤部有关领导座谈。22日，廖锡龙在四川省军区、78438部队等单位检查指导抗震救灾工作，到成都军区空军机关接见团以上干部，看望成都场站保障分队官兵。23日，廖锡龙率总后工作组在成都军区联勤部机关检查调研，听取李世明等关于抗震救灾后勤保障情况汇报，现地查看联勤部机关办公楼在地震中受损情况，并就坚决贯彻胡锦涛和中央军委决策指示，加强抗震救灾后勤持续保障做指示。

总后勤部机关各部门认真贯彻中央军委、总后勤部各项指示要求，按照各自职责组织实施抗震救灾后勤保障工作。总后司令部、政治部于5月18日联合下发《关于进一步做好自然灾害防范工作的通知》，强调要抓紧完善抢险救灾行动方案和防灾自救方案，加强对油料、武器、弹药仓库等重点目标监控。6月3日，总后司令部和政治部联合下发《关于进一步做好总后部队抗震救灾工作的意见》，要求总后机关和直属部队自觉服从成都军区联指指挥。

总后军需物资油料部于5月14日下发《关于做好军队抗震救灾军需物资油料保障工作的通知》，要求各级军需物资油料部门加强抗震救灾工作组织领导，精心组织部队军需物资油料保障，努力支援地方群众抗震救灾，同时要搞好军需物资油料管理，做好军需物资油料安全工作。17日，军需物资油料部就落实给养标准、规范军粮供应秩序、确保副食品稳定供应、提供不间断保障、保障部队吃上热食、加强食品与饮用水管理、为受灾群众提供食物、调配给养保障力量和做好登记统计等问题，对各级军需物资油料部门提出具体要求。22—31日，军需物资油料部先后要求各级军需物资油料部门全力搞好热食供应，精心组织被装保障，科学安排油料保障，增强持续保障能力，严格管理，精确保障。7月7日至8月6日，军需物资油料部部长周林和率工作组赴四川灾区，到任务部队检查指导抗震救灾军需物资油料保障工作，调研执行多样化军事任务后勤保障应关注解决的有关问题。

总后卫生部部长李建华于5月26日率工作组到汶川县映秀镇、漩口镇和都江堰市，看望第42医院、第85医院、第261医院、解放军总医院、第三军医大学等医疗队及军事医学科学院防疫队，实地考察了解医疗救治和卫生防疫工作情况，对做好下一步卫勤保障工作提出要求。6月2日上午，全军抗震救灾卫勤保障指挥组召开会议，紧紧围绕“保健康、防大疫”的主题，对抗震救灾卫勤保障工作提出明确要求。7月2日，总后卫生部副部长陈新年在北川、绵竹、安县、什邡、汶川等极重灾县（市）看望第二军医大学、第三军医大学、第四军医大学和成都军区总医院医疗队的医护人员，检查指导部队抗震救灾卫勤保障工作。4日上午，陈新年看望驻映秀镇第411医院临床部医疗一队。

总后基建营房部在进一步加大成都方向战储野营物资预置基础上，于5月22日加大了供水保障力度和加强洗浴保障，紧急筹措配发便携式照明器材，并抽调技术保障人员，巡回检修装备，同时抓紧帐篷等物资应急生产。23日，基建营房部下发《关于继续全力做好抗震救灾基建营房保障工作的通知》，要求抗震救灾部队相对集中地组织宿营，进一步搞好部队供水和洗浴保障，加强野营装备使用管理和检修维护，展开受灾营区营房安全鉴定和排险工作，及时总结救灾行动野营保障经验教训。

总后军交运输部快速部署，采取各种措施，与成都、兰州军区联勤部军交运输部和交通沿线军代处加强协调联系，建立通畅的指挥体系，保证抗震救灾军交运输保障有序推进。5月14日，连续下发《关于组织抗震救灾铁路军运工作的紧急通知》《关于做好抗震救灾公路运输保障工作的通知》《关于加强抗震救灾航空运输工作的通知》3个通知，对组织抗震救灾军事运输、列车装载发运、饮食供应、摩托化机动、空运调度值班、空运现场组织保障等问题，进行明确并提出具体要求。16日，军交运输部下发《关于进一步做好抗震救灾军交运输保障工作的通知》，要求坚决贯彻落实上级决策部署，全力以赴搞好抗震救灾军交运输保障；要及时掌握动态情况，切实做到快速反应，加大组织指挥力度；严格落实责任制，明确具体分工和节点要求，果断处置各种突发情况，做好前方运输保障和后方前运工作。21日，军交运输部副部长刘冀和赴成都灾区指导军交运输保障工作，参加空运、空投联合指挥协调组，到绵阳火车站、成都双流机场查看铁路运输和空运物资卸载情况。7月18—20日，军交运输部部长赵占平在四川检查抗震救灾部队回撤输送准备工作。7月20日至8月27日，在部队回撤阶段开行军列167列，使用民航飞机16架次，出动车辆1550辆，圆满完成了部队回撤保障任务。

总装备部组织实施 地震发生后，总装备部迅速启动应急工作机制，中央军委委员、总装备部部长常万全指示，总装机关要抓紧掌握地震灾情和装备保障需求。总装备部综合计划部迅速组织有关人员展开抗震救灾装备保障工作，与成都军区装备部沟通，掌握一线情况和装备保障需求，与有关单位装备部门建立抗震救灾装备保障指挥协调关系，建立双人24小时应急值班，随时接受和处置各种情况。

5月12日15时10分，总装备部在接到63820部队灾情报告后，要求63820部队党委保持部队稳定，严密组织好抢救营区被困、被埋人员，努力支援地方、抢救群众、防范余震和次生灾害，确保不发生新的人员伤亡。63820部队迅速成立了抗震救灾指挥机构，实施本部队抢险救灾等各方面工作的组织协调和指挥。

5月12日21时，总装备部综合计划部下发《关于做好抗震救灾装备保障工作的紧急通知》（电话通知），传达总装首长的指示，要求各单位加强值班，做好立即投入抗震救灾装备保障工作的准备。

5月13日下午，常万全主持召开总装备部党委扩大会议，学习胡锦涛关于抗震救灾的重要指示，传达军委会议精神，研究部署抗震救灾装备保障工作。同日，总装备部下发《关于做好抗震救灾装备保障工作指示》，要求全面检查装备、弹药、器材库和防化危险品等重要部位安全，尽快统计上报装备器材和维修设备受损情况，迅速调整补充抗震救灾所需装备，加强装备维修保障工作。

5 月 14 日上午，总装备部召开抗震救灾专题工作会议，传达学习军队抗震救灾指挥组第一次会议精神，听取总装备部机关抗震救灾情况汇报，研究部署下一步工作。会议要求，要坚决贯彻落实中共中央、中央军委和胡锦涛的决策指示，切实把抗震救灾作为当前的首要任务，全力以赴，特事特办，及时解决灾区出现的问题和困难；要求 63820 部队党委全力以赴抗灾救灾，保持部队安全稳定，坚决完成自救和支援地方救灾的双重任务。同日，总装备部下发《关于明确参加抗震救灾部队装备保障有关问题的通知》，常万全指示："救灾军民通用装备物资可采取租用、购买方式现地就近筹措，所需经费救灾结束后一并结算。"

5 月 16 日上午，总装备部召开抗震救灾专题会议，传达学习军队抗震救灾指挥组第二次会议精神，听取各单位前期抗震救灾装备保障和总装备部直属单位抗震救灾情况汇报，分析研究抗震救灾形势，安排部署下一步工作。会议强调，要坚决贯彻中共中央、中央军委和胡锦涛一系列指示要求，把支援抗震救灾作为深入贯彻落实科学发展观、有效履行新世纪新阶段我军历史使命的实际行动，及时、迅速、高效地做好装备保障工作；要及时向成都军区派出装备保障前方协调组，协助成都军区装备部做好抗震救灾装备保障工作；要求 63820 部队逐渐恢复正常工作生活秩序，把参加和支援当地的救灾工作摆在重要位置，充分发挥第 520 医院的作用，协助地方政府做好受灾群众救助工作，尽最大努力救助受灾人员，切实摸清灾区官兵的实际情况，有针对性地做好抚慰工作，主动帮助他们解决实际困难和问题。

5 月 17—28 日，总装综合计划部副部长孙刚率装备保障第一批前方协调小组抵达成都，赴抗震救灾一线实地调研了解部队装备保障需求，现场解决装备保障有关问题，指导成都军区联指装备部做好抗震救灾部队装备保障工作。

5 月 19 日上午，总装备部召开抗震救灾专题会议。会议强调，要认真分析研究救灾形势和任务发展，及时筹措和预置部分工程、防化等装备器材，保障后续抗震救灾任务急需。对紧急采购的部分抗震救灾装备器材，要根据任务需要制订好分配和预储计划，并督促有关单位和部门尽快把总部补充的装备器材配发到一线救灾部队，以保障部队急需。

5 月 19—23 日，总装备部政委迟万春率总装备部工作组到 63820 部队检查指导工作，先后到第 520 医院、63823 部队和 63821 部队看望官兵职工，慰问支援灾区的医疗救护队和部队救助的伤病员、受灾群众；看望慰问抗震救灾指挥部、第 306 医院医疗救护队和 63837 部队、63839 部队官兵职工；慰问遇难者家属；实地查看 63839 部队驻地茶坪河上游堰塞湖；出席"总装备部·绵阳八一帐篷学校"开学仪式；出席 63820 部队召开的领导干部大会，对部队抗震救灾工作进行全面讲评，并对灾后恢复重建提出明确要求。

5 月 20 日上午，总装备部召开抗震救灾专题会议。会议认为，目前，抗震救灾工作仍处于关键时期，发生次生灾害的可能性越来越大，必须保持高度警惕，密切掌握灾情变化，预作充分准备。

5 月 21 日上午，总装备部召开抗震救灾专题会议。会议要求，63820 部队要认真落实各项安全防范措施，积极做好伤员救治和受灾群众救助工作，实事求是统计受损情况。

5月22日上午，总装备部召开抗震救灾专题会议。会议强调，要从讲政治高度和大局出发，继续高度关注核设施安全，不能有任何松懈、麻痹，确保万无一失；要求63820部队抓紧对科研试验设备设施受损情况进行检查，组织评估鉴定，科学制订恢复重建方案，尽早恢复试验能力，妥善处理地方捐赠事宜，积极宣扬抗震救灾工作中的先进事迹，及时宣传和表彰先进单位和先进个人；督导成都军区联指装备部，统筹安排总部紧急调拨的各类装备器材，加大对抗震救灾任务部队的装备器材保障力度，满足各类部队需求。

5月23日上午，总装备部召开抗震救灾专题会议。会议传达学习胡锦涛22日在中央政治局常委会议上的重要讲话、22日军委常务会议精神，听取总装备部机关抗震救灾装备保障和总装备部直属单位抗震救灾情况汇报，分析研究抗震救灾形势，安排部署下步工作；要求63820部队高度重视防疫工作，认真做好安置工作，恢复科研试验工作要分清轻重缓急，科研试验新区要慎重选址，营房按抗震救灾要求建设。

5月26日上午，总装备部召开抗震救灾专题会议。会议听取总装备部机关各单位抗震救灾装备保障和总装备部直属单位抗震救灾情况汇报，围绕下一步抗震救灾形势变化和任务转换，研究部署各项工作；要求63820部队抗震救灾树立长期作战思想，重视心理疏导工作，积极主动帮助官兵、职工和家属增强信心，保持良好的精神状态，及时投入到各项工作中去。常万全指出，要继续督促有关生产厂家加快应急采购装备器材的生产，尽早交付使用和补充库存，及时跟踪掌握防化部队调用和装备器材、消毒剂动用消耗情况，做好装备保障工作。

5月27日上午，总装备部召开抗震救灾专题会议。会议听取各单位抗震救灾装备保障和总装备部直属单位抗震救灾情况汇报，围绕下一步抗震救灾形势和任务，研究部署工作。会议强调，要继续关注核设施的安全，跟踪掌握堰塞湖对中物院有关厂所的影响，协调解决有关问题；要继续督促有关生产厂家加快应急采购装备器材的生产，尽早交付使用和补充库存；要充分认清当前抗震救灾的严峻形势和艰巨任务，思想上不能松懈，行动上不能松劲，继续抓好抗震救灾装备保障工作；要求63820部队认真研究恢复重建的重点问题，拟制好方案，进入恢复重建阶段后，科研试验任务、部队安全管理、后勤装备保障以及部队全面建设等各项工作要贯彻落实科学发展观，合理安排，协调发展，整体推进。

5月28—30日，总装备部副部长朱发忠率领总装备部工作组到63820部队现场办公。工作组深入第520医院、“总装备部·绵阳八一帐篷学校”、63821部队、63823部队和63831部队、63833部队、63837部队、63839部队，实地查看灾情，掌握灾损情况，研究确定过渡安置方案和急需科研试验能力恢复计划。

5月29日，总装备部召开抗震救灾工作会议，要求63820部队深入开展“讲党性、重品行、作表率”教育活动，充分发挥党组织的核心领导作用和党员的模范带头作用，促进抗震救灾和灾后重建等各项工作，下大力建设好“总装备部·绵阳八一帐篷学校”。

5月29—31日，总装备部副部长李安东率工作组到63820部队检查调研抗震救灾、科研试验恢复工作，考察71811部队等抗震救灾任务部队的装备保障情况，赴中国工程物理研究院、航空第624所等单位了解掌握情况。6月1日，李安东带队在都江堰中电29所测试基地、成都第132

厂（成飞公司）查看灾情，了解受损救灾情况，慰问科技人员，指导抗震救灾工作；指出在做好抗震救灾的同时，要适时转换工作重点，尽快恢复装备科研生产，确保年度科研生产任务顺利完成。

6 月 5 日，常万全等到 63820 部队查看灾情，指导抗震救灾和恢复重建工作。常万全先后深入 63823 部队、63821 部队和各研究所，实地查看科研厂区和生活区受损情况，出席部队专家院士座谈会，听取基地退休老领导、院士、科技专家和技术骨干对部队恢复重建的意见建议；要求部队以最快速度解决过渡安置房问题，保证大家办公和生活安全；有重点地恢复试验能力，确保重大科研任务不受影响。同日，常万全在绵阳片区抗震救灾任务部队检查装备保障工作，看望抢险救灾一线官兵。6 日，常万全到安县成都军区联指装备部北线装备综合保障基地检查装备保障工作，看望慰问抢险救灾官兵。

6 月 8 日，总装通用保障部副部长李明泉率装备保障前方协调小组在什邡市蓥华镇、红白镇和绵竹市汉旺镇等地检查成都军区联指任务部队工程机械作业、车辆维修保障及清理废墟、抢修道路等工作。

7 月 9—13 日，总装备部副部长韩延林率工作组到四川灾区检查调研抗震救灾部队装备保障工作，先后到汶川、彭州、北川等地任务部队检查调研装备保障工作，并深入到老虎嘴、滴水岩、银厂沟等受灾最严重的一线作业区，现地查看抢修道路、清理废墟、消毒防疫和装备修理、野战管理情况，看望慰问救灾一线官兵。深入到 63839 部队实地考察科研厂区受损情况，慰问遇难者家属。18 日，朱发忠再次到 63820 部队检查指导科研试验新区选址等工作。9 月 12 日，总装备部政委迟万春再次到 63820 部队检查指导，对灾后恢复建设提出明确要求。

二　成都军区联指组织实施

5 月 15 日 15 时，中央军委领导主持召开解放军和武警部队抗震救灾任务部署会，明确成立成都军区联指，统一指挥解放军、武警部队和民兵预备役人员在四川的抗震救灾行动，李世明任总指挥、张海阳任政委。会议强调，严守群众纪律，做到秋毫无犯；关键时刻各级领导要带好头、作表率。会后，成都军区联指召开会议，传达学习抗震救灾任务部署会精神，进一步明确职责和任务，从指挥、协调、思想政治工作、各种保障等方面提出要求。22 时 10 分，成都军区联指研究贯彻落实军队抗震救灾指挥组《明确军队参加抗震救灾指挥协同有关问题》的指示，并就部队抢险救人行动、后续增援部队部署、加强军地及内部协调等重大问题进行认真研究；23 时 25 分，决定把 71352 部队、71811 部队调整部署到平武、青川灾区。同日，联指司令部、政治部、联勤部分别下达《关于明确抗震救灾密码通报相关问题的通知》《关于做好家庭受灾官兵思想稳定工作的通知》《关于参加抗震救灾后勤保障的补充指示》，明确有关问题。

5 月 16 日零时 26 分，李世明指示 77200 部队部队长周小周，尽快查清北川、安县灾区堰塞湖情况；10 时，与孙建国及四川省委领导研究建立抗震救灾空运、空投、空中救援协调机制，以及防范次生灾害等问题，明确军地双方职责、任务及军地联动运行方式，确定军地协调基本原则。21 时 40 分，成都军区联指召开会议，传达学习胡锦涛当日在四川灾区考察抗震救灾工作的重要指示，明确参加地方抗震救灾指挥机构具体人选，迅速派出部队限时到达四川省新提出的40个乡（镇），争分夺秒做好抢救伤员、转移群众、医疗防疫和遇难群众善后工作；迅速调拨储备的7000顶军用帐篷及食品、药品等物资运往灾区；解决好10万大军吃饭、饮水、医疗、通信、装备等问题；预置防化力量，提前做好次生灾害防范工作。同日，张海阳陪同胡锦涛在绵阳、北川灾区考察。联指下发《关于成立成都军区抗震救灾联合指挥部党委的通知》《表彰抗震救灾先进单位和个人通报》，联指政治部下发《关于进一步做好抗震救灾政治工作指示》《关于抗震救灾部队接受地方和境外媒体采访的规定》，联指装备部下发《关于做好抗震救灾装备保障工作的通知》。

5月17日20时和22时15分，成都军区联指领导先后参加胡锦涛在成都主持召开的抗震救灾工作会议和中央军委领导主持召开的军队抗震救灾工作会议。23时10分，联指党委召开会议，研究贯彻落实具体措施，要求部队全力扩展救灾范围，尽快“进村入户”救人；研究救灾部队保障问题，严格落实军队援助地方的物资；重视卫生防疫问题，整合配置好医疗、防疫队；提高指挥效率，联指机关每天交班会讲大事、急事，不超过半小时。同日，联指下发《坚决贯彻落实胡主席重要指示，全力推进救灾工作向村寨扩展的通知》《关于军队部分领导参加地方抗震救灾指挥机构的通知》《关于向部分乡镇增派兵力的通知》，联指政治部下发《在抗震救灾中大力发扬我军优良战斗精神和作风的指示》《关于接收地方捐赠有关问题的通知》。

5月18日7时35分，成都军区联指主要领导召集相关人员，专门研究直升机使用和提高直升机救灾效率问题，要求统一调节，分区保障。16时，成都军区联指领导参加中央军委领导主持召开的抗震救灾工作会议，研究“进村入户”搜救被困群众、腾出营房解决受灾群众住宿、向边远山区空投救灾部队等问题。会后，联指下发《关于认真学习深刻领会坚决贯彻胡主席重要指示的意见》《立即将抗震救灾行动拓展到所有受灾乡村的紧急通知》《进一步做好抗震救灾部队安全管理指示》《关于积极响应胡主席号召，迅速开展“进村入户”救人立功活动的通知》《关于进一步加强抗震救灾安全防范工作的通知》《关于严格执行抗震救灾群众纪律的通知》，命令各任务部队想方设法于19日14时28分前进入责任区的所有受灾乡村，一村一户地全力搜救受灾群众，进一步做好防余震及次生灾害、防重大事故、防重大疫情、防军政军民纠纷等工作。

5月19日，李世明带队乘直升机在北川羌族自治县坝底乡水田村和陈家坝乡双堰村检查部队“进村入户”情况，深入77289部队抢险救灾官兵驻地和武警宁夏消防总队野外作业点检查救灾情况；张海阳带队乘直升机深入平武县南坝镇，青川县乔庄镇回龙村、孔溪乡清峰村检查部队“进村入户”情况。晚上，李世明参加四川省抗震救灾指挥部会议，研究部署下一步救灾重点工作。同日，成都军区联指转发总参谋部《坚决贯彻胡主席重要指示，争分夺秒营救被困群众的命令》和《关于进一步加强抗震救灾部队安全管理的通知》，下发《关于做好当前卫生防疫工作的紧急通知》《关于动员民兵预备役人员积极参与灾区卫生防疫工作的通知》。

5月20日8时40分，成都军区联指召开抗震救灾保障工作会议，围绕抗震救灾部队吃饭、饮水、医疗、防疫、穿衣、住宿、供油、运输、维修、经费等10个问题，提出下一步的保障方案和具体措施。21日7时30分，李世明指示周小周：唐家山堰塞湖危险性较大，按先群众后部队的原则制订撤离方案，协助地方组织下游群众撤离。

5月22日下午，成都军区联指召开党委会议，传达学习胡锦涛和中央军委的重要指示，分析总结前一阶段救灾任务完成情况，安排部署下一阶段抗震救灾重点工作（见图3）。会议明确，各任务部队要重点完成进村入户、清理废墟、卫生防疫、安置群众、水利排险和恢复交通、供应赈灾饮食和饮水、运送物资和转移伤员、援建村庄和学校8项任务。晚上，联指组织召开专题会议，明确重点解决40个重灾乡（镇）的抢收抢种，清理5座城市废墟，组织120支防疫队“进村入户”，腾出成都军区部队营区供1500名灾区群众临时居住，抢修绵阳、北川2条道路，搭建5所临时学校，开设7个赈灾饮食供应站和12个野战供水站，加强空地运输等问题。同日，联指党委下发《关于重申和强调救灾款物管理使用规定的通知》，联指司令部下发《发动民兵预备役人员防范次生灾害和衍发事件的通知》，联指政治部转发总政治部《关于加强抗震救灾中心理教育和疏导工作的通知》。

图3　5月22日，成都军区联指召开党委会议，学习贯彻中央军委重要指示，统一思想，明确任务，加强统一指挥

（罗顺裕　摄）

5月23日8时30分，成都军区联指召开会议，要求进一步整合联指机关力量，加强对5个责任区指挥，确保指挥通信畅通，搞好新闻报道，强化军地之间的协调。9时30分，李世明会同刘奇葆等乘直升机到汶川县威州镇、茂县凤仪镇等地查看灾情，看望群众，检查任务部队“进村入户”情况。同日，联指下发《关于加强抗震救灾责任区统一指挥的通知》，向第三、第四责任区指挥所下达《全力以赴排除唐家山堰塞湖险情》的指示。联指党委下发《关于切实加强印有“救灾”字样帐篷和其他救灾物资管理使用的通知》。

5月24日，成都军区联指转发军队抗震救灾指挥组《关于全力做好协助地方安置受灾群众工作的指示》，要求各责任区进一步细化和区分任务，切实抓好军委赋予的“八项任务”的完成。晚上，联指主要领导参加温家宝在成都主持召开的抗震救灾工作会议。同日，联指要求青川任务部队高度关注和严密防范青川县山体裂缝威胁，积极与地方部门沟通联系，加强灾情研判，确保当地群众和部队安全，并下发《严密防范高危堰塞湖等引发次生灾害的指示》和《救灾部队灾后卫生防疫工作方案》。

5月26日上午，成都军区联指主要领导分别到第二责任区和第三、第四责任区检查指导抗震救灾工作，要求把抗震救灾工作重点由抢险救人转为安置受灾群众和灾后重建，进一步巩固扩大“进村入户”成果，确保每一户村民得到妥善安置；扎实抓好防疫工作，确保大灾之后无大疫；抓好清理废墟工作，必须确认废墟中没有生命迹象才能展开清理；尽全力修复灾区公路，帮助村镇通水通电；积极通过搭设“帐篷学校”等方式，尽快帮助灾区学校复课；全力帮助地方搞好运输保障，确保救灾人员、物资及时到位；高度重视水库、湖泊、堰塞湖等安全，严防震后次生灾害和水源污染，并对下一步部队救灾和自身营房恢复重建提出要求。同日，联指党委下发《关于调整增补联指副总指挥和责任区副指挥长及指挥所成员的通知》。联指司令部协调黑龙江省飞龙公司米—26重型直升机，将开挖唐家山堰塞湖泄洪槽所需大型推土机、挖掘机调运至施工现场。

5月27日，成都军区联指下发《关于下一步部队抗震救灾工作的指示》，将中央军委赋予的“八项任务”细化为“十项工作”：巩固拓展“进村入户”救灾成果、搭建灾区群众临时安置点、搭建临时学校、清理城镇废墟、抢修道路、陆空运输、医疗救护、防疫监控、防疫消毒、开设赈灾饮食供应站和野战供水站，向抗震救灾任务部队做出部署。联指下发《关于加强疾病防治的通知》，对解决官兵患“烂裆”等疾病问题提出措施和要求，并就危险品搜排、遇难人员遗体处理、干部工作、卫勤力量整合等进行明确。28日，联指下发《关于当前抗震救灾部队安全管理的指示》，要求各责任区任务部队一定把安全管理贯穿于抗震救灾全过程、全时域，严防次生灾害，严防疫情蔓延，严防群死群伤。联指下发《指导部队“进村入户”66条》，要求各责任区任务部队把救援范围扩大到所有重灾地区，认真做好以安置受灾群众、恢复生产和灾后重建为重点的抗震救灾工作。29日，联指下发通知，进一步明确直升机执行专机和重要飞行任务、直升机山区救灾飞行空中管制、直升机专机装备保障工作的有关规定。30日2时40分，李世明对第四责任区上报的《关于北川县唐家山堰塞湖出现险情，第四责任区部分救灾部队撤离的请示》做出指示：按先群众后部队原则，一次性撤离。联指下发《明确灾区道路抢修任务的通知》，对部队抢修道路任务进行明确。

5 月 31 日 14 时 56 分，77116 部队邱光华机组驾驶的直升机失去联系后，成都军区联指立即指示部队运用各种通信手段联系机组，并通过空军中继机、中国移动呼叫直升机，派出两架直升机到失事地域上空搜寻，同时命令正在附近地区执行救灾任务的部队官兵和民兵预备役人员，在失事地域展开区域排查搜救。四川省军区政委率部队和应急民兵 300 余人，进入深山老林，全面展开搜救。联指召开紧急会议，迅速增调各方力量、运用各种手段在重点地区加大搜寻力度，并要求在进一步加强陆航飞行安全管理的基础上，继续执行救灾飞行任务。6 月 1 日，艾虎生主持召开灾区道路抢修工作协调会，重点明确北川羌族自治县墩上乡至平武县泗耳藏族乡、青川县红光乡至马公乡两条道路抢修的组织协调和保障工作。

6 月 2 日 7 时 55 分，李世明赶赴汶川县映秀镇，现场组织指挥搜救失事直升机行动；当晚在映秀召开失事直升机搜救部队任务部署会，听取各单位搜救进展情况汇报，分析研判情况，进一步明确搜救范围和兵力部署，研究改进搜救的方法、措施。同日，张海阳到 77116 部队看望飞行和机务人员，慰问失事直升机机组人员亲属。3 日，李世明、张海阳向中央军委领导汇报失事直升机搜救情况，并陪同检查指导 77100 部队、71282 部队、四川省军区民兵预备役人员搜救失事直升机工作。4 日，范晓光主持召开抗震救灾装备保障工作会议。联指下发《关于印发〈“进村入户”工作规定（暂行）〉的通知》。5 日，李世明、张海阳陪同中央军委领导到 77116 部队慰问失事直升机机组成员亲属，参加联指组织召开的抗震救灾部队军以上领导干部会议。

6 月 6 日上午，成都军区联指召开会议，传达学习抗震救灾部队军以上领导干部会议精神，对继续做好失事直升机搜救工作，严格直升机动用审批程序，落实“八项任务”“十项工作”“后勤保障十项办法”，加强部队安全管理工作，提高联指指挥效率等明确具体措施和要求。赵开增等在北川检查指导抗震救灾工作。下午，张海阳、吴昌德陪同李继耐等看望参加抗震救灾工作的军队新闻和文艺工作者。

6 月 7 日，成都军区联指领导分别陪同李继耐等到汶川县映秀镇、都江堰和彭州市龙门山镇、新兴镇、通济镇及绵竹、什邡、成都军区总医院、成都军区空军机关检查指导抗震救灾工作。8 日，联指领导参加李继耐等主持召开的抗震救灾部队政治工作会议。9 日，联指召开会议，传达学习中央军委关于做好抗震救灾工作的一系列重要指示及抗震救灾部队政治工作会议精神，研究贯彻落实措施。

6 月 10 日 7 时 30 分，李世明接到四川省军区在汶川县映秀镇西北 7.5 公里大红崖山上发现失事直升机残骸和机上遇难人员遗体的报告后，立即赶赴 77116 部队，在指挥塔台核查发现失事直升机情况。12 时 20 分，确认已找到失事直升机后，随即报告中央军委。同日，唐家山堰塞湖避险疏散指挥部启动橙色预警，成都军区联指指挥泄洪区域的官兵和民兵预备役人员 1 万余人，在 331 个点位担负警戒、清障、架设浮桥等任务，成功排除险情。

6 月 11 日，成都军区联指和四川省委主要领导到 77116 部队看望官兵，慰问失事直升机遇难机组人员亲属，高度赞扬邱光华机组为抗震救灾做出了突出贡献，是一个英雄的集体，号召官兵向他们学习，化悲痛为力量，完成好抗震救灾后续任务。同日，联指司令部下发《进一步做好防范地震灾区次生灾害工作的通知》，要求任务部队重点加强灾情预警预报、周密组织灾情勘察、调整人员居住区域、加强公路交通管控、及时排除次生灾害威胁、处置有害有毒废弃物、储备必要生产生活物资、确保灾区人民饮用水安全等8项工作。

6月15日上午，成都军区联指党委召开电视电话会议，传达学习省区市和中央部门主要负责同志会议、军队领导干部会议精神，小结“八项任务”进展情况，重点部署新阶段抗震救灾任务。下午，联指主要领导参加中央军委授予驻川某陆航团“抗震救灾英雄陆航团”荣誉称号命名大会。16日，联指主要领导参加抗震救灾失事直升机遇难烈士追悼大会。21日，联指向四川省军区下发《关于当前民兵预备役人员抗震救灾应重点做好的几项工作的通知》，要求民兵预备役人员着力抓好创造性地落实救灾任务、认真做好灾区群众稳定工作、严加防范次生灾害、高度重视安全管理、进一步密切军政军民关系等5项工作。25日，联指政治部下发《关于推荐表彰抗震救灾先进单位和个人的通知》，表彰在完成新阶段抗震救灾任务中表现突出的20个先进单位和20名先进个人。26日，李世明、张海阳签署通令，给予在搜寻失事直升机中做出突出贡献的四川雅安陆军预备役步兵团记集体三等功、该团1营营长贺顺康记二等功。27日，联指组织召开抗震救灾部队经验交流会议。

7月1日，成都军区联指下发《关于调整抗震救灾直升机运用机制的通知》，对使用原则、方法、程序等进行规范，提出明确要求；下发《关于坚持不懈做好抗震救灾纪检监察工作、严防发生违规违纪问题的通知》。1—5日，联指派出4个工作组，到各责任区任务部队检查调研完成“八项任务”“十项工作”情况。2日，联指与四川省抗震救灾指挥部协商军队和武警部队对口援建地震灾区学校事宜。3日上午，联指召开会议，研究抗震救灾部队回撤方案和军队援建灾区学校有关问题。下午，专题研究抢修、维护灾区道路，支援地方运送活动板房建材有关问题。5日，联指政治部下发《关于抗震救灾部队撤离政治工作指示》。8日，联指听取4个联合工作组到责任区检查调研抗震救灾工作情况汇报，对下一步工作提出要求。9日，李世明召开会议，总结前阶段“进村入户”情况，研究抓好后续工作具体措施。张海阳到映秀镇看望慰问实施“老虎嘴”壅堵体爆破排险任务的官兵，与军地领导座谈。联指党委下发《坚决贯彻落实胡主席和军委首长重要指示、再接再厉善始善终完成“进村入户”工作任务的通知》，联指政治部转发《认真贯彻胡主席重要指示、深入扎实做好抗震救灾中政治工作的指示》。16日，联指分别召开军事、政治、后勤、装备工作对口会议。晚上，联指向陈炳德汇报部队抗震救灾情况和回撤计划安排。17日8时30分，军队抗震救灾新阶段任务部署会在成都军区召开。11时，联指召开党委扩大会议，贯彻落实军队抗震救灾新阶段任务部署会议精神，总结前一阶段抗震救灾工作，部署新一阶段抗震救灾任务和部队回撤工作。晚上，联指在成都市举行《感天动地铸忠诚》文艺晚会。同日，联指上报《抗震救灾部队第一批回撤实施计划》。18日，联指主要领导出席中央军委授予武文斌“抗震救灾英雄战士”荣誉称号命名大会。21日9时，联指和四川省党政主要领导在成都北站欢送首批回撤的95985部队官兵。22日，联指召开完成多样化军事任务政治工作经验交流会，举办“永恒的丰碑——‘5·12’汶川大地震解放军、武警部队抗震救灾大型图片展”。25日，成都军区联指根据第一批部队回撤后抗震救灾工作需要，对部分任务部队部署进行调整。27日，联指党委下发《坚决贯彻落实胡主席和军委首长重要指示、掀起新一轮进村入户新高潮》指示。

8月2日，成都军区联指向军队抗震救灾指挥组上报《擂鼓镇至禹里乡道路抢修情况报告》。6日，联指根据中央军委命令和军队抗震救灾指挥组批复，下达《抗震救灾部队第二、第三批回撤命令》。8日，联指召开抗震救灾部队第二批回撤任务部署会，联指司令部下发《抗震救灾部队第二、第三批回撤中的安全管理、通信保障、机要保密工作指示》，联指联勤部下发《抗震救灾部队第二、第三批回撤中的后勤工作指示》。9日，联指下发《明确抗震救灾部队第二批回撤后指挥关系的通知》，对责任区调整、回撤部队和继续执行任务的部队指挥关系进行明确。13日，联指党委下发《关于调整第一、第二、第三、第四责任区指挥所党委组成的批复》，对4个责任区指挥所党委调整进行明确。15日，联指召开抗震救灾部队第三批回撤工作任务部署会。18日，联指下发《明确第四批回撤抗震救灾部队指挥关系的通知》，明确继续留驻灾区执行抗震救灾任务的部队由四川省军区指挥，继续完成道路抢修、物资运输、场地平整、抢险排危和卫生防疫等任务。

8月20日，根据中央军委命令，成都军区联指和5个责任区指挥所于即日24时终止工作，继续留驻四川灾区执行抗震救灾任务的工程、陆航和医疗防疫等部队，从21日零时起由成都军区统一指挥。

此次抗震救灾，成都军区联指组织指挥解放军和武警部队的23个军级单位、93个师旅级单位、389个团级单位的13万余部队和5万余民兵预备役人员，搜寻被压埋群众1.7万余人（生还3338人），解救被困群众140万余人，安置受灾群众102万余人，诊治灾区群众133万余人次。

三　各军区组织实施

成都军区组织实施　5月12日14时35分，成都军区立即启动抢险救灾应急指挥机制。李世明命令驻灾区附近的部队和民兵预备役人员以最快速度赶赴灾区，展开抢险救灾；成立成都军区抗震救灾基本指挥所，由李世明、张海阳及副司令员吕登明、副政委段录定、参谋长艾虎生、政治部主任吴昌德、联勤部部长董德元等组成，统一组织指挥成都军区部队和民兵预备役人员抗震救灾；李作成率精干人员到汶川开设成都军区抗震救灾前进指挥所；副司令员范晓光参加四川省抗震救灾指挥部工作；副政委赵开增负责成都军区日常工作；成都军区机关四大部成立相应的抗震救灾指挥机构，迅速转换工作重点，按职责分工，尽快查明灾情及时上报，全面展开抗震救灾组织指挥工作。李世明当面指示77200部队部队长周小周、77283部队部队长曲新勇做好部队入川救灾准备。77100部队、77200部队，云南、贵州、四川省军区，重庆警备区、昆明陆军学院均成立抗震救灾指挥机构。

在成都的吕登明、范晓光、李作成、吴昌德、曾冉、朱新民等领导赶到作战指挥中心，指挥驻灾区附近部队紧急赶往灾区抢险救人；指挥77116部队出动直升机飞往汶川查看灾情，驻灾区军分区、人武部组织民兵预备役人员就地投入抗震救灾，军区总医院、第452医院派出医疗队赶赴灾区救治伤员；组织恢复通信联络，调集救灾物资运往灾区。军区机关四大部紧急部署，全面展开抗震救灾组织指挥。17时，李作成率前指赶赴汶川，途中因道路中断遂在都江堰展开抗震救灾现地指挥。19时40分，成都军区抗震救灾前进指挥所在都江堰市人武部开设完毕。

5月12日16时20分，李世明从昆明经重庆赶回成都途中，指示到位部队立即展开救人，机动中部队加快速度到位；77283部队全部兵力入川抢险救灾；在成都的军区党委常委到作战指挥中心待命，准备召开党委常委扩大会议研究部署抗震救灾；要求在理县古尔沟镇受阻的阿坝军分区独立营和民兵预备役人员，克服困难，继续向理县、汶川前进；要求在北川羌族自治县陈家坝乡受阻的77136部队，除留一个营就地救人外，主力徒步尽快赶到北川县城救人。

5月12日17时42分，成都军区向77100部队、四川省军区、重庆警备区下发《传达胡主席关于做好抗震救灾工作的重要指示的通知》。18时，四川省军区政委率机关人员从都江堰出发，辗转北川、绵竹、什邡、安县、彭州等县（市）的20多个偏远村庄查看灾情，及时上报情况。20时6分至22时10分，成都军区政治部下发《抗震救灾政治工作指示》《做好抗震救灾宣传报道工作的通知》《军区部队抗震救灾动员教育提纲》。21时21分，军区向77200部队下达《出动部队赴四川抗震救灾的命令》。

5月12日22时，李作成在都江堰向温家宝汇报初步掌握的灾情及部队开展救援的情况，随后同四川省委、四川省军区领导紧急会商，研究贯彻落实温家宝指示的措施，确定四川省军区部队、民兵预备役人员暂不统一调派，以便就近就快展开救援。22时35分，在都江堰市体育场开设联合前进指挥所（见图4）。23时30分，军区下发《加强地震后次生灾害防范的通知》，要求各抗震救灾部队密切关注灾区当地灾情，采取有效措施防范次生灾害。

图4 5月12日22时35分，成都军区抗震救灾联合前进指挥所在都江堰市体育场开设

（成都军区 提供）

5月12日23时50分，李世明主持召开成都军区党委常委扩大会议。会议指出，驻灾区附近的主力部队在外执行任务，面对如此严重的灾情，要把抗震救灾作为当前的头等大事，急事急办，特事特办，全力以赴；要就近用兵，最大量用兵，决心要狠、行动要快；各救灾部队要昼夜兼程，尽快到位抢险救人；77200部队3个旅随时听令入川、77263部队也要做好入川救灾准备；

要加强救灾工作的组织领导，深入一线靠前指挥，统筹好抗震救灾与其他工作的关系；各级机关建立联合值班，保证通信畅通，及时处置情况，同时注重加强新闻宣传报道工作；军区机关全力做好各项保障，尽最大可能向灾区提供救灾物资器材；驻成都及灾区的军区医疗机构全力收治地震伤员，迅速抽组医疗队赶赴灾区，暂停78511部队川藏线物资运送任务，在位车辆全部投入救灾，77116部队立即召回在外飞行员，派出直升机向灾区空运空投救灾人员和食品、药品；充分发挥国防动员体系作用，动员地方运力保障区外部队入川后尽快到位救灾；加强与地方党委政府的沟通协调，全力为灾区政府和群众排忧解难。至12日24时，成都军区出动部队6300余人、民兵预备役人员1.5万余人、直升机2批4架次、各种车辆装备1210余台（套），动用物资360余吨投入抢险救灾。

5月13日8时10分，成都军区收到中央军委《关于参加抗震救灾的命令》，明确所有部队到达四川灾区后由成都军区统一指挥。李世明指示77200部队1万人快速组织机动，赶赴绵竹、北川、什邡等极重灾县（市）抗震救灾；8时40分，在成都太平寺机场与副司令员兼成都军区空军司令员方殿荣、成都军区空军政委贾延明研究使用飞机抗震救灾问题。

5月13日10时10分，李世明在太平寺机场向中央军委领导汇报灾情分析判断、部队和民兵预备役人员到位及展开救灾情况、下一步措施等。12时12分，成都军区根据军委命令，统一指挥解放军、武警部队在四川的抗震救灾行动；抽组3个联络组，分别负责与3个区外军级部队指挥所协调，军区提供车辆和交通保障，保障川外抗震救灾部队快速机动到位；加强与四川省抗震救灾指挥部联系，互派联络员，形成军地合力；及时向军委总部报告救灾综合情况。17时20分，成都军区召开会议，研究成立成都军区抗震救灾联合指挥所，统一指挥进入四川灾区各部队的抗震救灾行动；将地震灾区划分为5个任务区；明确军区第一时间投入的2.1万余名部队、民兵预备役人员继续在原任务点执行救灾任务。同日，张海阳陪同中央军委领导前往都江堰、什邡查看灾情，指挥救灾。

5月14日9时，李世明先后明确进入茂县、映秀、北川、汶川的解放军、武警部队和民兵预备役力量分别由崔昌军、许勇、周小周、李亚洲统一指挥。13时许，成都军区主要领导决定，组织力量打通震中映秀水陆生命通道，派吕登明到现场组织指挥。同日，军区转发四总部《关于贯彻落实中办发电〔2008〕20号文件精神的指示》，政治部下发《关于组织开展向地震灾区捐赠活动的通知》。联勤部、装备部召开会议，研究后勤保障措施和装备保障工作。

5月15日上午，李世明先后对陆航部队使用及安全问题、空中救援协调组组成、空中管制和气象保障、动用战区储备的战备物资、抽调人员加强指挥中心力量等提出要求。11时32分，指示派出直升机救援绵竹市清平乡被困的国家级专家和汶川县卧龙自然保护区被困旅游者。同日，四川省军区、贵州省军区、重庆警备区动员民兵预备役人员，对救治伤病员和支援救灾进行部署。

5月15日15时，解放军和武警部队抗震救灾任务部署会召开，明确成立成都军区抗震救灾联合指挥部，在四川的解放军和武警部队的抗震救灾行动转由成都军区联指统一指挥。8月20日24时，成都军区联指撤销。

8月21日，抗震救灾部队第三批回撤开始起运。26日，成都军区召开办公会，对继续完成抗震救灾后续任务、协助地方维护社会稳定、组织回撤部队补训、搞好后勤和装备保障、加大安全管理工作力度等做出部署。28日，李世明、张海阳组织学习中央军委领导在《抗震救灾部队第三批回撤情况报告》上的批示，要求进一步抓好部队回撤后的教育管理工作，继续加强对留在灾区执行道路抢修和卫生防疫任务部队的组织指导，圆满完成后续各项任务。

10月14日，成都军区召开抗震救灾后续部队回撤协调会。18日，抗震救灾部队第四批回撤开始起运。11月10日，96512部队和武警交通第一总队在完成北川擂（鼓）禹（里）路抢通任务后回撤归建。至此，成都军区以外的抗震救灾部队和民兵预备役人员全部撤离四川地震灾区。

兰州军区组织实施 地震发生后，兰州军区党委高度重视，立即启动应急指挥机制，要求核实掌握灾情和所属部队受损情况，驻陕西、甘肃灾区部队在抓紧自救互救的同时，积极配合当地政府做好救援工作。

5月12日15时，兰州军区召开战区安全形势分析会，应急值班室报告四川省汶川县发生地震情况。司令部迅速研究制订抗震救灾兵力动用方案，在上报总部的同时向有关部队下达预先号令，指导各单位迅即启动应急预案。同时，向陕南、陇南、甘南、川北4个方向派出先遣组了解灾情，勘察机动道路。兰州军区政治部下发《关于做好抗震救灾中政治工作的指示》，要求部队搞好思想教育和宣传鼓动；联勤部下发《抗震救灾后勤保障工作指示》，对制订输送方案、发放物资器材等情况进行要求；装备部启动《抢险救灾应急装备保障预案》，迅速摸清抢险救灾器材底数，成立各专业装备保障和技术支援小组。

5月13日上午，兰州军区成立抗震救灾应急指挥所，由参谋长刘粤军任主任，副参谋长李星任副主任，共设指挥、情报、通信、军务动员、政工、联勤、装备、机要、测绘气象、指挥自动化保障10个组，兰州军区机关有关二级部部长任组长，成员为抽调的各部门精干人员。兰州军区联勤部成立抗震救灾应急指挥领导小组，部长、政委负总责，副部长陈敬万任组长、参谋长孙长明任副组长，联勤部各二级部主要领导为成员，负责对抗震救灾部队实施后勤保障。兰州军区装备部成立抢险救灾装备保障指挥组，部长杨富祥任组长，副部长杜进军任副组长，装备部各二级部领导为成员，负责抢险救灾装备保障工作。甘肃省军区、陕西省军区和68210部队、68310部队分别成立抗震救灾指挥机构。同日，兰州军区召开党委常委会，明确军区应急指挥所负责组织指挥抗震救灾行动，分别成立陇南抗震救灾指挥所、甘南藏族自治州舟曲县方向抗震救灾领导小组、陕西汉中地区抗震救灾应急指挥组，指挥协调部队分赴陕西、甘肃灾区以及宝成铁路109隧道、徽县嘉陵江堰塞湖抗震救灾。14日，兰州军区副司令员赵建中到达徽县，指导109隧道、嘉陵江堰塞湖抢险工作，看望慰问抗震救灾部队官兵；查看徽县江洛镇至武都省道205线沿线受灾情况，看望陇南市武都区马街镇蒿坪村受灾群众和民兵预备役人员。17时30分，赵建中抵达文县抗震救灾指挥部，听取文县抗震救灾指挥部汇报抗震救灾情况。15日11时，赵建中抵达文县碧口镇，看望抗震救灾部队官兵；15时30分，与甘肃省委书记陆浩、省长徐守盛等军地领导前往成县、徽县查看受灾情况。

5月17日11时，兰州军区司令员王国生对68202部队抢险救灾基本指挥所进行检查指导。15时，前往109隧道和嘉陵江河道疏通现场指导部队抢险救灾行动，看望抢险官兵和民兵预备役人员；赵建中到文县中庙乡毛沟坪，看望抢险救灾官兵。同日，兰州军区政委李长才前往109隧道、嘉陵江堰塞湖指导抗震救灾，看望执行任务的部队官兵和民兵预备役人员；兰州军区副政委刘晓榕先后到68202部队基本指挥所、徽县嘉陵江堰塞湖抢险作业现场检查指导抢险救灾工作，看望抢险抗震救灾部队和民兵预备役人员；政治部主任张国栋在109隧道考察地震灾情，看望参加抗震救灾的民兵预备役人员和其他任务部队官兵。

5月18日，王国生到康县王坝乡李家庄村现场指导抗震救灾，看望抗震救灾部队官兵；赵建中在陇南军分区组织任务部队领导、陇南市委市政府和军分区部门以上领导，召开军地抗震救灾协调会；刘粤军在康县豆坪乡、王坝乡检查指导抗震救灾工作，看望慰问民兵预备役人员和其他任务部队官兵。19日，王国生先后到文县中庙乡中坪村、城关镇元茨头村和宁强县广坪镇、青木川镇，指导抗震救灾和看望执行任务的抗震救灾部队官兵，慰问8名汶川籍战士组成的“汶川突击队”。20日上午，王国生在武都区马街镇姜家山村、68202部队东江镇宿营地检查指导抗震救灾工作，看望慰问救灾官兵；赵建中现场检查109隧道、嘉陵江堰塞湖抢险工作进展情况，看望抗震救灾部队官兵；刘晓榕到109隧道东侧工地看望慰问抢险救灾官兵和民兵预备役人员，查看109隧道救灾进展情况。

5月21日零时40分，王国生到陇南灾区兰州军区总医院野战医疗防疫队驻地检查工作；23日，到康县检查指导抗震救灾部队任务分队抢险救灾工作。10时，王国生到舟曲县峰迭乡咀上村了解受灾情况，看望受灾群众，慰问救灾官兵。21日、23日，李长才陪同总政治部主任助理杜金才等，先后慰问执行109隧道、嘉陵江堰塞湖抢险任务的部队官兵，看望抗震救灾部队为灾区举办“高考补习班帐篷学校”的全体官兵。23日，张国栋在宁强县青木川镇查看灾情，指导民兵预备役人员抢险救灾。25日1时，李长才在68212部队文县碧口方向抗震救灾指挥部，主持召开救灾任务部队正营职以上指挥员和地方党政军领导参加的联席会议。25日、28日，刘晓榕分别到舟曲县江盘乡姚家楞村、宁强县青木川镇检查指导抗震救灾工作，并到文县碧口镇检查抗震救灾部队“帐篷学校”的筹办情况。30日，赵建中到徽县嘉陵镇指导抢险救灾工作。31日，李长才先后到略阳灾区、武都区马街镇姜家山村，检查指导抗震救灾工作，看望执行抢险救灾任务的部队官兵。

6月1日，兰州军区党委根据胡锦涛考察陇南灾区后做出帮助灾区恢复重建“八项任务”重要指示，专题召开会议，决定为地震灾区安置受灾群众、恢复生产、灾后重建增派运输力量，抽组野战医疗队和恢复重建规划设计分队。同时，积极筹措物资器材，派出文化、心理、法律3支服务队赴救灾一线为受灾群众、救灾官兵巡回服务，开展心理疏导，解决实际困难和问题。2—7日，赵建中先后到舟曲县江盘乡端山村、甘南野战医疗队驻地、舟曲县人武部和文县碧口镇、桥头乡、临江乡检查指导抗震救灾工作，参加嘉陵江河道疏通完工仪式。10日，刘晓榕到68222部队文县石鸡坝乡沙渠村2营任务点指导抗震救灾工作。17—20日，刘粤军先后到68202部队基本指挥所、康县豆坪乡和王坝乡、文县城关镇元茨头村、宁强县广坪镇、武都区马街镇姜家山村和东江镇，检查指导抗震救灾工作，看望慰问救灾官兵。

济南军区组织实施　地震发生时，河南省部分地区有强烈震感。济南军区领导意识到灾情十分严重，动用军区部队遂行抗震救灾任务的可能性非常大。济南军区司令员范长龙、政委刘冬冬要求立即启动军区应急指挥机制，密切关注灾情，迅速收拢人员，做好赴川抗震救灾准备；指示副参谋长赵立德和作战部部长李亚东迅速了解入川沿途道路情况，协调济南、郑州铁路局掌握控制运输车辆，军区先遣组做好先期乘民航班机赴川准备；向总参谋部及时报告情况，请求任务。军区副司令员叶爱群要求军区机关和有关部队密切掌握灾情，及时报告情况。正在河南省军区检查工作的军区副政委杜恒岩要求河南省军区立即查明情况，及时上报，并连夜赶回济南。军区参谋长赵宗岐要求作战部立即修订应急预案，卫生、医疗、工程、防化等部队要做到一声令下，能够立即出动。

5月12日下午，济南军区启动抗震救灾应急指挥机制，建立抗震救灾指挥例会制度，按照《军队参加抗震救灾应急预案》Ⅰ级应急响应情况准备。21时40分，军区召开领导干部碰头会，通报有关情况和上级指示，部署抗震救灾任务。22时20分，军区召开常委扩大会议，传达相关指示精神，通报地震情况，确定成立济南军区抗震救灾前进指挥部，由叶爱群、杜恒岩任指挥长，成员由军区机关各部领导和各处室抽调相关人员组成，同时成立基本指挥所，统一指挥部队抗震救灾行动。

5月13日零时46分，济南军区向有关部队下达预先号令。3时52分，71332部队一个营以摩托化机动方式全速奔赴灾区。4时30分，71282部队先遣指挥组带71332部队先遣分队，向四川灾区摩托化机动。8时25分，军区下达《关于参加抗震救灾的命令》，动用1.8万人、4支医疗分队及1支防疫分队，赶赴四川灾区抗震救灾。

5月13日10时，济南军区抗震救灾前进指挥所在作战指挥中心召开第一次会议。11时20分，叶爱群、赵立德率军区先遣指挥组和5支医疗队乘民航包机飞赴郑州机场；12时30分，在郑州机场与71320部队、71521部队先遣指挥组领导对指挥所开设、前后方通信联络、物资需求、武器和重要目标的警戒等事项进行研究部署；15时45分，先遣指挥组飞抵成都双流机场，随即向都江堰开进。14时，杜恒岩率济南军区前进指挥所分两路由济南向洛阳、开封摩托化机动。14时20分，济南军区前指在行进途中，向两支部队下发《济南军区赴四川抗震救灾前进指挥所通知（第1号）》，明确前进指挥所组成和通信联络方式；14时36分，下达《济南军区赴川抗震救灾前进指挥所通知（第2号）》，对部队组织管理和部队摩托化开进、铁路输送和空运情况提出要求。16时50分，杜恒岩要求加大协调力度，使部队以最快速度赶赴灾区。

5月13日18时45分，济南军区前进指挥所先遣指挥组到达都江堰市体育场四川省抗震救灾联合指挥部前进指挥所，听取四川省委有关负责人、成都市委主要负责人、成都军区副司令员李作成的灾情介绍，进一步调整充实了部队救灾方案。20时40分，叶爱群、赵立德向71320部队副部队长卢长健、71521部队部队长宋普选和副部队长李晓星，明确部队部署位置、担负任务、后续梯队到达时限和指挥所开设位置等事项。21时30分，叶爱群、赵立德参加四川省抗震救灾指挥部召集的军地联合救灾紧急会议。22时40分，杜恒岩率前进指挥所抵达成都双流机场；23时50分，乘车抵达彭州后，听取先期到达灾区的部队情况汇报，研究14日救灾行动。

5月14日，济南军区下达《增派抗震救灾部队命令》，增调2.2万人和4支医疗队，采取铁路输送、摩托化行进和空运相结合的方式，赴四川汶川地区执行抗震救灾任务。6时30分，杜恒岩率领71282部队先期到达的800名官兵向汶川机动。7时10分，前指召开会议，研究制订部队救灾行动方案。会议传达落实孙建国关于坚持联合值班、掌控好兵力、坚持兵力报告制度、在映秀镇建直升机着陆场的有关指示；明确第二批参加抗震救灾的兵力部署地域和任务，及抗震救灾部队的组织指挥。71320部队在彭州开设前指，5支医疗分队在彭州市西北30公里展开救援。12时，前指调整决策部署，组织71282部队向映秀镇开进。20时，前指决定，500人在映秀镇展开救援，另1300人继续向汶川、理县和茂县开进，边行动边救援边报告。22时10分，前指在都江堰召开会议，传达总部命令和成都军区明确部队部署的通知。会议决定，71282部队15日7时40分出发，采取摩托化机动方式，沿雅安、小金、马尔康向理县、汶川实施迂回，迅速展开救援。

5月15日，济南军区下达《派直升机部队执行抗震救灾任务的命令》，71901部队派出10架直升机，71687部队派出22架直升机，空中转场至四川邛崃机场，执行抢险救灾任务。7时30分，范长龙由三门峡乘车赶赴四川地震灾区；10时33分，要求向灾区运送物资部队及71521部队摩托化行进部队，过西安后不走宝鸡方向，直接走汉中方向；下午，在青川与军区其他领导研究后，对71352部队和71811部队的救灾任务进行调整；23时，到达都江堰济南军区前指驻地后召开会议，传达中央军委领导的指示，听取部队机动、部署、救灾情况汇报，研究抗震救灾部队部署，并对救灾中的安全工作提出要求。会议研究决定71352部队、71811部队部署，并对后续部队展开、指挥所开设、后勤保障、新闻宣传、救灾统计、次生灾害防范等问题予以明确。

5月16日，范长龙到都江堰71521部队、71282部队指挥所听取抗震救灾情况汇报，查看都江堰灾情；下午，到彭州抗震救灾部队指挥所、部队任务区现场、回龙沟风景区现场，听取部队情况汇报和查看灾情。当晚，在都江堰主持召开军区前指、救灾部队领导参加的会议，明确责任区划分和指挥关系，对抗震救灾提出具体要求。

5月17日6时55分，范长龙陪同胡锦涛到汶川县漩口镇考察。根据总参谋部通知，济南军区紧急抽组一组野战方舱医院和120人的医疗队，采取摩托化机动方式赴绵阳地区开设野战方舱医院，担负灾区医疗救治任务。15时，叶爱群陪同胡锦涛到彭州考察。18—19日，范长龙到平武县响岩镇、南坝镇，青川县大院回族乡、关庄镇、竹园镇等地检查部队救灾情况。18—20日，叶爱群先后到都江堰市向峨乡、彭州市龙门山镇、汶川县水磨镇和漩口镇查看灾情，看望救灾部队官兵。

5月19日，刘冬冬率领工作组由济南乘车赶赴四川灾区；20—30日，先后到青川、平武、绵阳、彭州、汶川、茂县、理县、都江堰、绵竹等地灾区看望抢险救灾部队，查看当地灾情，指导救灾工作。19—21日，杜恒岩先后前往汶川县漩口镇、映秀镇和青川地区，检查部队“进村入户”工作，了解当地灾情，看望慰问救灾官兵。20—21日，军区前指在都江堰指挥中心召开会议，对部队任务转换、搜救被困群众、安置受灾人员、帮助基层建立健全党的组织等工作进行部署，并制定《济南军区赴川抗震救灾部队协助安置受灾群众和灾后重建总体方案》。20—27日，范长龙先后到彭州、汶川、茂县、理县、都江堰、绵阳等灾区看望抢险救灾部队，查看当地灾情，指导抢险救灾工作。

5月22日下午，叶爱群、杜恒岩参加成都军区联指党委会议。同日，济南军区下发《参加抗震救灾命令》，抽调防化分队，携带喷洒车24辆、淋浴车10辆和相应的指挥、保障装备，采取铁路输送方式，赴汶川地震灾区执行防疫洗消任务。23—24日，叶爱群先后赴汶川县映秀镇及都江堰市聚源镇、崇义镇查看灾情，看望71282部队官兵，研究重点地区灾情和加大救援力度的措施。24日1时30分，第一责任区指挥所接到成都军区联指“妥善处置汶川县威州镇七盘沟社区炸药库”的指示，叶爱群紧急部署71521部队及时处置。同日，杜恒岩在彭州主持军地领导抗震救灾第一次联席会议，介绍第二责任区各部队兵力部署和前一阶段抗震救灾情况，向地方领导明确部队下一步抗震救灾重点工作。

5月25日，叶爱群组织召开第一责任区党委会议。26日，军区前指在都江堰召开抗震救灾工作会议，范长龙、刘冬冬分别对抓好工作重心、管理重点和坚决执行指示、部队教育管理以及加强抗震救灾工作组织领导等问题进行部署。27日，叶爱群陪同陈炳德前往茂县，现地查看灾情，看望慰问部队官兵。28日上午，杜恒岩到东林寺、彭州市龙门山镇宝山村、通济镇花溪村检查部队抗震救灾工作；下午，陪同陈炳德在第二责任区考察。

5月29日，济南军区党委决定，成立济南军区抗震救灾前进指挥部临时党委，杜恒岩任书记，叶爱群任副书记。济南军区抗震救灾前进指挥部除对第一、第二责任区部队直接指挥外，还协助指挥第五责任区的部队。第一责任区（都江堰、汶川、理县和茂县4个地区）指挥所位于都江堰，叶爱群任指挥长；第二责任区（彭州及其附近地区）指挥所位于彭州市小鱼洞镇，杜恒岩任指挥长；第五责任区（平武、青川地区）指挥机关由71521部队北线指挥所组成。

6月1日，杜恒岩检查71872部队赴青川执行道路抢修任务的准备情况。2—4日，叶爱群赴都江堰市龙池镇关门石等地现场组织第一责任区部队搜救失事直升机。3日，范长龙、刘冬冬分别对汶川县银杏、桃关两个任务区的官兵保障问题和陆航飞行安全问题提出要求；5日，对官兵心理疏导、部队遂行多样化军事任务能力和协助山东、河南两省支援救灾行动问题进行部署。6日，杜恒岩组织召开抗震救灾第二责任区第三次临时党委全会，就如何把“进村入户”工作引向深入提出要求；7日，考察济南军区前指和抗震救灾第二责任区；8日，赴成都军区参加李继耐等召集的抗震救灾政治工作会议，并在会议上就进一步加强抗震救灾政治工作提出建议。8—11日，叶爱群和赵立德率军区前指有关人员赴汶川、理县、茂县、平武现地指挥第一责任区和军区部队抗震救灾工作。10日、13日、14日，杜恒岩先后到都江堰市向峨乡、蒲阳镇，绵竹市汉旺镇，彭州市红岩镇、敖平镇、军乐镇、隆丰镇、桂花镇等地检查指导部队抗震救灾与防疫工作。13日、14日、16日，叶爱群先后到军区野战方舱医院、第91医院、第159医院医疗队、71146部队防化救援队、71521部队南线指挥所检查指导救灾和防疫工作。19日，杜恒岩看望武文斌烈士的亲属和生前所在71282部队炮指连全体官兵，吊唁武文斌烈士；20日，赴成都军区联指汇报武文斌牺牲情况，陪同张海阳考察第一责任区，看望武文斌烈士的亲属和生前所在连队官兵。同日，叶爱群到71282部队指挥所看望武文斌亲属。25—26日，杜恒岩先后到71811部队平武县垭头坪救助站、响岩镇、九〇三研究所、南坝镇和坝子乡等任务点指导救灾工作，并到北川羌族自治县擂鼓镇考察71892部队援建济南市对口板房搭建情况；组织济南军区抗震救灾部队有关人员召开“野战化管理研究会”，并观摩71426部队、

71309部队野战化管理情况。

7月6日，杜恒岩到彭州市龙门山镇银厂沟、回龙沟纵深地域实地查看灾情；12日，到彭州市白鹿镇检查防汛准备情况，并指导71897部队工化营加固防洪大堤。13—16日，杜恒岩和赵宗岐前往茂县、汶川、理县、平武、青川灾区查看灾情，检查指导部队抗震救灾工作。13日，叶爱群到铁路成都东站检查指导71282部队“汶理茂物资运输队”装载情况，到彭州市龙门山镇银厂沟、回龙沟查看灾情和检查71622部队、71897部队部分营区整治情况。17—23日，赵宗岐前往广元、北川、绵阳、都江堰等地检查指导部队抗震救灾工作。

7月18日，范长龙、刘冬冬、叶爱群、杜恒岩、赵宗岐到71282部队参加中央军委授予武文斌“抗震救灾英雄战士”荣誉称号命名大会，并到71622部队后方指挥所、71897部队基本指挥所检查指导工作。27日，叶爱群到铁路绵阳北站检查指导71309部队回撤车辆装载情况；28日，到抗震救灾部队南线指挥所研究部署部队回撤及回撤前主要抗震救灾工作。

8月1日，杜恒岩到71872部队、济南军区总医院医疗分队，检查部队新一轮“进村入户”情况。3—6日，叶爱群先后赴理县、汶川、绵虒、草坡、桃关、彻底关国道213线抢通现场和茂县、平武等地，检查指导71282部队、第一责任区部队抗震救灾工作，明确部队第二批回撤前的具体工作，现地勘查北川羌族自治县擂鼓镇军区援建北川中学选址情况。10—11日，杜恒岩到第二责任区检查第二批回撤部队情况。11日9时30分，叶爱群到安昌镇出席军区援建北川中学签约仪式。12日，杜恒岩主持召开军区前指工作会议，就做好后续工作提出要求。13日，叶爱群、杜恒岩先后到铁路成都北站、东站检查回撤部队装载情况，欢送回撤部队官兵。18日21时30分，军区部队（除71872部队外）全部撤离灾区。71872部队继续在广元市朝天区进行大坝山体排险作业，10月19日20时7分撤离广元。

沈阳军区组织实施 地震发生后，沈阳军区成立以联勤部副部长周建平为组长的联勤部赴川抗震救灾指挥协调组，具体负责沈阳军区抽组单位的组织领导和与友邻单位、地方政府的协调工作。协调组下设指挥组、政工组、卫勤组3个组。抽组单位有沈阳军区北川野战医院、青川野战医院、绵竹野战医院、野战防疫队（前期任务由军区疾控中心担负，6月16日以解放军第208医院为主抽组的防疫队接替）、德阳血站、绵阳血站、心理救援队等。

5月16日，沈阳军区召开抗震救灾情况分析会，对做好抗震救灾工作准备、加强组织领导、提高处置能力和保持人员思想稳定等工作进行部署。晚上，联勤部召开专题会议，研究抗震救灾抽组力量、装备、物资、交通等有关事宜。17日，在接到抽组10支医疗队执行抗震救灾任务的命令后，沈阳军区指挥协调组于1时25分下达机动命令，联勤部副部长周建平在飞机上召开会议，就部队到达成都机场后的工作进行研究部署。到达灾区后，沈阳军区指挥协调组配置在北川羌族自治县擂鼓镇，10支医疗队按照成都军区联指命令，整编为青川、北川、绵竹3所野战医院和德阳、绵阳2个野战血站，开展救援工作。

北京军区组织实施 地震发生后，北京军区命令以66150部队为主组建的国家地震灾害紧急救援队紧急奔赴汶川灾区，执行搜索、营救和医疗救护任务。温家宝、李克强等领导同志先后到救援现场考察指导工作，对该救援部队“坚强有力的指挥、英勇顽强的作风、高效科学的救援、积极主动的协同”给予充分肯定。

5月14日，北京军区联勤部成立抗震救灾前进指挥部，抽组北京军区总医院3支医疗分队、第261医院1支医疗分队、疾病预防控制中心1支防疫分队、白求恩国际和平医院256临床部1支心理救援分队、第255医院1支野战医院所、66393部队2支防疫分队赶赴灾区救援。

5月15日，为确保北京军区联勤部队抗震救灾各项工作顺畅有序、及时高效，军区联勤部抗震救灾应急支援办公室成立，专门负责军区联勤部队抗震救灾支援工作的组织领导和具体实施。办公室在联勤部部长与政委杜建林统一领导下，由副部长王建盈、副政委刁建业主抓，司令部副参谋长卜庆太任办公室主任。

5月18日，北京军区联勤部党委批准成立北京军区联勤部抗震救灾前进指挥部临时党委，由联勤部卫生部副部长申诚民任党委书记，下设第255医院野战医疗所党委、军区总医院抗震救灾临时党总支、第261医院抗震救灾临时党支部、疾病预防控制中心临时党支部。

南京军区组织实施　5月15日，南京军区联勤部成立抗震救灾前进指挥部，由联勤部副部长姜国禹任总指挥，联勤部卫生部副部长吴志成任副总指挥。同日18时15分，南京军区陆航部队进驻成都机场后，成立陆航部队前进指挥部，由73001部队副部队长汪庆广任总指挥。

地震发生后，南京军区司令员赵克石指示73602部队组建10～12个机组，军区联勤部组建8～10个医疗分队，其余3支部队预作准备。5月12日23时40分，参谋长蔡英挺指示作战部副部长吴际，要求所属各陆航部队做好执行抗震救灾行动准备。13日，联勤部成立抗震救灾应急指挥小组。9时20分，蔡英挺在作战值班室，对组织3支队伍和做好各种预案准备提出要求。14日1时30分，联勤部卫生部向联勤第13分部和有关医院预告抽组医疗队，决定组建赴川抗震救灾指挥协调小组。14时，联勤部副部长姜国禹负责指挥调控联勤部入川部队行动。15日2时53分，赵克石对73602部队出动时间、指挥关系组成、相关航线、气象保障等问题做出指示。4时48分，姜国禹乘飞机到达成都双流机场。7时30分，赵克石指示司令部空军部副部长丁六全随机组入川参加抗震救灾。

5月20日，姜国禹到汶川县映秀镇的第411医院临床部医疗队，并到映秀镇灾区进行工作检查和灾情勘察。27日，姜国禹到部署在什邡市湔氐镇和蓥华镇的5支野战防疫队检查指导工作。30日10时10分，姜国禹抵达都江堰市紫坪铺水库大坝，展开抗震救灾的指挥行动，并赴江油市、平武县城及南坝镇勘察地形，指导医疗队、心理救援队进一步拓展工作领域。31日，南京军区专门成立由黎介寿、黎磊石、刘志红3位院士任组长的抗震救灾医学专家指导组，重点负责灾区后送伤员疑难伤情的诊治和工作指导。6月1日，赵克石与南京军区副司令员王教成及蔡英挺分别就抗震救灾部队组织指挥、安全工作、卫生防疫等工作做出部署。11日，陆航部队受领抗震救灾的最后一次飞行任务。7月17日，联勤部筹划组织医疗分队回撤。

广州军区组织实施　5月12日20时45分，广州军区司令员章沁生、政委张阳分别在海南、香港对军区部队做好出动准备、开展献爱心送温暖活动和做好官兵思想工作做出明确部署。23时20分，章沁生要求75752部队做好执行任务的准备。

5月13日，广州军区联勤部组成先遣组，卫生部副部长陈星伟任组长，负责协调广州军区抗震救灾医疗、防疫队抗震救灾行动。

5月15日6时30分，参谋长徐粉林指示军区军训和兵种部派人随75752部队执行抗震救灾任务。21—24日，副政委田义功率联勤部副政委韩伟等一行6人，赴什邡市洛水镇、红白镇，绵竹市汉旺镇、天池乡和绵阳等灾区检查指导抗震救灾工作。6月22日，联勤部政委刘长银带工作组到达抗震救灾一线，检查指导军区医疗队和防疫队抗震救灾工作，并看望慰问在什邡市红白镇、洛水镇，绵竹市汉旺镇，北川羌族自治县擂鼓镇、白坭乡等地的抗震救灾官兵。7月19日20时23分，章沁生、张阳签发《关于做好抗震救灾部队回撤工作的指示》，对部队回撤问题进行部署。

四　各军兵种组织实施

海军组织实施　5月12—13日，中央军委委员、海军司令员吴胜利和政委胡彦林两次做出指示，要求海军部队做好各项准备工作，全力支援灾区抗震救灾。12日23时40分，海军后勤部部长林永青指示海军后勤部各级值班迅速启动应急机制。

5月13日零时30分，海军后勤部组织召开有关二级部和海军总医院领导紧急会议，对加强战备值班、成立应急救援医疗队、统计核实装备物资进行专题研究部署，并成立海军后勤部抗震救灾工作领导小组。下午，海军召开常委会，传达学习中央军委常务会议精神，全面部署海军支援灾区抗震救灾工作，要求抗震救灾部队加强针对性训练和准备，做好出动准备。同日，海军装备部下发《关于切实做好抗震救灾工作的通知》《关于做好执行抗震救灾任务中政治工作的通知》。同日下午，海军成立抗震救灾专项指挥组，副司令员丁一平任组长，副参谋长张德顺、尹长志，参谋长助理李永义，政治部副主任刘纪林，后勤部副部长任忠吉，装备部总工程师董玉臣任副组长，成员单位由司令部作战部、情报部、通信部、军务部、航空兵部、航保部、直工部，政治部组织部、宣传部，后勤部司令部、物资油料部、卫生部、军交部、港营部，装备部办公室、综合计划部、航技部，海军水文气象中心等组成，负责组织领导海军部队抗震救灾行动。同时，还成立了海军后勤部抗震救灾指挥领导小组、装备部抗震救灾指挥领导小组、92051部队抗震救灾指挥所和北海舰队潜水分队指挥组。

5月13—15日，海军装备部党委连续3次召开专题常委扩大会议，进行紧急动员部署，并下发《关于加强抗震救灾值班和请示报告的电话通知》，对抗震救灾工作和加强值班值勤、请示报告提出具体要求。同时，向重庆、广州军事代表局部署海军赴抗震救灾现场指挥协调小组后勤保障和抗震救灾部队开赴四川灾区沿途有关保障工作。14日，海军后勤部转发总后勤部《军队参加抗震救灾后勤保障指示》，就海军部队参加抗震救灾后勤保障工作做出部署。16日9时30分，海军装备部政委王登平主持召开抗震救灾指挥领导小组会议，传达总参、总政电报精神和海军抗震救灾专项指挥组会议精神。20日，海军后勤部下发《关于进一步做好抗震救灾任务部队后勤保障工作的通知》，对组织领导、自主保障、卫生防病和后续保障问题提出要求。

5月22日上午，副司令员顾文根先后到德阳市抗震救灾指挥部和绵竹市东北镇、什邡市师古镇，了解抗震救灾工作情况，了解海军救灾物资向灾区运送情况，与地方有关领导研究发放赈灾物资的初步计划，对抗震救灾部队各点开展"进村入户"情况进行检查指导。在德阳市抗震救灾指挥部，顾文根与军地领导就解决群众急需的巡逻治安、饮用水、防雨棚布等问题进行研究部署。顾文根还看望正在什邡市师古镇执行抗震救灾任务的92051部队官兵和海军总医院医务人员。同日下午，胡彦林赴抗震救灾一线，看望南海舰队驻绵竹市东北镇部队官兵。22—26日，王登平看望抗震救灾部队，走访慰问12个军代表室等单位。

5月23日，林永青和后勤部政委徐莉莉组织召开抗震救灾工作领导小组会议，就后勤支援、卫生防疫、政治工作、饮食保障和伙食管理、军事交通保障等工作进行研究部署。27日，海军后勤部拟制下发《关于进一步做好抗震救灾后勤工作的通知》。同时，针对抗震救灾重点由抢救受灾群众转入生活救助和过渡安置阶段的各项后勤工作，制发《关于进一步做好抗震救灾工作的通知》，对后续工作、应急情况处置、各项准备工作和部队安全稳定进行部署。29日，下发《坚决贯彻胡主席重要指示，确保海军抗震救灾官兵身心健康和部队持续战斗力的通知》。

6月3—6日，林永青赴四川灾区，对海军总医院参加抢险救灾工作情况进行检查，深入成都市青白江区人民医院，绵阳市中心医院、东北镇军民抗震医院、灾区群众安置点以及海军任务部队驻地，看望慰问执行任务的海军医疗防疫队官兵，对抗震救灾医疗防疫工作进行现场指导；到海军紧急援建的绵竹市天河小学现场办公，就后续建设工作提出具体意见；赴绵竹市东北镇92051部队营区、什邡市师古镇营区，检查指导部队后勤保障情况，看望慰问92003部队官兵。

6月20日下午，吴胜利抵达四川灾区；晚上，前往绵竹市东北镇南海舰队抗震救灾前进指挥所，听取南海舰队副司令员苏支前关于抗震救灾工作情况汇报，对下一步抗震救灾工作提出具体要求。21日，吴胜利考察天河小学、绵竹市景观大道、武都村、东汽、东汽中学、一把刀堰塞湖等海军援建和施工现场，看望湛江基地保障分队、海军第二医疗分队、92051部队驻什邡市师古镇部队。22日，吴胜利赴绵阳市和成都市青白江区看望第一、第三医疗分队及海军驻783厂、132厂军代表。

6月25—29日，徐莉莉一行4人先后赴绵竹、绵阳和成都市青白江区，为海军3支野战医疗队、2支野战防疫队、心理咨询组举行“海军总医院冯理达抗震救灾医疗队”授旗仪式；赴海军援建的天河小学看望慰问教职员工，赴92051部队驻地看望慰问女队员。

7月17日，海军后勤部针对海军抗震救灾任务部队分批回撤进行研究部署，及时转发总后勤部《关于做好下一步抗震救灾后勤保障工作的指示》，并就周密组织部队回撤保障、搞好装备物资经费清理、落实卫生防病措施和后勤保障工作总结提出具体要求。

空军组织实施　地震发生后，中央军委委员、空军司令员许其亮立即部署组织部队抗震救灾工作，成都军区空军指挥所迅速进入一等战备状态，筹划后续救援行动。空军政委邓昌友赴成都灾区一线，直接组织指挥部队迅即投入抗震救灾工作。成都军区空军指挥所对空军部队空运力量进行普查，并要求成都附近的太平寺、邛崃、彭山机场做好随时保障任务飞行的准备。空军司令部立即召开紧急会议，启动应急指挥机制，建立应急值班，了解灾情，详细梳理空军运输机、直升机情况，研究制订空军参加抗震救灾行动方案；组织机关立即组成由部局领导牵头的专门班子，按照职能分工展开救灾的具体筹划和组织工作。

5月12日15时25分，广州军区空军司令员高守维指示95006部队出动两架运输机紧急升空，支援四川灾区。政委王玉发等领导陆续进入指挥所，迅速启动抢险救灾应急预案，研究部署抗震救灾行动。同日下午，空军组织95006部队、95959部队，保障温家宝和国家地震灾害紧急救援队赶赴灾区；20时2分，组织实施空运行动；组织驻灾区部队投入救灾，指导灾区部队扎实做好自防自救工作。22时，空军开始组织95829部队、95006部队、95959部队及成都军区空军有关部队展开救灾兵力投送和空运准备，同时协调机关有关部门做好相关保障。空军连夜组织机关研究部署做好抗震救灾行动的准备，确定组织95829部队6000人做好出动救灾准备，另组织一个伞兵连携带通信工具做好赴灾区执行空降空投任务准备；要求各军区空军迅速组织所属运-8飞机、运-7和安-26飞机展开集中准备，具备条件时听令转场至开封、彭山机场集中；组织95959部队一架、94672部队两架直升机连夜进行飞行准备。

5月13日6时起，空军司令部作战部组织39架大中型运输机实施大规模紧急空运行动。6时30分，成都军区空军召开常委会，进一步明确组织指挥和抗震救灾任务，并组成两支救援队，奔赴彭州市龙门山镇和都江堰市区参加抢险救灾。8时，空军副司令员赵忠新、参谋长杨国海在空军处置突发事件领导小组会上，研究制订空军部队参加抗震救灾行动方案，对加强组织领导、做好行动准备、严密组织部队行动和部队安全稳定提出要求。8时10分，空军装备部召开第一次抗震救灾办公会，提出建立抗震救灾装备指挥机制、每日情况通报机制、装备紧急调整补充机制等。在空军召开抗震救灾工作任务部署会后，空军装备部即召开第二次抗震救灾办公会，决定下发抗震救灾装备保障预案。11时46分，景文春赶赴成都，依托成都军区空军指挥所开设空军抗震救灾前进指挥所。15时，空军装备部政委刘绍亮组织召开第三次办公会，对装备部进一步做好抗震救灾工作进行研究部署。同日，空军副参谋长张建平赴武汉，现场组织部队紧急空运；副参谋长但志平随景文春赴成都，按照许其亮指示，成立抗震救灾空运空投联合指挥协调组、卸载机场现场指挥组和成都地区抗震救灾空中管制委员会，划设成都地区临时空中管制区，建立日飞行计划申报制度和情况统计上报制度，完善灾区飞行指挥保障网，对部队救灾行动实施统一指挥。空军政治部下发《抗震救灾政治工作指示》，成立政治工作信息中心、宣传报道中心，分别负责指导部队做好抗震救灾中的政治工作和统筹协调新闻宣传报道工作。晚上，景文春、成都军区空军司令员方殿荣召开空军抗震救灾前指工作协调会。会上，但志平明确13—14日要做的主要工作，方殿荣对14日成都军区空军部队的伞降、组织领导、飞行保障等重点工作进行部署。从13日开始，兰州军区空军组成物资运输、医疗防疫、空运飞行保障、现场清理等应急救援分队，奔赴四川什邡和甘肃陇南、甘南地震灾区投入抢险救灾工作。13—26日，邓昌友在四川灾区现场组织空军部队抗震救灾行动，组织召开抗震救灾政治工作会议，赶赴重灾地区现场指挥部队开展抗震救灾工作。

5月14日，空军成立抗震救灾指挥小组，空军副司令员赵忠新、副政委芮清凯任组长，参谋长杨国海任常务副组长，副参谋长张建平、政治部副主任宋琨、后勤部副部长李建军、装备部副部长张洪贺任副组长。司令部作战部、情报部、通信部、航管部、气象局，政治部办公室、组织部、宣传部，后勤部司令部、财务部、卫生部、军事交通运输部、机场营房部，装备部综合计划部、外场部、航材部为成员单位。指挥小组在空军司令员许其亮、政委邓昌友直接指挥下，负责组织领导空军部队抗震救灾行动，并依托空军指挥所对空军部队空中、地面抗震救灾行动实施指挥。同时，空军还成立空军抗震救灾指挥小组前进指挥所、灾区机场空运空投现场指挥部、成都地区抗震救灾空中管制委员会、抗震救灾空运空投联合指挥协调组和抗震救灾联合管制指挥中心。同日上午，中央军委领导在绵竹东汽慰问参加抢险的部队官兵和受灾群众；9时30分，赴空降兵抗震救灾指挥所研究部署救灾工作，并深入什邡市洛水镇、红白镇救灾一线检查指导。15日上午，邓昌友陪同中央军委领导看望慰问在彭州市龙门山镇执行救灾任务的成都军区空军部队官兵。

5月14日6时50分，景文春命令95829伞降特种分队整装待命，运输机完成起飞准备。10时29分，景文春乘里尔飞机从成都太平寺机场起飞赴伞降区域（茂县）查看天气，获悉准确天气实况后，在空中果断下令执行伞降任务的运输机起飞。13时30分，伞降人员上报茂县灾区地震损失情况。同日，95829部队部队长王维山在成都太平寺机场指导伞降灾情核查小组实施伞降。

5月18日上午，邓昌友率王维山、政委赵以良、95900部队部队长牛七伟，以及从机关和95900部队“常胜模范连”、炮4连抽调的125名精干人员，徒步急行军抵达什邡市石门村，查看灾情，看望受灾群众，指挥部队救援。19日，邓昌友赴95829部队指挥所，检查落实胡锦涛“进村入户”的重要指示情况，并深入绵竹市清平乡灾区了解灾情，组织直升机对什邡市红白镇9名重伤员的救援行动。20日，邓昌友对绵竹市清平乡和什邡市红白镇、湔氐镇“进村入户”搜救工作进行检查指导。24日、26日，邓昌友赴绵竹市金花镇、什邡市湔氐镇和平武县南坝镇等地看望空降兵部队官兵。

5月18—22日，许其亮到四川灾区现场检查指导空军部队抗震救灾工作，对做好空运、空投、空中管制和理顺空中指挥关系，以及做好地面抗震救灾工作等进行研究部署，深入一线看望检查部队。18日，空军召开党委常委会议，就统一部队思想和行动、搜救被困群众、严密组织飞行和各项保障、救灾工作组织领导、统筹指挥等问题做出部署。晚上，许其亮在成都军区空军指挥所组织召开抗震救灾空运空投联合协调组会议，围绕指挥关系、空运空投组织实施、航空管制和建立联合指挥协调工作机制等问题，进行研究讨论，并提出解决办法。

5月19日，许其亮到成都太平寺机场检查执行抗震救灾任务的运输机、直升机部队；在平武县南坝镇查看灾情，看望95982部队等单位官兵。许其亮乘坐直升机，穿越龙门山断裂带，空中观察灾区地震情况，开辟进入汶川、绵阳、南坝等灾区空中航线，勘察直升机着陆场地，为空军穿越岷江峡谷的第一架直升机。许其亮专题向中共中央、国务院、中央军委报告汶川地震不是一个点而是一条地震带，同时要注意堰塞湖及相关次生灾害等情况。同日，空军针对地面抗震救灾部队做好乡镇村庄、偏僻山区的抗震救灾工作和空投机降部队做好急需救灾物资的空投机降问题向各级提出要求。20日，许其亮深入彭州市龙门山镇银厂沟底部大龙坎地区，看望慰问95616部队、95784部队等现场救灾官兵。同日，许其亮到彭山机场飞行指挥楼塔台现场，看望慰问飞行指挥组，详细询问73602部队出动的直升机数量和质量情况，反复强调飞行安全的重要性。21日，许其亮赴什邡市洛水镇和湔氐镇查看灾情，看望空降兵抢险救灾官兵。

5月19—23日，空军分别转发《坚决贯彻胡主席重要指示，迅速展开抗震救灾工作》《坚决贯彻胡主席重要指示，争分夺秒营救被困群众的命令》《全力以赴排除唐家山堰塞湖险情的命令》

指示，对各级各部队加强组织领导，扎实做好救灾行动准备，严密组织部队行动，做好险情监测等提出要求，并进行具体部署。20日，王维山率领机关精干人员在绵竹市清平乡开设前进指挥所现场指挥，全面展开小木岭受困矿工大营救，95829部队政委赵以良进驻绵竹市汉旺镇组织协调联合指挥部行动。

6月4日，95829部队参加搜救失事直升机行动。13日，景文春先后到绵竹市汉旺镇检查“新生家园”场地建设，到什邡市洛水镇检查空军援建灵杰小学和受灾群众活动板房施工建设情况，看望执行救灾任务的空降兵部队官兵。25日上午，景文春到广汉机场检查民航广汉管制分区抗震救灾工作；10时30分，到成都太平寺机场检查94778部队3架直升机机组归建准备情况。7月16日，空军对各军区空军、95829部队回撤行动组织、灾区恢复重建和归建后相关工作进行部署。17日，按照空军抗震救灾前指指示，成都军区空军专门成立以副司令员朱心文为组长的抗震救灾部队回撤领导小组，制订下发《抗震救灾部队第一阶段回撤方案》。31日，空军转发军队抗震救灾指挥组《关于进一步做好抗震救灾部队回撤工作的指示》，要求严密组织部队回撤行动。

第二炮兵组织实施 5月12日15时35分，中央军委委员、第二炮兵司令员靖志远指示第二炮兵部队启动应急机制，迅速成立抗震救灾指挥机构，组织驻灾区及周边部队疏散人员，做好防范余震准备。18时20分，第二炮兵装备部依托在四川调研的装备部机关工作组，成立第二炮兵抗震救灾一线协调组和重庆军代表局现场指挥组，投入抗震救灾工作。21时12分，在接到总参谋部《坚决贯彻胡主席重要指示，迅速展开抗震救灾工作》后，第二炮兵部队连夜转发，制订可出动参加抗震救灾兵力计划，修订完善部队出动应急预案。22时30分，向有关部队下达抗震救灾预先号令。

5月13日14时30分，第二炮兵召开党委常委扩大会议，要求各级要坚决贯彻中共中央、中央军委命令指示，进一步修订完善行动方案，抓紧筹措物资器材，做好参加抗震救灾各项准备，成立抗震救灾领导小组、现场指挥组和任务部队现场指挥组三级抗震救灾组织指挥机构。20时，第二炮兵依托北京地面指挥所建立抗震救灾联合值班。同日，第二炮兵抽组工程部队、医疗救护分队作为首批救援力量，抽组导弹部队作为预备力量，做好参加抗震救灾准备。20时10分，第二炮兵向总参谋部上报《关于组织第二炮兵工程救援队和医疗分队赴灾区救灾的请示》。

从5月14日10时起，第二炮兵先后组织96501部队、96531部队和医疗救护、防疫防化、后勤保障分队奔赴灾区，开展救援行动。22时30分，第二炮兵副司令员于际训率第二炮兵抗震救灾现场指挥组在北川羌族自治县曲山镇任家坪村开设指挥所。21日，第二炮兵政委彭小枫抵达灾区指挥抢险救灾；12时50分，赴北川羌族自治县擂鼓镇猫儿石村，看望受灾群众，指导开设医疗点，并代表第二炮兵部队向受灾群众赠送食品、药品等救灾物资；22日上午，参加北川农村信用联社金库现金交接仪式，实地查看安县睢水镇“老虎嘴”塌方现场；深夜，在绵竹市东北镇96531部队驻地，召开第二炮兵抗震救灾现场指挥组领导工作会议，研究部署第二炮兵抗震救灾工作任务，明确有关要求。同日，抗震救灾第四责任区建立，于际训任指挥长。23—25日，彭小枫先后前往绵竹市马尾桥供水管网抢修现场、东北镇受灾群众临时居住点和遵道镇抗震希望小学检查水电抢修情况，部署后续工作任务，现场研究睢水至高川道路抢通方案。

6月1日11时50分，靖志远抵达灾区指挥抗震救灾；下午，考察第二炮兵驻安县抗震救灾部队和第四责任区指挥所，听取第二炮兵现场指挥组和第四责任区副指挥长周小周、77200部队政委刁国新关于抢险救灾情况汇报，要求77200部队与第二炮兵部队并肩作战，共同完成各项救灾任务；晚上，看望慰问安县永安片第二炮兵抗震救灾部队官兵。2—5日，靖志远先后考察北川羌族自治县擂鼓镇至禹里乡抢修道路施工现场，赴擂鼓镇柳林村慰问灾区群众，检查安县睢水镇96401部队医疗救护和防化洗消分队营地，指导睢水镇至高川乡道路“老虎嘴”路段现场施工，在绵竹检查96531部队施工，在安县睢水镇“老虎嘴”路段抢修现场和直升机启运现场指挥抢险救灾工作，看望96512部队施工部队官兵。6日，靖志远在安县永安镇与第二炮兵抗震救灾现场指挥组和抗震救灾部队团以上领导交换意见，部署后续工作任务。

五　武警部队组织实施

地震发生后，武警部队在总部作战勤务指挥中心开设基本指挥所，司令员吴双战、政委喻林祥为总指挥，副司令员陈传阔、息中朝、霍毅、何映华，副政委刘世民、李清印，参谋长王建平，政治部主任秦怀保，后勤部部长王俊杰以及相关部门人员为成员，对一线抗震救灾部队实施远程指挥。同时，在都江堰成立前方指导协调组，由副司令员刘红军、息中朝（5月24日接替刘红军）先后任组长；由副参谋长戴洪生、后勤部副部长许世宽任副组长；成员由武警总部机关和有关武警部队领导组成。各任务部队还派驻联络员，主要对部队抗震救灾工作实施指导和协调。

地震发生后，武警四川省总队成立基本指挥所和前进指挥所。基本指挥所由副总队长韩丽娜、副参谋长郑启雄负责，成员由总队机关相关处（室）人员组成，各任务部队在四川省总队基本指挥所派驻联络员。武警甘肃省总队成立基本指挥所，由总队长左宗国、政委傅永照负责。同时，还成立陇南方向和四川方向前进指挥所。陇南方向前进指挥所总指挥由副参谋长刘志强、孟龙厚（6月2日接替刘志强）负责，指挥所开设在文县；四川方向前进指挥所总指挥由副参谋长王继亮担任，指挥所开设在青川县沙州中学。武警陕西省总队成立基本指挥所和宁强、勉县、略阳方向3个前进指挥所。基本指挥所总指挥由总队长贾桂武、政委颜晓东担任，副总队长杨兴哲负责宁强方向组织指挥，参谋长李连明负责勉县方向组织指挥，副参谋长贺军勇负责略阳方向组织指挥。

武警机动部队和警种部队也都成立了抗震救灾指挥机构。

在抗震救灾中，武警部队按照武警总部、武警四川省总队、责任区域建立三级指挥体系，在总部成立应急后勤保障领导小组，在属地总队成立后勤基本指挥所和前进指挥所，全力组织指挥和保障抗震救灾工作。

5月12日14时33分，武警总部向驻灾区武警部队发出预先号令。吴双战、喻林祥分别做出指示，派出刘红军随温家宝赶赴灾区，统一协调指挥武警部队抗震救灾行动，秦怀保参加国务院抗震救灾总指挥部第一次会议。王建平指挥部队迅速行动。武警总部及时向部队下发《关于做好抗震救灾的紧急指示》《赴四川汶川地区参加抗震救灾命令》《关于做好抗震救灾工作的紧急通知》，命令武警四川省总队、武警8740部队，分别从成都、马尔康出发，向汶川灾区开进；武警总医院医疗队随国家地震灾害紧急救援队赶赴灾区参与抗震救灾；命令武警四川省总队向汶川机动的2000名兵力，于17时30分投入都江堰抢险救援。18时45分，武警总部命令武警四川省总队利用卫星通信车将都江堰现场救援图像传输至总参谋部。12日16时44分，刘红军随温家宝一行乘机赶赴四川灾区，于20时抵达都江堰，听取四川省委、省政府抗震救灾情况汇报。

地震发生后，武警总部向部队先后下发《认真贯彻胡主席重要指示，坚决完成抗震救灾任务》《关于认真做好抗震救灾任务中政治工作指示》《赴四川汶川抗震救灾后勤保障紧急指示》《赴四川茂县参加抗震救灾命令》《赴四川省参加抗震救灾的命令》《关于认真做好部队机动及运输油料保障工作指示》《关于做好抗震救灾装备保障工作指示》《关于加强抗震救灾部队安全管理工作的指示》《抗震救灾后勤保障指示》等文件，指导武警部队抗震救灾工作。5月13日9时30分，吴双战率武警总部工作组到达成都，11时30分到达都江堰，先后听取刘红军和武警四川省总队、8740部队等单位工作汇报，并部署下一步工作。12时40分，武警总部令武警四川省总队、武警工程学院和武警8730部队6000名兵力为预备队，视情增援救灾一线；武警8690部队4600名兵力向成都开进参加抗震救灾。下午，吴双战、刘红军陪同中央军委领导在都江堰、德阳等地指导抗震救灾工作。20时，吴双战在绵阳专列上分别向温家宝和孟建柱汇报部队抢险救灾情况。同日，武警总部决定成立抗震救灾联署办公室，与孙建国和四川省委、省政府有关领导统一协调指挥抗震救灾工作。

5月14日，武警总部命令武警8651部队转向汶川机动，归武警8740部队统一指挥。吴双战在武警四川省总队主持召开武警部队抗震救灾工作会议，就如何贯彻救人第一的思想，尽最大努力进行搜救，做好维护社会稳定工作和提高救灾效率等问题提出具体要求。会议决定，在都江堰市体育中心设总部前进指挥所，抗震救灾部队行动统一由武警四川省总队总队长王佐明指挥。15日8时30分，刘红军就指挥机构力量、指挥系统建设、任务区分和保障4个问题进行明确。上午，喻林祥组织召开会议，就任务转换后的后勤保障、灾区防疫和防范次生灾害问题进行强调部署。10时25分，武警总部命令武警8651部队向汶川机动的1100人留500人在理县，负责向前方运送物资，其余兵力继续前行。17时5分，武警总部同意甘肃省总队地震专业救援队150人赴青川灾区救援。武警总部向执行任务部队下发《关于做好抗震救灾卫生防疫工作的紧急通知》《关于全力做好抗震救灾工作的指示》《关于加强武警四川抗震救灾前进指挥所力量问题的通知》《关于做好抗震救灾军事装备保障有关事宜的通知》，要求全力组织抢险救人，加强组织指挥和现场管理，做好卫生防疫、思想政治工作和各项保障工作。

5月16日，吴双战赴汶川检查指导抢险救灾工作，看望慰问部队。16日，喻林祥组织召开总部党委常委扩大会议，对如何加强思想政治工作，遵守群众纪律和保密纪律，发挥党员干部表率作用，发挥警种部队专业优势等问题进行部署。17日，喻林祥主持总部机关交接班会，要求进一步理顺指挥关系，及时跟踪问效。18日，吴双战赴汶川县映秀镇、漩口镇等地检查指导抗震救灾工作。下午，喻林祥在总部机关主持召开党委扩大会议，要求抗震救灾部队迅速开展“进村入户”救人行动，务必于19日14时前进入责任区的所有村庄。

5月19日，吴双战、刘红军陪同中央军委领导在茂县看望慰问武警8740部队参加抗震救灾的官兵，随后赴北川、江油、茂县等灾区乡村检查指导部队“进村入户”抢险救灾情况。晚上，武警总部前方协调指导组下发《关于推进救灾工作向村寨扩展有关问题的紧急通知》，对抗震救灾部队“进村入户”进行再部署。为加强灾区防疫力度，武警总部紧急抽调16辆防化淋浴车，赶赴灾区保障武警官兵、灾区群众和其他救援单位人员洗浴；同时下发《关于进一步加强抗震救灾部队安全管理工作的指示》和《关于做好当前抗震救灾工作的紧急通知》，要求部队重点做好救人、防疫、防洪、搬运灾区急需物资等工作。22日，吴双战率有关人员赴平武县检查指导抗震救灾工作。21时30分，刘红军在参加温家宝主持的专题研究唐家山堰塞湖处理问题会议后，明确水电指挥部主任李光强总负责，并对水电部队完成任务需要注意的问题提出具体要求。23日上午，刘红军陪同温家宝到绵阳、德阳、彭州等灾区考察抗震救灾工作；晚上，出席温家宝主持召开的国务院抗震救灾总指挥部第13次会议。24日，息中朝抵达成都，接替刘红军工作，参加国务院抗震救灾总指挥部四川前方指挥部抢险救灾组工作，任成都军区联指副总指挥。

5月26日，武警总部下发《关于进一步明确抗震救灾部队指挥关系的通知》，对各级指导协调组（所）机构设置、成员组成、任务职责进行明确。武警部队召开会议，就加强组织领导、抽组兵力、细化工作任务、搞好保障进行研究部署。上午，息中朝随同回良玉赴映秀至卧龙抢险现场考察。27日上午，息中朝陪同回良玉看望正在唐家山堰塞湖抢险的武警水电部队官兵。29日下午，喻林祥抵达成都检查指导抢险救灾工作，看望慰问一线官兵。30日上午，喻林祥赴北川任家坪、唐家山堰塞湖检查指导水电部队物资生活保障基地，看望慰问一线官兵。同日上午，息中朝赴北川任家坪、唐家山堰塞湖检查指导水电部队物资生活保障基地，召集水电指挥部领导就堰塞湖处理问题进行专题研究。31日，喻林祥、息中朝赴都江堰、汶川县映秀镇方向检查指导抢险救灾工作，看望慰问部队。

6月1日，武警部队在成都召开抗震救灾政治工作会议，喻林祥讲评抗震救灾中的政治工作、部署下一步工作。2日上午，息中朝赴绵阳看望慰问参加唐家山堰塞湖排险的水电部队官兵；15时，在绵阳组织召开水电部队救灾一线团以上干部会议，部署下一步抢险工作，并到德阳检查指导部队抢险救灾工作。6日，武警总部命令水电部队紧急调集200名兵力和51台设备，再次对唐家山堰塞湖进行排险施工。7—9日，息中朝率总部指导协调组在一线组织指挥唐家山堰塞湖排险行动。8—9日，吴双战深入极重灾区什邡、北川、青川检查指导抢险救灾工作，看望慰问参战官兵。10日，吴双战深入重灾区宁强县查看县职教中心、罗村坝小学灾情，慰问武警陕西省总队、总队医院支援宁强县的全体官兵。15日，武警部队根据四川省抗震救灾指挥部统一部署，对担负抢险救灾任务的部队调整为担负灾区社会维稳任务。16日、17日，息中朝分别赴德阳、什邡灾区和武警黄金、森林、水电和交通总队机关检查指导抗震救灾工作。

7月16日，吴双战、喻林祥等总部领导研究部署抗震救灾部队分期分批回撤工作。21—23日，副司令员何映华在汶川县映秀镇检查指导救灾工作。根据中央军委《组织抗震救灾部队分期分批回撤》的指示，担任抗震救灾任务的武警部队分批组织回撤归建。

第三节 灾区地方党委、政府组织实施

汶川特大地震发生后，四川、甘肃、陕西、重庆、云南、宁夏等灾区各级党委、政府，坚决执行中共中央、国务院决策，立即启动应急机制，组织力量投入抗震救灾。各级领导深入救灾现场，实施及时有效的组织指挥，确保抢险救灾工作快速、高效和有序运转。灾区各级基层党组织和广大干部党员不等不靠，迅速行动，带领灾区人民开展自救互救，配合抢险救援部队开展工作，发挥了战斗堡垒作用和模范带头作用。这里重点介绍川、甘、陕三省组织抗震救灾情况。

一 四川省委、省政府组织实施

地震发生后的20分钟，四川省委书记、省人大常委会主任刘奇葆召集有关省领导和省直部门负责人，在省委机关召开简短的紧急会议，对抗震救灾工作进行紧急部署：省公安厅对通往灾区的道路实施交通管制，确保道路畅通；省卫生厅立即派出医疗队赶往各个重灾区，全力救治伤员；省地震局立即向社会滚动发布地震信息，稳定人心；对省领导进行紧急分工，一批分赴重灾区现场指挥，一批留守成都值班指挥。5月12日15时，四川省委副书记、省长蒋巨峰赶到四川省地震局，在四川地震台网中心听取省地震局关于汶川震情报告，并批准立即派遣直升机前往震区调查了解震情灾情和立即派出省地震灾害紧急救援队。根据蒋巨峰指示，按照《四川省地震应急预案》要求，四川省立即启动Ⅰ级响应。15时15分，四川省地震局召开第一场新闻发布会，公布地震震情、初步灾情和应急工作情况。同日，成立抗震救灾临时指挥中心（后改为四川省“5·12”抗震救灾指挥部）。同日，四川省抗震救灾指挥部发出通知，要求各地、各部门要积极组织干部职工和广大群众科学避震，确保人员生命安全；及时提供地震、气象预报服务，消除群众恐慌心理；妥善做好户外避震群众的宣传、疏导和服务工作，为群众及时提供各种帮助；加强治安巡逻力度和密度，增强人民群众安全感。同日，四川省抗震救灾指挥部还发出《紧急通知》，提出10项要求：各地、各部门要迅速行动起来，灾区全力开展救灾，非灾区大力支援救灾；要把救人摆在第一位，千方百计、争分夺秒组织力量抢挖倒塌房屋废墟中的人员；加紧抢修地震中受损的道路、通信、电力、供水等设施；抓紧救灾物资的筹集调运；认真做好群众安置工作和思想工作；要加强社会治安工作；非受灾地区要迅速做好支援救灾准备；要加强舆论引导工作；党员干部特别是各级领导干部要冲锋在前，发挥表率作用；各地要及时上报灾情特别是人员伤亡情况。

5月13日，根据温家宝指示，军队由孙建国牵头，地方由四川省委一名领导同志负责，建立军地联合指挥协调机制，旨在根据实际需要，实行军地协商兵力部署，统一指挥部队救援行动，组织部队通过冲锋舟运载、徒步推进、空降兵力及水陆空3种方式快速挺进汶川、理县、茂县特别是映秀镇等震中地区、重灾区。同日，四川省组织有关单位成立紫坪铺大坝现场指挥部。四川省委常委、省纪委书记欧泽高召集省纪委有关人员研究部署加强抗震救灾资金物资监督工作。四川省委常委李登菊、副省长陈文华受刘奇葆、蒋巨峰的委托，先后到成都中医药大学附属医院、省人民医院和四川大学华西医院，看望在地震中受伤人员。成都市委主要负责人安排救运伤员、安埋死者和卫生防疫工作。四川省副省长张作哈到达北川中学，指挥北川抗震救灾工作。四川省副省长黄小祥主持召开紧急会议，专题研究抗震救灾物资供应和市场监管工作。同日，四川省抗震救灾指挥部发出《关于做好伤亡人员救助和善后工作以及群众工作的紧急通知》。

5月14日，蒋巨峰在成都主持召开紧急会议，贯彻落实胡锦涛、温家宝14日对四川省抗震救灾工作做出的重要指示。会议要求，要千方百计，争分夺秒，尽一切努力救援受灾群众、被困群众；要加强信息沟通联络和相关组织保障工作，在15日零时之前，所有受灾乡镇都要有救援队伍到达；要加强组织领导，统一指挥，分工协作，落实责任，进一步完善条块结合、上下联动、高效有序的工作运转机制；要及时掌握最新灾情，统筹协调好救援和医疗队伍调配、后勤保障等工作，确保抗震救灾工作扎实有序推进。同日2时，孙建国等在都江堰主持召开紧急会议，决定在都江堰成立前线总指挥部，后省委有关人员乘坐第一批冲锋舟到震中地区汶川县漩口镇、映秀镇查看灾情；李登菊率队到彭州、都江堰灾区看望慰问受灾群众和职工；四川省委常委、常务副省长魏宏一行到汉源灾区了解灾情。

5月15日，四川省委、省政府决定，在四川省抗震救灾指挥部框架下设立港澳台及国际救援人员联络协调小组，由副省长黄彦蓉任组长。四川省政府发出《关于切实做好地震灾后疾病防控工作的紧急通知》；省政府网站首次发布《“5·12”抗震救灾急需捐赠药械目录》；省抗震救灾指挥部发出《关于做好外来救援队伍接待工作的通知》《关于做好接收国（境）外救援物资通关通检工作的通知》《关于组织大学生青年志愿者深入灾区参与群众思想工作和心理调适工作的通知》《关于做好“5·12”地震灾害遇难人员遗体处理的紧急通知》《关于成立抗震救灾技术指导组相关事项的通知》。同日，四川省抗震救灾指挥部发布公告，声明全省各机关、企事业单位和个人的救灾捐赠活动由省抗震救灾指挥部统一组织开展，志愿者由共青团四川省委根据救灾工作需要统一组织，以保障大规模救灾物资和专业救援队伍顺利通行。

5月16日，四川省委常委、组织部部长柯尊平等在四川省抗震救灾指挥部阿坝片区前线指挥部召开紧急会议，研究部署抗震救灾工作。同日，四川省抗震救灾指挥部发出《关于切实做好抗震救灾接受捐赠情况统计报送工作的补充通知》《关于港澳台及国际救援队伍到地震重灾区开展救援工作的通知》《关于积极为抗震救灾卫星电话提供充电方便的紧急通知》《关于确保震损水利工程安全度汛和防范次生灾害的紧急通知》等。

5月17日，蒋巨峰主持召开四川省抗震救灾指挥部会议，集中研究贯彻落实胡锦涛在四川召开的抗震救灾工作会议上的重要讲话精神，细化、实化23项救灾工作措施。同日，柯尊平等到茂县考察指导抗震救灾工作，魏宏到中国国电大渡河流域水电开发有限公司援建汉源新县城项目部建设工地查看灾情，黄小祥主持召开救灾物资组协调工作会。同日，四川省抗震救灾指挥部陆续发出《关于转发唐山市抗震救灾经验的通知》《关于增报“5・12”地震灾情及工作情况紧急通知》《关于“5・12”地震发生后7天内救援力量必须到达灾区村实施救援工作的紧急通知》《关于确保抗震救灾物资安全运输的紧急通知》。

5月18日，刘奇葆主持召开四川省委第九届第三十七次常委（扩大）会议，进一步研究部署全省抗震救灾工作。会议提出，抓抢险救人、抓受灾群众安置、抓修复基础设施、抓群众思想工作、抓维护灾区社会稳定、抓灾后恢复重建准备工作，坚决打赢抗震救灾这场硬仗。同日，蒋巨峰组织四川民政、财政等部门负责人传达学习17日下午国务院抗震救灾总指挥部会议精神，研究具体贯彻意见。会议要求，灾区各地抓紧落实国务院做出的3个月内向灾区困难群众每人每天发放0.5公斤口粮和10元补助金的决定，全面摸清受灾困难群众底数，立即制订具体实施方案；妥善做好遇难者善后处理工作，在做好遇难者遗体身份辨认、火化、安葬工作的基础上，按照国家制订的抚慰政策，抓紧向因灾死亡人员家属发放抚慰金，抚慰金每人5000元；认真宣传救助和抚慰政策，严格执行和落实救助、抚慰标准，保障受灾群众基本生活，保证遇难人员善后妥善处理，真正把党和政府对灾区人民的关怀落到实处。同日，欧泽高主持召开四川省纪委专题常委会，研究部署加强抗震救灾款物管理工作落实；陈文华主持召开防治震后鼠传疾病工作会议。同日，四川省政府经教育部同意，决定成都、德阳、绵阳、广元、雅安、阿坝6个重灾市（州）40个县（市、区）延期举行2008年普通高考，其他地区高考时间不变；考上大学的孤残考生可免收学费，没考上大学的孤残学生可免费就读中等职业学校。同日，四川省抗震救灾指挥部发出《关于在绵阳机场实施直升机救援任务的紧急通知》《关于全力协助日本救援队的紧急通知》《关于强力推进救援力量进村实施救援工作的紧急通知》以及《补充通知》《关于开展配对帮助灾区流动车供水的通知》《关于规范应急救灾物资运输车辆调运秩序的紧急通知》《关于公布“5・12”地震受灾群众求救电话的紧急通知》《关于进一步做好医疗救治卫生防疫药械管理的通知》等。

5月19日，刘奇葆主持召开四川省抗震救灾指挥部成员会议。会议强调，抗震救灾工作要继续把救人放在第一位，要始终坚持以人为本，只要有一线希望，就要付出百倍努力；要加大伤员救治力度，做出统筹安排，尽最大努力减少人员死亡；要做好恢复重建的准备工作。同日，刘奇葆在都江堰查看受灾情况、指导抗震救灾工作时指出，要把安置受灾群众作为最紧迫的任务。同日，四川省抗震救灾指挥部发出《关于做好地震伤病员转移工作的通知》《关于切实做好来川援助抗震救灾工作队伍服务的通知》《关于进一步做好抗震救灾空运空投工作的通知》等。同日，四川省政府成立灾后恢复重建规划编制协调小组，负责灾后恢复重建规划的协调和编制工作。

5月23日，刘奇葆和李世明到汶川、茂县灾区指导抗震救灾工作。同日，蒋巨峰在四川省抗震救灾指挥部主持召开紧急会议，研究抓紧落实国务院抗震救灾总指挥部的各项部署，强调把卫生防疫工作摆在突出位置，并对制订灾后重建规划和堰塞湖处理等问题进行研究。

5月26日，蒋巨峰主持召开四川省抗震救灾指挥部会议，强调进一步做好异地支援重灾地区的民兵预备役人员后勤保障工作。同日，蒋巨峰在唐家山堰塞湖现场考察人员避险工作。同日，欧泽高、王怀臣会见济南军区司令员范长龙、政委刘冬冬一行，通报工作情况，研究加强军地协作配合，有力有序有效地推进抗震救灾工作的具体措施。26—28日，魏宏率省抗震救灾指挥部驻雅安工作组到受灾严重的汉源、宝兴督查指导。

5月27日，蒋巨峰主持召开四川省抗震救灾指挥部会议，要求各工作组和相关分管领导按照各自职责，在现有工作基础上，对各项工作任务进一步细化实化，抓好落实；四川省委一位负责同志主持召开四川省抗震救灾指挥部驻阿坝工作组会议；王怀臣主持召开全省政法系统抗震救灾工作会议。

5月28日，刘奇葆看望参与唐家山堰塞湖抢险的俄罗斯米-26机组成员。29日，刘奇葆主持召开专题会议研究堰塞湖排危除险工作。31日，刘奇葆到北川、平武、广汉等灾区指导抗震救灾工作。

6月1日，蒋巨峰在绵阳主持召开唐家山堰塞湖抢险指挥部会议。会议要求健全专家会商机制和指挥部会商机制，进一步加强对水情、雨情、汛情的监测，加强对工情、险情的分析，保证监测、预警和疏散撤离工作有效开展。

6月3日，蒋巨峰主持召开四川省抗震救灾指挥部会议，通报抗震救灾工作进展情况，研究需要解决的问题；传达中央纪委副书记、监察部部长、中央抗震救灾资金物资监督检查领导小组副组长马馼关于加强救灾款物特别是大额资金和大宗物资监管的要求，研究贯彻落实措施；研究分析唐家山堰塞湖排险除险工作。同日，蒋巨峰主持召开四川省抗震救灾指挥部会商会，要求加大工作力度，加快临时简易房建设进度，尽快让受灾群众拥有尽可能好的住宿条件。同日，四川省委一位负责同志与阿坝藏族羌族自治州州委负责人研究部署落实温家宝和刘奇葆关于《汶川县漩口镇两处山体出现裂缝危及千余名群众安全》的重要批示，组织当地干部和部队官兵将受威胁的漩口镇1065名群众全部转移到安全地带。

6月4日，蒋巨峰在绵阳主持召开唐家山堰塞湖排险指挥部会议，主要布置唐家山堰塞湖应急排险施工任务完成后，如何进一步落实温家宝的重要指示精神，做好下游群众转移避险等相关工作。同日，四川省抗震救灾指挥部印发《关于做好堰塞湖泄洪区移民安置点医疗救治和卫生防疫工作的紧急通知》等。

6月5日，四川省抗震救灾指挥部印发《关于对发现或提供失事直升机线索的个人实行奖励的通知》《关于解决老鹰岩堰塞湖抢险施工急需工程装备的紧急通知》等。

6月6日，蒋巨峰主持召开四川省抗震救灾指挥部会议，学习温家宝在绵阳查看和指导唐家山堰塞湖排险避险工作时的重要指示精神，研究和部署落实举措。

6月10日，刘奇葆主持召开四川省抗震救灾指挥部会议，专题研究受灾群众安置住房建设、堰塞湖排危除险、省外省内对口支援等工作。同日，刘奇葆到绵阳了解唐家山堰塞湖的泄流以及群众疏散安置情况，研究堰塞湖下一步排危除险工作。

6月11日，刘奇葆和李世明等到成都军区某陆航团驻地看望慰问在四川省抗震救灾斗争中光荣牺牲的邱光华机组人员亲属。

6月27日，刘奇葆到国道213（317）线映秀至汶川段查看公路损毁情况，指导抢通保通工作。29日，四川省委发出《关于表彰抗震救灾先进基层党组织和优秀共产党员、优秀党员干部的决定》。30日，四川省庆祝建党87周年暨抗震救灾先进基层党组织、优秀共产党员和优秀党员领导干部表彰大会在成都举行。

7月1日，蒋巨峰主持召开四川省政府第八次常务会议，研究四川省支持汶川地震灾后恢复重建的政策措施，追认在抗震救灾中光荣牺牲的革命烈士。

二 甘肃省委、省政府组织实施

5月12日14时53分，甘肃省副省长到省地震局防震减灾指挥大厅部署抗震救灾应对工作。19时，根据甘肃省委、省政府决定，派省地震局、民政厅、建设厅、卫生厅、通信管理局和省电力公司等部门负责人赶赴陇南地区，指导当地抗震救灾工作。22时30分，甘肃省委书记、省人大常委会主任陆浩主持召开紧急会议，听取甘肃省部分地区震灾情况汇报，分析灾情及发展趋势，对抗震救灾工作进行全面部署。会议决定，紧急启动Ⅱ级应急响应，成立甘肃省抗震救灾领导小组和总指挥部。23时，甘肃省委常委、省军区政委刘巨魁召开紧急会议决定，派有关人员连夜赶赴陇南，现场协助抢险救灾工作。

5月13日上午，陆浩带领有关部门负责人先后到徽县、成县实地考察受灾情况；21时，在成县主持召开抗震救灾现场办公会议，部署抗震救灾工作。同日，甘肃省委副书记、省长徐守盛主持召开省抗震救灾总指挥部成员单位主要负责人紧急会议，安排部署甘肃省抗震救灾工作，并带领8个救援组奔赴陇南灾区。同日，甘肃省委常委、副省长冯健身，省委常委、副省长刘永富安排部署向陇南运输药品、食品等救灾物资工作；刘巨魁带领工作组赶赴陇南灾区；甘肃省副省长咸辉专题研究部署地震灾区医疗卫生救援工作。

5月14日，陆浩、徐守盛到陇南市查看灾情，了解损失情况，在文县召开现场办公会，指导文县抗震救灾工作。同日，冯健身要求省卫生厅全力组织指挥陇南灾区受伤人员的救治工作，了解救治方面存在的问题，采取有效措施确保伤员得到有效救治。同日，刘永富主持召开紧急会议，研究抗震救灾成品油市场供应问题。同日，甘肃省抗震救灾领导小组发出《关于切实做好抗震救灾期间安全工作的紧急通知》。

5月15日，陆浩、徐守盛和兰州军区副司令员赵建中等到文县检查指导抗震救灾工作，看望受伤、受灾群众。同日，甘肃省委、省政府应急工作组在文县召开会议，通报甘肃省抗震救灾工作进展情况。同日，甘肃省抗震救灾总指挥部发出《关于认真贯彻中央政治局常委会会议精神，进一步做好全省抗震救灾工作的通知》，要求灾区各级党委、政府和省直各有关部门把抗震救灾工作作为最重要的任务，全面开展抢险救灾工作。同日，甘肃省政府办公厅发出《关于切实加强抗震救灾捐助款物管理使用工作的通知》。

5月16日，陆浩、徐守盛等陪同中央工作组到文县尚德镇水坝村实地查看灾情，看望参加救灾的民兵应急分队。同日，甘肃省委常委、省政法委书记罗笑虎深入天水市政法部门和秦州区受灾较重的企业、学校、农村查看灾情。同日，刘永富带领省委、省政府工作组赴舟曲县查看灾情，看望受伤人员和灾区群众。同日，咸辉就陇南、甘南灾区卫生防疫工作提出要求。

5月17日，陆浩、徐守盛到天水检查指导抗震救灾工作。同日，刘巨魁在陇南组织执行救灾任务部队及地方有关领导召开军地联席会议，部署抢险救灾工作。18日，徐守盛主持召开省抗震救灾总指挥部会议，专题研究当前抗震救灾及灾后恢复重建工作。会议强调，要全力做好受伤人员的救治工作，不惜一切代价查明失踪人员下落，认真做好遇难人员亲属的安抚工作；加强对灾区饮用水、环境卫生及副食品等方面的检查和监测，严防食物中毒事件发生；对可能发生的传染病进行预警，采取有效措施，预防和控制疫病暴发流行。同日，甘肃省政府召开抗震救灾应急物资生产调度会，副省长石军强调，各有关部门和生产企业要在千方百计保证灾区急需物资生产供应的同时，积极引导广大干部职工将抗震救灾的热情和爱心转化到推动全省工业又好又快发展上来，确保抗震救灾和工业发展两促进。同日，赵建中、刘巨魁等从文县到武都区，沿途查看灾情。同日，甘肃省委常委、宣传部部长励小捷带领有关人员到灾区农村，慰问新闻工作者，并将3150台收音机和救灾物资送到灾区群众手中。同日，副省长泽巴足到省民政厅检查指导抗震救灾工作。

5月19日，陆浩主持召开甘肃省委常委会议。会议强调，继续抓好受伤人员救治和疫情预防；精心组织安排好群众的生产生活；抓紧规划和实施灾后重建工作；切实加强次生灾害的监测和预防；努力维护好社会秩序和市场秩序；进一步做好正面宣传引导等。同日，甘肃省委常委、省纪委书记蒋文兰在省纪委常委会上指出，绝不容许挤占、截留、挪用抗震救灾资金和物资。同日，刘巨魁等在陇南市主持召开陇南抗震救灾军地联席会议，明确甘肃省军区陇南抗震救灾指挥所的组成和任务，总结前一阶段各任务部队参加抢险救灾情况，研究和部署抗震救灾工作任务。

5月20日，徐守盛主持召开甘肃省委、省政府视频会议，陆浩出席会议并讲话。会议强调，要继续抓好人员救治和疫情预防，保证急救医疗药品、器械的供应，对需要转院的危重伤员要及时转到天水、兰州等条件较好的医院治疗；省、市、县三级要统筹协调，切实做好卫生防疫工作，确保大灾之后无大疫。同日，甘肃省抗震救灾总指挥部转发《甘肃省地震局关于甘川交界地区强余震对陕西省波及影响较小的意见》，要求严厉打击传播谣言、制造社会恐慌等违法犯罪活动，并采取有效措施及时化解各种不稳定因素，特别要消除群众恐慌心理，保持正常的工农业生产和社会生活秩序，确保社会稳定。同日，经教育部同意，甘肃省政府决定陇南市、甘南藏族自治州17个县（市、区）延期举行2008年普通高考。

5月21日，陆浩在康县检查指导抗震救灾工作时强调，精心安排受灾群众生活，坚定信心，克服各种困难，及早开展灾后重建工作，确保受灾群众在冬季来临之前住上新房。21—22日，徐守盛到宕昌县检查指导抗震救灾工作时强调，要千方百计安排好受灾群众的生活，以科学发展观统筹规划灾后重建。同日，冯健身在甘肃省抗震救灾总指挥部现场办公时要求，省质量技术监督局、省食品药品监督管理局要派专人到灾区，对救灾食品、药品等物资进行检疫，发现问题要及时上报总指挥部；凡是国外捐赠的衣物、食品和药品等物资，出入境检疫检验局要严格进行检疫，发现问题要及时报告总指挥部。同日，泽巴足主持召开全省金融系统省级机构主要负责人会议，通报全省抗震救灾工作进展情况，听取各金融机构抗震救灾工作情况汇报，并对金融系统下一步抗震救灾工作进行安排部署。

6月27日，甘肃省委召开电视电话会议，庆祝建党87周年，表彰抗震救灾先进基层党组织和优秀党员。

三　陕西省委、省政府组织实施

5月12日16时，陕西省委常委、常务副省长赵正永主持召开省政府紧急会议。会议传达分别在渭南、安康调研的陕西省委书记赵乐际和省长袁纯清的指示，启动应急预案，部署抗震救灾工作。同时，陕西省政府发出《关于切实做好抗震救灾工作，维护人民群众正常生活生产秩序和稳定社会的紧急通知》，要求加强应急工作领导，组织好抗震救灾工作；采取有效措施，切实维护人民群众正常生活生产秩序和社会稳定；统计灾情数据，积极开展灾后重建工作。19时许，陕西省副省长姚引良带领工作组急赴汉中，并在汉中召开现场指挥部会议，部署指挥抗震救灾工作。13日，陕西省副省长洪峰赴省铁路、交通部门，安排受损铁路抢修和救灾部队调运的交通保障工作。同日晚上，赵乐际主持召开省委常委扩大会议，研究部署下一阶段抗震救灾工作。会议决定，成立陕西省抗震救灾指挥部，袁纯清任总指挥，赵正永、副省长姚引良和省军区司令员黄呈洲先后任副总指挥，全面负责抗震救灾工作。当日，赵乐际、赵正永等到西安，袁纯清、副省长朱静芝到安康、汉中，省委副书记王侠、副省长景俊海到咸阳灾区，省委常委、省纪委书记郭永平和副省长吴登昌到宝鸡灾区，洪峰到西（安）汉（中）高速公路，检查指导抗震救灾工作。

5月14日，袁纯清主持召开陕西省抗震救灾指挥部第一次会议，传达13日晚省委常委扩大会议精神，通报陕西灾情和抗震救灾情况，听取省直有关部门情况汇报，分析抗震救灾形势，安排部署全省抗震救灾工作。同日，陕西省政府召开专题会议，研究解决因宝成铁路中断大批陕西及四川籍返乡农民工聚集、滞留西安、宝鸡火车站的办法。会议决定，由西安、宝鸡两市组织运力，安排运送。至18日，累计发送入川客运班车1904辆次，运送川籍返乡旅客64523人。

5月15日，陕西省党政领导分别组织开展抗震救灾工作。赵乐际、赵正永和省委常委、省委秘书长魏民洲等到省地震局看望慰问干部职工、检查指导工作；朱静芝带领省政府办公厅、教育厅、发改委、财政厅、建设厅等部门负责人及有关专家，到汉中检查教育系统抗震救灾工作。同日，陕西省政府在西安向国务院抗震救灾工作组汇报陕西省地震灾情和救灾工作进展情况。

5月16日，袁纯清等在宝鸡查看地震灾情，看望受灾群众，慰问奋战在抗震救灾一线的解放军官兵和地方工作人员。同日，陕西省政府办公厅发出《关于做好全省灾区校舍损毁鉴定及恢复重建方案的紧急通知》，要求受灾各市、县政府要认真做好损毁校舍的排查、鉴定工作，做好损毁校舍恢复重建方案制订工作，并在确保师生安全的前提下，因地制宜，积极稳妥实施复课。

5月17日，赵乐际查看汉中地震灾情，看望灾区学校师生员工，慰问受灾群众和医护人员。

5月18日，袁纯清率领陕西省直有关部门负责人赶赴汉中，检查病险水库除险加固和西汉高速公路的保畅工作。同日，陕西省委常委、组织部部长李锦斌在宁陕查看地震灾情时强调，各级党员领导干部要率先深入到抗震救灾工作一线，率先深入到险情最重的地方，率先深入到受灾严重的群众当中，为他们解决生产生活困难。

5月23日，赵乐际在西安主持召开陕西省委常委会扩大会议，研究部署全省抗震救灾和恢复重建工作。

5月28日，赵正永主持召开陕西省抗震救灾指挥部第五次会议，研究陕西省境内一旦发生较强余震，应急救援队伍的组建、大型工程机械的调集、灾区基本生活必需品的供应、灾区所需活动房的生产调运、灾区医疗救治和防疫力量的调配等内容。

6月1日，赵正永、姚引良带领陕西省直有关部门和市、县负责人分别到宁强县燕子砭镇庙子岭滑坡群和广坪镇凤凰街北坡滑坡群重大地质灾害点考察，进一步研究对策、处置险情。

6月11日，赵乐际主持召开陕西省委第十九次常委会议，传达学习李克强在听取陕西省委、省政府关于抗震救灾工作汇报后的讲话和全国组织系统抗震救灾工作座谈会精神，安排部署全省贯彻落实工作。同日，陕西省政府、省军区在西安召开陕西省军地抗震救灾工作协调会。根据陕西省政府请求，经报请中央军委、总参谋部批准，驻陕部队派出人员参与陕西省地震灾区损毁房屋的拆除清理工作。

第二篇

赶赴灾区救援

汶川特大地震发生后，在中共中央、国务院、中央军委的坚强领导和正确指挥下，全国军民情系灾区，紧急动员，各路救援大军迅速赶赴灾区抢险救灾。

解放军实施中华人民共和国成立以来规模最大、兵力最多、速度最快、机动范围最广的非战争军事行动。中央军委一声令下，12.3 万名官兵立即出动，迅速奔赴灾区，承担起抢险救灾最紧急、最艰难、最危险的任务。武警部队紧急抽调 2.3 万名官兵，昼夜兼程赶赴灾区，成为抢险救灾的重要生力军和突击队。地震灾区及其周边的省军区（警备区）、军分区（警备区）紧急启动战备预案，进行近似实战条件下的民兵预备役部队大动员、大集结、大机动，7.5 万余名民兵预备役人员成为抗震救灾的重要力量。公安特警、消防特勤进行组建以来调警最多、行动最快、时间最长、任务最艰巨的大规模行动，2.8 万名公安干警、消防官兵在抢险救灾中，恪尽职守，竭力救民，全力维稳，为金色盾牌增添了新的光彩。

举国上下生死与共，同舟共济。从中央国家机关到地方各级党委、政府，从企事业单位到社会各界，从内地到港澳台同胞及海外侨胞，都紧急行动起来，迅速组织各种形式的救援力量赶赴灾区。20 多万名志愿者以“国难当头、匹夫有责”的爱国主义精神和民族精神，自发从全国各地赶赴地震灾区，无私奉献在抗震救灾的各个岗位上。外国政府、国际机构、外资企业和国际友好人士积极派遣救援队和医疗队，提供救援物资和救援力量，表达了对中国灾区人民的深切同情和友好支援。

人民高于一切，生命高于一切，灾情就是命令，灾区就是战场，时间就是生命。在中共中央、国务院、中央军委统一领导和指挥下，全国各地调集和组成的救援大军，通过空中和地面立体输送，以最快的速度赶赴灾区。民航系统和解放军空军系统紧急调集 374 架各型客货运输机、直升机，以最大的出动强度，将各方救援力量及装备器材，紧急运送到地震灾区。解放军和武警部队出动 11965 台各型装备车辆，实施远距离摩托化输送，向灾区开进。铁道、交通运输部门密切配合，同心协力，紧急调集机车、车辆，快速编组专列，准时实施装载，将参加抢险救灾的解放军、武警部队及各行业、各系统的专业救援力量和救灾装备输送到灾区。

灾情十万火急，亟待救援！各路抢险救援大军抵达地震灾区的车站、机场后，需要尽快到达任务区展开救援。有的任务区因道路塌陷、桥梁断裂，车辆无法前行；有的任务区地处深山峡谷之中，因山体滑坡堵塞道路，只得弃车徒步翻山越岭，艰难跋涉；有的开辟水路跨过急流险滩或乘直升机、运输机冒险空降、空投进入救援现场。在突入任务区中，涌现出闯过层层生死险关，第一个徒步到达汶川县城的武警 8740 部队突击队；不惜牺牲生命，穿越“死亡峡谷”的 71781 部队敢死队；冒死飞行，勇闯伞降禁区的 95848 部队 15 勇士；历尽艰辛，飞跃绝壁危桥的 77133 部队；被中央军委授予“抗震救灾英雄陆航团”荣誉称号的 77116 部队等一大批事迹感人的英雄群体。

全国军民实施的千里大驰援、立体大输送，几十万救援大军快速奔赴灾区，为抢救生命赢得了宝贵时间，创造了世界救灾史上的奇迹。

第一章　救援力量

面对特大地震灾害，解放军、武警和民兵预备役部队迅速做出反应，遵照中共中央、国务院的决策部署和中央军委的命令，以最快速度调集和动员组织14.6万余名官兵、7.5万余名民兵预备役人员，出动各型飞机、直升机近200架，各类汽车、机械11965辆（台），携带装备器材和保障救援物资，紧急赶赴地震灾区。（参见表1）

解放军、武警部队救援力量人员及主要装备统计表

表1

单　位	参加人数（人）	各型车辆、机械（台）	单　位	参加人数（人）	各型车辆、机械（台）
沈阳军区	338	59	海　军	3428	—
北京军区	501	—	空　军	20823	2500
兰州军区	7708	1050	第二炮兵	2118	705
济南军区	45875	4166	四总部直属队	1388	—
南京军区	350	—	小　计	123187	10347
广州军区	192	—	武警部队	22970	1618
成都军区	40466	1579	合　计	146157	11965

说明：此表数据由总参作战部提供，空军、第二炮兵汽车数含在机械中

地震发生后，中央国家机关及各行业、各系统迅速启动应急响应机制，紧急组织动员人力、物力驰援灾区。灾区省市各级党委、政府临危不惊，带领灾区干部群众自救互救，奋力开展抗震救灾。甘肃、陕西、重庆三省（市）在做好自身抗震救灾的同时，积极组织人力、物力投入四川

灾区，倾力支援。国家地震灾害紧急救援队、省级地震专业救援队和公安民警、消防特警也都迅速启动应急响应，组织专业救援力量急赴灾区救援。从全国各地汇聚而来的800多支、共约2.6万人的社会团体、群众救援组织和20多万名志愿者，也奔赴灾区各个救援现场，成为抗震救灾中的一支重要救援力量。香港、澳门红十字会和台湾地区红十字组织派出的救援队和医疗队赶赴灾区参加救援活动。“一方有难、八方支援”，海内外中华儿女同舟共济，众志成城，汇成战胜灾难的巨大力量。

中国灾情牵动世界。俄罗斯、日本、意大利、德国、法国、古巴、巴基斯坦、印度尼西亚、美国、英国、韩国、新加坡和有关国际机构派出专业救援队、医疗队、防疫队到灾区开展救援活动，其中俄罗斯、意大利、德国3支医疗队在灾区开设野战医院，用其先进配套的医疗设施和精湛的医疗技术使不少危重伤员转危为安，体现了崇高的人道主义精神。

第一节　部队救援力量

汶川特大地震发生后，在中央军委的统一部署指挥下，成都、兰州、济南、沈阳、北京、南京、广州七大军区部队，海军、空军、第二炮兵部队，总部直属部队，武警部队及民兵预备役部队立即行动，调集14.6万名官兵和7.5万余名民兵预备役人员，紧急赶赴地震灾区，驰援四川、甘肃、陕西等地灾区，其中又以四川省的汶川、北川、绵竹、什邡、青川、茂县、安县、都江堰、平武、彭州等重灾地区为救援重点。关键时刻，人民子弟兵挺身而出，用忠诚和血肉之躯战胜灾难，成为抗震救灾中的主力军和突击队。

一　各军区部队救援力量

成都军区救援力量　5月12日17时，李作成首先率领成都军区机关人员30人、汽车4辆，从成都出发，于17时30分到达都江堰（参见图5），开设成都军区抗震救灾前进指挥所。19时30分，派出77136部队赴北川抢险救灾。同日下午，成都军区司令部组织气象中心，78083部队、77100部队和77200部队测绘气象室气象分队，77116部队气象台等单位共50人参加抗震救灾气象水文保障，先后派遣2个前进指挥所气象机动保障分队和8个军地联合野外气象小分队，深入重灾地区收集天气实况。

抗震救灾期间，成都军区先后派出77100部队、77200部队等部队官兵参加抢险救灾。四川省军区、各市（州）军分区、警备区以及各县（市、区）人武部官兵及民兵预备役部队均参加了抢险救援行动。成都军区部队共出动兵力40466人、各种车辆1496辆、大型机械83台、直升机31架，抽调751名医务人员组成40支应急救护医疗队，主要在四川省的都江堰、阿坝、绵阳、绵竹、彭州、什邡等重灾地区参加抢险救援。

图 5　5 月 12 日下午，成都军区部队官兵紧急奔赴地震灾区

（成都军区　提供）

兰州军区救援力量　抗震救灾期间，兰州军区先后派出 68210 部队、68310 部队和甘肃省军区、陕西省军区等部队官兵 7708 人，出动各种车辆 1002 辆、大型机械 48 台、直升机 7 架，主要在甘肃省的文县、康县、徽县、礼县、舟曲、武都和陕西省的宁强、略阳、勉县、陈仓、宝成铁路 109 隧道抢修现场执行抢险救灾和震后危房、危险建筑物拆除任务。此外，还派出 13 支医疗防疫队在地震灾区为群众服务。

地震发生后，兰州军区气象水文部门协调甘肃省气象局、陇南市气象局，成立抗震救灾军地联合气象水文保障队，对陇南、陕南灾区部队救灾实施气象水文保障。6 月 19 日，兰州军区司令部作战部对遭受地震破坏的陇南市气象局进行技术帮建，并捐赠 4 套气象设备，使其在 25 日恢复主要业务。截至 10 月 14 日，兰州军区气象水文中心始终及时地向任务部队发布陇南、陕南灾区气象水文预报警报。

济南军区救援力量　从 5 月 13 日起，济南军区派出 71320 部队、71622 部队、71897 部队、71872 部队、71988 部队、71901 部队、71521 部队机关及直属分队、71282 部队、71352 部队、71811 部队、71426 部队、71633 部队、71762 部队、71687 部队，军区总医院、疾控中心、第 88 医院、第 91 医院、第 150 医院、第 153 医院、第 154 医院、第 159 医院、第 371 医院、第 456 医院等 16 支医疗防疫队及有关保障部（分）队共 45875 人以及山东省军区、河南省军区部分民兵预备役人员，出动汽车 4039 辆、大型工程装备 127 台、直升机 32 架，赴灾区抗震救灾。抗震救灾期间，济南军区所属 1 个机关单位、6 个业务保障单位共 114 人参加抗震救灾气象水文保障，其中 9 人赴地震灾区伴随部队实施气象水文保障。

济南军区救援部队部署在都江堰（参见图 6）、汶川、理县、茂县、彭州、青川、平武、广

图6　5月16日，71282部队参加抗震救灾的官兵在都江堰市召开誓师大会
（济南军区　提供）

元和绵竹市汉旺镇、北川羌族自治县擂鼓镇、安县安昌镇等12个重灾地区、150个乡（镇）、1772个行政村（社区）执行抢险救援任务。

沈阳军区救援力量　5月13日，沈阳军区立即派出救援分队赴四川灾区抢险救灾，先后派出17支救援分队，携各型轮式装备59台、医疗装备450余台（件、套）和药品器材，编成3所野战医院、5支野战防疫队、2个野战血站、1支心理救援队。抗震救灾期间，沈阳军区共派出救援官兵338名，分别部署在北川羌族自治县擂鼓镇、青川县乔庄镇、绵竹市遵道镇、茂县凤仪镇及德阳市、绵阳市城区，主要担负医疗救治、防疫和心理救援任务。

北京军区救援力量　5月12日，国家地震灾害紧急救援队的66150部队150名官兵奔赴汶川灾区（见图7），执行搜索、营救和医疗救护任务。14—26日，北京军区联勤部抽组北京军区总

图7　5月12日下午，国家地震灾害紧急救援队的66150部队150名官兵紧急集结开赴四川地震灾区
（北京军区　提供）

医院医疗分队 3 支、第 261 医院医疗分队 1 支、疾病预防控制中心防疫分队 1 支、白求恩国际和平医院 256 临床部心理救援分队 1 支、第 255 医院野战医疗分队 1 支、66393 部队防疫分队 2 支的医疗救援力量。抗震救灾期间，北京军区共派出 501 人，主要在四川灾区参加医疗救治、防疫和心理救援任务。

南京军区救援力量 地震发生后，南京军区立即投入抗震救灾工作。截至 8 月 13 日，南京军区出动陆航部队（含通信保障组）官兵 350 人、直升机 10 架；先后派出卫勤分队组成 13 支医疗防疫队，分赴四川灾区救援。与此同时，南京军区司令部组织气象水文中心和 73602 部队气象台参加气象水文保障。

广州军区救援力量 5 月 12 日下午，广州军区司令部作战部组织气象水文中心和 75752 部队气象台共 20 人投入气象水文保障。13 日，广州军区联勤部先遣组一行 3 人，由军区卫生部副部长陈星伟任组长，于 12 时抵达四川灾区，负责协调广州军区抗震救灾医疗、防疫队抗震救灾行动。5 月 13 日至 6 月 8 日，广州军区从广州总医院、武汉总医院、第 21 联勤分部、第 181 医院、第 303 医院、第 458 医院，共抽调 141 名医务人员组成 6 支医疗防疫队，另有 5 名心理卫生专家参加总政治部心理服务队。抗震救灾期间，广州军区共出动官兵 192 人、直升机 9 架。（参见图 8）

图 8　5 月 13 日 8 时，广州军区武汉总医院抗震救灾医疗防疫队在武汉阳逻军用机场登机，赶赴灾区救援
（广州军区　提供）

二　各军兵种部队救援力量

海军救援力量 5 月 12 日下午，海军司令部航海保障部迅速启动应急水文气象保障预案，成立抗震救灾水文气象保障指挥组和专家组，组织海军海洋水文气象中心等业务保障单位，每天向海军抗震救灾指挥组提供灾区余震信息。20 时，海军总医院组成第一支抗震救灾医疗队。13 日

12时30分，组成第二支和第三支抗震救灾医疗队，同时还有两支抗震救灾防疫分队相继完成抽组。6月6日，海军总医院和海军医学研究所组织一支心理救援队携带医疗药品、器械前往灾区，负责海军抢险救灾一线任务部队官兵心理疏导和疾患治疗。

5月12日至6月10日，海军南海舰队抗震抢险救灾部队以92051部队为主，抽调92854部队、91526部队、91878部队、92003部队、92510部队、92146部队和防化营、汽车队等单位部分人员、装备和各型车辆。海军旅顺保障基地派遣潜水分队参加抢险救灾。抗震救灾期间，海军共出动救援兵力3428人、汽车288辆，出动飞机6架飞行97架次执行抢险救灾任务，主要在绵竹市东北镇、剑南镇和什邡市师古镇执行抢险救灾、医疗防疫、空运航测等救援任务。（参见图9）

图9 5月14日，海军陆战队某部举行抗震救灾誓师大会

（海军 提供）

空军救援力量 地震发生后，空军立即组织救援力量，从空中、地面两个战场投入抢险救灾，主要完成地面救援、空运空投、专机飞行、航空侦察和恢复重建等各项救灾任务。其中，95829部队共出动11263人，出动各型运输机47架，向灾区紧急运送救灾人员和救灾物资。遍布全国的空军通信、导航、航管、雷达、气象、后勤和装备保障系统高效运转，地处灾区的机场24小时处于开放状态，出动7个空防工程处的专业工程力量。此外，空军各级气象部门40余个单位，有2000余人参与抗震救灾气象保障任务。

5月12日至8月19日，空军组织各军区空军、95829部队和空军直属部队赴灾区一线抗震救灾。参加抢险救灾官兵共20823人，出动各型飞机94架，飞行1800架次，保障陆航直升机飞行2717架次，出动各种车辆和大型工程机械2500余台。（参见图10）

图10　5月12日晚，空军航空兵某部进行抗震救灾空运前准备
（空军　提供）

第二炮兵救援力量　5月12日下午，第二炮兵气象部门立即成立抗震救灾气象保障指挥组，迅速启动应急气象保障机制，组织第二炮兵气象中心、5个基地司令部气象室等单位共108人、装备82台（套）参加保障，主要组织开展北川、安县、江油、绵竹、汶川、理县、都江堰、青川等地及德阳、绵阳、广元等重灾地区专项天气预报保障。

第二炮兵抗震救灾第一救援大队，由96501部队组成，携大型机械装备34台、中小型机械设备144台（件），以及指挥保障车辆56辆，在安县永安镇实施救援。（参见图11）第二救援大

图11　5月14日，第二炮兵抗震救灾部队到达四川灾区
（第二炮兵　提供）

队由96531部队组成，携大型机械装备14台、中小型机械设备264台（件），以及指挥保障车辆23辆，在绵竹市东北镇救援。第三救援大队由第二炮兵总医院、防护防疫队、第537医院等单位组成，携救护车3辆、野战救护车3辆、野战手术车2辆、野战X线车2辆、灭菌消毒挂车2辆等车载设备，在安县永安镇救援。第四救援大队由96201部队、96251部队防化连和96426部队等单位组成，携各类防疫防化设备器材1846台（具），在江油市大康镇救援。

抗震救灾期间，第二炮兵共出动兵力2118人，汽车、机械装备705辆（台、套）。5月14日，第二炮兵抢险救灾部队主要部署在北川羌族自治县任家坪和绵竹市参加抢险救灾；经22日调整，第二炮兵分别部署于安县永安镇、花荄镇、睢水镇，绵竹市东北镇，江油市大康镇等5个任务区执行救灾任务。

三　总部直属部队救援力量

总参谋部直属部队救援力量　5月17日，解放军工程兵指挥学院派出以院长历新光为队长的心理救援小分队，出动战场心理恢复车1辆和指挥车1辆及相关器材设备，分赴都江堰市紫坪铺水库大坝、汶川县映秀镇、彭州市通济镇、绵竹市汉旺镇、江油市武都镇、广元市元坝区虎跳镇，历时13天，开展心理救援和军人心理行为训练。

5月18日，总参作战部气象水文局紧急组建军地联合野外气象小分队（见图12），赴5个极重灾县执行观测与保障任务，共编成5个小分队，每队配预报员、观测员各一名，分队长由部队人员担任，四川省气象局人员任队员，先后完成气象水文保障和灾区气象水文灾害监测预警任务。抗震救灾期间，发布抗震救灾气象水文要报，为抗震救灾专机和空运、空降、空投、机降及其他重要任务飞行提供气象保障。

截至7月31日，解放军理工大学抽调40名专家和技术人员组成专家抢险队，先后转战四川

图12　5月18日，总参作战部气象水文局紧急组建野外气象小分队赶赴灾区
（总参作战部气象水文局　提供）

都江堰、汶川、北川、青川、绵竹、什邡、安县和甘肃徽县等灾区，完成唐家山、老鹰岩等堰塞湖排险、宝成铁路109隧道抢通、高危建筑物爆破拆除等上百次抢险任务。

总政治部直属部队救援力量 5月22日，总政治部下发《关于加强抗震救灾中心理教育和疏导工作的通知》，先后组建3批军队抗震救灾心理服务专家组分赴四川、甘肃灾区为抗震抢险救灾部队和受灾群众提供心理服务。

总后勤部直属部队救援力量 地震发生后，总后勤部派出医疗救援分队、防疫救援队、心理救援分队近百支，同时还派出各类保障服务分队参加救援。5月13日零时10分，解放军第161医院启动抢险救灾应急预案，连夜抽调74名官兵组成2支医疗队，配备急救药品和器材40余个品种及14项抢险救灾物资，同时调配交通车1辆、运输车10辆，负责医疗队前出运输保障。同日，总后卫生部分两批派出机动卫勤分队22支；6时20分，第一支医疗队抵达德阳。

5月14日零时30分，解放军总医院抽调的包括卢世璧、陈香美两名工程院院士等100余名高级职称专家在内的第一批9支医疗队计277名医护人员，紧急筹措便携式呼吸机、监护仪、简易手术床、快速生化仪等15类、600余件医疗器械和100余种、价值100余万元的各类急救药品赶赴四川抗震救灾一线（见图13）。同日，第477医院、第161医院迅速拟制床位腾空方案，第477医院按抽调2支医疗分队备齐必要的医疗器械、药材和生活保障物品，随时准备赴灾区遂行医疗救治任务。抗震救灾期间，后方基地共派出医疗救护人员83名。第302医院先后抽组1支医疗队和6支防疫队，奔赴灾区执行医疗救治和卫生防疫任务。同日，总后卫生部紧急从解放军总医院、军事医学科学院、第二军医大学、第四军医大学等单位抽组50支医疗队，成员包括多名知名医学专家，分别从北京、上海、西安三地分乘10架空军专机赶往灾区一线，于22时全部抵达成都。医疗队主要部署在汶川、北川、彭州、绵竹、什邡、安县等极重灾县（市）。

5月15日凌晨，总后卫生部组建第二批包括9名技术三级以上专家在内的高级专家医疗队，当天到达成都军区总医院。16日，总后卫生部紧急向灾区增派22支防疫队。其中，从北京军区、

图13 5月14日零时30分，解放军总医院抗震救灾医疗队整装待发
（总后勤部 提供）

海军、空军、第二炮兵和总装备部等驻京疾控机构抽组10支防疫队，从第三、四军医大学抽组12支防疫队火速赶往救灾一线。

5月19日晨，总后卫生部组建第三批包括后勤保障分队、医疗技术人员及部分医务人员到达都江堰。20日，总后卫生部根据需要调整力量部署，开设6所野战医院，其中4所为帐篷式野战医院、2所为方舱式野战医院。23日下午，由总后卫生部药品仪器检验所抽组的野战卫生装备维修队，携带维修器材和备件赶赴灾区，全力保障参加救灾的卫勤分队卫生装备的维护与抢修。

总后勤部直属院校也先后向地震灾区派出医疗队伍。5月12日23时，第三军医大学组成抗震救灾联合医疗队奔赴灾区，其中包括7支医疗队、14支卫生防疫分队、1支心理救援队和1支装备物资保障分队。从13日起，第四军医大学陆续派出26支卫勤分队，其中7支医疗队、12支卫生防疫队、6支心理医疗队、1支专家咨询队，并配置90余台（辆）大型装备和车辆。队员中，有院士2名、专业技术三级以上教授5名、高级职称专家109名，博士、硕士占大多数。第二军医大学相继派出3批医疗人员，组成7支医疗队、7支防疫队和1支心理救援队。

5月14日，解放军军事经济学院襄樊分院派出3批100余人次司务长专业学员骨干和运输车8辆、炊事车4辆赴襄樊军供站，为20列抗震抢险救灾部队专列提供饮食保障。16日，军事经济学院派出警勤汽车队和军需第2队，赴武汉市江夏区流芳铁路货运站，完成救灾物资紧急抢运任务。18日，军事经济学院还派出抢险救援分队赴地震灾区，担负饮食保障、基础设施抢修、伤病员救治等救灾任务。针对灾区抢险救灾急需和学院装备实际保障能力，学院编设饮食保障队、救援队和医疗队。24—25日，军事经济学院抽调10名医护人员组成医疗转运护运小分队，派出医疗救护车2辆，协助武汉市卫生局转运四川来武汉伤员到11所指定医院。10月21日，学院派出警勤汽车队和军需第2队共120余名官兵，赴武汉市江北救灾物资仓库，紧急转运抗震救灾物资到江夏区流芳铁路货运站。

解放军后勤工程学院从5月13日起，派出22批技术支援队，动用野营多功能净水车、整体自装卸野战加油站等各型装备251台，先后在38个任务点展开救援和保障，设立野战供水站23个、工程技术检测分队2支、装备技术指导组2个、供电保障分队5支、野战加油站1个、爱心工程救援分队1支、心理辅导组1个和灾后重建环境影响评价小组1个。总后勤部建筑工程研究所也组成野营装备技术服务分队，从野营住房、供电、供水等专业等方面抽调8名专家技术人员组成先遣组，赶赴四川地震灾区。同时，组织野营装备应急维修保障分队60余人，赶赴灾区162个市、县、乡村和抢险救灾部队驻地，检修各类野营装备，提供洗浴保障，现地培训技术骨干。

总装备部直属部队救援力量　地震发生后，63820部队在组织自救的同时，先后派出5批、共315人组成抢险救援队，参加营区和驻地附近的抢险救援。5月12日15时，63820部队组织第520医院9名医护人员赶赴安县晓坝，与63839部队门诊部6名医护人员组成医疗队，建立战地救护所，抢救军队和地方伤员。15时15分，63831部队组织7人医疗救援小分队赶赴北川羌族自治县擂鼓镇救援。19时，63831部队派出第二批增援官兵共23人，赶往擂鼓镇抢救、转运受伤群众。22时，63837部队技术勤务营运输队到达绵阳，向北川抢运救灾物资、转运伤员。13日凌晨，63820部队抗震救灾指挥部从63831部队、63833部队抽调90名官兵，组织30名医护人员，组成7支医疗救护分队参加抢险救灾（见图14）。

图14　5月13日，63820部队抗震救灾运输队在四川灾区抢运救灾物资

（总装备部　提供）

四　武警部队救援力量

受灾省市武警总队救援力量　地震发生后，处于地震灾区的四川省、甘肃省、陕西省和重庆市武警总队，与驻地党政军民奋起展开自救互救，同时组织武警官兵赴灾区救援。4个灾区省（市）武警总队还组织36支235人的通信救援队，携带2014部通信装备参加抢险救援。

武警四川省总队出动的救援力量，分别部署在极重灾区汶川（水磨镇、映秀镇、耿达乡、漩口镇）、北川、绵竹、什邡、青川、安县、平武、都江堰，重灾区理县、松潘，以及广元、德阳等地，共16个县（市）65个乡（镇）288个村寨。（参见图15）

图15　5月13日，武警达州市支队紧急出动，奔赴灾区救援

（武警部队　提供）

武警甘肃省总队出动的救援力量，分别部署在陇南市8个受灾县（区），并赴青川县3个乡（镇）参加救援。另外，武警甘肃省总队还组织了一支900人预备队，随时投入救援。武警陕西省总队出动的救援力量，分别部署在汉中、宝鸡、安康等市的灾区。武警重庆市总队出动的救援力量，分别赶赴茂县县城和凤仪、渭门、沟口、飞虹、黑虎等乡（镇）参加救援。

武警机动、警种部队救援力量　地震发生后，武警机动部队迅速出动救援力量赴灾区救援。8740部队的救援力量部署在都江堰、汶川、茂县的19个乡（镇）99个村；8651部队的救援力量部署在茂县、汶川的4个乡（镇）的23个村；8690部队的救援力量分别部署在都江堰、北川、汶川的15个乡（镇）98个村。同时，武警机动部队还组织了5支通信救援队，配合救援部队遂行通信保障任务。5月16日，武警8630部队根据中国地震局要求，组成天津市地震灾害紧急救援队，于18—21日在北川县城的新、老城区开展搜救。

地震发生后，武警警种部队迅速投入抢险救灾。武警黄金部队部署在成都市区及都江堰、汶川和文县等灾区的12个乡（镇）36个村；武警森林部队部署在都江堰、汶川、茂县、松潘等灾区；武警水电部队部署在汶川、北川、理县、茂县、都江堰、什邡、绵竹、青川、平武和卧龙特区等灾区，投入机械设备237台，其中起重机1台、推土机109台、挖掘机127台，投入各种车辆135辆；武警交通部队部署在汶川、茂县、北川、青川、都江堰、江油、康定、旺苍及成都等灾区，投入机械设备98台，其中推土机32台、挖掘机13台、装载机25台、发电机10台、空压机18台，以及各种车辆53辆。与此同时，各警种部队还组织了17支通信救援队，配属救援部队遂行通信保障任务。

武警总部直属部队救援力量　地震发生后，武警总部从上海、广东、山西、福建、山东、四川等省（市）总队医院，抽调医护人员组成6支武警部队抗震救灾应急防疫队；从武警总医院、武警医学院、海南总队医院调集3支应急医疗队，赶赴灾区开展卫生防疫和医疗救治工作。武警总部还从上海、江苏、浙江、广西、宁夏、山东、湖南、云南、甘肃、山西、内蒙古、安徽、江西、重庆、贵州等省（区、市）总队和武警8610部队、8620部队，抽组武警心理援助专家志愿团赴四川灾区进行心理救助；从武警医学院，北京、吉林、湖南等省（市）武警总队医院及武警8630部队医院，派出心理专家参加军队首批心理服务专家组赴灾区进行心理援助；从武警工程学院、武警医学院及上海、辽宁、吉林、山东、湖南、广西、宁夏等省（区、市）武警总队抽调心理医生组成武警部队心理服务队，赴地震灾区开展心理干预和健康教育。

抗震救灾期间，武警总部从内蒙古、广西、山西、安徽、江西、贵州等省（区）武警总队和8610部队、8620部队抽调17辆淋浴车，赴四川灾区为救灾官兵和灾区群众提供洗浴保障；从山东、湖南、云南、甘肃等省武警总队抽调18台炊事车，赴灾区分别为山东省援建施工队、湖南省公安专业突击队、云南省昆明市和玉溪市公安局赴川工作队、兰州公安特警和消防官兵提供炊事保障。抗震救灾期间，江苏、浙江、广西、宁夏等省（区）武警总队，先后派出运输分队向广元、德阳、绵阳、汉中等灾区运送救灾物资。

五　民兵、预备役部队救援力量

民兵救援力量　地震发生后，灾区的民兵在各军分区（警备区）、人民武装部的组织指挥下，就地开展自救互救。同时，还组成各种形式的救援队、突击队、救护队、抢险队驰援极重灾区和重灾区。广大民兵或配属解放军救援部队和其他专业救援队伍，或独立组成民兵救援小分队机动救援，成为地震灾害救援中解救受灾群众、医疗救护、卫生防疫、公路运输、电力抢修、恢复生产等方面的突击力量。

四川省军区在震后迅速下达紧急动员集结命令，在全省范围内先后组织数万名民兵参加紧急救援，11 个受灾严重的县（市、区）人武部在 78 个乡（镇）抽组应急民兵 14711 人就地、就近率先投入抢险，在救灾初期尚无外援的情况下，发挥了突击队作用；21 个军分区、150 多个人武部分 3 批快速持续动员，投入抗震救灾，在中后期抢险和灾后重建中，发挥了主力军作用。其中，成都警备区先后组织 30168 名民兵参加救援。甘肃省军区组织万余名民兵到地震灾区抗震救灾，组成 23 个抢险救灾分队，编成应急突击力量和专业技术力量，参加应急救援活动。陕西省军区组织 5750 名民兵投入境内抗震救灾工作，其中，汉中市动用民兵 2750 人，组成 11 支抢险救灾分队，在地震灾区遂行救援任务（见图 16）。重庆警备区在 17 个区（县）组织 2090 名民兵组成抗震救灾救援队，主要参加合川、荣昌、潼南、大足、双桥、铜梁、北碚、璧山、永川、梁平 10 个区（县）的救援，另有部分民兵组成援川救援队赶赴阿坝灾区救援。

图 16　5 月 13 日，汉中军分区组织民兵抢险救灾分队奔赴灾区（总参动员部　提供）

与此同时，总参谋部从河南、山东、湖北、湖南、广东、广西、云南、上海、江苏、浙江、安徽 11 个省（区、市）抽组 300 余支民兵救援队伍，参加四川灾区抢险救灾、医疗防疫、运送救灾物资、抢修道路、通信抢修、电力维修、灾后重建等救援工作。

预备役部队救援力量　在抗震救灾期间，四川、甘肃、陕西、重庆四省（市）组织预备役部队 8600 余名官兵，除甘肃省的 1230 名官兵和宝鸡预备役后勤保障旅 60 名官兵参加本省灾区救援外，其他预备役部队救援队伍与河南、吉林的两支预备役部队救援力量，动用汽车及各种机械设备 173 辆（台），在四川极重灾区执行搬运物资、转移群众、防疫消毒、清理废墟、拆除危房、掩埋遗体、转移伤员等救援任务。

5 月 12 日下午，四川省军区按照成都军区和四川省委、省政府的部署，向所属预备役部队下达两小时内紧急动员首批预备役部队参加抗震救灾的命令。分布在 50 多个县（市、区）的预备役部队 1 个师、2 个旅和 3 个独立团，用 3 个小时成建制迅速向重灾地区轻装开进。其中，四川陆军预备役高射炮兵师 2131 人，分 3 批分别向什邡、都江堰、江油开进（参见图 17）；乐山陆军预备役步兵旅 1033 人，向什邡开进；达州陆军预备役炮兵旅 1046 人，向安县开进；雅安陆军预备役步兵团 1145 人，分别奔赴绵竹、汉源救援；内江陆军预备役防化团 41 人，奔赴北川救援；资阳陆军预备役工兵团 102 人，奔赴汶川救援。四川省军区 5498 名预备役人员始终战斗在抢险救灾第一线，执行抢修道路、清理废墟、搬运遗体、治理堰塞湖、转移群众、防疫消毒、灾后重建等救援任务。

地震发生后，甘肃省军区迅速组织陆军预备役部队共出动 1230 官兵参加抗震救灾。其中，预备役高射炮兵师出动 600 余人、车辆 40 余辆，为地震灾区群众运送救灾物资；动用挖掘机、装

图 17　5 月 12 日 23 时，四川陆军预备役高射炮兵师官兵连夜集结誓师出征
（总参动员部　提供）

载机、推土机等重型设备 50 余台次，执行为灾区群众挖运被埋财物、拆除危险房屋、清理废墟、抢修抢通道路、转运土石、碾压平整受灾群众安置点场地等任务。天水陆军预备役步兵旅分 3 批动员集结 630 人，组成抗震救灾突击队，在天水机场和火车站执行抗震救灾物资转运任务。

5 月 12 日下午，陕西省军区组织陆军预备役高射炮兵师 1646 名官兵，动用运输车 48 辆，承担从咸阳向略阳、从西安到成都与广元运送救灾物资任务。

地震发生后，重庆警备区迅速组织预备役高射炮兵师 257 名官兵，在市辖灾区进行抢险救灾和执行灾后重建任务。

5 月 14—17 日，吉林省军区吉林陆军预备役工兵团、长春预备役高射炮兵旅抢险救灾官兵，紧急赴四川灾区救援。至 23 日，河南省军区共组织陆军预备役高射炮兵师、濮阳陆军预备役防化团抢险救灾官兵，出动各类汽车 24 辆、喷洒车 8 辆，携带通信装备 20 余件（套），紧急赴四川灾区救援。

第二节　地方救援力量

汶川特大地震发生后，全国各地的救援力量紧急奔赴地震灾区实施救援。铁路、公路、电力、通信、广电、气象、教育、卫生、安监、环保、国防科工等各个行业系统，快速抽组专家和专业技术人员赴灾区抢险救援；四川、甘肃、陕西、重庆等灾区省（市）党委、政府组织力量奋力开展自救互救；其他省（区、市）党委、政府及时派出救援力量支援灾区；公安民警、消防特警和各类专业救援队伍，在救援中充分发挥了装备优良、技术先进的作用；自发组织的社会团体、民间组织和志愿者队伍，以及香港、澳门、台湾地区的救援队、医疗队，组成各种形式的救援组织，前往地震灾区实施救援和开展各项服务，成为夺取抗震救灾全面胜利的重要力量。

一　各行业系统救援力量

国防工业系统救援力量　5 月 12 日 15 时 30 分，国防科工局紧急启动军工抗灾应急工作机制，启动“在重大自然或技术灾害中协调利用空间设施的合作宪章”（国际减灾合作宪章），利用 11 个国家的 20 颗卫星为抗震救灾和灾情评估提供图像及分析数据；组织利用风云一号、风云二号气象卫星，加强对灾区的气象观测。从 13 日开始，CBERS-02B 卫星对灾区进行监测，中国资源卫星应用中心利用震前卫星获取的数据制作的灾区平面和三维影像图送达有关部门。中心安排资源卫星 02/02B 星 CCD 相机对地震灾区进行持续跟踪器侧摆观测，通过研究灾区震前、震后获取的卫星遥感图像，为救援工作提供了重要支持。国防军工派出 301 名计量专家赴四川、陕西灾区参加救助。航天科技集团研制的 14 颗卫星投入救援。长城航空有限公司承担巴基斯坦政府援助物资的运输任务。中国航空集团系统先后出动各种型号飞机105架次、直升机129架、无人机1架以及通信车46辆，在四川绵阳、广元、成都、德阳和陕西、重庆灾区执行抢险救援任务。15日凌晨，海洋直升机公司在3个小时内，从7个地区调集12架直升机和72名空地勤人员，组成抗震救灾飞行队紧急飞赴四川救灾一线。

工业系统救援力量 地震发生后，全国冶金制造业系统的各个部门都投入到紧张的抢险救灾救援工作之中。中国冶金建设集团派出200余人及大型吊车、挖掘机、装载机、推土机、拖车等65台设备和后勤生活保障车10辆参加都江堰、彭州、汶川（映秀）、北川、什邡、绵竹等县（市）和东汽、剑南春等企业，及唐家山堰塞湖、老鹰岩堰塞湖等救援，执行抢运生产设备、拆除危险房屋、清运废墟渣土、平整活动板房用地等救援任务。中国有色集团所属企业中国十五冶连夜为地震灾区赶制镀锌钢管帐篷支架300套；中国有色（宁夏）东方集团公司抽调30人组成救援队赶赴四川灾区救援。中国冶金建设集团建筑研究总院、中国京冶建筑安全诊断与重建工作领导小组抽调21位专家组成专家组赶赴灾区救援，对德阳二重集团重型装备有限责任公司的震害情况，江油中冶成工下属住宅楼，都江堰十九冶下属住宅、医院及宾馆和四川长虹电器股份有限公司的锅炉房等，进行排查和震后快速检测评估。

5月13日，长征机床集团公司成立抗震救灾小分队。15日8时，集团公司董事长、抗震救灾总指挥仝捷，武装部部长、抢险救灾小分队队长郝建乐率领队员，奔赴东汽执行抢险救灾任务。5月15日至7月18日，长征公司抢险救灾小分队87人，在东汽抢险救灾65天，直到东汽全面恢复生产。中船集团在做好捐款、捐物工作的同时，按照地方有关部门的调配指令，积极抽调人员和提供铲车、吊车、推土机等，参加施工救援。

5月15日，福马机械公司所属林海集团接到发展改革委紧急调拨发电机组的指令后，把即将运往国际市场的400台（套）发电机组改调往四川灾区；同时，紧急动员完成生产300台汽油发电机组任务。同日15时50分，700台汽油发电机从上海浦东机场运抵四川灾区。17日晚，林海集团又将国家调拨的79台动力切割锯空运四川。中国福马投资的现代（江苏）工程机械有限公司在15日向灾区援助19台挖掘机。15日1时，苏美达集团公司将100台汽油发电机组送抵江苏省红十字会后转送灾区。

5月16日，一拖集团紧急调拨20台100马力推土机，紧急运至四川、甘肃灾区，装备救援部队开展搜救和灾区重建工程。一拖集团为推土机运送车队配备两名推土机培训教员，在灾区就地开展推土机手培训。

6月15—23日，武钢集团程潮铁矿选矿厂专家刘曙等先后到北川、平武、汶川等10多个矿山进行矿山尾矿库复产、重建财产及安全评估工作。

新兴铸管集团有限公司所属29家企业、1.5万名职工、2000余台设备投入应急抗震救灾物资生产，完成帐篷、急救包、棉被、蚊帐、炊事车、救灾油罐车等指令性生产任务。截至6月12日，新兴重工机械集团有限公司共派出500名技术骨干组成突击队赴极重灾区，参加抢险救援和物资运送。公司派出大型吊车、运输车和挖掘机等工程机械参与东汽等灾区的救援工作，出动运输车辆292辆次；同时，组织赶制钢钎等抢险工具和医用担架、输液架、简易床等医疗设备，提供了2万公斤柴油和汽油。

中国石油、中国石化派出消防、抢险、医护救援队300余人投入抢险救灾。中国石油、中国石化所属灾区企业在生产自救的同时，先后派出各类抢险救援队伍43支（批）、1502人，配备车辆和装载、挖掘设备237台（辆），以及棉被、食品、帐篷、药品、医用氧气、办公设备等急需物资，配合地方政府和解放军、武警、公安民警抢险救灾，紧急提供18部海事卫星电话，为国务院应急指挥和救援通信提供支持。（参见表2）

中国石油、中国石化集团下属单位救援情况一览表

表2

救援队伍	队数（支）	人数（人）	车辆装备	救援地点	救援时间
中国石油湖北石油分公司油品保障队	2	11	油罐配送车5辆	四川灾区	5月15—30日
中原油田救援队	1	9	工程车2辆、指挥车1辆，柴油及仪器物品	德　阳	5月20日—6月13日
中原油田供水救援队	1	9	维修车2辆、维修机具3台	绵　阳	5月23日—6月3日
西南油气田元坝应急救援中心救援队	1	78	水灌消防车、气防车等11辆	青　川	5月14—28日
西南油气公司消防抢险救援队	1	52	指挥车3辆、客车2辆	汶　川	5月12日起
中国石化集团公司工程救援队	23	800	指挥车、工程车	四川灾区	5月13日起
中国石化长庆油田公司救援队	4	211	消防车23辆、其他车40辆，大型土方设备6台、其他设备13台（套）	陕西灾区	5月16日起
中国石化普光气田应急救援中心救援队	3（批）	87	消防车3辆、指挥车2辆、器材工具车3辆	绵　竹	5月13—24日
中国石化川庆钻探工程公司救援队	4（批）	167	16吨吊车1台、各类车47辆、机械设备35台	德阳、广元、彭州、唐家山	5月12日—6月
中国石化兰州石化公司消防救灾队	2	40	破拆、起吊、照明等消防装备	绵竹汉旺	5月15日起
中国石化齐鲁石化公司救援队	1	38	破拆、起重和救生设备，消防车、多功能抢险救援车、大客车、集装箱车各1辆，其他器械22台（套）	绵竹汉旺	5月14—25日
合　计	43	1502			

地震发生后，中国节能投资公司对四川灾区医疗废物处理工作进行援助，先后向四川灾区援助两批次、价值400万元的车载式高温蒸汽灭菌医疗废物处理系统。按照国家医疗废物高温灭菌处理技术规范的要求，中国节能投资公司派出干部和技术队伍，在对灾区医疗废物进行高温灭菌后又作了破碎毁型处理。

5月12日晚，中煤集团紧急组建平朔、建安、一建公司3支救援队，赴地震灾区参加抗震救灾援建工作。各援建队伍健全组织保障，配全设备工具、劳保用品、药品及生活用品，落实安全生产措施，保障质量、保证速度、保证安全生产。25日，中煤集团选派所属湖北煤炭地质局9名专家组成地质灾害评估小组，携带装备配置前往灾区，累计完成9个乡（镇）13个村（社）589户、19个安置点的现场踏勘、观测与资料收集任务。6月3日，中国煤炭地质总局从所属广西煤炭地质局选派地质专家工作组，赴四川灾区参加地质灾害评估工作，完成什邡市八角镇一个受灾群众安置点地质灾害评估工作，完成或参与完成小金县16个乡（镇）共193个地质灾害点的排查评估和治理方案制订工作。

5月14日，中国煤炭地质总局向国资委呈报应用航测遥感、卫星遥感及地下管线探测技术支援抗震救灾工作方案。16日，广州中煤江南基础工程公司抽调2名高级工程师参加了广东省建设厅赴地震灾区危房排查评估工作专家组。中煤集团成都项目部于14日、15日、18日，先后3次派员驾车运送救灾物品到绵竹、拱星、汉旺等地。20日，中国煤炭地质总局使用5套技术方案支援抗震救灾及灾后重建。中煤江南基础工程公司组织成都项目部PC350大型挖掘机2台及吉普车1辆从重庆运到成都备用，并在成都市红十字会的协调下，多次往返什邡、绵竹运送救灾物资。21—22日，成都项目部组织人员到什邡市蓥华镇、红白镇给受灾群众运送生活资料，多次接送志愿者往返于成都和什邡之间。26日，成都项目部组织4人救灾队出动挖掘机2台、越野车1辆，赴汶川参加抢险救灾和恢复重建工作。

建筑系统救援力量　地震发生后，全国建筑系统各个部门迅速组织救援力量奔赴灾区抢险。中国建筑集团三局三公司西南分公司华润项目部成立20人抢险队赶往都江堰救援。5月14日，由西南办事处牵头组织的中国建筑系统应急救灾队、总公司三局10名管理人员和190名农民工组成的都江堰救援分队，出动吊车2台、装载车2台和大量手工用具到达都江堰参与救援。15日，三公司西南分公司50人抗震抢险队赶赴都江堰一线抢险。中国建筑西南勘察院、中国建筑西南设计院派出9名技术专家对因震受损房屋进行评估和咨询。16日，中国建筑材料集团公司抽调4名员工组成先遣组赶赴四川救灾。

中铁二十三局组建90人专业抗震抢险队，于5月14日中午赶到绵竹市汉旺镇东汽受灾现场抢险救人；16日，派出200人到什邡灾区救援。16日11时，中铁二局组成200人救援队赶赴汶川灾区。中铁一院委托所属兰州分院牵头组成专家组，配合甘肃省有关部门，对甘南地震灾区进行20余天的房屋建筑物安全检测及灾后评估。此外，兰州分院还对舟曲县进行为期30天调查研究，完成3个重灾村灾后重建规划。6月7日，中国建筑科学研究院向四川、陕西、甘肃地震灾区派出80余名救援技术骨干。

中国机械勘察工程检测中心迅速调遣人力物力，紧急抽调资深技术人员组成抗灾沉降观测小组，配合成都市政府开展抗震救灾工作。

电力系统救援力量 5月12日，葛洲坝集团公司所属四川施工局动用大型设备，及时疏通项目部至米亚罗道路，为马尔康通往汶川道路的抢通争取了主动。同日，集团公司所属电力公司石棉县大岗山项目部派出60人、动用车辆5辆，帮助石棉县地震局第三测量点及时恢复供电，参与大岗山水电站、马尔康水电站施工电网的抢修工作。集团公司所属三峡实业公司设在九寨沟县青龙、双河的两个项目部分别派出爆破技术人员参加抢险救灾工作；向家坝施工局派出2名专业人员，投入50吨吊车10余台参加东方电气集团抢险工作。

5月13日，国家电网从华中电网河南、湖南、湖北、重庆、江西五省（市）和西北电网青海、宁夏、新疆省（区）公司紧急调集4314人的抢修骨干队伍赶往灾区（见表3），协助四川公司和甘肃公司开展电网抢修。国家电网从各地调集应急发电设备1205台（辆），内含发电车45辆、发电机1160台，总容量3.97万千瓦，支援灾区公司应急供电，其中支援四川灾区1163台、容量3.67万千瓦，支援甘肃灾区42台、容量0.3万千瓦。西电集团所属各单位多支抗震救灾应急服务小分队赶赴灾区现场，抢修电力设施；集团所属的10家生产企业分别成立抢险救灾服务队，共120人，对成县变电站、陇南碧口变电站及紫坪铺水力发电厂、江油发电厂、安县变电站等重大项目的现场设备进行了抢修。19日18时，中国国电大渡河深溪沟公司调集应急救援第一分队和5辆工程车，火速赶往乌斯河火车站，连夜将救灾物资送往汉源灾区。12—22日，中国国电大渡河水电公司抗震救灾青年突击队在成都市红十字会救灾物资储备中心、雅驰工业园区、城南群众安置点和新会展中心等地，执行搬运救灾物资等救援任务；23—24日，公司先后组织22人，完成汉源县新区46间应急教室的加固处理工程任务。国家电网还统筹协调，在公司范围内调配抢修力量、抢险物资设备和救灾物资，支援灾区电力抢险、应急供电和受灾群众安置。受灾的四川、甘肃、陕西和重庆公司共计派出26454名抢修队员投入本单位自救，其中四川公司21145人、甘肃公司2588人、陕西公司1983人、重庆公司738人（见表4）。

国家电网公司抗震救灾抢修人员统计表

表3

支援单位		支援人数（人）	受援省份
华中电网	河南	1081	四川
	湖南	456	
	湖北	496	
	重庆	1000	
	江西	502	
	小计	3535	
西北电网	直属企业	150	甘肃
	青海	206	
	宁夏	213	
	新疆	210	
	小计	779	
合计		4314	

受灾省市国家电网公司下属单位抢险救援力量统计表

表 4

省市公司	参加救援单位	人数（人）	省市公司	参加救援单位	人数（人）
四川公司（21145 人）	成都电业局	4170	甘肃公司（2588 人）	天水超高压公司	94
	德阳电业局	3180		兰州超高压公司	75
	绵阳电业局	5080		兰州供电公司	265
	广元电业局	2610		天水供电公司	225
	四川电力医院	148		定西供电公司	110
	自贡电业局	280		平凉供电公司	120
	乐山电业局	580		白银供电公司	34
	眉山公司	629		信通公司	20
	南充电业局	180		电力科学研究院	17
	资阳公司	1200		电力设计院	16
	泸州电业局	150		陇南供电公司	1612
	四川电力送变电公司	510	陕西公司（1983 人）	西安供电局	112
	四川电力建设二公司	335		咸阳供电局	34
	四川电力建设三公司	310		铜川供电局	46
	映电总厂	500		延安供电局	27
	阿坝公司	73		汉中供电局	1359
	雄安公司	37		陕西省电力设计院	49
	甘孜公司	42		陕西省电力研究院	49
	遂宁公司	100		西安电力医院	4
	内江电业局	71		陕西省电力物资总公司	17
	宜宾电业局	68		陕西省送变电公司	286
	巴中电业局	72	重庆公司（738 人）	重庆电力设计院	18
	西昌电业局	75		重庆电力建设总公司	321
	达州电业局	75		重庆市电力公司南岸供电局	8
	攀枝花电业局	70		重庆市电力公司沙坪坝供电局	8
	四川电力试验研究院	20		重庆电力科学试验研究院	44
	四川电力新闻中心	20		重庆市永川供电局	150
	四川电力通自中心	50		重庆渝能集团	164
	四川电力铁塔厂	100		重庆电力医院	25
	都江电力设备厂	310	合计（人）		26454
	四川电力物流集团公司	100			

图18　5月13日，中国石油西南油气分公司川中油气矿消防大队整装待发
（安全监管总局　提供）

救援。19日17时，煤炭总医院后续医疗队13人赴四川灾区支援抗震救灾。

安全监管总局在做出整体部署的同时，又从河北、山西、山东、河南、重庆、四川、甘肃等省（市）调集矿山、危化应急救援队支援灾区。安全监管总局共计调集1057人奔赴灾区投入抢险救援。同时，安排61支、1330人后备救援队伍，做好增援准备。各类安全生产应急救援队深入灾区4个市、6个县、23个乡（镇），对279家企业和单位进行搜救，处理各类险情，从废墟中抢救幸存人员，搜寻遇难人员，转移疏导被困人员。安全监管总局还调派14支医疗救护队、161名专家，赶赴灾区开展医疗救治。（参见表6）

安全监管总局调集矿山应急救援力量统计表

表6

队　伍	归属单位	基本情况			救援地点
		队伍（支）	车数（辆）	人数（人）	
国家矿山救援平顶山基地	平顶山煤业集团公司	1	1	10	绵竹市汉旺镇
国家矿山救援开滦基地	开滦集团公司	1	1	9	绵竹市汉旺镇
国家矿山救援汾西基地	山西焦煤集团汾西矿业集团公司	4	6	30	绵竹市汉旺镇
国家矿山救援芙蓉基地	芙蓉集团公司	3	4	24	绵竹市汉旺镇
国家矿山救援天府基地	重庆天府矿业有限责任公司	4	4	29	成　都
国家矿山排水郑州基地	河南矿山抢险救灾中心	1	5	11	成　都
国家矿山排水四川基地	四川省安全生产监督管理局	1	4	10	成　都
山西省运城市矿山救护队	运城市安全生产监督管理局	4	3	31	彭　州

续表 6

队 伍	归属单位	基本情况			救援地点
		队伍（支）	车数（辆）	人数（人）	
山西省晋煤集团矿山救护队	晋城无烟煤矿业集团有限责任公司	5	4	38	绵竹市汉旺镇
山西省长治市矿山救护队	长治市安全生产监督管理局	3	4	26	成 都
山西省临汾市矿山救护队	临汾市煤炭工业局	5	4	37	绵竹市汉旺镇
郑煤集团矿山救援中心	郑煤集团公司	4	3	27	绵竹市汉旺镇
四川华蓥山广能（集团）公司矿山救护队一队	四川华蓥山广能（集团）公司	1	1	10	绵竹市汉旺镇
四川华蓥山广能（集团）公司矿山救护队二队	四川华蓥山广能（集团）公司	3	2	27	什邡市蓥华镇
四川省内江安全生产应急救援大队	内江市安全生产监督管理局	4	2	34	什邡市蓥华镇
四川省广元安全生产应急救援大队一队	广元市煤炭工业管理局	2	1	20	绵 阳
四川省广元安全生产应急救援大队二队	广元市煤炭工业管理局	5	7	37	广 元
四川省达州市矿山（危化）救护大队	达州市安全生产监督管理局	2	2	20	绵 阳
达竹煤电（集团）矿山救护队	川煤集团达竹煤电有限责任公司	5	4	35	什邡市蓥华镇
广旺能源发展（集团）救护队	川煤集团广旺能源发展有限责任公司	2	1	30	绵 阳
广旺能源发展（集团）救护队	川煤集团广旺能源发展有限责任公司	2	2	20	广 元
宜宾市矿山救护队	宜宾市安全生产监督管理局	1	1	10	绵竹市汉旺镇
广安市矿山救护队	广安市安全生产监督管理局	3	2	31	绵竹市汉旺镇
邻水县矿山救护队	邻水县煤炭工业局	1	1	13	什邡市蓥华镇
泸州市矿山化学事故应急救援中心	泸州市安全生产监督管理局	1	1	11	什邡市蓥华镇
古蔺县矿山救护队	古蔺县安全生产监督管理局	1	1	11	什邡市蓥华镇
什邡市矿山救护队	什邡市安全生产监督管理局	3	3	30	什邡市蓥华镇
成都市矿山应急救援彭州中队	彭州市安全生产监督管理局	3	3	28	成 都
成都市矿山应急救援邮江中队	邮江煤矿	3	3	24	成 都

续表 6

队　伍	归属单位	基本情况			救援地点
		队伍（支）	车数（辆）	人数（人）	
四川嘉阳集团有限责任公司救护队	四川省嘉阳集团公司	1	1	9	绵竹市汉旺镇
德阳市天池集团公司救护队	天池集团公司	3	3	30	绵竹市汉旺镇
乐山市矿山救护队	乐山市安全生产监督管理局	1	1	13	绵竹市汉旺镇
雅安市矿山救护队	雅安市安全生产监督管理局	2	2	20	雅　安
雅安市荥经矿山救护队	荥经县安全生产监督管理局	3	3	14	雅　安
廊坊威达科技公司救护队	廊坊威达科技公司	1	1	7	绵竹市汉旺镇
汪洋煤矿救护队	汪洋煤矿	1	1	10	眉　山
合　计		90	92	776	

5 月 13 日、15 日，安全监管总局组织处置危险化学品应急救援专业力量，对绵阳、德阳、成都的 22 家氯碱、合成氨生产企业和 4 个尾矿库进行排查，专人监控，及时发现排除险情；组织专家针对什邡市蓥峰实业有限公司、宏达股份有限公司地震后发生液氨泄漏问题进行及时处置，并对厂区内储存的大量液氨、盐酸、硫酸实施倒罐转移，彻底消除隐患。（参见表 7）

安全监管总局调集危险化学品应急救援力量统计表

表 7

救援队	所属单位	基本情况			救援地点
		队伍（支）	车数（辆）	人数（人）	
国家危险化学品应急救援兰州基地	中国石油兰州石化公司	1	29	47	什邡市蓥华镇
国家危险化学品应急救援重庆基地	中国石化四川维尼纶厂	1	2	15	什邡市蓥华镇
国家危险化学品应急救援淄博基地	中国石化齐鲁分公司	1	4	38	什邡市蓥华镇
国家危险化学品应急救援泸州基地	泸天化集团公司	1	2	11	什邡市蓥华镇
国家油气田救援川东北基地	中国石化中原油田普光分公司	1	10	63	绵竹市汉旺镇

续表 7

救　援　队	所属单位	基本情况			救援地点
		队伍（支）	车数（辆）	人数（人）	
中国石油西南油气田公司川中油气矿消防大队	中国石油西南油气田分公司	1	4	16	绵竹市汉旺镇
中国石化西南油气分公司元坝应急救援中心	中国石化西南油气分公司	1	7	81	青　川
重庆天然气总厂消防大队	重庆天然气总厂	1	2	10	成　都
合　　计		8	60	281	

质检系统救援力量　5 月 16 日晚，质检总局党组调配全国质检系统特种设备检验人员和安全监察人员赴四川灾区检验修复受损特种设备。17 日，又从上海、江苏、浙江、安徽、山东、福建、广东等省（市）质量技术监督部门特种设备安全监察、检验机构中，选调 7 支检修队的专业技术人员赶赴四川。20 日，质检总局特种设备安全监察局从中国特种设备检测研究院、国家客运架空索道安全监督检验中心以及天津、河北、辽宁、上海、江苏、浙江、安徽、福建、江西、山东、河南、湖北、湖南、广东、重庆、贵州、陕西、甘肃、四川 19 个省（市）质量技术监督局，再次选派特种设备安全监察、检验人员和相关特种设备制造、安装企业的工程维修人员于 22 日前抵达四川。上述 19 个省（市）质量技术监督局和 2 个特种设备检验机构组成 21 支特种设备检修队共 2882 人，其中质监部门 956 人、企业 1926 人。（参见表 8）

质检总局赴川特种设备检修队抗震救灾情况统计表

表 8

单　位	人数（人）	起止时间	单　位	人数（人）	起止时间
天　津	9	5 月 22—28 日	安　徽	12	5 月 21—28 日
河　北	12	5 月 22—28 日	福　建	12	5 月 21—28 日
辽　宁	19	5 月 22—28 日	湖　北	10	5 月 21—28 日
上　海	23	5 月 22—28 日	湖　南	6	5 月 22—28 日
江　苏	22	5 月 18—29 日	广　东	20	5 月 17—28 日
江　西	6	5 月 22—28 日	贵　州	7	5 月 22—26 日
山　东	15	5 月 22—28 日	陕　西	6	5 月 20—28 日
重　庆	13	5 月 18—28 日	中国特检院	9	5 月 23 日—6 月 4 日
河　南	34	5 月 22—28 日	国家索检中心	9	6 月 2 日—7 月 5 日
浙　江	12	5 月 17—28 日	合　计	256	

说明：四川省、甘肃省两队专业技术人员共计 700 人，未计算在表内

交通运输系统救援力量　地震发生后，全国交通运输系统各个部门投入到紧张的抢险救灾救援工作之中。5月12日下午，东航集团成立抗震救援队，先后从所属东方通用航空公司、东方航空食品投资有限公司、东方航空传媒有限公司，中国东方航空股份有限公司及所属的西北、云南、山东、安徽、江西、山西、河北、宁波、甘肃和北京分公司，中国货运航空有限公司、东方航空江苏有限公司、东方航空武汉有限责任公司、上海东方远航物流有限公司和上海东方飞行培训有限公司等，调配相关人员和民航客货包机98架次、直升机6架及相关车辆、设备投入地震灾区抢险救援。

5月13日，东风商用车有限公司组织抢修服务队为什邡、绵竹、平武等14个乡（镇）抢险救灾部队装备提供抢修服务；同时，向武警湖北省总队抢险救援部队送去30车随车工具。5月13日至6月28日，东风汽车公司东风“猛士”服务保障队，被国务院抗震救灾总指挥部定为通信指挥车，频繁在都江堰、汶川、成都、什邡之间调动，成为此次抗震救灾的“功臣车”。16日，一汽集团紧急支援吉林省20辆解放车和50名司机，向四川灾区运送救灾物资。

5月13日至6月24日，中国南车先后派出28名驾驶员参与抢险救灾，出动车辆155台次，运送救灾物资；17日7时，抽调30名干部职工，组成中国南车抗震救援队，于17—21日，在安县沸水镇和花荄镇参加抢险救灾。

5月15日，交通运输部救捞局先后从厦门、珠海、三亚紧急调遣包括救捞系统最新引进的EC225型直升机B-7125等在内的4架大中型专业救助直升机和19名机组人员飞往灾区参与抢险救灾工作。同日，交通运输部救援系统南海第一救助飞行队、东海第二救助飞行队派出直升机4架，紧急赶往灾区救援。6月18日，民航局征用30多架飞机到四川灾区救援。截至6月30日，中国交通通信中心共向工业和信息化部、各新闻单位和四川灾区提供各种海事卫星设备670台（套）；中国航油集团西南公司所辖机场共为20804架次航班执行航油加注任务，保障民航救灾飞行563架次，保障军队抢险救灾航班1177架次。

中海物流有限公司重庆公司组织人员和集装箱卡车5辆、厢式货车15辆为灾区运送物资；在完成分配的各项物流配送任务的同时，主动联系和协调重庆市慈善总会及其他民间组织调运赈灾物资，分4批出动集装箱卡车12台次、厢式货车16辆次，将救灾物资运送至绵竹、德阳以及兰州等地。中海物流北方物流公司，配合大连市委、市政府的抗震救灾活动，组织救灾物资运输车辆4辆，将大连市96吨5119件救援药品，及时安全地送抵甘肃地震灾区。

中国中铁先后组织1.08万人抢险救灾突击队员，组成百余支抢险突击队，调动1300多台（套）大型救援设备，奔赴都江堰、汶川、绵竹、彭州、什邡等重灾地区，及东汽、宝成铁路109隧道、宝（鸡）天（水）铁路、湘渝铁路、德（阳）天（池）铁路、成（都）汶（川）铁路、广（汉）岳（家山）铁路、达（州）成（都）铁路等20多个受灾点抢险救灾。

中国铁建系统17个集团公司组成35个抢险队、30个小分队参加地方政府组织的抢险救灾，参加救援人员达7786人，出动各类机械设备1044台（套），主要参与铁路、公路、通信、房屋建筑等抢险救灾。

中交集团先后组织6批专家小组、34名专家分赴茂县、汶川、青川、北川、都江堰、什邡、绵竹、安县等灾区，对灾区公路的恢复重建和灾害造成的损失进行考察和评估。截至6月10日，中交集团陆续安排 777 人、各类中大型设备 219 台（套），投入抢险救灾。

诚通集团所属中国物流公司重庆分公司抽调救援人员 454 人、运输车 10 辆，参与抢险救灾。自 5 月 26 日起，中储成都物流中心组建突击小分队协助铁路成都东站做好救灾物资仓储管理工作。诚通集团所属北京、成都、重庆、苏州等地物流企业，先后出动车辆 268 辆，主动承担救灾物资运输任务。

交通运输部先后组织重庆、甘肃、云南、浙江、山东、湖北、陕西、河南、湖南、贵州、内蒙古、山西等省（区、市）交通部门对口支援地震灾区抢修公路设施。（参见图 19、表 9）

图 19　5 月 15 日，湖南交通抗震救灾抢险队在潭邵高速公路管理处举行出征誓师大会

（交通运输部　提供）

各省（区、市）交通部门对口支援四川灾区救援情况统计表

表 9

援助单位	受援市（州）	累计人数（人）	设　　备	支援地点
浙江省交通厅	广　元	170	累计投入设备 27 台、车辆 8 辆	广元市利州区
陕西省交通厅		105	累计投入大中型机械设备 24 台、车辆 6 辆、发电机组 6 台、空压机及凿岩机具 9 套及各类小型机具、材料 300 套件	青　川
山东省交通厅	绵　阳	372	累计投入设备 133 台、车辆 28 辆	北　川
湖北省交通厅		130	累计投入设备 18 台、车辆 40 辆	安　县
云南省交通厅		150	累计投入设备及车辆 36 台	平　武
河南省交通厅		157	累计投入大型设备 49 台、勘测设备 12 件、车辆 28 辆	江　油

续表 9

援助单位	受援市（州）	累计人数（人）	设　　备	支援地点
山西省交通厅	德　阳	117	累计投入设备 36 台、车辆 15 辆	绵　竹
重庆市交通委员会	德　阳	183	累计投入设备及车辆 29 台	什邡、汶川卧龙至耿达段
湖南省交通厅	阿　坝	150	累计投入设备 22 台、车辆 28 辆	理县和汶川境内国道 317 线古尔沟至汶川段
内蒙古自治区交通厅	阿　坝	130	累计投入设备 41 台、车辆 14 辆	黑　水
贵州省交通厅	阿　坝	140	累计投入设备 35 台、车辆 25 辆	茂　县
甘肃省交通厅	阿　坝	115	累计投入设备 58 台、车辆 10 辆	茂　县
重庆市交通委员会	阿　坝	58	设备 6 台	汶川卧龙公路

说明：此表源自四川省交通厅公路局，数据来源于 7 月 31 日在支援地点的人员数量，不含四川省内对口支援市县人员、设备。据不完全统计，交通部门累计投入 3720 名抢险救灾人员、610 台抢通保通机械设备、739 辆保障车辆参加四川灾区公路抢通保通

通信系统救援力量　震后一小时，中国电子科技集团所属四川公司紧急派出近千人抢修队伍，从松潘—茂县、马尔康—理县—汶川、都江堰—汶川 3 个方向抢修光纤通信。5 月 12 日下午，中国电子所属熊猫电子集团公司组建抗震抢险保障突击队，派出 30 余名技术骨干赶赴灾区救援。13 日，中国电子科技集团公司第 15 所抽调 10 名技术人员派驻卫生部应急指挥中心，进行 24 小时应急值守；15 日，派出技术人员紧急飞赴成都，保障部省两级卫生行政部门的协同指挥和信息畅通。同日 13 时 55 分，中国电子所属抢险救灾队全面恢复汶川县固定电话、小灵通和宽带的对外通信。中国电子所属四川公司共派出 600 支抢修队伍抢修光缆线路，还从重庆、陕西、湖北、贵州、云南、湖南、福建、江苏等省（市）公司派出 23 支 400 余人抢修队伍，配备 300 余台（套）应急通信设备与材料，抢修四川灾区通信设施。15 日，云南公司通信抢险救灾队 74 人、带车 15 辆和发电机、光缆等修理设备与材料，从昆明出发奔赴灾区，于 16 日 17 时到达都江堰。26—28 日，中国电子工程设计院分 6 批派出 14 人，赶赴绵阳、广元、德阳、成都、雅安等地，参与救灾安置和灾后重建。此后，设计院又派出 4 批 9 名专家赴四川灾区。抗震救灾期间，中国电子共从 14 个省派出 44 支抢险队、521 人直接入川抢修通信。中国电科集团公司派出 100 余名技术人员，为国家和地方部门、单位以及解放军和受灾地区的救援队现场进行技术保障，提供各类应急通信救援设备 7056 台（套）。

5 月 12 日下午，中国移动四川公司调集全省 5000 余人，组成 200 支抢险突击队奔赴各受灾地区（参见图 20），开展技术支援、专业抢修和排险施工等，其中工程抢险人员 284 人、设备维护人员 170 人、技术支持专家 79 人、应急通信人员 135 人。截至 6 月底，中国移动共调度应急通信车 28 辆、发电油机 3349 台、卫星电话 317 部投入抢险救灾。

地震发生后，中国联通从全国紧急调集抢险救灾设备、物资、人员，支持受灾地区的抗震救

图 20　5 月 12 日下午地震发生后，中国移动抗震救灾通信突击队举行出征仪式

（工业和信息化部　提供）

灾工作。其中，调集全国系统内海事卫星站 10 套紧急支援重灾地区，从广东、湖南、江西等分公司调配发电机 350 台，从新疆分公司调配卫星电话 53 套，调配 G 网基站 300 套、C 网基站 100 套和皮卡车 40 辆赶赴灾区抢通通信设施。截至 5 月 19 日，中国联通所属 14 个分公司派出抢险救援队 150 个、3000 人，配备应急通信车 21 辆，前往受灾最重的地区抢险救援。同时，调往灾区的还有大量通信抢险设备，包括手机 3000 部、油机 430 台、各类线路抢修仪表 40 套、VSAT 卫星地面站设备 100 套、海事卫星站 10 套和卫星通信设备。抢险、抢通救援队中，有各类专业抢修人员约 600 余人，调拨应急通信卫星车和基站车 38 辆、VSAT 卫星地面站设备 100 套投入一线抢通通信，调拨卫星电话 88 部用于指挥抢险救灾。

5 月 14 日，中国网通调集应急抢险人员 182 名，动用设备 144 台（套）、海事卫星电话 44 部、全球星手机 27 部、便携油机 31 套、VSAT 卫星地面站设备 8 套、短波电台 8 部、光纤熔接机 6 套、KU 卫星通信车 3 台、200 千瓦电源车 4 台、60 千瓦电源车 2 台、1000 线程控交换车 4 台、数字一点多址系统 2 台等设备支援灾区。北京、天津、河北、黑龙江、山东、辽宁、山西等分公司，派出抢险救灾人员 49 人及海事卫星 28 部、全球星 16 部、短波电台 4 部、小型油机 15 台、熔接机 4 台、光时域反射仪（OTDR）2 台、VSAT 卫星地面站设备 2 套，共 72 套应急设备和仪器仪表抵达四川灾区救援。（参见图 21）另外，中国网通还动员 11 个省级网通、组织 13 支 255 人救援力量赶赴四川灾区。

图21　5月14日，北京网通组织的抗震救灾应急通信保障突击队集结奔赴灾区
（工业和信息化部　提供）

教育、卫生系统救援力量　5月12日下午，教育部紧急部署教育系统组织应急救援，指导灾区教育系统全面开展抗灾救援。四川、甘肃、陕西、重庆、云南五省（市）灾区教育系统紧急行动，组织力量开展自救、互救，广大师生以实际行动全力支援抗震救灾。

地震发生后，全国卫生系统各个部门投入到紧张的抗震救灾救援工作之中。有关卫生系统救援力量的情况参见《汶川特大地震抗震救灾志·灾区医疗防疫志》。

二　灾区省市救援力量

四川省救援力量　5月12日15时，四川省省长蒋巨峰指示省地震局立即组成地震灾害紧急救援队开展救援。17时56分，紧急救援队与地震局救援专家组一行因都江堰至汶川道路不通受阻，即就地在都江堰展开救援。13日3时，救援队搜救分队带着2只搜救犬和成都市警犬大队的6只警犬赶到极重灾区救援。四川省经济委员会抗震救灾应急中心统一部署，迅速组织机关34人组成抗震救灾机动队开展自救互救；同时，从下属单位抽调115人次，组成抢险救灾机动队，从成都、资阳、乐山、雅安等地抽调200余名钳工、电工、焊接工等专业技术工人，携带切割机、液压剪等破拆工具组成抗震救灾技术救援队，奔赴彭州、安县及汶川县映秀镇等重灾地区救援。13日，九寨黄龙机场复航，开通抗震救灾特别通道。

5月12日16时40分，四川省司法警官职业学院组成第一支100人抢险救援突击队，并立即急行军赶到德阳市内各大医院救援。先后组建绵竹市—汉旺镇沿线的交通突击队、德阳市加油站及油库优先保障抢险救灾车辆加油的保卫突击队、德阳市各派出所进行治安巡逻的保卫群众生活秩序的维护治安突击队、绵竹市治安巡逻维护灾区群众生活秩序的青年教工突击队、在川中监狱对服刑人员进行心理干预救援的心理学教师小分队等，共5支3000余人的救援队伍，出动汽车114辆，就地开展救助活动。同日晚，攀钢集团成都钢铁有限责任公司（以下简称攀成钢）组织一支由13名职工组成的抢险队，奔赴彭州灾区抢险救灾。攀成钢汽运分公司组建运输小分队，派出司机60余名、货车33辆，为灾区运输救灾物资。抗震抢险期间，攀钢集团冶金工程技术有限公司先后派出410多人赶赴攀成钢，完成恢复生活片区的供水、供电、供气工程的抢险、抢修任务。金山耐材公司派出67人次，奔赴绵竹市汉旺镇抢险救灾。

5月12日下午，中国电信四川公司向重灾地区紧急派出1000人，组成53支抢修队伍。其中，绵阳到平武方向16支，广元到青川方向4支，德阳到绵竹再到什邡方向6支，成都到都江堰再到汶川方向10支，马尔康到理县方向4支，汶川到理县方向2支，另外有11支从黑水、松潘、汶川出发前往茂县。与此同时，成都分公司投入4500人、绵阳分公司1000余人、德阳分公司1100余人、阿坝分公司1000余人参加抢修救援。抗震救灾期间，长途电信传输局在四川省共组织39支抢险队，出动抢修车35辆，携带抢修仪表机具33套、汽油发电机21台，参与一线抢险员工278人，加上后勤保障人员，计约400人，共计采购各类物资112批次，抢修光纤通信。

5月12日，中国电信四川机动通信局救援队配备指挥车2辆及海事卫星电话3套，前往汶川灾区参加抢险救灾，为都江堰一线指挥部提供通信和视频传送保障，并从各地调集机动通信车28辆、通信设备24台、油机177台运到四川灾区。同日，通信局所有抢险队员先后奔赴成都市区及都江堰、彭州、绵竹、北川、平武、汶川、茂县、理县、黑水、青川等灾区，完成通信抢通和通信恢复等任务。截至6月12日，通信局共投入214人次、设备103台（套）、汽车102辆次参加救援，并先后为都江堰、茂县、北川等灾区抗震指挥部提供应急通信保障。抗震救灾期间，中国电信四川公司共投入抢险人员17918人次，投入抢险、运输车辆1041辆次，各种应急设备5177台（次）。中国联通四川公司组织150支抢修队计3000人，携带油机2100台、VSAT卫星地面站设备150套、应急通信车21辆、海事卫星电话40台参加救援。另外，组织65支通信小分队共260人，为解放军、武警、公安等抢险救灾队提供通信保障。

5月12日15时，四川省安全监管局调集彭州市矿山救护队、内江煤矿救护队、广元市生产安全应急救援大队、广旺集团公司救护队、乐山市矿山救护队赶赴灾区抢险救援。22时20分，安全监管局向乐山、内江、广能等7支矿山救护队下达出动命令，首批受命的救援队于13日凌晨赶到成都，然后兵分两路，连夜赶往什邡、绵竹灾区。13日1时15分，安全监管局从泸州市矿山化学救援中心、广安市矿山救护队、达竹煤电集团公司救护队、四川煤矿抢险排水站等单位调集第二批救援队伍紧急赶赴什邡、绵竹、彭州等灾区救援；10时10分，安全监管局部署广元市生产安全应急救援大队7个分队57人，达州市矿山救援大队2个分队20人，邻水县矿山救护队13人，广能集团公司救护队第二梯队3个分队27人，分别赶往北川、安县、什邡、绵竹、青川等灾区参与救援；14时30分，安全监管局调集内江市矿山救护大队、芙蓉集团救护大队、宜宾市矿山救护队、广能集团公司救护大队、嘉阳集团公司救护队5支救援队共83人，抵达绵竹市汉旺镇和什邡市蓥华镇救援。

5月12日24时，四川省气象局成立抗震应急救援工作小组，组织测报、预报和计财3支救援小分队，携带自动站等应急设备奔赴德阳、绵阳、广元一线，进行现场救援。

5月13日，四川省环境监测站成都、宜宾、乐山、泸州、内江、达州、南充、遂宁、眉山、自贡、凉山、资阳、攀枝花、广安、巴中等市（州）环境检测站152名监测人员，成都市有关受灾县（市、区）以及德阳、绵阳、广元、阿坝等市（州）的150余名监测人员投入应急监测。

5月13日起，四川省地方电力局陆续派出6个工作组到绵阳、广元、遂宁、德阳、成都、阿坝、雅安等灾区协调地方抗灾自救。16日，四川省水电集团派出由宜宾长源电力公司、筠连电力公司、屏山君山电力公司、四川富益电力公司、兴文电力公司、达州电力公司、高县电力总公司、大竹电力公司、资中龙源电力公司等组成的第一批121人抢险突击队，进入青川救援。30日，四川省水电集团永安、兴文、长宁电力公司组成的70人抢险突击队，带着电力物资20多吨进入平武县，承担平武县保电救援任务。

5月13日至10月14日，四川省累计投入公路抢险救灾人员3万余人和大量抢险车辆机械设备，抢通国道和省道干线公路以及254个乡（镇）的通乡公路和2114个建制村的通村公路。

5月16日，四川省畜牧食品局从机关、直属事业单位抽调专业技术人员10人，会同80名来自四川农业大学、西南民族大学畜牧兽医专业人员，组成第一批抗震救灾动物疫病防控应急队和后勤保障队。其中，动物疫病防疫应急队设3个分队，每个分队30人，赶往成都、德阳、绵阳3个灾区展开消毒和无害化处理。22日，四川省畜牧食品局抽派省草科院、畜科院、草原总站、动防总站、改良总站23名畜牧兽医专家和技术人员，会同解放军长春畜牧兽医研究所18名专家，与当地抢险救灾部队240名官兵，共281人组成6支人畜共患病防疫分队，赶赴汶川、理县、茂县、北川、青川、平武6个极重灾县，开展死亡畜禽的无害化处理和环境消毒。24日，四川省畜牧食品局组织第二批部省联合动物防疫应急分队奔赴灾区，分队由部省专家和四川农业大学、西南民族大学畜牧兽医专业107名师生组成，于当日下午与第一批应急分队进行工作交接。

截至6月2日，四川省共组建3679支防疫分队、2万名基层防疫人员和部分志愿者、部队官兵，参加死亡动物无害化处理和消毒；全省共组织180支灭鼠专业队、947个小分队、1万名专业灭鼠员、3万余名群众灭鼠员，开展灾区鼠传疫病防控。

甘肃省救援力量 地震发生后，甘肃通信管理局协调各通信运营公司组织抢险抢通。5月12日18时，中国联通甘肃分公司成立2个抢险小组携带油机、光缆等，分赴陇南、天水抢险。14日20时，又从全省紧急调集50名技术人员与60名抢修人员组成4个抢险小组，分别赶赴一线进行拉网式抢修，其中文县—武都两组、文县—碧口一组、文县—康县一组。15日18时，再从各地抽调由40名技术人员组成的抢险队，携带抢险物资和生活必需品，从兰州出发赶赴阿坝支援抢险救灾工作。至19日，中国联通甘肃公司组织4支抢修队、33人赶赴陇南抢通通信。陇南分公司共派出9支抢险队，在境内参加抢险。中国联通甘肃公司共组建18支抢险救灾队，出动抢修人员2033人。12日下午，中国电信甘肃公司抽调公司运维部、网发部、兰州分公司等交换、传输、数据、电源等各专业人员组成技术支撑组救援团队，协助和配合开展抢修抢通保通信工作。18日，从兰州分公司紧急抽调电源维护人员4名和电源应急车2辆赶到文县和陇南市武都区洛塘镇，指导相关维护人员正确使用车载电源发电机。甘肃省电信传输局组织地震重灾区周边的天水、定西、甘南、兰州无线传输分局抢修队向陇南进发，抢通陇南境内通信线路阻断点达45

处。13日，甘肃通信服务公司组织所属单位成立6支以企业主要领导为第一负责人的应急救援队奔赴灾区一线，协同陇南移动分公司技术人员，检修移动基站，完成武都等重灾区光路测试与应急抢修。截至6月5日，甘肃省通信行业累计出动抢修人员32399人次，动用应急车辆6743辆次，投入卫星电话62部、发电油机2501台、传输线缆长度469公里、线杆1700根，动用其他应急通信装备727台，开展通信抢通、保通工作。

5月13日11时30分，甘肃省电力科学研究院抽调17名专业技术人员组成的抢险突击队，调配6辆抢险车，携带高压、系统、化学和金属等各专业的试验设备奔赴成县、旱阳变电站，参加电网抢修和各种试验检测工作。

5月13—21日，甘肃省国土资源厅先后派出3批39名专家、81名技术人员，组成13个工作组，在国土资源部、中国地质调查局、内蒙古自治区国土资源厅、北京市国土资源局、福建省国土资源厅等共91名专业技术人员的援助下，对受灾严重的陇南、甘南灾区进行地质灾害应急排查工作和居民安置点应急水源地调查。

5月16日，甘肃路桥建设集团有限公司从康临5标甘肃路桥建设集团项目部抽调50名工程技术人员、机械操作手和30台机械设备，组成支援汶川道路抢险救灾队，赶赴松潘县抢通国道213线松潘至茂县、叠溪至石大关收费站路段。同日上午，临夏公路总段组织抢险救援队23人，配备各型机械10台（辆）赴茂县参加公路抢通。

5月19日，金川集团公司派出22人，出动15台大型机械设备赴康县灾区救援；同时又派出工程技术专业人员5人到灾区参加房屋鉴定。地震发生后，甘肃土木工程科学研究院、省建筑研究科学院等31个鉴定检测单位抽调305人，其中专业技术人员225名、资料和后勤保障人员80名，组成1个核心专家组和9个现场鉴定检测实施小组，在甘肃地震灾区对建筑物进行应急鉴定。

6月14日，临夏公路总段由92名干部职工、30台筑路机械组成的公路抢险预备队，到达茂县抢修公路。截至当日，甘肃省累计投入400余人、大型机械设备70台增援四川抢通公路。在抢通甘肃省农村公路中，省、市交通部门共投入机械1.35万台次、公路职工和当地群众达50万人次。

截至7月22日12时，甘肃省医疗卫生防疫部门累计派出29支医疗、防疫、卫生监督、心理干预人员539人，其中省级医疗队18支302人、防疫（监督）队11支237人。

抗震救灾期间，甘肃省广播电视系统省、市、县三级共出动15661人次、车辆装备4052辆次，对受灾被毁的设施进行抢修。甘肃省水利系统共出动应急抢险队226支、抢险队员4160人，对全省灾区水利设施进行抢修维护。

陕西省救援力量 5月12日21时，陕西通信管理局紧急调用3台应急通信车，分别前往省地震局、高新移动枢纽楼和汉中市，支援重点部位的应急通信保障，同时协调中国联通陕西公司调集一辆应急通信车，组织传输、卫星两支救援小分队连夜奔赴汶川；14日，又组织两支技术支援小分队分赴广元、德阳灾区。截至6月27日，中国联通陕西公司累计出动抢修人员4978人次，累计调用发电机492台次。

5月13日1时，陕西省通信管理局组成应急保障队15人，出动KU波段卫星通信车2辆、

1000线程控交换车1辆、60千瓦电源车1辆、海事卫星电话6部及通信指挥车1辆，长途跋涉赶赴绵阳、北川两地抢险救援，同时协调各通信运营公司组织抢险救援。8时，中国铁通陕西公司成立抢险组、后勤保障组、日常运营组、技术支撑组、信息上报组5个救援组，确保管区内通信设备及网络畅通与安全。14时30分，中国电信陕西公司抢险分队抵达北川中学，立即展开抢险救灾工作。同日晚，中国移动陕西公司派出人员，紧急调拨60台油机、60顶帐篷以及部分食品和饮用水，连夜送往汉中、四川灾区，其中30台5千瓦油机和30个帐篷运往广元灾区。15日晚，中国移动陕西公司增派生产用车6辆支援广元灾区。同日，中国电信陕西公司从全省光缆维护人员中选拔12名技术人员组成抢修队，奔赴青川，负责抢修竹园—凉水—青川之间光缆线路及引接到各入网机房的光缆线路。16日9时，中国电信陕西公司调度西安机动通信局派出一辆200千瓦电源车，由3名技术人员组成的第二支应急通信电源保障分队启程奔赴成都、绵阳及都江堰等灾区，提供通信保障。16时，西安机动通信局再次紧急调拨两套VSAT设备空运四川灾区，提供通信保证。

从5月14日起，宝鸡供电局动员全局3个抢修服务队、55个供电所200余人组成抗震保电服务小组，先后对煤矿和其他矿山、医院、党政军机关、油库等50余户高危和重要客户以及宝鸡辖区铁路牵引变电站的供用电设施进行排查、消缺。15日21时，陕西电力公司组成23人、越野车11辆的援川车队，分成3个组，于17日分别前往都江堰、北川、什邡救援。截至6月2日，陕西电力公司组建25个电力应急抢修队赴四川灾区，派遣抢修队4支分别前往汉中、宝鸡灾区进行抢修。

5月18日，宝鸡市疾控中心派出由11人组成的抗震救灾防疫队，在青川县木鱼镇和沙州镇开展防疫救援。20日，宝鸡市卫生监督所卫生监督队8名队员，携带快速检测设备、试剂等赶赴青川县白家乡灾区，开展食品卫生、生活饮用水卫生监督工作。宝鸡市第二人民医院医疗抢险队参加宝成铁路109隧道排险抢修的医疗保障。

5月21日，陕西省交通厅紧急抽调商洛公路管理局和两个专业桥梁部门人员成立由105人组成的抢险突击队，携带各种机具、设备339台件，对口支援广元灾区。同时，省公路部门储备三级抢险救援梯队1350人，储备抢修机械和自卸车等设备283台（辆），紧急调配5座战备钢桥，储备客运车辆100辆。

地震发生后，陕西省出动防汛抢险机动队364人参加抢险救灾，配备大型机械17台、发电机2组、雅马哈40马力船外机3台、冲锋舟3只、客货车1辆。抢险队伍中，渭南防汛抢险机动队22人，配备大型机械5台、抢险保障车2辆；西安市防汛抢险机动队20人，配备大型机械3台、自卸车4辆、冲锋舟2艘、机动船3艘；汉中防汛抢险机动队10人，配备挖掘机1台、装载机1台、冲锋舟1艘、橡皮船4只。

重庆市救援力量 地震发生后，重庆市委、市政府提出“稳住重庆、支援四川”的抗震救灾要求，迅即成立重庆交通系统（公路）支援四川灾区抢险救援指挥部和临时党委，立即联系四川省交通厅，商定参与抢险救灾事宜。指挥部下设专家技术组、设备协调组、物资供应组、后勤保障组、通讯宣传组5个工作组。

5月18日，重庆市委、市政府成立由183人组成的3支赴四川灾区抢险救援突击队，出动客、货车200余辆，分赴绵阳、什邡、绵竹等重灾地区，参与公路抢通，负责接运灾区群众、转运救灾人员和救援物资。

三 专业救援力量

地震专业救援力量 5月12日14时42分，中国地震局启动应急预案，将震情通报给总参谋部作战部和武警总部，并通知66150部队、武警总医院和中国地震应急搜救中心做好国家地震灾害紧急救援队出动准备工作。16时30分左右，国家地震灾害紧急救援队各组成单位分别向北京南苑机场集结。国家地震灾害紧急救援队195名队员中，中国地震局15人、66393部队8人、66150部队150人、武警总医院22人，配备救援车2辆、指挥车1辆、救援装备物资15吨，18时前集结完毕。20时2分、12分，救援队分乘两架空军运输机从南苑机场起飞赶赴地震灾区（见图22）。在抗震救灾中，国家先后派出国家地震灾害紧急救援队和29支省级地震专业救援队到四川、甘肃灾区参加救援。各专业救援队与消防、气象、交通、电力、通信及其他战线的广大科技工作者、工程技术人员密切协作，为抗震救灾提供了有力支持。

图22 5月12日晚，国家地震灾害紧急救援队集结登机

（中国地震局 提供）

地震发生后，四川省地震灾害紧急救援队调集80名队员，紧急奔赴都江堰、彭州，随后又陆续组织300余名消防官兵增援。救援队设立现场作战指挥部，下设作战组、通信组、调度组、宣传组、保障组、联络组、统计组、秘书组和机动组9个小组。5月13日7时，陕西省地震灾害紧急救援队46人出发，经14个小时急行军到达北川羌族自治县曲山镇救援。同日7时，重庆市地震灾害紧急救援队83人出发，于19时到达北川中学救援。15日20时，甘肃省地震灾害紧急救援队150人紧急出发，于17日1时30分到达青川灾区救援。至24日，来自中国地震局、中国地震局地震台网中心、甘肃省地震局、青海省地震局、宁夏回族自治区地震局、新疆维吾尔自治区地震局等共120名地震专业人员赶赴甘肃地震灾区救援。

此外，还有云南、湖北、河南、湖南、辽宁、山东、海南、江苏、山西、广东、上海、安徽、福建、黑龙江、河北、浙江、内蒙古、宁夏、天津等省级地震灾害紧急救援队共4926人赴四川灾区参加救援。

公安特警救援力量 地震发生后，公安部分两个阶段3次调集全国30多个重点城市公安特警进入四川灾区，在当地公安机关的统一领导下，协助灾区特警进行治安巡逻，打击违法犯罪，处置群体性事件和为灾区群众做好服务救助等工作。第一批公安特警救援力量从天津、兰州、重庆、广州、深圳、杭州、宁波等27个城市抽组的7支公安特警队（包括工勤人员）共7650人，于5月13日深夜开始分别赶赴四川灾区抢险救灾。14日，抽组的14支公安特警队（包括工勤人员）共计2630名公安特警到达成都、绵阳两地。其中，广州、深圳公安特警队携抢险救灾装备器材赶赴德阳任务区，兰州公安特警队赶赴德阳、绵竹灾区，重庆公安特警队赶赴北川灾区，天津公安特警队赶赴北川灾区，杭州、宁波公安特警队赶赴都江堰灾区。（参见图23）

图23 5月14日，公安特警救援力量进入四川地震灾区

（公安部 提供）

第二批公安特警救援力量由公安部调集石家庄、呼和浩特、长春、哈尔滨、南京、杭州、宁波、合肥、福州、南昌、郑州、武汉、南宁、重庆、贵阳、北京、太原、沈阳、大连、厦门、济南、长沙、海口、昆明、西安、兰州、西宁、银川等28支公安特警队5006名公安特警组成，于5月27日17时30分赶赴四川灾区的重点城市、乡镇、灾区群众集中安置点和重点要害部位，执行维护治安工作任务。

地震发生后，公安部首先向四川省发出指示，要求受灾较轻地区抽调警力支援重灾地区，紧接着又从全国17个省（区、市）抽调2682名警力对口支援四川极重灾区。四川、甘肃、陕西、重庆等灾区倾全力出动全部警力坚守工作岗位，坚持值班执勤，加强巡逻检查，参与抢险救灾工作。5月12日下午，四川省公安厅交警总队从自贡、南充、遂宁、眉山、宜宾、乐山、资阳、泸州、广安等受灾较轻的交警支队抽调1352名警力，对口支援汶川、青川、北川、平武、绵竹、什邡、茂县、安县、都江堰、彭州等10个极重灾县（市）和29个重灾县（市、区）。7月16日，公安部办公厅部署北京、河北等17个对口支援省（区、市）的公安机关，组织715名交警支援四川省17个极重灾和重灾县（市、区），执行对口支援任务。

公安消防部队救援力量 地震发生后，四川省公安消防总队紧急调集自贡、攀枝花、内江、南充、宜宾、乐山、遂宁、资阳等市消防支队跨区域救援。5月12日17时，公安部消防局相继从全国调集除藏区和重灾地区以外的13个总队、总队教导大队共3000余人参加抗震救灾；到23时，公安消防官兵4500人到达重灾地区救援。

5月13日1时15分，公安部消防局命令重庆、贵州、云南、陕西、湖北、湖南、河南、辽宁、江苏、山东、上海、浙江、吉林13个省（市）公安消防总队1263名官兵（包括100名医疗救护人员），组建跨区域应急救援队。其中，重庆、贵州、云南、陕西、湖北、湖南、河南等省（市）7个总队，共派出通信指挥车9辆、搜救犬车2台、抢险救援车25辆、地震救援车5辆、饮食保障车7辆、运输车22辆，携带必要的装备物资驰援灾区。14日零时30分，公安部消防局向北京、天津、河北、山西、辽宁、吉林、黑龙江、上海、江苏、浙江、安徽、福建、江西、山东、河南、湖南、广东、广西、海南、重庆等20个省（区、市）消防总队下达增援预令。接到命令后，相关单位立即抽调5485名官兵组建跨区域应急救援队，奔赴成都、绵阳抢险救灾。

5月15日5时9分，公安部消防局向内蒙古、辽宁、黑龙江、江苏、江西、山东、河南、湖北、湖南、贵州、云南、宁夏12个省（区）消防总队下达增援命令，立即组建2138人的应急救援队，赶赴四川抢险救灾。17日14时22分，公安部消防局从北京、江苏、浙江、广东等省（市）公安消防总队紧急调集生命探测仪22台和专业操作人员48名，赶赴四川灾区参加被困人员搜救行动。至17日18时，公安部从全国共调集13434名消防特勤人员、搜救犬67只、抢险救援车491辆、生命探测仪153台参加四川灾区的抢险救灾。

5月12日下午，甘肃省公安消防总队抽调兰州、陇南、天水等市消防支队140余名官兵参加宝成铁路109隧道的抢险救援任务。13日，陕西省公安消防总队从西安市消防特勤大队和省地震局西安地震救援分队（陕西省地震灾害紧急救援队）、渭南地震救援分队、咸阳地震救援分队抽调113人组成省公安消防总队地震抢险救援队，携带救援装备入川，在北川救援现场设立陕西省消防总队地震抢险救援增援机动大队指挥部。同一时间，西安消防支队连夜抽调44名特勤官兵组成西安消防支队救援分队，奔赴北川救援。

5月13—14日，重庆市公安消防总队特勤支队先后派出2支突击队、83人，携带搜救犬6只、消防车8辆（含1台救护车），雷达生命探测仪及破拆、起重、支撑工具4套和若干急救器械药品，随市消防总队奔赴四川灾区。其中，突击一队经过10余个小时长途跋涉，于13日19时许到达北川；突击二队于14日到达都江堰，于15日转到平武县南坝镇救援。

四　社会救援力量

社会团体救援力量　地震发生后，全国各社会团体积极行动起来，迅速组织各种形式的救援队伍，奔赴地震灾区参加抢险救灾。

5月12日，四川省红十字会连夜组织抗震救灾医疗急救志愿队。13日，以李华为队长的四川红十字会（成都）医疗救援团队25名志愿者向灾区出发，于当日17时到达绵竹市受灾群众救治最大医疗点南广场体育馆。13—15日，四川省红十字会组织13支抗震救灾医疗急救志愿队共602名红十字会急救员和外科专家，奔赴北川、都江堰、绵竹、青川、彭州等地救援。15日，四川省红十字会继续加大救援力度，派出4支由100名志愿者组成的救援队分别前往平武、安县、北川、绵竹等地，协助当地政府和部队官兵维持秩序、护送伤员等。至18日，四川省红十字会共派出40支由4000名应急中心工作人员和志愿者组成的救援队奔赴灾区各地救援。

5月12日下午，中国红十字会从全国各地调拨帐篷、药品、食品支援灾区，紧急组建红十字会上海华山医院（即复旦大学附属华山医院）、武警总医院和北京市红十字会、河北省唐山市红十字会、安徽省红十字会、湖南省红十字会6支120人专业医疗急救队，于13日先后到达四川地震灾区救援。其中，中国红十字会北京市999急救中心救援队38人，配备救护车、指挥车、保障车8辆，驻扎在绵竹市新体育场参加救援，并分几路前往受灾乡镇救助和转运伤员。中国红十字会上海华山医院医疗队21人、上海市疾控中心1人、记者3人，于14日连夜赶往安县安昌镇西苑中学救援，并多次赶赴重灾地区茶坪、晓坝救治并转送伤员。

5月12日下午，德阳市49名律师在废墟中营救幸存者，到医院护理重伤员，到安置点抚慰受灾群众和运送分发救灾物资。14日，德阳市律师协会集中32辆律师事务所车辆和律师私家车投入救援。环峰事务所律师任晓军等人利用事务所和自家住房为30名受灾群众提供食宿和照护；山和律师事务所律师刘锋与同事组织30余辆私家车自驾车队，将什邡市人民医院大批危重病人转运到成都市医院救治。15日上午，绵阳市律师协会110名律师组成绵阳律师抗震救灾志愿团，组织自驾车38辆开往灾区；绵阳市律师协会会长谭方文率10名律师驱车到北川接运受灾群众；万法律师事务所主任杨万华带领全所律师利用自己的茶园接待受灾群众。广元市律师协会抽调部分年轻律师加入市司法局组织的救灾应急分队。阿坝藏族羌族自治州、雅安市以律师事务所为单位，组织律师投入救灾。什邡市兴咏律师事务所主任胡波，震后从重庆出差回来后，迅速组织本所律师8辆私家车从当地往成都转运伤员。在整个救灾工作中，四川省律师行业共投入3500人次，出动汽车1100辆次抢险救灾，参加义务献血的律师272名。

5月13日，共青团四川省委、四川青年志愿者协会、四川青年联合会、四川省学生联合会结合行业特点，面向社会公开招募志愿者，开展抗震救灾“黄丝带行动”。至14日18时，共青团四川省委重点招募300名医护救援志愿者奔赴一线。全省各级团组织通过各种方式招募近5万名志愿者，组织400多支青年突击队投入抢险救灾。15日，共青团四川省委面向成都市专门招募西部计划志愿者20名，与四川大学40名志愿者组成大学生志愿服务队，驰援绵阳市开展抗震救灾志愿服务。同日上午，共青团四川省委紧急动员招募“黄丝带行动”志愿者500余名赴成都双流、太平寺、凤凰山3个机场协助转运赈灾物资。截至7月，四川省各级共青团组织共接受报名参加"黄丝带行动"志愿者18万人投入抗震救灾。甘肃省各级共青团组织组织医疗救护、道路抢修、电力抢修、通信保通突击队500余支1万余人，在省内地震灾区抢险救援。

5月13日5时，乐山市红十字会组建的61人医疗救援队赶到彭州市救援。至6月24日，乐山市卫生部门共派出16批22支302人的医疗队、疾控队、卫生监督队，配备汽车26辆，赶赴德阳、都江堰、彭州、汶川等灾区救治受灾群众，深入乡村巡回医疗诊治伤员。

5月13日，四川省成立以王卫为队长的9人民间救援队。17日晨，救援队在四川省政协副主席陈杰的带领下到达省红十字会，改称四川省红十字会搜救一队，开赴安县千佛镇，搜救队上山与山东公安特勤部队共同解救被困群众下山，配合安县人民医院开展紧急救治。18日，搜救队先后在安县永安镇楠木村、秀水镇等地执行搜救任务，协助部队搬卸救灾物资。

5月13日，上海贝尔紧急抽调100余名工程师，携带150套小灵通基站设备奔赴四川、甘肃灾区，投入通信保畅救援，向灾区运送100吨价值过亿元的交换、传输、卫星通信设备。17日，由广西建工集团、南宁市政公司、中建八局广西公司、中建八局二公司南宁公司、中建五局广西公司、南宁建安公司共35名员工组成的抢险突击队，携带挖掘机、吊车、装载机、运渣车等11台机械设备，于21日上午同时抵达四川，旋即开展抢险救援工作。西安伟志集团小分队往返青川县乔庄镇、木鱼镇等灾区，每天工作十八九个小时，运送帐篷、食品和饮用水，装卸救灾物资；西安必肯科技发展有限公司携带公司生产的生命探测雷达"SJ－3000搜救雷达"奔赴灾区救援；蓝溪集团捐赠两部价值180万元的奔驰重症救护车，奔赴略阳、广元灾区救援。

5月14日，中国红十字基金会"中国红行动"志愿者小组30余人赶赴四川，协助四川省红十字会发放国美集团、格兰仕集团等企业捐赠物资。17日，中国红十字基金会"天使妈妈基金"志愿者团队分两路在四川灾区开展救援工作。19日，中国汽车网网友以红十字志愿者名义，驾驶10辆满载社会捐赠物资的救护车奔赴四川灾区。同日下午，中国红十字基金会嫣然天使基金医疗队一行5人从北京出发，于晚上到达第520医院，向医院捐赠人血白蛋白等医院急需药品，并安排在该院治疗的北川中学两位截肢女学生赴京治疗。24日，中国红十字基金会抗震救灾志愿者车队从中央电视塔广场出发，首批志愿者车队由8辆汽车、20名志愿者组成，在灾区服务10天，承担从成都至绵阳地震灾区捐助物资的分发及运送任务。

5月15日，中国造血干细胞捐献者资料库管理中心主任洪俊岭作为中国红十字抗震救灾驻川前方指挥部负责人，带领10人救援队赶赴成都。随后，中国红十字会从全国调集系统内救灾业务骨干38人赶赴灾区救援。中国红十字会及各省（区、市）及新疆生产建设兵团分会，香港、澳门红十字会，台湾地区红十字组织，红十字会与红新月会国际联合会等，都对四川的抗震救灾给予了援助。

5月15日，湖南省红十字会紧急救援队向什邡派遣医疗救援队34人（参见图24），深入什邡市的红白、蓥华、湔氐、师古及双盛等乡（镇）开展医疗救治、心理干预等救援行动。同日晚，安徽省红十字会紧急救援队抵达绵阳灾区，在绵阳市九洲体育馆开展疾病诊治等救援。20—21日，中国红十字会派出两支心理救援队先后抵达绵阳，对灾区群众和学生的心理创伤进行心理干预。20日，以教授杨凤池为领队的第一支中国红十字会心理救援队，在绵阳高新区实验中学和

图 24　5 月 15 日，湖南省红十字会紧急救援队集结赶赴灾区救援

（中国红十字会　提供）

北川“帐篷学校”里，以奥运冠军邓亚萍等名人的影响力和感染力，去安慰那些受到地震灾害伤害和影响的学生，帮助他们树立积极向上的良好心理状态。21 日，心理救援队在 6 个“帐篷学校”里进行心理辅导，采取角色扮演、情景再现、放飞希望、写信等方式帮助学生化解灾害带来的负面情绪。23 日，中国红十字会先后向成都、德阳、阿坝、绵阳、广元、雅安派出救灾工作组 24 人，组织指导在灾区的红十字会开展救援工作。

5 月 17 日下午，西安许小平律师事务所主任许可等 6 人出动 3 辆汽车，满载生活用品抵达广元救灾指挥中心，向广元市捐赠接收站捐赠物品。四川灾区伤员转入西安市西京医院治疗后，西安市团委、西安志愿者协会招募 60 名有医疗、护理、心理辅导等专业知识和工作经验的志愿者，为 46 名伤病员连续提供一个多月每天 24 小时陪护。

截至 5 月 22 日，四川省红十字会共调集车辆 5200 辆次，运送物资 2.9 万吨。截至 5 月 25 日，四川省红十字会组织和派往灾区一线的应急救援队达 75 支、5600 余人，其中有 8 支专家医疗队 250 人、8 支专业搜救队 200 人、12 支心理干预队 540 人；在灾区建立 40 个医疗救护站和 30 个受灾群众安置点，调配和运输灾区急需物资 258 车次，有 15 万名志愿者为四川省红十字会提供各项服务。洪雅县红十字会组建一支由 15 人参加的救护医疗服务队奔赴灾区，先后在都江堰市的乡镇开展救治伤员。北川羌族自治县人民医院在地震中幸存下来的 20 位医务人员，于 14 日成立北川卫生系统临时医疗站，接受全国各地红十字会的药品捐赠。25 日，德阳市红十字会招募来自湖北荆州登山协会的志愿者 8 人在什邡开展志愿服务，负责救灾物资红十字标志的粘贴和转运物资、分发物资和办理物资发放手续工作，以保证红十字会救灾物资及时转运、分发给受灾群众。

甘肃省红十字会动员红十字会志愿者 6000 余人参加灾区救援队、服务队。其中，陇南市红十字会组建志愿者服务队 110 支、2400 余人，在灾区参加清理垃圾、环境消毒、张贴防疫宣传单、搭建帐篷、搬运救灾物资、交通协管、治安巡逻等工作。

志愿者救援力量　地震发生后，全国各地的志愿者心系灾区，自觉行动，纷纷组织起来，紧急赶赴地震灾区，奋力投入抢险救灾。

5 月 12 日下午，中江县广电局党员志愿者组成的抢险突击队，赶赴广电局联系点、中江县永太镇排险疏散受灾群众；第二天深入绵竹、什邡，协助两市广电局，抢修前端机房和维修光纤电缆网络。芦山县广电局志愿者，自发购买了矿泉水到文化广场，交给支援灾区的过往车辆运往灾区，并为过往抗震救灾车辆送水、加油。震后，德阳市广视网络发展有限责任公司组建的志愿者服务队共有 27 人，前往绵竹、什邡灾区支援，抢修损毁的广电设施设备。绵竹市广播电视局除摄像记者担负震后第一手资料的拍摄外，其他职工全部志愿投入抢救广播电视设施设备，并到受灾严重的学校参与救援，为救援部队和医疗队带路，到医疗救助点协助抢救伤员，帮助装卸救灾物资等。什邡市广播电视局 45 名干部职工家属参加抗震救灾志愿者服务队，到全市各集中安置点帮助搬运救灾物资，到临时救治点转移伤员和护理服务。德阳市旌阳区广播电视局 10 名工作人员志愿赶赴绵竹、什邡灾区，给受灾群众送去食品、矿泉水、生活用品等。

5 月 12 日，中国国电大渡河双江口公司组织 3 支抗震救灾小分队，投入到汶川“生命线”抢通工作中。13 日，中国国电大渡河流域水电开发有限公司成立由 156 名团员青年组成的抗震救灾青年志愿者突击队，帮助成都市红十字会搬运救灾物资等。大渡河水电开发公司在马尔康、康定沿线的双江口公司、猴子岩公司、金川筹备处及时组织人力物力，成立“西进路线”维护交通秩序志愿者服务队，自发担当起维护道路重任。15 日，中国华能平凉电厂 2 名志愿者与兰州市自驾车志愿者组成爱心救助陇南自驾团队，携带救灾用品前往甘肃受灾较重的舟曲县和文县救援。地震发生后，中国华电宜宾分公司 6 名志愿者，赶到四川省红十字会参加抗震救灾志愿救援行动。16 日，中国国电四川发电有限公司组织 353 名团员青年和 12 辆私家车参加抗震救灾志愿者活动。20 日，中国华电乌溪江电厂员工温林山等 3 人，前往衢州市担任红十字会志愿者。25 日，中国国电四川发电有限公司组织一支由 6 名专业技术人员和 2 台大型吊车组成的抢险突击队，前往绵竹市汉旺镇东汽支援抗震救灾，历时 27 天。至 30 日，中国华电四川发电有限公司攀枝花分公司共有 229 名职工分别参加了救援（72 人）、关爱（63 人）和义务献血（94 人）志愿者行动。

地震发生后，江苏黄埔再生资源利用有限公司董事长陈光标带领 120 名操作手和 60 台大型机械组成的抢险救援队，千里赴川救灾。

地震发生后，来自河北省玉田县东八里铺村 2 组的 13 位农民宋志永、杨国明、杨东、王加祥、王得良、宋志先、王宝国、王宝中、曹秀军、尹福、宋久富、杨国平、王金龙自发赴四川灾区救灾，其中年龄最大的62岁、最小的19岁。他们几经辗转赶到灾情惨重的北川县城，成为最早进入北川的志愿者之一。他们用最原始的救援方法——铁锤砸、钢钎撬、徒手刨，竭力寻找幸存者。只要哪里需要，他们就到哪里救援。他们与解放军、武警战士一起，抢救出25名幸存者，刨出近60具遇难者遗体。

5月13日上午，民航快递西南公司绵阳营业部贾兴彦等3名驾驶员，从绵阳驾车近50小时，运送救灾物资和4名医生至平武灾区；21日上午，西南公司组织“民航快递传递真情”活动，志愿者分批驾车赶赴灾区救援。14日22时，山西省陵川县煤炭运销公司团委组织青年志愿者队伍前往灾区援助，第一批青年志愿者20人、第二批青年志愿者27人，分别于15日、16日前往第416医院救援。同日，第58所组织60名员工志愿者服务队到绵阳市医院、体育馆等伤员、受灾群众集中点，开展志愿者服务。15日8时，一拖集团25名志愿者组成抢险救灾志愿队，配备机械装备奔赴四川救援。17—21日，航天科技集团烽火机械厂选派9名志愿者携带救援设备工具，与成都地区80余名志愿者一起组成专业抢险救援队，同赴彭州灾区实施救援。14日下午，由宁江公司30名大学生组成青年志愿者队伍，在公司团委组织下，奔赴彭州市行政中心，为受伤群众救助服务。20日晚，宁江公司团委组织青年志愿者服务队，前往成都军区药品中转站协助搬运救灾药品。地震发生后，中铁十五局集团医院妇产科原护士长欧桂碧自费加入志愿者服务行列，与来自全国各地20余名志愿者在绵阳组成“红十字志愿者救助队”，为受伤群众提供医疗救助。成都晋林工业制造有限责任公司先后组织5批200人的青年志愿者，参与公司生活区捐赠衣物、捐款、搭建避震帐篷、搬运发放救灾物资等活动。晋林公司先后有1800名青年参加青年志愿者组织，赴彭州抗震救灾。

地震发生后，现役军人王光组织包括6名刚退役老兵和15名来自海军、陆军、空军、武警休假的现役干部、战士等共28人组成的志愿者队伍奔赴灾区，在成都军区领导下，到汶川县漩口镇和映秀镇开展抗震救灾，同时接受四川省红十字会的领导，先后到受灾最严重的绵竹、什邡、汉旺等地参加抢险救灾。在绵竹救灾期间，王光把军人志愿者分为3组，一组主要负责搜救死伤人员，二组主要负责绵竹市区消毒，三组主要由在救援过程中负伤的老兵就地配合武警总医院对受灾群众及伤员开展心理疏导工作。

5月13日，来自全国各地的45名青年在康华、徐斌、孟长寿等组织下，组成志愿者搜救队，赶往安县安昌镇西苑中学临时指挥部，参与抢险救援及救灾物资发放。19日，由退伍老兵组成的西安抗震救灾志愿者突击队，在队长司刚（邮政职工）带领下，奔赴绵阳市紧急物资储备中心，担任发往北川等多个灾区重要物资的管理、装卸和转运任务。

5月下旬，西安市长安区斗门街道南街村妇女志愿者，自发组织60多名老年妇女为灾区缝制棉被，共缝制109床棉被送往灾区。

五　香港、澳门、台湾救援力量

香港特别行政区救援力量　地震发生后，香港特区卫生行政部门迅速派出47人专业救援力量，赴四川大学华西医院支援。特区政府组织的防疫队赴汶川县映秀镇进行防疫救助。5 月 13 日，香港第一批赈灾专家到达北川救援。14 日，香港 3 支搜救及医疗队出发赶赴灾区参与救援行动。其中第一支由 21 名消防员和救护人员组成的香港特区搜救队以及香港医院管理局医疗筹备小组；同日，第二支到达成都，携带医疗物资及干粮、饮用水；第三支 6 名专业医疗志愿人员于 15 日到达北川医疗站开展救援。15 日上午，香港特区搜救队赶到绵竹市汉旺镇，冒雨在瓦砾中搜寻到 5 具遇难者遗体。17 日，香港飞行服务队进入灾区第一天，就出动直升机 26 架次运送伤员，搜救山区被困民众，运送救灾物资。同日，香港红十字会工作人员分 3 批到达北川救援；香港红十字会第四批紧急救援队的赈灾专家（香港红十字会青年义工事务总主任陈锦全、国际及赈灾服务管理委员吴常乐）赴甘肃采购物资及作灾情评估，第二天驱车前往陇南市武都区安化镇甘树湾村、文县豆坪村考察灾情，向受灾群众发放物资。18 日，香港红十字会第五批紧急救援队的赈灾专家到达成都增援，采购棉被等救灾物资发放灾区。19 日，香港红十字会第六批紧急救援队的赈灾专家、香港红十字会总监胡郭秀萍，国际及赈灾服务部主管邹秉熙，国际及赈灾服务部主任石翠怡一行抵达西安，了解陕西省有关灾情和救灾情况。同日，香港红十字会一支由 6 名志愿人士组成的专业医疗队在完成前线第一阶段的医疗援助后，继续投入其他相关医疗、饮用水及康复的评估，在灾区建设临时医疗设施供受灾群众做短期使用。20—21 日，胡郭秀萍一行赶往略阳，了解灾情和救灾需求，实地察看马蹄湾乡吕家坪村、徐家坪镇徐家坪村、嘉陵小学、略阳县中医院等处灾情，慰问受灾群众。28 日，香港红十字会又增派两队人员，分头前往成县及陇南市武都区考察灾情及分发物资。

澳门特别行政区救援力量　地震发生后，澳门医务界派遣医疗队两批、41 人前往成都、南充救援。医疗队参与多项复杂手术，并自发组织队员慰问地震伤员。5 月 23 日，来自澳门特区政府卫生局和镜湖医院，由 10 名医生、10 名护士组成的特区政府医疗救援队抵达四川灾区。在灾区救援期间，澳门医疗救援队主要在成都市第三人民医院的重症监护室、骨科、肾内科、手术室、急诊科、普外科和内科等科室为灾区民众提供医疗服务，并到灾区一线巡诊，与当地医务人员进行学术交流。6 月 10 下午，来自澳门仁伯爵综合医院及镜湖医院的 10 名医生和 10 名护士组成的第二支 20 人医疗救援队及随行的一批医疗物资抵达成都。

台湾地区救援力量　地震发生后，台湾民众积极组成民间搜救和医疗力量赶赴灾区。5 月 16 日下午，台湾红十字组织 22 人救援队抵达成都，次日开始在绵竹市区和汉旺镇展开搜救。这支由 2 人带队、11 名消防人员、9 名台湾红十字组织成员及 1 只搜救犬组成的救援队，在 3 天的紧张救援中，不放弃任何救援机会，创下台湾民间首次组织救援队参与大陆救灾的历史。20 日下午，由台湾红十字组织负责人陈长文和理事彭芳谷为领队的 47 人医疗救援队抵达成都，携带重约 3.5 吨的医疗器械及药品，赶赴德阳开展医疗救治；21—22 日，医疗队又转战广汉市高坪镇实施救援。紧急救援阶段结束时，台湾红十字组织救援队又与中国红十字会一起，支援灾后恢复重建项目。6 月 29—30 日，台湾红十字组织救灾专案组主管陈宗良、专案组官员芮德宜，考察勉县地震灾害灾后重建项目，帮助四川、甘肃、陕西地震灾区恢复重建学校 44 所、卫生院 43 所及残疾人康复中心 1 所。

第三节　国际救援力量

汶川特大地震发生后，国际社会高度关注灾情和同情广大受灾群众，纷纷伸出援助之手。日本、俄罗斯、韩国、新加坡、德国、意大利、古巴、英国、法国、美国等国先后派出救援队或医疗队在四川救援；巴基斯坦、印度尼西亚医疗队到甘肃参与医疗救援。无国界医生组织救援力量，分别在四川、甘肃地震灾区开展心理救助。自5月20日至6月18日，共有14支国际医疗、救援队435人，在四川、甘肃地震灾区参与医疗救援。这是中华人民共和国成立以来，第一次敞开大门，接受国际救援队的救灾援助。

一　国际专业救援力量

日本国际紧急救援队　日本首批国际紧急救援队由日本外务省、警视厅、消防厅、海上保安厅、医疗救助中心和日本国际协力机构（JICA）的61人组成，队长由外务省国际协力局无偿资金、技术协力科室长小泉崇担任，有副队长4人、中队长2人、信息保障2人、驯犬员4人、搜救队员39人、医疗保障人员4人、后勤保障人员5人。救援队配有搜救犬4只、各种救援装备及物资7吨。5月15日21时5分，先有31人（包括警察、海上保安、消防队员）到达北京。16日2时23分，到达成都，于10时到达青川县关庄镇执行搜救任务；15时30分，转场青川县乔庄镇。17时55分，又有30人到达成都；20时58分，驱车前往青川县城乔庄镇，进入青川县中医院宿舍楼废墟搜救。17日7时15分，经过一夜搜救，清理出遇难者宋雪梅母女的遗体，日本救援队员排列两旁，向遇难者遗体默哀（见图25）。13时10分，救援队转场北川；23时45分，到达曲

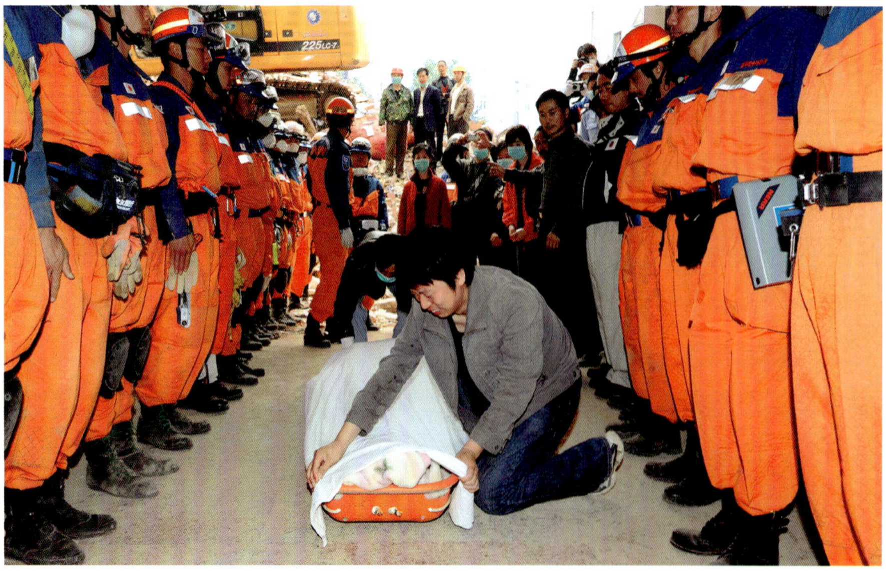

图25　5月17日7时15分，日本救援队向遇难者遗体默哀（中国地震局　提供）

山镇。18日零时45分，由救援队队长、副队长等5人组成的搜救小队前往北川中学进行现场勘查。6时40分，日本救援队分两路开展搜索营救，一队直奔北川中学校区，另一队20名救援队员在北川县城搜救。19日14时28分，日本救援队全体队员在北川中学废墟参加哀悼日默哀仪式；18时30分，救援队由北川撤离返回成都。

俄罗斯救援队 5月16日下午，俄罗斯救援队一行50人，携带4只搜救犬和先进的声波声像探测仪抵达成都（见图26）。救援队医生包括复苏专家、外伤专家、儿科医生和心理医生等。救援队自带救援车3辆，共计27吨救援设备、药品和物资，总价值878万卢布（折合人民币174.7万元）。救援队队长由俄罗斯紧急情况部行动管理局局长谢尔盖·萨洛夫中将担任，队员中包括由紧急情况部紧急心理救助中心主任、心理学副博士尤利娅·绍伊古带领的3名心理医生。同日，俄罗斯救援队在绵竹灾区开展搜救，一直延续到17日清晨，搜救范围包括居民区、学校、超市、商铺等共17处，未发现生命迹象。17日21时，俄罗斯救援队在都江堰市花园路都江堰管理局第二生活区发现并救出一名被埋压127小时的61岁女性幸存者。在随后的几天里，救援队继续在都江堰搜救、清理遗体。19日9时30分，回良玉前往都江堰卫生防疫站慰问俄罗斯救援队。晚上，俄罗斯救援队返回成都。20日，救援队领导回国，救援队医护人员全数留在成都，并于当天赶赴彭州参加救治工作。同日，另一支由俄罗斯卫生部、紧急救灾部组成的俄罗斯医疗队47人到达彭州，在彭州市职业中学运动场，仅用3个小时就搭建起由21顶帐篷组成的接待室、手术室、检查室、治疗室、药品室、住院病房和队员营地的“野战医院”，迅速展开对伤员的生命抢救。21日8时10分，来自彭州市人民医院、中医医院、红十字医院、镇卫生院的重伤员和医护人员相继到达营地，中俄双方的医护人员各司其职，展开紧张有序的救援行动。

图26 5月16日下午，俄罗斯救援队抵达成都双流机场

（中国地震局 提供）

韩国救援队 5月16日18时，韩国消防防灾厅派出47人组成的韩国救援队，又名韩国“中央119救助队”，队员包括消防、救助、医疗等专业人员，配备两只搜救犬及其他搜救装备，在队长金永锡的率领下抵达成都，于17日1时许到达什邡市蓥华镇宏达化工厂救援。17—22日，

韩国救援队除搜救出遇难者遗体外，还与德阳消防部队等合作成功处理厂内的液氨泄漏事故；多次与河南消防、江苏消防、宁波消防等救援人员现场交流搜救经验；与空降兵等部队合作为厂区排险，成功爆破了 50 米高的危险烟囱。23 日 8 时 30 分，韩国救援队离开成都回国。

新加坡救援队 5 月 16 日 19 时 10 分，新加坡第一批救援队 24 人在队长黄浩泉带领下抵达成都，第二批 15 人、第三批 16 人也分别于同日 19 时 30 分和 50 分抵达成都。救援队由总指挥黄浩泉中校、搜救队长陈则恺少校、新闻官陈少强少校、搜索营救队员 32 人、驯犬队员 4 人、结构及工程机械师 7 人、医疗保障人员 3 人、通信工程师 3 人、后勤保障人员 3 人组成。救援队配有 4 只搜救犬、3 辆救援车及总重约 21 吨的各种装备及物资。17 日 1 时 30 分，救援队抵达什邡。6 时 30 分，救援队到达什邡市红白镇。17—18 日上午，救援队利用搜索犬对坍塌的红白镇金河磷矿 12 栋楼房进行全面排查。19 日，20 人的救援小分队赶赴石亭江上游金河电厂救援，发现 3 人被困在河对岸，救援队搭起一座简易桥，将 3 人救出。电厂西部的欢乐谷游乐区被泥石流淹埋，经搜索救援队发现 5 具遇难者遗体。在救援间隙，搜救队医生还对受灾群众进行医疗救助。21 日晚，新加坡救援队撤回成都。

二　国际医疗救援队

5 月 20 日晚，由日本外务省中国课田尻和宏为团长的日本医疗队一行 23 人，携带约 5 吨医疗物资抵达四川大学华西医院开展医疗救援工作。31 日工作结束，6 月 2 日启程回国。

5 月 21 日，德国红十字会医疗队两名先遣队员抵达成都。23 日傍晚，由 10 名医生、工程人员、管理人员组成的医疗队由德国专家托马斯·莫赫率队，携带医疗器械从柏林飞抵成都，随即赶往都江堰市天府大道，重达 50 吨的医疗设备也由 15 辆重型卡车运往都江堰。与此同时，来自上海华山医院的 40 名医护人员亦赶到都江堰，与德国专家一起在都江堰搭建起一座设施齐备、救护功能齐全的大型中德红十字会野战医院，承担起都江堰市的基本医疗救援服务（见图 27）。

图 27　5 月 25 日，德国医疗救援队野战医院在都江堰开设
（总后司令部科技装备局　提供）

6 月 18 日，德国医疗队完成医疗救援工作，中德红十字会野战医院交由当地医院管理。8 月 25 日傍晚，中德红十字会野战医院举行关闭仪式。从 5 月 25 日 15 时诊治第一位患者开始，到这所“帐篷医院”关闭，正好 100 天。

5 月 22 日下午，意大利由 17 人组成的医疗、救援队抵达成都，其他硬件物资于 23 日凌晨运抵成都。同日下午，运抵绵竹市孝德镇，并将紧急医院搭建完成。医疗队由意大利政府公民保护部门 3 名官员、意大利比萨一所大学附属医院 14 名医护人员组成，医护人员中包括外科、妇科、神经科、麻醉科、骨科等方面的专家。紧急医院自带有发电机、手术台、心电图仪、B 超机、呼吸机、麻醉设备、担架等医疗设备及各类医疗用品，展开帐篷 15 顶、病床 50 张、手术台 1 张。6 月 4 日，意大利驻华大使到孝德镇出席医院交接仪式。

5 月 23 日至 6 月 6 日，古巴医疗队一行 36 人在四川省人民医院实施救治。

5 月 24 日，英国医疗队一行 7 人到绵阳市中心医院，后转至成都市第二人民医院，侧重于骨伤的救治，开展数台复杂手术。

5 月 25 日，法国医疗队一行 14 人抵达广元市中心医院，开展急诊救助。救援期间，医疗队多次外出巡诊，收治重病患者。

5 月 27 日，巴基斯坦医疗救治队一行 28 人抵达甘肃省，29 日携带一批医疗救治药品和器械等医疗物资，赴陇南市武都区建立野外医院开展医疗卫生救援。

5 月 30 日，印度尼西亚医疗救援队一行 20 人赴文县，开展医疗卫生救援，积极开展义诊活动。

地震发生后，美国马里兰大学医疗队一行 5 人在四川大学华西医院与中国医护人员开展学术交流，医疗队成员都是创伤救治领域的国际知名专家，在四川灾区开展多次专题讲座，并建立华西医院与美国马里兰大学休克创伤中心的远程医疗网络。

6 月 11 日，无国界医生组织派遣灾区医疗协调员管原美纱一行，就受灾地区伤员心理支持事宜与德阳市红十字会、德阳市 120 急救中心会谈，并派出 13 名心理专家分别在陇南市武都区卫生院、绵竹市汉旺镇夏骡子骨科医院对伤员开展心理支持工作，并增派心理学专家，在九龙医疗救治点为受伤人员提供心理帮助。（参见表 10）

国际医疗、救援力量有关情况统计表

表 10

国家、组织	名　　义	人数（人）	救援地点	时　　间	协调单位
日　本	政　　府	61	青川、北川	5 月 15 日—19 日	中国红十字会
俄 罗 斯	政　　府	97	都江堰、彭州	5 月 16 日—6 月 2 日	中国红十字会
韩　国	政　　府	47	什邡、德阳	5 月 16 日—23 日	卫生部、外交部
新 加 坡	政　　府	55	什邡、德阳	5 月 16 日—21 日	卫生部、外交部
日　本	政　　府	23	四川大学华西医院	5 月 20 日—31 日	卫生部、外交部
德　国	红十字会	12	都江堰战地医院	5 月 23 日—6 月 18 日	中国红十字会

续表 10

国家、组织	名　义	人数（人）	救援地点	时　间	协调单位
意大利	政　府	21	绵竹市孝德镇卫生院	5月22日—6月4日	中国红十字会
古　巴	政　府	36	四川省人民医院	5月23日—6月6日	卫生部、外交部
英　国	政府认可的救灾注册工程师协会	7	绵阳市中心医院、成都市第二人民医院	5月24日—30日	卫生部、外交部
法　国	政　府	14	广元市中心医院	5月25日—6月4日	卫生部、外交部
巴基斯坦	政　府	28	陇南市武都区临时医院	5月27日—6月11日	卫生部、外交部
印度尼西亚	政　府	20	文县当地医院	5月30日—6月7日	卫生部、外交部
美　国	马里兰休克创伤中心	5	四川大学华西医院	6月7日—16日	卫生部、外交部
无国界医生组织	国际社会	13	德　阳	5月29日—6月11日	德阳红十字会
合　计		439			

第二章　赶赴灾区

汶川特大地震发生后，全国各地调集和组成的救援力量通过空中和地面立体输送，以最快的速度赶赴灾区。国家民航系统和解放军空军系统紧急调集374架各型客货运输机、直升机，将5.6万余名解放军、武警部队、公安特警、消防队员和军地医疗队、防疫队等救援力量和重要救灾物资投送到灾区。据空军航空管制中心统计，5月12日至6月2日，共计飞行5932架次，其中民航飞行1528架次、空军飞行1621架次（含专机、重要飞行88架次），陆航飞行2783架次，使参加抢险救灾的解放军指战员、武警部队官兵、国家及省级地震灾害紧急救援队和公安特警、消防特勤救援队能够迅速到达灾区。

在实施空运的同时，解放军和武警部队出动5854辆各型运输车辆，实施中华人民共和国成立以来规模最大、投入兵力最多的远距离摩托化开进。铁路、公路和军队各级交通运输部门密切配合，同心协力，紧急调集机车、车辆，快速编组专列，准时实施装载，将5.36万余名解放军、武警部队官兵及其救灾装备输送灾区。交通、通信、电力、石油等系统的专业救援力量也以不同的开进方式，携带各种大型装备紧急赶赴灾区，迅速展开抢修保通救援，确保运输畅通。

各路救援力量抵达灾区的中心城市、飞机场、火车站等集结地之后，根据抢险救灾任务部署，紧急突入各个任务区，奔向各个救援现场。面对山高谷深、道路中断、余震频发、山体崩塌、沙石滚落、大雨滂沱的险恶环境，各路救援部队或短途乘车，冒险闯关；或徒步行军，艰难跋涉；或开辟水路，勇涉急流，克服各种艰难险阻，突入任务区域救援。部署在成都周边机场的130余架直升机充分发挥灵活机动的优势，在恶劣气象条件下，高密度往返飞行，及时将救援队伍和医护人员空投到与世隔绝的乡镇、村庄，为抢救生命赢得了宝贵时间。

第一节　疾进灾区

汶川特大地震发生后，为赢得抢救灾区群众生命的宝贵时间，为能把救援力量以最快速度运往灾区，中共中央、国务院、中央军委运筹帷幄，果断决策，集中动员和调集各种运输工具和运输力量，采取空中投送、铁路输送、摩托化机动并举的疾进方式，实施远距离、高强度的快速机动。民航、铁路、公路等相关部门紧急动员，与部队密切协同，使空中、地面运输畅通无阻，确保抢险救灾部队和装备物资快速到达灾区。

一　空中投送

空军空中投送　地震发生后，为使抢险救灾救援部队尽快到达地震灾区，空军调集了 94 架运输飞机，实施最大负荷的救灾飞行，并牵头建立抗震救灾飞行联合指挥和空中监管机制，保障整个抗震救灾空中运输的安全和顺畅。陆军航空兵先后调集了 101 架直升机，成为突入震中地区的重要空中运力。

5 月 12 日 16 时 26 分，95006 部队派出两架运输机于 18 时 13 分抵达北京南苑机场，运载国家地震灾害紧急救援队 195 人及救援装备赴川执行救援任务。两架飞机于 20 时 2 分和 12 分先后从北京南苑机场起飞，22 时 25 分和 35 分先后降落成都（见图 28）。5 月 12 日至 6 月 2 日，空军

图 28　5 月 12 日晚，空军抗震救灾飞机抵达成都双流机场

（空军　提供）

共组织实施救灾飞行1621架次，主要由95006部队和95959部队实施。95006部队共出动飞机38架、空地勤官兵550人、各类保障人员1916人，跨越25个省（市），起降军地机场49个，飞行901架次、1878小时13分，总航程达116.5万公里。任务机组多数是在飞行中即接受新的任务，每个空运架次均以最大体积、最大载重投送，共计空运救灾兵力10235名、车辆59辆、冲锋舟100艘。95959部队共出动飞机77架，其中执行专机任务30架、执行重要任务11架、执行一般任务36架，共飞行282架次、566小时56分。

地震发生后，95900部队党委召开紧急会议，分析灾情，研究可能担负的任务，并迅速收拢人员，补充物资器材。5月13日零时24分，接到上级准备飞赴灾区的预先号令后，部队立即召开作战会议，下达命令，部署任务，定下不惜一切代价挺进灾区的决心，迅速成立机场装载指挥组、道路调整组、军地机动保障联络组和部队开进指挥组。仅用4个小时，部队完成一切行动准备。首批部队仅用一小时即完成向开封机场集结。从8时28分开始，运送4585名官兵，分5个梯队从开封机场搭乘空军伊尔—76、运—8、图—154、波音—737共4种型号飞机，飞行35架次，紧急空运到绵阳、太平寺、双流、彭山、邛崃5个机场。

5月13日8时至15日5时，95829部队官兵11131人，使用空军运输机，往返飞行98架次，从武汉阳逻机场、武汉天河机场和河南开封机场分别起运（参见图29），在48小时内全部运达四川灾区。此次官兵万人空中大运送，其准备时间之短、投入兵力之大、组织指挥之复杂，对空军和任务部队都是一次近似实战的考验。如此大规模兵力空中机动，在空军历史上尚属首次。空军司令员许其亮称赞：95829部队反应快、开进快、执行指示坚决、战斗作风顽强。15日，军队再次调集直升机61架，飞抵四川灾区。至6月2日，累计执行救灾飞行1621架次，其中专机和重要任务飞行88架次，运送救灾人员1.7万余人、物资4730吨。

图29　5月13日晚，95829部队向出发机场机动集结
（空军　提供）

地震发生后，成都军区迅速派出31架直升机，飞抵四川灾区执行运输救灾人员和物资的任务。5月15日，总参谋部根据胡锦涛在国务院抗震救灾总指挥部《关于紧急增派80架直升机的请示》上的批示，向全军下达《派直升机部队执行抗震救灾任务的命令》：由71687部队22架、61267部队10架、73602部队10架、75752部队9架、71901部队10架，共抽调61架直升机参加救灾。各部队立即从各自驻地实施转场飞行，于当日14时16分至22时10分，陆续飞抵四川灾区执行抗震救灾任务。另外，兰州军区69008部队7架直升机从13日开始，先后转场天水和榆中机场，在甘肃灾区执行抗震救灾任务。

5月15日，71687部队、71901部队共32架直升机转场至四川灾区。2时30分，71687部队接到命令：派出22架直升机参加抗震救灾行动，进驻后飞行指挥由空军指挥，救灾物资筹措和航材保障由成都军区和总参陆航部负责。部队立即召开作战会议，做出转场部署。5时10分，71687部队接到机动命令后，派出抗震救灾空转分队208名人、22架直升机，编为1架先遣机和3个梯队，航程1300余公里，于16时全部转场至四川，完成集结部署。20日14时30分，根据成都军区联指命令，71687部队抗震救灾空转分队22架直升机又转场绵阳，展开绵阳方向抗震救灾行动。

5月15日3时30分，75752部队召开转场飞行任务部署会，向机组人员下达飞行任务，明确9架直升机和86人赶赴灾区。10时，直升机编队起飞，22时15分飞抵四川。6时55分，71901部队9架直升机起飞，于19时53分到达集结地域。此前，在四川大修的一架直升机接到命令后于15日11时17分起飞，于11时54分到达。12时，73602部队10架直升机先后起飞，跨越5个省12个市1510公里，于18时15分到达成都。同日，61267部队派出7架直升机和61名机组及保障人员，向四川转场，执行抗震救灾任务。（参见图30）

图30　5月15日，陆军航空兵直升机部队向灾区转场飞行，执行抗震救灾任务
（郭维虎　摄）

5月20日，成都军区联指统一组织指挥71267部队、75752部队、71901部队共42架直升机，于16时30分转场至绵阳机场，通过调整直升机部署，救援飞行距离缩短151公里。

民航空中投送　在抢救生命的紧急时刻，中国民航局所属各民用航空公司和直属航空大队，除维持国内国际正常航班飞行外，最大限度地抽调150余架客、货运输机和31架直升机投入抗震救灾运输。参与救灾运输任务的航空公司有国航、东航、南航、海航、山东航、上航、厦航、深航、川航、邮政航、中联航、西部航、东星航、奥凯航、吉祥航，以及国货航、中国货运、上海货运、扬子江快运、翡翠航、金鹿航等。此外，还有一些航空公司利用航班和航班腹舱运送救灾人员和物资。

5月13日，中国民航局调集国航、东航、南航、海航、山东航、西部航飞机10架，飞行27班次，从洛阳运送解放军官兵5000名至成都。14日，调集国航、东航、南航、海航、厦航、山东航、中联航飞机55架，从28个省（区、市）的30个机场飞行60班次，运送公安消防、特警和医疗人员7450名。同日晚，又调19架飞机运送解放军官兵4590名至成都。15日，从全国12个城市运送公安消防官兵2100名至绵阳。至26日，中国民航局共运送各类救灾人员3.5万人、各种救灾物资1万多吨。

5月12日15时30分，国航飞行总队接到执行飞赴灾区包机任务的紧急通知，立即派出刚执行完奥运火炬境外传递任务的大队长申建明担任带机机长，组织空中客车330机型、6091号飞机机组和乘务人员进行周密准备，于20时51分，CA071航班在北京首都机场紧急起飞，运送交通部副部长、民航局局长李家祥，国航党委书记谭植洪及有关人员15人，赶赴四川灾区指挥协调民航、国航救灾运输，同机带有食品、矿泉水、药品等救灾物资；23时3分，机组克服余震不断、机场盲降系统工作不稳定等困难，安全降落在成都双流机场。这是地震发生后第一架在成都双流机场降落的飞机。

5月13日2时30分，国航天津分公司接到天津市政府的紧急求助电话后，运送天津市地震灾害紧急救援队及救灾物资赶赴成都。10时28分，飞行总队二大队副大队长赵亚雷、苏王麟、张力机组飞抵天津机场。13时44分，满载天津地震灾害紧急救援队204名队员和医疗器械、急救药品的包机从天津滨海机场起飞。由于当地天降大雨，余震不断，机场塔台指挥部转移在外场指挥，联系十分困难，飞机在成都上空盘旋等待40余分钟后，终于成功降落。

5月13日3时，国航浙江分公司接到浙江省公安厅关于运送地震灾害紧急救援队到灾区执行任务的通知，即迅速落实各运输保障事项。14时23分，一架空中客车搭载108名浙江特警和救援设备从杭州萧山机场起飞；17时30分，飞机降落在成都双流机场。

5月13日11时50分，国航飞行总队七大队接到紧急通知，要求大队立即派遣机组，运送驻洛阳的71282部队赴成都救灾。邸伟机组受领任务后，执行CA051（北京—洛阳—成都—洛阳—成都—洛阳—成都—北京）航班，CA051航班从北京起飞，于18时40分抵达洛阳，部队官兵快速登机后迅即起飞，并于21时55分，冒着大雨在成都双流机场降落。22时55分，机组起飞返回洛阳，第二批部队官兵登机；14日1时15分，飞机第二次从洛阳起飞，于3时25分降落成都双流机场。4时，飞机再度从成都飞返洛阳；6时40分，飞机第三次在洛阳运载部队官兵起飞，经两个多小时飞行安抵成都。至此，CA051机组驾驶飞机连续飞行7个航段，在洛阳和成都往返3次，于14日16时20分飞回北京归队。（参见图31）

5月13日12时10分，海南省地震灾害紧急救援队54人乘海口至成都HU7991航班起飞，于16时40分抵达成都双流机场。12时20分，山东省地震局4名专家、49名救援人员和7只搜救犬组成的山东省地震灾害紧急救援队乘专机从济南飞抵成都。14时30分，河南省地震灾害紧急救援队先遣队一行7人由河南省公安消防总队副总队长陈新江率领，在郑州乘民航班机飞抵成都。14日3时、8时30分，后续第二批、第三批救援人员先后从郑州新郑机场乘机到达成都，与先遣组会合。23时，由沈阳市公安消防支队204名官兵组成的地震灾害紧急救援队，于14日5时30分乘专机飞赴灾区。13日下午，江苏省地震灾害紧急救援队一行78人乘专机飞往成都。同日3时，山西省地震灾害紧急救援队在太原机场乘坐两架包机起飞，于5时20分抵达绵阳机场，前往安县救援。

图 31 5 月 14 日，国航运送救援人员和物资的飞机抵达成都双流机场

（陈刚 摄）

5 月 13 日深夜，公安部研究决定，从北京、天津等 27 个城市公安局调派 2330 名公安特警、5000 名消防特勤和 320 名边防医疗救护人员，共 7650 人，携带抢险救灾工具赶赴四川灾区。为争取时间，除重庆 200 名消防特勤人员采取摩托化机动外，其余 7450 人，均由民航系统调派飞机运送。中国民航局局长李家祥根据中央领导同志指示，立即向民航局应急办做了详细工作部署。国航、南航、东航、海航、厦航、上航、山东航 7 家航空公司接受任务后，组织人员，调配运力，制订飞行计划，共调集了 56 架飞机。自 14 日 3 时 52 分第一架飞机从太原机场起飞，至 11 时 51 分最后一架飞机由北京南苑机场起飞，7450 名消防、特警和医护人员全部运送到成都和绵阳机场。

5 月 14 日 4 时，广东省地震灾害紧急救援队 403 人，包乘两架民航飞机从广州白云机场起飞，于 9 时 50 分飞抵成都双流机场，直奔都江堰灾区救援。6 时 40 分，内蒙古自治区地震灾害紧急救援队乘国航包机，从呼和浩特白塔机场起飞，8 时抵达成都双流机场。7 时，安徽省地震灾害紧急救援队 100 余人在省消防总队参谋长王林波带领下，从合肥机场乘专机起飞，于 10 时许到达成都双流机场。福州市消防支队官兵 202 人在福州长乐机场集结，厦门市公安消防支队 150 人在厦门高崎机场集结，分别于 14 日 7 时 1 分、7 时 5 分乘机起飞，于 10 时 5 分、10 时 30 分先后到达绵阳机场，福建省属其余抢险救援队员也随后飞抵绵阳机场会合。7 时 15 分，黑龙江省地震灾害紧急救援队 512 人，分两批乘专机从哈尔滨太平机场飞赴绵阳机场。8 时 30 分，河北省地震灾害紧急救援队 300 人，在石家庄机场乘专机飞赴绵阳机场。

5月15日8时，宁夏回族自治区地震灾害紧急救援队由公安消防总队副总队长傅建贞带领，从银川河东机场乘机起飞，于10时25分抵达绵阳机场。8时30分，沈阳市消防官兵30人组成的救援队乘机飞赴灾区。

5月12日至6月21日，东航集团累计调集飞机98架次，运送救灾人员1.2万人、救灾物资2504.5吨（见表11）。

5月12日至6月21日东航集团调集包机实施空运情况一览表

表11

日　期	架　次	航　　线	实施空运内容
5月12日	3	昆明—昭通—昆明	2架向昭通运送救灾人员和物资，1架将云南省省长从昭通接回昆明
5月13日	8	上海、济南、郑州、西安、洛阳、武汉、南京、宁波等地到成都	34个航班，运送救灾人员1677人、救灾物资136吨
5月14日	23	太原、南昌、南京、青岛、上海、宁波、合肥、石家庄和昆明等地到绵阳、成都	86个航班，运送救灾人员4250人、救灾物资200多吨
5月15日	9	上海、合肥、南昌、昆明、南京、桂林飞往绵阳、成都	24个航班，运输消防官兵101名、搜救犬2只、森林官兵750名、救灾物资143吨
5月16日	2	上海到成都	运输医疗器材、食品和帐篷等救灾物资41.8吨
5月17日	7	上海、太原到成都	14个航段，医务人员230名和救灾物资280吨
5月18日	2	上海、武汉到成都	2架全货机，6个航段，运送近200吨救灾物资
5月19日	4	武汉、太原、上海等地到成都	4架全货机，16个航段，运送近200吨救灾物资
5月20日	5	武汉、太原、西安、南昌、济南、上海等地到成都	3架全货机，2架客机，14个航段，运送医护人员122名、救灾物资140吨
5月21日	5	合肥、武汉、上海到成都、绵阳	改装1架A300客机，增加61个担架位，专门用于运输伤员
5月22日	7	南昌、南京、兰州、石家庄到成都、绵阳	16个航段，运送官兵476名和救灾物资205.8吨
5月23日	2	上海、郑州到成都、绵阳	6个航段，运送救灾物资100多吨
5月24日	4	南京、郑州到成都、绵阳	14个航段，运送救灾人员150名和救灾物资252吨
5月25日	3	成都飞抵福州，上海、郑州到成都	1架客机转运49名伤员，2架货机运救灾物资39吨，共计执飞11个航段
5月26日	3	宁波、昆明、上海到成都，成都到上海	1架转运伤病员专用客机、1架747货机和1架A300货机，从成都转至上海107名伤员，并运输救灾物资130.6吨
5月27日	1	合肥、昆明、上海到成都，成都到福州	1架A300“爱心号”专机，执飞3个航段，从成都向福州转移伤病员64名
5月28日	2	上海、石家庄到成都，成都到上海	1架A300担架客机、1架A300全货机，6个航段

续表 11

日　期	架　次	航　　线	实施空运内容
5月29日	2	上海、合肥到成都，成都到南京	1架客机、1架全货机，5个航段，用于运送伤员和救灾物资
5月30日	2	昆明、石家庄到成都，成都到太原、广州	1架B767客机，将10吨大型医疗设备从昆明转运成都；1架A300担架客机，5个航段转运伤病员
5月31日	2	合肥、石家庄到成都，上海—成都—杭州—上海	1架担架客机、1架全货机，共5个航段，转运伤病员、救灾物资
6月5日	1	上海到成都	1架A300全货专机，2个航段，共运输救灾物资33吨
6月21日	1	南京到成都	1架A321飞机，运送医务人员176名
合　　计	98		

说明：表中数字未含正常航班

5月12日至7月2日15时，南航出动飞机245架次，飞行1349小时，运送解放军、武警部队官兵和消防、医疗救援人员1.05万人，救灾物资2331吨；从灾区转运伤病员、灾区群众和滞留旅客3万多人；另调集直升机3架，救灾飞行46班次，飞行124小时，运送救灾人员291人、救灾物资5.4吨、灾区群众47人（见表12）。从5月15日起，南航成立“机动大队”，从广州总部和各分公司所在地，每天动态备份20架飞机和100名飞行员随时起飞，执行运输救灾人员和物资的运输任务。

5月12—22日南航集团调集包机实施空运情况一览表

表 12

日　期	架　次	航　　线	实施空运内容
5月13日	4	沈阳、广州、深圳到成都	1架波音777、1架A320、2架A319，运送特警、搜救犬、医疗人员和救灾物资
5月13日	1	广州—成都	1架B777货机，运送救灾药品34吨
5月13日	6	洛阳—成都	运送部队救灾官兵1000名
5月13日	2	深圳—成都	空中客车A330-300，运送地震救援队200人、医疗队100人和救灾物资
5月14日	1	广州—成都	1架CZ3401货机，运送救灾收音机2万多台
5月14日	1	哈尔滨—成都	1架波音747-400全货机，运送救灾药品90吨
5月14日	3	长春—成都	运送消防和武警官兵369人、医疗队142人、救灾物资15吨
5月14日	2	武汉—成都	运送武警官兵201名
5月14日	1	长沙—成都	运送消防官兵155名
5月14日	1	长沙—成都	运送医疗队133人及救护物资

续表 12

日　期	架　次	航　　　线	实施空运内容
5 月 14 日	1	大连—绵阳	运送消防官兵 102 名
5 月 14 日	3	南宁—成都	运送特警、消防官兵 400 人及救灾物资 5 吨
5 月 14 日	1	北京—成都	运送救灾药品、物资 10 吨
5 月 14 日	2	广州—成都	运送特警、消防官兵 410 人和救灾物资
5 月 14—16 日	7	哈尔滨—成都	波音 747-400 飞机，运送消防官兵 707 人、药品 90 吨、救灾物资 670 吨
5 月 15 日	1	大连—成都	1 架空中客车 A300 货机，运送救灾药品 13 吨
5 月 15 日	1	长沙—绵阳	运送武警、消防官兵 104 人
5 月 15 日	1	大连—成都	运送药品 13 吨
5 月 18 日	1	乌鲁木齐—成都	运送新疆医疗队
5 月 18 日	1	大连—成都	运送救灾物资 15 吨
5 月 19 日	1	郑州—成都	1 架 B777 货机，运送救灾医疗用品 33 吨、2602 件
5 月 19 日	1	郑州—成都	运送救灾物资 33 吨
5 月 19 日	1	长沙—成都	运送武警消防官兵 150 人
5 月 20 日	1	德黑兰—北京—成都	1 架空中客车 A330 货机，转运伊朗捐赠中国首批救灾物资
5 月 22 日	1	武汉—成都	运送救灾药品 14 吨
5 月 22 日	1	海口—重庆—海口	接海南省抗震救援队返回
5 月 22 日	1	大连—成都	运送四川在外农民工返乡
合　　计	48		

二　铁路输送

调配铁路专列　地震发生后，铁道部与总参谋部、总后勤部、武警总部密切协作，紧急调集各类铁路车辆，组配军用专列，运载解放军和武警部队官兵赴四川灾区。为加快运输速度，铁路军运计划以解放军和武警抗震救灾指挥部的用兵计划和命令为准，随到随批，快审快批，抢险救灾部队物资随到随装随卸；部队各级军交运输部门和军代处干部到铁路运输一线，帮助和指导抢险救灾部队快速安全装车。抢险救灾部队、物资专列采取最高等级车次开行，压减停站次数，沿途各地军代处、军供站送饭送水上车供给部队等超常措施，确保专列快速到达灾区。

5 月 12 日 18 时，总后军交运输部连夜协调铁道部，向昆明、洛阳、许昌、信阳等地紧急调集平车 800 辆，保障首列运送 1463 人救援部队的专列于 13 日 2 时 12 分发出，并于 20 时 56 分到达成都站。13—18 日，昆明铁路局及军代处共调集铁路车辆 35 批 773 辆，其中客车 186 辆、代客车 4 辆、棚车 18 辆、平车 565 辆，开行军用专列 30 列，输送救灾官兵 16188 人、车辆设备 907 台、物资 6300 余吨。在抗震救灾紧急铁路输送期间，停止局管内货物装车 240 车，抢卸到达救灾物资车辆 200 辆，抢修平车 54 辆，停开货物列车 7 列、旅客列车 3 列，全部用于抢险救灾部队运输。

济南军区抢险救灾部队及物资主要通过铁路输送方式到达灾区。（参见图 32）截至 5 月 25 日，通过济南、郑州铁路局共发送军用专列 53 列，抢险救灾部队分别在驻地附近火车站装载，到达成都东站和德阳站卸载。其中，71521 部队直属队 1 列、71282 部队 20 列、71352 部队 2 列、71811 部队 12 列、71320 部队 15 列、71687 部队 1 列、71988 部队 2 列，动用铁路车辆 1795 辆，输送人员 25881 名、各类车辆装备和工程机械 2436 台（件）、救灾物资器材 1880 余吨。

图 32　5 月 13 日，济南军区部队通过铁路输送赶赴四川地震灾区

（济南军区　提供）

5 月 13 日至 6 月 14 日，沈阳军区通过沈阳、长春铁路局分别在沈阳大成站、沈阳东站和长春南站、清原站、榆树台站、梅河口站，调集铁路车辆 281 辆，其中客车 2 辆、代客车 2 辆、棚车 50 辆、平车 227 辆，装载救灾物资运送至四川灾区。

兰州军区通过铁路部门和各级铁路军代处，分别在天水、陇西、青铜峡、武威南、兰州西、银川和中卫迎水桥等火车站，集结平车 391 辆、客车 61 辆，向四川灾区和陇南、甘南灾区运送救灾官兵和救灾物资。

5 月 17 日，成都军区联勤部军交运输部接到从隆昌站紧急装载运输 30 辆救灾吊车的任务后，紧急协调铁路部门，在没有接到发货人装车申请的情况下，迅速从本站、邻站和途经该站的列车上同时调配平车，仅用半小时就将 30 辆合格平车配送到位。6 月 2 日晚，接到紧急装运 77216 部队赴江油灾区抢险部队官兵及装备的运输任务后，迅速协调铁路部门连夜抢卸重平车110余辆，从外地调集空平车150辆，保障装运需要。

调整军运计划　5月12日，总后军交运输部向各军区联勤部军交运输部及驻郑州、西安、武汉铁路局军代处下发《关于做好抗震救灾工作的紧急通知》，要求各级要密切关注灾区动态，了解铁路受灾情况，掌握铁路军运受影响情况；积极采取措施，降低灾情对铁路军运影响，了解在途军运部队人员押运员和装备物资安全情况，并积极采取措施，解决部队困难；积极主动配合协助铁路抗震救灾工作，及时为支援铁路抗震救灾的部队提供业务指导和帮助；各级加强调度值班，驻成都、西安、兰州局军代处要实行领导带班，有关动态情况迅速报告；防止发生余震人员伤亡和铁路军运事故。

5月13日，总后军交运输部给各军区联勤部军交运输部及驻郑州、西安、武汉铁路局军代处下发《关于组织抗震救灾铁路军运工作的紧急通知》，要求各级紧急动员，以及时救援为目标，以安全快速为原则，全力以赴、特事特办，以最快速度组织抗震救灾军事运输。15日，总后军交运输部向各军区联勤部军交运输部及驻郑州、西安、武汉铁路局军代处下发《关于继续加强抗震救灾铁路军事运输工作的通知》，要求各级进一步加强运输组织，牢固树立长期、持续作战的思想。18日，总后军交运输部第一运输局给各军区军交运输部、各直属驻局军代处下发《关于加强抗震救灾物资铁路军运组织的通知》，要求各级运输计划统一由总部和军区军交运输部按特殊等级审批，以统一协调安排运力；要做到货到车到、快速装载，经上级军交运输部门准许可以先装运后补计划；要尽可能开行军列、与地方抗震救灾物资合开专列，或编挂直达、直通列车。

成都军区联勤部军交运输部指导成都铁路局、昆明铁路局军代处迅速启动军事运输应急保障预案，迅速收拢人员，清查自身受损情况，组织展开抗震救灾军交运输保障。各单位迅速会同铁路、军供部门成立抗震救灾领导小组，主要领导靠前指挥；加强调度值班，实行双人值班和领导带班制度；恢复通信线路，建立协调指挥和协同机制；加强救灾运输需求预测，提前选扣车辆，提前回送备品，全力做好运输准备。成铁军代处派出人员对宝成线、成汶线等重点线路进行现地勘查，迅速查明管内铁路线路和军运设施设备受损情况，及时掌握第一手资料，上报总部及成都军区有关部门，为随后的大规模铁路输送提供决策依据。军交运输部及时调整运输计划管理办法，在第一时间将抢险救灾部队铁路输送计划审批权下放路局军代处，简化运输计划办理程序，提高运输计划办理速度。各铁路军代处会同铁路、军供部门采取运输计划随到随批，抢险救灾部队、物资随到随装随卸，按最高等级组织救灾专列运行，压减军列停站次数和列车技术作业时间，停开部分旅客及货物列车，送饭上车供应部队饮食等超常措施，做到计划审批快、车辆保障快、装卸速度快、途中运行快。5月12日22时，受领任务4小时后发出首列抢险救灾部队专列，48小时内输送一个建制师，156小时内将95列抢险救灾部队全部输送到指定地域，军列运行速度达到平时2倍以上。

地震发生后，驻成都铁路局军代处随即启动铁路应急输送预案，成立抗震救灾领导小组，主要领导连夜奔赴一线组织指挥。与此同时，所属驻成都、重庆、西昌、贵阳军代处迅速行动，派出军代表奔赴铁路沿线军列装卸载站、军供站和交界口等20多个站点，组织装卸、接发军列，协调部队饮食供应。军代处各级设立抗震救灾值班室，实行24小时双人值班和铁路、军代处领导联合坐班制度，全程掌控救灾运输，及时分析报告情况，协调处置有关问题；及时与铁路部门协调沟通，会同铁路部门制订装载、运行和卸载方案，包括基本方案、加强方案和线路中断后的迂回方案；采取停开管内列车、缩短军列饮食供应时间、减少军列停站次数、调整运行径路、增加调车机车和卸载点等措施，确保军列快装、快运、快卸。5月14—18日，停开达成线列车15对，缩短运行里程409公里，减少运行时间7.2小时，军列平均速度显著提高。

5月12日18时，驻昆明铁路局军代处接到成都军区抗震救灾紧急铁路输送预先号令后，立即启动应急预案，会同昆明铁路局领导召开紧急会议，成立抗震救灾紧急铁路输送领导小组，由铁路局局长、书记任组长，军代处主任、政委任副组长，铁路局和驻局军代处主管运输的副局长、副主任分别负责调度指挥和现场指挥，下设综合协调组、调度指挥组和现场工作组。铁路局机关各部门和机、车、工、电、辆各单位立即展开工作，以最快的速度进行落实。各站段迅速清理货场、排查线路、整备车辆。驻局军代处一边发出紧急通知收拢人员，一边与被运部队联系，了解掌握有关情况，制订装载和运行保障方案，抽派机关干部充实一线，做好车辆、军运备品和饮食供应保障准备。在抗震救灾紧急铁路输送期间，停止局管内货物装车240车，抢卸到达重车200辆，抢修平车54辆，停开货物列车7列，停开旅客列车3列，用于抢险救灾部队运输。另外，请求铁道部和友邻路局紧急排入空车8列。

5月12日17时，济南军区军交运输部得到地震有关灾情报告后，立即协调总后勤部驻郑州、武汉铁路局军代处展开铁路车辆筹备。当天，郑州铁路局筹措客车36辆、平车84辆，保证济南军区部队第一列车梯队的发出。针对铁路局管内适合军事运输的铁路车辆少的实际情况，军交运输部协调各铁路局采取管内停装商运、抢卸重车、车辆改造等特殊措施，展开铁路车辆和捆绑加固器材准备，同时通过总后军交运输部协调铁道部从北京、哈尔滨、上海铁路局开行“抢”字头车次，紧急调运铁路平车500余辆，满足后续部队输送需要。

5月13日，总后军交运输部指示各级军交运输部门，抗震救灾铁路军运计划的提报与审批实行随到随批，必要时可边装载边审批。抢险救灾部队输送，以军队、武警救灾指挥部用兵计划和命令为准。各级军交运输部门收悉预先号令后，即主动与部队和发送单位联系，指导其尽快制订运输计划并及时审批；同时，协调铁路部门及时安排装载、运行和车辆保障计划，力争以最快速度发出首列。抗震抢险救灾部队铁路输送人员主要乘行客车，不足时可采取停开管内部分旅客列车办法解决，或协调铁道部调剂解决。特殊情况下，也可使用代客车输送。成都军区军交运输系统及时调整运输计划管理办法，迅速将抢险救灾部队铁路输送计划审批数下放路局军代处，简化运输计划办理程序，提高运输计划办理速度。各铁路军代处会同铁路、军供部门采取运输计划随到随批。

5月24日下午，空军后勤部决定通过铁路运送8支工程部队的大批工程机械到四川灾区，由空军后勤部军交运输部与有关部门协调拟制铁路运输计划。当晚，派主管人员到总后军交运输部和铁路部门报批计划，同时调集车辆。空军后勤部军交运输部部长李春光协调军代处和铁路部门现场测量工程机械的尺寸数据，现场研究确定超限机械设备的装载加固方案，现场指导部队实施装载，创造了铁路运输计划当日受理、当日报批、当日装运的快速抢运新纪录。

6月2日22时25分，成都军区联勤部军交运输部接到77216部队抢险分队从昆明向绵阳紧急铁路输送任务，立即组织成都铁路局、昆明铁路局军代处了解部队输送需求和管内运力情况，安排运输计划，制订装运方案，协调铁路部门连夜在昆明抢卸重平车110余辆、从外地向昆明调集空平车150辆，开设多个装载点平行组织部队装载作业，按最高等级组织军列全速开进。3日8时37分，运送77216部队抢险分队的军用列车发出首列。至4日13时40分，共开出4列军用专列，将77216部队官兵655人、装备220件全部输送到指定地域。

抗震救灾物资运输做到货到车到、快装快运，部队输送装备物资时，部队军交运输部门提前协调铁路部门调整运输计划，组织铁路职工加快装卸速度；认真检查装备加固捆绑状态，进行官兵乘行安全教育，搞好自身安全保护，防止发生次生事故，确保运输安全。救灾专列按其他列车避让的原则组织运行，沿途压减停站次数和技术作业时间，提高运行速度。

紧急输送灾区 5月13日2时12分，昆明铁路局昆明站开出91502次军用专列，编组客车14辆，运送77200部队先遣部队官兵1463人，于同日20时56分到达成都站，为到达四川灾区的第一列军列（见图33）。

5月13—15日，成都军区联勤部军交运输部协调昆明铁路局共组织军用专列13列、车辆462辆，输送77283部队官兵11433人、装备223台（辆）从昆明站到达成都站和成都东站。15日零时9分，后续抗震抢险救灾部队77223部队、77225部队、77226部队共计6189人，装备432台（辆），使用铁路客车73辆、平车287辆，开行军列12列，于17日1时36分全部抵达绵阳站。17日3时16分，77221部队使用铁路客车8辆、平车60辆，开行军列2列，于18日凌晨分别抵达绵阳站和成都东站。

图33 5月13日晚，77200部队救灾官兵乘军用专列抵达成都火车站

（成都军区 提供）

5月13日2时，71622部队迅速收拢在外驻训部队并紧急准备抢险救灾必备物资，3500余名官兵从不同地点向装载地域集结。8时47分，71622部队第一梯队851人、车辆装备43辆启运；

14时，71320部队参谋长胡修斌率抗震救灾前进指挥所、71622部队第二梯队773人、车辆装备43辆启运；16时30分，71622部队第三梯队737人、车辆装备52辆启运；18时40分，71622部队第四梯队960人、车辆装备57辆启运；20时30分，71622部队第五梯队238人、车辆装备41辆启运。仅用9个小时，该部3559人、车辆装备236辆，编组的5列军用列车全部启运。14日18时40分，第一梯队首先抵达成都站，后续梯队相继到达。

71897部队共出动4028人、各类装备226件，编成6个列车梯队，分别于5月13日13时45分、20时20分及14日零时30分、5时40分、6时15分、11时出发，并于15日1时45分至11时先后到达成都东站。13日20时，郑州铁路局组织1列军用专列运送71320部队基本指挥所、71391部队及相关保障人员356人，于14日1时15分启运，15日16时抵达成都东站。

71282部队官兵5981人、装备882台，编成20个列车梯队。首列于5月13日9时28分启运并率先到达，尾列也于16日17时30分到达成都东站。为确保快速出动，71282部队采取多站点装载、行进间编队、随到随装的方式组织铁路装载，时间比平时显著缩短。副部队长叶勇带领卸载指挥组，现场协调、昼夜实施，到一列、卸载一列，并组织部队迅速转换机动方式，采用摩托化行军开进至都江堰。

71352部队本级工程及后勤保障装备、重型装备80余辆，官兵775人，编为2个列车梯队，首列于5月15日8时30分出发，尾列于23时55分到达成都东站。两个列车梯队卸载后立即采取摩托化机动方式向青川开进，于17日8时全部到达灾区。71811部队首列于15日1时8分发出，16日8时35分到达。至17日21时5分前，全部到达各自任务区。71762部队和71521部队直属分队于16日2时启运，17日1时30分到达广元车站。71762部队一部、71521部队直属分队其余人员与71687部队地面应急保障分队及装备，也于17日21时10分到达成都东站。

68331部队官兵59人携带各式机械装备26台于6月11日13时乘火车出发，12日21时30分到达阳平关火车站，执行赴汉中灾区抢险救灾任务。11日16时，68211部队官兵167人，携带工程机械装备乘火车出发，于12日7时到达宝鸡灾区执行抢险救灾任务。16日10时，以铁路输送的方式再次运送68211部队官兵59人、机械装备20台，于17日9时30分到达略阳县横现河火车站，卸载后分赴陇南市武都区东江镇和康县王坝乡，执行抢险救灾任务。

5月13日14时30分，武警8690部队分成2个行军纵队、10个列车梯队向成都方向输送（见图34）；16日7时，10个列车梯队4946名官兵全部到达成都火车站。26日15时20分，驻武汉铁路局军代处接到武警水电部队三峡工程指挥部运输请求，要求该部120名爆破等专业技术人员，务必于27日中午前赶赴绵阳增援唐家山堰塞湖紧急排险。军代处紧急协调铁路部门开辟部队抢险救灾“绿色通道”，快速组织部队从宜昌站登乘最早最快的K50次列车赶往襄樊，然后从襄樊换乘当日武昌开往成都的T247次列车。在换乘列车开车时间比部队到达襄樊时间早36分钟的情况下，该军代处一方面组织K50次列车赶点运行，另一方面安排T247次列车在襄樊压点等待，并提前腾出餐车和宿营车供部队使用，同时将两趟列车调整到同一站台停靠，方便部队快速换乘。

图34　5月13日，武警8690部队以铁路输送方式向四川地震灾区机动
（武警部队　提供）

三　摩托化开进

5月12日15时至16日8时，军队动员各种汽车4900余辆，运送解放军和武警抢险救灾部队官兵4.47万人以及救灾物资1.6万吨，进入四川、甘肃陇南地震灾区。在开进途中，汽车驾驶员冒艰险、抗疲劳、忍饥渴，反复运送抢险救援人员和救灾物资进入各重灾地区。由于地震和不断余震造成公路严重损毁和反复损坏，交通运输和公路管理部门及部队、民兵舍生忘死，夜以继日，奋力抢修道路、桥梁，保持运输道路畅通。

济南军区部队摩托化开进　5月13日3时52分，济南军区抗震救灾摩托化机动部队奉命出发。摩托化机动部队共编14个行军梯队，主要包括71332部队1营、71352部队一部、71426部队及部分医疗队，动用车辆装备1585辆（件），输送兵力11620人，携运行物资1500余吨。摩托化梯队昼夜兼程，穿越秦岭山脉，奔赴灾区。（参见图35）

5月13日4时30分，71282部队先遣指挥组、71332部队1营330名官兵和30台车辆装备，在71282部队副部队长闫玉川、副参谋长吴鹏飞和71332部队部队长黄长清率领下，担任济南军区抗震救灾先遣队，在震情不明、路况不明的情况下，冒着余震，昼夜兼程向四川灾区挺进，行程共1360公里。先遣队编为两个梯队，第一梯队由该部先遣指挥组编成，历时17小时30分，于13日22时到达彭州；第二梯队由71332部队1营编成，历时24小时40分，于14日5时10分到达彭州，比原计划提前10多个小时。先遣组为确保安全快速到达灾区，采取每车派两名驾驶员，确保人歇车不歇；油罐车伴随车队行进，途中除车辆加油加水外，不作任何停留；司机和带车干部困了嚼辣椒、吃大蒜，坚持向灾区挺进；面对路况差、弯道多、隧道多的实际，车队拉大间隔，危险路段由干部下车指挥引导，确保整个摩托化行进过程不损一车、不伤一人。

5月12日23时45分，72671部队接到赶赴抗震救灾一线的命令后，立即启动应急指挥控制

图 35　5 月 13 日，济南军区抗震救灾先遣队摩托化机动奔赴四川地震灾区

（济南军区　提供）

系统保障方案和抢险救灾预案。13 日 13 时，抗震救灾分队 16 人、运输车 4 辆出发，克服路况不熟、环境生疏、道路拥堵等不利条件，穿越秦岭山区和四川震区到达都江堰。18 时 20 分，71777 部队摩托化机动保障分队分两个组奔赴灾区。

5 月 14 日，71352 部队接到开进命令后，编为 8 个梯队，共出动各型车 1080 辆，由驻地成一路纵队出发，途经 3 个省 11 个市，连续行军 19.5 小时，行程约 1800 公里，于 16 日 5 时 15 分前陆续到达广元，随即赴青川执行抗震救灾任务，部队迅速向各乡镇开进。

71426 部队编为 4 个梯队，从驻地营区出发，向平武灾区开进。5 月 14 日 15 时 25 分，第一梯队（先遣队）370 人、各型车 35 辆由前进指挥所组织，在副部队长余秋胜指挥下出发。机动途中，71426 部队采取“双开双带”，即每辆车安排 2 名司机、2 名带车干部，人歇车不停；加强组织指挥，每个梯队安排 1 ~ 2 名领导带队，梯队内部使用对讲机，梯队之间使用北斗一号、军用 CDMA 通信联络，不间断指挥控制；将 28 名汽车修理工和 4 辆修理工程车编为 4 个伴随保障组，对各梯队实施伴随保障。15 日 11 时，在道路十分艰险、条件十分复杂的情况下，历时 19.5 个小时，通过隧道 136 座、大小桥梁 540 座，行程 1300 余公里，到达平武县南坝镇。至 16 日 11 时 50 分，71426 部队 2210 人、各型车 259 辆，全部到达抗震救灾任务区。

5 月 14 日 17 时 50 分，71633 部队通信保障分队第二梯队 21 名官兵、通信装备车 3 辆、运输车 1 辆，采取摩托化机动方式，向四川灾区机动，保障 71521 部队北线指挥所对所属抗震抢险救灾部队实施实时指挥。15 日 8 时 20 分，在距西安 80 公里处与 71426 部队会合，加入其行进梯队；16 日 20 时，部队到达青川，行程约 1680 公里。

5 月 14 日 18 时 3 分，第 91 医院医疗队与 71426 部队进行车辆编队。18 时 20 分，医疗队 41 名队员、轮式装备 6 辆，在 71426 部队编成内，采取摩托化机动方式向四川灾区开进。16 日 13 时，到达平武县响岩镇。

5 月 14 日 19 时 15 分，第 371 医院医疗队 41 名队员、轮式装备 7 辆，与 71677 部队编队会合，采取摩托化机动的方式向四川灾区机动。19 时 27 分，72495 部队抗震救灾前指与第 153 医院医疗队 46 名队员、轮式装备 8 辆，从第 153 医院营区出发。23 时 50 分，72495 部队抗震救灾前进指挥组、第 153 医院医疗队与第 371 医院医疗队、71677 部队摩托化行军梯队会合。15 日 8 时 30 分，72495 部队抗震救灾前指、第 153 医院、第 371 医院医疗队编入 71352 部队直属队后梯队向灾区实施摩托化机动。17 日 11 时 30 分，到达青川县乔庄镇回龙村展开抢险救援。

5 月 15 日 7 时 40 分至 18 日 16 时 30 分，71117 部队编成 3 个摩托化梯队，从都江堰向西绕道雅安、马尔康，翻越终年积雪的夹金山、梦笔山，迂回 780 公里奔赴汶川。其中，第一梯队 100 人，由副部队长兼参谋长张兆宁率领，于 15 日 7 时 40 分出发，16 日 10 时 46 分到达理县，第一辆车 6 人于 11 时 30 分到达汶川；第二梯队 400 人，由政委汪立宏率领，于 15 日 14 时 30 分出发，于 17 日 14 时 30 分到达理县，20 时到达汶川；第三梯队 300 人，由部队长郭永忠率领，于 16 日 9 时 33 分出发，于 18 日 16 时 30 分到达汶川。3 个梯队奔赴汶川的路程行进异常艰难，途中山路狭窄，到处是悬崖峭壁，山顶巨石随时都有垮塌危险；雪山山高坡陡，且沸点降低，有 6 辆车在山上先后“开锅”；在余震影响下，山上不断飞落滚石，汪立宏在指挥车辆行进时被飞石砸伤。在异常艰险情况下，该部队顽强突进，为济南军区第一支成建制进入汶川的救灾部队。（参见图 36）阿坝藏族羌族自治州委书记侍俊说：“当年红军开辟了北上抗日的通道，如今红军的传人为汶川人民蹚出了生命的通道，历史将永远记住铁军官

图 36　5 月 16 日，71117 部队编成 3 个梯队相继翻越雪山挺进汶川县

（济南军区　提供）

兵做出的贡献！”

5月17日3时30分，济南军区野战方舱医院152名队员，携带价值200余万元的药材，1套战役卫勤支援系统及29台车辆装备，向绵阳方向摩托化机动，历时28个小时，行程1200余公里，于18日7时45分到达绵阳市涪城区永兴镇；19时50分，济南军区野战方舱医院全部开设完毕。

兰州军区部队摩托化开进 5月13日15时，68210部队部队长何清成、政治部主任刘林福，带领抗震救灾指挥组从宝鸡出发，以摩托化机动方式赴陇南协调指挥部队执行抗震救灾任务。14日19时，指挥组抵达文县碧口镇。

5月13日18时，68202部队机关部分人员、68212部队工兵连共75人及工程机械，以摩托化机动方式到达徽县嘉陵镇。14日20时，68202部队政委张绘武组织前进指挥所及68212部队抗震救灾官兵共578人，以摩托化机动方式行进497公里，到达文县碧口镇。15日10时，68202部队副政委金志方、参谋长张东晓、装备部部长张宏科带机关、直属分队和68212部队共2565人以及各型车辆239台，向陇南地区机动；18时30分，到达武都区东江镇。

5月17日13时，68206部队出动313人、运输车22辆，向舟曲机动，总行程340余公里，于22时到达舟曲县城。20日20时，68202部队出动161人、运输车11辆，于21日2时到达徽县嘉陵镇。6月20日11时，68310部队副参谋长黄冲、政治部副主任胡官平组织指挥68331部队80人、各型机械装备5台，采取摩托化机动方式，行程141余公里，到达略阳县白水江镇权力村。21日13时，68222部队副部队长陈国雄带抢险救灾官兵282人、运输车60辆，采取摩托化机动方式向康县机动，于22日3时到达康县王坝乡，执行抢险救灾任务。22日23时，68202部队副部队长曹和先组织68222部队1060人、各型车67辆，向陇南地区摩托化机动；24日18时，到达文县展开救援。

6月10日13时，68331部队出动941人、各型车77辆，采取摩托化机动方式，行程536余公里；11日11时，到达宁强展开救援。29日8时，68331部队地爆连和舟桥3连197名官兵、13台装备向略阳县何家岩镇、马蹄湾乡任务区转场部署，经过120公里摩托化机动，于15时30分全部到达任务区。

7月4日8时，68331部队舟桥1连、舟桥2连出动兵力189人、运输车11辆，经45公里机动至宁强县汉源镇后，与基本指挥所、特务连、汽车连、修理连、伪装连兵力212人及装备30台（部）统一编队，机动150公里，于17时20分到达略阳县城。舟桥1连、舟桥2连，于18时40分到达郭镇镇任务区。22日8时，68331部队筑城2连出动兵力15人、装备13台（部），从宁强县向阳平关任务区转场。

海军部队摩托化开进 5月14日，92051部队共2515人，分3个梯队，由湛江出发，以摩托化机动方式赶赴四川灾区（参见图37），途经广东、广西、贵州、重庆、四川五省（区、市），历时43小时、行程1980余公里，于16日13时分别到达绵竹市汉旺镇和什邡市师古镇，创造了中国人民海军建立以来机动规模最大、距离最远、速度最快的摩托化开进。

5月14日，先遣组5人，携带指挥车1辆，由副部队长黄文广任指挥员，从驻地出发，负责联系沿途保障事宜。第一梯队共有680人、各型车37辆，由部队长陈昌峰任指挥员，副政委靳广

图 37　5 月 14 日，海军陆战队某部登车，赶赴四川灾区救援
（海军　提供）

标、副参谋长李太峰任副指挥员；第二梯队共有 916 人、各型车 95 辆，由副部队长石志刚任指挥员，副部队长张苍怀、高宏任副指挥员；第三梯队共有 914 人、各型车 67 辆，由两栖装甲团团长高东任指挥员，装备部部长翟伟民任副指挥员。3 个梯队共 2510 人，分别于 14 日 13 时、15 时、17 时出发，采取摩托化机动方式，跨越五省（区、市），于 16 日晨到达成都、德阳。7 时 30 分，第一梯队赶至绵竹市汉旺镇；第二梯队与第三梯队途中合为第二梯队，于 13 时分别赶至绵竹市汉旺镇和什邡市师古镇。

5 月 24 日 10 时 5 分，第四梯队有 264 人，由副参谋长谭军任指挥员，出动轮式车 72 辆、履带式车 8 辆、橡皮舟 10 艘、10 马力挂机 12 台等装备，从湛江出发，历时 45 小时，于 26 日 7 时到达德阳，10 时到达绵竹市东北镇。

第二炮兵部队摩托化开进　5 月 13 日 21 时 50 分，96501 部队 150 人、96512 部队 150 人、96514 部队 200 人，共 500 人，携装载机 4 台、挖掘机 7 台、运输车 29 辆、救护车 2 辆、加油车 2 辆、动力锯 5 台、便携式电站 1 台等装备，赴四川灾区执行抢险救灾任务。14 日 10 时，各抗震抢险救灾部队以摩托化机动方式向地震灾区开进，19 时 30 分，96512 部队在政委马力的带领下，抵达北川境内预定地域；15 日 4 时 30 分，96512 部队在部队长郭中定的带领下，抵达北川羌族自治县任家坪；15 日 6 时 30 分，96514 部队在部队政委孙乐的带领下，也抵达任家坪。

5 月 13 日 21 时 50 分，96531 部队 300 人携指挥工程车辆、钢筋钳、电动切割机、破拆工具、液压动力站等装备，组成工程抢险救援队。14 日 9 时 10 分，以摩托化机动方式，编成 3 个公路行军梯队从驻地出发；15 日 6 时，在第二炮兵抗震救灾现场指挥组率领下抵达绵竹市东北镇。

5 月 14 日，96531 部队共 428 人，携各种大型装备以摩托化机动方式赴绵竹市抢险。8 时 40 分，副部队长贺锡安率 11 人，携工程信息车 1 辆、设备工具车 2 辆，于 15 日 20 时抵达绵竹；10 时 6 分，副部队长刘宗宝率 48 人，携指挥车 7 辆、工程保障车 3 辆、后勤保障车 8 辆，于 14 日 20 时抵达绵竹；16 日 6 时 20 分，副部队长康建国率 37 人，携专业装备车 8 辆，于 17 日零时 55 分抵达绵竹；副总工程师鲁克平率166人，携专业装备车14辆，于19日16时15分抵达绵竹；19日1时30分，后勤部副部长杜海吉率9人，携运输车1辆，于22时抵达绵竹；21日6时10分，副总工程师张爱萍率151人，携指挥保障车6辆，于23日15时15分抵达绵竹。

5月18日20时，96251部队装备部副部长曾蛟率99人，携淋浴车2台、喷洒车4台、消防车2辆、保障车7辆，经公路机动至汉中待命。96201部队副政委于瑞田率106人，携淋浴车2辆、喷洒车11辆、指挥保障车7辆在驻地待命。96401部队抽组73人，编成2个防化防疫分队在驻地待命。21日12时20分，96251部队防疫分队从广元出发，于22日12时20分抵达江油市大康镇。96201部队防化防疫分队从贵阳出发，经重庆，于22日15时40分，抵达江油市大康镇松花岭宿营地。22日9时40分，96401部队副司令员李晓宏率防化防疫分队，携防化洗消装备车4辆、指挥车2辆、保障车2辆，采取公路机动方式赶赴四川灾区，于23时15分抵达绵阳待命；24日11时40分，依据第二炮兵抗震救灾现场指挥组命令，部队转进至安县雎水镇，与第537医院医疗救护分队会合，共同担负雎水至高川段国防公路抢修期间卫勤保障和防疫洗消任务。

武警部队摩托化开进 从5月13日22时起，武警8690部队官兵4600人、携各类车辆365辆，分10个梯队，采取公路摩托化机动方式，先后向四川灾区开进。沿途跨越七省（市），行程约2800公里。16日10时30分，武警8692部队562名官兵抵达北川羌族自治县擂鼓镇；14时30分，武警8691部队1000名官兵抵达都江堰市胥家镇；16时，武警8694部队1000名官兵抵达北川羌族自治县擂鼓镇；17时，武警8692部队400名官兵分别抵达都江堰市紫坪铺水库和汶川县阿坝铝厂两个渡口；22时45分，武警8691部队200名官兵翻越3座2000米以上高山，到达汶川县三江乡；同时，武警8692部队和8693部队共600名官兵留在武警成都指挥学院待命。至16日23时，武警8690部队官兵4600人全部到位执行抗震救灾任务。13日7时，武警8651部队采取摩托化机动方式，从青海省达日县出发，沿青海省省道101线、四川省省道302线、国道317线，经久治县、阿坝县、理县，向汶川实施机动。16日11时，部队翻越6座海拔4000米以上雪山，冒着余震和大雨，行程753公里，克服从高海拔地区到低海拔地区身体不适等困难，到达汶川展开救援。

5月15日18时30分，武警黄金第三总队总队长杨永强率202名官兵、出动13台车辆，于19时45分抵达都江堰。16日8时50分，应急分队出动150名兵力开赴至紫坪铺水库，执行抢险任务。

5月12日21时30分，武警水电第三总队紧急抽调总队机关和九支队、十支队、十一支队共340名官兵和12台大型设备，采用摩托化机动方式，于次日凌晨到达什邡市蓥华中学救援。18日，武警水电第一总队抽调183名兵力组成抢险突击队，分别从广西南宁、河北唐山、贵州遵义和沿河、云南思茅、四川汉源和西昌出发，采用摩托化行军和铁路输送相结合的方式迅速集结，于19日7时30分到达成都集结地。19日20时10分，抵达安县永安镇平桥村。25日15时，武警水电三峡工程指挥部6支队200名官兵分别从云南永善、四川宜宾出发，采用摩托化开进方式，经宜宾、成都，行程600公里，于26日1时45分抵达北川。26日17时，武警水电第二总队紧急抽调7支队官兵36人、总队64人，分别从江西鹰潭、安福两地摩托化机动至南昌，换乘火车于28日14时10分到达成都后，以摩托化机动方式于28日18时到达武警水电部队唐家山堰塞湖抢险后勤保障基地。

5月13日4时30分，武警陇南市支队100名官兵采用摩托化开进方式，从舟曲出发，于8时40分到达武都区桔柑乡贺家坪村。13日10时，武警甘肃总队医院医务处主任孙新平率41名医疗救援队员，携带便携式X光机、心电图机等急救设备和价值10万余元的急救药品以摩托化开进方式从兰州出发，行程1000余公里，于14日15时30分到达文县。13日11时30分，武警甘肃省总队副政委张凤良和副参谋长刘志强带领天水市支队200名兵力，编为第一梯队160人、第二梯队40人，摩托化机动，边开进边排除险情，历经26个小时，行程519公里，于14日13时30分到达重灾区文县。24日7时10分，武警甘肃省总队司令部训练处处长张震涛、第一支队支队长牛永福带领第一支队106名官兵，采用摩托化机动方式，从兰州出发，途经定西、天水，于25日17时22分到达武都区柏林乡大庄头村。（参见图38）

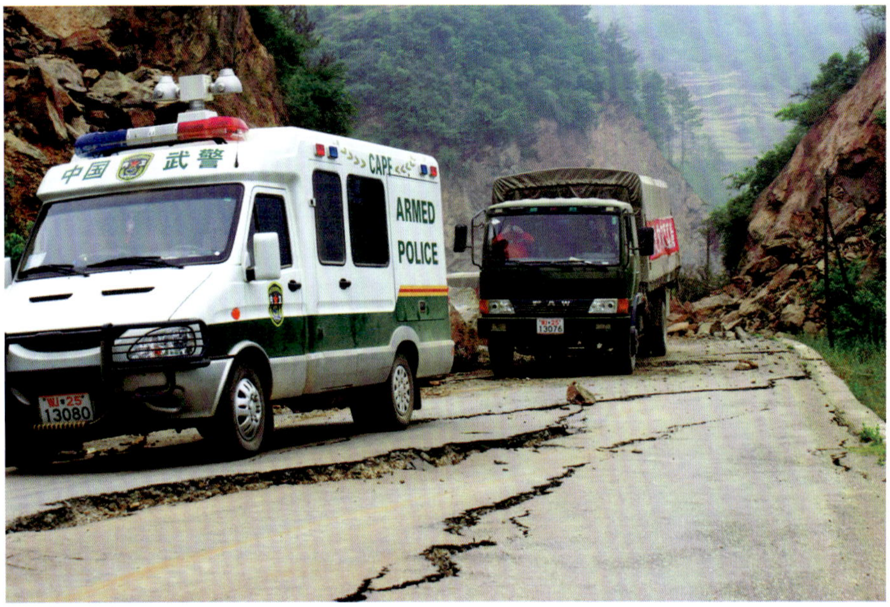

图38 5月15日，武警甘肃省总队地震救援队车队迅速通过塌方路段，向灾区开进

（武警部队 提供）

第二节 突入任务区

全国各地的救援力量通过航空、铁路、公路运抵地震灾区城市和机场、车站以后，需要根据军地抗震救灾指挥部的部署要求，开赴指定的救灾地域开展救援活动。由于地震造成灾区公路严重毁坏，多数不能通车，抢险救灾部队只能边开路边开进，车辆无法开进时就弃车徒步艰难跋涉；有的陆路交通受阻，解放军工兵舟桥部队和地方航务部门就通过架设浮桥、调集船只（冲锋舟）、构建临时停靠码头等措施，开辟水上通道；空军和民航直升机在山高谷深、无气象资料、无地面标识、无地面引导的情况下冒险飞行，将抢险救援人员、工程技术专家及急需的救灾器材

物资运往救灾人员难以到达的“孤岛”，尽快搜救被埋被困群众，尽快对伤员实施医疗救治，尽快送去食品和饮用水，尽快使受灾群众脱离险境，挽救了一批又一批受灾群众生命。

一 陆路突入任务区

来自全国各地约30余万人的救援大军抵达成都、绵阳等中心城市后，大部分要通过陆路突进极重灾区、重灾区。这些地区大都处于高山深谷，道路狭窄，有的一边是高山耸立，一边是急流深谷，由于地震和频繁余震，致使道路塌陷，桥梁断裂，前进道路险象丛生，各路救援人员舍生忘死，力排艰险，奋勇突进重灾地区，涌现出许多动人心弦的感人事迹。

地震灾害紧急救援队突入任务区 5月12日15时30分，四川省地震灾害紧急救援队在接到四川省政府关于迅速赶赴重灾区开展生命救援行动的指令后，立即乘车出发。17时56分，在成灌高速公路都江堰出口处与四川省地震局专家组会合，随即向汶川进发；行至都江堰至汶川约10公里处，遇到山体大面积滑坡，道路堵塞不能前行，即决定先在都江堰就地展开救援。13日3时，紧急救援队搜救犬分队带2只搜救犬和成都市公安警犬大队及所带的6只警犬也赶到都江堰救援。

5月12日17时，陕西省公安消防总队参谋长李程航带领联合救援队启程，于13日5时与咸阳、渭南两市地震灾害紧急救援分队在西安消防支队特勤大队一中队集结。13日7时30分，队员分乘5辆车出发，沿西（安）汉（中）高速公路运行14小时，冒雨到达绵阳。14日9时30分，救援队到达北川羌族自治县擂鼓镇展开救援。13时许，转至北川县城展开救援。

5月13日7时50分，河南消防总队跨区域地震灾害紧急救援队第一梯队起程赶赴四川。16时30分，副总队长陈新江率领先遣队一行7人到达绵竹。14日10时，救援队第一梯队其他队员到达什邡市蓥华镇；14时许，第二批110名消防队员到达什邡市洛水镇。至此，两批总计220名救援队员全部进入到极重灾区第一线展开抢险救援。

5月13日中午，重庆市地震灾害紧急救援队213人，携带车辆器材冒雨抵达成都，受领赴北川执行救援任务；因余震不断，车行受阻，紧急救援队改为徒步疾进，赶赴北川中学抢险救援。

5月14日5时42分，山西省地震灾害紧急救援队抵达绵阳，随即赶往安县千佛山和千佛镇一带进行救援；7时17分，救援队到达安县晓坝镇，由于沿途出现滑坡、塌方，指挥部决定由35人组成突击队携带两只搜救犬和简单破拆工具，徒步先行进入千佛镇；15日7时，突击队到达千佛镇，随即展开清查灾情和生命救援。

5月14日8时30分，河北省地震灾害紧急救援队抵达绵阳。13时许，队员从绵阳市区出发前往平武县南坝镇救援；17时许，到达距南坝镇20公里的檬子树时，由于山路出现塌方，决定一部分救援队员携带生命探测仪等轻便设备徒步先行出发，其他人员和装备随后跟进。300名队员背负着侦检、救生、破拆、照明、洗消等9类、41种、2696件套特勤装备器材，37顶帐篷，以及被褥、洗漱用品、3天的食品，于19时许徒步抵达南坝镇。

5月14日16时，云南省地震灾害紧急救援队到达北川羌族自治县擂鼓镇，由于公路塌方受阻，救援队前指迅速组织突击队员携带轻便器材，步行两小时到达北川县城所在地曲山镇实施紧急救援（参见图39），其他人员搭建营地并及时支援先头部队。同时，救援队前指向绵阳市政府

图39 5月14日，云南省地震灾害紧急救援队徒步奔赴北川县城
（中国地震局 提供）

北川前线指挥部提出“立即为专业救援队开辟紧急通道”的建议。

5月15日12时50分，黑龙江省地震灾害紧急救援队300人从都江堰出发，第一大队149人赴汶川县水磨镇，第二大队151人赴漩口镇。第一、二大队在寿江大桥分开，分别向目的地开进。第一大队历经6个多小时，徒步疾进，于19时30分到达水磨镇；第二大队历时近10小时徒步行军，于22时40分到达漩口镇。16日9时，指挥部命令黑龙江省地震灾害紧急救援队大队长林洪民，带领20名队员组成先遣突击队立即出发，经过7小时、30多公里的艰难徒步行军，于16时10分到达汶川县三江乡。

5月20日10时30分，广东省地震灾害紧急救援队，出动170人，分成4个分队，负重4吨多物资，徒步行走12小时，分别进入平武县南坝镇最为偏远的冒水头、黄草湾、毛湾、互助4个村开展救援。

成都军区和成都军区空军部队突入任务区 5月12日17时15分，在崇州驻训的77126部队部队长王凯带领部队奔赴北川灾区。车过绵阳，一片漆黑；车过安县，一片狼藉；车队经过擂鼓镇，一阵阵余震袭来，山上滚石不断砸在公路上。夜幕中，有路人拦住车队告知：前方道路阻塞，山体不断塌方，最好天亮再走。王凯指挥车队，把稳方向，拉开距离，不畏艰险，继续前进。13日零时30分，先遣部队抵达北川中学，尔后徒步进入北川县城展开救援。19时53分，77136部队接到驰援北川命令后，部队长唐保东带领213名官兵组成先遣队急速向北川挺进。17辆运输车在余震不断的情况下艰难行进，漆黑的夜晚伸手不见五指，公路两侧山坡上的巨石和沙土不断向公路上滚落。唐保东指挥部队清理道路继续前进，车辆仍然无法通行，便带领官兵弃车徒步前进。13日零时30分，经过远程机动，行程300多公里，终于到达北川县城。15日13时，在北川执行救援任务的步兵77136部队接到组建一个加强营前往茂县执行任务的命令，参谋长颜俊安率部队凭借一张四川省交通地图，从擂鼓镇出发，途经禹里乡、墩上乡，于16日21时30分到达茂县东兴乡，沿途翻越海拔2000米以上高山8座，通过滑坡滚石危险路段100余处，克服了余震频繁、路线不熟、天黑路险、塌方滑坡等危险，32 小时徒步强行军 145 公里，到达茂县展开抢险救援。

5 月 12 日 22 时 20 分，77126 部队装备部轮式车辆科科长李立衡、77146 部队副参谋长杨卫东率 22 名官兵组成突击队，携带海事卫星电话，徒步向汶川方向疾进。突击队离开都江堰奔袭 10 公里后进入山区，很快到达都汶路友谊隧道。突击队员冒着余震危险，瞅准滑坡空隙，迅速冲进隧道。此时，隧道顶部石块正不停坠落，队员们用手护住头部，将身体紧紧贴住隧道墙壁前进。10 分钟后，突击队员冲出隧道。13 日 2 时 30 分，突击队经过艰难跋涉，到达汶川县漩口镇道班。此时，雨越下越大，泥石流频发，3 人被碎石砸伤。待滑坡稍微平息后，突击队员决定冒险闯关，摸索着走到垮塌处，利用飞石坠落间隙，迅速穿越乱石。6 时许，到达距映秀镇仅 3 公里已成危桥的转体大桥。300 余名群众聚集在桥头不敢前行，桥对面有 300 多米道路被垮塌山体所埋，即使过了桥也无路可行。突击队员在仔细观察地形后，决定从桥面索降到河床，然后从河床绕过塌方地段。突击队员把背包绳连接成两根约 20 米长的绳索，一根作为滑索，一头拴在桥上，一头掉到桥底，另一根拴在队员腰上作为安全绳，一个接一个抓住滑索慢慢滑到河床。当队员全部到达河床时，又一次强余震发生，山顶碎石开始大面积滚落。官兵不顾乱石淤泥，伴随着呼啸飞过的碎石，奋力跑步通过。刚撤到安全区域，只听身后传来一声天崩地裂般的巨响，回头望去，半个山体垮下，突击队员原先的落脚点已全部被乱石所埋。经过 14 个小时的生死跨越，突击队员穿越 3 条严重受损隧道，通过 11 处断裂桥梁，攀爬 67 处垮塌山体，终于在 13 日 12 时 30 分到达汶川县映秀镇。（参见图 40）

图 40　5 月 13 日，77126 部队两主官率 22 勇士向汶川县映秀镇挺进途中

（成都军区　提供）

5 月 12 日 22 时 55 分，正在松潘驻训的 77133 部队接到命令，紧急开赴茂县救灾。部队一边清理路障，一边摩托化强行开进，到达国道 213 线时，数百吨重的巨石拦住去路，车辆无法通行。此时，已是 13 日 19 时 50 分。“弃车强行军，走到茂县去！”部队长陈军、政委沈明军当机立断发出命令。部队摸黑上路，快速徒步奔袭 20 公里后，一座大山横在面前。官兵将绳子系在腰间，连着彼此身体，顺着 70 度陡坡攀行，脚下是沟壑悬崖，湍急的河流发出阵阵吼声。部队还未爬到山腰，就遭遇了 4 次泥石流；眼看几个官兵被飞石砸伤，有的差点被乱石淹埋，带路的向导双腿发软，再也不愿往前走。官兵没有退缩，将身体紧贴绝壁，手扣石缝，一步步往前挪动，用了足足 5 个小时，终于翻过大山。官兵们走危桥，过溜索，战胜一个个难关，经过连续昼夜行军，于 14 日 9 时 20 分，500 名官兵全部抵达茂县县城。

5 月 13 日 20 时 49 分，77289 部队第一梯队 1541 人抵达铁路成都北站。14 日 2 时，部队机动至绵阳，由绵阳市政府副秘书长带路徒步进入北川。14 日 17 时，77293 部队第一梯队 1331 名官兵，在 77283 部队副政委张亮和 77293 部队部队长黄涛带领下向平武机动。23 时 45 分，到达目的地平武县南坝镇。15 日 8 时 30 分，部队紧急派出两支先遣队，一支由部队长黄涛带领 344 名官兵向平武县城挺进，于 12 时 30 分到达；另一支 240 名官兵在 77283 部队政治部保卫科科长洪光带领下，脚踏随时都会垮塌的山体，经 8 小时徒步行军突入平武县南坝镇石坎村、水观乡（见图 41）。14 日 1 时，77296 部队第一梯队 700 名官兵由 78525 部队运载，向安县疾驰。4 时

图 41　5 月 15 日，77283 部队官兵强行军挺进平武县解救被困群众

（成都军区　提供）

30分，车队驶入安县抗震救灾指挥部所在地花荄镇。部队受领任务后再次出发，8时到达安县睢水镇中学。9时，77296部队根据任务区灾情和地理情况，决定除20人留守指挥部负责后勤保障和值班执勤外，其余全部投入抢险救援，沿睢水至高川公路徒步突入高川乡。

5月14日零时15分，77298部队第一梯队到达成都后，由78525部队转运，沿成（都）德（阳）高速公路向德阳机动。5时15分，部队到达德阳地区，与绵竹市抗震救灾指挥部取得联系后，于7时冒雨突入绵竹市汉旺镇。14时，部队向绵竹市清平乡、天池乡徒步进发。20时，行至“高桥”，分兵两路：第一路239名官兵于20时30分到达天池乡，第二路421名官兵于23时35分到达清平乡，立即分头展开救援。同日14时20分，77298部队野外驻训分队到达绵竹市遵道镇，随即向金花镇进发。通往金花镇的水泥公路坡陡弯急，强震造成的大面积山体滑坡将多处道路拦腰截断，山顶滚石不绝，官兵只得放下大部分物资，带上尽可能多的干粮，徒步赶往金花镇。77283部队副政委庞龙和77298部队政委曾祥明带领400多名官兵一路攀爬前行，4个小时后抵达救灾现场。

5月15日12时15分，77128部队部队长张元松接到命令：迅速抽派一个营的兵力，于16日天黑前，火速抵达汶川县城抢险。13时30分，18辆汽车载着该营538名官兵出发，穿越崇山峻岭，经新都桥，过八美、下金川、绕马尔康、穿理县，昼夜兼程。16日13时17分，部队抵达距理县县城1公里处，突遇5.8级余震，山体大面积滑坡，大块石头夹杂泥土密集砸向车队。其中一块约3吨重的巨石砸向25号车，上等兵驾驶员赵朝斌紧踩油门向前冲，石头击中汽车右后轮钢圈，车身一阵剧烈晃动，车上官兵躲过了巨石的冲砸。部队稍作调整，继续前行，到达距离汶川县城只有17公里处的理县桃坪乡时，再次发生余震，刚刚疏通的公路又被滚石阻断。张元松命令538名官兵弃车跑步前进，经两小时奔袭，于16时终于抵达汶川县城。

5月12日16时，95538部队接到成都军区空军命令，从离彭州市龙门山镇最近的该部成彭高架桥工程队中挑选11名精干人员组成先遣突击小分队，由副部队长施发弘、大队长唐和铭带领，携带吊车、挖掘机等8台工程机械，火速开赴龙门山灾区。13日2时，突击小分队到达小鱼洞时，大桥垮塌。突击队连夜冒雨作业，仅用4小时就筑起一座通车便桥。接着连续清理几十处路障，快速推进10公里，于19时30分到达龙门山镇。14日，95538部队以应急大队为主体，迅速从各个工地抽调105名精兵强将和34台大型工程机械车辆，由部队长曹定国、政委陈勇率领连夜起程，于15日凌晨赶到龙门山镇与突击小分队会合，边勘察边施工，打响贯通“救命路”的攻坚战。13—19日，全体官兵挖掘土石130余万立方米，开辟出平时需一个月才能完成的“救命通道”。

5月12日17时至13日10时，95607部队先后派出两批官兵徒步疾进，突入都江堰灾区参加抢险救灾。

5月13日凌晨，成都军区空军抽调3245人组成两支救援队，分别由副司令员林杰和副政委白广忠带队，边集结、边动员、边开进，最大限度地抢救受灾群众生命。同日，成都军区空军12支不同建制单位的1800余名官兵迅速集结，快速赶到彭州。然而，通往银厂沟灾区唯一通道上的小鱼洞大桥已被震塌，车辆无法通行。林杰果断命令：“立即下车，徒步过河上山救人！”一路上余震不断、大雨滂沱、乱石飞滚，官兵冒着生命危险在泥泞中艰难行进，以最快的速度赶到银厂沟。当地群众看到子弟兵，奔走相告："解放军来了，我们有救了！"14日8时，林杰率领一支550人的突击队徒步翻越3座山、蹚过4条河，于16时突入到大龙潭地区展开搜救。15日，成都军区空军派出由60名官兵组成的3个突击小组，由大龙潭徒步出发，进入入口处已被山体滑坡封堵的小龙潭进行搜救。至此，部队已突入到银厂沟最底端。在成都军区空军政治部干部处组织下，在西华大学学习的31名空军国防生成立国防生救援队，于13日凌晨开赴都江堰灾区抢险救灾。

5月15日，95616部队地面救援分队奉命进入彭州市龙门山镇回龙沟执行搜救任务。邛崃场站气象台技师冯新立等组成10人"敢死队"，于14时随两名地方向导向回龙沟突入。在山体滑坡造成的乱石大树堆中开路前行，经4小时艰难步行，终于到达回龙沟展开救援。15日1时20分，95616部队地面救援分队奉前指命令，派遣54名官兵组成小分队，于6时30分开赴银厂沟择址开辟停机坪，用于转运大、小龙潭大量被困伤员。6时30分，小分队官兵在95655部队副政委彭聪带领下，冒险从龙门山场镇出发，历时2小时50分，徒步跋涉15公里，于9时20分抵达银厂沟三边坪，开辟直升机临时停机坪。

5月21日，正在彭州一线参加抗震救灾的95784部队接到出征命令后，挑选30名身强力壮、具有登山经历的官兵组成敢死队。10时，在成都军区空军后勤部领导的带领下，30名队员翻山越岭，徒步跋涉，赴银厂沟小龙潭执行抢险救灾任务。

济南军区部队突入任务区 济南军区部队通过各种运输方式抵达四川灾区后，在余震不断、交通阻塞、车辆无法通行的情况下，果断决定，严密组织，徒步突入任务区。在汶川、理县、茂县方向，组织71282部队、71811部队正面突入，东西两线迂回穿插，向震中全速开进。正面以71282部队为主力的3000余人徒步突入震中汶川县映秀镇；西线以71117部队为主力的1000余人采取摩托化开进方式，翻越夹金山，迂回780公里穿插至汶川、理县、茂县，打通地面输送物资"生命线"；东线以71998部队为主力的1300余人，徒步翻越4座海拔3000余米高山，沿北川挺进茂县。三路兵力突进灾区，成为汶川、理县、茂县灾区抢险救灾的中坚力量。

在彭州方向，济南军区前指组织71622部队、71897部队和71872部队，克服重重困难，徒步赶赴受灾严重的龙门山、小鱼洞地区展开救援；在青川、平武方向，组织71352部队、71811部队和71426部队多路、多方向徒步向两县纵深地区突进，解救大量被困深山的受灾群众。

5月14日，济南军区副司令员叶爱群、副政委杜恒岩在都江堰市紫坪铺水库大坝向71282部队抢险救灾部队作战前动员。8时，71282部队部队长杨剑率官兵3000人，采用"小群队编组、超强度推进"方法，从都江堰市紫坪铺镇，沿都汶峡谷徒步向汶川方向突入。71781部队历经13处泥石流、20余处塌方滑坡、15次余震，于20时突入汶川县映秀镇，其余部队陆续突入漩口镇。除留下一部分兵力就地展开救援外，其余兵力继续向汶川县城方向突进。部队穿越300米以上的滑坡路段56处、600米以上陡峭山崖11座，遭遇余震滑坡滚石袭击15次，排除险情36次，受重伤2人、轻伤30余人，经过27小时艰苦徒步行军，于16日10时30分进入汶川县城。71282部队通过纵向穿插，在震中地区都汶峡谷一线全面展开救援。（参见图42）

5月15日，71352部队空运至成都双流机场后，受命担负青川县14个乡（镇）的抢险救灾

图42　5月14日，71332部队“秋收起义红一连”沿峡谷向汶川县映秀镇挺进
（济南军区　提供）

任务（见图43）。10时30分，官兵乘车抵达青川县金子山乡、竹园镇一线，因道路塌方，山体滑坡，车队行进受阻，官兵下车徒步疾进。官兵沿途逐段排险，跳跃式推进。一路上山高、路险、沟深、坡陡，官兵翻越6座1500米以上的高山，经过11个小时的艰难跋涉，终于在21时20分突入青川县城。

图43　5月15日，71352部队向青川县机动
（济南军区　提供）

5月22日12时10分，71998部队接到命令，迅速赶赴茂县增援第一梯队。该部队616名官兵成一路纵队向茂县突进。19时15分，行至一危险路段时，突发强余震，前方山体塌方，巨石滚落。5分钟后，塌方停止，路面堆满巨石，官兵采取两人帮扶的方法，绕石通过。23日8时35分，突进至海拔3000米的黑虎山时，突降暴雨，山路泥泞，伴有山石滚落，官兵拽着树枝和杂草、用

背包绳拉拽等方法向山上攀爬，有的手掌磨出血，有的脚板、膝盖擦伤，仍坚持继续挺进。12时10分，进至北川羌族自治县禹里乡时，发现一处堰塞湖，官兵翻越两座海拔2000米的大山，成功绕过堰塞湖。71998部队官兵克服种种困难和威胁，昼夜兼程，徒步行军210余公里，通过200余处危险地段，终于突入茂县，展开抢险救援。

解放军医疗防疫队突入任务区　5月13—14日，总后卫生部从解放军总医院、军事医学科学院及第二、第三、第四军医大学等单位紧急抽调50支医疗队共2100余名医护人员，通过飞机运送到成都，尔后由成都军区联指统一安排，采取车步结合的方式，分别突入汶川、北川、彭州、绵竹、什邡、安县等极重灾县（市），配合各抢险救灾部队，对灾区伤病人员实施救治。16日，总后卫生部又从北京军区、海军、空军、第二炮兵和总装备部等驻京疾病控制机构增调10支防疫队携带装备飞抵成都；从第三、第四军医大学抽调12支防疫队，分别从重庆、西安以摩托化开进方式开赴成都。以上22支防疫队在成都军区联指统一调配下，分别以车步结合方式，进入各灾区开展卫生防疫。

5月13日17时30分，广州军区武汉总医院医疗队（下编3个医疗分队）医护人员92人，由院长浦金辉带领，携带各种医疗设备器械和价值百万元的急救药品，乘军用飞机抵达成都双流机场后，分乘两辆大巴和两辆中巴急赴灾区。一路上大雨滂沱，队员冒雨前行。23时30分，医疗队到达什邡市洛水镇，配属95829部队执行医疗救援任务。14日9时，浦金辉又带领第一医疗分队36人，徒步奔赴什邡市红白镇（见图44）。沿途桥梁垮塌、山体滑坡、道路堵塞，队员们冒着余震，背着装满急救药品的背包，手脚并用，艰难攀爬前行，急行军近8公里，终于在当天11时进入红白镇，成为第一支突入红白镇的医疗队。第二医疗分队33人、第三医疗分队23人，经过徒步艰苦跋涉，分别突入什邡市湔氐镇、马祖镇和绵竹市汉旺镇、拱星镇实施医疗救治。

5月26日22时30分，广州军区防疫队徒步进抵北川羌族自治县擂鼓镇建新村。27日，防疫队配属77283部队。29日10时，防疫队分成4个分队，除第四防疫分队在擂鼓镇就地展开救

图44　5月14日，广州军区武汉总医院抗震救灾医疗队第一医疗分队向什邡市红白镇徒步开进
（广州军区　提供）

援外，其余 3 个分队分别起程奔赴漩坪乡、禹里乡、白坭乡执行防疫消杀任务。第一防疫队分队从擂鼓镇营地出发，翻越 4 座大山，21 时 30 分突入到漩坪乡十里村任家坪；第二防疫分队冒雨向禹里乡进发，队员们克服余震不断、山高路险、雨天路滑、山体滑坡、夜路难行等困难，翻越 11 座大山，于 22 时 30 分，突进到位于石纽山半山腰、海拔 1017 米的禹里乡石纽村；第三防疫分队队员背负 200 余公斤防疫药品，翻越海拔 2000 余米的大梁山，穿过人迹罕至的崎岖小道，闯过滚石、塌方和滑坡，乘简易木筏强渡唐家山堰塞湖，翻过 3 座大山，徒步行军近 8 小时，于 17 时许突进白坭乡。

5 月 14 日零时 30 分，解放军总医院派出 9 支医疗队 277 名医护人员，携带简易手术床、各种监测仪器和 600 余件医疗机械以及价值 100 余万元的急救药品，于同日下午飞抵成都后，采取车步结合方式，向震中地区突进，配合各抢险救灾部队在汶川、北川、什邡、安县等极重灾县（市）开展救死扶伤工作。（参见图 45）同日 14 时 20 分，海军第一医疗队向北川徒步开进；20 时，突进至北川中学。21 时，第三军医大学副政委张朝宁率学校第三批 3 支共 124 人的抗震救灾医疗队赶赴四川灾区；15 日 4 时，连夜摩托化行军抵达都江堰；17 日 16 时 46 分，绕行 1300 余公里，突进汶川县城展开医疗救护。15 日 10 时 30 分，第三军医大学西南医院副院长吴军率 39 名队员从都江堰出发，随 71521 部队负重徒步行军 10 小时突入震中汶川县映秀镇。

图 45　5 月 14 日，解放军总医院医疗队员徒步赶赴部署地域
（总后卫生部　提供）

5 月 18 日 8 时，第二军医大学安县医疗队派出 9 人小分队，前往极重灾区安县千佛镇实施医疗救护。9 名医疗队员身背着药品和医疗器械，经过近 11 小时、28 公里的徒步跋涉，翻越海拔 2850 米高山，于 18 时 30 分突入到千佛镇。

武警部队突入任务区　5 月 12 日 16 时 30 分，武警 8740 部队参谋长王毅率 670 名官兵，分乘 43 辆运输车，从马尔康出发，沿国道 317 线紧急赶赴 255 公里外的汶川县城。车队疾驰 70 公里后，到达理县杂谷脑隧道。隧道长近 1500 米，地震过后到处是裂缝和震落的碎石，王毅迅速指挥车队拉开距离前进。15分钟后，车辆全部驶出隧道。当车队通过夹壁乡二道桥时，又一次遇到余震。王毅大声命令："加速前进！"车队过去不到一分钟，身后传来一声山崩地裂的巨响，半个山体垮塌，瞬间淹埋了道路，车队与死神擦肩而过。21时45分，部队行进到距汶川县城还有90多公里的古尔沟，山体滑坡堵住了前进道路。王毅决定组成200人突击队，徒步强行通过。夜越来越黑，又下着大雨。经过3小时艰难跋涉，官兵终于走出古尔沟。天亮不久，突击队到达高家庄路段。这是一个更险恶的路段，突击队决定分批冲刺，王毅冲在最前面。21时许，突击队行进到距汶川县城不足5公里的桑坪电站，又下起滂沱大雨，道路被泥石流和塌方彻底阻断。一位村民告诉突击队，到汶川县城，还有一条古栈道，但多年没人走了，弄不好要丢命的。王毅斩钉截铁地说："只要是路，我们就敢走！"这条路，悬在半空中，下面是汹涌奔腾的岷江，最窄的地方不到一尺，地震使栈道上落满一层厚厚的泥土，雨水一浇，又湿又滑，插在石壁中的木桩早已腐烂，只能紧贴石壁一步一步往前挪动。王毅一直走在最前面，就在快到尽头的时候，脚下一根木桩"咔嚓"一声折断，上面铺的石板掉进江中。王毅死死抓住一条树根，使尽全身力气，踩到下一根木桩，化险为夷。不足两公里的栈道，突击队竟艰难攀爬了两个多小时，终于闯过最后一道险关。13日23时15分，经31小时的生死拼搏，王毅率领突击队突入汶川县城。

5月12日23时10分，武警阿坝藏族羌族自治州支队支队长李在元率120名官兵机动至理县境内古尔沟时，通往汶川的公路已被滚落山石全部覆盖。此处距汶川县城还有90多公里，李在元当机立断改为徒步开进，于13日10时20分到达理县县城。19时50分，到达桃坪羌寨。此时天色已晚，又下着大雨，周围漆黑一片，李在元想到仅仅10余公里的距离，两边却是生死相隔，按捺不住内心的焦急，决定组织部队继续向汶川县城挺进。（参见图46）天黑下雨，官兵们手脚并用，相互搀扶前行。在距汶川县城3公里左右的地方，前进道路再次受阻，唯一能

图46　5月13日，武警阿坝藏族羌族自治州支队突击队官兵穿越塌方地带向震中汶川县挺进
（武警部队　提供）

够通行的就是开凿于悬崖峭壁上、弃用多年的栈道，栈道正下方30米就是湍急的岷江，栈道中间一些地方被飞石砸断，要贴着崖壁爬着过去，一不小心就会掉下悬崖，李在元走在队伍最前面。短短几百米栈道，35分钟的惊心动魄，120名官兵艰难通过了又一个“鬼门关”。13日23时45分，官兵终于突入汶川县城。

5月14日5时，武警成都指挥学院院务部部长谭荣率学员第四大队350名官兵，从都江堰出发，每名官兵背负20余公斤重的背囊，扛着铁锹，徒步开进汶川县映秀镇。谭荣每到一个危险地段，就组织设立观察哨，站在泥石流中，指挥部队拉开距离分组通过，直到最后一名官兵通过才撤离。官兵手脚并用，蹚过6段特别危险的泥石流路段，穿过4条特别危险的隧道，躲过2次突然倾泻而下的泥石流，翻越10余座大山，通过长约3公里的山体塌方区、断桥险点，步行11小时，于当日17时10分突进映秀镇。

5月14日6时，武警成都市支队政委李丕金、副参谋长陈立胜、政治部副主任王剑冰率650名官兵，从都江堰出发，徒步向汶川县映秀镇开进。面对余震不断，道路大面积塌方、山体滑坡、泥石流等危险，官兵爬越鸡冠山、龙门山等10余座大山，走过30余处山体塌方区、数条黑暗隧道和断桥险点，穿过58公里的高山深谷，历尽艰辛，于当日19时突入汶川县映秀镇。（参见表13）

5月12日—18日武警四川省总队突入任务区情况统计表

表13

出发时间	单　　位	人数（人）	到达时间	进入地点
5月12日15时10分	阿坝藏族羌族自治州支队	120	5月14日7时	汶川县城
5月13日1时	泸州市支队	120	5月13日17时30分	平武县南坝镇
5月13日3时20分	宜宾市支队	207	5月13日19时30分	北川县城
5月13日5时15分	广安市支队	130	5月13日7时5分	平武县平通镇
5月13日5时30分	南充市支队	152	5月13日6时45分	
5月13日7时	眉山市支队	120	5月14日19时20分	汶川县城
5月13日7时7分	绵阳市支队	60	5月13日20时25分	平武县南坝镇
5月13日7时30分	广元市支队	54	5月13日11时30分	青川县城
5月13日17时30分	广元市支队	100	5月13日23时	青川县乔庄镇
5月13日18时	雅安市支队	100	5月15日2时5分	汶川县映秀镇
5月14日5时	成都指挥学院	350	5月14日17时10分	汶川县映秀镇
5月14日6时	成都市支队	650	5月14日19时	汶川县映秀镇
5月14日6时30分	乐山市支队	400	5月14日18时3分	汶川县漩口镇
5月14日7时30分	达州市支队	300	5月14日18时3分	
5月14日7时30分	资阳市支队	100	5月14日18时50分	
5月14日7时30分	宜宾市支队	317	5月15日9时30分	汶川县水磨镇

续表 13

出发时间	单　　位	人数（人）	到达时间	进入地点
5 月 14 日 8 时 30 分	内江市支队	100	5 月 14 日 20 时 40 分	汶川县水磨镇
5 月 14 日 8 时 30 分	巴中市支队	100	5 月 14 日 20 时 40 分	汶川县水磨镇
5 月 14 日 8 时 30 分	眉山市支队	100	5 月 14 日 20 时 40 分	汶川县水磨镇
5 月 14 日 8 时 40 分	南充市支队	200	5 月 14 日 20 时 40 分	汶川县水磨镇
5 月 15 日 14 时 30 分	成都指挥学院	97	5 月 16 日 8 时 10 分	北川羌族自治县禹里乡
5 月 15 日 14 时 30 分	凉山彝族自治州支队	100	5 月 16 日 10 时	
5 月 15 日 15 时 30 分	自贡市支队	120	5 月 16 日 16 时 30 分	
5 月 16 日	四川省总队	500	5 月 18 日	北川羌族自治县各乡镇
5 月 16 日 11 时 50 分	成都指挥学院	6	5 月 17 日 18 时 20 分	汶川县城
5 月 17 日 6 时	直属支队	35	5 月 18 日 14 时 45 分	
5 月 18 日	绵阳市支队	22	5 月 18 日 19 时 39 分	北川羌族自治县片口乡
5 月 18 日	自贡市支队	27	5 月 18 日 16 时 10 分	北川羌族自治县桃龙藏族乡
5 月 18 日 12 时 5 分	成都指挥学院	30	5 月 18 日 17 时 40 分	北川羌族自治县漩坪乡
合　　计		4717		

5 月 13 日 9 时，成都军区前指决定由武警重庆市总队、77133 部队、武警阿坝森林支队各派 5 名兵力与地方 5 名向导组成先遣侦察组，由重庆市总队第七支队参谋长赵艳波带队，携带海事卫星电话，以徒步方式向茂县开进。11 时 30 分，先遣侦察组人员出发，沿途及时报告灾情。22 时，重庆市总队第一梯队第七支队官兵 200 人冒雨向茂县徒步开进。官兵昼夜兼程，徒步疾行，于 14 日 15 时到达茂县县城。14 日 4 时 45 分，重庆市总队第二梯队 326 名官兵从茂县沙湾村徒步向茂县县城开进。由于前方到处是塌方、滑坡，重庆市总队副总队长常建民将第二梯队分为 3 个分队，第一分队由 5 人组成，主要负责勘查路线和观测险情，及时报告情况；第二分队由党员骨干组成，主要担负沿途紧急抢险救援任务；其余人员组成第三分队，向茂县奔袭。6 时 40 分，部队刚离开，前方道路路基塌方，部队只能沿着山路行进。进入一片山谷河床地带，到处都是河滩卵石，且布满青苔，官兵们小心地保持身体平衡，沿着河床有序行进。8 时 30 分，部队走出河床，又遇到岷江拦在面前，官兵纷纷脱掉鞋子，踏入冰冷刺骨的河水，在齐腰深的河流中前行。10 时 20 分，官兵蹚过岷江，急速沿石大关乡、飞虹乡、渭门乡向茂县县城奔袭，沿途经过 60 余处塌方和 10 余处危险区域，全部突入茂县县城。

民兵预备役人员突入灾区　5 月 12 日 15 时，阿坝军分区参谋长刘桂忠、政治部副主任乐宏成率机关先遣组从马尔康向汶川进发，负责探明路况，掌握灾情。15 时 30 分，四川省军区副司令员李亚洲、阿坝军分区司令员夏春喜率机关、独立营 1 连和卫生救护队共计 100 人赶往汶川。16 时 28 分，马尔康县人武部快速集结应急民兵 225 人，由阿坝军分区副参谋长何平带队赶往汶川。17 时 40 分，先遣组行至理县杂谷脑隧道入口时，因地震造成大量泥石塌方，交通完全中断。先遣组和随后赶到的救灾部队立即组织工程机械和官兵用时近一小时清理土石，保证车辆顺利通过。此时，阿坝藏族羌族自治州州委副书记陈贵华、秘书长金吉昌也率队赶到，大家会合后继续前进。20时40分，部队行进至距理县县城32公里的古尔沟镇红叶电站时，被长达3公里的塌方山体完全堵死道路，无法再摩托化开进。此时天色已晚，暴雨如注，余震频发，官兵也已精疲力竭，有人建议部队退回到古尔沟镇等天明再说。李亚洲组织阿坝党政军领导召开紧急会议，商讨对策。在得知即使使用大型机械，也需要一个月才能疏通该塌方路段时，李亚洲果断决定：全体人员徒步进军理县、汶川，投入救灾；组织力量从马尔康、理县两面夹击，打通公路，为后续部队争取时间。21时20分，部队再次起程，沿着公路摸索前进。一边是悬崖下奔腾咆哮的杂谷脑河，一边是笔直陡峭的山崖，山石不停地往下飞滚，随时都有生命危险。官兵借着手机微弱的照明，循着河水流动的方向和偶尔出现的公路护栏辨别方向前行。部队行至理县朴头乡时，当地乡领导说前面刚刚砸死几个人，绝不能再往前走了。李亚洲坚定地指挥部队克服重重困难继续前行。13日3时50分，李亚洲、陈贵华、金吉昌等军地一行10人到达理县县城。至天亮时，后续部队相继赶到，并开设阿坝藏族羌族自治州抗震救灾前进指挥所，组织民兵开展救援。城内老百姓看到他们血迹斑斑的衣服、伤痕累累的身体、满头满脸的泥水时，感动得泪流满面（见图47）。

图47　5月13日，阿坝军分区抗震救灾突击队挺进理县时群众含泪迎接
（总参动员部　提供）

5月12日16时，成都警备区所属5个城区人武部各集结一个民兵应急分队，前往都江堰市参加抢险救灾。18时40分，成都市城区以外11个受灾较轻的县（市、区）人武部各集结一个民兵应急分队，驰援都江堰、彭州开展抢险救援。20时45分，金堂、新都、龙泉驿、双流等县（区）各集结一个应急民兵连，共800余人，前往彭州救灾。至当日23时30分，成都警备区从所属19个区（县、市）共集结民兵10640人，采取车步结合方式，迅速赶赴都江堰、彭州、崇州灾区抢险救灾。

5月12日17时30分，绵阳军分区司令员张学东率464名民兵向北川进发，当车行至北川羌族自治县擂鼓镇时，数块十几吨重的山石横挡在路中央。张学东命令全体人员下车，带上工具跑步前进。经近两小时艰难疾行，到达北川县城（见图 48）。同日 17 时 30 分，绵阳军分区命令江油市人武部迅速组织应急民兵分队开赴北川救援。人武部迅速将干部职工分成 7 个组，并在半小时内分别从三合镇、战旗镇、攀长钢等 8 个单位动员第一批 269 名民兵，采取徒步、骑摩托车和乘坐汽车方式向北川挺进；接着又对各乡镇进行持续动员，先后组织 3 批共 492 名民兵赶赴北川救援。

图 48　5 月 12 日 19 时，绵阳市民兵应急分队挺进北川县城（总参动员部　提供）

5 月 12 日 19 时 33 分，乐山军分区在两小时内，从犍为、夹江、峨边、马边四县动员 605 余民兵、20 辆地方车辆组成救援队，连夜奔赴 200 公里外的彭州市小鱼洞镇救援。其中，马边、峨边两县距小鱼洞镇 400 公里，也相继到达救援。22 时 30 分，眉山军分区及所属人武部组织首批民兵 300 余人，连夜乘车奔赴彭州执行抢险救灾任务。23 时，广元市元坝区人武部组织民兵赶赴青川抢险救灾。区人武部面对地震造成的电力、通信完全中断的困难，组织干部职工、乡镇专武干部、民兵干部骑摩托车、自行车或徒步，挨家挨户通知民兵集结，一小时内集结民兵 120 名。13 日 6 时 30 分，广元军分区率利州区、元坝区、旺苍县民兵乘车向青川开进。车辆进至青川县竹园镇、七佛乡受阻，民兵们扛着铁锹、镐钎，朝青川县城方向徒步行进，并在 12 时许抵达青川县城所在地乔庄镇。

5 月 12 日 23 时 10 分，遂宁市民兵抗震救灾突击队 300 人，在遂宁军分区司令员崔玉英带领下，连夜向什邡疾驰。13 日 5 时 40 分，突击队抵达什邡。受领赴红白镇救灾任务后，突击队顶着风雨、踏着泥泞、冒着余震的威胁，徒步行军近两小时到达救援目的地红白镇。

5 月 13 日 14 时，巴中军分区民兵应急营 500 人，其中包括由 100 名红军后代组成的“红军后代抗震救灾突击队”，分两个梯队向青川开进。第一梯队巴州区、南江县民兵应急分队由军分区政委管严、副司令员郑涛带队，于 14 时 30 分出发；第二梯队通江县、平昌县民兵应急分队由军分区后勤部部长邓林贵带队，于 15 时 30 分出发。19 时 30 分，第一梯队经过艰难行进，进入青川境内；21时30分，第二梯队进入青川境内，按广元市抗震救灾指挥部要求赶赴各任务点。

5月13日14时20分，南充军分区官兵、南充市民兵应急营（顺庆、高坪、嘉陵、阆中）共550人，出动指挥车6辆、客车23辆，在军分区司令员傅新民、政委李树林带领下，沿西充、南部、阆中、苍溪、剑阁向青川开进。22时13分，到达青川县大院回族乡，巨石挡住道路，部队行进受阻。军分区迅速出动20名民兵，清除巨石旁边路面小石，使车队绕道通过，于23时40分到达青川县城。

5月14日13时50分，内江军分区司令员刘保健、副政委李荣贵率内江军分区民兵预备役突击队747人、车辆71辆、冲锋舟4艘、橡皮舟1艘和其他抗震救灾物资、器材19类6000余件（套），从成渝高速公路资中服务区出发，沿成渝高速公路，经资阳、成都向安县开进。19时30分，突击队先头分队到达安县晓坝镇。次日，兵分三路突入千佛镇救援。

5月14日16时20分，四川省军区抗震救灾指挥部命令资阳军分区迅速组织民兵，于15日12时前到达北川执行抗震救灾任务。资阳军分区在几个小时内，紧急动员民兵560名、指挥车6辆、运输车24辆、吊车1台、工程车2辆、发电机4台，在军分区司令员汪宗为、副司令员兼参谋长郭勇带领下，于19时30分从资阳摩托化开进，沿途经成（都）渝（重庆）高速、成绵高速，于15日3时抵达北川。

5月14日20时30分，广安市民兵应急救援营从广安市岳池服务区出发，分两个梯队沿南广高速公路向平武县平通镇摩托化开进，广安区、邻水县、岳池县、武胜县、华蓥市民兵共480人为第一梯队，由广安军分区司令员杨令泉带队；第二梯队由军分区参谋长刘忠带队，实施摩托化行军，于15日14时10分到达平武县平通镇。16日14时23分，杨令泉带领由160人组成的送粮队，向平武县平南羌族乡行进。当运粮队开进到3.2公里处，一段约30米宽的泥石流挡住去路。左边是20多米宽的深涧，右侧的高山不时滚落石块，原来的进山公路只剩下一条窄窄的羊肠小道。杨令泉命令部队注意观察，拉大距离，成一路纵队快速通过泥石流区。通行过程中，刚从西藏退役回到华蓥市老家的副团职干部周兴荣被一块从半山上滑下的脸盆大小的石头撞伤右膝，经过医护人员简单处理后，他又背起干粮一瘸一拐地向前走去。一路上，运粮队闯过13道险关，通过近6公里的险要路段，于17时20分到达平南。

5月15日1时10分，自贡军分区司令员蒋黔智率前指及民兵应急营和运输、工程机械、医疗3个救援分队641人、39台车辆、8台大型机械，编成一个梯队，从自贡出发，向北川实施摩托化开进。车队经过成都、德阳、绵阳、安县进入北川羌族自治县擂鼓镇地界，山路滚石不断飞落，车队冲过险段。15日11时，部队到达距北川中学不到3公里的任家坪，道路受堵，车队无法前进。蒋黔智命令部队下车徒步前进，快速到达指定地点北川中学抢险救援。

5月15日2时30分，宜宾军分区第一批赴灾区救援队共485人、32台车辆（其中工程装载车4台，25吨型吊车2台，指挥、运输车辆26辆），编为3个梯队，由军分区司令员刘建忠带领；3时，车队沿内宜高速—成渝高速—成绵高速向绵阳开进；10时30分，车队抵达安县桑枣镇展开救援。

5月15日3时，泸县民兵应急连作为泸州市应急民兵营的先遣队，在泸州军分区政委秦焰、参谋长李含希带领下，率先从县城所在地福集镇出发，边开进边受领任务。全连101人，带指挥车1辆、运输车3辆、生活保障车1辆、消防车1辆从泸县出发，10时40分，行至成都龙泉驿，接到上级命令，救灾地点由安县改为北川；12时，到达绵阳后继续向北川开进；15时，到达北川任家坪收费站凉风垭口扎营；16时，到北川中学救援。15日6时，泸州应急民兵营营部及所属2连（龙马潭区民兵应急分队）、3连（江阳区民兵应急分队）、4连（纳溪区民兵应急分队）、5连（合江县民兵应急分队）、6连（叙永县民兵应急分队）、7连（古蔺县民兵应急分队），由泸州军分区司令员范良、政治部主任唐炼带领，分乘征调的地方客运车辆进行全程运输保障，携工程机械装备和后勤给养等运输车辆共计66辆，从泸州市区出发，边开进边受领任务。经过13小时快速机动750公里，至17时，泸州市应急民兵营7个连队1060人全部到达北川县城南的任家坪。

5月15日12时30分，攀枝花市民兵医疗救护队从攀枝花出发，向绵阳开进。医疗救护队由攀枝花军分区司令员陈忠文带队，全队70人，编为3个救护队，分乘7台车开进；同日晚，救护队抵达石棉县宿营；16日17时30分，到达绵阳军分区之后，医疗救护队重新编为两个组，第一组40人，由陈忠文带队，于16日19时许抵达平武县平通镇；第二组30人由后勤部部长张学良带队，于16日19时抵达安县桑枣镇。

5月15日13时30分，由达州军分区司令员崔爱锁、后勤部部长万仕君带领军分区机关部分官兵和1个民兵应急营（含大竹县、达县、通川区各一个民兵应急连）、1个医疗救护分队共366人、车辆18辆，沿达（州）成（都）高速、成（都）绵（阳）高速连续机动625公里，于16日2时30分到达什邡。

5月18日零时30分，凉山军分区司令员刘继承、参谋长崔伟、后勤部部长陈硕率领由220名民兵组成的救援队从西昌出发，沿国道108线过冕宁县。6时20分，在石棉县作简短停留休整，翻越泥巴山，途经荥经县，越过雅安城，于16时到达什邡，投入抢险救援。

5月18日7时，甘孜军分区政委张雅军率军分区抗震救灾突击队151人、车辆20辆，沿康定姑咱、丹巴、金川、马尔康向理县灾区实施摩托化开进，22时40分到达马尔康。19日6时30分，从马尔康出发，成两个梯队经鹧鸪山向理县灾区开进，经过32小时昼夜兼程500余公里，于15时30分到达理县甘堡乡甘堡村木堆组，随即投入抢通国道317线至蒲溪乡公路。

地震发生后，四川乐山陆军预备役步兵旅立即组织第一梯队680名预任官兵向什邡机动，迅速完成车辆编队，经过7个多小时冒雨开进，抵达什邡市蓥华镇、龙居镇、湔氐镇、八角镇、蓥峰实业有限公司等灾区，展开救援。13日7时，组织第二梯队从乐山出发，于14时20分到达什邡灾区，投入救援。

5月13—16日，四川预备役高射炮兵师持续动员2131名预任官兵突进到什邡、都江堰、江油、北川、安县等方向9个救灾点参加抢险救灾行动。

5月14日17时30分，达州预备役炮兵旅组织官兵1046人、各种车辆装备78台向安县开进，到达绵阳后接省军区命令，向平武开进，部队昼夜行军700余公里，于15日15时到达平武县平通镇开展抢险救灾。

各省公路抢通保通突击队进入灾区　5月20日，交通运输部在甘肃、湖南、重庆、浙江、云南五省（市）公路抢险突击队已入川开展公路抢通保通的基础上，组织重庆、甘肃、湖南、浙江、云南、河南、湖北、山西、贵州、陕西、山东、内蒙古12个对口支援省（区、市）交通系统组建公路抢修突击队，陆续入川开展对口支援。

5月15日，甘肃省公路抢险突击队兵分三路入川援助。第一路由公路局局长赵彦龙带领抢险队沿国道212线进入青川。16日，第二路由交通厅总工程师李睿带领进入四川境内，到达川主寺后分两路前进，一路沿黄龙—水晶—平武方向南下，另一路沿松潘—茂县方向前进。同日，抽调临夏公路总段、甘南公路总段、甘肃路桥集团等单位人员组成第三路公路抢险队，由省交通厅副厅长杨映祥带队，沿国道213线进入松潘—茂县一线，抢修由松潘通往茂县的公路。

5月15日17时，湖南省首批公路抢险队由副厅长寇小兵带队出发，日夜兼程，经贵州过重庆，于17日中午到达成都。18日上午，抢险队途经宝兴县硗碛藏族乡大坝水库路段，由于泥石流堵塞道路，用近3个小时抢通道路，再继续前进。刚行进不到一公里，又遇到一处泥石流滑坡，运载设备的大型平板拖挂车在急弯处缓慢爬坡，装载机在前牵引、推土机在后助推，不到两公里的路程，用时4个半小时才得以通过。19日，经过四天四夜历经3000公里，抢险队艰难地到达理县。

浙江省交通厅共派出8个批次的抢通保通突击队赴对口支援单位广元市。5月17日，首批公路系统架桥突击队乘飞机离杭州。突击队到达成都后，经过12小时的长途奔波，于18日1时8分到达广元，于7时赶赴抢通路段。23日18时，浙江省交通厅技术专家组一行8人由省交通厅总工程师卞钧霈带队飞抵成都，于23时到达广元市区。27日、28日，负责抢修宝罗公路的浙江省交工集团支队出发赴川，其余各批随后陆续到达广元。6月4日8时45分，浙江公路抢通保通指挥部正式挂牌成立。

5月17日，云南省公路局党委副书记、指挥长吴燕京率先赴川部署抗震救灾工作。19日，第一批支援队昆明总段进驻平武展开钢架桥架设。23日13时，云南省公路局副局长王敏率赴川公路抢通保通现场指挥部先遣队从昆明出发，于25日到达驻地。26日下午，第三批赴川救援队从昆明出发，于28日11时到达平武县南坝镇，与第一批、第二批救援队会合。30日20时，云南省公路抢通保通现场指挥部及昆明、曲靖、大理总段3个分指挥部人员和设备全部到达平武县南坝镇。

5月19日8时10分，重庆公路抢险突击队经渝遂成高速、成绵高速赴四川灾区。第一突击队、第三突击队和现场指挥部于16时到达德阳，第一突击队奔赴什邡市红岩镇，突击三队奔赴绵竹市汉旺镇。第二突击队绕道雅安、芦山、宝兴、达维、日隆，沿途翻越海拔4000余米的夹金山艰险路段，于21日20时到达汶川县卧龙镇。

5月21日，山东省交通厅组建由副厅长范正金带队的先遣工作组，并于17时到达成都。25日上午，泰安市公路抢通保通突击队从泰安出发，于28日8时到达北川羌族自治县桂溪乡。28日14时30分，潍坊公路抢通保通突击队从潍莱高速公路潍坊收费站广场出发，于6月1日9时到达桂溪乡。至6月10日，菏泽、聊城、日照公路抢通保通突击队和交通规划设计院公路设计救援队先后分4批到达北川救援。

湖北省交通厅组织两批共4支公路抢通突击队，到绵阳开展公路抢通保通工作。5月21日晨，湖北省公路抢通突击队先遣队昼夜兼程，经过宜昌、万州、重庆，于23日将5座战备钢桥运送到成都战备仓库。22日9时15分，交通厅副厅长张学锋带领第二批公路抢通突击队从京珠高速公路武汉西站出发，车队于19时30分在秭归港装载后，随滚装船离港，于24日11时到达重庆市郭家沱滚装码头。车队在重庆内环高速公路进行编队，分3个梯队39辆车由遂宁经成都向安县全速进发，第一梯队于11时30分到达安县；第二梯队于15时30分到达驻地；25日16时，第三梯队到达安县秀水镇。至此，湖北省公路抢通突击队通过陆路和水路，全部到达安县。

5月26日9时，内蒙古公路抢通保通突击队由交通厅副厅长周杰带队，一行95人、40台大型设备，分两路启程。30日下午，公路抢通队及捐赠灾区的6台红岩12吨双桥自卸车，途经内蒙古、宁夏、甘肃、四川四省（区），长途跋涉2000余公里，到达黑水。

河南、山西、贵州、陕西四省公路抢通保通突击队，克服重重困难，陆续到达了对口支援的四川各灾区。

国家电网救援队进入灾区　5月12日16时40分，国家电网映电总厂（总部设在都江堰市）厂长胡瑞林等6人组成党员抢险队从都江堰出发，紧急向汶川县映秀镇开进。由于国道213线马鞍山隧道前方山体塌方严重，抢险队冒着生命危险步行前进，经40余个小时翻山越岭、艰难跋涉，于14日10时到达映秀镇。13日17时，映电总厂工会主席张洪斌和下属机电检修厂的抢险救灾人员，搭乘部队冲锋舟从紫坪铺水库大坝出发，到漩口下船，徒步行走，于14日9时30分到达映秀镇参加救援。

5月13日，国家电网四川电力公司组织机关干部、医务人员和通信人员组成救援小组，不顾余震、塌方、泥石流频发等危险，徒步进入映秀镇、北川救援。14日8时，四川电力公司基建部主任蓝海、四川电力医院外科医生刘道福和成都电业局通信自动化技术人员陈潋3人携带医疗急救物资以及大功率对讲机和海事卫星电话各一部，从紫坪铺水库大坝搭乘部队冲锋舟，经过一小时航程到达漩口下船，因道路坍塌，他们就沿着岷江边泥泞的道路徒步行走，于11时到达映电总厂参加抢险救援。

二　水路突入任务区

开辟紫坪铺水库水上通道　地震造成山体大面积垮塌，导致进入震中汶川县映秀镇的公路交通严重受阻。经考察，只有开辟紫坪铺水库通道，救援力量才能及时进入震中地区。

5月13日6时，武警成都指挥学院前进指挥所决定"不惜一切代价进入震中"。学员第一大队政委马毅带先遣队120名官兵开赴紫坪铺大坝。22名即将毕业的学员组成"敢死队"，立下军令状，面对高200米、坡度达70度的水库坝体和每艘重达1200公斤的玻璃钢橡皮艇、冲锋舟，在没有现成道路、无任何辅助设备、运送下水极为困难的情况下，硬是用铁锹、镐头在水库大坝一侧开通一条800米的人工便道，冒着不时从山上滚落的巨石，肩扛手抬将沉重的橡皮艇、冲锋舟运送下水。前进途中，水流异常湍急，库面雾气弥漫，能见度低，天又下雨，峡谷两边山上泥石流不断倾泻而下，打在水面溅起几米高的水柱，橡皮艇、冲锋舟在水面打转，但参战官兵毫不畏惧、勇往直前。15时，成功开辟出都江堰至漩口的水上通道。学员第一大队第二队队长谢明舜、教导员刘格平率22名官兵，分乘6艘橡皮艇沿紫坪铺水库向北开进。21时，在漩口阿坝铝厂靠岸，14日4时10分徒步到达震中映秀镇。

5月13日8时，四川省地震灾害紧急救援队先遣组从紫坪铺水库乘自带冲锋舟出发，沿岷江前进，探索进入震中水路。19时左右，先遣组抵达汶川县映秀镇。21时，成都警备区组织双流、新津、青白江、金堂民兵工兵渡河连紧急开赴紫坪铺水库，连夜驾驶自带冲锋舟赶往映秀镇。

5月13日，77100部队所属部队到达紫坪铺水库，使用4艘冲锋艇从紫坪铺水库出发前往汶川。同日，国家电网成都电业局在龙泉驿区政府、国家电网四川成都电业局龙泉供电局、国家电网资阳电力公司、成都明建电力工程有限公司、龙泉湖景区、三岔湖景区等单位大力支持下，辗转从龙泉湖、三岔湖两处租用14艘装配齐全的冲锋舟。四川省交通厅抗震救灾指挥部要求厅航务局，迅速打通紫坪铺水库与汶川县映秀镇之间的水上通道。航务局副局长杨小宁率队星夜启程，赶赴紫坪铺库区，担负开辟水上通道的任务。同时，地方海事局抽调专家到紫坪铺水库现场勘察，决定抢修2个临时码头，并紧急调集2艘可一次运送20人以上、运载2吨以上物资的玻璃钢海巡艇和9艘轻型冲锋舟。14日下午，第一批3艘冲锋舟运抵水库。杨小宁随舟试航，经两个半小时往返航行，完成试航任务。15日晨，2艘长7米的玻璃钢海巡艇运抵水库。11时49分，受四川省交通厅和川高公司委派，提重25吨的吊车开到水库。14时，将海巡艇和冲锋舟逐一吊下水面，开始较大批量地运送救援人员和物资。15—23日，地方海事局共投入冲锋舟17艘、海巡艇2艘，出动688个航次，运送各类救援人员3700余人次，运送伤病员和灾区群众2800余人次，并随船运送大量救灾物资和抢修公路的机械设备。

5月14日凌晨，成都警备区副司令员闫兵率领双流工兵渡河连抵达紫坪铺水库，经过一个多小时跋涉，终于将4艘冲锋舟抬到水上，迅速展开水上运输。从紫坪铺水库大坝至映秀境内，水路需要一个小时，其间有两个危险大峡谷。他们每天8时出发，往返10次，行驶在水流湍急的河道中。在持续多日的水上救援行动中，工兵渡河连的民兵们，用冲锋舟向映秀镇运送抢险队员1000余人、物资2000吨。

5月14日6时30分，武警阿坝藏族羌族自治州支队参谋长何冬云带领支队前进指挥所人员从都江堰出发，乘坐冲锋舟于14时到达映秀镇，开设前进指挥所，组织驻映秀镇的阿坝支队第六中队抢救、转移伤员。14日，武警四川省总队获悉阿坝支队第六中队受灾情况后，迅速派出3个医疗队和直属支队40名官兵乘冲锋舟经紫坪铺水库前往救援。

5月14日晚，77105部队接到开辟紫坪铺水库至映秀镇水上通道的命令，官兵日夜兼程，冒着余震和雨天路滑等险情，于15日6时10分将40艘冲锋舟艰难地运抵紫坪铺库区。尔后，官兵连续作业，至8时7分成功架设起第一座载重80吨的漕渡门桥。（参见图49）14时10分，又架设起第二座漕渡门桥。当日，将该部750余名官兵和4台挖掘机、装载机等设备由水库沿岷江运抵漩口镇阿坝铝厂临时码头。16日，又在水库开设一个宽100米、纵深80米的渡场，疏通进出道路2公里，架设第三座、第四座漕渡门桥（均载重80吨）。至此，运量较大的水上运输线被打通。

5月15日零时许，由14艘冲锋舟、18名船工（18名船工系14艘冲锋舟的船主）组成的抢险队伍齐集成都电业局抗震救灾临时指挥中心待命；3时许，警车开道，运送14艘冲锋舟的车队从指挥中心开出，艰难地把冲锋舟运抵紫坪铺水库大坝上约2公里处的渡口码头；5时30分，14艘冲锋舟全部在紫坪铺水库大坝码头完成吊装下水；7时35分，载着50名抢险人员和急救药品的14只冲锋舟驶离码头，沿着岷江向映秀镇进发；从8时40分起，一艘又一艘冲锋舟返航，送回一批又一批映电员工、阿坝电力公司员工及受伤人员，与部分当地受灾群众和岷江水电等单位的员工，至19时，共发船120船次。自15日始，14艘冲锋舟在5天时间内共往返610船次，接

图49 5月15日，77105部队官兵在紫坪铺水库搭建码头
（成都军区 提供）

送救灾人员、灾区伤病员逾5000人，还运进大批急需的救灾物资。

开辟白龙湖水上交通 地震发生后，青川县境内的陆路交通完全中断，境内白龙湖成为进入青川县部分乡镇的重要水上通道。广元市海事局、青川县海事处、沙州镇海事所的干部职工以白龙湖盐井溪码头为基地，奋力开辟通往青川县各乡镇的水上运输线，保障救灾人员和救灾物资进入灾情严重的乡镇救援。白龙湖海事所共调集客船13艘671客位、货船2艘载重60吨、快船3艘24客位、冲锋舟10艘120客位，开展救灾运输。

5月13日7时，广元市航务局和利州区航务处调集船舶组成运输突击队，运送由广元市副市长何顺洪带领，由武警广元市支队官兵57人、医护人员20余人组成的抢险救灾队，经白龙湖水路抵达青川县沙州镇、木鱼镇等地实施救援。13—15日，通过白龙湖水上运输线，先后运送广元市电力通信等多支抢险突击队，及大批食品、矿泉水等救灾物资。

5月15日，达州军分区组成的民兵水上应急支援队，由民兵预备役人员16人、冲锋舟10艘组成，由军分区领导带队到白龙湖支援水上运输。19日，宜宾市地方海事局抽调2艘海巡艇（南溪县海事处的川海巡109和宜宾县海事处的川海巡51）及海事人员，由局长严以立带领，通过艰难的水陆联运，连夜赶到白龙湖盐井溪码头投入水上运输。同时，广元市轮船公司组织技术力量，经过连续几昼夜奋战，完成“黄龙”号船舶的抢修任务，为水上运输新增80个客位。31日，宜宾市轮船公司一艘准载120吨的大型车渡船运抵盐井溪码头，为运送抢险救灾的大型机械车辆创造了条件。截至6月3日，白龙湖盐井溪码头共组织船舶1790艘次，运送抢险救灾人员、灾区群众及伤员、返乡自救民工共4万余人，救灾物资745吨。

三 空投空降任务区

地震使震中地带许多乡镇村庄成为交通隔绝的“孤岛”，而被困、受伤的群众亟待救援。空军出动多批运输机在山区狭窄空域开辟多条航线，实施大规模的空投，运送空投大批救援物资

（包括帐篷、食品、饮料、药品、被服等），使受灾群众迅速得到救助。地震发生后，为尽快查明极重灾区的灾情，空降兵15勇士组成侦察分队，在无气象资料、无地面标识、无地面引导的“三无”情况下，实施伞降成功着陆，历经2个县、7个乡、55个村庄，先后向上级报告灾情20余次。部署在震中周围的百余架直升机，在地形复杂、气候多变的险恶条件下穿梭飞行，频繁起降，运入急需的抢险人员、医护人员和救援专家，运出亟待转移的伤病员和受灾群众，还多次投入唐家山堰塞湖抢险人员和设备的空中运输，为成功排险做出重要贡献。邱光华机组5名官兵为紧急运送救灾人员和受伤群众，在恶劣的气象条件下坚持飞行，为抢险救灾献出了自己宝贵的生命。中央军委主席胡锦涛签署命令，授予77116部队“抗震救灾英雄陆航团”荣誉称号，邱光华机组5名官兵分别被中央军委和成都军区追记一等功。

运输机空投空降 地震发生后，95006部队开辟89条“空中生命线”，多次出动运输机在绵竹、北川、茂县、汶川、理县等灾区实施空投，投下灾区急需的食品、药品、帐篷等物资，开创了在山区狭窄地带实施大规模空投的先例。

5月12日至6月22日，空军使用运输机，完成对汶川、茂县、北川、绵竹、理县等10个县（市）40余个乡（镇）空投救灾物资任务，共飞行35场次、215架次，空投紧急救灾物资1600余吨。22—24日，由于有空降兵小分队在地面的指挥引导，空军出动运输机12架次，向附近重灾地区精确空投帐篷898顶，为当地受灾群众雪中送炭。

极重灾区茂县通信、交通完全中断，灾情不明。经中央军委批准，决定组织部队实施空降空投。5月13日晚，空军抗震救灾前指召开空降、空投任务部署协调会，在太平寺机场成立空降空投指挥组。14日7时，空军副司令员景文春、成都军区空军司令员方殿荣组织有关战勤保障分队研究伞降地区天气状况，定下伞降决心：95829部队伞降特种分队整装待命，运输机完成各项起飞准备。10时29分，天气稍有好转，景文春和95829部队副部队长姚恒斌即乘机提前起飞赴伞降区域侦察天气，获悉准确天气实况后，果断下令执行伞降任务的运输机起飞，方殿荣在指挥所指挥。

5月14日11时48分，谢昌强机组驾驶运输机，飞临茂县波西村上空（飞行高度5000米）。航路两侧高山林立，最高峰狮子山高达5230米，飞机一直在云中穿行，颠簸严重。飞机快到预计投点上空时，找到一条缝隙，由15名勇士组成的侦察小分队分两次在气象条件、地形十分复杂的情况下成功实施伞降（见图50）。伞降着陆后，目测地面为北风，风速约5～6米/秒，属多云天气，云量4～5个，着陆位置位于茂县县城西北方向约1.5公里，当地海拔高1670米，属多山地形，山高林密，岷江水流湍急，高压线路纵横交错。执行空降任务的15名勇士分别是：李振波、王君伟、赵海东、殷远、刘志保、郭龙帅、李亚军、于亚宾、李玉山、向海波、任涛、雷志胜、王磊、赵四方、刘文辉。

5月14日12时20分，空降兵特种侦察小分队到达茂县抗震指挥所（茂县武警中队），听取茂县政府、县人武部负责人关于茂县受灾情况的汇报，了解到灾区急需的各类物资。12时30分，空降特种侦察小分队队长李振波第一次向部队前指报告情况。15日，小分队从茂县徒步向汶川方向机动，途经大宗渠、宗渠沟、石鼓村、七星关、南新镇、文镇村、牟托村、攀川沟、雁门乡。此次行动，历经2个县、7个乡、55个村，徒步行军220余公里，先后向上级报告灾情20余次，

图50 5月14日，95829部队15勇士伞降茂县

（空军 提供）

沿途开辟直升机机降点10个，引导直升机10架次，营救和疏散被困群众1000余人，为千余名被困游客家里通报平安。此次空降，机组和空降小分队克服复杂气象、复杂地形影响，在无风向风速数据、无人工标识、无指挥引导条件下在高原实施的成功伞降，为抗震救灾及时提供准确信息，为抢救生命、营救被困群众赢得了宝贵时间。

5月21日，95829部队再次出动一架运输机，运载由95848部队副大队长谯因军带领的10人小分队，于14时40分起飞。15时39分，在松潘县尕尼台地区伞降着陆，担负地面指挥引导任务，使空军运输机能够更加精准地空投救灾物资。

直升机机降运送 四川地震灾区山高谷深，空域狭窄，陆路交通受阻。为保证抢险救灾的紧急需求，先后有100余架各类直升机在汶川县等重灾地区穿梭飞行，频繁起降。

5月14日9时4分，77116部队3架直升机运送成都军区通信部和78108部队10名官兵组成的通信分队携带通信设备飞往汶川县城。成都军区下达命令：一定要尽最大努力飞进去，千方百计恢复汶川通信联系，尽快把震中灾情传出来。机组人员下定决心，只要有一丝光亮，就要飞进汶川！从都江堰沿岷江而上，进入高原地区，气象雷达频繁告警：前方有对流云，并且正在发展之中！3个机组放慢飞行速度，利用一个互通式峡谷，绕开云层，拔高飞机，看准一个云洞钻下去，进入正常航线。“进山”的航路跨江电线多，加上峡谷气流紊乱，飞行危机四伏。进入映秀镇上空，直升机必须下降高度。刘绍良机组在下降500米后突然发现，3条电线居然就搭在前方不到400米的地方！他使劲拉杆，同时向左转舵，原先下沉的机头猛然抬起，几乎是掠电线而过。机组人员惊出一身冷汗，此次反应若是慢十分之一秒，就可能机毁人亡。10时20分，直升机强降县城旁一座小山上。这是灾后飞抵汶川的第一批直升机。很快，通信指挥小分队成功架起军用卫星通信系统，在震后48小时内，向成都军区报告汶川灾情，并沟通了与外界的通信联系。

5月14日7时20分，许勇乘77116部队直升机飞抵汶川县城查看灾情，并于9时降落茂县，现地指挥所属部队开展求援，并及时将两地情况报告成都军区作战指挥中心。

95616部队两架直升机在无通信保障、无气象资料、无地域先知的情况下，成功架起通往震中的“空中生命线”。5月14日12时44分，郝士勇机组驾驶11251号直升机起飞，飞抵汶川县映秀镇执行空投任务。13时32分，杨光机组驾驶11252号直升机起飞，首次飞抵极重灾区绵竹执行空投任务，空投完毕后又直飞映秀镇，于16时39分在映秀镇机降，成功转移出首批12名重伤员；18时26分，11252号直升机再次机降映秀镇，于19时30分转移出26名重伤员（含7名儿童）。5月14日至6月23日，两个机组共飞行191架次、285小时30分（含44架次专机任务），转移伤员131名，运送各级工作组、受困群众和抢险救灾人员726名（含6名被困外国游客），空投、机降救灾物资59.5吨。

5月14日15时13分，77116部队4架直升机运载第42医院医疗救援队和急救医疗器材、药品，机降展开救援活动。同日，成都军区派出直升机3架，运载上海市和安徽省地震灾害紧急救援队突击队员31人和救援装备，于16时30分降落汶川县映秀镇，开展抢救行动。

5月15日14时5分，66150部队副部队长刘向阳带领国家地震灾害紧急救援队赴映秀救援小分队42名专业队员，携带4只搜救犬及专业搜救装备，乘坐77116部队直升机，于14时37分，飞抵震中映秀镇。救援小分队一下飞机，便立即兵分多路，赶往映秀湾电厂、漩口中学等压埋人数众多的受灾点，展开搜寻幸存者的救援。

77116部队视灾区为战区，最早飞赴灾区勘察灾情、抢运伤员和救灾物资，在抗震救灾期间共出动1848架次，飞行1542小时，成功救出伤员1126人，运送食品、药物等急需物资619吨，转运被困群众2171人。（参见图51）

图51　5月16日，77116部队直升机飞抵汶川上空

（成都军区　提供）

第三篇

抢救生命财产

第一章　自救互救

第二章　重点抢救

第三章　全面搜救

第四章　抢救财产

汶川特大地震发生后，中共中央、国务院、中央军委迅速做出反应，领导和指挥全国军民开展了中国历史上救援速度最快、动员范围最广、投入力量最大、把抢救人的生命摆在第一位的抗震救灾斗争。灾区各级党委和政府，在山崩地裂的危急关头处变不惊，迅速建立抗震救灾指挥机构，了解掌握灾情，组织各企事业单位和群众自救互救，撤离安置伤员和受灾群众。驻灾区解放军和武警部队官兵，在做好本单位自救互救的同时，视灾情如命令，立即赶往灾情严重的地方和单位，冒着不断发生的余震危险，奋力救援被埋被困人员。广大群众在危难关头，舍生忘死，守望相助，奋力自救，自觉互救，形成了生死与共、风雨同舟的合力，谱写着中华民族坚韧不拔、团结友爱的赞歌。在自救互救过程中涌现出一大批舍小家顾大家、舍自己救别人、舍亲人救群众的典型单位和个人，北川羌族自治县县委、县人武部，以及都江堰市向峨乡党委、彭州市公安局光明路派出所教导员蒋敏、东汽人武部科长胥怀君、汶川县映秀小学教师张米亚等，就是其中优秀的代表。

受命于危难之际的14.6万解放军、武警部队官兵，7.5万余名民兵预备部队人员和2.8万名公安民警、消防官兵等救援力量，肩负中共中央重托和人民群众期望，通过空中输送、铁路运输、摩托化开进、徒步强行军等多种形式，以最快速度从全国各地赶赴灾区，展开了黄金救援时段的重点抢救斗争。各级领导严密组织，科学指挥，冲锋在前，勇挑重担，发扬英勇顽强、不怕牺牲和连续作战的战斗作风，奋力与时间赛跑，科学开展施救，突击在一个又一个生死线上，救出一批又一批被埋在废墟里的群众，创造了一个又一个生命奇迹。以66150部队150人为主组成的国家地震灾害紧急救援队，于地震当晚就从数千里之外赶到都江堰，连夜冒雨展开救援，在新建小学废墟深处救出、温家宝在救援现场曾与其对话鼓励、后又专程到医院看望的赵其松、王佳淇等11名小学生。5月13日下午，又奉命转战到绵竹市汉旺镇，在东汽叶片分厂和东汽中学，从废墟中救出11名学生和8名职工，其中包括"可乐男孩"薛枭、"阳光女孩"马晓凤和国家级专家刘海波。在72小时"救援黄金时间"过后，他们不言放弃，坚持顽强奋战，又成功救出6名幸存者，其中包括被埋164小时的李明翠和被埋179小时的马元江。在重点抢救阶段，这个紧急救援队转战都江堰、绵竹、北川、汶川等县（市）的48个救援点，成功救出被压埋在废墟深处的幸存者49人，挖出遇难者遗体1080具，协助其他救援队搜索定位幸存者300余人。

在自救互救、重点抢救取得阶段性成果后，5月16日深夜，救援队伍又转入"进村入户"全面搜救的新阶段。近80名军职以上领导干部率领6万余名官兵以及大批民兵预备役人员，根据胡锦涛的指示和中央军委的部署安排，克服困难，战胜险阻，陆续突入灾区比较偏远的行政村，全面排查每一个村落、每一所学校和每一处倒塌的房屋，从空中、地面竭尽全力搜救群众和转移伤员。搜救过程中，针对震区环境复杂、救援地域广远、时间十分紧迫、参战部队多元的实际情况，建立了成都军区联指—责任区指挥所—任务部队指挥所指挥关系。各任务部队首长身先士卒，率先垂范，坚持与官兵同吃、同住、同救灾，灵活运用集中指挥、靠前指挥、越级指挥、现地指挥等方式方法，对搜救部队实施集中统一领导，使各个系统的任务部队步调一致，密切协调，接连打赢了空中搜救、地面搜救、灾区群众大转移、搜救失事直升机等一场场硬仗、恶仗，胜利完成全面搜救的艰巨任务。

至9月2日，经过全体救援人员的奋力抢救，共有84017名群众被从废墟中抢救出来，149万名被困群众得到解救，430余万名伤病员及时得到救治，5.5万余名受困中外游客及时得到救援疏散。同时，还从废墟中挖掘抢救出大批金融资产、机械设备、重要档案、珍贵文物和国家与群众财产，保护和转运了一批国家珍稀动物。

第一章　自救互救

突如其来的特大地震灾害发生后，灾区的各级党委、政府迅速启动应急预案，及时成立领导机构，采取一切手段，调动能够调动的力量，尽最大可能挽救受灾群众生命，降低灾害造成的损失。各级领导干部将自己的安危和被埋在废墟里的家人置之度外，义无反顾地组织带领群众开展自救互救斗争，表现了共产党员和人民公仆的坚强意志和高尚品质。灾区部队按照应急预案迅速避险，自救互救，减少伤害；同时视灾情如命令，哪里有被压埋群众，就冲向哪里，不顾一切从废墟中挖出被埋群众，从危房中救出被困人员，把伤员和群众转移安置到安全地带，以积极迅速的实际行动稳定受灾群众的情绪。各企事业单位团结协作，冒着余震危险，竭尽全力抢救受灾职工和群众的生命财产。广大党员舍生忘死，冲锋在前，立即投身到救灾洪流之中。广大群众互帮互助，积极自救，自发互救，体现了中华民族的不屈斗志和团结友爱的精神。一大批教师，在危急关头放弃位置最有利、时间最充分、最方便冲出去的机会，积极果断地组织学生迅速撤离而光荣殉职。学生中也涌现了一批为抢救同伴而受重伤甚至失去生命的先进典型。截至 5 月 13 日 24 时，在四川、甘肃、陕西、重庆、云南五省（市）237 个受灾县（市、区），挖掘出被压埋人员 19759 人、遗体 3012 具，解救被困人员 5.4 万人，转移、疏散群众 57 万人，救治、运送受伤群众 3.9 万人。

第一节　灾区党政军机关自救互救

地震灾区党政军机关制订有具体的应急预案，机关人员平时都有一定的避险意识，并经常进行应急演练，因而当地震灾害突然到来时，都能沉着应对、迅速反应，很快启动预案，成立各种抗震救灾指挥机构，在进行自救的同时，团结带领受灾群众开展自救互救。各基层党组织迅速成立抗震救灾指挥小组和临时党支部、临时党小组，组织力量抢救人民群众的生命财产。党政军各级领导干部和机关的工作人员时刻牢记自己的职责和使命，不畏艰险，不怕牺牲，不分昼夜，不怕疲劳，奋力战斗在抗震救灾第一线。他们在关键时刻成为抗击灾害的中流砥柱、灾区人民的主心骨、受灾群众的贴心人。这种舍生忘死的精神和带头作用，激励和鼓舞广大人民群众坚强地投入到自救互救的行列之中。

一　灾区党政机关自救互救

地震发生时，灾区各级党政领导和广大干部有的在办公、学习，有的在主持、参加各种会议或公众活动，有的在基层检查指导工作或在出差途中。面对突如其来的毁灭性灾害，他们的第一反应是忠实履行肩负的职责，义无反顾地组织群众自救互救，以最快速度上报灾情，为上级组织救援赢得宝贵时间，尽最大的力量开展救援，尽可能地减少人员的伤亡和财产损失。

5 月 12 日，北川羌族自治县庆祝五四青年节暨青年创业大赛颁奖表彰大会定于 14 时 30 分召开。14 时 20 分左右，县长经大忠、县委副书记蒲方方、组织部部长王理效、团县委副书记马晓燕等 8 位领导已到县委礼堂主席台就座，来自全县各行业的青年代表和参加文艺表演的 200 多名中小学生也已经就座。会议刚要开始，大地强烈震动，玻璃破碎，天花板掉落。紧接着，主席台后面的房顶和墙体垮塌，坐在前排的人被震起一米多高。“地震了！”会场一下子慌乱起来，惊叫声、哭喊声响成一片。礼堂只有两个一米多宽的大门，如果一拥而上，后果不堪设想。情急之中，经大忠与主席台其他县领导一边打着手势，示意人群赶快疏散，一边大吼：“让学生先走，党员干部留下！”马晓燕大喊：“大家不要慌，让学生先走”……话没说完，她一下子被抛到椅子后面，重重地摔在地上。几位领导看到大部分人跑出去后，才随着人流顺着主席台侧边的出口往外跑。

蒲方方跑出前门至房檐下时，被礼堂上方坍塌的砖头砸中倒地，左后脑和左耳受伤，顿觉头晕目眩。在倒地的那一刻，房屋倒塌的灰尘遮住了视线，他只感觉四周都在摇，大地在波浪式晃动，凭房子垮塌的声音和方向，知道县委大楼倒了、车库倒了。他拼命往前爬，头部左边已经麻木，鞋子全部掉了，砖头瓦块一直往身上砸，但感觉不到痛；砖头瓦块在身上堆得太多，终于爬不动了。先跑出来的民警刘江看见蒲方方在艰难挣扎，马上跑过去将他扶起，武警北川羌族自治县中队副指导员贾达国和几个武警战士也跑过来接应。紧跟在蒲方方后面向外跑的两个穿红色服装的女学生也被瞬间垮下的水泥板和乱砖卡住，发出撕心裂肺的呼救声。“不要管我，快救那两个女娃娃！”蒲方方指着身后对贾达国等人大声喊着。贾达国等拼命抢出了两个女学生。浑身是血的蒲方方刚一被扶起来，就站到一辆汽车的引擎盖上，对着聚集在县委大院的 400 余人高喊：“共产党员站出来！干部站出来！身强力壮的都站出来！”而后，他指挥从倒塌的房屋里跑出来的干部按大人与学生搭配的方式，把现场人员分成每 15 人一组，组织大家逐批撤离到任家坪安全地带。（参见图 52）在领导干部的组织指挥下，参加会议的 300 余人无一遇难。

经大忠脱险后将大家带到较为宽阔的县委大院，召集避险成功的县级干部召开紧急会议，成

图 52　5 月 12 日 14 时 32 分，北川县委副书记蒲方方现场指挥群众自救互救
（绵阳市委宣传部　提供）

立抗震救灾临时指挥部，紧急安排自救工作；首先派出 5 批人员向上级报告灾情，并要求他们“只要你们没有被砸死，拼着命也要跑到绵阳”；接着，安排蒲方方和县人大常委会副主任杨天德留在县委大院，组织疏散群众，抢救伤员。经大忠与王理效等其他领导分头查看灾情，组织自救。看到已成一片废墟的县城和四处哭喊乱跑的群众，当即选定 4 个较为安全的疏散集中点，让几位领导分片负责，把幸存人员很快转移到疏散集中点上。与此同时，经大忠带领党员干部，用双手刨、绳子吊和背、抬、扶等最原始的方法，四处搜救幸存者。在一所还没有完全倒塌的楼房前，经大忠捡起一块木板，砸碎玻璃冲了进去，一名干部紧随其后，两人合力抱出一名中年妇女。就这样，在天黑前，他们硬是从废墟表层救出 1000 余人。晚上，余震不断，风雨交加，伸手不见五指，远近处不断传来哭泣声、呼救声、呻吟声，伴随着山体哗哗的垮塌声，人们感到极度恐慌和无助。经大忠组织党员干部一处又一处、一遍又一遍地安慰、鼓励废墟中的群众：“党和政府一定会来救大家，绝不会放弃任何一个人。”同时，组织人员收集食品、饮用水和遮雨用品，尽可能地让受灾群众避雨充饥。

马晓燕跑出来后，正好碰上前来找她的哥哥。“快跟我回家，家里的房子肯定也塌了！”两人跑到县委办公大院外的街道上一看，街道两旁的房屋全部倒塌了。一边是不知生死的母亲，一边是自己组织来开会的 200 余名中小学生、100 余名共青团员和其他青年。不容多想，马晓燕立即与同事组织参会代表中的武警官兵、共青团员救人。经过共同努力，参会人员陆续从浅层废墟中救出 100 余人。

5 月 12 日中午，刚从汶（川）马（尔康）公路施工现场回来的汶川县委书记王斌还没有走进办公室，地震发生了。王斌不顾一切地从摇晃的大楼中冲出来，不停地大喊：“赶快到学校、医院、商场救人！”在县委门口，王斌拦住几个年轻干部，让他们迅速通知所有县级干部到县委院里开会。仅几分钟，大部分领导干部都聚集在迎宾馆门前广场，王斌立即分派任务，要大家马上到人员密集的学校、医院、市场、商店抢险救人。尔后，王斌又与在汶川指导工作的阿坝藏族羌族自治州副州长肖友才商量，成立汶川县抗震救灾指挥部及下属办公机构。此时，突然有人报告“岷江断流了”。王斌和肖友才到江边一看，果然河水流量很小，立即意识到是上游山体垮塌堵塞河道，稍有不慎，对处于峡谷中的汶川县城将是一场灭顶之灾。王斌立即派人去上游查看，并决定全城居民大转移，连夜将1.1万多名群众安全疏散转移到地势较为平缓的姜维城山上。

地震发生前，汶川县县长廖敏在卧龙自然保护区参加宣传大熊猫、宣传奥运会的招商活动。在返回县城途中距耿达乡3公里的地方，所乘越野车剧烈颠簸，便马上叫司机停车，发现地动山摇，廖敏立即叫大家下车避险。车里的人刚离开越野车不到10米，左边山上的石头雨点般地滚下来。当大地抖动暂停后，廖敏发现同行4辆车全部被砸，一名干部腿被砸断，还有两人受了轻伤；车后50米处，一村民被当场砸死。廖敏一行保护着3名伤员，向耿达乡前进。到达耿达乡，廖敏看到村民在废墟里挣扎和无家可归的惨状，决定就地组织群众抢险救灾。他们尽了最大努力，自己也说不清从废墟中挖出了多少人，但还是有38人遇难。

地震发生时，江油市委书记易林与市长宋开慧及时指挥正在上班的干部撤离。市委常委、组织部部长袁明在疏散人群时摔成骨折。分管旅游、卫生工作的副市长李盛银正在办公楼3楼旅游文化局主持召开会议。为疏散会议室里的20余人，李盛银最后一个撤离，由于来不及躲避，被突然垮塌的屋顶砸倒，不幸身亡。

地震发生后，灾区的党政部门、下属单位的工作人员在灾难面前积极自救，勇敢互救；一些被压埋在废墟深处的工作人员，也相互鼓励，沉着自救，脱险后毫不犹豫地投身到抢救群众的行列当中。阿坝卧龙交通稽征所的孙开跃意识到地震时，立即冲向门口，门才打开一半，屋顶便轰然坍塌。孙开跃本能地蹲在门后，用双手护住头部，任凭砖头砸向自己。不知过了多久，孙开跃睁开眼睛，一片漆黑。他一阵心慌，恐惧袭上心头："出不去了，死定了，怎么办？"他努力让自己镇定下来。回忆起当兵时抢险救灾的情景，慢慢平静了，他开始奋力刨挖身边的废墟，终于把自己刨了出来。借助手机的亮光，从废墟到储藏室，再从储藏室到一层，孙开跃成功地实现了自救。此时，孙开跃虽然头、手和腿鲜血直流，仍立即冲进废墟抢救伤员，先后救起被水泥板砸伤的副所长吴昌雒、受重伤的同事胡晓军和建设银行的一名职工。孙开跃带着受伤的身体，先后救出2名同事和6名受伤群众。

在北川交通稽征所，被压埋在废墟深处的王永芳和汤晓明在知道彼此还活着时，王永芳用手一点一点地刨开面前的碎石和沙土，指头磨破，指甲撬翻，鲜血直流，她全然不顾，心中唯一的念头就是"我一定要出去，救自己和同事"。经过艰难挣扎，她爬出了让人心悸的废墟，不顾伤痛和余震的危险，在深夜陪着腿被预制板卡着的汤晓明，并不断地安慰和鼓励他。5月13日上午，昏迷中的王永芳被赶来的武警官兵发现，被立即送到绵阳市骨科医院。经医生检查，王永芳盆骨和腰椎骨折，生命垂危。刚刚苏醒的王永芳就急切地对赶来看望她的绵阳市交通稽征处领导说："快，快去救汤晓明，他活着，还埋在废墟里。"说完，便再次晕了过去。类似孙开跃、王永芳这样自救互救的事例，在整个灾区，不胜枚举。

地震发生时，一些在基层检查指导工作的干部成功脱险后，所做的第一件事，就是迅速与领导机关联系，组织救援被埋被困群众。他们不顾山高路陡，不畏悬石坠落，紧急赶回单位或向上级部门汇报受灾情况，为组织救援赢得了宝贵的时间。绵阳市交通局局长董晓彬、北川羌族自治县副县长雷建新与县交通局局长程波等一行13人，地震发生时正在小坝乡督促北川至松潘的公路建设，塌方、飞石把他们分割成相隔30余米的两队人马。驾驶员王义武被地震气浪推入河中受伤，一辆汽车被飞石砸得稀烂。程波对身边的几个人说："地震了，快救人，跟我到小坝乡去！”他们到达小坝乡后，迅速配合小坝乡党委和乡政府展开救援行动，组织转移受灾群众到安全地带，护送伤员到乡卫生院抢救，一直忙碌到 5 月 13 日 4 时。6 时，程波决定马上回县里报告。小坝乡距北川县城有100余公里，要翻越6座大山，蹚过多条溪流，还要穿越一片原始森林。为避免全部遇险，程波决定分 4 组返回北川，并叮嘱道：“只要有一个人活着，爬也要爬回去报告！”程波等一行年龄有大有小，身体情况有好有差，一路互相照应，彼此搀扶，吃生土豆，喝山泉水，终于在 14 日 20 时回到北川县城。他们熟悉的一切都没有了，刺穿他们双眼、穿透他们心灵的是废墟和遗体。同一天，董晓彬和雷建新等也从别的路线艰难地赶回绵阳市与北川县城，向领导汇报了沿途乡镇的地震灾情及公路损毁情况，随后一边继续组织抢险救人，一边组织职工投入公路抢通保通工作。

面对地震灾害，党政机关中一些掌握着国家核心机密的工作人员，首先想到的是这些核心机密的安全，想方设法地把这些机密保护好。北川县委机要局副局长康作文在地震发生的一刹那，没有急于逃生，而是转身关闭机要局的铁门，不幸被坠落的砖石砸昏。从昏迷中苏醒以后，他又及时向绵阳市委机要局报告北川灾情。机要局干部陈正发被人救出来后，拖着淌着鲜血的腿，冒着余震，数次爬上坍塌的废墟，深情呼喊自己的同事，努力寻觅可能散失在外的密码设备，并一直在机房倒塌现场守护，直到被强制撤离。

二　灾区部队自救互救

县级人武部自救互救　地震发生后，灾区的县（市、区）人武部作为同级党委的军事机构、政府的兵役机关，在通信中断、道路阻断、无法报告灾情的危急时刻，一方面组织干部职工自救，一方面派人到县（市、区）委受领任务，参加全县（市、区）自救互救工作。

北川羌族自治县人武部位于县城老城区王家岩山下，楼房沿山而建。地震使一幢办公楼、一幢民兵集训楼和两幢住宅楼全部塌毁，且被崩塌的山体所埋；所有的车辆装备、办公设施、训练器材和个人财物全部损毁；干部、职工和家属及正在人武部集训的民兵共有38人遇难、37人失踪、14 人重伤。身负重伤的政治委员钟良军立即把从废墟中爬出来仅存的 3 名干部召集到一起，开了不到两分钟的党委会，并对救人、转移伤员、现场指挥做出具体的安排部署。钟良军拖着鲜血直流的双腿，指挥抢救达 12 小时，终因失血过多昏倒在废墟上。

地震发生时，正在去成都路上准备参加四川省军区干部理论集训班的县人武部部长罗登华徒步 3 小时返回北川，连夜在残垣断壁上搜救幸存者，借用手机的微弱光亮，循声一个一个寻找呼救点，在 49 处废墟上，做好紧急救援的红色标记，为部队入城抢救提供了准确位置。副部长谭潇冒着大雨和余震，一趟又一趟钻进废墟里救人，并将 30 余名重伤员集中在一起，用手机一一拍照，注明姓名、住址后，连夜转到安全地带。后勤科科长王龙国被倒塌的房子压住半个身子，他拼命搬开压在身上的砖石，刚从废墟中爬出来，见职工郑植耀被卡在 10 米远的厕所里，只露出一个头，就奋不顾身地冲上去，把战友救了出来。之后，又拖着受伤的左腿左臂，跪在废墟上不停地用手刨、用手挖。当第七次冲进一座塌了一半的危楼，将一名小男孩从水泥板下救出时，王龙国再次被滚落的石块击中头部，在被送往医院途中还反复叮嘱战友：“先救娃娃，先救群众。”职工郑植耀被救出后，强忍失去父母妻儿的痛苦，来不及擦干血迹和包扎伤口，就加入到搜救被埋者的行列，连续两天赤着脚抬送伤员，将 40 余名重伤者转移到安全地带。军事参谋黄安华和战友刨出第 15 名幸存者时，一位乡亲急匆匆地跑来告诉他：“你的侄儿、侄女被埋在北川中学，快去救！”他含泪摇摇头，用血肉模糊的双手陆续从废墟里刨出多名幸存者，却永远失去了 9 位至爱亲人。正在菜市场采购食品的职工朱勇，一头扎进废墟，没有工具就用手刨，硬是凭着满是血迹的双手营救出 7 名群众。（参见图 53）等返回人武部时，他发现父亲和一岁多的孩子已离开人世。

图 53　5 月 12 日 14 时 32 分，北川羌族自治县人武部组织从废墟中爬出来的民兵迅速展开救援
（总参动员部　提供）

5 月 13 日早上，北川人武部率先在全县树起“中国人民解放军北川人民武装部”的牌子，被群众誉为“废墟上不倒的旗帜”。人武部党委“一班人”冲锋在前，指挥在前，战斗在前，短短的 24 小时，先后从废墟中搜救出 42 名幸存者。担任县抗震救灾指挥部副指挥长的罗登华，在人力、运力严重不足的情况下，指挥紧急救援组按伤情、亲情编组，设卡编队外送，每隔 3 分钟放行 50 人。一个月内，成功疏散了 5600 余名受灾群众。

茂县人武部在地震发生 10 分钟后，紧急动员茂县民兵应急连 100 名人员赶到县指挥中心，凤仪镇各村 200 余名民兵也陆续赶到，很快投入抢险救援、收集信息、运输物资、护送伤员、打通道路等工作。5 月 12 日晚，200 余名民兵肩挑背扛食物、药品、饮用水等，护送医生前往各乡镇实施救援。人武部部长仇大海带领民兵把 60 余名生命垂危的伤病员，从县中医院全部转移到安全地带。家住县城居民点的干部、职工和办事人员均在 20 分钟内跑步到达县人武部集结，由仓库主任付长虹负责组织留守人员在人武部对面空旷地搭建帐篷，收拢干部、职工、家属等 24 人，统一在人武部帐篷区食宿。

地震时，安县民兵应急分队 125 人正在人武部副部长潘进、军事科科长陈华的组织下整队、集合，准备参加实弹射击训练。地震突然发生，霎时天摇地动，房屋倒塌，飞迸的砖块将两名民兵砸伤，陈华立即组织人员对受伤民兵进行包扎、止血等简单处理，再送往县人民医院。随后，潘进将其他人员疏散至人武部大门外的安州大道上。地震后仅 10 分钟，县委常委、县人武部政委王皓就将正在安昌镇集训的 200 余名民兵组成突击队，火速派往安昌镇、黄土镇和永安镇的学校、医院，参与救治伤员和转移群众工作。（参见图 54）5 月 12 日 14 时 48 分，在通信中断的情况下，安县人武部接到县委副书记张道斌派人送来的“鸡毛信”：“请人武部组织民兵火速救援黄土镇二中、方碑村小学被压埋学生。”王皓带领 20 多名民兵跑步一公里，拦下一辆汽车直奔事发地，从倒塌教学楼下营救出 25 名受伤学生。政工科科长任华、后勤科科长邓菲、政工科干事钟铁军和军事科参谋付晓马也先后于 14 时 50 分、51 分和 15 时 12 分奔赴安县蓝天幼儿园、职业中学、县中医院等单位抢救转移儿童、学生 250 余名。

图 54　5 月 12 日 14 时 35 分，安县人武部组织民兵在安昌镇金霞社区救出一名受伤群众

（总参动员部　提供）

平武县人武部在与绵阳军分区失去联系的情况下，立即启动《平武县人武部应对突发自然灾害紧急方案》，组织避险成功的人员展开抢救生命工作。政委何成强第一个到达县抗震救灾指挥部，参与全县自救互救工作的组织指挥工作。部长潘学斌立即中断在外地的学习，徒步赶到南坝镇前指，组织带领人武部干部和应急民兵到南坝、平通、水观等重灾乡（镇），挖掘被埋群众，安置无家受灾群众。（参见图 55）

图 55　5 月 13 日，平武县人武部组织民兵抢救受伤群众

（总参动员部　提供）

地震发生后，宁强县人武部紧急组织汉源、阳平关、代家坝、燕子砭、安乐河等乡（镇）的民兵应急分队、通信分队、车辆维修分队、铁路护路分队、医疗救护分队、装备维修分队等 1202 人展开救援。其中，民兵应急分队负责对灾区民用危房逐一进行排查，消除安全隐患，搭建帐篷，疏散安置群众；医疗救护分队赶赴各安置点协助乡镇卫生院抢救伤员，协助防疫站开展疫情防治，

包点”制，何明俊现场点将，指派市级领导带队，分赴灾区各镇，摸清情况、反馈灾情，坐镇指挥，紧急抢险；以最快时间播发《抗震救灾工作的紧急通知》，指令全市各级领导、市级部门和党员干部迅速赶赴受灾现场，动员一切力量，不惜一切代价开展抢险救援工作；并紧急调动10个轻灾镇的民兵应急分队、机关干部分别支援5个重灾镇。该市16个镇（街道）党委（党工委）、169个行政村（社区）党支部，迅速组织广大党员干部成立186支抢险救灾突击队、186支受灾群众安置队、186支震灾隐患排查队，立即开展受灾群众转移、安抚和震灾隐患排查工作。

地震发生后，茂县四大班子在家的领导自发汇聚在县政府广场，抢险指挥部就地紧急成立，设立后勤物资保障等8个工作组。各部门按照应急预案，迅速实施救援，紧急疏散群众，避免更大损失。县长高加军立即做出紧急部署，要求全县党员干部全力以赴投入到以紧急抢救生命为中心的抗震救灾中，保证了全县救灾工作在最短时间内全面有序地开展。

地震发生时，安县四大班子主要领导均在成都招商，县委副书记张道斌拼命冲出办公大楼后，迅速启动重大灾情应急预案，仅5分钟，就成立安县抗震救灾临时指挥部，随即成立抢险救灾、医疗救助、后勤保障、综合协调、宣传报道5个工作小组。12分钟后，这些工作小组各就各位，紧急展开抗震救灾工作。指挥部又召集并安排其他县级领导11人立即奔赴各乡镇了解情况，组织抢险。晚上，县委书记王黎、县长赵迎春回到县委机关，召开指挥部紧急会议，听取汇报，完善机构，紧急动员正在安县人武部集训的120余名民兵组成突击队，到达永昌、永安等镇的学校实施救援。

平武县委震后立即启动一级应急预案，成立平武县抗震救灾指挥部，派出11个工作组，由县级领导带队奔赴各乡镇，组织力量管制物资，展开抗震自救。由于平通、南坝、水观一线灾情最为严重，县委决定将指挥部前移，成立南坝、平通前线指挥部，组织400余名县级机关和轻灾乡镇干部党员组成抢险救灾突击队，赶赴南坝镇、平通镇，与先前派出的工作组一道抢险救人。

青川、都江堰、彭州、江油、文县、宁强等所有极重灾和重灾县（市、区）都在地震发生后紧急成立了精干、高效的抗震救灾指挥机构，有的还在灾情严重的乡镇设立前线指挥部或分指挥部、片指挥部。灾区各乡镇和县级机关各部门，均成立相应的指挥机构。这些指挥机构对整合各方救援力量，实行统一调度指挥，保证抗震救灾工作特别是初期的自救互救工作紧张有序地开展，发挥了重要作用。

领导干部靠前指挥 地震发生后，汶川县广大党员干部以指挥部为中心，从四面八方向指挥部聚集，等候受领任务。指挥部挑选356名政治素质高、身体素质强的党员干部，组成13支抗震抢险突击队，分别由县级领导任突击队组长，紧急奔赴全县13个乡（镇）。在余震不断、风雨交加的情况下，翻山越岭，涉水过河，徒步几十公里、甚至上百公里，奔向各自的救灾目的地展开抢险工作。全县38名县级干部、270余名科级干部、2000余名党员干部积极投身到抗震救灾工作中，1000余名农村干部积极组织受灾群众开展自救。

绵竹市抗震救灾指挥部于地震当天派出市政协主席代青，市人大常委会党组书记、副主任贾远兴，市政协党组书记、副主席荣炳忠等8位市级领导干部前往灾情严重的富新二小、拱星镇、板桥镇、汉旺镇等8个单位，组织指挥和参加抗震救灾。5月13日1时，绵竹市委书记蒋国华到汉旺镇、富新镇等5个镇查看灾情，组织抢救人员。9时，德阳市委书记方小方到达汉旺镇，决定成立以常务副市长张金明为指挥长、德阳军分区司令员李术生为副指挥长的德阳市汉旺片区抗震救灾指挥部，现场指挥汉旺片区抢险工作。在指挥部统一指挥下，从废墟中救出4087人，转送医院救治伤员2000余人，安置转移受灾群众4万余人，挖掘和掩埋遇难者遗体2592具。

地震发生后，什邡市委书记何明俊从公安局调用40部对讲机，每个乡镇安排一名市领导，带一部对讲机，立即到第一线实施指挥，全力开展救人救灾。同时紧急集结民兵应急分队前往蓥华、红白、洛水等灾区实施救援。队伍集合好后，没有救援工具，车辆也没有油。何明俊下令："只要见到对救灾有用的物品，可以砸开店门强行征用，但必须写上借条，署我何明俊的名。"一些加油站一时无法加油，他就叫人用镐头敲开油井盖，拿塑料管放到油井里，用嘴将油吸到桶里，再加进油箱。通过种种方式，保证了当晚16个镇（街道）的救灾现场都有市领导在指挥抢险。机关干部和党员整个晚上都在废墟里扒人，从死神手中扒回3601条生命，找到1200多具遗体。什邡市交通局局长杨孝荣、副局长姚一成率建管科、路政处、养路段人员直奔灾情严重的山区，查看道路、桥梁损毁受阻情况；副局长王正刚率运管处、集团公司人员急赴汽车客运站，迅速指挥疏散站内旅客，紧急联系在外营运车辆避开危险地段，确保乘客安全，并紧急调动车辆，奔赴灾区抢运受伤人员；副局长罗平率队前往收费站、超限检测站疏通车辆通行；副书记王立率队查看机关及局属各单位办公区、生活区受灾情况，转移安置受灾人员。

"先救学校娃娃，再救镇上被埋居民，最后再救机关、宿舍楼。"这是什邡市红白镇从领导到一般干部在震后两分钟内做出的泣血抉择。刚从废墟中爬出的镇人大常委会副主任雷兴保不顾妻子被埋、女儿生死未卜、自己腰部被砸伤的悲痛，先去学校救孩子，直到5月16日中午才去认领妻子的遗体。与他一样舍小家为大家的还有镇党政办公室主任文孝贵、镇党政办公室干部徐正涛、镇会计所总会计周明等人。

地震发生时，青川县木鱼镇木鱼中学学生住宿楼坍塌、木鱼玻璃厂全部垮塌。镇党委主要领导全部到县上开会去了。当时镇党委委员周万贵正在社区开会，他迅速组织党员干部、民警及社区群众，赶赴受灾最严重的木鱼中学。此时，余震不断，周万贵径自钻到水泥板下搜救学生。当武警官兵、消防队员赶到时，他们已经从废墟表层成功营救出30余名学生。

地震发生时，都江堰市委书记正在柳街镇参加一个讨论城乡产权制度改革的会议。面对各种通信全部中断的情况，他冲进会场旁边的一个派出所，从一名干警手中"抢过"对讲机，发出震后都江堰市委、市政府第一道指令："请副市长兼公安局长夏天同志立即启动A级应急预案；通知四大班子领导到公安局应急中心集中；所有警力火速赶往学校、医院救人；立即派人查看紫坪铺水库，有情况立即向我报告。"随后，他驱车疾驰市区，行前叮嘱柳街镇党委书记苟绍波："迅速向成都市委报告灾情，全力开展自救。"正在青城外山派出所检查工作的副市长兼公安局局长夏天凭着30年从警的经验，一边安排镇党委书记柴林开展自救，一边抓起车上的手持电台，发出了一连串的命令：立即实行交通管制，保证车辆畅通；所有公安干警立即到位，全力抢救伤员；市区立即实行武装巡逻；立即对银行、供水、供气、供电等重点单位实行安全保卫；想尽一切办法通知市里所有领导到公安局指挥中心集中。此时，公安局大楼里，90 余名干警正在疏散，刚跑到门口的 110 指挥中心值班班长仰文偈听到夏天的呼叫，又返回岗位，逐个呼叫市局下属的 30 个单位，等一一反馈了信息后，他才快步冲出大楼。15 时 20 分左右，刘俊林与在石羊镇工作的市长许兴国和夏天先后奔回指挥中心，迅速派出 10 支队伍分片下去普查灾情，组织力量到灾情最重的新建小学、聚源中学等处进行救援。至 5 月 13 日凌晨，共组织 110 余批 5000 余人的救援力量。在刘俊林、许兴国和夏天奔回市区之前，市委副书记高守军，市委常委、组织部部长姜科，市委常委、统战部部长赵薇等 5 位常委分别带领几十名干部赶到新建小学和聚源中学抢救被埋师生。至 14 日，共挖救出被埋学生 200 余名。

震后，在家主持全县工作的平武县县长毛一兵立即启动抗击重大自然灾害预案，成立平武县抗震救灾指挥部，安排县级机关干部全力开展自救工作。面对疏散到空旷地带的受灾群众，立即派人员紧急征用全城的钢架、竹竿、彩条布，动员全县党员、干部在天黑前搭建好所有帐篷，让全城 3 万群众、学生和中外游客住进遮雨、防震的帐篷。当得知平通、南坝等镇遭到毁灭性破坏之后，他立即决定将县指挥部前移至南坝镇，命令各部门主要领导和县级机关 50 岁以下干部全部集中前往南坝镇，并最先带队出发。到达高村场镇看到满目疮痍的惨景，他双眼噙满泪水，鼓励乡干部一定要坚强起来，奋力组织群众自救。在稳定干部、群众情绪之后，他们继续向南坝镇进发。刚走 200 余米，遇到大面积山体滑坡，毛一兵吩咐随行人员保持好队形并走在最前面。到了滑坡体中间，强余震发生，山上乱石、泥土瞬间倾泻而下，毛一兵回头朝后边大喊：“往后退，注意安全！”而自己却躲闪不及，被飞石击中，随着崩塌土石滚出 30 多米，顿时血流如注，生命垂危，被同伴紧急送往县城医院。经过 10 个多小时的抢救，毛一兵从昏厥中苏醒后的第一句话，是问指挥部是否前移、县上干部是否全部到位、文家坝堰塞湖是否派人监控，却不知自己头上已经缝了 20 多针的 4 条口子，最长的 8 厘米，身上多处瘀血肿胀。16 天后，他不顾颅内瘀血未除，便悄悄离开医院回到南坝镇工作岗位上。

地震当天，平武县委书记张学民正在去四川省委党校学习的路上。地震后，他立即调头赶回平武，天黑时走到平通镇。眼前的漆黑、废墟、哭泣声、求救声使他当即决定留在平通，投入到抢险救人的战斗之中。他组织干部、群众抢挖被埋者，救治和转运伤员，同时，以“纸条传信”形式向市、县上报灾情，请求救援，命令各乡镇奋力展开抗震自救。5 月 13 日下午，他同从绵阳赶来的市人大常委会副主任赵映坤、副市长邱明君一起赶到设在南坝镇的平武县抗震救灾指挥部，进一步完善指挥部机构，调整人员分工，使每个重灾乡镇至少有一名县级领导在现场指挥，共抢救出被埋被困人员 5677 人，挖掘遇难者遗体 1024 具，转移疏散群众 3.8 万人。

组织实施重点抢救 灾区党委、政府和军队在组织领导群众进行自救互救的过程中，根据各地灾情的轻重，合理组织力量，按照先重灾区后轻灾区、先人口密集地区后人口稀疏地区、先学校后居民区，特别是对压埋人员较多的单位，实施重点抢救。广大干部、职工和临时组织的救援力量，在废墟中展开抢夺生命惊心动魄的生死大救援，一个又一个被埋被困的学生、群众被抢救出来。

汶川县映秀镇副镇长兼人武部部长徐红军依据指挥部的分工，跌跌撞撞地跑到镇政府大楼，迅速集合民兵，命令民兵分成3个小组前往漩口中学、映秀小学、映秀幼儿园进行紧急救援。徐红军带一队民兵冲到已被夷为平地的映秀幼儿园，看到园长徐家林带着20余名幼儿站在房外，惊魂未定地望着废墟流泪。徐红军迅速将他们疏散到相对宽敞的街道上。废墟里孩子们的哭泣声和呼喊声强烈地刺激着徐红军，没有工具，就用双手刨；力量不够，就手脚并用，满是灰尘的双手布满道道血迹。随着一个个逐渐冰冷的幼小身躯被挖出，徐红军一下子瘫坐在废墟上。突然，透过废墟预制板的缝隙，他看到一个残存半截的教室里有孩子的身影在晃动。“这里有小孩活着！”大家一拥而上，掀杂物，找木棒，扳钢筋，撬砖块。听到有人营救，孩子们的哭声更大了。徐红军一边疯狂地挖掘，一边用近乎嘶竭的声音反复向废墟里的孩子喊话：“别害怕，别害怕，叔叔在救你们！”艰难的3个小时后，硬是用双手在废墟中抠出一条高50厘米、宽60厘米、仅容一人猫腰通往小孩受困处的坑道。“我是人武部部长，让我进去！”话音未落，他就猫腰钻入洞中。洞里异常狭窄，洞壁到处是玻璃碎片、钢筋和锋利的建筑残渣，每爬一步都要付出血的代价。看到徐红军进来，受困的孩子一下子把他围了个严实。废墟里，不断有砖块、尘灰坠落，洞子随时可能坍塌，多待一秒就多一份危险。徐红军轻轻拍着孩子们的小手，不停地鼓励着：“别怕，叔叔带你们穿过这个洞就没事了。听话，一个一个地来。”徐红军让孩子们先安静下来，在他的示范带领下一个接一个地倒退着身子，从狭小的洞子里顺利脱险。短短两三米长的洞子，徐红军前后进出9趟，花了近一个小时，救出8名受困小孩。大家正准备撤离，突然有人说：“废墟下还有小孩！”徐红军又爬到废墟上，屏着呼吸探听到小孩微弱的哭泣声。受困小孩位置在几根交错的断梁和楼板混杂的废墟下，手扒肩顶根本解决不了问题。徐红军边喊民兵四处寻找工具，边寻找最佳营救切入点。经一个多小时的艰苦努力，在黑黝黝的废墟洞里，一个小孩哭泣着从洞口探出脑袋，徐红军一把将孩子提了出来，紧紧抱住不肯松手；紧接着，另一个小孩又被救出。之后，徐红军又带着民兵投入到镇上其他地区的抢救中。靠着沉着与冷静，徐红军带着幸存民兵救出了50多名孩子和群众。在他和其他镇党委委员的带领下，全镇成功救出被埋、被困人员500余人，救治伤员1000余名，组织漩口中学1600余名师生和镇内幸存人员度过大雨滂沱的夜晚。

地震发生后，都江堰市向峨乡政府与200米外的向峨乡中学几乎被夷为平地，14名正在上班的乡干部被压埋在废墟中。乡党委书记罗鸿亮从村上跑回，乡政府驻地已是一片废墟，只见所有的人都在拼命掀开一块块碎砖，搜寻被压埋的亲人。一边是声声呼救的孩子，一边是朝夕相处的同事，罗鸿亮主持召开党委会议，做出了他平生最痛苦的决定：先救娃娃！先救群众！他冲乡长付岷涛大喊：“把干部都带过去，把路上看到的人都喊过去！”付岷涛带着一队干部狂奔而去。当他们赶到乡中学操场时，已经有很多学生家长趴在废墟上哭喊着刨土救人，付岷涛的呼喊声被淹没在人声中。“乡干部都到哪儿去了？”面对情绪有些激动的家长们的责问，乡干部罗代强站在废墟上大喊：“哪个说乡干部不在，我就是乡干部！男人们都站过来！”乡长付岷涛跳上乒乓球桌喊道：“现在只顾自己，谁家的娃娃都救不出来，都到那边去，到呼救声最多的地方去，救一个算一个！”罗代强的振臂一呼，让恐惧、慌乱的家长镇定了许多。党员干部的表率作用，让家长们拭去泪水，开始有序地拼命挖掘。身强力壮的汉子爬到废墟最上面，人们自觉排成两列，砖石源源不断往后传。向峨乡中学垮塌的消息传到都江堰市后，副市长廖小平连夜带救援队赶到向峨乡。5月13日凌晨，部队战士抵达向峨乡。当天下午，成都市委主要负责人赶到向峨乡。党和政府倾力营救，学生家长们看在眼里，记在心里，他们拭去泪水，夜以继日拼命挖掘。最先开来简易吊车的任隆富，连续工作近50个小时，至少救出5名学生。向峨乡中学救援，比预计时间提前了两天，68个孩子获救。而罗代强对女儿最后的记忆是废墟里露出的那只脚，他白天不敢回想，晚上不敢闭眼，一闭眼那只鞋和袜就在眼前晃。17日，从乡政府办公楼挖出最后一名遇难干部的遗体，向峨乡被埋干部中有8人遇难。

聚源中学位于都江堰市城东7公里处，地震造成教学楼坍塌，18个班的大部分学生被埋在断梁、碎石之下。聚源镇党委迅速派人救助，都江堰市抗震救灾指挥部闻讯后，立即命令市人民法院组织法官、法警火速增援，命令市人武部组织民兵迅速抢救师生。市委副书记高守军奉指挥部之命，迅速赶往聚源中学，竭尽全力，指挥抢险救人。都江堰市人武部接到命令后不到一小时就紧急动员280名应急民兵，以强行军方式赶到聚源中学、新建小学和市中医院，千方百计地搜救师生和群众生命。救援现场由于大型机械缺乏，进展缓慢。应急民兵苟伟、薛科二人见状，飞速跑到青城大桥工地，协调到7台吊车，为营救被埋师生发挥了关键作用。从地震当天下午到次日凌晨，苟伟和薛科不停地指挥吊车驾驶员抢险，冒着危房倒塌的危险冲进废墟抢救被埋压的学生。经过日夜奋战，聚源中学虽然有100余名被埋师生被成功救出，但仍有200余名师生遇难。

小鱼洞镇、龙门山镇地处彭州市龙门山断裂带的白水河、龙门山景区。地震使这一带山体大面积滑坡，房屋倒塌，交通、通信中断，人员伤亡严重。5月12日18时，彭州市人武部部长王旭、副部长李警奉成都市、彭州市两级抗震救灾指挥部之命，带领市民兵应急连奔赴小鱼洞镇、龙门山镇等重灾地区救援。23时，成都警备区副司令员刘有政率成都市新都区、双流县等县（区）的民兵和四川省军区独立连官兵抵达小鱼洞断桥边。13日零时30分，警备区司令员张仁通率机关人员疾驰小鱼洞。此时，白水河上的临时便桥正在抢修，河对岸等待救援的伤员和群众越来越多。张仁通看到仅有一艘救生船在河面上来回运送伤员，便第一个跳进河水中，命令部队、民兵蹚水过河转运救助伤员，安抚群众。雨越下越大，河水水位也在上涨，张仁通再次带领80多名民兵跳入河中，手挽着手，建成一道坚固的人墙，保证转运伤员的担架和民兵搀扶的受灾群众安全过河。天亮时分，200余名伤员和3000余名群众被转移到安全地带。

青川县人武部部长袁世聪刚刚走出寝室便发生地震，他指挥涌到院子里的群众远离楼房。5月12日14时50分，袁世聪带领17名机关干部、职工和参加集训的80名应急民兵，组成3个救援小组，分赴房屋整体坍塌的东桥宾馆、山珍市场和一处居民点抢救被压埋群众。这些身着迷彩服的100余人成为县上第一支救援队伍，也在一定程度上稳定了群众情绪。16时40分，当袁世聪得知母亲遇难、侄女被埋的消息时，同时也接到县委书记派人送来的一张纸条，要他带人爆破堵塞乔庄河的滑坡山体，排除堰塞湖险情。袁世聪顾不上悲伤，带着民兵和爆破器材就向堰塞湖飞奔。在前往爆破点的路上，人武部政工干事杨从文急切地追上来告诉他："搜救队已听到你侄女的呼救声，现在急需人手和大型机械。"手握调派民兵和挖掘机大权的袁世聪坚定地说："不救亲人我会内疚一辈子，但不顾群众先救亲人我会负罪一辈子。"硬是没让动正在山珍市场抢救压埋群众的一兵一卒、一镐一锹。22 时 30 分，袁世聪赶到压埋亲人的废墟上，看到埋在水泥梁下的侄女，听到她微弱的声音："幺爸，快救我！"他鼓励侄女要顽强坚持，救援队正在紧张施救，然后又回到山珍市场继续指挥救援。凌晨，侄女被从废墟中抬出，却因失血过多，永远离开了她刚工作一年的青川。14 日 11 时，袁世聪母亲的遗体才被挖掘出来。中午，兄长从南充老家来青川接两位亲人"回家"。袁世聪对母亲低语道："我不能送你回去尽孝。"而后磕头向亲人拜别。经过 42 小时连续奋战，青川县人武部组织干部、职工和民兵救出 36 名幸存者，挖出 138 具遇难群众遗体，指挥各乡镇人武部带领 1080 名民兵在乡村救助群众。（参见图 58）

图 58　5 月 12 日 23 时，青川县人武部组织民兵抢救废墟下的幸存者

（总参动员部　提供）

第二节　灾区企事业单位自救互救

面对特大地震灾害，各企事业单位沉着应对，不等不靠，积极主动地想办法、挖潜力，充分发挥自身有组织、有纪律的优势，在企事业单位党委、职能部门的领导组织下，及时开展救援工

作，主动自救，积极互救。各单位迅速成立抗震救灾指挥机构，把抢救职工的生命财产放在第一位，奋力抢救职工生命，及时疏散、安置群众；加强对重点目标的保卫保护，抢救物资、资料，尽最大可能降低损失。一些国有大中型企业，在开展自救的同时，主动承担社会责任，奋力抢救周边的学生和群众，挽救了更多的生命。

一　交通系统自救互救

铁路职工自救互救　汉旺火车站是宝成铁路德（阳）天（池）支线上一个四等尽头站，全站共有职工 27 名。地震造成 4 名职工、9 名家属遇难，所有站房、职工宿舍全部被夷为平地。地震发生时，站长蒋传训被预制板砸着左腿，双脚悬在半空。几名刚刚脱险的职工连忙找来一块木板，将他从随时都可能坍塌的门框上救了下来。蒋传训立即带领党员叶明华、范英和几名职工冒着余震的危险，钻进尘土飞扬的残垣断壁中，趴在地上挨个呼唤职工的名字，没有工具，就徒手搬开木板、断砖和水泥块，从废墟中救出 4 名职工。为了迅速有效地救助职工家属和车站附近群众，蒋成训将全站人员集合起来分成 3 组，一组开展搜救，一组搭建帐篷，一组处置危险品。汉旺站是个危险品办理站，存放的 800 余桶黄磷和 2200 件甲酸犹如定时炸弹，随时都可能发生爆炸。为防止意外发生，他们立即制订危险品临时看管方案，并派人 24 小时看管。随后联系厂家从成都租用危险品专用车，将危险品全部转移到安全地带。

穿心店车站是宝成铁路广（汉）岳（家山）支线北端的一个四等车站，距震中汶川直线距离不足 40 公里。地震发生时，穿心店车站站长胡兴勇与副站长陈建江正在站台上指挥作业，助理值班员刘汉林挥动信号旗，调车作业完毕的 45723 次货物列车缓缓起步，驶向前方车站。突然，地震发生了，胡兴勇迅速召集职工在开阔地集合，清点人数，当班运转职工仅有两名受轻伤。站房除货运主楼、材料室外，房屋全部坍塌，站场内 9 节车厢颠覆、2 节脱线，断路、断水、断电，车站与外界失去了联系。就在大家庆幸人员伤亡不大时，一股黄色的浓烟滚滚而来，刺鼻的气味呛得人直咳嗽、流泪。此时从车站对面山上跑下很多宏达化工厂的职工，他们边跑边喊："液氨泄漏了，快跑！"听到喊声，大家立即捂住鼻子向什邡站方向撤离。突然车站旁边倒塌的民房内传来呼救声，胡兴勇和车站职工停住脚步循声望去，只见废墟中露出一个人头，身体被压在乱石中，家人站在一旁不知所措。车站职工们立即跑过去捡开砖头，撬起预制板，20 分钟后将他救出。此时，又有一位村民跑来大喊："快来人！学校垮了，娃娃们压在下面了！"此刻大量的液氨形成的烟雾越来越浓，能见度不足 10 米，人们呼吸困难。"救人要紧！"胡兴勇边说边带领职工向学校奔去。只见仁和村小学校舍全部倒塌，100 余名师生被埋。车站职工和赶来的学生家长一起抬起预制板，在瓦砾堆里救人，先后救出 6 人。时间一分一秒过去，有毒气体越来越浓，部分职工开始出现虚脱。此时，仁和村村长接到通知："化工厂 800 余吨液氨泄漏，生产线上的硫黄自燃，随时可能爆炸，所有人都必须马上撤离！"无奈之下，车站职工含泪撤离。由于救人耽误了最佳撤离时机，刚走出 10 米，货运负责人陈永兴左右摇晃着倒下了。胡兴勇大声呼喊前面的同事："回来，陈永兴不行了，要走一起走，要留一起留。"稍作休息后，大家再次向浓烟区外突围，因体力不支，又停下来。后来，他们拦住一辆运送伤员的货车，车站职工家属才被成功地送到什邡市灵杰站。余震再次袭来时，胡兴勇想起了距离穿心店车站最近的木瓜坪站和红白场站（两站均位于较远的山区）的同事们。5月13日6时，他找来一辆汽车，带上4名职工又回到穿心店车站，在相对安全地带搭起帐篷，尽力做好接应两站职工的准备。

地震发生后，身在什邡市的木瓜坪站站长游成强多次与车站电话联系，一直联系不上。5月12日15时30分，游成强乘坐公共汽车到达灵杰站。由于前方化工厂液氨泄漏，班车无法前行。在找别的车辆无望的情况下，游成强先后搭乘110警车、120救护车，于16时20分到达蓥华镇。17时左右，他在穿心店站遇到从山里撤出的养路工区的职工。有人劝阻他："灾情严重得你想都想不到，太危险了，千万别回去！"但游成强心系全站职工，仍逆向而行。漆黑的山路上，伴着雨水和淹没脚踝的泥石流，他摸索着前进，滚落的山石不时砸在他的安全帽上。在生死未卜之时，他写了一封没有发出去的手机短信："我的爱人，不知你现在怎样？我正在回车站的路上。如果我不能回来，你要帮我照顾好年幼的儿子和年迈的父母。"从穿心店到木瓜坪不足10公里的路，游成强整整走了4个多小时。21时30分，他终于回到木瓜坪站。车站职工和家属见到游成强立即围上来哭诉灾情：房子塌了，公寓服务员张萍失踪，炊事员受伤了。聚集在火车里的人群，除了车站职工和家属，还有周边的村民，总计1000余人。游成强立即组织人员把食品和饮用水集中起来，重点保护老人、小孩和妇女；把所有人员安置到安全地带，燃起篝火取暖。13日天刚亮，大家四处搜寻失踪的张萍，依然未果。此时，泥石流不断涌下山，先是浸入轨道，接着淹没两个扳道房，在此多停留一分钟，就多一分危险。游成强断然决定，停止搜救，带着1000余人有序撤离。6时50分，游成强在前开路，带领队伍逃生；10时左右，到达红白场站。11时30分，到达穿心店站，与站长胡兴勇会合，两位站长的手紧紧握在一起。此时，胡兴勇还没有与妻子和父母取得联系。当得知红白场站站长伤势较重，一时无法撤离时，他急忙送走木瓜坪站的同事们，又召集大家前去营救，帮助红白场站的职工将受伤的站长和其他受伤职工转移到什邡站。

火车站旅客自救互救　地震发生时，灾区铁路各车站售票厅和候车室旅客争先恐后向外逃生，而火车站干部职工为保护旅客的生命财产安全，则拼命地向里跑。广元车站客运车间副主任李元迎着人流挤入候车大厅，将旅客疏散到广场。趁着余震暂停之际，机关干部和客运职工再次进入各候车大厅，把旅客行李包裹收拾出来堆放在广场上，与公安民警共同组织旅客认领。

成都站客运车间客运员高伟发现候车室内不远处一位七旬老人，正不知所措地呆坐在椅子上。他不由分说背起老人就向出口跑去，随后，又和身边的同事们一同维持着秩序，将800余名旅客疏散到广场安全处所。

地震发生时，西安火车站领导班子成员和机关干部除留个别人值班外，全部到一线疏散旅客。14时35分，候车大厅6个大门全部打开，8500名旅客安全转移到站前广场，广场上拉起了警戒带。西安铁路公安局的干警们在局长和政委带领下，快速跑到火车站，在广场上与100余名民警手挽手、肩并肩，组成两道"人墙"；同时，从人海两侧和外围疏散旅客，妇女、儿童和老人受到特殊关照。

安康车站站长昝汉杰、党总支书记胡宝明在震动中飞快跑出办公室，分头赶往候车大厅、信号楼，以最快的速度将旅客从5个出口疏散到广场，3000余名旅客全部在10分钟内安全撤离。撤离过程中，一名怀抱小孩、手提行李的妇女跌倒在地，眼看就要被涌上来的人流踩上，党员张永平跃过栏杆，扑上去用身体护住旅客，一手抱起摔在地上的小孩，一手将妇女拉起，护送他们撤到安全地带。

铁路途中旅客自救互救 灾害让行驶在路上的大量火车受阻，特别是造成宝成线和其他灾区线路上31列客车上的2万多旅客和149列货车在途中滞留。面对灾情，各车务段对大站停留的旅客列车，用汽车组织就地疏散；各列车长和乘务员对中途停运的客车，有的就地防护，有的组织疏散，确保旅客安全。

5月12日14时28分，从宝鸡开往广元的6063次列车刚从白水江车站开出两分钟，随着一阵巨响，大地剧烈颤动，列车在旅客的惊叫声中紧急刹车，正好停在一个上坡道上。10节车厢中前6节停在隧道里，后4节停在一座高约150米的桥上，桥下便是湍急的嘉陵江。担当值乘任务的列车长刘连瑞发现通信中断，车上的旅客十分慌乱，有人要破窗跳车，便紧急布置各车厢拧紧手制动，关好窗户，稳住旅客。14时42分，白水江车站3人赶到，通报了灾情。列车长决定立刻疏散车上的旅客。列车员打开最后一节靠铁路护坡的车厢便门护送旅客下车，19名乘务员分成两组，一组在车上组织旅客按序下车，一组在车下防护接应。700余名旅客紧张有序地从车前、车中向车尾移动。由于下车点在桥上，他们格外精心地扶老携幼，不时叮咛旅客沿着便道走，扶好栏杆，注意脚下障碍。15时45分，所有的旅客安全下车；16时6分，全部旅客被护送到安全地带。

成都铁路局成都客运段北京车队5组值乘的T7次列车（北京西—成都）是受地震影响滞留在途中最长的一列车次。地震发生时，T7次列车正行驶在宝成铁路罗妙真站至斑竹园站之间。突然，车身不停地左右摇晃、上下颠簸，司机紧急停车。这个乘务组共52人，只有7名男列车员，平均年龄22岁。车上共有旅客1104名。面对灾情，当班列车长周拉和备班列车长陈慧分头跑到车头和车尾了解情况，乘务组迅速启动列车应急预案。乘务员拉紧制动阀，安好铁鞋，防止列车溜逸；列车广播立即通报情况，宣传安全注意事项，安抚旅客情绪；列车员双班作业，加强巡视，逐个车厢做稳定旅客情绪工作。6号车厢有一旅客要强行从窗户跳车，被乘务员邬诚紧紧抱住，周拉也迅速赶到，进行了耐心劝阻。有位80多岁的老奶奶被吓晕倒，生命垂危。列车长马上广播找来两位医生，用针灸医治，使老人脱离危险。为保证旅客的生命财产安全，车长在每节车厢建立了治安联防小组，由军人、民警和党员干部等组成，全力配合乘务员做好旅客的安全稳定工作。此时车上仅有八宝粥24罐、方便面72包、牛奶7袋，一些旅客蜂拥到餐车抢购食品。车长果断命令，车上的东西一律免费，但要优先发给孩子和老人，使车上的54名儿童和老人受到了特殊关照。21时许，列车长和司机去前方请求救援，通过铁路电话与客运段取得了联系。

5月13日5时许，前来救援的客运段一行3人赶到。但因道路毁坏，供应物资的汽车只能停在距列车3公里以外的地方。此时，列车人员分为两组，一组留守列车，另一组搬运物资。当食品运上车后，乘务员们先把食品分给旅客，自己忍饥继续工作。为了全力保证餐饮用水和重点旅客，他们把车上的水集中管理，节约使用。同时，让列车员杨彬彬、刘小龙在当地找到一口水井打水，一桶一桶地运上列车，保证旅客饮用。当第二批食品于中午运到后，全车52名乘务员才吃上了方便面。14日7时30分，受地震影响滞留在途中的这最后一列旅客列车在晚点38小时后安全到达成都，无一人伤亡。至此，31列因地震受阻滞留在路上的客车和旅客全部安全到站，没有出现人员伤亡。

公路途中旅客自救互救 行驶在公路上的汽车司机和旅客，面对灾害，沉着冷静，果断处置，实施自救互救。刘世舟是九黄运业一名普通司机，5月12日早上，他驾驶川U15960旅游客车，载着四川省光大旅行社大洋分社的29名武汉游客从成都出发前往九寨沟。客车行驶到茂县两河口的一个山谷时，灾难突然降临。大地疯狂地颤抖起来，山上石头不断地滚落，山体开始滑坡，眼前一片烟尘，车顶和车窗瞬间被乱石打得千疮百孔。两块大石砸穿车顶，当即夺走两名游客的生命。危急时刻，刘世舟死死抓住方向盘，竭尽全力保持车身平衡，并根据多年在九黄线上行驶的经验，急转方向盘，飞快将车开到附近靠近岷江的一片空旷河坝处。他立即下车疏导游客，一边高喊着指挥游客们护住头部，一边与导游一起带领游客向安全地带转移。当全体旅客疏散完毕，他最后一个离开车辆时，却被滚落的石块重重地砸倒在地，右腿被砸断，鲜血直流，骨头裸露在外清晰可见。在被困的4天中，全体游客仅靠随身携带的几瓶矿泉水、牛奶维持。刘世舟一天就喝半瓶盖牛奶，早晚各吃半颗水果糖，4天后才被附近的交警和村民费尽周折送到沙坝医院。24日，温家宝考察医院时看望了刘世舟，称赞他是英雄。

阿坝藏族羌族自治州九寨运业壤塘分公司驾驶员唐明清驾驶客车由理县驶往成都。驶出县城约3公里时，地震突然发生。公路左边临河，河谷很深；右边靠山，悬崖峭壁。客车前方30米处，巨石倾泻而下，公路被彻底堵塞，车上的旅客惊慌失措。唐明清当即果断制动，但车辆已失去控制，仍旧继续前行。千钧一发之际，他向左猛打方向盘，将客车撞向道旁树木。汽车停下后，唐明清招呼副驾驶员张俊和售票员陈明勇抓紧时间疏散旅客到安全地带。此时，他已被变形的驾驶室卡住。张俊和陈明勇准备施救，被他坚决拒绝，让两人赶快营救旅客。很快，车上的25名旅客全部被转移到安全地带。由于缺少工具，无法对唐明清施救。此时，交通、通信全部瘫痪。张俊和陈明勇冒着生命危险赶往理县县城求救。在等待救援的几个小时里，唐明清不断尝试自救，均未成功。交警赶到后，用了一个小时才打开驾驶室撬开座位，将他救出并送往理县人民医院。后来唐明清左腿被截肢，有人问他将车冲向道旁树木时知道会带来比截肢更严重的后果吗？他笑了笑说："用我一条腿换全车旅客的安全，值了。"

二 电力行业自救互救

地震发生后，电力系统从领导到职工积极投身抗震救灾自救互救。他们强忍心里的悲痛，拿起工具，肩扛手刨，争分夺秒抢救被困员工。经过各单位顽强奋战，灾区电力行业共成功营救出400余名被埋人员。

国家电网映电总厂自救互救 映电总厂实行"一厂两地"的管理模式，即生产区在映秀湾，机关管理和职工住宅区在都江堰。地处极重灾区的映电总厂损失惨重，9层高的办公楼及宾馆、职工医院、职工住宅楼等建筑顷刻成为废墟，部分人员被埋。映秀湾、渔子溪、耿达3个电站及闸首、二台山变电总站被震毁，全厂道路中断、电力中断、通信中断。5 月 12 日 14 时 35 分，发电部主任程儒松、党支部书记杨映军迅速召集逃生出来的人员组建临时自救队，大家从备品厂翻捡出凿子、钻头、钢钎、小型机床，在废墟上一点点破墙开洞，循着呼救声展开艰难营救。职工黄丽本来是跑到塌毁的办公楼前抢救上班的丈夫牟玉雷的，当她发现被埋在办公大楼电梯外墙侧的发电部职工龙建立时，便奋力用钢钎撬开一道口子，帮助他爬出。龙建立忍着肋骨断裂的钻心疼痛，弯腰拾起一把榔头，加入到救援队伍之中。黄丽忍着丈夫被埋的伤痛帮助寻找失踪职工，做饭、送饭，给获救的伤员包扎、上药。刚从成都出差赶回的映电总厂厂长胡瑞林带领 6 名干部组成抢险队从都江堰出发，紧急赶赴映秀。历经重重艰辛，到达离映秀 5 公里的阿坝铝厂时，发现百花大桥已经断裂，无法前行。他们 6 人靠着一瓶饮用水维持体力，穿越原始森林，翻越何家坪山，经 42 小时不间断行走，终于在 14 日 10 时 30 分到达映秀生产区。与他们同时抵达的还有四川电力公司基建部主任蓝海，他带来一部大功率对讲机、一部海事卫星电话，以及一位医生。随后，由总厂干部员工组织的抢险队伍开始徒步向映秀集结。不少员工从都江堰徒步行军 7 个多小时，为映秀的同事们背去救命水和食物，而自己却顾不上吃一点东西。（参见图 59）15 日 7 时 35 分，通往映秀的水上通道打通，载着 50 名抢险人员的 14 艘冲锋舟到达映秀。映电总厂、阿坝公司、四川岷江水利电力股份有限公司的员工、受伤人员以及部分当地居民群众和其他单位的员工通过冲锋舟得到救助。5 天内，冲锋舟成功有序往返 610 船次，接送被困职工 3600 余人。

图 59　5 月 13 日，地震后的国家电网映秀湾水力发电总厂映秀生产区幸存人员展开自救互救

（王志奇　摄）

地震发生时，李科等 6 名专家正在办公室开会，当他们跑到一层大厅时，整座大楼全部垮塌，李科被砖块、水泥块埋在废墟里，一根巨大的水泥大梁压在他右腿上。李科大声呼救，同事牟玉雷劝他保持体力，两人经过几个小时努力，挖出一个直径约 20 厘米小洞，通过喊话互通信息，彼此鼓励。5 月 13 日下午，他们仍未等来救援人员，滴水未进的李科，为补充体力，从衣兜里掏出了身份证，取下卡套接自己的尿液喝，嚼着纸屑充饥。14 日 17 时 21 分，废墟外传来牟玉雷妻子的喊声，这让李科和牟玉雷看到了希望。18 时，埋压在办公楼三层拐角处的李平华被抬出，并向救援人员提供了废墟中其他 4 位同事的大致情况。然而这几个人所处位置的楼房结构复杂，横梁、水泥柱、乱石交错，救援难度极大，总厂自救队经过一天的营救仍然无果。

5 月 15 日下午，国家地震灾害紧急救援队和山东省公安消防总队、武警成都救援队实施专业救援，但直到晚上，仍无法破拆压在李科腿上的水泥大梁，李科果断向救援队要求截肢。又经 10 多个小时救援仍然无果的情况下，在医护人员的帮助下，李科自己扯断右腿还未截断的部分筋骨和肌肉，凭借自己的力量（救援通道只有约 30 厘米宽，无法展开救援，李科只能靠自己的力量爬出来，故截肢过程中不能打麻药）爬出狭小的救援通道最终获救（见图 60），随后被送往解放军第 452 医院抢救。接着，牟玉雷也被救出。18 日 20 时 10 分，发电部总值班员虞锦华在被埋 150 个小时后，被成功救出。20 日零时 50 分，被埋 179 小时的发电部副主任马元江被成功救出。自此，映电总厂 25 名被埋废墟有生命迹象的职工全部获救。

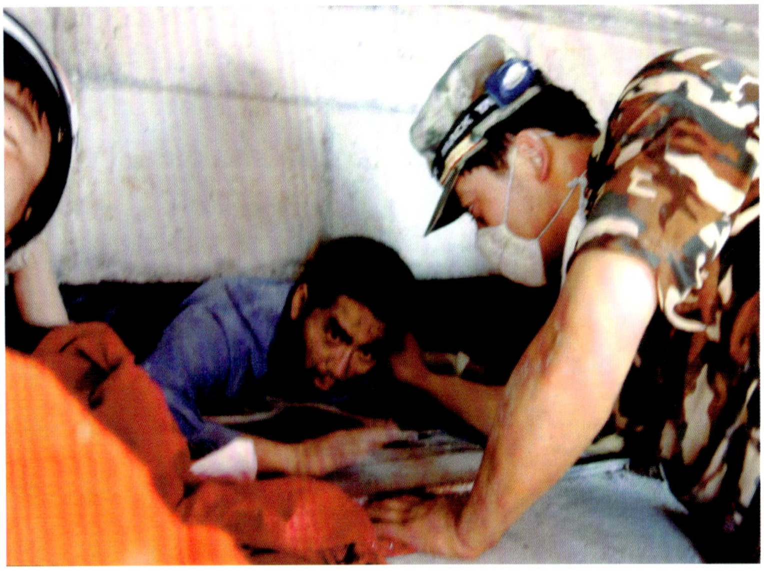

图 60　5 月 16 日 9 时，自断右腿的李科爬出狭小的救援通道，最终获救

（国家电网映秀湾水力发电总厂　提供）

其他电力企业自救互救　类似映电总厂职工自救互救并取得良好效果的，还有四川省水电集团青川电力公司、中国大唐桂冠天龙湖公司、中国电力四川发电有限公司、中国电力阿坝水电开发有限公司筹建处、葛洲坝集团公司在川项目部、都江堰供电局（公司）工程队和青海黄河发电营运有限公司等。

中国水电集团在川子企业水电十局受灾后，四川电力开发公司、水电七局、五局及时向十局运送救灾应急物资，无条件出人、出钱、出设备支援十局，在 5 月 12 日夜里就将食品、饮用水等物资急送十局灾区。集团川外企业在 4 天内筹办 48 车救援物资运到都江堰，解决了十局 3 万多名职工和家属吃饭、饮水、用药、防疫等急迫问题。同时，组织职工突击到各地水电工地，全力营救被埋被困工人兄弟。水电七局的青年突击队与兄弟单位的救援人员一起，从水电十局的废墟中搜救出16名幸存者，挖出71具遇难者遗体；在都江堰家属区搜救出10名幸存者，挖出174具遇难者遗体。水电五局迅速打通通往阿坝柳坪、色尔古、毛尔盖水电工地的“生命通道”，将120吨油料、食品、药品等运送到3300余名员工身边。

三　旅游行业自救互救

组织游客紧急避险　地震发生时，在路上行驶的旅游车司机、导游，以高度负责的敬业精神，冒着不断滚落的巨石，冷静指挥车辆及时躲避，指挥人员迅速撤离被砸毁的车辆。浙江省平湖市九龙山旅行社导游汪强勇带领一个61位老人组成的旅游团从成都前往九寨沟，在距茂县县城约17公里处时突发地震，车前不远的山上石头滚落，烟尘弥漫。汪强勇让司机加大油门，驾驶旅游车飞速朝前冲，短短的两三分钟时间，他们冲出了死亡地带。车上的老人们慌作一团，争先恐后地要求下车。此时，地震仍在继续，山体、道路还在剧烈地晃动，车外十分危险。汪强勇一边察看四周的地形，一边安慰老人不要惊慌。在汪强勇和司机的再三劝阻安慰下，老人们的情绪稍稍稳定。汪强勇看到前面路段比较平稳，赶紧叫司机加大油门，驶出3公里后，车辆冲出险境。到达沟口乡刁林村时，刚才走过的路段已被滑坡的山体完全淹埋。

上海春秋旅行社导游黄婷婷带着一个“夕阳红”团，其中11位是60岁以上的游客，最大的70多岁，在从卧龙返回成都的路上遇到地震，旅游团只能徒步前行。在前行大约5公里后，发现前方路段已被滑落的山体及大量石块阻断。黄婷婷果断决定让大家爬过去。但是这段路障碍最低的也有两米多高，很多游客根本无法翻越，年纪大的老人就更加困难了。黄婷婷先行攀爬到一石块上，往上拉游客，司机在后边托游客。翻过路障，再往前走，路基下陷两米多深，难以前行。在黄婷婷的鼓励下，疲惫的游客打起精神继续前行，并不停地互相鼓励、搀扶年老游客，终于在一个小时后艰难地到达青城大桥。在清点游客时，黄婷婷突然发现少了3人，她和司机立即分头寻找，于22时找回3名游客。

成都熊猫旅游集团国际旅行社导游余娟带领上海青旅31位游客，由汶川前往茂县途中遇到地震。余娟迅速利用所掌握的救护知识为两位受伤客人进行简单处置，又多次往返勘察前方道路，组织客人艰难撤离。余娟脚部两次扭伤，肿得像馒头一样，但她强忍剧痛咬牙坚持自己走，并一路鼓励游客加油。5月15日，在历经灾后72个小时的生死大转移后，31位上海游客全部登上飞往重庆的航班。

组织抢救转移被埋、被困游客　在地震灾害面前，旅行社与景区之间，各旅行社之间，旅行社与地方政府、村民之间发挥高度的团结友爱精神，互帮互助，相互协作，及时把旅客安置到安全地带。游客被埋、被困时，当地政府和村民义无反顾地前去救助，把旅客安置到安全村庄，十分周到地照顾着那些外地客人。有的村民把自己家仅有的口粮拿出来让给游客，有的甚至把准备下种的种子提供给游客，自己一天仅吃一个土豆。旅行社导游在灾害面前，敢于担当责任，不言放弃，努力克服自身的恐惧，想尽一切办法，克服一切困难，抢救被埋、被困人员，救治转移伤员，带领游客安全返回。

地震发生后，江油市窦圌山景区旅游公司迅速成立以总经理刘彩琼为指挥长的应急救援中心，立即进行抢险救援。绿化部经理曾晓刚带第一组迅速到前山和山顶抢救被埋人员，转移受伤游客。在通信设施被严重破坏的情况下，刘彩琼和大家通过6部对讲机，在窦圌山景区为游客构筑一条信息畅通的"安全网"。前山一名游客被飞石严重砸伤血流不止，生命危在旦夕。前山索道公司副经理巫金池、工作人员梁学分对受伤游客进行简单包扎后，背起游客就往山下跑。俩人在崎岖的山路上相互轮换，跑得汗流浃背，撑到停车场后，都累得全身发软瘫坐在地上。后山也有几名游客受伤，其中3名伤势较重。公司救援小组一边安排职工护送轻伤员转移，一边把3顶滑竿改为简易担架，抬着3名重伤游客直奔安全地点。刘彩琼在后山停车场通过对讲机了解各个救援小组进展情况，及时调整应急措施：抽调专人维护停车场秩序，确保游客转移时不发生混乱；安排安保经理刘天军骑着摩托车前往武都派出所求援；及时派出人员赶往后山公路垮塌处进行抢修，确保公路畅通，为抢救伤员争取宝贵时间。由于救援措施及时有力，尽管基础设施遭受严重破坏，但窦圌山景区内108名游客，除1人因山体滑坡被埋遇难外，4名重伤员及时得到救治，其余全部安全转移。

位于安县千佛镇的千佛山风景区和川西四姑娘山等风景区，及时成立组织，指派专门领导带队开展搜救工作，不惜一切代价救援景区受困人员。千佛山景区内650名游客和工作人员，除7名员工被埋、被砸遇难外，其余全部被安全转移。

四川省中国国际旅行社导游赵爱华带领中科院成都生物研究所的16名离退休专家，到绵竹云湖森林公园度假，住进含笑山庄。地震时，16名专家全部被埋压在坍塌的房屋中。赵爱华和公园总经理付康红等景区工作人员赶紧拿起施工用的钢管、铁棒，飞快地冲进倒塌的山庄救人。经过半小时紧张挖救，16名专家全部被抬出，其中3人遇难、3人重伤。为给他们提供及时基础性的紧急医疗救助，付康红迅速成立抗震救灾临时党小组，有序地开展自救工作。他们从废墟中挖出帐篷、床垫、食品等，为旅客安排临时住处；钻进坍塌的危房中抢出危重病人急需的氧气袋和治疗高血压、心脏病的急救药包；妥善安放死者，抚慰游客，把仅有的两顶帐篷搭好供游客休息；熬制盐糖水，上山采草药为伤员补充体力和简单处理伤情。由于气温升高遗体开始腐烂，为了保证其他游客和职工的健康，公园领导反复做游客的工作；游客同意后，制作了3具棺木将死者就地安葬。在被困的3天里，赵爱华既是护士、营养师，又是心理辅导员。她把床单撕成布条为腿部受伤的老人进行固定，深夜为生病的老人寻找药品，给受伤的老人喂盐糖水，和工作人员一同搭建灶台给老人们煮饭，一口一口喂给伤员。5月14日23时，救援的解放军到达；次日，把13名专家转移到清平乡广场直升机临时停机坪，再安全送达成都。

浙江省义乌顺风旅行社专职导游蒋群英带着义乌11名游客正行进在从茂县前往九寨沟的山路上，地震突然发生，一块巨石砸在旅游车上，蒋群英和游客当即被压在车厢中。蒋群英从变形的车厢中挣脱出来后，发现还有3名游客被压在车上，她不顾自己的伤痛，跑到附近寨子中向羌族同胞求援。羌寨中的村民们顾不上自己业已重创的家园，操起工具赶来帮忙。经过大家的努力，一小时后一名伤者被成功救出，而另外两名女游客已经停止呼吸。把游客安顿到羌寨后，蒋群英顾不上自己愈来愈强烈的伤痛，对游客开展安抚工作，动员大家相互照顾，进行自救。5月15日，部分公路已经抢通，茂县地方政府组织能走动的游客先行撤离，蒋群英执意让5名游客先走，自己留下来继续照顾受伤的游客。16日，她和其他伤员被送到黑水县城救治。医生发现她伤情较重，让她立刻住院治疗，但她告诉医生，自己是一名导游，把游客安全送返家乡是自己的责任。18日凌晨，蒋群英和其他伤员到达成都，下午才到成都市第七人民医院检查，她第12节胸椎已经骨折错位。医生建议她立即在成都入院治疗，然而蒋群英坚持要和游客一起回到杭州再接受治疗。19日，蒋群英以及她带领的团队在浙江省旅游局派出的应急工作小组以及义乌市旅游局派遣人员的全力支援下，乘坐飞机返回浙江。蒋群英所带的11名团员，除两人不幸遇难、一人因伤势较重留在成都治疗外，其余游客均回到亲人身旁。到杭州后，蒋群英立即被送入浙江大学医学院附属第一医院。经医院进一步检查后证实，她胸椎第12节呈压缩性骨折，压缩程度达二分之一，伤情相当严重。据医院骨科主任介绍，这是一种极不稳定的损伤，伤者必须绝对卧床休息，坐立和行走都极有可能压迫脊髓造成瘫痪，而蒋群英居然在如此艰苦的环境中坚持奋斗6个昼夜，“简直是个奇迹”。

地震发生后，成都中国青年旅行社共计有634名游客滞留九寨沟景区和汶川、茂县等灾区。总经理滕刚组织全社工作人员迅速行动起来，各负其责，摸清各自负责操作的游客团队详情，想尽办法与团队取得联系。震后第二天，已初步摸清各团队信息，在634名游客中，有6名游客在地震中遇难，407名游客已取得联系，221名游客由于通信中断无法联系上。公司应急指挥部当即将此情况向上级主管部门和当地政府报告，请求他们帮助解救被困游客。对没有联系上的221名游客，应急指挥部负责人24小时不间断、采用各种办法与他们联系。至5月18日，全部取得了联系。至20日，中国青年旅行社负责接待的游客除6名遇难、2名主动留在茂县充当志愿者外，其余全部撤离灾区安全返家，其中包括14名韩国人、2名澳大利亚人和2名美国人。

在地震灾区，景区领导把医生和药品尽量优先安排给游客，让医生奋力抢救游客，及时救治伤员。彭州市银厂沟景区内海汇桥药店的医生周善洪，地震后迅速组织当地农家乐业主将部分用于外伤的药品从瓦砾中挖出来，及时救治景区受伤人员。一位来自简阳的游客伤势极为严重，从大龙潭被背出来时，左下肢已粉碎性骨折，血流不止。周善洪用橡皮筋、白床单及时为伤者包扎止血，并做了基础治疗；接着又赶到金堂坪，对那里受伤的28人进行救治；17时，冒着飞石赶到碧海山庄，对一名住在欣林苑农家乐的游客实施救治。短短4个多小时，周善洪为景区35名受伤旅客实施了基本救治。

救援港澳台和外籍游客 地震发生时，在四川省的港澳台和外籍旅游团队有77个，游客2264人，除一名台湾游客因精神崩溃从索道坠落死亡外，无一人伤亡。为了抢救港澳台及外籍游客，景区和旅游公司出动所有人员，在政府和军队的帮助下，竭尽全力帮助他们脱险。

成都海外旅游有限责任公司的导游徐健带的台湾彰化县郑氏家族旅游团共有七男七女，除一人50多岁外，其余均在65～75岁之间。旅游团从九寨沟游览结束后，正在赶返成都的路上。大巴车行驶到汶川县七盘沟村时发生了地震。前方道路被堵，后方桥梁裂缝，他们幸运地处于中间。徐健和团队领队陈健钦决定先向客人讲明情况：地震将道路阻断，目前只能在原地静静等待通路的消息；等待的时间可能会较长，大家一定要待在车上。为了照顾客人，司机王志勇负责安全卫生，团队领队负责开导安慰客人，徐健负责饮食采购和向当地政府反映情况并与外界联系。

稳定客人情绪后，徐建到邻近镇上找到一家小卖部，用诚心和耐心打动老板，一起到危房中搬出一箱方便面；回来后又在旅游车旁搭了个火灶，捡来木柴生起火，供旅客晚上取暖。当地政府和村民知道后，在家中受灾、存粮有限的情况下，拿出家里的米，到山上采来野菜，做好饭菜送给他们。5 月 19 日，在各方的大力协助下，旅游团全部撤离到成都。

地震发生时，中国国际旅行社总社导游李洁与白全坤带着两个外籍旅行团正在卧龙自然保护区参观。在山崩地裂中，景区通往外界的道路全被震毁，通信全部中断，水电全无。看到不停滚动的巨石，几名英国老太太被吓得拥成一团痛哭。在卧龙大熊猫保护基地工作人员的协助下，导游先是把游客转移到熊猫山庄一块面积较大、离山体较远、相对安全的地方，然后筹集食物为他们充饥。5 月 12 日 16 时许，卧龙镇政府组织力量疏通景区通往卧龙镇的道路，帮助旅客到达卧龙镇。此时，卧龙镇已经聚集了 1000 余名游客和当地居民。镇政府当机立断统购所有粮食，统一分配并优先保障外宾。附近村民尽管也受了灾，住在简易帐篷中，但他们尽自己力量帮助游客，每天给他们熬米粥。一位村民看到外宾在河边用河水洗碗，赶紧带着他们到半山腰一处山泉打水。患难之中，游客与当地村民变成了好朋友，看到村民清理被毁的房屋，游客也伸出援助之手。14 日上午，卧龙镇上空出现一架军用直升机，稍后又有飞机前来空投食品和水。15 日上午，两架直升机降落，导游兼翻译白全坤率领部分游客和当地伤员登上飞机。16 日 10 时，直升机将最后 5 名滞留的外国游客和李洁接回成都。（参见图 61）

图 61　5 月 15 日，被救游客乘直升机到达成都

（国家旅游局　提供）

四　通信、石化行业自救互救

地震发生后，灾区的通信、石油、化工等企业单位及时成立抢险指挥部，合理分工部署，有条不紊地开展自救。各单位领导干部在重大灾难面前临危不惧、身先士卒，带领广大员工奋战在

抗震救灾第一线。职工纷纷请战，成立党员抢险队、团员青年突击队、业务骨干抢险队，冲在最危险的地方，救出了一批又一批被埋被困人员。

中国移动北川分公司经理武文道，在膝盖被一根钢筋插伤错位、腿部肌肉撕裂的情况下，仍然组织员工抢救被埋压员工，使当时在北川分公司大楼内开会员工和当班员工中有10人获救。员工获救之后，武文道才和两名同事相互搀扶着，一步一挨地向外走去。5月12日18时许，几位绵阳市公司员工遇见武文道一行，便一同乘车回到绵阳。武文道立刻向市公司汇报北川县城灾情惨况。13日一早，武文道与两位北川分公司员工，带着绵阳市分公司和从成都前来支援的四川省公司同事，开着两辆卫星通信车返回北川，恢复在强震中受损严重的移动网络。经过紧张工作，卫星通信车很快开通运转，手机信号持续发送，移动网络顺利恢复，为北川抢险提供了便利条件。

5月12日，中国化工德阳昊华清平磷矿有904名矿工在井下生产作业，地震发生后全部被困井下。14时33分，清平磷矿迅速成立抗灾自救指挥部，要求下属各组按分工立即行动。机关的救人工作于震后10余分钟展开，总经理向平指挥全矿救灾工作，并和大家一起参加矿部本身的抢险救人。由于抢救及时，措施得当，在20分钟内100余名员工和家属脱离了危险。15时，组织6名抢险人员抢救出2名从洛阳到清平磷矿出差的国家机械行业专家。16时，指挥部抢险人员和机修车间人员一起救援河坝片区被困职工，在没有设备和外援的情况下，靠双手和简易工具打通生命通道，先后救出182条生命。同时，向平安排副总经理何南江带领生产工区救援组成员吴显光、梁中海、林光富、王帮中等，组成搜救小组，冒雨向山上挺进，赶赴其他生产工区营救被困人员；安排保卫处保卫清平信用合作社龙王庙分社的资金和账目，并将伤员、老人、小孩、妇女安置在矿部的救护车和客车上；安排生活服务公司将职工食堂为防洪准备的粮食抢运出来，抢救出部分商店的塑料薄膜搭建临时工棚为大家避雨，收集生活物资进行统一管理使用。副调研员杨万昌组织医院职工从医院的废墟里寻找药品，找来石灰，把白酒和食用醋集中起来兑水，对安置点周围定时进行消毒，防止流行病发生。晚上，气温下降到5摄氏度左右。男职工收捡垮塌平房的木材，在办公楼前坝子上燃起篝火供大家取暖。13日8时，向平安排指挥部抢险组全力抢出生活服务公司和950工区被埋的米、面、油等生活物资，要求保护好没有倒塌的生活服务公司锅炉的水，以备饮用。下岗职工李小燕自谋职业开了一家杂货店。12日上午，李小燕进回一批价值万元的粮食、水果和干杂食品，其中有500余公斤大米、500余公斤面粉和100余公斤食用油。地震发生后，她主动找到向平，把杂货店的粮油全部捐献矿区。她的丈夫、矿区职工宋卫东说："我们都是矿上的人，企业是我们的家，灾难时刻应该出点力、做点贡献。"大家在坝子上用砖头架起灶台，用3口没有破损的铁锅煮稀饭。2000余人轮流吃，老人、伤员先吃，职工群众先吃，干部后吃，最后轮到几名矿领导时仅剩下一碗稀饭。就这一碗稀饭，8个人传递了一圈，传到向平手上时还剩下半碗，很多人见此情景都流下了眼泪。15日22时，三根杉工区传来消息，经过艰苦抢救，被困井下的104名职工从天池乡花石沟避灾安全应急通道出井。至此，被困井下904名矿工，除一人因矿井垮塌遇难外，其余人员均安全脱险。

中国石油和中国石化等一些企业生产和使用的产品，多属于危险品，一旦发生泄漏，起火、爆炸的危险随时可能发生，会给灾区的人民群众带来再次灾害。为此，中国石油所属12家严重受灾企业立即启动应急预案，开展生产自救；组织各级抢险救援队伍78支、近2000人奔赴受灾地区的生产一线，寻找失去联系的员工，抢修生产设备和基础设施。震后3小时，中国石油在重灾地区的351座加油站全部恢复供油；震后22小时，承载川渝地区70%以上成品油输送任务的兰成渝成品油管道全线重新启输；5月13日，灾区唯一生产成品油的中国石油南充炼油化工总厂恢复生产。中国石化川西南油气田各采输站的干部、职工在用户紧急关气、管网压力骤增，面临泄漏、起火、爆炸危险的危急关头，果断启动应急预案，在短短20分钟内，紧急关闭560余口高压高产井，停气600余万立方米，确保气田生产和管网安全。西南油气田什邡市洛水镇配气站38岁的站长魏守虹没有先去垮塌的学校抢救被埋的女儿，而是选择了跑步近3公里，关掉单位的天然气阀门，保护了全镇居民生命和企业财产的安全。

五　科研院所自救互救

地震发生后，西南自动化研究所、中核建设集团、四川航天技术研究院和下属各单位立即成立抗震救灾领导小组和下属各专业组织，党委（组）成员明确分工，全力开展自救。各单位及时清点人数，联系外出职工，掌握安全状况；组织救援队伍到各建筑物楼层中寻找伤员，尽快抢救被困人员，将受伤人员送医院救治。西南自动化研究所及时将受伤的8名职工运送到医院救治，并将被埋在房屋废墟中的职工陶光成救出。四川航天技术研究院在办公楼前搭建临时帐篷，全力保障抗震救灾领导小组现场指挥。各基层单位紧急调用抗震救灾所需的帐篷、雨伞、安全帽、手电、雨衣、雨鞋、口罩、手套、毛巾、睡袋、草席、棉絮、药物、方便面、饮用水等生活必需品，保障受灾职工的最低生活所需。中核集团某企业利用25辆大、小客车作为临时避难所，安置离退休老干部、妇女儿童、老弱病残、职工家属近千人；搭建临时性帐篷300余平方米，安置受困职工群众500余人。中核建设集团第四建设公司抗震救灾指挥部帮助职工迅速转移，将受灾人员全部强行迁居户外。

科研院所在自救同时，积极参加社会救援。有的出动人员，有的出动装备，成立专门的救援队，奔赴更危重的灾区紧急救援。5月12日22时左右，西南技术工程研究所接到来自绵阳西南自动化研究所的紧急求助电话，当即安排车辆，克服下雨、封路等重重困难，将西南自动化研究所3名在汉旺东汽受困的职工接回绵阳，并使受伤职工得到妥善治疗。13日一早，研究所迅速调拨资金、人员和车辆，仅用半天时间就组织了价值3.4万元的帐篷、雨衣、电筒、水、方便面、汽油等物资，由工会主席带队冒着余震不断的危险紧急送往绵阳。

5月12日23时，中国工程物理研究院抗震救灾指挥部得知北川、平武等地灾情特别严重，当即做出决定，集结精干的队伍和性能良好的大型救援装备、载重卡车，开赴北川，全力支援地方抗震抢险。研究院先后派出10余台大型挖掘机、推土机和10台大型卡车，配备精干抢险人员连夜开赴抢险第一线。运输车队还及时将救灾物资运送到平武县的平通镇、豆叩镇。13日8时30分，根据研究院抗震救灾指挥部命令，院人武部成立由民兵应急分队、共青团志愿者103人组成的北川救援队，由人武部部长兼政委邓太安任指挥长，代表研究院赴北川抢险救灾。在得知指挥部要以志愿者的形式派出救援队赴平武县平通、南坝抢险救灾的消息后，立即有上百名职工聚集在指挥部前，纷纷争抢着报名前往。考虑到院内各项自救工作的需要和职工的身体状况、专业技能，指挥部从中挑选出 41 人，携带救助器材分赴平通镇和南坝镇。在得知南坝镇需要更多救援人员的情况后，指挥部于 13 日下午又增派救援人员赶赴南坝。研究院志愿者救援队在废墟中救出被埋群众 30 余人，挖出遇难者遗体 40 余具。

科研院所担负国家高、新、尖装备器材的研究开发任务，突遇地震灾害，一些试验品处理不当，会造成不可挽回的损失，有的甚至会付出不可估算的代价和不堪设想的后果。因此，各科研院所的工作人员在地震突发时，第一反应是精心操作，保护数据，尽力降低损失。

第一航空研究院的高位水池因地震局部出现裂口、坍塌，如不及时降低水位，会在余震中破裂，将直接威胁到高空台的安全。面对险情，副院长侯敏杰、杨俐骏率领抢险队，在震后不到一小时冲入现场，打开减压阀，泄放水量，消除了隐患。

地震发生时，西安航天动力技术研究院领导迅速分赴各生产现场，重点组织对科研生产、危险化工品、火工品及爆炸品的安全管理防护，对正在进行的科研生产组织人员紧急处置，确保将损失降到最低限度。西安航天复合材料研究所某室多台高温高压设备正在进行工作，为了防止震情带来的二次危害，室领导坚守岗位，组织进行卸压处理后，才离开生产现场。

西安航天化学动力厂某产品已进入装置连接环节，地震发生时，产品正在进行吊装连接。当工房里出现晃动、产品多次无法对平时，操作员工感受到了危险的严重性，但产品吊起的位置正是电缆座向下，无法立即放下，也不能轻易挪动吊车。员工们没有过多考虑个人的安危，而是用手紧紧把住产品，等地震平息后，将产品平稳地吊放在一旁的支撑架上，才迅速撤离现场。

地震发生时，西安航天动力测控技术研究所正在进行某型号发动机高温环境试验，试验人员发现设备剧烈抖动，但却没有人离开试验现场，而是冷静地检查电机、水泵、监控设备，确保发动机各项环境试验系统正常运转。在完成高温试验向低温试验转换操作后，他们才撤离现场，确保了宝贵试验数据的获得。

六　高等院校自救互救

地震发生后，各高等院校迅速启动紧急预案，成立领导小组，及时疏散学生，组织人员抢救师生和转移危险物品，积极做好后勤保障工作，预防次生灾害的发生。

地震刚过，地处汶川县的阿坝师范高等专科学校学生第二宿舍楼严重损毁，2 楼部分寝室门无法打开，10 余名学生被困其中。由保卫处龙正印带队、7 名保卫处工作人员组成的搜救组在楼下指导受困学生使用床单等物件打结成绳，从窗户爬下脱离了危楼。随后，又沿着垮塌的“艺术墙”仔细搜索，凭着双手和简单的工具，从倒塌的墙下挖救出学生艾明媚和黄婉婷。

地震发生后，位于都江堰市的四川工商职业技术学院 7 号学生宿舍楼、素质拓展馆和活动中心倒塌。学院立即启动紧急预案，党委书记孙培生、院长肖和平等领导迅速前往各主要教学场地和学生宿舍，组织老师通过喊话、搀扶学生、清查滞留于建筑物内的师生等措施，将学生疏散到学院篮球场、运动场等安全地带。组织各系以班为单位清点学生人数，掌握学生去向，摸清师生伤亡情况。地震稍稍平息后，学院领导组织10余名教师和数十名学生从7号学生宿舍楼、素质拓展馆抢救出10名学生，挖出4名学生遗体，并将3名受伤学生紧急送往医院治疗。5月12日15时40分，学院领导接到报告，营销专业06307班有几名学生被埋在都江堰市奎光路坍塌的建筑物内。孙培生和辅导员魏红军等立即赶赴现场，组织施救。由于缺乏专业搜救人员，施救工作一度停顿。22时许，驻都江堰市天马镇部队20余名救援人员赶到，展开挖掘搜救；至次日4时许，从废墟中共救出4名被埋学生；13日8时，又从学院垮塌的楼房中救出2名学生和1名职工。

四川农业大学都江堰分校的围墙、水塔，在地震中倒塌，分校领导迅速兵分三路组织自救。一路到教学楼组织师生疏散到大操场；一路到学生宿舍，通知学生到运动场避险；一路到校园各处检查受损情况。没有旗帜，没有喇叭，没有任何通信设施，全靠大声吼叫，靠相互辨认，靠来回奔波，10分钟内把5000余名师生引导到了运动场，并迅速清点人数。在校外的教师也纷纷赶回学校，参与救援工作。几张桌子，一把大伞，一张打印纸，3个简单的大字“指挥部”，指挥部就建在礼堂前的空地上，学校领导们在这里指挥调度。危险建筑物前迅速拉起警戒线，校医院人员为受伤师生包扎止血。曾当过武警消防战士的蒲晓东此时成为施救的组织者，现场搜救、搬运瓦砾、运送伤员，救援工作紧张而有序。一批学生党员干部还组成先锋队，主动到附近的新建小学参加救援。

四川江油工业学校得知在江油武都水泥有限公司实习基地实习的学生被压埋后，主管教学的副校长刘继文、教务科副科长赵海全、学生科副科长齐军带领人员及时赶到现场组织救援，迅速将受伤学生送往医院救治，对惊恐悲伤的幸存学生进行安抚。江油市副市长胥洪得知仍有受伤学生被压埋在倒塌的房屋下后，带领部队官兵到现场紧急进行刨挖抢救，被埋废墟下的8名学生有5名获救、3名遇难。

七　医疗机构自救互救

地震使四川、甘肃、陕西等省受灾地区，特别是极重灾区的医疗机构设施遭受严重损毁，医疗人员伤亡惨重。不少地区通信、交通中断，无法与外界联系。医疗机构在大灾面前不等不靠，积极开展自救互救，有的不顾个人安危，镇定地完成各种正在进行的手术；有的冒着生命危险从摇摇欲坠的危房中抢救出住院病人和医药器械；有的在余震不断的险境中搭建帐篷，火速开展伤员紧急救治工作。

5月12日下午，距北川30余公里的中国航空工业第一集团涡轮院职工医院，6楼手术室安排了4台手术，其中一台眼科手术、一台腹部外科手术已经做完，一台妇科手术做完正待缝合，一台胰头癌切除手术的病人腹腔已经切开，医生已对胰腺周围进行了必要的分离和探查，周围血管已进行了解剖，只等冰冻活检结果，立即施行肿瘤切除。此时，地震发生了，手术室所有设备倾倒，机器设备处于瘫痪状态，电路短路，应急电源损毁，患者正处于全身麻醉状态，不能自主呼吸，一旦缺氧脑细胞将迅速坏死，各种重要脏器都会受到严重的损伤，几分钟内就可危及病人生命。面对病人的生命与个人的安危，手术室全体医护人员全部坚守在手术室里保护病人。麻醉医师王光华当机立断，用双手捏气囊进行人工辅助呼吸；手术医师采取紧急方案，在手电筒的照射下缝合，关闭腹腔，紧急结束手术。手术室的护士们仔细按规程清点完手术器械用品，放置好手术设备，切断电源，锁好门，才最后撤离。等到地震的第一波结束后，医护人员立即将病人抬至空旷地进行麻醉复苏，成功脱险后再将其转入中航一集团成飞职工医院治疗，病人恢复良好。

5 月 12 日 14 时 25 分，彭州市妇幼保健院 2 楼医生办公室里，妇产科医生王丽正在填写手术单——孕妇杨美容因胎位不正，必须马上剖宫产。地震发生了，王丽马上冲出办公室，逆着人流跑进手术室，药瓶、氧气瓶“啪啪”地往下掉，蹲在地上的王丽和其他医护人员死死攥住手术台，忍受着地动山摇般的震动。几分钟强震过去，王丽马上带着大家，把惊魂未定的杨美容及另一位产妇转移到院子里。得知还有两名产妇在病房后，王丽和其他医务人员又冲上 3 楼，用椅子把产妇抬下来。仅仅几分钟，病人全部撤到了院子里，无一人受伤。不到 10 分钟，杨美容开始剧烈阵痛，必须马上剖宫产，否则产妇和胎儿都有生命危险。王丽请示院领导后立即手术，她和另外 4 名医务人员，举着应急灯，抬着杨美容，再次冲进手术室。余震不时袭来，但王丽手里的手术刀却始终稳稳地。40 分钟后，杨美容的儿子顺利降生。由于地震后乡镇卫生院破坏严重，大量重灾地区的孕妇被送到这里，王丽和同事们开始“连轴转”。6 天里，她完成手术 17 台，接生婴儿 36 名。6 天里，她没有睡过一个完整觉，累了就在救护车上眯一会儿，只要有产妇临盆，马上又精神抖擞地从救护车上跳下来，出现在手术室里。她说：“没什么好怕的，我是医生，病房就是我的阵地。每迎接一个新生命，就像是一次战斗的胜利。”

剑阁县下寺镇中心卫生院医生正在给下寺镇修城社区的张丹作产前检查和助产准备。突然，产床剧烈摇晃起来，护士们迅速将张丹转移到楼外安全地带。产前疼痛让张丹忍不住叫出声来。“要生了，赶快搭个棚子，不要感染了。”护士们找来彩条布搭起简易手术棚，抬来桌子作产床，拿来消毒纱布、药水和接生器械等，一个临时接生棚建起了。随着一声清脆的啼哭，婴儿在不断发生的余震中降生。在下寺镇中小学指挥救灾的剑阁县委书记吴连奇见此情景，立即派人给张丹的“临时产房”安装上了帐篷。婴儿的父亲李林感动不已，决定给孩子取名“震生”，以纪念这个特殊的日子。

在灾区医院，像这样的手术还有许多。广元市第一人民医院有 1 台手术，四川省人民医院有 20 余台手术，四川省骨科医院有 1 台手术，南充市中心医院有 3 台手术……在生死关头，当班人员镇定自若，毅然选择与病人在一起，用实际行动诠释了医务人员的职业道德。

地震发生时，各医院的医护人员尽力把病人转运到安全地带。一些病员的陪护人和一些在医院周边工地干活的农民工也积极投身到抢救当中，有的还为救援他人献出自己宝贵的生命。一航涡轮院职工医院肿瘤二病区的护士长张丹地震时正在 7 楼开会，一出会议室，就与科里 3 名参会的护士一起跑向 8 楼病区抢运病人。79 岁的东方仪器厂原党委副书记、离休干部姚洪林在脱险后写来感谢信，表扬肿瘤科全体医护人员以战斗的姿态在半小时内将他和所有病人撤到安全地带的感人事迹。眼科护士长张英看到一个病人瘫坐在地上，赶忙上前去背。病人说：“姑娘，我一个大男人，怎么能让你背呢？”但张英不由分说地将他从 9 楼背到 2 楼，再搀扶到安全地带。重症监护室有一个气管切开打呼吸机的离休老军人，转运时，医生护士们边抬边捏气囊以维持他的呼吸。捏上几十分钟，手开始酸痛，但谁也不敢懈怠，大家轮班捏，一捏就捏了整整 18 个小时。骨科和神经外科是行动不便病人最多的病区，医务人员往返五六次，才把所有病人安全转移出来。院领导从内科楼和外科楼的顶层开始，逐层检查和指挥人员撤离。震后 50 分钟，当日住院的 860 名患者被全部转移到医院旁天汉大道两侧的安全地带。

在成都市武侯区第三人民医院妇科病房里，共有产妇、家属和护士 20 人。当过兵并参加过消防训练的董波立即带领大家将病床上的床单撕成布条，拧成一根绳，并固定在病床上。他将这根“生命之绳”系在一名产妇身上，将她从 5 楼慢慢往下放。第一名产妇顺利送到地面后，董波被自己孩子的哭声刺痛。于是，他把孩子放进怀里，也下到了地面。此时，董波本可以逃离随时可能垮塌的残楼，但他却把孩子交给旁边一名妇女照看，自己又回到了 5 楼。在没有脱险的人群里，只有董波和一名男子、一名女护士行动方便，3 人陆续把其他产妇和老人一一送到地面，直到所有人都安全了他们才下来。

茂县中医院门诊部医生余国林正在聚精会神地诊病。顷刻间地动山摇，诊室墙体坍塌，余国林被严重砸伤，头上、肩上、腿上血流如注，但他仿佛被一种无形的力量支撑着，紧急疏散屋子里的病员，自己最后一个离开。等他跑到院坝时，发现有两位病人被乱石、砖瓦埋住。本已受伤的余国林又和赵红霞、周国民两位医生一起用双手刨挖乱石和瓦砾，解救被埋的病人。余国林头上的血顺着脖子往下淌，周国民催他：“你快走，去包扎。”余国林回答：“别管我，快救病人。”病人救出来了，但余国林却因颅骨和多条肋骨骨折，并发颅内血肿和气胸，经抢救无效，永远地离开了他所眷恋的羌山，年仅 57 岁。

专记　东方汽轮机有限公司自救互救

中国东方电气集团下属的东方汽轮机有限公司坐落在绵竹市汉旺镇，与震中汶川仅一山之隔，成为地震中受破坏程度最大、遇难人数最多的中央直属大型企业。地震使东汽部分厂房、学校、生活区楼房倒塌，厂区、生活区全部停电，通信中断，几十亿元资产遭到重创，1000 余名职工被埋废墟之中，520 余名职工、家属和学生在地震中遇难，1 万余名职工家属因房屋倒塌无家可归，东汽与外界完全中断了联系。

组织职工抢险互救　面对巨大灾难，东汽迅速成立抗震救灾指挥部，总经理张志英担任总指挥，党委书记何显富、公司副总经理张文峰担任副总指挥，下设抢险救人组、医疗救护组、运输转移组、后勤保障组、宣传通信组等工作机构，各个领导进行了明确分工。在抗震救灾指挥部的领导指挥下，迅速成立由 4000 余名职工组成的 38 支自救队，分赴主机一分厂、叶片分厂、工具分厂、机修分厂、焊接分厂、铸造公司、东汽中学、东汽技校等灾情严重的单位组织抢救被压埋人员，并将企业最重要的力量、最关键的设备——当时唯一一台大型挖掘机派到东汽中学，任命副总经理肖珉为中学现场总指挥。在整个救援期间，肖珉带领救援人员三天两夜未合过眼，七天七夜未下火线。由于过度劳累，原本就患有严重腰痛病的肖珉几乎无法站立，只能用手强撑着在废墟中爬上爬下。在最危险的残垣断壁下，100余名被压被埋师生被救了出来，并挖刨清理出100余具遗体。

各个分厂也在有条不紊地开展抢救工作。灾情严重的主机一分厂党政领导在生死面前临危不惧，沉着应对。党支部书记胡战利和厂长喻刚立即启动抗震救灾应急预案，当即成立以党员和领导干部为主的两组抢险突击队，执行抢救任务。在职工们还处于惊魂未定之际，厂长喻刚一声大吼："党员和干部留下，是男人的跟我冲！"在他的带领下，20余名党员干部随即冒着余震不断、厂房残墙仍在继续摇晃、砖块仍在不断散落的危险，迅速返回废墟中救人，一个又一个被埋被砸人员被他们抬了出来。德阳分部的主机二分厂党政领导带领一支150人的救援队伍，冒着瓢泼大雨，飞速前往汉旺救人。从废墟下，他们用双手在主机一分厂、叶片分厂等重灾单位挽救了数十人的生命。

在抢险自救过程中，许多人特别是党员、干部忍住失去亲人的巨大悲痛或亲人下落不明的焦虑，始终战斗在抗震救灾一线。东汽人武部科长胥怀君从惊恐中清醒过来时，拔腿就往厂里跑。冲到人武部后，他发现副部长陈宝友已身受重伤，另一名同事刘学权被砸伤。他把陈宝友背到楼下后，跑出去一看，东汽中学倒了、叶片分厂倒了、主机一分厂倒了、主机三分厂倒了，头脑立即闪现"赶紧求援"的想法。他冲到路上拦下一辆出租车就赶往绵竹；到绵竹后又拦下一辆车冲向德阳军分区求救。返回厂里后，胥怀君立即带领60名民兵，到叶片分厂指挥抢险，组织民兵从废墟中成功营救出23人。为了挽救更多生命，他错过了抢救女儿的最佳时机。当时他的女儿就被埋在叶片分厂另一角的废墟下。次日1时许，有人告诉他"你女儿找到了，她还活着"。在摩托车灯的照射下，胥怀君终于看到废墟下的女儿，然而25岁的女儿被救出来后不到10分钟就永远地闭上了眼睛。

在各个救援现场，人们同胥怀君一样，都在进行着生命争夺战。培训学校校长杨文光和助理毛万冲锋在搜救一线，他们四处呼喊，赤手掰开预制板和砖块，从乱砖中挖出一个个狭小的洞口，爬进爬出施救。在他们的努力下，40余名学生和5名教职员工获救。主机二分厂党员王铁兵从德阳紧急赶往汉旺，在东汽中学救援现场挖破手套、磨破裤管，与大家一起从废墟中营救出16个年轻的生命，而他自己的女儿和姐姐却永远失踪了。焊接分厂隔板工段班长杨长明在地震发生时本已跑到门口，在回望的瞬间，看见两名工友被压在钢架下，又转身回去营救。突然，一根钢架砸过来，他一只手臂和一条腿被当场砸断，鲜血直流。他强忍着剧痛，拖着断臂残腿朝着被压工友的方向爬了近5米，终因体力不支、伤势过重而不幸遇难。好不容易才带着小师弟从坍塌的建筑物中跑出来的焊接分厂党员赵强，看到工友们被压埋在厂房内，又毫不犹豫地带着搜救小组，进入随时可能再次坍塌的隔板工段废墟中搜救自己的弟兄。

在东汽，无论是汽车司机、生产工人、技术干部还是管理人员，尽管他们也有父母、儿女、爱人和兄弟姐妹遭受劫难，但都没有在悲痛中倒下去、退下来，都能急救人所急、想救灾之所想。东汽人以最快的速度从废墟中挖出近500人，其中学生100余人；同时搜寻、挖掘出并确认522具遇难者遗体，其中在岗职工159人、中学师生213人、离退休职工55人、技校学生36人、家属和其他临时来厂人员59人。（参见图62）

图 62　5 月 13 日，东汽职工冒着余震的危险在废墟中展开自救互救

（刘岗　摄）

转移安置职工家属　东汽依山而建，有的分厂还建在山沟里、山坡上，余震频频引起的山体崩塌和随时可能再次坍塌的建筑物时刻威胁着东汽人的生命，受伤的职工和刚从废墟里救出的1000 多名伤员，还有万余名无家可归的职工和家属，都急需转移到较远的安全地带。指挥部迅速做出决定，在生命大营救的同时，开始进行生命大疏散、大转移。

指挥部疏散指令发出后，东汽各个部门迅速组织车辆运输、安置区开设、人员管理等 8 个工作组，各负其责，昼夜工作。厂里的“大金龙”、客货运输车、小轿车以及职工和志愿者的私家车都加入到大转移行列。搜救出的重伤人员经厂医院简单处理后立即转送到德阳市、绵竹市的医院进行救治。夜深了，天空下着大雨，伸手不见五指，只有往返的车灯给人们照明。大家没有争吵、没有拥挤、没有埋怨，优先将老人、妇女和儿童送上车，每个人上车后都不由自主地回望被地震毁坏了的家园和还被压埋在废墟里的亲人和工友，眼里流露出无限的伤痛和留恋。东汽被疏散转移的人员，涉及东汽汉旺基地的生产厂区、职工家属生活区、技校、中学、小学、幼儿园、医院及其他服务单位。从 5 月 13 日 18 时起，东汽被困职工群众的疏散转移工作，只用了短短的10 多个小时就完成了，其中 1000 余名是伤员。在半天多的时间内，将 1 万多名受灾人员有条不紊地安全转移到百余公里外的德阳市区，又很快安排好他们的临时生活。尽管东汽中学、东汽小学已经在两年前由企业转交到地方政府管理，但东汽人仍然将两所学校的师生随东汽统一组织转移疏散，统一安置临时生活。同时在东汽的临时安置救助点内，还安置有附近非东汽职工和家属2100余名。

专业队伍展开救援　5月13日，东汽的自救互救仍在紧张进行时，国务院总理温家宝赶到汉旺了解东汽的灾情后，命令国家地震灾害紧急救援队立即转战汉旺，实施救援。国家地震灾害紧急救援队3个支队于当日23时到达汉旺镇，并成立救援领导小组。他们很快对东汽中学教学楼废墟、叶片分厂办公楼废墟现场进行了勘察，制订了分兵两路、分步实施救援的策略。三支队对叶片分厂办公楼实施救援，一、二支队对东汽中学实施救援。

叶片分厂是东汽受地震破坏最为严重的分厂，40余名职工被埋，其中包括当时正在开会的20余名专家和技术人员。叶片分厂办公楼为4层砖混结构，地震造成整个楼体一层沉陷到地下，地面上仅存3层，办公楼废墟分为3段：中段楼体（带天井段）建筑物全部垮塌，两边的楼房一层被切断；西段楼体严重倾斜，强余震随时可能使其向东侧坍塌，对废墟上开展救援作业构成极大威胁；东段楼体虽然直立，但从两侧未倒塌建筑物上掉下的预制板对两侧危楼形成二次支撑，整个建筑物中间部分楼板层层叠压，相互交错。办公楼倒塌废墟的后面为一大型的工业厂房，该厂房的墙体连接两侧危楼，形成一个U形包围圈。南侧为一条宽5米左右、深5米左右的河沟，若在废墟上实施救援，一旦西侧斜楼坍塌，救援人员将无路可退。

经过初步勘察和了解后，救援队领导曲国胜、周敏和刘向阳等与厂内技术人员共同勾画出整个办公楼倒塌前的结构图和震前人员分布图，初步确定约20名被埋压人员的可能位置。（参见图63）

救援队与叶片分厂共同组成现场联合指挥部，统一协调、统一指挥，步调一致地采用对大块

图63　东汽叶片分厂办公楼废墟被埋压人员综合判定位置图

（中国地震局　提供）

楼板碎块边吊离边清理的方法，使救援行动有了较快进展。吊运几块坍塌的预制板之后，发现了在 3 楼办公室开会而被压埋的幸存者——叶片一分厂技术副厂长刘海波。他意识非常清醒，身体被两块交错的楼板压住，交错的楼板一块长达 8 米，直通到左侧危楼的墙根，上面压着大量的废墟，只要轻轻一动，上面废墟就会坍塌，左侧危楼也会倒塌，而直接顶升不仅会伤及被埋压者，救援人员也可能被埋压。经过短暂分析，卢杰提出充分利用吊车的力量，以动制动，将交错叠压的两块楼板一端捆绑在一起，吊升后形成一个稳定的“A”形，既能扩大空间，又能阻止上面的废墟坍塌。1 厘米、2 厘米、3 厘米……每次起吊，驾驶员都严格遵循着现场指挥官的手势，起、停，起、停，每次起吊的高度都精确到用厘米计算。5 小时过后，刘海波获救了。5 月 14 日 10 时，30 岁的年轻工程师曾敬平也被国家地震灾害紧急救援队成功救出。

5 月 14 日中午至 15 日晨，国家地震灾害紧急救援队在叶片分厂办公楼和东汽电厂相继救出 5 名专业技术人员。（参见图 64）贵州省公安消防总队在东汽家属区 701 栋、703 栋先后救出 3 名家属。随后，香港救援队接替国家地震灾害紧急救援队继续进行拉网式搜救，没有发现生命迹象，清理挖掘出 21 具遗体。至此，东汽抢救生命的战斗暂告一段落。

图 64　5 月 14 日，高级工程师袁晓阳（左）和石江平（右）被成功解救

（中国地震局　提供）

大型企业无偿救助　东汽突遭重创的消息传出之后，从国资委到东汽的上级企业东方电气集团，再到全国的大型企业，纷纷伸出援助之手。5 月 12 日晚上，东方电机组织 180 人的应急突击队火速赶到东汽参加抢险救人，接着工作服、棉被、食品等救援物资也随即被送往东汽。东方锅炉送去汽车吊、帐篷、棉被、食物、水等急需用品，并派出医疗救护人员前往援助东汽抢险救灾。远在河南灵宝的东方辅机公司组织的几卡车救灾物资也昼夜兼程送到东汽。东方电气集团总部各部门和成都地区的各公司也相继筹集帐篷、棉被、食物、水、手电筒等急需用品分批送往东汽。

与此同时，其他央企、国企也纷纷援助东汽。中国二重在震后当晚就紧急派出志愿人员，由公司党政领导率队奔赴东汽抢险救援，并向东汽及时提供了装备、物资、食品、饮料以及医疗救护用品，坚持每天为东汽职工提供2000余份工作餐；中航一集团所属许多在灾区单位尽管也蒙受重大损失，仍安排成都飞机制造公司组织装备、食品等救援物资源源不断送往东汽；中铁二局按照国资委的要求，紧急从德阳调派人员和设备，由公司领导带队，连夜赶往东汽参加抗震救灾；中国兵器集团、中铁二十三局、中冶成工、川投集团、华西集团等企业也都派人连夜带着大型装备赶到东汽，承担东汽抢险救援中最艰巨的任务；哈尔滨汽轮机公司、上海汽轮机公司的关心和支援，使东汽人在困难之际感受到了血浓于水的情谊。

地震发生后，赴东汽抗震救灾现场抢险救援的企业有：中国二重、东方电机、东方锅炉、东风电机、东方电气大件物流公司、东方辅机公司、中铁二局、中铁二十三局、中国兵器集团、中航一集团、川投集团、上海电气集团、哈尔滨电气集团、中冶成工建设公司、华西集团、泸州玉河建筑公司、合江建工救援队、四川锰业建设工程公司、民福集团、四川宏华集团公司、四川长征机床、中国国电华蓥山发电公司、中国国电达州发电公司、中国核动力研究院、四川利通实业公司、乐山五通桥救援队、四川泰吉机电设备有限公司、泸州锦虹路桥公司、德阳润丰机械公司、四川天保机械公司、葛洲坝集团设备管理中心、辽宁锦州华元重型公司、厦门工程机械公司、中国铁通四川分公司、山西临汾矿山救援队、兰州石化集团等近百个单位。

大灾大难面前，作为中央企业的东汽在自身遭受重创的情况下，主动履行社会责任，积极参与地方政府组织的抗震救灾工作，并向极重灾区绵竹、北川、青川等地方政府及慈善机构捐款400万元，踊跃筹集食品、饮用水、衣物等，分发给聚集在企业所在区域的社会受灾群众；同时，还组织志愿服务队，深入到相关社区，疏散引导受灾群众，为他们提供必要的服务，维护社会稳定。

第三节　灾区群众自救互救

汶川特大地震突袭四川等地时，广大群众积极自救，互帮互助，处处涌动着爱心大奉献。一双双援助之手，一份份真诚之情，表现出了中华民族坚定不移、大爱无疆的伟大民族精神和当代中国人民的时代精神。灾区的教师舍生忘死、英勇无畏、恪尽职守、顽强抗灾，为营救学生奔赴来回，为转移学生跋山涉水，为救学生舍自己的亲人于不顾，用自己的血肉之躯拼死保护学生，完成对学生生命的接力。他们用自己不朽的身躯，诠释了人民教师的真谛。灾区群众把所有的人当成一家，把自己的粮食、衣被无偿拿出来送人；为了抢救其他群众，有的甚至献出自己宝贵的生命，形成生死与共、风雨同舟的伟大合力。在震后的一片又一片废墟上，共同创造出惊天动地的感人业绩。

一　教师救学生

地震发生时，正值学校集中上课时间，灾区学校校舍倒塌严重，师生伤亡惨重，学校损失巨大。在这场特大自然灾害面前，教师们义无反顾地担当起重任，有的放弃最佳的逃生位置和机会，组织学生迅速撤离；有的为了抢救被吓得不知所措的学生，一次又一次冲进岌岌可危的教室；有的为抢救孩子献出自己宝贵的生命；有的为抢救学生而失去亲人。他们用自己的大爱行动，见证了人民教师的伟大师魂。

教师舍身救学生　生死关头，广大教师毫不犹豫地把生的希望留给学生，把死的危险留给自己，为学生撑起一片生命的天地。

地震发生时，张家春正在给北川中学初二（1）班上物理课。他演练过上百次的指南针实验却怎么也做不成功，指南针无规律地转着圈。正当他准备进一步查找原因时，大地一阵剧烈晃动让他打了个趔趄，整个教室像汪洋中的一叶扁舟，学生被摇得东倒西歪。“同学们，快跑！”张家春大喊。“快，快跑出教室！”这是一层的第一间教室，有利于逃生，但他毅然退到讲台后，有序地组织学生往外撤退。对那些被灾难吓呆的孩子，张家春就一个个往外推。陈涵跑到门口时被掉落的砖头绊倒了，张家春一把将他拉起，使劲一蹬，陈涵得救了；傅丽颖挪不开脚，张家春一掌把她推到门外，傅丽颖也获救了。此时，教学楼疯狂地摇晃着，砖石、土块倾泻而下，门框变形，张家春立即站到门下，用自己的身躯，死死地托住门框，为学生打开了生的大门。眼看这扇生命之门马上就要垮塌了，张家春可以一步跨越生死线，但他却毅然将周昱铭推出门外。随后，教学楼轰然倒塌，把张家春重重地压在了废墟之中。门外站着获救的46名学生，一起高声哭喊：“张老师”……

正在初二（4）班教室上政治课的教师李佳萍和张家春一样，为了能让更多学生逃生，李佳萍从讲台跨到门口，将学生一个一个推到门外，接着用身体抵住已经变形的门框将学生往外推，可血肉身躯怎么能承受得住5层楼的重量！李佳萍被垮塌下来的楼房压在下面。就在房屋倒塌的那一刻，李佳萍还拼尽全力将一个学生推出。37名学生安全了，而李佳萍却被埋压在垮塌的教学楼废墟下，永远离开了学生。

29岁的张米亚是汶川县映秀小学教师，地震发生时他张开双臂紧紧地护住两名学生，救援人员赶到时，两个孩子还有一个活着，张米亚却停止了呼吸。由于紧抱孩子的手臂已经僵硬，救援人员只得含泪将他的手扒开把孩子救出。此时，他的妻子和不满3岁的儿子也被垮塌的房屋深埋。

地震发生之后，什邡市红白镇中心学校教师张辉兵叫孩子们快往外跑，并用双手撑开房门，将孩子们往外推。等10余个学生跑出一层之后，整幢教学楼塌了下来，张老师倒在房门之下以身殉职。

东汽中学特级教师、学生工作处主任谭千秋正在给高二（1）班上课。突然间天崩地裂，谭千秋大喊：“地震了，赶快跑！”整个教学楼在下沉。看着身边几个已经不可能逃离教室的孩子，在生命的最后一刻，谭千秋奋力将他们塞进课桌下。5月13日22时12分，救援人员在东汽中学的坍塌教学楼里搜救时，发现谭千秋双臂张开着趴在课桌上，身下护着的学生有的还活着，而谭千秋却离开了人世。

平武县南坝小学的教师杜正香正准备进教室上课，突然地震发生了。她飞一般地跑进教室，双手牵着孩子，向操场中央奔去。她不停地往返于教室与操场之间，把孩子一个一个救出。一次，两次，三次，当杜正香第四次冲进教室后，教学楼轰然坍塌，人们再也没看到她的身影。5月14日，95982部队官兵找到杜正香遗体的时候，全体官兵都惊呆了：只见她左右手各牵着一个学生，身子下还有6个孩子。参谋长邓明忠说："可以想象，她是多么想让每个孩子都活着出去啊！"

地震发生时，正在值班的江油市武都镇五通村幼儿园教师王光香，抱起两名孩子就往楼下冲。当王光香跑出来时，两层高的教学楼有三分之一的墙体轰然倒塌。不容多想，她再次冲上楼，却什么也看不清楚，也不知脚踩在什么地方，只是一个劲儿地来回冲，循着声音救人，凭着感觉连续往返数次，共救出10名孩子。当她第七次冲进去时，楼房再次垮塌，教学楼成了一片废墟，王光香再也没有出来。后来，在一块大预制板下，救援人员发现了王光香。她扑在地上，蜷曲着身体，背上压着预制板，怀里紧紧抱着两个孩子。孩子们安然无恙，而被孩子们称为"王妈妈"的王光香却再也无法站起来了。正是因为有了像王光香这样舍身勇救孩子的好老师，在这次地震中，武通村幼儿园的105名孩子，仅有1名遇难。

……

灾难，是一面镜子，可以照出人的灵魂。在全中国甚至全世界，人们通过一系列新闻报道，记住了上述7位和以下这些英雄教师的名字，他们用鲜血和生命践行人民教师的神圣职责，诠释人民教师的高尚师德，谱写了人民教师的英雄赞歌。他们是：

汶川县映秀小学教师连蓉、尹琼，北川羌族自治县曲山小学教师唐春梅，北川羌族自治县陈家坝乡初级中学教师母凯贤，绵竹市汉旺镇武都白方村小学教师周其祥，绵竹市新市小学教师李燕，绵竹市遵道镇欢欢幼儿园教师瞿明容，绵竹市职业教育综合办许念华，绵竹市贝贝家幼稚园教师王超军，德阳市东汽中学教导处主任罗晓明，什邡市湔氐镇龙居小学教师向倩、高级教师刘继军，什邡市师古镇民主小学教师袁文婷，什邡市红白镇中心学校教师张辉兵、汤鸿、王周明，青川县红光乡东河村小学教师何清芳，青川县红光乡中心学校教师王跃泽，安县秀水镇第一中心小学汉昌分校教师刘小艳，都江堰市聚源中学教师何智霞、周培顺、蒲斌，都江堰市新建小学教师方明飞、梁爱迪、刘仪君，平武县南坝镇中心小学教师任维志、张兰、方秀琼，平武县平通镇初级中学教师李宏勇、乔广平，通江县洪口镇永安坝村小学教师苟晓超，崇州市怀远镇中学教师吴忠红，广元市朝天区金台小学校长腾德玲，以及郑发富、张红梅、方杰、简毓芳、赵新、古雪敏、艾丽莎、孙建军、王秀芳等。

教师舍弃亲人救学生 危急时刻，在营救亲人和营救学生不能两全的情况下，许多教师毅然选择了后者，用大爱和责任为学生筑起了生命长城。

汶川地震的震中在汶川县映秀镇，映秀小学是让当地人民最心痛的地方。短短几秒钟，映秀小学教学楼、综合楼、宿舍楼全部坍塌，48岁的校长谭国强像孩子一样瘫坐在地上，拍着大腿撕心裂肺地哭喊着："我的学生，我的孩子们啊！""快救孩子。"几位逃出来的女教师帮着清点人数，将幸存的100多名学生安置在沙坑边的草地上。9名没有受伤的男教师和乡亲们拼命地在废墟中刨、扒，被埋在废墟浅层的50名学生重获新生。第一个被教师们从废墟中救出的男生是苏成刚班上的陶艺，这个懵懂的孩子对苏成刚说的第一句话居然是："汶川怎么会有这么大的地震？"第一个被救出来的女生是五年级（1）班的黄思雨，她的左腿从大腿处就都不见了！谭国强一身泥泞的衣服上全是血污，分不清是他自己的还是孩子们的。而不远处，他的妻子、母亲都被埋在废墟之下，生死不明。现场参与抢救孩子的教师余琴，其丈夫也是该小学教师，遗体就摆放在学校的操场上。她唯一的女儿胳膊断了，被挖出来后送去了成都。教师董雪峰被倒塌的教学楼压埋，从废墟爬出后，忍着伤痛抢救出多名学生，但自己的儿子被挖出后已经永远离开了世间。他抱着儿子的遗体说了声："儿子，爸爸对不起你！"便一抹眼泪，再次冲向废墟去营救学生，随后从综合楼底部背出两名受重伤的女孩，而直到5月15日下午，他的妻子仍然未被挖出。

5月12日14时28分，汶川县映秀镇幼儿园瞬间倒塌，房屋的瓦片砖块雨点般掉落下来，幼儿们惊慌失措，哭叫个不停。正在值班的教师聂晓燕，不顾一切地冲到墙边抱孩子。庆幸的是，她和孩子所在的位置被木床和其他东西挡住并形成一个空间，她将幼儿们紧紧护在身边，一边安抚一边大声呼救。前来营救的人们顺着她的呼声，将他们从废墟中救了出来。聂晓燕又冒着余震的危险，跑回废墟和大家一块抢救出10余名幼儿。当一位家长问及她女儿的情况时，她才猛然想到自己3岁的女儿还在邻班，而此时的幼儿园已被夷为平地，女儿已无活着的可能。尽管如此，她仍旧用她那充满母爱的双手在废墟中拼命地往下挖。15日中午，当武警战士挖出她孩子的遗体时，聂晓燕泪如泉涌。她打开带在身边崭新的粉红色棉褥，小心翼翼地包裹孩子。"妈妈给你洗干净。"她和丈夫用手帕轻轻地擦着孩子满是灰尘的头发和脸蛋，好像生怕把孩子弄醒。旁边一位武警战士用安全帽使劲地敲打着自己的脑袋，以让疼痛阻止自己泪水的倾泻。

地震发生时，正在操场上课的汶川县漩口中学体育教师王福春飞快地冲进教室，几个来回，背出了5个学生。当听到一个血流不止的女生喊"冷，我冷"时，他脱下自己的夹克给她披上。他突然想起，自己的脖子上挂有哨子，就一个劲儿地吹，引导学生往操场跑，还不时向学生竖起大拇指，拍拍学生的肩，鼓励他们使劲跑。等疏散完学生，王福春才想起自己在幼儿园的女儿，就奋不顾身地飞奔过去，使劲地刨石头、砖块和泥土，一边刨，一边喊女儿的名字。他听见废墟里小孩的哭喊声，却分辨不出哪个是女儿的声音。他心想："不管是谁的女儿，救出一个是一个。"刨出了一个，不是；再刨出一个，还不是。等他刨出自己的女儿时，孩子已经停止了呼吸。他放下女儿，又跑向妻子所在的映秀小学。小学的教学楼早已倒塌，他的妻子被压埋在废墟之中，一天之后才被救出。

在都江堰市紫坪铺学校龙池校区，未谙世事的孩子们面对突如其来的地震，顿时惊慌失措。"同学们，不要慌，跟我排队顺楼梯跑，快，快！"校长肖明清踉踉跄跄跑进教室，大声地呼喊着。孩子们突然惊醒过来，像潮水般涌出教室，奔向操场。肖明清在慌乱的人流中，一趟趟奔进摇摇欲坠的教学楼，救出了惊恐而弱小的孩子。获救的孩子们还没来得及平复急促的喘息，教学楼就轰然倒塌了。孩子获救了，可是获得重生的孩子们此刻并不知道，就在几分钟前，他们的校长经历了一次痛苦的人生抉择。"老肖，救命啊！"地震发生时，正在教师宿舍楼上的妻子绝望地挥舞着双手向肖明清呼救。此时的肖明清距离宿舍楼不到10米，妻子的哭喊声使他心如刀绞。是营救相濡以沫20多年的妻子，还是去解救天真无邪、朝气蓬勃的学生？肖明清果断地选择了后者。等肖明清再回到宿舍楼去救妻子时，无情的地震已经将宿舍楼震塌，他的妻子已被埋压在废墟里。

学校组织救学生 灾难面前，各学校领导牢记人民教师的职责，坚守自己的工作岗位，组织营救学生，竭尽全力地为学生打开"生命通道"。

汶川县漩口中学教学楼、实验楼在地震中倒塌，学生住宿楼下沉，1号楼完全倒塌，困在废墟里的孩子在痛苦地呻吟。校旁的岷江几乎断流，情况万分危急。学校党支部书记兼校长张舜华立即召集最早撤到教学楼前的行政人员和党员，指定杨勇强、徐康志、李建分别为救援、维稳、后援3个工作组组长，组织在场的教师指挥学生向开阔地疏散；迅速进入教学楼、实验楼、住宿楼连续抢救出十几名学生。在组织抢救学生生命的同时，维护稳定组和后援组迅速组织各班班主任分别集中、清点班上撤出的学生，然后带领全部学生转移到学校对面渔子溪山上的一块开阔地。面对震后缺粮、缺水的严重局面，维护稳定组组织行政人员及时与当地村委会协调，挖土豆、烤土豆让孩子们充饥。夜幕降临，大雨滂沱，篝火四周，师生相依相偎，几个带着焦煳味的土豆来回传递，老师让学生吃，学生让老师吃，最后由受重伤的同学含泪吃下。道路中断，通信中断，山里的信息一点也传递不出去，救援力量一时无法抵达学校，余震、飞石、滑坡、塌方、山洪等次生灾害威胁着死里逃生的师生。没有饭吃，没有水喝，没有避雨场所，没有衣被，很多学生已经患上了感冒，漩口中学师生果断做出撤离的决定。他们冒着危险，跋山涉水，直至5月15日6时，才艰难地走到都江堰（参见图65），尔后乘车抵达成都，暂时住在成都市西体中心。

图65 震后不久，汶川县漩口中学师生开始向都江堰市方向转移

（教育部 提供）

地震发生时，从房屋中跑出的北川中学校长刘亚春被眼前的情景惊呆了：两栋教学楼轰然倒塌，在漫天的尘土中，主教学楼晃动几下后矮下去好几米。5分钟内，刘亚春连续两次派出教职工到县上报信。紧接着，学校党支部书记张定文赶到，从废墟里爬出来的副校长马青平和其他从废墟中爬出来的教职员工也陆续赶到，抢险自救小组迅速成立。刘亚春负责老教学楼右

侧施救，张定文负责老教学楼左侧施救，马青平负责新教学楼施救。陆续从危楼中爬出的500多名高三学生成为自救的中坚力量。幸存的未受重伤的700多名师生都参与了救援。师生们分成若干组循着呼救声四处翻动瓦砾，一块块地向外传递着砖头，也传递着生的希望。刘亚春手臂被水泥板刮破，鲜血直流而浑然不觉。许多师生的手磨出血，脚“挂了花”，指甲全没了。这样的救援一直持续到专业救援人员赶到，而在救援人员到来之前，北川中学师生自己组织救出的师生已达200余人。在一层宿舍的体育教师苟义国和他的妻子被强烈地震甩出家门，重重跌倒在五六米开外的场地上。他趴伏在地上眼看着教学楼轰然倒塌，惨叫声、哭喊声、呼救声四起。被埋在下面的孩子让他揪心，他边救边向下边的学生喊：“苟老师来了，孩子们别怕！我救你们来了！”随着一波又一波的余震，孩子们的声音越来越弱。他拼命地喊叫着刨石堆，一个个孩子在他的帮助下逃出。究竟救了几个他已经记不清了，不过，有一个情节他还记得：他和学校几个老师合力把一大块水泥板撬起来，六七个孩子爬了出来。后来，救援队来了。他瘫坐在地上，手上、腿上的鲜血把他的衣服染红了。女学生杨姗被一大块沉重的钢筋混凝土压住，教师罗莉抓住杨姗从缝隙中伸出来的手，鼓励她：“你要挺住，很快就会有人来救你的！”可需要营救的人太多了，直到天黑还是没有救援队过来。不时发生的余震使已经塌陷两层的主教学楼摇摇欲坠，罗莉紧紧握着她的手：“老师陪着你。”就这样，整整一个晚上，罗莉一直握着这位被困女生的手，给她讲故事、唱歌。第二天，救援人员赶来了，两只紧紧握在一起的手才分开。13日14时许，杨姗获救。

强烈的地震使青川县木鱼镇小学满目疮痍，所幸的是，地震发生时学校还没有开始上课，多数学生都在教室外边。震后数分钟，包括在校外居住的教师全部到位。5月12日14时40分，所有埋在校园废墟中的伤亡师生全部被刨出。14时42分，学校行政人员召开紧急碰头会，按照事先制订的安全紧急预案分成搜救组、医疗救护组、学生管理组、饮食供给储备组4个应急小组。14时45分，医疗组在教师阳兴伦带领下，配合医生从医院极度危险的药房中紧急抢运药品，协助在场医生对伤员进行紧急救治。搜救组在教师张成良带领下到学校各垮塌处进一步紧急搜救。以女教师为主的学生管理组对集中在操场内的学生逐一分组、登记，弄清楚学生去向，安抚受惊吓的学生。饮食储备组从已成严重危房的学校小卖部抱出大量方便面、食品和各种饮料，以备急需。到22时，绝大部分学生已通过学校登记，在家长或亲戚的带领下离校。

大地刚刚停止剧烈震颤，强烈的余震还接连不断，平武县平通中学的教师先后从地面爬起来，把上操场的学生集中到一块儿。教师侯琪敏等迅速到下操场，把下操场的学生带到更空旷、更安全的上操场。政教处主任潘俊强、教导处主任鄢加明及侯琪敏3人在上操场简单交流了几句，看到教学楼、教师宿舍楼、综合实验楼全塌了，而集中到上操场的学生为数不多，心头一紧，相互对视，没有多少言语便达成共识：救学生！马上救学生！一两分钟，校内的其他老师先后爬起来，出现在上操场；很短时间，住在校外的老师也先后赶到已成废墟的校园，学校的自我救援迅速展开。男教师、女教师，年龄大的、年龄小的，只要没受重伤的，只要还能动的，都冲上教学楼和综合楼废墟。没有工具，就用双手搬，用肩扛，找棍棒撬，只想把废墟下的学生尽快掏出来。很快，附近的村民和一些学生家长也赶到学校参与救援。沉重的预制板和房屋圈梁没法移动，钢筋砸不断，营救工作异常艰难。青壮年教师与家长组成若干个小组，依靠集体力量撬搬沉重的预制板、圈梁，从废墟下救出的每一个学生都是众多教师冒死艰辛协作的结果。后来，受灾轻的响岩镇镇政府调集两台推土机，组织人员紧急赶来支援。天黑了，到处漆黑一片，整个校园只有手机屏幕似萤火虫般的几个光点，赶来支援的两三个乡村医生忙着对伤者进行简单处理。夜深了，风大天冷，教师们把没受伤的学生召集起来围成人墙，为受伤的学生挡风御寒。女教师、学生和一些家长，一起护理着受伤的学生，不停地鼓励他们、安慰他们，以此增强受伤学生与死神抗争的信心。危重伤员输液没有输液架，教师就安排没受伤的学生用手托举输液瓶为伤者打点滴。自救工作一直持续到 5 月 13 日下午，等救援部队赶到时，已经有 93 名被埋学生获救，272 名学生被紧急疏散到安全地带。化学教师乔广平、仅有两年工龄的特岗教师李宏勇为救学生而献出生命，许多教师身负重伤。

彭州市红岩小学幼儿园教师周汝兰正给孩子们上课，突然感到教室剧烈摇晃，立即意识到地震了，便对全班 52 名孩子大喊："快跑！"周汝兰一边喊，一边拉着两个孩子跑到外边。教室的瓦片被震碎，不停地往下掉。周汝兰往里面一看，讲台左边第一排还有 3 个孩子趴在课桌上。她一个箭步冲到孩子身边，左手拉一个，右手抱一个，又救出两个孩子。眼看教室就要倒塌了，还有一个孩子留在里面。周汝兰第四次冲了进去，刚一出门，教室塌了，52 个孩子全部安然无恙。

地震发生时，文县范坝中学的学生们惊恐万状，慌乱地往楼下跑。"同学们，不要挤，一个接一个下楼！快到操场上去。"校长许伟一边高喊，一边和教师们把学生带到操场上，并迅速组织清点人数。"怎么只有 211 名，那 27 名呢？快分头去找，一个都不能少。"许伟大声吼着。教师们立即冒着余震，对每个教室、学校周围搜寻一遍，后来才知 20 名学生被班主任疏散到其他安全地方，另外 7 名学生因病请假。地震刚停，他们就自力更生，自救抗灾，垒灶台、搭帐篷、筹食品、找蔬菜，疾病防治、后勤供给、生活保障、排查危房等各项工作都有条不紊地展开，学生们得到温馨体贴的照顾。

5 月 12 日下午，千阳县红山中学正在上第一节课，突然教学楼、实验楼、宿舍楼剧烈晃动。在数秒钟的惊慌之后，23 个班的上课教师都意识到地震了，立即组织学生向楼下空地疏散。教师们飞快奔向各楼梯口指挥学生，防止摔倒和踩踏。学生们沿着摇晃不定的楼梯，迎着弥漫倾泻的沙尘，不到两分钟就全部撤到操场。经清点人数，未丢一人，无一伤亡。在撤离过程中，教师们尽职尽责，先组织学生撤离，最后自己撤离。班主任老师疏散完上课班级学生后，又返身到教室查看自己班的学生。对有残疾或行动不便的学生，老师和同学重点帮助照顾，连搀带架将他们撤到操场上。

二　学生救学生

面对灾害，中小学校的学生突然成熟了许多，表现出平日少有的镇定和坚强，勇敢地冲进教室、宿舍抢救同学，把本班的同学、本校的同学从死亡的边缘拉回来；他们积极主动地帮助教师照顾伤员，为抢救更多的生命做出了贡献。（参见图 66）

图 66　5 月 12 日下午，青川县木鱼中学师生自救互救

（教育部　提供）

中学生救同学　5 月 12 日，地动山摇之后，汶川县映秀镇漩口中学初三学生马健和几名胆子大的同学走近岌岌可危的教学楼，隐约听见倒塌的楼梯拐弯处传出同学向孝廉的呼救声，他正打算去救，被赶来的教师制止："这里有老师搜救，你们快到宽敞的坪坝去。"然而到坪坝后，马健心里始终有些不安："老师他们肯定先救看得见、埋得浅的学生，向孝廉埋在里面，不知道老师能不能找到。"随着夜幕降临，这种不安感更强了。他偷偷跑回学校，进入已部分坍塌、非常危险的教学楼。"孝廉，你在哪里？"一声声呼喊叫醒了已有些昏沉的向孝廉。此时，向孝廉被压在一块水泥板下，四周全是碎砖碎瓦。马健发现楼梯口的一块大预制板倒在旁边的一堵墙上，形成一个三角形空间，决定从这里挖条通道接近里面的向孝廉。马健伏在坍塌的水泥板与地面之间 40 厘米高的狭小空间里，一边用手清理向孝廉身边的碎砖碎瓦，一边鼓励向孝廉："坚持，坚持住，你是我们班上年纪最小的，也是生命力最旺盛的，这点困难难不倒你！""就算我救不出你，我也会一直陪着你，等明天天亮大人来救你们。"当时，看似镇定的马健心里也很慌乱。黑夜里，教学楼玻璃、砖头啪啪下落的声音，从旁边另一名同学遗体上传出的冰凉触感，让又饿又怕又累的马健全身止不住地发抖。4 个小时后，通道终于挖通，马健奋力拉出向孝廉，两个孩子抱头痛哭。

北川中学学生小悦和同学顷刻间被埋在砖石、钢筋、泥块之中。在钻心的疼痛中，她听到同学王亮喊她的名字，她应了一声。王亮的呼喊引出废墟底下的许多回应，很多同年级的同学都在喊：

“王亮，救我！”随着喊声，王亮在废墟上来回奔跑，谁喊他都答应。徒手刨，没用，只好喊话、鼓励、递水。他对每个同学都说：“来了，救人的马上就来了！”3小时后，小悦的亲人来了，一些家长和附近的工人赶来，用工具在废墟中挖出一个小洞，王亮说：“我来！”就爬进洞穴，找到3名女同学，刨开压在徐羽身上的重物，将她从洞穴里送出。但是，他没办法挪开压着小悦和史林燕身上的石板。夜幕降临，小悦越来越绝望。5月12日21时，在外面大人们的协助下，王亮又将史林燕送出废墟。此时，被压埋的只剩下小悦，王亮留在洞穴里陪她，不停地跟她说话。他脱下自己的衣服垫在小悦头下，尽量让她躺得舒服一点。他爬出洞穴对小悦的妈妈说：“没事，她精神很好。”直到小悦被成功救出，小悦妈妈才注意到，王亮的背部、腿部都受了伤，一直在流血，走路一瘸一拐的。

地震震动稍微停止后约10秒钟，什邡市红白中学的郑小鹏和其他同学，站起来向学校外的高地上跑去，教师们在继续指挥幸存的学生往安全地方撤离。当撤到校外玉米地之后，郑小鹏和几个学生又快速返回教室，抢救朝夕相处的同学和老师。他们艰难地刨开废墟上的砖块，抬起水泥板，将一个个被埋的同学救出来，送到学校的操场上。郑小鹏的手刨出了血，脚碰伤了，头在流血。5月12日16时左右，水泥板下传出一个弱小的声音：“救救我”……郑小鹏弓下身子，搬开能移动的水泥块，仔细寻找，终于看见了一名女同学，口里不断冒出鲜血。他急忙大声喊：“快来救人呀！”闻声赶来的同学、村民和家长一起掀开一块块水泥板，可最下面的水泥板与钢筋连在一起，根本抬不动。正在束手无策的时候，郑小鹏跑到街上，找来一把可以斩断钢筋的工具，挥起铁锤向下砸去，将几根钢筋砸断，与老师和家长一起，搬开一块块水泥断板，救出了那位同学。

5月12日14时28分，都江堰市聚源中学初三（2）班的学生正在教室内上物理课，伴随着轰隆隆的巨响，教室开始左摇右晃，还没来得及做出反应，甯加驰和大部分同学就被坍塌的教学楼压埋了。黑暗中，甯加驰的左手被死死压住不能动弹，只能双膝跪在地上。出于求生的本能，他艰难地将头转向一侧。相互交错的预制板留出了可容一人出入的空隙，使他可以自由呼吸。就在此时，有个声音从甯加驰右边传来。“甯加驰，救救我。”说话的是同班同学曾婧。甯加驰伸出右手一摸，曾婧的头发湿漉漉的，估计是头部受伤流的血。怎样在自己的能力范围内救同学？甯加驰拽着曾婧，一点一点把她移到自己蜷起的膝盖和肚子之间的空隙里。被压在甯加驰另一边的还有同班男同学祝祥。他身体上半部分被压住了，动弹不得，在说话中慢慢迷糊了，声音越来越低。“我们一定要出去，我们都不能死，都一定要出去！”甯加驰重复着，喊着祝祥的名字，并一下一下地使劲掐他，直到他有了反应。为了鼓励同学们，他开始一首接一首地唱歌，唱得最多的是《团结就是力量》。5个小时后，甯加驰和他那两名在废墟中一直相互鼓励、帮助的同学被救出。31日，甯加驰被转送到浙江医院救治。

彭州市磁峰中学的教学楼共两层，每层楼有4间教室，初三（3）班在2楼中间，走廊两侧有楼梯。5月12日14时28分，教室突然剧烈晃动，学生纷纷冲出教室。爱好体育、身手敏捷的初三（3）班学生雷楚年几个箭步就冲到楼下操场。转眼之间，他又掉头冲向教室。路过第一间教室时，他特意看了一眼，里面已经没人，再跑回自己班的教室，发现还有7名同学蹲在教室墙角。“快跟我走！”他大吼道。几名同学这才回过神来，赶紧跟着雷楚年在极度摇晃中跑出教室。刚跑到楼梯口，楼梯全部垮塌了，他只好带着同学们往左边没垮的楼梯跑。跑了一半，雷楚年发现后面跟着的同学少了一人。他一边交代6名同学赶紧往操场上跑，一边折身返回教室。果然，同学欧静躲在教室门背后，瑟瑟发抖，一个劲地哭。他冲进去大喊：“快点跑！”由于惊吓过度，欧静一点反应也没有，拉也拉不动，急得雷楚年一把抱起欧静就往楼下挪。到了楼梯口，欧静回过神来，说她可以自己走了，雷楚年将其放下，在后面护着她往楼下跑。当欧静跑到楼梯的最后两步时，雷楚年面前的楼梯突然垮了，阻断了雷楚年的逃生之路。他立刻返回2楼，顺着从走廊上可以摸到的“救命树”滑下地面，逃离大楼。几秒钟之后，教学楼便在他身后轰然垮塌了。

5月12日14时30分左右，青川县木鱼中学初一女生何翠青本已走出宿舍，当她意识到地震时又跑回宿舍，将10多名还在午休的同学从床铺上摇醒，喊她们快点逃生，自己却失去了最佳逃生时机，50个小时后才被救援人员从废墟中救出，终因重物长时间挤压，肌肉组织坏死而永远失去了右腿。

地震发生前，千阳县红山中学初三（2）班学生朱晓丹因为腿部意外受伤，上下学一直由家长用自行车接送。5月12日下午，朱晓丹正在2楼教室上课。突然，课桌和地面剧烈抖动起来，朱晓丹差点从座位上摔倒。同学们很快冲出教室，朱晓丹因为腿上有伤跑不动，又怕又急。正在这时，同班同学杨鹏跑来焦急地说：“快走！”说着，搀起她就往教室外跑去。此时，教学楼与隔壁楼房之间的天桥因剧烈摇晃发出可怕的响声，隔壁楼外墙的瓷砖也纷纷掉落。杨鹏搀扶着她不停地提醒：“别急，小心点！”这时，已撤离到操场上的同班同学赵瑞亮、张博想起不能走路的朱晓丹还在楼上，也跑回教学楼，与杨鹏一起搀扶着朱晓丹，迅速撤离了大楼。问起当时他们为什么重返楼上救助同学时，赵瑞亮和张博说：“从教室跑出来时太紧张，没有在意。下楼后才发现她还没有下来，我们顾不上许多就又跑了上来。”当被问到当时怕不怕时，他们只是说：“面对危险谁也害怕，但是谁也不会丢下自己的同学啊。”

小学生救同学 汶川县映秀小学二年级学生林浩，地震发生时和大家一起往外跑，他被掉落的板子砸倒在地，动弹不得。当时，垮塌的楼板后传来一个女同学的哭声。林浩告诉她：“不要哭，老师教咱们在困难时要坚强，咱们一起唱歌吧。”两人就开始唱老师新教的《大中国》，唱完后，女同学不哭了。两小时后，小林浩开始慢慢挪动身子向外爬。由于个子小，他几经努力终于爬出了废墟。小林浩描述当时的情景：“我使劲爬，使劲爬，终于爬出来了。爬出来后，我看到一个女同学昏倒在走廊上，就转身把她背出去了。背出去交给校长，校长又把她交给她的妈妈背走了。后来我又爬回去，又把另外一个男同学背出来交给校长，他也被父母背走了。”林浩讲述自己救人的时候显得非常镇定。当被问到为什么要这么做时，小林浩说：“我是班长。”林浩所在的这个班共有32名学生，地震中仅有10人幸免于难，其中就包括林浩冒险救出的两名同学。

康洁是汶川县映秀小学六年级学生。地震发生时，师生都往桌下钻，而她在数秒钟之内却选择跳向教学楼后边的农田（前边是水泥地操场），跳的时候，头、手、脚都不着地，而是让敦实的屁股先着地。尽管如此，她还是受了伤。当她跳下后，大楼倒塌，师生们被埋在砖块、瓦砾之下。康洁忍着疼痛，拼命爬向废墟救人。她看见班主任被别的老师压在下面，就一个一个地使劲往外拉。刚拉出两个人，余震发生，房子继续倒塌。她和被救出的老师迅速往外跑，在逃生的过程中被绊倒，脚踝骨折。

5月12日，平武县南坝镇石坎小学的孩子们正在午睡，地震发生了，六年级（2）班13岁的张春玲光着脚跑出宿舍。张春玲3岁时因火灾失去左手，右手每根手指只剩两节。“救命啊！救命！”已经跑到校园外一片麦田的张春玲被同学们的呼喊声绊住。她立刻返身跑进仍在震颤的废墟，跪在地上，顶住石头死命向后推，苏小琴得救了！背起腿被砸断的同学，她一口气跑到离学校不远处的麦地。来不及歇口气，她又一次跑回正在垮塌的教学楼，咬牙背起一个受伤的小男孩往麦地奔去。鲜血顺着手臂淌下，肩膀被石块砸得血肉模糊，手也被钢筋划开一道血口子，她却顾不得歇口气，带着几个老师第三次返回废墟，将被卡在两块水泥预制板之间的杜艳梅挖出，并将其背到安全区域。张春玲又主动组织10余个大同学，给受伤同学喂药、喂水、喂稀饭。熬到第三天，救援官兵到来后，她又累又饿晕倒在地。

茂县凤仪镇小学五年级（3）班学生余宗韵的妈妈是静谊乐幼儿园的教师，地震发生时，她正在幼儿园协助妈妈照顾幼儿园的孩子。她用力把门顶开，并用双手撑住门，大声喊："快跑，地震了。"可是，幼儿园的孩子们太小了，他们根本不懂地震是什么，全都呆住不动。情急之下，余宗韵一手撑门，一手使劲地把孩子们一个个往外拉。很快，越来越多的孩子安全地跑到了空地上。"糟了，还有两个午睡的孩子。"此时，房子已经像筛子一样左右晃动着，砖瓦开始向下掉落。余宗韵想也没想冲进教室把两名孩子连抱带拖地向外拉。刚冲出教室，房子便在她身后倒塌了。余宗韵协助妈妈救出20余个小生命。

5月12日下午，成都市温江区玉石实验小学的陈浩和同学们正在教室里上课，突然地震袭来，学生们纷纷往外跑。陈浩已经跑到操场的安全地带，但回头一看，发现正对教学楼楼梯口的升旗台围墙边，一个低年级女生因过于惊慌，正左顾右盼，不知所措。陈浩转身返回升旗台，把女孩奋力向外推。小女孩安全了，围墙却突然垮塌下来，来不及躲闪的陈浩被压在下面。陈浩被以最快速度送往成都市第五人民医院，当剪刀剪开陈浩满是鲜血的衬衫时，医生发现孩子的左肾已经裸露在外，肠子也若隐若现，必须马上进行手术！可医院伤员太多，手术室全部在用。危急时刻，一场争夺生命的手术在医院大厅立即进行。没有麻醉，没有止痛，陈浩在完全清醒的状态下接受了手术，可他没有哭喊一声。"如果再有这样的事，我还会冲过去。如果我看到同学有困难而不帮助，我肯定会后悔。"躺在病床上的陈浩语气很平静。

地震发生后，陇南市武都区桔柑小学四年级学生王磊与老师一起紧急疏散同学。王磊看到隔壁一年级的小同学在班主任的带领下往操场上转移，只见哭的、闹的、喊妈妈的、喊老师的，乱成一团，转移的速度很慢。王磊看后很着急，便跑过去与老师一起，一趟又一趟连背带拉地把小同学转移到操场上。此时，教学楼左右摇晃着，砖块噼里啪啦不断地掉下来，学生们再次惊叫着纷纷后退，几位年纪小一点的学生似乎不知危险随时可能降临，毫无防备地站在即将倒塌的围墙下，情况十分危急。眼疾手快的王磊呼喊着："赶快跑，围墙要倒了！"身边的几个同学朝前跑了几步，但仍有4位同学站在那里一动不动。王磊一个箭步冲过去，用力将这几个同学推开。就在这时候，3米高砖砌的围墙被震倒，将王磊重重撞倒在地，鲜血染红了他左腿裤腿。老师抱起王磊赶往医院，但由于伤势过重，而且错过接骨的最佳时间，医院不得不给他做了截肢手术。

地震发生之时，舟曲县东山乡石家山小学六年级学生韩贵霞反应敏捷，第一个拉拽着同学跑出教室。她又跑到二年级教室，边喊同学们快往外跑，边拉着一名同学跑出教室。教室晃动剧烈，她不顾个人安危，又冲进教室，抱起一名小同学向教室外跑去。此时，教室里仍有几名没有反应过来的女生。面对随时都会倒塌的教室，韩贵霞再一次冲进去，拽起她们飞快地跑向操场。

面对此情此景，老师和同学们都惊呆了。韩贵霞后来说："我也不知道当时为什么有那么大的勇气，只知道救同学。"此次地震，石家山小学 21 间 637 平方米校舍全部倒塌，但在韩贵霞和老师们的共同努力下，没有一名学生伤亡。

三 群众救学生

学校是灾区人员最集中的地方，也是受灾最严重的地方。地震发生后，学校邻近的单位、职工、村民或路过的群众都不约而同地跑向学校，抢救被压埋的学生。

地震发生时，正在土建施工的蜀能公司九岭变电站项目部工作人员，迅速赶往绵竹市汉旺镇九岭村武都小学。该校有两幢教学楼，一幢供一、二、三、四、六年级学生上课，全部坍塌，300 多名师生被埋；另一幢楼是幼儿园和五年级教室，损毁严重但没有坍塌。该项目部立即组织人员展开营救，并提供装载机、挖掘机、切割机等各种施工机械、照明用具。全体施工人员克服多次余震的危险和缺水等生活困难，充分发挥专业优势，主动承担最重的任务，积极配合消防人员昼夜搜救，共营救出 19 名师生。

青川县木鱼中学两幢学生宿舍楼全部倒塌，教学楼、办公楼变成废墟，学生中有 456 人逃离，403 人被埋压在废墟中。学校周边群众和幸存的师生跑进倒塌的宿舍楼废墟里，用手拼命挖掘，用力搬开压在被埋学生身上的建筑物（见图 67），埋在浅表层的学生一个个被救出，但大部分学

图 67　汶川特大地震发生后，青川县木鱼中学周边群众和幸存师生自发搜救被压埋师生

（教育部　提供）

生被埋在建筑物倒塌后形成的废墟深处，光靠人力难以救出。正当大家束手无策时，木鱼砖厂、上马砂石厂的5台装载机陆续开到救援现场，压在幸存者身上的预制板被一块块有序地吊开，陆续有伤员被抬出来，镇医院10余名医护人员对受伤学生及时进行救治，直到救援大军赶到，他们才依依不舍离开。

地震把都江堰市向峨乡场镇夷为平地，向峨供电所营业楼顷刻间变成一堆废墟。灾难发生的一刹那，供电所员工们的第一反应都是朝着房屋倒塌的向峨小学、向峨中学飞奔而去，成为镇上群众救学生的主力军。在乡下抄表的员工任永富立即跑到儿子上幼儿园的向峨小学参与抢救。他的儿子被人抱出来时，已经遇难。他把儿子的遗体放到一旁，继续和其他人一起抢救出幼儿园数十名被埋小孩，随后又前往因教学楼垮塌、数百名学生被压埋的向峨中学参与救援。霍开均正在向峨乡场镇上搬运电线杆，立即跑到向峨中学教学楼。看到由于没有大型挖掘机械救援工作受阻时，他就冒着倾盆大雨开车到都江堰去买钢丝绳。路上碰到两辆吊车，在他的哭求下，司机随他赶到向峨中学实施救援。第二天下午，他儿子才被从废墟中挖掘出来，已经遇难。

地震使天水市秦州区平南中学围墙多处倒塌，30余名学生被压埋在墙下，情况十分危急。邻近学校的平南镇王城村党支部书记、村委会主任李月胜和支部副书记李双迎火速赶到现场，立即组织人员抢救受伤学生。在他们的带领下，及时将压在砖块下幸存的学生一个个抢救、挖抬出来，在医疗队伍到达前对伤者进行了简单处理。同时，将遇难的4名学生的遗体从砖块里刨出。

晚上救人，需要照明设施。为了及时给救援现场带去光明，灾区供电局的一些职工顾不上自己的家人，想方设法把供电设备送到抢救学生现场。5月12日23时30分，绵阳城区供电局检修班班长康勇带领班组成员段再友、陈飞、支翔、贾飞驾驶应急发电车前往北川县医院。途经北川中学时，康勇果断决定先对学校进行应急保电和实施救援。13日凌晨，北川中学救援现场废墟上、伤员集结处、停放遇难者遗体旁、集结救援队伍的空地等处，共有6盏灯亮了起来。由于他们穿着橘黄色的工作服，被救援群众误认作消防队员，不停被叫去帮忙。一整夜，5名电力勇士一边保障应急发电车正常供电，一边随着人们的呼唤前后奔忙，配合救援队伍开展自救工作，一直忙碌到天亮。

国家电网青川供电局党支部副书记、工会主席陈学云，顾不上抢救被埋在废墟里的岳父、岳母和儿子，冒着余震，借来斧子、铁锹，劈开变形的仓库房门，将抢出来的唯一一台发电机送往乔庄小学。当日21时，第一盏电灯在乔庄小学临时医疗救助点点亮。陈学云为抢救生命燃起希望之灯，而自己却永远失去了3位亲人。

5月12日14时35分，国家电网都江堰供电局聚源供电所刘华刚、李文祥、唐学文、仰刚在返回供电所路上途经聚源中学时，发现3层高的教学楼主楼已整体垮塌，便毫不犹豫停车，奋不顾身地参加到抢救被困学生的队伍中。此时，现场只有校长和几名教师不停地在废墟上搬砖块。为了组织供电所其他职工前来救援，李文祥、仰刚在现场继续营救被困学生，唐学文、刘华刚驱车返回供电所求援。短短10多分钟后，供电所20名员工携带10多把断线钳、钢锯、钢钎、绳索等工具赶到抢救现场。大家冒着余震，用手刨、挖、掏、抬，将建筑碎块及预制板一个接一个地搬开，一个又一个学生被他们从垮塌的教学楼中救出。供电所员工个个累得满头大汗，全身上下沾满尘土血污，手指刨得血肉模糊，疼痛难忍，可大家一直坚持着。到19时第一支救援部队到达，供电所员工已救出18名被困学生。此时天色已渐渐暗了下来，供电所及时协调来10余台发电机和电线、灯架、灯泡等材料，19时40分，抢救现场的几十盏灯全都亮了起来。供电所员工来不及休息片刻，又立即投入到紧张的救援中。至15日8时，聚源供电所员工直接营救出的被埋学生已达38人。

四 群众救群众

基层党员干部组织群众自救互救 地震发生后，灾区的基层党支部处变不惊，立即组织开展自救互救。排查倒塌、受损房屋，搜救被埋、被困群众；及时撤离、疏散群众到安全地带，搭建临时生活设施；建立卫生医疗机构，紧急救治、转移伤员；抢救、保护群众财产，安排群众生活，充分发挥了基层党支部在抗震救灾中的战斗堡垒作用。

地震使千年羌族古寨汶川县雁门乡萝卜寨村遭受毁灭性打击，全村229户人家的房屋被夷为平地，群众死伤129人。村民们除身上衣物之外，几乎所有东西都被埋在废墟中，900余名受灾群众被困在半山腰。从自家屋里跑出来的村党支部书记马前国，带着村党支部成员在农田里迅速成立抗灾自救领导小组，组织青壮年党员、干部和村民组成18人的搜救队伍，分成3个小组，分头抢救群众。马前国带领一个小组，冒着余震不断、残垣断壁随时可能倒塌的危险，进入寨中搜救被埋、被困群众。没有合适的工具，他们就用手刨，成功解救出60余名受困群众。面对近百名伤员，村党支部立即组织人员，到村医疗站抢挖被埋压的药品，并安排村妇女主任协助村上的医务人员紧急处理受伤人员。震后第二天，马前国带领村两委成员绑制简易担架，安排青壮年分批将危重伤员送到县城医院进行救治，使6名重伤员转危为安。为了预防各种次生灾害，村党支部组织人员24小时巡逻，坚持深入各安置点了解村民的所需所想，及时进行协调处置。马前国还冒着生命危险，从自家随时可能垮塌的房屋中抢出腊肉，送到冒险救灾的人员手中；许多党员干部和群众自发把家里的粮食、肉和衣服分送给那些急需的村民。在村党支部的组织带领下，村民全部得到了妥善安置。

地震发生时，绵竹市广济镇仁贤社区党支部书记曹代成冒着生命危险沿街喊话：“快出来，地震了！”同时，招呼社区党员干部组织群众转移。当社区居民一个个惊慌失措地跑到安全地点，人群中传来声音：“曹书记，怎么不见你的家人？”曹代成这才想起家中的老母亲、妻子和一岁半的孙子。当他飞奔到自家屋前，眼前已是一片废墟，3位至亲已经被垮塌的房屋压埋。在组织居民进行救援时，居民们要求救援工作首先从他的家人开始，但曹代成却坚持先从社区群众开始营救。由于营救及时，社区个体商户康玉兰等10余人得以生还，而曹代成的3位亲人却因抢救不及时先后遇难。

彭州市回龙沟景区与汶川县仅一山之隔，大地震使回龙沟顿时山崩地裂。求生的本能驱使正在村办企业桂花水电站机房组织村民施工的宝山村党员干部于志军向外狂奔。刚从工作房间逃出来，于志军看到同伴们还在里边，就又折了回去，冲进发电站机房，大声喊叫：“快出来，地震了！”41岁的女村民郝晓蓉、55岁的党员谢正清、39岁的村民徐明英等13位村民迅速跑至屋外。于志军正准备突围，又从附近传来呼救声，两名游客被困，其中一名腿陷在石堆中，情况万分紧急。“决不能见死不救！”在于志军的带领下，大家齐心协力将两名游客救起。脱险的16人从桂花水电站逃离后不到30分钟，两山泥石流夹杂着巨大的轰鸣声奔涌而下，瞬间将电站全部吞没。

地震发生时，西和县姜席镇马窑村党支部书记马贵玉正带领村干部和党员装运沙石修建村党员活动室，突然听到“轰隆隆”的声音，地面剧烈晃动，装沙车的车轮剧烈颤抖起来。他看到不远处有许多房屋接连倒塌，整个村庄顿时被尘土笼罩。“不好，赶快救人！”村干部不约而同地往房屋质量较差、儿子儿媳在外地打工的谢大娘家跑。跑到她家时，看到谢大娘家的大门和一间房子已经倒塌，幸好大娘及其孙子没有受伤，他们迅速把祖孙俩转移到空旷地带。由于地震时正是农民下地干活的时间，留在家里的大多是些老人和小孩，村干部就优先排查搜救孤寡人员家庭。李生林已经85岁了，老伴84岁，儿子有残疾。马贵玉对身边两位干部大喊：“姜余良，你往西；强娃，你往东，赶快把人都叫出来！我去看李生林！”生死关头，大家往山下跑，马贵玉几人却往危险最大的山坡上跑。李生林正摇摇晃晃地往外跑，余震再次发生，李生林当即摔倒在地动弹不得。马贵玉跪下背起他就往外冲，刚跑出来，大门“轰”的一声倒了，其他干部也把他老伴和儿子搀扶到山下。看着党员和村干部都在场，马贵玉立即分配任务，清点人数。发现有几个村民不在，他立即组织精壮劳力分组到村里救人。他们一路找，一路喊，在一间倒塌的房屋下，听到村民马三娟微弱的呼救声，很快找到了她的位置。大家赶紧清理压在马三娟身上的土块、瓦片和卡在她身上的一根木椽，把她救了出来，送往医院抢救。经过一个多小时的排查，全村819人，除马三娟外只有3人受轻伤。马贵玉又组织群众用塑料布、木椽搭建简易帐篷，铺上麦草，让受灾群众度过震后的第一夜。

类似萝卜寨村党支部书记马前国、仁贤社区党支部书记曹代成、马窑村党支部书记马贵玉这样在大灾面前沉着冷静、舍生忘死组织开展自救互救的基层干部，在整个灾区随处可见。而受到中共中央、国务院、中央军委表彰的汶川县银杏乡沙坪关村党支部书记龙德强、水磨镇白果坪村党支部书记杨克富、茂县凤仪镇坪头村党支部书记王学康、盐亭县富驿镇努力村党支部书记任安瑞、剑阁县上寺乡桅杆村党支部书记何茂生、平凉市崆峒区大寨回族乡赵塬村党支部书记苏文义、陇南市武都区三河镇柏林村党支部书记徐思俊、宁强县广坪镇金山寺村党支部书记王显勤等，就是其中的典型代表。

群众自觉自救互救 在生命财产受到威胁时，广大灾区群众奋力自救，积极互救，把受灾群众当亲人，及时伸出援助之手。抢救过程中，没有受灾的帮助受灾的，受灾轻的帮助受灾重的，大家互相鼓励、互相帮助。在没有专业救援工具的情况下，采取手刨、肩扛、镐挖、杠撬、钎顶等办法，把受困群众救出，将伤员及时送往医院救治，尽最大可能将灾害损失降到最低。

都（江堰）汶（川）公路管理公司隧道办干部何成，地震时正在前往都江堰的路上，当车行过寿江大桥约500米处时，灾难降临。沿路村民以及公路上的司乘人员惊恐万分，有的跑，有的叫，有的相互抱在一起，何成立即把公路上的所有人员带到公路外侧一块相对平坦的宽阔地带。当看到前方公路转弯处有一旅游客车侧倾在右侧水沟边，坍塌的泥土封住车门，车上乘客无法及时撤离时，何成迅速与司机叶益等人跑到客车前，捡起石头把客车后窗玻璃砸烂，组织旅客逃离。由于车窗离地面较高，老年人和妇女不敢往下跳，何成和叶益就用自己的肩膀做梯子，让车内乘客踩着他们的肩膀下到地面。紧接着，何成又配合赶来的交通民警把公路沿线村民以及公路上200余名司乘人员召集起来，徒步撤离到友谊隧道前安全宽阔地带。之后，他又拿着手电筒只身前往探查友谊隧道的情况，确认无大障碍、能够通行时，带领7人穿过友谊隧道。在走出隧道经过第一个弯道处时又发现一辆被飞石砸中的汽车，车上的一名妇女头部被砸伤，驾驶员被卡在车内。何成和叶益等人把两人从车内救出，并用村民提供的木板做成简易担架，轮换着将受伤的妇女抬到都江堰救护中心。（参见图68）

在互救当中，一些村民积极主动救援和帮助外来游客。彭州市银厂沟村民贺洪建左腿在地震中受伤，听说有23名游客被困在小龙潭，生死不明，便用蜂蜜涂抹伤口，只身一人打着手电筒走进小龙潭。5月13日21时许，大腿还流着血的贺洪建找到23名游客和小龙潭林场招待所幸存者易小军。游客中一名妇女头部伤势严重，易小军腰部被砸断不能直立行走。凭借自己长期在山区野外生存的经验，贺洪建给伤者作了简单处理后，用小龙潭停车场的铺板点燃篝火让受伤游客御寒。14日5时，一夜没睡的贺洪建用铺板制成担架，组织游客抬着易小军，艰难地向外转移。当队伍行至银厂沟鱼窝沱时，游客们抬易小军已十分吃力。贺洪建没有多想，毅然把易小军暂时放下，把游客们带上公路，又独自回到鱼窝沱将易小军背出。易小军这个40多岁的汉子在救命恩人背上失声痛哭。13时，他们遇到前来救援的武警官兵。15时，搜救大部队赶到，24人全部获救。

在毁灭性灾难面前，在群众守望相助、舍生忘死的洪流中，一些人的灵魂也因之得到涤荡。青川县孔溪乡弓家河村的何兴俊，小名六娃子，曾因爆炸罪入狱，于2006年3月获减刑提前出狱，被青川县司法局列为安置帮教重点对象。地震发生后，何兴俊挺身而出，冒着飞砖走石和余震不断的危险，用手挖、用肩扛、用背负，从废墟中救出7个鲜活的生命。青川县是此次地震的极重灾县（市）之一，成千上万的生命被压埋在废墟下等待救援，何兴俊想到必须尽快向上级政府求救。由于通信完全中断，道路严重损毁，他决定立即出去向广元市委、市政府报送“鸡毛信”。5月12日17时许，他将刚救出的伤员暂时安置在相对安全的路边，告别年迈的父亲，踏

图68　5月12日地震发生后，北川灾区群众自救互救（北川羌族自治县地方志办公室　提供）

上报送“鸡毛信”的征程。在可以行车的路段，他尽可能地拦车；道路不通时，他就徒步跑；连徒步的路也没有了，他就想方设法爬过去。行走70公里后，何兴俊同人保财险广元市分公司理赔中心大案科科长田光清听见警笛声，3辆车开到他们面前。“青川什么情况，多少人伤亡？”广元市委宣传部部长王振会急切地问。听完简单的情况汇报后，王振会派车将何兴俊二人直接送到广元市抗震救灾指挥中心，王振会则率领人员徒步前往青川。24时左右，何兴俊与田光清赶到广元市抗震救灾指挥中心，向广元市委、市政府反映了青川灾情，为青川县得到及时救援赢得宝贵时间。

五　灾区军人救助群众

地震发生后，灾区驻军就近积极展开抢险救灾，抢救群众生命财产。灾区军人有的正外出执行任务，有的休假在家，有的回乡探亲。面对灾害，他们牢记人民军队的宗旨，迅速组织群众自救互救，为抗震救灾尽了自己应尽之责。

地震发生后，63820部队在自救互救的同时，也就近展开救援行动。5月12日14时31分，63837部队门诊部主任温旭立即带人抬着担架出动，到金龟村抢险救人，从两户倒塌的房屋下刨出4名村民，为他们清洗伤口、止血，将他们送到黄土镇医院，使他们脱离生命危险。14时40分，63833部队政委邓绍斌接到永安镇小学求助信息，当即命令警通连排长魏伟、战勤科助理员邓惠兵带领11名战士前往救援。到达现场后，发现永安镇小学女生宿舍楼垮塌，房梁被仅有的两根钢筋连在一起，一块预制板悬在空中左右摇摆，随时都可能在余震中掉下来，救援难度较大。他们边组织抢救，边向领导汇报情况。随后，军需助理员张万春带领13名官兵带着铁锹、绳索前去支援。他们先用绳索套住预制板将其拉开，而后抬走大块瓦砾，紧接着用手刨开废墟抢救被埋学生。经过两个多小时努力，救出2名学生，刨出2具学生遗体。

95786部队部队长张肇荣带领41名官兵赴阿坝执行任务，行至距理县县城3公里处的杂谷脑镇日底村附近，突然遭遇地震。张肇荣指挥官兵就地展开救援行动，考虑到河滩地势较低，受余震和洪水威胁较大，3名官兵向高处安全地带攀登探路，其余官兵组织260余名当地受灾群众紧随转移，于5月12日14时43分转移至半山腰一块果园菜地。14时44分，张肇荣带领16名官兵徒步赶往日底村救援被困群众，帮助群众从倒塌房屋中抢运食物、饮水、衣服等生活必需品，用自带药品救治受伤人员，把受困群众全部转移至安全地带。16时30分，张肇荣派营长周尔富带5名战士冒雨徒步赶往理县县城，主动向理县抗震救灾指挥部领受救灾任务。

武警8742部队政治委员杨建全带着3辆车外出执行任务，当车驶入汶川县银杏乡佛堂坝隧道时，地震发生。隧道长2300余米，进出口全部被震落的碎石封住，洞里漆黑一片，手机信号中断。杨建全令所有人员立即下车，组织被困在隧道里的69名群众，利用两旁壁洞就地避险。当时，外面下着雨，余震不断，不断滑落的山体很可能堵塞岷江河床，造成上游水库突然崩堤，形成大的泥石流；暴涨的江水可能灌入洞中，对被困群众的生命造成极大威胁。杨建全对人员进行编组，每3人编成一组，每组推选一个组长。杨建全召集组长会议，明确发生危险情况后如何照顾老人和小孩，老人和小孩由各组照顾，照顾不了的可以请求帮助；撤退时一定按编组的顺序，要听招呼、不能乱、不能把人丢下；晚上要有人员值班，观察外面情况。如洪水暴涨说明下游堵了，发现断流说明是上游堵了，洞内出现裂缝和冒水都要考虑撤离；如果洞内有危险，就必须往外撤。在洞里，大家熬了半天一夜。5 月 13 日早晨，杨建全得知距隧道最近的桃关新村工业园区相对比较安全，准备把洞里的人撤到那里。此时，洞口外边被震断的桥梁和垮塌的山石垫高了许多，距路面有一米多高。杨建全就动员拉轮胎的司机卸下轮胎垫在山石上，又把施工队的木板搭在轮胎上，搭架成一座便桥。武警 8742 部队宣传股股长王洪志主动请缨，带领熟悉地形的银杏乡政府工作人员晋军，冒着余震勘察隧道至工业园区沿途的情况，然后返回洞中向杨建全报告。经慎重考虑，杨建全果断定下“分组转移、分头疏散”的方案，指挥官兵分组引导群众疏散，将 69 名被困群众转移到桃关新村工业园区。

武警 8740 部队后勤部运输科科长刘文宏奉命带领汽车营驾驶员复训队 69 名官兵（干部 12 人、战士 57 人）、19 辆运输车外出执行任务，当车行至距汶川县城 18 公里的绵虒镇高店村时地震发生。刘文宏立即命令车队停车，成功避险，无一人受伤，无一车毁损。5 月 12 日 14 时 35 分，刘文宏和汽车营营长程良刚组织召开简短会议，决定成立临时党支部。部队就地驻扎下来，成立 3 个救援队，分别由刘文宏、程良刚和修理所副所长胡坤带队进村救人，相继从废墟里救出被压埋的 130 余名群众，抢救出 250 余公斤大米。至 18 时，转移伤员 80 余名，将附近所有学生、村民、游客都转移到高处安全地带。

地震发生时，回乡探亲的武警太原市消防支队特勤大队一中队 2 班副班长阳建品，正在彭州表姐家做客。身为消防特勤战士，阳建品意识到灾情严重，迅速组织家人、邻居撤离到空旷安全地带。在地震波的强力冲击下，整个村庄变得一片狼藉，惊恐中，人们四处逃散。阳建品冷静沉着，组织全村人员疏散到安全地带；同时，配合村干部在村里查看灾情。在倒塌的房屋中，他凭借在消防部队掌握的救援知识，在废墟中成功救出 3 名受伤人员。作为村里唯一的现役军人，阳建品协调村干部迅速成立地震应急小分队，负责全面协调抢险救人、查看灾情、夜间巡逻等工作，维护村子治安秩序。阳建品还利用在部队学到的急救常识对伤员进行包扎，其行动受到村民称赞。

在家休假的余海成，是沈阳军区 65557 部队的一名二级士官，地震发生时正在老家盐亭县安家镇超市购物。他顾不得照顾家中受伤的母亲，就地抢险，奔波在一个又一个倒塌的房屋间，挨家挨户搜救没能跑出来的乡亲，一口气找到 10 余名受伤的乡亲，一一转移到安全地带。65915 部队教导队三级士官曾太友探亲期间正在成都市第三人民医院陪父亲治病，灾难突然降临。18 层高的楼房在剧烈震动中摇晃起来，人们慌乱地逃生，许多重病号不方便行走。紧急时刻，电梯已不能使用，曾太友立即背起身边一位 60 多岁行动不便的老人，从 14 层高的安全通道往下跑。将病人转移到一块安全的空旷地后，他又跑上楼去背其他人。楼里的人非常慌乱，曾太友一边救人，一边组织大家有序地撤离。在已有多处墙体裂缝、灰渣往下掉的医院大楼里，曾太友一次次跑上跑下，救援不能撤离的重病号和伤员。当把第七个病人从高楼里解救出来、转移到安全区域时，他两腿一软，累得瘫软在地晕了过去。

第二章　重点抢救

汶川特大地震发生后，在中共中央、国务院、中央军委的统一指挥下，全国各路救援大军，通过空中抢运、铁路急送、摩托化开进、徒步强行军等方式，火速奔赴灾区。在震中汶川县映秀镇、在北川县城和擂鼓镇、在绵竹市汉旺镇、在什邡市蓥华镇、在青川县木鱼镇、在都江堰市聚源镇、在平武县南坝镇、在彭州市龙门山镇……在所有的极重灾区和重灾区的抢险救灾第一线，共聚集了14.6万名解放军和武警官兵，2.8万名消防队员、公安特警和各类专业救援队员，7.5万余名民兵预备役人员，14万多名医疗卫生人员，20多万名志愿者，他们在当地干部群众进行自救的基础上，克服重重困难，全力抢救被埋压在废墟较深层下的生命。他们每个人心里都牢记着“72小时救援黄金时间”这个神圣时间，抢时间就是救生命！从高级将领到普通一兵，从各救援队到广大医护人员，从抢险救灾志愿者到境外救援人员，大家夜以继日，全力以赴，朝着一个共同的目标顽强奋战，不惜一切代价，采取一切措施，搜救受伤人员。哪里有呼救声，哪里就有救援队伍忘我奋战的身影。

在整个灾区，各类救援力量通力协作，以不畏牺牲的精神，以科学施救的方法，以高度负责的态度，快速投入到拯救生命的救援中。生命搜救队利用生命探测仪和搜索犬仔细搜索每一个角落，废墟清理队采取人工与机械结合的方式迅速清理救命通道，医疗救护队及时提供必要的医疗诊治……绿色迷彩服和红色消防服相互交织，构成一道独特的生命链条。每救出一位幸存者，白衣天使紧急处理后，迷彩官兵就飞跑着将其抬向救护车后送，救护车立即快速驶向各个医院。

在重点抢救阶段，救援队共从废墟中抢救被埋者1.2万余人，救治伤员31万余人，转移受困群众66万余人。本章记述的仅是实施重点抢救过程中的一些片断。

第一节　抢救被压埋学生

汶川特大地震中破坏大的是学校，伤亡惨的是学生，创伤重的是家长。地震发生时，正值各学校上课，来不及逃生的中小学生大多被埋在废墟之下。所有救援队伍都把学校和学生作为救援的重中之重，千方百计进行救援，绝不轻易抛弃、放弃。在各路救援队伍的共同努力下，从各学校废墟中，成功营救出5200多名中小学生。

一　抢救汶川被压埋学生

震中汶川县映秀镇地处岷江岸边、四山围绕的狭小地带，地震使得它与外界的交通设施整体毁坏，一时无法打通。各路救援大军采取超常措施，分别从山路、水路和空中突进映秀镇。到达之后，救援队伍陆续奔向垮塌的废墟，最先的目标是映秀小学、漩口中学、映秀幼儿园等人口稠密区。随后，只要有房屋倒塌的地方，就有救援者的身影。

映秀小学位于映秀镇的西北角，有13个班、473名学生、47名教职工。地震中，一栋4层钢筋水泥结构的教学楼整体坍塌，学校成为一片废墟。除上体育课的两个班外，其他师生几乎全部被埋在废墟之下，幸存下来的只有251名学生和20名教职工。漩口中学是阿坝藏族羌族自治州汶理茂三县第二所完全中学，有30个教学班，1600余名师生。地震发生时许多班正在上课，操场上有几个班在上体育课。在此次地震中，漩口中学共有43名学生、8位教师遇难。

地震发生后，在没有大型机械、没有专业救援队伍的黄金救援时段里，学校和学生家长只能心急如焚地用原始方法进行自救，同时向附近的国家电网映电总厂求援。5月13日早晨，映电总厂在生产生活区遭受严重损毁和众多员工被埋的情况下，抽调60余名员工及一辆吊车前往映秀小学救援。次日，又将从倒塌的车库里抢出的一辆吊车派往映秀小学。经过四天三夜连续救援，映电总厂的员工先后营救出15名学生。

5月13日13时30分，77146部队副参谋长杨卫东带先遣队刚到震中映秀，一位白发苍苍的老奶奶便跌跌撞撞迎上来，一头跪在官兵面前："解放军，救救我的孙子"……15个小时的长途跋涉，极度的饥饿、疲惫和伤痛，每个先遣队员的心理、生理承受力早已到了极限。"救人要紧！累死也必须倒在救人现场。"杨卫东手一挥，22名勇士向着映秀小学废墟冲去。官兵们用铁锤敲，用钢钎撬，用双手刨，鲜血染红了救命通道。经过近7小时奋战救出3名学生。随后，又在倒塌的教室一角发现一个小女孩被坍塌的房屋压住右手，动弹不得。官兵们一边安慰孩子，一边用钢钎、十字镐等简易工具，掏空四周砖石。官兵细心地每隔10分钟就和小女孩对一次话，鼓励她要坚强，要勇敢。数小时后，这名叫韩春梅的小女孩成功获救。

武警成都指挥学院、武警雅安市支队、77146部队、71781部队以及上海市、安徽省、山东省公安消防总队抗震抢险救援队，经过长途跋涉，先后于5月14日13时至15日13时突进到达映秀镇。他们分工协作，奋力救人。在大型营救机械严重缺乏的情况下，利用生命探测仪、液压切割机、起重气垫，以及原始的手工作业，实施紧张救援。在各救援点，不断传来救援成功的消息，不断创造拯救生命的奇迹。（参见图 69）

图69　5月14日，武警成都指挥学院官兵在汶川县映秀小学废墟中救出学生李博涵（武警部队　提供）

5 月 14 日下午，上海市、安徽省公安消防总队救援人员通过生命探测仪发现两个小女孩有生命迹象，位置很快确定，一名被埋在楼梯间的废墟深处，呼救声较微弱；另一名情况稍好，只是双脚被压在最底层的大梁下，上身露在外面，可以给她提供水和食物。指挥员根据现场实际，决定先营救被埋在废墟深处的映秀小学 10 岁学生邹红梅。傍晚，救援人员利用液压风镐在预制板上打开救援通道，用无齿锯剪断暴露出的钢筋，小心清除压在邹红梅身上的水泥板和瓦砾。由于邹红梅身体紧贴倒塌的楼板，为避免造成二次伤害，队员选择从侧面挖掘，在接近邹红梅时，作业方式改为徒手操作。经过逐步清理，邹红梅的身躯逐渐显露出来，上海市救援队特勤班班长周庆阳、战士王永强用手动破拆工具将邹红梅周围的混凝土块清除掉，用液压钳将钢筋全部剪断，并做好支撑防止塌落。23 时左右，周庆阳钻入狭窄的救援通道，抓住邹红梅的手，将她从废墟中缓慢拉出（见图 70）。接着，他们又很快救出被大梁压住双脚的另一名小学生。

5 月 14 日 18 时 30 分，公安部消防局救援突击队和武警雅安市支队队员在废墟中搜索时，听到废墟的缝隙里有微弱的声音。官兵们立即搬开能移动的砖头和水泥块，约 10 分钟后，发现 11 岁的映秀小学四年级学生张春梅被压在楼梯间一块垮塌的横梁下面。随即，消防官兵和两台大型吊车也赶过来支援。官兵们冒着倾斜的建筑物随时可能垮塌的危险，用身体和双手挡住切割机切割时落下的碎石，不断地与小女孩对话，钻进缝隙中给她喂水。此时天色已黑，现场无照明设备，为防止盲目施救导致二次坍塌，突击队员用手将张春梅周围清理出一个狭小空间，联系医生为她输液，等待天亮后再实施救援。15 日 6 时 20 分，突击队员配合吊车拉起横梁，

图70　5月14日23时，上海市、安徽省公安消防总队救援人员成功救出汶川县映秀小学10岁学生邹红梅

（中国地震局　提供）

迅速清理压在张春梅身上的碎石和其他遇难者遗体。10时40分，张春梅被小心翼翼地抱了出来，经简单包扎后送上直升机，被废墟压埋68小时的张春梅终于获救。

5月16日9时40分，正在映秀小学废墟上搜救的山东省公安消防总队抗震抢险救援队和武警成都指挥学院的官兵听到一小女孩的微弱呼救声。经过对呼救声的判断和对现场的观察，初步判定女孩被压埋在3～5层水泥板下面。为确保能在最短时间内将人救出，救援人员同时从废墟上层和西侧墙体两个方向实施救援。11时2分，救援人员将被困女孩所处位置上方破碎的钢筋混凝土和石块等杂物清除完毕，用手动钻和气钻打眼，用剪扩钳剪断混凝土里的钢筋。尔后，在西侧墙体打通一个斜向下长约2米、宽约55厘米的孔洞。11时30分，救援现场连续发生强余震，残存楼体上下剧烈颤动，救援人员被迫暂时撤离。余震过后，又加快了营救速度。16时42分，救援人员将最上层长约160厘米、宽约78厘米的混凝土楼板切开，利用起重机和人力相配合，在撬棍和大绳的保护下，将混凝土板移除；接着又将第二层混凝土楼板移除，清理周围杂物后，通过第三层混凝土板之间一处约3厘米的空隙，可以勉强看到小女孩背部。因第三层混凝土楼板贴在小女孩身体上方，为避免破拆时对女孩造成再次伤害，救援官兵划定长约90厘米的区域进行破拆，使用撬棍、钢丝绳进行保护，继续移除楼板，同时用木板和双手接住掉落的碎石。18时40分，楼板被顺利切开并移除，小女孩头部以下的身躯已经露出，两名救援人员分别保护好小女孩的头部和身躯，开始对她头部上方的楼板进行破拆。同在现场救援的上海市公安消防总队救援队，用大功率吊车将水泥板吊起，很快又将第四、五层楼板吊离。19时1分，最后一块楼板被顺利移除，被困101个小时的羌族10岁小女孩尚婷成功获救。

在映秀小学和漩口中学，一个个像尚婷这样即将消逝的生命又奇迹般地生还。每当获救的孩子被官兵们抬出来时，周围群众总是报以热烈的掌声。

二　抢救北川被压埋学生

抢救北川中学被压埋学生　北川中学是北川羌族自治县唯一一所完全中学，有学生2793名、教职工197名。地震使校园顷刻成为一片废墟，大部分师生被压埋于废墟之下。自救互救阶段，已有600多名师生被从废墟浅表层救出。5月13日凌晨，各路救援力量相继赶到。

5月13日5时15分，一位学生家长请求救援队帮助解救被埋在北川中学教学楼废墟中的女儿张思琪。5时20分，重庆市公安消防总队赴四川抗震救援大队队员杜联勇、袁兴明用生命探测仪确定张思琪还活着，但其头顶上方悬吊着一块断裂的预制板，盆骨以下部位被一道垮塌的大梁压住。5时35分，胡定华、袁兴明用液压扩张器将压在张思琪身上的大梁慢慢顶起，趴在地上，用铁钎、小斧将压在张思琪盆骨四周的水泥敲碎，减轻周边对其身体的压力。24时5分，突发强余震，胡定华被震落的废渣压埋。其他队员们立即将胡定华刨出来，发现其身上多处受伤。经过紧急包扎后，胡定华不顾一切地再次进入通道，让袁兴明紧紧抓住自己的双脚，采用倒挂金钩的姿势，将身体上部探进狭窄的通道内清除张思琪周围的杂物，被压埋36小时的张思琪成功获救。

北川中学教学楼为框架结构，坍塌后楼层的现浇板重叠，被困人员大多被压在重叠的一、二层下面，救援难度极大，加之整个楼房都被震松歪斜变形，摇摇欲坠，随时都有再次垮塌的危险。在现场指挥部的统一调度下，生命搜救队、废墟清理队、遗体搬运队、医疗救护组与专业救援人员互助协作，密切配合，救援工作紧张而有序。铁铤、液压剪、铁锤、钢钎、切割机、挖掘机、装载机等都昼夜不停地运行，队员们轮换上阵加紧对水泥板进行破拆。5月13日9时10分，四川省公安消防总队绵阳市支队的搜救小分队，通过生命探测仪在教学楼北侧坍塌的2楼中发现一名被困女生。其双腿被预制板压住，整个身体几乎被泥土、灰渣完全掩埋。9时15分，朱平、肖显辉、郭喜庭3名救援人员从3楼地板处向下用手动破拆工具和凿子凿出一个1平方米左右的洞，爬入2楼的教室里，先用剪切钳逐步清除桌椅，将遇难人员的遗体搬运出去，开辟出救援通道。10时20分，郭喜庭用气动破拆刀对大梁进行破拆，搬开压在女生身上的预制板，用顶杆等工具将砖墙顶起，在女孩背部上方打出救援空间。11时5分，郭喜庭将女生的腿放在自己身上，肖显辉用双手护住女生头部，将被压埋女生安全救出。10时5分，在南充市消防支队官兵的紧急救援下，一名被埋在一层的高二学生李旭从打开的一个70厘米圆孔中被成功救出。随后，罗亚、王育君等3人也相继被救出。

5月13日，北川下着大雨，余震不断，周围山顶飞石不时坠落。搜救队员们穿着湿漉漉的衣服，冒着楼房随时倒塌的危险，不停歇地坚持战斗，或从地面打洞，深入塌陷的残垣断壁下；或蜷曲或侧身或仰着身子，艰难地利用液压钳、铁铤等破拆工具，一点一点地破拆墙体和楼板，一块一块地搬走倒塌建筑物碎块。没有专业救援工具的步兵分队坚持用手刨、肩扛、绳拉、杠撬、手搬等原始办法，艰难地进行救援。15时30分，泸州市公安消防支队官兵在10米深的废墟夹缝中发现一名被压埋女孩，右腿被水泥柱压住。战士邹巧、马鹏波先后3次深入夹缝中侦察情况，确定了挖沟救人方案。救援人员徒手挖刨，3小时挖出一条救生通道，成功将小女孩救出。同日20时，现场医护人员发现一名男孩被压埋在一米多深的废墟下。泸州市支队官兵立即展开救援，用吊车移走表层零碎堆积物，再从里层水泥板上打开洞口，并深入徒手挖掘，历时两个半小时将男孩成功救出。

5 月 13 日下午，在北川中学救援现场，又增加了四川、重庆、辽宁、海南、陕西、江苏等省（市）公安消防总队及国家地震灾害紧急救援队、武警成都指挥学院、武警绵阳市支队、武警宜宾市支队、武警广元市支队、自贡军分区、泸州应急民兵营、南充市公安消防支队等单位，共 2500 余人。（参见图 71）

图 71　5 月 13 日 5 时，武警绵阳市支队官兵在北川中学实施救援
（武警部队　提供）

5 月 14 日 4 时 11 分，宜宾市公安消防支队救援官兵发现一名女生被压在数吨重的立柱下，在没有大型起重设备的情况下，14 名队员用双臂将压在女孩身上的柱子抬起，成功将其救出。9 时 10 分，海南省消防总队抗震救灾救援队通过搜寻发现，高二（6）班有 3 名 17 岁的女生被坍塌楼板挤压在距离空地 7 米处的废墟里，由于空间狭小不能动弹。救援人员利用铁挺、液压剪扩器和手动破拆工具，从地面向废墟里面纵深人工挖掘隧道。19 时 40 分，被困女生付中艳被解救出来；紧接着是黄丹；20 时 30 分，被 2 楼横梁压住大腿的女生邱梅也被抬出现场。

5 月 14 日 5 时 16 分，绵阳市公安消防支队救援人员在北川中学 1 号教学楼 3 楼断裂的预制板缝隙处发现被困学生龚悦，她的左小腿被 3 楼塌下的大梁压住，小腿肌肉外翻，只有少许碎骨和肉皮连着，身体上部被水泥预制板、桌椅、钢筋和杂乱的物品覆盖，右脚被一块长 1 米、宽 0.4 米的混凝土砖压住，救援人员无法进入。绵阳市公安消防支队特勤中队代理排长肖显辉和指导员朱平、驾驶员郭喜庭立即利用气动破拆刀和手动破拆工具对水泥板进行破拆，然后用液压剪把相互连接的钢筋切断，打开一个仅容一人通过的通道，小个子肖显辉钻进去进行细致观察，发现龚悦身体虚弱，生命垂危，脸色发白，而且压在她左小腿上的是根主大梁，主大梁上面顶着未坍塌的 3 ~ 5 楼的建筑，仅靠现有的器材在短时间内根本无法顶起或移开大梁。现场医生诊断，龚悦腿部即使从大梁取出，也无法保住，必须手术截肢。6 时 14 分，救援人员肖显辉在征得龚悦同意后，决定用液压剪切钳对其腿部进行截肢。肖显辉一边与女孩对话，叫她不要紧张，要坚强，一边利用三角巾、绷带对截肢部位的上方进行捆扎，防止大量出血造成生命危险。在用酒精对截肢所需器材装备消毒后，肖显辉用现场捡回来的衣服盖住她头部，以防止她在截肢中导致因心理紧张而出现休克，然后迅速拿起剪切钳对卡在大梁下被砸残的小腿部分进行截肢。剪切钳将碎骨切断，但皮肉仍然连着。肖显辉马上将随身携带的抢险救援刀消毒后，成功切割掉连着的皮肉，并对其伤口进行包扎处理。6 时 30 分，龚悦被消防官兵从废墟中救出，医护人员立即将其送往医疗救护站。

5 月 15 日 14 时 30 分，郭喜庭通过“耳朵听”“嘴巴喊”，以及用生命探测仪探测，发现在倒塌的教学楼第三、四层楼板之间的桌椅撑起大约 50 厘米高的空间，有两个被压着的孩子。被困学生上面的水泥板中间已断裂，并且一侧被深深压埋。救出被困学生最关键的一步就是科学地起吊水泥板，但稍有不慎便会危及被困学生的生命。朱平、郭喜庭、肖显辉和战友一起，用手刨开直径约 25 厘米的洞穴，郭喜庭在建筑物随时可能发生二次垮塌的情况下，把头探入洞穴之中，用强光照明，进一步探明被困者的位置。考虑到被困者已经压埋 70 多个小时且滴水未进，郭喜庭在现场医护人员的指导下为她们递进少量饮用水。15 时，在水泥板另一头的下方也发出呼救声，还有两个小女孩被压在下面，这给救援工作带来新的难题。由于那块水泥板中间已经出现裂纹，营救时可能给另一头的被困者造成二次伤害。经过讨论，决定用气动破拆刀对水泥板中部进行破拆，然后分别将一分为二的两块预制板吊起，同时还要保证在破拆过程之中预制板不会因为破拆或余震而塌陷。郭喜庭凭着熟练的破拆技术和已救出几个孩子的经验，经过 30 多分钟耐心细致的破拆，终于安全地将预制板一分为二，然后再用吊车起吊，慢慢地把压在被困学生身上的楼板移开。一名被困学生的腿部露了出来，但变形的书桌将她的头部死死卡住，现场官兵立即对书桌实施破拆，救出一名被困学生。20 时 30 分，经过救援人员 4 小时的协同作战，困在同一空间内达 78 小时的 4 名学生均被安全救出。

就是这样一个小时接着一个小时不间断地连续奋战，全体救援人员从死亡线上抢救出一个又一个幼嫩的生命，共从北川中学废墟里救出师生 234 人，清理遇难者遗体 139 具，救治和转运伤病员 861 人，清理上交现金 1.19 万余元。

抢救曲山小学被压埋学生 曲山小学位于北川县城尚禹街山脚下，学校内两栋教学楼坍塌，残楼侧倾，共有 400 余名师生被压埋在废墟之下。77283 部队直属队、77208 部队、武警绵阳市支队、武警自贡市支队、海南省公安消防总队抗震救灾救援队、77136 部队及江苏地震灾害救援队等单位的救援官兵，接到救援命令后，以最快速度赶赴曲山小学，展开生死救援，共计救出 41 名学生。

5 月 14 日 20 时，曲山小学垮塌教学楼的底层下，传出四年级女生刘玉晶的抽泣声。她的双腿被沉重的房梁卡在狭小的空间内，侧身蜷缩着，上半身露在外面，丝毫动弹不得。楼房整体下沉，底层情况不明，墙体与地基严重错位，若在没有良好照明设施的情况下贸然施救，很有可能发生再次垮塌，后果将不堪设想。前来救援的 77208 部队参谋长商志军和云南省地震局处长唐筱麒细心察看现场后，决定待天亮后再展开救援。孩子的生理、心理承受能力已接近极限，很需要人陪护，给予精神上的安慰和鼓励。“我俩留下吧！”班长于明华和另一名战士站了出来，商志军同意后带队向其他地域展开搜救。夜深时，身心极度疲惫的刘玉晶有些昏昏欲睡。这是一个危险的信号，不能让她睡着，否则，她可能一觉不醒。于明华赶紧轻轻拍女孩的肩膀，给她不停地讲有趣的故事，让刘玉晶又打起了精神。天刚刚亮，刘玉晶看到救援官兵，苍白的脸上露出微笑：“叔叔好！”一句“叔叔好！”叫得官兵们心里发热发酸，大家想把孩子们尽快救出来的心情更加急切。（参见图 72）

图72　5月14日，77208部队地震灾害救援队在北川抢救被埋学生

（77208部队　提供）

商志军和唐莜麒仔细地观察分析危楼结构，经过反复探测，初步确定倒塌的3层楼板共压有八九名学生。楼房的几根主梁已出现断裂痕迹，再加上水泥板、桌椅板凳等交叉堆压，给营救工作增加了很大难度。官兵冒险快速撑起组合液压杆，顶住残缺横梁。士官于明华、李虎等随即进入沉坑内，在横七竖八的水泥板间穿来穿去，认真分析水泥板间支撑关系，理清营救顺序。液压钳、扩张器……随着一件件先进救援设备发挥威力，压在刘玉晶腿上的水泥板被一点点击碎、顶开，很快，刘玉晶和她身边的一个女生被救出，现场的医生立即进行紧急救护。几分钟后，官兵们抬着担架火速把她们转送到后方野战医院。

现场救援工作越来越艰辛，于明华移开第一层水泥块，发现困在第二层的女学生李月被卡在一个通道上，左腿被死死卡在水泥板间，下方还有几名学生等待救援。由于找不到安全的支撑点，又怕危及下面的学生，加之李月的左脚开始坏死，救援队和昆明总医院的医生反复商议后，决定截肢，但队员们不同意："让我们再试试吧！"又是两个小时的紧张作业，大家想尽办法，仍无法拓展空间。时间一分一秒地过去，李月腿部的伤情不断发展，身体已极度虚弱，如不采取非常手段，不仅李月的生命有危险，也会危及下层学生的生命。一刻也不能拖延，医护人员进入坑内将李月的双眼蒙上，果断对她进行截肢。随后几个扛着担架的武警战士从山脚下曲山小学飞一样地冲向救护车，担架上躺着刚从废墟中救出的、处于严重失血性休克状态的李月。为了不让她昏睡过去，护士一直想方设法和她说话。救护车在遭到破坏的山路上飞驰，医护人员迅速对她进行急救，输液、吸氧。山路崎岖高低不平，李月不断遭受颠簸，生命迹象更加微弱了。看到李月又一次昏过去，医护人员又朝司机哭着喊"慢点"。经过70多公里的颠簸和煎熬，李月终于被送到医院接受救治。（参见图73）

刚救出李月，第二层水泥板下方靠近墙角处又传出呼救声。官兵们确定呼救学生的位置后，

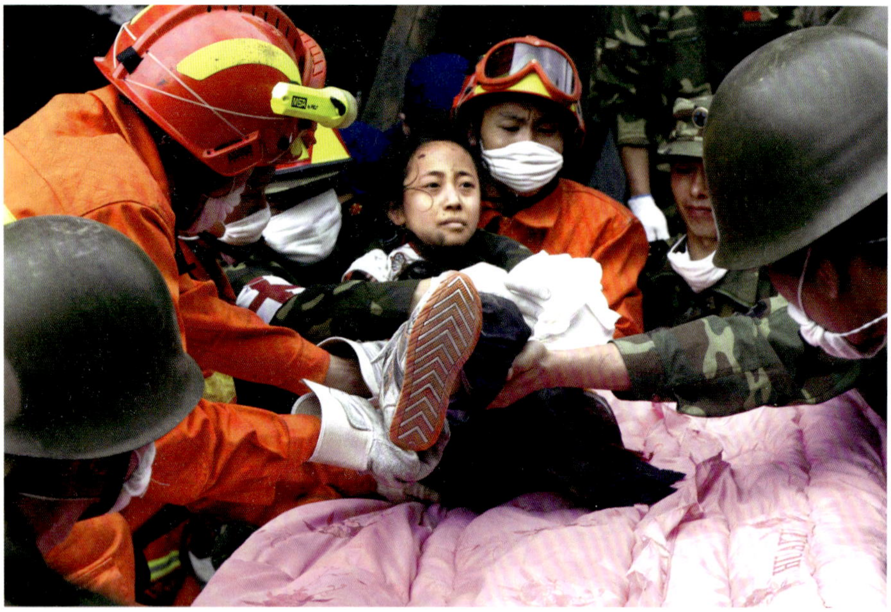

图 73　5 月 15 日，“芭蕾女孩”李月被成功救出

（成都军区　提供）

在离呼救学生较远的地方，用破碎机小心地凿开一个小洞。由于营救难度很大，需要时间较长，必须想法稳住孩子的情绪。于是官兵们就与女孩聊天，分散她的注意力。在随后的 3 个小时里，官兵们密切配合，一点一点地凿穿水泥板，切断钢筋，看见了被压在狭小夹层的小女孩。他们用液压顶杆一点一点地把压在孩子上方的水泥板顶开，终于救出了陈梦怡。

天色暗了下来，压在最下面的一层水泥板还未打开，队员们打开救援灯继续作业。余震一次次袭来，大家全然不顾，加紧打开一个小洞，把牛奶、口罩送进最下层，指导 3 个小女孩适量补充水分，戴上口罩。等孩子们戴好口罩，李虎在战友们协助下，用凿岩机在离孩子们较远的地方，打开一个大缺口。为防止孩子们吸入灰尘，李虎边打边让战友们往钻头处洒水。官兵们终于打出一个大通道，从最底层救出 3 位女孩，她们是四年级（3）班的学生蒋雨琪、魏鑫钰、王静杨。

抢救曲山县直机关幼儿园被压埋儿童　曲山幼儿园位于北川县城王家岩山下。地震发生后，教学楼整体下沉，因山体严重滑坡，教学楼被向前平推 100 余米，倒塌的房子被堆积如山的泥土所埋，只剩下一堆混凝土、钢筋形成的废墟，有 19 名教职工、319 名幼儿遇难。

5 月 13 日 7 时，77136 部队坦克 1 营官兵在政委时天聃带领下，到曲山幼儿园展开救援。时天聃将人员编成 3 组，分头展开搜救。“叔叔，救救我！”幼儿园废墟里传出一个小男孩的呼救声。坦克 2 连士官陈德永和安贵荣、陈龙循声钻进废墟，在一块铁棚盖子下，发现那名被两块水泥板压住的小男孩。陈德永一边安慰他，一边和战友们用手抠男孩周围的瓦砾、石头。刨开瓦砾和石头后，官兵们试图把他抱出来，可一使劲孩子就喊痛。经仔细观察，陈德永发现孩子的左手还被压住，必须把左手上方的杂物掏空才行。经过 10 多分钟的挖掘，陈德永再次试图把小男孩抱出来，可小男孩的脚被水泥板压得太紧，怎么也抱不动。在场的战士迅速找来木棒、钢钎，用力慢慢撬开水泥板，陈德永趁机抱起孩子，另外两名战士护住他的头，小心翼翼地将小男孩抱出废墟。小男孩被救出后，在旁等候的 77136 部队卫生队卫生员查万军发现小男孩的左上臂骨折，立即用两块小木板固定他的左臂。这时，小男孩突然问道：“我的鞋子呢？”

战士们四处寻找，仅仅找到一只红色的小鞋。“过几天叔叔给你买一双新的，好不好？”战士李帅安慰道。“好！”小男孩高兴地答道。战士们就地拾来一块木板当作简易担架，用一条止血三角巾把小男孩牢牢固定在担架上。当担架托过官兵头顶的时候，小男孩慢慢抬起右臂，向救起他的解放军叔叔们敬了一个礼。这就是当时被媒体反复报道，感动全中国的“敬礼娃娃”小郎铮。

还没等官兵们欢呼，洞里再次传出声音。“里面还有人！”士官鲁成聪二话没说就钻进洞里。黑暗之中，在狭小空间的最深处隐约可以看见一只小女孩的脚。往里挤，挤不进；使劲够，够不着；抬断壁，抬不动！救援一时陷入僵局。“我瘦，让我来！”一级士官朱永成毫不犹豫挺身而出。其余人员分为两组，扳住预制板拼尽全力往后拉，重压之下的两块预制板分开了一条小缝。“稳住！”随着营长一声喊，10 多名官兵一下“定格”在废墟之上。朱永成迅速钻进狭小空间内，一边努力往前爬，一边与小女孩“聊天”。眼看朱永成就够着小女孩了，突然发生余震，官兵们头上的两栋危楼开始微微颤抖。那一刻，只要任何一个扳着预制板的官兵支撑不住松劲放手，朱永成和小女孩都会有生命危险。但就在那一刻，所有的官兵不约而同地选择了坚持，扎在废墟之上纹丝不动。朱永成双手握住小女孩的腰，全身伏地一寸寸往后蹭，懂事的小女孩也配合着一点点往外爬。当二人退出来的一瞬间，精疲力竭的官兵一起松手，两块预制板轰然倒下，激起一片呛人的烟尘，6 岁的小女孩任思雨被成功救出。

5 月 13 日 13 时许，废墟中传出一个小女孩柔弱的呼救声，77136 部队的战士们循声而去，用钢钎、铁镐等简单的工具，在废墟上开始新的营救。小女孩的身体出现了，战士们大声呼唤着：“坚持住，叔叔来救你了。”断壁残垣下突然响起稚嫩的歌声：“谢谢叔叔，我给叔叔唱个歌。”战士们是流着泪救出 6 岁的羌族孩子赵媛媛的。战士们发现，下面还有一个女孩。那孩子在压着她的赵媛媛被救出后，开始哭出声来。营长陆益斌安慰她：“你数 200 下，叔叔就把你救出来了。”很快，这个叫陈思予的女孩也被救出。（参见图 74）此刻，战士们被眼前的场景惊呆了——在孩子身边，竟紧紧地围着 3 位似雕像般凝固住的女教师。显然，是她们在生命的最后一刻，用自己的身躯保护住了孩子。

图 74　5 月 15 日，77283 部队救援官兵在北川羌族自治县曲山幼儿园解救出一名 3 岁女童

（成都军区　提供）

三　抢救绵竹被压埋学生

抢救东汽中学被压埋学生　东汽中学位于绵竹市汉旺镇东汽宿舍区，有23个初、高中班，近900名师生，2002年成为四川省示范性普通高中。地震时，两个班正在上体育课得以幸免，其余21个班的800余名学生因在教室上课，许多学生被埋压在废墟之下。

5月12—16日，绵竹市公安消防支队、德阳市公安消防支队、乐山市公安消防支队、国家地震灾害紧急救援队、四川省地震救援队、海军某陆战队、广东省公安边防总队七支队、香港救援队、雅安陆军预备役步兵团2营、77126部队侦察营、贵州省公安消防总队抗震救灾突击队、95971部队抗震救灾部队官兵相继抵达东汽中学。整个施救工作中，参加救援的人员日均约400余人，整个救援工作从12日开始直到18日中午结束，每天24小时不间断。除东汽人在废墟表层自救的百余名师生外，共搜救出46名学生。（参见图75）

地震导致东汽中学教学楼主体大部分坍塌，仅有四面倾斜的墙体和框架立柱耸立在废墟中，横梁、楼板、杂物相互交织，各层楼板已坍塌，很多预制板梁体悬挂在半空，随时可能因余震而掉下来。救援人员克服重重困难，用液压顶杆、起重气垫等工具进行加固，用折叠铲、十字镐、铁锹、钢锯和双手开辟救援通道，奋勇搜救。

大型机械将重型构件逐渐移出废墟后，一个个学生的呼救声从废墟中传了出来。顺着呼救的声音，救援队员们确定了受困者的具体位置，边清理受困者周围废墟和制订营救方案，边安慰受困者“不要说话，保存体力”。当一位受困学生讲自己叫李春阳时，救援队员立即给他递上一瓶饮用水，并叮咛他不要全喝，只有口渴时才喝一口。挡在李春阳面前的是断了的预制板，救援队员用液压剪把露在外边的钢筋剪断，再把扩张器放在刚刚剪断钢筋的部位，用手一拧，两边的

图75　5月13日，绵竹市汉旺镇东汽中学救援现场

（中国地震局　提供）

楼板缓缓向两侧移动，扩到一定空间后，救援队员爬进压埋李春阳的预制板下。但由于李春阳头朝里，脚朝外，胳膊被倒塌的砖块压着，不能动弹。救援队员搬离压着他的砖块，使他能转动身体，并对他的胳膊进行了简单包扎，之后叮嘱他，出去时一定要闭上眼睛，以防外边的刺眼灯光刺伤眼睛。经过 6 个多小时的努力，李春阳成功得救。

5 月 15 日 15 时，东汽中学救援工作已经持续了 40 多个小时，国家地震灾害紧急救援队又发现被压埋数十小时的幸存学生薛枭。受困者位于废墟表面两米以下，为避免给受困者带来二次伤害，救援队决定从侧面创建营救通道。在张健强、王念法、何宏卫等队员的轮番作业下，高 50 厘米、宽 40 厘米的营救通道不断延伸，终于看见受困者薛枭，废墟死死地压着他的右臂，无法用机械把半块预制板吊出来。王念法把压住薛枭右臂的预制板下的碎块掏空，用千斤顶将预制板向上顶起 10 厘米。随队医生给薛枭输上葡萄糖液体后，王念法边清理瓦砾边与薛枭聊天，以增强薛他的信心。薛枭说："叔叔，我隔壁还有一位同学叫马晓凤，我们隔着一根梁，我有好几次想睡觉，都被她制止，她怕我睡着了就再也醒不来了。当我困时，马晓凤就给我唱歌。"正在这时，王念法听到薛枭头部之上横梁上方另一侧女孩的声音："叔叔，薛枭怎么样了？"王念法问："你叫什么名字？""马晓凤。""你有没有受伤？周围是什么情况？""我周围是课桌，有一定的空间。"掌握了马晓凤的受困情况后，王念法及时向指挥组汇报了情况，制订了营救方案。

王念法与张健强、何宏卫等队员商量后，决定另外开通营救马晓凤的通道，与薛枭同时实施营救。打通营救通道，透过上下预制板 20 ~ 30 厘米的狭缝，他们看到了马晓凤。为让她保持体力，救援队员先把瓶装饮用水的盖子拧松，用一根长约 3 米的棍子将饮用水递给马晓凤。看见马晓凤时，那段感人的对话又让王念法的眼睛湿润了。"我们救薛枭时你为什么不呼救？""我没有受伤，我的空间比他大，薛枭受伤比较严重，我不想在你们营救他时打扰你们。"

通过观察，决定用木棍让马晓凤支撑住她头顶上的预制板。王念法找来一根输液导管，递给马晓凤，让她先量一下楼板到下边的距离。救援队员迅速用链锯锯断 5 根木材，爬进去递给马晓凤，告诉她如何支撑预制板。之后，救援队员连接好扩张器，利用上边预制板的重量，通过扩张器把下边单层楼板强行扩断。22 时 20 分，营救通道打通。马晓凤出来时，突然对营救她的队员说："叔叔给我在这照张相吧，我要记住这一刻。"救援人员满足了她的要求，准备把她扶上担架，她若无其事地挥挥手，微笑着走下废墟。薛枭刚被抬出洞口就对张健强说："叔叔，我想喝可乐，要冰镇的。"这就是全国人民在电视中多次看到的"可乐男孩"和"阳光女孩"（见图 76 ~ 77）。

5 月 13 日 8 时 10 分，正在现场搜救的德阳市公安消防支队副班长祝帅突然听到废墟下面微弱的呼救声音。循着声音，十几个战士们跑去，对现场进行勘察，发现被压埋的是高二（5）班一名 18 岁的女学生杨柳。她被压埋在楼梯拐角处，腿被倒塌的墙死死压住，如果吊起她腿上的水泥梁柱，可能会引起整栋大楼的再次垮塌，幸存者和救援人员将被埋压在废墟下面。为确保杨柳的安全，祝帅将自己的头盔给她戴上，试着拉她出来，但水泥梁死死地压住她的双腿，使她无法动弹。杨柳一直呼喊着母亲，她母亲也在远处鼓励她。雨下得比较大，天气较冷，杨柳不停地哆嗦，心细的祝帅马上脱下外衣给她穿上。对于杨柳的救援，无论采取什么样的方案，都要搭建

图76　5月15日22时，东汽中学学生"阳光女孩"马晓凤被成功救出

（66150部队　提供）

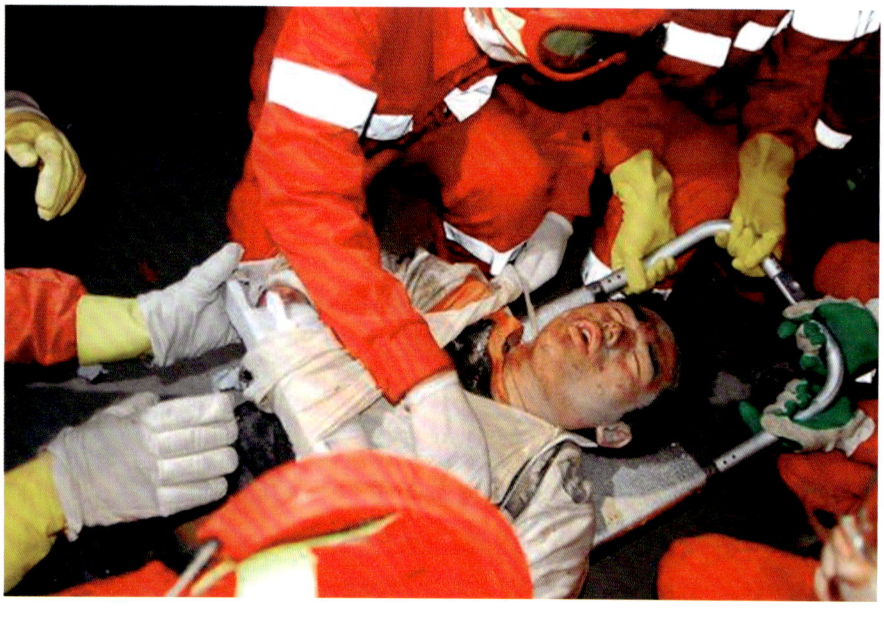

图77　5月15日晚上，东汽中学学生"可乐男孩"薛枭被成功救出

（66150部队　提供）

一条从废墟到地面的通道。然而，开辟救援通道异常艰辛。到15日8时，杨柳已经被厚厚的水泥房梁压了三天三夜，再不采取措施，她被压的双腿就保不住了，甚至会危及生命。10时，现场指挥部决定截肢救人。当救援队员征询一直在旁边守候的杨柳父母意见时，他们均表示同意。但在场的战士说什么也不愿意接受这个方案。祝帅、胡洪明和准备手术的医生走在队伍前面，从杨柳头部下方及周围突破，用铁钎、大锤等破拆工具砸碎她下方及周围的楼板，营救空间渐渐加大。杨柳由于被压埋时间过长，已经出现昏厥现象，战士们一边用手扒着碎石瓦砾，一边对其喊话。杨柳的双下肢已大部分坏死，现场的医生决定采取现场截肢的方式来解救她。广东省公安边防总队医院的两位外科博士主动请缨，并带上消毒过的手术刀、手术锯、碘酒、止血带等手术器

具进入现场。在场的战士一边鼓励杨柳，一边帮助医生手术。手术总共持续不到半小时，15时55分，经过50多小时的生死营救，杨柳成功获救。

抢救汉旺镇中心小学被压埋学生 5月13日4时，正在都江堰全力营救被困群众的78098部队部队长傅世佩接到电话：绵竹市汉旺镇中心小学数百名师生被埋，亟待救援。此时，官兵已连续奋战了13个小时。灾情就是命令，傅世佩带领学员九队急赴汉旺中心小学。晨光中的汉旺中心小学让人触目惊心：一栋4层的教学楼已变成废墟，一、二层只剩下一堆瓦砾，三、四层几乎合在一起，到处都是断裂的楼板。风雨中，残垣断壁摇摇欲坠，随时都有可能完全倒塌。几名战士冒险冲上瓦砾堆，想徒手攀缘上楼，但满是裂缝的墙体根本无法承受更多的重量。一阵强余震袭来，一名正在攀缘的战士被重重地摔到地上。傅世佩瞥见赶到现场的大型吊车，一个大胆的念头在他心中产生：用吊钩将人送到3楼去。没有犹豫，区队长金龙兵主动请缨，一把扯下背包绳，一头拴在自己的腰上，一头拴在吊钩杆上，朝开车师傅一挥手，示意赶紧起吊。吊钩一点点上升，金龙兵悬在了空中。又一次余震袭来，残留的楼体剧烈晃动，吊钩也猛地一晃，金龙兵借着冲力，顺势跳到楼上。“有人吗？”金龙兵使劲大喊道。“叔叔，叔叔！”细若游丝的声音似一根针一下子刺痛了金龙兵的心。在金龙兵前方不远处，一条系在一根断裂桌腿上的红领巾，缓慢地从一块石板缝里飘出来。他冲到红领巾前俯身一看，在一块预制板下面，一个小女孩正吃力地用手举着系着红领巾的桌腿，她旁边另外几块预制板下，也传出她3个同学的声音：“叔叔，我在这里，我在这里！”小女孩的声音已经相当微弱了。金龙兵抹了一把满是泪水的脸，说：“别怕，叔叔马上救你们。”

地震时，4楼的横梁轰然落下，压住4个小女孩，但也因此形成了一个支点，将随后掉下的7块预制板挡住，为几个孩子撑起一个狭小空间。此时，吊钩把战士吴克海也送了上来。吴克海迅速将钢索套在最上面的预制板上，用吊钩钩牢。一块预制板被慢慢吊开，又一块被吊开，终于露出直接压在小女孩身上的预制板。金龙兵轻轻抱住小女孩的上半身，再次将红领巾放到她手里：“如果疼了，你就挥一挥红领巾。”9时8分，第一个小女孩被成功救出，虚弱的小女孩将红领巾又塞到金龙兵手里，指指废墟：“给她。”红领巾像生命接力的火炬，传到第二个女孩的手中，又从第二个传给第三个、第四个。4名幸存学生被一一救出。在救第四个女孩时，他们又发现了第五个幸存者被困在一个墙角，被预制板挡得严严实实的。看到4个同伴被先后救出，第五个女孩心理压力很大。她吃力地挥动着能动的左手，守在一旁的吴克海用手刨着废渣，尽力接近孩子。终于，一只冰凉、瘦弱的小手一下子紧紧抓住吴克海。官兵们赶紧加快救援速度，又不忘耐心安慰小女孩。15时32分，第五个女孩被成功救出。

抢救绵竹其他学校被压埋学生 5月12日19时50分，德阳军分区各县民兵应急分队抵达绵竹富新、遵道、九龙、五福小学，与先期到达的罗江、广汉、旌阳、中江等县（市、区）人武部领导带领的民兵会合，救援工作全面展开。他们向民兵提出：要保证活着的学生不能受到二次伤害；对遇难孩子要保证有一具完整的遗体。由于缺少专业救援工具，民兵们只能用铁锹铲，用洗脸盆端，不能铲的地方就用手搬砖块、刨石头、移楼板，从废墟中救出受伤和被困人员。同日晚，中江县160名民兵突击队员赶到富新小学楼前施救，只听见从废墟下传来学生们的一阵阵哭喊声、呼救声。然而，残垣断壁摇摇欲坠，余震不断，稍有不慎，就可能被倒塌的危墙砸死、砸伤。面对危险考验，5 名民兵自告奋勇，在党员兰金福的带领下，硬是凭着手刨，从废墟下救出 3 名幸存学生。

5 月 12 日 20 时 47 分，77123 部队 135 名官兵克服通信中断、道路堵塞、余震不断等困难，赶到受灾严重的绵竹市遵道镇欢欢幼儿园抢救被埋儿童。幼儿园内，两层大楼已整体垮塌下来，84 个鲜活的生命被埋在下面。副营长黄林透过缝隙看到一个小男孩儿被废墟压埋在一个角落里。官兵们立即全力挖掘，正准备挪开预制板下去营救时，一波余震袭来，周围的残垣断壁剧烈摇晃，一旁焦急等待的人群高声尖叫起来，有几个家长吓得捂住了嘴。官兵们不惧危险，争先恐后要求参战。黄林让有救援经验的三级士官邓玉常下去，官兵们拉着绳子将邓玉常顺着缝隙缓缓地放下。邓玉常小心翼翼地刨开小孩身上的废渣，脸蛋露出来了，双手露出来了，上身也露出来了。“哇”的一声小孩发出了哭声，营救的官兵激动不已，邓玉常用沾满鲜血和尘土的双手把孩子抱了起来。13 日凌晨，雨越下越大，官兵们连续奋战了 13 个小时，粒米未进，又冷又饿，但仍坚持救援，又先后成功救出 3 个小孩。这时，战士赵成学突然晕倒，一旁焦急等待的乡亲们马上围过来，有人掐人中，有人喂水，有人拉起篷布为他遮雨。一位大娘呼喊着：“孩子，你快醒醒，你是为了帮我们才累成这样的啊！”清醒过来的赵成学一骨碌爬起来又冲向废墟。“娃儿，你不要命了！”大娘使劲拉着他的手。赵成学挣脱大娘的手，一头又扎进废墟中。至 13 日 11 时，经过官兵们努力，共营救出 16 个孩子。

由于余震接连不断，周围断墙随时都有垮塌的危险，但搜救工作并未停止，救援速度也丝毫没有减缓。5 月 13 日 2 时 40 分，搜救队员发现武都小学一名六年级女学生被埋在废墟下，上面有很多断裂的楼板和砖瓦，小女孩身体被课桌紧紧卡住不能动弹，双腿也被压埋在废墟下。切割课桌需要移动小女孩身体，但她双腿又被卡死，一动身上的伤处即让她疼痛难忍。旌阳区民兵朱天斌一手握住她的手，安慰她不要惊恐，一手将她身边的废墟一点点地刨开。经过 4 个小时的营救，终于成功救出被困小女孩。（参见图 78）3 时 15 分，在倒塌教学楼西侧楼梯口发现几名遇难学生，孩子们拥在一起，被倒塌的楼板压住，场面十分凄惨。为了不给孩子们遗体造成二次伤害，民兵们用手抬开楼板，将遇难学生逐个抬上担架，交给现场的医务人员进行遗体清洗。到了夜晚，光线昏暗，眼睛看不清，搜救队员就用耳朵听，只要听见呼救声就立刻冲上去营救。为了在黄金救援时间抢救出更多幸存者，民兵们冒雨连夜奋战，14 个小时没有喝水吃饭，没有人叫累，没

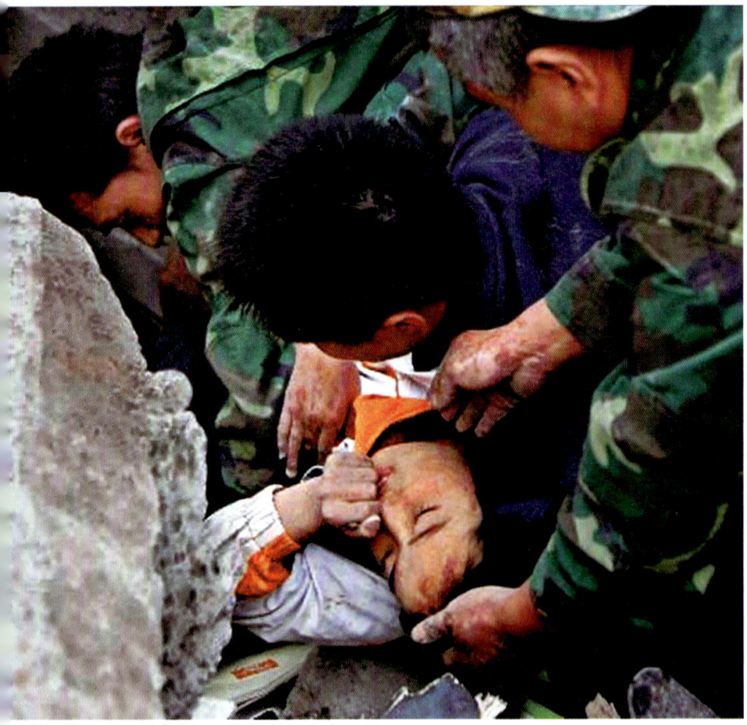

图 78　5 月 13 日，德阳市民兵在绵竹市武都小学抢救被压埋学生

（总参动员部　提供）

有人休息。罗江县金路树脂厂武装部干事唐功建，父亲在地震中遇难，但他始终战斗在抢救伤员最前线。12 日 23 时至 13 日 8 时，经过整整一夜营救，从富新小学、九龙小学、遵道小学、武都小学共救出 98 名学生，挖掘出遇难学生遗体 127 具。

四　抢救什邡被压埋学生

抢救蓥华中学被压埋学生　什邡市蓥华镇地处龙门山脉，离震中汶川县映秀镇直线距离约 55 公里。蓥华中学是地震中受灾严重的学校之一，地震发生时，300 余名学生正在教学楼里上课，遇难 80 人，受伤 60 余人，校舍全部损毁，一栋 4 层教学楼完全坍塌，一栋综合楼部分地板和墙体垮塌，摇摇欲坠，随时有可能砸向教学楼废墟。废墟下传出幸存学生的阵阵呼救声，有近百名学生被埋在废墟下。

地震发生后，各路救援队伍匆匆奔向蓥华中学，包括武警水电第三总队第十和第十一支队、武警成都市支队、77118 部队、78098 部队二大队、德阳市公安消防支队、武警黄金第三总队和民兵预备役部队官兵。地震发生 9 个小时后，第一批抢险车辆的灯光照亮了漆黑的蓥华镇，这是武警水电第三总队的车辆。赶到现场的官兵们立即爬上废墟，想方设法配合机械操作，将倒塌楼板、扭曲钢筋等沉重坍塌物一层层地搬离；对碎渣一点点地清理，帆布手套被磨烂划破，许多人十指血迹斑斑也顾不上换双新手套。然后按照板、梁、柱的顺序用吊车吊开大楼主架，最后用手把孩子们扒出来，先后共有 58 个孩子获救。

15 岁的初二女生廖友瑶，被深埋在教学楼废墟中，上身和双手都能活动，交叉着的双腿被牢牢地压在石头之间。对她的营救整整持续了 30 小时左右，仅研究营救方案就开了 3 次现场会。救援人员几乎动用了所有的力量，仍然无法把她拉出来。有人建议截肢，随即遭到否决——没有人愿意看到这个面容清秀的女孩从此走向不完整的人生。营救人员不得不采取最原始的方法：头朝下探进女孩被困空间，用榔头、电钻、千斤顶和救灾现场一切能找到的小型设备，一块块敲下压在她身上的混凝土块。在营救廖友瑶的 35 小时里，蓥华镇经历了 10 余次余震，紧挨着教学楼废墟的综合楼，在一次次震动中摇摇欲坠。又一次较强余震来临时，武警水电部队第三总队战士们正准备撤离，突然听到廖友瑶微弱的抽泣声："叔叔，快救我啊，我快撑不住了。"在她的上方，有一堵墙只剩一根钢筋连着，一直不停地往下掉碎渣，随时都可能垮塌下来。听到她的求救声，战士们都停下脚步，继续清理压在她身上的废墟。怕孩子失去知觉，救援战士不停地和她说话："你从 1 数到 1000 吧，等你数完了，我们就能够着你了。"廖友瑶是武警水电第三总队救出的第 16 位学生，也是施救时间最长的学生（见图 79）。

废墟下有个名叫邓清清的女孩，因其在被救过程中用战士递给她的手电筒看书，获救后成为家喻户晓的"手电筒女孩"。就是在救她时，战士袁贤君左脚大拇指被掉落的水泥块砸中，指甲当时就被砸没了，为不让女孩受到惊吓，他疼得连嘴唇都咬出了血，却没哼一声，而是顺势弯下腰，把自己的手电筒递给她，同时塞给她一本地理课本，说："小妹妹，不要害怕，你先看书吧，我们很快就救你出来。"

救援过程中，官兵又听到一声微弱的呼救声。经查发现，一名女孩被埋压在横梁下。营救

图79 5月14日2时10分，武警水电第三总队官兵在什邡市蓥华中学救出被埋学生廖友瑶
（武警部队 提供）

中，女孩用微弱的声音说：“叔叔，水……”当女孩震后喝上第一口水时，时间已过了近24个小时。官兵们发现在女孩头部以下，有几根倒塌的横梁和楼板碎块，碎块紧埋住女孩的下半身，空间只允许一个人蜷着身子手工作业。战士袁贤君、陈小燕、刘奎轮流上阵，他们的手套已被划破，满头灰尘，但他们仍然咬牙坚持。经过两个小时努力，女孩的双腿露出来了，营救人员试图用手将小女孩抱上来，女孩却发出了痛苦的呻吟，她的双脚被倒塌物牢牢卡住。此时，小女孩被压埋在废墟中已经30多个小时，伤口出现感染迹象。官兵们当即用短铁棍撬起碎楼板，用千斤顶往上顶，同时用榔头敲碎女孩双脚上面的碎楼板。雨越下越大，营救人员从头到脚都被淋透，冻得浑身发抖，但无一人退缩。又过了40分钟，袁贤君用手将小女孩的左脚拔出。5月14日2时10分，小女孩被成功救出。

抢救湔氐中学被压埋学生 地震发生后，湔氐中学8层高的教学楼，除几根钢筋掉挂住孤零零的楼梯外，其余楼房齐刷刷地坍塌，楼板错落叠压着。倒塌楼房内大部分是初中二年级的尖子生，有两个班的学生正在上课没有逃出来，被压埋在废墟下。埋在浅层的学生已被当地群众救出，而多数人被压在废墟深处，因无大型救援工具，人们束手无策。

5月12日15时，77113部队63名官兵按照上级命令紧急驰援湔氐中学。官兵们带着防毒面具和氧气袋迅速进入浓烟滚滚的封锁区，在进入第二间教室时，通道低矮狭窄、凹凸不平。官兵们跌跌撞撞地直奔教室深处，终于找到两名学生。班长叶健和战士小吴顾不上多想，一把扯下自己的氧气袋罩盖在学生嘴上，自己戴上防毒面具返身各背起一名学生往外冲去。余震不断，楼板随时可能坍塌。“快，还有28名师生未找到！”紧接着，12名官兵又冲进校区进行搜寻，至13日2时50分，又找到8名受困师生。经过一整夜生死营救，湔氐中学仍有3名学生未找到。官兵们已经20多个小时粒米未进，但仍坚持向塌方深处搜索，直至14日8时30分，营救工作才告结束。（参见图80）

5月13日1时30分，武警水电第三总队十支队128名官兵星夜疾驰赶到湔氐中学。微弱灯

图 80　5 月 13 日，77113 部队官兵在什邡市湔氐中学抢救被压埋学生

（成都军区　提供）

光下，瓢泼大雨中，官兵们冒着余震不断、废墟随时垮塌的危险，爬上废墟，伏身在瓦砾堆上，一遍遍呼喊着，搜寻着幸存者的踪迹。开始是用镐挖、用锹铲，后来怕伤到废墟中的幸存者，官兵干脆用双手在瓦砾堆里刨，很多人双手磨得鲜血直流，但大家早已忘记疼痛。雨越下越大，但营救速度有增无减。一具具遇难者遗体被挖掘出来，救灾现场气氛紧张而凝重。14 时，突然有人高呼："这里有人还活着。"在坍塌教学楼的一角，战士们突然听到废墟里传出孩子的呼救声。支队长李书健马上组织人扒开上面的瓦砾和砖块，透过缝隙看到有两名学生被巨大的预制板横梁压住。一根混凝土横梁斜插着，夹缝中趴着一名男生，脸紧贴地面，左腿被深深埋在瓦砾堆中。战士曹宇栋迅速钻进废墟夹缝里，用输液管给幸存者补充水分。经过连续奋战，被埋压的男生陈舟获救了。官兵们顾不得休息，马上又投入到抢救 14 岁男生张敏的工作之中。他们拼命地挖、拼命地刨，巨大的横梁预制板靠人工无法搬运。经过简单讨论，采用"先切断、后起吊"的方式进行救援。侯光、詹登民负责对预制板、大梁实施切割，龚军仓负责伤者身边杂物的清理并对其进行保护，十支队副参谋长王国印组织指挥吊车。参战人员各负其责，协调配合。至 13 日 20 时 1 分，张敏被成功救出。在官兵们的共同努力下，共营救出幸存者 2 人，搜寻出遇难者遗体 26 具。

抢救龙居中心小学被压埋学生　5 月 14 日 23 时，天下着大雨，77113 部队 63 名官兵仍在龙居镇中心小学展开紧急营救。"叔叔，我在这里，救救我吧！"搜救队员们顺着声音发出的方向跑过去。这是77113部队在龙居中心小学抢救的第八名学生李明。这名男生上面是几块摇摇欲坠的水泥板，他被压在两块水泥板夹缝中间，生命垂危。官兵们用吊车吊起楼板，用木棒进行加固，以防塌落后的楼板松动造成人员伤害。彭晋峰带领两名战士猫着腰，一前一后用双手把石块慢慢向外移送，一寸一寸地往里挪动。就在快要接近小孩的生死关头，又发生了一次余震，地面剧烈抖动，楼板晃了几晃。15日5时20分，救援工作取得突破性进展，彭晋峰已接近小男生。此时，小男生已经虚脱，彭晋峰把牛奶通过吸管一口一口喂给他，小男生的神情慢慢地有些舒缓了，但剧烈的疼痛又让他出现烦躁不安的情绪。彭晋峰反复安抚他：请相信我们，一定会想尽一切办法救你。渐渐地，小男生在搜救队员们的安抚下，恢复了平静。8时许，这名被压埋60多个小时的男生成功得救，身体除裸露的皮肤有些擦伤和青瘀外，没有受到更多损伤。

抢救洛水第二小学被压埋学生 5月13日1时30分，德阳市公安消防支队官兵处置完宏达液氨泄漏事故后，立即奔赴什邡市洛水镇洛水第二小学垮塌现场。支队长黄强召集正在现场指挥的德阳市公安消防支队参谋长徐昌荣和后勤处处长阮迎胜，同时请来同在现场救援的洛水镇镇长兰勇等当地领导，商量如何安抚群众情绪，做好群众工作，让救援继续展开。

尹辉是洛水二小四年级学生，被废墟压在2楼楼梯口处。5月13日2时25分，参谋长徐昌荣利用人字梯登上2楼废墟，握住他冰冷的手。尹辉很懂事，他安慰其他被埋的孩子要坚强，积极配合官兵的营救行动。支队长黄强指挥现场3个起吊设备的司机全力开工，8吨、20吨、30吨重型的吊车开始同时作业，黄强、徐昌荣、阮迎胜及法制科科长陈昌琻联合其他救援队伍一起倾力救援。黄强将参战官兵分为两组，一组为被压埋者带上头盔等保护用具，给他们送水、打气；另一组全力以赴、争分夺秒地开展救援。同时，他身先士卒，和消防战士们一道冲进余震不断的垮塌现场，用铁锹铲，用钢钎撬。为防止建筑再次垮塌，官兵们用粗大的原木支撑起垮塌的墙体，确保吊车不会碰倒墙体。4时56分，尹辉和他的同学们成功获救。

抢救什邡其他学校被压埋学生 5月12日16时30分，武警德阳市支队150名官兵到达洛水中学展开救援，经过三天三夜连续奋战，成功营救师生16人，挖掘出遇难者遗体91具。13日零时55分，武警成都市支队30名官兵，紧急赶至什邡市八角中学，分成3个小组实施搜救，用两个多小时成功救出一名男孩。1时10分，武警成都市支队60名官兵，分成4组在洛城小学实施救援，成功救出4名学生。3时14分，武警成都市支队100名官兵，经过近3个小时的紧张搜救，从洛水小学废墟里成功挖掘出2名被压埋学生。8时5分，在什邡市紧急救援一个通宵、已经非常疲劳的武警成都市支队官兵正准备稍事休息，又接到“什邡市红白小学有人呼救，全部前往救援”的命令，所有官兵立即拎着简便工具赶到红白小学，配合河南省地震灾害紧急救援队全面展开搜救，共计营救学生近20名。9时，武警甘孜藏族自治州支队10名官兵赶至红白镇中心小学幼儿园救援；13时50分，身受重伤的5岁儿童刘新跃被顺利救出。

五　抢救青川被压埋学生

地震发生时，青川县木鱼中学857名学生正在午休，学校两座宿舍楼垮塌，403名学生被埋于废墟之中。在解放军、武警和民兵预备役部队官兵赶到之前，当地有关部门曾组织营救，但在缺少专业救援工具的情况下，未能将被困者完全救出。按照当地抗震救灾指挥部的要求，广元军分区组织元坝区、旺苍县民兵应急分队赶至木鱼中学，连续奋战 75 小时，救出幸存学生 95 名（参见图 81）；武警广元市支队官兵在木鱼中学连续奋战 76 小时，搜救被压埋学生 81 人；77299 部队经过 80 小时奋战，共救出学生 5 人。

图81 5月13日，广元军分区民兵在青川县木鱼中学徒手搜救被埋学生（总参动员部 提供）

广元市公安消防支队官兵抵达后，支队防火处处长黄兴盛命令部队马上展开救援。抢险照明灯随即打开，两台吊车、一台挖掘机被调到现场。突击队分成两组，一组在废墟中仔细搜索寻找，另一组利用液压剪、扩张器等破拆工具破拆钢筋混凝土和清理废墟上的土石。消防官兵把垮塌宿舍楼西北角的主楼梯口和楼层过道确定为救援重点部位，从师生被压埋最多的地方寻找突破口。5 月 14 日零时 30 分，坍塌宿舍的最北面传来初一学生马地彰的呼救声。马地彰全身深埋在废墟中，整个身躯被一根横梁压住，横梁下面横着一块水泥预制板，还压着许多碎石、断砖、水泥块和弯曲变形的钢架床，救援难度很大。突击队员一边设法施救，一边安抚马地彰。为研究抢救方案，许伟、郭廷林等先后几次冒险爬到水泥板下，察看马地彰受压着力情况，方案很快制订出来。重型挖掘机对大量的坍塌物进行清理，将压在马地彰身上的横梁移开。为避免被困者受到二次伤害，郭廷林和许伟使用手动破拆器材展开营救作业，之后徒手掏挖碎石。当他们刨开一个直径约 25 厘米的洞穴后，郭廷林不顾个人安危，在建筑物随时可能发生二次坍塌的情况下，把头探入洞穴之中，用强光照明，进一步探清被困者位置，以确定下一步救援行动。此时突发余震，班长许伟被掀到废墟外，郭廷林用肩膀顶住预制板，头顶上方一块预制板残片轰然落下，将他埋进废墟中。排长华士强立即带领突击队挖掘救援，队员们用液压扩张器顶，用手刨。1 时 23 分，当他们刨开 50 厘米厚的建筑物碎渣时，发现郭

图 82　5 月 20 日，躺在广元市中心医院病床上的何翠青露出笑容

（陶明　摄）

廷林仍在废墟里不停地挖掘。原来，预制板斜插着掉落下来时，正好形成一个狭小的空间，郭廷林又恰好身处这个空间里，并没有被压埋住，只是被预制板上的钢筋将右手臂划开了一条约 20 厘米长的口子，他不顾伤痛继续作业。5 时 16 分，经过救援队伍近 5 个小时的救援，被困近 39 小时的马地彰成功获救。

5 月 14 日 15 时 30 分，刚被轮换休息的广元市元坝区文村乡武装干事张学懿，突然听到废墟里传出微弱的声音，他立即用手扒开废渣洞口，但因他身体较胖无法进去。瘦小而有煤矿井下救人经验的民兵周跃海跑过来，进洞探明，狭洞较深，成 45 度倾斜。民兵们一人拉着另一人的脚，“猴子捞月”般钻进洞内，终于看到小女孩。他们与小女孩展开对话，用吸管给她喂牛奶。此时，余震再次发生，外面的人喊他快出来，周跃海不顾一切，把安全帽戴在女孩头上，用力将她往外拖，但怎么也拖不动，原来小女孩被一张铁床和一具遗体压住了腿。武警官兵和民兵们一起迅速清除上面的残砖碎渣，许伟把一只手垫在女孩的脸上，紧紧抓住她的双手并保护住她的头部；陈波找来一块木板挡在女孩上方，并不断陪她聊天，使其分散注意力，克服恐惧心理。吊车开过来，轻轻地吊起压在小女孩身上的床及上面的水泥板。经过 3 个多小时的奋战，终于救出小女孩。这个被困 54 小时的小女孩就是有名的“微笑宝贝”、木鱼中学初一（1）班 13 岁女生何翠青（见图 82）。

在木鱼中学，参加救援的解放军、武警部队、消防官兵和广元市民兵应急分队分工协作，密切配合，共救出被压埋师生 181 人。

六　抢救安县被压埋学生

安县有各级各类学校 115 所，在校学生 56498 人，在职教职工 3468 人，学校总建筑面积 484237 平方米。在地震中，安县全县 95.6% 房屋严重受损，因灾死亡 2640 人、受伤 88623 人、失踪 655 人，然而教育系统仅死亡 34 人，其中在校学生 27 人、在家学生 2 人、私立幼儿园 2 人、教师 3 人，受伤 230 人。这无疑得益于震前安县教育系统所采取的拆除山区全部村办小学，加强安全教育，开展遇险逃生演练等措施。

5月14日13时40分，天津市公安消防总队驻桑枣镇抗震抢险救援队接到当地政府的求援：桑枣镇中学学生宿舍倒塌，12岁的初一学生刘俊良被困在废墟中。总队参谋长陈勇率领突击分队立即赶至现场，参战官兵手抬肩扛，挖掘废墟，寻找刘俊良。施救过程中，突然发生强余震，陈勇下令紧急撤退，刚撤出几步，一根10余米高的水泥柱轰然倒在战士刚才搜寻的地方。余震过后，战士们又进入废墟，经过3个多小时的艰苦搜救，终于找到被埋的刘俊良，发现他被一米多高的废墟压埋，只露出头部。经过研究，救援队员决定从水泥板上打一个洞，打通一条“生命通道”。切割机、冲击镐、手工作业齐头并进，经过两个多小时的奋战，终于将刘俊良直接从洞中营救出来。

七　抢救都江堰被压埋学生

抢救聚源中学被压埋学生　聚源中学位于都江堰市城东7公里处，共有700余名师生。地震时砖混结构的主教学楼两侧倒塌，除中间的楼梯仍孤零零地矗立着外，两边的楼房齐刷刷地坍塌，几吨重的楼板错落叠压着，形成梯形建筑物废墟；西侧实验楼未倒，实验楼和在室外上体育课的两个班的学生全部逃生；主教学楼北侧倒塌的教学楼下埋压了二三百名学生；南侧垮塌部分为教师办公室，室内人员多数已逃生，被压人员较少。

在省外救援队到达聚源中学建筑物废墟之前，武警成都市支队、成都市公安消防支队、武警成都指挥学院已在废墟中实施了一段时间的救援，表层和浅部的幸存者已被救出，剩下亟待营救的是救援难度较大、被压埋深处的幸存者。

解放军、消防部队、武警部队、国家地震灾害紧急救援队、志愿者等在了解建筑物废墟整体被埋压人员状况后，对主教学楼建筑物结构、北侧废墟倒塌类型和幸存者的位置进行确定，快速制订了具体的营救计划和施救措施。当地建筑部门的两台吊车抵达救援现场后，救援队领导决定由武警成都市支队、武警成都指挥学院、国家地震灾害紧急救援队、77126部队等救援队伍在指挥部的统一协调下协同救援。

由于孩子被埋压的学生家长和当地群众情绪不稳定，现场一度产生混乱，影响救援行动，当地公安和武警战士组成3排人墙维护现场秩序，保证救援行动持续进行。根据被压埋幸存者营救情况和整个废墟救援状况，救援专家指挥吊车循序渐进地吊起废墟上的预制板、较大倒塌体，以便加快救援速度。解放军、武警战士组成人力传输道，将碎石、碎砖等废墟杂物运出废墟，清理一层层遇难学生和教师的遗体。国家地震灾害紧急救援队发挥专业队作用，在指挥协同救援的同时，设立废墟营救实施组、外部协调指挥组、安全观察警示组、营救装备保障组和现场医疗急救组，实施联合救援。

初三（2）班女学生高颖被埋压在二、三层楼板之间高度仅30～40厘米左右的缝隙深处，从外面只能看见她的头。四层落下来的房顶悬在半空中，一头压在叠压的楼板上，另一头斜靠在中间的楼梯残壁上，其上部高危塌落楼板随时可能在强余震中倒塌，情况非常危险、复杂。医疗队员自始至终在幸存者身旁进行心理安慰和不间断的生命支持。经过对建筑结构的勘查和对幸存者的生命监测，发现高颖意识清醒，生命体征平稳，身体被一块约一米长的楼板全部压住，只有二层的大梁之间有一个入口，大约有 30 厘米高。从 5 月 13 日 2 时 10 分开始，经过一个多小时的施救，发现高颖整个身体被楼板之间的一块小预制板和碎石压住，施救空间极其狭小，救援人员施展不开。距离她 30 厘米远的位置，一名男同学已经遇难，她的头斜对着死去的男孩。救援队员轮流进入狭小空间，经过各救援队伍的密切协同，连续作战 10 小时后，高颖被成功救出。（参见图 83）

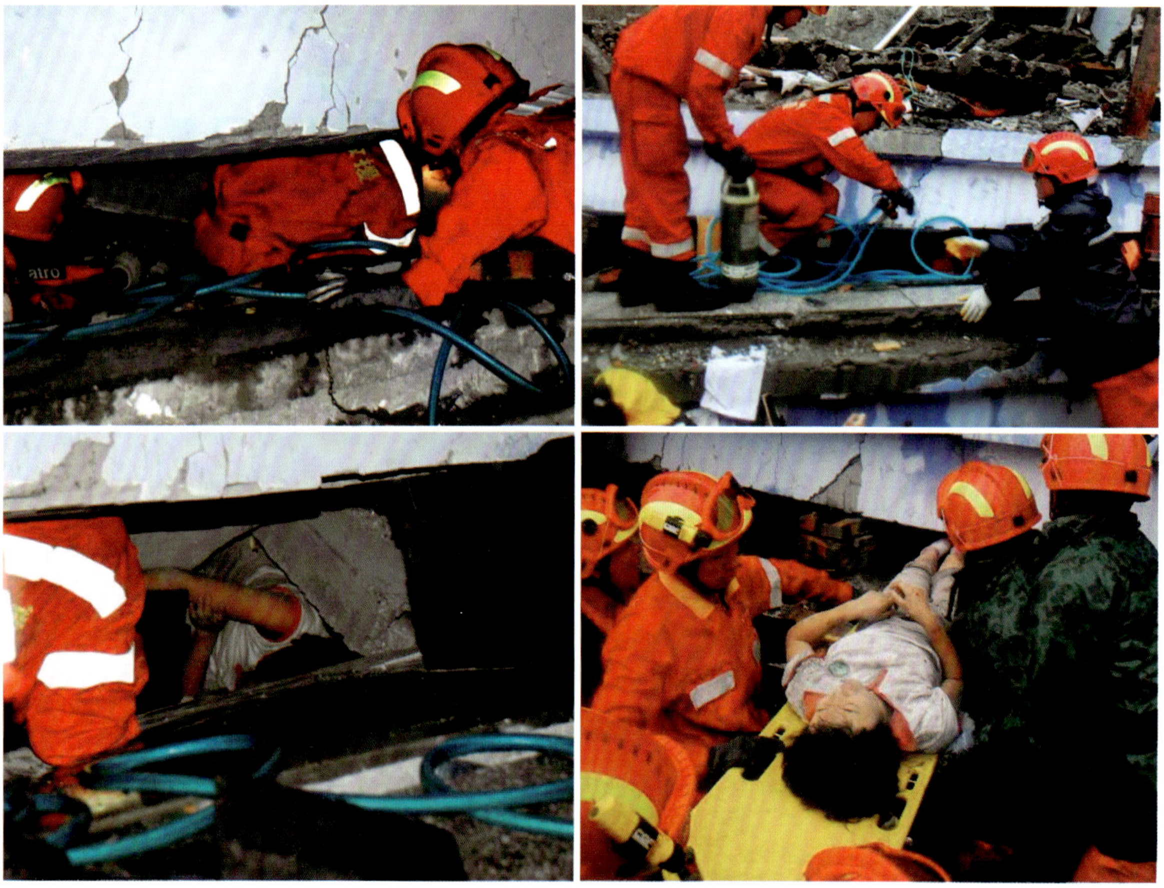

图 83　5 月 13 日，救援人员营救深埋狭缝中的都江堰市聚源中学学生高颖

（中国地震局　提供）

各救援部队在地方政府和群众的大力支持下，团结奋战，共在聚源中学救出师生 58 人，挖出遇难者遗体 80 余具。

抢救向峨中学被压埋学生　向峨乡是都江堰市 3 个重灾区之一，距都江堰市区约 20 公里。震后，乡政府所在地建筑全部倒塌，受灾最严重的是向峨中学，中学 4 层的教学楼垮塌，有数百名师生被埋压，68 名学生获救。

5 月 12 日 21 时，77115 部队接到开赴向峨乡执行抗震救灾的命令后，迅速出动 239 名官兵、12 台车辆，于 13 日 2 时 30 分到达向峨乡中学展开救援；至 16 日 6 时 23 分，官兵们啃干粮、喝冷水、淋暴雨、晒烈日，连续奋战，搬开万余吨废墟，成功救出 12 人。14 日，四川省地震灾害紧急救援队组织16名队员携带救援装备，快速赶到救援现场，与当地政府和当地救援力量商讨救援方案，采取反复搜索、实施破拆、“隧道”作业等方法，连续奋战5天，共救出幸存者9名。

抢救新建小学被压埋学生　新建小学是一所特殊教育学校，除智障儿童外，还开设有普通六年制小学教育，但规模不大，教职员工和学生总共不过400人。地震后，新建小学的4层教学楼已成一片废墟，只有靠近西侧的一堵墙没有倒塌。废墟上，到处散落着学生的书包、课本、作业本、文具盒，300余名学生被埋在废墟里。

地震发生后3个多小时，武警成都指挥学院训练部副部长肖生带领由70名毕业学员组成的抢险救灾突击队赶到新建小学参加抢险救援。经过官兵43个小时奋力搜救，救出学生59人。5月12日19时，武警成都市支队政治部主任赵吉耀带领150名官兵，紧急赶至新建小学展开救援，救出师生8人。

5月12日18时10分，78098部队第一大队大队长刘庆太、政委马崇良带领100余名官兵，飞奔至新建小学，由北向南分4个作业点，不顾一切地搜救幸存者。19时，学兵三队班长雷平和袁健从废墟中救出一名女学生。13日凌晨1时30分，连长郑强和战友一起从预制板的夹缝中成功救出一名小男孩。经过16小时连续奋战，官兵共救出49名师生。

由于没有专业救援设备，一些深埋在底层的学生仍然被困废墟之中，无法救出。5月13日凌晨，国家地震灾害紧急救援队赶到，利用生命影像探测仪、红外和声波探测仪展开搜索，一只只搜索犬在废墟上快速奔跑着寻找幸存者。队员们对着一个个有缝隙的地方高声呼喊：“有人吗？”人、犬和先进器材三结合的地毯式搜索迅速有条不紊地展开。不到3分钟，几只搜救犬在不同的方向发出警报，生命影像探测仪探测出幸存者的准确位置，高科技救援手段在救援现场发挥了“神通”作用，一个个鼓舞人心的生命信息不断传出。2个小时后，第一名幸存者被成功救出；3个小时过后，救援队已经救出8名幸存者。

随着一个个孩子被救出，救援难度在不断加大，发现生命迹象的难度也在增加，搜救犬又发出警报声。二支队指导员杜国平迅速带领队员张文起、于爽、陈飞奔向搜救犬吠叫的地方——一块大水泥板中间露出的一条缝隙。杜国平趴下身子，听到下面有微弱的声音。陈飞则透过一缕光线，隐隐约约看到废墟深处一张小女孩的脸，小手明显在动，胸部在起伏着呼吸。让人兴奋的是，他看到小女孩身边还有一名小男孩幸存，两个小孩之间的距离只有两三米。国家地震灾害紧急救援队副队长刘向阳察看完现场，立即召集大家制订了救援方案。水泥板被吊起来了，站在吊车下面的刘向阳的心也悬起来了；水泥板每上升1厘米，他的心就揪一下。刘向阳挥动着双手，仰望着天空，一再高喊：“慢！停！”他知道，掉下来哪怕是一块废渣，也可能伤着废墟里的孩子。与此同时，队员们也在对着废墟里的孩子喊：“闭上眼睛！”水泥板被吊开，小女孩的身体露出来了。张文起首先跳进废墟，只见小女孩的身体与身旁的遗体互相缠绕在一起，还有两名遇难同学用手抱着小女孩的腰。不远处，那个小男孩身边也有几具遗体，但他的状态很好，正用手挖着身边的土块。

温家宝急切地来到废墟上，此时，天正下着大雨。工作人员把雨伞举到他的头上，温家宝把伞推开，向着救援现场走去。刘向阳迎上去向温家宝报告：“报告总理，我是国家救援队的副队长刘向阳，我们已经在这里救出了8名幸存者。”温家宝冒雨蹲在废墟上，向仰面躺在废墟里的孩子轻轻招手，鼓励孩子：“听爷爷的话，要挺住，我们一定会救你出来的。”并在现场指挥救援，20分钟后才离开。临走时，他再一次叮嘱刘向阳一定要把两个孩子救出来，并对身边的当地干部说：“你们要查一下这两个孩子叫什么名字，将来我要去看他们。”刘向阳对队员们说：“我们不能辜负总理的重托，一定要把两个孩子救出来，而且要完完整整地救出来！”经过两个小时的奋战，小女孩被于爽抱出。又过了半个小时，小男孩也被救出。经查实，男孩叫赵其松，女孩叫王佳淇。温家宝第二次到四川灾区考察时，专程到四川省人民医院看望了两个孩子，并送给他们自己当时蹲在废墟上鼓励他俩的照片。

国家地震灾害紧急救援队二支队在新建小学一共救出11名学生。（参见图84）

图84　5月12日下午，78098部队官兵在都江堰市新建小学抢救被埋压学生

（刘小亮　摄）

八　抢救平武被压埋学生

抢救南坝镇中心小学被压埋学生　平武县南坝镇中心小学在地震中两栋教学楼全部垮塌，400余人逃生，6名教师遇难，200余名学生被废墟埋压。灾害发生后，平武县抗震救灾指挥部及县上大部分干部转移到南坝镇，组织干部群众和空降兵部队共救出了100余名师生，但救援部队

仍怀着“不抛弃、不放弃”的信念，在废墟中继续搜救。

5月15日14时20分，内蒙古自治区公安消防总队抗震抢险救援队抵达南坝镇后，按照当地政府抗震救灾指挥部的安排，在南坝镇信用合作社以北5平方公里区域内展开救援。救援队成立现场指挥部，总队长王秋彧为总指挥，副总队长葛相君、后勤部部长姜海涛、呼和浩特市消防支队政委吕万海为副总指挥。指挥部下设5个战斗小组，第一组由副参谋长邵军带领15人，利用音频、视频生命探测仪，以及询问知情人，搜寻被压埋人员，重点搜寻生还者，探测到后做好标记并立即通知救援人员展开救援；第二组由王秋彧带领20人转移疏散伤病员，送到医疗点进行救治；第三组由葛相君带领55人分成3个小组实施现场救援；第四组由处长刘云带领55人分成3个小组实施现场救援；第五组由姜海涛带领5人组成后勤保障组，负责饮食供应、装备油料供应、仪器充电等工作。现场指挥部决定先集中优势兵力，重点搜救南坝镇中心小学被困师生。南坝镇中心小学教学楼已完全倒塌，大量楼板交错堆积，救援现场环境复杂，平均每20分钟发生一次4级以上余震。救援人员利用30米视频生命探测仪、音频生命探测仪、无齿锯、机动链锯、超重气垫、液压破拆组合工具（剪切、扩张、顶升）等器材装备，采取打桩挖洞、依托梁柱缝隙挖进、由上而下逐层清理等战术战法开展营救。为避免被困人员再次受到伤害，救援队员坚持用双手清理，手被磨破了，脚被砸伤了，仍然坚持战斗不下火线。16时23分，救援队挖掘出一具遇难男孩遗体，随后又挖出4具儿童遗体。17日12时，南坝镇中心小学搜救任务结束，救援队清理灾害现场近1万平方米，成功营救出7名被埋学生。

抢救平通镇中心小学被压埋学生　5月14日，武警广安市支队支队长李林麒率领官兵在平武县平通镇中心小学的废墟上搜救。14时30分，官兵在倒塌教室的一角听到有微弱的呼救声，立即向废墟内呼喊。李林麒决定先清除墙角上面的残垣断壁，判明被压埋者准确位置后再实施救援。15时15分，官兵们用手搬，用肩扛，清除墙角上的残渣。通过缝隙向里面看去，发现几块水泥板撑在未倒塌的墙角上，可以肯定被压埋者就位于墙角与水泥板形成的空间里。由于墙角受损，水泥板也不稳定，一次只能四五个人在上面操作，进展速度很缓慢。操作时不能用工具，官兵就用手刨。16时40分，战士李尧顺着缝隙下到里面，清除部分废屑后发现了被压埋的教师王晓军。他的腹部被压，上身和下身都可以活动，生命体征良好，但身体已很虚弱。16时55分，官兵为王晓军送去饮用水和面包。17时20分，战士李尧和龚招云再次进入，将王晓军身上的连体砖块一点点抽出，然后又将砖石清理干净。17时30分，官兵们吊下背包绳将其拴好，协同将王晓军拉出，王晓军被埋压50多小时后终于获救。此后，武警广安市支队又救出两名学生。

九　抢救彭州被压埋学生

受地震冲击，彭州市隆丰镇幼儿园10间教室顷刻倒塌，20名孩子被压在废墟里。彭州市委、市政府立即向77113部队求援。

5月12日15时10分，77113部队副政委程龙强带领修理营80余名官兵火速赶往隆丰镇；

到达幼儿园后，迅速勘察地形、险情，并做出判断，指挥组、保障组、救援组、观察组，按照各自分工，有条不紊地展开工作。16时25分，连长何章宏带领班长伍进军、战士周建群和王猛钻进浓烟中，伍进军在一处墙角发现一个孩子，把孩子抱在怀里送到外边。接着，一个，两个……孩子们被成功救出。"快，第二间教室还有小孩！"伍进军二话没说，整了整防毒面具，又跑了进去。16时56分，伍进军感觉到地面在抖动，眼看一块木板就要掉下来，砸向坐在地上哇哇大哭的小孩，他飞身扑向小孩，两手撑地，把小孩护在自己身下，一块木板重重砸在他左腿上，鲜血直淌。当其他赶来救援的官兵把他和小孩救出后，从昏迷中醒来的伍进军第一句话就问："孩子怎么样？"当营长吴卫华告诉他小孩安然无恙时，伍进军笑了。该部奋战近8小时，救出8名幸存儿童，挖出遗体3具。

十　抢救江油、汉源被压埋学生

抢救江油市太平镇第二中学和胜利街小学被压埋学生　地震造成江油市多处房屋倒塌，部分道路受损，全城供水、供电、供气及通信系统全部瘫痪，人员伤亡严重。其时，太平镇第二中学和胜利街小学校舍部分垮塌，共有68名师生被困。

5月12日14时48分，驻江油市的武警交通一总队教导队和三支队接到驻地政府紧急求援电话后，教导队负责人彭永毅、三支队副参谋长张培生带领80名官兵，出动10台机械装备，最先赶至市抗震救灾指挥部，受命后紧急展开救援。灾情紧急，江油市抗震救灾指挥部要求部队兵分两路，配合江油市公安局干警和消防支队官兵，迅速对被困师生展开救援行动。彭永毅和张培生各带领39名官兵，分别赶赴太平镇第二中学和胜利街小学。官兵们用钢钎、铁锹等简便工具，迅速展开救援行动。为预防垮塌物导致被困人员再次受伤害，官兵们只能用手扒。碎瓦割破了手掌，鲜血淋漓，官兵们全然不顾；十指磨出的血泡刺得钻心地痛，官兵依然坚持战斗。经过150分钟的苦战，至17时，武警交通一总队教导队和三支队与公安干警、消防支队官兵先后成功将被困在垮塌物中的60名师生救出，挖掘出遇难者遗体8具。

抢救汉源县富林镇小学被压埋学生　地震使汉源县所有的学校受损，富林镇小学成为一片废墟，位于南边的一幢学生宿舍楼倒塌，有学生被埋，两名学生不幸遇难。这幢学生宿舍楼是20世纪60年代修建的两层老式建筑，楼已完全垮塌，墙体和楼板在不间断的余震中摇摇欲坠，现场还有一些教职工正在搜救被埋的学生，但因没有专业设备，不能乱撬楼板，也不敢贸然实施救援。5月12日21时20分，雅安市公安消防支队官兵抵达富林镇小学，与现场的政府、学校和有关部门负责人紧急协商后，副支队长冷雅军迅速下达3条指令：将所有的学生全部疏散到操场，将受伤人员尽快送到医院救治，全力营救学生宿舍下被压埋人员。为安全施救，救援队员迅速找来一根根木头临时顶住楼板，深入到废墟内部，利用液压钳、铁铤等破拆工具，一点一点地戳，一块一块地用手刨着上面的硬物。3个多小时过去了，救援队员在废墟里挖出一个小洞。此时，救援队员看到一名被困女孩，立即爬入刚挖的洞里，用手把离小女孩较近的石块拨出，然后用铁棒将碎砖块掏出，再用千斤顶顶起预制板。23时55分，女孩被成功救出。

第二节 抢救被压埋群众

汶川特大地震发生后，各路救援队伍锲而不舍，与时间赛跑，与死神抗争，只要有一线希望，就付出百倍努力，绝不放弃。拯救生命的黄金时间是72小时，然而在中国地震灾区，80小时、90小时、100小时之后，仍抢救出一个又一个生命。各路救援队伍团结协作，英勇奋战，共从废墟中成功营救出6800余人。

一 抢救汶川被压埋群众

抢救映秀镇被压埋群众 汶川县映秀镇距离此次地震震中不到10公里，地震波最先在此抵达地面，是地震中受灾最为严重的乡镇。全镇及周边地区绝大部分房屋倒塌，废墟连绵成片，四周山体滑坡和塌方严重，通外道路完全中断；余震频发，电力系统损失严重，通信系统全部中断，映秀镇周围又被陡峭的大山和水库阻隔，震后成为名副其实的“孤岛”。

5月14日上午，解放军、武警、公安、消防以及各省（区、市）的救援队、志愿队等各路救援力量克服难以想象的困难，源源不断地开进映秀镇。从14日到15日凌晨，映秀镇救援部队已达3200人，其中武警部队1500人。16日，救援部队还在不断增加。同时，国家地震灾害紧急救援队，山东、上海、江西、福建、安徽、四川等省（区、市）的消防部队、医疗队也纷纷奔赴映秀。国家地震灾害紧急救援队于15日15时乘坐军用直升机空降映秀镇。在映秀镇的救援队伍虽然很多，但只有国家地震灾害紧急救援队等有专业的搜索犬分队。救援队领导果断决定，派出搜索犬分队协助搜索。搜索犬分队4只搜索犬，连续3天全天候在灾区搜索，先后对映秀小学、映秀湾电厂、映秀宾馆、映秀镇工商局、映秀镇税务局、映秀镇药厂等20多个废墟点共2平方公里的范围内展开了拉网式搜索，每搜索到一名受困者就作上标记，转交给其他救援队实施营救，并为其他救援队提供技术指导，共同营救受困者，提高整体救援效率。在搜索犬分队的协助下，国家地震灾害紧急救援队、四川省地震灾害紧急救援队、安徽省公安消防总队救援队、上海市公安消防总队救援队、江西省公安消防总队救援队、山东省公安消防总队救援队、武警成都指挥学院、71781部队等救援队伍成功救出29名被困者。

5月14日，正在映秀镇街道组织学员进行搜救的武警成都指挥学院学员四大队政治委员柏宣突然接到前指通知：映秀烟草公司还有被压埋者。柏宣迅速带领一个班赶往烟草公司办公楼。烟草公司7层办公楼已下沉到5楼，一层职工全部遇难，二层还有两名职工被压在水泥板的缝隙里，公司职工袁军生命垂危，已不能说话，只能用手拿着砖头敲打墙壁，向救援人员发出求救信号；另一人死亡。下沉的办公楼倾斜45度，随时可能倒塌。柏宣在办公楼周围设立4名观察哨，并和先期到达的上海市公安消防救援队参谋长进入危楼侦察，听声音、辨方位，用砖块敲打地面倾听回应声。经过近一小时仔细搜寻，确定了袁军的具体位置。武警成都指挥学院的学员和上海市公安消防救援队队员分为6个组，每组4人，分时段到二层切割水泥板，进行轮换作业。历时7个半小时，袁军被成功救出。随后，武警成都指挥学院的学员们又在映秀镇电力公司宾馆一、二层的拐角处营救出一名藏族男子。

5月15日7时左右，安徽省公安消防总队合肥支队救援突击队在映秀镇小学废墟搜救被压埋学生时，一名藏族男子前来求救："我的姐姐丹珠卓玛被压埋在坍塌的单位宿舍里，刚刚喊话还有回音。"接到求救信息后，突击队迅速派出汪刚强、李响、张宝、支杰等人员，赶赴被埋压的藏族姑娘所在的建设银行宿舍坍塌现场。队员们爬上随时可能倒塌的房屋，逐一对房间进行搜寻。这位26岁的藏族女子被困在2楼，双臂骨折，身体被石块压住，趴在废墟中，她身体上方只有一个小孔，必须放大才能将其救出。为防止二次倒塌，4名队员和上海消防官兵通力合作，用手将小孔旁的碎石和大预制板扒开，掏出仅容一人进出的小洞，身材瘦小的突击队员随即从小洞进入瓦砾堆内实施救援。突击队员采取接力方式，将压埋的瓦砾搬运出来。12时左右，丹珠卓玛被成功救出。救援突击队还当场向丹珠卓玛捐款1万元，用于医治伤病。

漩口中学女教师董晓红被困在二、三层楼板之间约20厘米高的缝隙之间，身上堆积了厚厚的楼板，她的腿被压埋在缝隙深处。国家地震灾害紧急救援队副总队长刘向阳和教官卢杰进入废墟进行初步勘查，救援队用气垫慢慢顶起楼板，塞进垫木，以防楼板再次塌落。队员贾树志、朱斌一前一后，向废墟里面移动，使用各种先进救援器材轮流作业。随着作业空间慢慢扩大，5月15日19时8分，董晓红终于获救（见图85）。

图85　5月15日19时许，汶川县漩口中学女教师董晓红成功获救

（中国地震局　提供）

映秀镇工商所一幢7层的家属楼，地震时有6层部分坍塌，与两侧两栋未倒塌的部分正好形成一个三角形包围区域，两栋5层危楼向中间倾斜，下面3层与上面2层有明显错位，摇摇欲坠的几块楼板只有一根钢筋连接着，悬吊在5层楼高的地方。工商所女干部陈晏就困在这个夹角中

间，强余震时两侧危楼随时可能向她的位置倒过去。5 月 15 日 7 时 50 分，71781 部队官兵听到陈晏发出的求救声。连长陈浩即带领突击队员从附近找来水泥板、木块等，对压埋者四周进行加固，尔后用钢筋、铁棍挖掘拓宽通道，清理陈晏周围的废墟，并派出警戒组观察余震和周边危楼情况。鉴于该连没有单独实施营救的条件，于是通过镇工商所领导请求地方专业救援队支援。当天，该连官兵先后 6 次钻进洞中，给陈晏送去食品、饮水，并对其进行心理安抚。17 时 42 分，国家地震灾害紧急救援队携带救援器材赶到，官兵立即协助展开营救。救援队副队长刘向阳和教官卢杰进入危楼勘查后告诉大家必须先支撑再掘进。19 时 10 分，由于天色已晚，为避免对陈晏造成意外伤害，救援队伍决定暂时撤离，留下少数人员观察动向。16 日 5 时，国家地震灾害紧急救援队、江西省公安消防总队救援队和 71781 部队官兵继续展开救援。根据现场的情况，救援队采取全手工方式进行营救。内部空间太狭小，只能容一个人作业，而且要个子小的。现场指挥员当机立断，重新进行分工，由小个子队员张勇主攻，经验丰富的李海平紧跟其后进行技术指导，殷毓田、左剑敏担任安全员并传递工具。张勇、李海平从一个小洞爬进随时都可能坍塌的废墟，由张勇用小锯条、小刀片、螺丝刀等小工具在木柜侧面慢慢地锯、割、铲，李海平根据位置及承重情况指导从什么位置进行破拆、破多大的洞等。他们一厘米、一厘米地向前推进，并在主要位置打上了支撑，终于将第一个柜子两个侧板打开。此时，张勇和李海平已在狭小空间里连续作业 3 个多小时，体力已到极限，不得不暂时退出。两分钟后，他们再次钻进“生命通道”，在第二个木柜上打洞。又经过两个多小时作业，“生命通道”终于被完全打开，可以看到陈晏被困位置。她右手被压住，脖子和下巴之间卡了根柱子，腰部被碎砖和木柜的腿卡着，情况十分危险。见此情况，李海平、张勇先与她对话，告诉她消防官兵来救她了，要她坚持住。与此同时，张勇拿起螺丝刀，像雕刻一样，一毫米一毫米地将卡在她脖子上的木柱铲断。就这样，几个小时之后，柱子终于被取出。正当他们要进行营救时，又一次强余震袭来，头顶上的碎砖头、水泥块纷纷落下，将刚打开的“生命通道”挤得更小了。因为挤压，本已虚弱的陈晏出现呼吸困难，张勇和李海平立即退出汇报情况。现场救援负责人周德水当机立断，派军医范军帮陈晏输氧抢救，并给她饮用葡萄糖增加体力，再由张勇、李海平继续施救。两人再次进去时，陈晏的体力已稍微得到补充，但情绪开始波动，要求见她的丈夫。周德水立即下令张勇和李海平加快救援进度，同时，他钻到洞口亲自指挥作业。营救行动一直持续到 19 时 45 分，经 3 支救援队奋战 35 小时，陈晏受困 101 小时后获救。

5 月 15 日 8 时 30 分，71781 部队 1 营 2 连官兵在映秀镇秀坪社区超市搜救时，发现废墟中有微弱的敲击声，连长刘同新判明有生命迹象，迅即向上级报告并请求医疗力量增援。经勘察，该废墟上方为一座 5 层钢筋水泥结构楼体，一层和二层已经坍塌，剩余 3 层下落时整体向西倾斜约 15 度，把一幢两层木楼压倒，回应声来自木楼废墟内。官兵使用钢棍、砍刀、小钢锯等器材，采取定点强攻突破、分班轮流作业的方法，在木楼废墟中凿出一条深约 80 厘米、直径约 40 厘米，可容一人进出的救援通道。刘同新钻入通道，利用打火机初步察看洞内情况，并根据敲击声判定被埋者位于通道内部上方。10 时 45 分，排险组战士轮流钻入通道清理砖石土木等废料，从通道内清理出两根直径 15 厘米的圆木和部分废屑后发现被埋者宋燕梅的头部和肩部。其上半身可以活动，生命体征良好，但身体比较虚弱。官兵利用通道，为宋燕梅送去面包、饮用水等食品补充营养。刘同新再次进入通道，借助手电进一步查明，宋燕梅上半身有一定活

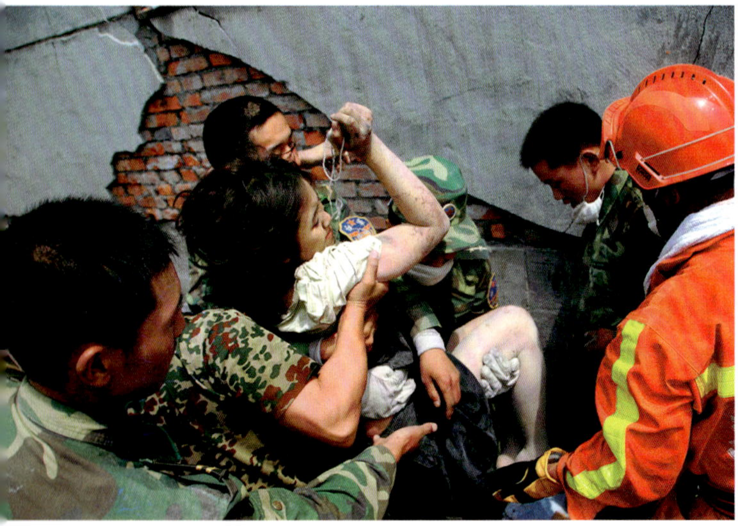

图 86　5 月 15 日，71781 部队官兵将宋燕梅从废墟中救出

（济南军区　提供）

动空间，其大腿以下部位被坍塌砖石压住无法移动，决定自制一根长约 1.5 米的铁钩，用于清理通道中宋燕梅身体上方的砖石。25 分钟后，宋燕梅身体上方的砖石清理完毕，但其双脚仍无法移动。11 时 58 分，映秀镇突发余震，废墟上面的楼体开始摇摆并出现下沉，救援官兵和被埋者生命受到威胁，在通道中实施营救的张信洛被迅速拉出。余震结束后，排险组战士身系安全绳进入通道继续实施营救。安乐用刀片将宋燕梅鞋带割断，她的双脚从门板中拔出；15 时许，安乐将她从通道中拉出，被废墟压埋 70 多小时的美容师宋燕梅获救（见图 86）。宋燕梅于当年 8 月 1 日和次年 5 月 15 日专程到 71781 部队感谢解放军给了她第二次生命。

5 月 16 日 8 时 14 分，山东省公安消防总队在映电总厂办公楼废墟里发现生命迹象，立即在该地段展开搜救工作。总厂女职工虞锦华被埋在 6 层水泥板下，里面乱石、水泥柱交错，营救人员很难判断承重部位。救援官兵采用 5 个不同方案，分别在虞锦华被埋处的前后左右 4 个方位进行尝试，但因废墟内结构复杂，均未成功。营救人员最后采用的方案是从废墟上方打探洞。压在虞锦华上方的水泥板被逐层打穿。探洞打到 5 米深处，营救人员已经能与她直接对话。但虞锦华下肢已被水泥板挤压坏死，奄奄一息；同时，她被一具遇难者的遗体挡住，拖出遗体导致的尸水漏泄可能危及虞锦华的生命。余震引发的塌陷也令营救工作进行得极其艰难，探洞一度从 40 厘米缩小至 20 厘米，但救援人员并没有放弃。23 时 30 分，救援现场指挥部紧急会议决定，继续扩大探洞，挖出虞锦华身前的遗体，并对虞锦华进行现场截肢手术。18 日 18 时，挡在虞锦华上方的遇难者遗体终于被完整挖出，医护人员进入探洞对她进行现场截肢手术。历时 58 小时的持续救援后，被压埋 150 小时的虞锦华被营救人员抬出探洞，医疗人员对她进行急救处理后，送往第三军医大学在映秀设立的医疗点。

5 月 16 日 9 时，根据有关人员报告，在映电总厂宿舍 1 号楼内尚有人员生存。此时距地震发生已超过 90 个小时。江西省公安消防总队抗震抢险救援队九江分队接指挥部命令，迅速派出由副参谋长石凯带领的第一战斗小组展开救援。通过询问得知，被困人董凤强左手可微动，腰、胯部被压，脚部被压且两脚间有一木条。从董凤强头部位置观察，仅可见其头顶部位，其脸部位置朝里、背部朝外。董凤强身体上方有 3 块水泥板，外部各方向均有大量倒塌梁、门窗等，只有少量支撑。救援小组根据初步侦察的情况决定，将救援人员分为清理组、支撑组、破拆组、营救组，先清理工作面区域并做好内部工作环境的支撑，然后由破拆组根据实际情况确定破拆范围，最后由营救组实施救人行动。清理组由石凯带领杨松、余文海两名队员采取用工兵锹、手刨等方式将作业面的碎石清除，并将斜插在碎石中的一副门框小心取出。支撑组人员王永清、屈云龙利用方木等支撑墙体，石凯、叶生辉带领彭和平、余文海、杨松等队员组成的破拆组携带腰斧、平凿、手锤等工具轮流进入作业面开始对墙体进行破拆，墙体破开约二分之一时，救援人员利用强光手电，可大体看到董凤强的情况。石凯下令破拆小组继续开展破拆作业，终于在15时30分左右成功开辟出救援通道。救援组已可清晰看见董凤强的腰、背部及右脚跟部分，经触摸董凤强腰部和右脚跟，均有反应并能准确判断，说明其腰部、脚部血液循环为通畅状态。据此确定，先在董凤强头部、腰部各做两个支撑点以确保水泥板被抬起后保持平衡状态，然后由支撑保护组按预定计划做好支撑保护。救援组开始作业，由于水泥板高度过低，千斤顶无法使用，于是将手动液压剪扩器塞入，由叶生辉负责观察支撑点情况，由石凯、崔义飞负责操作手动液压剪扩器，将水泥板慢慢顶起。在缓慢而平稳的操作中，水泥板被一点点抬离董凤强腰胯部，救援组迅速将千斤顶塞入已经抬高的空间，并采取逐步深入的方案准备将他救出。救援组正在按计划顺利进行时，意外再次发生。由于空间距离极小，放入内部的千斤顶在撑顶时，将水泥板顶出一条裂缝。操作手感觉到水泥板的变化后，立即停止作业。此时，董凤强突然大声告诉救援组，感觉到左脚跟和肩部压力增加，并感觉水泥板距离自己越来越近。救援组立即放松手动液压剪扩器开关降低高度，以减轻他的痛苦，由石凯、崔义飞、彭和平分别对其头部、腰部位置进行缓慢挪动，以改变其现有姿势，由“L”形变为“I”形。经奋战11小时后，被困102小时的董凤强被成功营救。

5月17日8时47分，上海市公安消防总队抗震抢险救援队在映秀镇映电宾馆废墟中探测到生命迹象，汶川县高速公路管理处职工、贵州青年蒋雨航被压埋在两层楼坍塌的废墟中。10时4分，上海市公安消防总队总队长陈飞与副总队长丁克富、陈家华现场制订救援方案。10时10分，救援队根据被困者被压时间、发声源方位及现场建筑倒塌后的地形、地物，在不破坏承重构架的情况下，垂直向下开挖。队员们分成3组，利用手动液压钳、大力钳及手动破拆套件从离被困者约4米处开挖，采用内、中、外流水作业的方式清理废墟上大小不一的混凝土。10时30分，在开挖处出现两块各约4平方米、间隔25厘米、厚度50厘米的承重墙。经简短询问和目测，发现被困者在倒塌楼房大梁左侧，挡在前边的是承重墙，支撑着边上的几根钢梁，救援难度较大。现场指挥部当即决定，从大梁左侧发声源向北倾斜15度角向下挖掘，在打开一个约2米深的洞穴后迂回接近被困者。在1.8米深处，左侧出现一块约4平方米、厚度约50厘米的实体墙，横卧在下面一根50厘米左右的断裂主梁上，仅留的一个不足15厘米的孔洞也被钢架床堵塞。根据现场错综复杂的建筑结构，队员们用扩张器扩大楼板间隙，做竖向支撑，避免二次塌陷。特勤队员周庆阳、黄江蜷起身体钻进坑道，用圆木做起顶部支撑，采取流水作业，将环绕在蒋雨航身边的板条、钢筋剪断、抽出，将楼板破拆搬出。18时6分，被压埋整整124小时的蒋雨航获救。

5月19日8时17分，国家地震灾害紧急救援队和上海市公安消防总队抗震抢险救援队现场指挥部接到搜救小组报告，在映电总厂废墟中发现生命迹象，此时距离地震发生已过去160小时。经现场勘察，被压埋者是32岁的映电总厂发电部副主任马元江。震后，他被压埋在8层办公楼的一、二层楼梯之间。倒塌的楼房立柱、钢筋混凝土楼板、弯曲裸露的钢筋相互交织，现场状况复杂。为快速有效地抢救马元江，现场指挥部经过研究，确定采取横向挖掘的方法进行营救。于是，救援小组开始从废墟的背面挖掘。在挖掘过程中，救援队发现背面废墟堆积松软，支撑废墟承重结构的仅为几根断裂的柱子和门窗，发生二次倒塌的概率极高，现场指挥部决定改为自上而下的挖掘方式开展救援。在实施中又发现，由于建筑废墟堆积较高，倒塌的钢混构件破拆困难，且废墟面积较广，救援现场起重机不能有效停靠起吊位置，无法将破拆后的建筑物起吊，遂又决定采取坑道挖掘的方法。救援队员使用手动破拆工具，并利用脸盆、水桶等器具将破拆物从废墟中传出。经过垂直3.3米、水平1.2米，再垂直1米、水平7米，以45度角倾斜方向推进挖掘，特勤队员周庆阳、王永强进入7米坑道的中段，凭借业务技能和抢险救援经验，实施救援作业。21时5分，救援队员终于触摸到马元江身体。此时，由于长时间被困废墟中，马元江身体已极度虚弱，救援人员加快挖掘速度。马元江的头部露出，3根钢筋横在他面前，大理石楼板顶住他的腰部。为不造成二次伤害，指挥部放弃利用无齿锯和氧气切割的方法，采取剪扩器逐步剪切钢筋、手动破拆工具破拆大理石的方法施救。卡在马元江周围的所有障碍物被清除后，救援人员将自己的身体垫在下面，将马元江移到自己身上，用自己的身体代替木板，一点一点向洞口挪动。20日零时50分，经过17个小时的奋力营救，被压埋179小时的马元江成功获救（见图87）。

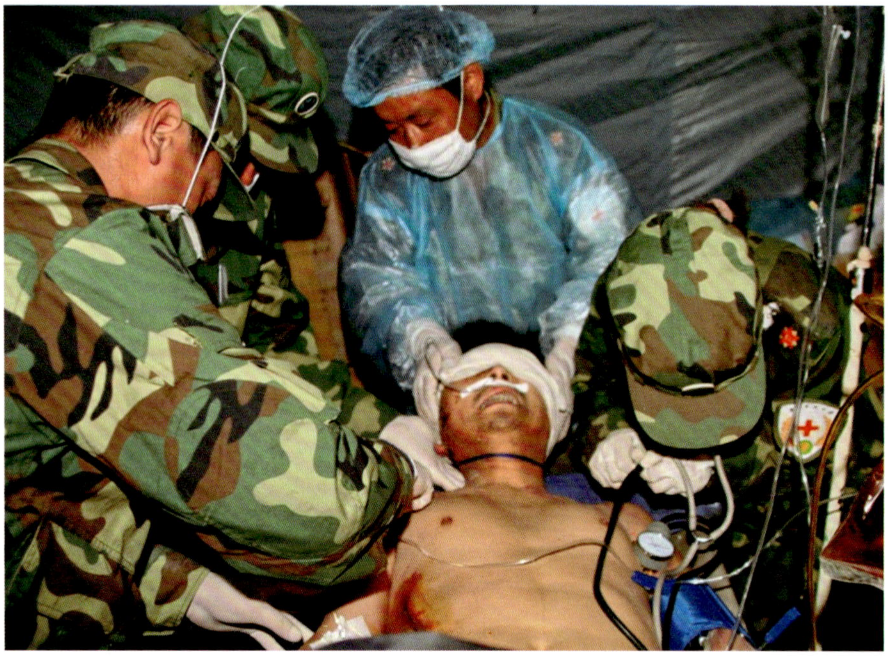

图87　5月20日零时50分，被埋179个小时的马元江被成功救出

（唐义和　摄）

抢救龙溪乡被压埋群众　龙溪乡位于汶川县城西北15公里处，地震中90%的房屋倒塌，5000余人受灾，28人遇难，60余人重伤，全乡断水、断电、断粮，交通、通信全部中断，灾情惨重。

5月13日21时，武警8740部队工兵防化营官兵到达龙溪乡。14日8时，150名官兵分成9个救援小分队，冒着大雨，翻山越岭，奔赴龙溪乡直台、联合、俄布等9个村寨。9时，地雷爆破连副连长程新华带领10名官兵搜救一名被困废墟下约43小时的3岁小男孩。战士们不顾余震频发、周围危房随时可能坍塌的危险，跪在废墟上锹挖手刨，膝盖跪肿了，手指磨破了也全然不顾。眼看就要成功施救，突发余震。程新华置生死于不顾，一面命令其他官兵撤出危险区域，一面命令士官张伟民、李在念用木棍撑住墙壁，用身体护住小孩，自己加快速度刨挖。17时24分，经过8小时连续奋战，小孩成功获救。分赴龙溪村、俄布村、大门村的官兵也救出2名老人和1

名中年妇女。13时20分，俄布村救援小组发现龙溪乡中心小学后山出现一条2公里长、15厘米宽的裂缝，山体已经出现泥石流，随时有滑坡、垮塌的可能，在中心小学临时安置点避险的千余名学生和群众生命安全再次受到极大威胁。工化营教导员郭锐迅速带领60名官兵，协助地方政府将安置点所有人员紧急转移至学校篮球场，同时派出观察警戒小组和两个连队，爬到山上，采取砍树搬石阻截、挖沟开渠疏通泥石流的方式，成功化解了危机。

二 抢救北川被压埋群众

地震使北川遭受毁灭性破坏，北川中学遭受重创。全县20个乡（镇）、278个行政村、16.1万人口全面受灾，道路、交通、通信、水、电、气全部陷入瘫痪，行政、卫生、教育等基础设施全部被毁，360余家中小企业遭受严重损失。一个曾经以风光迤逦著称的山区县城，楼房几乎荡然无存。

地震发生后，解放军、武警部队、公安特警、消防特勤和各种专业救援队火速奔赴北川，展开紧急搜救。各救援队不放过每一个角落、不放弃每一名群众，冒着余震不断、房屋倒塌、倾盆大雨、山体滑坡的危险，钻废墟、爬断墙、攀危楼，对北川县城的学校、医院、企事业单位和人口密集的乡镇进行重点抢救。只要有一线希望，就做出百倍努力。救援队员们用自己的双手和智慧创造了一个又一个生命奇迹：5月16日21时，被压埋103小时的刘畅成功获救；22时15分，与死神搏斗104小时的贺晨曦被成功救出；17日12时2分，被压埋近120小时的赵富贵老人被抢救出来；14时58分，被压埋120小时的马斗被成功救出；19时30分，被困125小时的熊吉才成功脱险；18日9时10分，被压埋139小时的唐雄被成功救出；10时40分，被困140小时的82岁老人刘孝生被成功救出；17时9分，被困147小时的95岁老人何有信被救出；19日10时28分，被埋压164个小时的61岁老人李明翠被成功救出……

各救援队共计成功抢救被埋被困人员414人。（参见图88）在被救的群众中，既有90多岁

图88 5月15日，77200部队官兵在北川羌族自治县抢救被埋压群众

（成都军区 提供）

高龄的老人，也有刚刚1岁的婴儿。

抢救曲山镇被压埋群众 曲山镇是北川羌族自治县的行政、商业中心，老城区80%、新城区60%以上建筑垮塌，镇内2万余人仅有半数人脱险。县城周边山体滑坡，上游3.2公里处形成的唐家山堰塞湖对曲山镇形成严重威胁。道路损毁严重，路面严重沉降。

5月14日7时10分，辽宁省公安消防总队战训处副处长王大伟带领大连支队特勤中队指导员桑武等10名官兵，在北川县城农贸市场搜寻被困人员时，发现在一个两层整体倒塌建筑物的一个严重损毁的屋角处，一名叫宋馨懿的3岁女孩被压在废墟中已经遇难的父母亲身下，只有头部露在外面。由于救援队随身携带的专业救援工具有限，王大伟一面命令给小女孩补充水分，加固墙体的固定支撑，一面组织官兵从救援大本营抢运救援器材。9时20分，救援行动展开，救援队员使用破拆切割锯等抢险救援器材，在墙壁上打开一个救生孔洞，撬动砖头，用木头支撑危墙，防止墙壁倒塌。11时45分，大连市消防支队特勤中队指导员桑武将宋馨懿背出，整个救援行动历经2个小时25分钟。宋馨懿被送往医院救治途中，受到正在灾区考察灾情的温家宝的亲切慰问。

5月14日21时，江苏省公安消防总队抗震抢险救援队在北川羌族自治县交通局倒塌建筑中发现幸存的21岁大学生刘畅，迅速开展救援。由于大楼主体结构严重坍塌，刘畅头部隐约可见，整个身体全部被压埋，双腿被上层坍塌的横梁死死卡压。狭小的作业空间和余震不断的外部影响，使得救援工作进展缓慢，现场医护人员建议截肢后再进行施救。消防官兵本着以人为本的救人理念，数十次调整营救措施，采用最佳方案，凭借专业的技术装备和丰富的实战经验，经连续48小时营救，被压埋103小时的刘畅终于成功获救，同时他的双腿也得以保全。

5月15日8时17分，绵阳市公安消防支队游仙区中队代理排长黄亮，带领救援小分队路过北川县城一栋5层高的危楼时，一名志愿者向救援队求救，楼里有位已经被困60多个小时的老人。与此同时，另一支救援队也正在现场商量如何展开救援。救援队官兵反复倾听废墟中传出的敲击声，确定从坍塌的楼顶正中天井垂直挖下，到二层再向四周延伸。经现场观察，楼高5层，整体塌陷1层，老太太被困在第四层楼上，而且她所在房间的房门被倒下的房梁挤压变形，根本没办法开启。经过现场论证，定下两套救援方案：一是对防盗门进行破拆救援，二是从屋顶放下救援人员进入屋内进行救援，但两种方案都需要进入建筑内部进行勘察后才能确定。8时40分，黄亮和两名救援人员进入建筑物内部，发现老人所在房间的防盗门已经完全变形，并成为该堵墙的支点，因此第一套方案被否定，只能采取第二套方案。救援人员迅速登上顶楼，采用从楼顶直接吊下的方式展开营救。此时，余震使已经倾斜的楼房不停地摇晃，不时有砖块和瓦砾掉落，已将生死置之度外的黄亮滑向被困老人房间，并向老人喊话。确定老人的具体位置后，黄亮慢慢移近老人，见老人精神状态还好，思维比较清晰。黄亮帮老人系上保险绳，并将老人双眼蒙上送出窗外传向地面。9时36分，被困60多小时的张大娘成功获救。

5月15日15时30分，在北川县委大院坍塌的大楼内发现幸存者。15时40分，辽宁省公安消防总队沈阳支队特勤大队大队长李忠海、教导员赵俊宏带领13名官兵到达现场。经侦察发现，县委办公楼一、二层完全垮塌，三、四层尚有部分封闭空间存在，幸存者被困在大楼一角的狭窄空间内。赵俊宏通过喊话得知，幸存者为北川县委常委、政法委书记张周凯及县政法委副书记李贵川、县综治办主任崔德全等5人。15时45分，李忠海带领救援人员在楼侧面找到空隙，将食物、水送到张周凯等人手中。16时18分，现场指挥部确定从楼顶打通楼板救人的营救方案。特勤大队一中队副中队长刘明坤带领一中队战士王云鹏、姜永慧、赵宁、高翔，利用电钻、无齿锯、液压冲击钻等破拆工具，在覆盖被困者上方的楼板上打开孔洞，身材较为瘦小的一中队战士陈贺钻入，徒手清除碎木头、碎石等障碍物。17时13分，张周凯被成功救出。17时15分，李贵川、崔德全等4人也被成功救出。

5月16日8时12分，黑龙江省公安消防总队抗震抢险救援队150名官兵抵达北川县城老城区开展搜救工作。救援队利用生命探测仪对倒塌的100余处建筑进行地毯式探测排查，在一农贸市场内倒塌建筑中发现生命迹象。此农贸市场为4层建筑，一、二层已经坍塌，叠压在一起，仅存的三、四层已支离破碎，摇摇欲坠。市场紧邻滑坡的山体和一幢未竣工的3层建筑，在余震作用下，不时有砖块、碎石掉落。为最大限度争取时间营救被困人员，现场总指挥林铁刚冒着危险，带头进入坍塌的建筑废墟内，指挥开展搜救工作。经过反复搜寻，队员们确定被困者被压埋在一层北侧墙角处断裂的水泥板下，钢筋水泥纵横交错，没有丝毫营救空间。针对现场复杂的环境，为避免使用机械造成楼体坍塌，林铁刚果断下达命令："先将水泥板移开，再徒手救人。"救援队员轮番上阵，小心翼翼地徒手清理覆盖在水泥楼板上大小不一的砖头瓦砾，然后再利用液压千斤顶、起重气垫将楼板慢慢支起。由于余震原因，救援行动数次中断。14时36分，历经5个多小时的奋战，救援队成功将被困96小时的妇女救出。

5月16日15时45分，江苏省公安消防总队抗震抢险救援队在北川羌族自治县农业发展银行废墟上，利用生命探测仪捕捉到微弱的生命迹象。县农业发展银行是一幢4层楼建筑，整体向大街倾倒，二层的营业厅被压扁成不到半米的空间，贺晨曦的身体被坍塌的横梁卡住，下巴被钢筋抵住，右肩被墙角碎石卡住，双腿被一具遗体和两道防盗门侧压，出口方向被另一具遗体挡住。消防队员耗时5小时，利用凿岩机凿出一个约0.5平方米的洞口，进而以千斤顶和原木为支撑，向内打出一条5米长的"生命通道"，终于发现贺晨曦被困的"Z"形空间。除贺晨曦外，还有她两名已死去多时的同事，遗体已经腐烂，恶臭味令人作呕。救援官兵只能隔一段时间退出去呼吸一下外面的空气，再钻进去继续作业。怀着对逝者的尊重，消防官兵小心翼翼地将两具遗体搬出，并利用千斤顶等器材将防盗门顶开。22时15分，与死神搏斗104小时的贺晨曦终于被成功救出。

5月16日21时31分，江苏省公安消防总队无锡市支队救援小组在一栋垮塌的7层居民楼第二层发现北川羌族自治县社保局局长熊吉才。房屋整体垮塌，一层陷入地下，熊吉才处在二层楼梯下。10米高的废墟，贸然破墙将引发二次坍塌。救援官兵正采取垂直下探方案作业时，接到北川抗震救援现场所有队伍紧急撤退的命令："上游唐家山堰塞湖有溃堤危险，必须紧急撤离！"正在现场指挥救援的江苏省消防总队总队长牛跃光在安慰好一直守候在现场的熊吉才女儿后，果断向指挥部请示："部队帮助群众一同撤离，我留下来，再给我几个小时，留下小分队和一台吊车给我，继续营救！"得到批准后，牛跃光命令支队副支队长李文波迅速组成一支由11名无锡市消防支队官兵组成的突击队，继续抢救熊吉才。17 日 19 时，救援小组的电动钻头终于钻破熊吉才上方的坚厚楼板，最后一层楼板打通后，救援官兵迅速将安全绳牢牢系在他身上。19 时 30 分，熊吉才在被困 125 小时后成功脱险。

5 月 17 日 5 时 11 分，苏州市消防支队抗震抢险救援队官兵在北川县城一居民楼废墟中发现生命迹象。在参战官兵的奋力挖掘下，遇险者陷身的位置已经暴露出来，年仅 21 岁的马斗被几块巨大的钢筋混凝土构件压埋在狭小的空间内，生命体征已经十分微弱。9 时 8 分，经过参战官兵连续奋战，手挖锹铲，清理出渣土近 10 立方米，现场断面基本清理完毕，只剩下两块结构巨大的钢筋混凝土预制板，一块在上部，一块在下部，死死卡住马斗的身体，马斗的头部卡在夹缝里动弹不得，生命随时都有可能终结。9 时 20 分，经现场指挥部与后方联系，有着丰富地震现场卫生急救经验的医生贺长青不顾年老体弱，跋涉 5 公里，火速赶到救援现场，在参战官兵帮助下为马斗补充生理盐水，使微弱的生命得到暂时延续。与此同时，指挥部安排专人不断向马斗喊话，让被困者保持清醒。9 时 55 分，压在遇险者上部的巨大钢筋混凝土预制板被凿开一个缺口。就在这时，一次震级较大的余震发生，救援行动被迫暂时中止。余震刚停，救援工作立即继续。10 时 20 分，在参战官兵的努力下，生命通道再次被打通，救援队员试图将马斗移出来，可侧面的一块水泥预制板却死死卡住他的右腿。14 时 28 分，马斗侧面“生命通道”被凿通，最先发现幸存者的廖海东和个子瘦小的常向阳率先钻进去，发现一块横木压着马斗头部。两名队员立即利用随身携带的腰斧，在狭窄的空间里对拦阻生命救援的木头进行破拆，并脱下战斗服将受伤者的头部保护起来。14 时 58 分，被压埋废墟中 120 小时的 21 岁青年马斗被成功救出。

5 月 18 日 8 时 6 分，吉林省公安消防总队抗震抢险救援队 20 名官兵，在副总队长杜守良带领下，到北川羌族自治县擂鼓镇进行搜救。10 时 40 分，吉林市公安消防支队参谋长韦友搜寻到该镇一小巷深处一座危楼时，隐约听到一层屋角处有声响。他马上赶了过去，发现在屋角的一张床上躺着一位老人，身体被蚊帐遮住，即向杜守良报告。杜守良率领官兵迅速赶到现场，发现老人有微弱的呼吸，下肢瘫痪，言语不清，已处于昏迷状态。杜守良马上给老人喂水，等老人神志渐渐清醒后，迅速组织队员用担架将老人抬到当地医疗站。经医护人员抢救，被困 140 小时的 82 岁老人刘孝生成功获救。

33 岁的唐雄是北川羌族自治县人民医院医生，其妻子谢守菊于 5 月 15 日下午被海南救援队救出。当救出谢守菊后，她告知救援队唐雄也被埋在废墟中，并且还活着的重要信息。救援队立即施救，17 日 9 时，用生命探测仪探测出唐雄的准确位置，救援人员利用破拆器材打开坍塌楼板，用切割器切断钢筋，打开一条通道，看到了唐雄的头部。此时，余震突然袭来，山体滑坡，巨石滚落，导致该楼墙体开裂，建筑倾斜加大、摇摇欲坠，现场总指挥命令全体人员立即撤离。撤离之前，救援人员及时向唐雄送入饮用水，等到警报解除以后，救援队又立即返回施救。正赶往其他灾区途中的总队长苏一愚获知消息后，命令在现场带队指挥的副总队长林国朝：只要被困者有一线生还希望，就要尽百倍的努力，决不言弃，决不放弃。现场救援队加强对被困人员的守护，及时输送饮用葡萄糖，不停地向他喊话，增强其生还的信心。18 日 5 时 32 分，海口市消防支队参谋长余德炎带领 3 名救援骨干进入现场施救。救援人员利用无齿锯、混凝土切割器等破拆工具艰难地打通3层楼板，终于看见被困者，但又发现一根横梁压在他身上。救援队一边鼓励唐雄挺住，一边紧急调用起重设备顶开压在他身上的重物。18日9时10分，成功救出被压埋长达139小时的幸存者唐雄。

抢救陈家坝乡被压埋群众 陈家坝乡是北川羌族自治县除县城曲山镇之外受地震破坏最为严重的乡镇。地震灾害使陈家坝乡场镇和农村地区所有房屋全部毁损，水、电、气、通信、道路交通等基础设施等遭受毁灭性破坏，场镇功能全部瘫痪。全乡14个村8000余人因山体滑坡，完全无法原地居住。

陈家坝乡白菊村羌族村民王继芬地震时被压在家里的楼梯一角，双腿被砖块卡住。家人曾试图把她救出来，但因未完全倒塌的房屋倾斜在楼梯上方，楼梯又被废墟紧紧压住，稍一触动，摇摇欲坠的房屋泥土瓦块就哗哗往下落。5月14日，在陈家坝乡实施救援的驻滇某部8连指导员钟树峰和7连连长邵建东带领的救援组赶到该村。此时的王继芬已近绝望，官兵们边安慰她边用手轻轻刨开废墟，递进食物和饮料。当进入楼梯救援的缺口打开后，大家都争着先上。钟树峰说："我个子小，我进去最合适。"说罢就带着士官王荣华爬进洞里施救。由于不敢用力，他俩只能一点一点地用手刨开王继芬腿上的瓦砾，两人的手套全被磨破，手指不停地流血。在最后用筷子长的钢筋撬开卡在王继芬腿上的砖块时，她因疼痛一度要求放弃救援。站在外面的官兵边劝她忍一忍，边给她唱军歌，转移她的视线。很快，卡在她腿上的砖块被清除。钟树峰和王荣华又拉着她慢慢往外挪，一直挪了近10分钟，终于把她拉到洞口，上面的官兵连忙上去抱住她。经过58分钟的紧张战斗，被困48个小时的王继芬成功获救。钟树峰和王荣华刚钻出洞，楼房便"轰隆"一声倒塌了。

在被扭成一堆麻花状的陈家坝乡农贸市场废墟旁，驻滇某部炮营教导员金成毅带着官兵解救被埋的村民宋小花和她10个月大的女儿。废墟里，不时传出大人的呼救声和小孩的哭喊声。"你放心，有解放军在，我们一定把你们母女俩救出来！"金成毅边安慰宋小花，边轻轻凿开一个小洞，先给母女俩递进食品、牛奶，然后再把洞一点点扩大。为了不给母女俩造成二次受伤，金成毅最后连工具也不用了，手脚并用继续挖刨，手磨破了，脚划伤了，他全然不顾。半个多小时后，废墟一侧的一堵墙轰然倒下，差点砸着金成毅，挖开的洞又被填上，官兵们只得重新一点点地刨开废墟。又经过近一小时的努力，母女俩被平安救出来。

92岁的向金友老人被埋在家里的阁楼下，家人要去救他，被他喝止住了。"我这把老骨头了，不要因救我把你们搭进去！"成都军区某部部队长邓长城带领官兵前去施救时，老人也是这样恳求。邓长城大声说道："向大爷，您放心，只要有一线希望，我们都要做百分之百的努力把您救出！"邓长城用破坏钳剪断钢筋，带着官兵搬走约两吨的残墙断壁，又凿洞钻进去，用毯子裹住老人，一点点往外拉，把老人抱上了担架。

5月17日，宁夏回族自治区公安消防总队抗震抢险救援队15名官兵在陈家坝乡西北方向实施搜救。10时30分，救援队接到群众求救："陈家坝乡大竹村有居民被困，生死不明。"救援队请示现场指挥部后，派出由5人组成的救援突击队，在当地村民的带领下，前往现场侦察搜救。由于通往救援现场的道路被滑落的碎石所埋，仅有的一条百米长的铁索桥也因年久失修和地震破坏，铁杆连接处有大量裂缝，十分危险。救援突击队队员就用腰斧开路，以最快的速度赶赴救援

图 89　5 月 18 日 17 时许，宁夏抗震抢险救援队救出被困的 95 岁老人何有信
（中国地震局　提供）

地。11 时 40 分，救援突击队在九龙山发现被埋在废墟中的 69 岁老人赵富贵。突击队立即安排一名队员观察警戒，另外 4 名官兵利用破拆工具清理压在老人身上的墙体、木头等建筑物废墟。12 时 2 分，将老人从废墟中抢救出来。老人已经 5 天未进食，体力严重不支。救援队立即用随身携带的食物和水给老人补充体力，随即用背、抬等方式护送他转移。13 时 35 分，被困近 120 小时的赵富贵被安全送到救护站。

5 月 18 日 17 时 9 分，宁夏回族自治区公安消防总队抗震抢险救援队吉海滨、高明禄带领 25 名官兵在陈家坝乡青竹村，将被困长达 147 小时的 95 岁老人何有信救出（见图 89），进行简单包扎后，沿着近 80 度陡峭山壁，轮流将老人抬到救援队营地。经随队军医进行及时救治后，将老人送到江油市医疗站。

三　抢救绵竹被压埋群众

抢救汉旺镇被压埋群众　汉旺镇位于绵竹市西北 10 多公里处，人口 6 万多人，是四川省经济大镇，也是千年古镇。地震中，汉旺镇死亡 1939 人、受伤 15487 人、失踪 267 人，全镇房屋和基础设施全部被毁，整个汉旺成了一片废墟。国家地震灾害紧急救援队、四川省地震灾害紧急救援队、77200 部队、77298 部队、贵州省公安消防总队抗震救援队、浙江省公安消防总队抗震救援队、武警德阳市支队等救援队伍到达现场后，根据知情人报告的信息和营救人员的判断，用专用工具爬进废墟内部破拆、用吊车吊起预制板、用工具打洞等方式，连续奋战，先后在东汽家属区、叶片分厂办公楼等地，成功营救30余名被埋人员。

5月14日7时，77298部队第一梯队官兵冒雨抵达汉旺镇。部队迅速分兵赶赴东汽、汉旺镇等地抢救被困群众。随后部分人员冒着山洪、泥石流、水库决堤的危险，在绵竹河畔公路上努力搜救幸存者。8—13时，官兵连续奋战5个多小时，共清理出遇难者遗体39具，从废墟中刨救出董晓娟、赵小风等被埋群众12人。

5月14日9时50分，贵州省公安消防总队抗震抢险救援队在东汽家属区进行搜救，发现一名妇女被压埋在一层靠外墙的废墟中，上面重重叠叠压着3米多厚残垣断壁，但她神志清醒。由于废墟结构复杂，不能动用大型机械，现场指挥长汪浩命令队员们用千斤顶和木板对压在被困者身上的墙体从身体两侧进行支撑，以减小墙体对她的压力。现场医护人员给她输送盐水补充水分，她丈夫不断喊话给予鼓励。汪浩带领消防官兵迅速清理倒塌物，用液压剪切钳将连接较大废墟构件的钢筋剪断。14时52分，被困者身上的砖砾基本清空。接着，救援队又小心地将她脚下的泡菜坛子碎块清理出来，在她左脚下挖出一点空间，将压在她脚上的水泥板顶起。经过连续5个多小时全力救援，被困近50小时的张大菊成功获救。

5月14日10时37分，贵州省公安消防总队抗震抢险救援队接到群众报警称："东汽家属区701号楼五层有一名幸存者，现场群众怕大楼倒塌，不敢进去营救。"接到报警后，突击队范文健带领两名战士赶往现场。经现场勘察发现，701号楼已发生倾斜，四壁开裂，楼梯严重变形，如果发生余震，随时有完全倒塌的可能。范文健带领战士冒着随时被压埋的危险深入大楼，发现奄奄一息的67岁老人崔远林躺在床上。经询问得知，地震发生后，其家人已经全部逃离，由于自己不能行走，便独自留下来。10时56分，消防官兵成功将老人救出。

5月14日中午，有志愿者报告，在东汽电厂办公楼内有幸存者的微弱呼救声音。接到报告后，国家地震灾害紧急救援队、四川省地震灾害紧急救援队派人迅速赶往电厂办公楼废墟，但废墟将通往电厂办公楼的道路几乎堵死，多辆汽车被倒塌的建筑物砸坏，大型救援设备无法进入。电厂办公楼为5层结构，震后呈叠层状倒塌废墟。国家地震灾害紧急救援队副队长曲国胜和周敏两人随志愿者爬上陡立的废墟，向废墟孔隙中喊话。经过几次反复喊话，将幸存者的位置锁定在废墟东侧边缘附近。救援队利用废墟顶层楼板原有的开裂口，将钢筋剪断，将一块长约4米的楼层盖掀到废墟外侧，楼顶层的预制板显露出来，预制板已断裂成几块，剪断部分钢筋，一层预制板被移出。继续清理碎砖、碎木块和废墟杂物，显出一个长方形的槽，二层楼板也被艰难地移出。这时，露出一个三角形的窄缝和几根铁管，可以看到被埋压者高岩的手、手臂和整个头部。16时左右，教官卢杰和医生高歌赶到，指挥志愿者利用就便器材开展救援行动。通过切割和破拆，盖在高岩头部的预制板被抬出，盖在他胸部的一截预制板也被抬走。预制板下高岩的身体被很多铁管和木板卡死，伸向废墟深处的右腿被多层预制板压住。救援队先把高岩身上的铁管（他睡觉的铁床地震时被震翻扣在他的身上）用钢锯锯断，将部分床板清理掉，使他终于可以看见外面了。14日20时30分，高岩获救（见图90）。

5月15日9时，贵州省公安消防总队抗震抢险救援队指挥部接到群众反映："东汽厂家属区

图 90　5 月 14 日 20 时 30 分，东汽电厂职工高岩被成功救出

（中国地震局　提供）

703 号楼可能还有幸存者。”现场指挥长汪浩立即带队赶到现场。经现场勘察，703 号楼严重倾斜下陷，一层已被压垮，楼梯间被完全堵死。救援突击队决定利用挖掘机抓手为吊斗，将侦察员桂阳送到大楼各层窗口进行侦察。经侦察发现，在大楼二层靠窗边的沙发上躺有一人，且离楼房另一侧较近。根据现场情况，救援人员桂阳、陈青利用两节 6 米长的拉梯，从楼房另一侧进入救人，将 78 岁瘫痪老人张作栋移至阳台。10 时 17 分，在地面人员的协同下，救援人员利用担架和安全绳将老人成功解救，交由现场医务人员进行救治。

抢救绵竹市区被压埋群众　绵竹市距成都较近，交通便捷，救援力量到达较早，经过 5 月 12—14 日的紧急救援，大部分被埋者已被救出。从 14 日下午开始，浙江、贵州、河南、云南、湖北的公安消防总队等专业救援力量相继到达，运用专业技术手段对深层压埋群众进行拉网式搜寻救援。14 日 23 时 11 分，浙江省公安消防总队抗震抢险救援队深入绵竹市区的中国银行绵竹支行大楼坍塌现场开展救援行动。由于 7 层高的大楼已经全部坍塌，坍塌后的高度仅有 1 层楼高，各楼层的楼板仅留下少量空间，空间内又充满着沙石瓦砾，给搜救行动带来极大的困难。搜救小组使用音频生命探测仪成功地探测到生命迹象。此时，现场已经历多次余震和暴雨冲击，周围建筑物摇摇欲坠，救援现场环境极为危险。为尽快救出被困者，担任前沿指挥长的副支队长赵其良果断决策，确定从废墟东、南两面分别开辟救援通道的救援方案，派出 6 名救援队员分成 3 组轮流展开行动，分别在一、二层横梁间和二、三层横梁间打开两个救援通道。之后，战士唐建峰、朱海平进入狭窄的救援通道，运用双手和救援工具不断扩大通道。接近被困人员后，发现他一条腿被压，无法在短时间内将其救出。两人便不断地对其进行宽慰、鼓励，并根据现场医疗人员建议，适时为其补充水分。与此同时，两人在连转身都十分困难的空间里，依靠娴熟的技能及丰富的救援经验，不停地挖掘、刨扒，一点一点清理掉压在被困者腿上的建筑构件。15 日 8 时 8 分，经过近 9 个小时的努力，在数百名围观群众及被困者家属、同事的关注下，被压埋 65 个小时的被困人员终于获救。

抢救天池煤矿1号井被压埋职工　天池煤矿1号井是天池集团公司下属矿井，距汉旺镇约3.5公里，有职工1000余人。地震发生后，近30名正在开会的管理人员被埋压在垮塌的行政办公楼废墟中。5月13日6时，乐山市矿山救援队和德阳市天池集团公司矿山救护队40余人携带各种必要装备到达1号井办公楼实施救援。通过喊话、敲击，发现还有4名幸存者，其中邓兴伟、刘锐、刘芝国被埋在同一个地方，刘春艳被埋在另一个地方。他们都被埋得很深，被很多水泥板压住。被埋者旁边还有一幢随时可能垮塌的危房，救援工作十分困难。两个救护队立即拟订营救方案，密切配合，分工协作，通过小型钢钎、钢锯、榔头等工具，将水泥板破碎物移开，扒出小洞进行施救。11时左右，终于打开一个小洞，将刘芝国救出，但他因伤势严重已停止呼吸。利用同样的方法，救援人员又救出被压埋人员刘春艳、邓兴伟、刘锐。

5月19日，郑煤集团矿山救援中心抗震救灾抢险队接到四川安全生产应急救援指挥中心命令：天池煤矿1号井仍有8名矿工被埋在坍塌的废墟中没有被救出，请立即增援。由于公路被泥石流完全破坏，大型救援装备无法上去，只能用钢钎、铁铲、液压剪刀、液压起重器实施救援，难度非常大，且埋压遇难者的楼房还有一部分没有坍塌，在余震不断的情况下，随时都有二次坍塌的可能，给救援工作的开展造成很大威胁。郑煤集团矿山救援中心抗震救灾抢险队赶到现场后，立即召开战前动员会议，迅速展开救援。队长陈六合找到成都斗山工程机械公司支援汉旺的挖掘机司机，于19时20分带领他们到达救援现场。在挖掘机的配合下，经过10多个小时的奋战，8名遇难人员的遗体全部被搜寻出来。（参见图91）

图91　5月19日，国家矿山抗震救灾救援队在天池煤矿1号井办公楼废墟中搜救被困人员

（安全监管总局　提供）

四　抢救什邡被压埋群众

什邡市因地震灾害死亡、失踪6122人，受伤33075人，100余万间房屋损毁，17万人无家可归。山区中的大中型企业、旅游景点、宾馆几乎被毁，交通、通信等基础设施毁损殆尽。蓥华、红白这两个依山傍水的秀美小镇遭受重创。90%的房屋倒塌，通信、电力全面中断，救援人员在抢险救灾过程中，还几次面临液氨泄漏、硫黄燃烧的威胁和考验。

地震发生后，按照上级有关部门的命令，四川预备役高射炮兵师机关抗震救灾小分队、乐山预备役旅、河南省地震灾害紧急救援队、浙江省地震灾害紧急救援队、江苏省地震灾害紧急救援队、95944部队等先后赶赴什邡灾区，迅速展开营救，成功救出41名被埋在废墟里的群众。

5月14日上午，河南省公安消防总队抗震抢险救援队第一、二梯队救援力量组成联合搜救队在什邡市蓥华镇开展救援。在宏达化工厂搜救时，经询问厂方人员，确认有6名群众被埋在废墟中，生死不明。救援队员迅速确定两名群众的被困位置，立即用大型机械从顶部清除悬挂物和大型建筑构件，利用破拆工具从山墙一侧打开缺口实施营救。由于被埋较深，被困者戴军勇的一条腿被水泥大梁和办公桌死死卡住，紧靠的残墙随时可能倒塌，救援工作进展缓慢。指挥部果断决策，组织官兵用木头顶住可能倒塌的墙体，派出身材相对瘦小的战士爬进狭小的救援通道，用切割机、扩张器清除压在被困者腿上的水泥板，利用液压顶杆撑起压在桌面上的钢筋。15日14时50分，终于将废墟中被压埋72小时的戴军勇救出。河南省公安消防总队抗震抢险救援队得知被埋在废墟中的女职工肖海英已奄奄一息，施救现场一边是高达30余米的水塔，根基漏水塌陷，塔身平移错位，并向救援点严重倾斜，另一边是扭曲变形、随时可能倒塌的危险残楼，救援环境十分恶劣。突击队员为了抢时间、抢生命，果断决定深入废墟的夹缝中，利用生命探测仪进行搜寻，确定被困者的准确位置。两名身材较小的突击队员钻进清理出的狭小孔洞内，蜷缩着身体清除压在被困者上方的碎石。15日15时30分，被压埋70余小时的肖海英成功获救。

5月14日15时12分，95944部队什邡市洛水镇指挥所接群众求助："玻纤厂有人埋在废墟中，请派人救援。"参谋长彭元军当即决定由机关人员组成突击小分队前去救助。到达现场后，在玻纤厂有关人员的引导下，95944部队官兵轻轻搬动每一个水泥板块，趴在废墟堆上，把头伸进缝隙中仔细察看每一个角落，同时不停呼喊："下面有人吗？"突击队员刘加彬突然听到脚下两块水泥板下传出喘息声。一名男子头部被砸扁的铁皮柜和水泥板紧紧夹住，左额受伤处的血已凝固，全身多处压着砖头和灰尘，脚部被铁皮柜另一侧压住。考虑到场地小、人员多，施救工作不便展开，同时增加在废墟上的压力随时都有可能引起现场再次坍塌，造成次生伤害，遂决定现场只留下少数人员实施作业，其他人员在外围开展施救工作。10分钟后，压在铁皮柜上面的砖头和堆在被困者身上的杂物已基本被清理完毕。他们调来两台吊车，从两个方向分别向上牵拉两块水泥板。吊车司机准确地按指令操作，徐徐将水泥板吊起。此时，挡在救援人员面前的障碍即保住幸存者生命的铁皮柜已没有外在压力，只要再将周围砖石稍加清理，便可将其抬出。5分钟后，柜子周边杂物清理干净，官兵们将柜子拉出。经过数小时的艰难营救，李光弟被成功救出。

5 月 15 日 8 时 13 分，正在什邡市红白镇金河磷矿宿舍 1 号楼现场开展救援的浙江省公安消防总队抗震抢险救援队官兵接到群众求助："90 岁的黄淑琴老太太被困在一幢地震后严重受损的建筑内。"浙江省消防总队副参谋长王伟和宁波市支队特勤大队大队长邵雪峰立即率队前往救援。8 时 26 分，特勤大队战士钟长峰、刘向明手持机动链锯进入建筑内，对被困人员房门进行破拆，在房门上开启一个高 0.35 米、宽 0.4 米的口子。8 时 34 分，救援人员携带救生担架进入老人被困房间，由于地震使整个房间楼板下陷，救援人员沿墙角逐步接近被困者，发现黄淑琴生命体征较弱，身上没有明显外伤。8 时 42 分，黄淑琴被救援人员固定在救生担架上抬出，并被转移到红白镇医疗救护站进行紧急救护。

5 月 16 日，四川陆军预备役高射炮兵师二团、江苏省公安消防总队赴四川抗震救灾救援大队、河南省地震灾害紧急救援队官兵在什邡市蓥峰化工厂废墟内展开协同营救，用生命探测仪发现被困者刘德云。此时，刘德云已被困近 100 小时，靠吃雨水沾湿的卫生纸维持生命，身体非常虚弱。现场周围是蓥峰化工厂摇摇欲坠的厂房，动用大型吊装设备进行营救有引发墙体倒塌的危险。刘德云左腿被一块巨大的钢筋混凝土横梁压住，倒下的横梁还支撑着严重倾斜的楼层，如果移动不当很可能引起二次垮塌，给救援带来很大困难。根据该部卫生队医生侯平等人诊断，其左腿已经坏死。为了确保营救成功，经过充分论证并征得刘德云及家属同意后，决定锯掉刘德云的左腿。由于现场没有专业消毒设施、药品，没有麻醉药，没有专业实施外科手术的锯子，救援 v 人员决定就地取材实施手术，用随队带来的止疼剂杜冷丁代替麻醉药，用消防官兵的消防电锯代替手术锯。在利用现有药品进行认真消毒后，医师侯平、王多彬给刘德云注射杜冷丁并经过止血处理，消防部队排长徐波当场用消防电锯锯下他的左腿。18 时 30 分，刘德云获救。

5 月 16 日 14 时 13 分，河南省公安消防总队抗震抢险救援队第一梯队对蓥华镇蓥峰实业有限公司一座 5 层楼实施搜救时发现生命迹象，突击队员立即向指挥部报告。指挥部根据现场情况，迅速制订营救方案。由于该楼房 1 ~ 3 楼全部垮塌，且严重扭曲，难以分辨被压埋人员所处楼层位置。搜救人员通过现场勘察、询问知情人员、查看施工图纸，最终判定被困人员压埋位置。该部位被建筑残体层层叠压，上部构件摇摇欲坠，救援通道被一钢筋混凝土立柱横向阻拦，破拆器材无法展开作业。救援人员冒着连续发生余震、建筑残体随时可能再次坍塌的危险，采用切割、撑顶、固定等措施，深入狭小空间，强行打通纵深 5 米、宽 0.6 米的救援通道。22 时 20 分，经过近 9 小时的艰苦奋战，成功将被压埋 104 小时的蓥峰实业有限公司员工李青松救出（见图 92）。

5 月 17 日 7 时 30 分，河南省地震灾害紧急救援队第一梯队在蓥峰实业有限公司俱乐部坍塌现场进行搜救。突击队利用探测仪器对该坍塌楼房进行搜寻时，发现生命迹象，经过反复探测定位，最终确定被困人员在大楼一层。根据现场情况，指挥部立即研究制订营救方案，决定以郑州市消防支队特勤力量为主力，利用破拆工具从一层打开救生通道。突击队员在十分狭小的作业空间内，利用钢钎、弧氧切割机等破拆工具，轮番交替作业，对横向阻拦的 3 根直径达 80 厘米的钢混构造柱及建筑坍塌物实施破拆，艰难清除狭小通道内建筑坍塌物，并利用塑料软管从坍塌建筑缝隙处向被压埋者输送牛奶及饮用水，维持其生理需要。18 时 15 分，经过 11 小时连续奋战，成功将被压埋 124 小时的卞刚芬救出。

图92　5月16日，河南省地震灾害紧急救援队成功将李青松救出
（中国地震局　提供）

五　抢救青川被压埋群众

抢救木鱼镇被压埋群众　5月14日5时30分，南江县民兵应急连分为4个突击组，沿青川县木鱼镇主街搜救幸存者。9时30分，第二突击组在镇渡口码头处搜索时，听到废墟中有微弱呼救声。南江县人武部部长张勇、副部长潘清义即刻赶到现场，集中兵力展开救援。施救现场是一处砖混结构的3层居民楼房，地震发生后房屋被夷为平地。被埋者叫韩宝花，是一名30来岁的妇女。营救行动开始后，民兵应急队员们用手刨去废墟上的泥土，用绳索拉开水泥板。倒塌的水泥板和房梁相互交错，人工拖拉水泥板极为困难，严重影响营救进度。10时50分，经大型机械清除，从水泥板缝隙中听见被埋者的呻吟。为防止大型机械施工震塌水泥板造成二次伤害，指挥所领导决定改用手刨，以打开通向被埋人员处的通道。被埋者系兄妹二人，其兄已经死亡，韩宝花虽然意识清楚，但身体严重脱水，显得十分虚弱，已不能清楚对话。经观察，韩宝花兄妹二人胸部以下被倒塌的水泥板死死压住，上千斤重的水泥板靠人工无法搬开，又无法用机械施工。指挥所立即向在木鱼镇参加抢险的广元市消防支队求援，同时请来医生为韩宝花输液。11时15分，广元市消防官兵进入施救现场，用液压千斤顶将压在韩宝花身上的水泥板顶开。11时47分，民兵应急连队员小心翼翼地将韩宝花从水泥板夹缝中救出，送往医院救治。

5月14日6时30分，刚刚抵达木鱼镇的巴中市巴州区应急民兵连即兵分两路，火速赶赴玻璃厂、林业站展开搜救行动。10时20分，巴州区应急民兵连在玻璃厂职工宿舍楼搜救时，突然听到废墟下传出微弱的呼救声。指挥员迅速调整部署，增派兵力，展开对幸存者的救援行动。被埋者是一位76岁老人，要营救那位老人，必须在平地上挖出一个漏斗形大坑，再通过大坑施救。民兵们用双手将一个房屋倒塌后形成的小山包刨出一个大坑。为赢得时间，巴州区人武部抗震救灾指挥所迅速向上级报告情况。木鱼镇抗震救灾指挥部调来挖掘机、吊车等机械设备，同时派出消防武警协助。为防止机械作业中产生的大量灰尘呛伤老人，队员们一边向作业现场洒水，一边吊运。20时，民兵应急连队员在坑底用手扒出一个小坑，通过手电光看到老人被卡在两块水泥板形成的“人”字形空间里，已奄奄一息。队员们赶紧拿来葡萄糖水和一根小导管，让老人补充能量。营救人员随即采用人工与机械作业结合的方式，分成3个战斗小组轮番挖掘。至24时，经过连续奋战，队员们成功将老人救出。

5月14日14时40分许，木鱼镇玻璃厂家属楼内发现幸存者。辽宁省公安消防总队副总队长李金华得知后，命令丹东市支队副支队长白刚带领15名官兵赶往现场。14时50分，救援队伍到达现场后，白刚立即组织成立3个救援小组利用生命探测仪进行搜救。经向附近的老百姓了解得知，楼下压着的两位老人，是参加过抗美援朝战争的72岁老战士刘绍金和他的老伴。15时，在当地救援指挥部组织吊车将较大建筑构件吊走后，白刚组织官兵全力抢挖被困人员。搜救过程中，丹东市支队特勤中队班长孙洪亮再次侦察到老人大致被困的楼梯间部位。为防止残存墙体塌落造成对被困人员和救援官兵的伤害，白刚和战训科科长赵凯组织救援人员采取平衡加固、多点支撑等措施，利用现场的木柱等将墙支住，用液压撑顶器顶住要倒塌的墙体，防护与挖掘同步开展。22时30分，丹东市支队浪头中队班长赵亚齐发现，被困的刘绍金还有生命迹象，但坐在他腿上的老伴已无生命迹象，他老伴腰上压着震落下来的预制板。15日1时10分，白刚和赵凯下到挖掘的救援洞里，确定先用木板给预制板做备板以防断裂、用吊车进行有限尺度起吊、迅速拖出老人的救援方案。1时30分，白刚从现场找来吊车，在吊车将预制板吊起0.2米的时候，特勤中队副中队长李江和战士崔建华迅速将刘绍金救出。

抢救沙州镇被压埋群众　5月13日，武警广元市支队官兵奉命赶赴极重灾区青川县沙州镇救援。9时40分，带队干部任翠文得知8岁男孩李顺和其母亲被埋压在废墟最底层。该废墟是3层楼房坍塌后形成的，在被埋者上方横着两块断裂的预制板及砖块、木板等杂物。任翠文决定先组织战士清理杂物，从预制板下面打开一条通道救出被压埋者。由于埋压太深，救援进度缓慢。10时15分，任翠文动员群众，从当地百姓中挑选10名年轻力壮的小伙子和战士们一起施救。11时30分，官兵们用双手刨开预制板前方杂物，发现两块断裂的预制板交叉横于通道正前方，必须将其中一块移开后才能进入通道，而救援官兵缺少吊车等重型机械，仅靠人力将水泥预制板移开，难度很大。12时45分，救援官兵从两块断裂的预制板中间打开一个直径约60厘米的缺口，战士陈诚立即钻进去，用双手清理通道中的杂物。13时10分，战士们借用手电微弱的光线看清李顺被埋压的准确位置，随后轮流爬入通道清理杂物。13时50分，救援官兵打通一条救援通道，任翠文可以用手触摸到李顺的身体，但由于李顺被一根重约两吨的横梁卡住，仍不能顺利救出。15时20分，横梁周围被清空。15时35分，任翠文从废墟中将李顺抱出，立即移交医护人员进行救治。被埋压25小时的李顺获救，其母亲则不幸遇难。

5月15日10时20分，武警广元市支队官兵在沙州镇沿街搜救。当搜寻至镇政府时，听到微弱的呼救声，立即展开救援。10时50分，增援官兵赶到现场，在判明被埋压者大概位置后，任翠文立即组织官兵用手清理废墟，力争尽快打通救援“生命通道”。11时31分，官兵们清理完顶层碎渣后，发现被埋压在废墟深处的老人左会清生命体征良好。12时10分，救援官兵用钢钎和肩膀移开上面的预制板横梁，从老人左侧打通一条深约1.5米、直径约50厘米的通道。老人上半身已可以活动，但下半身仍被废墟埋压无法动弹。12时15分，上等兵张辉钻入通道给老人送去水和食品。13时50分，堆集在老人身上的碎渣全部被清除。13时55分，任翠文小心翼翼地把老人从废墟中背了出来，并在战友的协助下迅速将她送到就近医疗点接受治疗，被废墟埋压多时的左会清获救。

抢救青川县城被压埋群众 5月13日11时30分，武警广元市支队救援队54名官兵赶到青川县城，得知青川县盐业公司10余名职工被压埋在仓库内。盐业公司两层办公楼已倒塌半边，公司仓库完全坍塌，仓库东侧已被山体滑坡滚下的土石所埋。救援官兵顾不得卸行装，又急速行军1.5公里赶至盐业公司倒塌的仓库实施救援。带队干部王守根决定将救援分队划分为两个搜救小组，从南北两个方向实施搜索救援，同时派出两名制高点观察员，发现异常情况立即发出报警信号。在没有任何工具的情况下，援救官兵全靠手刨、手扒、手搬搜寻被压埋者。17时10分，北面搜救组听见废墟下传来敲击声。王守根立即率领搜救官兵找来铁锹和十字镐等工具，清理石块、砖头、盐袋等杂物。17时50分，官兵们刨开精细盐库房里侧被压埋的一间小屋，救出被困的3名幸存者。17时55分，南面搜救组在办公楼废墟下救出被困在值班室内的2名轻伤女职工。18时15分，三中队指导员任成利在仓库废墟里发现2名盐业搬运工被盐袋挤压在狭缝中。王守根随即带领30名战士刨开周围的沙石，搬开盐袋，成功将2名被压埋重伤者救出。经过5个多小时连续搜救，官兵们将被困的12名职工全部从废墟中抬出，其中7人生还、5人遇难。

5月15日5时10分，福建省公安消防总队抗震抢险救援队进入青川县城区搜救。由于通信不畅，与当地救灾指挥部联系不上，总指挥长、副总队长蔡庭毅果断命令就地展开救援，将救援官兵分成4个小组，立即对山珍菜市场、东桥宾馆等4个受灾严重场所进行搜救作业。8时50分，厦门和福州救援队部分官兵在山珍菜市场废墟中利用雷达生命探测仪和可视生命探测仪发现有两名幸存者，随即全力展开施救。16时50分，在山珍菜市场救出一名被压埋群众，挖出现金10余万元。9时30分，在东桥宾馆开展救援工作的抗震抢险救援分队，利用生命探测仪发现两名幸存者，全力施救。（参见图93）至15时20分，在东桥宾馆搜救出一名幸存者，挖出一具遇难者遗体，并发现一个装有大量账本、身份凭证和近10万元现金的手提包，协调失主尽快到达现场认领。14时30分，福州救援分队接当地群众求助，赶到宾河路一家主建筑全部坍塌的大型汽车维修厂，得悉有一洗车女工被困。支队长刘孙建、参谋长王斌带领20人的救援分队用生命探测仪确定女工被困的大概方位，迅速启动救生气垫，并用铁锹和双手为被困女工打开一条“生命通道”，同时将救援情况向青川县抗震救灾指挥部做了汇报，请求派出医疗救护车协助救助。17时12分，被困女工被成功救出，随后医护人员全力对其进行抢救。

5月15日7时，辽宁省地震灾害紧急救援队奉命赶往青川县医院进行抢救。青川县医院家属楼废墟是青川县坍塌面积最大、受困人数最多、救援时间最长的一个废墟现场。家属楼为一栋6层建筑，楼体几乎全部坍塌，整个楼体从六层砸下来，一直落到一层，堆成高高的一堆废墟，南北两侧1～6楼的山墙向外倾斜，断壁残垣间摇摇欲坠的预制板、楼梯、门框、窗框随风晃动，随时都有再次坍塌的可能。救援队政委李国孝带领指挥部成员认真听取建筑专家的建

图 93 5 月 15 日，福建省地震灾害紧急救援队在青川县城搜救

（中国地震局 提供）

议后，经过观察思考，制订了详细的救援方案：为避免余震造成建筑物倒塌和悬挂物坠落伤人，立即设立警戒区域，无关人员不得接近现场；先利用生命探测仪和搜救犬确定人员位置，然后利用大型机械和人工挖掘相配合的救援方法，节省救援时间；救援对象先易后难、先上后下；人工作业时，利用大型机械的机械臂对建筑物进行支撑，同时对救援人员进行保护。临时指挥部调集 21 名经验丰富的官兵组成攻坚突击队实施救援。经过询问知情人和利用搜救犬、生命探测仪的搜索，确定被困人员位置，救援人员首先利用调用的挖掘机在倒塌建筑物西侧开辟出一条救生通道，从一层窗口破拆进入废墟，对首先找到的被困人员展开救援。9 时 16 分和 20 分，经过两个多小时的奋战，两名受困群众先后被救出。经搜救犬和生命探测仪再次搜索，救援人员在挖掘机工作手的保护下进行挖掘，相继寻找到更多的被埋压人员。由于救援环境狭小，作业面受限，官兵们就地取材，利用剪断器、大锤等器材，制作出 20 余付钢筋勾手，加快了挖掘进程。至 16 日 10 时，寻找到最后一名遇难者。经过连续奋战，救援队在医院家属楼中共救出 11 名被埋压人员。

六 抢救茂县被压埋群众

茂县在地震中遭受严重破坏，受灾 29052 户，房屋全部受损，电力、交通、通信、教育、卫生、广播、电视等公共设施遭到严重破坏。

5月12日22时55分，在松潘驻训的77133部队前往茂县救灾。部队一边清理路障，一边摩托化开进。越往南走，景象越惨：山体滑坡，公路塌陷，不少车辆被滚石压扁，更多的车辆被滑落的巨石分割在一段段残损的路面上，危险随时都会发生。“突击前进，救人救车！”部队长陈军一声令下，数百官兵跳下车，挥锹抡镐，填坑除障，边清障边前进，沿途帮助60余辆车、近200名群众脱离险境。13日6时许，部队行进至沙湾村时，忽然听到前面悬崖路段传来呼救声。政委沈明军立即带着战士冲向塌方处，只见一辆帕萨特轿车和一辆旅游大巴被压埋在乱石堆下。“救人！”沈明军一声令下，官兵一齐冲上去，首先搬掉压在帕萨特车头上的巨石，救出满脸是血的女司机。女司机喃喃道：“快救我的家人，车上共有4人。”官兵搬掉车顶巨石，人是救出来了，可惜均已离开人世。“快，这边还有人！”营长严奎在已被岩石压成“铁饼”状的大巴车前大声吼道。官兵们齐心协力推开堵住车门的巨石，从车门处快速救出一名双腿已被砸断的老年妇女。官兵把两名伤者交给在场的阿坝藏族羌族自治州领导，由其负责紧急送往松潘县人民医院进行生命救援。此时天已大亮，沈明军这才看清眼前的险情：塌方处一眼看不到头，一直从山嘴折进峡谷；头顶峭壁数十丈高，脚下的叠溪海子水库深不见底；余震不断，峭壁上龟裂的岩石摇摇欲坠。沈明军重新部署兵力，分两组轮番救援，并派出观察哨负责察看峭壁上的岩石，一有险情部队就紧急撤离避险。官兵们手推肩扛，用土木工具刨挖、用电锯切割废车，一具具遇难者遗体被清理出来，遗憾的是再也没有找到幸存者。经过连续19小时忍饥奋战，官兵们共从两辆遇难车里清理出40具遗体。14日9时20分，官兵克服重重困难，终于抵达茂县县城外。还未进城，他们又接到前往与汶川交界的南新镇救援的命令。官兵不顾连续长途行军的疲劳，立即前往救援。在该镇偏僻的安乡村，村民程晓英在地震中左腿胫骨和腓骨骨折，伤势严重，躺在地上不断呻吟。官兵赶到后，抬着她翻山越岭，步行15公里，将她送到医院治疗。77133部队在108公里长途行军中，官兵们机动一路救援一路，共从滑落的山体中救出生命垂危的重伤员20余人，帮助300余名被困群众脱离险境。

5月14日，由成都军区某红军师600名官兵组成的救援队，把绳子绑在身上相互牵拉着，从悬崖峭壁上开辟出营救受灾群众的“生命通道”，迅速赶往茂县。同日，武警重庆市总队500名官兵徒步开进茂县。1100多名官兵经过两天多的顽强奋战，共从废墟中救出270多名被埋、被困人员，疏散转移1280名被困群众。

七　抢救安县被压埋群众

地震中，安县死亡、失踪3295人，受伤88623人。全县52万人中，受灾人数达47万人。在自救互救和重点抢救阶段，安县共有8万余名伤者得到及时救治，从废墟中救出1190余人。睢水镇道喜村矿工彭国华在井下被埋近170小时，最后被救援队成功救出，创造了这次大地震中的又一个生命救援奇迹。

5月12日15时许，安县消防大队接群众报警，枣园正街有两名老人因地震房屋倒塌被埋废墟中。大队领导立即带领消防队赶到现场。由于地震造成众多建筑毁坏，街上障碍物较多，被困人员处在后街小通道30米内，大型机械无法进入现场施救，救援人员只能携带手动简易工具进入。通过搜寻确定被困老人的位置后，由一名救援人员与老人进行对话，询问他们被埋压情况；其他救援人员根据现场情况从侧面开辟出一条通道，先将老人头部周围的障碍物清除，使他有足够的移动空间，然后再用千斤顶将压在他身上的水泥板顶起。经过两个多小时的施救，终于成功救出两名被困老人。

5 月 14 日 7 时 17 分，山西省地震灾害紧急救援队到达安县。因交通受阻，救援队被迫采取徒步行进方式赶赴救援，其中 30 人留守安县晓坝镇负责后勤保障和看护救援重型器材，同时在当地开展救援；其余 184 人轻装徒步紧急前往千佛山，并从中挑选 35 名官兵组成突击队赶往千佛镇进行救援。前往场镇茶坪方向的公路因山体滑坡已经完全被封死，通往茶坪的唯一方式就是翻越陡峭的平梁埂山。15 日 7 时，突击队分两组展开救援。一组赴泥石流多发地段进行搜救，其余人员利用搜救犬等对茶坪老街可能有幸存者的 3 个区域进行搜救。16 日 9 时许，救援队在千佛镇巡查一片废墟时，听到在一片木质结构的废墟中有微弱敲打声。经过仔细找寻，声音来自木质屋顶的废墟下方。救援官兵立即开始徒手在木质屋顶上部清理碎木，随着清理进程的加快，逐渐挖出一个手掌大的小洞，发现被困人员是一名 60 多岁的老人，塌陷的屋顶横梁正好给老人架出一个狭小的空间。救援官兵迅速探入横梁下，给老人戴上安全头盔，并将老人小心抱出。这名被困 90 个小时的老者被成功营救。

5 月 15 日 14 时 30 分，77296 部队抗震救灾小组在安县雎水镇道溪村满山搜索幸存者时，忽听到山腰乱石堆中传来一阵急促的呼救声。一辆装有 29 人的中巴车被两边高山上震下来的土石埋住，一名 30 岁左右的妇女下半身被深深卡在车头部位的遇难者遗体中，动弹不得。虽已过去两天两夜，但她看起来还十分清醒。坦克 2 营营长李军一边吩咐官兵给伤员喂水和食物，一边叫人返回大本营抬来发电机。官兵扒开车上的鹅卵石和泥土，用切割机在车顶切开一个窗口，但由于该妇女一条腿被遗体紧紧压住，另一条腿被砸扁的两个座椅死死卡住，始终没法拉出来。17 时 31 分，随着一阵地动山摇，几块巨石滚落下来，与中巴车擦肩而过。余震过后，官兵又下到沟里继续抢救。天色渐渐暗下来，如果短时间之内不把人救出来，妇女生还的希望就很渺茫。闻讯赶来的参谋长刘国忠吩咐大家打开手电，继续作业。3 营营长杨福山带着 5 连士官许明亮、6 连一班长李红荣等人钻进车里，一边用手往外刨泥土，一边托着她的两腋往外拉。20 时 50 分，该妇女被座椅卡住的左脚拉出来了，卡住右脚的两具遗体也被拖开，她在被困 78 小时后成功获救。

八　抢救都江堰被压埋群众

都江堰市是距成都较近、交通便利、上级掌握地震灾害信息最早的极重灾县（市）之一。因此，救援力量到达最早、人数较多、救援效果也较好，大多数获救人员都是在 5 月 13 日、14 日两天被救的。

抢救都江堰市区被压埋群众　5 月 13 日下午，在都江堰市区一座倒塌的 6 层楼房废墟上，“祝你生日快乐”的歌声响起。这天，是被压在一层一角的女孩贾正娇 20 岁生日，正在抢救她的 95907 部队 50 余名抢险官兵在为她歌唱祝福。到达抗震一线指挥施救的空军政治委员邓昌友

图 94　5 月 14 日 20 时 56 分，95907 部队在都江堰市工农兵街成功救出贾正娇

（空军　提供）

冒雨来到废墟前，俯下身子亲切而坚定地说："孩子，你一定要坚持住，一定要活下去，一定要相信我们空军官兵会尽快把你救出来！"带队的副部队长金广旭按照邓昌友命令，迅速调来挖掘机、吊车等重型机械，铲除埋在她身上的巨大钢筋水泥块，小心翼翼地使用电钻等专用工具打洞，用双手清去碎石后，看见了她的头发。洞口刚一打开，守候多时的医疗人员赶紧给她接上氧气管和水管。按照地震救援专家制订的方案，官兵们相继在精心计算过的废墟各支撑点上打下 6 个千斤顶。参谋刘劲为保护女孩的头部，手被一块掉下来的碎砖砸得鲜血直流。14 日这天，远在极重灾区参加指挥抢险的邓昌友 3 次打来电话，询问抢救女孩的情况。15 时 30 分，官兵们协助专家为女孩系上腰带往外拖拉，女孩身边的空间也在一点点扩大。20 时 56 分，压在废墟下长达 54 小时的贾正娇终于被抬出（见图 94）。顿时，抢救现场响起了官兵们的欢呼声和在场群众热烈的掌声。

5 月 13 日 2 时，按照都江堰市抗震救灾指挥部的安排，国家地震灾害紧急救援队、武警成都指挥学院救援队、安徽省地震灾害紧急救援队、四川省地震灾害紧急救援队赶到都江堰市中医院展开抢救。都江堰市中医院位于都江堰市区繁华的中心地段，地震中住院部大楼整体坍塌，大量人员被埋压，住院部病人、医护人员、清洁人员大多集中在楼梯间部位。住院部大楼坍塌后，屋顶约 3 吨重的水箱压住楼梯间上部，给救援工作造成极大困难。通过向医院医务人员详细了解后，救援队伍分成 4 组，由国家地震灾害紧急救援队副队长刘向阳统一指挥救援。救援方案制订后，按照任务分工，首先派出犬搜索组，对叠层式的废墟进行全面搜索，并将废墟上的其他人员请到场外，以保证犬搜索的准确性。继而快速组织人工搜索，并将废墟现场的大型机械熄火，让周围围观群众停止说话，使整个废墟现场静下来，便于听到被埋者的呼救声。随后，搜索队员一字排开，由组长一人面对废墟大声喊“有人吗”，其余队员仔细听。经过一个多小时的搜索排查，当救援队员搜索到住院部传染科病房时，在废墟东南角一侧听到有微弱的声音传出。搜索队员们通过对话基本了解了受困者是一位女孩和她的父亲。刘向阳进入现场察看幸存者的位置，迅速制订营救方案。被困者被楼顶塌落的预制板、桌子、铁皮柜及砖块等埋压，但被一扇门保护住了生命，一些桌子和铁皮柜构成他们赖以生存的空间。为建立营救通道，救援人员首先清理落在桌子和铁皮柜上的瓦砾，采用顶升设备，将倒塌预制板的横梁顶住，放入木块等进行支撑，然后用液压剪剪去阻挡营救通道的铁皮柜，运用支撑、扩张、剪切等救援方法，将生命通道一寸寸打开。两名幸存者分别于5时13分和5时57分被成功救出。

5月13日11时55分，四川省公安消防总队成都市支队轮训队队长薛仕熙率领五中队队员和山东省地震灾害紧急救援队奉命赶到853招待所，增援先期到达的一中队，并负责现场指挥。经了解和侦察，有7名幸存者已经被埋在废墟下近22个小时，分布在20平方米左右的区域内。其中，西南角女性1名、西北角男性1名、正北男性1名、东北角女性3名、东南角男性1名。指挥员进行了简短的战前动员，对指挥组人员、安全员和作业人员进行分组，明确“先易后难、先近后远、先轻后重”的救人原则。根据现场情况，指挥员从拟订的几套营救方案中选出从西南角进入、自上而下的最佳救援方案。救援人员分别在东南和东北两个角用铁铤和腰斧强行凿开两个洞口，这样除正北那名男性看不见外，其余6名幸存者基本上都在救援人员的视线监控范围内。救援中，救援队员给幸存者喝水，吃少量食物，还找来医生为西南角女性幸存者及时打上点滴，并派专人同幸存者进行对话，告诉他们救援作业进度，稳定他们的情绪，分散其注意力，消除心理上的恐惧。17时2分，雨越下越大，救援人员加快了救援速度。经过7个半小时的不懈努力，西南角的那位女性幸存者于17时30分被成功救出。至14日4时25分，7名幸存者全部获救。

5月13日14时11分，成都市公安消防支队副支队长潘京带领34名官兵赶到米市坝街交通局垮塌宿舍楼现场。一位男子向潘京介绍说，12日下午地震时，正在午休的他从屋里跑出，和其他幸存者冒险在砖头瓦砾中救出几名群众，其住在1号楼一层的母亲潘碧英还活着，由于没有专业工具，无法施救。救援队员立即展开营救。19时55分，听见从废墟里传来微弱的呼救声，五中队排长李广立即要求挖掘机熄火，上前蹲在砖头瓦砾中的一个缝隙处察看，并给被困人员补充水分。潘京迅速与指挥部联系调派120救护车前来急救，李广与四中队上等兵黄剑等救援队员小心地用双手刨开缝隙周边的砖石、混凝土，并不时向小洞内喊话。几块预制板与地面交错而形成的一个狭窄空间慢慢显露出来，68岁的潘碧英就躺在里边的一张倒塌的木床上。20时5分，几近失明的潘碧英在废墟内被困30个小时后获救。

5月13日19时许，山东省地震灾害紧急救援队和成都市公安消防支队40多名官兵，赶赴都江堰市观景街47号一栋6层居民楼坍塌现场实施救援。楼房3～6楼整体塌落，将二层“压扁”，仅剩一道高约40厘米的夹缝，怀孕8个月的张晓燕和她的母亲被压埋在里面。由于作业空间狭小，只能由一名队员踩着梯子，协助另一名队员钻进夹缝中，使用凿子、铁锤、切割机、打磨机等设备，将困住幸存者的钢筋锯开。救援人员将饮用水、牛奶等送到被困者手中，补充能量，并不间断地与之对话，防止被困者睡着。14日10时许，在连续作业近16小时后，突然发生一次强余震，大量建筑碎块坠落，张晓燕再次被卡紧，现场救援官兵也险些被压埋。余震过后，救援人员重新组织救援。16时39分，救援官兵用氧焊高温使水泥急剧膨胀，再浇上冷水迅速降温，一层层剥落水泥，一根根剪断钢筋，历时21小时，用铲车铲斗将压埋在废墟中50多小时的张晓燕从夹缝中救出。16时45分，张晓燕的母亲也被成功救出。（参见图95）

5月14日11时33分，云南省玉溪市公安消防支队特勤中队副中队长钱小汉带领中队战士赶到胡家巷68号开展救援。当时余震不断，钱小汉与战友一边在废墟上大声呼喊，一边借助搜救犬和生命探测仪进行搜索，几次重复之后，水泥板下终于传出轻微的敲击声。队员们交替使用扩张器、剪切钳、千斤顶和切割机凿穿水泥板，切断钢筋。钱小汉只身潜入到3米深的废墟中实施救援，把废墟下的土石清理出一个缝隙后，又只身钻进仅能容一人进入的小洞。在狭窄的空间中，救援器材都无法施展，钱小汉就用手刨挖石块，手指头磨出了血。几次余震使碎石砸落，相互支撑的水泥板发出“吱吱”的声响，钱小汉被战友们强行拉出狭窄的空间，水泥板下的一道门框被压得变了形。13时22分，钱小汉再次下到废墟里。经过清理，触摸到被门板阻隔的被困者，用双手扒开碎石向废墟深处挺进。搬开一块石块，接触到老人的一只手，钱小汉一边安慰老人，一边继续清理石块，老人已经没有力气说话。13时45分，救生通道被打通，但在狭窄的救生通道里，两名救援人员无法同时进入。钱小汉将战友递进来的救生绳拴在老人腋下，用尽全身的力气拉着老人缓缓往洞外转移。17时26分，被困50多小时的73岁老人胡开茹被成功救出。

图95　5月13日，山东省地震灾害紧急救援队在都江堰实施救援
（中国地震局　提供）

5 月 14 日 13 时 10 分，广西壮族自治区公安消防总队抗震抢险救援队在都江堰市太平街 359 号楼房开展搜救。倒塌建筑为 6 层商住楼，一层为以经营家具商品为主的商铺，其余楼层为居民住宅。地震发生后，第二至第五层完全倒塌，一层墙体部分开裂，楼板坍塌，倒塌后的钢筋水泥板块、家具和家电等物品纵横交错。16 时 10 分，消防官兵在废墟中部发现一名幸存男子，生命体征比较微弱，在其左腿上压着一名已经遇难的妇女，两人上方及周围堆积着 3 米多高、重 300 余吨的建筑废墟。救援队员首先指挥现场医护人员对男子进行紧急救护。消防官兵用起重气垫顶起预制板，用木板等工具在男子上半身固定形成一个“⌐¬”形槽，同时调集挖掘机清理被困人员周边的石块、钢筋。救援队员徒手刨挖废墟，用铁棒掏出碎砖块，用扩张器破拆预制板。18 时 30 分，男子周围废墟基本清理完毕，消防官兵立即利用电动扩张剪等工具进行扩张。19 时 10 分，男子被顺利救出，交给现场救护人员。20 时 35 分，遇难妇女遗体也被清理出来。

5 月 14 日 17 时 10 分，在都江堰市江安中路进行搜救的广东省公安消防总队抗震抢险救援队接到居民报告：“一名解放军战士被埋在一倒塌房屋内。”由中山市、惠州市支队救援官兵组成的第四救援大队迅速赶往现场，发现被困者所在的 6 层楼房的 1 ～ 2 楼已经部分坍塌，3 ～ 6 楼全部坍塌，变成 3 层楼高的废墟。惠州市支队副参谋长熊伟命令 5 名突击队员组成侦察小组，利用坍塌楼房背后的一棵大树攀爬上邻近一栋尚未坍塌的楼房的 3 楼，再从阳台上沿着绳索爬到坍塌楼房的顶部。侦察队员报告，在倒塌建筑物上方有一个因坍塌形成的内部“中庭”。熊伟决定在“中庭”上部架起三角救援支架，将两名突击队员吊到 2 楼废墟中，进一步深入侦察。侦察队员利用生命探测仪进行细致探测，经过近一小时搜索，搜救小组发现 2 楼废墟中有一名被困人员，正好被困在倒塌废墟的立体中央，四周都被倒塌的梁柱和楼板挡住，仅能从一条 10 厘米 ×30 厘米的夹缝中看到其头部。现场指挥员经过讨论后，形成初步营救方案：想方设法扩大救援面积，进一步了解被埋者具体情况；每次内部作业人员不得多于两人，30 分钟轮换一次；外、内部各设一名观察员，时刻监控余震和废墟倒塌情况；现场医务人员为被困者输氧输液，恢复体力。消防队员们在 2 楼靠近被困者头部的方向，将救援口扩大为 30 厘米 ×40 厘米的小洞，徒手将压在他头部上方的砖块一块一块往外搬，用湿毛巾为其润嘴唇。15 日 3 时 20 分，现场发生 6.0 级余震，废墟再次发生部分倒塌，救援队员只好继续清理埋在被困人员身上的石块。16 日 5 时 30 分，总队战训处参谋高存义赶到救援现场，通过外内勘察，发现被困者距未倒塌的厨房和饭厅较近。遂决定从厨房凿墙打洞，开辟救援通道。经过消防官兵连续 36 小时艰苦营救，终将被困的解放军战士从废墟里救出（见图 96）。

5 月 15 日 7 时 45 分，广西壮族自治区公安消防总队抗震抢险救援队指挥长黄启清集中兵力在都江堰市观凤小区实施搜救。8 时 32 分，救援队员利用生命探测仪发现一层一户客厅坍塌窗口的废墟下有微弱的生命迹象，而其被压埋的上方房屋已被震歪，残存的梁柱严重断裂，震断的梁柱悬挂在空中摇摇欲坠，随时可能再次坍塌，危及被困人员和救援人员。救援队决定，只用小型破拆工具结合徒手挖掘的方式开展救援。消防官兵深入废墟，利用液压破拆器材、撬棍、铁铤、铁铲等击碎砖墙，破拆钢筋混凝土板，然后用铲、手搬开残砖、废钢筋、水泥块，逐层往下刨挖。11 时 20 分，救援队员打通救生通道，发现一名 50 多岁妇女的左手、左脚被死死卡在坍塌的横梁下，还有微弱的生命迹象。救援人员用铁钎快速在横梁上凿出一个口子，再用液压剪切断钢

图96 5月16日，广东省公安消防总队抗震抢险救援队中山市、惠州市支队救援官兵在废墟中抢救被压埋的解放军战士

（中国地震局 提供）

筋。11时36分，妇女被救援队成功救出。

5月15日11时15分，广西壮族自治区公安消防总队抗震抢险救援队接到当地群众求救：“位于都江堰市外北街红庙巷菜市附近一倒塌的3层居民房内可能有幸存者。”救援队指挥长黄启清立即命令南宁市消防支队副支队长房五一带领救援分队前往展开救援。11时20分，救援分队到达现场。南宁市消防支队司令部参谋丘小春与战士黄胜新、廖志刚立即利用生命探测仪对倒塌的废墟进行探测，发现两名群众被完全埋压在废墟中，里面空间相对较宽，消防官兵能清楚地与被困群众对话，只是逃生通道被封堵。在被困群众上方有4米多高的钢筋混凝土，废墟上空还悬挂着一块重达800余公斤的楼板。救援队员用铁钎和双手小心翼翼地刨土，慢慢地掏出砖块，经多人配合，轮流上阵，从坍塌建筑的地下部分向被困人员压埋处挖掘救生通道。房五一让丘小春、黄胜新、廖志刚深入倒塌建筑内部展开救援。黄胜新在前用手一点一点开辟救生通道，丘小春、廖志刚在后接应，同时用千斤顶、垫木等建立支撑点，防止再次坍塌。16时30分，救援人员刨出一条3米长、直径0.8米的“生命通道”，发现老人大腿被桌子死死压住，不能动弹，另一名妇女被老人堵在身后。黄胜新小心爬到老人身边，清理压在老人身上的碎渣、桌板，成功将被困的79岁老人和40岁妇女抢救出来。

5月17日23时6分，在被困129个小时后，张晓平被从一个狭小的洞口中救了出来。地震发生时，40多岁的张晓平和女朋友正在都江堰市米市坝街附近一处楼房一层的家里。一块预制板斜着掉下，正砸在张晓平的两个膝盖上。17日13时，重庆市公安消防总队救援队赶到现场，约40名战士参与营救行动。消防官兵先从3楼往下打通道，打通后却发现，无法移开张晓平身上的预制板。后改为从楼房的侧面打穿墙壁，墙壁被打穿后又发现，张晓平容身的空间非常狭小，根本没办法进一步施救。至18时，张晓平已在废墟里坚持近125小时，他的女友已离开人世。在被压埋的5天里，救援人员每隔一小时给他喂一次流质食物，张晓平身体越来越虚弱。在救援人员无法移动压在他腿上预制板的情况下，张晓平同意截肢救命。为让做截肢手术的医生能有一点活动空间，消防队员尽力扩大洞口，清理周围的建筑残骸。21时50分，医生王奉雷、何军洲进入洞口，开始给张晓平做截肢手术。23时6分，张晓平获救。他躺在担架上，医生们对他进行紧急包扎、输液、吸氧。经过约8分钟的现场抢救，张晓平被救护车迅速转移到四川大学华西第二医院治疗。

5月16日12时45分，云南省公安消防总队抗震抢险救援队第一突击队驻都江堰小分队，在都江堰市奎光西下中街18号营救现场，发现一名叫黄丽的女性幸存者被困在顶层房子里。经过详细侦察，该栋楼共7层，二层垮塌，楼上建筑完全平坐于一层，并发生严重倾斜，距离顶层约17米，大楼多处裂口，楼梯和大部分楼板塌陷。因为障碍物的阻挡，云梯车、15米拉梯等常规登高器材都不能发挥作用，楼层建筑结构损毁程度也不宜采用攀爬方式解救被困者。指挥组成员在简单商议后做出一个大胆的决定：启用200吨重型吊车实施救援，通过吊车吊臂将救援人员送入救援楼层解救被困者。这是一个非常规的登高手段，尽管要冒很大风险，却是当时唯一可行的救人方案。200吨重型吊车在40余米外平行直线起吊，距离几乎已是吊车极限。被困者所处房间有防护栏，必须携带破拆工具将护栏破拆，而吊车没有专用操作平台，悬空操作的难度非常大。16时7分，消防官兵冒着余震和房屋随时可能坍塌的危险，经过3个多小时的生死救援，成功解救出被困的36岁妇女黄丽。

抢救灵岩寺被困台湾游客　地震对四川灾区客运索道造成较大破坏，其中最严重的是都江堰灵岩寺索道。强地震造成该索道部分塔架倾斜，钢丝绳脱索，站房出现裂纹，索道中断运行。此时，索道吊厢中尚有13名游客，其中11名为台湾游客。灵岩寺索道全长2600米，上下高差350米，共有23个塔架，如果塔架继续发生倾斜或倒塌，后果不堪设想。由于余震不断，游客十分惊慌，情况万分危急。5月12日14时许，国家客运架空索道安全监督检验中心（以下简称国家索检中心）在与四川某索道站工作人员通电话过程中，得知地震消息，迅速派人联系四川省所有客运索道公司，了解情况并保持联系。当得知灵岩寺索道游客受困险情后，国家索检中心立即组织专家根据索道特点讨论救援方案，远程指导索道站员工展开救援活动。四川省质监局得知消息后，也立即召开紧急会议研究，提出救援实施意见，要求各景区索道公司按属地开展自保自救，抢救受伤游客，进一步疏导游客快速安全撤离景区。强震造成灵岩寺索道备用电源和辅机无法启用，只能采用人工救援方法。此时，景区救援人员已全部受伤，又逢天降大雨，更增加了救援难度，救援进度十分缓慢。国家索检中心索道专家将技术指导意见传到现场，同时又根据现场抢救反馈的情况进一步修改方案，指导营救。20时，成都市公安消防支队接到报警后迅速派出15人特勤救援小组开展营救，但由于天色已黑，营救工作受限。13日天亮后，救援行动继续进行，消防战士按照国家索检中心专家和灵岩寺索道公司共同制订的救援方案，爬上倾斜变形的塔架，启用救护小车，在持续不断的余震和索道剧烈摇摆中，沿钢丝绳向吊厢艰难移动。救援人员到达吊厢后利用缓降器将游客逐一送至地面，如此反复施救，至当日20时30分，除一名台胞因被困近30小时，在救援人员打开索道吊厢门的瞬间自行跳落地面，经抢救无效死亡外，其他12名游客全部安全获救。（参见图97）

抢救向峨乡被压埋群众　5月13日凌晨，武警8744部队副政委成佑林奉命率领官兵到都江堰市向峨乡爱莲社区施救。当部队向爱莲社区行进时，有群众拦住他们，说前面垮塌的房子里有

图 97　5 月 13 日，成都市公安消防支队特勤救援小组在都江堰市灵岩寺观光索道救援被困台湾游客
（中国地震局　提供）

人呼救。成佑林立即带着 20 人跑到现场，根据呼救者的声音，迅速确定了被埋者方位，立即指挥战士先把残破的屋顶掀开，把周围的瓦砾、木料移走，把压在废墟上的大树抬开，再用手清理瓦砾和碎砖。半个多小时后，官兵救出 80 多岁孤寡老人李志民。接着，成佑林带领部队赶到爱莲社区。爱莲社区是向峨乡矿区工人的居住地，有 220 余户 1600 余人，大约有 16 名居民被压埋在倒塌的房屋中。成佑林及时向社区主任逐一了解情况，确定失踪者位置，询问失踪者在地震时做何事，推测失踪者逃生的可能路线，以此确立搜救方案。9 时许，官兵正在一座危楼中搜寻，战士曹臣突然听见一个小男孩的呼喊声，连忙停下脚步，只见一只小手从 3 块错落的预制板缝隙中伸出来。曹臣立即拿着铁锹，和前来支援的战友一起，一块一块撬开沉重的预制板。在处理最后一块预制板时，为了不伤害到孩子，战士们就用手抠其身周的瓦砾。经过两个小时的奋力营救，终于将孩子救出。8744 部队官兵经过一天的艰苦努力，共救出幸存者 2 人，挖掘出遇难者遗体 9 具。

5 月 13 日凌晨，武警 8740 部队通信营奉命到向峨乡政府所在地施救。教导员宋斌带通信连到乡政府机关救援。乡政府工作人员周志丹告诉宋斌，副乡长易大东被压埋在垮塌的楼下，一整晚都未能救出来，请部队支援。官兵们爬到楼板上面，边敲楼板边询问，初步判断出易大东被埋压的位置后，一边向易大东被埋地点挖洞掘进，一边清理四周的瓦砾和砸坏的汽车。战士们发现在倒塌的楼板下边有一个小小的通道，战士林金国从通道爬进去，爬进 5 米后，看到易大东的头被压在两块水泥板中间，身上共压有 4 层水泥预制板，水泥板周边全被砖石堵死，要把垮塌的楼顶、墙砖全部清除掉才能救出人来。战士们用压力剪和铁锤砸开第一层水泥板。其间，宋斌不断派人通过通道给易大东喂水和牛奶。这时，乡政府调来吊车，吊开后面 3 块水泥板，官兵们连忙用手刨出砖石和渣土。17 时 38 分，经过 8 小时艰苦营救，被压埋 27 小时的易大东获救。

5月13日，武警8742部队副政委龙茂辉带72名官兵在向峨乡主街一带的居民区施救。在当地群众协助下，官兵连续奋战30余个小时，相继从废墟中刨出13具遇难者遗体，并同乡亲们一起掩埋6具。13—18日，该部在向峨乡居民区共拆除危房63间，清理出价值20余万元的物资。

5月15日，武警8743部队1营副营长吴龙奉命带领全营官兵到向峨乡中心街实施搜救。9时，当地居民反映，中心街医院内还有3名被困群众，并指出具体位置。吴龙立即协调消防部队，调来工程机械参与作业，并站在一线实施指挥。12时左右，发现一名遇难者；16时左右，在里侧楼梯间发现另一名遇难者。由于房屋严重倾斜，内部空间非常小，只能容纳一个人作业，战士们轮流进入狭窄的楼道刨挖，一个多小时后，才将两具遇难者遗体搬出。顾不上休息，官兵继续搜救失踪者。由于大型机械已无法进入，战士们用铁锹挖，用手刨，一点一点向指定位置掘进。经过3小时奋战，挖出第三具遇难者遗体。

抢救蒲阳镇被压埋群众 5月14日8时20分，武警四川省森林总队攀枝花大队救援官兵在都江堰市蒲阳镇一座已经倒塌的楼房废墟搜救时，突然传来求救声，凉山彝族自治州支队直属大队教导员林玉宏带领官兵立即向声音传来方向跑去。官兵们爬到废墟上，有序地展开救援，小心翼翼地搬运水泥块，用凿子一点一点凿洞。11时50分，经过官兵的艰苦奋战，将被压埋者身上的废墟清理完毕。在官兵将其抬出时，突然发现里面更深处还有人被压埋。官兵们进到里面，用电锯锯断水泥板的钢筋，再用凿子一点一点地凿出一个足够大的空间，把人抬出来。之后，已经筋疲力尽的战士们坚持战斗，轮换着进入缝隙里清理废墟。经过16小时的救援，于15日1时将另外两名被压埋者解救出来。

抢救龙池镇被压埋群众 龙池镇是都江堰市海拔最高、离市区最远的山区乡镇，同时又是一个旅游资源十分丰富、风光绮丽的国家级森林保护区。由于与震中映秀镇隔山相望，龙池镇灾情十分严重。5月14日17时，一位年过七旬的妇女拉着武警凉山森林支队政委钱坤的双手说："快救救我的孙子吧！"老人把官兵带到一栋已经倒塌的楼前。钱坤爬到被压埋小男孩附近，发现小男孩一家被困在倒塌楼的角落里，身体没怎么受伤，只是出不来。钱坤立即带领官兵开始清理周围的石块，用电锯、凿子等工具破拆水泥板、钢筋。20时30分，四周钢筋大部分被清理干净，剩下周围的水泥块，官兵们轮流换班，用凿子一点一点地凿。在官兵不懈努力下，小男孩于15日1时被成功解救。随后，又历经8个多小时救援，陆续将小男孩的姐姐和母亲从废墟中救出。

5月15日7时，武警凉山森林支队西昌大队的官兵们正在龙池镇搜救，突然传来一阵微弱的呼救声。大队长魏朋立即率领官兵展开救援，用手扒、肩扛的方式一层层清理废墟，经过5小时奋战，刨出被困者的一只手，就在要移开压在被困者背上的一块大石头时，几块松动的石块突然滚落下来，把被困者的脚部压得更紧了，营救工作变得更加困难，被困3天的伤者已经不起这样的痛苦折磨，情况万分紧急。魏朋决定从旁边的一处缝隙中慢慢移开石块，打开通道。时间又过去3个小时，伤者大部分身躯已经露出。为防止伤者昏睡过去，官兵不断和他们交谈。16日5时，石块被清理干净，在奋战20多个小时后，两名被压埋人员成功获救。

抢救虹口乡被困群众 虹口乡是都江堰市北端楔入龙门山脉腹地、最接近龙门山脉地震断裂带的山区乡镇，仅靠一条沿白沙河大峡谷蜿蜒而进的公路像脐带一样连接着山外的世界。地震掐断了这条脆弱"脐带"，虹口瞬间成了"孤岛"。5月14日中午，成都市青羊区人武部副部长杨勇带着救援突击队徒步向虹口乡进发。队员们每人背负25公斤重的食品和药品，冒着山体随时可能滑坡、悬崖飞石不断滚落的危险艰难前行。经过8个多小时跋涉，翻过4座大山，到达虹口。他们在虹口灾区进行了三天三夜的救援，配合陆航部队组织空投、分发生活及医疗急需品17吨，搜救被压埋伤员76人，转移受困群众200余人。

九 抢救平武被压埋群众

南坝镇属于平武县较富裕的一个镇，也是平武县受地震灾害最严重的乡镇。全镇约有7000名常住人口，因灾死亡1000余人、失踪100余人、受伤4000余人。全镇80%房屋倒塌，其余房屋不同程度受损，水、电、路、通信全部中断。平武县抗震救灾指挥部和大部分干部于地震发生的当晚移师南坝镇，组织指挥群众抗震救灾。

5月13日11时8分，四川陆军预备役高射炮兵师3团238名官兵在团长周孝全带领下到达南坝镇灾区。南坝镇政府用仅能乘坐14人的小船，把一部分官兵输送过河到镇上展开救灾，一部分官兵留在南坝镇何家坝渡口至山顶路段间运送伤员。侦察股股长陈凯带着预任干部李大章、预编士兵谢兴德等18名官兵组成的救援组，在当地群众引导下赶到南坝镇信用社。5层楼的信用社已垮塌成为一堆建筑废墟。官兵爬上废墟，每隔一分钟向下喊话一次，寻找被困者。11时18分，从废墟深处传出一个微弱声音。官兵们徒手搬开4块水泥板，经喊话没有发现被埋群众。这期间发生7次余震，有2次余震再次封盖水泥板，整个废墟下沉近1米。官兵们采取余震一停就立即搬运建筑垃圾、余震一来就立刻回避的方式，靠双手搬走第七块水泥板上的砖头时，终于听见被埋者的声音，却仍看不见其身影。13时50分，官兵们又用大绳、钢钎移开3块水泥板后，发现一个大约30岁的男子斜躺在水泥板下，他左脚可以活动，右脚脚颈被水泥板压住，不见脚掌；上身正好被下沉墙体支撑的水泥板盖住，头抵着墙体壁，水泥板离其面部的距离不超过10厘米，支撑水泥墙体已回斜30度，与水泥板形成“人”字形。官兵们用3根钢钎固定住压在他右脚上的水泥板一侧，用4根木头钉成2个钩形支架分别放入水泥板下，再用3根长棒将水泥板固定，同时抬起水泥板将人救出。

5月14日3时50分，一个中年妇女请求李大章救她的女儿和婆婆。李大章立即集合1排官兵，带着钢钎、大绳和十字镐等工具跟随妇女赶到南坝龙州中路汽车修理点。黑夜中，大致判断这是一幢3层楼房，地震将上两层震倒在左前方，靠几根钢筋斜拉着楼层，一层被震垮只剩一米多高，门面全部被建筑砖头碎瓦封盖。官兵们喊话10多分钟，没有回音。这名妇女带着官兵来到一层后面轻轻敲打墙壁，几分钟后，里面终于有了回音。4时20分，李大章命令官兵从发出声音的后墙壁打洞。4时35分，墙壁被打出一个两块砖头大小的洞，再向里喊话，听到一个极其微弱的老人声音，离洞口左侧大约50厘米远。谢兴德将手伸到洞中，摸到了老人。5时6分，官兵们终于打开一个人能钻进去的洞口。李大章拿着手电筒钻进去，不幸余震袭来，再次将后墙体向前震斜，他的腰被卡在洞口，进出不得。他告诉在外官兵，老婆婆背靠后墙，头顶水泥板，右腰上插入一根钢筋，左边有一条钢筋紧靠腰间，不远处有一个小女孩昏迷不醒。5时22分，官兵将李大章背部上面的砖头取出，李大章拖出小女孩，但老婆婆因被水泥板卡住无法拉出。6时30分，李大章等人找来电锯，再次钻进洞中锯断插在老婆婆腰上的钢筋，给老人喂水。老人被一块水泥板斜压着头顶，无法动弹，左脚被水泥板压着，右脚上全是砖头，要救出老人，要么拆除上两层的墙壁从上面抬开水泥板，要么就从老人坐的地方向下挖坑，使其头部能够活动，再用千斤顶抬高压在她脚上的水泥板。7 时 36 分，李大章等官兵轮流操作，冒着不断的余震钻进洞中用锤子、凿子和没有握把的十字镐，一点一点地挖出一个近 10 厘米深的坑，使老人头部和上身能够活动。7 时 52 分，李大章等人一边用木棒套住水泥板钢筋往上抬，一边由谢兴德钻进洞口帮老人家取出被压的左脚，但因根本无法抬动一头还在墙体里的水泥板，行动失败。8 时 28 分，官兵们搬开压在老人脚上水泥板一侧上的砖头瓦片，仍采用向下挖地板的办法，将老人的脚取出，再由谢兴德进洞救出老人。

从 5 月 13 日 11 时 8 分至 14 日 13 时，在南坝镇救援的 3 团官兵用双手、钢钎、大锤、大绳、木棒、十字镐等简易工具救出被压埋群众 18 人，挖出遗体 136 具。

5 月 14 日 19 时，河北省地震灾害紧急救援队到达南坝镇，担负南坝镇西南区救援任务。20 时 30 分左右，救援队通过生命探测仪在南坝镇淀粉厂两栋相向倾斜的宿舍楼北侧最底层发现有生命迹象。队员张强、王少辉担负观察哨任务，王传家、梁成志立即开始救人。此时，每 20 分钟就能感觉到大地的震动，每一次余震就会有碎水泥、砖块滚落。王传家这位入伍 15 年的石家庄市消防支队特勤班长，匍匐爬进只有 30 厘米高的狭缝中，用切割机割断一块连接水泥的钢筋，用手将瓦砾、杂物一点点清除，副班长梁成志趴在地上用手电筒照明。30 分钟后，突然听到微弱的呼救声，紧接着又发现幸存者的一缕发丝。战士们一边和幸存者说话进行安慰，一边加快清理速度。3 小时过去了，张显影终于露出半个身子，只见一块大型水泥板压住她的双腿。“算了吧，想办法锯掉我的脚吧，只要保住我的命就行。”50 余岁的张显影向战士们请求说。王传家一边安慰她，一边努力将身体探近，采用起重气垫实施支撑，并将一根绳子拴在她的腰部。23 时 40 分，空间慢慢扩张，王传家将绳子递给梁成志，然后抓住张显影的双手合力将她救出。15 日 10 时、12 时，救援队员在南坝镇电厂和南坝镇医院坍塌现场，分别救出被压埋 68 小时、70 小时的杨春燕和冯定香。

5 月 14 日 20 时 30 分，河北省公安消防总队抗震抢险救援队突击分队到达南坝镇，对南坝镇淀粉厂职工宿舍楼进行救援。南坝镇淀粉厂宿舍楼为 6 层结构，地震造成一、二层完全坍塌，其余楼层大范围断裂，矗立在一、二层的废墟上，摇摇欲坠。救援人员利用雷达生命探测仪进行搜索，发现该楼中段一层位置有明显生命体征，随后采用喊话、敲击墙面等方式与被困人员取得联系，确定被困者位置。救援人员利用腰斧等简单破拆工具在不足 50 厘米高的狭小空间内进行破拆作业。至 23 时 50 分，经过近 4 小时挖掘破拆，成功救出被压埋者黄显英。

5 月 14 日 10 时 30 分，武警泸州市支队接到南坝镇花园街群众报告，在南坝镇信用社旁倒塌的民房下有人呼救。支队长林光友立即率 21 名战士赶赴现场救援。这是一幢 4 层楼房，属钢筋水泥混合结构。地震的强大破坏力使整幢楼房扭曲变形，两层坍塌成一层，紧邻的一幢楼房随时有可能倒塌。林光友马上派出警戒人员，并爬在断裂的水泥板上，用砖头边敲击边喊话，听见下面隐约传出了微弱的声音。林光友一边安抚被压埋群众，一边安排人员用木头支撑墙体，搬挪水泥板和砖块。由于没有专业救援工具，刨挖进度比较慢，一小时后才打开一个小洞，可以隐约看到被埋压者的手和衣服，但看不到头和脚。通过问话，得知被埋压者是一位老年妇女，幸运的是身体没有受伤，只是手脚被挤压在狭小的空间里，动弹不得。就在救援人员想方设法通过小洞给老人送饮用水时，忽然发生一次较强余震，林光友赶紧命令搜救官兵往后撤退。余震过后，官兵继续投入战斗。经过 3 小时艰难施救，终于成功将老人从废墟中救出。

5 月 14 日 23 时，武警广安市支队在与南坝镇相距不远的平通镇抗震救灾，接到群众报告，该镇一幢坍塌的居民房中有被压埋者。支队长李林麒率领 30 名官兵火速赶往现场实施救援。经现场了解，那是一幢 3 层砖混结构小楼房，已全部坍塌，整体倾斜 45 度。26 岁的李卫国被杂乱的钢筋、水泥、混凝土覆盖，左腿骨折，身体虚弱，但头脑清醒。搞清情况后，全体官兵打着手电筒，用手刨，用肩扛，一点一点地将李卫国身边废渣清理掉，而后找来水和食物给他补充营养，让其恢复体力。23 时 40 分，官兵们用千斤顶顶住横梁，用身体遮挡在李卫国周围，防止他被碎石再次砸伤。23 时 52 分，战士张小军和张路将背包绳打成一个圈，套在李卫国的肩窝下，将其拉出了废墟。官兵们将李卫国抬上一辆人力三轮车。李卫国紧紧地拉着李林麒的手说："谢谢你们！我的妻子还在里面，你们一定要救救她。"随后，全体官兵又投入到救援李卫国妻子的行动中。王代彬带领本班人员用肩扛、用千斤顶顶，一点一点地挪走压在她身体上面的横梁，刨去周边石块，至 15 日零时 50 分，成功将李卫国妻子救出。

十　抢救彭州被压埋群众

地震发生后，彭州市 20 个乡（镇），尤其是位于北部山区的龙门山、小鱼洞、白鹿、磁峰、通济五镇灾情严重，33.27 万间房屋倒塌，55 万间房屋严重受损，57 万多人受灾，因灾死亡 900 余人、失踪 147 人、受伤 5775 人。

抢救龙门山镇受困群众　5 月 13 日，龙门山镇大雨倾盆，余震不断，房屋倒塌声此起彼伏，附近库容 100 多万立方米的水库已经开始漏水。乐山军分区马边彝族自治县人武部民兵抓紧疏散群众，运送伤员。正在此时，一名旅店老板紧急求援，旅店 5 楼上 4 名游客已被困 16 小时。当救灾民兵赶到时，楼房已倾斜得厉害，随时有倒塌的可能。卢乾荣、鄢永平等 7 名民兵冒险冲进去，只见 3 楼到 4 楼的楼梯已经断开，他们顺手搭上木棒，爬了上去。4 名游客中，一人已经遇难，民兵迅速帮其他 3 人系上绳索，送到楼底。民兵和游客撤出房子不到 5 分钟，房屋便轰然倒塌。

5 月 15 日 4 时 30 分左右，由 71622 部队装步 1 营"杨根思连"18 名党员组成的突击队，在连长李修阳带领下，打着手电摸索到何学文和刘成刚被困的地方。半小时后，何学文和刘成刚在被困 62 小时后获救。当天，该突击队共救出 51 人，救治伤员 131 人，疏通道路 22 公里，清理遇难群众遗体 59 具。

抢救小鱼洞镇被压埋群众　5 月 15 日 9 时 30 分，山东省公安消防总队第二批抗震抢险救援队分队到达小鱼洞镇政府驻地后，与小鱼洞镇政府领导紧急制订救援方案，决定将官兵分成两个突击队，第一突击队 40 名官兵前往镇政府驻地东侧 6 公里、海拔 1600 余米的董坪村搜救被困群众，第二突击队 60 名官兵负责在镇政府驻地搜救被压埋人员。11 时 30 分，第一突击队救援官兵徒步赶到董坪村，发现在一倒塌的门板下压着一位老人，掀开门板将老人救出。经随队军医初步诊断，老人为颅脑外伤、颈部搓裂伤，乃立即对其进行血迹清理、包扎固定等初步救治。救援官兵就地制作了一副简易担架，将老人固定好后向山下转移。14时许，老人被安全送到镇政府医疗队。留在山上的其他救援人员逐村逐户排查，在该村2组找到被困山上的33名老、弱、病、残群众。为确保被困群众安全转移到山下，突击队决定对受伤较轻、有自我照顾能力的，由营救人员搀扶着下山；对年龄较大、受伤比较严重的人员，用担架抬着下山；儿童统一背负下山。15时26分，经过3个多小时的艰苦努力，33名被困群众成功转移到镇政府安置点。

第二突击队救援官兵在对镇政府驻地倒塌建筑进行搜寻时，遇到当地两位老乡前来求助：湔江化工厂宿舍楼下有多人被压埋，生死不明。救援官兵针对建筑物倒塌严重的实际，及时调来挖掘机协助营救。在被困人员家人的指引下找到两人，但两人因伤势过重已死亡。14时左右，听到废墟中有求救声，确认具体位置后，于14时30分左右，将78岁老人陈秀芹救出。两支突击队会合后，到邻近太子村的倒塌民房实施搜救。太子村有10多户民房在地震后被山体滑坡冲塌，有多名群众被压埋，救援官兵分为4组展开施救。16时10分，在一处断裂楼板下发现露出的衣角，经仔细清理碎石后，发现受困者左大腿被楼板压着，身体动弹不得，已呈昏迷状态。搜救人员立即利用液压扩张器、撑顶器和撬杠将断裂的楼板分离开，将伤者大腿慢慢抽出，并小心翼翼地将其抬上救护车，医护人员立即对他的伤口进行了紧急处理。搜救行动一直持续到23时，共在该村成功救出7名被压埋群众。

十一 抢救崇州被压埋群众

5月12日傍晚，崇州市九龙沟景区管理处的工作人员在疏散进山的1000余名游客时，发现还有50余名游客被困在景区武陵园一带。崇州市人武部得知消息后，迅速从各乡镇调集300余名民兵组成突击队，带着救援物资，实施救援。13日6时，陈龙江和杨军率领一支由20名身强力壮、有野外营救经验的民兵组成突击队，冒着大雨向余震频发的景区进发。突击队艰难地翻越崩塌的岩石堆，蹚过泥石流，终于抵达山门。昔日秀美的九龙沟风景已不复存在，藏经谷峭壁下的游山道已被巨石堵住，岩边栈道已被彻底摧毁。脚下山洪猛涨，头顶崖石乱飞，山雾浓密，能见度不到20米。15时，在前面援救的民兵朱京东、石康民和政府干部郑峺杰救出一名伤员。再次进入营救地时发现大面积塌方，突击队员退回到山门研究探路方案。陈龙江在山门处从被困人员家属的手机上看到一条短信："重伤多，有死亡，救命！"当晚，崇州市委书记范毅要求想尽一切办法，尽快把被困游客救援下山。人武部当即从民兵中选拔7名特种部队退役战士、1名回乡探亲的现役士官以及3名人民医院外科医生和1名怀远卫生院外科医生组成尖刀班，再次实施营救。14日6时，天气转晴。指挥部决定尖刀班向九龙沟景区突进，在当地村民带领下，伐树搭桥，借助绳索攀爬绝壁，终于抵达龙宫峭壁处。在双龙吐水景点上方200米处悬崖下，发现40余名游客。尖刀班班长朱京东立即用对讲机与后援部队联系，请求100名民兵火速前往救助游客下山。杨军按民兵训练编制序列，20米一哨，两人一组，火速与突击队会合。尖刀班组织游客往山下转移，与后续部队会合。从游客的哭诉中了解到，再往上还有几名游客重伤不能行走，尖刀班立即继续向上面搜索前行。

图 98　5 月 14 日，崇州市民兵在九龙沟营救受伤游客

（总参动员部　提供）

5 月 14 日 15 时左右，尖刀班赶到九龙观，发现两名髋关节受伤游客，立即进行复位救治。之后，尖刀班又在响水沟发现两名重伤女性泡在巨石下的水中，已脱水休克；一名男性伤者颅骨、胸腔受损，盆骨骨折；另外一名男性伤者头皮撕脱，已处于半昏迷状态。4 名医务人员立即对伤者进行伤情处理，7 名退役和现役的特种兵与医务人员一道，抓紧自制担架，往下运送伤员。

下山更比上山难，到处都是泥石流，路陡坡滑，尖刀班肩背手抬运送伤者。有的地方泥石流淹过膝盖，他们就把担架固定在自己的后背，一步一步向前挪，实在艰难的地方就用绳索把伤员从民兵的背上拉过去，4 名医生也加入进来与民兵们一起推拉；岩石和树木挡住路，尖刀班就将伤者举过头一步一步向前走。医生辛毅在经过一处断桥时，为保护伤者从断桥上摔下，幸好一民兵一把将他拉住，才没有掉下悬崖。在救灾的 12 个小时里，尖刀班仅在早晨吃过一点面包，喝过一瓶水，每个人都饥肠辘辘，满身虚汗，但他们互相鼓励，咬紧牙关，争分夺秒地把伤者送下山。（参见图 98）到达神龙山庄时，后援人员和当地村民赶上来，接力运送伤者，终于在 5 月 14 日 18 时 15 分将伤者送上停靠在山门处的救护车，火速运送至崇州市人民医院实施抢救。4 名重伤员获救，被困在九龙沟景区内的 48 名幸存游客获救，景区 14 名工作人员也全部被安全营救下山。

第三章　全面搜救

5 月 16 日 10 时 30 分，在自救互救、重点抢救取得阶段性胜利的关键时刻，胡锦涛飞抵绵阳南郊机场，随即在机场主持召开会议，同先期抵达灾区的温家宝共同研究部署抗震救灾工作。胡锦涛针对一些边远乡镇还没有救援部队进入的情况，发出了救援工作要向广大农村拓展的号令。17 日晚，胡锦涛在成都召开的抗震救灾工作会议上再次发出指示，要求救援部队“要尽快进入所有村庄，排查每一处倒塌的房屋，竭尽全力搜救被困群众”。各救援部队坚决执行中央军委主席胡锦涛的号令，按照军队抗震救灾指挥组和成都军区联指的紧急部署，组织指挥部队克服困难，战胜险阻，连续掀起四轮“进村入户”全面搜救高潮，及时把中共中央、国务院、中央军委的深切关怀送到广大灾区群众心中。

5 月 16—26 日，近 80 名军职以上领导干部带领 6 万余名官兵和民兵预备役人员，按照时间节点迅速进入灾情严重的 174 个乡（镇）、1480 个行政村，逐村逐户搜救被困群众；5 月 27 日至 6 月 12 日，依据中央军委的“总体要求”和成都军区联指细化的“十项工作”，突出“安居、解困、排险、通路、防疫、保安”为重点的联合救援行动，兵力增至 10 万余人，救援范围扩大至 274 个乡（镇）、2480 个行政村；6 月 13 日至 7 月 16 日，围绕安置受灾群众，全面推进救援范围的“八项任务”，不断扩大抗震救灾成果；7 月 17 日至 8 月 20 日，按照巩固成果、突出重点、积极拓展、再做贡献的思路，把工作重心放在少数民族地区和极重灾区的边远山区，尽最大努力为灾区群众排忧解难。截至 8 月 20 日，部队官兵和民兵预备役人员共搜救被埋压群众 1.7 万余人，解救被困群众 140 余万人，安置受灾群众 102 万余人，诊治灾区群众伤病 133 万余人次，圆满地完成了全面搜救任务。（参见图 99）

图 99 抗震救灾部队、民兵、预备役“进村入户”情况图（6 月 5 日）

说明：上图数据按任务部队各自进入的乡镇、村数汇总统计

第一节 空中搜救

汶川特大地震发生后不到两小时，空军三级联合飞行机制进入运行状态，6 个机场 24 小时开放，24 小时滚动保障，人歇车不停，抗震救灾的“空中绿色通道”贯通。随着 214 架抗震救灾的大中型运输机、各型直升机向地震灾区 6 个军用机场紧急集结，一场空军历史上出动飞机多、飞行强度大、反应速度快的空中搜救行动全面展开。截至 8 月 20 日，共出动各型飞机 4800 余架次，运送伤员 1 万余人，救援被困群众 2 万余人，空运空投物资 6900 余吨，运送救灾物资 152 万余吨。

一　汶川空中搜救

解救银杏小学被困师生　5月19日14时50分，一支奔赴边远村寨救援的突击队，向77100部队前指发回一封“鸡毛信”：“距汶川县城44公里，位于岷江东岸的兴文坪村银杏小学，217名学生和14名老师已经被困了七天七夜，请求支援！”77100部队立即派出小分队，携带食品和水等物资，搭乘77116部队的直升机实施救援。许勇带队乘直升机飞抵目标上空时，岷江两侧山体突然发生大规模持续滑坡，将突击队开辟的临时机降点摧毁，5次试降均未成功，直升机只好空投下物资，改变航向飞往银杏乡桃关村运送伤员。许勇命令突击队连夜开辟新的机降点，于20日上午再次率领直升机紧急起飞，终于在一个高悬江畔的机降点着陆。至12时57分，8架次的直升机把231名师生全部运出“孤岛”。（参见图100）

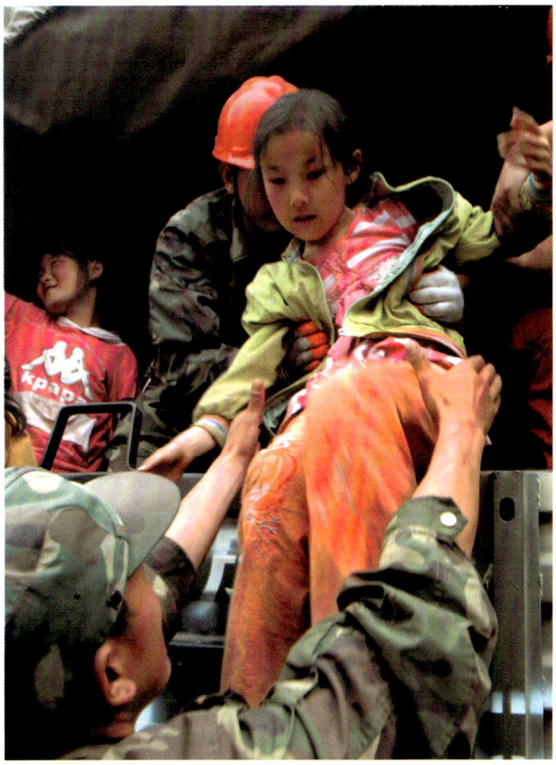

图100　5月20日，77100部队官兵成功安全转移受困的汶川县银杏小学师生

（77100部队　提供）

解救卧龙镇外国游客　地震发生后，正在卧龙保护区参观游览的35名外国游客被困。武警四川省森林总队汶川大队卧龙中队中队长谭四组织20名官兵，分成两个小组，一组由副中队长刘建刚带领4名战士，主要维护当地灾区的治安秩序；另一组由谭四带领14名战士护送转移美、英、法等国游客。5月15日10时42分，77116部队得知情况后，派出两架直升机紧急飞抵汶川县卧龙镇，将因地震受困在卧龙自然保护区近3天的英、法、美三国35名游客成功救出，转移到成都市区。（参见图101）此情况被国内外电视台、国际互联网反复报道，引起了国内外社会的强烈反响。19日，77116部队出动直升机3架次，将被困于茂县的美国、巴西、澳大利亚、瑞典和马来西亚的36名外国游客安全送到成都。

图101　5月15日，被解救的外国游客向实施救援的中国军人道别

（77116部队　提供）

于18时53分顺利回降绵阳机场。（参见图104）25日19时20分，71687部队部队长张茂生带领91714机组正在执行唐家山堰塞湖运送物资任务返航途中，耳机里传来指挥部命令："91714迅速调整航向，飞赴禹里乡，转运8名被困群众和记者。"此时，距日落时间只有30分钟，按路程推算，等直升机飞到禹里，天就黑了。但该机组人员没有犹豫，迅速调整航向，向禹里方向飞去。经过28分钟飞行，直升机飞抵搜救区域。此时，山谷中的能见度只有900米，由于被困人员位置没有明显标识，盘旋搜索3次后，仍未见人影。天越来越黑，已经不具备山谷飞行条件，但张茂生和他带领的机组只有一个信念：一定要把被困人员成功营救出来。张茂生指示机组人员严密观察，突然，副驾驶方国辉发现直升机右侧半山腰900米处有灯光在不停地闪烁，就在他们准备调整直升机方向和状态时，又发现在距闪烁灯光约300米处有烟火。他们判断，这是被困人员发出的求救信号。机组迅速驾驶直升机飞抵烟火附近，慢慢降低高度，绕过山间密布的高压线，安全机降在半山腰一小块平地上，成功地转移了被困人员。

图104　5月20日，71687部队出动直升机把受伤群众空运至绵阳机场
（济南军区　提供）

唐家山空中搜救　5月29日8时15分，成都军区联指命令61267部队4个机组，迅速飞往唐家山，抢运因道路损坏无法出山的被困群众。8时40分，部队长蔡有固率领4架直升机，由彭山观音机场起飞。9时10分，飞临唐家山上空，突然下起小雨，空中能见度变差。面对高山峡谷冒雨无引导飞行的难题，蔡有固充分考虑飞行人员技术水平、直升机性能和天气状况，毅然做出继续冒雨飞行决定。9时20分，航线前方山谷转折处突然涌出一片黑云。若进入云团，视线可能被完全阻隔，且直升机易遭雷击。蔡有固用无线电指挥其余3架直升机沿峡谷边盘旋，观察黑云移动变化情况，盘旋至第五圈时，云团出现缺口。4架直升机迅速从缺口处下降高度。机组成员

克服急速下降引起失重的影响，打开机窗向直升机两侧观察，以防旋翼碰撞障碍物。下降至20米左右时，机组发现预降点上方横七竖八悬挂着通信和照明线路，直升机无法着陆，遂操纵直升机低空快速飞行，寻找合适着陆点，终在预降点50米外发现一处空地，且只能降落一架直升机。但由于连日下雨，地面凹凸不平、土质松软，如果直接着陆，直升机极有可能陷入泥沼翻倒，导致机毁人亡。蔡有固果断做出高海拔超低空悬停决定，缓慢下降高度，当机轮离地面仅有10厘米左右时，机组成员迅速打开舱门，将被困群众救上直升机后立即起飞。其余3架直升机依次进入，采取相同的超低空悬停方式，将被困的25名群众全部救出。

三　绵竹空中搜救

金花镇空中搜救　5月20日15时，南京军区抗震救灾前进指挥部接到紧急救援命令：立即派遣一架直升机前往绵竹市金花镇，抢救重伤矿工赖元平。南京军区前进指挥部接到命令后，立即协调航线和飞机，刚刚从北川地区返回的73602部队直升机再次起飞，机长何永庆以每小时200公里以上的速度，横穿整个绵竹地区；进入峡谷后，仍以高于正常峡谷飞行速度30公里的速度飞行，终于在17时许降落在龙宝坪。考虑到赖元平伤势严重，返回彭山机场所需时间较长，何永庆当即向指挥部请示改变飞行航线，将赖元平送往距离最近的玉泉救护所，并于18时10分送达救护所（即绵竹解放军第255临时医院）。

小木岭空中搜救　5月17日12时26分，75752部队张秦机组和赵志军机组克服天气复杂、地形险峻等困难，抓住短暂的可飞天气，在绵竹市清平乡投送3吨生活用品和药品。在返航途中，临时接受在绵竹市玉泉营基地着陆，搭载绵竹市副市长高红梅及一名向导，执行向小木岭电站附近地区空投救灾物资和运回受困群众的任务。因地形复杂、能见度不足500米，未能完成任务。21时30分，高红梅与77126部队副部队长刘琪等一行3人专程赶到机场感谢慰问部队，并向75752部队部队长李波重点介绍小木岭电站被困群众的情况：有800余人被困于小木岭堰塞湖和将军关，其中有外籍人员和重伤员100余名。被困人员用于维持生命的树皮、竹笋等食物已经耗尽，饮用水奇缺，请求部队迅速派直升机紧急救援。18日13时，75752部队李波机组和常建鹏机组在完成向清平乡投送救灾物资任务返航途中，临时调整航线，就近在玉泉营基地着陆装载物资，立即向小木岭电站实施空中投送。两架直升机多次在高空盘旋搜索和试探性着陆，均未成功。机组人员克服小木岭目标点小难以发现、目标附近山势陡峭难以接近、海拔高难以利用地面效应空中悬停等困难，冒着风险，在海拔2910米的山尖上高度7米悬停，将3吨食品、饮用水和衣物等救援物资空投给受困群众。随后，张秦机组和赵志军机组从玉泉营基地携带3吨食品、饮用水和衣物等救援物资赶到小木岭增援。4架直升机经过不断搜索，终于在后山找到一小块空地，在长机机长李波指挥下，依次落地运回78名重伤员。（参见图105）19—20日，小木岭堰塞湖水位不断上升、险情加重，受困群众的生命受到严重威胁。张利明率李波机组和赵志军机组六进六出小木岭，投送救生衣、橡皮舟、救援绳、食品、药品和饮用水等救援物资共13吨，解救转移群众。至22日，75752部队共飞行18架次，转移伤员和受困群众，投送各类救灾物资22吨，救助已被困10天的800余名群众。

图 105　5 月 18 日，75752 部队出动直升机在绵竹市小木岭地区转移伤员和受困群众
（广州军区　提供）

清平、天池等地空中搜救　5 月 17 日 8 时 5 分，75752 部队出动 6 架直升机，装载生活物品、药品共 6 吨从空军邛崃机场起飞，到绵竹灾区执行投送救灾物资和转运伤员任务。任务地区空中能见度不足 500 米，因气象条件不能达到最低飞行标准，6 架直升机起飞一小时后返回邛崃机场待命。12 时 15 分，天气情况稍好转，6 架直升机再次起飞，机组人员克服天气复杂、地形险峻等困难，抓住短暂的可飞天气，向灾情严重的金花镇和清平磷矿投送食品、生活用品和药品共 4 吨（其中饼干和饮料各 180 箱、火腿肠 240 箱、毛巾 12 袋、手套 4 包、口罩 3 包），运回重伤员 7 名。18 日，75752 部队抗震救灾部队执行对绵竹市金花镇、九顶山、清平乡、清平磷矿、清平乡龙王庙、什邡市欢乐谷的紧急空投任务，共出动直升机 6 架，飞行 22 架次、39 小时 20 分钟，运送物资 31.5 吨，转运群众和伤员 176 人。19 日，75752 部队执行对什邡市红白镇、巴蜀金河电力公司和绵竹市金花镇、清平磷矿、清平乡、清平小木岭、汉旺镇金河磷矿、金花镇龙宝坪、天池乡花石沟村的紧急空投任务，共出动直升机 7 架，飞行 23 架次、41 小时 56 分钟，运送物资 31.5 吨，转运群众和伤员 196 人。在执行向清平乡救援任务中，当直升机在山坡空地着陆时，300 多名受灾群众从四面八方跑来，跪在直升机前面，感谢解放军的救援。20 日，75752 部队抗震救灾部队执行对清平乡、清平乡小木岭、金花镇响水沟煤矿的紧急救援任务，共出动直升机 6 架，飞行 8 架次、14 小时 16 分钟，运送物资 12 吨，转运群众和伤员 144 人。从 5 月 17 日至 7 月 18 日，75752 部队分别在什邡、绵竹、北川、平武、安县 5 个县（市）54 个偏远山区乡（镇）村寨和唐家山堰塞湖大坝，执行紧急空投和转运伤员、受困群众任务，共计飞行 340 架次、515

小时49分钟，运送受困伤员和群众1468人，投送各类救灾物资332.2吨，被群众称为“灾区上空的吉祥鸟”。

四 平武空中搜救

地震发生后，由于通信、道路中断，平武县白马、黄羊关、虎牙、泗耳、木座、土城6个藏族乡直到5月15日仍与外界失去联系，成为灾情不明的“孤岛”。13时15分，77293部队第三梯队官兵接到成都军区联指命令：选派精干力量，火速赶赴成都凤凰山机场，赴平武县白马、黄羊关、虎牙、泗耳、木座、土城等6个失去联系的藏族乡执行勘察灾情任务。该部政委游光明立刻挑选人员，区分任务，明确责任，抽组65人组成侦察小分队。16时20分，6架军用直升机腾空而起，经过紧张飞行，65名官兵被分为6个小组，分别机降至平武县的6个藏族乡。着陆后，官兵不顾日夜兼程的疲劳，克服余震不断、道路塌方、补给断线等重重困难，迅即展开拉网式搜救排查。经过两天两夜艰苦跋涉，官兵们共搜索了30多个村寨，迅速将几个与世隔绝的“孤岛”上的信息传递给领导机关，为上级科学决策和实施营救赢得宝贵时间。

第二节 地面搜救

从5月16日晚开始，在进行空中搜救的同时，6万余名官兵按照胡锦涛“进村入户”的指示和成都军区联指的部署，全面从地面突入边远偏僻的农村。部队采取旅团包乡镇、营连包村庄、排班包组户的方式，全面排查每一个村落、每一所学校和每一处房屋，不漏一屋一人，奋力抢救伤病员，为受灾群众搭建临时住房，帮助灾区群众清理倒塌房屋，协助群众抢收抢种农作物，抢修危险乡村道路，恢复交通，协助地方政府维护社会稳定。

一 汶川地面搜救

联合搜救耿达电站职工和学生 5月20日晚，得知汶川县耿达乡旁的耿达电站有12名职工和17名大学生被困涵洞内，急需救援时，武警四川省总队总队长王佐明、政委王信立即进行研究，做出部署：总队前进指挥所立刻电令任务区内的武警8740部队、8650部队和武警四川省森林总队各派20名兵力连夜向耿达电站开进；令担负耿达电站执勤任务的武警阿坝藏族羌族自治州支队六中队挑选2名官兵做向导，与总队特警大队、反恐大队16名官兵和总队医院2名医生组成搜救突击队，四川省总队副参谋长刘国荣迅速协调成都空军安排2架直升机待命，随时准备搭载搜救突击队员飞赴耿达电站实施救援；令部署在映秀镇的武警成都指挥学院派22名兵力，于21日8时从映秀镇向电站开进沿途搜索。21日10时15分，总队长王佐明率20名搜救突击队员携搜救器材、急救药品从成都凤凰山机场乘直升机前往耿达电站。11时5分，飞抵电站上空，实施空中搜寻。11时22分，实施选点悬停，6名突击队员采用绳降法着陆。12时5分，在现场找不到机降点的情况下，王佐明率其余突击队员用绳降和跳下方式着陆。之后，徒步向电站洞口搜索前进，于13时20分到达目的地，与先期在此救援的77118部队10名官兵和2名电站职工相遇。在洞口外附近，突击队搜寻到4名受重伤人员。同时，派3名官兵与1名电站职工乘橡皮舟破开水淹过半的两道铁门进入洞内搜寻，未发现人员和遇难者遗体。发电机房内各房间完好无损，当即排除12名电站职工在洞内的可能。15时30分，对电站机房和附近地域的搜寻行动结束，未发现受困的12人。17时24分，总队前进指挥所电令武警8740部队、武警8650部队、武警四川省森林总队搜救分队撤回。王佐明令武警成都指挥学院22名官兵和总队医院的2名医生扩大搜寻范围继续搜救，当夜就地宿营，于22日早晨沿电站向耿达乡搜索前进；阿坝支队第六中队2名向导与1名反恐队员沿耿达电站至映秀镇搜索前进，从通往电站的两个不同方向全力搜寻。19时10分，成都军区联指安排2架直升机将王佐明和4名受伤人员接回成都，4名伤员随即被送到地方医院救治。22日7时，武警成都指挥学院搜救分队从电站徒步向耿达乡搜索前进。为确保安全，搜救分队沿山脊重新开辟道路而行，利用指北针辨明方向，利用望远镜搜寻失踪人员和蓝色依维柯车辆，前后翻越10余座大山，夜间露宿山间，天明继续前行。23日上午，在距耿达乡约3公里处一座大山上，找到2名迷路被困群众，将其救回。23日14时30分，搜救分队成功走出“死亡之路”到达耿达乡。此次搜救行动，各方向均未发现12名电站职工和17名大学生。据此判断，12名电站职工和17名大学生可能已被山体滑坡和泥石流淹埋。

解救三江乡被困群众　5月16日22时15分，邻近汶川县水磨镇的三江乡道路仍完全阻断，4000余名被困群众和伤员已断粮断药几天，伤员无法得到及时治疗。22时30分，武警水磨方向负责人、武警眉山市支队支队长马小林召集第三梯队（巴中、南充、眉山、宜宾、内江五市支队）各负责人，召开紧急会议，研究部署向三江送粮送药方案。17日7时，第三梯队出动500余名官兵，举着党旗，背着大米和药品，踏上前往三江乡的征途。经过近9个小时的艰难行进，翻越3座海拔2000米以上的大山，为受灾群众送去2500公斤大米和20箱药品。19日7时，第三梯队出动600余名官兵，再次向三江乡紧急运送救灾物资，及时将300顶帐篷运送至三江乡。22日7时，第三梯队出动600余名官兵，第三次向三江乡运送粮食。官兵发扬连续作战的精神，为三江乡受灾群众运送大米5000公斤，使被困在那里的群众得到及时救助，受伤人员及时得到妥善救治。

搜救水磨镇被困群众　5月16日8时，武警眉山市支队直属大队大队长曾锐带领59名官兵，徒步赶赴汶川县水磨镇白果坪村执行搜救任务。到达白果坪村后，部队在村民的引导下迅速分成3个小组展开行动。一个医疗组到村民临时安置点进行医疗巡诊和救护，另两个搜索救援组分别由曾锐和中队长何昭昕带领，分头展开搜救行动。官兵们根据村民的指引，仔细搜索，不放弃每一个疑点。至14时30分，经过官兵们6个多小时的不懈努力，共挖出遇难者遗体4具，救治伤员12人，抢挖出玉米、大米、面粉等粮食450余公斤。

5 月 16 日，武警巴中市支队政治处主任刘宗安率 30 名官兵也在水磨镇高半坡村 4 组开展搜救行动。得知村民高兵右脚骨折，其妻子范红群即将临盆，胎位不正，且左脚骨折，母子生命危在旦夕，刘宗安立即向支队长张志红报告。张志红指示要克服一切困难，不惜一切代价，务必将产妇送到水磨镇卫生急救点救治。产妇及其家人考虑到路途遥远，担心在路上出现意外，始终不同意下山。通过刘宗安耐心劝导，产妇才勉强同意下山。刘宗安立即组织官兵绑制担架，抬着产妇沿着崎岖山路向山下转移。一路上，官兵们不顾泥石流和飞石威胁，抬着产妇快速前进。历时 6 小时，行程 20 公里，从海拔 1890 米的山上将产妇平安送至水磨镇卫生急救点，为保障母子生命赢得宝贵的时间。

解救雁门乡被困羌民　汶川县雁门乡月里村在地震中受灾严重，全村共死亡 18 人、失踪 3 人、受伤 56 人，1080 人无家可归，民房几乎全部倒塌。羌民赵小荣震前上山采药被困，村民和当地政府 3 次组织营救，均因地势险要、情况复杂而中途放弃。5 月 18 日 19 时左右，赵小荣的两个哥哥找到正在雁门乡执行搜救任务的武警 8741 部队 6 连，请求部队前去救援。连长邵兴海当即表态，第二天组织人员前往救援。19 日 6 时 30 分，邵兴海带战士杨承刚、青晨、肖一波在赵小荣两个哥哥的带领下前往山中救援。严重的山体滑坡，将所有的山间小路淹埋，救援小分队冒着余震不断、乱石横飞的危险，在山崖石涧艰难行进。途中，邵兴海坚持走在队伍前面，既当指挥员，又当开路先锋，一路不停地提醒战士们小心、再小心。7 时 30 分，行至一悬崖处时，突发余震，漫天的灰尘和乱石铺天盖地袭来，邵兴海立即命令战士拉大距离，快速通过危险地段，走在最后的班长青晨被一块鸡蛋大的石头砸在左手上，手背顿时鲜血直流。9 时 10 分，一条水流湍急、宽约 15 米的小河挡住前行的步伐。小分队沿河堤向上走了近 500 米，终于看到一根倒塌的电杆横卧在河面上，确认比较稳固后，邵兴海将自己和电杆套在一起，又拴了一根保险绳让战士们拉住，自己抱着电杆慢慢地爬过去。他们足足用了一个小时才艰难地渡过 15 米宽的河面。11 时，小分队行进在一斜坡上时，处在中间的战士杨承刚不小心踩在一处虚土上，摔倒随坡下滑，杨承刚连忙抓住身旁一块突出的石头不敢动弹。走在前面的邵兴海大呼“挺住”的同时，迅速找了一个稳固位置，将绳索抛向杨承刚。杨承刚抓住绳索向上攀爬，脱离危险。至 12 时 30 分左右，经过近 7 小时的艰难行进，救援小分队终于找到赵小荣。此时，他已经奄奄一息，左腿胫骨外露，肌肉严重腐烂生蛆。邵兴海给他简单包扎并补充食物后，决定采取背、抬的方式立即原路返回。返回途中，由于体力严重透支，加之背抬伤员，使回程变得异常艰辛。官兵们凭着坚强的毅力和强健的体魄，经过近 9 小时艰辛努力，在乱石林立、荆棘丛生的高山上打通了挽救生命的通道，将伤员抬出险境。21 时左右，邵兴海一行成功将赵小荣救回羌寨。闻讯赶来的乡亲们挤满通往月里村的公路，以羌族人民最高的礼仪欢迎英雄凯旋。

搜救草坡乡周边群众　草坡、银杏、耿达 3 个乡是距汶川县城距离较远、面积最大、灾情严重、道路不通、信号不畅的 3 个重灾区。5 月 17 日，武警 8651 部队奉命到草坡乡、银杏乡、耿达乡实施全面搜救的任务。受领任务后，他们协调地方政府派出熟悉路况的人员担任向导，携带地图、卫星电话、20 瓦超短波电台、照明器材和干粮、矿泉水等，采取能乘车时乘车开进，不能乘车时租用地方摩托车或马匹开进，不能骑摩托车（马）开进时徒步开进，兵分三路向任务地区突进。参谋长徐建国率205人，政治处主任郭立军率80人，1营教导员马文昌率125人，身背“救命粮”、“救命药”，穿越“死亡之谷”（汶川到映秀32公里、草坡隧道到草坡乡政府7.5公里）、“横渡铁索”（银杏乡桃关村附近）、翻山越岭、披荆斩棘，分别于18日10时50分、18日15时、17日18时到达草坡乡、耿达乡、银杏乡。分布到位后，部队坚持“救人第一”的原则，将兵力编为“六组二队”，即观察警戒组、宣传鼓动组、搜救组、救护组、搬运组、防疫组、预备队和综合保障队，展开搜救，而且将搜救重点放在草坡乡。

5月18日8时，救援部队接到汶川县公安局电话：草坡乡岷江一桥头水中发现一辆出租车，内有两名遇难者，请求支援。该部迅速组成救援小分队，于9时30分赶至现场。因河水比较深，大批人员无法直接靠近车子；车身被巨石包围，无法往岸边牵引；车身严重变形，遇难者遗体很难运出。救援小组决定派人下水打开车门，搬出遇难者遗体。战士敬培、何繁、武辉不顾湍急的流水，游向车体，由于没有专用工具，只能依靠随身携带的小镐，经过40多分钟的努力，将正驾驶位车门打开，战士们顾不上自身的疲惫和遇难者身上散发的异味，小心翼翼地将第一具遇难者遗体搬出来。由于车身已严重变形，副驾驶空间狭小，第二名遇难者遗体无法搬出。救援组决定掀开车顶篷。由于缺少工具，加之在水中作业，工作难度很大。经过一个半小时的艰苦努力，顶篷终被打开，另一名遇难者遗体被打捞上岸。官兵们脱帽向两名遇难者默哀3分钟，将遗体作简易处理后掩埋。

5月18日上午，搜救分队在草坡乡克充村附近的沙牌水电站搜寻时，发现一名蜷缩在高压管道旁的被困人员。随队军医张建勋查看他的伤情，腿部被砸骨折，但无生命危险。张建勋唤醒昏睡的伤员，对其腿伤进行消毒处理和包扎，又给他补充了生理盐水。由于伤员伤势严重，急需运到草坡乡唯一的机降点，而机降点位于沙牌水电站下方，路因地震完全中断，队伍只能在塌方的乱石中行进，下面就是湍急的江水。搜救分队决定采取单人背的方案，三人一组，两人用背包带系住伤员和背人的战士，在上侧前后拉住，防止背人战士和伤员坠落。在极其险要之地背着伤员爬行，其难度可想而知。分队经过两小时的艰难行走，终于把伤员送到了机降点。看着被汗水湿透衣服的搜救组成员，被救伤员哽咽着说：“你们是救命恩人，谢谢你们给了我第二次生命！”

5月19日下午，搜救分队行至草坡乡足湾村，得知村里有一名在当地矿山上打工的外地伤员，头部严重受伤，颅骨外露，因缺医少药，村民只简单给他敷上草药，用床单包扎起来。剧烈的疼痛使伤员产生了绝望心理，饭不吃、水不喝，只想尽快结束生命。看到医疗小分队来到他跟前，已被疼痛折磨得变形的脸露出笑意，他用力地说：“子弟兵，救我！”医疗小分队安慰他说：“你不要动，保持体力，我们一定把你的伤治好，请你放心！”流血已经把包扎伤口的床单浸湿并干涸，救治人员先用生理盐水把床单浸湿，再用剪刀一点点剪掉，清洗、消毒、用药、包扎，持续了一个多小时。处理完毕，护送小组以最快的速度将伤者抬到3公里外的机降点，并通过电台联系到设在汶川县城的指挥部，指挥部把这一情况紧急告知有关部门。16时，伤员被抬上直升机。

截至6月15日，武警8651部队搜救分队共挖掘、打捞遇难者遗体10具，解救被困群众144

人，转移疏散群众 3123 人，救治伤病员 642 人，请求直升机转运伤员 2100 人。

解救银杏乡被困群众　地震后的银杏乡，聚集了大批伤员、学生和受灾群众。银杏乡向南到映秀、向北至绵虒的两条道路均被山体塌方和泥石流淹埋，通信、交通完全中断。5 月 19 日 14 时 30 分，在汶川执行搜救任务的 77100 部队知情后，命令特种大队出动 50 人向银杏乡背送大米及部分干粮。该部迅速抽组了送粮突击小分队。15 时 30 分，小分队在总工程师向建德的带领下匆匆出发。面对塌方滚石和悬崖、岷江，小分队手脚并用，攀爬溜索，仅用 4 个半小时，于 19 时 30 分将 460 公斤大米、300 餐份干粮送达银杏。20 日 6 时 30 分，正当小分队准备回撤至映秀时，接到指挥部命令，就地转入抢险救灾，搜救伤员和被困群众，开设机降场，转移老弱幼人员。接下来几天，小分队深入银杏乡罗圈湾、沙坪关、一碗水等灾情较重的村寨，收集灾情信息、抢救伤员，先后紧急开设彻底关、罗圈湾、沙坪关、下银杏、苏坡店、一碗水码头和兴文坪等 8 个简易机降场，协助开设移动卫星基站 1 个，救治重伤员 6 人，转移受灾民众 555 人（其中重伤员 37 人、轻伤员 26 人、学生 214 人、教师 16 人、老弱幼群众 262 人），卸载救灾物资 25 架次 12 余吨，运送救灾帐篷 32 顶、搭建 22 顶，搭建简易帐篷 400 余平方米。

搜救耿达乡周边被困群众　映秀、耿达方向灾情严重，房屋倒塌多，山体大多滑坡，道路全部被毁，水陆均无路可走。5 月 16 日，77126 部队奉命到耿达乡、映秀镇等地农村实施救援（见图 106）。受领任务后，部队长王凯、政委余永洪、参谋长胡中强、政治部主任黄国林、后勤部部长马明冲、装备部部长刘红兵各率部分官兵采取搭乘直升机和徒步行军两种方式，从映秀出发，分别进驻映秀镇黄家村、耿达乡、银杏乡、草坡乡、卧龙镇、桃关村，解

图106　5月16日，77126 部队官兵“进村入户”搜救途中（77126 部队　提供）

救被困群众6425人。17日，部队按照成都军区联指“扩大搜救面”的指示和“搜救不留一个死角、抢险不留一分遗憾、解困不留一户人家”的要求，抽派1000余人编成25个突击分队，使用直升机，采取“空中蛙跳”的方法，快速向汶川县映秀镇和北川周边村寨机动，建立起从县城和重点乡镇向村寨辐射的“空中救援通道”，其余兵力强力挺进汶川、茂县、北川、绵竹、彭州、都江堰的49个乡（镇）450余个村进行拉网式搜排。搜救过程中，77126部队与后期到达的武警部队、空降兵部队、71521部队等密切协同，分工合作，取得很好的搜救效果。至21日，部队共搜寻5.2万余户群众房屋，解救1.3万余人，从废墟下救出幸存者92人，挖出遇难者遗体10302具，转移受灾群众87602人，医治受伤人员10792人，挖掘上交现金214万余元，搭建临时住所7780间，抢修道路398公里，拆除危房5025户，清理废墟35127立方米，设置受灾群众救助点69个，洗消受污染地域7800万余平方米，紧急运送救灾物资4512吨，抢收抢种农作物33余公顷，筹集帐篷151顶，在汶川县萝卜寨搭建了受灾群众集中安置点。

搜救映秀镇、水磨镇被困群众　5月17日11时20分，群众向71282部队求救，映秀镇老街村有部分群众被困、被埋。71282部队领导立即指示所属71781部队政治委员张博组织营救。71781部队2营教导员江学文带领连长陈振杰及6名党员前往组织营救。营救分队不畏艰难，徒步急行军近3个小时，先后爬越长度超过500米的严重山体滑坡地段2处，翻越高程在600米以上的陡峭山峰4座，强行通过飞石区5处，穿越泥石流1次，于14时到达群众被困地点，救出22名被困群众，并对其中两名中度中暑、一名右臂骨折的伤员实施紧急治疗，确保伤者生命安全。

5月19日7时20分，71702部队部队长刘豫率1营1连在银杏乡梭波店村搜救时，在毛家湾盘山公路滑坡带上发现腰部严重受伤、被困六天六夜的游客李贵学。在对现地进行认真勘察研究后，刘豫决定营救组一分为二展开行动。一组人员抵达李贵学受困地点，对其伤情进行处理，并固定在担架上做好解救外送准备；另一组人员在20米高的公路断面临时修建一条一脚多宽的小道和4个较大平台。营救组采取上面吊系、下面接应的方法，经过近30分钟的作业，将伤员安全转移至公路上。抬到毛家湾北600米滑坡险段时，为防止对伤员造成再次伤害，他们采取前抬后扛、左撑右扶、跪爬手攀的方式，艰难通过险段。在通过岷江钢索桥时，由于一侧木板脱落，行进十分困难。连长钟超用背包带将担架绑在6名官兵身上，采取跪姿爬行的方式，一手扶桥面，一手抓钢索，经过40分钟的艰难爬行，成功通过钢索桥。12时30分，将伤员成功转移至银杏乡兴文坪村救治点。

5月19日8时，71282部队装备部部长郭士民带修理营60名官兵在水磨镇姚家山地域实施搜救时，发现山脚处有3名行动困难的老人，经询问得知系成都老年骑游队成员，已被困在此3天；另有骑游队22人、群众10人被困姚家山一带。这些人年老多病、水尽粮绝、急需救援。郭士民指挥该营分成两组分别行动，官兵克服山体变形、滑坡、塌方、泥石流等恶劣地形条件，沿陡峭山路对姚家山地区展开搜索。9时50分，一组人员在姚家山南侧山脊岔路口发现其余32名被困人员。10时30分，另一组人员也到达群众被困地点。两组官兵一起采取抬、背结合的方式，将被困人员向水磨镇转移，于11时20分成功将35人营救至水磨指挥所。这支部队经过四昼夜连续奋战，救出重伤员9名，转移被困群众52名。

6月9日16时30分，71282部队接映秀抗震救灾指挥部求救电话，14名彭州籍务工人员从汶川返乡途中，遇险被困野牛沟，情况十分紧急。71702部队迅速出动50名官兵组成搜救队，全力实施营救。当晚，搜救队编为两个组，分别沿岷江两岸实施营救。21时20分，由于突降暴雨，山体塌陷严重、泥石流随处可见，搜救行动被迫停止。10日5时，搜救队员冒险再次出动，翻越野牛沟险段，沿野牛沟谷地两侧搜索前进，进至野牛沟200米处时，发现受困群众被困野牛沟谷地北侧山脚一块约600米高、不足20平方米的坪地上。坪地东、南侧为近乎垂直的绝壁，北侧为山体，西侧为落石区，行走极为困难。6时30分，部队长刘豫派1名干部和3名身体强壮战士，从西侧艰难爬至民工被困处，设置攀登绳；再派10名身强力壮官兵爬至民兵被困处，其他人员在山底接应，逐一将14名民工解救至谷底安全地带，并将随身携带的水和干粮送给他们补充体力，尔后采取一对一结对护送的方式组织集体转移。13时10分，经过10余公里徒步跋涉，将受困群众护送至映秀镇。

搜挖三江乡、漩口镇遇难群众遗体 5月17日6时16分，三江乡抗震救灾指挥部总指挥、阿坝藏族羌族自治州州委常委谷运龙请求，希望部队能够把一名在猴耳洞附近遇难的藏族老人遗体运出，黑龙江省公安消防总队副总队长梁明立即命令总队警务处处长曹宏、齐齐哈尔市支队副支队长石家滨和秦海山等10名官兵前往执行任务。猴耳洞地处中濠江湍流处的山壁上，一面是不时滑落泥石的滑坡，一面是湍急的河流，加上每半小时左右就有一次余震，官兵行进十分艰难。几经周折，随队军医于浩找到遇难者遗体。由于滑坡地带过于危险，官兵无法将遇难者运送到村庄，遂按照遇难者亲属的请求，曹宏、石家滨等队员将老人埋葬在一个山坡上。在三江乡近两天的抗震救灾战斗中，消防官兵连续战斗29个小时，共救治受伤群众13人，转移受灾群众235人，运送救援物资5吨，为80余户村民抢出被压埋的粮食8.5万公斤、价值10万余元的生活用品，捐款3000余元。

5月16日7时，黑龙江省公安消防总队抢险救援队漩口分队根据前方指挥部命令，由总队副政委崔军、副参谋长崔晓昆、战训处高级工程师廖军、总队战训处参谋于洋、哈尔滨支队副参谋长金凤权各带一队官兵，分别到达阿坝铝厂、锂盐厂、百花电站、漩口水泥厂执行搜救任务。9时29分，哈尔滨市消防支队特勤大队副大队长吴宝庆带领南岗中队官兵到达阿坝铝厂开展救援工作。阿坝铝厂制铝车间是一个大跨度厂房，面积近万平方米，主体建筑两侧已经坍塌，中间部分也摇摇欲坠，随时有坍塌的危险，车间下压埋了3名工人。消防总队救援官兵成立两个小组进行搜救。一组由副大队长吴宝庆带领，另一组由南岗中队长梁洪涛带领，从车间中间分别向两边推进。通过分辨气味、寻找被压埋者衣物、分析地震时被压埋者行动等方法，确定了3名被压埋者的位置。16日晚，根据当地联合指挥部的任务调整，将搜救阵地交给上海消防总队处置。上海消防总队根据黑龙江总队确定的被埋者位置，经过周密分析和艰苦搜寻，终将3名遇难者遗体挖出。

5月16日10时17分，黑龙江省公安消防总队副参谋长崔晓昆带领哈尔滨市消防支队官兵到达锂盐厂坍塌房屋进行搜救。由于水泥块很大，救援器械不足，救援人员只能用小锤砸、用手扒，进度十分缓慢，要发现被压者十分困难。官兵找来被埋者家人了解房内情况，根据知情者描述，崔晓昆绘制出人员被困具体方位图。确定目标方向后，救援工作有序地展开。16时40分，最终将遇难者遗体挖出。16—20日，总队战训处高级工程师廖军带领6个中队、80余名官兵，在百花电站变电所职工宿舍楼坍塌区域实施搜救。官兵奋战五昼夜，先后动用大型装卸机、挖掘机各一部，开辟4个作业面，挖掘钢梁、预制楼板和瓦砾200余立方米，先后数十次冒险深入楼内侦察和作业，挖掘出遇难者5人，挖出现金2.81万元。16—17日，总队战训处参谋于洋带领哈尔滨市消防支队顾乡中队官兵分为两个破拆小组，在水泥厂家属楼1号楼坍塌区域实施搜救。16日12时40分，第一破拆小组成功将楼板破开，发现一名女性遇难者的头部，考虑到遗体腐烂度，指挥员命令救援人员对遗体进行消毒。15时48分，在第二破拆小组将洞口直径打开到0.6米时，又发现一名男性遇难者，指挥员命令加快破拆速度。17时55分，第一组救援人员将女性遇难者遗体挖出。17日，救援人员继续进行破拆。由于男性遗体是被楼板砸蹲在下面，其腰部卡在楼板上，为避免破坏遗体，破拆组采用了斜凿横撬的破拆法，经过一上午的努力，终于在13时25分将遗体挖出。16—18日，哈尔滨市消防支队副参谋长金风权带领开发区中队在集贸市场实施搜救。10时15分，突击队经过两个多小时的搜寻，将一名遇难者挖出。18日3时10分，最后一名遇难者遗体被搜寻出来。16日9时至21日12时，黑龙江省公安消防总队抗震抢险救援队在漩口镇搜寻挖掘出遇难者遗体13具，共转移受灾群众1320人，救助伤员34人，搜救被压埋人员193人，实施重点目标保卫800人次。

二　北川地面搜救

搜救禹里乡等被困群众　禹里乡距北川县城40多公里，是该县受灾最重的乡镇之一，地理位置偏僻，公路没有打通，通信、水电没有恢复。5月15日，武警四川省总队第一批500名官兵进入禹里乡等北川较偏远的6个乡（镇）、89个村展开营救。至19日12时，总队进驻65个乡（镇）、288个村。该部队坚持“救人第一”的原则，除精干的指挥机构和城区维稳兵力外，其余兵力全部投入到边远农村进行搜救。总队将兵力编为思想鼓动组、搜救组、救护组、担架组、综合保障组。思想鼓动组主要由政工干部和思想骨干编成，负责为参战官兵鼓劲加油，对受灾群众进行心理疏导；搜救组、救护组、担架组作为救援主力军，负责搜救被埋被困人员，掩埋遇难者遗体，救护转移伤员；综合保障组主要负责生活保障。在救援方法上，总队官兵主动与专业工程、消防力量搞好配合，充分发挥各自优势；长途输送伤员，采取分段接力，及时换班，在保持部队持续战斗力的同时，提高救援速度；村镇救援分队均按搜救、医疗、担架、保障“四合一”编队，确保被埋者能被及时发现，发现后能被及时救出，救出后能得到及时医治，重伤员能被及时后送。行动中，官兵紧紧抓住抢救人员重点、灾区民生所需物资供应难点，积极抢救和转运伤员，为受困群众运送粮食和饮用水，确保救援工作顺利推进。至19日24时，武警四川省总队救援队在禹里乡等6个乡（镇）共搜救、转移受困群众1.26万余人，抢救转运伤员180余人，从废墟中挖掘被埋群众83人、遗体36具。

5月19日，古蔺县应急民兵连抽调30名队员，组成5支党员突击队，步行90余公里到达禹里乡，进村入寨、挨家挨户搜救被困群众，抢救伤病人员。队员们翻山越岭，伴着余震飞石，冒着山体滑坡的危险，两天徒步100余公里山路，为受灾群众送去粮食、蜡烛等生活必需品，成功转移20多名受灾群众。

5月19日8时，武警8690部队副部队长、北川前指指挥员吴文义，武警8694部队部队长王金超和1连50多名官兵组成搜救分队，不顾余震和泥石流滑坡的危险，徒步从擂鼓镇出发，向受灾严重的禹里乡、开坪乡、片口乡、小坝乡实施搜救。搜救分队在向禹里乡开进途中，侦察员龙杰发现有20余名群众被困在一处几乎垂直的滑坡山体中，进退不得。王金超将背包绳系在腰上，从几乎垂直的山崖滑到山体底端，向受困群众所在的山腰位置爬去。王金超每挪动一下身体，身下的沙石便滑下一大片。刚爬上去，一次强余震引起群众恐慌。王金超深知此时不能乱，一乱便随时可能引起山体滑坡。他一边稳定群众，一边指挥官兵用绳子沿山体斜面拉紧，在中间打桩做成能借力的“绳道”，自己则和另外两名战士把绳子绑在身上，从上面拉住，让群众沿着绳子往下滑，使25名被困群众安全脱险。搜救分队途中翻越海拔2000米以上的唐家山、中六角山、花枝岭、土地岭、青名山、玉皇山6座大山，突破黄土梁、大梁、小梁、二道梁、青土梁、凹子梁、苏宝梁7道梁，闯过唐家山、花枝岭、土地岭滑坡区3个关，历经重重困难，冒着生命危险连续奋战七天七夜，成功搜救受灾群众25人，挖掘掩埋遇难者遗体1具，救治受灾群众40人，帮助受灾群众清理各类物资折合20多万元、现金2万余元。

搜救漩坪乡临产妇女　5月17日8时，泸州市江阳区人武部副部长彭作良、干事刘晗雄带着江阳区民兵3连4排23人组成的搜救小分队，到漩坪乡一带开展“进村入户”搜救被困群众的工作。途中了解到漩坪乡一位长虹集团职工的妻子在漩坪老家即将临盆生产，立即带领小分队向漩坪方向进发。地震阻断了进山的道路，小分队试着从半山腰通过，但遇上余震，从山顶滚下一块约10吨重的大石，落在队员前方。队员们只好从刀背般陡峭的山坡上翻过，每个人都以绳子作保障，一个接一个地翻上山顶。在一个山坪上，小分队找到几名受困群众和临产孕妇李美春。此时，小分队队员体力消耗很大，李美春的状态也十分危急，需要尽快将其安全护送下山。小分队分成几个小组，2人扶着李美春，4人在前用身体当护卫，另外3人在后面用绳子紧紧拉住她。行至最陡峭的刀背坡，队员们就用胳膊搭桥，经过两小时紧张而艰难的攀爬，终于把李美春送到绵阳市第三人民医院。当天下午，李美春产下一个3.2公斤重的男婴。

解救曲山镇被困老人　5月19日9时，泸州市龙马潭区人武部部长江峰，率抗震救灾突击分队30名民兵，前往漩坪乡一带执行搜救行动。16时，在山区步行搜索40余公里后，突击分队在曲山镇楼房坪村一栋倒塌房子下发现一名61岁老人杨顺芳，因头部受伤、腿部被压住不能动弹，已被困170小时，奄奄一息。突击分队迅速将她救出，用背包绳绑在队员背上，连夜背负下山。至20日9时10分，历经16小时，走了几十公里山路，他们终于到达北川中学，并以最快速度转送成都军区野战医院抢救。

5月19日15时，古蔺县应急民兵连接到救灾指挥部命令：曲山镇任家坪村4组有一位羌族老人被困，前往救援。10分钟后，古蔺县人武部部长李明带领10名应急民兵从宿营地凉风垭出

图 107　5 月 19 日，泸州市民兵将受伤被困老人转移到安全地带

（总参动员部　提供）

发，奔赴老人被困地麻柳湾。年逾八旬的羌族老人黄素珍被找到时已奄奄一息。李明迅速指挥随队医护人员为老人检查治疗后，背起老人沿山路返回。（参见图 107）经过 3 小时艰难跋涉，队员们终于将老人背至北川中学医疗救助站。经过紧张抢救，老人转危为安。

搜救陈家坝乡群众　5 月 16 日 9 时 30 分，武警遂宁市支队第一中队中队长王智带领搜救小组搜索至陈家坝中学时，发现下山道路全被封堵，一位八旬老人无法下山。3 名战士迅速攀爬至山顶，利用腰带、树枝等就便器材将老人安全背下山并送至受灾群众安置点。11 时 30 分，武警遂宁市支队支队长郑仕清、副政委唐兴明率 15 名战士，沿陈家坝北面的鼓儿山搜索至一居民地。当时余震不断，山上不时有飞石滚落。官兵边搜索边劝说群众尽快离开，3 名群众因家中亲人在地震中被崩塌的山体压埋，痛不欲生，拒不离开。郑仕清和唐兴明耐心细致地做安抚工作，将 11 名被困群众转移出险境。12 时 40 分，在陈家坝中学小卖部位置，发现两名群众被压埋在一栋楼房的一层，生命垂危。王智迅速组织 15 名官兵，协助当地老乡，利用千斤顶将楼板顶起。经过近 4 小时营救，终将两名被埋群众成功救出。16—20 日，遂宁市支队官兵将搜救行动逐渐由集镇向偏远的农村延伸，先后在陈家坝乡、平武县平通镇的偏远农村救出被困者 19 人，向绵阳、江油医院运送危重伤病员 127 人，搬运掩埋遇难者遗体 57 具，转移受灾群众 3000 余人。

解救唐家山堰塞湖孤岛被困群众　5 月 30 日，武警眉山市支队彭山县中队排长刘科和班长李进，从紫坪铺水库转战唐家山堰塞湖，担负驾驶橡皮艇运送伤员、解救被困群众任务。6 月 2 日，刘科和李进在漩坪乡执行输送任务途中，听当地老乡说还有 3 名群众被困在堰塞湖中的一座孤岛上，便驾艇前去营救。由于孤岛是由以前的山峰形成的，几面都很陡峭，唯一能勉强下到水边的地方又漂浮着很多房屋木架，体积都很大，且大部分带有铁钉。如果强行冲进去，就会划破橡皮艇，十分危险。刘科和李进驾着橡皮艇反复观察可以靠岸的地方，最终选择一处漂浮物较少的水域，采用木桨划艇，边前进边清理漂浮物，缓缓靠岸，将 3 名被困群众接到艇上，并送出危险地带。

三 绵竹地面搜救

搜救小木岭被困矿工 清平乡地处绵竹市西北30公里处，辖区面积302平方公里，辖区人口1.3万人，辖区地形坡度在70度以上、海拔2000～4000米，山与山之间处处是悬崖峭壁，仅有一条从汉旺通往小木岭方向约30公里的道路可通行。地震后因山体垮塌和滑坡，公路变成悬崖和乱石，仅剩下清平乡不到2公里的道路。在清平乡上游、下游的堰塞湖，每天以5～6米的速度不断上涨，严重威胁着群众生命财产安全。

95942部队救援突击队蹚过齐腰深的河水，翻越海拔2000米以上的数座高山，成功向外转移受灾群众9000余人。为了及时获得小木岭内部情况，5月15日8时，95942部队派出200人搜救队，兵分三路，向小木岭方向实施勘察，希望能尽快打通通向小木岭方向道路。经勘察发现，只能通过基培岭峡谷才有可能向内突进。16日、17日，再次向基培岭峡谷实施勘察，峡谷两侧山体由于塌方，只剩下一条一次只容一人通过的崖缝，两侧是100多米的悬崖、绝壁，不时有山石滑落；峡谷里水流急，温度低。救援队突击进入后，成功营救出16名矿工，同时获悉小木岭有近千名矿工被困在山底和半山腰上，断水断粮，动弹不得，处境十分险恶。17日13时，部队准备继续向内突进、大规模实施营救时，通道两侧山体因余震造成滑坡，通道被堵死，救援行动一时陷入困境。部队积极与地方政府、林场和矿场的人员联系，调查询问小木岭内部的情况、人员分布位置以及其他出入通道。17时，从山上侥幸逃生出来的德阳市农林公司职工唐旭波报告：小木岭方向还有近千名矿工被困在山上，再不进去营救，他们就会饿死、渴死、困死，而实施救援的唯一的通道就是大梁子山引水涵洞。得知情况后，部队召开了简短的临时党委会，迅速制订了营救方案，决定由95969部队部队长孙向东任救援队队长、政治处主任曲凡东为副队长，由参加过“爱尔纳 · 突击”国际比武的作训股股长吴雪冰带领5名战士组成“敢死队”，迅速前往现场。由150人组成的救援队编成4组，分布在4个点上，即临时调整点、医疗救护点、临时补给点、临时安置点，进行分段接力救援。部队立即展开各项物资器材准备，官兵把空投小件的捆绑带拆开，连接在一起，代替保护绳。战士们找来被震断的电缆线，将树棍截成50厘米的小段，连夜用电缆和树枝编制了一条100多米的软梯。

5月18日7时，在95942部队政委司家安、副部队长赵进军组织指挥下，孙向东带领150人的救援队前往小木岭大梁子山。当指挥组、敢死队和临时调整点的人员到达山脚下时发现，对面的山坡全是塌方的松软沙土，坡度接近70度，走在上面根本无法用力，走一步还向下滑半步；艰难攀爬400米以后，出现一个不足10平方米的平地，指挥所就设在平地上；面前是一座近乎90度、100米高的水泥岩壁，洞口在岩壁上方。孙向东带领“敢死队”向水泥岩壁上方攀爬，班长刘彬在没有任何保护措施的情况下，利用裸露的钢筋头，紧贴着崖壁，一点一点向上挪动，终于攀爬到引水洞口，立即固定好捆绑带，其他队员借助捆绑带陆续攀爬至洞口，协力将软梯搭到洞口。在队员攀爬过程中，山上不停地有石头滑落，无论是待在岩壁上，还是在指挥所，都十分危险，但所有人员注意力都集中在岩壁上的队员身上，手里捏着一把汗。直到队员都上去后，大家才松了一口气。引水隧洞长 1800 余米，由于塌方，积下一米多深的水。吴雪冰带着杨万忠涉水而过，摸索着穿过引水洞，在洞口点燃篝火，用救生衣做下标记，用喊话器大声呼喊：“我们是解放军，我们来救你们了。”随后引导受困矿工通过涵洞。19 日 14 时 15 分，洞里的矿工越来越多，见到希望的三四百名矿工一下子急躁起来，涌向洞口。吴雪冰一边报告，一边组织队员维持秩序。孙向东立即决定队员下到洞里，控制好秩序；向下转移时，必须认真检查安全绳，确保矿工的安全；所有人员做好分段接力转移矿工准备。为了将一名重伤矿工安全转移，战士李华南主动请缨，将毛巾撕成布条接起来，把那名矿工捆在自己背上。在悬崖上爬 100 米长的软梯，一个人攀爬都十分困难，再背上一个人，其艰险程度可想而知。一下午，李华南将 7 名重伤矿工一个一个地安全背下软梯。由于矿工数量不断增加，天黑之前根本无法转移完，孙向东立即通知清平乡担任机动的人员，马上准备发电机，天黑前把灯架到岩壁下。战士们抬着 100 多公斤重的发电机，靠着人拉肩扛，在山坡上手脚并用，硬是将电线拉到岩壁下。队员们将矿工的矿灯收集起来，架在洞口。天黑后，一个个灯泡从山上一直亮到山下，照亮了下山的道路，也照亮了每一名矿工的心。22 时，在灯光的照映下，营救工作正紧张进行时，对讲机转来一个惊人的消息：地震部门紧急预报，19 日晚至 20 日凌晨，将有 6 ~ 7 级余震。孙向东用对讲机坚定地向队员们说：“同志们，人民养育了我们，只要有一个矿工没有营救下山，我们决不后撤一步！”并再次明确：“一旦发生余震，一定要以最快速度向洞里疏散矿工，保护好矿工的安全。”孙向东一面指挥加快转移速度，一面密切关注着周边动静，保证一有先兆，马上发出预警。在紧张的氛围中，营救行动依然有条不紊地进行着。至 20 日 16 时 23 分，经过三天两夜的连续奋战，95942 部队救援队成功救出 756 名受困矿工。（参见图 108）

图 108　5 月 19 日，95942 部队官兵从悬崖上搭设的软梯向下转移群众

（空军　提供）

搜救响水沟被困群众　5 月 19 日 14 时许，正在绵竹市金花镇金山村执行全面搜救任务的 95969 部队接到命令，要求派出小分队和医护人员立即前往响水沟磷矿，营救 3 名受伤矿工。此次任务非常危险，预报 20 日有特大暴雨，必经之路龙宝坪随时都有塌方的可能，而且那里的堰塞湖也随时可能决堤；一旦决堤，整个龙宝坪将会被洪水吞噬，救援队员随时可能牺牲。执

行此次任务的13名官兵全部是二级以上士官，医生胡光俊、方庆随队前行。15时50分，胡光俊、方庆与13名空降兵官兵从什邡市红白镇徒步出发。响水沟磷矿位于金花镇深山中，与队员们的出发地直线距离16公里。严重的山体滑坡把前方的道路全部压垮，埋压在巨石底下，队员们只能从滑坡的乱石上前进。一路上余震不断，大部分路面塌方，不时有山体滑坡。经过多座危桥、残缺的铁轨和青风洞隧道，又进行了最艰难的5公里跋涉。大山塌方将河水拦腰截断，形成堰塞湖，队员们只能从塌方的巨石上爬过，脚下石头如锋利的刀锋一样，一不留神，就会掉进深谷，或者被飞落的巨石击中。水位不断上涨，刚走过的道路很快就被山洪淹没。经过5小时急行军，救援人员于20时40分赶到龙宝坪，发现55岁的老矿工陈永平，其左肘关节骨折，胡光俊和方庆立即用夹板为他固定，用三角巾对其左胳膊进行悬吊。由于夜已深，救援队只好宿营龙宝坪。

5月20日5时30分，小分队继续前行。由于道路断裂，山体滑坡，短短5公里路，走了近3小时。队员们于8时到达响水沟磷矿，找到两位受伤矿工，分别是37岁的黄伯明和34岁的肖永军。两人见到救援官兵和医疗队员，紧紧抓住他们的手激动地说："如果你们再晚来一天，我们就跳崖自尽了，你看我们的遗书都写好了。"说着，两人脱下自己的鞋子，给队员们看他们写好的遗书。胡光俊和方庆立刻为两人下肢骨折进行固定包扎。返回路上，又在响水沟旁边的一个山洞里，发现一个受灾群众躺在冰凉的地上，身上还盖着一床湿漉漉的被子。开始以为是遇难者，上前检查处理时才发现这名矿工还有微弱的心跳和呼吸，但伤情严重，伤口已经溃烂，蛆虫在里面蠕动。两位医疗队员立即进行抢救，补充水分，建立静脉通道，

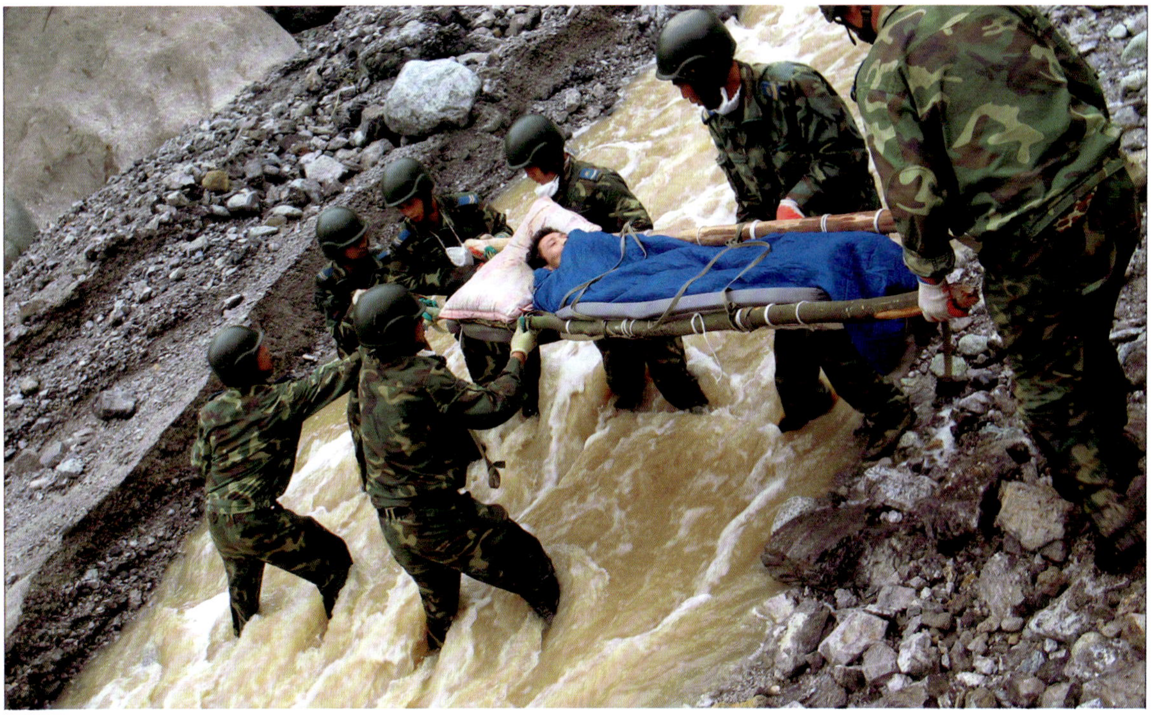

图109　5月20日，95969部队官兵转移被困群众途中抬着伤员涉水过河

（空军　提供）

消炎、清创，并给他喂一些葡萄糖盐水和牛奶。半小时后，身受重伤、被困八天八夜共 196 小时的 50 岁赖元平睁开了双眼。队员们用制作的简易担架迅速将他后送到龙宝坪。在后送的路上，胡光俊每隔 30 分钟就给他喂一次葡萄糖盐水。17 时 30 分，队员们联系的直升机飞达龙宝坪。18 时 10 分，胡光俊随直升机护送 4 名重伤员到达绵竹市解放军第 255 临时医院；方庆继续留在龙宝坪，保证救援官兵的安全。解放军第 255 医院副院长刘幼英带着余泽、许桦林等专家赶到临时医院，对伤员进行抢救会诊。经抢救，赖元平等 4 名伤员全部脱离生命危险。（参见图 109）

搜救汉旺镇被困群众 5 月 14 日中午，正在绵竹市汉旺镇执行救援任务的国家矿山救援芙蓉基地抗震救灾抢险队接到火速赶往汉旺镇一火锅店营救被困人员的命令。抗震救灾抢险队赶到现场后，发现火锅店所在的整栋大楼倒塌了一半，一名男子被困在一道近两米深的夹缝中，下半身被横梁压住，上半身未受伤，他意识清醒，求生欲望强烈。由于余震不断，楼房随时可能垮塌，再加上施救地点环境极差，液压扩张钳、起重气垫、切割机等都无法使用，稍有不慎就会造成救援人员伤亡或伤员二次受伤。救援人员只能靠手锤和钻子打掉压在他身上的水泥板，救援工作进展十分缓慢。此时，被困伤员情绪变化起伏很大，救援人员耐心安慰鼓励，尽量缓解他的心理压力，帮他树立战胜困难的信心。由于压在他身上的横梁上还有一块断了的水泥板，取掉横梁时水泥板必然掉下来砸到伤员和救援人员，伤员亲属看到救援工作十分艰难，请求截肢保命。为了保全伤员身体，救护队员再一次勘测现场后，婉言拒绝了被困人员亲属的截肢请求，转移到更危险的大楼另一侧寻求施救线路。这里已是残垣断壁，仅靠几根未倒的柱子支撑，随时都有倒塌的可能，并且需从废墟上往下清理两米深的石渣砖块，大型机械用不上，完全靠人工小心破碎搬运。18 时左右，6 级余震突然而至，大楼剧烈摇晃，全部人员迅速按照预定路线撤离。受余震影响，这座只垮塌一半的危楼倾斜得更厉害了，另一侧的裂缝变得更大，情况更加危急。国家油气田救援川东北基地抗震救灾抢险队前来增援，重新研究施救方案后，加快了施救速度。15 日 12时左右，经抢险队员连续 24 小时奋战，终于靠人工打掉了压在伤员腿上的最后一根横梁，被困 70 个小时的火锅店小伙子终于获救了（见图 110）。

5 月 15 日，湖北省公安消防总队副政委王稳国率领总队赴川抗震救灾第二批救援队 150 名官兵飞往灾区。当日下午，救援队在汉旺镇碳市坝区一片 5 万余平方米的废墟现场对两所医院、一家麻将馆和部分住宅楼展开搜救清理。16 日中午，救援人员正在紧张搜寻幸存者时，发生一次强余震，一幢 6 层住宅楼突然坍塌，20 多名队员险些被埋。该救援队在汉旺镇搜救中，共挖掘清理出遇难者遗体 29 具。

5 月 16 日 14 时 38 分，河南省公安消防总队抗震抢险救援队第三梯队到达汉旺镇。17 日 3 时，他们与俄罗斯国际救援队联合对有可能存在生还者的超市、学校进行地毯式搜索。8 时 5 分，突击队得知汉旺镇中心幼儿园宿舍楼倒塌现场有人员被压埋，总队政治部副主任张文山立即带领救援人员赶赴现场。经现场侦察，该楼为两层建筑，已完全坍塌，紧挨宿舍楼的 4 层教学楼有多处巨大裂缝，摇摇欲坠，随时都有倒塌的危险。为保持遇难者遗体完整，官兵们放弃使用大型机械，毅然钻入废墟中，用手扒，用肩抬。在搜救过程中，一名遇难儿童的胳膊被压在巨大楼板下，官兵们几经努力，都无法将楼板抬起。他们用随车携带的无齿锯对楼板进行切割，切成两

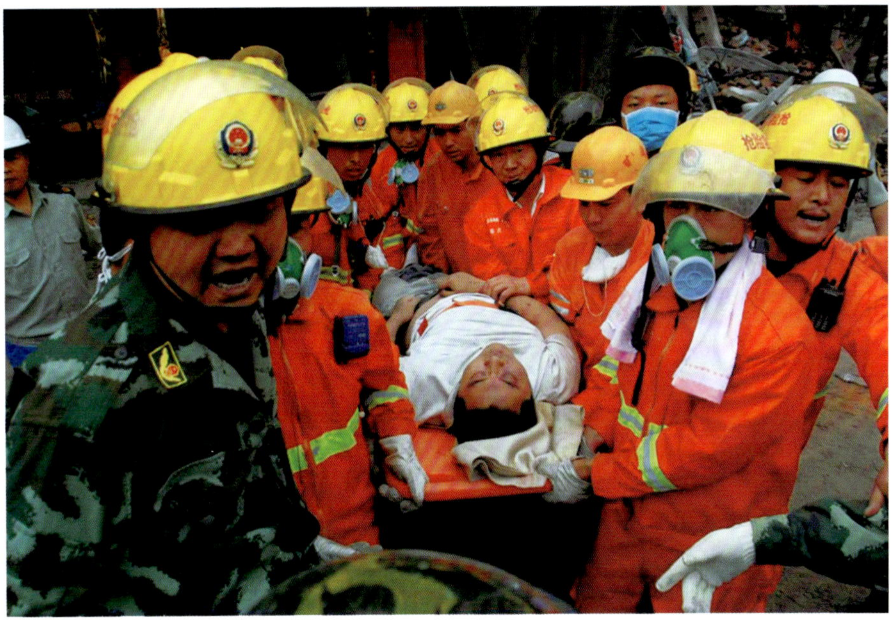

图 110　5 月 15 日中午，国家矿山救援芙蓉基地抢险队和国家油气田救援川东北基地抢险队成功营救出绵竹市汉旺镇火锅店被困人员（国家安监总局　提供）

段，将遇难者遗体完整抬出。至 17 日 13 时，救援人员历时 5 个多小时，共挖掘出 4 名遇难儿童遗体。

5 月 18 日 5 时许，正在汉旺镇执行搜救任务的武警德阳市支队接到通报：汉旺镇西北有 23 名村民被困楠门山沟，缺少食物和药品，面临生命危险。5 时 30 分，武警德阳市支队作训股参谋李刚率领 7 名官兵组成的抢险小分队，迅速赶往楠门山沟救援。通往楠门山沟的道路全被山体滑坡所埋，河流被阻，形成多个堰塞湖。小分队翻过直径达几十米的石头，躲过几吨重的飞石，游过数十米宽的河道，经过 6 个小时的艰难跋涉，于 11 时 30 分到达楠门山沟水坝，发现被困的 23 名群众，但被一条山体垮塌形成的 200 余米宽的堰塞湖挡住了救援之路。小分队随即决定拆卸路边被困汽车的轮胎，制成简易橡皮艇实施营救。一小时后，两名官兵划着简易橡皮艇缓慢靠近被困群众。官兵们先后往返 16 趟，将 23 名群众转移到安全地带；然后，采取背、抬、扶等方法，艰难地转移伤势较重的伤员。经过 8 小时努力，徒步行进 40 余公里，小分队将被困的 23 名群众全部安全护送到汉旺镇临时安置点。

5 月 19 日 9 时左右，武警杭州消防支队在汉旺镇云林宾馆西侧 50 米处一居民房进行搜救时，发现楼房废墟中有微弱的生命迹象，在挖掘点周围可能还有 10 ~ 12 具遗体。20 日零时许，95971 部队防化连接到指挥所命令前去支援杭州支队搜索。受领任务后，防化连连长唐世俊组建紧急搜救突击队，携带单兵消毒器 5 部、消毒药品 1 箱，穿戴好防毒衣，每人负重 20 公斤，于零时 30 分赶到挖掘现场。经过现场勘查，制订出救援方案。1 时 13 分，唐世俊借助装载机爬上废墟，在探照灯昏暗的光线下摸索着进入到挖掘中心点，在挖掘机手臂下用手电筒不停地搜索。挖掘机每挖掘一下，都会带出比较多的杂物。因为光线比较暗，唐世俊每一次都要向前仔细察看，遇到衣服和被子要抖开，防止中间裹有遗体；对柜子和箱包要打开，防止中间混有贵重物品，同时还要防止钢筋等锋利物品划破或者穿透衣物。经过近两个小时作业，仍未发现任何迹象。一名群众反映，楼梯间可能会有遗体。挖掘方向再次转移，废墟越堆越高，挖掘深度越来越深，一直工作到4时30分，工程车驾驶员已经连续作业20个小时，作业暂时停止。8时，连队再次前往执行任务；10时23分，在各单位的共同努力之下，终于把楼梯间挖开，找到并清理出3具遗体。

6月9日12时15分，武警德阳市支队教导队教导员张敏率8名官兵正在小岗剑水电站排险，发现距离电站150米处的乱石丛中有人移动，士官万守均立即前往察看，发现是一位老人，全身衣服破烂不堪，左腿膝盖以下已经溃烂。老人叫王明英，61岁，系绵竹市清平乡棋盘村人。地震发生时，为抢救孙子被埋在废墟中，经村民抢救才脱离困境，由于腿部受伤，就没有和其他村民一起逃往山外。5月17日，看到村内空无一人，王明英忍着巨大疼痛向山外爬行。经过20余天的艰难跋涉，在小岗剑水电站被武警官兵发现。万守均立即将老人背上冲锋舟，张敏用对讲机通知岸边的汽车驾驶员做好接应准备。他们所在位置离停车处有1公里远，路已被泥石流淹埋，山上飞石不断。张敏一边观察，一边协助万守均背着老人快速通过，经过20分钟的艰难跋涉，安全通过危险地带。12时35分，官兵们将老人抬上车，向德阳方向开进。13时35分，将老人安全送至德阳市人民医院治疗。

搜救清平乡被困群众 5月16日，77298部队奉命突入“孤岛”清平乡搜救受困群众。官兵们在清平磷矿搜救转移群众时，村民李承凤和她的一对4个月大的龙凤胎吕欣蕊、吕明睿得到了特别的呵护。部队带着群众连夜向山外撤离，路上余震不断，塌方频繁。为确保两个孩子的绝

图111 5月16日，77298部队官兵在绵竹市清平磷矿转移受困群众，其中一对龙凤胎婴儿受到特别呵护

（77298部队 提供）

对安全，部队政治处主任王敬斌决定安排有带孩子经验的战士负责。士官王磊、朱大飞受领任务后，用撕碎的床单做成布囊，一人一个稳稳地将婴儿兜在胸前。部队带着几百名群众沿着盘山道下山，进入一段十分危险的崩山大塌方区。昔日相距百米远的两座大山移位合为一体，坍塌的泥石流淹埋了所有道路。经过“一把刀”堰塞湖路段时，突然余震袭来，尘土飞扬，山顶上一块块脸盆大的石头，伴随着碎石轰然滚落下来，王磊抱着婴儿侧身就地一滚，及时躲在一块巨石之下，幸运地逃过一劫。走着走着，前面突然又无路可走了。上面是近90度的山崖，下面是堰塞湖，河水仍在不停地上涨。先遣部队官兵只好在20多米高的悬崖上系上绳索，接应被转移的群众。朱大飞双手紧紧抓住绳索，怀揣孩子，小心翼翼地慢慢往上攀爬，突然脚下一滑，连人带小孩悬在半空中。危急时刻，朱大飞双手牢牢地抓住绳索，慢慢地靠近悬崖，用脚慢慢地稳住身体，再慢慢吃力地爬上崖顶。中午时分，孩子饿得哇哇大哭，朱大飞、王磊在几名志愿者那里找到几袋牛奶，放在腋窝下捂热后再喂孩子。两人作战靴磨掉了皮，双脚脚趾磨破，脚底板血肉与鞋袜粘在一起，钻心疼痛，膝盖和手指也多处受伤，衣服被荆棘划破好几处，但两个孩子却始终安然无恙。（参见图111）

解救关门山被困群众 5月17日8时，获知绵竹市九龙镇清泉村6位老人被困关门山五天五夜后，96514部队10名和96542部队30名官兵立即出发，克服山道阻塞、山石滚落、余震不断等重重困难，用钢钎在岩石间开路，腰系钢丝绳，攀岩走壁，徒步行军24公里，历时8小时，成功搜救转移出被困山顶的黄忠秀、杨红云、聂尚秀、杨红成、杨清珍和聂中心6名村民。

四 什邡地面搜救

搜救师古镇等地被困群众 5月19日7时，92051部队驻什邡市师古镇等地部队共出动2370人，对22个村、4个社区、3个居委会进行“进村入户”搜救：逐村逐户了解受灾详细情况；搜救受困群众；协助地方政府发放救灾物资，做好群众思想稳定工作；指导村民做好卫生防疫工作。其中，师古镇责任区由92051部队榴炮营、修理营、女兵队担负，92051部队副部队长石志刚任指挥员，高东、徐永庆、文界军、李凤华分别指挥所属部队行动及统计“进村入户”情况。东北镇责任区由92051部队部队长陈昌峰、副政委靳广标任指挥员，周华东、陈俊海、卢朝霞、徐子红、尹绪仓、詹建中分别指挥所属部队行动及统计“进村入户”情况。医院执行重点区域卫生防疫任务，汽车连执行物资输送任务。此次行动共查核住户23176户，并将共死亡210人、失踪32人、重伤429人、轻伤841人及90%以上房屋不同程度受损等详细灾情，及时向上级进行了报告，同时解救被困群众3400余人，救治转移伤员1240余人。

解救红白镇被困职工 什邡市红白镇金河一级电站位于海拔2280米的断头崖上，距红白镇直线距离40公里。5月16日8时，成都军区联指在得知电站职工被困消息后，紧急命令95829部队选配一支侦察小分队前往金河电站营救，并特别指示广州军区武汉总医院医疗小分队随队救治伤员。95944部队选派15名精兵强将组成侦察小分队；武汉总医院选派政治部主任刘铁桥、神经外科专家秦尚振、耳鼻喉科专家林武延、宣传干事何艳忠4名队员随队参加搜救行动。8时20

分，救援小分队随两名向导一起向断头崖开进。10 时 40 分，小分队行进至青风洞，突发余震，原本只能容一人通行的山路很快就被乱石掩埋。14 时 30 分，小分队到达断头崖山脚的青牛沱，留下医生林武延和两名战士就地宿营，开辟后方基地，以便接应从山上转移下来的受伤群众。19 时，队员们翻山接近金河一级电站，但因大面积滑坡，无法前行，队员们通过鸣枪、呼喊，向被困群众发出信号。此时天色渐晚，考虑到安全，小分队决定在断头崖上宿营。山顶余震强烈，两边滑坡不断，队员们处境危险。借宿营之机，小分队成立了临时党支部，刘铁桥担任党支部书记，并召开支部会议统一思想，确定行动方案（见图 112）。17 日 6 时，队员们分成 4 个小组向目标搜寻。其中一个小组找到电站洞口的具体方位，看到新鲜脚印，确认电站引水洞中有被困群众，但因山体滑坡，徒步无法靠近。9 时，金河电站 6 名受困群众听到侦察分队的呼喊，循着声音从山里爬出来。刘铁桥问明电站被困职工具体情况后，护送受困职工安全返回断头崖。小分队随即向指挥部报告情况，请求直升机救援。17 时，队员们到达青牛沱，与留守队员会合。18 日 6 时，19 名小分队队员护送 6 名职工原路返回。14 时 20 分，已与指挥部失去联系三天两夜的小分队护送 6 名职工安全抵达营地，并立即向指挥部报告了金河电站群众受困情况。指挥部火速派出特警部队前往断头崖，在金河一级电站附近开辟直升机临时起降场。19 日、20 日，直升机顺利将 12 名幸存者救出，同时发现引水洞的中洞里还有一名群众受伤被困。幸存者名叫崔昌会，是金河一级电站职工，地震后被压在废墟下，同事们奋力将她救出来，但无法带她出去，只好把她暂放在相对安全的引水洞中。21 日 10 时 20 分，医疗队员秦尚振随一架救援直升机从两山之间绕行飞向金河一级电站。飞机悬停空中，两名专业救援人员顺着 80 余米长的绳子滑向地面，准备用网兜将伤员吊上飞机。秦尚振通过对讲机询问伤员的伤情后判断，伤员可能伴有血气胸，如用网兜吊，会加重伤情，甚至危及生命，当即提出改用担架起吊。飞机立即返回，换成一架配备有

图 112　5 月 16 日 14 时 4 分，医疗队员和空降兵在什邡市红白镇断头崖上研究营救受困职工方案

（广州军区　提供）

担架的海事大型救援直升机。秦尚振第三次上断头崖，与专业救援人员一起用担架把崔昌会托进机窗。至12时30分，救援行动成功。

解救欢乐谷被困群众 什邡市欢乐谷景区与震中汶川映秀被海拔5230米的龙门山脉狮子山隔开，直线距离只有17公里，距离红白镇32.5公里。地震导致欢乐谷内相对的两座山体发生猛烈碰撞，相撞的两座山又分裂成3座，道路完全被摧毁，里面的游客和居民断水断粮，欢乐谷变成了“死亡谷”。

5月17日中午，一位从欢乐谷爬了两天两夜才逃出来的村民到红白镇抗震救灾指挥部反映，欢乐谷里还有4名游客，其中两人重伤；7名村民（有一位佛门女弟子）被困。前线指挥部命令2名医疗队员随同空降兵某部50名官兵组成救援小分队，前往欢乐谷，搜救伤病员和转运受灾群众。考虑到任务艰巨而危险，所选队员都是部队武装越野的好手，并携带2支步枪、60发子弹和9副担架等物品。13时30分，医疗队医生甘国胜和郗二平背上医药器材和3天干粮，随同空降兵某部50名官兵组成的救援小分队前往欢乐谷。从红白镇前往欢乐谷，路上险情不断，行动异常困难。在当地两名向导的带领下，他们翻山越岭，很多时候只能匍匐爬行。途经梅子岭、金河磷矿、小木瓜坪和岳家山金河电站，于20时30分到达大木瓜坪村宿营。18日早，小分队决定兵分两路，向欢乐谷、茨竹坪方向搜救，同时把大木瓜坪村作为中转站。7时，甘国胜随40名官兵继续前往欢乐谷。这段路坡度达到85度，只能用背包绳套在大树上往上攀缘；还有一段路是在悬崖上爬行，每次只能容下一只脚通过。12时，终于爬到海拔2100米的八卦顶。从八卦顶下山到欢乐谷，向导拿着镰刀在前面开路，有几段陡坡无法下行，队员们就抛下背囊，屁股着地滑下去。16时30分，小分队到达欢乐谷，见到一对重伤游客夫妻和7位村民。24岁的女伤员杨雪，右小腿皮肤大面积损伤后严重感染、溃烂，发出恶臭，体温38.8度，心率每分钟154次，是败血症的中期表现；29岁的男伤员张杰右膝关节开放性损伤，韧带断裂。甘国胜为他俩仔细清洗伤口，剪除已坏死和腐烂的组织，进行包扎。7位村民都是老人，自知出山无望，都放弃出去的念头，其中年龄最大者是87岁的钟云良，年龄最小者是当地大悲寺负责人、67岁的佛门女弟子释正忠。一个多小时后，经甘国胜和官兵们耐心劝导，7位老人终于答应和救援部队一起出山。18时，天空中出现执行任务的4架直升机，营长张同春果断发射3发信号弹，并引导飞机降落。直升机降落后，甘国胜和官兵们先将7位老人扶上飞机，接着用担架把张杰夫妇抬上去。18时30分，伤员和村民被护送到眉山市第三人民医院和政府救助站。

郗二平和另外一组士兵组成的小分队步行向茨竹坪进发。茨竹坪地处深山密林的半山腰上，震前进出山全靠多年踩出的山路；震后，周围山体多处滑坡，山路全被毁坏，山村对面的山体整体垮塌，山脚下的电站和林场已被整体淹埋，200余人仅有一人生还。路上，官兵搜救了7名被困群众，其中一名骨折重伤。郗二平进行简单检查、固定处理后交由小分队5名队员管理，他和3名空降兵战士组成一个小分队，由一名当地群众做向导，选择了一条最近、最险的路，从茨竹坪背面大山滑坡面上爬上去，再翻山下到茨竹坪。在翻山时，郗二平右侧大腿被刮出一个约10厘米长的伤口，肌肉外翻，鲜血直流。左手虎口被尖锐的树枝撕开一个二三厘米深的伤口，他用绷带简单包扎一下，用一根木棍做拐杖，继续往上爬，8个小时后终于到达茨竹坪。9名行动不

图 113　5 月 19 日，郗二平和他营救出的出生只有 16 天的小罗一梓在一起

（广州军区　提供）

便的受灾群众滞留在茨竹坪，其中有 5 名 80 岁以上的老人、1 名被砸伤的老中医、1 名傈僳族产妇余丽芝及其出生才 16 天的婴儿罗一梓。余丽芝发着高烧，出现产后感染症状，婴儿非常瘦弱，嗷嗷待哺。郗二平对伤病人员一一进行治疗处理，并给余丽芝喂了一杯仅有的热水。19 日 20 时，在直升机帮助下，郗二平将受灾群众和余丽芝母子安全护送到太平寺机场。在机场，郗二平把其他村民移交给成都市安置中心；把小一梓和他的母亲交给成都市 120 急救中心，并护送到成都市妇产科医院（见图 113）。

解救金河磷矿被埋伤员　5 月 17 日，什邡市金河磷矿周志被从废墟下挖出，几名大学生志愿者迅速将他送下山救治。一路上，成都电视台记者、广东东莞的志愿者等 10 名青年加入到救援队伍中，轮流抬着周志，继

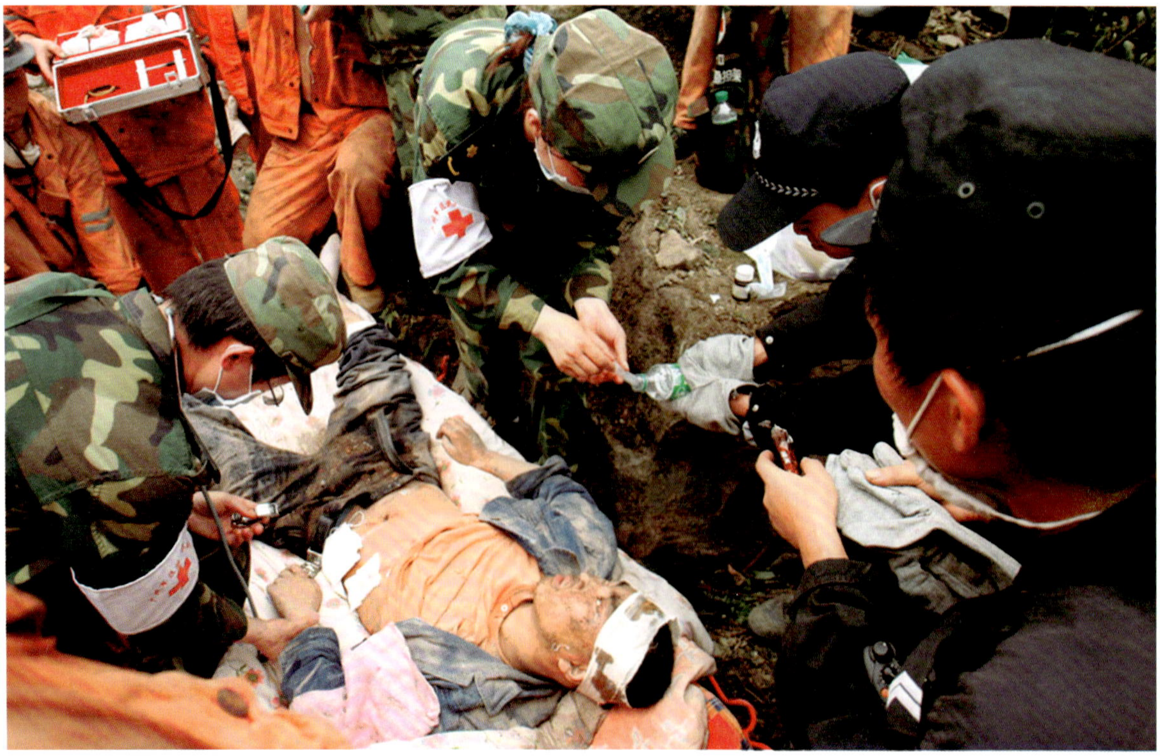

图 114　5 月 17 日，广州军区武汉总医院医疗队队员正在抢救被埋 100 多小时的重伤员周志

（广州军区　提供）

续向山下走去。15时50分，进山执行搜救任务的广州军区医疗一队队员杨家荣和易峰涛途经小梅子岭，对周志进行清创包扎、注射抗菌素等处理后，请求第二梯队队员前来紧急接应，又继续随部队前行抢救其他重伤员。院长浦金辉接到报告后，命令医疗队医生李志进和护士许丽带着急救药品和器材，迅速向现场挺进，于16时30分赶到抢救现场。李志进迅速对周志作全身检查，进行紧急救治。（参见图114）17时50分，周志被送到后方医院。

五　青川地面搜救

搜救石坝、马公等乡（镇）被困群众　5月17日下午，71407部队部队长金宏鹏带领300多名官兵，对青川县石坝乡展开搜救。经过一天一夜的紧急搜救，共向外运送重伤员23人，安全转移群众2000余人。之后，官兵兵分七路，赴五一、八一、青龙、中心、三江、石峰、大房7个村庄展开搜救。至21日5时30分，在7个村庄、85平方公里地域搜救危重伤员33人、轻伤员45人，将17名重伤员转送至关庄镇临时救治站。

5月19日18时，71677部队装步2连在石坝乡八一村进行搜救时，听到呼救声。连长田景慧迅速带领13名官兵全力搜救，发现受重伤妇女韩惠清已出现严重休克。营救官兵迅速用门板制作简易担架，采取轮流换班方式，于20日零时40分将其送至关庄镇临时救治站抢救。（参见图115）

图115　5月19日，71677部队官兵在转移青川县石坝乡重伤村民

（济南军区　提供）

5月26日下午，石坝乡八一村蒲家组两名年轻村民，赶到装步1连驻地，请求部队帮助搜寻他们失踪的父母。连长王磊、指导员王楠令1排前往搜寻。15时55分，由副指导员刘臣带领1排20人出发。官兵们翻过3座大山，行程8公里，于17时50分到达蒲家组。刘臣将人员分成4个小组，每组5名战士，由一名骨干负责，采取一线平推的方法，由上到下对整个塌方的山谷进行搜寻。第三组搜救战士在山谷底部闻到一股臭味，判断很有可能是遗体腐烂发出的味道。各组迅速向第三组集中，成扇形向发出臭味的地方搜寻，终于在一堆碎石中发现两具遗体。经确认，正是两名青年的父母。官兵们小心地将遗体挖出并包裹好。20时10分，官兵抬着两具遗体返回蒲家组。上山时，道路坡度都在60度以上，官兵只得用肩扛着遗体，一手护住，一手攀爬，耐着令人窒息的尸臭，艰难地爬行。他们轮流背负着遇难者，于21时10分回到蒲家组。

马公乡地处青川县最南端，多数地域海拔都在1800米以上，四面环山，山崖陡峭，路况十分艰险，数百名群众深陷绝境。5月19日，71643部队受领到马公乡进行搜救的命令后，部队长柳世明立即组织150名官兵，携带救援工具和两日干粮，兵分两路徒步向马公乡进发。经7个小时翻山越岭后，少数官兵体力透支，两名战士出现虚脱现象。柳世明下令从救援队伍中挑选出13名体能较好的官兵组成突击队，快速前进，其他人员原地休整。傍晚，当突击队行至梁山北侧时，发现有群众在余震中遭遇泥石流，9人被淹埋，其中4人重伤、5人受轻伤。突击队分为两组，迅速挖救被埋群众，解救受伤人员，把他们安置到安全地带。21时30分，突击队到达预定救助地域，与乡长黄兴文取得联系，得知马公乡有受困群众500人，多数是老人、伤病者。23时30分，突击队与71677部队28人在马公乡会合后，就地露营。20日凌晨，柳世明率领小分队返回求援。10时30分，部队将马公乡灾情向上级抗震救灾指挥中心报告，申请并等待直升机支援。最终，受困群众被全部转移到安全地带。

5月19日，71352部队通信营4连在教导员王英军带领下在青川县乔庄镇大沟村进行搜救排查。14时21分，突发强余震，王英军将4连划分为5个小组，迅速分头到村各受灾群众安置点查看灾情。第三小组听到附近一倒塌简易帐篷内传出微弱呼救声，立即展开营救，把已怀孕8个月的村民张秀敏救出。张秀敏头部被砸成重伤，加上惊吓，已经昏厥。营卫生所所长王君前利用急救包进行止血包扎后，战士们迅速将她抬上简易担架向山外转移。经过近4个小时艰难跋涉，终于将张秀敏送到山口并转移至济南军区第153医院抢险救灾医疗队医治。

5月25日，青川县发生6.4级余震，造成县内多条刚刚被抢通的公路主干线再次发生大面积塌方。应青川县抗震救灾指挥部请求，71697部队、71336部队前往观音店乡救治受伤群众，并转移危险地带的群众。18时50分，71697部队命令后勤处处长张保忠、卫生队副队长李凤景带领军医付国红、刘伟及两名卫生员组成应急救援分队，携带医疗设备、器械和药品，于18时54分从竹园镇三郎村出发，强行军10多公里，于21时30分进至观音店乡地区。机动途中，遇到一名在余震中左前臂撕脱性骨折的观音店乡中年妇女，立即对其进行紧急救治，处理后由地方派出车辆向广元转送。到达观音店乡后，在地方干部带领下，连夜翻山越岭对6个行政村进行搜救，积极展开医疗巡诊。至26日凌晨，共救治群众105人，其中重伤员6人；解救、转移被困群众98人。

搜救骑马乡、红光乡、营盘乡被困群众 5月16日9时，武警广元市支队副支队长李仁琨率54名官兵到达青川县骑马乡展开搜救行动。官兵分成两个搜救小组，分别由李仁琨和副参谋长王守根率领，向骑马乡红光村和大树村进发。11时30分，第一小组到达红光村，官兵们立即将干粮和矿泉水分发给村民。16时20分，将红光村112名群众转移至骑马乡受灾群众安置点。同时，王守根率领的第二小组在大树村展开搜救和转移群众行动。至20日，官兵们先后进入红光村、大树村、光明村、李坪村、民主村，共救出被困群众23人，转移群众678人。

5月18日8时，武警广元市支队副政委张廷义率领40名官兵赶赴青川县红光乡展开搜救行动。当搜救官兵进入苟家村时，发现两名小女孩腿部砸伤已经严重感染，若不及时治疗，极有可能造成残疾。第八中队班长邓凤鸣、上等兵李安斌立即背起两名小女孩，徒步12公里，将她们送到红光乡受灾群众安置点治疗。至21日，官兵们先后在东河村、苟家村、康乐村、石板村搜救和转移受伤群众34人。

5月20日12时30分，71521部队炮兵指挥营营长杨武超带领25名官兵在骑马乡执行搜救任务时，在里坪村中山社半山腰一危房中发现一对老年夫妇，被困屋中已8天，每天仅靠吃一点干面维持生命，身体十分虚弱。官兵们迅速将老人背出危房，为其补充饮水和食物后，历经4个多小时，将老人安全背至山下，进行了妥善安置。23日16时，炮兵指挥营教导员段学军率无人机队官兵在骑马乡大树村搜救时，村民报告茶山深处有受伤老人。段学军决定分3组展开营救，同时向上级报告，联系救护车。17时30分，突击队翻越两座海拔2400多米的高山，抵达茶山深处事发点，在濒临倒塌的危房内，救出下身浮肿流脓的80多岁老人龙长友。随后，突击队用担架、肩背等方法，继续奋战两个多小时，于20时10分，成功将老人转移至大树村，接应的救护车将其送至青川医院治疗。

5月21日，71521部队电子对抗营营长徐同先率领3连10名官兵，在向导的引导下，进入青川县营盘乡永红村实施搜救。得知村民任天树已失踪几个小时，徐同先立即下令在其房屋附近进行搜索，在2楼发现已昏倒的任天树，随即叫来卫生员张峰对其实施紧急救治，后在战士刘朋飞的协助下将他从2楼转移到安全地带。25日，青川县发生6.4级余震，正在该乡执行任务的71521部队侦察营和修理3连在侦察处处长张聿亭带领下，随即展开救援行动，出动兵力195人，编成20个突击小组，赶赴董家、观音、河坝、青竹、余坝、两河等6个行政村实施紧急救援。历经7个多小时，冒着大雨成功转移和救治山上被困群众203人，并连夜将被砸成重伤的董家村村民何万翠送至广元市人民医院进行紧急救治。

六 茂县地面搜救

搜救渭门乡、飞虹乡被困群众 5月16日7时，武警重庆市总队第一搜救小组90人在大队长潘长林的带领下，徒步前往茂县渭门乡十里村执行搜救任务，行进两公里时接到群众报告，85岁的张家菊老人因难舍家园，坐在自己家门口，没有随村民转移。搜救小组迅速向老人靠近，进行劝慰。此时余震发生，潘长林在大地摇晃中背起老人刚冲出危险地带，身后危墙便轰然倒塌了。3名战士组成特别护送小组，轮流背着老人在飞石中穿梭，在悬崖上攀爬，沿滑坡山体边缘前行，5个小时后将老人安全送达茂县县城。

5月16日10时许，武警重庆市总队第七支队排查搜救到渭门乡椒元村，从村民李永富妻子口中得知，李永富4天前离家到海拔4100米的山上采药，一直未归，生死未卜。第七支队第一中队得知消息后，派出6名官兵请她带路上山寻找。一路上，爬陡坡、穿峡谷、过密林、蹚河流，官兵们边喊边找，始终没有发现李永富的踪影。李妻绝望地瘫坐在地上，劝官兵们不要再找了。14时许，卫生员王利在搜索中发现李永富躺在断树和巨石混合的废墟堆中，因左腿被砸断，失血过多，昏迷不醒。官兵迅速对其进行简单包扎处理，找来木棍搭成简易担架，轮流将李永富从山上抬下，于18时送到茂县县城救治。

5月17日，正在茂县飞虹乡搜救的武警重庆市总队第三搜救组，得知来自若尔盖县的采药农民高伟被困在飞虹乡的大山上，已5天没有音信。搜救组火速赶赴事发现场，20多名村民已经在山下集结，准备搜山，官兵立即与村民一起展开搜山行动。他们分成3个行动小组，分别从东、西、南3个方向沿山路向上搜索，发现高伟被困在一处峭壁上下不来。肖军组织战士和村民将绳索一头套在一根树桩上，另一头套在巨石一角，并派3名战士到巨石下面接应。35分钟后，受困的高伟终于得救。

救援牟托村被困群众　茂县南新镇牟托村地处高山峻岭之中，是距茂县县城最远、灾情最重的乡村。5月18日7时20分，77133部队部队长陈军带领党员突击队，每人背着粮、水、药品及抢险器材等近40公斤的辎重，在南新镇党委书记刘维刚带领下，强行军赶赴牟托村附近的3个村搜救群众。19日15时20分，部队赶到牟托村，将1059名村民转移疏散到安全地带，并为断粮4天的村民送上大米1500公斤。此时，村主任罗得兵报告，后山一养猪场被毁，200余头猪被埋，尸体已发出腐臭味。陈军立即率领30人带上汽油前往焚烧掩埋，以防疫病传播。战士们在搜寻时，发现3名被砸成重伤的群众，随队军医现场处理后，将伤员抬上简易担架送往县城医治。

搜救洼底乡柳坪水电站被困工人　茂县洼底乡柳坪水电站色尔古施工工地距离茂县县城68公里，有5个长800余米的洞站，面积约46平方公里。5月20日8时，洼底乡政府向部队求助：柳坪水电站色尔古施工工地有250余名水电工人被困，请求部队出动人员救援。接到请求后，在当地实施搜救任务的71998部队部队长牛斌决定迅速成立营救行动领导小组，组织人员进一步了解情况，研究制订营救方案。牛斌率坦克2营96名官兵，携带镐、锹、钢钎、背包绳、给养和药品，迅速赶往色尔古施工工地，搜救伤员、挖掘遗体和转移群众。为了确保救援行动快速高效展开，牛斌将救援人员区分为5个突击队，每个突击队又分为搜救排查、观察警戒、医治抢救3个小组。14时30分，官兵徒步奔袭近30公里山路，克服60余处山体滑坡、40余处危险路段，到达色尔古施工工地。牛斌命令救援官兵按照预定分工，迅速进入5个施工洞站，由外向里对洞内每一个施工点、角落进行排查。通过官兵的拉网式搜排，采用背、抬、扶等方式，将257名被困人员转移到安全地域。得知2号洞口内仍有93名水电技术工作人员后，救援官兵轮流使用各种工具，挖开被碎石封堵的洞口，进入长800余米的洞内组织拉网式搜救。当到达洞内约650米时，听到有人在呻吟。坦克4连连长王保勇用手电筒寻找，在一个200余公斤重的石头后发现一人，其右腿和右手臂严重骨折，右半身不能移动。官兵们先用担架将其抬

图116　5月20日，被71998部队官兵解救出的茂县柳坪水电站工人到达车辆停放点，乘车转移
（济南军区　提供）

至洞外，再进行消毒、捆绑、固定、治疗。官兵们先后将91名被困人员、2名重伤人员营救出洞。救援队伍成立了30人组成的党员突击队，制作简易担架，采取交替抬、背等方法，又徒步近30公里，到达回龙乡车辆停放点，迅速将伤员抬上车，乘车转移（见图116）。23时35分，两名多处骨折的重伤人员被抬送到茂县人民医院，得到及时救治，其他被困职工也被全部转移到安全地带。

七　安县地面搜救

搜救千佛镇被困群众　地震发生后，安县千佛镇7000余名群众和100余名游客被困在10多个小村庄及大、小千佛山上。5月16日13时，71811部队侦察科科长张朝义奉部队长命令，抽调侦察营60名官兵，组成3个突击队。在准备好救援器材、食品、饮用水后，部队长石正露、政委姜思源作了动员，官兵向千佛镇机动。19时30分，进至千佛镇大青桥村，前进道路因山体滑坡被埋而无法通行，遂决定徒步开进。17日8时10分，突击队在克服多处断崖、沟壑、地裂，并成功规避余震后，抵达千佛镇。突击一队在当地向导指引下，前往千佛村附近山头搜救转移游客。官兵利用自制担架，采取跪爬交替方式，将两名重伤游客转移至山下；采取背、抱、扶、拉等方式，从双电村附近转移受困游客90余人，并对3名受伤游客进行包扎处理。突击二队在千佛镇白果村发现村里3个社均有人员被困在山上，立即分成3个小分队，分赴3个社实施救援。第一小分队进至白果村1社，解救出王德力等3名受伤被困老人；第二小分队到达白果村2社，将受困群众50余人转移至安全地带；第三小分队从海拔2000余米的万福山上搜救转移受困群众12人。第三小分队又抵达穿心村、得胜村，通过询问当地群众、现地勘察等手段，摸清整个千佛镇有1000余人下落不明，98%民房毁损、60%坍塌，使上级及时掌握了千佛镇的详细灾情。71811

部队侦察营 60 名官兵在此次搜救行动中，历时 14 小时，共搜救被困游客 97 人，搜救转移被困群众 76 人，救治伤员 8 人，其中 3 人为重伤。

5 月 19 日 8 时，77226 部队接上级命令，继 71811 部队侦察营之后，再次挺进千佛镇，搜救被困村民。77226 部队参谋长晋华率 160 人的突击队，每人背着 40 公斤重的给养物资和器材徒步前行。经过 9 小时艰难跋涉进至千佛镇。千佛镇多数受灾群众已被陆陆续续转移出去，剩下的多是一些逃进山林的村民和不愿离乡的孤寡老人。据张平介绍，这些老人分散在乡里十几个村中，最偏远的白果北村还有一名被埋在废墟下的老人。晋华说："山村再偏僻也不能落下一个，群众居住地再难到达也不能漏掉一户，受灾群众再不愿走也不能丢下一个人，哪里最可能有被困人员，就先到哪里。"21 日下午，2 连连长陈发友带领的 20 名小分队队员蹚过一道小河，翻过一座山到达白果北村。陈发友踏过瓦砾，在每处倒塌的房屋处仔细寻找，找到一名 72 岁的瘫痪老人。官兵们继续搜索，在倒塌的房屋下面挖出 2.7 万元现金，当场交给老人。指导员陈宗军发现白果西村一片瓦砾明显有扒过的痕迹，另一堆瓦砾上还有散落的生米，于是就近搜索，在树林里找到一名中年男子。至 22 日，茶坪老街已经散出一种让人难以呼吸的气味，部队和乡里的粮食也不多了。突击队决定：战士留，老百姓撤；战士再饿两天肚子，没有力气走出大山，就坚守待援。5 名官兵带着被搜救出来的 71 名群众向山外转移（见图 117），留下的官兵开始循着异味处理遗体。没有防化服，就用溪水打湿毛巾，再罩上口罩，艰难作业。一天清理一个地方，每顿稀饭由两勺减为一勺。官兵饿着肚子，顶着烈日，在弥漫着恶臭的环境里清理废墟、

图 117　5 月 22 日，77226 部队官兵转移安县千佛镇孤寡老人

（77226 部队　提供）

焚烧杂物、掩埋遗体，随队的一名军医、两名卫生员四处喷洒消毒药。四天四夜后，156 名官兵相互搀扶着艰难地转移出千佛镇。

救援黑滩矿受伤矿工　5 月 19 日 16 时 48 分，安县雎水镇一位妇女焦急地向 77296 部队抗震救灾指挥部求救：她的丈夫彭国华在黑滩矿被埋七天七夜，数十分钟前才被挖出，需要立即救治。部队长马洪昌决定，火速成立一支 25 人的突击队，立即出发奔向黑滩矿。20 时，天色渐黑，突击队到达彭国华家。此时的彭国华身体极度虚弱，已经无力说话。两名军医迅速对他进行短暂的检测和抗休克治疗，突击队再将他抬上担架，历经千辛万苦，于 20 日 4 时将其送达水晶村。深圳医疗队用最快的速度对彭国华进行全身检查后，再迅速转移到第二军医大学野战医院，创造了又一个被压埋近 170 小时后获救的生命奇迹。

搜救晓坝镇两河村被困群众　5 月 19 日 5 时 41 分，驻扎在安县晓坝镇的山东省公安消防总队救援官兵根据抗震救灾指挥部的指令，对受灾严重村落的失踪人员展开拉网式搜救。8 时 21 分，救援官兵徒步赶到距离指挥部 3 公里处的两河村。在一处倒塌的院落里，找到 68 岁老人朱现帮，头部受轻伤，左腿骨折，其老伴因为身体弱，无法将朱现帮带出山救治。随队军医找来两块木板，迅速用绷带固定住老人受伤部位，再由救援官兵轮流背着下山。10 时 30 分，受伤老人被救援官兵安全背下山，已在等待的救援车迅速将老人送往晓坝镇救助站。山东省公安消防总队官兵在晓坝镇两河村的搜救历时 7 个小时，共搜救出受伤被困群众 20 余人，并全部送至医疗救护站进行治疗。

八　都江堰地面搜救

搜救向峨乡被困群众　5 月 17 日，77115 部队按照上级的部署和要求，决定由 4 名团以上干部各带一个组，深入都江堰市向峨乡所有村组，开展“进村入户”搜救工作。部队每进一村、每入一户，首先询问有没有被废墟压埋人员和失踪人员，坚持逐村、逐组、逐户、逐点排查，帮助群众做些力所能及的事情，把废墟整理得整整齐齐，把群众院落打扫得干干净净，把房屋搭建得结结实实。从 17 日 8 时至 20 日 20 时，77115 部队救援人员徒步行进 400 余公里，走访了 7 个村、32 个组、1 个社区共 900 余户，拆除危房 36 间，搭设帐篷 435 顶，搭建活动板房 372 套，从废墟中抢运出物资、粮食 70 余吨，救助伤员 162 人次，为群众看病 610 人次，收割油菜、栽种水稻 2 公顷，转移安置受灾群众 1000 余户，并与中铁二局职工一起，打通距乡政府最远、受损最为严重的龙竹村的唯一进出通道，使向峨乡通村公路全面贯通。

搜救青城山被困群众　5 月 17 日 8 时 20 分，成都军区测绘大队紧急出动 200 余名官兵，前往都江堰市青城山展开拉网式搜救。10 时 30 分，官兵分三路向青城后山腹地进发。经过两个多小时的搜索，副大队长李绍春率领第三分队抵达飞泉沟。小分队在继续向前搜索中，隐约听到前方有微弱的呻吟声，上前一看，发现一位叫高守明的 78 岁老人，瘫倒在飞泉沟边。老人是都江堰市青城山泰安村人，膝下无儿无女，地震后两天没吃东西。班长骆山岭迅速拿出急救包为老人包扎，闻声赶来的分队官兵协助骆山岭背起老人、扛着背篓往山下转移。大约一小时后，将老人送到野战救护车接受治疗，使老人转危为安。

九 平武地面搜救

搜救水观乡被困群众 平武县水观乡平溪村位于南坝镇东北20余公里处，居住有32户96人。地震造成7人死亡、26人受伤，90%的房屋倒塌，进出道路严重毁坏。5月18日7时30分，南坝镇抗震救灾指挥部得知该村有群众因山石塌方被困山顶后，立即请求95982部队派出救援分队前往救援。受领任务后，部队指挥组迅速决策，成立应急搜救分队，由副部队长刘宝成带领该部9连38名官兵，迅速完成执行任务前的各项准备。8时30分，搜救分队从南坝镇出发，沿文家坝、石坎、窑湾里向平溪村徒步开进。分队艰难跋涉60余公里，穿越山体移位地段10余处、滑坡地段40处，翻越大山6座，于16时28分到达平溪村林家山，而后又转至郑家山，迅速展开搜救行动，共搜救转移被困村民128人，其中需背、抬的幼、伤、病人员53人，80多岁老人4人，重病伤员2人。19日11时40分，分队安全返回营地，并将所有被救人员移交地方民政部门予以妥善安置。

5月21日晚，平武县委书记张学民向部队提出进入水观乡观凤村解救被困群众的请求。观凤村有群众70多户、300多人，80%的房屋倒塌，200余人被困山中，需要尽快转移。20时，95982部队政委陈辉立即组织召开连以上干部会议，决定成立搜救突击队，由参谋长邓明忠任队长、2营营长杨士强任副队长，共出动100人执行深山搜救任务。21时，杨士强明确5连、机炮连各出动50人，做好进山搜救的一切准备工作。22日7时，邓明忠带领应急搜救分队，从南坝镇出发。搜救官兵克服身体疲劳、路途遥远、山陡路险等困难，不畏艰辛，连续作战，翻越海拔1500米以上大山5座，行程80余公里，于19时到达水观乡观凤村，迅速展开搜救。按照“排包社区、班包户”的原则，搜救分队分成4个小组，挨家挨户向群众了解受灾情况，问寒问暖，救治伤员，向群众宣传党和政府的救灾政策。23日9时，搜救分队从观凤村出发，采取背、抬、扶等方式，带领167名被困群众向南坝镇营地进发，其中60岁以上老人38人、伤病员12人，于17时30分到达目的地，完成搜救任务。

搜救南坝镇被压埋群众 5月16日，云南省公安消防总队抗震抢险救援队第一突击队接指挥部命令，留下20人继续驻守都江堰，其余部队赶赴平武县南坝镇展开营救。11时5分，第一突击队到达南坝镇。官兵们迅速兵分几路，对每一所学校、每一座楼房、每一个角落、每一堆废墟展开地毯式的搜救行动。许多官兵手刨出血、脚被钢筋水泥划破，搜索犬也超负荷工作。至15时45分，第一突击队在南坝镇供销社及周边商铺挖掘出遇难者遗体9具。17日8时5分，在坍塌的居民楼内又挖掘出遇难者遗体6具。

5月19日下午，71426部队指挥2连得知，南坝镇古龙村16岁孩子何辉的父亲被埋在倒塌的厨房下面，可能还有生还希望，便立即前往营救。由于房子处在半山腰，机械无法上去作业，只能靠大锤和钢钎一点点砸，用手一块块抠。20余名战士奋战一夜，终于打开进入厨房的通道。突击队员冒着房屋随时可能倒塌的危险，腰系背包带，从入口处进入厨房继续搜寻，却没有发现任何踪迹。连长何飞跃判断地震发生时遇难者可能逃到山脚下，被泥石流淹埋。于是，官兵们不顾疲劳，冒着随时可能出现的山体滑坡危险，用工具一点点地掘开厚厚的岩石泥土，终于在20

日10时30分找到遇难者遗体。

5月20日，71366部队装备处处长赵强、司令部管理股股长谢永奇受命带领10名党员骨干组成突击小分队，前往南坝镇兴隆场村执行搜救任务，成功救出75名被困群众。谢永奇带领搜救小组，在搜索中发现腰、腿部严重受伤的妇女魏小群。突击队决定用竹竿制成简易担架，将魏小群固定在担架上，两人一组抬着担架，其余队员用背包绳拉住担架，采取轮流作业、分班接力的方法，一步一步往山下挪移（见图118）。途中，遇河水暴涨，突击队员们跳进齐腰深水中，采取一线排开、逐个前移的方法，将担架举过头顶，一个一个往前传递。突击队历时8小时，徒步30余公里，将魏小群抬出大山，送至平武县医院进行手术治疗。

图118　5月20日，71366部队官兵营救受伤村民魏小群（济南军区　提供）

营救牟家山羌族老人　5月21日13时50分，武警广安市支队收到一中年男子的求救信。信中说："羌族老大娘李孝兰已经被困9天了，老人住在海拔1860米的牟家山顶上，离平通镇13公里，地震使其房屋严重受损。为防止不断袭来余震和泥石流，全村人都转移到了安全地带，但老人不愿离家，请求武警速来帮助。"14时10分，支队长李林麒率20名官兵组成救援敢死队向牟家山深处挺进。牟家山多处大面积塌方，队员们拉大距离，轻踩塌方土面，快速通过危险地段。15时35分，救援敢死队到达牟家山羌族老人所住房屋前。参谋长张琦立即派出观察警戒哨，进屋搜寻老人。正在这时，突发余震，老人的房子被摇得"咯吱"直响。警务股股长彭炉生带领3名队员迅速将老人背出。15时46分，李林麒集合队员，制作了一副背架，3人一组，轮流作业，慢慢地将老人向山下转移。18时10分，经过3个多小时艰难行进，将老人转移至山脚安全地带（见图119）。

图119　5月21日，武警广安市支队官兵转移羌族老人李孝兰
（武警部队　提供）

搜救白马藏族乡等地被困群众　5月19日，71366部队根据上级统一部署，开始在平武县白马藏族乡、水晶镇、阔达藏族乡等地执行排查搜救任务；至24日12时，共搜救转移群众131人，其中重伤员8人。19日，装步营营长董万胜带领48名官兵在白马藏族乡执行搜救任务时，发现有13名福隆采石场员工被困在山上。董万胜边向部队长李世林报告，边组织救援。李世林接到报告后，向71811部队副部队长王春杰报告了情况，并命令在木皮藏族乡执行搜救任务的参谋长刘必东迅速带队增援。随后，王春杰和李世林也迅速赶往救援现场。董万胜带领48人一边救人，一边做安抚工作。刘必东带领增援部队到达后，立即展开救援。为防止再次塌方，官兵只能徒手挖掘。经全体官兵共同努力，13名被困长达7天的民工被全部救出，转移到医疗救护队进行治疗。

5月20日中午，装步2连在白马藏族乡排查时，在自一里村东南两公里处，发现36名绵阳籍九寨沟景区工作人员因余震致山体滑坡，交通被堵，长时间被困。1营教导员李勇组织装步2连绕道10余公里，沿着陡峭的山路，分批次将被困人员转移到南一里村北侧。尔后，李勇带运输车将他们平安送至平武县城。

5月21日，坦克3连连长成国祥带领15名官兵在水晶镇执行搜救任务时，接群众报告，在水晶镇中学西南600米处，一村民因躲避山体滑坡，掉进山沟。部队到达出事现场，发现遇险者多处受伤，已处于昏迷状态。成国祥立即组织人员采取抬担架与背包绳拉担架相结合的方法，轮流作业，分班接力，紧急转移伤员。人员很快被救出深沟，随即送往水晶镇卫生院，为迅速实施抢救赢得了时间。

5月22日，在阔达藏族乡执行搜救任务的坦克7连指导员刘相锋接到报告，旧庄村村民何安福和老伴在下山途中，被山体滑坡的碎石埋住。刘相锋立即带12名战士上山搜索，在距山脚1.5公里的山腰上，发现有一老年妇女正在呼救，称其老伴被压在从山上滚落的碎石下面。救援官兵立即展开挖掘，将压在碎石下面的老人救出，老人头部和双腿被砸伤，作了简单包扎后，救援官兵轮流将其背到山脚下，再送往部队和浙江省人民医院医疗救护队联合医疗站治疗。同日上午，坦克9连排查到阔达藏族乡与水晶镇交界处的筏子头村时，发现一名老人被埋在倒塌的房屋下。连长范昌植带领人员将周围重物清理开，指导员孙慧珍指导官兵把压在老人身上的石板掀开，成功将老人救出。老人右肩骨折，右臂无法活动，身体多处受伤，经简单包扎后，由官兵轮流背往12公里外的部队和浙江省人民医院医疗队组成的联合救护站进行救治。同日9时许，工兵连在指导员王进博带领下，在旧堡羌族乡双泉村开展搜救，5班班长陈赓听到山腰上一孤立房屋中传出呼救声，立即带人前去查看，发现房屋局部倒塌，门窗被封死。几个人边清理塌落瓦砾，边大声询问被困人员情况。经过40分钟的营救，将困在屋内的祖孙3人救出。经简单包扎，陈赓等人轮流将3人背至山下乡卫生院进行救治。

5月24日，修理连在古城镇桑坪村执行排查搜救任务时，接到群众反映，4公里外的伏河右侧山顶上有户人家，近日因山体滑坡，上山道路被毁，一直未见他们下山。指导员李永前立即派代理排长张丙立带18人前去搜救。9时30分，搜救人员到达山顶，发现一中年男子右肩被屋梁压住，无法脱身。张丙立迅速带领战士上前救援，将其救出。旁边塑料篷内，还有一位80岁老人，全身瘫痪不能动弹。经简单救护后，战士们用竹子做成简易担架抬着老人，中年男子则由战士轮流背着向山下转移。12时10分到达桑坪村后，再将他们转移到古城镇宿营点，送至部队和浙江省人民医院医疗队组成的联合救护站治疗。

营救文家坝堰塞湖被困群众 地震发生后，南坝镇文家坝村周边数座大山垮塌滑坡，石坎河河道阻塞，形成高危级堰塞湖，全村连接外界的省道105线被湖水淹没。5月20日凌晨，文家坝堰塞湖水位暴涨，随时有决堤溃坝危险。71811部队工兵营紧急出动150人、运输车6台、冲锋舟6艘，携带水上救援器材和土木工具，将兵力编为岸上搜寻、救援保障、水上救援、安全警戒、消毒防疫和灾民安置6个小组，全面展开救援行动。侦察班迅速对水情、灾情进行勘察，湖面漂浮着从上游冲下的腐尸等杂物，湖堤松软，碎石不断滑落，湖区周围群众生命财产受到极大威胁。

5时40分，副部队长王春杰、参谋长杜清华率工兵营后续兵力140人，携带冲锋舟4艘、救生器材和土木工具，采取摩托化机动方式向文家坝堰塞湖开进，于7时20分到达文家坝堰塞湖岸边。按照救援方案，6个战斗编组迅速展开行动。教导员王法兵带领岸上搜寻组，按照由近至远、从湖边到村庄的顺序，全力搜寻被困群众；水上救援组迅速排除湖面上各种障碍物；桥梁连连长王敏带领救援保障组，在侦察班配合下，进一步清除湖边碎石杂草，修筑靠岸码头和上岸道路；桥梁连指导员刘广带领安全警戒组占领附近有利地形，观察险情，及时发出警报信号；消毒防疫组和灾民安置组全面展开搭设帐篷、消毒防疫等各项工作。7时45分，王春杰从水上救援组抽调8人，携带救生器材，操舟下水，勘察湖中复杂水情。针对堰塞湖中淹没的电杆、枯树、房屋和烟囱等障碍物较多，冲锋舟容易碰上等危险情况，就地取材，利用竹筒标识航路；针对湖面树干木板、动物尸体、杂草杂物等漂浮物较多的情况，采取由近及远、先大后小、逐步推进的方法打捞清理。8时50分，水上航路开辟成功。王法兵带领岸上搜寻组60人、安全警戒组15人、消毒防疫组10人，乘冲锋舟分批前往湖对岸，全面展开搜寻、收拢受困群众工作。经过两昼夜连续奋战，部队共营救受困群众1600余人，抢救物资15吨，挽回经济损失30余万元，被人民群众誉为“水上救护神”（见图120）。

图120　5月20日，71811部队工兵营用冲锋舟转移平武县文家坝堰塞湖受困群众
（济南军区　提供）

十　彭州地面搜救

位于彭州市北部的龙门山镇，有个岔路口，向东通往银厂沟，向西通往回龙沟。两条峡沟山陡水秀、风景迤逦，平时游人众多，被称为“双沟”风景区。在地震中，风景区被毁得面目全非，峡沟山体滑坡，村庄被夷为平地，3个行政村陷入绝境，近千名群众和游客被困。

71622部队到达龙门山镇任务区后，把3600名官兵分成若干个小分队，采取小群多路、全线出击、超越搜索的方法，按照“任务化整为零、部队化整为零、保障化整为零”的要求，迅速集中71823部队及装步1营、3营、4营共1541人，动用8台工程机械、20辆运输车，沿九峰山、银厂沟向大海子、小海子方向实施全面搜救。5月16日9时许，4营进至谢家店子展开搜索。12时20分，3营进至柏国坪展开搜索。15时30分，1营抵达小龙潭展开搜索。部队长唐岩峰带领1营3连官兵，爬过200多米泥石流地段，越过近2公里长山体滑坡险段，其间两次经历5级以上余震，前行25.5公里，于16时55分到达银厂沟风景区最前端燕子岩窝。至此，部队到达银厂沟内3个行政村、817家度假山庄实施搜救。至17日，71622部队共出动3559人、工程机械8台、运输车20辆，官兵连续奋战近36小时，救出幸存者43名，挖掘、掩埋遗体98具，救治伤病员331人，转移受灾群众530人。（参见图121）

5月17日9时，正在银厂沟执行搜救任务的该部装步4营接到当地群众报告，有4位老人被困在龙门山镇团山村东北6公里处的陡红岩上，因山高路险和道路被毁，无法下山，已经4天没有进食，其中一位老人严重脱水，另有一位老人因高血压晕倒，情况十分危急。4营营长陈西明立即抽调炮兵连6名官兵进山搜救。10时30分，4营教导员徐国华、副营长陈杰又带8名官兵赶赴现场增援。12时30分，71622部队政委彭玉斌、副部队长陈海清、副参谋长汪守保带6名机关干部和6名医护人员赶赴现场，分两组向4位老人被困位置接近，两小时后在老人被困位置会合。

图 121 5月16日，71622部队在彭州市银厂沟进行“千人大搜救”

（济南军区 提供）

官兵分成探路组和4个救护组，待老人体力稍稍恢复后，采取轮流背的方式，沿着没有坍塌的山坡一侧开辟新路下山。短短3公里路程，他们走了3小时45分钟。19时55分，第一名幸存者被救下山；26分钟后，第二名幸存者被救了下来；至20时16分，4位老人全部获救。（参见图122）

5月18日9时45分，根据龙门山镇宝山村村民反映，在回龙沟下炉房附近有10位村民下落不明。参谋长张书杰及时向部队长唐岩峰、政委彭玉斌汇报情况，决定抽组精干力量搜寻营救。10时30分，副参谋长陈波带3名战士进入回龙沟先行开路，并对地形等情况进行侦察。11时6分，张书杰率警侦连15名战士进入沟内展开搜救。13时5分，两组人员在龙门禅寺会合。15时10分，济南军区副司令员叶爱群、71320部队副政委张建华赴回龙沟一线坐镇指挥，命令71622部队警侦连第二搜索组及时进沟配合行动，要求救援队根据沟内情况迅速拟制上报方案。15时27分，搜救队进至下炉房西侧半山腰处，发现对面海拔约2200米的山顶上有一白色帐篷，可能有幸存者。叶爱群当即指挥救援队跨越激流至对岸，

图 122 5月17日，71622部队官兵在彭州市龙门山镇团山村陡红岩上营救被困老人

（济南军区 提供）

高地东侧无名高地建立了指挥观察所，也发现该疑似目标点，并将情况通报团前指，要求尽快确认。

6月10日5时30分，天气转好，雾气渐散。伍发建率步兵1营、团警侦连突击队员继续向灌木林疑似目标搜索。6时19分，贺顺康到达目标点，确认为直升机失事现场（见图124）；6时40分，正式向夏国富报告，找到失事的92734号直升机残骸和机上人员遗体。

图124　6月10日6时19分，雅安陆军预备役步兵团营长贺顺康率队找到失事直升机

（四川省军区　提供）

经调查取证、技术检验和研究分析，直升机失事的直接原因是：直升机沿高山峡谷低空飞行，因局部气候瞬时变化，突遇低云大雾和强气流，机组采取减速上升高度等措施，扩大与前机距离，但因直升机性能所限，在有限时间内无法上升至安全高度，且云中掌握精确位置困难，导致直升机撞山失事。

转运失事直升机遇难人员遗体　直升机坠毁于映秀镇西北7.5公里处，飞机残骸和人员遗体沿山坡向下分布在宽约50米、长约120米范围内。机上18人全部遇难，其中机组人员5人，即机长邱光华、副驾驶李月、机械师王怀远和陈林、二级士官张鹏；地方人员13人，包括转运的伤病员3人、陪护3人、公安干警3人、其他群众4人。从上至下分布状况为：先是2具着蓝色飞行服的遗体，约30米是蓝色飞机前罩、飞机主体和尾桨，往下是2具遗体，其中一具着蓝色飞行服。另有9具遗体在飞行员的西侧和正下方，再往下是飞机螺旋桨，机舱内无遗体，一组轮胎被烧毁炭化，另一组轮胎上有编号，分 4 排，依次是 S05、K185、K211、K234，飞机残骸现场有“八一”标识。四川省军区紧急成立救援力量，以最快的速度到达直升机失事地点，转运失事直升机上的遇难人员遗体。

6 月 10 日，军事医学科学院选派张力军、贾雷立两名专家奔赴现场，对遇难者遗体做消毒处理。直升机失事地点大红崖，高山峡谷，人迹罕至，道路艰险，途中要翻越 7 座 3000 余米的山峰，单程需要 11 个小时。他们攀上 5 号营地，只见一处 300 余米深、近 90 度的绝壁，飞机就在那里。在不能保证生命安全的情况下，张力军、贾雷立顺着绝壁往下坠滑，到达飞机失事地点，发现遗体已高度腐烂，爬满蛆蝇。两名专家寻找每一寸地面，把失事人员的遗骨、遗物进行清洁、消毒、整理。同日，阿坝军分区得知失事飞机在银杏乡大红崖找到，组织独立营 70 名官兵和 108 名黑水县民兵志愿者沿海拔 3200 余米的山脊昼夜兼程，一路艰难地穿过近 40 公里的断裂带和荆棘地，历时 12 个小时，到达失事地点，把 5 名机组人员遗体安全运出。（参见图 125）

图125　6月12日，四川省军区黑水县民兵运送遇难机组人员遗体

（张好训　摄）

6 月 11 日，成都军区联指司令员李世明、政委张海阳现场指挥失事直升机善后工作，要求对失事直升机现场进行规范处理；找到失事直升机黑匣子，运回失事直升机少量残骸和遗物；开辟运送遗体道路。12 日 8 时 20 分，机上所有遇难者全部找到。18 时，完成 18 具遗体 DNA 取样，遗体运送工作准备就绪。12 日、13 日，80 名官兵组成突击队，负责转运遇难者遗体。

6 月 13 日 10 时 10 分，5 位遇难机组人员遗体和主要残存设备（黑匣子等部件）运抵凤凰山机场，部分官兵和遇难机组人员家属迎送遇难者灵柩；14 时，遇难者遗体被火化。

人营救突击小分队，驻守在被困游客的河对面，随时做好营救准备，并为游客提供帮助。在持续营救过程中，官兵露宿野外，靠干粮泉水充饥，先后两次为遇险被困游客运送大米300公斤、饮用水16件、方便面12件、牛奶8件和食盐、腊肉等。（参见图126）至19日18时，分4批把被困的153名游客转移至安全地带。

转移被困德国游客 5月12日，来自德国的登山爱好者博格达正在汶川至都江堰公路上考察登山路径。地震时，他身边的公路段发生特大泥石流，他被困在中间进退不能。由于通信全部中断，博格达的亲人无法联系到他，遂向德国驻中国大使馆求救。16日夜，77118部队受领任务后，大队长苏杰、政委罗旭东连夜研究布置营救方案，并抽派精干的5人突击小分队，由“标兵连长”谢辉带队，携带电台连夜前往搜救。搜索至青草坡隧道时，搜寻小组采取散兵间距快速通过。刚出隧道不到一分钟，一次余震带来的泥石流将隧道口埋了一大半。经过6小时搜寻，小分队在一处开阔地找到了在绝望中苦苦等待救援的博格达。此时，62岁的博格达已在余震中等待了100多个小时。看到深夜赶来的救援官兵，博格达用生硬的中国话连声说道：“真不可思议，你们中国军人太了不起了！”当天，他被转移至安全地带。

转移耿达水界牌水电站职工 5月18日19时50分，应映秀镇抢险总指挥部的请求，77100部队指挥部向所属77118部队突击分队下达命令：出动10人小分队，前往耿达水界牌电站，搜寻抢救受困和受伤人员。77118部队突击分队受命后，从映秀出发，沿桃子坪、上下木江坪进至水界牌电站。19日6时，突击小分队在特战营副连长崔向东、侦察营副连长唐正辉带领下，带着绳索、砍刀、必备药品、两日份干粮和通信工具，踏上征途。一路上遇林开路，遇山爬绳，遇崖溜索，翻越海拔2610米的高山，于12时27分赶到电站，立即寻找被困群众。突击分队冒着塌方不断的危险，进入到被水淹没大半的电站隧道机房40米深处，救出重伤人员4人、受困电站职工4人，分发给他们食品、饮水，帮助处治重伤人员，及时向指挥部反馈电站灾情。20日，突击小分队来不及休整，立即勘察周边地形，开辟简易机降场，又前出至相隔不远的瀑布山庄，救出重伤人员6人、受困群众6人。21日，在突击小分队协助下，10名重伤群众、2名受困人员被直升机接走，脱离危险境地，另外8人由小分队护送，于22日返回映秀镇。小分队10名官兵受到媒体赞誉，被称为“耿达水界牌十勇士”。

转移五指山电站被困群众 雁门乡五指山水电站四周为近200米高的悬崖绝壁，10名职工和1名村民受困，摸索4天均无法找到出路，已经断粮断水5天。5月17日16时，水电站厂长张国平向77128部队求助。77128部队立即抽调5名官兵组成精干营救小组，携带300米长的绳子，选择一条约30公里的迂回道路，前往受困地实施营救。19时30分，营救小组到达通山村，因余震发生，被迫在通山村宿营。18日5时，又从通山村出发，于12时到达受困点悬崖上方，营救小组利用绳索下到200余米深的谷底，迅速展开拉网式搜索，共找到受困群众11名。营救队员将带来的水和干粮分发给群众充饥后，沿着绳索将11名群众逐一送上山顶。14时，营救小组成功救出11名被困群众；19时30分，带领受困群众顺利返回部队雁门乡宿营地。

转移茶园村被困群众 位于映秀镇西北2.5公里处的茶园村23户村民被困已近6天，全村房屋几乎全部被毁，多具遗体开始腐烂。加之渔子溪河上游由于山体滑坡形成多处堰塞湖，次生灾害随时可能发生。5月18日6时，71781部队接到求援报告后，政委张博、参谋长朱自强决定由教导队队长周红秀挑选 36 名教导队学员组成营救突击队，徒步急行军赶往茶园村转移被困村民。7 时 45 分，搜救官兵到达位于映秀镇西侧的镇政府，9 时 50 分到达茶园村。突击队员把随身携带的干粮和水分给村民，在村民补充营养后，再按照“以户为组、强弱搭配、战士穿插”的方法，编为 15 组，准备返回映秀镇。出发前清点人员，村长发现一位 81 岁高龄的老人不在队伍中。后经寻找，发现老人在其已经坍塌的老屋中，腿部受伤，不肯离开。经过周红秀和村长耐心细致劝说，老人才同意随部队一起撤至映秀镇。10 时 20 分，卫生员为老人包扎治疗后，由 6 名体力较好的突击队员组成担架组，抬着老人随队行进。后被困村民全部得到妥善安置。

转移汶川县城及其周边被困群众　受地震影响，九寨沟环线道路交通全部被阻断，成都经都江堰、汶川到阿坝的唯一干线道路因都江堰—汶川段遭到严重破坏，无法通行。四川省交通厅于 5 月 19 日迅速启动一条从汶川到马尔康再经丹巴、天全至成都的绕行线路，全长 800 多公里，客运车辆单程运行时间超过 15 小时，比地震前从汶川经都江堰到成都的 150 公里线路多绕行 650 余公里，运行时间多 12 个小时。四川省运输指挥部决定将这条绕行线路分为 4 段，即汶川至马尔康、马尔康至丹巴、丹巴至天全、天全至成都，对转运受灾群众实行分段接力运输，这样既可避免驾驶员疲劳驾驶，保障运输安全，又可在有限的运力条件下提高运输效率；在马尔康设立转运站，在丹巴、天全设立中转站，在成都石羊客运站设立转运接力站，建立汶川—马尔康—丹巴—天全—成都的“爱心接力运输”线。同时，与公安、气象、防疫等相关部门协调，建立多部门联动协作机制：公安部门负责对转运车队开道和转运站、接待站的秩序维护；气象部门负责实时通报转运沿线天气情况；防疫部门负责对转运车辆和人员的卫生防疫工作。“爱心接力运输”专项行动中，共调集成都、阿坝、甘孜、凉山、雅安以及贵州客车 400 余辆，经过十昼夜连续奋战，从汶川县安全转运灾区被困群众 2 万人到成都，同时从阿坝境域内灾区县转运 4 万名被困群众到轻灾县。（参见图 127）

图127　5月21日，甘南藏族自治州救援车队前往汶川转移受灾群众

（交通运输部　提供）

二　撤离北川被困人员

转移白坭乡被困群众　5月19日6时30分，合江县人武部部长杨姚东、政委王伟带领30名由党员组成的民兵应急突击队，奉命前往北川羌族自治县白坭乡执行搜救任务。全体队员每人背负矿泉水、干粮、药品30公斤，翻越2座海拔1800米以上的高山，穿越10余处塌方路段和被当地群众称为鬼门关的“鲤鱼背”险道，艰难跋涉10多个小时，徒步几十公里山路，于19时30分到达白坭乡。得知山上有60余名被困群众，其中有孕妇2名、老人4名、婴幼儿4名、受伤人员4名，民兵突击队连夜带领群众转移。在危险路段，救援人员用头顶、肩扛、背负、手托，引导、帮助群众渡过一个又一个难关。20日下午，68名受困群众被转移到安全地带。

转移陈家坝乡被困群众　5月16日14时12分，宁夏回族自治区公安消防总队抗震抢险救援队第三分队在距离北川羌族自治县陈家坝乡蒋家坝村一山洞内发现30余名被困人员，立即向指挥部报告。副总队长傅建贞当即决定派总队救援队副队长吉海滨带领30名队员，携带工具和食品、药品火速赶往救援。16时3分，经过近2小时徒步行进，30名救援队队员与第三分队会合，将被困山洞的38人成功救出。由于被困群众大部分是老弱病残，救援队官兵采取背或抬的方法，于20时30分将几十名被困群众转移到安全地带。18日18时30分，救援队18名官兵在陈家坝乡龙湾村进行搜救时，发现2名90岁以上体弱多病的老人和7名被困人员。救援队立即给被困人员提供食物和水，简单地包扎治疗后，将91岁的熊玉福、94岁的薛国丙和其他7名被困人员转移到山下安全地带。

5月18日6时10分，陈家坝乡政府报告，该乡太洪村仍有村民下落不明，请求部队协助进行第二次排查。71309部队2营153名官兵在政委汪应成带领下，出动各型车辆7台，于7时20分到达太洪村，在村干部和当地群众引导下，分为3个方向对所辖社（组）进行逐户拉网搜排。9时40分，48名官兵到达太洪村大湾组。该组共有17户人家，其中15户被山体所埋，剩余2户房屋也全部倒塌，两个村民正在挖掘。当了解到有5人被埋房下，仍有生还可能时，带队的陈付全迅速对人员进行分工，轮番进行挖掘。12时30分，发现被埋5人已经全部死亡。在征得村干部和遇难者家属同意后，官兵对遗体进行消毒、掩埋。另外56名官兵在村民引导下，向位置偏僻的太洪村玉山组方向搜寻。官兵徒步行进18公里到达玉山组对岸，堰塞湖已经完全淹没了进出的道路，官兵从山背上绕道迂回到达玉山组，并迅速展开救援。全组共有18人失踪，幸存64人中有21人不同程度受伤。救护组及时展开救助，官兵将自己随身携带的干粮全部分发给受灾群众，并利用山上的竹子制作成简易担架转运伤员。至18时25分，玉山组64名幸存者被全部转移至太洪村安置。

5月19日7时，宁夏回族自治区公安消防总队地震灾害应急救援队副队长雍军带领28名队员赶往陈家坝乡樱桃沟村进行救援，途中发现63岁的陈仁泰被困山中。救援队随即搀、抬着老人继续向目的地进发。13时20分，救援队在樱桃沟村3组发现56岁的陈仁平被倒塌墙体压埋，同时被竹子卡住腿部。救援队马上清理障碍，将老人抬出，并通过轮流背抬的方式将两位老人运送下山。20时55分，救援队运送老人返回营地，后又送往江油医疗站。

转移桂溪乡被困群众 5月14日17时45分，吉林省公安消防总队抗震抢险救援队在西羌九黄山风景区搜救被压埋群众时，发现风景区内桂溪乡永城村350人被困山中，与外界失去联系。17时47分，突击队将永城村受灾情况向当地政府和西羌猿王洞景区旅游局进行沟通汇报，并与绵阳市政府取得联系。绵阳市政府很快派出4辆卡车到达风景区。救援队派出30名救援人员给被困村民送去食物、饮用水、医疗药品等急需物品，并连夜营救被困群众撤离。19时40分，救援队组织被困群众统一向山下转移。被困村民中年龄最小的5个月，最大的84岁。为避免余震造成山上滚石袭击，救援人员决定走山间小路撤离。天色越来越黑，山路越走越陡、越走越窄，有的地方窄得只能一人通行，而路的另一侧则是悬崖峭壁。为保证群众安全，每隔10名村民就安排一名消防官兵进行护卫。官兵们高举强光手电筒为群众照明，不间断告知脚下路面情况。他们有的替村民背行李，有的替村民抱小孩，有的与村民手拉手相互扶持，还有的背起老人和孩子艰难前行。23时20分，经过近4小时艰难跋涉，将被困群众成功地移送到安全地带。

转移禹里乡被困群众 5月16日，武警成都指挥学院教研部主任赵汝勇率97名突击队员，随武警四川省总队副总队长兼参谋长邓厚明到达北川羌族自治县禹里乡。赵汝勇随即派出人员在禹里乡街道进行武装巡逻，维护震后秩序；开展救助受灾群众和清理街道、新建简易直升机场等。18日10时35分，第一架直升机降落禹里乡运送伤员。突击队派出小分队进山普查灾情，及时将重伤员送上直升机，并做好禹里乡即将淹没区的受灾群众转移工作。23日，因唐家山堰塞湖导致湔江（禹里乡政府位于湔江北侧）水位上涨，突击队将禹里乡街道居民1000余人安全转移到高处。16时，部队整体转移至湔江南侧的石纽山山顶（距农场住地约6公里山路），用塑料薄膜、降落伞、松枝等在山顶坡地上搭起“帐篷”。至26日，突击队先后疏散转移群众1000余人，向直升机运送伤员217名。

撤离漩坪乡被困群众 漩坪乡四面环山，位于北川羌族自治县西北部湔江流域。震后，湔江被山体滑坡的巨石阻断。河床迅速攀升，水位节节上涨，河岸两边居民住房全部被淹没。地震当日，数百名群众死亡，幸存者逃往附近山顶。5月14日下午，从漩坪乡走出来的一位村民向北川抗震救灾指挥部报告：漩坪乡部分居民房屋已被大水淹没，湖水马上就要淹到乡政府，数万名群众被困山中，亟待救援。22时14分，77289部队部队长邓长城带领步兵1营、警侦连、通信连、工兵连部分人员共513人，立即奔赴漩坪乡救援。15日1时20分，邓长城带领官兵分乘21台各型车辆，向北川县城机动。6时10分，车队抵达任家坪收费站，途经县城，到处都是求助的人群，邓长城陆续派出7支救援队救助群众。穿过县城，到达新城区西侧的龙尾隧道，500多人的突击队剩下不到400人。综合考虑后，邓长城决定：从各连抽20～25名骨干及体能较好人员，组成200人党员突击队，由步兵1营营长刘洋带领，继续向漩坪乡挺进；自己带领剩余人员在县城及周边村组展开救援。20时12分，突击队强行军12小时，沿着像线一样的山脊翻过7座大山，到达漩坪乡政府。刘洋向漩坪乡党委书记张康奇简单了解情况后，立即组织官兵营救。5分钟后，4支军民合成的小分队向漩坪乡最偏远的村落突进。21时21分，天已漆黑，一条宽约50米的大河挡住警侦连去路，但瓦厂村800余名生死未卜的老百姓揪着连长蓝至成的心。他大喝一声：“水性好的战士跟我上，游过去！”随即举着衣服，咬着电筒，向对岸游去。其他战士也纷纷跟上。警侦连及时赶到瓦厂村，解救出近千名受困群众。

5月15日22时54分，步兵3连23名官兵到达景家村1组。当地群众报告，两公里外的后山有一名83岁高龄的红军遗属被困家中。连长陈宁迅速带领10名战士紧急前往救援。村民告诉官兵，唯一办法就是翻越一座1000余米高、坡度几近80度的大山。陈宁命令两人在前用砍刀开路，其余人员攀着树木前行，战士们迅速进入已成危房的老人家中寻找。老人下肢瘫痪，已经两天没有吃东西，头部也被掉落的木棒砸伤，生命垂危。由于担架在山林中不便于穿行，陈宁将老人绑在自己背上转移。坡度太大，朝前行走容易摔跤，只能攀着树木，前面由两名战士保护，后面由两名战士用背包绳拉着，一步一步倒退着向下挪，足足挪了两个多小时，才将老人背下山。

5月16日4时35分，四路大军扶老携幼，全部返回，安顿好群众，官兵已筋疲力尽，瘫倒在地。5时30分，开始转移。针对需要转移的群众中老人、小孩、受伤群众多，还有部分危重病人和孕妇等特殊人员的实际情况，刘洋决定采用“梯队护送、尖兵开路、老人在前、分段搀扶、重点保护”的办法，由1连连长韩军带第一梯队，机要参谋王健刚带第二梯队，作训参谋成天星带第三梯队，陈宁带第四梯队，自己在最后收容，成一路纵队向北川县城方向转移。前进不到5公里，老人们就力不从心，十分疲惫。班长陈茂将已经累得瘫倒的老人刘记福背起。又走了3小时，炮班9名战士中有6人背着老人。11时47分，炮班来到漩坪乡最高峰的山脊线“鲤鱼背”。这条总长度约1公里的山脊，只有一条平均宽度不足50厘米的崎岖山路，左右都是深渊。陈茂决定将9名战士分为3个组，采取前引、中负、后扶的方式将老人们安全地护送过去。第一趟很顺利，第二趟也成功了，第三次护送的时候，突发余震，战士们克服难以想象的困难，成功护送80岁的李友福和羌族老人李龙芬走出险境。整整两昼夜，突击队总共休息了不到3小时，他们背老人、抬伤员、抱小孩，无一人叫苦喊累。官兵将自己的水、干粮送给群众，自己却忍受饥饿和干渴。16日15时30分，第一梯队抵达北川县城；16时15分，第二梯队抵达北川县城；17时40分，第三梯队抵达北川县城；19时50分，第四梯队抵达北川县城。至17日12时，警侦连带领瓦厂村及周边群众1000余人翻越7座大山后，抵达北川县城外的任家坪收费站。3天时间，部队共转移漩坪乡及周边乡镇群众1.4万多人。

三　撤离绵竹被困人员

撤离清平乡被困群众　5月15日夜，在绵竹市清平乡执行抗震救灾任务的77298部队部队长周洪许组织清平乡的乡、村干部召开联合会议，研究撤离群众问题。考虑到群众食物和水已经不多，废墟下的遗体因天热腐烂随时可能引发疫情，附近磷矿储有2吨工业炸药可能爆炸，河流上游堰塞湖水位迅速抬高，危险随时可能发生，决定尽快组织当地群众撤离。16日7时，清平磷矿抗震救灾负责人、政治处主任王敬斌带领93名官兵和3000余名群众作为第一梯队向绵竹市区方向转移，安全到达目的地。部队长周洪许带领228名官兵继续做部分不愿离开群众的思想工作，负责护送和断后。17日5时，周洪许带领官兵和200余名群众（包括22名10岁以下儿童、24名75岁以上老人及15名伤员、1名孕妇）开始转移。清平乡地处绵竹市最偏远的山区，崎岖的山路已被震塌山体阻断。官兵们沿着河道新开辟的一条通道行进，途中要多次

图 128　5 月 17 日，77298 部队 200 余名官兵从绵竹市清平磷矿向外转移群众

（77298 部队　提供）

蹚过河水，在河的左岸和右岸来回穿行。（参见图 128）10 时，前行的队伍被河水挡住去路。探路的战士报告说，前面有一个堰塞湖，河水已有两米多深，水中到处是从山上滚下的石头。周洪许决定上山另辟新路。此处高山峻岭，丛林茂密，人处在峡谷里，根本无法辨别方向和山体走势，只有站在高处，才能观察地形和方向。开路组的战士们用匕首和砍刀，在茂密的树丛中开辟道路。战士们 4 人一组，用背包绳把伤员绑在担架上，前面两人拉，后面两人推。战士们把军用背囊里的个人物品全部丢掉，把孩子装进背囊里；在老人和孕妇身上绑一根绳子，再连到战士身上，牵引着一起爬山。征服这座垂直距离不到 600 米的山，转移队伍用了 4 个多小时。

到达山顶后，周洪许掏出地图，对周边地形地物进行仔细辨别和定位，带领队伍朝着预定的方向前进。刚走出不到 500 米，又遇悬崖，这条唯一的通道宽约 40 厘米、长约 4 米，两侧都是深谷，看一眼都让人双腿发软。探路组和党员突击队的战士率先前行，背孩子的战士弓着腰，趴在地上往前移；老人和伤员在战士的护卫下，慢慢地向前挪动，队伍整整用了两个小时才通过这段险境。接着又翻过两座山，周洪许带领开路组，沿着树木茂密的地方试探着朝前走，确定安全后，再往后传话，让队伍跟上。经过两个多小时的摸索，终于看到山下的河床，队伍又在石堆里艰难前行一个多小时。20 时左右，队伍到达天池乡，就地组织宿营。战士们用雨衣和树枝搭建了几个简易帐篷，用以安置小孩、老人、伤员和孕妇，其余人则坐在地上休息。23时30分，暴雨骤至。18日1时15分，又发生强余震，引发山体大面积塌方。战士们用雨衣裹起睡意正浓的孩子，背起老人和伤员迅速后撤。通过一座几乎笔直的山峰时，战士们手拉着手，趴在陡峭的山坡上，组成一道人梯，用腿和脚搭成台阶，让群众踩着他们的脚背往下走。15时30分，队伍到达汉旺镇“老熊沟”，与在此接应的部队会合。周洪许带领228名官兵在深山密林中艰难摸索，历时32小时，闯过4道“鬼门关”，成功将237名群众和伤员护送至安全地带。

撤离天池乡被困群众　5月20日12时5分，77298部队副政委史文宏接到德阳市抗震救灾指挥部通报：绵竹市天池乡花石沟村还有6名重伤员没有撤离出来，需要营救。部队决定马上组织小分队，由史文宏带领，乘直升机进入天池乡，而后徒步进入花石沟村，德阳市政法委书记一同前往。15时，突击分队赶到玉泉机场，等待登机。17时15分，直升机起飞，于17时50分降落在天池乡。史文宏从驻守大天池的小分队中挑选出20人，组成一支31人的救援小分队前往。

他们翻过桅杆坡，摸黑行走在峡谷里。20时17分，强余震骤然而至。到达梅子林村后，一位年过八旬老人蹲在一个崖洞入口处，冻得瑟瑟发抖。战士们背起老人，一道前行。22时30分，到达花石沟村，官兵们循着不远处的几点灯火找到8名伤者。军医给伤员用药、包扎，史文宏用卫星电话向山外通报花石沟情况，决定第二天用直升机将伤病员运送出去。官兵们把伤员集中到一处相对安全的区域，并连夜开辟出一个直升机停机坪。21日下午，官兵们把伤员送上直升机。

转移云湖被困专家　5月14日16时，77298部队部队长周洪许接到上级命令：克服一切困难，尽最大努力，速到绵竹市营救被困的16名中科院专家。这些专家大多是全国分子生物学、动物生态学、遗传学等研究领域的学科带头人，震后生死不明，上级用直升机搜索，一直不见踪影。周洪许立即从救灾部队中挑选160名官兵组成营救小分队，经过6小时急行军，从云湖森林公园后山徒步翻越海拔近2000米的高山，于23时进至云湖森林公园内，发现了那批被困专家，16人中3人遇难，已掩埋，3人受伤。为确保专家们的人身安全，官兵们就地取材，连夜制作担架，准备第二天护送专家们转移。成都生物研究所72岁的生物学专家、中科院院士薄发鼎告诉周洪许，在废墟中还埋着一台存有国家核心机密的笔记本电脑，为了防止国家机密流失，必须找到这台电脑。周洪许立即把这项重要的任务交给1营文书邓荣阳，再三嘱咐邓荣阳必须做到“人在电脑在、确保电脑的安全”。邓荣阳带着两名战士进入已经部分倒塌的宿舍，在依然摇晃的房屋里仔细搜寻，经过两个小时的反复寻找，终于在废墟一角找到那台电脑，交到薄发鼎手中。

5月15日8时许，救援官兵开始分组抬着老专家回撤。大约走了3公里，眼前出现一个200米长、约75度的陡坡。官兵自上而下一线排开，手牵手架成人梯，让专家和群众踩着官兵脚背，扶着官兵胳膊往下走。几经周折，部队于12时抵达清平乡广场直升机临时停机坪。（参见图129）之后，周洪许利用北斗通信系统向上级报告营救情况，并呼叫直升机紧急救援。16日14时26分，救援直升机飞抵清平着陆点，将专家安全转移至成都。

图129　5月15日，77298部队官兵转移被困的中科院专家（77298部队　提供）

转移金花镇被困群众　5月14日6时，金花镇副镇长蔡玉步行30多公里赶到绵竹市抗震救灾指挥中心报告金花镇灾情。应绵竹市抗震救灾指挥部的请求，77126部队派后勤部战勤科科长张乐带领工兵营、防化连和医院共63名官兵、10台车辆组成救援分队，与当地向导和3名地方医护人员一起前往金花镇以北区域营救被困群众。12时30分出发，于14时40分到达金花镇宿营。15日5时，救援队从金花镇出发，徒步向北面搜寻，历时7小时到达金花镇最北端的龙宝坪民居点。这里有被困群众80名，其中42名在地震中受伤（重伤12名）。鉴于道路极为险恶，经军地协商，决定由官兵护送未受伤群众回撤下山，3名地方医护人员和5名未受伤群众留下照顾受伤人员。17时50分，救援队将33名群众护送到金花镇，之后乘车转送到绵竹市的安置站。针对另外42名伤员急需救治的实际，77126部队请求上级派直升机实施救援。16日12时50分，77116部队两架直升机前往龙宝坪解救留下的被困村民。30分钟后，直升机飞临现场上空，由于降落点两侧有断墙、树木等高大物体，无法降落。按照机长的要求，随机前往的77126部队副政委刘渠在一张纸条上写下“推倒断墙、砍掉松树，坚强自救，明天上午10时至下午4时再次营救”。随后，直升机空投下40多箱食品和急救药品。17日，77126部队指挥所决定由张乐带4名官兵和3名登山队志愿者组成突击小分队从地面进入龙宝坪，修整扩充停机坪。18日11时20分，两架直升机飞抵龙宝坪。经过1小时58分的紧急抢运，直升机分5架次将80人（含救援小分队和后期进入的空降兵某部25名官兵）空运至绵竹。

5月14日14时20分，77298部队420名救灾官兵在77283部队副政委庞龙和77298部队政委曾祥明率领下，从绵竹市遵道镇向10余公里外的金花镇挺进。18时40分，部队安全抵达金花镇，先到金花镇所辖的金山村执行搜救任务。针对任务区域面积大、相互联络困难、废墟搜救危险性大的实际，决定让各连主官带队，每个连编成两个搜救小组，由中心向周边搜索，搜救完毕后按规定时间到集结点集合。20 时 15 分，救援官兵完成搜救任务，除在金山村 3 组清理出一男童遗体外，未发现生命迹象。

5 月 15 日 5 时，救援部队冒雨向山区挺进。7 时 25 分，救援队到达凤凰村。凤凰村有村民 900 多人，除在外务工人员外，村子里还有五六百人，全村分 9 个组散落在群山深处，已经断水断粮；离凤凰村不远的吉祥村受灾情况也相当严重。曾祥明决定兵分三路，分头突击。曾祥明带领 1 营、2 营指挥分队和党员突击队在吉祥村搜救，77283 部队司令部炮兵指挥部副主任宋正秋带领 4 营在凤凰村搜救，77298 部队参谋长黄建中带领 77298 部队指挥连对玄郎村实施搜救。9 时 30 分，大部分村民们被集中在吉祥村村头的空地上，曾祥明向村民讲清潜在危险和山外情况，两位村主任也一起劝说撤离的必要性，村民们最终同意撤离。10 时 52 分，救援部队按照先前的编组和计划开始组织村民撤离。侦察组前行，开辟组紧随其后，警戒组搞好警戒注意空中飞石。12 时 20 分，救援官兵和群众被一条湍急的河流挡住去路。曾祥明抱着小孩第一个踏入湍急河流中。接着，官兵们或抱着孩子，或背着老人，或抬着伤员，纷纷跨入水中，试探着过河。官兵手拉手

图 130　5 月 15 日，77298 部队官兵转移绵竹市金花镇重伤员

（77298 部队　提供）

连成人墙，让没有受伤的群众从他们中间走过去。14 时 30 分，77298 部队官兵成功将 1800 余名被困群众转移到遵道镇特殊的受灾群众安置点。（参见图 130）

四　撤离什邡被困人员

营救石门村被困群众　什邡市蓥华镇石门村 2 组地处海拔 1400 米的高山上，地震中 65 户人家和部分车辆被困。6 月 5 日深夜，95985 部队收到什邡市抗震救灾指挥部传来的灾情通报，部队长徐勤全连夜向 3 连下达救援命令，要求救援官兵每人携带 25 公斤干粮和饮用水，卫生员携带足够的药品，以便及时抢救伤员。20 分钟后，徐勤全与 3 连突击队员一行 18 人出发。全队呈一路纵队，沿着面目全非的通道前行。官兵们闯过“鬼门关”，跨越 26 处道路塌方，行程 10 余公里后，抵达石门村 2 组。官兵把所带物资交给村党支部书记，由其负责分发。得知一位 96 岁高龄的老人在余震中右小腿被砸骨折，困在家中，小腿严重浮肿，身体十分虚弱，徐勤全让随队卫生员对其进行简单清洗固定，组织人员制作简易担架送老人下山。官兵找来 4 根结实的木棍作支架，脱下自己的迷彩服当担架垫。队员们抬着老人，采取“人梯接力”方法缓慢前行，历经 3 小时的艰难跋涉，于中午时分将老人送上救护车。

撤离红白镇木瓜坪被困群众　5 月 14 日 8 时，95982 部队 3 连指导员陈大见奉命率 30 人搜救小分队到什邡市红白镇木瓜坪营救被困群众。一路余震不断，陈大见将人员分成 4 个小组，每组间隔 50 米，跑步前进。11 时 20 分，小分队到达木瓜坪村。经过 3 个多小时的搜寻，共救出受伤群众38名，有6名重伤员需立即转移到医院救治。14时50分，小分队采用单人背行、多人轮换、逐段将伤员送出的方式，护送重伤员向什邡市红白镇救助站转移。20 时 20 分，把 6 名重伤员送到救助站。16 日 8 时，3 连再次奉命赴木瓜坪村搜救。全连 76 名官兵携带 500 余公斤食品和药品赶到目的地后展开全面搜救。至 19 时 30 分，共搜救伤员 46 人，转移伤员 14 人，挖掘并掩埋遇难者遗体 15 具。

5 月 18 日 11 时，四川预备役高射炮兵师 2 团突击队得知，距红白镇 8 公里处的木瓜坪仍有群众被困。该部政治处主任涂德元带领 10 名官兵和一支医疗服务队前往救援。救援队沿着陡峭的山壁爬行，4 小时后到达木瓜坪。当地有 4 位老人和 1 名残疾人被困，其中一位叫王昌富的老人不愿离开。救援队耐心地做通老人的工作后，队员们轮流背、抬，带领 5 位被困群众撤离。途经一处悬崖时，救援队员用床单将受灾群众捆在自己身上，前面队员用绳子拽着，两侧队员搀扶着，一步一挪往前行进。至 17 时 50 分，把受灾群众转移到安全地带。

转移欢乐谷被困群众　5 月 19 日 15 时 32 分，德阳市公安消防什邡现场指挥部派出一支由德阳市公安消防支队旌南中队 6 名官兵和内江市公安消防支队 3 名官兵组成的搜救小分队从什邡市红白镇出发，徒步深入欢乐谷山区救援。21 时，小分队在巴蜀变电站发现两名受伤群众，其中一名老人伤势较重，并得知红白镇山区西部欢乐谷内有 15 名群众被困。带队的德阳市公安消防什邡大队参谋冉骞当即决定由一名队员护送受伤老人出山，同时申请直升机救援。20 日 14 时，搜救小分队抵达欢乐谷，将 15 名被困受伤群众转移到山区内相对安全地点等待直升机救援。21 日 10 时，救援直升机飞抵欢乐谷，将 15 名被困群众安全转移。

五　撤离青川被困人员

转移沙州镇被困群众　5月13日，青川县沙州镇青坪村山体局部塌方，山下12户村民被困。武警广元市支队战勤参谋任翠文率领20名官兵奔赴青坪村转移受困群众。部分群众不愿转移出村，任翠文等人带领官兵配合地方领导反复向群众讲述当前危险和次生灾害带来的严重后果，及时做通群众工作。之后，官兵们冒着大雨迅速将受威胁较大的12户58名群众及生活用具转移至2公里外安全地带，并搭建起安置帐篷。

5月27日，余震造成沙州镇多处山体不同程度崩裂和滑坡，居住在山里的群众安全受到严重威胁。71762部队政委闻相俊带领由80人组成的4个救援突击队，徒步分赴沙州镇三堆、青草坪、寺沟、田坪等8个责任村区转移受灾群众。由于连续下雨，山体滑坡、泥石流频繁发生，为确保群众安全，71762部队及时调整任务，救援队设置群众救援组、物资搬运组、现场勘察组、观察组。至28日17时30分，行程100余公里，安全转移受灾群众1200余人，搬运物资400余件，搭设帐篷32顶，发放大米300公斤，诊治伤病群众90余人。

6月14日9时40分，沙州镇党委向71762部队求援：由于连降暴雨，本镇幸福村、居山村、南丰村3个村庄32个社区中的25个社区658户2320名村民受山体滑坡威胁，请求部队协助转移群众。71762部队决定由政委、副部队长和机关干部各带一个救援分队，分别进驻3个村实施救援，每个分队分成帐篷搭设组、群众转移组、物资搬运组、险情排除组4个小组，尽全力、尽快、尽早将受灾群众及财产转移至安全地带。10时20分，部队冒雨徒步开进，跋涉约18公里山路后，各分队到达施救地域展开救援。13时20分，南丰村、幸福村部分山体出现塌方和泥石流，当地群众出现恐慌，部队一面抢救物资，一面安抚群众。13时30分，幸福村村民向部队报告，有人因山体崩塌被埋，两座民宅正被大量泥石流吞没。部队迅速组织救援，官兵用铁锹、橇扛、摩托锯等工具奋战18分钟后，将3名被压埋村民救出。至15时37分，121名官兵经过5个多小时的努力，转移3个村庄25个社区658户2320人，抢救遇险群众37人，转移物品14529件。

撤离马公乡被困群众　马公乡位于青川县西南部，平均海拔1300米。地震中所有房屋倒塌，66人死亡，11人失踪。5月14日16时40分，北京市公安消防总队救援队队员分成4组，身背10公斤重的器材出发，向救援地行进。不足40厘米宽的山路两旁是深不见底的峡谷，行进异常艰难。15日6时8分，第一组救援分队翻越5座海拔1800米的高山后，在一座山头上发现600余名被困群众，其中重伤员18名、80多岁的老人5名。队员们把随身带的矿泉水和方便面全都分发给群众，并为轻伤员进行简单包扎。队员发现一名腰部出血的中年妇女，救援队决定每8人一组，轮流用担架抬着这名重伤者沿山路向最近的、距此30公里外的关庄镇医疗救护点进发。此时，队员们已近20小时没合过眼，体力严重透支，在满是乱石的山路上行进，加之不断有石头和泥块从山上滚落，抬着担架每走一步都要拼尽全力。为防止伤员从担架上跌落，突击队专门安排一名队员站在悬崖边上保护伤员。途经一处陡坡时，队员韩文东为保护伤员，不慎踩空滑下陡坡，幸亏及时抓住一棵小树才幸免于难。经过9个半小时的跋涉，重伤者被全部送到救护站，其他被困群众也被疏散到安全地带。

5 月 16 日 6 时 30 分，湖北省公安消防总队副总队长曾庆亮率领 114 人组成的突击队突进马公乡。他们每人背负 30 公斤重的装备、药品和食品，前往营救群众。20 时 30 分，突击队强行军 55 公里后到达马公乡，向乡政府交付 44 箱方便面等食品和药品，连夜救治伤员，动员群众撤离。17 日 6 时，突击队带领近千名村民向关庄镇转移，途中不断有老百姓加入。队员们扶着老人、拉着小孩、背着伤员，没有路了，就搭起“人梯”“人墙”让群众先走。行至海拔 2000 多米的石坝乡大房村时，发现腿部骨折、腰椎受重伤的村民范尚雄，队员们用竹子做成简易担架，抬着伤者向山下转移。走到石坝乡时，狂风大作，暴雨倾盆，道路异常泥泞，队员们半跪着抬着伤员前行。至 18 日 1 时，突击队共转移群众 974 名，其中伤员 52 人（重伤 5 人），年龄最大的 90 岁、最小的才 1 个月。两天内，队员们徒步行走 40 多个小时，两次翻越 4 座海拔 2000 米以上的大山，蹚过 12 条河流，实际行程 150 多公里。（参见图 131）

图 131　5 月 17 日，湖北省公安消防总队抗震抢险救援队第一突击队在青川县马公乡转移群众

（中国地震局　提供）

转移房石镇受困群众　5 月 25 日，青川县发生余震。余震造成房石镇东侧冯家山两次大面积滑坡，坍塌土方达 1400 万立方米。冯家山西南侧琵琶沟的房石镇中学临时安置点 90 多名教职工及其家属生死未卜。77299 部队部队长杨杰得知这一情况后，立即命令正在房石镇抢运受灾群众财产的连长孙兴周组织突击队，以最快的速度进至琵琶沟安置点转移被困群众。孙兴周带领 28 人迅速出发。前往琵琶沟的道路已被飞石完全阻断，突击队决定翻越冯家山。到达山顶后，队员们发现唯一安全的下山道路是一片望不到边的荆棘丛。于是孙兴周和另一名队员用砍刀在前开路，艰难赶到山脚下。此时，又下起了大雨，湍急的河水挡在前面。突击队涉水过河到达安置点后，发现安置点的教职员工及其家属大多是老弱妇孺，一位年轻女教师还怀有身孕，当即带领群众转移。此时，河水已涨到大腿高，而且仍在不断上涨，水流也越来越湍急。孙兴周带领 17 名战士轮流背运剩下的年龄较大、行动不便老人过河，还脱下迷彩服给老人、小孩、孕妇穿上。历经 5 个小时的艰难跋涉，93 名群众于 22 时被安全转移到房石镇受灾群众安置点。

5 月 26—28 日，71620 部队警侦连受命转移房石镇前河村 288 名受困群众。26 日 9 时，官兵到达前河村。连长袁祖峰迅速对全连进行编组分工，副连长孙泽志带领的帐篷搭设组搭设临时安置棚。袁祖峰首先背起一名九旬老人走在最前面，开始组织群众转移。其他人员有的背起孩子，有的扶着老人，有的抬起担架，有的扛起物资，转移大军从小沟社出发前行。当转移队伍走到最危险地带时，村民有些退缩。袁祖峰和指导员吴端林挺身而出，走在队伍最前列。在官兵们的帮助下，村民们顺利通过危险地段。中午，第一批转移群众到达临时安置点。官兵们将他们安置好，顾不得休息，马上又投入到下一批群众的转移中去。至28日17时30分，经过3天的连续奋战，警侦连共搭设临时安置棚87顶，转移群众288名。

转移八角村被困群众 青川县桥楼乡八角村地处海拔1500米的山坡上，当地山体最宽的断裂带有三四米，一旦发生大规模山体滑坡，八角村将遭受灭顶之灾。5月17日8时左右，71643部队副参谋长杨拯修带领66名官兵到八角村救援解围。他们沿着平均坡度50度以上的羊肠小道，于9时30分左右到达八角村。官兵们兵分三路，火速奔向村里的3个村民小组，劝说村民马上离开。村民中有行动不便的老人，也有需要照顾的儿童。一位80多岁的老人任凭官兵怎样劝说，就是不愿离开。情况紧急，工兵连五班长刘强、七班长林树仁一起上前，抱起老人，放到指导员岳江鹏的背上。当3人把老人转移到安置点后，得知实情的老人摸着刘强的脸，泪水止不住地往外流。八角村距安置点约有5公里的山路，官兵们分批组织群众撤离。19时，当通信连连长崔明组织最后一批群众下山时，天空又下起了瓢泼大雨。官兵们组织群众有序前行，于20时安全到达目的地。此次救援行动，71643部队官兵历时12小时，共转移出群众197人。就在他们撤出村庄10分钟后，山体大面积滑坡，大半个村庄被埋于土石之下。

转移大坝乡南溪村被困群众 5月18日和21日的两天大雨，使青川县大坝乡通往南溪村的盘山公路被大面积山体滑坡彻底阻断，113户村民急需转移。25日19时，在大坝乡担负搜救任务的71643部队1营1连接到命令，迅速成立了由连长于万华、指导员李五英领导的指挥和协调组、设营组、老幼弱残帮扶组、供给保障组、安全警戒组5个行动小组。26日9时，于万华、李五英带领党员突击队和保障组向南溪村进发。保障组分别在崖口、大屋基、大屋、五星村口设立4个饮水点和食物保障点；党员突击队直插南溪村和土地垭。到达南溪村后，李五英带领四班长钟名招和七班长钟坚负责土地垭村民的转移。地方政府负责人用车先行将部分群众的物资从南溪村运至石垭子移民点。下午，先后发生3次4级以上余震，下起大雨。16时，于万华集合队伍，指定陈威负责背运身体有病、在地震中受伤的邱永碧老人，于万华带领人员负责前方侦察和警戒，钟名招带领一个小组负责整个转移队伍的秩序，钟坚带领第三小组负责后方收容。16时55分，转移大军开始徒步转移。20时，所有被困群众安全到达石垭子移民新村。随后，连队又于27—29日分6批共转移群众484名村民。

转移蒿溪回族乡地坪村受灾群众 5月24日16时25分，青川县蒿溪回族乡党委书记强海英和乡长魏官忠找到71643部队2营求援，地坪村1组88户村民居住的帽儿山上出现两条宽50多厘米的裂缝，群众生命财产面临巨大危险。部队长柳世明命令2营以最快速度将群众转移出危险境地。2营营长闫红山、教导员周瑞明与魏官忠、强海英召开协调会，研究转移群众方案，决定25日早由周瑞明带领2连、5连前往转移群众。魏官忠连夜与青川县协调救援帐篷100余顶，用于安置被转移群众。经过5小时连续奋战，至25日3时20分，所有帐篷全部在地坪村搭建完毕。9时40分，周瑞明带领2连、5连151名官兵到达帽儿山。经过动员说服，大部分村民同意转移，周瑞明命令2连连长周登昌先转移这部分人员。周瑞明带领5连继续走访说服，至15时35分，其余96名村民也被安全转移到帐篷内。

转移关庄、曲河、房石受灾群众　据气象部门预告，5月25日夜青川县将有大到暴雨，县内石板沟、东河口、红河口3个堰塞湖有溃堤的危险，居住在堰塞湖下游的关庄、曲河、房石3个乡（镇）的3000余名群众面临着生命威胁。25日中午，71352部队应青川县抗震救灾指挥部请求，指派副部队长黄成友、高翔负责现场指挥，紧急派出3000余名官兵，调用100余辆运输车执行此项任务。行动前，他们一方面选派技术精湛、经验丰富的司机，在最短时间内对所有车辆进行检修，以确保群众转移工作安全；另一方面迅速与转移地和安置地的地方政府取得联系，掌握待转移群众的详细分布情况和安置地的准确位置。组织转移时，他们指挥官兵帮助群众搬运生活必需品，背送行动不便的老人和小孩，与村干部一同组织群众登车，同时组织部分政工干部不间断地向群众说明情况，确保群众思想稳定，转移工作秩序井然。至18时，部队成功将关庄镇2000余名群众及曲河乡、房石镇1000余名群众分别安全转移到60公里外的剑阁县和90公里外的广元市元坝区。

疏散红光乡被困群众　6月5日11时50分，驻扎在青川县红光乡小荆村的71677部队坦克1营3连接到命令，据气象部门预报，当日18时许有狂风暴雨，令该连于17时前将苟家、陶龙两村仍滞留在山上的群众转移至安全地带。连长吴雪冬、指导员安立明迅速集合全连，宣布命令、明确任务分工，之后分两路赶往苟家村和陶龙村。在奔往苟家村的路上，吴雪冬把所属人员分成4个组，分别前往苟家村4个组执行疏散任务，并明确经有关专家勘察确定的安全地带为双牛坪和猫儿岭。苟家村村民居住分散，4个组的128户人家散居于5座大山上。为确保不漏一人，营救人员挨家挨户进行搜索。15时25分，在山上穿梭3个多小时后，他们走遍该组所有预定任务区，集合所有群众，一起朝双牛坪转移。8名战士抬着3名孤老残人员，背着1名瘫痪老人（见图132），

图132　6月5日，71677部队战士背着重伤老人在山路上艰难转移
（济南军区　提供）

经过一个多小时艰难行进，终于到达双牛坪村。因只有5顶救灾帐篷，遂迅速与附近群众协调了6顶帐篷进行安置。与此同时，指导员安立明也将陶龙村的群众转移到双牛坪安置。经过官兵数次往返共同努力，苟家、陶龙两村182户574人全部被撤离安置在安全地带。

转移石坝乡孤残老人　6月14日，经与广元市有关部门协调，青川县石坝乡56名生活艰难的孤老、孤残人员需搬迁到广元市敬老院安居。接到地方请求后，71677部队部队长张振、政委姚立成命令驻扎在石坝乡的装甲步兵营、坦克2营分别负责将本任务区内的孤老、孤残人员转移至五一村两河口，后勤处派3辆运输车提前赶到两河口接应，并尽快送至关庄镇接应点。坦克2营、装步营连夜分别赶制简易担架22副和34副，并准备了配套的背带、安全带；车辆部门仔细检查车辆，做好随时出车的准备。接到上级命令后，坦克2营和装甲步兵营的营长、教导员立即分别召集各连主官，进一步明确分工，随即展开行动。坦克6连在肖新华带领下，兵分两路，一路由指导员邢志军带领前往寨北山转移赵天英老人，另一路由连长薛常伟带领赶到青桐坪转移孤寡老人王有志、赵良根及孤残人员杨小青。邢志军带领队伍到达董家大滑坡点，又翻过麻池盖大滑坡点，接着又爬上海拔1800米的杜家岩，到达海拔2000米的寨北山。经反复做工作，72岁老人赵天英终于答应转移。由于刚下过雨，道路泥泞，为防止发生意外和减轻双手负担，他们把背包带拴在担架上，套在脖子上；为确保安全，他们用事先准备好的绳子把赵天英揽在担架上。薛常伟带领一个排兵力翻过3座大山，踩着湿滑山石，沿着山涧小溪走过1000余米，终于到达青桐坪。官兵们抬起王有志老人，搀扶着神志不清的杨小青、赵良根，艰难出发。在通过董家山滑坡时，排长张晓振带领5名战士冒着余震落石危险，硬是在滑坡上踩出一条300米的坚实山路，保证担架通过时的安全。在于磊带领下，坦克2营4连转移身患麻风病老人文玉美时，严卫斌等3名战士在泥泞的山道上无数次摔倒，却没让老人脚上沾一点泥。经过10余个小时奋战，71677部队两营官兵将全乡56名孤老、孤残人员运送到五一村两河口；之后，71677部队派出3辆运输车，统一将他们转送到关庄镇。

六　撤离茂县被困人员

转移茂县国际大酒店后山群众　5月16日20时，茂县向武警重庆市总队前指求援："茂县国际大酒店后山有13名群众遇险，请你部派人前去解救。"总队前指指挥长、副总队长常建民迅速令侦察处参谋韩兴荣和宣传处干事杨仕金率10名战士赴酒店后山执行救援任务。20时30分，当他们行至酒店后山时，前方山体滑坡，通往茂县的公路被堵死。山谷两边不断有巨石飞下，韩兴荣令官兵们迅速穿过危险地带。到达目的地后，发现了从阿坝、松潘等地前往茂县、汶川寻亲的13名群众，其中一人右腿和右臂被石头砸伤动弹不得。随行的骨科医生郎中兵立即对其进行包扎处理。战士们迅速找来担架，抬着受伤群众前行。韩兴荣将官兵分成两组，一组为观察组，监控岩石滑坡情况；一组为救援组，采取抬、推、背的方式，将其余12名群众向茂县县城方向转移。22时许，在武警官兵的带领下，13名群众全部安全走出"死亡路段"。

转移维城乡、太平乡被困群众　6月6日10时20分，71998部队进驻茂县维城乡执行救援任务的炮兵营营长王华接到乡党委书记黄伟的求援电话，在距乡政府 200 米山坡处，有一块重 90 余吨的危石，随时都有因余震下滑的可能，严重威胁着乡政府、学校和水电站的安全。王华立刻向参谋长殷毅锋汇报。殷毅锋立即组织相关人员制订疏散群众和转移贵重物品的措施，并带领 60 余名官兵，携带背包绳、背囊、担架赶到乡政府，迅速将人员分成两组，一组逐家逐户转移群众和贵重物品，另一组积极寻找安全的临时安置点。官兵们连夜将险区内 600 多名群众和近万件贵重物资分批转移到安全地带。

6 月 9 日 9 时 5 分，71998 部队部队长牛斌在茂县太平乡牛尾村检查坦克 3 营救灾工作时，突遇暴雨。暴雨导致村庄一侧水渠决口，洪水迅速向村庄蔓延，冲毁 20 余户刚搭建的过渡房，30 余名群众被洪水围困，群众被褥、粮食全部被淹。牛斌当机立断，指挥驻太平乡坦克 8 连 60 名官兵，携带背包带、绳索、麻袋和救生器材等工具，迅速赶到牛尾村，将官兵分成两组，一组采取逐户逐人方式搜救群众，一组采用人拉肩扛、交替接力的方式，将群众转移到安全地区。3 小时后，30 余名群众、4 吨粮食、70 床被褥、100 余件生活用品被转移到安全地域。（参见图 133）

图 133　6 月 9 日，71998 部队官兵为转移茂县太平乡牛尾村被困群众在急流中开辟通路

（济南军区　提供）

七 撤离安县被困人员

撤离高川乡被困村民 地震发生后，安县高川乡通往外界的唯一通道因山体移位、滑坡而被彻底损毁中断，6000余人被困大山深处，其中老弱病残、婴幼儿、孕妇和伤员占35%以上。为更快进入高川，安全营救和转移受灾群众，在安县执行抗震救灾任务的77296部队决定另外找一条通路到高川乡。5月15日6时，部队政委江水清率领1200名官兵带着砍刀和干粮上路。部队从沸水镇胜利村出发，沿着陡峭的山坡向上攀爬，蜿蜒行进于崇山峻岭之间。官兵们相互提醒，手脚并用向上爬，手挽手向上拉，人托人向上送。逢山开路，遇水架桥，56公里的路程，花了近10个小时。其间，翻越海拔1841米、最大坡度76度、有20余座山头的天台山，跨过4条深约1.2米左右的湍急河流，修路50余处10公里，架设10米长简易木桥2座，终于到达高川乡。官兵们立即奔向高川乡各村各寨，5个多小时用担架抬出72名重伤员和高龄老人。夜幕降临时，江水清决定让官兵露宿天台山。山区昼夜温差十几度，官兵一边观察山上的动静，一边照看伤员和老人，并生起篝火取暖。16日，在沸水通往高川的56公里的“生命通道”上，官兵们演绎着一场场生命接力的感人故事。由于路线长、道路险、时间紧，官兵们的体力消耗大，部队采取分段布兵、流水作业、接力抬送的方式，在56公里的路段上每几百米设一个点位，每个点位上组成一个“接力组”。为尽量平抬伤员，防止造成二次伤害，下山时，前面的人拼命地把担架抬高些，后面的人则尽量地把担架放低。山高林密，通信不便，部队采用“鸡毛信”这一原始办法传递命令、指示，支撑着整个生命线上信息的畅通。12时左右，江水清接到一封“鸡毛信”：“天池一组有伤者10人，其中有一位103岁的老人，请政委务必组织人员抢救下山。”江水清迅速组织党员突击队，挑选8名体力充沛的官兵赶往天池村，将103岁的老人救出。装步1连连长张绍发在一个废墟旁发现一位刚刚分娩一天的妇女，由于几天没吃没喝，已经非常虚弱。官兵立刻小心翼翼地把婴儿用大衣裹上，并找来被子放在担架上，把妇女抬上担架固定好，迅速组织人员将母女抬下山。为纪念这个特殊的日子，那位母亲将已取名曾紫阳的女儿改名为“曾震生”。装步2连小分队在进行最后搜救时，发现一个植物人，震后家人无力照顾，只好置之不顾。战士们不顾脏臭，组成10人的小分队将其护送出山。当这名被家人无奈放弃的植物人被战士们送到救助站时，在场的村民们感动得泣不成声。

在转移被困群众的过程中，修理连19岁的战士严情勇累倒在运送伤员的山间小路上。严情勇所在的小组负责的那段山路上，往返一趟需要两个多小时，他一天中连续往返五六趟。5月16日23时左右，他感到自己的小腹剧烈疼痛。看到那么多伤员需要抢运，他坚持强忍着，没有告诉任何人，偷偷地把腰带扎紧，继续转运伤员。18日下午，当他背着一名老奶奶下山时，剧痛突然从腹部迅速传遍全身，他身子一歪，险些跌下悬崖，但他仍拼命用手撑住地面，单腿跪地，将老奶奶轻轻放下后，双手捂着肚子晕了过去。他被120急救车迅速送到救治站，诊断结果为：连续几十个小时的带病剧烈运动，过度疲劳，出现疝气，大网膜穿孔，危及生命，必须立即手术。第二军医大学长征医院教授陈学云结束手术后走出手术帐篷，眼里含着泪花动情地说：“小肠及大网膜都进入阴囊，明显充血水肿，囊内积液超过200毫升。我从医30多年，还没有见过这么坚强的人。”

5 月 19 日 12 时，77296 部队装甲步兵营 233 名官兵第二次向天台山进发。19 时，13 名先遣队员翻越天台山进入高川乡新桥村。20 日 12 时，全营官兵到达，被困长达七天七夜的 6000 余名村民被全部转移到安全地带。

撤离雎水镇道喜村被困群众 5 月 20 日 12 时左右，77226 部队 4 营抗震救灾突击队接到命令：位于大山深处的安县雎水镇道喜村有 23 名群众被困，急需前往救援。14 时 21 分，77226 部队政治部主任汪维军和营长葛茂林带领队伍在山路上疾驰。为赶时间，他们决定由葛茂林选派党员突击队里体格健壮的 60 名官兵，带上镰刀、铁锹加速前进。经过艰难跋涉，20 时左右，突击队终于抵达道喜村。队员们顾不上休息，马上对当地灾情进行深入了解，发现该村村民共分为 9 个组，住房分散，分布范围广，立即分批分组进行寻找。

5 月 21 日 1 时 10 分，官兵搜救出 15 名被困群众，大多是孤寡老人。由于体力消耗大，官兵已经累得筋疲力尽。葛茂林要求大家继续搜寻，一个也不能漏掉。一小时后，突击队员们又在几间尚未完全倒塌的危房里找到 3 个老人，并将他们集中到一起，喂水和干粮，用随身携带的急救包简单包扎受伤者。4 时 30 分左右，被困的 23 名村民（其中有 10 名是 70 岁以上无法行走的老人）陆续被找到。6 时 45 分，官兵开始背着老人下山。路上翻了几座大山，道路狭窄，徒手行走都感到吃力，背着老人下山其困难可想而知。葛茂林抢先背起一名最重的老人走在前面，一步一滑地往山下走，其他官兵两三人一组，将老人背上。上坡时，一人在前拉，一人在后推着向上走；下坡时，弓着腰背老人，旁边还需两名战士扶着慢慢下。正当大家体力严重透支时，走在最前面的战士冯顺利发现吊桥的路被石头拦住了。原来他们上山后，这里发生山体滑坡，一堆大石头堵住去路，桥下 10 多米是一条水流很急的河。这是一条必经之路，官兵们搬开石头清理出一条路。一过吊桥，有几名战士累得瘫倒在地，但这里距接应分队还有 5 公里的山路。大家咬着牙，爬起来背起老人继续赶路。天气炎热，长时间颠簸，几个老人都不同程度地中暑。晏明背上的老大娘不停地喝水，不停地呕吐。大娘看着小晏艰难行走的样子，心痛地说："孩子，丢下我吧，背出去我也不一定活得了。"晏明动情地说："你见过有儿子丢下娘的吗？"15 时 40 分，83 名军民终于走出大山。18 时 30 分，23 名被困村民被安全送达附近的受灾群众救治点。

转移千佛镇被困群众 5 月 15 日 23 时 35 分，77123 部队接到去安县千佛镇救援的命令。16 日零时 40 分，该部从安县晓坝镇救援分队抽调 19 名官兵组成救援分队，连夜向千佛镇进发。在余震不断、泥石流频发、道路完全被毁的情况下，救援分队翻山越岭徒步急行军 10 多个小时，行程 40 余公里，于 16 日 14 时 30 分到达千佛镇。因灾情特别严重，17 日 14 时 40 分，该部又从晓坝镇抽调 26 人增援，于 23 时 30 分到达茶坪，连夜上报新的灾情、险情。18 日 9 时 55 分，茶坪救援分队应地方政府请求负责引导 7 架直升机着陆。该部迅速组织人员对机降场地进行勘察，最后在镇政府附近空地处划定降落点标记，引导直升机安全降落，及时将 58 名重伤病员抬上直升机，转移至安全地带。24 日，茶坪分队完成对千佛镇人员的搜救、转移工作，于 15 时 30 分返回晓坝镇。茶坪分队救援过程中共搜救转移受困群众 100 余名。

5 月 16 日 8 时，山东省公安消防总队抗震抢险救援队得知千佛镇 10 个村庄共 2400 余名群众被困山上后，也派出突击队员与 77123 部队分工协作赶往现场搜救。经过近 8 个小时的攀爬，翻越海拔 2700 米的董家山，赶到群众被困现场。大山上只有一条不到一米宽的狭窄塌方断头山路，绵延约一公里长的被困群众队伍，正争先恐后地从山路断阻处，沿着一条自制简易绳索垂直下滑近 20 米到达山谷。救援官兵立刻攀爬至山路上，紧急利用随身携带的安全绳连接成 8 条总长约 5 公里的绳索扶手，向下疏散群众，在 5 公里长的山崖绝壁上，开辟出一条“生命通道”。由于被困群众已经连续几天未吃过东西，一些群众情绪激动，争抢着往前挤动。现场指挥员立刻派出两组人员将现场队伍隔成 3 段，每隔两分钟放行 15 人，避免了事故发生。至 17 日 6 时 33 分，救援官兵采取抱、背、扶等方式连续奋战 8 个多小时，成功将 2400 名群众转移到安全地带。

八　撤离都江堰被困人员

转移青城后山被困群众　5 月 14 日 7 时，都江堰市青城山后山由于连日大雨，道路湿滑，山体滑坡严重、通信中断。从逃出的村民口中得知，除当地居民外，山里还有大量被围困的游客，伤亡情况不明。武警水电部队第三总队总队长林友汉主动向四川省抗震救灾指挥部请战，派出第十一支队担负营救任务。11 时，第十一支队决定由支队长汪有才、政委刘智勇带队，就近抽调 120 人进行营救。12 时，抽组人员到达成都集结。14 时 30 分，由 43 人组成的先遣分队出发，16

图 134　5 月 15 日，武警水电第三总队官兵在青城山后山转移被困群众

（武警部队　提供）

时30分抵达青城山后山。因路基被破坏，距被困群众还有30公里，先遣分队改由徒步开进。到达泰安古镇的一个临时救助站后，救援队分为3组：一组沿飞泉沟向山上搜寻，赶至白云寺救援，一同将群众转移至山下；二组到五龙沟将已经救出的受灾群众用担架运送到安全地带，进行简单救治；三组由医疗分队医生、护士和战士留守，对伤病员进行前期救治。

5月15日2时48分，支队参谋长聂岭带领后续的60名官兵到达现场，现场官兵增至103名，设备有2台挖掘机、1台装载机。9时40分，三大队61名官兵也到达现场。部队分3个组行动，一组由群工干事彭爱民带队赶往五龙沟，二组由三大队副大队长陈百国带队到红岩村，三组由九中队指导员陈英雄带队到飞泉沟与14日上山的先头分队接头，共同营救被困群众。至15日17时30分，共营救被困群众228名，其中重伤人员9名、轻伤人员55名。（参见图134）

转移龙竹村被困群众 5月15日夜，正在彭州市磁峰镇执行抗震救灾任务的71897部队2营官兵，接到都江堰市向峨乡龙竹村村民报告：因通往村外的道路被毁，龙竹村尚有300余名村民被困。接报后，2营营长迅速向基本指挥所做了汇报。尽管龙竹村不在该部责任区内，但71897部队仍果断决定由2营出动兵力220人组成突击队，在部队长夏世富、政治部主任杨志坚的带领下，于16日5时启程前往龙竹村救援。在经过近一小时的摩托化行军后，突击队赶到进村的山口处，在向导的带领下，迅速以急行军方式向龙竹村进发。官兵按照预案分成尖兵组、侧方警戒组、后方收容组、外围接应组，利用各种简易工具，采取搭人梯、肩扛手推等多种方法艰难而又快捷地向龙竹村前进。8时20分，突击队赶到龙竹村与村干部碰头后，分头展开救援。由于62户村民散布在5平方公里的山区内，加之交通十分不便，搜救十分困难。突击队员本着不放弃任何机会、不抛弃一个群众的原则，逐门逐户进行搜救。随后，突击队员越过岩石阻断的道路，穿过湍急的溪流，手脚并用，爬越5公里的山路，把被困群众转移到安置点。此次行动共转移被困群众290余人，运送救灾物资3吨，转移财物230余件，疏通道路2公里，并出动2台车将85名群众安全运送到唐昌、彭州等地。

九 撤离平武被困人员

转移凤鹅村被困群众 5月15日，77293部队派出以3连为主组建的一个70人突击队，在77283部队政治部保卫科科长洪光的带领下，到50多公里外的平武县水观乡凤鹅村救援。3天中，官兵昼夜奔波，在茫茫大山中先后搜寻到2000余名被困群众。19日晚，就在突击队组织群众向山外撤离时，余震造成的山体崩塌使下山的便道中断，突击队与指挥所失去联系。洪光和3连连长昌生、指导员江波带领官兵架起3口大铁锅，为乡亲们煮稀饭。稳定住群众的情绪后，官兵把老人、妇女和小孩集中在一起，并把仅有的一些干粮每天定量分发给他们；同时，突击队分成10个战斗小组，与村民中的青壮年一起抢修道路。至24日21时，2000余名群众被安全转移出来。

撤离锁江羌族乡、大印镇群众 受地震影响，平武县锁江羌族乡274间房屋受损，居住在山上的凤阳、水口、江东等村群众，面临山洪、滑坡、泥石流等次生灾害威胁，急需撤离。5月17日9时，71426部队出动1183人，从驻地响岩镇出发，昼夜兼行，于15时到达平武县救援力量没有到达的5个乡（镇），立即展开救援工作。部队长杨文耀、政委魏世春在现场了解情况后，决定由1营营长李建军带领2连官兵在锁江羌族乡干部的协助下，实施转移。李建军把部队编为3个组，分别对水口村青林组、凤阳村水塘组和江东村黄家山组受灾群众进行转移安置。青林组平均海拔1900米，进村山路被毁坏，不能通行；西侧山谷为坚石结构，可以通到青林组，但在河海崖处有30米陡崖，进出十分危险。第一救援转移组18人分3个小组行动，他们用背包绳将战士一个个拉上去，到达河海崖，在坡度近70度的崖壁上，用竹子和背包绳分组攀爬通过，到达青林组后，迅速搜救、收拢群众；人员物资转移组和卫生救护组带着36名群众和贵重物品行至河海崖会合；道路勘察组帮扶着体弱群众爬过陡崖，沿原路返回。18日18时10分，部队将40多名受灾群众转移到水口村临时安置点。第二救援转移组23人派出道路勘察组和观察哨，一路纵队快速行进，10时5分到达凤阳村水塘组，一边救援受伤村民，一边劝导村民下山转移。15时35分，29名群众全部被安全转移至凤阳临时安置点。第三救援组19人，在李建军带领下，奔向江东村黄家山组；在绕过落石不断的山坡后，到达黄家山组，迅速展开对村民的营救并护送下山。18时30分，救援人员带领9名群众和物品到达江东村安置点。

转移救助锁江羌族乡、大印镇孤寡老人 5月19日，71426部队2连副连长黄大纲带领10人小分队在锁江羌族乡江中村，发现70岁孤寡老人吴金花，因房屋倒塌，无处安身，且无生活保障。小分队轮流将其从海拔2000米的山上背下来，安置在受灾群众救助点，并提供基本生活物资和医疗救治。3连炮班班长夏文琪带领10人小分队在大印镇凡耳村，发现在地震中受伤的81岁老党员、孤寡老人李顺伦住在危房中不能下山，立即为他进行包扎处理并轮流将其从海拔2300米的山上背下来，安置在大印镇救助点。

5月20日，1营2连连长张强、指导员王新刚、副指导员李志鹏带领10人小分队，在锁江羌族乡凤阳村发现山上82岁的孤寡老人朱其才房屋倒塌后无力下山，在花桥村发现73岁孤寡老人蒋德才，随后将两人轮流从海拔2000米的山上背下来，安置在连队设置的救助点内。副参谋长宋卫兵、军医张光亚带领2连3名战士在该乡槐窝村发现84岁孤寡老人范品吉仍被困在危房中，且无生活保障，立即迅速将其转移，安置在锁江羌族乡临时救助点。

5月23日，3连在给大印镇山峰村运送生活物资时，得知住在海拔1500米梁子崖的75岁老人高士云在地震中胳膊被砸伤，因子女均外出打工，无力搭建帐篷，仍独自带着7岁孙子住在已被震裂倾斜的危房中。指导员董守芹立即带领5名官兵组成突击队，攀爬3处峭壁，跨越一处70多厘米宽的地震裂缝，将老人和孩子背下山，送到镇卫生院医治。

撤离南坝镇被困群众 南坝镇位于平武县东南部，是平武县受地震灾害最为严重的乡镇，大量群众和伤员被困。5月18日23时，71426部队接到平武县抗震救灾指挥部协助营救南坝镇被困群众的请求。部队长杨文耀、政委魏世春和参谋长杨国斌研究决定，由副部队长王多义带领2营，备齐救援物资，迅速前往营救。19日凌晨受领任务后，2营将救援部队编为先遣组、排险组、救治防疫组和搜救组4个组。2时，副营长郑海鹏带领先遣组乘一台运输车出发。2时5分，部队在王多义带领下，分乘3辆运输车、3辆牵引车，携带锹、镐、钢钎、大锤等工具随后出发。由于小河坝前方两公里处道路被损毁，车辆无法通行，部队到达道路损毁处后改为徒步行进。6时20分，先遣组到达与南坝镇一江之隔的涪江南岸。70米长的南坝大桥已完全垮塌，两岸挤满了受灾群众和地方救援人员，而涪江水流湍急，仅有一条容纳15人的小船来回摆渡。部队协调这条小船，征用了两台地方大型铲车，组织人员迅速过江。7时10分，部队全部进入南坝镇。由于受灾地点多面广，各组又分成若干个小组，立即展开救援。8时30分，张强带领的搜救小组在南坝西侧一公里处的1221高地上，发现大量被困群众，其中有12名老人、9名小孩、2名伤员。张强将搜救小组20名战士分成两组，每组10人。一组用背包绳和树枝制作成两个简易担架，轮流将伤员抬下山；一组在陡峭的山路上排成一排，组成人墙，帮扶老人、小孩下山。9时50分，受灾群众被全部安全转移至对岸，移交给地方抗震救灾指挥部安置。

撤离泗耳藏族乡被困群众　泗耳藏族乡是平武县最偏远的一个乡，也是该县救援部队最晚到达的乡镇。5月19日，71426部队副部队长余秋胜带领8名官兵组成突击小分队，在挺进泗耳藏族乡茶坊村查危排险时，得知50余名藏族群众被困山上，已断水、少粮5天，情况危急。余秋胜迅速将随后赶来的54名官兵分为两组，一组由余秋胜带领，进山搜救转移被困群众；另一组在当地村民协助下搭建临时安置点，解决被困群众的基本生活。第一组人员在海拔2400米的高山上发现藏民德德卓旦，其腿部多处骨折，3天滴水未进，处于昏迷状态。救援官兵就近找来竹竿，用8条腰带作支垫、4条腰带固定伤员，自制一副担架将其运送下山，为挽救德德卓旦的生命赢得宝贵时间。至19日20时，50余名被困群众全部被转移至安全地带，并得到安置。19日下午，71426部队6营排长关键伟奉命带领6人前往海拔3000余米的梯子岩，救助一名下身瘫痪行动不便的89岁老人。到达梯子岩后，由于山路狭窄，担架派不上用场，战士周登山背起老人就往山下走。行至山腰转弯处，由于山陡路滑，下坡速度过快，眼看就要冲下山坡。为不伤及老人，周登山用膝盖死死顶住右侧一块山石，人才停了下来，但膝盖已鲜血直流。17时30分，他们终于将老人安全转移至山下受灾群众安置点。

转移水观乡被困群众　绵阳市抗震救灾指挥部通报，平武县水观乡的进出道路、对外通信完全中断，大量群众滞留灾区，救援人员数次实施解救均未成功，请求部队给予支援。5月17日11时30分，千里机动至平武的71309部队接到上级命令：立即组织人员务必于当日24时前到达水观乡，全力转移群众。12时4分，该部迅速发出冒死挺进灾区的动员令，全体党员积极响应，均提交请战书。12时14分，副部队长司圣现带领第一批党员突击队76人，携带3日干粮，紧急出发。16时，部队行至石坎村，整个街道空无一人，废墟中弥漫着腐尸的恶臭味。部队行至平溪村，电闪雷鸣，风雨大作，原有的道路因山体滑坡已完全被毁，被雨水冲刷下来的石块不停地砸落在路面上。司圣现果断下令“下炭窑河、沿河道走”。官兵们借着昏暗的夜色，蹚着河水急速前进。22时40分，发生强余震，大地颤抖，滚石飞落，连续行军身体极度疲惫的官兵面临生死考验。指挥组迅速组织部队拉大距离，一边上下左右观察，一边快速通过。23时55分，突击队安全到达水观乡政府所在地观凤村，迅速与当地抗震救灾指挥部取得联系。水观乡抗震指挥部请求党员突击队协助乡政府动员、转移和搜救灾区滞留群众。针对灾区居住分散的实际，突击队立即兵分6组，采取划片定点、分组负责、拉网排查的方法展开拉网式搜救，历时13小时，走遍全乡6个行政村的每一个居住点。为使群众早日撤离危险地带，政治处保卫股股长冯轩带领突击队到达水观乡最偏远的平溪村林家山社。官兵们立即协助乡政府工作人员向村民讲清灾情，使其了解当前安全形势；宣传救灾政策，消除村民疑虑，成功动员全社348名村民向外转移。至18日19时14分，累计动员945户2945名村民向外转移。

5月19日7时，71309部队基本指挥所发出向外转移滞留群众的命令。党员突击队连续行军11个小时，成功规避强余震5次、山体滑坡10次，利用自制担架、背篓等器材，将包括21名老人、45名幼儿在内的386名受灾群众安全转移到南坝镇垭头坪村救助站；同时，为方便后续群众向外转移，设置路标345个，搭设简易桥梁14座，疏通道路1.8公里。20日，突击队继续深入偏远社组进行险情排查、医疗救助、转移安置等工作。至21日19时，官兵徒步行程100余公里，累计医治群众300余人，搭设简易篷50余间。

5月22日6时，71309部队组织第二批党员突击队298人，由部队长朱兵任队长，迅速向水观乡实施紧急增援。为给第一批突击队员携带更多的给养和药品，官兵每人平均携带物资35公斤，有的负重达到50公斤，历时11小时48分钟，于17时48分到达水观乡。23日6时40分，朱兵带领第二批党员突击队组织563名群众向安全地带转移。为确保不落下一个村民，按照转移预案将兵力编成7个组，其中组织指挥组由朱兵任组长，带机关2名干部，负责转移前的筹划，以及转移过程中的指挥等工作；安全警戒组由警卫排排长任组长，带4名纠察，负责转移过程中的险情观察和警戒调整等工作；道路抢通组由教导队教员赵世杰任组长，带19名战士，负责转移过程中的道路抢修工作；医疗救护组由济南军区一名军医任组长，带4名卫生员，负责转移过程的应急卫生救治等工作；应急处理组由保卫股股长冯轩任组长，带10名战士，负责转移过程的紧急支援和应急情况处置等任务；人员护送组由教导队队长白海涛负责，带243名官兵，分成14个小组，每组由一名干部带队，负责转移过程中帮助有困难村民转移，以及转移过程中的秩序维护等工作；后尾收拢组由教导队指导员徐志强负责，带9名身强体壮战士负责转移过程中的收拢工作。把563名群众区分为14个小组，由人员护送组护送转移。12时40分，队伍行至水观乡大沟村以南800米处，一位老大娘因饥饿劳累晕倒在路边。教导队党员王鹏飞把自己仅剩的干粮

图135　5月23日，71309部队官兵在平武县水观乡转移群众（济南军区　提供）

送给老大娘，自己却忍受着饥渴。14 时 16 分，部队行至平溪村，余震再次发生，前方道路出现 3 处滑坡。指挥组迅速指挥群众离开道路，疏散到路旁河道边。待余震过后，道路抢修组疏通道路，人员护送组逐一引导群众通过滑坡地带。16 时 46 分，部队行至文家山堰塞湖，路两旁一边是堰塞湖，一边是不断滚落石块的滑坡。官兵们侧蹲着身子，用手抠着滑坡向前移动。战士朱学贤突然脚下一滑滚落到湖里，班长雷全全眼疾手快，将绳索扔到水里把他拉了上来。17 时 48 分，经过 11 个小时艰难行军，终于将 563 名群众转移至垭头坪救助站。（参见图 135）

转移坝子乡被困群众 5 月 27 日 6 时，平武县坝子乡树家村村民杨德海不慎落入一条 6 米深的山体裂缝中。驻该村的 71309 部队 3 连副连长陈黎明带领的巡逻小组发现后，立刻向负责坝子乡救援工作的后勤处处长郭森华报告。7 时 40 分，郭森华、陈黎明一行 6 人，携带绳索 10 条及锹、镐各两把赶到现场。发现裂缝上宽下窄，杨德海老人被困在裂缝中，不住呻吟。战士马玉鹏将绳子一端系在身上，另一端系在树上，再携带一根绳索下到裂缝里，将绳索一端拴在老人腰上，战士陈俊、胡德华再合力往上拉。9 时 30 分，杨德海老人被成功拉上来，几个人轮流将老人背下山，送至平武县人民医院进行救治。同日，陈黎明在排查树家村灾情时，发现一位 70 岁的老太太被屋上落下的砖石砸伤，即组织官兵利用简易担架，徒步 4 公里，将其及时送至最近医疗救护站。20 时 20 分，坝子乡党委通报：该乡天童村因余震引发山体滑坡，居住在山坡的 4 户人家情况不明，需部队出动人员协助救援。郭森华立即与 1 营营长李国良取得联系，李国良带 1 连 50 人火速赶往距驻地 2 公里外的现场组织营救。经过现场了解，4 户居民中有 2 户房屋倒塌，住在房前简易帐篷内的 2 人受伤。21 时 20 分，1 连连长熊国敏组织人员将 2 人转移至坝子乡卫生院接受治疗，并将其余 3 户转移至安全地带。

转移仙坪村藏族群众 地震后，平武县阔达藏族乡仙坪村海拔 2550 米的龙王庙山上出现两道长约 100 米、宽约 65 厘米的裂缝。6 月 20 日，因连降暴雨，引发泥石流和山体滑坡，居住在半山腰海拔 1800 米的仙坪村南炮组 98 名藏族群众的生命和财产安全受到严重威胁。9 时 12 分，阔达藏族乡政府和仙坪村村委会向正在该乡阔丰村执行任务的 71366 部队坦克 3 营紧急求援。在该部指导抗震救灾工作的 71811 部队副政委杜跃哲立即与该部部队长李世林前往阔达，决定紧急出动官兵 150 人，将人员编成道路疏通、营救群众、搭设帐篷、转移物资 4 个组。21 日 7 时 30 分，杜跃哲带领救援官兵采取摩托化行军方式到达仙坪村龙王庙山脚下，再弃车徒步前进。进至 1728 高地附近，由于地势险要，山路陡峭，杜跃哲带人先涉水探路，并在水深处设置明显标志，其余官兵手拉手涉水通过。当先期勘察组到达南炮组南侧一公里处铁索桥时，桥面木板早已散落，仅剩下几根受损的铁链。营长王俊立即命令道路疏通组兵分两路，一路利用就便器材砍伐树桩铺于铁索上，搭建桥面；一路用背包绳连接起来做成护栏，保障救援官兵快速、安全通过铁索桥。9 时 22 分，后续分队分批逐次通过铁索桥。9 时 40 分，官兵冒着大雨强行军，到达南炮组后，杜跃哲立即将人员编成 24 个小组，分赴散居在龙王庙半山腰近 4 平方公里的 24 户村民家中，展开转移动员、心理安抚、物资清理等工作。在广泛征求村民意愿的基础上，决定将南炮组村民全部转移至 2 公里外的 1930 高地。针对老人、儿童偏多的实际情况，将人员区分成担架、搀扶、背负 3 个小组，对老人、儿童以及行动不便的人员，采用肩背、人扶、简易担架抬等方法，组织被困群众安全转移。83 岁的藏族老大娘雍光清是位聋哑人，舍不得自己多年积累的家产，战士们要背着她走，她硬是不肯；坦克9连代理排长樊建昌跪在老大娘面前请求，老人才肯让樊建昌背着转移。13时25分，官兵和被困藏族群众安全转移至1930高地地域，李世林现地对照1930高地周围地形，针对地幅狭窄、难以集中安置的情况，将150名官兵分为两组，第一组50人，寻找有利地形，平整场地，搭建帐篷；另一组返回南炮组，采取分组分头、逐户定人、肩背人抬、接力转运等方法，帮助群众搬运生活物资。15时25分，30顶帐篷全部搭建完毕，官兵又协助群众整理生活物资，在帐篷周围修建简易道路，挖建排水沟，清理环境卫生并消毒。18时40分，经过10余个小时的奋战，24户98名藏族群众及其生活物资被全部转移，并得到妥善安置。

转移黄羊关藏族乡被困群众　5月22日7时25分，71366部队坦克3连接到平武县黄羊关藏族乡党委电话，请求部队派人上山搜救5名上山采药未归的藏族村民。部队长李世林、政委裴晓昌迅速做出决定，由副部队长赵正涛具体指挥营救。7时40分，赵正涛带坦克2连、3连共83名官兵，每人携带3日份干粮，动用指挥车1辆、运输车3辆，分成6个行动小组，前往距黄羊关藏族自治乡草原村10公里的圆包山和草地地域组织搜救。坦克3连第一搜救小组在圆包山干沟地域半山腰悬崖边上发现有人呼救，赵正涛立即带人前往营救。救援官兵到达悬崖边，发现共有5名群众被困于此。由于地势险要，只能一名一名地救。他们用绳子捆住群众腰部防止掉下悬崖，至16时30分，终于将5名藏族同胞营救下山，由军医简单检查、治疗后，迅速转移至黄羊关卫生院。

撤离石坎村被困群众　5月17日，平武县南坝镇救援指挥部指令广东省公安消防总队抗震抢险救援队深入该镇石坎村救援群众。接受任务后，广东省公安消防总队政治部主任梁构成迅速部署作战方案，决定成立主战突击队、援助接应队和物资供给队。主战突击队100人由深圳市支队副支队长黄伟任行动总指挥，人均负重35公斤装备和物资，经过近4个小时的长途跋涉，于17日17时到达石坎村。石坎村富含锰矿，据当地村民反映，有31个商铺经营炸药和雷管，共存有3000余吨的炸药。突击队员先对2平方公里的村庄进行洗消，然后开始搜救，并派出通讯员返回南坝镇报告情况。18日1时左右，突然发生6.0级余震，整个地面都在颤动，山坡坍塌。官兵顶着狂风骤雨，连夜抢险救援，并成功处置一起液化气罐泄漏事故。在救援转移群众过程中，当地人武部人员反映，山上有被困老人求助。救援队立即派出30人上山救援。由于老人们身体虚弱，救援队用肩背、手抬、担架抬等方式将他们急救下山。佛山市消防支队大良中队班长陈碧涛在通过200余米的陡坡时，为不使重伤员滑落，便将重伤员和自己绑在一起，弯腰跪着爬过200余米的陡坡，把伤员送到安全地带。救援队将部分村民安排到营房里休息，对重伤员进行治疗。

援助接应队150余人作为后援力量，于5月18日天亮出发，9时许赶到石坎村，与突击队共同组织被困伤员和群众撤离。由于有重伤员、老人和婴幼儿，队员们使用背、抱、抬等方式帮助群众撤离。在离石坎村5公里的地方，由于两边的山体滑坡把河流阻断，形成“悬湖”，一天内先后有4名群众在这里遇险死亡。突击队采用安全绳连接、分组慢进的方式艰难通过这一路段。广州市支队特勤大队士官冯锦耀背着一个80多岁的老太太，一路走在前面为战友们开路。为了爬上一个陡峭的山壁，他让老太太坐在自己的背包上并用安全绳绑牢，然后双腿跪地，手脚并用，匍匐着在山壁上爬行了20余米。总队特勤大队一中队上等兵王守财，发现一块大石头突然向队伍中间滚落，他果断地推开旁边83岁的老人，迅速跳入旁边的水沟，灵活地躲开了落石。

在转移伤员和群众的路上，有200多名老人、婴幼儿和重伤人员被消防官兵背着走了7个多小时的崎岖山路。救援队医生钟鸣看到一位抱着孩子的妇女被石头砸中，晕倒在路上，伤情较重，立即对母子两人进行救治，并抱着小孩继续前进。18日14时许，突击队将1100余名被困群众转移到安全地带，其中有伤员178人、老人172人、婴幼儿58人。

十　撤离彭州被困人员

撤离白鹿镇被困群众　5月15日19时，71960部队抵达彭州市白鹿镇灾区，重点对白鹿镇北部重灾区三河店、白茶园等村庄展开拉网式搜救。16日5时，该部750名官兵，扛锹挟镐，手持钢钎，背着干粮和医疗器械，翻山越岭、跨沟渡河，沿三白公路艰难地向北挺进。救援队伍行至玉梁关天险，一条长约10米左右的断裂带将道路隔断，该部突击队立即在乱石堆中开辟通路。经过2小时奋战，部队成功突破玉梁关。8时55分，经过近4个小时的艰难跋涉，部队到达三河店地界，对近20平方公里范围内4个村庄进行拉网式搜索。在三河店村，部队长韩玉军带领152加榴炮营官兵，逐个废墟逐间房屋搜寻。政委李培根带领直属分队攀爬到海拔1400米的大坪头村，指挥官兵手刨、绳吊、抬、背、扶，将50多名被困在半山腰的群众向安全地带转移。副部队长魏福春、参谋长赵德华分别带领122榴炮营和火箭炮营，在白茶园、白岩方向逐户逐房展开搜救，将60余名被困在山间的群众向外转移。19时35分至21时5分，各方向救援分队携群众

图136　5月16日，71960部队救援官兵向彭州市白鹿镇行进

（济南军区　提供）

及部分生活物资陆续返营。在持续近 15 小时的搜救过程中，71960 部队官兵采取逐点确认、以点成线、以线带面的方式展开搜救，往返行程近 40 公里，先后 3 次涉水，历经 5 次余震和 17 处滑坡险情，共解救被困群众 141 人，转移安置群众 373 人，掩埋 7 具遇难者遗体。（参见图 136）

转移新兴镇君山村受困群众　5 月 25 日晚，彭州市新兴镇突降暴雨，君山村地域出现延绵数公里的山体裂缝，随时可能出现滑坡。20 时 5 分，71897 部队接到新兴镇政府求援电话，请求紧急转移被困于海拔 939 米的马鞍山地区君山村 3 个组村民。副部队长赵存志急令教导队第一中队担负搜救转移任务。部队成立指挥组、转移组、营地设置组、救护组、通信联络组，赵存志任总指挥。60 名官兵分乘 4 辆运输车冒雨向君山村马鞍山方向进发，车队刚过君山村，道路狭窄，改为徒步强行军，经过一个半小时的艰难前行，赶到马鞍山脚下。马鞍山地区有 3 个村民小组，住户分布在 7 个山头，约 50 户群众需要尽快转移。指挥组立即将救援队分成 7 个小组，分别由党员干部负责，在当地向导协助下展开拉网式搜救。经过 4 个多小时、20 多趟艰难往返接力，至 26 日 1 时，将 156 名群众和价值 8 万余元的物品转移到毛家磨子东侧的开阔地。（参见图 137）

图 137　6 月 13 日，71897 部队教导队官兵在彭州市新兴镇君山村搭建人桥护送小学生过河

（济南军区　提供）

转移丹景山镇受灾群众　5 月 18 日 11 时，71872 部队副部队长李方杰带部队对彭州市丹景山镇东河村进行逐户搜救时，发现东河水库大坝及村内部分山体出现宽约 10 厘米、长约 2000 米的裂缝，立即将情况通报丹景山镇政府。19 日、20 日，经彭州市有关部门勘察后认为，东河村 2

组、3组、4组260名受灾群众急需转移安置，丹景山镇党委书记向71872部队紧急求援。部队长王树文、政委万幼文决定派道路2连、桥梁2连赶往东河村，克服一切困难，尽快转移群众，搭建临时住所。20日13时15分，救援分队沿石河、武备、石洞捻一线火速向东河村方向开进。车队行至阴山脚下，按照预案救援分队一分为二，王树文、万幼文带道路2连36名官兵，向西徒步穿越20余处塌方地带，沿阴山北侧悬崖小路急行军进入东河村。王树文找到村负责人了解村里的情况，当时村里青壮年较少，大部分外出务工，老幼、妇女偏多，多数人需要官兵背着下山。万幼文带道路2连连长和士官骨干向村里处在危险地段的2组、3组、4组89户群众做思想发动工作，准备向桥梁2连搭建的东河水库安置点转移。官兵根据村里有8名伤病老人的情况，砍伐竹竿制作了8副简易担架抬运。桥梁2连20人携带彩条布和工具赶到东河水库大坝搭建安置帐篷。16时，71320部队副参谋长游爱宁赶赴东河水库桥梁2连搭建受灾群众安置点现场指导。19时，山上处于险境的260名群众全部安全转移至东河水库大坝。同时，部队还帮助群众搬运床垫28张、电视机16台以及其他大量衣被和生活用品。

十一 撤离其他灾区被困人员

撤离理县被困人员 5月19日6时，71117部队接到理县当地政府尽快转移薛城镇南沟村群众到安全地带的请求。部队长郭永忠立即抽调120名官兵，分两组，平行展开工作：一组平整场地，搭建帐篷、厕所、晾衣场，安装水管，完善安置点设施；二组对群众说服引导，协助转移。8时,60人的突击队从薛城镇出发，每人携带15公斤救灾物资，冒着飞石、塌方的威胁爬上高山。15时30分，到达南沟村，一边逐户送粮送物、排险救援，一边协助地方政府展开耐心细致的说服工作。为不打扰群众，当晚官兵在山顶上和衣而睡，20日晨天刚亮又开始工作。6时，71117部队为加快工作进度，又派30人上山增援。11时35分，突发连续余震，官兵们不顾生命危险，迅速冲进房间，及时疏散群众、抬出伤员。至21日15时30分，官兵们共平整场地7000余平方米，安置群众310人，转移伤员15人，为山上送物0.9吨，转移村民物资12吨。

6月14日，71117部队在上山送粮中，发现蒲溪乡河坝村对面松树林岩裂开多处长300米、宽约30～50厘米不等的缝隙，河坝村背面山坡有6条长500米、宽约10～20厘米的裂缝。郭永忠迅即将这一情况通报给当地政府，提出对河坝村实施整体搬迁的建议。16日，理县县委研究决定对河坝村实施搬迁。71117部队迅速研究制订方案，在郭永忠领导下，成立转移指挥组、帮扶救助组、前方侦查组、转移安置组、卫生防疫组5个小组，连夜准备实施转移。17日上午，部队采取“多点实施、并行展开”的方式，开始组织河坝村民转移。为尽早完成任务，官兵们一天没有进食，平整场地10万平方米，搭设帐篷280余顶，疏通5公里长的塌方区，搬运物资4万余公斤，将500余名河坝村村民转移至土堆组安置点。

撤离江油被困人员 5月13日16时14分，四川省公安消防总队绵阳市支队江油中队副指导员刘春兵、江油大队参谋沙军，奉命带领8人到江油市金光洞营救被困游客和群众。14日8时30分，救援人员在当地向导的带领下到达云华山山脚，发现山体整体滑坡，变成70度的陡坡。救援人员利用安全绳依次进入滑坡地带，躲避着不断滚落的石头艰难前行。13时20分，当救援人员攀爬到半山腰时，遇见受困村民。指挥员将参战官兵按身体强弱搭配为两人一组，组织村民向山下转移。遇到危险地带，救援队员用安全绳连接成通道，让村民抓住安全绳向下移动。经过 4 小时的努力，成功将沿途 218 名村民疏散到山下安全地带。17 时 15 分，在向导指引下，救援队员经过艰难跋涉赶到位于山腰的村民居住区。由于周围山体全部崩塌，居民区成了“孤岛”。救援队员用砍刀砍下周围的小树干，相互连接，把绳子挂在上面，延伸到距离地面 12 米高崖上的一个大树桩，并将绳子牢牢套在大树桩上。两名救援队员沿绳索攀爬上去，用安全带绑在村民双臂之下，再将受困村民吊下来。经过 3 个小时的救援，成功将 21 名受困村民转移至安全地带。

江油市有 40 余个乡（镇）、477 个行政村，2700 余平方公里，地震后山区受灾面积达 75%，枫顺、敬元、六合 3 个山区乡道路受阻、音讯不通。5 月 16 日 10 时，77225 部队进入江油后，便主动到江油市抗震救灾指挥部请战。指挥部领导介绍说，震后 70 多个小时，江油市先后 3 次组织人员徒步进山搜救，终因道路艰险、余震猛烈，无功而返。11 时，该部副政委张为府带一个营和一支保障分队，向江油市最偏远、受灾最严重的北部山区机动。13 时，枫顺乡党委书记文助长一行 6 人找到行进中的队伍要求当向导，张为府抽组 259 名官兵跟着向导直奔枫顺乡。部队进入山区 20 公里到达杨家院时，不断塌方的山体横亘在眼前，山路被拦腰截断。枫顺乡孤悬谷内，空军空投此地域的食品、水和药品无法运进，只有开辟一条新路才能背进给养、救援群众。官兵

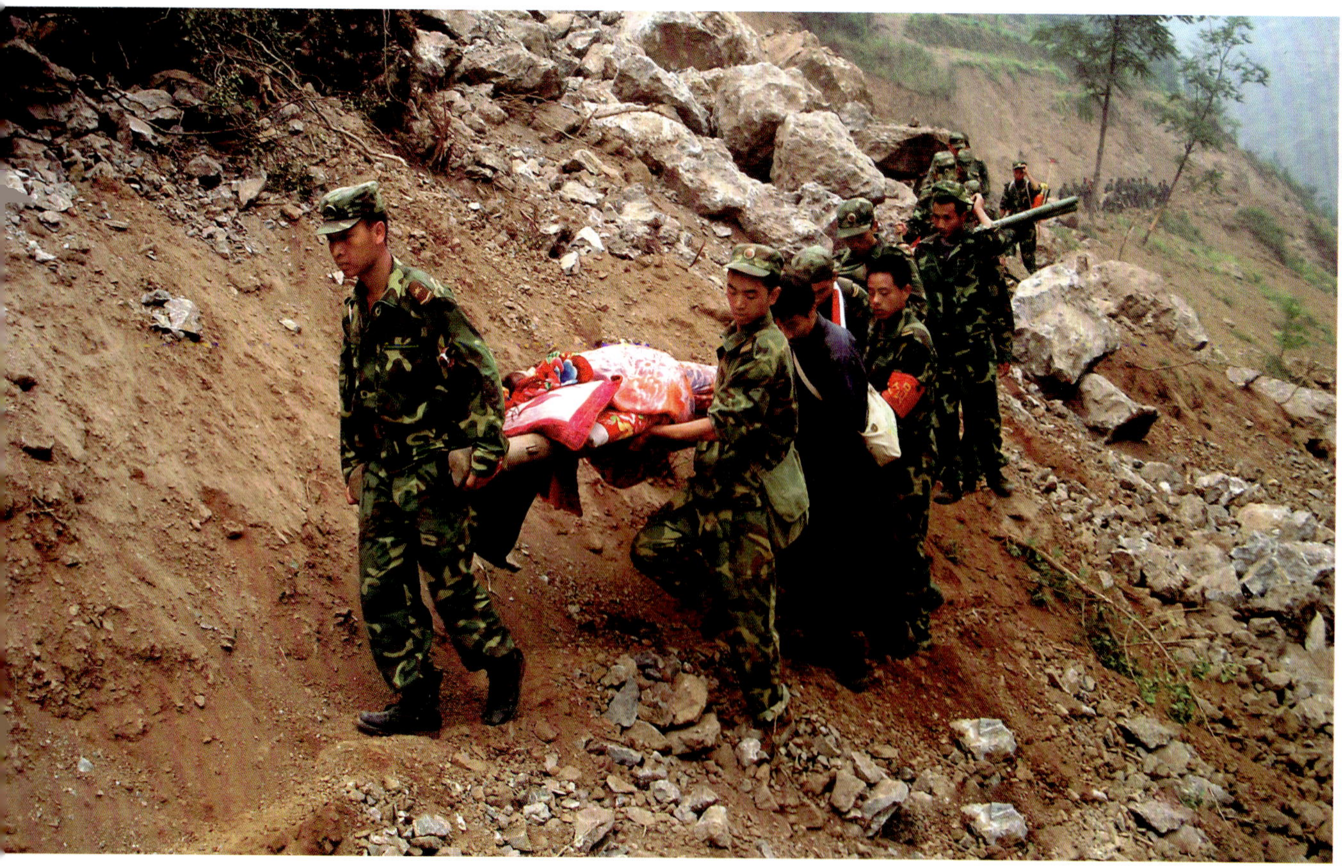

图 138　5 月 17 日，77225 部队官兵转运江油市枫顺乡受伤村民

（77225 部队　提供）

们扛起给养，在当地群众的带领下摸向深山。二级士官袁红军和怀正傲边走边砍拦路的树枝、荆棘。官兵攀行至半山腰，遭遇余震引发的山体滑坡，停留15分钟后才继续前进。张为府将队伍重新编组，5人一组，拉开间距，快速通过。整整一下午，一路上遭遇大小余震11次，直到17时50分，官兵才到达枫顺乡（见图138）。与此同时，该部政委郑璇和后勤部部长董文刚、装备部部长张玉龙带着另一支突击队翻山越岭，肩扛背驮食品、药品、彩条布等急需物资先后进入六合乡、敬元乡。17日10时，300多名群众成功走出大山，脱离危险。

转移文县关家沟等地被困群众　5月18日，强暴雨袭击文县，城关镇关家沟暴发泥石流，地处关家沟周边的关家坝、李家坝、滴水崖、庙背后、铁楼沟5个自然村的78户267名群众被困。8时40分，文县抗震救灾指挥部紧急向武警甘肃省总队前指求援。9时20分，在总队前指副参谋长刘志强的统一指挥下，天水市支队支队长梁琛、陇南市支队政委谢文涛带领200名官兵强行军11公里，徒步开进5公里，于10时40分到达目的地。官兵在对泥石流灾情和周围地形进行勘察后，迅速兵分五路，逐家逐户展开"拉网式"搜索。16时48分，官兵将5个自然村的267名群众全部撤离，转移至20公里外的国道212线文县段韩家坝安全地带妥善安置。在此次救援行动中，官兵帮助受灾群众抢运粮食2000公斤，搬运家具56件、衣物425件，疏通水渠2.8公里，拆除危房9间，排除险情12处。

6月13日21时10分，文县石坊乡邓草坝村出现山体滑坡和泥石流，91人的生命和财产安全受到威胁。文县人武部部长刘牛印带领民兵60人，通过两个多小时的奋战，于23时13分，将受困的23户91名群众疏散转移到安全地带。

撤离宝成铁路109隧道周边群众　5月12日地震发生后，宝成铁路109隧道险情发生，一旦隧道内12节装载着燃油的油罐车发生爆炸，居住在隧道附近3公里以内的大滩、嘉陵、黄桥3个村300余户1500余名群众的生命财产将会受到严重威胁。得知险情后，徽县人武部立即要求嘉陵镇人武部组织民兵赶赴灾情现场，疏散109隧道和嘉陵江堰塞湖周围群众。在余震未停、着火油罐车随时可能爆炸的情况下，嘉陵镇人武部部长田宇带领120名民兵分为两组，采取警戒、疏散同步进行的办法，一组对109隧道实施安全警戒，另一组分别进入3个村庄，挨家挨户大声报警，组织群众迅速撤离。至当日24时，民兵将1500余名群众全部疏散到安全地带，并帮助群众转移出贵重物品2000余件、粮食3000余吨、牲畜200余头（只），搭建帐篷168顶，向受灾群众发放88袋面粉、100余箱方便面、60余件矿泉水。

5月16日11时，陈家坝乡农村信用合作社向宁夏回族自治区公安消防总队抗震抢险救援队求助，请求挖掘埋压在废墟下的50余万元现金和银行票据。救援队立即派副队长吉海滨带队前往搜寻。陈家坝乡信用合作社办公楼只有两层，由于地震破坏，二层完全坍塌，一层墙体布满裂缝，随时可能发生二次坍塌。散落的瓦砾石渣堵塞一层门窗，人员无法直接进入。救援人员商议后，决定在距保险柜最近的墙体上破拆出一个通道，派人进去将保险柜内的物品转移出来。为防止墙体因受震动发生二次坍塌，救援人员只能用消防腰斧一点一点挖凿。12时45分，通道被打开，救援人员进入室内，打开保险柜，将50余万元现金和全部银行票据搬运到安全地带，清点后如数移交给信用合作社领导。

5月17日，96514部队搜救分队奉命执行中国农业银行北川支行金库库存现金挖掘抢救任务。北川支行办公楼高6层，金库设在一层。地震中，支行办公楼全部垮塌，与办公楼后侧毗邻的5层家属楼坍塌在支行金库上方，瓦砾废墟堆在一起，南北长达100余米，东西方向与其他倒塌的房屋连为一体。部队受领任务后，紧急抽调大型挖掘机、装载机、龙门吊、切割机，迅速赶到目的地挖掘作业。至18日11时10分，经过16个小时连续挖掘，疏通了通往金库的百米通道，扒渣机扒开金库顶部废墟，在武装特警监护下，96514部队6名官兵配合北川支行行长和3名职工，对挖掘出来的现金逐一进行了清点、捆扎，共计129.578万元。救援部队按照规定将挖掘出来的现金和官兵们在碎石渣中搜寻到的现金、金融凭证一并办理手续，移交给地方政府（见图139）。

图139　5月18日，96514部队官兵在中国农业银行北川支行废墟中抢救库存现金129万余元

（第二炮兵　提供）

5月17日，96531部队受领挖掘抢救北川羌族自治县农村信用合作联社金库的任务。联社8层高的办公楼在地震中整体坍塌，一层金库深埋在废墟之中，33名员工全部死亡，3名前来考察工作的上级单位工作人员也不幸遇难。当时，金库中不仅有联社的现金，还有农业发展银行和城镇银行寄存的现金，合计超过600多万元。96531部队受领任务后，立即调配兵力展开挖掘工作。20日，面临上游唐家山堰塞湖可能溃坝和北川县城可能出现疫情的紧急情况，救援官兵依然坚持抢挖。在96514部队的协助下，总队官兵93人、4台大型机械昼夜不停地施工，克服作业面随时可能再次坍塌等困难，经过五昼夜连续奋战，于21日15时30分成功掘开金库，8个保险柜、4个铁皮柜被挖出。至18时，经清理点验、登记造册，共挖出现金640余万元和部分金融凭证（见图140）。

图 140 5 月 21 日，96531 部队官兵在北川羌族自治县农村信用合作联社废墟中挖掘出现金 640 余万元

（第二炮兵 提供）

5 月 19 日 9 时许，中国邮政储蓄银行北川支行行长找到北京市公安消防总队抗震抢险救援队正在北川县城羊角巷附近执行搜救任务的官兵，急切地说："我们支行金库里存放的 50 万元现金还没有找到，里面的 12 支防暴枪也不知去向，请你们赶快帮助寻找。"突击队第三搜救队队长王默闻讯，马上带领几名搜救队员，携带"蛇眼可视探测仪"赶到坍塌的银行大楼废墟前。通过反复探测，王默告诉银行工作人员，金库就在地下 2 米左右，完好无损。但金库被两块垮塌的大楼楼板压住，用小型破拆工具起不了作用，需要大型机械挖掘。王默迅速将情况报告给指挥部，调来大型机械挖掘作业，挖出银行金库中存放的 50 万元现金和 12 支防暴枪及子弹，并及时办理手续，移交邮政储蓄北川支行领导。

抢救绵竹灾区金融资产 5 月 25 日 13 时 10 分，绵竹市汉旺镇邮政支局向驻汉旺抗震救灾指挥部求助，称汉旺镇邮政营业厅大楼在地震中损毁严重，有数十万元邮资票品等金融资产需要转移。95942 部队侦察分队接到上级救援命令后，副教导员刘鹏渤带领 30 名官兵，迅速赶往汉旺镇邮政支局。汉旺镇邮政营业厅 3 层高的办公楼在地震中严重开裂，整体倾斜 7 度，其中 3 楼部分倒塌，2 楼走廊、地板下陷，大部分门窗变形，楼梯间全部垮塌。救援部队分为两组行动，第一组由仪器侦察连连长黄辉带领，进入2楼清运邮资票品和贵重财物；第二组由95969部队特务连连长许俊明带领，负责抢挖ATM自动取款机。由于楼梯已经垮塌，第一组官兵们找来梯子搭在天台上，黄辉带领马磊、昌博攀上天台，班长康建伟带几名战士在下面接应。楼房倾斜，门窗变形，防盗门一时打不开，黄辉便用撬杠撬开防盗窗，只身进入危楼中，半个小时清运出800余公斤邮资票品。至15时20分，第一组共清运8.5万余元，还清运了大量邮资票品和价值25.6万余元的贵重物品。第二组许俊明带领几名战士，冒着楼顶随时坍塌的危险，采取撬、拖的方式搬运ATM自动取款机。作业过程中，发生6.4级余震，官兵紧急避险后继续作业，终于在16时40分将ATM自动取款机完好无损地搬出。据现场清理统计，救援部队共抢救出现金17.5万余元，搬运出价值45.6万元的ATM自动取款机、邮资票品、计算机等贵重物品。

抢救青川灾区金融资产 5月19日，青川县姚渡镇农村信用合作社在余震中倒塌，装有大量现金和贵重物品的保险柜被废墟压埋。当日16时30分，武警甘肃省总队地震灾害救援队姚渡分队接到救援命令后，第三支队副参谋长田学超带领15名救援队员，携带专业器材赶赴现场救援。姚渡镇信用合作社营业室内的保险柜被楼板、钢筋混凝土、砖块和土石埋了约两米多深，周边房屋墙体严重变形，救援人员无法进入，加之余震频繁，随时都有再次坍塌的可能。16时40分，救援部队经过缜密勘察分析，决定采取先切割顶撑、再加固、后进入的方案作业。15名救援队员分成两组，第一组负责现场警戒，第二组负责挖掘保险柜。他们首先用切割机将房屋窗户上的钢筋切断，利用顶撑器材将随时都有可能坍塌的墙体加固，防止余震造成倒塌。17时10分，战士陈云、李春亮通过窗户进入营业室内。由于室内空间小，携带的救援工具无法操作，两人只能用手将砖块残渣一点一点地清理出去，再从堆积的楼板中将顶撑气垫插进去，把压在保险柜上边的楼板撑起一个宽约50厘米的通道，再协助信用合作社工作人员，爬进撑起的楼板下，慢慢挪到保险柜前，但保险柜门已严重变形，无法打开。征得信用合作社领导同意后，救援队员将保险柜门分解切割。19时10分，李春亮从保险柜内取出135万余元现金、10公斤黄金和票据。

青川县茶坝乡信用合作社的办公用房是一栋砖混结构的两层小楼，地震后墙壁布满裂缝，楼体严重错位，余震发生时摇晃颤抖，随时都有倒塌的危险。小楼里存放着30多年来信用合作社的各种业务票据资料。5月25日，71521部队防化营奉命前往茶坝乡信用合作社救援。教导员孙文森带队到达现场后，对楼体仔细进行勘察，决定只身一人进入楼内作业，并安排一部分人员在小楼周围负责观察警戒，其余人员在楼外接力式转运票据资料。30多分钟里，搜寻清理出现金10余万元，搬运票据50余箱，共计8000余份。

挖掘抢救平武灾区金融资产 5月16日10时许，内蒙古自治区消防救援队现场指挥部赶到平武县南坝镇农村信用合作社实施救援。南坝镇农村信用合作社办公用房是一栋5层商住楼，是全镇最高建筑物。办公楼内存放着25年间的业务原始票据、近10年来的电子档案以及上百万元现金、信贷凭证和营业凭证。地震中，办公楼整体倒塌，有5名工作人员被压埋在废墟下边。楼体倒塌现场形成一座12米高的废墟，空气中弥漫着腐烂气味，余震时有发生，砖石不断落下。针对现场情况，内蒙古自治区消防总队政委吕万海和副总队长葛相君将55名官兵分成3个小组实施救援。11时30分，现场指挥部又调来15名官兵，指挥员立即调整部署，将人员分成7个组，每组10人，轮流作业。面对两三吨重的钢筋混凝土楼板、长长的过梁和纵横交错的钢筋网，在没有重型吊车情况下，官兵们用钢钎撬，用大绳吊，用铁锹铲，艰难地在残垣断壁中作业。有的队员手被划破、脚磨出血泡、皮肤溃烂，仍然坚持挖掘，无一人叫苦退缩。17日16时，现场指挥部从当地政府抗震救灾指挥部借来一台装载机协助作业。至18日5时，救援部队从废墟中挖掘出4具遗体，搜寻清理出巨额现金和贵重物品，如数移交给当地公安机关。20时10分，又挖出一个保险柜。21时许，平武县人民法院院长、抗震救灾指挥部副总指挥唐光荣带领公安、司法和信用合作社工作人员赶到现场，打开保险柜，清点物品，办理移交手续。至21日8时，救援部队共搜挖出5具遗体，挖掘抢救出现金160余万元、空白支票26本、活期存折若干、备用钥匙1袋、封存钥匙11把、1992年定期存单1包、金银饰品167件。

地震中，南坝镇国税局办公楼坍塌，废墟下埋着价值数千万元的税务发票、税务印鉴以及防伪税控主机等重要物品。5月22日10时，71811部队接到上级指示后，命令无线连前往救援。无线连指导员辛海亮带领25人救援小分队迅速赶赴现场。到达南坝镇后，辛海亮根据现场情况，制订了抢救方案。首先派3名士官组成先遣组，对制订的抢救路线和应急撤离路线进行实地勘察验证。由一名战士先爬上倒塌的楼顶，检验楼板承重力，验证确认楼板比较牢固后，另外两名战士再上去，判断确定方位，开始对埋有保险柜和税控主机的废墟进行挖掘清理。辛海亮带领物品转移组对挖掘出来的贵重物品及时搬运、转移，保证物品不被损坏。经过4小时徒手挖掘，3名士官冒着酷暑，挥汗如雨，抢挖出保险柜3个、防伪税控主机3台、防伪税控U盘1个。经国税局工作人员同意，在现场封闭的情况下，军地双方将保险柜撬开清点里面的物品，从3个保险柜中抢救出价值8000余万元的税务发票、11枚税务公章、500余张缴税卡。抢救出来的财产票据与账目完全相符，没有遗漏。

抢救彭州灾区金融资产　地震发生后，78108部队3营迅速启动《防范重大自然灾害应急预案》，在积极展开自救的同时，全营148名官兵组成两个分队，于5月12日18时30分从驻地出发，紧急赶往成都北较场和彭州。一个分队在北较场搭建军区应急指挥所，另一个分队冒着大雨，克服山石滑坡、路面塌陷等诸多困难，采取徒步行军和摩托化开进方式，于21时30分到达彭州市磁峰镇。13日2时30分，磁峰镇信用合作社派员到部队求援，称他们接到预告，半小时后将有强余震，请求部队尽快赶赴该镇信用合作社抢救库存现金以及枪支、子弹和重要业务资料。3营教导员王俊峰当即带领4名党员前往救援。夜晚一片漆黑，信用合作社2名工作人员在前面带路，王俊峰一行7人紧急向信用合作社方向赶去。他们沿着一条狭窄的老街道向前行进，老街道街面遍地都是砖块、瓦砾、石渣、木头和凌乱的电缆、电线。王俊峰一行排成“一”字形，尽量拉大前后距离，凭借两个手电筒的微弱光亮行进，7个人用10多分钟时间才摸索着走完这段长仅200米的街道。到达信用合作社后，守护金库人员打开保险柜，迅速将54万元现金装入密码箱。接着，信用合作社工作人员赶忙去开存放枪支、子弹的保险柜，调试10多分钟，保险柜密码锁未能打开。距离预报余震发生时间越来越近，信用合作社领导既着急，又担心，关切地说：“实在打不开就算了，等震情稳定些再来吧，保证解放军的安全要紧，不能让他们出事儿！”大家只好保护着现金密码箱，抱着重要业务资料撤离现场。没走出多远，余震发生，信用合作社营业室瞬间被倒塌的石板压埋。

解放军、武警部队部分单位抢救金融资产情况，见表14。

部分单位抢救金融资产情况一览表

表 14

时　间	抢救单位	抢救地点	参加抢险人员数量	类　别	数　量
5月13日	武警广安市支队	平武县平通镇农村信用社	30人	现　金	50万元
				存折票据	70万元
5月15—16日	71781部队	汶川县映秀镇农业银行、建设银行、农村信用社	180人	现　金	32万余元
				银行存折（卡）	92张
				承兑汇票	12张
				支　票	32张
				金　表	1块
				银　佛	1尊
				手　镯	1个
				账　簿	500多册
5月17日	武警雅安市支队	汶川县映秀镇农业银行	100人	现　金	3万元
				保险柜	5个
5月19日	武警广元市支队	青川县沙州镇信用社	20人	现　金	120万元
5月18日	77293部队	平武县石坎子农村信用合作社、平武锰业集团	—	现　金	43万元

二　抢救转移物资设备

抢救东汽资产　地震导致与震中汶川仅一山之隔、直线距离只有30公里的东汽汉旺总部遭受毁灭性破坏。顷刻之间，东汽辖区500余人不幸遇难，1000余人受伤，众多职工因住宅损毁而顿失家园，全厂建筑或彻底倒塌，或成为危房；2200余台设备受到严重破坏，其中关键设备861台，主机一分厂、叶片分厂、焊接分厂、铸造公司、装备技术公司、装备资源处等多处厂房几乎被夷为平地。震后，东汽领导班子在最短的时间内成立抗震救灾指挥部，在开展现场施救、转移安置职工的同时，积极组织抢救设备，转运产品。生死关头，广大职工用鲜血和生命保护国家财产。

面对余震和危楼垮塌的危险，东汽干部、职工冒着生命危险，一次次冲进废墟把能够抢救出来的各种技术装备、成品、半成品、在制品、原材料等重要物资救出。抢救设备的过程异常艰险复杂，首先要对设备受损和排危情况进行全方位判断。抢出的设备主体在搬迁前不仅要拆除配电箱、控制柜和电缆线圈，还要对不能满足运输条件的大小部件进行拆卸，原来都是用升降机搬运的设备此时却要用滚珠轴移动拖出，从而使所有设备的搬迁抢运过程格外艰难。在金工分厂一个坍塌的厂房，工人们设法抢救出一台数控龙门铣，它的体积大得无法通过车间大门，工人们用挖掘机在厂房墙上开出一个门，将这个庞然大物安全无恙地转运到安全地带。焊接分厂的厂房屋顶已经全部垮塌，设备、产品和在制品数量很多，搜寻的任务和难度很大。职工们正在紧张忙碌的时候，多次余震发生，头顶上的混凝土楼板和砖头瓦块纷纷坠落，稍不注意就有可能被砸伤、砸死。在异常艰险的情况下，许多设备、零件、产品，硬是被成功抢运出来。青年工人赵强一直参与抢救物资工作，他说："只要是有用的东西，我们都搬出来了。毕竟能多搬出一件，就意味着工厂少损失一点。"（参见图 141）

图141 5月22日，东汽积极组织力量抢救各种设备，尽可能地挽回经济损失，为恢复生产做准备
（国资委 提供）

5 月 14 日，78098 部队 500 余名官兵全力投入东汽灾情最重的叶片分厂、焊接分厂、主机一分厂和家属区的营救工作。在余震不断、残存建筑摇摇欲坠的险情下，官兵们不畏艰险、不怕流血，轻伤不下火线，日夜奋战在抢险救灾的最前沿。17 日，三大队官兵临危受命，担负起警戒巡逻任务。在厂区和技校 1730 余亩的区域，在家属区、医院等超过 100 栋楼房的废墟中，187 名官兵分散在 16 个警戒点上，24 小时不间断地警戒巡逻，保护着群众生命财产和国家资产的安全。

叶片分厂有色金属仓库里存放着价值超过 20 亿元的贵重金属，一块砖头大小的金属锭就值五六千元。5 月 28 日 23 时 40 分，夜空突然电闪雷鸣、风雨交加。三大队大队长冯建新刚刚结束例行的执勤检查准备返回，仓库保管员顶着风雨跑来求援：仓库里一部分包装箱已经损坏，这些原料一旦进水损失无法估量。冯建新听后立即跳下车，带领刚刚巡逻归来的 10 名官兵冒雨向有色金属仓库冲去。官兵们脱下雨衣盖在破损的包装箱上面，爬在箱体上用身体紧紧压住雨衣，保护着贵重金属原料，直到仓库保管员找来足量的雨布。大家忙到次日 4 时，才把所有破损的包装箱包裹好。

焊接分厂的一台进口大型精密焊接设备被坍塌的楼板和墙体压在下面。此种焊接设备全国仅有一台，一旦损坏，修复调试需一年时间，即便重新订购也得一年时间。78098 部队学兵 11 队受领任务后，教导员文胜带领学员赶到现场与焊接车间工作人员商量制订抢救方案，迅即开始作业。为防止搬运杂物造成震动损坏设备，官兵们不用大锤砸，找来切割机，耐心地把每一根10米长的横梁切割成4段，三五人一组轻轻地抬出废墟。“看到了，看到了！”墨绿色的焊接设备外壳一露出来，官兵们激动地欢呼雀跃。两个多小时的清理作业中，官兵自始至终没有让混凝土楼板与焊接机发生碰撞，安全地把大型精密焊接设备挖掘抢救出来。

东汽焊接分厂储运中心组织人员进入破损的厂房内清点在库产品，用叉车将能转移的箱件和产品送至安全地点进行修复、包装，并积极联系承运单位配备车辆，于5月23日发出灾后公司的第一车箱件，确保急件在第一时间送到用户手中。从22日开始，在救援队与职工们的共同努力下，储运中心先后抢救出供应部高锰11吨、中锰6吨、硅铁12吨、微铬25吨、硅钙合金2.4吨、铬矿砂30吨、不锈钢焊条13吨、中性捣打料6吨、增碳剂2吨、除化剂8吨、涂料7吨、清渣砂1吨、铜板6吨、镍板1吨等贵重物资，为公司挽回经济损失400余万元。

5月24日，当得知东汽汉旺基地即将出厂的8台汽轮机组受损严重，急需从严重倒塌的主机一分厂废墟里抢挖部分零件用于修补机组时，95964部队“红三连”一排代理排长李振伟主动请缨。他冒着强余震，第一个冲进危险重重的主机一分厂，带领官兵扒开废墟，抢挖急需的汽轮机零部件和核心技术资料。瓦砾中，战士们用手搬动着巨大的混凝土块，天上的雨水、头上的汗水、手上的血水混成一片。经过3小时奋战，李振伟和战友们挖掘出零部件，确保东汽灾后组装的首批汽轮机组及时顺利下线出厂。在与东汽人携手抗震救灾的37个昼夜里，“红三连”官兵共抢救、运送各类核心技术资料上百万册、生产物资1238吨、零部件920余吨、汽轮机组26台。

6月11日始，95964部队“红三连”和通信连160名官兵，由政委杨长青带队，连续奋战10天，协助东汽产品试验室转运国家973项目、全国唯一全尺寸实物滑动轴承实验台以及核心技术油系统、风洞、环形叶片、测针校正实验台等尖端试验设备，清理搬运各类机械零部件40吨，协助主机一分厂完成所有完好机床的搬运任务，挖掘转运所有仓库中的机器设备，清理一座办公大楼内的文件资料和贵重物品，转运焊接车间的设备，清理搬运各类加工设备30余车。据专家估算，救援部队挖掘抢运的设备和物资价值几十亿元。

由于全厂职工和救援官兵奋力抢救转运各种设备、原料，地震后不到两个月，东汽各分厂先后在德阳、成都等地租借厂房，恢复了生产。

紧急转运工厂飞机发动机　5月12日19时50分，5719工厂向成都军区空军装备部紧急求援，称接彭州市政府通知，工厂驻地上游西河水库将紧急泄洪，厂内存放的阿勒—31F飞机发动机及贵重生产设备受到严重威胁，由于工厂人员运力不足，在有限时间内难以完成转移任务，请求紧急支援。装备部部长常远迅即决定从军区空军航空中心修理厂、空军成都军械修理厂、新津专用车辆技术保障队和某工厂抽调人员、车辆、装备组成转运分队，赶往5719工厂救援。12日24时至13日1时50分，各救援单位共出动19辆大型运输车、3辆吊车和65名官兵、职工先后抵达5719工厂，冒着大雨和余震展开转运工作。13日8时30分，第一批24台飞机发动机被转运到安全地带。至18日6时30分，共转运各型飞机发动机334台，价值29.6亿元。

抢救部队机要密码设备　5月13日下午，63820部队机要处处长秦建军报经上级批准，率参谋张椿冒雨赶赴63839部队实施密码设备抢救任务。当时，该部办公楼三层以上均已坍塌，剩余部分墙体损毁严重，因连降大雨和频繁发生余震，整栋楼随时可能倒塌。在对办公楼损毁情况实地勘察后，秦建军制订了“5分钟内完成任务，进楼人员少而精，必须顺着墙根走”的快进快出抢救转移密码设备方案，经请示领导同意后，即付诸实施。秦建军、张椿和63839部队机要参谋何田3人进楼后，抓紧时间开始拆卸密码设备。拆卸中突然发生余震，脚下楼板晃动，上面天花板不断往下掉灰渣，3人紧急撤离。撤离过程中秦建军不慎摔倒，手脚几处受伤，他咬紧牙关，忍着伤痛，和两位战友利用余震未发生间隙抢救出部分密码设备。由于天黑后无法作业，秦建军决定第二天继续实施抢救。14日，秦建军带领参谋牟令赶赴63839部队、63837部队、63831部队、63833部队，抢救转移出所有密码设备。

挖掘平武县南坝粮站被埋粮油 5月14日13时，四川省陆军预备役高射炮兵师3团双37高炮营60名官兵赶到已全部垮塌的平武县南坝镇粮站救援。进出粮站的道路已被堵死，粮站老式仓库全部倒塌，库存25吨袋装大米、面条、面粉和桶装食用油被埋压在废墟下面。官兵们找来仓库建房使用的木料，在废墟上搭建一个宽20余厘米、长约50米的梯形通道，用徒手作业的办法转移埋在废墟下面的粮油。60名官兵经过一个多小时的挖掘，在被废墟压埋的仓库上方清理出一个近3平方米大的洞口，15名官兵分成3组，轮流通过梯形通道进入洞内，将粮食一袋一袋地搬到洞口，再用接力传递方式转运到安全地点。15时10分，25吨粮油全部被抢运出来。

抢运青川医疗设备 地震发生后，青川县城里被抢救出来的幸存者不断被送往青川县第一小学临时医疗救护所，对氧气的需求量急剧加大。5月17日，南充市顺庆区赴青川县救援的10名民兵突击队员闻讯，不顾余震威胁，进入倒塌的县人民医院病房内，从一层搜寻到四层，从废墟中刨出5个氧气瓶，一步一挪地从楼上运到楼下，然后送到医疗救护所。

5月21日13时10分，受命在青川县人民医院门诊大楼抢运医疗设备的顺庆区14名应急队员分为3个组，一组抢运药品，一组抢运轻型设备，一组抢运重型设备。受地震影响，每层楼的墙壁都有多条较宽裂缝，二、三层墙体破裂，坠落的天花板和碎砖块堆满楼道。队员们冒着余震和大楼随时可能垮塌的危险进入楼里。在医生引导下，把药房货架上、柜子里的药品分类放入纸箱中，轻轻地抬出来。七八名队员每人抱一台电脑、4名队员抬起一台血液冷藏箱，一步一挪，搬运出大楼；2名队员将价值20余万元的电子胃镜和全自动B超分析仪抬出。队员们找来平板车、手推车将12个大类、40余个小类价值163万余元的医疗设备，全部转运到人民医院临时医疗点。

加固安县储备粮库 5月18日9时，厦门市抗震抢险救援队受命开赴安县灾区执行救援任务。根据分工，武警福建省总队机关和福州救援部队开赴安县塔水镇、厦门救援部队开赴安县河清镇进行救援。13时30分，福州救援部队到达塔水镇，即投入到当地省级粮食储备库的救援工作中。粮食储备库占地2万余平方米，共有粮食仓库28个，粮食储备总量达到10万多吨，受灾期间主要负责绵阳及周边地区救灾一线的粮食供给。由于发生多次余震，粮库墙体出现裂缝，粮仓顶上的瓦片大面积滑落，堵塞运输通道，使整个粮库救灾工作无法展开。经过官兵们近10小时的不懈努力，一个能满足全县受灾群众和十几万名救援部队官兵粮食供应的大型储备库全面恢复使用。此次救援，共保住5万余吨粮食免遭雨水侵袭。

挖掘通济镇职工医院被埋药品 彭州市通济镇宏元矿业集团有限公司下属职工医院在地震中部分房屋坍塌，价值百万元的药品全部被埋。医院收治的20余名伤病员被转移到附近临时救治点，但治疗所需的一些专用药品被埋在药房废墟下，部分伤病员必须在3个小时内予以救治，情况十分紧急。6月15日，71897部队通信营受领救援任务后，出动50名官兵，分乘两辆卡车赶到现场。按照医院意见，为了及时救治伤病员，主要以抢救应急类药品为主。救援部队据此采取两套方案同步实施，即救援官兵徒步进场、单兵进入、人工搬运，实施药品抢运；地方人员由医院组织，与上级政府以及红十字会联系，及时协调药品调拨，确保伤病员能够得到及时治疗，保证他们的生命安全。（参见图142）

图142 6月15日，71897部队通信营在彭州抢救专用药品
（济南军区 提供）

6月15日8时31分，救援行动开始。通信营2名干部、3名士官组成先遣组进入场地，在废墟四周寻找可以通往药房的缺口。同时，组织40人的清理组，负责清理四周的废墟和砖石，开辟搬运药品道路。专门安排5个人组成警戒组，负责观察房屋安全、报告震情、警戒车辆。先遣组经过仔细勘察，在废墟中找到可以进入药房的缝隙，但开口上方即为残存墙体，随时可能塌落。救援部队找来大口径管钳，剪断互相缠绕的电线，清理组10个人使用长木棒，合力从外侧向内侧推倒位于药房顶上的残存墙体，消除隐患。先遣组使用钢钎、铁锹，采用撬、顶、凿等办法，将缺口直径扩大至约80厘米宽，由一名干部先进入里面勘查情况，并使用两具千斤顶将废墟内主要承重楼板顶住，防止坍塌，然后清点残存药物，寻找急救药品。清理组人员在废墟旁边挖出两条通道，分两组轮流进入，在开口处采用交互接力的办法搬运药品。官兵们奋战一个多小时，抢救搬运出被埋的420类药品共1.03万余件，缓解救治伤病员的燃眉之急。

保护平武县抗震救灾粮油 6月27日零时20分，一场暴雨袭击四川省西北大部。71426部队抗震救灾指挥所值班室接到平武县抗震救灾军地联合指挥部紧急求援电话：平武县抗震救灾捐赠处的防雨棚漏雨严重，请求部队援助。该县抗震救灾捐赠处囤积1万余吨粮油，一旦被雨水淋湿受损，将直接影响受灾群众的食品供给。部队长杨文耀、政委魏世春紧急抽调120名官兵，组成3个突击队，冒雨迅速赶往现场，全力以赴展开抢险作业。杨文耀、魏世春在现场组织指挥。一分队紧急排除棚内积水，二分队全力转运物资，三分队迅速修缮和搭建防雨棚。经过两个多小时奋战，抢修加固好500余平方米的防雨棚，棚内存放的1万余吨救灾粮油完好无损。

三　抢救档案资料

抢救东汽档案资料　东汽在地震中除造成大量人员伤亡以及价值上百亿元的经济损失外，还有涉及机密的重要技术资料被埋在废墟下，也有许多重要技术资料处于危楼中尚未转移。这些技术资料不仅是东汽40多年的基业，更涉及国家汽轮机生产领域保密安全。

5月18日9时20分，湖北省公安消防总队抗震抢险救援队接到公安部抗震救灾前线指挥部紧急命令，总队副政委王稳国带领150名官兵迅速前往位于绵竹市汉旺镇的东汽汉旺基地，抢救科技档案馆中存放的重要档案资料。救援部队到达现场后，发现科技档案馆办公楼的三、四层已被震塌，存放有该基地重要档案的二层楼板严重移位，墙体开裂，稍有震动即可能引发一、二层坍塌。根据地震专家建议，官兵们用水浸湿报纸，贴在墙体的裂缝上，由3名战士负责观察，一旦报纸出现裂纹，马上通知救援人员撤离。王稳国又将救援人员分成3个组，采取“外围警戒、接力传送、轮流作业”的方法抢救、搬运资料。9时30分，武汉市消防支队王东升、张立、陈国锋，孝感市支队吴行民、向鹏飞，黄石市支队郭海龙、余复军等人轮流进入室内组织搬运档案资料。经过5个多小时的紧张搬运，3万多卷重要档案资料全部被安全转移。（参见图143）

图143　5月18日，湖北省消防总队抗震抢险救援队在东汽转移重要技术档案资料
（中国地震局　提供）

5月21日16时20分，东汽铸造分公司请求浙江省公安消防总队抗震抢险救援队抢救该公司的档案资料。副总队长曹瑞明受领任务后立即带领杭州市支队官兵前往救援，发现7层楼高的档案馆办公楼呈两端错开并向下倾斜状，二层的大梁已经断裂，一至三层的楼梯全部被毁坏，中间部分已全部坍塌，连接处呈斜线下降，墙体裂缝既粗又长，如果踩踏较重或遇上余震，随时都有可能再次发生坍塌。曹瑞明组织特勤人员先行勘查，4名战士用搭人梯的方式，艰难地从一层攀爬到六层，发现了分布在各个楼层内的数万卷档案资料和数台价值百万元的工程复印

机。曹瑞明根据4名战士汇报的情况，研究制订了抢救搬运方案。现场指挥员、绍兴市消防支队参谋长吴介月首先命令体重较轻的队员钱进只身进入大楼，其他队员拉紧救生绳帮助做好安全防护。钱进进入大楼后，将装有重要客户机密资料的第一台计算机主机和移动硬盘成功取出，接着又取出另外6台计算机主机。曹瑞明立刻组织指挥部召开紧急会议，部署全面抢救档案资料工作。

5月22日9时4分，杭州市消防支队和绍兴市消防支队将第一袋资料通过自制简易"输送带"成功转运到地面。6小时后，分散在各个楼层的9000袋资料全部被转移到安全地带。15时45分，第三批救援人员对办公楼六层的铁栅栏实施拆除。30分钟后，窗台上的铁栅栏被切割出5平方米大小的口子，救援人员将重达800公斤的工程复印机分解拆卸，装进事先焊接好的铁笼内，再用50吨型吊车吊起铁笼平稳转移到地面。19时20分，5台大型工程复印机被成功转运到安全地带。救援部队连续奋战27个小时，将3000万张机密图纸、1000万张各类产品底图、2000余盒各种档案资料、10多万卷珍贵档案、10多台储存绝密资料的计算机和4000万元票据、18箱机密压缩胶卷全部抢救转运到安全地带。

5月29日，东汽抗震救灾指挥部请求78098部队增派30名官兵帮助搬运办公大楼12楼里的工艺资料。抗震救灾以来，一直冲锋在前的78908部队机关党员突击队队长蒲瑞雪当即向领导傅世佩请缨，并与28名突击队员迅速商定抢救搬运方案。为防止余震造成危楼垮塌给配合行动的东汽技术员带来的危险，突击队要求只派一名技术人员随队进楼指导整理资料，分类装箱、搬运转移等工作全部由突击队完成。资料室里存放的资料全部散落在地板上，技术人员指导突击队员整理装箱。装完后，28名突击队员从底楼依次排列到12楼，每层楼梯上下各站一人，利用楼梯扶手滑运资料箱，接力传递，快速转运，直接在大楼门口装车。数万份工艺资料装满7辆载重5吨型大卡车，仅用了6个小时。

6月8日12时，四川省消防总队德阳市支队汉旺指挥部召开会议，确定将在东汽汉旺基地的救援重点由抢救被困人员转向抢救转移贵重物资。支队制订物资抢救转移方案，集结德阳特勤、直属、广汉3个消防中队20余名官兵，深入东汽汉旺基地生产区、家属区垮塌现场搜寻贵重物资。截至8月20日，救援官兵将东汽汉旺基地的10万份重要档案资料、200台储存国家机密技术资料的计算机和贵重物资安全搬运转移。

东汽工具分厂资料室位于办公楼一层，存放着30余万份图纸，这是几代人智慧和汗水的结晶，没有这些图纸，分厂的生产恢复就无从谈起。地震使工具分厂办公楼成了危房，余震和泥石流随时可能使之彻底垮塌。技术部的员工一个个硬是冒着危险钻进废墟，凭着双手打开通道并抢救出全部图纸和技术资料，安全、迅速地转移到德阳分部。

工具分厂在震前已建立了综合信息管理系统，它是指挥分厂生产经营的中枢神经，数据一旦失去将给生产造成难以估量的损失。储藏管理所有数据的服务器也在办公楼上，若进去抢救搬运，要冒很大的风险。服务器整个是一个很大的箱体，搬运不仅需要大量人力，还要依靠必要的设备。青年职工黄旭等人凭着勇气和毅力，在同事的协助和大吊车的配合下，终于将服务器平稳地搬运出来，转移到安全地方。

地震发生后，东汽计算机处迅速成立专门转移汉旺基地计算机服务器、台式机、网络设备以及恢复生产所需的设计、工艺、管理、财务等重要数据的工作小组。他们认真策划，精心实施，组织职工冒着余震的危险从汉旺基地办公大楼里抢救出所有服务器、数据存储备份设备、外围设备和企业核心数据，确保了企业服务器数据信息百分之百的安全。震后半个月，恢复了包括产品质量、人力资源、资产财务、经营管理等信息网络平台的应用，保证了办公和恢复生产的需要。

抢救都江堰市档案资料 震后，都江堰市档案馆办公楼已成危楼，档案陈列室等处重点档案和重点资料的安全受到严重威胁。5月22日8时，77108部队副部队长何云、营长杨平、连长徐万奎带领全连官兵赶赴都江堰市档案馆。灾后的档案馆院内遍地瓦砾，办公楼外墙出现多处“X”形裂痕，立柱有明显断痕，楼梯断裂，扶手变形，钢筋混凝土楼板横挡在走廊中。成都市档案局副局长赵建强、都江堰市档案局局长徐良友与救援部队领导仔细勘查现场后，商定了抢救办法，决定从竖在楼外的竹梯攀上各楼层窗户，进入室内用编织袋将重点档案资料、存储重要档案数据的计算机、存储设备等包装好，一袋一袋通过窗户吊运到楼下。

经7个多小时连续奋战，共抢救出档案3万余份、涉密计算机12台。战士鲁忠明还清理出一个装有20余万元现金的包裹，一并交给徐良友。

抢救部队科研档案 5月14日19时，63820部队档案室得知63839部队档案库房坍塌，另外3个单位除一个档案库房完好之外，其余均受损严重，档案急需转移。20日，63820部队司令部办公室通知63833部队、63837部队、63839部队做好向备用库房转移档案的准备工作。

5月23日，63839部队开始组织抢救506室科技档案和科技文件资料。由33名科技干部组成的3支小分队，分别由副总工程师、计划科科长朱涛和506室副主任宁勇带队，奋战3天，抢救出绝密级资料25份、资料包7个，秘密级资料1.1万余份，蓝图44份，底图2521套、72153张，录像带79盒，照片11169幅，底片2487张，全部转移到63820部队备用档案库房存放。26日，63837部队406室副主任张弘光带领全室人员，历时20余天，装载11卡车，搬运出150多个档案柜，抢救和转移档案资料3万余份、书籍资料17万册、晒制图纸2.5万份。7月3日，63833部队207室主任马护生带领人员，抢搬出200余个铁皮柜，共计3万余册科技档案和资料。截至7月30日，63820部队圆满完成全部档案资料抢救转移工作。

抢运汉旺镇信用合作社金融档案 5月25日9时30分，绵竹市汉旺镇信用合作社向95942部队求助称，位于该镇集贤路293号的农村信用合作社主社营业厅、迎宾分社营业厅、广场分社办公楼在地震中损毁严重，很多凭证、账本、档案等重要业务资料被埋，请求部队援助。10时，95942部队侦察营武装侦察连接到救援命令后，立即挑选35名官兵组成救援小分队，赶赴汉旺镇执行抢险救援任务。

5月25日10时30分，救援部队到达汉旺镇集贤路信用合作社主社。营长崔增杰、连长岳邦建对楼体仔细观察后，决定先由岳邦建带领班长何天明、战士耿世杰和徐鹏3人进入危楼内摸清具体情况，对4处可能坍塌的地方用钢钎、木桩等进行支撑加固。随后，排长金宁静带领由班长崔志力等7人组成的破障组，携带撬杠、铁锤等工具进入楼内作业。他们首先撬开一层营业大厅铁门，在信用合作社主任的带领下，对营业厅办公区域进行搜寻清理，清理出计算机、打印机、验钞机、桌椅、办公用品130余件，公章印鉴26枚，以及地震发生前遗留在办公区域未及整理的存折、票据、凭证若干。

在寻找2楼、3楼防盗门钥匙未果的情况下，经信用合作社领导同意，岳邦建决定强行破门进入2楼、3楼。为安全起见，岳邦建命令破障组撤出营业大楼，只留下岳邦建、崔志力和信用合作社出纳员3人。岳邦建与崔志力砸开铁门，与出纳员一起进入2楼库房，只见遍地都是空白票据、凭证。整理归类后，将36箱空白票据与凭证搬运到一层，迅速转运出信用合作社。之后，他们用撬杠和铁锤砸开光线昏暗的库房套间门，岳邦建进去将保险箱、文件柜里的空白支票和30张VIP信用卡转运出来交给信用合作社出纳员。接着，岳邦建带领人员又进入3楼档案室，清理搬运出1954年以来信用合作社存放的金融档案资料。

与此同时，副连长洪光胜带领耿鹏及2排15人在迎宾分社出纳员带领下，清理搬运出迎宾分社账本、凭证60余万册。13时30分，两处救援人员在广场分社会合，共同清理搬运出广场分社档案室里的档案、资料、凭证20余万册。14时5分，经历3小时危险而紧张的抢救搬运，救援部队共清理出金融凭证198.55万册、账本47.45万册、档案13.95万册。

抢救羌族历史文化档案资料 位于北川羌族自治县县委办公楼内的县档案馆存放的档案资料全部被埋在废墟之下。北川是中国唯一的一个羌族自治县，县档案馆内保存着自20世纪30年代以来的所有档案资料，共8万余件，其中大量图片、史料以及民国时期的珍贵文件被誉为记录和反映羌族人民历史文化的“活化石”。

7月2日，77283部队受命抢救北川羌族自治县档案馆内被埋的档案资料。部队长曲新勇、政委高伟两次率领相关人员到倒塌的档案馆现场实地勘察，研究挖掘抢救方案，与北川档案馆专家们一道，绘制出县委办公楼平面图、档案分布示意图，并在现场详细分析档案馆建筑结构和楼层倒塌受损情况，标定档案库区位置，制订挖掘抢救工作实施方案。

7月3日，77289部队工兵连和77283部队工兵营抽调300人组成突击队，配属4台大型工程机械、8辆运输车和便携式多功能钳、液压顶杆、内燃切割机、空压机等破拆专业工具，开赴北川档案馆救援。4日晨，车队载着人员和器材，在塌方巨石、断裂路面之间缓慢行驶，大约30分钟后，到达北川县城。指挥组查看灾情、分析险情，确定“重型机械破外壳、专业工具断钢筋、锹挖手刨清碎物”的作业方法，官兵迅速展开作业。77283部队副部队长刘黔生首先指挥挖掘机进入废墟，先是用液压挖掘臂向钢筋混凝土楼板实施连续砸击，之后，改用“切敲并举、化整为零”的办法，先使用切割机在钢筋混凝土楼板上切开几道缝，再用挖掘机液压挖掘臂敲打砸击。为防止挖掘机作业对被埋档案造成破坏，四川省档案系统专家组成员深入废墟，密切监视作业情况，指导调整作业方案。经过一个多小时连续作业，坚固的钢筋混凝土楼板终于被砸裂破碎。楼板破碎后的混凝土块很快被清理，但纵横交错、直径约1厘米粗的网状钢筋未被剪断，现场指挥员调集专业操作手携带破拆工具进入作业区域剪切。经过两个多小时的艰苦奋战，1号库区被打开。档案局专家和官兵们小心翼翼地用双手刨开压在档案上的混凝土块，一份份珍贵档案不断被清理出来。面对那些珍贵的档案资料，档案系统的专家们激动不已。

在档案局专家组的指导下，官兵们把清理出来的档案按照年代顺序、受损程度、存放级别进行分类、封装、编号、登记、装载。7 月 4 日 11 时，作业区气温 35 摄氏度，钢筋混凝土楼板温度高达 40 摄氏度，天气异常闷热，库区内不断散发出的刺鼻气味令人作呕。官兵们头顶烈日，汗流浃背，但仍坚持作业。15 时 20 分，闷热的天空突然下起了小雨。官兵们迅速用准备好的防雨布，把打开顶盖的库区盖上，用自己的雨衣包裹着挖掘出来的档案资料，快速传送到档案编号点装袋、编号。夜幕降临时雨还未停，由于 1 号库区顶盖楼板被砸开，如果停工回撤，没有清理完的档案就会被雨水淋湿，珍贵的资料将遭受损失。部队长、政委商量后，果断下达命令：克服困难，继续作业。官兵们迅速架设起应急照明灯，启动发电机，冒雨坚持作业。23 时 30 分，1 号库区档案挖掘工作全部完成。

指挥组认真总结第一天挖掘经验，调整部署，加强力量，于第二天将 2 号库区、3 号库区相继打开。经过 27 小时连续作业，官兵与四川省档案系统的专家们共挖掘抢救出档案资料 7 万余份，分装成 733 袋，按照军地协同押送、地方逐件登记、双方签字负责的办法，迅速把抢救挖掘出来的档案资料运往绵阳市档案局。（参见图 144）

抢救北川羌族自治县机要文件　北川羌族自治县政府办公楼二层机要局里 2 台机要密码机、

图 144　7 月 5 日，77283 部队官兵与北川羌族自治县档案局工作人员在县档案局废墟中清理档案资料（绵阳市委宣传部　提供）

3张存储着许多国家核心机密文件的机要密码卡，以及存放的所有机要文件全部被埋。7月4日11时，77283部队工兵营奉命挖掘抢救这些机密文件和设备。11时10分，工兵营教导员杨覆林和机要局领导一起赶到现场勘察，分析楼房结构，画出作业草图，商定挖掘方案，救援部队随即开始抢救作业。

由于楼房严重移位，难以快速找到机要文件库的准确位置，致使无法使用机械挖掘，官兵们只能使用大锤、铁锹和钢钎一点一点地探寻。楼板硬，钢筋多，挖掘特别困难。经过2个多小时的艰苦努力，终于在4楼顶部挖开一个小洞口。鉴于作业场地狭小，杨覆林将救援部队分为3个班次，3人一组轮流作业。官兵们用铁锤敲碎混凝土，用液压钳剪断钢筋，用手慢慢刨出碎石，不断将洞口扩大。又经过4个多小时的作业，终于砸开一个突破口。指导员王元龙带领班长刀俊昌立即钻进洞里搜寻，结果发现不是机要室所在位置。机要局工作人员又根据方位，从不同角度反复勘察判断，确定了机要局办公室位置。后因夜幕降临无法作业，部队撤回。

7月5日8时5分，救援部队继续寻找机要局办公室。至12时，随着洞口逐步扩大和废渣不断被清运走，确定了密码机和存放机要卡的大概位置。13时30分，刚组织部队抢救完档案资料的副参谋长王云龙不顾疲劳，立即调动机械协助挖掘。14时20分，机械在坍塌的3楼顶挖开一个大缺口，确定了机要库位置。就在此时，挖掘机挖到两根大梁重叠的地方。如果避开挖，可能会挖坏密码柜；如果继续挖，会损坏挖掘机械。为确保密码设备安全，王云龙决定继续往下挖。经过3个多小时不懈努力，解决了挖掘大梁问题。18时，挖掘工作取得重大突破，4个铁皮柜里的机要文件和一张机要密码卡被清理出来。震后，走廊和机要室之间的横梁垮塌，把机要室一分为二，机要盒和两张机要卡放在另一边，需要从另一侧重新开挖。王云龙决定挖掘工作继续进行。20时，曾洪永、杨从富、杨荣军、罗翔飞4名党员顺着挖开的缺口，打着手电筒钻进楼内找到机要室。由于楼顶部分坍塌，要在移位倒塌的办公室里确定机要盒的准确位置相当困难，加上室内空间狭小，空气不流通，埋在废墟里的遗体腐臭味不时飘过来，令人窒息。21时10分，曾洪永突然高兴地喊道："找到了，找到了！"22时11分，4名党员用双手从废墟中将机要库内的2台机要密码机、1部传真机和其余两张机要密码卡刨了出来。

转运汶川县档案资料 地震发生后，汶川县档案局办公楼受损成为危楼，办公楼六层存放着自1964年以来形成的810袋共4万余卷（册）档案急需转移。7月6日，第一责任区汶理任务区指挥长、71521部队副部队长李晓星就汶川县档案局紧急转移档案资料一事主持召开协调会。71282部队副部队长闫玉川、71117部队参谋长张兆宁、汶川县政法委书记罗尔基木、汶川县档案局局长董加敏参加会议。会议研究决定，由71117部队派出兵力，协助汶川县档案局完成档案资料抢救转运任务。受领任务后，71117部队临时党委迅速召开任务部署会，根据抢救转运档案任务的特殊性，精心挑选80名官兵，配属1辆指挥车、6辆运输车，由张兆宁指挥，紧急抢救转运汶川县档案局档案资料。

7月6日，张兆宁会同董加敏对汶川县档案局办公楼内危房进行实地勘察，制订抢救转运方案。7日，救援部队抵达档案局。张兆宁率先进入危房中，组织官兵们有序搬运。约2吨多的档案资料，官兵们仅用80分钟就突击搬运、分类装车完毕。官兵们把自己防雨用的雨布铺垫在车厢里，再把另一部分雨布盖在档案资料上面，确保档案在转移过程中不受雨淋、防止被塌方滚落的碎石砸坏。档案转运车队从汶川县出发前往州政府所在地马尔康，救援部队成立安全警戒组，携带轻武器武装押运，负责途中的警戒和巡逻。车队在翻越海拔3100米的鹧鸪山时，遭遇塌方，张兆宁派出观察组观察警戒，利用被塌方堵塞的道路空隙，指挥车队安全通过。档案转运车队历时5小时50分、行程247公里，抵达阿坝藏族羌族自治州档案局。由于档案数量大、种类繁多，官兵们连续奋战4小时，采取按类传递、逐一核对办法，把810袋4万余卷（册）珍贵档案资料，准确无误搬运到州档案馆相应库室，分门别类摆放整齐，账物相符，无一差错。

有关单位抢救档案资料情况，参见表15。

部分单位抢救档案资料情况一览表

表15

时　间	抢险单位	抢险地点	参加抢险人员数量	档案资料性质	抢救搬运数量
5月12日	77113部队	彭州市龙门山镇	50人	档案资料	17879份
5月12日	都江堰供电局	都江堰供电档案库	—	档案资料 重要文件	8894卷 2064份
5月12日	武警汉中市支队略阳县中队	略阳县政府档案室	10人	档案资料	1.5吨
5月12—15日	武警成都指挥学院	北川中学、茶厂等地	—	档案资料	1.2万份
5月13日	武警内江市支队	北川羌族自治县档案局	50人	档案资料	3000份
5月13—20日	成县、文县、两当县人武部	各县所属乡镇政府	120人	档案资料	6660册
5月15日	71781部队	中铁十三局和汶川县映秀镇政府、邮政局、派出所	300人	档案资料	50余袋 5368份
5月18日	武警乐山市支队	汶川县漩口镇阿坝铝厂	600人次	档案资料 合同票据	22.1万份
5月19日	96514部队	北川羌族自治县档案馆、机要室	—	档案资料 计算机	2万册 37台
5月25日	71702部队炮兵营	汶川县漩口镇阿坝铝厂	70人	涉密 技术档案	173份
5月25日	武警宜宾市支队第二大队	北　川	31人	重要文件	100余份
	陕西省地震灾害紧急救援队	北川县委组织部	—	档案资料	1万卷
6月7日	92051部队机械工程突击队 海军南海舰队工程指挥部	绵竹市档案局	80人	档案资料	1.6万卷
	陇南市档案局	陇南市档案局	13人	档案资料	14375卷

四　抢救保护文物

抢救都江堰二王庙文物　被列入联合国教科文组织“世界文化遗产名录”的四川省都江堰二王庙建筑群，是东汉时期为纪念蜀国望帝杜宇而建造的，到宋代已成为奉祀都江堰水利工程建造者李冰父子的道教宫观，清代重建时命为此名。受地震的影响，二王庙建筑群受损严重。5月20日，71566部队驻紫坪铺部队根据二王庙道观请求，副政委李正平带领80人前往二王庙抢救大殿文物。

二王庙昔日飞檐翘角、雕梁画栋的情景已不复存在，各种木制主体构件也散成一堆。道观文物存放在主殿二层的阁房内，由于大殿木质楼梯已坍塌损坏，无法直接通过楼梯向外转移文物。经与道观负责人商议，决定采用绳梯接力的办法，首先转移经书、字画等软质文物，然后转移青铜器、瓷器等器皿文物。救援人员分为3个组，一组深入殿内清理文物，二组在门口接应，三组在殿外包裹、保护文物。

5月20日14时35分，各组按照计划开始行动。第一组进入殿内，通过一个坡度约80度、长约10米，仅能容下半只脚的木质攀梯攀上二层。二层是清代所建的木质地板，不仅质地薄，且震后多处遭破坏，极易垮塌。官兵手脚并用，艰难爬到二层的阁房口。阁房内书柜东倒西歪，经书散落四处。据道长介绍，这些经书均为历代住持留下来的孤本珍贵文物资料。为防止经书在搬运过程中被损坏，官兵又爬到另一个阁房内，从废墟中扒出一个皮包，然后小心翼翼将经书整理好装进皮包内，再将装好的经书用事先准备的背包绳捆绑好，通过狭小天井口往下传送。二组、三组按程序接力将经书转运到殿外安全位置。17时30分，1200余件经书、字画、资料等被全部转移到安全地带。

5月21日，按计划组织转移道观大殿二层的瓷器和青铜器。由于瓷器、青铜器较重且易碎，很难搬运，李正平令装步营炮兵连准备4个木箱和背包绳、碎布块。8时20分，道观工作人员对如何搬运瓷器进行简要讲解后，带领一组人员沿着预定路线，进入存放瓷器和青铜器的阁房内。官兵们首先用背包绳将瓷器和青铜器包裹好、捆绑结实，中间用碎布块垫实隔开，再逐件装进木箱；然后两人一前一后抬着箱子，小心翼翼沿楼梯慢慢往下挪动。11时30分，救援部队将道观内所有文物全部搬运转移到安全地带，其中有国家二级以上文物30余件。

抢救绵竹吉祥寺文物 吉祥寺位于绵竹市汉旺镇新开村，占地7万平方米，始建于东汉初年。寺内藏经楼有从唐代保留至今的12部贝叶经典。观音殿内的千年观音菩萨像是用香樟木雕刻而成的，已有1800年历史，至今仍然香气袭人。地震中，古寺变成断壁残垣，文物被埋在废墟下。

5月17日，吉祥寺所在地方政府为保护废墟下文物的安全，请求空降兵部队援助。95963部队紧急出动，成立文物抢救领导小组，部队长张建云任组长，副政委甘友余、政治处主任曾辉任副组长，带领107火箭炮营120名官兵赶赴吉祥寺救援。救援部队抵达新开村后，张建云迅速联系吉祥寺方丈释智慧和汉旺镇政府负责人，共同商议制订救援方案。张建云和甘友余带领一个小组到寺内组织抢救佛门珍宝袈裟。袈裟存放地的围墙虽未倒塌，但多处出现裂缝，岌岌可危。甘友余指挥救援人员用粗大结实的木杆顶住危墙，防止坍塌；同时派出警戒员，负责观察周围情况，发现异常及时发出信号，确保救援人员安全；新老官兵搭配组合，3人一组，轮流在危墙下挖掘。一小时后，5件被埋文物被悉数从废墟中挖掘抢救出来。至18时左右，经过一天的搜救，95963部队完成抢救吉祥寺文物任务，共救出从清代传承下来的价值2700余万元的袈裟1件、唐代木雕观音菩萨像1尊、蓝田玉如意1个、佛像藏衣5件、禅杖1根、衣钵1个、保险柜 1 个。

抢救什邡海会堂文物　什邡市蓥华镇海会堂始建于明代，已有 500 多年历史，里面存放着大量佛门经典和佛家法器，地震使海会堂损毁严重。为保护佛教文化遗产，蓥华镇抗震救灾指挥部请求派 95985 部队官兵前往海会堂实施救援，并要求行动要听从海会堂住持大师的要求；严禁随意碰触佛像、佛门什物等；执行任务中谨言慎行，避免违讳佛门禁忌；一切物品要上交，严禁因为好奇而私藏佛门物品；听从指挥，树立军人良好形象。

5 月 23 日 7 时 50 分，41 名官兵急行军赶到海会堂。殿宇建筑倒塌，砖石、木料挤压在一起，佛身塑像被震倒，佛门什物都埋在废墟中。住持和 5 名大师在临时搭建的帐篷里避险，虔诚地守护着海会堂。连长刘国文向住持了解情况后，将倒塌的海会堂废墟划分为 3 个救援作业区域，决定以排为单位，在海会堂大师带领下清理被埋物品。为避免铁锹等工具损坏佛门器物，官兵们就用双手慢慢刨，一点一点轻轻地挖。经过近 8 个小时奋战，共清理木材 100 余立方米、碎石 90 余立方米，拆除危房 5 间，并在废墟中挖掘出佛门法器及大量书籍、被褥、衣物等，如数交给海会堂（见图 145）。

图 145　5 月 23 日，95985 部队某连连长刘国文向什邡市蓥华镇海会堂住持大师了解情况，带领官兵抢救文物

（空军　提供）

6 月 9 日、10 日，救援官兵赶到海会堂的分支花果山寺抢险搜救。该寺庙在地震中完全倒塌，到处是断木、碎石，连道路也被埋在废墟下。经过两天奋战，官兵们清理出道路 300 余米、碎石 200 余立方米、木材 300 余立方米。寺庙中一尊历史悠久的泥塑金身观音菩萨像受损，官兵做了力所能及的修缮；另一尊重达 250 多公斤的佛像在地震中歪倒，官兵想方设法将其复归原位。

抢救什邡佛光寺文物　位于什邡市红白镇柿子坪村的佛光寺始建于明景泰元年（1450 年）九

月十二日，是国家二级文物保护单位。寺内分设天王殿、观音殿、大佛殿、玉佛殿四重大殿，还有肉身殿、地藏殿和眼光殿。寺内共有房屋70余间，存放有国家珍贵文物“肉身金佛”1尊、佛身塑像70尊和其他文物。震后，四重大殿受损严重，有40余间房屋倒塌，死伤3人，住寺僧人大多数避难而去，仅剩3人留守。

6月20日7时21分，95982部队奉命对佛光寺文物进行清理和保护。1营受领任务后，命令各连立即携带铁锹、工兵锹、绳索、千斤顶等工具器材赶赴佛光寺救援。8时，营长梁开道根据现场情况明确了分工：1连从东侧入手，主要进行危险地段的拆除工作；2连一部分人员搭建帐篷，一部分人员担任观察员，负责全营施工人员安全；3连进入寺庙抢救文物，尽力保护文物完好无损；机炮连清理场地，搬运、整理文物。4个连队按照分工迅即开始作业（见图146）。

图146　6月20日，95982部队官兵在什邡市红白镇佛光寺清理抢救文物

（空军　提供）

什邡市连降暴雨，余震不断。梁开道命令2连连长李幼林带领15人组成观察警戒组，分别在寺庙各个位置观察警戒；1连连长鲁天金、3连连长马竞超和指导员陈大见带领部队进入破损的寺庙内，在专家指导下开始作业。官兵们在危房中清理文物，头顶上是随时可能掉落下来的碎石瓦片。每一尊佛像的搬运，每一本经书的清理，每一件文物的抢救，都需要轻拿轻放、小心谨慎，稍有不慎，即可能使珍贵文物再次受损、毁坏。经过8小时连续作业，清理危房29间，整理经书53本，搬运佛像17尊，清理废墟280平方米，搭建简易帐篷17顶，加固、修缮映空大师肉身殿1座，转移文物68件。

转运茂县羌族博物馆文物　茂县羌族博物馆内保存有从新石器时代到现代的大量珍贵遗迹、遗物和独特的羌民族民俗文物，是国家重点文物保护单位，馆藏文物有7519件，其中珍贵文物313件。地震使博物馆展厅、库房、办公楼等设施遭到严重破坏，保存文物的库房成为危房，接连不断的余震严重威胁着文物安全。为保护好羌民族历史文化遗产，茂县羌族博物馆与成都市文物考古研究所协商，拟将茂县羌族博物馆内珍藏的文物尽快转运至成都金沙遗址博物馆库房存放。

6月29日，茂县羌族博物馆通过茂县抗震救灾联合指挥部请求71998部队协助完成转运任务。受领任务后，在该部负责指导救灾工作的71811部队副部队长孙永富迅速召开军地有关人员参加的转运文物协调会，研究运输路线，预测装载、转运和卸载过程中可能遇到的各种情况。针对路途远、道路险、要求高、难度大和社情复杂等情况，部队党委又召开常委会，专题研究文物转运事宜，决心克服困难，保证转运工作万无一失。

7月4日3时30分，71998部队参谋长殷毅峰带领14名文物转运组人员和警侦连官兵，动用4辆运输车、1辆指挥车，由指挥所出发赶赴茂县羌族博物馆。抵达目的地后，救援官兵将文物抬上车箱，按照规定位置摆好、放稳、固定牢。6时整，全部文物装车完毕。6时10分，车队从博物馆出发，沿预定路线向成都开进。茂县民警和茂县羌族博物馆予以协助。

车队行至茂县太平乡时，殷毅峰与阿坝藏族羌族自治州交警和公安部门电话联系，请他们派员在危险路段给予引导指挥和安全警戒，以保证车队顺利通过松潘县藏族居民区。车队行进至雪宝顶一陡立路段时，突遇强余震，飞石滚动，尘土蔽日，能见度不足5米，殷毅峰立即命令车队停止前进。车辆尚未停稳，一块石头砸在指挥车驾驶室顶上，所幸没有造成人员伤亡。余震过后，车队用“拉大车距、快速通过”的办法，在观察员指挥下通过危险路段。

到达平武县时突降暴雨，车队行至一狭窄路段，与地方运输救灾物资的车队相遇。左边是悬崖峭壁，右边是湍急江水，只能单车通行。殷毅峰和地方车队协商，建立临时指挥组，指定专人负责观察和引导，统一协调指挥车辆通行。21时30分，经过15小时艰难行进，终于到达目的地，官兵立即卸载文物；经过两个多小时的卸载搬运，数千件羌族历史文物被安全转移到成都金沙遗址博物馆。

抢救安县飞鸣禅院文物　飞鸣禅院坐落于安县县城西南12公里的罗浮山山腰上，已有千年历史，是省级重点文物保护单位。5月22日9时9分，天津市公安消防总队抗震抢险救援队获悉，强地震导致飞鸣禅院房屋及文物受损，藏存的上千册经书受到余震和雨水的严重威胁。指挥部当即挑选10名队员组成救援队赶赴古刹救援。经过现场勘查，发现藏经殿共两层，典藏经书在2楼，共有8个藏书柜，其中一个被屋顶瓦片、房梁砸毁严重，经书散落，加之连续降雨，一些经书已被雨水淋湿。为防止进入殿内人员过多增加殿体负荷而引起坍塌，官兵们采取“人员少而精、快进快出抢救”的措施。在15分钟内，5名消防官兵出入大殿10余次，以最快速度抢运出千余册散落经书，将其余经书留在原地妥善保存。

抢救都江堰古泰安镇寺庙文物　都江堰市青城山为道教名山，青城山后山为佛教圣地。青城山古泰安镇位于青城山镇泰安村，为唐宋著名古镇、古驿道，自古即为成都平原通往大小金川的必经之路，因镇上有明代“四大丛林”泰安古刹而得名。震后，古镇建筑遭到严重破坏。5月21日14时，71566部队115名官兵前往古泰安镇抢救寺庙内文物。

救援部队经过现场勘察，决定首先清墟开路，之后转运文物，最后组织清渣。15时10分，突发余震，寺庙瓦砾碎石飞扬，殿内建筑多处倒塌，坦克2营营长胡迪家决定首先组织排险，用竹竿拔掉屋顶残留瓦片，用木杆推倒危墙，消除隐患，保证作业安全进行。殿内建筑坍塌后，许多房间无法进入。5月21—22日，坦克2营官兵肩扛手刨，全力清理废墟。23日上午，转移清理通道上的碎石瓦砾。救援部队领导与寺庙工作人员察看完房间内文物受损情况后，决定先抢救经书、字画，后搬运器皿，最后转移石雕佛像。官兵按照作业要求，把300余件瓷器、200余箱经书和字画搬运转移到安全地方。

5月24日，为确保寺内15尊大型石雕佛像（每尊佛像重500余公斤）搬运安全，救援部队领导专门从都江堰市文物局请来专家现场指导。在专家指导下，官兵进入寺内二殿，首先用棉被把石雕佛像通体包裹起来，防止碰磨损坏，再用绳子捆绑好、放倒平卧在地上。然后，在地面上每间隔一米放置一根圆木，再在圆木上面垫上木板，推着佛像向前慢慢滚动。经过官兵们的艰苦努力，古泰安镇寺庙内10尊唐代石雕佛像、4尊宋代石雕佛像和1尊用500年树龄乌木雕刻成的观音菩萨像被转移到安全地方。

转运都江堰市文物 6月2日14时，应都江堰市文物局请求，71566部队保卫股股长余幼林带领装步3连30名官兵赴都江堰市帮助转运文物。抵达救援现场后，将人员分为两组，分头到两个库室搬运。第一组搬运铁器、铜器文物和珍藏字画，这100余件文物全部收藏在一间隐秘的房子里；第二组搬运藏书，约3000册，放在2楼的一个库室内。余幼林令各组派出5名哨兵，分别负责库室、搬运沿线和文物堆放点的安全警戒，并协调文物局对文物搬运过程拍照、录像。15时30分，所有文物搬运装车完毕，余幼林再次与文物局领导对所搬运的文物核查无误后，逐箱贴上封条启运。至4日17时30分，救援部队将所有文物安全转运到成都金沙遗址博物馆。

抢救平武报恩寺文物 报恩寺位于平武县城，由明代龙州宣抚司世袭土官佥事王玺、王鉴父子奉圣旨主持修建，已有560余年历史，是全国目前保存完好的明朝宫殿式佛教寺院建筑群，1996年被列为全国重点文物保护单位。地震使寺院房屋坍塌，3500余件文物安全受到严重威胁。

5月27日4时47分，71366部队炮兵营教导员宋文武带领75名官兵赶往寺庙救援。救援部队到达现场后，发现寺庙屋顶开裂、墙壁坍塌。为避免损坏文物，官兵放弃工具用手刨，千斤重的石板一点点地挪，零散的碎石一块块地抠。经3小时奋战，将寺庙内47件重点文物、200本孤本经书和3547件物品全部挖掘清理，及时转移到安全地方。

抢救彭州领报修院文物 位于彭州市白鹿镇西北的古教堂领报修院，通称白鹿上书院或上书院，是一处法式天主教堂，始建于清光绪二十一年（1895年），是四川省重点文物保护单位。领报修院在地震中遭到严重破坏，部分房屋倒塌，近千份历史资料和百余件珍贵文物面临丢失损坏危险。5月23日，71897部队接到当地政府求援后，由副参谋长宋学照带领工化营50余名官兵立即赶到现场，一边加强警戒，一边在文物保护人员指导下，用双手一点一点地扒刨废墟，一片一片地搜寻文字资料，一件一件地挖掘清理文物。至26日11时，经过4天连续奋战，官兵抢救出历史资料1023份、珍贵文物109件、名贵建筑材料731件。

抢救理县嘉绒藏族民族博物馆文物 甘堡藏寨是理县甘堡乡的一个藏族村寨，至今约有2500年历史。6月4日，95786部队部队长张肇荣从甘堡乡党委书记黄晓渝处得知：在甘堡寨中，有一处守备官寨，为嘉绒藏族民族博物馆，馆内珍藏着有关嘉绒藏族文化历史的大量珍贵文物。震后，博物馆内的文物虽经工作人员全力抢救，但仍有部分重要文物被埋。经成都军区空军抗震救灾指挥部批准，张肇荣带领官兵奔赴官寨救援。救援部队刚刚开始挖掘作业，几名藏族妇女走过来，一个名叫阿格尔的妇女流着眼泪说："这里面的东西再宝贵也没有生命重要。我们不能让孩子们冒这么大的险！"官兵们听后十分感动。在博物馆工作人员引导下，经过数小时的挖掘、搜寻，在深达5米的废墟中，终于发现第一件文物，接着先后在废墟中挖掘搜寻到各类文物12件。当官兵们小心翼翼地捧着千手观音等文物走出废墟时，博物馆工作人员和藏族群众高声欢呼，虔诚地行拜宗教礼节。

转移文县文物　地震和多次余震导致文县文物保存库墙体裂缝，如遇强余震可能倒塌。库内存放着商朝到东汉时期的瓷器、陶器、铜器、碑铭等国家一、二、三级文物，地震中受损9件（陶器2件、瓷器7件）。5月31日，国家文物局副局长张柏专程赶到文县，查看文物库和文物受损情况，要求对文物进行转移、修复。6月2日，应地方政府请求，68222部队帮助抢救转移文县文物库中的文物。3日7时，在68202部队副部队长曹和先指挥下，炮兵营营长王永红组织实施抢救工作，由11名党员干部组成党员突击队，负责两件国家一级文物（东汉铜铣、明代铜观音）的转移。8时，官兵在文物保存库工作人员指导下，先对清理出的文物登记造册，再用绒毡将文物包裹好，然后装箱、加锁，最后贴封条、盖章，放进密码箱中，待所有文物装箱完毕，开始搬运转移。经过8个小时连续作业，救援部队共转移文物210件，其中有国家三级以上文物76件，无一丢失或损坏。

有关单位抢救保护文物情况，参见表16。

部分单位抢救保护文物情况一览表

表16

时　间	抢险单位	抢险地点	参加抢险人员数量	物品类别	数　量
5月20日	河南省消防总队抗震救援突击队第一、二梯队	合江县大王寺		经　书	460余卷
				法　器	70余件
5月27日	71521部队电子对抗营	青川县营盘乡法云寺		经　书	300余册
5月27日	71566部队	都江堰市蒲阳镇圆觉寺	50余人	经　书	2万余册
				佛　像	8尊
				古字画	320余幅
5月27日	71823部队	彭州市小鱼洞镇罗阳村古街	196人	文　物	400余件
				木质雕刻	118件
6月18日	71622部队装步2营	乐至县龙门禅寺大殿		法器、字画	126件
6月22日	71892部队警侦连	平武县平通镇桥坝村廻龙庵	60余人	佛　像	20余尊
7月1日	92051部队	绵竹市文物管理所	50人	文　物	1000余件
7月10日	海军南海舰队工程指挥部	绵竹市广化禅院		高6米、重7.8吨的千手观音塑像	1件

五 抢救抗震救灾物资

5月25日，平武县平南羌族乡华光村村民刘兵向71309部队装备处处长陈付全求援，称在华光村发生交通事故，一辆运输车滑入公路边的深沟内，请部队赶快去救援。陈付全立刻令3营营长张立武和教导员李振安集合人员赶往事故地点救援。

10时35分，陈付全带领救援部队到达现场。经了解得知，救灾物资运输车辆行至平南羌族乡北约6公里处，因山体滑坡，道路狭窄，与一辆摩托车会车时，不慎滑入约10米深的沟中，驾驶员和乘员生死不明。救援队决定先救人后救物。张立武给救援人员作了具体分工，再带领8名战士下到沟底救人；李振安组织其他人员从公路上面修一条通往沟底的简易通道，以便搬运物资。

救援官兵携带止血救护物品和救生器材下到沟底，发现驾驶员和乘员头部满是鲜血，车门损坏变形已经不能正常打开。张立武带领战士邱其奔、王国伟用钢钎将挡风玻璃撬开，发现俩人虽然昏迷但仍有呼吸。邱其奔匍匐着靠近驾驶室，试图挪动驾驶员，但方向盘卡住其胸部，无法移动。邱其奔和王国伟又撬开车门，其他救援人员将驾驶员、乘员从驾驶室内慢慢向外挪动、拖拉出来，卫生员马清华给两人作消毒和包扎处理后，由8名战士抬着两名伤员送往平通镇医疗救助站救治。张立武和李振安组织其他人员用接力传递的办法，将沟底运输车上的80袋大米、80袋面粉、120桶食用油、280箱方便面、100箱火腿肠、150箱饼干全部搬运到沟顶路边。

5月29日，茂县一辆运送救灾物资的大型卡车途中遭遇山体滑坡，司机头部受伤，被困在驾驶室内；车体失控侧滑，悬于岷江岸边。当天大雨滂沱且下个不停，车上送往灾区的药品若被雨水淋湿，就会损坏，茂县交通局请求71998部队前往救援。部队长牛斌接到救助电话后，立即带领直属队120名官兵在余震不断的情况下，携带救援器材，出动运输车4台，协调地方吊车2台，迅速赶到现场，实地勘察后编组分工，展开救援。经过两个多小时冒雨奋战，终于把遇险车辆拖到安全地带，随后将车上1200余箱救灾药品紧急转运到九峰制药厂，挽回经济损失120余万元。

6月12日下午，茂县县城地区狂风大作，一场大雨即将来临。城关粮站内刚卸下的200余吨救灾物资尚未搬进库房，全部堆放在院子里，面临大雨威胁。71998部队迅速组织230名官兵紧急前往救援。部队到达现场后分为两组，一组用防水雨布苫盖物资，另一组全力往库房内搬运物资，官兵们先把便于搬运的物品搬进库房，不便于搬运的就地用防水雨布苫盖保护。经过紧张的突击作业，赶在大雨来临之前完成任务，使4000余册课本、1600余箱药品、130余吨食品和日常生活用品免遭雨淋。

六 抢救保护珍稀动物

抢救保护大熊猫 位于汶川县西南部的卧龙自然保护区是国家最大的大熊猫保护区，区内拥有野生大熊猫150余只。卧龙中国保护大熊猫研究中心是圈养大熊猫数量最多的基地，有63只大熊猫，其中有预定于北京奥运会期间在北京向公众展出的8只大熊猫，还有计划赠送给台湾的“团团”“圆圆”。卧龙保护大熊猫研究中心距映秀镇只有8公里，四面环山，其中一面有一条河，饲养场的两排熊猫圈舍一排靠山、一排靠河。震后，四面山倒塌三面：左面倒塌的山石砸毁熊猫圈舍，右面倒塌的山石把通往研究中心大门的道路完全堵死，对面山上倒塌的山石把进山的道路阻断。

地震发生时，由于研究中心的主要领导出差未归，两名工程师负责抢险现场指挥。副总工程师黄炎带领男员工铺设起一条简易木板小路，迅速将12名外国游客和所有女员工护送出去，转移到安全地带，随即组织剩下的17名男员工展开抢救大熊猫行动。抢险队员们围成一个圈，把手叠在一起，科研人员老韩喊了一声“人在，熊猫在”，黄炎则说“人在，一切都在”，大家一起下定了决心。

地震发生时，成体和亚成体熊猫们正在圈外放风，圈舍倒塌基本没有造成熊猫伤亡，但突如其来的地震却使熊猫们受到严重惊吓。面对山体持续塌方，漫天尘埃飞扬，大熊猫们原地傻傻地待着，仰头望着天空。抢险队员们立即把大熊猫赶进临近河边的圈舍里避险。这些圈舍是平房，钢筋水泥浇铸，坚固结实，主震后没有出现裂缝，余震不会有什么危险，而且离山较远，大块石头滚落不到这边来，熊猫在里面相对比较安全。

在抢救成年大熊猫的同时，另外一批工作人员开始抢救位于熊猫幼儿园内的未成年熊猫。熊猫幼儿园内1岁多的14只大熊猫受到惊吓后爬到螺旋梯上，死活不肯下来。原本温顺可爱的熊猫幼仔，力气比平时大了一倍，4个爪子牢牢地抓住梯子，两个小伙子要费很大的力气才能拉开；有的熊猫幼仔由于惊吓过度，甩起爪子、张开嘴巴攻击帮助它们的工作人员。工作人员情急之中连提带抱，把它们往安全地方转移。

震后不久，工作人员就将14只熊猫幼仔全部转移到安全地方，随后又转移到卧龙保护区管理局前的广场上，安置在一个小木屋里。抢救工作持续一个多小时，绝大多数成年大熊猫被及时赶入圈舍，仅有6只熊猫在惊恐中失踪。地震当晚，研究中心工作人员在雨中抱着熊猫幼仔，轻声叫着它们的名字，不断抚摸着帮它们压惊。熊猫幼仔紧紧抓住工作人员的衣服，怎么都不肯松开。

美国《国际先驱论坛报》记者吉姆·亚德利在其撰写的题为《四川熊猫保护区的一场英勇救援》文章中记述道：地震发生当天，由12名美国游客组成的旅游团离开成都前往卧龙。当天下午两点多的时候，美国团正在保护区的熊猫饲养中心听讲解。此时，他们留意到周围的动物均出现相当奇怪的举动。本来在树丛里叽叽喳喳或在天空中盘旋的小鸟一下子消失无踪。周围一下子变得几近死静，熊猫看起来特别紧张不安。紧接着，地震发生了。来自西雅图的泰里·科普说：“对我来说，最吓人的是当时悬崖的顶端开始崩裂。所有的大石头都开始往下滚。保护区的工作人员人太好了。他们高声招呼我们躲到一些阻挡物下面。随后强烈的余震不断，陡峭的大山在轰隆声中崩塌，离饲养中心越来越近。”余震终于停止，保护区的人们很快意识到他们被困住。大石块把连接饲养中心和卧龙村道路的桥封堵，他们需要开一条新路。法国男子、3个美国人、一个导游和熊猫饲养员搭了一条新路。他们靠笼子、石块和梯子搭到桥上，然后一个接一个，小心翼翼地过了河。这条“路”晃晃悠悠，随时都有可能发生意外。当最后一个人过去后，工作人员急忙跑回原处救熊猫幼仔。他们把熊猫幼仔抱在怀里，慢慢地、一点一点地过河。所有13只（应为14只——编者注）熊猫幼仔都被救出来了。它们被放到一个小售票亭里。一名来自西雅图的游客卡皮托说：“它们都被救出来了，一个都没死。我简直无法相信。”游客之一的沃尔特·韦伯说：“这些饲养员可是冒着生命的危险啊。他们自身处境毫无安全可言。”

震后，卧龙大熊猫保护区通信和交通全部中断，与外界失去联系。5月16日上午，四川省林业厅厅长王平乘直升机抵达卧龙大熊猫保护区。通过卫星电话，传来大熊猫保护区的消息：卧龙大熊猫研究中心的圈舍损毁严重，14座完全损毁，18座严重损毁，但因为有围墙，绝大部分大熊猫目前安全。14只熊猫幼仔已被转移到平缓的安全地带，但暂住条件相对拥挤。目前余震不断，基地两面山体滑坡还没有停止，大熊猫的安全仍受到严重威胁。研究中心的工作人员不顾自身受到的严重灾害，坚守工作岗位，24小时值班，保护着大熊猫，并积极救助周边群众；卧龙紧缺大熊猫食用竹子、精粮和保护区职工应急避险所需的帐篷、药品、粮食和车辆燃油等。四川省林业厅抗震救灾指挥部得知这些情况后，立即组织人员，准备物资，带领运输车9辆，载着为大熊猫准备的鲜竹、竹笋、苹果、药品、消毒水以及为卧龙受灾群众准备的食品、纯净水等，在道路还未完全恢复的情况下，紧急从成都赶往卧龙救援。

与此同时，第三军医大学西南医院普外科副教授钱锋也被空运至卧龙大熊猫研究中心，给大熊猫进行医疗检查，为8个月大的受伤熊猫“小双”做手术，取出它在震后四处乱跑时扎进脚掌里的玻璃碴。手术后，钱锋每天两三次给“小双”复查、换药，“小双”每次看见他来，就像见到朋友一般亲热地围着他转。

5月16日下午，国家林业局派专车将9600瓶矿泉水、1.4万包方便面、2吨消毒水、若干棉衣、1500公斤竹子、1000公斤苹果、1050公斤鲜竹笋、55公斤窝窝头和一批大熊猫急救药品，绕道运往卧龙大熊猫研究中心。19日，四川省林业厅再次组织运送6车竹子到卧龙大熊猫研究中心。在研究中心员工们展开自救的同时，外界也十分关注卧龙大熊猫的安危。随着西线救援通道的打开，各界捐助的竹子、药品陆续送到，缓解了研究中心物资短缺的燃眉之急。

地震前的3月份，经过群众网上投票与专家评定，从卧龙大熊猫研究中心与北京动物园的众多大熊猫中，挑选出8只“幸运明星”为奥运熊猫。8只大熊猫分别是“翠翠”“朵朵”“美欣”“凤仪”“淘淘”“朗朗”“欢欢”“福娃”，雌雄各占一半，年龄1～2岁，形象漂亮，爱吃好动，活泼可爱。这8只大熊猫平时都圈养在一起，由于位置在较为空旷的地方，地震中未受伤。5月18日下午，有关方面决定将8只奥运熊猫运往成都。24日下午，南航紧急调用波音747—400全货机，采用专机运输、专业医生、专人护送的办法，免费将8只大熊猫从成都运送至北京，安置在北京动物园进行康复饲养。（参见图147）另一批从卧龙大熊猫研究中心转移出来的6只雌性大熊猫，经过10多个小时、200余公里的长途跋涉，于23日20时20分左右抵达雅安碧峰峡，在那里“安家落户”。

大熊猫每天需要进食10小时以上，日摄入10～18公斤竹子及竹叶。卧龙大熊猫研究中心内剩下几十只大熊猫，每天需要的口粮量相当大，震后熊猫面临食物危机。由于缺少竹子和苹果，熊猫幼仔只好跟着工作人员一起学着喝粥、吃馍馍。从5月23日开始，在当地政府的大力

图 147　5 月 24 日，成都双流机场装载 8 只奥运大熊猫运往北京

（中国民航局　提供）

支持下，卧龙大熊猫研究中心和另一个大熊猫保护区宝兴县商定，每天从宝兴县将新鲜竹子经小金县运送到卧龙。这条运输线虽然较长，且路况不好，但每天运送的竹子保障了研究中心大熊猫的“基本口粮”。

担负大熊猫基地警戒任务的武警四川森林总队卧龙中队自救脱险后，立即投入到抢救保护大熊猫的行动中。5 月 12 日 15 时 10 分，中队长谭四带领全中队 56 名官兵，高呼“与卧龙特区同在、与灾区人民同在、与大熊猫同在”的口号，兵分三路赶赴卧龙大熊猫研究中心、卧龙镇和耿达乡，协助有关单位抢救保护国宝大熊猫。

5 月 12 日 15 时 20 分，谭四率领 20 名官兵到达卧龙大熊猫研究中心，迅速协助工作人员将 14 只大熊猫幼仔转移到沙湾受灾群众安置点，派出 5 名战士担负警戒保护和喂食任务，另外派出 7 名战士 24 小时轮流守护滞留在园中的成年大熊猫。卧龙镇武装部闻讯，组织 40 名民兵赶到研究中心，协助抢救、转运大熊猫。

卧龙大熊猫研究中心熊猫苑的大门和圈舍严重损毁，“圆圆”“茜茜”等大熊猫因受地震惊吓逃出研究中心，窜入附近森林里。5 月 21 日，武警交通部队第一工程处第三中队奉命帮助修复圈舍，清扫馆舍，清除巨石、塌方，清理因地震停电而严重腐败的冷冻大熊猫研究用标本、样品、食品，搬运竹子、竹笋、药品等物资，担负大熊猫研究中心营门保卫任务，并积极配合研究中心寻找出逃的大熊猫。

5 月 25 日 16 时，三中队战士刘佳、邵成良发现失踪的大熊猫“茜茜”在工地旁的渔子溪对岸悬崖上，他俩立即赶回驻地报告。三中队集中 20 名官兵，出动 4 台大型机械协助研究中心实施营救。到达目的地后，卧龙大熊猫研究中心管理人员经过仔细辨认，确认这只大熊猫就是在地震中“不辞而别”的“茜茜”。官兵当即决定利用重庆高速公路发展有限公司成渝公司救援一队抗震救灾应急小分队队长刘昕驾驶的 50 吨型大吊车吊臂，把饲养员、麻醉师和几名突击队员吊运过河去实施营救。然而，等吊车准备就绪后，却发现吊臂不够长，只能把救援人员吊运到河中心上空。就在大家继续商量对策时，“茜茜”又钻入了河对岸的丛林中。此时，天色已晚，营救工作被迫暂停。

图 148　5 月 26 日，因受地震惊吓逃出的大熊猫“茜茜”被找回

（武警部队　提供）

5 月 26 日上午，武警四川森林总队总队长张京科指挥卧龙森林中队和武警交通部队 30 余名官兵，配合卧龙大熊猫研究中心工作人员，冒雨进入邛崃山系，全力以赴继续展开搜救。官兵不顾余震造成山石频飞的威胁，冒着被泥石流吞噬的危险，攀越峭壁，穿过密林，寻找熊猫“茜茜”。12 时 30 分，应研究中心请求，77126 部队侦察科科长邱明兵和 77146 部队装备处处长方新军带领 8 名官兵前往救援。官兵们冒雨徒步行军 8 公里，赶到研究中心。研究中心主任李德生带路，官兵们用砍刀在荆棘丛生的山上开路行进。经过两个多小时的艰难跋涉，救援官兵到达营救位置，立即展开营救。搜救人员寻找到“茜茜”后，把它赶引到准备救援的山崖边，先给它注射麻醉药，待其昏迷后，用软垫将其躯体包裹好，再用绳索捆绑结实，山崖上边的救援人员合力慢慢将“茜茜”拉上崖顶。

救援中，刘昕接到通知，说失踪的大熊猫“茜茜”已经找到，要他尽快送去一个梯子。刘昕立即与队友陈伟抬起 50 余公斤重的铁梯向救援地赶去。他俩冒着大雨，不顾山上随时可能滑落的飞石，在泥泞的路上高一脚低一脚前行，滑倒了又爬起来，跌跌绊绊地赶到目的地。在救援部队和卧龙大熊猫研究中心以及其他救援人员的共同努力下，终于成功将大熊猫“茜茜”救出。救援部队官兵们抬着体重 120 公斤的“茜茜”高兴地往回返。山高、坡陡、路滑、蚂蟥和草蚤叮咬，大家全然不顾，奋力拼搏 3 个多小时，才把“茜茜”抬到山下小路上，在此接应的第二梯队 23 名官兵接过重担，继续行进。至 19 时 10 分，历时 7 个小时，失踪 13 天的大熊猫“茜茜”返回家园（见图 148）。令人欣慰的是，失踪的“圆圆”和其他 3 只大熊猫先后都回到研究中心，只有“毛毛”不幸被垮塌的山石砸压遇难。

营救白狮和白虎 西部欢乐谷旅游景区位于什邡市红白镇四坪，是成都平原西部地区著名旅游风景区之一。景区由于地处核心地震带，震后整个环境遭受到毁灭性破坏，多处山体塌方、道路完全被毁、水电和通信全部中断，景区动物园部分猛兽笼舍坍塌。抗震救灾指挥部命令95848部队协同民航直升机飞行指挥部及地方相关单位人员，紧急抢救景区内幸存的两只野生白狮和一只白虎。

6月8日9时，95848部队组成以大队长孟庆准为队长、参谋长王晓陆为副队长的27人救援队。孟庆准决定先派出勘察组了解情况，根据具体情况研究制订营救方案。9日，孟庆准与作训参谋赵海强、4连连长方定军组成勘察组会同地方向导和记者共7人，乘直升机在距四坪2.5公里的三坪机降场着陆。由于三坪着陆场地幅狭小，仅能保证小型直升机起降，不具备出动大型直升机运送狮、虎的条件。

向四坪行进过程中，勘察组沿途预选3处机降场开设位置，最后确定距动物园最近的四坪一座酒店停车场及附近位置为机降场。勘察组人员分成两个小组，一组继续在机降场选定位置进行测算、定位，拟制、上报开辟机降场计划；另一组跟随向导向距机降场不足1公里的动物园行进。沿途侦察选定运送狮、虎下山至机降场的路线，查看幸存白狮、白虎的生命体征情况并投喂15公斤牛肉。16时，两个小组在机降场会合，沿原路返回至三坪机降场，于17时乘直升机返回广汉机场，向上级报告勘察情况和营救狮、虎方案。

6月10日，救援官兵会同什邡市林业局3人、景区工作人员9人、媒体记者6人，共45人，分5个架次乘直升机进入欢乐谷旅游景区。其中，前两个架次由孟庆准和特种作战2营营长王长江带领特种作战4连8名战士，携带老虎钳、线剪、绳索、铁锤、铁锹、伐木锯等工具器材，在三坪机降场降落，徒步进入预定机降场，清除各种障碍物，成功开辟四坪机降场，引导后3个架次人员直接降落在指定地域。待集结完毕，救援人员分成三路：第一路由王长江带队负责修整通往狮、虎笼舍的道路，清除各种障碍；第二路由方定军带队负责将3个运送狮、虎的铁笼抬送至动物园狮、虎笼舍旁；第三路由什邡林业局和旅游景区员工负责，对预定工作区域进行防疫和洗消，对狮、虎进行卫生检疫，同时对生命濒危的白虎进行紧急救治；其余人员则由孟庆准带领留守机降场，负责与上级的通信联络和做好当天野炊宿营准备工作。18时，铁笼全部运送到位，下山道路修整完毕，由于引诱狮、虎进笼颇费周折，加之照明设备不足，天黑容易发生事故，救援工作只好暂停。全体人员于20时下山，在四坪机降场集结，野炊、宿营。

6月11日，小分队重新编组并调整了分工，动物园4名驯兽员和兽医于5时先行上山，继续引诱动物进笼，大队人员则在机降场待命，待狮、虎进笼后迅速组织搬抬。8时30分，两只白狮进入铁笼，王长江迅速带领20名官兵往山上搬运。上山的道路已全部被毁，战士们边清除障碍边前进。到达目的地后，王长江把人员分成两组，带领战士们抬着约400公斤重的铁笼子上路。由于山体滑坡，道路封堵，官兵必须经过两条水深齐腰、冰冷刺骨的河流，尔后进入一片没膝的稀泥沙石沼泽地艰难地向前挪动。有的战士双脚被扎破，鲜血直流，也不敢松手，生怕铁笼陷入沼泽或掉入水里。原本10多分钟的路程，官兵抬着铁笼子艰难地走了3个半小时，才把两只白狮抬到四坪机降场。

由于白虎体质虚弱不肯出虎舍，经旅游景区负责人同意，对白虎施行两次麻醉。6月11日11时，成功将白虎从虎舍中拖出装入铁笼内。14时30分，官兵将其成功运送至机降场。防疫人员对参加搬抬工作的官兵作防疫消毒处理，兽医立即对白虎进行紧急救治。16时30分，直升机进山，准备将老虎和狮子空运出去，后因直升机发生机械故障，营救活动被迫暂停。12日上午，因天气条件限制，营救行动再一次推迟。

6月14日9时25分，气象条件达到飞行要求，直升机立即起飞进山。10时20分，直升机在广汉机场缓缓降落，机场上响起了热烈掌声。95848部队官兵迅速打开机门，把一只装有珍稀动物白老虎的铁笼子抬下来，搬运到一个挂有“保护野生动物人人有责”“欢迎狮虎到碧峰峡安家”标语的卡车上。接着，又有两架直升机降落，分别把两只白狮成功运出。

经过官兵连续五昼夜营救，在民航学院协助下，被困一个月的一只白虎和两只白狮被成功空运出山，送往它们在雅安碧峰峡生态动物园的新居。负责此次营救行动的95829部队副参谋长葛余金说：“这是抗震救灾中我们遇到的难度最大、耗时最长、投入人力物力财力最多的一次任务，比救人困难得多！”

第二节 抢救群众物资

在“进村入户”全面搜救过程中，救援人员怀着群众利益高于一切的理念，不顾频繁余震、山体滑坡和堰塞湖崩溃决堤的危险，翻山越岭，冒雨奋战，在深山里，在废墟上，在危房中，一点一点、一件一件地为群众挖掘、搜寻、转运粮食物品、贵重财产、生产资料、交通工具和家用电器等，尽力减少地震给群众造成的损失。（参见表17）

部分单位抢救群众财物情况一览表

表17

时 间	抢险单位	抢险地点	参加抢险人员数量	类 别	数量、价值
5月12日	汉中军分区民兵预备役人员	宁强、略阳		抢运粮食	1670吨
				搬运菌种	1736万袋
				搬运各类物资	2100余吨
5月12日	天水市秦州区人武部民兵应急分队	天水市秦州区	120人	挖掘粮食	20吨
5月12日	文县人武部民兵应急分队	文县范坝乡	120人	挖掘贵重物品 搬运其他财产	45件（价值5.4万元）

续表 17

时　间	抢险单位	抢险地点	参加抢险人员数量	类　　别	数量、价值
5 月 12—17 日	康县人武部民兵应急分队	康县豆坪乡等地	57 人	挖掘压埋物资	50 余吨
				挖掘粮食等物资	200 余吨
5 月 13 日	兰州军区武山综合库、武山弹药库、武山油料库	武　山	65 人	挖掘、搬运物资	10000 余件
				抢救牲畜	70 余头
5 月 13—20 日	两当县民兵预备役人员			挖掘粮食	24.6 吨
5 月 13 日—6 月 20 日	略阳县人武部民兵应急分队	略阳县城关镇、徐家坪镇、西淮坝乡、白石沟乡、马蹄湾乡	243 人	挖掘粮食	29 吨
				搬运生活物资	3800 件
5 月 14—22 日	黑龙江省地震灾害紧急救援队	汶川县三江乡照壁村、麻柳村、街村等 9 个村庄		挖掘粮食	1.13 吨
				挖掘清理现金	28100 元
				搬运生活物品	价值 21 万元
				运输物资	45 吨
5 月 15—20 日	福建省地震灾害紧急救援队	青川县东桥宾馆、青川县山珍菜市场和安县塔水镇		挖掘现金	40 万元
5 月 15 日—6 月 4 日	武警四川省总队及达州市支队、凉山彝族自治州支队、南充市支队、宜宾市支队、广元市支队	北川、青川、什邡、都江堰等地	490 人	挖掘粮食	90 吨
				搬运食品	387 吨
				搬运食盐	18 吨
				搬运贵重物品	价值 40 万元
				搬运生活物资	1387 件
5 月 16 日	南宁市消防支队、北海市消防支队、贵港市消防支队	北川羌族自治县桂溪乡、平武县平通镇棉角村		抢救兔子	2000 多只
				挖掘粮食	11 吨
5 月 16—20 日	95964 部队	绵竹市汉旺镇		挖掘现金	16.3 万元
				挖掘存折	59 本
				挖掘贵重物品	16 件
5 月 17 日	内江军分区民兵突击队	安县千佛镇、晓坝镇、秀水镇等 24 个行政村	7500 人次	抢运粮食	88.6 吨
				抢运食品	700 公斤
				抢运农用物资	5 吨
				搬运贵重物品	1861 件
				搬运木材	80 余立方米
				搬运钢材	5 吨
				搬运课桌、椅子	403 套
				挖掘现金存折	110 余万元

续表 17

时　间	抢险单位	抢险地点	参加抢险人员数量	类　别	数量、价值
5月18—19日	德阳军分区组织六县（市、区）专武干部、民兵骨干	武胜县清平镇等地	9760人	挖掘、搬运粮食	10.5吨
5月18—20日	遂宁军分区抗震救灾应急民兵营	什邡市蓥华镇仁和村、雪门寺村、瓦窑堡村、石门村、天宝村、新桥村等地		挖掘粮食	70余吨
				挖掘现金存折	130余万元
				搬运贵重物品	价值200余万元
				搬运家用电器	300多台
5月19日	山西省地震灾害救援队	安县晓坝镇五福村		挖掘粮食	5吨
				搬运家用电器	16台
				挖掘家具衣物	76件
5月19—22日	乐山军分区	彭州市小鱼洞镇		抢运粮食	6.5吨
				挖掘现金	12万余元
				挖掘存折	136本计46万元
				挖掘金首饰	300克
				挖掘摩托车、小轿车	30余辆
				抢运家用电器	420台
				挖掘房产证等	360余本
				挖掘衣物	4.1万余套
5月19—21日	四川陆军预备役高射炮兵师2团	什邡市洛水镇洛城村、杨春村	175人	挖掘粮食	5吨
				挖掘现金	4700元
				挖掘现金存折	8万元
				挖掘家用电器	37台（套）
				挖掘生活用品	36件
				挖掘食用油	60桶
5月19日—6月10日	68206部队	舟曲县八楞乡、江盘乡、南峪乡、峰迭乡	340人	挖掘粮食	73.5吨
				拆除危房	176间
				搬运家具	405件
				搬运木椽	5976根
				搬运房瓦	12.6万片

续表 17

时　间	抢险单位	抢险地点	参加抢险人员数量	类　别	数量、价值
5月19日—6月17日	78606部队、78638部队、77113部队、乐山陆军预备役步兵旅	什邡市红岩镇、师古镇、湔氐镇等地	2012人次	抢收、搬运木耳	1200万袋
5月20日	湖北省地震灾害紧急救援队	青川县、绵竹市汉旺镇		挖掘现金	3.4万元
				挖掘存折	10本计14.3万元
5月20日	71426部队4营	平武县平通镇	80人	挖掘现金	6.4万元
				挖掘现金存折	16万元
				挖掘金首饰	8件
5月20—22日	陇南市公安部门	文县碧口镇、武都区马街镇等地		挖掘粮食	47吨
				挖掘现金	10万余元
				抢挖工程机械	6台
				抢挖钢材	1吨
				抢挖木料	50立方米
				挖掘生活用品	2万余件
5月22日	71781部队2营	汶川县映秀镇九寨沟天然药业集团	120人	挖掘药品原料	20公斤（价值100万元）
5月22日	71892部队坦克3营	平武县平通镇益泉村		挖掘现金、存折	45万元
5月23日	成都军区独立汽车1营、77289部队、四川达州陆军预备役炮兵旅	北川羌族自治县曲山镇邓家PIC祖代种猪场	150人	抢运优良种猪	5000余头（价值3000万元）
5月23日	71811部队直属队	平武县南坝镇	870人	挖掘现金、存折	1086.7万元
				挖掘银行卡现金	682.9万元
				挖掘金银珠宝	价值642.6万元
				挖掘车辆、电器	价值397.2万元
				挖掘烟酒副食品	价值174.6万元
6月11—25日	71897部队步兵4营、71643部队3营9连	青川县三锅乡香菇菌种厂、彭州市葛仙山镇	120人	抢收烟叶	3000公斤
				抢挖菌种	6.4万袋

续表 17

时　间	抢险单位	抢险地点	参加抢险人员数量	类　别	数量、价值
6月11日—7月3日	71897部队步兵1营、2营、坦克营	彭州市通济镇、磁峰镇、新兴镇、丹景山镇	585人	抢救转运物资	248吨
				抢救转运粮食	80吨
				抢救转运食油	377箱
				抢救转运食品	5047件
				转运帐篷	1364顶
				转运衣物	1170套
				转运板房	200套
6月12日—7月18日	71823部队防空营	彭州市敖平镇	209人	转运粮食	100吨
6月19—22日	71897部队步兵2营	彭州地区	213人	抢收粮食	144.8吨
7月21日	71566部队	都江堰市泰安村	40人	打捞三文鱼	1000余条

一　抢救私营企业物资

抢救蒙牛集团货物　5月13日21时，蒙牛乳业集团宝鸡分公司成品仓库10个高达30米的奶制品储存货架瞬间倒塌，2000余吨奶制品散落在地，800余箱奶制品被废墟所埋。（参见图149）

图149　5月14日，68210部队官兵在蒙牛乳业集团宝鸡分公司进行货架清理和奶制品转运

（总参动员部　提供）

宝鸡军分区接到宝鸡市抗震救灾指挥部紧急求救电话后，军分区参谋长毛学栋迅速协调68210部队出动官兵100名、指挥车和运输车5辆，96401部队出动官兵100名、指挥车和运输车4辆，驻地武警部队出动官兵100名及指挥车、运输车各2辆，迅速赶往受灾现场抢险救援。毛学栋又命令距蒙牛乳业集团宝鸡分公司成品库较近的金台区和渭滨区紧急抽调370余名民兵预备役人员，组成应急分队奔赴受灾现场，与驻军官兵和公司员工共同抢险救灾。军分区政委钟峻青不顾感冒发烧，带病到现场指挥，带领官兵搬运散落乳品，双手和右腿被货架划破也全然不顾。4天时间完成货架清理和1350吨奶制品转运任务。共抢搬抢运散落乳品和各种货物2350余吨，清理受灾库区2400余平方米，为蒙牛乳业集团宝鸡分公

司挽回经济损失1300余万元。16日，陕西省省长袁纯清、副省长姚引良专程到蒙牛乳业集团宝鸡分公司看望执行救灾任务的官兵，感谢部队为地方抢险救灾所做的贡献。

抢救乔庄镇交易中心货物　乔庄镇山珍市场是青川县各类土特产品交易中心，地震使交易中心的4层楼房垮塌，市场内存放的大量蘑菇、山禽、腊肉等土特产品全部被埋在废墟下。随着时间的推移和气温升高，被埋的土特产品开始腐烂，几百米范围内弥漫着刺鼻恶臭味，成为青川县城最大的污染源。5月19日，71336部队反坦克导弹营奉命前往乔庄镇山珍市场救援。官兵们携带抢险物资器材抵达山珍市场，放眼望去，满目残垣断壁。营长周波带领各连主官勘察周围地形，明确各连的任务，组织党员突击队，立即开始挖掘、清理。各连官兵分头进入废墟抢救搬运物资，并安排专人逐件登记。官兵们冒着高温酷暑，克服恶臭扑鼻的困难，连续5天挖掘作业，共为群众抢救出尚未损坏的货物30余吨、现金8.2万元和10多个存折。在交易中心工作人员的协助下，救援部队按照登记记录将挖出的钱物分别移交给经营户。（参见图150）

图150　5月19日，71336部队官兵在青川县乔庄镇山珍市场废墟中搜寻群众财物（济南军区　提供）

挖掘南坝镇珠宝店珠宝财物　5月23日，平武县南坝镇珠宝店店主张明珍向71811部队防化连求助，称其珠宝店3层楼房在地震中倒塌，价值几百万元的金银珠宝被埋在废墟下边，自己无力挖掘，只能日夜守候在店外等待救援，请求部队给予帮助。防化连连长袁华立即向副参谋长朱志伟报告，奉命带领30名官兵迅速赶赴珠宝店救援。

珠宝店楼房一层已完全陷入地下，二层坍塌，三层楼板断裂、摇摇欲坠。确定珠宝被压埋位置后，袁华决定和排长杨建光分别带领5名战士分两组进入危楼内挖掘搜寻，其他人员在楼外观察警戒。进入楼内作业人员将随身携带的个人物品清空，出楼时主动自我清理检查，以示秋毫无犯。作业中，官兵们多次爬上3层危楼，剪断防盗窗户钢筋，搜寻转运出大量金银首饰等。应店主请求，杨建光带领救援部队再次进入危房中，用手刨挖搜寻近3小时，清理出大量现金及30多件古董、金银饰品、珍藏品等，总价值400余万元，对挖掘清理出的物品逐一核对登记后，按规定交给当地政府，再由当地政府转交张明珍。

二　抢救群众个人财产

抢救保护东汽职工财产　东汽汉旺基地万余职工家属已转移到百里之外的德阳临时安置。东汽抗震救灾总指挥部为减少职工家庭损失，及时启动对汉旺家属区的排危抢险和抢救、转移财产工作。抢救财产工作分成抢救家庭细软等贵重财产与抢救家中大件物品两个阶段进行，为此专门成立领导小组，在救援部队和社会各界力量的帮助下认真组织实施，并由保卫处负责安全保卫工作，运输处做好车辆的安排和调度，实业公司、社区管理部、铸造公司、叶片分厂、主机一分厂等单位协助做好组织联络和搬运工作。他们花费上千万元，请几家大型搬家公司为受灾职工家庭抢运家具、电器等。据统计，此次排危抢险涉及汉旺家属区6000余户职工家庭，动用车辆6000余车次，最高峰时每天出动200余车次，保证一户一车运出财产，共为职工家庭挽回数亿元的经济损失。

在完成汉旺家属区排危抢险任务后，总指挥部又责成党政办、保卫处等单位员工组成护厂队伍继续留驻汉旺，负责在废墟上恢复生产的协调服务与汉旺基地的综合管理和治安保卫工作。随着职工群众全部撤离，厂区、家属区里许多地方已空无一人，加上地震已把整个十里东汽的围墙全部震垮，一些盗贼也趁火打劫，翻入尚未倒塌的车间、科室和职工家中盗窃财物。为了保卫企业资产和群众财产的安全，护厂队伍通宵达旦地坚守在十里东汽的各个角落，保证厂区和职工家中的财物基本上未丢失。

挖掘蓥华镇群众财产　遂宁军分区抗震救灾应急民兵营在“进村入户”全面搜救阶段，采取班包户、排包组、连包村的方式，遍地开花，逐户逐村排危、清理被埋物资和生活用品。民兵营编成6个废墟清理分队，分别在什邡市蓥华镇仁和村、雪门寺村、瓦窑堡村、石门村、天宝村、新桥村等地清理废墟，平整群众安置场地。共转移受困群众3000余人，帮助群众找出存折合现金130余万元、价值200余万元的贵重物品，以及电冰箱、洗衣机、电脑等家电300余台，挖出粮食70余吨，还帮助搭建帐篷1900余顶、简易住房630余处、简易厕所860余个，修筑简易道路2000余米，装卸救灾物资800余吨。

抢运桑枣镇农民财产　5月19日，天津市公安消防总队抗震抢险救援队出动52名官兵分成5个组，深入安县桑枣镇大山深处的骑牛、大竹、铜钱、三清、柳坝5个村，执行搜救失踪、遇难群众和抢运群众急需物资的任务。8时，总队抗震抢险队获悉桑枣镇三清村有人员被困，塘沽支队十八中队中队长马凤刚带领12名官兵组成突击队，携带救生、救护器材前往救援。由于地震和泥石流的影响，通往三清村的道路已经全部中断。突击队队员翻越3座近1000米的高山，历时9个半小时，步行40余公里，到达目的地，将1名急需医治的重伤老人抬出山外，疏散被困山中无家可归的8名群众。当天，天津市公安消防总队抗震抢险救援队救出被困群众13名，抢运出粮食74吨和价值6万元的药品，还有棉被207条、衣物2996件、电视机46台、家具67件、冰箱20台、DVD播放机20台、煤气罐2个、饮水机1台、电风扇2台、水泥3吨。

抢救通济镇群众财物 5月17日，余震造成彭州市辖区内的部分山体滑坡，通济镇黄村2组居住在山脚下的3户村民房屋被山上滚落的山石和泥土掩盖，财产被埋。黄村2组村民向71391部队求助。部队长杨建松立即向上级报告，迅速组织人力、物力，火速赶往黄村2组实施救援。参谋长常鲁军带领4人组成侦察小组，紧急赶赴受灾地点侦察了解情况。杨建松带领救援分队，随后赶往黄村2组。

2组位于黄村最西端，地处两山之间，距部队驻地虽然只有4公里，但山路崎岖难行，山体滑坡严重。杨建松带领党员突击队冲在最前面，他一边观察前进路线，一边注视着山体滑坡情况，在确保安全的前提下尽可能加快行军速度，按照侦察小组指引的路线，于15时抵达黄村2组。指挥组将救援人员分为两组，一组负责转移受灾群众，选择安全地点为群众搭建临时住所，另一组全力抢救群众财产。当官兵们全力转运群众粮食时，余震再次袭来。余震过后，救援部队面对堆积如山的土石迎难而上，继续挖掘。经4小时鏖战，从废墟中挖掘出粮食3吨、衣物341件、家具13套，还帮助搭建简易房子12间。

帮助受灾群众挖掘菌种 5月18日，彭州市小鱼洞镇江桥村村民刘家义向71823部队参谋长包时玉求助，称其家中木耳大棚在地震中全部倒塌，价值百万元的菌种被埋。包时玉令指挥连连长李德道抽调有线排、雷达班18名战士组成突击分队，赶往江桥村救援。

到达江桥村后，突击分队发现刘家义9个大棚分散搭建，倒塌损毁严重。刘家义准备的重建木耳大棚所需的工具和材料不够，突击队所带的作业工具也不全。李德道与村干部联系，找来工具送到突击分队官兵手中。李德道组织在场的士官骨干向刘家义学习，先试验性地建造一个大棚。熟悉程序、取得经验后，李德道将战士分成6组，每组由一名士官担任组长，其中一组、二组负责备料，三组、四组负责清理场地、平整地基，五组、六组负责搭建。官兵们连续奋战两天，开挖土方1600立方米，使用木材600余立方米，成功搭建9个大棚，转移木耳菌种20余万袋，为村民挽回经济损失约170余万元。

疏通水道抢救冷水鱼 5月27日11时，彭州市小鱼洞镇受强余震影响，山体大面积滑坡。小鱼洞村冷水山庄附近山体滑坡的土石涌入冷水鱼养殖场内，堵塞冷水鱼赖以生存的天然泉水通道，池塘内72吨冷水鱼因水温不断升高而面临死亡威胁。13时30分，正在小鱼洞镇江桥村执行拆除危房任务的71823部队参谋长包时玉接到小鱼洞镇领导的求助电话，就近从122榴炮营抽调25名官兵，亲自带队赶往涌泉冷水鱼养殖场救援。官兵们仅用23分钟就赶到5公里外的冷水鱼养殖场。包时玉向鱼塘负责人王明军了解情况后，即指挥官兵们跳入没膝的淤泥中，用镐、锹、铲把石块一点点从涵洞中清理出来。经过两个多小时作业，清理土石近20立方米，疏通进水通道，天然泉水流进池塘，冷水鱼又欢快地游动起来。

抢救舟曲县群众财产 5月19日7时，68206部队出动98名官兵，在副部队长张宝林带领下，从舟曲县八楞乡出发，前往20公里外的林家山村搜救。由于任务区地处大山深处，车辆无法通行，部队徒步行军3个小时后，于11时到达林家山村。经过灾情勘察、救援人员编组后，部队逐点展开，执行任务。当日共拆除危房28间，搬运木材200余根、家具85件。此后不久，受余震影响，林家山村又有部分房屋倒塌、损坏，村民有不同程度的伤亡。救灾部队得知情况后，冒雨急行军赶往林家山村实施搜救。医疗小组迅速对受伤群众展开救护，搜救小组立刻在废墟中搜救被压埋人员。其余人员在统一指挥下搬运残砖碎瓦，刨挖群众财产，并实行专人集中管理。

5月19日，68206部队另一路100名官兵，在后勤部战勤科科长谢发邦带领下，赴舟曲县江盘乡姚家楞村救灾，执行危房拆除、道路清理、消毒防疫等任务。拆除危房84间，清理道路2公里，搭建救灾帐篷8顶，搬运木料3800根，搬运房瓦7.8万余块，对任务区5500平方米地域进行消毒防疫，为12户受灾家庭送去米、面、油等生活必需品。同日,68206部队3营教导员简亭带领8连、9连徒步行军至距南峪乡11公里的洛地坪村执行搜救任务。到达洛地坪村后，9连共拆除危房84间，清理2400余米的道路，转运垃圾1500余立方米，搬运木料692根，搬运房瓦2.52万余块，从废墟中抢运出群众粮食1200余公斤，对任务区6500平方米的地域进行消毒防疫。8连在完成南峪乡洛地坪村51间危房拆除、清理废墟、消毒防疫和受灾群众安置任务后，由政治部副主任王道兵带队，到达南峪乡南二村继续执行该村危房拆除、道路疏通、废墟清理、消毒防疫等任务。

挖掘陇南市群众被埋财产　5月15日起，68202部队先后组织172个小分队赴陇南地区执行抢险救灾任务。救援部队深入34个乡（镇）467个村庄76255户群众家中，抢救人民群众生命和财产。官兵们在倒塌建筑物废墟中共挖掘搬运粮食485吨、摩托车38辆、现金35万元、贵重物品12076件、发电机72台、家用电器2886件、农具19594件、木材294123根、钢材38吨、其他物资1万余件。

5月15日，68212部队9连1排在文县碧口镇碧峰村利用半天时间，完成对倒塌房屋中所埋粮食的挖掘任务。当一户群众求援时，官兵们主动推迟吃饭时间，奋战3个小时，帮他把被埋在废墟中的床挖出。16日下午，有群众反映家中一台磨面机被埋在一段危墙下面。9连战士王永飞、刘新采取棍撬绳拉的办法，先将危墙残存墙体推倒，然后对废墟进行挖掘清理，最终将磨面机挖出。9连官兵还为碧峰村群众抢救出炒茶机286台、柴油机222台、粮食11吨、家具1000余件、现金9万余元。

5月16日，68212部队出动600名官兵，前往碧口镇，进入8个村庄挨家挨户进行拉网式搜救。官兵用工具挖，或直接用手刨，将深埋在废墟里的财物、粮食挖掘出来。有的脱下自己的衣服当包袱，将一些完好的零碎物品包裹起来，背扛、肩挑，将各家物品、粮食搬运到村中的临时安置点。年逾七旬的老人王凤珍家4间房屋全部倒塌，儿女均在外地打工，请求官兵帮她把装有现金和首饰的小布袋从废墟里挖出来。班长王玉龙第一个进入危房中，其他4名战士积极协助，大家一起用双手在瓦砾中刨找，在废墟中往下刨了一米多深，才将小布袋找到。在当日12个小时拉网式搜救中，官兵共挖掘搬运粮食20万公斤、农业机械290台、自行车和摩托车163辆，搜寻到现金7万多元、存折21本。

5月17日，68202部队侦察营完成当天抢险救灾任务返回时，路过文县尖山旁一个村庄，得知村内有一户群众房屋倒塌，财产和家畜被埋。官兵们立即赶到现场挖掘清理，抢救出价值2万元的财产和被埋的家畜。

6月2日，文县马营乡高家村村民陈友川家发生火灾。正在该村执行抢险救灾任务的68202部队通信营接力连闻讯后，迅速组织官兵采用土压、水浇、铁锹拍打的办法，扑灭大火，抢救出5件家具和400余公斤粮食。

第四篇

抢修基础设施

汶川特大地震对灾区的基础设施造成严重破坏，极重灾区的交通、电力、通信、供水、供气、广播电视等设施全面陷于瘫痪状态。在中共中央、国务院、中央军委的领导和指挥下，全国迅速建立"上下贯通、军地一体、全民动员、区域协调"的抢修基础设施机制。

在四川灾区，交通运输系统汇集 4 万余名抢修大军，采取多头推进、重点突破、中间开花、两头夹击形式，共抢通、保通公路 4 万余公里，其中高速公路、国道、省道干线公路 5000 余公里。日通车达 1.2 万辆的国道 213 线由都江堰经映秀至汶川段，是一段溯岷江而上、全长 95 公里、完全被地震摧毁的高山峡谷公路，由交通系统专业队伍、解放军和武警部队组成的 4000 余名抢修大军日夜拼搏，100 余天就打通原本需要 3 年才能打通的生命通道，创造了修复、修建公路史上的奇迹。

铁路系统紧急调集抢修力量和大型机械，充分发挥专业技术优势，弘扬特别能吃苦、特别能战斗的老铁道精神，抢修被地震损坏的 10 条干、支线铁路共 2489 公里。在宝成铁路 109 隧道抢险中，5000 余名抢险勇士冒着烈火、高温、有毒气体、塌方、油罐车随时可能爆炸等巨大危险，英勇奋战，科学抢险。5 月 24 日 9 时 53 分，满载救灾物资的"抢" 977 次列车通过 109 隧道，打通了西北、西南铁路大动脉。各级抗震救灾指挥部突击疏通灾区水路，清理航道，设置航标，抢修白龙湖库区、南坝渡口等地的临时渡口、码头，配置海事监督艇、符合规定的客货运输船只等。

中国石油、中国石化及其下属企业，迅即组织抢险专业队和技术服务队，及时抢修石油、天然气管线和油库、加油（气）站、输配气站等设施，迅速恢复了供油供气。

各级通信管理部门和中国电信、中国移动、中国联通等六大电信企业迅速启动应急预案，组织抢险队伍全力抢救敷设通信线路（光缆），抢修通信台（站），开设卫星地面站和移动站。在解放军和武警部队大力支援下，灾区的通信线路和基站迅速得到恢复。灾区广播电视战线的广大职工坚守岗位，在广电总局、当地政府的领导和全国救援人员的支援下，全力开展设施抢修，迅速恢复广播电视台（站）、无线发射台（站）和有线电视网络，把党和政府的声音及时传播到灾区人民群众之中。

电力系统紧急调集队伍和设备物资，加快发电、输电、变电设施抢修，同时从华中电网紧急调电支援四川，最大限度地满足抢险救援和群众生产生活中的电力需求。广大电力职工恪尽职守，昼夜奋战在第一线。解放军、武警部队和大批志愿者奋不顾身地参加救援，战斗在高山峡谷等危险地带。截至 6 月 10 日，10 千伏（含）以上电力线路全部恢复。

灾区各级党委、政府，全国各系统的专业抢修人员以及解放军指战员、武警部队官兵、民兵预备役人员和公安干警同心协力，密切配合，周密组织，日夜奋战在抢修基础设施一线，将灾害损失降到最低限度，为保障夺取抗震救灾斗争全面胜利，迅速恢复灾区经济社会生活做出重要贡献。

第一章　抢修公路设施

汶川特大地震造成四川、甘肃、陕西等省公路严重受损。四川灾区 21 条国省干线公路和 2.9 万公里农村公路的路基路面、大量桥梁和隧道等交通设施遭到不同程度损坏，其中成都、德阳、绵阳、广元、雅安和阿坝 6 个市（州）和 88 个县（市、区）1204 个乡（镇）交通设施受损严重，通往汶川、北川、青川、茂县、平武等县以及 254 个乡（镇）的公路交通一度中断。地震及其引发的山体滑坡、崩塌、泥石流等次生灾害对公路路面、路基、桥梁、隧道、涵洞和边坡的破坏巨大，余震和降雨不断引发新的垮塌断道，机械施工作业点少面小，公路抢通保通任务极其艰巨。

地震发生后，温家宝当即要求：要争分夺秒抢修公路，哪怕修一条临时道路，也要把道路打通。交通运输部立即启动国家公路交通运输突发事件应急 I 级预案，迅速派出工作组和专家组奔赴一线，针对不同道路情况制订抢通方案，全力指导抢通通往灾区的“生命通道”。交通运输部向四川、甘肃、陕西、重庆等灾区省（市）紧急下拨抗灾抢通专项补助资金，专项用于抢修和恢复灾区公路、桥梁及防护设施；从陕西、重庆、云南、湖北、贵州紧急调运战备钢桥，运往四川抢通受损桥梁；组织 12 个对口支援省（区、市）交通系统和武警交通部队的救灾人员、抢通保通机械设备，入川协助开展干线公路抢通、保通和通乡、通村公路抢通工作；全国交通系统和交通相关大型企业，向四川等灾区捐赠各类抢修机械设备。

四川、甘肃、陕西等灾区交通部门及解放军、武警部队集中大批工程技术人员和机械设备，从震中汶川的东、南、西、北 4 个方向，抢通通往汶川的“生命通道”和其他极重灾区、重灾区的干线公路和农村公路。（参见图 151）为保证公路抢通的成果，灾区各级交通部门和驰援灾区的各省（区、市）交通部门组成应急抢通保通组，及时清理由于余震、泥石流、山体崩塌等造成的道路堵塞，确保救灾“生命通道”畅通；在险情缓解之后，坚持“责任不变、人员不撤、设备不走”的原则，继续留在地震灾区抢通保通。（参见表 18）

图 151 汶川特大地震灾区公路抢修情况图

汶川特大地震灾区部分公路抢通时间一览表

表 18

<table>
<tr><th>省份</th><th colspan="3">抢通公路或路段名</th><th>抢通时间</th><th>附　注</th></tr>
<tr><td rowspan="7">四川</td><td>高速公路</td><td colspan="2">全省高速公路</td><td>5 月 12 日 24 时</td><td>12 日 24 时前，全部恢复畅通</td></tr>
<tr><td colspan="3">成都—雅安—宝兴—小金—马尔康—理县—汶川</td><td>5 月 15 日 21 时 30 分</td><td>抢通汶川西线公路，西环线形成</td></tr>
<tr><td rowspan="5">汶　川</td><td rowspan="4">国道 213 线</td><td>都江堰—映秀</td><td>5 月 15 日 17 时 30 分</td><td></td></tr>
<tr><td>松潘—茂县</td><td>5 月 18 日 16 时 55 分</td><td>全线抢通国道 213 线境内段</td></tr>
<tr><td>茂县—汶川</td><td>5 月 20 日 19 时 30 分</td><td>初步抢通汶川北线，23 日通货车</td></tr>
<tr><td>映秀—汶川</td><td>9 月 2 日</td><td>抢通汶川南线</td></tr>
<tr><td>省道 205 线</td><td>南坝大桥便桥</td><td>5 月 26 日 20 时 40 分</td><td>抢通东部环线</td></tr>
</table>

续表 18

省份	抢通公路或路段名			抢通时间	备注
四川	汶川	省道 303 线	日隆—卧龙	5 月 17 日 14 时 30 分	抢通卧龙与外界
			卧龙—耿达	5 月 27 日 10 时	抢通耿达与外界
			耿达—映秀	11 月 14 日	全部抢通四川省干线公路
	青川	国道 212 线	三堆—沙州	5 月 15 日 11 时	
			沙州—姚渡	5 月 15 日 18 时	
	北川	通往北川便道		5 月 13 日下午	
		绵阳—永兴—安县—北川		5 月 15 日 18 时	
		省道 105 线	绵竹—北川	5 月 15 日 18 时	
			青川井田坝	5 月 18 日 16 时	乔庄—木鱼—井田坝
			北川—青川	6 月 2 日	北川—桂溪—南坝—水观—青川
		省道 302 线	黄金湾	5 月 26 日 19 时	茂县境内全线贯通
			禹里—擂鼓	9 月 10 日	省道 302 绕行线，接省道 105 线
				11 月 3 日	初通（后因大雨 1/3 道路被冲毁）
	农村公路	汶川县龙溪乡直台村公路		12 月 29 日	四川省所有公路全部被抢通
甘肃	陇南	国道 212 线	宕昌—武都	5 月 12 日 17 时 5 分	
			文县段	5 月 13 日 13 时	
			文县—碧口	5 月 13 日 15 时	
			武都—文县	5 月 14 日 13 时 5 分	
		国道 310 线	284 公里塌方处	5 月 13 日 16 时 30 分	
	农村公路	省道 206 线	大岸庙—姚渡	5 月 16 日 10 时 20 分	
		甘肃灾区		5 月 18 日 18 时	全省县道全部被抢通
		碧口镇水蒿村、武都小庄头村		5 月 22 日 18 时	甘肃省农村公路全部被抢通
陕西	高速公路	全省高速公路		5 月 13 日 4 时	此后全省高速公路无中断
		国道 316 线	石门水库段	5 月 13 日 4 时	境内所有高速公路、国省干线全部被抢通
		省道 210 线	猴子岭隧道口	5 月 13 日 4 时	
	农村公路	全省农村公路		5 月 23 日	不含宝鸡长坪、汉中略观段

第一节　抢修通往汶川“生命通道”

汶川地处高山峡谷地带，公路成为运送救援人员和物资的主要通道。进入汶川的线路分东、西、南、北4个方向：东线可从北川经茂县至汶川，西线从马尔康、理县至汶川，南线从都江堰北上至汶川，北线从松潘南下茂县至汶川。抢通通往汶川的救灾“生命通道”，是汶川特大地震抢险救灾的关键之一，也成为国内外关注的焦点。为打通这几条“生命通道”，交通运输部与四川省交通厅组成的抗震救灾前线指挥部决定，以汶川为抢通核心，从东西南北4个方向同时推进，全力抢通受损道路。

一　抢通汶川南线公路

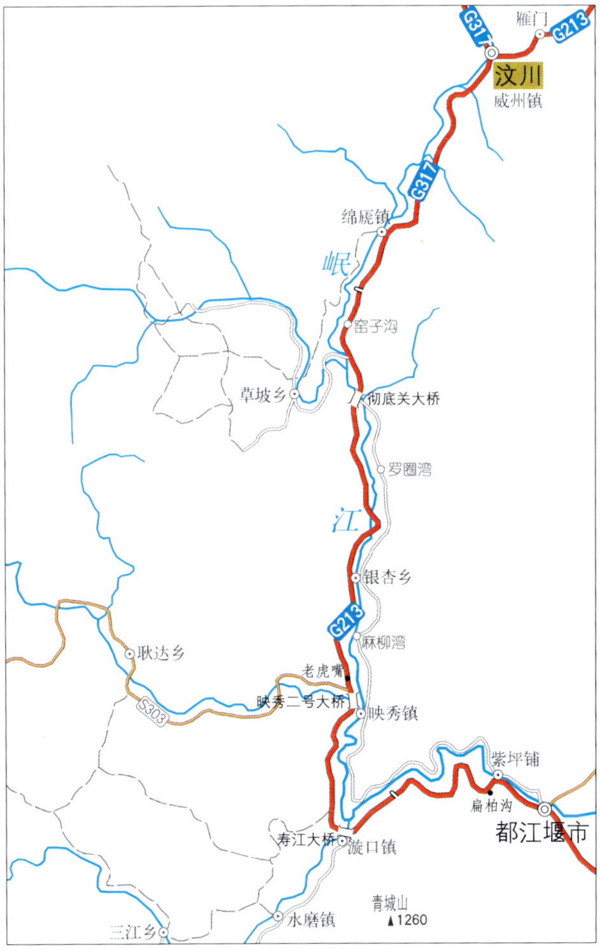

图152　汶川南线干线公路示意图

汶川南线公路是指国道213（317）线都江堰至汶川路段（以下简称都汶路）全长95公里（参见图152），其中都江堰至映秀段39公里、映秀至汶川段56公里。都江堰至汶川路段位于龙门山中央断裂带，处于汶川地震烈度最大的中心区域。地震灾害及崩塌、滑坡、堰塞湖、泥石流等次生灾害使该路段损毁严重，总塌方量近亿立方米，全线无一公里完好路段。从成都运送救灾物资至汶川的车辆必须绕行雅安—小金—马尔康—理县近800公里才能到达汶川，且中途还要翻越两座海拔超过4000米的大雪山。因此，打通都汶路，成为抗震救灾抢修公路设施工作的重中之重。

抢通国道213（317）线都江堰至映秀路段　地震造成都江堰至映秀段路基开裂、滑移、沉陷，共有塌方56处，其中大塌方13处；桥梁普遍受损，路段内隧道受损严重。抢修都江堰至映秀路段，需要清除塌方达2万余立方米，有的百吨重巨石需多次爆破才能清除。地震发生后，各路抢修队伍聚集都江堰至映秀路段，实施“多点开花、分段抢通”方案，先后抢通都江堰至寿江大桥和寿江大桥至映秀塌方段。参加抢通的主要单位有四川路桥建设集团有限公司（以下简称四川路桥集团）、四川高速公路建设开发总公司（以下简称川高公司）、成都华川公路建设集团有限公司（以下简称华川集团）、77105部队、77146部队、武警交通第一总队、资阳预备役工兵团等单位。

抢险队伍首先抢通的是灰窑沟至寿江大桥路段，其中抢修扁柏沟塌方段十分艰难。扁柏沟塌方段位于都江堰往映秀镇方向11公里处，是进入汶川的第一道“生命关卡”，也是扁柏沟至寿江大桥段塌方严重的路段。5月12日17时40分，川高公司调派在建都汶高速公路的中国中铁一局所属一台装载机到达国道213（317）线都汶路现场，开始清除塌方和落石。同时，华川集团都汶公路项目部也迅速调集工程机械车辆投入抢险。20时30分，在清理完3处塌方后，抢修单位发现K953+200扁柏沟处有大面积山体滑坡。同日20时30分，资阳陆军预备役工兵团51名专业技术官兵，出动挖掘机、推土机、通信车、指挥车奔赴都江堰；22时，交通运输部副部长翁孟勇等抵达现场查看指导；23时15分，资阳陆军预备役工兵团官兵到达国道213线紫坪铺水库塌方点。

5月13日晨，资阳陆军预备役工兵团官兵艰难爬上悬崖，操起风钻打眼装药，对摇摇欲坠的巨石实施爆破。21时40分，随着两声巨响，巨石被炸开后自然滑落，为装载机施工创造了条件。工兵团官兵在两天时间内，在紫坪铺至映秀20余公里的公路上共组织爆破50余次，清除多处几百吨重的巨石。同日1时30分，华川集团调集人员和机械设备投入扁柏沟塌方段抢险，后又陆续调集人员和机械进入抢险一线。5时40分，四川成渝高速公路股份有限公司（以下简称成渝公司）组织四川蜀工高速公路机械化工程有限公司（以下简称蜀工公司）第一批抢险人员携带工程机械到达现场。扁柏沟塌方段正位于公路拐弯处，整个山体上方突出部位几乎完全坍塌，岩石不停地从数十米高山上飞滚而下，工程机械难以施展。抢险队决定先在山体内侧挖出施工安全防护沟，保障施工安全，然后对堆积在道路上的塌方进行清理，形成一定坡度并平整压实后作为新的路床，以保证快速推进。7时40分，华川集团组织4台挖掘机、2台装载机到达现场。8时30分，川高公司组织现场人员研究实施方案，确定由川高公司副总经理张政国为现场指挥，蜀工公司、华川集团组织实施对大滑坡的全面清理。9时40分，川高公司和四川省交通厅公路局（以下简称四川省公路局）协调的挖掘机到达抢险现场。10时，由四川省公路局协调乐山市交通局支援的2台挖掘机、3台装载机和眉山市交通局支援的2台装载机到达现场。10时30分，翁孟勇和四川省副省长王宁等到场指导，要求尽一切力量尽快打通通道。12时左右，操作手用挖掘机艰难地移开阻挡施工的20吨巨石和部分被埋车辆。13时，武警交通第一总队总队长许茂率领抢险突击队挺进都江堰市紫坪铺，担负交通管制。18时，四川省委一位领导到现场检查，要求川高公司尽快组织打通大滑坡，确保部队及物资运输。21时，四川成南高速公路有限责任公司（以下简称成南公司）人员及多套机械设备到达现场。13日，挖掘机在大雨、浓雾、余震中推进，当晚推进50米，清理土石6000余立方米。

5月14日凌晨，四川省交通厅公路规划勘察设计研究院徐德玺等5名设计人员徒步对都江堰至映秀路段受损情况进行调查（见图153）；同时，蜀工公司、成南公司人员徒步对滑坡段前方被损车辆和人员进行调查。调查结果是：K953处滑坡至下一滑坡处长900余米，被堵车辆56辆，其中38辆能开动、18辆被山石损坏。为方便清理设备和救援人员进入，川高公司派出清理人员对

图 153　5 月 14 日，四川省交通厅公路规划勘察设计研究院勘察设计人员冒着余震徒步对国道 213 线进行灾害调查

（交通运输部　提供）

56 辆双向停放车辆进行清理，提前疏通出一条单边简易通道。华川集团员工冒着生命危险，在塌方段打开一条可供履带式工程机械通过的通道。5 台机械开进塌方段中间，每隔十几米打开一个工作面，在 6 个工作面上同时展开抢通，效率大大提高。中午，在各路抢修队抢修扁柏沟至寿江大桥塌方段的同时，成都军区和四川省交通厅有关部门领导在老成（都）阿（坝）公路抢险现场紧急磋商，决定联合派人乘坐冲锋舟沿岷江而上，在紫坪铺水库至漩口的水路上，寻找合适登陆点，调用漕渡设备，开辟大型抢险设备水陆联运线路。抢险设备从紫坪铺下水到登陆点上岸后，向汶川和都江堰两个方向同时开展抢险施工，以加快抢险进度，开辟都江堰至汶川的第三条抢险救灾通道。由四川省公路局组织协调实施老成阿路大坝东侧路段和水库码头的清障。14 时 30 分，K953 处滑坡清理至还剩 15 米处时，出现一处约 20 米宽的大面积新塌方，滑坡段施工受阻。由于新塌方造成 3 块巨石呈“品”字形阻道，其中上方最大一块重约百吨，给抢通施工带来巨大困难。15 时左右，抢险施工人员连续进行两次爆破，仍未清除巨石，后经研究决定采用比较冒险的多点爆破方案炸开巨石。16 时，老成阿公路紫坪铺塌方点经过多家抢修队伍奋战，爆破了压在公路中央的巨石，清除塌方，打通了通往紫坪铺水库码头公路，为随后开展的大型设备水路联运提供了公路保障。22 时，都江堰至紫坪铺码头段公路被打通。23 时，在四川省应急指挥中心召开的交通保障工作部署会上，翁孟勇结合抢通实际情况，提出了多头推进、中间开花、两头夹击的抢通方案，要求千方百计连夜开展水运漕渡，尽快运送大型机械到“中间开花”路段展开施工；确定成立抗震交通保障现场指挥部，对都汶路抢通工作实施统一指挥；由武警交通总队一支队负责灰窑沟至寿江大桥段，华川集团负责寿江大桥至阿坝铝厂段，四川路桥集团负责阿坝铝厂至映秀段，设计院负责调查摸清全线道路受损情况；由四川省交通厅建管处处长刘四昌、四川省公路局副局长罗玉宏、成渝公司董事长唐勇分别带队，于 15 日对施工单位陆路、水路挺进情况进行线路踏勘和设备调查；川高公司董事长高淳负责组织抢险人员和机械，于 15 日 12 时前打通 K953 处大滑坡。

5 月 15 日 7 时 10 分，经 64 小时奋战，国道 213（317）线 K953 处大滑坡推进取得重大进展，第一台挖掘机成功通过滑坡路段后，4 台挖掘机立即到达 K953 处近 2000 立方米的塌方点作业。国道 213（317）线 K953 处大面积塌方处抢通工程，由川高公司组织系统内的成渝公司、蜀工公司、都汶公司、成南公司、成雅分公司以及承担都汶路项目建设的中铁一局和中铁二局、四川路桥集团、华川集团等项目单位参与抢通，共投入人力1321人、机械设备65台（套）。19时，蜀工公司、成南公司成功疏通被困的56辆车，大部分车辆成功翻过滑坡处被困段落。22时，武警交通第一总队一支队完成对另一处塌方的清理工作，同时在沿线都汶高速公路建设单位、四川路桥集团、华川集团的共同努力下，实现“多点开花”，道路抢修取得重要进展。至16日9时40分，武警交通第一总队在川高公司和工兵部队的协助下，经过一夜奋战，抢通道路按计划推进至寿江大桥岔路口。

寿江大桥至映秀镇塌方路段包括寿江大桥至阿坝铝厂段、阿坝铝厂至映秀镇两段。华川集团负责抢通寿江大桥至阿坝铝厂段，四川路桥集团负责抢通阿坝铝厂至映秀段。5月16日14时，在武警交通第一总队的支援下，华川集团抢险救援队打通了寿江大桥至阿坝铝厂段，同时对古溪沟桥采取排险加固措施，提前10个小时完成指挥部下达的任务。

阿坝铝厂至映秀镇段为都江堰至映秀路段最后一段，只有5公里，是打通这段“生命通道”的最后“瓶颈”。国道213（317）线在此处已完全损毁，短期内无修复的可能。专家建议，利用紫坪铺水库和岷江开辟水上通道，恢复老国道213（317）线，以避开部分受阻路段。困难面前，翁孟勇、王宁等现场组织指挥四川路桥集团、华川集团、武警交通第一总队、77105部队对阿坝铝厂至映秀段国道213旧线进行抢通。5月13日，四川路桥集团与华川集团、77105部队、武警交通第一总队共同实施抢修恢复老国道，打通阿坝铝厂至映秀镇国道213旧线通道的抢修作业。

5月15日14时，77105部队决定展开两个作业面，形成南北推进之势。588名官兵和3台挖掘机、2台装载机、1台推土机，从阿坝铝厂向映秀镇方向抢修；162名官兵携带在映秀镇紧急征用的挖掘机、装载机，从映秀镇向阿坝铝厂方向推进。77105部队官兵在极度疲惫的情况下，始终保持战斗热情，6名机械操作手在无人替换的情况下连续作业40余小时，手磨出血泡，下机械后连走路都很困难，仍坚持战斗在岗位上。官兵共爆破岩石4000余立方米，开挖土石8万余立方米，清理淤泥4万余立方米（见图154）。

图154　5月15日，77105部队官兵抢修阿坝铝厂至映秀“生命线”施工现场
（吴玉城　摄）

5月16日晨，四川路桥集团100余名骨干驾驶10余台大型设备全力推进，以履带式挖掘机在前方破路，装载机、挖掘机紧随其后平整路面、清除路面淤泥，最后由人员用铁锹、十字镐、钢钎、大锤等工具进行路面平整和修砌，全力奋战在阿坝铝厂至映秀5公里路段。17日10时，武警交通第一总队突击队推进至距离映秀镇3公里处，一条长达2公里的山体塌方横亘在官兵们面前。现场指挥部决定先在坡度达70度的半山腰上打通2公里简易便道。现场指挥安满福组织一台霸王—D85推土机、一台140型推土机上到半山腰作业。17时许，经过抢修人员7小时苦战，填平沟壑推走巨石，开通了便道。17时30分，第一辆车通过都江堰至映秀段最后一处塌方区，完成国道213（317）线都江堰至映秀段公路抢通任务。

5月17日14时，四川省交通厅召开交通保障工作会议，确定国道213（317）线都江堰至映秀段交通保障工作由原"抢通"转变为"保通"（道路抢通保通主要集中在地质松动、极易垮塌的山区路段），实行领导A、B角制和技术人员分组制、施工人员轮战制，由武警交通第一总队负责灰窑沟至寿江桥段保通，华川集团负责寿江桥至古溪沟桥保通，四川路桥集团负责古溪沟至映秀段（含恢复的新线和旧线）保通；同时，确定由四川省交通厅公路规划勘察设计研究院负责友谊隧道至映秀保通设计。

5月18日13时，因下雨、余震造成阿坝铝厂至映秀段5公里老线再次塌方，便道被阻。武警交通第一总队官兵历经7个小时连续作战清理塌方，再次恢复通车。21日15时30分，交通运输部召开现场会，高度评价交通保障工作所取得的成绩，同时要求进一步加快对危桥、隐患的处置；尽快排除百花大桥安全隐患；做好隧道加固方案；收集整理地震抢险工程技术资料，积累宝贵经验。

地震发生后，都江堰至映秀路段桥梁普遍受损，抢修加固大桥对都江堰至映秀路段的抢通保通极为关键，而其中的重点是寿江大桥、映秀二号大桥、百花大桥，以及古溪沟大桥和蒙子沟大桥。

都江堰至映秀路段的寿江大桥跨越岷江两岸，部分桥身塌陷、5月14日14时，翁孟勇、王宁及相关抢险单位负责人召开现场工作会，决定对寿江大桥采用贝雷架方案进行加固。16日晨，经总工程师周海涛和参加支援的重庆交通科研设计院专家共同"会诊"，确认寿江大桥可半幅通行，遂决定在桥面上架设战备钢桥。14时，2套贝雷架被运到寿江大桥施工现场，雅安战备桥梁抢修队开始进行加固施工。24时，寿江大桥33米贝雷架架设完毕，保障了抢险队伍和各种车辆、移动机械的顺利通行。

古溪沟大桥位于寿江大桥至阿坝铝厂段之间，大桥桥台背路基垮塌、搭板悬空，行车极为危险，需进行沙砾填筑后再进行注浆。桥头搭板下悬空部位因机械无法操作，只能采取人工堆砌片石处理后再进行沙砾填方。5月16日，经华川集团抢险救援队抢修，完成古溪沟大桥路基加固任务，填方共耗用沙砾（片石）约5000立方米、水泥约30吨。

都江堰至映秀路段的映秀二号大桥（又名渔子溪大桥），左侧通往卧龙、小金，右侧穿过映秀镇通往汶川。由于损坏极其严重，成为卡住抗震救灾车辆、机械通行的"咽喉"。为查清大桥的受损情况，尽快提出科学的抢通方案，四川省交通厅公路规划勘察设计研究院副主任工程师江大兴，不顾随时发生余震和可能掉下江中的危险，用保险绳拴住身体，从桥面下到墩台近距离查看，全面弄清了大桥原有的细部构造和各部位损毁的程度，并会同其他专家迅速提出"采用双排双层贝雷架铺设于桥面替换现有主梁，采用钢板或木楔等材料填塞主梁与桥墩间的空歇"的抢通方

图 155　5 月 21 日，抢修加固映秀二号大桥的贝雷架架设现场

（交通运输部　提供）

案。5 月 20 日，四川路桥集团抗震救灾临时指挥部接到抢修加固映秀二号大桥任务，四川省公路局协调四川省交通厅战备仓库 2 套 40 车次贝雷架钢桥先后运抵大桥工地。21 日 13 时 5 分，四川路桥集团青年突击队抵达映秀，即刻投入大桥的抢修。23 时 30 分，第一层贝雷架全线搭设完毕，大桥初通，救灾前线急需的挖掘机、装载机、重型车辆顺利通过。为确保大桥稳固平稳运行，青年突击队立即开始搭建第二层贝雷架，经过 20 多小时的施工，第二层贝雷架稳跨岷江。至 23 日 2 时，经过连续奋战，突击队共安装贝雷架 184 片，长 60 米的映秀二号大桥终于全面抢通。（参见图 155）

地震致使蒙子沟大桥严重受损。5 月 21 日，四川省公路局协调四川省交通厅战备仓库 2 套 40 车次贝雷架钢桥运抵蒙子沟大桥工地。28 日，经过抢修人员的昼夜抢修，终于完成蒙子沟桥 84 米双排双层加强型钢桥架设，保证了公路畅通。

地震导致位于映秀镇以南“S”形的百花大桥有近 1 公里长的桥身和桥墩严重错位，两个跨桥板和两个桥墩垮塌，其余桥墩均出现开裂、倾斜，部分桥墩还出现压碎性破坏，已无法恢复使用。由于余震不断，损毁的百花大桥极易造成次生灾害。此路段需应急抢修的便道，是曾被河水淹没的老国道 213（317）线，就在百花大桥下一侧，救援人员和物资都必经此大桥。然而，随时可能倒塌的残余桥体，时刻威胁着这条“生命通道”。经交通运输部组织专家反复查看论证，同意对百花大桥实施爆破拆除。5 月 27 日，四川省抗震救灾指挥部决定对百花大桥实施控制爆破拆除。28 日 18 时 2 分，百花大桥由四川路桥集团成功实施爆破拆除（见图 156）。

地震发生后，都江堰至映秀镇路段隧道不同程度受损，友谊隧道、白云顶隧道受损尤为严重，抢通加固隧道任务在艰险的情况下实施。

友谊隧道位于紫坪铺大坝左岸，因受地震影响，隧道内多处出现塌落和裂缝，如不及时抢修，隧道随时可能塌落，不仅将造成通往映秀通道的阻塞，还极可能出现重大安全事故。5 月 20 日 16 时 30 分，四川路桥集团经过必要准备后，火速奔赴友谊隧道抢修现场。因白天交通不能中断，只能在深夜进行抢修施工。21 日 3 时，友谊隧道加固施工正式开始。是夜大雨倾盆，余震不断，泥石流、山体滑坡、隧道坍塌随时可能发生，但突击队员没有一人放弃手中的工作，交通管制安全员不停往返巡逻于隧道两端，运输车忙而不乱地往返于满是泥泞和飞石遍地的施工现场。至 22 日 10 时 5 分，抗震抢险突击队经过连夜奋战和紧张抢修，完成友谊隧道抢修加固任务。

都江堰至映秀镇路段的白云顶隧道地处山顶部，两层护壁坍塌错位 40 厘米，随时有再次坍

图 156　5 月 28 日 18 时 2 分，爆破百花大桥残桥

（交通运输部　提供）

塌的危险。5 月 22 日，四川路桥集团完成友谊隧道加固任务后，火速转往白云顶隧道抢修施工。至 23 日 15 时 30 分，完成白云顶隧道抢险加固任务。

5 月 25 日 16 时，四川省交通厅召开办公会，对前一阶段保通任务完成情况进行总结，鉴于武警交通第一总队主要力量投入到抢通映秀至卧龙公路上，为尽快做好已通线路的工程处置工作，确定在保通责任不变的情况下，对武警交通第一总队保通段内工程处置进行重新分工：由成都志德集团负责灰窑沟至友谊隧道段剩余保通工程处置任务，华川集团负责友谊隧道至古溪沟桥剩余保通工程处置任务，四川路桥集团负责古溪沟桥至映秀剩余保通工程处置任务。18—28 日，华川集团历时 11 天，分班组进行 24 小时连续作业，完成古溪沟桥 K1018+450 至 K1018+500 长约 50 米路基及边坡塌方段处治，并做了拦水坎；20—26 日，华川集团组织另外一支队伍对 K1019+176 至 K1019+184 段垮塌挡墙进行加固修复。

5 月 28 日 9 时，阿坝铝厂至映秀段抢通后，此段通行能力有了大幅度提高。20 时，四川省交通厅召开现场会，确定国道 213（317）线都江堰至汶川段实施分段养护，成都市交通委员会负责成都境内国道 213（317）线都江堰至友谊隧道段养护，四川路桥集团负责国道 213（317）线友谊隧道至映秀段养护，并各自成立相应指挥部，华川集团完成保通工程处置任务后安排退出。

6 月 9 日 12 时 20 分，都汶路映秀段发生特大滑坡，山体滑坡影响范围达 200 余米，塌方量达 3 万多立方米。四川路桥集团立即派出成建制的施工队伍和机械设备，全力配合抢险保通。至 18 时，滑坡险情排除，该路段恢复交通。

抢通国道 213（317）线映秀至汶川路段　映秀至汶川路段南起映秀镇，沿岷江峡谷两岸分布，经草坡、绵虒至汶川县城，公路位于地震断裂带映秀至北川断裂的上盘，受到地震毁灭性破坏。映秀至汶川段公路分为新路和老路，新路接都（江堰）映（秀）高速公路 K25 处，为二级公路，长 56 公里；老路原为三级公路，长 57 公里。从映秀到汶川段的新路，滑坡体密度每公里达 19 处，有 26 处大坍塌体砸毁或压埋公路 13 公里。受损最严重的映秀至彻底关段 18.5 公里公路，集中了几十处大型岩崩、滑坡、泥石流、堰塞湖等次生灾害和上百处路基边坡高危点，总塌方量超过 8000 万立方米。在映秀至汶川 56 公里的新路上要清出一条便道，需清除塌方 210 万立方米；要形成运输通行能力，需清除塌方 520 万立方米以上，平均每公里清理塌方量达 10 万立方米。由于路段离震中最近，除公路被直接损毁外，岷江两岸的巨型崩塌体、巨型山体滑坡、危岩和滚石随时都可能危及施工人员安全，要在较短时间内完成抢通，任务异常艰巨。抢通救援队伍分别从映秀和汶川县城南北两个方向，相向会战于映秀至汶川县城路段。

抢通汶川县城至桃关隧道路段由武警水电第三总队九支队和四川路桥集团共同完成。5 月 16 日 6 时，武警水电第三总队九支队狮子坪项目部承担抢通汶川县城至草坡隧道路段。9 时，九支队四中队 130 名官兵携带 23 台机械设备，从汶川县城向映秀镇方向奋力推进至草坡隧道。经过 3 小时努力，打通至草坡的道路，然后抢通草坡隧道。九支队共清理山体大小塌方 20 余处，挖运土石方 6 万立方米，回填 2 万立方米，排除巨大危石 50 余块，解体孤石 3 处 400 立方米。（参见图 157）

图 157　5 月 16 日，武警水电第三总队九支队官兵操作重型机械在汶川“生命线”上施工

（武警部队　提供）

5 月 27 日，四川路桥集团火速调集队伍，从国道 317 线赶赴汶川，从汶川县城向映秀镇方向抢通作业，实施由北向南“突击”。6 月 16 日，经过四川路桥集团机械化分公司昼夜施工，国道 213（317）线从草坡隧道口到桃关隧道 5 公里的道路终于被打通。

由南向北的映秀过境路段全长 2.5 公里，起点是映秀镇镇口，终点是烧火坪隧道岷江大桥出口。四川路桥集团施工队分 3 个面作业，即映秀镇口至渔子溪桥段、渔子溪桥至烧火坪隧道洞口段、烧火坪隧道洞口段。其中，烧火坪隧道洞口段的处理难度最大，塌方量超过 2 万立方米，洞口完全被埋，洞内 8 米长的路段被堵塞；同时，洞口以上塌方最高处达 30 米。阿坝藏族羌族自治州公路局和汶川县公路局采用台阶作业方式，分层次对洞口塌方进行清理。至 5 月 22 日，经过四川路桥集团突击队紧张施工，全长2.5公里的都汶路映秀镇过境路段全部打通，前往汶川方向的车辆不再穿过映秀镇，而是经场镇外围行驶，保证了车辆的快速通行。

映秀过境路段被打通后，抢通老虎嘴和架设彻底关大桥成为映秀至汶川路段的两大控制性工程。6月27日，四川省委书记刘奇葆到达映秀至汶川路段抢通现场，要求尽快做好规划和组织协调工作，动员各方面力量，集中优势兵力，按照科学、安全、快速的原则，坚决打通映秀至汶川的“生命线”，为抗震救灾提供有力保障。7月3日，四川省委、省政府成立以四川省领导为指挥长、王宁和77100部队副政委郑道光为副指挥长的国道213（317）线都汶路抢通保通指挥部。

7月4日，抢通保通指挥部召开第一次会议，要求集中各方力量打响攻坚战，确保8月底以前全面抢通映秀至汶川公路；尽快架设漕渡，确保6日前完成；抓紧抢运工程设备及油料等物资，加大作业力量；尽快完善关键工程处置办法，解决制约都汶路打通的“瓶颈”；实施“疏、堵、炸”，拓宽龙口，降低老虎嘴壅塞体水位；完善彻底关大桥战备钢桥架设方案，既要保障安全通行，又要实现安全度汛；采取主动应急排险措施，清除沿线滑坡体、危岩等地质灾害隐患；尽快制订任务分解方案，明确各路段抢通、保通、除险、防护、交通管制等责任单位和力量配备及工作进度；尽快落实后勤保障，加强医疗防疫、应急通信和施工人员的食宿保障；尽快建立工作机制，组建前线指挥部和各工作小组，5日必须全部到位进驻映秀，并建立每天协调会商会议制度。四川省公路局组织交通设计院、公路设计院数十名专家和技术人员，以及四川路桥集团等施工单位4200余名施工人员，在省国土资源厅、省水利厅、抗震救灾部队的积极配合下，展开全力抢通映秀至汶川路段的大会战。

老虎嘴位于映秀岷江上游2公里处，其所在的高家山山体紧靠岷江主河道，为国道213线上“山行陡峭、水流湍急”的险要之地。地震引发该处严重的山体垮塌，约70万立方米的壅塞体倾泻而下，将此段公路掩埋达10米之深，高家山几乎与江面垂直。同时，壅塞体阻塞了岷江河道，形成堰塞湖，国道213（317）线近1公里公路被淹没。既无法填充河道延伸道路，又无法在陡峭且松散的山体上开挖新的道路，这使国道213线老虎嘴段成为抢通重大难点之一。交通部门在河对岸已抢通了便道，但抢通的便道与水下的公路之间有30米的高差。交通工程专家制订的方案是：恢复老路线最好、最安全，保障通行能力也最强。但这个方案实施的前提是，必须把水位降到原来的路基以下。根据计算，壅塞体内水深22米，水位必须降低17.6米才能露出路基。抢修队伍在一周内经过4次爆破，壅塞体内的水位才下降2.3米。专家一致认为，挖湖露出路面不现实。都汶路抢通保通指挥部决定，采取“右岸疏浚、左岸封堵、龙口爆破”的方法，对岷江上游最大壅塞体老虎嘴部分山体实施爆破，在高家山开挖一条100米长的爆破洞，爆破后在山腰另辟一条新的路基。

7月5日，77100部队副政委郑道光组织77105部队、77146部队、77126部队工兵营500名官兵，投入军民联合抢通都汶路的战斗。77105部队与四川路桥集团一起，对老虎嘴壅塞体下游高家山采取洞室定向控制爆破。他们在接近70度山体上艰难凿出“Z”字形便道运送舟桥设备，构筑临时码头，70吨漕渡门桥随即成功架设。由于漕渡门桥没有动力，完全依靠汽艇牵引和冲锋舟顶推，岷江水流变化不定，且多有漩涡，水底杂物经常给抢险官兵带来危险。8日，77126部队工兵营抽调100人编成爆破分队，负责爆破老虎嘴壅塞体、龙口段巨石和开挖拓宽河道的任务。部队长王凯、政委余永洪指挥成立300人突击队。12日，王凯先后3次爬到高500米以上的各排危点进行现地勘察，提出“以爆为主、人工结合，多点钻孔、集中爆破，分段实施、逐一排险”的施工原则。17日，77126部队协助四川路桥集团将彻底关战备钢桥架设完毕，为打通老虎嘴创造了有利条件。

7月19日，77105部队官兵喊出“撬开‘老虎嘴’、拔掉‘老虎牙’”的口号，在灰尘、噪音、烈日下，每4人一组钻孔、送气、装药；爆破组攀过铁索桥，钻过巨石缝隙，将500公斤炸药和爆破器材背到作业点，装填炸药，安装引爆雷管，筑炮泥，仔细串联引爆线，再认真检查装药。经过20余次爆破之后，老虎嘴壅塞体被清除近15万立方米，关键点很快转移到江中几块巨石上。巨石壅堵造成岷江水流速度达到每秒6米，路基很快就会被掏空；要使水流速度变慢，必须清除江心巨石。一级士官陈耀青冒着随时可能会被江水卷走的危险，踩着临时搭建的独木桥向江心走去。一个浪头打过来，陈耀青险些掉入咆哮的江水中，被战友一把抓住腰间保险绳才躲过一劫。无法在江心巨石上搭设梯子，陈耀青又请战友用挖掘机挖斗将其送到巨石上作业。（参见图158）

7月19日，77146部队工兵营300名官兵紧急增援抢险老虎嘴，担负排除沿线两侧危石任务。77146部队作业点位于“两沟夹一嘴”的山嘴地带，危石方量约2万立方米，官兵攀上滑坡顶才能清除危岩滚石。官兵人工打炮眼，装填炸药，消耗炸药1500公斤、雷管1600枚。其间，抢险部队官兵共钻孔1825个，排除危石2500余处，清理土石12万余立方米，使24个区段从此成为安全路段。专家在考察险情后感叹，在这样路段排险无异于与死神较劲，因为官兵们随时都可能遇到滑下百米深崖的危险。

7月20日11时，高家山100余米长的洞石内装满30吨炸药和6000个堵塞石袋，爆破工作准备就绪。12时57分，四川路桥集团总工程师柴俭下令起爆，高家山半边山体扑向岷江，老虎嘴山体整体坍塌下来，爆破的碎石被推到中央的孤岛上，将岷江左侧水流封堵，迫使岷江主河道移到河床中央，坍塌山体在岷江河边一次形成上百米路基。此次爆破山体石方约10万立方米，

图158　7月10日，77105部队官兵头顶烈日奋战在映汶公路“老虎嘴”施工现场（罗顺裕　摄）

共消耗炸药30吨，爆破规模在中国公路建设史上史无前例。27日，老虎嘴壅塞体与上游道路之间的一段悬崖也被成功炸开，老虎嘴施工便道随即被打通。都汶路映秀至彻底关沿线施工便道贯通，标志着都汶路全线抢通取得阶段性胜利。

映秀至汶川路段的彻底关钢桥位于都汶路段K44＋235处，是横跨岷江的一座大桥，全桥11跨。地震发生后，3跨（第一至第三跨）主梁全部坠落入岷江，2个桥墩断裂，阻断了都汶路。岷江彻底关段水流量每秒380立方米、流速每秒4米。机具运不进去，只能靠人背马驮，架设彻底关岷江钢桥成为难题。

为抢修彻底关钢桥，四川省交通厅公路规划勘察设计研究院提出3套方案：第一套方案是修复该桥，工期至少半年；第二套方案是把垮塌的3跨换成钢桥，但经检测，桥墩出现问题，也要加固，工期也较长；第三套方案是架设60米钢桥，工期大约1个月，但此前国内装配式公路钢桥的最大跨径为57米，尚没有使用过跨径为60米的桥体。经过比选，第三套方案被选中。为方便两岸接线，且考虑321钢桥施工场地的需要，将桥位移至彻底关大桥下游约200米处。

5月27日，四川路桥集团开始准备抢修彻底关大桥。为保证整桥有稳定的基座，抢通队伍用大块石、片石装成钢笼，直接建成桥台。桥台型钢笼横桥向上长8米，顺桥向下半部为梯形，下部宽9米、上部宽3.55米、高8.5米；上半部为矩形，宽3.55米、高3.5米，整个钢笼体积超过600立方米，重达数千吨。为防止湍急的河水把钢笼下的河床掏空，使钢笼沉陷，最终导致整座桥梁下陷，决定在桥台钢笼周围抛投防冲刷导流型钢笼。只要桥台下的河床被掏空，这些钢笼就会借水流之力主动填补上去，避免桥体下陷。同时，考虑到彻底关大桥靠近映秀一侧没有施工机械，将原定以钢管柱为主体的钢笼改为直接用万能杆件拼装，但其成本大增。为防河床变窄、汛期水位上涨淹没桥面，经专家们紧急会商，决定将桥梁底部标高提高近4米，可满足10年一遇的泄洪需要。

至7月17日晚，经过四川路桥集团员工的顽强拼搏，横跨岷江的第二项控制性工程彻底关战备钢桥架设完毕。此举，不但意味着在汛期“反季搭桥”获得成功，而且还创造了跨径60米的国内最长单跨钢桥的纪录，一举攻克这一世界难题。彻底关战备钢桥基本架设完毕，初步形成映秀镇至汶川县城通行能力。之后，施工人员加班加点建设防汛辅助设施，加高导流坝钢笼至桥台水平，并为钢结构桥铺上桥面。（参见图159）8月底，钢桥实现通车。

映秀至汶川路段除彻底关大桥外，其他桥梁受损也很严重，主要是桥面及工字梁整体移位，桥台受地貌变化发生位移或变形，墩柱受弯，盖梁受扭，在纵向和横向都出现移动。共有22座大桥梁体需要复位，其中独秀峰桥梁体整体横向移位，伸缩缝被拉开50厘米，梁从支座上脱落，直接支承在盖梁上；草坡3号桥台锥坡被破坏，汶川岸桥台桥头路基沉降变形，全桥伸缩缝被破坏，梁整体横向左移60厘米；羊店1号桥及高店、七盘沟等大桥横向移位均达60厘米以上，受损情况最为严重。

面对如此众多的桥梁复位难题，又没有成熟的施工技术可以借鉴，四川省交通厅公路规划勘察设计研究院创造性地提出“采用一联上部结构整体复位”的思路，采用梁板整体顶推，实现对上部结构严重移位的桥梁复位。桥梁整体复位操作工艺研究流程为：确定桥中轴线及复位控制线→盖梁顶清理及铺设2厘米下钢板→整联安装同步千斤顶→按10%逐级加载→在原支座垫石与

图159　6月15日，国道213线都汶路段架设彻底关大桥施工现场
（交通运输部　提供）

工字梁底支垫钢板→重复前两步→临时滑动支承转换（原垫石上或横隔板下＋钢板＋不锈钢板＋四氟滑板支座）→安装横移（纵移）反力架→横移（纵移）→更换新支座。桥梁整体复位的技术难点，在于梁体同步垂直顶升、同步纵横移。做到梁体内工字梁同步顶升，保证梁体整联受力均匀，保持整联梁体的完好性，且桥面系及工字梁间的连接缝不受损伤，是桥梁整体复位的关键。

8月4日，四川路桥集团开始对草坡3号大桥实施复位。草坡大桥桥长226米，分为两联，第一联3跨、第二联4跨。地震发生后，一联横向向右移位18厘米，纵向被拉长25厘米，3号桥墩第一、二联交界处左右错开24厘米。7号桥台向左移动32厘米，纵向拉开30厘米。根据草坡3号大桥的破损情况，决定采用复位两次、一联整体复位方法，以特制的60余个顶升千斤顶、8个水平千斤顶、100余名工人，同时操作复位。几十个千斤顶同步均匀用力，100余名工人同时同步操作液压泵，毫发不差。16日19时，都汶路草坡3号大桥复位成功。都汶路抢通保通指挥部要求借鉴成功经验，采用顶推技术，在最短时间内修复其他"病桥"，最终于9月底完成22座震损桥梁整体复位工作。

由于都汶公路处于震中地区，地震后很长一段时间内次生地质灾害频发，受雨季等气候因素影响，公路的抗灾能力和安全保障能力十分脆弱，"生命通道"的保通面临着巨大压力和余震、雨季的严峻考验，灾区道路抢通保通具有长期性和艰巨性。77146部队和黑水县民兵承担抢通保通映秀至彻底关塌方路段的任务。7月24日，正在阿坝参加驻训的102名黑水县民兵，在县人武部组织下，经两天一夜千余公里跋涉，机动至映秀镇，再次执行保通都汶路任务。

7月26—30日，77146部队先后在国家电网映电总厂、老虎嘴堰塞体悬崖、一碗水危岩体和变电站担负排除危石任务。国家电网映电总厂崩塌区段一处危岩体高20米，石方量约4500立方米。26日，突击队采取在危岩顶部顺裂缝打炮眼装药、中下部宽大裂缝实施集团装药，一次性爆破清除，共消耗炸药750公斤、雷管680枚。该区段共爆破清除危岩7处、人工清除危石39处，开创排危除险中一次集团装药量最大的先例。27日，老虎嘴堰塞体悬崖被炸开，近200米长山体按照预先设计的路径垮塌下来形成路基。28日，突击队开始实施一碗水危岩体区段爆破攻坚战。该点飞沙走石，官兵身系保险绳在悬崖上打炮眼、装药，其间多人被落石砸伤。30日，在变电站中桥2号崩塌区段爆破清除危岩76处，人工清除危石227处。8月4日，77146部队突击队在麻柳湾崩塌区段爆破清除危岩141处，人工清除危石108处；11日，在平坎子崩塌区段，突击队爆破清除危岩46处，人工清除危石145处。至此，77146部队历时23天的都汶路排危除险攻坚战结束，共出动兵力1.24万余人次、车辆装备445台次，钻孔挖坑1825个，使用炸药7.8吨、雷管7500枚，排除映秀至彻底关46公里、24个区段的危岩2513处，共清除危岩体15.64万立方米。

8月7日，汶川县再遭暴雨，都汶路出现20余处塌方。至16时，映秀至彻底关路段塌方量达到10余万立方米。四川路桥集团突击队全力抢通施工通道，以便后续大型机械能进入施工作业。8日，黑水县民兵在没有机械的情况下，用双手和铁锹、大镐在悬崖上奋战16天，完成映秀至彻底关大桥段塌方、危石和便道平整任务。28日，都汶路映秀至汶川段全线路面施工（含路面修补、铺筑和挡墙砌筑）结束，除部分桥梁复位工作未完工外，都汶路基本实现全线贯通。原本需要3年时间才能打通的“生命通道”，在3个月内实现全线抢通。

8月30日中午，已铺好沥青的老虎嘴路段再次被洪水冲断，河床被地震抬高15米，从上游暴雨区下来的洪水漫过路面2米多，巨大的浪花一点一点把路基掏空近100米。四川省交通厅、四川省水利厅及时派出约500人施工队，展开昼夜大会战。施工队往路基边缘填充巨石，放下去便不见踪影，于是趁水流稍小时往里放120个、每个重3吨的“四面体”；再紧急从都江堰运来钢筋，用最快速度制作出一个个钢筋网，以最快速度投放到老虎嘴的“伤口”位置，放下一个钢筋网，紧跟着几车石方填充进去，一步步将激流逼开，洪水一退立即开始修路。几台机具从两头往中间填方修路，填了冲走，冲走再填。经反复多次与激流搏斗，至31日17时24分，施工队终于将路基打牢，接着实施碾压、铺油，经29小时昼夜连续施工，老虎嘴再次被征服。

9月2日，温家宝考察都汶路老虎嘴抢通工程，询问了解抢通过程中的种种艰险，接见77105部队官兵。温家宝称赞部队官兵：“协助四川省攻克了世界性难题、创造了公路史的奇迹，及时打通了党中央、国务院连接灾区人民的‘生命之路、安民稳心之路、希望之路’。”温家宝在现场听取四川省交通厅汇报后指出：“交通部门的干部职工以顽强拼搏的精神创造了修复、修建公路史上的奇迹，他们的业绩是史无前例的，他们的精神也是史无前例的。”温家宝在答记者问时说：“你问我最紧迫、最难的是什么？我以为有两点……第二件事情，还是基础设施。基础设施最难的是路。因为修路不仅是施工，而且要治山治水；不仅要修通，而且要保障通畅。这件事十分困难。我还要说都江堰到汶川的公路，地震第一天我们就急着要修通这条路。专家查勘以后曾经判断没有一到两年的时间这条路修不通，到处都是滚石、塌方，桥梁倒塌，涵洞变形。我没有想到，就用100余天的时间，这条路修通了。今天，我们就是坐着汽车，沿着这条公路来到这里。但是保通难度还很大。还有山区的另外几条公路需要抢修，昨天晚上总指挥部开会确定，在年底以前争取能够通车，哪怕从便道开始、从轻载开始，逐步建成规范的路。”

从9月23日开始，四川盆地西缘持续下了近一周的强降雨。受暴雨、泥石流等影响，都汶路发生滑坡、塌方等大小不等的地质灾害共计30余处，其中较严重的有五六处。26日，暴雨造成泥石流、塌方达到5万余立方米，百花大桥一带更是受损严重，都汶路再度中断。四川各级交通部门迅速启动应急预案，全力以赴投入到修复抢通和运输保障中。至 28 日 12 时，都汶公路全线恢复通行。

为保障都汶公路在汛期出现险情后，抢通人员和设备可以在最短时限内赶到现场，及时组织抢险保通，四川省都汶路抢通保通指挥部根据制订的抢通保通施工方案，在重点灾害路段布置 7 个常驻监测点，并配备 30 余台设备和 120 余名抢修人员，24 小时待命坚守；同时，加强交通管制，及时疏导堵塞车辆，避免人员和车辆长时间滞留。由于一些桥梁和受灾较重路段的通行能力有限，只能单车通过，从 10 月 1 日起至 2009 年 4 月 30 日，对国道 213（317）线都汶路段实施交通管制，全天单向单车、限时限载限速通行。

二　抢通汶川东线公路

图 160　汶川东线干线公路示意图

汶川东线公路泛指在抗震救灾中从成都、德阳、绵阳经北川、茂县至汶川东部环线以内的道路（见图 160）。抢通重点是四川省道 105 线北川境内段和四川省道 302 线北川至茂县段。对口支援的各省（区、市）突击队和解放军、武警部队以及民兵预备役人员，在危难时刻勇于担当、超常付出，艰难完成东线公路抢通重任。

抢通四川省道 105 线北川境内公路　北川境内有南北纵向省道 105 线和东西横向省道 302 线。地震发生后，省道 105 线安县安昌镇、永安镇至北川的道路中断，通往北川县城的主要陆路通道有 3.5 公里被巨石堵死。四川路桥集团救援队赶到现场，经过紧急踏勘，绕开巨石，填挖干涸水渠，于 5 月 13 日下午打通通往县城的便道，并于 15 日凌晨打通从北川中学到北川县城的道路，但外界通往北川县城的公路仍未打通，救援车辆无法进入北川县城。

5 月 14 日，温家宝考察北川灾区时强调，一定要想方设法尽快打通外界与北川的“生命通道”。第二炮兵抗震救灾部队临危受命，于 15 时组成前方指挥所，在副司令员于际训、副参谋长王治民的带领下紧急出发。与此同时，正在全国 7 个省（区、市）重点国防施工工地奋战的上千名工程技术尖兵迅速集结，通过航空、铁路、公路运输 3 种机动方式，于 22 时抵达北川灾区。

5 月 14 日 22 时 30 分至 15 日 4 时，在当地抗震救灾指挥部人员引领下，第二炮兵前指指挥员带领技术专家在受阻路段艰难往返爬行了两次，爬一次需一个半小时，其中有一段路陷进了七八米深的沟底，人要在沟底的淤泥中行走近百米，再爬梯子上去。抢险救援官兵在余震不断发生的情况下，采取挖土埋石的办法，把土填到坑洼不平的道路上，将“生命通道”一米一米地向前延伸。15 日 18 时，“生命通道”被抢通，第二炮兵工程部队携带大批工程机械装备，沿着刚刚铺就的新路开进北川县城。至此，各种救援车辆从绵阳市沿国道 108 线南下至永兴，从永兴经县道至安县，再由安县经省道 105 线到达北川。96512 部队担负打通进入北川县城 3.5 公里路段的任务。此时通往北川县城唯一公路被巨石堵死，数万名救援人员和大量救灾物资只能滞留城外。93 分队党员突击队，不顾余震不断、山体滑坡、山石滚落等危险展开施工。班长杨靖宇驾驶挖掘机冲上去，几次躲过山上滚落下来的石块，沉着冷静地驾驶着挖掘机一米一米地向前推进。突击队利用现场地形迂回改道、埋石填土，成功清除路面一块块重达几十吨的巨石，顺利通过跨度近 6 米、深达 2 米多的断裂带。96512 部队提前 12 小时打通“生命通道”，为将大批救援人员和救灾物资迅速运进北川赢得宝贵时间。

地震发生后，省道 105 线北川羌族自治县擂鼓镇通往安县公路上，滞留了上万名受灾群众。5 月 17 日，武警 8694 部队承担打通擂鼓镇通往绵阳方向 10 公里阻塞公路的任务。18 日晨，副部队长杨明生率突击队开赴一线，仅用 3 小时 10 分钟即清理至最艰险的玉皇山路段。14 时 45 分，突然发生强余震，一块巨石紧擦着战士吴小林后背砸下，无数小石块从山上飞滚而下。一位村干部跑过去拉住杨明生的胳膊说：“首长，别干了，太危险。”杨明生将群众安置在相对安全的地域，继续带领官兵向前推进。17 时 28 分，最后一块石头被推下山崖，部队清理道路 10 余公里，将滞留群众全部转移出险境。

6 月 4 日，由山东省潍坊市公路抢险队承担抢通保通任务的省道 105 线桂溪至陈家坝路段基本打通。5 日，山东省交通厅北川前线抗震救灾总指挥部下发《关于调整山东省交通系统赴川抗震救灾任务分工的通知》，确定由潍坊市公路抢险队负责省道 105 线陈家坝至桂溪段约 12 公里道路保通任务，菏泽市公路抢险队负责省道 105 线安县与北川县界至曲山镇段约 14 公里道路保通任务。

抢通四川省道 302 线北川至茂县段 地震发生后，省道 302 线北川至茂县公路被严重震毁，其中北川县城到禹里乡的 20 多公里路段几乎没有了路的痕迹。震后形成的唐家山堰塞湖，将这条路近 20 公里路段淹没，北川到茂县再到汶川的道路完全中断。因此，打通省道 302 线北川至茂县路段，就成为由东线经茂县进入汶川的关键路段。

5 月 21 日，96512 部队和武警交通第一总队接到成都军区联指下达的任务后，两支部队分别从擂鼓镇、禹里乡“两头夹击”。（参见图 161）第二炮兵司令员靖志远、政委彭小枫到现场勘察，组织 96512 部队抢通。地震发生后，流沙坡被“削”掉一半，坡底是湍急的河流，对面是绝岩峭壁。27 日，96512 部队 520 名官兵全面展开施工，先从擂鼓镇郭牛村开始抢建，突破的第一道难关便是 500 米长、塌方泥石量达 2 万余立方米的流沙坡。6 月 3 日 8 时 25 分，施工作业面上机械轰鸣，一块大如篮球场的巨石斜悬在流沙坡中央。战士杨勇、李伟将电缆作为保险绳系在腰间，滑至巨石中部，风钻声“突突突”响起。忽然一阵疾风骤雨袭来，流石从山顶向下滑落，杨勇、

图 161　5 月 21 日，96512 部队利用大型工程机械抢通通往北川县城“生命通道”的施工现场

（第二炮兵　提供）

李伟两人双手紧紧拽住电缆绳；杨勇立即拉掉风钻开关，双手护住头部，将身子附在巨石上。大量石块从 300 米山顶如万箭齐发，擦身而过。两分钟后，悬吊的杨勇、李伟开始继续在巨石中部作业，腰部被电缆绳勒得隐隐作痛。他俩在艰难中作业 5 个小时，风钻杆向巨石中心一寸寸推进。18 时 55 分，随着一声“点火”令下，斜悬在流沙坡的巨石在巨响中被炸开。

6 月 24 日，省道 302 线茂县至禹里乡段抢通，但从北川到禹里的大部分路段，被唐家山堰塞湖淹没。通过现场勘察和方案比选，交通部门将擂（鼓）禹（里）路作为省道 302 线北川至禹里段的绕行线，旋即成立省道 302 线绕行线擂鼓镇至禹里段保通工作指挥部。

省道 302 线绕行线擂鼓镇至禹里乡公路抢通保通工程起于擂鼓镇（接省道 105 线），顺原村道经干河坝、灰家坪、苏保桥、苏保、反白坪、三岔河桥、桥楼子，到达老林口，然后在何家山开辟新线，于巴弄山接林场道路，顺原路经过老庙子，到达范家山，再开辟新线，翻越冒火山垭口（海拔 2060 米），经大岩窝、大坪、横房子，在青龙桥接原村道，经水木湾、三皇庙、苍头山，最后在禹里乡治城大桥桥头接省道 302 线，路线全长 36 公里。

北川至茂县擂禹段道路塌方总量约 2000 万立方米，堰塞湖 7 个，桥涵毁坏 40 多座。其中，擂鼓镇至老林口 19 公里路段为整个道路的难点，路段滑坡 100 余处，塌方总量在 1600 万立方米以上，90% 以上路基被震毁，7 座桥梁受损严重，7 个堰塞湖全部处于此路段。此段系沿山谷修建，两边山高谷深，山体破碎，土质松软，险石高达几百米，难以排除；河道狭窄，大部分山体发生严重崩塌、滑坡，石渣堆积量大，短期内疏通道路难；作业面狭窄，无法选择迂回路线、无法开辟多个作业面，只能在坍塌后的巨石堆上进行独头抢通作业，施工穿插难；滑坡路段山高、巨石林立，钻孔爆破难；震后山体垮塌距离长、面积大、坡度高、安全风险评估难。加之 9 月下旬的大暴雨，造成抢通路段又发生多处边坡坍塌，很多新修道路被洪水冲毁。

抢通擂禹路，解决擂鼓镇至老林口段 7 个堰塞湖是关键。郭牛村 1 号堰塞湖下游是一片深长大峡谷，居住着 5 户人家；峡谷中间是幽深的湖面，湖面宽近 40 米，湖的两侧是高山和峭壁。在堤坝边仅约 20 平方米的地面上，挖掘机操作手杨靖宇将堰塞湖挖开一个小缺口将湖水分流，每天都要无数次面临滑坡、飞石威胁，稍有不慎就有被飞石砸伤的危险。部队充分借助大型工程机械装备优势，实现“推、挖、装一条龙”作业。经过七天七夜鏖战，7 个堰塞湖被官兵们各个击破泄流。

在会战擂禹路的突击队中，武警交通第一总队从西藏、青海、云南等七省（区）集中精兵强将，投入抢通战斗。武警交通第一总队官兵与 96512 部队官兵一起，负责从禹里乡向擂鼓镇方向抢通。8 月 24 日，武警交通第一总队从禹里抢通到冒火山山顶。（参见图 162）从禹里到冒火山路程 20 余公里，原路只有 5 公里，其余全系新辟路线。官兵住在海拔 1500 余米的半山腰上，所需施工设备和 100 余人的给养，都必须从成都或者兰州方向运来，机械设备用油都是战士们背上山的。27 日，武警交通第一总队一支队官兵翻越冒火山，开始从山上往山下开辟路基。

图 162　8 月 24 日，武警交通第一总队使用大型工程机械奋战在北川至茂县擂禹路段上

（武警部队　提供）

两支施工队原计划在冒火山分水岭会合。当武警交通第一总队一支队完成预期任务后，96512部队因为施工难度特别大还在苏保河谷艰难掘进。武警交通第一总队一支队继续从山上往山下施工，增援96512部队。冒火山海拔2180米，大型滑坡体位于分水岭上，长200余米，公路无法绕过。从冒火山下坡须经一个大型滑坡体，且随时都在坍塌。武警交通第一总队一支队分成3个梯队，每个梯队以挖掘机、推土机和装载机为先导，让第一梯队开路，第二梯队爬到山顶将潜存危险的土石方剥离、处理滑坡体，第三梯队将路面拓宽并完成路面平整工作。200余米的滑坡地段，需要挖掘土方量近6万立方米，部队共出动3台挖掘机和10台推土机、装载机，60余名战士参加施工。由于滑坡体坡面陡峭，只得将机械开到滑坡体顶端开始挖掘推土，通过加大作业面增强路基稳定性。9月初，经武警交通部队官兵100余天的日夜奋战，终于战胜冒火山大型滑坡，并与96512部队会师。

8月3日，总参谋长陈炳德在成都军区上报的《擂鼓镇至禹里乡道路抢修情况报告》上批示："这条道路的抢修抢通实属不易。参战全体官兵发扬了抗震救灾精神，修建了一条生命工程，意义极为重大。"

为减轻部队负担，北川羌族自治县交通局承担擂禹路抢通的排危和爆破作业任务，并组织了12人的排险队伍。对于横亘路上的巨石，由部队打炮眼，排险人员埋炸药爆破，险情解除后部队即开始作业。

在已经抢通的路段，由北川禹通路桥公司负责保通，负责软基处理、涵洞等排水系统和一些路段的局部加宽，保证前方施工部队"生命通道"的畅通，部队抢通到哪里，他们就保通到哪里。9月10日，省道302线北川至茂县的改线段擂禹路全线贯通，抢通后实际里程为49.5公里。

9月下旬，北川至茂县公路遭受特大暴雨袭击，公路多处发生泥石流、山体滑坡，三分之一以上路段被全部冲毁，抗震救灾部队官兵及公路职工奋力抢通的擂禹路全线中断，抢通工作被迫中断。武警交通第一总队、96512部队与地方交通管理部门进行研究协商。26日，抢通人员继续对擂禹路实施抢通，其中擂鼓镇至林观庙方向仍由96512部队负责，北川羌族自治县交通局组织的保通队从老林口向禹里和擂鼓镇两个方向同时掘进。11月3日，经过全体抢通人员一个多月的艰苦奋战，北茂路擂禹段终于再次全线抢通，北茂路实现初通。

在此期间，抢通的道路先后4次被暴雨山洪严重毁坏，4次恢复抢通，特别是遭受"9·24"特大山洪泥石流侵袭后，在道路被毁、工程装备受损情况下，96512部队再次抢通擂鼓镇至冒火山段20公里道路，累计投入兵力5万余人次、车辆装备4000余台班，完成路基挖填土石方158万立方米，排除险情土石9万立方米，清除水毁塌方162立方米；排除7处堰塞湖险情，开挖泄流槽共47万立方米；疏通河道10.5公里，清理土石42万立方米。11月7日，擂禹路正式移交北川羌族自治县人民政府。

三　抢通汶川西线公路

汶川西线公路即从马尔康沿国道317线经理县至汶川的道路。（参见图163）抗震救灾初期，西线公路也成为关键阶段进入震中汶川、运送救灾人员和物资的"生命通道"。

图 163 汶川西线干线公路示意图

抢通国道 317 线马尔康—理县段 地震发生后，国道 317 线马尔康至理县段受损严重，其中最严重的路段有两段，理县古尔沟上游约 7 公里至古尔沟下游 10 公里的红叶电站，以及朴头乡至理县县城路段。地震发生后，阿坝藏族羌族自治州交通局局长王祖全组织工程技术人员，驾驶 3 台装载机赶赴理县方向，同时组织马尔康、红原和理县公路沿途道班工人迅速集结。

5 月 12 日 16 时 30 分，在驻理县古尔沟镇沙坝村武警水电第三总队九支队四中队（狮子坪项目部）调研的总工程师陶然决定，由四中队中队长王安军等带领部分官兵及设备，沿国道 317 线向理县县城推进。23 时，王祖全带领西线阿坝藏族羌族自治州交通局抢险突击队一路清除零星塌方。突击队行进至理县夹壁乡，遇到第一处较大塌方，经过 3 台装载机近一小时作业清理完毕。

5 月 13 日 1 时，阿坝藏族羌族自治州突击队推进到理县新店子。突击队顶着余震和大雨，在理县电站大坝和拣羊坪之间数公里塌方路段，刚清理完又塌方，刚抢修完又来了泥石流，就这样反复抢修，艰难地将塌方路段打通。之后，突击队转战到理县县道上孟乡路段。上孟乡是王祖全的家乡，有人提出是否到家里去看一看，王祖全想都没想，“前进”两个字就脱口而出。突击队继续采取换人不停机战术，先后数十次反复对塌方进行强攻。8 时，武警水电第三总队抢险队进至理县红叶一级水电站下游一处塌方路段，经官兵连续作业，开辟出一条长达 1 公里、可供 10 余台设备同时作业的场地。21 时，武警水电第三总队抢险队推进至距理县县城大约 5 公里的高家庄。

抢通国道 317 线理县至汶川段 理县至汶川路段主要震害集中在汶川县城至城郊 10 公里路段和理县与汶川交界处高边坡路段。5 月 14 日 6 时 30 分，阿坝藏族羌族自治州抢险突击队两台挖掘机开进理县县城。9 时，从理县沙坝村通往理县县城的公路全线抢通后，王祖全带领的西线突击队在雨中奋力推进。在抢通国道 317 线 K186 ~ K187 处大塌方地段后，又一鼓作气清理了理县薛城镇上下场口的塌方、泥石流。15 日 1 时左右，突击队推进至理县桃坪新村。15 日，从理县龙溪开始，沿途出现大量被塌方冲下河谷的车辆，突击队员怀着更为急切的心情一路实施清理土石方作业。21 时 30 分，随着最后一块拦路石爆破成功，国道 317 线马尔康经理县至汶川的公路全线抢通。

汶川西线公路抢通后，交通运输部前方工作组建议四川省政府对这条“生命通道”实行“责任不变、人员不撤、设备不走”办法，由沿线政府继续负责保通任务。为保障汶川西线公路的畅通，四川省公路局组织当地交通部门及专家研究制订《成都—宝兴—小金—马尔康—理县—汶川公路专项保通方案》，部署相关人员在古尔沟和海拔4000余米的夹金山山口等塌方、泥石流最严重路段组织抢修，抢通又垮塌，垮塌又抢通，突击队反复、艰难、顽强地维持这条路的畅通。西线打通的第一周，每天进出汶川的车辆达到1200辆以上，大量救灾人员和物资快速进入，数万群众向外疏散，西线成了名副其实的“生命通道”。在雅安境内，从芦山到夹金山山口全长127公里的道路上，近200名道班工人日夜坚守，保障道路的通畅。哪里出现新的垮塌，哪里就有他们的身影；哪里的道路需要维护，他们就赶到哪里。宝兴县夹金山道班的工友，一直坚守在夹金山南面海拔3000～4200余米的地方，对垮塌的道路进行维修。在夹金山北面，小金县路政大队在省道210线小金段日夜巡查执勤，保障道路的通畅。根据四川省公路局的统一安排，资阳、乐山、攀枝花等地公路行业职工赶赴灾区，全力开展抢险救灾，与灾区属地的路政人员和道班工人夜以继日地守护着这条最为重要的救灾通道。

5月16日零时20分，通往汶川的西线公路抢通不到3个小时，理县附近路段又发生滑坡、泥石流，大量边坡垮塌，红叶电站至理县20余公里路段严重受损。为迅速恢复公路畅通，四川省公路局在一线指挥抢通工作的所有领导分段包干，组织抢修队顽强奋战，再次抢通西线公路。13时25分，理县再次发生余震，公路又被塌方阻断。余震发生后不到1个小时，塌方的公路又被抢通。抢险部队400余辆物资运输车，经西线陆续向理县、汶川方向进发。22时45分，至理县的公路抢通现场余震不断，山上飞石不断滚到公路上，道路再次阻断。23时30分，四川省交通厅从南充地区调运的4台大型公路抢通设备运抵理县，立刻投入到现场抢通保畅施工中。4000余名交通干部职工冒着山上飞石不断的危险加紧施工，至17日9时40分，受损公路终于抢通。

为增强这条“生命线”的保障力度，四川省交通厅还协调湖南对口支援队伍150余人、14台大型机械、28辆运输车辆前往增援，及时拓宽道路，清除安全隐患，确保公路畅通。5月19日，湖南交通抢险队经过四天四夜历经3000公里长途跋涉，艰难地翻越夹金山和梦笔山两座大雪山后到达理县，负责国道317线理县红叶电站至汶川路段抢通保通。

红叶电站至汶川路段全长80公里，塌方达100余处，十几处塌方土石方达上万立方米，大型泥石流约有30余处。5月20日，湖南省交通抢险队分为红叶、薛城和克枯3个分队，在红叶段10公里塌方、泥石流路段展开抢险。此后，抢险队每天以10～20公里的速度推进。由于余震和强降雨，导致几处山体反复塌方，抢险队坚持突击抢险，反复抢修。21日，抢险队再次在红叶段抢通10公里塌方、泥石流路段，红叶电站至理县县城路段全面抢通成双车道，恢复到灾前水平，交通基本畅通。22时30分，理县至汶川K177处因余震引发塌方，近100米道路被塌方土石方掩埋。湖南交通抢险队薛城分队在对当地交通不熟的情形下，凭车灯照明，出动2台装载机和8名施工人员迅速赶到塌方地段。两小时后，塌方被清理完毕。22日，抢险队累计抢通双车道里程20公里。至22日18时，在抢险队承担的理县至汶川近80公里路段上，薛城分队和克枯分队向前推进20公里，红叶分队抢通20公里。

5月23日15时30分，国道317线K185处发生大面积塌方，约50米长的山体垮塌，一大堆每块足有10多吨重的巨石滚落到道路上，通往汶川的道路突然中断。红叶分队紧急调动装载机和挖掘机赶到现场，用4台设备协助薛城分队作业，将一块块10余吨重的巨石推移至道路的另一侧。现场清理不到一半，山体再度发生坍塌，松动的山石又滚落下来，扬起的漫天灰尘使能见度极低，施工无法继续。待躲过滚落的山石、能见度稍微好转后，抢险队冒着生命危险继续清理塌方。20 时，车辆恢复通行。25 日，抢险队完成国道 317 线理县至汶川双车道抢险，沿线仅剩 8 处孤石。

5 月 27 日以后连续 4 天，由于山石松散，加之刮风下雨，国道 317 线理县至汶川 K184 和 K185 两处共发生大小塌方近 10 次。发现险情后，薛城分队和红叶分队调集 2 台挖掘机、2 台推土机和 1 台装载机前往现场清理塌方。在几台设备配合作业下，经 3 个多小时奋战，终于抢通双车道。同日，国道 317 线理县至汶川近 80 公路路段全线抢通。

四　抢通汶川北线公路

汶川北线公路即由国道 213 线川甘边界碌曲县郎木寺镇入川，沿国道 213 线南下经松潘、茂县至汶川公路。（参见图 164）地震发生后，国道 213 线在茂县境内路段受损严重。

抢通国道 213 线松潘至茂县路段　松潘至茂县路段是一条盘山公路，全长 148 公里，山大沟深，地形相对高差在 2000 米以上，公路基本修建在悬崖峭壁上，地质结构十分复杂。受地震影响，公路损毁非常严重，余震频繁，导致落石、塌方、滑坡现象频繁发生。由于公路损毁严重，且作业面很窄，大型挖掘机等设备无法到达施工一线，只能依靠人工和装载机作业，施工现场时有阵雨、落石、滑坡现象发生，且没有安全躲避的地方，抢险作业的难度和危险性很大。

图 164　汶川北线干线公路示意图

地震发生后 20 分钟，茂县公路分局立即启动道路应急保障预案，成立抗震救灾领导小组，组建抗震救灾应急分队，制订“统一指挥、分线作战、突出重点、兼顾全面”的抢通方案，并成立 4 支抢险突击队投入公路抢通。5 月 13 日，当茂县两河口的抢险队路过黑岩子时，余震中乱石横飞，路面乱石密布，塌方土石堆积如山。抢险突击队奋勇向前，4 台装载机连续奋战 44 小时，打通了两河口至松潘界的道路。

5 月 16 日上午，由临夏公路总段 23 名技术骨干、9 台机械设备组成的甘肃省抢险救援队，沿国道 213 线入川赶赴茂县抢修公路。下午，甘肃省交通厅又从甘肃路桥建设集团调集技术人员 50 人、机械设备 23 台赶赴茂县灾区。两支队伍分别承担了打通松潘至两河口段、飞虹桥至茂县的公路抢通攻坚任务。17日，临夏公路总段抢险救援队抵达两河口，立即投入抢通工作。18日，甘肃省交通厅又安排甘南公路总段组织由18名专业技术人员和机械操作手组成的抢险队赶赴四川支援抢险。同日，交通运输部专家组翻过海拔4700余米的丫口雪山，于23时30分到达距茂县10公里的地方，对打通国道213线的方案进行讨论。19时50分，甘肃路桥集团抢险救援队抵达茂县，立即投入公路抢通工作之中。

为早日打通这条通往茂县灾区的“生命通道”，各抢险队不畏艰险，科学施工，努力克服各种困难连续作业。经过临夏总段、甘南总段等抢险队的奋力抢修，连接地震重灾区松潘县至茂县的国道213线，于5月18日16时55分全线抢通。

松潘至茂县路段全线抢通后，根据指挥部的安排，各抗震保畅队继续进行路面清理和拓宽作业。临夏公路总段重点保障松潘至茂县路段K814～K800共14公里抢通道路的畅通，甘肃路桥建设集团重点保障松潘至茂县路段石大关到叠溪镇28公里抢通道路的畅通，甘南公路总段重点保障茂县至松潘路段茂县至两河口30公里抢通道路的畅通。为更好地保障松潘至茂县路段已抢通公路的通畅，甘肃省交通厅道路及地质灾害专家于5月19日赶到抢险一线，在叠溪镇组成临时指挥部，统一调度，积极有序地开展抢险作业。

5月19日14时左右，松潘至茂县路段K805+400处发生塌方，造成公路中断，准备通过的军用物资车辆受阻。接到险情报告后，指挥部迅速派出临夏公路总段抗震保畅队装载机械和抢险人员前往抢通，经过近一小时的抢险作业，受阻道路被抢通，运输军用物资的车辆顺利通过。20日20时左右，松潘至茂县路段K806+800处发生滑坡，指挥部迅速派出临夏公路总段抗震保畅队装载机械和抢险人员进行抢通，保证了公路畅通。23日凌晨，发生余震，造成松潘至茂县路段十里铺大滑坡，道路阻断严重。指挥部组织甘南公路总段抗震保畅队抢险机械和人员于4时到达滑坡现场，冒着随时都有余震发生的危险紧急抢险，于6时15分抢通受阻道路。11时许，就在抢险人员继续在受阻道路上进行拓宽作业时，余震再次发生，十里铺再次发生滑坡和塌方，一辆赈灾车辆被两处大塌方围在中间，且山体滑坡塌方落石不断，时刻威胁着车辆和车内两名被困人员的生命安全。危急时刻，抢险队迅速增加机械设备，抢险队员们冒着生命危险，把两名被困人员迅速解救出来；随后，抢险队员们顾不上休息和吃饭，投入全部机械设备和抢险力量，人挖车载轮番作业，经过近一小时的连续作战，把被困车辆也安全地抢运出来。在紧急抢通塌方滑坡路段、确保灾区生命线畅通的同时，甘肃路桥建设集团、临夏公路总段、甘南公路总段3支抗震保畅队伍还在指挥部的统一调度下，积极有序地开展路面拓宽作业，提高道路通行能力。

5月27日18时，贵州省交通厅赴川抢险救援队（以下简称贵州交通救援队）84名队员携带装备器材，行程1560公里，跨过3座险峻雪山，穿越岷江峡谷，平安抵达茂县驻地，与先遣队8名队员会合。28日21时，贵州交通救援队35名队员到达茂县后，第二天便投入茂县至两河口28公里路段抢险保通。救援队下设3个突击分队，第一分队负责K800+000至K803+000路段，第二分队负责K803+000至K809+000路段，第三分队负责K809+000至K828+000路段。

5月28日上午，贵州交通救援队在先遣队踏勘的基础上，对茂县至两河口28公里路段工程情况进行现场踏勘。下午，对两河口至茂县段中的3公里路段进行重点踏勘。该路段属于“卡脖子”工程，地质结构异常破碎，滑坡严重，施工安全形势非常严峻。参加现场踏勘的指挥部工程技术组、安全保卫组工程和地质专家、机械操作手就国道213线两河口至茂县段施工方案提出实施意见，并决定此路段抢险任务由贵州交通救援队第二分队（贵阳公路管理局、贵州省公路工程总公司）承担。29日11时，抢险开始。K827路段是茂县县城出城口的第一个大障碍，整段路的200米路段全部被山体塌方所埋，估计工程量近8000立方米。经过22个小时争分夺秒的奋战，18名队员清理塌方7000余立方米，打通这段被地震滑坡体所埋的公路。31日凌晨，因发生余震，刚抢通的K827＋300处路段发生更大的塌方，第二分队于当天凌晨组织队员和机械赶赴塌方现场，疏通便道维持通行。

5月31日15时，茂县至两河口K807+350至K807+700处发生塌方，贵州交通救援队第三分队两台大型挖掘机和装载机同时作业，将堆积如山的塌方清除，3天内共清理塌方5000立方米。6月1日11时，第二分队顺利完成K826+300至K826+500塌方清除工作，百余米路基得到恢复。第三分队也在1日18时，顺利清除该线两段公路上的塌方，使6公里路基得到恢复。贵州交通救援队第一分队也在当日分4个作业段对近5公里路段内的大塌方进行清理，使路段内的通行条件大为改善。

5月29日下午，贵州交通救援队第三分队负责抢通两河口至渭门乡19公里路段。在8个施工作业点中，首先集中工程机械清理两处1万立方米以上的塌方和滑坡体。6月1日下午，K807+350处塌方被攻克。从2日起，第三分队组成突击小组支援第一分队。3日，K803+500处塌方段被打通。

贵州交通救援队第二分队承担两河口至渭门乡最为险要路段的抢通任务。由于余震和大风不断，此路段随时有飞石落下阻断交通，第二分队安排突击队员王勇、朱智华驾驶50型超强王装载机铲除落石疏通道路。6月3日15时许，第三分队打通茂县境内国道213线K803＋500处的一处大塌方路段。12时30分，第三分队队员将最后一块巨石清除，恢复双向通行；通车后，又立即转战另一处继续进行清理塌方施工。3日21时，贵州交通救援队针对茂县至两河口28公里公路抢险实施情况提出倒排工期，争取10天完成抢通任务，第一分队、第三分队对第二分队实施人力和机械支援。

国道213线K825+500处距离茂县县城4公里，山体垮塌数万立方米，路段一边为近70度的高危边坡，下面是湍急的岷江，被称为“死亡之路”。抢险支援指挥部及承担此路段抢通任务的第二分队多次改变方案，也未能有效攻克。6月6日一夜大雨，暂时稳定住飞沙，同时也为攻克这段路创造了有利条件。7日晨，贵州交通救援队第一分队、第二分队同时从两头相向展开作业；16时，茂县至两河口28公里路段交通全面恢复。

6月9日3时20分，国道213线K809公里处再次发生山体滑坡，茂县至两河口路段交通再次中断，正在做返程准备的贵州交通救援队立即调集机械和人员赶赴滑坡塌方路段。6时30分，数十名抢险队员赶到受阻路段，两块约百吨重的巨石和1万余立方米泥石阻断公路，塌方两端上百辆车辆受阻。13时，塌方被全面清除。

贵州交通救援队入川18天，激战12天，在茂县至两河口路段清除重大滑坡塌方34处，共清理土石方21.2万立方米。

抢通国道213线茂县至汶川路段 西线公路打通后，为尽快打通茂县至汶川公路，开辟第二条进入汶川的通道，四川省公路局局长汪洋立即奔赴汶川段草坡至映秀和汶川至茂县施工现场，了解道路损毁情况，与当地交通局、公路局研究抢修方案，做出“增加人员和设备、集中力量向茂县推进”的决定；当晚又召开现场办公会议，落实柴油、机具，紧急安排部署抢通工作，确保进入汶川第二通道的打通。

5月17日8时，武警水电第三总队九支队四中队在打通草坡隧道后，顾不上休息，携带22台套机械设备立即从汶川县城调头北上，向茂县方向边抢修边推进。16时，四中队抢通至汶川县雁门乡青坡村路段。18日7时，突击队推进至石桥村时遇到难题，九支队支队长王永平立刻从都江堰赶到抢通现场指挥。此路段为悬崖峭壁，塌方频繁，悬崖下是湍急的河水，王永平安排安全员到河对岸对边坡及可能存在的危险源进行实时监控，并派党员跟机作业，为重机操作手和设备提供安全警戒和保障。20日10时，突击队推进至茂县地界凤毛村；12时，推进至斗蔟村。此时，官兵都想尽快冲过最后一道屏障，操作手王安军带着反铲冲上去，突然，一块大约几十立方米的山体朝着反铲方向砸下来。王安军被夹在两部重机中间，眼看山石离自己越来越近，撤离已来不及，只有把大臂调整到山体一方，用大臂挡住一部分落石。反铲大臂刚刚调整到位，落石已到，王安军利用反铲作掩护，在落石中左躲右闪，和两部反铲一起慢慢后退。官兵们攥着拳头紧张地注视着，半天都没有人说出一句话。经90小时连续奋战，官兵们共抢通道路26公里，先后清理山体塌方200余处，挖运土石方13万立方米、回填4万立方米。至20日19时30分，经过武警水电第三总队九支队与中铁十四局、十六局和茂县公路分局共同奋战，南北两路抢险大军在国道213线与汶川交界的茂县南新镇会师，茂县至汶川公路打通，汶川北线公路全面贯通。

第二节　抢通灾区干线公路

汶川特大地震发生后，除抢修通往汶川“生命通道”的干线公路外，四川、甘肃、陕西等灾区省的交通部门还积极组织抢修队伍和机械设备，抢通保通灾区的其他干线公路。本节记述的抢通保通干线公路，主要包括四川省高速公路、国道212线沙州至姚渡段和四川省道105线、205线、303线等以及甘肃省、陕西省干线公路。

一　抢通四川灾区干线公路

地震发生后，四川省交通厅迅速启动应急预案，成立抗震救灾指挥部，组建前线指挥部和若干工作小组，及时向震中方向派出抢险队伍开展抢险施工，实行厅领导分路线、分片区包干负责，并及时确定打通震中道路中断县城多线抢修的方案。四川省公路局组织3个工程抢险组连夜赶往阿坝、绵阳、广元等地灾区，并组织队伍和机械增援抢修施工一线，在非灾区省（区、市）、解放军及武警官兵的支援下，全力抢修打通汶川、北川、青川、茂县、安县、平武、理县等灾区的干线公路，为抢险救援人员和物资及时进入、运入灾区提供重要保证。（参见表19）

5 月 16 日至 7 月 31 日对口支援四川灾区公路抢修情况一览表

表 19

受援单位	援助单位	投入人员	投入机械设备和车辆	援助情况	支援时间及地点
广元市	浙江省	170 人	设备 27 台、车辆 8 辆	完成国道 212 线白水大桥加固和拱上 60 米钢便桥架设，在什邡市观通桥架设一座 36 米的钢便桥；完成宝（轮）罗（家）公路施工勘测，修整受损老路 3.2 公里；新路改建 4 公里的任务推进 1760 米；开挖土方 1.21 万立方米；开挖石方 9350 立方米；凿炮眼 2660 余米；爆破石方 2500 立方米；路基填筑 1.16 万余立方米。在国道 212 线累计清理塌方 3100 立方米，调查沙州至姚渡段地质 10 公里。桥梁检测队负责灾后 85 座桥梁的技术检测评定，累计完成 95 座桥梁检测，超额完成检测任务	5 月 18 日—6月30日，广元市利州区
	陕西省	105 人	设备 24 台、车辆 6 辆、发电机组 6 台、空压机及凿岩机具 9 套、小型机具 300 套件	抢通青唐路 22 公里，清理塌方落石 2.37 万立方米；抢通筒子坝至团结村路段 6 公里，修复断桥 1 座，清理落石 2 处，回填路基 300 立方米；清理塌方、落石等 5 万余立方米，排险爆破 353 处。修补路基缺口、路面塌陷 20 余处，加长修复涵洞 1 处；检测桥梁 28 座、涵洞 1 座，加固危桥 5 座；完成河道清理 300 米，平整活动板房场地 2 万余平方米，挖装沙砾 5000 余立方米	5 月 25 日—6月15日，青川县
绵阳市	山东省	372 人	设备 133 台、车辆 28 辆	抢通保通贯岭至都坝等公路，全线畅通，累计清理隐患 507 处，完成土石方达 18735 立方米；抢通保通桂溪至贯岭等 4 条公路，全线畅通，累计消除隐患 339 处，完成土石方 23950 立方米；抢通都坝乡至白坭乡 9.9 公里路段，埋设排水管 21 根、新建路段 3450 米，完成土石方 35.03 万立方米；抢通保通墩上乡至马槽乡 15 公里路段，并对路面加宽，全线畅通，累计消除隐患 147 处，加宽路段 6770 米，完成土石方 12 万立方米；抢通保通开坪至片口路段，累计清理隐患 473 处，完成土石方 5.9 万立方米；架设一座全长 33 米连接都坝乡与白坭乡的战备钢桥	5 月 28 日—7月30日，北川羌族自治县
	湖北省	130 人	设备 18 台、车辆 40 辆	抢通保通安县秀（水）茶（坪）路 9.5 公里，先后清除和转运土石方 18 万立方米，爆破开凿 200 多米的新路，清除 1000 多立方米山顶危石；修筑 0.35 公里长的茶坪河晓坝安置点附近的挡水子堤，扩挖茶坪河流域第八道堰塞湖泄水明渠，疏通 500 米长茶坪河河道	5 月 25 日—7月6日，安县
	云南省	150 人	设备及车辆 36 台	抢通省道 105 线和省道 205 线断道 15 公里，保通 140 公里，架设战备钢架桥 4 座 162 米，清除道路坍塌土石方 8.9 万立方米	5 月 26 日—6月22日，平武县

续表 19

受援单位	援助单位	投入人员	投入机械设备和车辆	援助情况	支援时间及地点
绵阳市	河南省	157 人	设备 49 台、勘测设备 12 件、车辆 28 辆	抢通保通江油市 12 条通乡通村公路。累计抢通保通 111.32 公里，清理土石方 2.4 万立方米；改建和新建道路 3.5 公里，平整场地 4000 平方米；疏通群众安置点道路。在太平镇安置点平整场地 20 多公顷，在马角坝排危房屋 1600 平方米；对江油市所有震损干线公路桥梁进行安全检测，架设圆管涵桥 13 座共 128 延长米，检测震损桥梁 74 座	5 月 25 日—6月28日，江油市
德阳市	山西省	117 人	设备 36 台、车辆 15 辆	堰塞湖冲毁前抢通汉旺至清平段 5.9 公里，清理泥石流、塌方 13.55 万立方米，垒沙袋 500 立方米，打锚杆 40 根；再次抢通被堰塞湖冲毁的德茂路 5.9 公里路段，累计完成土石方近 7.63 万余立方米；抢通保通广济至金花公路 16 公里，工程量 8.04 万立方米；抢通保通金花至遵道 9 公里，工程量 7.84 万立方米；抢通汉旺马尾桥—虹岩公路 8.9 公里，完成工程量 4.88 万立方米；支援重庆交通抢险突击队任务，完成工程量 4.12 万立方米；疏通铁路、公路出口 2 处，清理土石方 0.067 万立方米，清理废墟 12 处、约 0.068 万立方米	5 月 24 日—7月24日，绵竹市
	重庆市	183 人	设备及车辆 29 台	抢通广青路金河煤矿 17 公里，抢通红白镇至木瓜坪段 8.5 公里；与四川路桥联合在卧龙核桃坪至耿达段抢通 17 公里道路，后于 5 月 29 日撤走	5 月 19 日—6 月 4 日，什邡市；5 月 19—29 日，汶川县卧龙区
阿坝藏族羌族自治州	湖南省	150 人	设备 14 台、车辆 28 辆	抢通保通国道 317 线古尔沟至汶川段，累计清理塌方 24.55 万立方米；抢通保通理县毕棚沟县道及景区道路 26 公里，基本恢复通行	5 月 17 日—7 月 6 日，理县和汶川县
	内蒙古自治区	130 人	设备 41 台、车辆 14 辆	累计抢通乡村公路 29 条 223 公里，打通行政村 29 个，清理公路阻断点 600 多个，清理塌方、泥石流、滑坡、落石等土石方 9.02 万立方米	5 月 28 日—6月16日，黑水县
	贵州省	140 人	设备 35 台、车辆 25 辆	累计抢通国道 213 线茂县至两河口 28 公里重灾路段，清除重大滑坡塌方 34 处，清理塌方 21.2 万立方米	5 月 23 日—6 月 10 日，茂县
	甘肃省	115 人	设备 58 台、车辆 10 辆	抢通松潘至茂县的公路 132 公里，清理土石方约 50 万立方米，回填坑槽 209 处，清扫路面 440 公里	5 月 16 日—6 月 14 日，茂县

说明：此表由四川省交通厅公路局提供，对口支援单位直接向受助单位捐赠的机械设备等物资未统计在内

抢通四川省高速公路 地震使四川省高速公路及省属重点项目共有298.5公里路基、多座桥梁、涵洞及隧道受到损坏，其中都（江堰）映（秀）高速（地震发生时尚未通车）损坏最为严重，路基全毁，滑坡塌方量约15万立方米，全段37座桥梁有35座受损。通往重灾地区的成（都）绵（阳）、绵（阳）广（元）等高速公路主线收费站一度关闭。

高速公路是抗震救灾的“主动脉”，能否畅通关系着抗震救灾全局。如果在抢险救援中进行抢修，就必须进行交通分流，救援人员和救灾物资将无法最快运抵灾区。川高公司董事长高淳发出指令：“为了抗震救灾，全省高速公路作为抢运保运的主动脉，即使‘带病、带伤’，不惜代价也要保障抗震救灾车辆安全快速通行。”

川高公司各系统迅速对路面、桥梁、隧道、边坡、涵洞、交通安全设施等进行全面检查，派出专家和抢修队伍连夜对受损桥梁和高边坡进行加固，紧急处置安全隐患，四川全省高速公路在5月12日24时前全部恢复畅通。成绵、绵广、成（都）彭（州）、成（都）雅（安）等已建成的高速公路均“带伤上阵”、超负荷运送，开辟抗震救灾“绿色通道”，在抢险救灾中发挥了重大作用。

抢通国道212线沙州至姚渡路段 青川灾区的国道212线沙州至姚渡路段位于川、陕、甘三省交界处，其中一段是青川通往甘肃陇南灾区的通道，另一段是连接姚渡镇和陕西汉中灾区的战备公路。

5月15日，甘肃省交通厅派抢险队沿国道212线进入四川境内，在青川县沙州镇的受阻路段，协助四川方面抢通罐子沟至青川沙州段公路。当日，广元市交通局组织突击队抢通了国道212线广元市利州区三堆至沙州路段。18时，抢通沙州至姚渡路段。但由于沙州大桥损毁严重，汽车无法通行，大量救灾物资和生活物资只能靠手提肩挑过桥。

沙州大桥位于国道212线K724处，全长300余米，为高墩箱型拱桥，距离广元市90公里，是青川县南部交通的“瓶颈”。受地震影响，大桥的两个小孔拱顶混凝土碎裂脱落，丧失承载能力，存在桥面开裂、腹孔横墙与底梁相接处错位、腹孔横墙顶竖向开裂贯通、广元侧桥台下游侧墙沿水平开裂、桥面栏杆损毁严重、人行道板多处错位等病害，随时都有垮塌危险。

5月18日17时，浙江交通架桥突击队到达国道212线沙州大桥处。为尽快抢通大桥，架桥突击队顾不上余震影响和休息、吃饭，立即兵分两路，一路查看由陕西省公路局提供的钢桥设备，并连夜把架桥设备、物资等从50公里外运到施工现场；另一路开展大桥桥梁损毁情况技术勘测，连夜紧急制订方案，计划在大桥两孔搭建两座各6米长的贝雷钢桥（见图165）。

5月19日13时30分，架桥突击队在青川县交通局派出的10余名技术人员和武警部队派出的10余名战士配合下，在沙州大桥上成功架设第一座6米长的钢桥；随后又于15时30分，在余震中架设完成第二座6米长钢桥。20日晚，沙州大桥恢复通车，国道212线广元至姚渡段恢复通行。

5月26日9时10分，余震造成青川县沙州镇通往陇南方向的道路受阻。71762部队副部队长郝夫培带领14名官兵火速赶到受阻地点，采取定向爆破的办法将巨石分解，然后再用锹镐进行清理。18时30分，14名官兵定向爆破15次将巨石清除，疏通道路1500余米。29日中午，沙州镇经历一次较强余震，国道212线出现一处山体滑坡。71762部队政委闻相俊、副部队长郝夫

图165　5月18日，浙江省交通架桥突击队在青川县沙州大桥作业
（交通运输部　提供）

培率80名官兵赶往现场，路段有4块20余吨重巨大岩石堵在路上。指挥组决定先爆破松散、分解巨石，然后使用机械与人工配合清除土石。班长张弛带领8名战士组成爆破组，采取深打洞少装药、连续控制爆破，将巨石逐步松散分解。经过23次连续爆破，终于将4块大岩石分解排除，清理土石1300余立方米。

6月5日，浙江交通赴川抗震救灾抢修保通突击队宁波支队（以下简称宁波支队）携带挖掘机、铲车等机械到达国道212线，负责沙州至姚渡段抢通保通工作。8日，宁波支队一组对国道212线的一段公路进行地质及路况调查，另一组在国道212线另一处清理公路塌方土石千余立方米。10日，宁波支队修复从沙州往营盘梁方向路面坑洞2公里，清理国道212线一处公路塌方，抢通连接姚渡镇和汉中的战备公路10公里。12—25日，宁波支队担负国道212线清理山体滑坡路段、路面坑洞修复、清理边沟、路面养护和援建井田坝码头等抢通保通任务，累计清理坍塌土石方1.96万余立方米，修复路面坑洞8300余平方米，疏通公路边沟180余处。

抢通四川省道105线青川沙州至乔庄路段　地震致使四川省道105线受损，主要在德阳、绵阳、广元境内。其中，经北川、平武南坝至青川沙州路段因位于中央断裂带的上盘，路基、路面、桥梁、隧道损坏严重。地震中，通往青川的南（金子山至青川、广元市XH10线）、北（广元至青川、省道105线）两条道路同时断道。经过抢修，南线干线公路暂时形成通车能力，但交通能力极其脆弱，随时有中断的危险。因此，北线干线公路的抢通显得极其重要，主要就是抢通从沙州镇至青川县城所在地乔庄镇的道路。

省道105线金子山至青川酒家垭路段多处塌方，且面积较大。贵州省公路桥梁工程总公司广巴高速公路LJ9合同段项目经理部克服余震不断、公路垮塌等困难，于5月16日组织操作手出动挖掘机、装载机、指挥车辆直奔目的地，经几小时奋战，终于打通金子山通往青川路段；18日16时，抢通省道105线乔庄经木鱼至井田坝公路；20日，经一拖集团等抗震救灾突击队连续几昼夜奋战，除井田坝大桥因垮塌无法通行外，青川县城乔庄至木鱼、木鱼至井田坝大桥、井田坝大桥至白水公路全部恢复畅通。但沙州至青川县城的必经之路——横跨白龙湖的井田坝大桥在地震中垮塌，在原处架设便桥难度极大。

井田坝大桥为 2 ~ 85 米肋拱桥，桥长 200 余米，桥高超过 50 米。5 月 18 日，广元市救灾指挥部紧急向四川省救灾指挥部请求支援，决定在已垮塌的井田坝大桥下游 300 米处左右两岸修建便道和渡口，作为保通的应急措施；左岸的 600 余米便道和渡口由四川省成绵（乐）高速公路建设指挥部［以下简称成绵（乐）指挥部］承建。成绵（乐）指挥部接到任务后，立即组织开展各项准备工作，成立抢险突击队，调集指挥部的工程技术人员、管理人员和广陕高速公路 LJ9 合同段施工单位中铁十六局集团第四工程有限公司的施工人员，迅速调配 2 台挖掘机、1 台装载机，联系转运设备的大拖车，组织后勤保障，收集有关技术资料，提前勘察沿线道路毁损情况。19 日 12 时 20 分，抢险突击队接到广元救灾指挥部进场通知后，成绵（乐）指挥部指挥长周大川和副指挥长向可明率队从广元启程，于 20 日 8 时到达施工现场。周大川、向可明与技术人员和广元市交通局有关人员一道反复踏勘，迅速选定渡口位置和连接道路沿线走向，对抢险人员进行分工，明确施工任务。

由于该处山高坡陡，林木茂密，为确保连接道路的稳定，在选线时坚持“以挖为主”的原则，并保证任何一处路基挖方宽度不得少于 5 米。根据地形，同时在 3 处弯道加宽设置错车道。在突击队员中，设置两名机车引导员轮换上阵，站在道路前方攀岩前行，确定道路的高低，这样既可保证路线走向，又可保证机车安全。

施工第一天就遇到问题，必须首先爆破大量巨石。为确保工程进度，突击队负责人对施工方案临时作了调整，挖掘机避开巨石区域继续作业，同时组织在广元的爆破队伍和设备增援抢修。当天夜里，2 台空压机、6 台风钻和 8 名爆破工人驰援工地。这段巨石区域有几十米长，每次爆破前都先让挖掘机退回隐蔽，方圆 200 米的人员均需疏散，因此进度较慢，抢通几十米道路就用去两天时间，8 名爆破工人一直在工地坚守。经过全体突击队员的努力，终于完成连接道路路基的任务。

5 月 23 日，71352 部队派出 71336 部队 3 营 180 名官兵急行军 8 公里，赶到国道 212 线井田坝大桥塌方路段。由于现场塌方严重，仅填土就需 4000 余立方米，且没有大型机械保障。全营组织多支党员突击队交叉作业，头顶烈日，加班加点。23—28 日，全营官兵靠仅有的 100 公斤苞菜、10 袋大米硬撑，挖掘土方 4500 余立方米，运送沙袋 4.8 万余袋。

5 月 30 日，经过官兵连续多天奋战，一座可供载重量 80 吨驳船停靠的码头和在陡峭的山崖上开挖的 600 余米连接道路全部完工。工程共开挖土石方 2 万余立方米，铺填沙砾石 2000 立方米，铺填水稳层 5000 立方米，修建直径 1500 毫米管涵 2 座。

抢通四川省道 105 线平武境内路段　地震发生后，省道 105 线平武境内的南坝桥以北至水观乡 25 公里路段和南坝镇以南至响岩镇近 14 公里路段损毁严重，响岩镇至平通镇 10 多公里路段也多处损毁。5 月 15 日，川高公司紧急指派广巴公司、成绵（乐）指挥部组成抢险队驰援平武，承担省道 105（205）线响岩镇至南坝镇路段滑坡体爆破任务。广巴公司抢险队携带空压机、挖掘机、自卸车、手风钻及各类爆破设备，从广元市冒雨星夜向平武县开进。沿途余震不断，猿王洞至平武一线不时有飞石、滑坡、泥石流等险情发生。响岩镇到南坝镇受损 14 公里道路，有一段长达 6

公里，仅可单人徒步爬行，且周边危崖耸立、滑坡不断的路段。16日晨，抢险队员面对余震不断、危崖险象环生、到处是巨石滑坡拦路路段，开始进行爆破作业。抢险爆破队队员头顶上悬有摇摇欲坠的危岩，脚下是松动的岩石和泥土，在极度艰难的条件下，先后爆破清理危石2000立方米，反复抢通被余震不断震塌的公路。至22日，经过抢险队争分夺秒拼命抢修，终于打通响岩镇至南坝镇路段。

5月16日，四川陆军预备役高射炮兵师3团2营官兵，分三路对南坝至903所道路上的3座桥梁进行抢修加固。5月18日至6月4日，达州陆军预备役炮兵旅组织6个营1800余人次、动用挖掘机、推土机、吊车、运输车等大型机械2300余台次，分别打通从平通镇向大松村、椒子山村、拱桥村、明阳村、桥坝村、大坝村6个村的道路。

省道105线在平武县境内的一处路段因整座山山体下滑，通车路面与原路面形成一个45度陡坡，是制约抢通该路段的“瓶颈”。云南省抗灾救灾二分队集中人员和大型机械进行攻坚，最终啃下这一“硬骨头”路段，打通省道105线平通经南坝至水观共50余公里的路段。

抢通四川省道205线平武至南坝镇路段 省道205线为平武县境内的主要干线。地震发生后，省道205线南坝桥至平武县城与阿坝藏族羌族自治州交界处163公里公路损毁严重，位于省道205线平武县南坝镇的涪江新桥、老桥同时垮塌，连接绵阳和平武县城的唯一通道中断。

5月13日18时，云南省交通厅接到交通运输部的命令，紧急调运10座战备钢架桥运往四川灾区。16日15时20分，战备钢架桥运抵灾区。18日下午，云南省交通厅赴川救援先遣组接受了南坝镇涪江钢架桥的架设任务。20日18时，云南省公路局赴川抗震救灾架桥突击队（以下简称云南交通突击队）抵达平武县南坝镇，迅即组织技术力量勘察桥梁垮塌现场，察看公路交通灾情，与地方政府及交通局一道制订切实可行的抢修技术方案，并做好各项准备工作。在桥位选定、施工方案等方面，绵阳市交通局也组织专家和架桥突击队技术人员共同论证，决定先架设一座简易基础的便桥，抢通南坝道路，在确保南坝救灾工作和物资供应正常进行的基础上，再进行第二座桥的建设和便桥基础加固。

5月16日，95900部队负责在涪江架设低水桥，架桥地址选择在凤翅山西南侧、支流石坎河与涪江交汇口上游300米处，95982部队分4个方向进行架桥准备。17日，架桥工作全面展开。20日，架设到离最后两个桥墩仅剩20米时，入口不断缩小，水量急剧增加，流速达10多米/秒，水泥预制板、数百个捆在一起的石袋一抛进水中，迅即被冲走，根本无法植桩。95982部队政委陈辉、参谋长邓明忠果断采取“陆上钢管定框、吊放植入加固、铁丝编笼填石”的方法，进行加固植桩。党员干部组成“敢死队”，带头跳入江中组成人墙阻挡湍急的江水。部队长刘甫清利用吊车悬吊进入中央，组织人员迅速植桩加固，其余兵力快速运填石袋，艰难完成最后两个桥墩的垒筑。官兵们连续奋战五昼夜，就地取材装填石袋6万余个，抬运水泥预制板300余块，推填土石方2000余立方米，终于成功架通160米长的涪江低水桥。

5月18日，71811部队参谋长杜清华率工兵营，携带推土机、装载机、挖掘机和重型吊车等，执行架设涪江第一座钢桥任务。架桥位置在南坝镇原旧桥东侧15米处，拦水坝位置在架桥地点上游200米处。9时20分，各组到达架桥位置后，按照架设方案，迅速展开行动。14时，涪江流速突然增大，流量达到2000立方米/秒，河水瞬间冲垮刚刚垒成的拦水坝，随时有可能冲垮桥基。20 名官兵臂挽臂组成“人墙”阻挡水流的冲击，其余 30 名官兵用沙袋在他们身前抢筑堤坝。由于水流太急，“人墙”一次次被急流冲散，官兵采取用粗绳拴腰组成“连环阵”方式减缓流速；14 时 50 分，成功筑起一道长 140 米、宽 1 米、高 2 米的子坝，有效减缓了水流速度。20 日 8 时，工兵营实施桥梁框架组装、推架合龙和铺设桥板攻坚。12 时 20 分，当钢架桥被推至涪江中央时，由于桥身过重，重型吊车无法继续发挥起吊作用，桥身开始向江心倾斜。杜清华紧急命令暂时停止推架合龙，并与军地专家反复商讨，决定在桥梁着地端加设 4 块单排桁架和 5 吨重桥板，增加末端重量，以保证钢架桥平稳到达对岸。15 时，钢架桥实现推架合龙，随后去掉滚轮，换上桥座，铺设桥板。同日，云南省交通突击队出动车辆 400 余辆次、人员 1400 人次，与 71811 部队一起从南坝镇到涪江架桥地。25 日 6 时 30 分，南坝涪江架桥攻坚正式打响。26 日 10 时 30 分，经过架桥突击队和部队官兵的共同努力，南坝 30 米双排单层加强战备钢架桥横跨涪江两岸。（参见图 166）20 时 40 分，南坝大桥便桥抢通。

5 月 27 日，云南省抗灾救灾前线指挥部及昆明、曲靖、大理公路总段组成 3 个突击分队，支援平武县公路抢通。现场指挥部决定昆明总段以架桥为主，曲靖和大理总段以突击清理南坝至石头坝 13 公里范围坍塌路段为主；大理总段抽调部分机械抢通平武县城以后路段。在余震中，云南省抗震救灾前线指挥部展开打通省道 205 线、省道 105 线的决战。在处置省道 205 线 K108 段

图 166　5 月 26 日，云南省公路局架桥分队正在架设平武县南坝涪江钢桥

（成都军区联勤部军交运输部　提供）

图 167　6 月 3 日，涪江 36 米双排单层加强钢架桥架通通车

（白敬荣　摄）

大塌方中，一块长约 14 米、宽约 8 米、高 3 米，体积接近 340 立方米、重约 700 吨巨石横卧路中，周围大量倾斜的坍塌体堵塞了道路。突击队组成精干小分队，采取分层爆破、多次剥离方案，经过 50 多小时奋战，终于擒下这只“拦路虎”，被压埋多日的路面又露出来。省道 205 线有一处典型的“卡脖子”路段，崩塌范围大，便道上下都是陡峭的崖壁，边坡极不稳定，且上有大量悬石，施工难度大，危险系数高。突击分队迎难而上，严密组织，科学施工，经过艰辛努力成功打通这一路段。28 日，云南交通突击队支援平武县公路抢通保通，具体负责省道 205 线南坝镇经平武县城至与阿坝交界点（K51+800 至 K181+800）段共 130 公里路段抢通保通任务，同时担负南坝桥以北省道 105 线至水观乡 31 公里的抢通任务。

5 月 29 日，绵阳市交通局邀请有关领导及专家对南坝镇涪江桥的后继方案进行论证后，确定了涪江桥位置。与此同时，云南交通突击队也迅速展开对该桥桥梁的拼装，并于 30 日完成拼装任务，等待桥梁基础施工结束后进行吊装。6 月 2 日中午，涪江 36 米双排单层加强战备钢架桥开始吊装，于 13 时 30 分完成吊装工作。19 时，完成桥面面板安装，该桥架设工作全部完成。（参见图 167）

在架设涪江大桥的同时，武警水电第三总队十支队承担打通省道 205 线南坝镇通往平武县城路段的任务。5 月 16 日，十支队抢险突击队采用两条线路同时作业方案，第一条线路用装载机抢修塌方路段，第二条线路用反铲和人工架设水泥涵管桥。承担第一条线路抢通任务的是十支队二中队第一分队，承担第二条线路抢通任务的是二中队第二分队。两个分队官兵从早到晚，凭着毅力一直坚持与余震抗争、与时间赛跑。抢建涵管桥过程中，施工进行到涪江上游江畔，江水流湍急，公路路面不平，涵管很难摆放整齐。二中队副指导员任刚率先跳入湍急江水中，一边平整地面，一边指挥反铲吊装涵管，确保涵管安装质量。至 21 日，经过日夜苦战，抢险突击队疏通公路干线 13.6 公里，架设水泥涵管桥一座 80.1 米，清理道路塌方土石近 4.49 万立方米。

抢通四川省道 205 线平武至九寨沟路段　省道 205 线平武县至九寨沟路段处于山地丘陵地带。地震发生后，平武县木座藏族乡境内盘羊岩处严重塌方，平武县城至九寨沟交通中断。5 月 16 日 10 时，中冶建工抗震救灾突击队投入两台挖掘机抢修平武至白马藏族乡主干道。中国华能涪江公司组织水电五局、十局等施工单位出动挖掘机、装载机等大型设备开始清理和疏通这条道路。同时，涪江公司把阴坪电站引水隧洞的底部垫平，开放阴坪电站 2 ～ 3 号支洞作为运送紧急通道。17 日，九寨沟县人武部组织民兵道路抢险分队冒着余震，携带装载机、空压机、运输车等装备器材，一边打通道路一边向前开进，于 17 时到达木座藏族乡。19 日 12 时 55 分，经连续 3 天抢修，九寨沟县至平武县城道路全线贯通。抢险分队共爆破 4 次，清除土方 2160 立方米、石方 5040 立方米，将国道 205 线平武县白马藏族乡上至九寨沟县、下至平武县线路基本疏通。

抢通四川省道 303 线映秀至日隆路段　省道 303 线映（秀）日（隆）路段，即从映秀镇至旅游胜地四姑娘山所在地小金县日隆镇，中间翻越海拔 4520 米的巴朗山，途经卧龙熊猫保护中心，全长 146 公里，靠近地震中心地带，破坏程度严重。因省道 303 线映日段连接受灾严重的映秀镇、耿达乡和卧龙镇，并连接省道 210 线通往汶川县，因此打通映日路段也是打通通往汶川的又一通道。各路抢险突击队按照日隆至耿达、映秀至耿达路段，分段实施抢通。

地震发生前，四川省公路局正在进行映秀至日隆公路改建。地震发生后，卧龙成为"孤岛"，游客和群众急需救援，大熊猫急需转移。惊魂未定，映秀至日隆公路改建项目办施工队立即兵分三路抢通"孤岛"。其中，一路从邓生向日隆、小金方向抢通；一路从卧龙向邓生方向抢通；一路从卧龙向耿达、映秀方向抢通。5 月 12 日 20 时许，从邓生向日隆、小金方向抢通取得明显进展，旋即向卧龙方向挺进，但在巴朗河桥处遇到一时难以逾越的障碍。巴朗河桥距卧龙镇近 7 公里，附近的三圣沟半边山垮塌，一块从山上滚落下来的巨石堵塞三圣沟河道，巴朗河河水涨溢涌上桥面，桥上水深一米多，抢通工作被迫停下。15 日，在全线抢险工程最艰险的巴朗河桥两头，两支抢险队相遇，经过权衡，决定在已有河堤上铺筑涵管。17 日 14 时 30 分，巴朗河桥通道被打开，卧龙至日隆的干线公路抢通。

卧龙通往耿达的道路，塌方泥石混杂，从山腰一直垮到河谷，在原路面上堆起 10 余万立方米的土石方。四川路桥有限责任公司改建项目办抢险队沿原路线艰难抢修。5 月 16 日，武警四川省森林总队阿坝森林支队卧龙中队 25 名官兵主动配合川交路桥公司对卧龙至耿达一线公路进行抢修。官兵不顾危险和疲劳，利用简易工具搬运石头和沙石，连续奋战两昼夜，协助打通卧龙至耿达约 44 公里简易公路。18 日，四川省公路局决定在最短时间内沿塌方边沿抢修便道，各施工队伍交叉进行，突击队员分成两班，加快了向耿达方向的抢修进度。

5 月 19 日，中央军委领导考察卧龙灾区，四川省公路局副局长聂平恳请帮助解决柴油短缺难题。不久之后，柴油通过空投送到耿达抢通现场，抢险机械有了充足的油料，抢通进度得以加快。在8公里路段，改建项目办3支队伍同时作业。20日14时17分，四川路桥抢修队采用沿塌方边坡组织抢修便道，以爆破开路为工程机械推进创造条件，再由后续人员通过拓宽、压实修筑便道。19时许，抢险队向前推进至映日路K37处。至此，映日路卧龙至耿达段23公里中已打通近15公里，剩下最难啃的8公里路段。21日，武警交通部队直属工程部救灾分队到达卧龙，承担卧龙镇至耿达乡的道路抢通任务。22日，重庆交通系统支援四川灾区抢险突击队第二支队增援到位，立即与武警交通直属工程部，加上原有主力四川路桥集团和志愿者200余人，突击力量大增，进度明显加快。

5月22日7时41分，四川路桥集团与武警交通部队交叉前进，创造多个作业点，展开4个作业面。武警官兵在第一个“卡脖子”路段抢修大塌方区，作业面由最初的2个扩展到4个，各种机械得以充分利用。抢通至3公里路段时，由于路基十分松软，又遇连日暴雨冲刷，随时都可能塌陷，遂决定采取先用石块填充，后用碎石碾压稳固的方法，前面填充、后面碾压，再铺设一段新路，终于打通大塌方区“飞石坡”。（参见图168）

图168　5月23日，武警交通部队直属工程部正在抢通汶川县卧龙至耿达段公路

（武警部队　提供）

5月23日，在另一处塌方抢修现场，巨大岩石从山顶滚落，几吨、几十吨乃至几百吨的巨石形成高数百米、宽500米、长200米的巨大塌方，横亘在深山峡谷内。塌方将原本就狭窄的河谷逼得更加狭小，河流变得更加湍急，山顶上一块五六吨重的巨石威胁着施工人员的安全。川交路

桥公司炮手唐金成带领6名志愿者打孔、装药，实施爆破作业；挖掘机挖高垫低，紧密配合。经11小时的紧张战斗，一条巨石铺就的道路在挖掘机下不断延伸。

地震发生后，在卧龙熊猫园至耿达约8公里路段上，有塌方22处、堰塞湖3处、泥石流9处，其中最大塌方高约500米；耿达乡出山必经之路上的高架桥坍塌，路基随滑坡坠入山涧。5月19日4时，重庆交通系统支援四川灾区抢险突击队二支队前往卧龙增援，接手卧龙熊猫园至耿达路段的抢修。22日，伴着余震滑坡尘烟，挖掘机、推土机在滑坡体上艰难作业，突击队员们心中只有一个念头，打通“生命通道”，救出被困乡亲。在向特大滑坡体发起总攻前，共产党员重温入党誓词，壮士们立下“生死状”。突击队与参与抢险的四川路桥救援人员轮番上阵，人歇设备不休，3支抢险队在通往地震中心地区的道路上艰苦奋战。至27日10时，卧（龙）耿（达）路段终于被打通，重庆交通系统支援四川灾区抢险突击队二支队先后清除堰塞湖3个、泥石流9处、大小塌方22处。（参见图169）

耿达至映秀段23公里，路基被滑坡体深埋60余米，两侧山体滑坡在河谷连为一体，有8处堰塞湖，原有公路不见了踪影。一些专家曾断言，要重新打通省道303线映日公路，没有三年两载根本不可能。四川省交通厅成立省道303线映秀至耿达公路施工便道指挥部，四川省公路局映（秀）日（隆）路建设项目办和设计单位实施抢通，与香港特区政府援建映（秀）卧（龙）路项

图169　5月27日，重庆交通系统支援四川灾区抢险突击队二支队打通卧龙至耿达公路，受到耿达乡亲的热烈欢迎

（朱小涛　摄）

目同步配套启动。四川路桥负责从耿达向映秀方向抢通，武警水电第三总队十一支队负责从映秀向耿达方向抢通。

5月17日，武警水电第三总队十一支队官兵从成都支队机关和青城山两个方向奔赴耿达乡、卧龙镇展开抢险施工。18日，十一支队放弃原来的盘山公路，经过5小时奋战，重修一条新路，清理土石方5000立方米，打通约3公里主干道。由于连日大小余震不断，推土机边往前推，山体边塌方，几百、几千立方米的土石滚落下来，推了又塌，塌了再推，抢通在艰难向前推进。在给养补充中断、仅靠稀饭充饥、没有工程车的情况下，广大官兵利用40把工兵锹和向当地老百姓借用的锄头、推车等30余件工具，靠手搬、锹铲、木棍撬，向前推进。19时许，映秀至耿达路段简易道路抢通。

6月中旬，四川省交通厅为了搞好灾后重建，几经论证，最终确定省道303线映秀至耿达路段沿原路线进行抢通。7月1日，四川省抗震救灾指挥部交通抢修指挥组正式通知，决定停止抢修映秀经耿达至卧龙镇道路，纳入灾后重建统一规划。11月14日，映日公路耿达至映秀段两路抢通大军在蟠龙山隧道出口会师，映日公路全线抢通。

抢通四川省道210线宝兴县境内路段 省道210线马尔康县卓克基镇至芦山县飞仙关镇路段，全长345.37公里，地震受损路段主要发生在宝兴县、小金县和马尔康县境内，其中宝兴县境内127公里有30多处被塌方、泥石流和巨石所阻断。地震发生后，四川省公路局重点负责打通到汶川距离最长的西线，除要求雅安、阿坝公路系统全力上路保通外，还协调湖南省对口支援抢险队携带大型机械、运输车辆前往增援。

5月13日，四川省公路局组织100余名施工人员携带装载机、凿岩机、运输车赶到抢通现场。14日7时，雅安市交通局得知，省道210线宝兴县穆坪镇兴隆段发生6000余立方米的塌方，交通中断。经现场查看，坍塌的岩石占据了整个路面，完全无法通行，只有一辆机械正在抢修。四川省交通厅与雅安市交通局指挥人员共同研究抢通方案，决定迅速调集机械增援。一小时后，增援的机械设备顺利到达，3台机械同时作业两小时后，硬是在塌方岩石中开辟出了道路。此时，受余震影响，突然又从山上落下几十立方米滚石，雅安市交通局一名司机因躲闪不及被砸伤。抢险队冒着危险，继续向下一处坍塌处前进。在距该塌方20公里处还有一处山体滑坡，其中一块石头体积达1000余立方米，机械设备无法将其挪动，唯一的解决办法是爆破。至15日零时30分，经过两次爆破，成功炸开巨石。历经17小时奋战，抢险队打通省道210线宝兴县境内的127公里路段。

抢通四川省道211线康定县孔玉乡至丹巴县城路段 省道211线道路损毁主要在马尔康、金川、丹巴、康定四县境内，部分路基、路面和桥梁受损。其中，康定县孔玉乡至丹巴县城52公里路段损毁严重。

5月15日18时，武警交通第二总队六支队副政委束学忠、康定项目部主任李宏枝分别带领2支40人的抢险分队、14台机械车辆，从南北两个方向对沿线被毁路段进行清理抢修。省道211线K183处泥巴沟桥被水冲毁。束学忠果断决定从15公里以外的磨子沟防汛工程工地上挖出一道直径1米、总长20米的涵管，抢运安装到泥巴沟中，同时组织车辆拉运1000余立方米土石填到沟中作为桥梁主体。在天黑无法施工情况下，部队及时从项目部运来发电机发电，挑灯夜战。官兵冒着余震、塌方和泥石流侵袭的危险，连续奋战7小时。至16日2时，省道211线康定孔玉乡至丹巴县城段全线抢通。

抢通四川省道302线黑水至茂县路段　地震发生后，黑水县立即成立由30余人、5台装卸机和1台挖土机组成的公路抢险突击队，从黑水赶往茂县进行抢通。5月12日16时，中铁二十三局色尔古项目部投入抢险人员200余人、机械设备14台，参加黑水至茂县公路抢险救援，清除多处塌方。20时，中国水电集团四川电力开发公司在自身遭受严重损失情况下，调集机械设备20余台（套），组织2支抢险突击队、245名员工，分头向茂县和黑水县城奋力掘进。至17日晚，经过各路抢险队伍100多个小时连续奋战，茂县至黑水道路终于被抢通，为救灾物资顺利进入茂县赢得时间。

二　抢通甘肃灾区干线公路

地震发生后，甘肃省交通厅立即启动应急预案，成立抗震救灾指挥部，下设综合协调组、抢险保障组、赈灾稳定督导组、资金物资调配组，明确职责和任务，组织全省抗震救灾保通工作；同时设立陇南抗震救灾前线指挥部，立即开展抢险救灾保通工作。甘肃省交通厅领导带队分三路前往灾区查看灾情，组织救灾抢通工作。第一路沿定西—天水—武都方向进入文县，第二路沿天水—成县方向进入文县，第三路进入平凉、庆阳。5月12日晚，甘肃省公路局首批救援组前往陇南组织公路抢通，并就近紧急调动天水、定西、甘南等市（州）交通部门及宝天项目部和国道212线会川—宕昌改造工程项目部正在施工的人员及机械设备，迅速增援陇南灾区。至16日10时20分，甘肃省受灾的8条国道和25条省道全部抢通。（参见图170）

图170　5月14日，甘肃省交通系统组织公路抢险突击队全力抢通省内公路

（交通运输部　提供）

从5月14日开始，甘肃省交通厅抽调公路、科研、设计等专业技术人员组成工作小组，对全省受灾地区的所有公路、桥梁、隧道等重点部位的安全状况进行鉴定评估，并根据灾区道路通行状况，落实养护保通责任。组织15支370人的抢险保通突击队，配备209台机械设备，采取分段包干、定点驻守方式，实行省、市、县分工负责，建立专业化养护队伍与日常养护队伍合理配置机制，全力以赴保畅通，并在陇南组织335名信息员分路段对灾区农村公路进行全方位适时监控。

抢通国道212线甘肃路段 地震造成国道212线陇南段受损，其中宕昌至罐子沟段严重受损。5月12日17时5分，甘肃省交通厅会川—宕昌改造工程项目正在施工的人员和机械设备迅速增援陇南灾区，抢通国道212线宕昌—武都段。13日22时，甘肃省交通厅在陇南总段紧急组织召开抗震救灾现场办公会，对陇南交通系统抗震救灾工作进行专题部署，对受损道路抢通工作作了部署。武都城区以北路段由天水总段负责抢通保畅，武都区以西路段由甘南、定西总段和国道212线会宕路项目办负责保畅工作，陇南总段集中人力、机械，对国道212线武都至文县路段进行抢修；全力做好桥梁安全检测工作，发现问题及时上报，并采取措施予以处治，确保桥梁安全运营。

5月14日，武警甘肃省总队前指、天水市支队及总队医院官兵紧急向文县机动，先期担负国道212线疏通任务。部队在陡峭崎岖山崖边上艰难推进，同日7时到达陇南市武都区汉王镇马家坝村。马家坝村东固水子山山体滑坡、大面积塌方，100余米道路被埋。武警甘肃省总队官兵在铲车和推土机配合下，仅用2个小时即疏通道路。10时30分，到达高楼山，山顶宽仅5米的国道212线一侧3米塌陷，长度达6米。经现场勘察，决定采取“夯实地基、搭建木桥、卸载人员、快速通过”的施工方法，官兵迅速平整路基，砍伐树木，搭建木桥，引导部队安全通过险段。14日12时25分，文县东峪口山崖垮塌，巨石挡道，最大岩石重达8吨，部队迅速分成5个小组进行抢修。4个小组使用4根大绳，手把手向前拉动，1个小组在巨石下铺垫圆木，轮流更替，使巨石缓缓向前移动。40分钟后，巨石被推下山崖。13时5分，部队抢通武都至文县路段。14日9时，刚刚抢通的国道212线高楼山段又发生连续塌方。甘肃省公路局决定组织爆破，巨石被炸开一角后，队员们冲进尘土中迅速清理。机械一时上不来，抢险队手抱肩扛，经连续爆破十几次、一个半小时奋战，高楼山路段再次被抢通。

5月17日16时30分，陇南市因暴雨发生塌方、泥石流，致使国道212线文县东峪口至文县县城段多处交通再次中断。22时20分，交通部门职工奋力抢修，该路段被抢通。

5月25日16时21分和17时34分，青川县和文县交界处发生余震，造成陇南境内国道212线甘川连接路段多处发生大面积塌方，部分路段被泥石流淤塞。经过甘肃省、市、县交通部门职工和部队官兵协同作战，于19时抢通国道212线甘川路段。

5月27日16时3分、37分，受强余震影响，国道212线（甘川交界）陇南工段道路出现大面积塌方。经3个多小时抢修，于20时打通阻车路段便道，恢复通行。

6月8日17时，文县临江突降暴雨，国道212线K507+900（东风沟）处发生泥石流，并迅速流入白龙江中堵断江水，江水涌上路面导致交通中断。陇南公路总段立即对该路段进行交通管制，及时进行抢修，于9日8时30分抢通。8日18时15分，宕昌县沙湾一带因强降雨引发泥石流，造成国道212线K400+050段、K400+200段两处交通中断。陇南公路总段立即组织机械人员进行抢修，于19时50分抢通。8日23时，国道212线宕昌境内K386至K400共出现2处泥石流、5处塌方，导致交通中断；至9日12时53分，经过陇南、定西公路总段抢险队抢修，全部恢复通车。

6月13日下午，受暴雨和余震影响，国道212线文县境内路段又有多处滑坡、塌方，造成公路中断。14日11时，经公路抢险队伍抢修，国道212线恢复通车。15日20时10分，国道212线K618+700处发生塌方，经抢修于16日11时抢通。30日凌晨，陇南地区普降中到大雨，国道212线多处发生泥石流，造成K422 ~ K423交通中断，经及时抢修，于当日10时抢通。

8月5日17时49分，青川县发生强余震，造成国道212线碧口境内麻罐路K700+643处的1 ~ 40米混凝土拱桥（罗旋沟桥）坍塌。甘肃省交通厅立即启动应急抢险预案，并调集陇南公路总段抢险突击队紧急赶赴现场开展抢险保通工作，并于6日成立由甘肃省公路部门、四川省广元市政府相关部门负责人组成的罗旋沟桥抢险保通指挥部。7日，经过罗旋沟桥抢险保通指挥部现场勘查，决定从国道212线K700+400右侧向四川方向沿坡面开挖便道，在沟底设过水路面，于K701+050接原公路，便道长约0.7公里。经过7个昼夜的抢修，国道212线罗旋沟桥于12日20时实现便道通车，国道212线甘川段恢复通车。

地震发生后，迭部县境内国道212线K98处发生山体滑坡。迭部县人武部组织民兵应急分队80余人，冒着余震和山石滚落的危险，步行70余公里赶到现场，协助公路抢修人员抢修道路。

抢通甘肃灾区其他干线公路　地震发生后，甘肃境内其他干线公路也受到不同程度损坏，各地公路交通部门立即组织抢修队伍和机械设备进入现场进行抢修。抢险队连续奋战，至5月12日18时40分，国道316线天水境内K2642+400−500塌方路段恢复通车；19时，抢通甘肃省省道205线江洛镇至武都段公路；13日16时30分，抢通国道310线284公里处塌方路段；14日1时，抢通省道482线康县至阳坝段公路；同日凌晨，省道313线舟曲至迭部公路两处塌方路段、省道313线两河口至舟曲县城塌方和落石路段，在舟曲公路管理段的抢修下已全部恢复畅通；16日10时20分，甘肃省受地震影响的最后一条国省干线公路——省道206线陇南大岸庙至姚渡公路全线抢通。（参见图171）

5月17日16时30分，陇南市因暴雨发生塌方、泥石流，致使省道205线米仓山段等多处交通再次中断。为科学有效、安全快速地打通道路，甘肃路桥建设集团抢险队根据现场塌方状况，迅速组织清运滑坡土方，使道路基本可以通车，保证抢险物资的送达和受灾人员被及时救出灾区；然后再全面清理滑坡造成的泥石流和巨石等。至21日20时30分，抢险队经过近100小时的昼夜奋战，抢通省道205线米仓山路段。

5月25日16时21分、17时34分，青川县和文县接连发生余震，造成陇南境内省道205线江武路、省道206线大姚路和甘南境内国道213线、省道312线、省道313线多处发生大面积塌方，部分路段被泥石流淤塞。经过甘肃省、市、县交通部门职工和部队官兵协同作战，于20时抢通

图171 5月15日，甘肃交通系统职工正在抢通省内塌方公路（交通运输部 提供）

国道213线、省道312线、省道313线等受阻路段。至26日20时，两次余震造成中断的甘肃省境内所有道路全部抢通。

5月27日16时3分、16时37分，受强余震影响，陇南工段省道205线（江武路）、省道206线（大姚路）等线路出现大面积坍塌，其中大姚路K7+000处交通中断。经3个多小时抢修，于20时打通阻车路段便道，恢复车辆通行。至28日10时，大姚路全部打通。6月13日下午，受暴雨和余震影响，文县境内县道484线多处滑坡，道路中断。14日14时20分，经公路抢险队伍抢修，县道484线恢复通车。8月10日，多次强余震致使省道206线（大姚路）K99+400左侧山体坍塌，交通中断。至11日17时30分，经陇南公路总段抢险职工连续29小时的奋力抢修，抢通省道206线K99+400处受阻路段，可以单车通行。

由于陇南、甘南灾区公路受损严重，加之灾区余震频繁，降雨不断，部分路段出现新的塌方、滑坡、泥石流等次生灾害，造成公路再次中断，严重影响道路通行，灾区公路抢险保通保畅形势依然严峻。为保障甘肃灾区公路安全畅通，为灾区重建提供良好的交通运输保障，甘肃省交通厅决定动员全省公路系统的养护力量和设备，在加强灾区公路日常养护的同时，先期组织实施地震灾后公路养护维修工程，尽快使灾区公路技术状况得到明显改善。甘肃省交通厅公路局随即成立地震灾后抢险保通工程项目办公室，以兰州、武威、张掖、天水、陇南、甘南、临夏等公路总段（分局）为依托，组建7个现场办公室，调集700余人和186台机械设备，于8月20日前先期进驻现场，并组织召开地震灾后抢险保通工作布置会，划分养护责任路段，明确各总段的养护保通保畅责任，并研究制订《全省地震灾后公路抢险保通工程实施方案》。决定从9月1日起，由承担支援陇南、甘南灾区公路养护维修保通任务的兰州、武威、张掖、临夏、天水公路总段（分局）接管划分的养护责任路段，重点开展灾区国省干线公路抢通保通工作，并对受灾毁坏严重、与抗震救灾密切关联、影响交通的“生命线”和“瓶颈点”，实施养护维修。至11月底，全部完成公路局地震灾后抢险保通恢复工程建设指挥部下达的养护维修任务，达到路面无坑槽、无沉陷，排水畅通，路容路貌整洁，保障公路安全畅通。甘肃省交通厅公路局还组织开展“公路灾后抢险保通养护维修大干100天”活动，派出督查组按每月2～3次的检查频率，现场督促各现场办切实加强领导，落实责任，抓质量、保进度、促安全，确保按期完成灾区公路保通保畅任务。

截至11月底，甘肃全省公路部门投入人员1800余人、机械200余台，清理塌方、泥石流26万立方米，修复路基缺口6004米，处治路基路面沉陷109.56公里，重铺路面52公里（67万平方米），清理边沟443.25公里，恢复路容路貌443公里，全省灾区公路抢险保通养护维修工程全面完成，灾区路况质量得到明显改善。

三　抢通陕西灾区干线公路

5月12日18时，陕西省交通厅紧急启动全省交通系统应急预案，所有人员进入应急状态，按照“先抢通、后修复”和“即堵即抢、即抢即通”的原则，组织抢险力量赶赴现场，集中力量清理塌方和落石，在最短时间内恢复道路通行，特别是全力以赴做好通往四川方向的西（安）汉（中）高速、国道108线、国道316线、省道210线姜（窝子）眉（县）公路、省道212线宝（鸡）汉（中）公路的保畅工作，确保救灾物资和人员的顺利运输、运送。至13日4时，陕西境内所有高速公路、国省干线公路全部抢通。

抢通国道108线陕西省路段　地震导致国道108线周（至）城（固）公路K1412处发生100立方米的山体塌方，交通中断。为尽快抢通这条“生命线”，周至公路管理段立即组织道班职工和机关人员，火速奔赴秦岭深山，手搬肩扛碎石，棍抬胸抱巨石，硬是靠人工抢通一条便道，迅速疏散滞留的百余辆车。5月13日凌晨，国道108线西安段全线抢通。5时，汉中市交通局完成国道108线汉中以南道路塌方清理工作，使通向四川的国道108线恢复畅通。

5月17日，大雨导致国道108线K1424+100处发生塌方，沿途50余公里路段布满滚落的山石，严重影响公路的正常通行。险情发生后，周至公路管理段立即组织机械装备和保畅突击队员40余人，冒着大雨奔赴抢险一线；20时50分，到达塌方最严重处。为加快抢修进度，突击队员顶着风雨奋力向前推进，装载机边往前推，山体边垮塌；石头砸下来，装载机和队员赶紧往后退；推了塌，塌了再推，来来往往，多次反复。至22时10分，突击队终于抢通52公里的山石路段和一处塌方路段。

抢通国道316线陕西省路段　地震导致国道316线汉中市汉台区境内褒河库区段发生塌方，汉台段立即组织200余名职工火速上路，挑灯夜战，爆破巨石，清理塌方。5月12日18时，塌方路段被抢通。23时50分，库区段再次发生塌方。13日3时40分，塌方被清除，交通恢复。4时，石门路段抢通。

抢通陕西省道210线　地震导致省道210线眉县至太白段K36+600处发生塌方，交通中断。5月12日15时30分，太白县公路路政执法大队接报后立即赶赴塌方现场，发现大约100米长的路面被山上滚下的石块堆满，路边防护墩被撞毁、撞挪位 5 个，最大的石块重近 10 吨。太白县公路路政队员与眉县路政队员立即行动，合力清理出一条便道。在路政人员指挥下，滞留车辆于 15 时 40 分徐徐通过便道。随后，装载机清理路面巨石。17 时 40 分，巨石清理完毕，公路恢复双向通行。

地震造成省道 210 线太白至留坝段塌方，导致车辆被堵。留坝公路管理段迅速成立保畅抢通、隐患排查、公路巡查、信息报送 4 个抗震保畅小组，调拨机械、人员、物资赶赴塌方现场，并安排专业技术人员对隧道、桥梁、地质灾害常发路段、涵洞进行全面检测排查。将排查中发现的安全隐患点（路段），迅速报告上级管理部门，并立即设立标志、标牌，安排专人全天候观测，积极组织施工队采取防范措施。至 5 月 12 日 23 时 36 分，经过 8 个多小时的奋战，省道 210 线太白至留坝段交通恢复正常；至 13 日 20 时，省道 210 线 K112+450 处占据半幅路面的 30 余吨巨石被清理完毕，省道 210 线恢复畅通。地震导致省道 210 线姜眉公路猴子岭隧道口发生塌方，虽无人员伤亡，但行车不畅。至 19 日 20 时，抢通猴子岭隧道口塌方段，全线恢复畅通。

5 月 31 日下午，留坝公路段抗震抢险巡查组路巡时发现省道 210 线南河小桥拱内裂缝比前日增大，达到 5 ~ 10 毫米，而且还增加了许多裂纹。巡查组及时报告了灾情，布置路政人员到现场将从太白方向过来的车辆全部拦下，劝返 3 轴以上车辆改道行驶，同时在桥头两端设置了变窄、限载、限速标志。从铁佛殿超限检测站调集人员到姜眉公路入口处，将 3 轴以上车辆分流至国道 316 线。经专家现场勘查，确定南河小桥为危桥，决定拆除后重新修建。为不阻断交通，保证国道 316 线、省道 210 线畅通，汉中公路局制订便道抢修处置方案，调入挖掘机 1 台、装载机 4 台、空压机 3 台、凿岩机 3 台及运输车辆 20 余台，组织 100 余人全力以赴，加班加点昼夜奋战，于 6 月 5 日 12 时抢通便道。

抢通陕西省道 309 线　5 月 25 日，青川县发生余震，陕西省道 309 线勉县至略阳段 K33+500 煎茶岭段发生山体滑塌，体量约 4000 立方米，造成交通中断。灾情发生后，略阳抢险突击队立即赶赴塌方路段抢险，经 2 小时 40 分钟的奋力拼搏，抢通便道。

省道 309 线勉县至略阳段震前正在进行大修施工，路面正在处理病害，受地震影响，道路损坏更加严重。5 月 31 日 19 时，略阳公路段组织抢险突击队赶赴各灾害路段，经过近百名职工一个通宵的奋战，在 30 公里施工路段上回填、修补坑槽 3000 平方米，使路况于 6 月 1 日凌晨恢复正常。

第三节　抢通灾区农村公路

汶川特大地震发生后，四川、甘肃、陕西等省交通部门，在组织抢修保通干线公路的同时，还调集工程人员和抢险机械设备抢修农村公路。5 月 18 日，交通运输部要求下一阶段公路抢通工作要从全力抢通转向抢通保通并重，从抢通干线公路延伸至农村公路。截至12月29日，随着汶川县龙溪乡直台村通往外界的公路被打通，标志着灾区受损农村公路全部抢通。

一　抢通四川灾区农村公路

为确保人员和救灾物资的运输，四川省交通厅开展通乡达村公路抢通，重点依托已经通车的汶川、茂县、北川、平武、青川等县城，由点到面，迅速抢通由县城通往其周边乡镇、村庄的农村公路。截至12月29日，四川全省因地震受损或断道的254条乡道、2114条村道全部抢通。

抢通汶川灾区农村公路　汶川县漩口镇位于地震核心区，县道漩口至三江乡的公路沿线有水磨、三江两个乡（镇），村民近万人。地震发生后，漩口镇至三江乡的公路全部中断。在通往漩口的国道213线打通以后，四川省交通厅派出抢险队伍向三江乡挺进。5月16日，公路首先通到水磨镇。与此同时，武警黄金第三总队分三路于26日进至三江乡，官兵仅凭双手、铁锹、钢钎，夜以继日轮班抢修，连续奋战13个昼夜，在山顶另辟出直达水磨镇的13公里第二通道。

5月17日，震中地区余震加连夜降雨，与映秀一山之隔的三江乡境内山体大面积垮塌，道路多处损毁，在距三江乡2公里处形成一个堰塞湖，几千名群众处于危险之中。四川路桥集团立即组织抢险队伍，配备国内最先进的大型推土机和大型履带式挖掘机等设备从寿江大桥出发，直奔三江乡。19日中午，公路已经抢通至水磨镇白石村，距三江乡还有6公里。22日，公路已打通到堰塞湖，距三江乡只有2公里，但湖水高涨，道路被淹2米多深，要向前开进必须先爆破堰塞湖。抢险队向上级指挥部门提出申请，但若等到水利专家来实施爆破放水还要几天时间。抢险队决定在山体上开挖新路，一个晚上即绕过湖区。在湖边，队员们冒险开着机器涉水而过。24日17时30分，抢险队终于打通前往三江乡的道路。

5月18—25日，汶川县人武部组织三江乡民兵130余人，配合四川路桥集团对漩（口）三（江）公路龙竹村段近2公里道路进行抢修，并对村口堰塞湖实施爆破作业。在抗震救灾期间，汶川县人武部组织各乡镇民兵投入公路抢通保通，共抢通县乡道路约80公里。

此外，金川县民兵工兵突击队在县人武部部长王建平、政委何伟率领下，先后在汶川县映秀镇周边地区渔子溪村、黄家村、黄家院村、蔡家杠村和银杏乡文坪村以及三江乡席草村抢通8条、约50公里道路。

抢通北川灾区农村公路　北川灾区受损的农村公路主要有马槽至桃龙公路、都坝至白坭公路，以及白坭至开坪公路。

自5月25日起，山东省泰安、潍坊、菏泽、聊城、日照5支公路抢险队相继进入北川。29日，由泰安、潍坊公路抢险队继续打通都坝至白坭道路，由莱芜、菏泽公路抢险队负责打通白坭至开坪道路，由聊城、日照公路抢险队负责打通桃龙至马槽道路。31日，泰安公路抢险队打通桂溪乡至都坝乡28公里的路段。6月1日，新增4个支队赶往北川。

6月5日，山东省公路抢险队对北川抗震救灾任务进行调整。泰安公路抢险队负责抢通都坝至白坭约9.9公里道路；潍坊公路抢险队负责保通桂溪至贯岭约15公里道路及架设都坝河33米战备钢桥1座（见图172）；莱芜和烟台公路抢险队负责抢通白坭至开坪约25公里道路；烟台公

图 172　6 月 5 日，山东省潍坊市公路抢险队在北川羌族自治县都坝河架设战备钢桥，实施抢通保通
（交通运输部　提供）

路抢险队负责抢通白坭至漩坪约 10 公里道路；菏泽公路抢险队负责保通贯岭至都坝约 13 公里道路、永安至通口道路北川段约 16 公里道路；聊城公路抢险队负责抢通保通墩上—坝底—马槽道路 15 公里道路；日照公路抢险队负责保通马槽—白什—青片道路约 25 公里道路；滨州公路抢险队负责总指挥部基地建设。13—14 日，北川境内连降大雨，山东省驻扎震区一线的各支交通公路抢险队克服重重困难，确保 228 公里道路畅通。

6 月 13 日，聊城公路抢险队在保通道路的同时，对墩上乡至马槽乡道路进行加宽。14 日，潍坊市公路抢险队在桂溪乡渭沟村完成疏通道路 800 米任务，清理土石方约 7000 立方米。22 日 20 时，菏泽公路抢险队累计清除隐患 193 处，清运土石方 1.55 万立方米；日照公路抢险队对开坪至片口道路进行保通，当日处理滑坡等隐患 18 处，累计清运土石方 1.68 万余立方米。

马槽至桃龙段道路为马槽乡经大杀割垭至桃龙藏族乡的新建道路。该路段山高坡陡、林密谷深，地形和土质结构复杂，以海拔 2011 米的大杀割垭垭口为界，以南（马槽方向）长约 8 公里，向北（桃龙方向）长约 7 公里，由 77208 部队按急造军路标准实施作业。6 月 11 日起，77208 部队组织官兵 360 人，携带推土机 6 台、履带挖掘机 9 台、装载机 8 台、压路机 1 台、空压机 3 台及其他保障车辆 36 辆（含征用地方工程装备 10 台），在副部队长聂学政带领下，采取人工、机械、爆破相结合的方法，从桃龙向大杀割垭方向作业，其余兵力由马槽向大杀割垭方向作业。29

日，马槽至大杀割垭单线通车，其余兵力从大杀割垭继续向桃龙方向作业。7 月 14 日 4 时，马槽至桃龙新修的约 15 公里道路全线通车，新建道路共设 54 个回头弯、9 处管涵，作业土石方约 20 万立方米；17 日，举行通车仪式。成都军区联指政委张海阳专门向 77208 部队表示祝贺；第四责任区副指挥长、77200 部队部队长周小周和政委刁国新向全体官兵发去贺电。19 日，陈炳德在成都军区联指上报的《77200 部队马槽方向道路抢通情况》报告上批示："抢通抢修道路是生命线工程，难度大，但意义也大，尤其是抢修了通往两个少数民族乡的道路，结束了不通公路的历史，意义更加重大。"

6 月 20 日，77208 部队还担负都坝至白坭新建路段爆破任务；23 日，部队进驻都坝至白坭爆破现场箭河垭；25 日，部队对箭河垭实施爆破。此时，承担该路段新建任务的泰安公路抢险队推进新建路段 50 米，新建道路已累计推进 850 米。26 日，泰安公路抢险队随时对爆破作业面碎石进行清理。当日，山体爆破进展 30 米，其余部分按计划有序进行。28 日，77208 部队爆破队与泰安公路抢险队完成都坝至白坭新建路段第一制约点爆破施工，并开始对第二制约点实施爆破。至 28 日，77208 部队共爆破、清理土石方约 12 万立方米，在 3 天内实现与从白草河向都坝方向施工爆破队的会师。7 月 3 日，四川省交通规划设计院调整都坝至白坭段新建道路局部路段线位 2 公里。5 日，经过 23 天拼搏，墩上乡至马槽乡道路加宽工程完工，路基路面由 4 米加宽到 8 米、共 6.5 公里，完成土石方 9.5 万立方米。7 日，四川省交通厅抗震救灾前线指挥部与 77208 部队研究都坝至白坭攻坚方案。9 日，泰安等公路抢险队与 77208 部队共同进行紧张施工。30 日，都坝至白坭路段的通车仪式在都坝乡举行（见图 173），使北川东部 10 个乡（镇）完全联通。从 5 月 30 日至 7 月 30 日，泰安公路抢险队和 77208 部队攻坚克难，共完成土石方 36.8 万立方米，消除隐患 58 处。

白坭至开坪路段全长约 45 公里，是直接连接北川东西部地区的最后一段未打通农村公路。受地震破坏及唐家山堰塞湖淹没的影响，连接北川东西的省道 302 线被毁中断，使北川被割裂

图 173　7 月 30 日，北川羌族自治县都坝至白坭路举行通车仪式（交通运输部　提供）

为东、西两大部分。7月30日，都坝至白坭通车，使北川东部10个乡（镇）完全联通，但西部10个乡（镇）所需抗震救灾物资，仍需从绵阳绕行阿坝600余公里运输。尽快打通白坭至开坪公路，对于改善北川交通状况，方便抗震救灾物资运输，加快群众安置和恢复重建，保障社会稳定，具有十分重要意义。四川省交通厅抗震救灾前指决定集中在北川的山东省抢通力量，尽快打通白坭至开坪路段。8月7日，泰安、潍坊、菏泽3支公路抢通保通突击队开始陆续进入白坭—开坪公路作业，标志着抢通工作进入攻坚阶段。3支公路抢通保通突击队不断克服余震、持续降雨等各种实际困难，在7个作业面上同时施工，全力打通白坭至开坪这条连接北川东西部的“生命线”。至12日，泰安公路突击队抢通、拓宽1500米，完成土石方1750立方米；潍坊公路突击队抢通、拓宽550米，完成土石方2480立方米；菏泽公路抢险队抢通、拓宽白坭段道路1450米，完成土石方4180立方米。25日，白坭至开坪路段已具备通车条件，都坝—白坭—开坪道路全线抢通。

抢通绵竹灾区农村公路 绵竹灾区受损的农村公路，主要有汉（旺）清（平）公路和广济至金花、金花至红白公路。

绵竹市清平乡位于距汉旺镇10余公里的大山中，汉旺镇至清平乡道路大部分在深山峡谷之中，强烈地震引起山体滑坡压埋道路，滑坡处占80%，几乎每100米就有一处滑坡，抢通难度极大。5月19日17时，重庆市交通系统支援四川灾区抢险救援队第三突击队（以下简称重庆第三突击队）抵达汉旺镇，会同武警水电第三总队负责打通汉清公路。20日晨，重庆第三突击队组织技术专家克服各种困难，经过3个多小时的现场徒步查勘，及时研究、提出抢险方案，并对高边坡滑动带来的施工安全威胁提出可靠的预防措施。13时，重庆第三突击队渝航公司施工机械开始施工作业，两台挖掘机开始清理土石工作。至22日晚，重庆第三突击队在与武警水电第三总队共同抢通6公里后，由于受堰塞湖影响，根据四川省交通厅的统一布置，于23日转战什邡市红白镇，抢通红白镇至蓥华山风景区约4.3公里公路。

5月24日22时，山西省支援四川灾区公路抢通保通抢险突击队（以下简称山西突击队）到达绵竹市汉旺镇，支援汉清公路抢通。25日6时开始，山西突击队负责抢通广济—金花、金花—红白、金花—遵道、汉旺镇马尾桥—虹岩、汉旺—清平5条县乡公路。突击队冒着山体滑坡、塌方、泥石流、悬石、浮石以及堰塞湖溃堤等危险，奋战在深山沟壑之中。28日下午，经四昼夜奋战，广济—金花、金花—红白被阻公路全部抢通。29日，山西突击队抢通保通汉旺至清平段5.9公里道路，累计清理泥石流、塌方土石方13.6万立方米。6月5日，通往红白镇、金花镇及2个矿区、1个水电站、3个旅游胜地公路，因暴雨与余震再次中断，近3万立方米塌方阻断公路。8日，经突击队通宵达旦交叉作业，被阻公路再次被打通。12日中午，小岗剑堰塞湖因爆破泄洪，高达10余米的浪头卷着泥石和漂浮物，向突击队营地咆哮而来。面对洪峰，突击队队员奋不顾身地抢救机械设备、物资，3人受伤，已打通的汉清公路被冲为5段。16日，山西突击队70余人冒着余震不断、堰塞湖随时可能溃堤的危险，携带大型机械30台件，开始艰难的二次抢通。抢通现场没有作业面，突击队采取从半山腰爆破开挖、打孔固定钢钎、填塞沙袋土石等办法，于7月13日再次将这条公路抢通。8月26日上午，经过抢修人员103天昼夜施工，进行多次通了又堵、堵了又通的攻坚战，汉清公路实现初通，标志着德阳市大小42条在地震中遭到不同程度破坏的道路全部打通。

5月17日，武警水电第三总队十支队第一批突击队到达汉旺镇牛鼻村。18日晨，挖掘机在前方开道，装载机随后铲运，推土机清理路面，队员和设备分成两个作业班组，一组由十支队一中队中队长袁帅带领重型机械沿公路向清平方向掘进，另一组由五中队中队长李安带挖掘机、装载机由路面向河床修建上下两条坡道，人员、车辆和设备沿河床向上游开进，实施分段抢通。官兵们在7个昼夜里，每天负重徒步行走2.5公里，跨越绵远河，翻过塌方体，在烈日高温下施工。至24日，开挖转移土石方1.6万立方米，爆破孤石1500立方米，打通道路15公里，转移群众2000余人。

5月19日下午，四川路桥集团一支120人的抢险队不顾山上发生大面积滑坡的危险，打通从广济至金花公路，两天开挖土石方近2万立方米，疏通道路9.6公里。20日，在余震不时发生的情况下，重庆市交通系统抢险救援突击队奋力拼搏，仅用5小时就突击完成本应两天才能抢通的道路；22日夜，与武警水电第三总队十支队共同打通汉旺镇至清平乡10余公里塌方路段。

绵竹市金鱼嘴至御军门有两处特危地段，坡顶危石开裂，随时都可能滚落或滑塌。5月30日，92051部队开进金鱼嘴至楠木沟2号桥现场，对4公里路段障碍进行爆破及山体排危作业。海军副参谋长张磊愚带领92051部队部队长陈昌峰和海军潜艇学院工程专家张可玉、教员王兴雁、工兵防化营营长徐子红到现场勘察，制订了爆破方案。至31日9时30分，92051部队打通武都村至红岩煤矿约8公里、广济镇至金花镇约10公里路段。

武都村至红岩煤矿路段路面有大塌方4处、沉降30余处，公路堵塞严重，需清除土石方约20万立方米。92051部队道路抢修队在副参谋长兼队长李太锋带领下，动用挖掘机、装载机、自卸车（红岩煤矿保障3台），担负山体塌方土石的挖装与转运，进行爆破清障排险。抢修队与红岩煤矿工人联合作业，分组打通该段公路。6月1—18日，先后组织兵力724人次、车辆140台次，装填、搬运沙袋近2万袋，挖掘土石方24.39万立方米，恢复武都村至红岩煤矿两段道路。

7月23日，武警水电第三总队十支队投入兵力156人、机械设备18台套、车辆10台，抢通汉旺镇至清平乡兰家岩矿山道路约50公里；8月12日抢通汉旺镇至天池乡政府13公里道路，26日抢通汉旺镇至清平乡政府18公里道路；9月2日，抢通兰家岩方向道路。

地震发生后，德阳军分区将民兵交通保障分队、地方工程机械分队和部分应急民兵整合组建成筑路队，及时对受损桥梁进行维修加固，对绵竹市汉（旺）清（平）公路、九（龙）红（白）等公路被埋路段进行清理，先后协助维修桥梁5座，协助地方和救援部队疏通道路80.4公里。

抢通什邡灾区农村公路 什邡灾区受损的农村公路，主要是广（汉）青（牛沱）公路的什邡市红白镇至木瓜坪路段。

广青公路全长78公里，是什邡市境内一条纵贯南北的主要通道。该条道路通往全国第四大磷矿金河磷矿，是蓥华镇、红白镇等唯一的对外通道。地震发生后道路被阻断，金河磷矿4000多群众和上百辆各型汽车被困，与道路平行的广（汉）岳（家山）铁路也遭受重创。经勘查，广青公路红白镇至木瓜坪段全长12.5公里，共有大中型塌方25处、计32.81万立方米，大型潜在的泥石流冲沟4处，金河磷矿处有连续3个堰塞湖。全线基本上是上面靠岩、下面临水，临水高度数十米，约5公里路基路面全部被塌方所埋，约2公里路基垮塌悬空，抢通难度极大。

烂柴湾是广汉至什邡青牛沱公路上一个山嘴的名字，总长不过三四百米，却是什邡通往红白镇、绵竹市金花镇以及金河磷矿、红星煤矿、巴塘电站、青牛沱景区、峡马口景区、通溪河景区的必经之地，是广青路上的一个交通咽喉，也是广青路抢通保通的一个关键性节点。烂柴湾一边是陡峭的蓥华山，一边是湍急的石亭江。地震造成烂柴湾路段严重滑坡，数万立方米的破碎山体淹没了200余米的道路，通往什邡市红白镇和绵竹市金花镇的道路全部阻断。德阳市交通局迅速调派抢险装备和人员驰援烂柴湾。两台装载机于5月13日2时赶至现场。没有照明设施，频繁余震下山体在继续垮塌，作业面狭窄，装载机难以作业，必须调集挖掘机、推土机、破碎机等大型机械配合作业。经过努力，傍晚时将配套的各种抢险工程机械集结到烂柴湾。因烂柴湾地势险峻，地质结构松散，山体滑坡严重，加之余震频繁，不时有飞石倾泻而下，时刻威胁着抢险人员的生命安全。14日上午，经过抢险救灾部队官兵的清理，飞石基本清除。15日15时38分，烂柴湾路段终于被抢通。

5月15日上午，中铁二十三局受命派遣第二抢险队，在副总经理张克华率领下，携带60余台机械，赶赴什邡市蓥华镇，抢修天宝村至麻柳坪公路；16日晨至17日晚，快速排查12处塌方滑坡。至20日，第二抢险队共打通什邡市蓥华镇蓥石公路毛拱桥至石门村主干道10.4公里，至瓦窑村公路3.2公里，至石门村公路0.5公里；清理塌方32处、总长2120米，其中100米以上大塌方8处；清理土石方4.17万立方米。至6月2日10时，在重庆市交通系统抢险救援队第一、第三突击队和中铁二十三局第二抢险队共同奋战下，广青公路正式抢通。

5月18日，95900部队部队长牛七伟带领突击队急行军16公里，翻越3座大山，穿过37处塌方地带，提前一小时到达石门村麻柳坪。从蓥华镇通往麻柳坪的盘山路全长23公里，其中被地震摧毁最严重的有3.5公里。此段山路，有8处路基坍塌、22处山体滑坡、62处被泥石流淹埋，加上余震不断，随时可能再次发生塌方、滚石等重大险情。牛七伟把任务交给“常胜模范连”1营3连。3连指导员王军士带领45人从山下实施作业，其余人员由连长单伟带领在山上实施作业。挖掘机和推土机在前面开路，战士们挥锹抡镐立即跟上，挖掘机、装载机、凿岩机、摩托锯发出轰鸣，与铁锹、铁镐、铁锤、钢钎的铿锵声响成一片；一双双暴起青筋的手臂紧握一根根撬杠，在号子声中比着劲。26日5时，牛七伟带着“常胜模范连”、炮2连和工兵分队，打响抢修“生命线”的攻坚战。整整八昼夜生死奋战，官兵们手掌磨出血泡，磨秃铁锹和钢钎，终于打通盘山路的最后一道险关。同日，空军主要工程机械力量进驻什邡市，成都军区空军、广州军区空军、兰州军区空军工兵勤务队先后投入战斗，共清理山体滑坡塌陷6处、山体滑坡48处，填平塌陷路基120米，组织爆破巨石868块，完成土石方1.2万立方米。在此期间，第三责任区副指挥长王维山、参谋长李凤彪到现场组织指挥，加快对石门洞至麻柳坪道路的抢修。（参见图174）至6月3日17时，官兵们终于抢通石门洞至麻柳坪险段。

5月20日14时30分，浙江省交通架桥突击队奔赴什邡市红白镇，参加抢通至金河磷矿路段的观通桥任务。观通桥长39米，为拱桥结构，架设难度大。21日15时30分，架桥突击队着手

图 174　5 月 26 日，成都军区空军后勤部机场工兵勤务队在什邡市蓥华镇麻柳坪清理塌方道路
（空军　提供）

实施抢通作业，白天连续奋战，晚上靠自行携带的小型发电机照明，继续挑灯夜战。至 23 日 11 时 58 分，架桥突击队抢通了观通桥。

地震使位于什邡市红白镇松林村境内一座跨度近百米的混凝土拱桥红东大桥整体垮塌，广青公路成为断头路。重庆交通系统抢险救援突击一队在参与抢通观通桥后，又开展了广青公路什邡段的抢通工作。5 月 21 日上午，为了抢通红东大桥断点公路，突击一队动用了 2 台推土机、2 台挖掘机和 1 台装载机共 5 台大型设备，组织 20 余名施工人员，开始实施断桥点公路临时改线工程。该工程的关键和难点是跨河作业，施工作业分 3 段实施：新、改建一条长约 430 米的南端引道，抢通北段长约 2100 米的塌方公路，修建长约 50 米的临时过水通道。22 日 2 时，经过 10 个小时的抢修作业，完成红东大桥断点公路临时改线工程施工。24 日，现场指挥部通过实地踏勘，基本摸清广青公路什邡段的路况，制订了 5 ~ 7 天内抢通红白镇至金河磷矿公路的施工方案。施工方案敲定后，40 余名突击队员立即不分昼夜地展开抢险，挖掘机、推土机和装载机迅速赶到抢险现场。机具在前面开路，突击队员用钢钎、铁锹在后面清理路基。第七天，突击一队在红白镇至木瓜坪公路 K7+300 处遇到“硬骨头”。被地震震落的半壁山体整体下沉，把公路外侧长约 200 米的路基压塌，塌方处外侧则是深达百米的山谷。挖掘机走走停停，艰难推进一天，只前进了 20 米。为不延误战机，指挥部迅速调整部署，要求突击一队开辟另一条路插到“硬骨头”前方，发展新的作业面与现在的作业面形成“两路夹击”之势。突击一队迅速行动，调配两台挖掘机下到深达百米的山谷蹚水过河，插到广青公路 K8 处，分两头清理公路塌方。一台继续向前推进，另一台往回清理直至与 K7+300 处机具会合，共同啃掉了“硬骨头”。至 6 月 2 日 10 时，中断交通 21 天的广青公路红白镇至木瓜坪段全线贯通。

5 月 25 日以后，成都军区空军、北京军区空军、济南军区空军等 7 支空军机场勤务队从全国各地抵达灾区，配属各责任区遂行任务。29 日，什邡市通往红白镇道路千余米山体滑坡。此段路沟深路滑，上傍依高山，下临石亭江，是救灾部队通往红白镇的咽喉要道。93882 部队在疏通道路中，士官蔡东宏操作机器胆大心细，处置险情果断机警，并与其他操作手密切配合、协调运作，不到半天时间，拉运土石 300 余立方米，将原本 3 米宽的路面拓宽至 8 米。至 31 日，经过两天艰苦奋战，终于打通这条乡村公路。

5 月 26 日，广州军区空军机场工兵勤务队突击队负责打通蓥华镇天宝村 1 组附近的 4 公里山区公路。路段内有 5 处塌方，其中有 3 处大塌方。公路路窄弯急，依山临涧，地震发生后曾被打通，不久又被余震滑坡阻断。一次，装载机操作手把探出深涧的地表误认为是原有路基，在一个后轮沉下去的瞬间，操作手用抓斗机敏地抓住坚实地面，三轮着地的装载机近三分之一的车体悬空，现场指挥干部立即把推土机调来，拴上自救钢索拖拉，才避免了一场大祸。（参见图 175）天宝村公路打通后，勤务队又转移至瓦窑村打通了 2 公里山路。

图175　5月26日，广州军区空军机场工兵勤务队抢修什邡市蓥华镇至麻柳坪道路
（空军　提供）

5 月 27 日中午，成都军区空军机场工兵勤务队进驻蓥华镇雪门寺村，突击抢通石门村至麻柳坪公路。公路依山而建，在余震中再次中断，突击队进至石门村 2 组时，路面被滑下的山体掩埋。队长王思全与 4 名突击队员冒着余震和滚石威胁，经 4 小时艰苦徒步跋涉，探明 2.6 公里路段上共有 33 处被塌方覆盖。有的路段上横着上百吨重巨石，推土机、装载机无能为力，突击队只能实施爆破后再行清理。战士王路文腰里别着撬杠，像壁虎一样紧贴着垂直山体攀爬

上去排险，悬石被成功撬离山体。至6月3日，经过八昼夜奋战，石门村至麻柳坪“生命补给线”再次打通。

抢通青川灾区农村公路　青川灾区受损农村公路，主要是剑（阁）青（川）公路和青（溪）唐（家河）路（县道165线）。

剑（阁）青（川）公路全长76公里，是青川通往广元市区方向的唯一通道。地震造成剑青公路因山体滑坡阻断交通达656处，路基严重下沉垮塌达63处。5月13日，广元市交通局组织6台大型装载机从马鹿向乔庄方向快速推进，青川县交通局组织3台大型装载机从乔庄向马鹿奋战，两支抢险队相向抢通。突击队一边对岩石和危岩进行爆破，一边用大型工程机械清除公路上的土石方。黑夜中，参加公路抢修会战的员工不顾余震危险，冒着爆破后乱飞的石块，坚强地战斗在抢通保通第一线，共清理土石方近2万立方米。至13日中午，剑青公路被抢通；11时后，广元市路政处安排路政执法人员，快速赶往危险路段，分兵把守，实行昼夜24小时交通指挥管理，确保剑青公路的畅通，为大批救灾部队官兵和救灾物资设备迅速进入青川解救被困群众创造了条件。

5月17日1时，酒家垭附近山体滑坡；18日9时，七佛乡境内山体再次滑坡；14时，凉水至酒家垭地段再一次发生滑坡断道。从18日3时开始，青川抗震救灾南线指挥部派出抢险人员、大型机械对马鹿至酒家垭段公路危岩和巨石进行爆破、清除。19日1时8分，青川发生余震，使大量被震松的滑坡体垮塌。5—11时，指挥部派出抢险人员28人，出动大型工程抢险机械5台，对马鹿至酒家垭段公路进一步实施拓宽处理，共清除土石近900立方米。

5月25日15时，陕西交通支援灾区公路抢通保通突击队（以下简称陕西突击队）到达青川县城。16时21分，青川县发生余震。21时，陕西突击队携带装载机、挖掘机、发电机组等各类机具，承担青川县7条省道和县道共215公里、6条乡道59公里抢通任务，同时承担村道和以上路段约30座桥梁的检测工作。25日，陕西突击队抢通酒家垭至青川段公路塌方，清除土方2000余立方米；26日晨，再次发生塌方，突击队当即组织抢通。27日，突击队路基作业第一队在七佛至金子山塌方路段对巨大落石成功实施爆破和清理；28日11时30分，路基作业队再次成功实施爆破作业。29日，青川下了一夜大雨，凉水至关庄镇道路因塌方中断，路基作业第一队立即组织人力、机械进行抢通，于11时抢通道路。

5月25日16时21分，余震造成剑青公路金子山至青川县酒家垭段发生3次大塌方，青川县城通往外界的陆路通道再次阻断。陕西突击队路基作业队不顾长途跋涉的劳累，丢下正在搭建的帐篷，冒着余震威胁，组织机械、人员赶赴塌方现场，经过3个多小时奋力抢修，于20时抢通该段道路。

地震导致青川县青（溪水）唐（家河）路损毁异常严重，出现大量塌方、落石。由于道路中断，救灾物资无法进入，沿线居住的1000余名受灾群众处境艰难。青唐路是陕西突击队抢通重点任务之一。为尽早抢通青唐路，陕西突击队研究决定，将第二路基作业队驻地由蒿溪回族乡迁至青唐路起点处的青溪镇，以便靠前指挥、方便作业。5月30日，经过多次现场踏勘，抢通工作在余震不断、危机四伏的艰险环境中全面展开。当天，路基第二作业队便实施爆破100余处，清理土方2000余立方米，累计清理塌方、落石4500立方米，抢通道路6.5公里。6月5日，

图 176　6 月 3 日，71872 部队抢修青川县关庄镇至红光乡道路

（济南军区　提供）

陕西突击队路基作业队在青唐线爆破作业 30 次，清理土方 2800 立方米，于 18 时抢通青唐路全线。

青川县关庄镇至马公乡公路几十公里山路是连接关庄、红光、石坝、马公 4 个乡（镇）的唯一道路，沿线有 46 处塌方、15 个堰塞湖。6 月 2 日，71320 部队部队长白建军、副部队长卢长健、参谋长胡修斌连夜赶赴 71872 部队进行动员。3 日，71872 部队采取“人、机、爆”相结合方法强行入点作业（见图 176）。17 时 30 分，第二梯队赴关庄任务区投入抢通工作；21 时，出动 130 人、工程机械 24 台，采取双向作业，共清理塌方路段 200 米，清理土石方 1.5 万余立方米，共攻克 5 个塌方体、2 个堰塞湖，清理土石方 8.4 万立方米，打通关庄镇至红光乡段 9 公里道路。7 日 8 时 30 分，第五责任区指挥部通知，8 日晚将有大暴雨，并可能伴有余震、山体滑坡、泥石流等地震次生灾害，要求 71872 部队在暴雨来临前，打通关庄镇至红光乡道路，确保被困山中的 5000 余名群众安全转移。卢长健立即与部队领导一起研究“双向对进”的紧急通路方案。8 日 18 时 30 分，经过 34 小时连续作业，抢通人员共清除 10 个塌方体、4 个堰塞湖，清理土石方 2.6 万立方米，抢通关庄镇经红光乡再至石坝乡 14 公里道路，被困群众在暴雨来临前全部被转移。

6 月 9 日 9 时，71872 部队开始抢通石坝至马公段道路。23 日，道路抢通至海拔 1600 多米的尖嘴子山路段时，发现山上被树藤悬挂的巨石有 48 块。71872 部队道路 2 连 12 名官兵将绳子绑在山上固定身体、贴近攀岩，利用撬杠和摩托锯排除悬石。24 日 10 时，突降暴雨，白槽丫一段山体崩塌，部队立即派 2 个作业组携大型机械以“双向对进”方式迅速清理路面，确保群众安全转移。7 月 2 日 17 时 30 分，官兵清除沿线塌方点 31 个、堰塞湖 9 个，清理土石方 38.3 万立方米，终于抢通石坝至马公 29 公里道路。9 日，陈炳德在成都军区联指《上报 71320 部队、71872 部队抢通青川县关庄镇至马公乡道路综合情况》上批示：“成都军区抗震救灾联指和 71320 部队领导重视，决心大，组织周密，组织工兵部队奋战一个月，打通 4 个乡（镇）的道路并加以维护，同时还处理了堰塞湖，这样既提高了保障能力，又确保了安全，故对取得的成绩应给予充分肯定和鼓励。”

7 月 31 日，71872 部队担负青川县红光乡东河口至前进乡毁损道路重点路段抢修任务。东河口至石板沟黑鹰崖毁损道路长约 5 公里，途经 2 个堰塞湖、8 处塌方体。10 月 3 日，经官兵 63 天连续奋战，基本抢通东河口至石板沟黑鹰崖毁损道路。部队共出动人员 4724 人次、装备 2043 台次，爆破山体 47 处，爆破土石方约 5 万立方米，累计抢修道路 5 公里，清理土石方约 23 万立方米。

抢通茂县灾区农村公路 抢险救灾期间，武警重庆市总队为茂县 1 个镇 3 个乡 19 个村抢通乡村公路 104.9 公里。其中，为凤仪镇麻主村、吉鱼村、坪头村、水西村抢通公路 16 公里；为沟口乡沟口村、刁林村、水若村、歧山村、五家村、鸡公村抢通公路 61 公里；为渭门乡椒元村、渭门村、榴桐村、核桃村、德胜村、十里村抢通公路 4.9 公里；为飞虹乡浅沟村、浑沟村、苏家村抢通公路 23 公里。

抢通安县灾区农村公路 安县灾区受损农村公路主要是县道秀（水）茶（坪）公路。秀茶公路全长 23 公里，是一条临山沿河公路，起点距安县县城 35 公里，终点距北川县城约 18 公里。地震发生后，经当地交通部门努力，已打通 12.5 公里，剩余马颈项至千佛镇杨家桥段 10.5 公里路面全毁，公路旁河流已形成 8 处堰塞湖，湖水持续上涨，部分路面已淹没在湖面 20 米以下，马颈滑坡段有几百万立方米的山体滑移，公路沿线山体仍不断滑坡。

5 月 21 日，96501 部队和 77126 部队、77156 部队工兵分队抽调 105 官兵、各型车辆机械 23 台组成道路抢修队，于 22 时 25 分到达安县秀水镇，抢通秀水镇至雎水镇严重损毁道路。同日上午，96514 部队担负雎水镇至高川乡 24 公里道路疏通任务。指挥部决定采取“人工排险、钻孔爆破、机械挖填”等方法，按照“两面夹击、中间开花”方式，在多个作业面同时施工。6 月 11 日，经 20 天连续奋战，“老虎嘴”至高川路段全线应急抢通。（参见图 177）其间，挖掘并妥善处理遇难者遗体 56 具，清理各种损毁车辆 100 余辆。13 日，陈炳德在成都军区联指上报的道路抢通情

图 177 5 月 30 日，96514 部队官兵在墩秀公路“老虎嘴”险段陡峭的山岩上作业（第二炮兵 提供）

况报告上批示："抢通此路绝不是一般的生命线，具有战略意义，为重大安全做出了巨大贡献。"26日下午，官兵们冒着酷暑，完成高川乡境内两座石桥钢桥架设任务。至此，部队先后打通北川县城"生命通道"、北川县城至陈家坝乡"救援通道"、睢水镇至高川乡"战略通道"和擂鼓镇至禹里乡"重建通道"4条关键通道，抢修抢建道路256公里。

5月25日，河南省交通厅赴四川绵阳抢通保通工作队（以下简称河南抢通保通队）赶赴第一个建设活动板房的安县桑枣镇香溪村。至17时，经过紧张抢通，打通该村道路1公里，架设圆管涵便桥1座。26日，河南抢通保通队实地察看通往6个居民临时安置点道路，并打通通往晓坝镇中心村居民临时安置点的1公里道路，推平临时居民点土地3.33公顷。至28日16时，河南省援建安县受灾群众活动板房第一批6个乡（镇）7个安置点的道路全部抢通；30日，完成安县桑枣镇罗浮山、立志村、红牌村、松林村等几个村便道保通工程，秀水河桥和代家沟桥可正常通行。至6月2日，河南抢通保通队提前一周完成安县17个乡（镇）32个受灾群众安置点进场公路的抢通保通任务。

5月26—27日，湖北公路支援四川灾区公路抢通保通突击队（以下简称湖北突击队）出动各种设备36台班，对晓坝镇至马颈9公里长的塌方路段进行全面清理，做到随塌随清，为水利部门大型设备进入马颈阻塞坝体施工创造条件。27日12时，湖北突击队在接到扩挖马颈堰塞湖下游300米处的阻塞坝任务后，立即出动两台挖掘机进行不间断作业，陆续疏通了马颈堰塞湖下游堵塞的河道，爆破排除多处危险鹰嘴山体，打通通往坝顶施工区的危险通道。

肖家桥堰塞湖是绵阳市一个较大堰塞湖，不但阻塞公路，快速上涨的湖水还时刻威胁着下游20余万名灾区群众生命财产安全。湖北突击队勘测完地形后，主动多方协调联系，先行开工，修筑通往堰塞湖坝顶的施工便道，排除便道上方的危险山头，并在水利施工队尚未到达坝顶前，即开始转运土石，降低坝体高度，疏通被垮塌泥石堵塞的下游河道；此后，又与同来救灾的水利部门并肩战斗，共同抢险。6月6日，湖北突击队在肖家桥堰塞湖实施试验性导流，但水流失控出现溃坝，洪水吞噬了刚刚抢通的道路，并一步步逼近突击队的设备停放点。经突击抢险，仍有7台设备被洪水吞没，剩余的11台机械经修复后继续投入抢通作业。至25日，湖北突击队扩挖了茶坪河域第八道堰塞湖泄水明渠，疏通了被山石堵塞的500米茶坪河河道，这些工程为肖家桥堰塞湖除险工作顺利开展提供了有力保障。之后，秀茶公路由辽宁省公路抢通保通突击队负责抢通保通。12月17日，与外界隔绝近7个月的千佛镇东益村"孤岛"通往外界的道路被抢通。至此，安县275个村的农村公路全部抢通。

北川墩上至安县秀水公路的睢水镇至高川乡段全长24公里，是外界通往高川乡的唯一通道。路段穿行于沟谷、悬崖之间，山高、坡陡、弯急、路险，多为内嵌式山路，上下均为悬崖峭壁，距离河床约50米，距沟谷深处20～70米，有16公里路段完全损毁。其中，大塌方34处，特大滑坡8处，滑塌土石800万立方米，并沿睢水河形成4个小型堰塞湖，水位已高出湖边路面6米，特别是位于睢水镇罐滩村的"老虎嘴"路段，公路内侧坡体为灰岩边坡，陡立处坡角在70度以上。

6月12日至7月12日，96514部队全力进行道路抢通保通。其间，在高川乡境内捐建2座钢桥（朝阳沟桥和岔路口桥共48米）、1座涵桥，共挖填土石88万立方米，清理路面土石37万立方米，处理二次塌方8万立方米，排除险石1.2万立方米，爆破块石1.3万立方米。7月12日，抢通的道路正式移交安县政府。军委指示："及时抢通这条道路，是党中央、国务院、中央军委关心的一个问题……意义重要，堪称完成了一条生命线工程。"

抢通都江堰灾区农村公路 都江堰灾区受损农村公路，主要是二王庙至龙池风景区公路。二王庙至紫坪铺大坝沿途巨石封路、树木横卧，车辆根本无法通行。5 月 12 日 20 时，成都市交通委员会现场组织抢修二王庙至紫坪铺大坝公路。至 13 日晚，长 8 公里的二王庙至紫坪铺大坝公路被抢通，为前往虹口、龙池救援的队伍提供了交通便利，也为打通紫坪铺大坝至汶川水路创造了有利条件。

地震发生后，位于都江堰西北的龙池镇对外连接的公路全部被损毁，镇内 3000 余名群众被困。而途经二王庙至龙池风景区的公路，是龙池镇和外界联系的唯一公路。由于震后大雨，公路沿途不断滑坡、塌方，造成该路交通完全中断，准备前往龙池运送救援物资的车队无法进入。成都市路桥工程股份有限公司接到抢险任务后，董事长郑渝力带领 30 余名抢险队员，经过长达 14 个小时的艰苦奋战，于 5 月 14 日凌晨打通了龙池与外界联系的简易公路。15 日，抢险队员转战打通龙池连接都汶路的受阻道路，并在当日 17 时将 5 公里道路抢通。

5 月 13 日 23 时 30 分，武警水电第三总队组建紫龙、紫虹和青城后山 3 支突击队，向都江堰开进。武警水电第三总队九支队承担都江堰紫坪埔电站至龙池镇道路的抢修任务。15 日 22 时，都江堰紫坪铺电站至龙池镇道路贯通，共清理山体塌方 15 处、路面塌方 17.75 万立方米，打通道路 22.5 公里。

5 月 14 日 14 时 30 分，武警水电第三总队十支队承担紫坪铺至虹口乡抢通任务。19 时，官兵从紫坪铺向前推进 4 公里，道路路基严重坍塌，巨石堆积如山，石块仍在飞落，加之处于近 90 度弯道，前面情况不明。十支队副支队长邓向东带领几名官兵向前冲去，他们手脚并用，在峭壁上攀爬，在乱石堆中行进。几经波折，终于在 21 时探明情况。紫坪铺至虹口乡的道路为典型的山间公路，一侧山峰高耸，一侧悬崖临水，道路从山腰河畔的狭窄空隙处劈开蜿蜒而行。官兵硬是在陡壁之间只容得下一台挖掘机的工位上，摆开一个长约 500 米的战场。大雨中，4 台履带式挖掘机轰鸣着从乱石丛中压过，将路基上的乱石成堆掘开，2 台 470 马力的轮式装载机怒吼着紧随其后，一进一退，将路面铲平。（参见图 178）16 日 11 时，十支队五中队二级士官代灵岭正驾驶装载机抢修道路。突然一阵余震袭来，巨石滚落，在距其前后不足两米处，瞬间堆起两座小山，将代灵岭困在中间。代灵岭镇定自若，立即调整机械姿势，与前去增援的战友继续抢险。

5 月 14 日，武警水电第三总队十一支队分两路抢通青城山道路。一路疏通道路，一路抢救、疏散受灾群众。十一支队支队长汪友才、政委刘智勇冒着余震和落石威胁，到青城山道上实地踏勘，发现青城后山山势陡峭、道路狭窄，无法按当初拟订的方案实施多台机械同时作业，遂将进场机械改为一台小型履带式挖掘机和一台小型履带式推土机。15 日 5 时，十一支队副总工程师胡德栋，操作手黄勋、王陇奇等先行到达前方约 1 公里塌方处清障。此处与周家岩是道路疏通的重点，堆积了千余立方米的塌方土石。18 时 30 分，操作手黄勋、宋云冒着滚石和塌方的危险，清理塌方 2556 立方米，抢通青城后山至泰安古镇干线公路 17 公里。

地震发生后，都江堰市向峨乡至虹口乡 12 公里公路被阻塞。从 5 月 15 日开始，77146 部队与中铁二局建筑公司全力抢修向虹公路。至 6 月 19 日 11 时 30 分，向虹公路全线抢通。28 日，

图178　5月16日，武警水电第三总队十支队官兵正在抢通都江堰市紫坪铺至虹口道路
（武警部队　提供）

77108部队官兵紧急抢通都江堰市青城后山至大观镇7公里坍塌道路。

6月18日，都江堰至龙池镇道路发生严重泥石流和滑坡灾害。71332部队在装步3营营长刘汉林率领下立即赶赴现场，冒着大雨实施抢修，共清理维护道路1000余米。

抢通平武灾区农村公路　5月18日至6月4日，达州陆军预备役炮兵旅按照分片包干的方法，组织6个营1800余人次，动用各种大型机械2300余台次，分别打通平武县平通镇通向大松村、椒子山村、拱桥村、明杨村、桥坝村、大坝村道路。

平通镇至豆叩镇平通河上的平关大桥因地震受损严重，须在平关大桥上架设69米长的战备钢架桥。6月1日，云南省交通厅昆明总段突击队（以下简称昆明突击队）在进行南坝镇11米废墟专用桥施工的同时，平关桥施工也在紧张进行。3日10时12分，经昆明突击队25小时艰苦奋战，总长69米的加强3排单层钢架桥架设铺装完毕，平武县平通镇至豆叩镇、大印镇、锁江羌族乡、徐塘羌族乡4个乡（镇）之间的通道打通。至此，昆明突击队承担的平武县4座钢架桥全部架设铺装完毕，总长162米。至20日，昆明突击队共出动大型机械540台次，清除土石方约14万立方米。

抢通彭州灾区农村公路　彭州灾区受损农村公路，主要是彭（州）白（水河）公路。彭州龙门山银厂沟是国家级风景名胜区，彭白公路是彭州通向银厂沟的唯一通道。地震震中汶川与银厂沟仅一山之隔。小鱼洞镇和龙门山镇与外界相连的小鱼洞大桥在地震中垮塌，山区道路完全中断，营救数万名被困群众的“生命线”中断。

彭州市交通局相关人员迅速赶赴小鱼洞大桥垮塌处，一方面加强交通管理，防止出现交通事故；另一方面抓紧制订便桥抢建方案，并针对下游沙石厂原材料丰富的实际情况，迅速制订出便桥建设方案，及时从建设工地抽调机具和人员，并于5月13日10时建成第一座临时便桥，为山区群众的转移和营救官兵的进入赢得时间。通过第一座便桥，彭州市交通局干部职工与双流建设局、中铁二局以及部队官兵一起，开始迅速疏通小鱼洞至银厂沟的道路。至14日10时，一条到银厂沟的简易便道被打通。

由于时间紧迫，第一座临时便桥抗洪能力较小，为保证救援工作的顺利开展，又于5月15日5时建成第二座小鱼洞便桥。（参见图179）第二座便桥的建成，充分保障了数万军民转移和大量物资运送安全。

图179　图为5月15日，彭州市小鱼洞大桥抢建便桥施工现场（交通运输部　提供）

小鱼洞第二座便桥建成后，不到40个小时就受到威胁。5月16日中午，由于地震后上游形成堰塞湖，加之凤鸣湖水位暴涨，随时都有暴库的可能，迫不得已，凤鸣湖开闸放水，水到小鱼洞大桥的便桥处时从20、40、80、100个流量，最高时达150个流量，水越来越大，给仅有60个流量泄洪能力的第二座便桥造成极大威胁。广大干部职工、抢险救灾部队官兵和受灾群众一起携手奋战，最终保住了第二座便桥。在保证第二座便桥畅通的情况下，为应对即将到来的汛期，保证彭白公路的畅通，技术人员徒步勘测大鱼洞段的道路毁坏情况，并拟定有效方案，于19日17时打通废弃的老彭白公路大鱼洞段，使之成为进出山区的又一通道，保证山区抗震救灾工作的开展。

6月6日23时45分，95338部队突击队到达彭州市龙门山镇，决定在白水河危桥下游500米处连夜抢修一座临时便桥。突击队驾驶6台大型机械设备抵达白水河边，迅速在狭窄地域摆开战场。7日5时30分，横跨白水河的临时便桥终于建成。与此同时，71622部队、71897部队及其直属单位，先后在彭州市龙门山镇九峰山景区、银厂沟景区、小鱼洞镇、白鹿镇、新兴镇、磁峰镇、通济镇等地，抢修疏通被堵路段。

抢通理县灾区农村公路　由理县县城通往蒲溪乡的公路路面狭窄、塌方地段多，两边是高耸大山，下面是湍急河流，公路沿陡峭的山崖呈复杂的“S”形盘旋而上，塌方巨石有的重达上千吨，重型机械无法进入。5月19日，甘孜军分区民兵突击队在政委张雅军、副司令员夺呷泽郎带领下，紧急抢修国道317线至蒲溪乡的通乡公路。突击队首先用一天半时间抢攻一座小桥桥头一侧因地震形成的石山，打通制约整个工程的“瓶颈”。当日施工中，先后发生3次强余震，飞石像雨点般下落，“泸定县民兵应急连”旗帜被击穿一个大洞，一名干部被飞石击中小臂。23日，一台装载机躲闪不及，驾驶室玻璃门窗被飞石击碎。至26日10时50分，在当地民兵和友邻部队协作配合下，终于将国道317线至蒲溪乡5公里塌方路段抢通。5月19日至6月20日，突击队出动部队和民兵2540人次，动用重型机械122台次，疏通因地震造成的坍塌、泥石流、山体滑坡等堵塞路段100余处，挖填土石方4.23万余立方米，解救被困群众1816人。

阿坝军分区组织汶川、理县、茂县、小金、黑水等县人武部疏通道路，先后出动挖掘机、装载机、拖拉机等300余台次，动用民兵预备役人员3000余人次，成功清除塌方路段100余处。5月15日，为打通理县至汶川最后18公里严重损毁路段，阿坝军分区参谋长刘桂忠、政治部副主任乐宏成带领100名官兵和民兵，徒步挺进10余公里，迅速开赴塌方路段。官兵们冒着随时被飞石砸伤、被滑坡压埋的危险，在悬崖峭壁下一干就是几个小时，共清理塌方路段5处，清理出被砸轿车11台、大型工程机械3台，清除土石方300余立方米。

6月2日，湖南交通抢险队在确保国道317线双向畅通情况下，抽调人员和机械设备，援助抢通理县全长33公里的毕棚沟旅游公路。同日，抢险队红叶分队在抢险过程中突遇岩石袭击，装载机严重受损，所幸无人员伤亡。

抢通江油灾区农村公路 地震发生后，河南省交通厅成立3支抢险队，调配近30台道路施工大型机械设备，分两批奔赴四川抗震救灾一线。5月23日10时30分，河南省交通厅第一支救援队到达江油。江油市道路损毁689公里，部分震后抢修的道路又被18日余震破坏，40座桥梁严重受损，其中有34座桥梁已成危桥。

5月24日，河南省交通厅第一支救援队打通江油市大康镇至汉丰村7公里道路；28日，打通江油市雁门镇至敬元乡11公里道路。河南交通抢通保通突击队在灾区的40多天里，先后出动人员4727人次、运输车辆2194辆次，投入大型施工机械42台（套），累计抢通道路110.36公里，修建简易桥涵13座136延米，检测桥梁74座，清理土石方6.6万立方米。至6月8日，提前10天打通雁门镇至六合乡的农村公路；25日，全面打通文胜乡安顺村至六合乡25公里山区道路，完成援川道路抢通保通任务。

抢通利州灾区宝罗公路 宝罗公路从广元市利州区宝轮起始，经白朝和青川的观音店、骑马、木鱼至省道105线止，修建于20世纪90年代末，是当地群众出入的交通要道，也是广元市区到青川县的一条交通要道。地震发生后，宝罗公路损毁严重，出现大量塌方、路面裂缝和路基脱空，交通一度受阻。当地政府组织自救抢通后，从宝轮镇往青川方向约35公里的道路已可通车，但距利州区白朝乡政府约5公里处公路路基整体下滑长200余米、高50余米，交通中断。受此影响，白朝乡新房、星明等5村3000余名村民受困。随着雨季到来，解决群众住宿问题迫在眉睫。

5月27日，浙江交通赴川抗震救灾抢修保通突击队浙江省交工集团支队到达抢通现场。为尽早打通宝罗公路，40名突击队员冒着余震危险和白天高温奋战在海拔1000多米的狭窄山路上，仅用半个月时间，就抢通中断的老路。在此基础上，突击队又动手新建了一条长约4公里的道路以接通下滑路基。突击队员每天工作时间超过13个小时。天气晴好时，队员们主动申请延长施工时间，20时30分才回到5公里外的营地休息。至6月18日13时，经过浙江省交工集团支队22天奋力抢修，宝罗公路正式抢通，白朝乡5个村3000余名村民出行问题得到解决。26日，宝罗公路完成简易路面铺筑。28日，宝罗公路开通仪式在白朝乡举行，并进行管养移交手续。

抢通崇州灾区鸡冠山旅游公路　崇州市鸡冠山旅游公路是怀远镇经文井江镇至鸡冠山乡的一条必经之路。地震造成此路上山体大面积滑坡，全线44.25公里长的鸡冠山旅游公路垮塌里程就达30余公里，塌方量近40万立方米，数千群众和游客被困山中。因崇州市从未发生过如此大的山体塌方，交通部门没有山路抢险的专业设备和人员。崇州市交通局组织人员兵分四路开展抢险：鸡冠山道班班长陈文富在附近借机具，不到半小时两台机具到达，立即投入抢险；派人到二通道施工单位（天津市政公司）协调大型机具，用平板车连夜从成都运回3台；通过成都市交通委员会协调5台机具参与抢险；与崇州市公安局衔接，通过各种渠道，组织专业爆破手、作业队、炸药、雷管。5月13日6时，抢修工作开始。由于单向作业进展缓慢，为节省时间，抢修人员决定从尖尖山的另一侧强行推出一条便道，送3台大型机具绕到塌方段前面，其中两台机器与怀远一侧的机具共同施工，形成钳形攻势；另一台则向鸡冠山方向清理沿途的飞石和小滑坡，为打通后的继续施工做好准备。13时，崇州市交通局抢通尖尖山塌方路段。

5月15日午后，抢险队伍继续向鸡冠山方向前进。行至大偏岩（又称鹰嘴岩，因一块巨大的山体犹如鹰嘴挂在道路上方而得名），“鹰嘴”完全坍塌在路上，形成高达30余米的岩石挡物。经过爆破，抢险队伍于16日21时20分抢通大偏岩，鸡冠山场镇和外界的道路恢复畅通。

抢通黑水灾区农村公路　5月30日下午，内蒙古自治区支援四川地震灾区公路抢通保通队（以下简称内蒙古保通队）及捐赠灾区的6台红岩12吨双桥自卸车，经5天120小时、2000余公里长途跋涉，到达黑水，承担黑水县乡道和村道的抢通保通任务。31日下午，内蒙古保通队全部进入抢通保通施工现场，分6个作业面平行展开施工作业。截至6月15日，内蒙古保通队累计抢通通往50个行政村的52条乡村公路，抢通里程达509公里，覆盖人口达2.1万人，累计清理阻断点900余个，清理土石方22.4万余立方米，累计投入资金近千万元，将黑水县所有因地震阻断的乡村公路抢通。

二　抢通甘肃灾区农村公路

地震发生后，甘南藏族自治州境内部分县市农村公路遭到不同程度破坏，致使8条公路受阻，舟曲县更为严重。5月12日16时，舟曲县立（节）大（峪）公路多拉段交通中断，舟曲县民兵立即实施抢通，同时协调工程机械参与救援行动。大峪乡30名民兵冒着余震威胁快速投入抢通作业，在当地近百名村民和交通部门工程机械协助下，经10小时持续奋战，共清理土石900余立方米。13日3时，舟曲县交通局按山前、山后、上河片划分抢修责任，组织全县仅有的12台装载机和自卸车昼夜清理塌方、滑坡，全力抢修两河口至峡子梁、博峪至铁坝、沙湾至大水河口、舟曲至化马、槐树坝至大水沟口受阻中断的通乡公路。至21日，全县受阻的县乡村公路全部打通，共清理公路滑坡、塌方7万多立方米，投入机械13台93台次、自卸车80台。7月11日，八楞乡灾区风安山公路竣工。

地震发生后，文县农村公路受损严重。甘肃省交通部门组织救援力量和交通机械，对受损路段进行抢修，5月14日零时，打通文县县道484线东峪口至青龙桥公路便道。至16时，受阻中断的舟曲至化马、八楞至西岔梁、沙湾至大水沟口、槐树坝至大水沟口4条公路基本打通。至15日

19时，文县大部分乡镇陆续恢复交通，全县304个村258条通村公路已基本恢复120条。

5月14日18时30分，68202部队550余名官兵，经长途昼夜急行军赶到文县碧口镇。部队兵分三路，第一路在碧口镇抢险救灾，第二路在中庙抢险救灾，第三路投入到碧口至范坝公路抢修工作。15日6时30分，68202部队工兵营官兵在市、县交通部门配合下，由碧口向范坝方向抢修；文县交通局在马泉已连续抢修50余小时的4台机械、30余名人员，继续向范坝推进。15日17时，抢通从马泉至范坝、碧口至范坝10公里路段，清理塌方123处、土石计1300余立方米，救出被困车辆12辆。至16日12时，全线恢复通车。

从5月16日开始，甘肃省交通部门把打通通乡、通村公路作为重点，在解放军和武警部队官兵支援下，实行军地联合攻坚战。17日，陇南市交通局又分派3个工作组立即赶赴文县、武都、康县3个重灾区，组织调配县区、乡镇抗震抢险突击队和部队官兵，采取落实责任、分点作业的方法开展抢修。

5月18日晚，甘肃省交通厅在陇南连夜召开紧急会议，拟订交通部门与甘肃省军区联合抢通农村公路方案，积极争取部队帮助，实行军地联合攻坚作战。19日，甘肃省交通厅拟订的方案报经甘肃省政府抗震救灾指挥部同意，甘肃省军区、武警、省市交通部门、陇南市政府联合成立交通抢险攻坚指挥部，打响由部队支援抢通陇南市最后94个交通受阻的行政村公路的攻坚战。

陇南市武都区至外纳乡通乡公路艾下路段山体严重滑塌。5月19日，平凉市公路总段抢险队进入武都区至外纳乡通乡公路作业区，与塌方、泥石流展开争夺战，5天内清理塌方1.2万余立方米，打通该段公路。

截至5月22日18时，最后两条因地震造成交通阻断的文县碧口镇水蒿坪村和武都区白马街乡小庄头村通村公路抢通，甘肃全省受灾地区的农村公路全部抢通。至此，甘肃省受损、受阻的23条县道、71条乡道和1251条村道全部抢通，104个乡（镇）和1643个行政村（其中陇南市1343个）公路交通基本恢复，交通保障工作重点由抢通转入保通阶段。

5月23日，庆阳市公路总段庆城公路管理段抢险保通突击队，到达陇南市武都区作业区，清理塌方、飞石。保通突击队采取装载机打头阵，迂回改道、埋石填土等方法昼夜施工，一米一米地向前推进。经过40余小时奋战，清理塌方落石2000余立方米，打通武都区艾下村7个自然村傍山险道。

5月25日16时21分、17时34分，青川县和文县接连发生余震，造成甘肃省省养县道484线东青路多处发生大面积塌方，部分路段被泥石流淤塞，并造成2条县道（何马路、成康路）、6条乡道（文县稻舍路、尹上路、堡子坝路、两口路、寺秧路、兴西路，共92公里）、25条村道（共145公里）交通中断。经过甘肃省、市、县交通部门职工和部队官兵协同作战，于当日19时30分抢通东青路便道。至26日20时，因两次余震而中断的甘肃省境内所有道路全部抢通。27日16时3分、16时37分，受强余震影响，陇南工段县道484线（东青路）、县道482线（康阳路）等线路出现大面积滑塌。经陇南工段3个多小时抢修，阻车路段便道于20时打通，恢复通行。

6月4日14时，甘肃省交通厅抗震救灾陇南前线指挥部在陇南市建立农村公路灾情监控信息网，加强对陇南市县道、乡道、村道的巡查，对农村公路灾情及通行情况进行实时监控，及时掌握道路运行状况，确保以最快时间将道路信息反馈上报到各县区抗震救灾指挥部，为及时启动

图 180 6月9日，舟曲县民兵应急分队抢修道路（总参动员部 提供）

保通机制和灾区救灾物资的及时运送提供决策依据。17 日 8 时 10 分，陇南总段管养县道 484 线 K24+300 处发生泥石流，交通中断；经公路部门全力抢修，于 11 时抢通。

6 月 9 日 7 时，舟曲县南峪乡政府至两河口部分路段突发泥石流和多处塌方。（参见图 180）68206 部队 3 营出动 8 连赶往损毁路段，耗时 3 小时完成 60 余米道路清理。同日，8 连官兵又对峰迭乡附近被泥石流冲毁路段进行疏通，清理土石 150 立方米。11 日，8 连配合地方政府对舟曲县城西 1200 余米的路段泥石流进行清理。29 日，3 营 9 连冒雨赶往曲告纳乡铁坝村至定子河口损毁路段，清理泥石流土石 200 余立方米，疏通道路 120 米。30 日，定子河口至铁坝道路中断。9 连再次赶往道路受损地段，共清理土石 260 余立方米。7 月 19 日 4 时，9 连官兵对舟曲县至两河口滑坡、塌方路段进行抢通，共清理塌方 130 立方米。

三 抢通陕西灾区农村公路

5 月 14 日，略阳县因地震中断交通的 7 条县道、25 条乡道基本恢复交通。震后第三天，宁强县实现全县所有乡镇主干道畅通。至 21 日 12 时，陕西省农村公路有一条正在抢修，两条限制通行，这 3 条农村公路均有绕行线路，群众生活不受影响。至 23 日，除宝鸡市长坪路正在抢修、汉中市略观路实行交通限制通行外（两条路均有绕行线路），其余农村公路全部畅通，有力地保证了抗震救灾物资的正常运输。

7 月 12 日，略阳县到阳平关镇道路马蹄湾路段发生山体滑坡。68331 部队道路桥梁营 2 连到达受灾现场，采取先爆破、后机械清理的方法进行作业。指导员金迎华带领 5 名战士腰系安全绳，爬上 60 米高坡，用铁锹、橇杠清除危石、打凿炮眼。爆破成功后，迅速展开机械作业，转移滑坡土石 200 立方米，清除全部路障。

第二章 抢修铁路、航空、水运和管道运输设施

汶川特大地震使铁路、航空、水运、管道设施受到严重破坏。5月12日15时7分，铁道部及灾区铁路局立即启动地震应急预案，迅速对线路、桥梁、隧道等设施设备进行检查，成都、西安、兰州等铁路局采取开轨道车、单机和徒步检查等方式，对所有铁路线路、路基、桥梁、隧道等设施进行排查。15时30分，铁道部召开全路紧急电视电话会议，要求全路紧急动员起来，坚决按照国务院部署，以最快速度恢复铁路畅通。在抢修宝成铁路109隧道中，铁道部在解放军、武警部队和中国中铁、中国铁建等中央企业的大力支援下，全力组织抢修队伍投入抢险，军民并肩战斗、顽强拼搏，抢修过程惊心动魄，终于在24日抢通通车。民航局从全国各地抽调工程技术和空中交通管制员，支援成都双流机场，尽快恢复飞行。成都军区空军奉命开放成都周边军用机场，全力支援抢险救灾。交通运输部在通往灾区道路多处阻断的情况下，与参加抢险的解放军、武警部队官兵、民兵预备役人员和海事部门密切协作，共同打通从都江堰到汶川映秀、广元至青川的水上“生命通道”。水利部门组织调集救援力量，抢通水路和抢修水运设施。各级管道运输部门奋力抢修油（燃）气运输管线，确保抢险救灾工作顺利进行和受灾群众的生活需要。

第一节 抢修铁路设施

汶川特大地震造成宝成、成昆、成渝、陇海、襄渝、阳安、达成7条干线和成汶、德天、

广岳 3 条支线铁路运输中断。铁道部运输局要求灾区铁路局立即启动地震应急预案，迅速对线路、桥梁、隧道等设备进行检查，并随时将结果上报。成都、西安、兰州铁路局立即启动地震应急预案，对所有铁路线路、路基、桥梁、隧道等设施进行排查、抢修。（参见图 181、表 20）

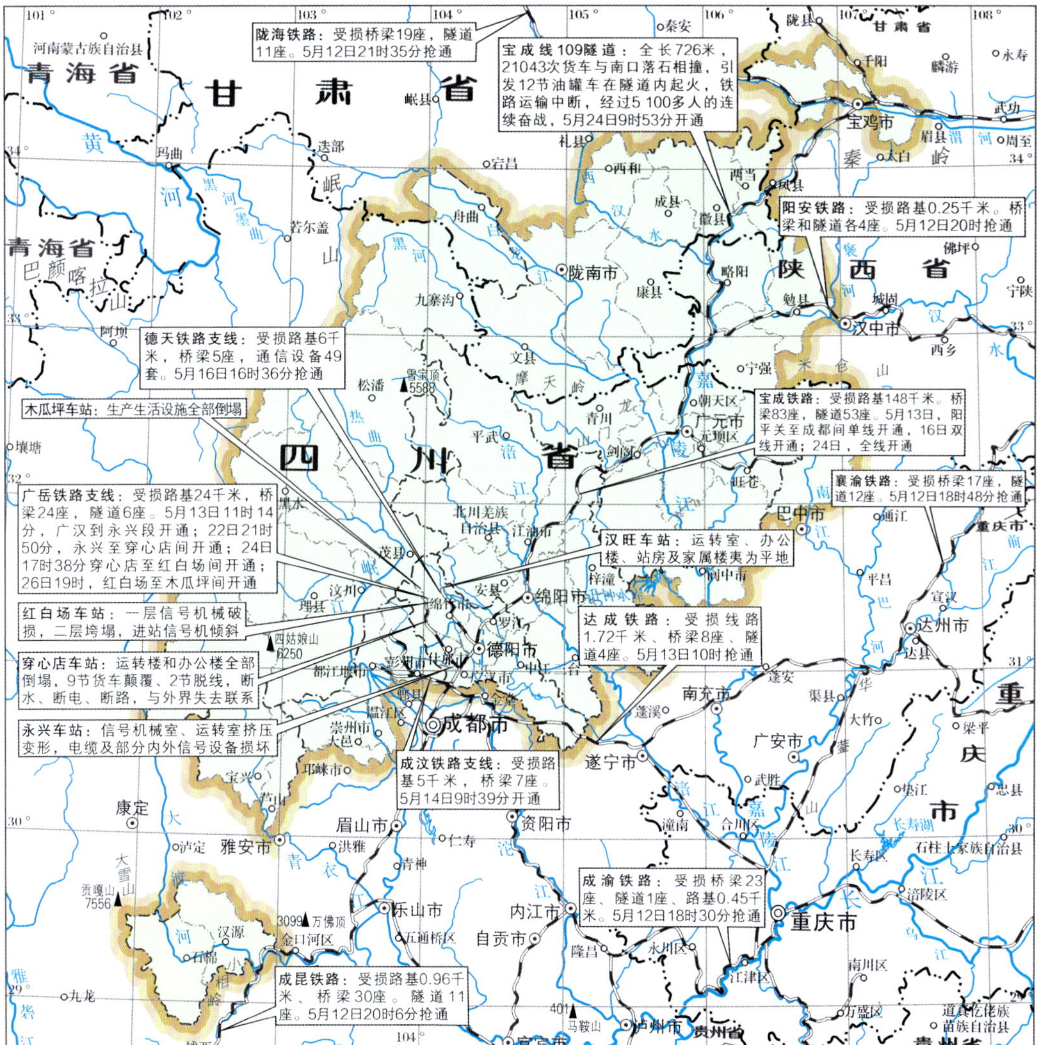

图 181　汶川特大地震灾区铁路抢修情况图

灾区铁路基础设施抢修情况一览表

表 20

线名	基本情况	受害情况	抢修单位	抢修项目	抢通时间
宝成线（陕西宝鸡—四川成都）	全长638公里。西安局管内342公里，成都局管内296公里，线路1051延展公里、桥梁1193座/52527延长米、隧道388座/165361延长米。西安局管内宝成线自宝鸡南站—冉家河站，全线共有车站36个，全线为电气化区段。成都局管内广元—成都全线长320公里，为双线自动闭塞区段，共35个车站、1047组道岔，站内采用25周相敏轨道路	路基受损148公里，桥梁受损83座，隧道受损53座，供电线路损坏138.5公里，设备受损101台（座），低压电缆线路受损470.2公里，44站43个区间断电，供水设施受损58台（座），60个车站的信号设备受损，信号机毁坏1655架，道岔损坏345组，继电器损坏1.1万个，通信设备受损279套，生产房屋倒塌169处，倒塌和严重受损28.61万换算平方米	成都、西安铁路局，中铁电气化局、铁通公司、中铁一局，铁一院、铁二院，68310部队防化营、96401部队、68202部队，济南铁路局舟桥处、郑州铁路局战备处、铁科院、中铁咨询，西南交通大学、石家庄铁道学院	整治处理轨道变形、钢轨和轨枕损坏、桥墩开裂、支座移位脱空、桥台护锥开裂下沉，隧道衬砌开裂、棚洞砸裂、边坡溜坍，路基下沉、挡墙倒塌等，组合架修复、受损继电器更换、损坏TDCS主机更换、受损电缆对接抢通、更换接触网支柱、更换接触线、更换电力导线和电力电缆等	5月13日10时35分，阳平关—成都单线开通。16日凌晨，阳平关—成都双线开通。24日9时53分，全线开通
成昆线（成都—攀枝花段）	全长749公里。成都局管内749公里，线路749延展公里、桥梁695座/54350延长米、隧道280座/232357延长米	路基受损0.96公里，桥梁受损30座，隧道受损11座，生产房屋严重受损3.25万换算平方米	成都铁路局	整治处理轨道变形，支座脱空、桥台护锥开裂、路基下沉，隧道衬砌开裂等，抗震隧道棚洞接长、眉山至思蒙供电线改造等	5月12日20时6分
成渝线（成都—重庆）	全长504公里。成都局管内504公里，线路504延展公里、桥梁196座/9967延长米、隧道44座/8564延长米	路基受损0.45公里，桥梁受损23座，隧道受损1座，生产房屋严重受损0.68万换算平方米	成都铁路局	整治处理轨道变形，支座位移、桥台护锥开裂、路基下沉，隧道衬砌开裂、边坡溜坍等	5月12日18时30分
陇海线（陕西潼关—甘肃兰州段）	全长825公里。西安局管内陇海线自潼关站至社棠站，有车站55个，全线为电气化区段，站内联锁为微机联锁和6502制式，电码化类型为ZPW2000和移频，全线开通TDCS设备	桥梁受损19座，隧道受损11座，生产房屋倒塌4处，倒塌和严重受损4.32万换算平方米	西安铁路局	整治处理轨道变形，桥梁支座、桥台护锥、路基下沉等，电池柜及电池更换复位等	5月13日21时

续表 20

线名	基本情况	受害情况	抢修单位	抢修项目	抢通时间
襄渝线（湖北胡家营—重庆段）	全长 663 公里。西安局管内 406 公里，成都局管内 257 公里。西安局管内襄渝线自白河县站—梁家坝站，全线共有车站 40 个，全线为电气化区段，站内联锁为微机联锁、6502 和 6031 制式，轨道电路为移频轨道电路，电码化类型移频	桥梁受损 17 座，隧道受损 12 座，生产房屋倒塌和严重受损 0.85 万换算平方米	成都、西安铁路局	整治处理隧道衬砌开裂，边坡溜坍等	5 月 12 日 18 时 48 分
阳安线（阳平关—安康）	属西安铁路局管辖，全长 357 公里，桥梁 365 座 /27355 延长米、隧道 148 座 /62279 延长米。全线为电气化区段，共有车站 38 个，站内联锁为微机联锁和 6502 制式，轨道电路为 25Hz 相敏轨道电路，电码化类型为 ZPW2000 和移频，全线开通 TDCS 系统	路基受损 0.25 公里，桥梁受损 4 座，隧道受损 4 座，生产房屋倒塌 4 处，倒塌和严重受损 0.83 万换算平方米	西安铁路局	整治处理隧道衬砌开裂、路基下沉，组合架修复、受损继电器更换、损坏电源瓶现场抢通修复、损坏 TDCS 主机现场更换、受损电缆对接抢通、更换接触网支柱、更换接触线、更换电力导线和电力电缆等	5 月 12 日 20 时
达成线（三汇镇—成都东）	属成都铁路局管辖，全线长 353 公里，线路 353 延展公里，桥梁 155 座 /30520 延长米、隧道 89 座 /23668 延长米	路基受损 1.72 公里，桥梁受损 8 座，隧道受损 4 座，生产房屋严重受损 0.47 万换算平方米	成都铁路局	整治处理桥墩开裂、支座移位、桥台护锥开裂下沉，边坡溜坍等	5 月 13 日 10 时
德天线（德阳—天池）	属成都铁路局管辖，全长 42 公里，4 个车站，线路 42 延展公里、桥梁 29 座 /371 延长米。杨嘉—汉旺全线为单线继电半自动闭塞区段，共 4 个车站，36 组道岔，站内采用交流 480 轨道电路	6 公里路基受损，桥梁受损 5 座，低压电缆线路受损 8.6 公里，4 个车站 4 个区间断电，供水设施受损 8 台（座），4 个车站信号设备、1 个道口信号机械室受损，损坏信号机 34 架、道岔 35 组，通信设备受损 49 套，生产房屋倒塌 7 处，倒塌和严重受损 2.14 万平方米	成都铁路局	整治处理轨道变形、桥台护锥、路基下沉等，汉旺站、K38 道口采用活动板房搭建信号机械室，绵竹、孝泉更换损坏严重的室内设备，临时沟通室内外已断连接线，用备用芯线更换绝缘不良电缆，修复信号机、道岔等	5 月 16 日 16 时 36 分

续表 20

线名	基本情况	受害情况	抢修单位	抢修项目	抢通时间
广岳线（广汉—岳家山）	属成都铁路局管辖。全长 65 公里，10 个车站，线路 65 延展公里、桥梁 62 座 /2645 延长米。高平—木瓜坪全线为单线继电半自动闭塞区段，共 9 个车站，60 组道岔，站内采用交流 480 轨道电路	路基受损 24 公里，桥梁受损 24 座，隧道受损 6 座，低压电缆线路受损 21.3 公里，10 个车站 10 个区间断电，供水设施受损 12 台（座），9 个车站信号设备受损，其中 4 个车站信号设备全部损毁，损坏信号机 52 架、道岔 40 组，通信设备受损 116 套，永兴、雪门寺、穿心店、红白场、木瓜坪 5 站通信机房垮塌，铁路运输调度指挥通信设备全部损坏，生产房屋倒塌 37 处，倒塌和严重受损 3.21 万换算平方米。其中永兴、雪门寺、穿心店、红白场、木瓜坪站生产生活设施严重垮塌，木瓜坪站全部倒塌	成都铁路局，中铁八局、中铁二局	整治处理轨道变形、钢轨和轨枕损坏、落梁、桥墩开裂、支座移位、桥台护锥下沉、隧道衬砌开裂、洞口被埋、路基下沉，边坡溜坍等，永兴、雪门寺、穿心店、红白场 4 站采用活动板房搭建信号机械室，灵杰、两路口、什邡、高平、木瓜坪 5 站更换损坏严重的室内设备，临时沟通室内外已断连接线，用备用芯线更换绝缘不良电缆，更换 5 组室外道岔，修复 35 组道岔，34 架信号机、使用备用芯线更换绝缘不良电缆等	5 月 13 日 11时14分，广汉—永兴区段开通；22 日 21 时 50 分，永兴—穿心店区间开通；24 日下午，穿心店—红白场区间开通；26 日 19 时，红白场—木瓜坪区间开通。木瓜坪—岳家山，一直未开通
成汶线（青白江—都江堰）	全长 60 公里，6 个车站，线路 60 延展公里、桥梁 24 座 /910 延长米。清流场—都江堰全线为单线继电半自动闭塞区段，40 组道岔，站内采用交流 480 轨道电路	5 公里钢轨变形，路基下沉，桥梁受损 7 座，其中蒲阳河 2 号桥梁体不同程度位移，低压电缆线路受损 12.8 公里，6 个车站 6 个区间断电，供水设施受损 7 台（座），5 个车站信号设备受损，损坏道岔 41 组，信号电缆 12 公里，通信设备受损 25 套，生产房屋倒塌、严重受损 1.52 万平方米	成都铁路局	整治轨道变形、桥梁支座移位、桥台护锥和路基下沉以及更换信号电缆 8.014 公里、信号机 21 架、道岔 6 组，更换 5 站损坏严重的室内设备，临时沟通室内外已断连接线，用备用芯线更换绝缘不良电缆等	5 月 14 日 9 时 39 分

一　抢修宝成铁路桥梁

抢修宝成铁路金龟岩大桥　地震造成宝成铁路南段成都铁路局管内线路中断，3 座桥梁严重受损，2 座隧道出现裂纹，多处路基下沉，钢轨多处砸断。其中，受损最重的金龟岩大桥成为广元至成都段的“卡脖子”工程。

5月12日15时30分，宝成铁路全线中断的消息在互联网上发布，金龟岩铁路大桥一时成为人们关注的焦点。铁道部当即要求成都铁路局不惜一切代价，尽最大努力抢修金龟岩大桥，尽快恢复宝成铁路运输。13日上午，成都铁路局局长齐文超在路局调度台指挥全局的抗震救灾工作，党委书记姚保国和路局分管工务的副局长王斌赶赴现场。到达金龟岩大桥后，姚保国和王斌迅速了解情况，立即向参加抢险的员工转达铁道部的指示精神，要求全体员工加快抢险进度，并与绵阳工务段共同制订抢险施工方案。绵阳工务段按照抢险应急预案，成立抢险工作领导小组。竹园坝桥路车间、斑竹园桥路工区共组织100余名职工和农民工抢险。成都工务机械段段长胡孝宣带领技术骨干立即投入抢险之中。

金龟岩铁路大桥前方是清江河，后面是清渠岭，交通不便、作业面窄、暴雨侵袭，几乎每隔一两个小时就会发生一次比较明显的余震。余震一来，抢修人员必须撤离现场，至少耽搁半个多小时；余震增加落石，给抢修工作增大了危险和工作量。此外，桥墩移位、桥台断裂很难处理，炸药用量一次不能过多，需爆破6次才能处理成功。5月12日晚，抢险地段突降暴雨，全体职工为尽快抢通线路，无一人离开。当时，在那里抢险的绝大部分职工的家就在震区。金龟岩大桥方圆20公里内手机没有信号，与外界音讯隔绝。职工们在极其困难情况下坚持抢修。13日10时35分，宝成铁路上行线开通。16日零时45分，轨道支座更换完成，固定梁体施工结束，金龟岩大桥重新铺设钢轨。2时25分，宝成铁路下行线开通，首列单机以每小时5公里的时速顺利通过。至此，宝成铁路广元至成都段打通。

加固宝成铁路涪江大桥 地震导致在宝成线涪江大桥上游68.8公里处形成最大库容可达3.15亿立方米的唐家山堰塞湖，对涪江铁路大桥安全构成严重威胁。为确保宝成线安全畅通，铁道部成立了宝成线涪江大桥防溃安全防护领导小组。

5月29日，成都铁路局接到《绵阳市北川羌族自治县唐家山堰塞湖应急疏散预案》后，立即开展对涪江大桥及南北两段路基加固防护工作。30日，铁道部收到总参谋部情报部28日制作的宝成线广元至绵阳段堰塞湖分布及威胁示意图、唐家山堰塞湖对石马坝至绵阳段铁路威胁分析卫星影像图等，运输局基础部立即组织人员画出铁路线路，标注区间站点、重要桥梁和唐家山堰塞湖溃坝后可能影响的范围及安全防护的重点目标。31日，铁道部副部长卢春房率铁道部运输局、鉴定中心、工管中心有关人员组成专家组，赶赴涪江大桥实地查看，研究制订防溃应急加固方案。

宝成线涪江大桥分为上行桥和下行桥两座，上、下行桥相距30～50米。上行桥在上游一侧，全长393.4米，1～15号墩为桩基置换基础，16～18号墩为扩大基础，设计水位467.18米；下行桥全长438.6米，全桥均为桩基础，设计水位467.59米。按照三分之一溃坝、二分之一溃坝和全溃坝3种情况，溃坝后涪江大桥的最高水位将分别达467.5米、469.99米、472.44米，分别距桥梁梁底以下0.83米、梁底以上1.66米、轨面以上1.3米。根据绵阳市抗震救灾指挥部发布的《唐家山堰塞湖避险疏散指挥部指挥长令》（第一号），防溃安全防护领导小组组织专家组、中铁二院、中铁二局集团、成都铁路局，制订了3套涪江大桥安全防护原则和相应的具体方案、措施。防护原则为：若三分之一溃坝，确保铁路桥梁、路基基本不受损坏，除洪峰期间列车停运外，铁路安全畅通；若二分之一溃坝，实施应急预抢加固，力保铁路路基、桥梁梁体、墩台完整，不受严重毁坏；若全溃坝，实施应急预抢加固，力保铁路桥梁、路基设备，以减少复旧难度，加快恢复时间。同时，设置4道安全防护线，即在大桥上游2～10公里范围内设置3个炮击点，对江面大型漂浮物实施炮击排除，作为第一道防线；在大桥上游500米处的公路大桥上设置一个炮击点，利用有利地形对江面漂浮物进行再次炮击拦截，作为第二道防线；在大桥上游100米处架设拦江绳，对江面漂浮物进行拦挡和炮击拦截，作为第三道防线；对大桥进行系统加固防护，作为第四道防线。

成都铁路局、中铁二局集团为尽快完成大桥防护加固措施（参见图182），组织3000余人，动用载重汽车15台、挖掘机4台、装载机2台、打桩机2台以及轨道车等机具，昼夜施工，于6月2日22时完成三分之一溃坝加固工程，共完成基础抛填柔性钢索片石笼2110立方米，打埋钢轨桩160米，墩身安设防撞装置26个、轮胎216个，梁体安装限位装置64个、短枕木支撑52处，桥台锥体堆码双层砂卵石编织袋1.5万余个、打入角钢桩120根，两端路基边坡堆码砂卵石编织袋7.8万余个、打入角钢桩600余根、铺设柔性钢索网4000余平方米，大桥上游100米处设置拦截大

图182　5月29日，铁路专业保障队伍对宝成线涪江大桥进行加固，确保唐家山堰塞湖泄洪洪峰通过

（成都军区　提供）

型漂浮物的缆索。在大桥上游10公里处和桥址附近设置观测站，派人昼夜监视水面漂浮物及水位变化，定时向指挥部报告观察情况；成立由120名队员组成的应急排漂队，负责上、下行大桥排漂工作。为应对二分之一和全溃坝可能，做好片石、钢轨等抢险备料和装车待命的各项准备工作。

6月5日，成都铁路局向成都军区及当地政府汇报，请求部队对大型漂浮物进行拦截、排除。5日18时，77283部队完成大桥上游10公里、5公里、2公里及涪江大桥4个炮击点82式无后坐力炮和40式火箭炮的部署。10日，为应对二分之一和全溃坝可能出现的大桥险情，铁道部通知济南铁路局舟桥处在晏城站准备2套八三铁路轻型军用墩，做好战备墩、梁架设演练；上海铁路局徐州工务段准备4套八三铁路轻型军用墩；郑州铁路局战备处在三门峡站准备1孔八七式64米下承战备钢梁，装车热备。10日1时30分，唐家山堰塞湖达到最大库容2.6亿立方米，坝前水位374.1米；17时18分，泄流洪峰到达宝成铁路涪江大桥，桥位最大流量7100立方米/秒，洪峰安全通过大桥。11日，77283部队清除大型漂浮物；7时8分，唐家山堰塞湖开始缓慢泄流，流速约1米/秒；17时，桥位水位恢复至常年水平。

二 抢修成汶、德天、广岳等支线铁路设施

抢修成（都）汶（川）铁路支线设施 地震造成宝成铁路成汶、广岳、德天支线运输中断。成汶线是通往极重灾区都江堰、彭州和汶川的运输生命线，起于宝成铁路青白江站，终点站为都江堰，全长60公里。地震导致成汶线5公里钢轨变形，路基下沉，7座桥梁受损，其中蒲阳河2号桥梁体横向移位。成都工务段新都线路车间主任立即向上级汇报灾情并组织抢险。5月13日晨，成都工务段组成3支抢险队，一队由段长练发胜率领100余人赶赴成汶支线，另外两支队伍在成都铁路局工务处统一调配下增援绵阳工务段，参加广岳线及德天线抢修。

5月13日3时，成汶线抢险队携带机具材料乘轨道车从成都出发，一路上排除受损路段。到达险情集中地段的56.8公里至57.6公里处时，段长练发胜爬上蒲阳河2号桥墩台上，检测桥梁支座及梁体情况，并提出整治方案。针对桥梁位移、墩台横向裂纹等险情，抢险人员按照整治方案对大桥进行修复加固，同时采取就近匀砟补充、抬道、拨道、捣固等措施，全面整修线路。在最紧张的10多个小时里，队员们忍着饥饿和劳累连续奋战，于14日9时39分修复成汶铁路支线。10时30分，首趟列车通过谭家场至都江堰区段，抗震救灾物资不断运向灾区。15日9时10分，成都工务段彭山、成都北、成都南、成都东等车间人员迅速向成汶线集结。13时30分，各路抢险队赶到指定地点作业。工务段检控车间探伤职工分成5个作业组，分段对近60公里线路进行昼夜不停地探伤作业。至16日16时10分，近600名线路施工人员共更换拉杆1000根、道钉3万颗、铁垫板1200块、枕木400根，卸匀道砟17车皮，使成汶线运行时速提高到30公里。17日9时15分，铁道部和成都铁路局主要领导赶到成汶线蒲阳河2号桥，勉励大家为抗震救灾做贡献。20日，经过一昼夜奋战，成汶线运行时速提到45公里。抗震救灾期间，成汶线安全开行20余趟专列。

抢修德（阳）天（池）铁路支线 德阳至汉旺天池铁路支线全长42公里，地震造成6公里路基和5座桥梁受损。低压电缆线路受损8.6公里，4个车站4个区间断电；供水设施受损8台

（座）；4个车站信号设备、1个道口信号机械室受损，损坏信号机34架、道岔35组、通信设备49套；生产房屋倒塌7处，倒塌和严重受损达2.14万平方米。其中，汉旺站距震中汶川直线距离只有30公里，车站运转室、办公楼、站房及家属楼全部坍塌。5月15日11时，中铁八局副总经理左兴明带领410名队员和20台发电机、2台内燃机、2台电焊机、25台大型车辆、10台捣固机、20个捣固镐、4个油顶、40台起道机、20台拨道机赶往德天线抢险。16日16时36分，经过中铁八局、绵阳工务段和成都工务段等单位抢修人员昼夜奋战，线路提前开通。

抢修广（汉）岳（家山）铁路支线　广汉至岳家山铁路支线全长65公里，是什邡市山区多个乡镇、厂矿连接外界的唯一铁路运输线，也是抗震救灾和灾后重建的重要运输线。5月17日1时，中铁二局接到抢修加固什邡站命令后，出动20余台机械设备，火速集结队伍，奔赴现场。抢险队员不顾疲劳，挑灯夜战，历时20小时，完成站台墙60米、填方2250立方米和整个站台的铺设整理。18日，中铁二局接到整治广岳铁路红白场至木瓜坪6.86公里塌方线路的任务，迅速组成以总经理唐志成为组长的广岳铁路复建抢修工程领导小组和广岳铁路复建抢修工程指挥部。铁道部原副部长蔡庆华率专家组深入广岳支线，指导抢险救灾。

在无水、无电、无路、无任何生活设施的情况下，中铁二局2900余名员工在红白场站至木瓜坪站之间的废墟上安营扎寨。因道路阻塞，队伍将机械设备化整为零，组成200余人的“棒棒军”，通过严重损毁的线路运进去。25公斤重的钢管脚手架，几十公斤的设备及用油、料具和物资，硬是靠“棒棒军”肩挑背扛运到现场。技术人员每天逐点查看各工点抢修情况，推广使用轻便脚手架修复墩身，对桥墩裂缝采用钢筋混凝土套箍加强，用环氧树脂修复或用钢筋混凝土加固；路堤、路堑边坡防护以干码编织土袋为主，辅以钢轨桩及防护网，采用德国进口的内燃钢轨钻孔机施工，加快了施工进度。

5月20日上午，抢修穿心店大桥3号、4号主墩的任务也落在中铁二局肩上。穿心店大桥全长174.8米，梁体纵向位移。接受任务的当日，中铁二局抢险队150余人，搬运构件80余吨及大量抢险物资器材出发。为加快进度，中铁二局又从重庆、达州、巴中、德阳等地快速调集400余人增援。南宁大桥项目部26名起重机操作手乘飞机绕道重庆奔赴现场，辽宁、广东、云南等地近300名技术工人也随后赶到。近千吨精轧螺纹钢筋及100余台（套）挖掘机、装载机、吊车、运输车辆等机械设备快速到位。在滚滚急流的金河上快速修起便桥，千余名员工冒着余震威胁昼夜奋战。受损的桥墩被钢筋铁骨牢牢地包裹起来，移位的梁体很快校正到位，前后搬运、安装万能杆件和钢轨、钢管达563吨。至24日18时10分，穿心店大桥修复通车。

石岗坪大桥是抢修广岳支线的另一难点工程，大桥全部存在纵、横向移位，桥面毁损，2号桥墩处于石亭江中，高达40.3米，水深流急。中铁二局抢险队冒着余震和大桥两岸山体滑坡的危险，在湍急的河流上制作安装木筏，搭成简易人工栈桥。为将钢套管准确下放到墩底，抢险队采用悬拼的施工平台对钢套管进行定位，确保每根钢套管准确放到墩底。5月28日18时，完成2号墩注浆钢管架设，并连续完成混凝土灌注。由于石岗坪大桥受损严重，36吨重的大型挖掘机无法从桥上通过，桥两侧又是30余米高的悬崖，中铁二局经过方案比选，决定挖掘机从石岗坪大桥一端破土开道，同时修建一条倾斜度大于45度的施工便道。第一台开路挖掘机小心地向前挺进，一边是塌方严重的山体，随时有石块滚落，另一边是30多米高的悬崖，崖下是滔滔河水。挖掘机在倾斜的山腰上艰难地移动，不到100米的距离，抢险队用一天多时间才打通。

中铁二局超前谋划，打破常规进行抢修，在不同地段上换轨、上砟、整道，抢修工作紧张有序，塌方处实现轨道连通。5月13日11时14分，经中铁二局抢险队日夜奋战，广岳支线广汉至永兴间开通；22日21时50分，永兴至穿心店段开通；24日17时，抢通穿心店至红白场段；26日，红白场至木瓜坪段开通。6月8日，塌方处实现全线轨道连通；11日，红白区间胜利完成上砟整道，比原计划提前7天完工。

三 抢修达成、襄渝和宝天铁路桥梁

地震发生后，达（州）成（都）铁路涪江大桥3个桥墩受损。中铁十二局立即指派在当地施工的项目部组织抢险人员，携带混凝土泵送车、挖掘机、装载机、自动搅拌站等设备赶赴抢险现场，对受损桥墩进行加固。经过两昼夜艰苦奋战，抢通大桥，恢复铁路运营。6月8日2时40分，余震使达成铁路金堂—道观音区间K302+800处左侧上方岩体崩塌，导致成都开往达州的40074次货物列车2辆内燃机车脱轨倾覆、4辆棚车扭曲变形，100余米线路严重损毁。8日5时，中铁十二局达成铁路工程指挥部立即组织抢险队赶赴现场。经抢险队200余人6小时奋战，抢通这条横贯川东的交通大动脉。

襄渝铁路指甲湾、小米溪隧道开裂，部分路基下沉。5月19日，中铁十八局襄渝铁路工程指挥部接到对病害隧道进行抢险加固的任务，指挥长魏贤坤立即调集186名施工人员，携带轨道车、平板车、空压机、风枪、发电机、电焊机等抢险设备78台（套），迅速对两座隧道进行抢险加固。经过6天奋战，立拱架57榀，打锚杆1089根，焊接联结筋408根。25日，完成两座隧道抢险加固工作。

地震波及陇海铁路宝鸡至天水段，造成宝天二线拓石火车站关庄大桥13号、14号、15号桥梁发生位移。5月13日3时40分，中铁电气化局在宝成铁路109隧道抢险的同时，另一支抢险队开始排除宝天铁路险情。21时，经抢险人员艰苦奋战，关庄特大桥整治任务完成，宝天铁路恢复通车。

四 抢修彭州、什邡车站

地震造成彭州车站、什邡车站铁路设施不同程度损坏。5月14日，中铁八局副总经理陈守忠带领55名抢险队员，携带发电机、千斤顶及各类抢险工具，奔赴汶川灾区开展救援。15日，突击队转战广汉车站，与桥梁公司副总经理钟邦勇带领的抢险队会合。16日下午，突击队到彭州火车站救援。24日，中铁八局集团副总经理董冲锋组织100人参与抢险。25日10时，经过13小时连续奋战，完成彭州车站相关铁路设施的抢修、加固任务。

什邡车站由于抢险队伍、救灾物资、机械设备云集，装卸及运输吞吐能力严重超负荷，成为制约抗震救灾开展的“瓶颈”。5月17日零时30分，中铁二十五局集团柳州公司达成铁路项目部组织一支140余人的抢修队，携带数十台机械设备，冒着余震危险连夜驱车120公里，从金堂赶往什邡车站抢修现场。经过18小时紧张施工，提前完成40米什邡车站站台加固、70米站台扩建任务。19日中午，项目部再次接到抢建什邡车站60米高站台的紧急通知，全体员工不顾疲劳立即投入战斗；23时50分，完成高站台抢建任务。21日上午，项目部第三次接到抢建什邡车站救援通道的紧急通知，立即组织300余人的抢险队，克服连日奋战的疲劳，全力以赴继续战斗，经46小时奋战，于23日8时完成抢建任务。该项目部累计建成临时站台110米、高站台240米，浆砌挡墙150米，填筑土方5000立方米，硬化路面600平方米。

专记　抢通宝成铁路109隧道

宝成铁路是西北、华北通往西南特别是四川的重要动脉，对支援四川、陕西的抗震救灾起着重大作用。109号隧道地处秦岭山脉腹地，全长726米，由从南向北2个正洞、3个棚洞相连组成。汶川特大地震发生时，装载12节航空燃油油罐车的21043次货车车头刚驶出109隧道南口，司机李博华立即将闸把推向紧急制动位置，但列车仍以巨大惯性继续前行，与山体塌方落石相撞，两名司机昏迷，货车脱轨，机车车辆被落石埋在隧道里，装载汽油的油罐车立即起火（见图183），12节油罐车随时都可能爆炸。隧道南出口塌方落石约2万立方米，北出口落石约4万立方米，中部山体约12万立方米落石将嘉陵江拦腰截断。嘉陵江畔公路多处塌方。隧道西靠悬崖峭壁，东临嘉陵江，洞体位于半径300～370米的曲线上。塌方体阻断嘉陵江形成的堰塞湖，一度浸漫公路。隧道洞口4米多高的火舌足以让靠近它的人化为灰烬，装有530吨燃油的12节油罐车一旦爆炸，不仅会危及当地群众生命安全，而且会把隧道山体炸得面目全非，给抢修工作带来更大困难。109隧道受阻，铁路大动脉中断，宝成铁路告急。

图183　5月12日，汶川特大地震导致山体滑坡堵塞宝成铁路109隧道南口，列车在隧道内脱轨引发油罐车着火

（兰州军区　提供）

制订方案、调集力量 险情发生后，中共中央、国务院高度重视，胡锦涛、吴邦国、温家宝分别对抢险工作做出重要指示。铁道部迅速启动应急预案，成立抗震救灾指挥部，组织实施抢险救援。5月13日1时许，铁道部副部长卢春房赶到现场，连夜组织成立宝成铁路抢险指挥部。卢春房任总指挥，铁道部建设司司长安国栋、西安铁路局局长龙京、铁道部安监司驻武昌特派办特派员李捍东、西安铁路局军代处主任赵建华、中国中铁副总裁刘辉任副总指挥。指挥部下设专家、施救、复旧、运输指挥、治安、宣传、生活、综合8个工作组。指挥部领导24小时轮流值班，及时协调处理抢险、运输、物资供应、后勤保障等问题。

经指挥部反复精心研究，果断制订灭火（堵洞）—降温（注水）—起复—恢复的抢险方案。此方案的制订，为成功抢险109隧道奠定基础。3时50分，卢春房调集相关人员、物资，并指挥西安铁路局、中铁电气化局、中铁一局抢险人员迅速向现场集结。

5月12日下午，中国中铁董事长兼党委书记石大华、总裁李长进立即启动应急工程救援预案，指示正在大（理）瑞（江）铁路秀岭隧道的副总裁刘辉赶赴现场，指挥中铁一局和中铁电气化局组织抢险。13日1时10分，中铁一局总经理和民锁率第一批抢险人员到达现场。8时，中铁一局第二批挖掘机、装载机等关键设备到达现场。11时30分，第三批抢险队和物资设备到位。12日22时，中铁电气化局总经理刘志远令正在西安指挥施工的副总经理李同茂赶赴109隧道现场，同时令西安铁路工程公司总经理张卫红组成抗震抢险先遣队，从公路、铁路同时向现场进发，刘志远与党委书记王其增随后赶往现场。13日6时，李同茂率抢险先遣队赶到现场。10时，中铁电气化局首批300名抢险人员，分别从蔡家坡、冯家山、千河、大滩等工地到达109隧道，第二批500名抢险人员和机械随后到达。

5月13日3时，兰州军区、陕西省公安消防总队和96401部队有关领导先后赶到现场。甘肃省公安消防总队参谋长张义生带领陇南消防支队及甘肃省消防总队直属队官兵赶到现场，与12日下午赶到的宝鸡、汉中两个支队和徽县消防大队官兵会合。7时40分，甘肃省公安消防总队天水支队参谋长带领特勤中队副中队长王洪超和14名特勤战士、3辆消防车紧急赶赴现场。与此同时，兰州军区出动的68310部队防化营、68202部队工兵营、68217部队、68090部队凤县油料仓库、68070部队输油管线大队共600余名官兵和96401部队40余名官兵也从不同驻地赶到现场。15时，略阳县人武部部长侯东平带领略阳县铁路民兵护路分队105人赶赴现场。22时，国家电网陕西电力公司指示宝鸡供电局，连夜将应急发电车开到现场，保障救援现场的供电需要。中国铁通陕西公司60名抢险人员于17日恢复被烧毁线路，接通“117”抢险直通电话，保障抢险指挥的通信畅通。在109隧道抢通现场，先后聚集了17个单位5000余人的抢险队伍，投入各种设备500余台、消防车和发电车20余辆、救援列车2列。

封堵洞口、强行灭火 5月13日凌晨，隧道抢险现场令人震惊：南口棚洞处大火熊熊燃烧，火舌高达4米，黑烟弥漫天空，站在嘉陵江对岸公路上都能感受到迎面扑来的热浪。12节油灌车就像一颗颗“重磅炸弹”，随时都有爆炸可能，周围6公里范围的群众已组织撤离。

5月13日1时30分，卢春房在隧道抢险现场主持召开第一次抢险会议，确定“南北对攻、堵洞灭火、注水降温”方案。中铁一局当即受领抢通公路、修建便道、清理嘉陵江及隧道出口段塌方体等紧急任务。8时，中铁一局展开施工。12时，坠落在国道316线上巨大塌方体已被全部清理完毕。由于109隧道和国道316线处于嘉陵江两岸，开辟过江抢险便道，需从国道316线下到嘉陵江谷底，并修筑一座过江便桥，再沿另一侧的陡峭江岸通到南口。坡陡水急、作业面窄，工程异常艰巨。18时，和民锁带领突击队员把便道打通到谷底；完成过江便桥架设任务后，又连夜修筑上山便道，为抢险立下头功。在清理河道、修筑便道中，宝鸡市退伍军人牛金生驾驶自己的大型挖掘机义务参加抢险，整整7天中，叔侄3人实行三班倒，坚持24小时连续作业。

5月13日3时，西安铁路局略阳工务段马蹄湾桥路车间副主任柴桦林冒着浓烟和着火油罐车随时可能爆炸的危险，从北口进入隧道200余米，对隧道和货物列车进行检查，为制订抢修方案提供了第一手资料。

5月13日14时30分，中铁电气化局、68310部队防化营受领封堵北口及中部棚洞通风口、断绝洞内空气流通、熄灭大火的任务。李同茂率领5名党员干部进入北口勘察险情。首批进洞人员，每前进一步，危险就增加一分。从洞口向内行进，温度越来越高，浓烟呛得人喘不上气、睁不开眼，隧道壁上裂缝还在塌落渣土碎石。他们最终摸到第8节车厢位置，并研究决定在距最后一节车厢约2米处的位置垒筑封堵墙。15时，第一批100名突击队员在一处党委书记孙广、处长杜江带领下，扛起沙袋冲进洞内，洞内浓烟翻滚、热浪灼人，短短几分钟就已让人上气不接下气。紧接着，第二批抢险队员又冲上去。抢险队员杨祖召长时间坚持封堵作业，两次晕倒，被强行抬出洞口。300名抢险队员前赴后继，至21时20分，经6小时轮番奋战，在北口内约130米处垒筑起一道严实封堵墙。

68310部队防化营教导员杨长文、洗消连连长樊轶带领3名党员骨干，沿着150米的山体滑坡面向上爬，直扑有毒气体喷涌的隧道中部通风孔。中部通风孔所处位置滑坡严重，头顶不断有沙石滚落，通风孔喷出的浓烟温度高达170多摄氏度。洗消连官兵面对高温和有毒有害气体，毫不退缩，抱着浸湿的棉被，沿着150米山体滑下的石块，排着长队一个一个地往上传递、一孔一孔地堵塞，梯子在不断升高，越到后面难度越大。热浪顺着抢险官兵袖口、衣领往里猛钻，浑身灼痛难耐，每塞两条棉被，就要用水将帽子、衣领和手套打湿，以尽量降低温度。在封堵第6个通风孔时，洞内突然一声巨响，一个油罐因高温高压爆炸，含有有毒有害气体的油烟从通风口喷射而出。十几分钟后，官兵观察山体没有坍塌迹象，又冒着浓烟和高温，继续开始封堵作业。经过近两小时连续奋战，官兵们用140多床棉被，将中部通风孔全部封堵完毕。（参见图184）防化营抽调侦察连对北口进行封堵，3小时后中铁电化局抢险队也一起参加封堵。与中部通风孔不同，封堵北部洞口是将整个隧道用沙袋一个个、一层层地堆砌成一堵高7米、宽15米、厚2～3米的高墙，达到封堵绝氧灭火要求。隧道口烟雾很浓，能见度不足2米，一氧化碳超标。封堵墙逐渐垒高，大家采用向上接力传递方式，新兵在最下面，老兵在中间，干部和士官在温度最高、有毒气体浓度最高的上面，共使用沙袋近2万个、土石约260立方米。经过连续奋战，到21时许，隧道北口封堵完成。17时，68212部队工兵营390名官兵赶到抢险现场，受领了将两台水泵安装到河床、配合铁路抢险队从隧道南口和中洞向隧道内注水降温的任务。22时，官兵们开始安装水泵。工兵连连长白树伟一面组织搭建平台，一面组织将两台重达2.5吨的水泵艰难地安装到河床上，连续10个小时向隧道内注水、降温、熄火。14日7时许，洞口肆虐数十小时的大火终于被压下，渐渐熄灭。此后，由68310部队防化营与防化技术大队抢险

图 184　5 月 13 日，68310 部队防化分队官兵封堵隧道中部通风口
（兰州军区　提供）

分队负责对隧道内气体进行 24 小时监测，并及时报告。官兵们携带仪器爬上滑坡处，在通风口旁进行测量。防化营班长高红亮爬上梯子从外面测量隧道内温度时，把温度计绑在铁丝上，伸进隧道不到 1 分钟，最大测量值为 200 摄氏度的特制温度计爆炸。铁丝取出后仅碰了一下他的胳膊，就烫出一道两厘米长的伤口。杨长文换一支测量值为 300 摄氏度的温度计，用湿被套缠住手臂伸进隧道内测量。通过检测，隧道内部温度最高达到 260 摄氏度，有毒有害气体严重超标。从明火熄灭至通车，防化营与防化技术大队抢险分队不间断地对洞内温度和气体进行监测（参见图 185），共出动

图 185　5 月 16 日，68310 部队防化营防化分队官兵在 109 隧道中部通风口侦测有害气体
（兰州军区　提供）

口塌方处乱石中仅留下一个小洞口，不断散发着一股股热浪和浓浓油气味。指挥部决定先进去两个人，但3人都要求首先进洞。田艳民命令“干部先进、两名战士在洞口待命”。田艳民和保管一队队长张海明爬进隧道后，洞内烟雾弥漫、热浪灼人，只能借助防爆手电的灯光观察到周围两三米以内的情况。当走到第2节油罐车时，发现车底还有燃烧的火焰，油罐散发出巨大的热量，随时都有爆炸的危险。此时，因为洞体屏蔽，对讲机没有信号，与外界的联系完全中断。两人把身子尽量贴着滚烫的墙壁，在距离油罐车不足半米处侧身前行，一边往前走，一边用手敲击油罐车，判别油罐车内是否还有油料。有的地方没法通过，便垫着衣物爬在油罐车顶部向前挪。越往隧道里走，塌方情况越严重，行进空间越狭小，毒气越来越浓，仪器开始报警。继续前行间，发现前方已被塌方完全堵死，两人详细观察后返回。入洞24分钟后，田艳民和张海明走出隧道。23时10分，凤县油料仓库和防化营组织骨干力量再次从南口进入，勘察油罐车情况，结合白天进洞勘察情况，判明隧道内塌方受损情况并上报指挥部。

由于隧道内石灰岩洞壁剥落坍塌严重，车体、车轮、轨道变形，被埋在塌落的石堆之中，急需进洞清理碎石和切割整形车辆，以便把燃烧的车辆掏出拽走，抢险再次进入关键时刻。刘辉排兵布将，中铁一局担任主攻、电气化局增派力量助攻。和民锁带人首先钻进洞中，爬上灼热的车厢查看险情。党员陈勇嘴里叼着手电筒，只身钻到漆黑的车底下清理碎石，双手被灼伤。300名突击队员从隧道北口和南口同时进行清理。隧道内温度极高，人站在里边大汗淋漓，双眼被浓烟与石灰粉刺激得睁不开。中铁一局五公司党委书记罗方、副总经理雷向峰操起铁叉与工人并肩清渣，钻到车下用双手去掏车轮下的石块，抢险人员轮番冲击，丝毫没有退缩。和民锁及时提出新方案，用小型挖掘机、装载机相互配合清理出渣，效率提高10倍以上，清渣速度加快（见图187）。陷在隧道内的车辆，一辆接一辆地被抢掏出来。车厢在隧道内继续闷燃，有害气体浓度极高，抢险进度受到影响，必须加快排风抽烟。17日，中铁一局四公司总经理安国勇带领突击队员，穿过落差高达100余米的塌方乱石堆，硬是靠肩挑人扛，将每台重达上百公斤的10台

图187　5月17日，铁路救援人员在109隧道塌方现场抢险

（铁道部　提供）

抽风机运至中口。电气化局副总经理曹相和率领突击队员两次冲进北口，冒着近 50 摄氏度热浪，顶着令人窒息的刺鼻浓烟，扒开封堵墙上口，安装大型抽风机和排烟道。19 日 21 时至 20 日 3 时，电气化局再次组织 260 名抢险突击队员，3 次强行进入北口拆除封堵墙，加快排烟速度。

5 月 17 日下午，隧道内大火得到控制，消防官兵立即从隧道口向油罐射水冷却。经过长时间烧烤，隧道南口温度仍达 60 摄氏度，山上的石块不断掉落，特勤中队官兵在水枪掩护下奋勇向前。随着隧道内温度降低，机车被拖出来，两节装载饲料的车被拖出来，第 1 节严重变形的油罐车也被拖了出来。五天四夜，油罐经长时间燃烧随时可能发生爆炸，隧道内刺鼻的气味令人窒息，洞壁上的水泥酥得像饼干，不时似雨点般下落。消防官兵组成两个强攻组进入隧道内，王洪超和两名班长，一手提着水带，一手扶着滚烫的罐体，摸索着走进隧道。忽然，漆黑的隧道内骤然变亮，一条火舌从油罐车底猛地蹿出。"水炮瞄准，打！"王洪超话音未落，两条水龙从他身旁呼啸而出，直扑火舌。随着战线的不断延伸，官兵出现明显的火场反应，但无一人退缩。特勤中队和其他部队交替掩护，顶着高温的炙烤，架 7 号、打 8 号，架 8 号、打 9 号，一点一点地向前推进。当消防水炮架设到 12 号油罐车上时，官兵已经在高温难耐的隧道内整整推进了 120 米。此时，每向前推进 1 米，都要付出极大的努力。抢险队员随之把一节节车皮拖了出去。（参见图 188）

5 月 17 日 14 时，随着第 1 节油罐车被从隧道南口拖出，凤县油料仓库组织专业技术力量，在拖出的油罐车顶部放气、泄压，用防爆工具打开罐盖，利用空压机向罐内通风降低可燃爆炸气体浓度，在检测确保已经降低到爆炸浓度极限之外后，再将油罐车拖离现场。20 日 15 时，最后一节油罐车被拖出隧道并进行了油气排放处理。

从 5 月 17 日 19 时起，开始实施隧道内照明架设工作。西安铁路局宝鸡供电段领导带领 13 名突击队员，顶住 40 多摄氏度的高温和大火后浓烈刺鼻的粉尘深入隧道 140 余米，使用手电，穿梭于乱石、碎渣之中。他们拆除接触网残骸 100 米，清理接触网悬挂定位装置 4 处，新铺供电电

图 188　5 月 17 日，消防官兵架起高压水炮，给拖出的油罐车降温

（兰州军区　提供）

缆、导线1200米，架设发电机2台，安装照明灯具。21时，隧道内抢险照明设施架设完工。

修复加固、恢复通车 从5月18日起，指挥部开始研究损毁隧道的加固修复工作。曹相和率领有关人员从封堵墙扒开缝隙，进入隧道实地踏勘。电气化局副总工程师刘重阳提出的加固修复方案被采纳，随后被卢春房任命为隧道加固整修组技术方案决策人。在抢险进程大幅度推进中，由中国铁建担负隧道加固任务。20日晚，在切割中口棚洞4根断梁的生死关头，和民锁等镇定地站在头顶瞬间即坠的巨石之下，为抢险员工壮胆。抢险队员陈家志站在吊车大臂上用4米钢管绑上焊枪，紧张地切割隧道顶部断梁钢筋，终于把4根断梁安全卸载落地。20日17时41分，已连续20多个小时没有休息的突击队员黄军科，在隧道南口挂网喷锚紧张作业时，被余震从40米高处坠落的石块砸中头部，英勇牺牲，年仅37岁。

5月20日下午，中铁十二局董事长张宗言、总经理宋津喜、总经济师兼西北指挥部指挥长薛如明率领819名抢险队员，携带206台（套）机械设备，在24小时内赶赴抢险现场，受领隧道出口段220米隧道抢修加固任务。21日下午，中铁十二局投入6支突击队、575人，各种抢险机械、设备110台（套），不分白天黑夜"连轴转"。由于场地狭窄，所有施工机械、工程材料及上千吨水泥、沙子、碎石、钢材均由人工运进隧道。23日下午，中国铁建总裁金普庆率领总公司工作组赶到现场指导抢险；至24日8时，隧道南口段胜利完成抢修加固。突击队共运送各类物资1900余吨，喷射混凝土522立方米，现浇混凝土349立方米，立钢拱架27榀，连接钢筋1100米，打锚杆3807根，挂钢筋网片3838榀。68212部队工兵连受命向隧道南口200米处塌方最严重的地段扛送80吨沙石、水泥，配合铁路技术人员完成加固隧道任务。官兵在狭小的隧道内扛着沙石穿行，喷浆机带出的粉末弥漫在隧道内，看不清两米外的东西，连脚都不知往哪里踩，加之缺氧和吸入有毒气体，官兵头晕目眩，迷彩服被汗水和粉尘紧紧地粘贴在一起，好似一层盔甲，但大家仍咬着牙坚持扛运，直至圆满完成任务。（参见图189）

图189 5月22日，68212部队工兵分队官兵连夜往隧道内扛运沙石、水泥
（兰州军区 提供）

5 月 22 日 10 时，隧道加固修复攻坚战全面展开。总指挥部要求，必须在 48 小时内完成加固抢修任务。担负加固修复攻坚主体的电气化局倾其全力，发起最后冲刺。10 时 10 分，刘志远、王其增率先赶到棚洞支护作业地点查看险情。4 根被塌方巨石砸断的横梁已被拆除，硝烟散去后的塌方口，显露出“鬼门关”的狰狞面目。棚洞顶部，一个面积 50 多平方米的椭圆形“空腔”，呈“品”字形悬着的 3 块重约百吨巨石摇摇欲坠。在生死关头，刘志远、王其增坚定地站在洞顶下方。刘志远向现场近百名参加加固作业的队员喊道：“兄弟们，抢险到了最关键的时刻，大家不要怕，一定要坚持住。我和王书记与大家在一起。如果大家都出不去了，我们一起到了那边，我还当局长，其增还当书记，我们大家一起继续干。”老党员冯能堂拿起焊枪一跃而上站到巨石底下，党员刘天成带领 5 名职工冒着生命危险率先爬上横梁，抬工字钢、立钢支架、切钢板、挂网喷浆，隧道内十几个工作面焊花飞溅，抢险高潮迭起。23 日 4 时，电气化局 109 隧道抢险临时党工委在作业车上举行“宝成铁路抢险决战党员宣誓”仪式，党员们面向党员先锋队队旗庄严宣誓：“拼尽全力，决战决胜宝成线，誓为灾区人民做贡献！”至 24 日 1 时 30 分，完成 22 榀棚洞钢架支护、42 榀钢拱架支护、92 米挂网喷浆加固、60 米侵限凿除等，全部隧道加固修复程序在 38 小时内完成，比铁道部抢险指挥部限令的时间提前 10 个小时。24 日 9 时 30 分，宝成铁路恢复通车仪式在 109 隧道北口举行，国务院副总理张德江，铁道部副部长卢春房、王志国和陕西、甘肃两省省委省政府领导、西安铁路局领导及抢险人员参加通车仪式。9 时 53 分，满载运往四川地震灾区救灾物资的“抢”977 次列车，从宝成铁路 109 隧道顺利通过（见图 190），标志着中断 283 小时的宝成铁路全线恢复通车，标志着支援四川人民抗震救灾的运输大通道被彻底打通，标志着 109 隧道抢险工作取得全面胜利！

宝成铁路 109 隧道抢险，始终受到中共中央、国务院、中央军委的高度关注。5 月 18 日，张德江从铁道部调度指挥中心给 109 隧道抢险现场指挥部打电话，代表中共中央、国务院向参加宝

图 190　5 月 24 日 9 时 53 分，首列满载运往四川灾区救灾物资的“抢”977 次列车，从 109 隧道安全通过

（兰州军区　提供）

成铁路109隧道抢险救灾工作全体人员表示慰问。23日，张德江赴109隧道，指挥抢险人员打响通车前的攻坚战。同日，吴邦国在《宝成线取得突破》的专报信息上做出重要批示："宝成线是铁路干线，在汶川灾后重建工作中任务繁重，109隧道抢险取得突破并全面转入修复加固、线路整修、嘉陵江疏浚，将加速宝成线贯通，请向抢险同志表示祝贺慰问。"胡锦涛对宝成铁路通车做出重要批示："宝成线提前实现全线通车，打通了西北、西南铁路大动脉，有力地保障了抗震救灾的需要。谨向全体抢险人员表示亲切慰问和崇高敬意。"

第二节　恢复航空设施

汶川特大地震发生后，民航基础设施遭受严重破坏，空中管制运行指挥设施和机场设施损失较大。中国民航局从全国各地空中管制部门陆续抽调30余名空中交通管制员，支援成都双流机场，确保抗震救灾飞行安全、顺畅。成都双流机场自恢复运行后，昼夜不停地保障国内外救灾飞行和民航航班，飞机起降架次超过震前飞行起降水平。5月12日，成都军区空军开放军用机场，空运空投物资、运送救灾人员、转运伤员，空降兵伞降突击队开设临时停机坪，同时开辟直升机机降场地，全力支援抢险救灾。

一　抢修空管设备及通信设施

地震造成西南空管局部分雷达、天线罩、内花系统等空管设备损坏。中国民航局各空管局立即启动应急保障程序，从人员配备、管制指挥、物资器材款调配等方面紧急行动，支援西南空管局的救灾和重建。截至5月13日9时，中国民航局空管局技术组共向西南空管局提供移动雷达1套和空管雷达设备特种车4辆、收发机8台、便携式VHF电台4部、天线11副及相应馈线若干、射频头20余部、卫星电话5部、网线3箱。运行保障组协调有关部门，控制灾区飞行流量，开辟临时绕飞航路，发布航行通告，告知航空公司和管制单位。

5月14日11时40分，中国民航局空管局和西南空管局向民航局第二所（以下简称民航二所）空管实验室下达紧急检测成都地区民航雷达任务。民航二所接到任务后，立即组织雷达测试专家杨晓嘉、刘昌忠等人组成检测小组，奔赴牧马山和双流机场。测试组对牧马山雷达进行外场测试和双流机场雷达数据测试，完成综合测试，提供雷达运行数据分析和科学评估报告，为西南空管局保障成都地区雷达抗震救灾的正常运行提供支持。

地震造成西南空管局管制大楼出现大裂缝，成都双流机场空管设施设备受损严重，雷达和通信设备不能使用，空中交通管制方式被迫由雷达管制改为较原始的程序管制，空中容量显著减少。中国民航局空管局指令重庆空管分局专门开设抗震救灾空中交通"绿色通道"，增设3条临时航线，把空中道路"延伸"至成都机场空中交通走廊口，全力保障成都区域北扇、南扇管制分流到重庆区域的空管任务，保障救灾物资和人员及时抵达灾区。截至5月14日5时，空中交通“绿色通道”已保障抗震救灾急救飞行133架次，其中空军83架次、民航50架次；同时，安全保障其他民航航班139架次。

5月13日，重庆空管区域保障总架次创纪录地达到723架次，超出平常日均500余架次水平。当日晚，西南空管局各级领导按照分工，坚守各自岗位，及时安排设备维修人员奔赴受损的广元雷达站，进行现场抢修，加快解决北部地区雷达监视能力；经两小时紧急抢修，航管楼运行指挥各项准备于14日1时就绪；2时，空管区域、进近管制室完成向原管制室过渡；3时，航管楼区域、进近管制室正式启用，逐步恢复雷达管制。经评估，紧急抢修，继成都进近、区域管制室恢复正常后，成都机场旧航管楼塔台于14日14时6分正式启用。之前，建立在跑道头起飞线的临时塔台改为备份。至14日14时30分，成都空管部门共保障国际航班15架次、国内航班230架次。

受地震影响，成都空中交通管制员紧急撤离，空中交通被迫中断。此时，正值空中交通高峰时间，多架飞机正飞行在贵州上空准备进入成都空域。接到成都中断空中交通的紧急通知，贵州空管分局空中交通管制员立即行动，开启“绿色通道”，无条件接收前往成都落地的飞机到贵阳备降，指挥经成都前往欧洲方向的大型客机返航香港和广州，避免成都空中交通发生混乱。5月12日23时许，西南空管局为缓和巨大的飞行矛盾，决定从14日8时开始，将成都部分空域交由贵阳和重庆区域管制室代为指挥。13日8时，贵阳区域管制室开始接管原成都管制区的部分空域及宜宾机场、泸州机场的进近指挥。原成都起降经B330航路进出贵阳区域的航班，全部经H19和H25航路进出贵阳指挥空域，以解决成都区域临时指挥车甚高频覆盖距离不足问题。临时指挥方案一直执行到14日1时30分，此后成都区域管制室恢复正常。地震发生后，贵州空管分局全体员工按照优先保障救灾飞行的指示精神，坚持工作一天两夜，在保障贵阳空域400多个航班的同时，保障救灾航班12个、H4航路上飞行的航班109个以及宜宾、泸州机场的进近指挥。

地震发生后，华北空管局当日即启动应急保障程序，开展抗震救灾。5月12日20时左右，华北空管局连夜为西南空管局紧急调配甚高频对空通信电台。13日4时，为灾区准备通信电缆约200米、电缆头20余个、电台4部、天线5根、安装辅材（胶泥等），抢运灾区通信设备准备就绪。5时30分，第一批抗灾通信设备搭乘最早一班飞机运往成都；10时，CA1415航班搭载着第二批空管救灾5部电台飞往灾区，支援西南空管局。与此同时，华北空管局各设备保障部门着手清理设备备件储备，以备支援灾区随时调用。按照民航局空管局的要求，北京区域管制中心、终端管制中心以及各空管分局（站）选派12名业务能力强的管制人员，通信保障部门选派3名业务能力强的技术人员，随时支援民航西南空管局。13日上午，技术保障中心的第一批应急调用通信设备顺利抵达成都。15日，技术保障中心接到上级部门通知，急需支援灾区集群通信设备备件，设备维修总站立即开始准备第二批应急通信设备。通信设备维修站主任徐强带领技术人员检查首都机场模拟集群系统的在用设备状况和备件情况，评估抽调备件的可能性，在保证本系统正常运行的情况下，决定抽调两部相应型号的信道机支援灾区空管部门。15日晚，一切准备就绪，于16日晨送西南救灾前线。16日上午，华北空管局技术保障中心支援西南空管局的两部800兆集群信道机运往灾区。19日，技术保障中心第三批支援灾区的通信设备运达成都。

成都双流机场的指挥塔台在地震中严重损坏，西南空管局使用应急贝克电台指挥航班。随着大量救援航班到来，应急设备已难以满足管制需求。5月15日15时，华东空管局运保中心通信设备保障部接到中国民航局空管局的命令，要求尽快提供对空指挥席位2套给成都当地管制使用。16时15分，上海青浦区管制中心将安装器材和各种线缆经过简单装箱后，驱车赶往上海浦东机场搭乘飞往成都的飞机。21时50分，航班落地双流机场，立即投入临时塔台对空指挥席位的安装调试，先后完成对空指挥席位硬件安装、接口制作、线缆敷设、板卡升级等多个环节的工作。16日2时30分，成都塔台对空指挥席位投入正常使用，提高了救援航班流量。

5月15日16时38分，东北空管局选派具有丰富经验的管制员首批小分队飞赴成都，加强"空警"指挥力量；针对成都双流机场的飞行流量和救灾飞行量急剧增大的实际，立即成立由管制、通信、导航等专业17名技术骨干组成的应急救援队，提前组织演练。16日8时38分，沈阳空管运行中心管制中心组成小分队乘坐CSN6409航班赶赴成都，支援西南空管局做好管制指挥。21日9时，大连空管站接到紧急调用两部通信电台、两部通信终端盒支援民航重庆空管分局的通知；17时，通信设备运达重庆。21日，东北空管局安排从黑龙江空管分局、大连空管站调拨两部甚高频电台，从沈阳空管运行中心调拨天线、话筒、电缆、遥控盒等设备，以最快速度发往灾区。21日17时，大连空管站支援的甚高频电台运抵重庆；22日12时12分，沈阳空管运行中心支援的天线等运到重庆，调往西南空管局的通信设备快速送抵成都。

西南空管局为缓解日益凸显的安全压力，决定紧急调集西南地区各空管分局管制员入川支援。5月15日22时许，贵州空管分局派出3名优秀管制员，并于次日第一班抵蓉。18日，贵州空管分局移动雷达设备发生故障，信号中断。落户贵阳的这套移动雷达为全国首台，分局对其日常巡视、维护工作等格外用心。18日上午，贵州空管分局组织技术人员对设备故障进行排查。正在成都帮助建设移动雷达项目的航管雷达室主任肖丕明及时赶到相助，最终查明是天线驱动电缆接头短路导致雷达天线停止转动。查明原因后，迅速从北京购买一颗新的电缆接头，并于21日上午更换完毕。

二　抢修机场设施

地震发生后，成都双流、达州、九寨黄龙、南充、绵阳等21个机场设施受损。其中，成都双流机场候机楼、支线候机楼、执勤用房、飞行区管理用房和楼内配套系统设施设备受损严重，而急救站、变电站、通信系统和航显系统受损尤为严重。四川机场集团股份有限公司组织员工全力抢修，保障航班正常运行。成都双流机场集团公司在对机场设施设备受损情况调查的基础上，立即着手制订恢复运营方案和安全服务保障措施，集中力量对受损轻的新航站楼进行抢修，暂时关闭支线航站楼。5月12日15时，双流机场组织对候机楼、机坪、跑道、滑行道、助航灯光等进行检查，做好机场开放准备；同时，设立旅客疏散区、临时救助点、临时服务点。机场公安局对旅客疏散区加强巡逻和警戒。21时45分，双流机场灾后第一班飞机起飞，对出港飞机放行。

23时3分，执行救灾任务的CA071飞机降落在双流机场。15日，双流机场导航设备校飞工作完成，校验结果正常。此外，民航西南管理局从康定机场紧急调用12台特种车、从攀枝花机场调用8辆特种车及相关专业人员支援绵阳机场。

地震发生后，四川省机场集团股份有限公司A级设备登机桥服务部迅速对受损的登机桥进行抢修。5月12—21日，先后修复K4、K22、K32登机桥，其中K32是双流机场使用最频繁的登机桥，修复后及时投入使用。

地震使国航西南公司生产指挥大楼受到严重损坏。面对突如其来的灾难，公司立即启动应急预案，并对相关设备、设施进行全面检查。公司指挥部针对抗震救灾的具体情况，及时制定了救灾优先、特殊优先、国际航班优先、重要枢纽优先"四个优先"方案。5月12日地震发生当日，双流机场恢复部分飞行，共飞出8个航班，其中国航航班5个。13日，在指挥系统设备尚未完全修复、空中容量有限的情况下，国航采取果断措施，在集团公司的大力支持下，调集国航所有大飞机云集双流机场，充实运力，执行37个航班出港；14日，执行74个航班出港；15日，执行97个航班出港。3天208个航班，输送大量滞留在成都双流机场的中外旅客。达州和西昌机场在加紧抢修基础设施的基础上，亦及时保障了航班进出港。

九寨黄龙机场在陆路交通完全中断的情况下，成为1.6万名滞留旅客和受灾群众撤离"孤岛"的唯一"天路"。机场在立即抢修受损各种设施的同时，想方设法协调和争取航班运力，多次联系地方党委、政府保障机场供电、供水、供油和妥善解决滞留人员的食宿问题，于震后次日复航。在6天内，九寨黄龙机场员工承受着失去亲人的悲痛，冒着余震危险，坚守在救灾抢运第一线，组织飞行进出港航班285架次，抢运人员1.7万人次、物资83吨。

与此同时，西安咸阳机场、西部机场集团等全力组织抢修受损基础设施，保障航班正常运行。

第三节　抢修水运和管道运输设施

汶川特大地震发生后，各级抗震救灾指挥部重视疏通灾区水路，在当地党委、政府支持下，参加抢险的解放军、武警部队官兵和民兵预备役人员，与海事部门密切协作，打通从都江堰到汶川映秀、广元至青川的水上"生命通道"；四川省海事局还协调泸州、成都、宜宾、达州等地海事机构，紧急抽调优秀船员和抢险船艇，支援广元、绵阳在白龙湖库区和南坝渡口等地的水路抢险。地震造成灾区石油管线、天然气管道设施严重毁坏。中国石油西南油气田公司、长庆油田公司、川庆钻探工程公司3家油气生产、技术服务企业，在解放军和武警部队的支援下组织专业抢险队，通过拉网式排查，及时抢修、维护各类设施、设备，成功排除故障285处，巡护管网648公里，巡护干线伴行道路4条158公里，突击抢修井场道路13处、2430米，巡查水电气网络近200公里，完成水、电、气抢险70余次，为震后正常供气提供了技术保障。

一　抢修临时渡口、码头

抢修井田坝临时渡口、码头　井田坝大桥地处青川县木鱼镇和沙州镇之间，是国道212线三堆至沙州经省道105线至木鱼、乔庄的必经之路。井田坝大桥垮塌后，四川省交通厅决定在井田坝大桥处修建临时渡口、码头。5月20日14时30分，四川省交通厅厅长高烽、广元市副市长王占良乘坐冲锋舟沿白龙湖库区检查水路救灾，指导修建井田坝大桥处临时车渡。22日15时，交通运输部规划司司长董学博等乘坐“川海巡51”艇进入灾区考察道路、桥梁损毁情况。23日15时，交通运输部综合规划司副司长李兴华一行，经水路往返盐井溪、井田坝、松树坪码头，检查水上抢险，指导救灾。由于井田坝临时渡口（车渡）需24小时为过往车辆提供过渡，贵州省赤水河航道处于26日为广元市地方海事局提供航标浮筒1个，为井田坝渡口夜航提供条件。同日，交通运输部紧急支援绵阳市地方海事局发电机2台、台式手电筒10只、救生衣500件、对讲机4部，将江苏省海事局支援的20艘橡皮艇中的8艘紧急调配给绵阳市地方海事局。27日，赤水河航道处支援的夜航航标浮筒到位，井田坝临时车渡投入运行。贵州省公路桥梁工程总公司广巴高速公路LJ9合同段项目经理部总经理杨再瑞带领抢修队连夜从广元出发，于18日赶至青川，经过16天奋力作战，协助指挥部新修一条从三堆村到白龙湖码头3公里长的公路，并修建一个250米长、10米宽的码头。

开辟南坝镇何家坝渡口　平武县南坝镇腹部涪江上有个季节性渡口叫何家坝渡口，一年有两个月的撑船期。地震使著名小镇南坝镇遭遇毁灭性灾难，连接绵阳、平武的两座桥梁断裂坍塌，何家坝渡口成为平武通往外界的唯一通道。一时间，小小渡船成为“生命之舟”，小小渡口成为“救命线”。5月16日，绵阳市地方海事局带着救生浮具和相关设备艰难赶往何家坝渡口。17日7时，绵阳市海事局局长贾宗强等在渡口组织指挥。经过绵阳海事人员在现场连续奋战，何家坝渡口得到开拓，救援部队和医务人员由该渡口进入灾区。21日12时，平武县南坝渡口便桥已经架好，渡口渡船保留待命。至21日，南坝何家坝渡口共运送救援部队、医务人员及受灾群众7.2万人次、救灾物资器材187吨。

二　抢修石油管线、油库

检测、搜索和抢修石油管线　兰成渝成品油管道承担着川渝地区70%以上成品油输送的重任，是四川抗震救灾的“生命线”。全长1251.9公里的管道，有500公里地处震区，地震发生后管道全线被迫紧急停输。中国石油经过多方协调，及时动用直升机对受灾区域管道进行现场检测、搜索和抢修，仅用22小时就实现全线重新启输。其中，中国石油兰成渝输油公司管道发生移位，输油管道损坏28处。兰成渝输油公司迅速组织抢修人员进行抢修，同时修复成都站102过滤器。中国石油西安销售分公司对油罐区因围墙倒塌带来的安全隐患用彩钢板隔离，并于地震后10日内修复。中国石油重庆渝中销售分公司对毛线沟加气站程序控制盘高压管接头和再生系统低压管接头气体泄漏、潼南经营部柏梓加油站埋地油罐破裂、伏牛溪油库栈桥埋地管线渗漏、朝阳河油库主水网爆裂等进行抢修。6 月 11 日，青藏兵站部管线部队接到指令后，连夜展开各项抗震准备。当日 21 时，管线抢修队集结待命，对消防器材、应急实施进行 24 小时不间断的巡逻观察和巡线警戒，确保管线输油安全畅通。

抢修油库和石油生产设施 地震造成中国石油 4 家销售企业油库设施设备、部分工艺管线、重要建筑物受损。为保障抗震救灾成品油供应，中国石化油品销售企业立即开展隐患排查和灾情评价，全力抢修加固受损油库和加油站，迅速恢复营业。中国石化川渝绵巴公司皂角铺油库担负着绵阳南郊机场航空用油供应任务。绵阳南郊机场是抗震救灾的“空中生命线”之一，各种客机、货机、直升机在此集结、起降，大批伤员、物资从此转运。该油库供电系统在地震中严重受损，前线指挥部紧急组织人员对油库受损设备进行抢修。皂角铺油库 19 名员工强忍亲人离散的悲伤，在 5 月 13 日 3 时即恢复供电接卸。灾后 15 天，油库共接卸资源 1.2 万吨，保证绵阳南郊机场航空用油和当地救灾用油。中国石化川渝分公司对受损加油（气）站站房、围墙、罩棚、油罐液位仪等进行检测，先后对 3 座加油站破损围墙、水塔，破损发电机房等建筑设施进行拆除，对 8 座加油站罩棚进行加固，绵阳城区和救灾通道沿线 3 座加油站经抢修后恢复营业。震后一小时，四川省 95 座符合开业的加油（气）站全部恢复供油（气）。至 13 日，经过紧急处置和抢修，又有 7 座受损加油站恢复供油；至 16 日，除 8 座严重受损加油站外，中国石化在川其余 122 座加油站全都恢复营业。在极重灾区平武县南坝镇，中国石化南坝加油站站长李海蓉等 4 名员工在站房垮塌、罩棚损坏、缺水缺食、余震不断、与外界完全失去联系的情况下，不离不弃，坚守油站，监护油罐，30 余个小时没吃没喝，仍然一边组织自救，一边应急供油。中国石化安县花荄加油站，尽管部分设施在地震中受损，经紧急抢修后，在最短时间内投入运营。

三 抢修燃气管线、泵站

抢修供气主干管线 地震引发重灾区江油市停气，江油市境内输气管网压力不断升高。中国石油西南油气田公司川西北气矿江油采气作业区在地震发生 30 分钟后，紧急关停 7 口高含硫气井，避免管道憋压爆炸等重大次生事故发生。都江堰市燃气管网设施遭受大规模破坏，多处出现爆管等险情，被迫大规模停气。5 月 12 日 21 时，经西南油气田公司协助紧急抢险，恢复正常供气。

地震发生后，中国石油西南油气田公司重要的生产设施在地震中遭到破坏，150 多万平方米生产办公用房和住宅受损，部分主力气田和 100 多口生产气井及主要炼化工厂被迫紧急停产、减产。西南油气田公司先后组织 30 余支抢修队，对青白江新老输气站、江油涪江输气站、什邡配气站、都江堰输气管线、平武输气管线、唐家山堰塞湖泄洪流经的江油青莲至永兴段河床穿越管道、江油及荣县天然气净化厂脱硫净化装置、成都军区联指供气管线等灾区油气设施重点防范部位展开抢险抢修。至 5 月 16 日，西南油气田公司调集 47 名技术骨干连续作战 88 个小时，完成都江堰市燃气管网 47 公里管线试压抢修任务。

5 月 16—19 日，77225 部队 152 加榴炮 2 营出动官兵，配合地方有关部门，在江油市区开挖燃气管道沟 500 米，巡查燃气管道线 46 条，修复燃气泄漏点 8 处，基本恢复市区居民供气。

图 191　5 月 28 日，96531 部队在绵竹为受灾群众安置中心抢建燃气管道

（第二炮兵　提供）

地震发生后，绵竹市供气管网严重受损。5 月 25 日至 6 月 28 日，96531 部队担负抢通抢建绵竹市供气主干管路任务，共出动兵力 4100 人次、机械装备 980 个台班，开挖绵竹市绵金路、绵富路、景观大道等 12 处管沟 7 公里、土石 1 万立方米，敷设供气管道 20 公里，解决 18 个受灾群众安置区、25 万名受灾群众的用气。（参见图 191）工程验收时，绵竹市景观大道 3 公里供气管道上 1400 余个焊口，一次性全部试压成功。

5 月 12 日 23 时 40 分，天水市的中国石油管道公司气化站 4 个 150 立方米的低温液化天然气储罐罐基不同程度开裂。中国石油立即与设计单位联系，修复加固受损罐基，对 1 号、3 号罐内的天然气进行卸载分流，并依据危险品管理规定，制订了消防安全监护方案。与此同时，中国石油管道公司迅速组织工程人员对全市燃气管网进行检查，彻底消除险情。

抢修供气管线支线　5 月 13 日，什邡华润燃气有限公司对城市的燃气管线实行一边供气一边抢修，迅速完成了城南压缩液化天然气加气站的恢复建设，并投入正常运营。成都燃气公司在不到两周时间里，累计恢复 80923 户客户的正常供气，恢复立围管 7908 根，恢复调压装置 328 处，处置各类燃气泄漏 118 次，检查各储配站 380 余次，消除建筑物和施工工地险情 10 处。

5 月 12 日下午，西安秦华天然气公司启动紧急预案，组织人员赶往门站、储配厂和所有场站进行巡查。公司实行高管区域包站负责制，成立管网安全、客户安全、应急抢险、安全宣传、后勤保障和员工服务 6 个专业小组，对客户泄漏报修和在安全检查过程中发现的泄漏点认真排查、抢修，使所有泄漏点得到有效处置。地震当天，苍溪县天然气长输管网被拉断两处，县城及周围乡镇停气。14 日，西安秦华天然气公司组建由 4 人组成的抢险支援技术小组，赶赴现场，协助苍溪燃气公司制订抢修供气具体方案，并对设备、仪器检测抢修，帮助苍溪恢复天然气供应。

第三章 抢修通信和广播电视设施

汶川特大地震使四川、甘肃、陕西等灾区的通信、邮政和广播电视设施遭到严重破坏，给抢险救灾指挥和灾区人民生产生活造成极大困难。广大通信、广播电视战线员工在余震不断的情况下，迅速投入到抢险救灾之中。为尽快抢通恢复灾区通信，中国电信、中国移动、中国联通、中国网通、中国铁通、中国卫通六大中央电信集团公司立即启动应急预案，在工业和信息化部的领导下，在灾区各级党组织、政府的大力支持下，统一整合通信资源，全力抢修通信线路和敷设光缆，抢修通信台（站），开设卫星地面站及移动站，千方百计恢复灾区通信，保障各路抢险救援大军的通信联络，保证灾区群众的通信需要。参加抢险救灾的解放军、武警部队官兵和民兵预备役人员，在抢救人民群众生命财产的同时，全力协助各电信运营公司敷设光缆，搬运设备，抢修设施，为尽快恢复灾区通信发挥了重要作用。广电总局和四川省广电局通过企业捐赠或采用紧急采购等方式，为汶川、北川、青川、安县、绵竹、崇州等县（市）广播电视播出机构及四川广电集团所属各单位紧急运送调频发射机、电视发射天线等应急播出设备。通过灾区广播电视部门的严密组织、日夜奋战，在地震发生后短短一周时间内，恢复了灾区广播电视应急播出。甘肃、陕西、重庆等省（市）灾区广播电视局及时有效地指导各地广电系统救灾，迅速恢复广播电视播放，充分发挥广播电视的宣传鼓动功能，为夺取抗震救灾的全面胜利发挥了重要作用。

第一节 抢修通信设施

汶川特大地震发生后，工业和信息化部按照《国家通信保障应急预案》，立即部署抢险工作。中国电信、中国移动、中国联通、中国网通立即组织抢修损坏的通信线路、基站和设施。中国铁通迅速展开对宝成线、德天支线、成汶支线和灾区受损通信建筑物、设施和线路的抢通。中国卫通紧急向各级抗震救灾指挥部提供应急卫星电话。灾区各电信企业组织带领抢险队全力抢修受损通信光缆、通信台（站），建立应急通信系统，使通信线路和基站得到及时恢复，保障抗震救灾工作的顺利开展。

一　抢修通信线路

地震发生后，四川、甘肃、陕西三省受灾电信局所 3860 个，损毁传输光缆线路 2.46 万皮长公里。汶川、理县、黑水、平武、北川、青川、茂县和绵阳市区的 109 个乡（镇）与外界的通信联系完全中断。中国电信、中国移动、中国联通、中国网通及其所属四川、甘肃、陕西等公司立即组织突击队对通信线路进行抢修，广大员工冒着余震、泥石流、山体崩塌危险，翻山越岭，夜以继日地奋战在抢修光缆通信线路的工地上。至 6 月底，灾区的通信线路全部恢复。

中国电信抢修通信线路　地震发生后，中国电信迅速通知陕西、湖北、贵州、云南、湖南、福建、江苏等省公司派出 400 余人，携带 300 台（套）应急通信设备，组成 23 支抢修队，深入四川灾区通信受阻的乡镇抢修通信线路。中国电信四川公司共组织 53 支抢险突击队赴一线抢险，其中绵阳至平武方向 16 支、广元至青川方向 4 支、德阳到绵竹再至什邡方向 6 支、成都到都江堰再至汶川方向 10 支、马尔康至理县方向 4 支、汶川至理县方向 2 支，黑水、松潘至茂县方向和汶川茂县方向 11 支。同时，中国电信为中国移动、中国联通、中国网通、中国卫通提供光缆传输、开通电路、调测设备，协助恢复通信线路。

地震发生后 12 分钟，四川电信长传局即启动应急通信保障预案，并将长传局抗震救灾指挥部前移至都江堰。长传局在极短时间内，集结 100 余名维修人员，组成 32 支抢险小分队，奔赴第一线抢修光缆。他们每人携带 50 ~ 70 公斤的设备器材，靠着人拉肩扛，翻山越岭逐段抢修，接通一个又一个通信光缆断点。5 月 13 日 15 时 10 分，抢通都江堰—漩口光缆；16 时 45 分，抢通广元—青川光缆；14 日 8 时 59 分，抢通马尔康—理县光缆；15 日 13 时 55 分，全面恢复汶川的对外通信。（参见图 192）地震发生后，四川电信机动通信局立即组织人员，先后分赴成都各区和都江堰、彭州、绵竹、北川、平武、马尔康、汶川、茂县、理县、黑水、青川 11 个县（市），迅速抢修通信线路，为抗震救灾提供通信保障。

图 192　5 月 14 日，中国电信四川公司长线抢险队员抢修通信线路

（工业和信息化部　提供）

5 月 20 日，中国电信四川公司无线网络

部副总经理向阳率领前去救援的云南电信公司、华为公司、中通服务公司、川通服务公司的工程技术人员共108人，组成4个小组，全力抢修恢复受损的汶川、理县、茂县、黑水等县37个乡（镇）的通信。在抢修过程中，按照“保县、抢乡、带村”原则，采用恢复光缆与使用村通设备、应急通信车、VSAT设备和卫星电话相结合的方式向乡镇纵深推进，恢复受灾各县乡镇农村通信。共计检查线路437公里，查看机房55个，整修线路158公里，布放光缆141公里。

地震发生后两小时，中国电信成都分公司组织300名技术人员与各县（市、区）500余名抢险队队员在一线抢险保通。5月12日16时左右，经抢险队全力奋战，恢复都江堰等主机房的运行及部分SCDMA的通信；15日，都江堰市SCDMA通信全面恢复。至6月10日，恢复线路660余公里，率先在四川省恢复所有乡镇通信。

地震发生后半小时，中国电信德阳分公司向绵竹市派出第一支通信抢险队。5月12日21时，经连续6小时奋战，抢通绵竹市市区通往乡镇的无线电话；23时，抢通绵竹69局CSC传输电路，绵竹城区小灵通通信基本恢复；13日1时，抢通绵竹市城区部分固定电话。至7月底，德阳市全部村级通信得到恢复。

中国电信绵阳分公司建筑物受损面积达16.5万平方米，完全损毁127处，其中北川电信（含移动公司）综合楼倒塌。绵阳分公司在各地抢险救援队的支援下，1000多名员工全部投入到抢险救灾之中，经全力抢修，在较短时间内恢复经营。至6月5日，绵阳市共恢复光纤专线71条，恢复ADSL VPN专线34条，恢复DDN专线27条，恢复出租2米电路58条；应急开通DDN电路8条，应急开通出租2米电路6条；紧急移机ADSL VPN电路36条，紧急移机出租2米电路10条。此外，还应急开通军用线路2条。

中国电信广元分公司在地震中受损建筑物共279处，面积达7.28万平方米，青川电信公司通信机房和综合办公楼垮塌。青川电信公司在人员遭受重大伤亡情况下，忍着悲痛组织抢修设施和线路。5月17日，抢修人员赶到距凉水镇约10公里的障碍点，发现原过河飞线由于山体大面积塌方已严重损坏，河道上游有随时可能决堤的堰塞湖。抢修队数次渡河敷设线路，临时架设飞线200余米，敷设光缆线路200余米，并在河道附近进行接续、测试，于14时抢通。18日，抢修队赶到距青川县城5公里处障碍点，紧急敷设1000米和400米光缆各一段，再次打通凉水镇至青川县城光缆线路。19日，抢修队奔赴竹园镇执行入网恢复任务。14时6分，青川县发生5.4级余震时，抢修人员冒着生命危险，在距青川县城40多公里的滑坡地段抢修线路，于当日打通竹园镇至青川县城的光缆线路。

5月12日14时30分，中国电信陇南分公司组织人员冒着余震进入墙体开裂的机房，迅速启动两台大功率发电机组。5分钟后，陇南市武都区小灵通恢复正常。14时50分后，陇南分公司总经理汪国合组织全市电信系统抢修通信线路设施。15时50分，中国电信甘肃公司通知天水、定西、甘南分公司和兰州无线传输分局抢修队支援陇南分公司。17时50分，天水分公司抢修队得悉成县望子关以西42.5公里处兰成、本地网光缆阻断的消息，于20时50分赶到障碍点周家坝，会同成县支局抢修人员展开抢通。13日零时30分左右，经过两队艰苦奋战，兰成光缆恢复正常。随着兰成光缆的畅通，完全中断的文县灾区通信也恢复正常。同日，中国电信甘肃公司传输局局长南江臻等赶到武都，组织天水、定西分公司的增援人员和武警部队派出的100余名官兵展开抢修会战。当天余震不断，抢修队员钻进随时可能坍塌的机房进行测试，排除故障。至16日18时10分，陇南地区受灾的94个乡（镇）通信恢复正常。与此同时，陇南军分区组织民兵抢修兰成干线光缆120余公里。22日10时，陇南市3237个行政村通信全部恢复。

地震造成中国电信甘南分公司光缆线路损坏，其中舟曲县受损严重。中国电信舟曲分公司组成两个专业抢修分队投入抢修，机房技术人员通过修改交换机局数据，不到5分钟即修通县城内固定电话。5月12日18时，无线市话网络恢复正常。与此同时，迭部县共修复通信线路3公里，碌曲县修复通信线路3.6公里，临潭县修复王旗乡通信线路1条。

地震使陕西汉中、宝鸡、安康等地通信设施遭受不同程度的损毁，全省累计受损线路2396皮长公里，倒杆、断杆4896根。中国电信陕西公司克服地震造成的种种困难，先后出动抢修人员2396人次、抢修车辆6015台次，动用应急通信车10台，对危房内的设备进行紧急搬迁，迅速抢修杆路、线路，紧急修复及加固受损房屋、机房，很快恢复全市的通信线路，保证通信畅通。5月15日16时，中国电信陕西公司选出12名技术尖子组成抢修队奔赴青川，负责抢修凉水镇至竹园镇之间通信线路。抢修队在短短4天内，在自然条件恶劣的深山中跋山涉水、昼夜奋战，布放光缆150公里，恢复16个乡村的通信，打通青川县城—竹园镇—广元市区方向的“通信生命线”。

中国电信重庆公司派往四川地震灾区的3支应急抢险队于5月15日22时分别到达绵阳市区和安县县城，率先抢通安县经绵阳至成都的通信。17日7时30分，重庆公司抢修队分为A、B、C 3个组从绵阳出发，分别到北川、安县、江油抢险。A组完成北川桂溪—贯岭传输电路调测，打通贯岭业务通信，接通了援建北川的山东抗震救灾指挥部的通信；B组到安县抢险，完成安县传输机房光缆抢修，重新布放光缆2.8公里，做成端96芯接头1个；C组到江油市雁门镇修复被余震损坏的光缆线路，抢通光缆3条，恢复固定电话300户。北川县城被夷为平地后，擂鼓镇成为北川羌族自治县抗震救灾指挥部的所在地。为保证指挥部通信联络畅通，中国电信决定从安县塔水镇临时架设一条24芯光缆到擂鼓镇。重庆公司光缆抢险队全力协助当地电信公司组织实施抢险，至18日12时30分，架通了这条线路。重庆公司抢险队返回绵阳驻地后，又参加安县10余个乡（镇）的线路拆危工作、江油市雁门镇和什邡市元石镇光缆线路的故障排除工作以及安县黄土镇至八一、江池、长乐受灾群众安置点的12芯光缆抢通工作，恢复了800户用户的通信。

5月16日17时20分，中国电信云南公司抢险队到达都江堰抢险，在24天的艰苦奋战中，共出动人员41人次，搬运救灾物资5车，抢通局点8个，调通村通基站传输电路6条，新装局端设备1套；抢修二队在德阳市各地检查、测试、修复光缆线路265公里，更换、布放光缆31.5公里，恢复中继段126公里。

中国移动抢修通信线路 地震发生后，中国移动紧急启动最高等级应急通信预案，针对建筑物和光缆受损情况，在全国25个省（区、市）范围内，组织668名技术专家和抢修人员开展技术支援、专业抢修和施工。中国移动四川公司抽调5000余人组成200余支抢险突击队，携带3349台油机，调动28辆应急通信车，及时对通信线路、设施进行抢通。

中国移动四川公司立即派出抢修队，全力抢修阿坝藏族羌族自治州境内的光缆线路。5月14日18时，中国移动阿坝分公司组织突击队抢通马尔康经理县至汶川通信光缆，恢复汶川、理县及107个乡（镇）的通信。当时，正在阿坝进行“村通工程”施工的队长刘建秋接到命令，立即率工程队36人就地转为抗震抢险突击队奔赴汶川。16日6时，刘建秋和队友冒着余震危险，连夜抢通马尔康至理县90余公里通信光缆。天刚放亮，抢险队到达理县，正准备吃饭，得知抢通的光缆又被余震破坏，刘建秋迅速带领抢险突击队赶赴现场抢修。13时25分，理县突发强余震，刘建秋立即朝正在埋头布放光缆的20余名队员拼命大喊："大家快跑！"话音刚落，飞石迎面朝刘建秋和身边队员李维祥砸来，刘建秋一把推开李维祥，自己却被一块飞石击中右臂，顿时血流如注、断骨突出，一头栽倒在地。此时，第三军医大学医疗队恰巧路过此地，立即对刘建秋进行手术抢救，并将其送往理县救治。17日9时，刘建秋因伤势过重抢救无效，停止了呼吸。中国移动迅即做出决定，授予刘建秋"抗震灾抢通信一等功臣"荣誉称号。19日18时30分，马尔康至汶川的光缆再次全线贯通。

5月13日上午，中国移动为保障各救援队的指挥通畅，迅速组成青年突击队搭乘部队直升机分别空降到映秀、青川和平武。8时，中国移动遂宁分公司突击队队员彭海丰随部队空降至青川，奋力抢修被地震破坏的光缆线路。

地震使中国移动陇南分公司光缆线路遭不同程度损坏。5月12日16时50分，经陇南分公司员工奋力抢修，该公司通信楼BOSS线路恢复正常。18时20分，陇南市长途线路恢复。陇南分公司一线抢修队克服道路泥泞、多段塌方的困难，顶着山体滑坡、泥石流不断的危险，用17个小时全面恢复了武都区移动通信网络。15日，抢险队自康县出发，迂回220余公里，抢通文县至碧口镇80公里光缆，恢复文县大部分乡镇移动通信；19日13时41分，抢通尚德至堡子坝段光缆。至此，甘肃移动通信网络全面恢复。

中国联通抢修通信线路　地震发生后，中国联通及其所属14个省公司于5月19日前共派出3000余人、150个救援队，携带油机2100台、VSAT卫星系统150套，迅速奔赴灾区，抢修光缆2450公里，于17日恢复了全部县城和部分乡镇通信线路。至6月9日，在四川联通网络覆盖的3626个受灾乡（镇）中，恢复了3608个乡（镇）通信线路。

5月14日11时20分，中国联通成都分公司运行维护部马吉光和晨辉通信公司队长鲜军率领8名抢险队员到达紫坪铺水库，抢修都江堰到汶川映秀段的二干光缆线路。在抢修紫坪铺第一个塌方路段线路时，鲜军带领技术人员下到山底重新勘察，找到一条比较安全的路由，然后绕过塌方地段40米布放光缆，直线只有150米的光缆，为了安全而布放1200米，保证了此段在以后虽经多次山体崩塌而从未中断。17日，抢险队在汶川县漩口镇水田坝村布放光缆时，出现多次余震，所幸避让及时未曾受伤。在距汶川县映秀镇3公里处用OTDR查找光缆故障点时，余震又一次发生，山顶飞石砸向抢险人员。观察员大吼："快跑！"抢险人员刚刚离开，一块大石砸坏正在发电的便携式发电机。抢险人员在生命受到威胁的时候，没有放弃手中抢险的重要设备。17日晚，在24芯光缆长度不够的情况下，马吉光、鲜军采用两根12芯光缆代替，增加了布放和熔接难度。14—18日，抢险队共处理障碍121处，布放24芯光缆3公里、12芯光缆3公里，成功连通都江堰至映秀段光缆。

5月14—30日，中国联通重庆公司派出20人通信抢修小组，抢修马尔康至茂县、理县至汶川的省级通信干线，重新架立电杆、熔接断裂光缆，在汶川、理县、茂县境内放缆20余段、77公里，协助其他单位抢通光缆6公里。（参见图193）

图 193　5 月 14 日，中国联通重庆公司应急抢险队员冒着生命危险飞渡岷江，架设跨江光缆，抢修线路
（工业和信息化部　提供）

5 月 16 日 1 时，中国联通广东公司第一批灾区技术支援小组组长李惠明带领 8 名技术人员，携带两辆应急通信车到达四川，先后转战在雅安、理县、马尔康、汶川等灾区。19 日晚，技术支援小组到达理县开通 C 网，紧接着又连夜开通 G 网。在夜翻夹金山时，抢险队员屏着呼吸走过“死亡线”。进驻理县后，李惠明带领技术小组住在简易帐篷里席地而眠，连续几天感冒发烧，仍一直带领大家投入到紧张的设备调试、信号拨测等高强度工作中，开通了理县 G 网和 C 网。至 19 日，汶川县城和理县县城、茂县县城、松潘县城通过租用电信电路恢复，黑水县线路通过应急通信车予以开通，其余地点通过 VSAT 卫星系统开通。

5 月 20—21 日，中国联通湖南公司光缆抢修队完成理县至毕棚沟 20 公里的光缆抢修任务；22 日晨，抢修队赶赴汶川，执行理县至汶川长达 15 公里的光缆抢修任务。由于理县至汶川段光缆所处地区环境险恶，且余震不断，给抢修工作带来很大难度，抢修队员在极危险的环境下，奋战 10 个小时以上，进行光缆布放和熔接工作；24 日，将理县至汶川的通信全线抢通。至此，依靠应急通信车和 VSAT 卫星基站维持紧急通信长达 12 天的汶川县城及沿线乡镇，恢复了正常网络覆盖。

5月12日16时，中国联通陇南分公司第一支抢险队赶赴成县、西河抢修线路。16时50分，中国联通甘肃公司恢复兰州、天水等市SCDMA网络通信后，副总经理蒋保灿、马军于18时带两个抢险小组分赴陇南、天水。20时，又派出G、C各1辆应急车和2台油机车、15台油机奔赴灾区，同两市分公司一道组织现场抢险救援。14日20时，甘肃公司紧急调集50名技术人员与60名抢险队员组成4个小组，奔赴文县—武都、文县—碧口、文县—康县一线，抢险队在很短时间内抢通受损光缆。17日18时，经抢险队连日艰苦抢修，陇南市受灾乡镇通信全部抢通。至25日24时，甘肃省受灾地区行政村通信全部抢通。29日，甘肃公司完成省际宁夏、新疆、内蒙古3个方向8个2米电路，以及省内定西、庆阳、平凉、武威、陇南5个市22个2米电路扩容，恢复正常通信。

地震发生后，中国联通陕西公司奋力抢修通信设施。5月12日16时8分，西安至成都一级传输光缆中断。中国联通汉中、宝鸡分公司运行维护部接到故障通知后，一面准备抢修器材、一面了解掌握中断点的位置和原因。汉中分公司副总经理武忠诚、宝鸡分公司副总经理贺延平分别带队赶赴现场指导抢修。为确保障汉中、宝鸡灾区正常通信，中国联通陕西公司立即按电路负荷分担、系统抢通两方面同时开展工作。在电路负荷分担上，将部分承载在二干陕南西环华为系统上的重要业务疏导至二干陕南西环卡特系统；在系统抢通上，一方面协助铁通公司实施光缆代通，另一方面组织华为技术专家制订留坝县加装一套临时设备代通方案。15日13时6分，经多方努力，实现了代通（联通二干线路在不具备修复条件的基础上，利用传输设备实现代通），保障了向四川方向通信的畅通。

5月14日，中国联通汉中分公司为保证网络安全，决定沿汉中市区前进东路西段布放一条96芯光缆，以实现进出局双路由。为了摸清情况，施工人员下到井内，徒手掏出管孔内淤泥，并用穿管器逐段进行穿通实验。在主震刚过、余震不断的情况下，员工们迅速将1吨重的96芯光缆搬运到现场。经8个小时的艰苦奋战，于15日18时将光缆布放完毕。16日零时，完成96芯断缆重接。

由于汉中市的宁强、略阳两县灾情随余震而不断扩大，导致西安至成都一级传输干线西门子波分系统、武汉峰火波分系统中断和省内多处二级干线中断。5月13日中午，中国联通陕西公司运行维护部、网络建设部等技术人员紧急组成抗震救灾小分队，携带卫星通信设备等救援物资和应急通信车辆赶赴汉中，会同当地政府救援小组共同抢险。至19日，陕西联通抢修CDMA、GSM移动通信网络基站2214个，恢复中断通信线路829公里，西安至成都的一级传输干线抢通，全省通信网络运行恢复畅通。

中国网通抢修通信线路 地震发生后，中国网通立即建立灾害应急机制，组织北京、天津、河北、山东、辽宁、山西等分公司抢险队49人，以最快时间奔赴灾区一线抢险，重点监控传输网、交换网、数据网。中国网通四川公司紧急启动高话务应急预案，对无线网络进行话务紧急疏通，组织30余支抢险队，携带近百台油机，赴各地昼夜抢险，于5月18日恢复成都、德阳、绵阳、广元通信线路。

5月23日，中国网通四川公司网络运维部由姜南率抢险队，携带6吨多装备物资，开赴茂县恢复通信业务，经14小时奔波到达马尔康。25日6时，抢险队车辆采取前车行进、后车观察的方式，快速通过危险路段到达指定地点，并利用一台 KU 应急车，开通马尔康至汶川线路，接着又恢复了茂县、松潘通信。同日，茂县发生强余震，全城无电，伴随倾泻的暴雨，抢险队冒险搬运物资，投入机房、设备、馈线的抢修与安装。当日 24 时整，茂县中心机房电力恢复，传输电路开通，完成机房、电源、设备、天线的安装与调试，茂县网通通信线路得到恢复。

地震发生后，绵阳市新益大厦受到重创。中国网通绵阳分公司总经理于学军等立即赶到公司核心的中心机房，3 名抢险人员冒着生命危险进入大厦检查。地下室油机房大型发电机组在停电后自动启动，抢险人员给发电机加油、加水后撤离。由于全城停电，要迅速恢复城区的网通通信，每个片区的汇聚机房迅速开启是关键。抢险人员立即抬出预备移动发电机，送到各片区的汇聚机房，开始发电启动，当晚恢复绵阳城区网通用户通信。

中国铁通等抢修通信线路 中国铁通在建筑物面积损坏 4 万余平方米，宝成铁路由于塌方等原因阻断一、二级干线光缆 3 处，缆线损失 860 余公里的情况下，立即组织对宝成线、德天支线、成汶支线和江油、德阳、绵阳、成都光缆线路进行抢通。中国铁通突击队两渡嘉陵江，冒着余震的危险，在陡峭山上连续奋战，终于接通宝成铁路光缆，保障宝成铁路大动脉的通信安全。

5 月13 日，中铁电气化局二公司二段抽调 7 人组成抢险队，在指挥长方国建带领下辗转数日，于 18 日上午到达汶川县城。20 日，抢险队 30 名队员开始组织施工。中午，距汶川县城 7 公里的下庄电厂通信指挥系统瘫痪。抢险队队员当即放下饭碗，带上缆线和架设工具奔赴下庄电厂。对面山上飞石、塌方不断发生，队员们翻山、攀树、穿丛林，冒着危险站在坍塌的屋顶上紧张作业，与暴雨抢时间。13 时 56 分，两条长达 1.82 公里的通信线路全部架设完毕。

5 月 13 日下午，中铁二十一局接受陇南地区移动通信线路及通信基站抢险救援任务后，立即责成电务电化公司迅速组建一支 70 人的通信抢险突击队，配备光纤熔接机、光时域反射仪、发电机等抢险设备连夜赶往抢险现场。至 22 日，突击队克服余震不断、山大沟深等困难，共抢通文县通信基站 8 处，铺设光缆 2400 米，光缆接续 14 处，中继段测试 4 段，立杆整治 3 段，拉线整治 3 段、扶杆 6 处，细挂光缆 3 公里。

5 月 22 日，中铁十一局集团电务公司恒通项目部承担九寨沟—松潘、汶川—理县段通信设施抢险任务。抢险队 30 名骨干携带工程车、光纤电缆施工仪表、发电机等应急抢修通信设施，连夜赶往地震灾区，艰难跋涉 2500 余公里，于 27 日到达抢险现场。抢险期间，抢险队共组织抢险 36 次，接续光缆接头 39 个，施放光缆 16 次、累计放缆 9 公里，立杆挂缆整治线路 66 公里。6 月 27 日，全面完成通信设施抢险任务。

解放军、武警部队和民兵抢修通信线路 地震发生后，解放军、武警部队官兵和民兵预备役人员在抢救生命财产的同时，积极协助抢修受灾地区的通信线路。5 月 15 日，96531 部队抵达绵竹后，随即展开通信主干网的抢通抢修工作，突击完成 10 万门地面通信站安装和广播电视（通信）光缆架设等任务。在执行任务期间，共出动兵力 2500 人次、机械装备 520 台次，抢修抢建通信线路 67.8 公里，架空通信光缆 59.8 公里，敷设管道 8 公里，改建旧电缆线路 28.8 公里。

5 月 15 日，71620 部队通信连执行青川县城至房石镇光缆抢修任务。15 时 20 分，抢修突击队分成 4 个抢修小组，相向同步展开。16 时 45 分，接通前进、转嘴子、乐安寺 3 个断点，修复 30 公里；17 时 34 分，康坝村断点被接通；19 时 23 分，进至“死亡之谷”，通信股股长第一个爬上一根半截线杆，用 50 分钟修复最艰难的一个断点。此时，天已全黑，战士们连夜作战，“生命之线”一步步向房石镇延伸。22 时 30 分，4 个抢修组会合，71 公里线路全部修复。26—27 日，房石镇因余震再次造成通信网络受损。通信连连长保增力带领 20 名官兵协助电信公司排查线路 78 公里，排除故障 732 处，全镇固定电话于 6 月 1 日 10 时恢复。

5 月 17 日 8 时 45 分，71309 部队指挥连抢险队赶赴平武县响岩镇。17 时 40 分，在当地通信保障人员配合下，第一组在响岩至清水村架设线路 5 公里，第二组在响岩至大水村架设线路 5 公里，第三组在响岩至大田村架设线路 6 公里。至 30 日，指挥连共计派出 300 余人次检查维护线路，固定线杆 80 余次，更换通信线 3200 余米。22 日，71892 部队通信连抢通响岩镇至南坝镇通信光缆 24 公里，装运通信器材 50 余吨，开通地震发生后南坝镇第一部固定电话。

5 月 21 日 15 时，71633 部队组成 25 人通信线路抢修突击队，由部队长李春才任队长，与中国电信都江堰分公司建立长期帮建关系，抢修都江堰地区电缆。6 月 8 日至 7 月 10 日，71633 部队先后出动兵力 428 人次、车辆 80 台次，协助都江堰分公司开挖电缆沟 4 公里，抢修通信线路 7 公里，架设电缆 6 公里。

5 月 26 日 6 时 30 分，71366 部队担负平武县土城藏族乡至泗耳藏族乡 58 公里“无人区”光缆架设任务。部队官兵组成 350 人光缆施工队，采取“分段划片、人缆同步、逐段推进、多点同步、接力前行、先敷后固”的行动方法，快速展开光缆架设。官兵们冒着余震和山体滑坡的危险，克服运输、作业点高差大等困难，及时将光缆和器材送到各段各点，完成光缆架设和连接任务，保证了边远乡镇的通信联络。（参见图 194）

图 194　5 月 26 日，71366 部队穿越“无人区”铺设光缆，抢修通信线路

（济南军区　提供）

5月30日，71521部队炮兵指挥连代理通信排长张海飞带领10名战士抢修通信线路。8时30分，张海飞等冒着随时有余震发生、山体滑坡、巨石滚落的危险，翻山越岭，检修青川县骑马乡政府至偏远的岩堰、民主、水磨3个村受损线路22处、1200余米。

6月5日，77146部队在都江堰地区铺设光缆10余公里，安装卫星电视接收器15部。15日，71897部队通信营出动官兵125名，与彭州市通济镇电信公司一起，采取车运、肩扛、手抬等办法，每天往返山路10多次，徒步20余公里，连续奋战4天，共搬运通信器材23.5吨，架设通信线路5.3公里。

6月21日，95857部队与95944部队共同出动兵力，协助中国移动什邡分公司，历时9小时完成红白镇至马槽滩约7.4公里光缆铺设任务。27日，92051部队两栖侦察队62人赶赴绵竹市清平乡，完成移动基站的光缆布放和设备搬运工作。28日12时20分，两栖侦察队连续作战38小时，跋山涉水80公里，两次穿过5公里长塌方隧道，完成15公里光缆铺设。7月7日晚，95944部队为不影响什邡市灵杰工业园道路施工进度，连夜协助四川电信恢复通信，200名官兵奋战一夜，共埋设水泥杆34根，协助搭设长2公里200对电缆、长2公里12芯光缆各1根。

地震发生后，68036部队组织线路维护人员对陇东、陕南受灾一线进行线路巡查，共检查光缆600余公里，加固土石400余立方米，修复线路10余公里。

5月13日，武警8740部队通信营10名战士，协助中国移动抢险队前往汶川县龙溪乡马灯村抢修光缆。官兵每人背负50公斤的光缆设备，连续通过数十处塌方路段，在最短时间内到达抢修地点。官兵顾不上休息，在移动公司抢险人员指导下，放下光缆设备，立即开始抢修。经过5小时连续作业，共挖掘清理被震损光缆10余处，铺设光缆电线500米，恢复了汶川县城至龙溪乡的通信。25—26日，武警8740部队物资运输车队先后出动27人，在汽车营营长程良刚带领下，协同中国联通四川公司搭设汶川县绵虒镇至七盘沟村光缆。官兵们穿过不断掉落碎石的羊肠小道，扛着30余公斤重的电缆等器材，向各处抢修点攀爬前进。经两天奋战，协助专业维修人员架设光缆1公里，清理受损光缆2公里，协助中国联通恢复这一段的通信联络。

5月16日4时，武警黄金第三总队十二支队队长贺家文带领200名官兵，在文县头坝、东峪口铺设电信光缆，所有电缆全部由官兵肩扛手拉铺设到位。经连续10余小时奋战，在陡峭山脊上铺设光缆9公里，成功恢复了两地的通信。

5月13日23时40分，南充军分区组织550人的民兵突击队到达青川县城，协助中国移动四川公司铺设受损光缆。14日17时，20名突击队员在南充市高坪区人武部政委张洪带领下，冒着余震、落石不断的危险，跋涉15公里山路，爬上酒家垭山顶铺设光缆。由于坡陡路滑，抢险队员将光缆捆在身上，一步一步向前挪行，手拉手爬山过沟。经过两天两夜的艰苦奋战，铺通13公里关键地区光缆，逐步恢复青川县与外界的通信。

5月14日，沈阳市和平区民兵通信抢修分队一行7人，携带油机、短波电台、交换机等通信设备，乘专机赶赴绵阳地震灾区执行通信抢修任务。至28日，抢修分队连续奋战14个昼夜，抢修通信光缆500米，检查线路20余公里，建立小灵通基站42个。同时，还利用一台卫星通信车、一台设备抢修车在安县秀水镇开通通信网络，保障5000多名用户通上电话。

5月14日23时，阿坝军分区抽调40名官兵和民兵协助电信部门搬运、铺设汶川至理县近

13公里光缆。15日16时，理县人武部组织35名民兵，冒着危险、忍着饥饿，协助县电信公司牵拉电缆、栽埋电杆、抢修光缆，并在塌方严重的薛城—古城路段连续通宵作业，直到任务完成。17日17时40分，阿坝军分区组织部队官兵和九寨沟县应急民兵分队20人，担负汶川至茂县最后10公里的通信光缆搬运、铺设任务，也在规定时间内完成任务。

5月15日，吉林省陆军预备役步兵第47师工兵团特务连24名预任官兵，在工兵团预任参谋长、公司经理从军带领下，组成中国网通吉林通信光缆抢修队，于18日上午赶到成都，负责抢修绵阳市区到北川县城之间120余公里的光缆任务；25日6时，抢修队到“老虎崖”抢修线路。临近中午，官兵被一条百余米宽的大河拦住去路，河两侧是高山，两边线杆已倒伏，从军果断安排赵长海在半空吊线上安夹板、挂光缆。当赵长海到达河中央时，余震突然发生，赵长海挂在半空中左右摇晃，情况非常危急。从军站在随时都可能崩塌的悬崖高处，通过高声喊话指挥赵长海紧紧抓住钢线，重新固定座板。当百余米光缆在半空中架设完毕，官兵们个个都因体力透支而累得瘫倒在地。6月3日，绵阳市区至北川县城通信恢复。

5月12—16日，舟曲县人武部组织民兵通信抢修队46人抢修通信线路，共修复通信设施32处、通信线路42公里，协助电信、移动分公司及时抢通舟曲县的通信线路。

地震发生后，汉中军分区每日派出10人巡逻小分队，对辖区内光缆线路进行巡查。5月12日16时，宁强县民兵通信抢修分队对城区通信基站和线路设施进行抢修，于20时恢复通信。14日，宁强县电信局在民兵的配合下，相继恢复广坪镇、安乐河、玉泉坝等地通信。15日，宁强县人武部组织民兵布放光缆6公里，抢修线路20公里，保证了宁强县的通信畅通。

二　开通、抢修通信台（站）

地震发生后，灾区省市许多通信建筑物、通信基站受到不同程度的破坏。截至5月26日，四川、甘肃、陕西三省移动通信、小灵通基站累计受损26809个，四川省无线业务基站中断2289个。各通信企业遵循“抗震指挥部优先、极重灾区优先、军队驻地优先、抢险交通要道优先、灾民聚集区优先”的原则，以抢通原有基站为通信恢复主要手段，对于原有基站房屋、设备损坏严重的地区，采用应急通信车和新建一体化基站相结合的方式快速抢通基站；对于道路不通的重点乡镇，组建青年突击队，安排直升机空降到通信基站受损地域，用卫星电话和卫星基站恢复当地通信。

中国卫通紧急开设卫星通信基站　由于四川灾区移动通信基站受损严重，在抢险救灾初期，地面移动通信只能采用以卫星通信为中继的方式实现基站覆盖。中国卫通利用“中卫一号”紧急开通卫星通信传输链路，共开通卫星基站14个，投入卫星电话293部；工业和信息化部从全国首批紧急调动1279部卫星电话、80套IDR卫星通信设备、100余套VSAT等设备，为抢险救灾提供通信联络支持。

5月15日下午，中国卫通利用“中卫一号”通信卫星提供卫星通信传输链路，工程技术人员携带基站卫星设备乘直升机飞赴汶川。16日零时30分，现场人员使用卫星电话与北京卫星测控中心取得联系，开始卫星端站调测。经过北京主站与端站人员反复测试，于4时30分建立起卫星链路。8时22分，地震发生后第一个中国移动基站开通。至此时，工程技术人员从设备筹措测试、往返机场紧急运送、主站链路调用到端站开通，已连续工作50余个小时。至24日，航天科工集团已在四川省支援应急通信车15辆，均通过北京移动主站并入中国移动GSM网。世纪卫星公司技术人员在中国移动主站用一天时间实现主站扩容，可满足44辆应急通信车同时上线使用的需求。同时，中国移动卫星主站配合四川移动，开通平武、茂县等地数十个VSAT卫星通信站。

抗震救灾期间，世纪卫星公司参与架设通信基站6处，地域覆盖汶川县水磨镇、银杏乡，北川羌族自治县唐家山、小坝乡，以及绵阳市区、安县县城，可服务用户1200个。中国卫通协助中国移动开通18辆卫星基站应急车和25个卫星基站，利用卫星通信手段实现地面通信服务。

中国电信抢修通信基站 中国电信发挥网络、技术与业务优势，汇聚各方救灾资源，及时抢修基站，实施全网联动，先后派出抢险突击队共700余支、1.6万余人，累计出动抢修车辆1990台、应急通信车104台、海事卫星电话177部、卫星电话218部、发电油机218部、其他应急装备500台（套），全力抢修和开通通信基站。

5月13日，中国电信西安机动通信局开通卫星链路、1000线程控交换机，陆续开通四川灾区小灵通基站通信系统。15日21时，完成绵竹市汉旺镇村通基站扩容；19日18时30分，开通青川县乡镇盲区通信；19日21时30分，汶川卫星电路调通，基站恢复。自18日起，西安机动通信局先后接收来自广西、上海、新疆、福建、宁夏、陕西、湖南、云南、海南等17个省（区、市）的各类救灾设备10064件；利用小灵通维修测试平台对所有基站进行检测，2208台小灵通基站通过检测或修复；同时，将78342件救灾设备运送到绵阳、广元、成都、德阳、阿坝等地，为重灾地区的抗震救灾提供了通信保障。

地震造成中国电信阿坝分公司通信基站受损329个。5月13日，中国电信上海公司、中国移动上海公司在阿坝民兵应急通信分队30余人的协助下，携带机动式海事卫星地面站、移动信号接力车、油机等设备，往返于汶川、北川、广元、成都等地，先后在汶川映秀、绵竹汉旺等极重灾区，开通VSAT小型卫星通信台站4个，布设和保障电话线路100余条。至27日，除汶川县尚有一个基站（所处房屋为危房）未恢复外，其余全部恢复通信，日均恢复基站25个。

地震造成成都市6766个小灵通基站、村通基站损毁，主要集中在成都市区和都江堰、彭州。中国电信成都分公司及时组织力量进行抢修。从5月13日上午开始，成都电信科学技术研究院、成都市无线维护中心先后组织抢险突击队，深入到都江堰市区、向峨乡等灾区，冒着余震危险，艰难地进行抢险，对基站设备进行调测、传输抢修、电源动力补给。18日16时，向峨基站开通，同时迅速建立村通基站。至6月10日，中国电信成都公司累计恢复受损基站3399个、全球眼129个、模块局81个，恢复线路长度660余公里。

地震中，中国电信绵阳分公司通信基站受损507个，经绵阳分公司奋力抢修，共恢复绵阳市局站251个，小灵通基站恢复比例达到83.5%，村通基站恢复比例达到97%，新建AG32个，绵阳市通信基本恢复到震前水平。

地震使中国电信甘肃公司小灵通基站损毁865个、村通基站损毁48个，其中陇南市小灵通基站损毁679个、村通基站损毁22个。中国电信甘肃公司及其下属公司全力以赴组织抢险。5月12日14时30分，中国电信陇南分公司组织人员冒着余震进入墙体开裂的机房，迅速启动两台大功率发电机组；5分钟后，武都区因断电中断的小灵通恢复正常。此时，网络监控中心显示，文县、康县、成县三县对外通信完全中断。14时50分，陇南分公司总经理汪国合主动向市抗震救灾指挥部请缨，担任陇南抗震救灾通信保障组组长，负责协调和组织当地电信传输分局以及移动、联通分公司共同为抢险救灾提供通信保障。15时40分，在陇南市分公司临时搭建的帐篷里，召开电信、移动、联通、传输分局负责人参加的应急通信保障会议，明确抢修任务、时限和分工；17时39分，成功接通文县碧口电信支局的互联网。12—16日，陇南分公司先后抽调350余人、出动车辆260余次，抢修通信基站设施；16日18时，抢通文县至武都的通信线路。至此，陇南全市因地震中断通信的94个乡（镇）全部恢复通信。20日，陇南市3274个行政村全部恢复通信。

地震发生后，中国电信甘南分公司迅速抢修境内各地受损基站，于5月12日16时40分恢复舟曲、迭部通信；18时，舟曲县无线市话恢复正常。14日12时50分，甘南藏族自治州中断的31个乡（镇）通信全部恢复正常。

受地震影响，中国电信陕西公司损失较大，汉中市主要基站中断。中国电信陕西公司和所属各分公司立即组织抢修基站，及时恢复通信。5月13日15时，中国电信陕西公司应急保障队选取亚洲2号卫星，与中国电信绵阳分公司保障队的卫星车建立起一个2米30条长途线路，配合一辆1000门程控交换车，在北川当地建立起本地交换局，开通部分固定电话。在北川县城与外界通信完全中断28个小时后，开通30部固定电话。14日15时许，通过开通的KU卫星通信电路，为北川开通3个小灵通基站共22个信道，部分恢复北川小灵通通信。17日1时，在北川救灾现场，中国电信西安机动通信局应急通信保障分队将原先通过KU卫星设备为小灵通基站提供2米数字中继电路调整为村通基站，信号覆盖整个北川县城。

地震造成中国电信安康分公司恒口大楼开裂，通信中断。5月14日，中国普天所属西安普天通信设备厂高级工程师刘富贵率救援小组迅速赶到恒口。经几小时连续抢修，完成恒口站微波通信设备安装。15日晨，恒口与外界的微波通信恢复开通。

中国移动抢修通信基站 地震发生后，中国移动紧急制定卫星基站抢通方案，协调落实转发器及地面电路资源，组织相关单位的20余名技术专家，成立24小时运转的设备清点、调测队伍，快速调集卫星基站设备80余套、工程施工人员130余人，通过军用直升机空降运抵四川重灾地区。中国移动技术专家在总部、北京卫星主站24小时值守，全面指导和配合卫星基站的开通工作。通过空降设备建成25个基站，投入应急通信车52台；紧急从广东、贵州、云南、重庆等省（市）调用应急通信车支援四川。中国移动四川公司调集省内骨干力量2300余人，组成上百个抢险突击队奔赴各受灾地区，全面抢修基站和交换机。（参见图195）5月16日8时22分，在中国卫通支持下，开通当地汶川地震后的第一个中国移动基站。19日13时50分，中国移动第二批抢险突击队开通北川小坝基站；20时，开通青川青溪基站；20日，抢险突击队各组开通北川禹里、北川片口、青川前进、汶川卧龙、汶川水磨基站。在5天时间里，恢复70个受灾乡（镇）的通信。此举，创造了世界上首次通过空降设备建成应急基站、恢复公众通信的先例。16日下午，中国移动四川公司总经理李华带领突击队全力保障紫坪铺水库抢险救灾通信。随着紫坪铺水库卫星通信开通，紫坪铺至映秀镇沿线10多个移动通信基站陆续恢复通信。至24日，中国移动在四川

图195　5月19日，中国移动四川公司抢险突击队员检修设备，修复通信基站（工业和信息化部　提供）

省境内应急通信车通过北京移动主站并入中国移动GSM网。世纪卫星公司技术人员在中国移动主站用一天时间实现主站扩容，满足44辆应急通信车同时上线需求。在抢险救灾中，世纪卫星公司在四川灾区，参与架设通信基站6座，新增应急基站3个，完成唐家山基站的扩容。

地震造成中国移动阿坝分公司通信基站受损108个。中国移动四川公司组织突击队分三路奔赴重灾地区，第一路从成都出发突进至汶川县映秀镇，第二路从马尔康出发突进至汶川县城，第三路从绵阳市出发突进北川至县城，全力组织抢修通信基站。经过抢险突击队员艰苦努力，分别于5月14日、15日、16日、17日、18日，抢通理县、汶川、茂县、漩口、黑水长途光缆和部分基站。6月1日，中国移动四川公司抢险突击队不顾滑坡、泥石流危险，连夜向汶川县耿达乡挺进。小金日隆—汶川卧龙—耿达这条长80余公里路段为典型的“两山夹一沟”地形。经40余名抢险突击队队员昼夜奋战，全线9个基站于10日全部开通。

草坡基站位于汶川县草坡乡一座高山顶上，从震后至6月初通信一直不畅，影响着前方抗震救灾和受灾群众的撤离。6月4日7时，抢险突击队背负80升汽油、一台100多公斤重的发电机、10余公斤微波设备、50余公斤的仪器仪表，以及帐篷、睡袋、食品和饮水等生活物资，徒步翻越海拔3000多米的高山。17时，草坡基站恢复。

地震中，中国移动绵阳分公司通信基站受损295个。绵阳分公司深入极重灾县，及时组织抢修通信设施。平武县土城藏族乡和泗耳藏族乡位于川西北海拔3600米大山深处，两乡之间被崇山峻岭阻隔，山顶没有人烟和道路。5月26日，中国移动员工与71366部队官兵组成40人的联合突击队前往土城。28日，联合突击队队员翻过海拔3600米大山的“海梁子”森林，于29日21时到达泗耳。由于唐家山堰塞湖将绵阳通往北川北部的唯一通信节点漩坪乡深埋水底，中国移动四川公司决定绕开漩坪，从平武穿越垭坪“无人区”，开辟平武土城—泗耳—北川的迂回光缆路由，抢通北川淹没区上游各个基站。突击队队员在两天中，穿越原始森林和“无人区”，布放光缆65公里。至6月1日20时26分，光缆接续完成，泗耳基站开通。随后5天，又相继开通北川片口、青片、小坝、开坪、白坭等唐家山堰塞湖淹没区上游13个乡（镇）的28个基站。

地震使中国移动甘肃公司62个基站损毁，陇南、甘南地区受损更为严重，中国移动甘肃公司全力抢修移动基站。5月12日晚，中国移动甘肃公司前线指挥部技术人员赶到陇南指挥抢险，于13日5时抢通陇南境内二干光缆，武都城区基站全部恢复。13日9时，徽县嘉陵基站恢复，保障了宝成铁路109隧道塌方抢险部队指挥调度的需要。15日5时20分，文县—碧口光缆传输线路抢通，文县16个基站恢复运行。19日，陇南移动信号覆盖面基本恢复到震前水平，保障了陇南市各级地方政府、抢险部队、受灾群众对通信的需求。

5月12日下午，中国移动舟曲分公司派出抢险队抢修中断的基站，经过5个小时奋战，相继抢通池干、武坪、插岗、曲告纳、大年等基站。

地震发生后，中国移动天水分公司、庆阳分公司、白银分公司立即组织对所有基站、交换机房进行检查，紧急处理存在隐患机房12处，加固室外设备（铁塔、平台）341套。至5月12日16时50分，经甘肃公司全力抢修，兰州、天水等市SCDMA网络全部恢复。

地震发生后，中国移动汉中、安康、宝鸡分公司移动基站损失较大。中国移动陕西公司及所属各分公司立即组织抢修，及时恢复了通信。

中国联通抢修通信基站　地震发生后，中国联通组织救援队，调配21辆应急通信车（10辆基站车、11辆卫星车），携带VSAT卫星地面站设备100套、海事卫星站设备10套、发电机350台和G网基站300套、C网基站100套赶往灾区，全力抢修基站。同时，先后有中国联通重庆、广东、湖南、江西、云南、北京、上海、内蒙古、河北、黑龙江、江苏、安徽、山西、海南、福建、浙江、新疆等公司赴四川灾区抢修通信设施，及时保障灾区人民群众和抢险救灾部队的通信需求。截至8月底，中国联通四川公司在全省已恢复基站2766个、新开通基站363个，恢复到灾前的113.12%；受损需要维修的70个站房得到维修，其中28个站点是通过新建室外替换站房完成维修的。

地震造成中国联通阿坝分公司大部基站受损。阿坝分公司和代维公司抢险队从松潘出发，经过三天三夜数百公里的跋涉，于5月17日到达茂县。同时，茂县分公司员工也赶到现场支援。三方抢险队会合后，经过3个半小时的联合作战，成功抢通基站。当日6时58分，恢复茂县G网通信；7时30分，恢复C网通信。

5月12日下午，中国联通成都分公司员工胡金平正在巡查都江堰市各乡镇基站时，突然发生地震。16时，胡金平到达都江堰市城区广播电视楼C网基站附近，随即冲上危楼，发现基站电池已经被震开，立即进行电池复位修复。在随后的两小时内，又先后恢复3个通信基站。当日，都江堰联通C网信号持续未断，G网手机基本保持畅通。16日9时，经过成都分公司员工的艰苦抢修，位于彭州市三界镇的C网基站在中断88小时后恢复通信，网络覆盖区域涵盖彭州、新都、广汉交接地区。15日，成都分公司马吉光等10人组成先遣小分队，从都江堰出发，修复都江堰至映秀的各个基站。18日，抢通汶川漩口、核桃坪移动基站。19日，抢通位于半山腰处、距映秀镇4～5公里处的最后一座基站。

中国联通德阳分公司在地震中GSM网掉站177个、CDMA网掉站125个，通信枢纽楼和绵竹市、什邡市、中江县多处营业厅以及大量基站、传输线路、通信设备损毁严重。德阳分公司启动紧急应急预案，迅速集结各种网络力量，100 余名员工始终坚守在工作岗位。同时，派出 3 支通信抢险应急小分队，到达绵竹、什邡、中江 3 个通信网络破坏严重地区开展灾后抢通工作。至 18 日 12 时，总计出动抢险人员 300 余人次，恢复 85% 核心基站，保障核心网顺畅运行。

5 月 15 日，经中国联通绵阳分公司的及时抢修，绵阳市城区、三台、盐亭、梓潼等片区的通信网络基本得到恢复。17 日，绵阳分公司抢险分队在北川、平武、安县等地，采用卫星传输、铺设光缆等方式恢复通信。至 27 日 18 时，绵阳分公司基站数量恢复到震前规模，载频数量及容量超过震前水平。

5 月16 日，中国联通辽宁公司机动局35 人携带KU 卫星车2 台、车载1000 线程控交换机 1 台、海事卫星电话 4 部、200 千瓦和 60 千瓦车载发电机各 1 台、5 千瓦移动油机 10 台、VSAT 设备 1 套，进驻绵阳提供应急通信服务。13 时 45 分，沈阳机动通信局利用两部 VSAT 应急通信车为安县桑枣镇恢复开通第一个电话业务，解决绵阳地区的一个重要通信盲点。15 时 45 分，辽宁省维护中心在绵阳接通本网光缆。17 日，辽宁机动局 19 人分成 6 个小组进行大灵通基站的勘察、恢复工作。至 19 日，绵阳市游仙区魏城镇和新桥镇、涪城区吴家镇等地大灵通网络基站抢通，现场通信恢复。20 日，辽宁公司机动局在安县铺设电缆和光缆，为基站供电，为受灾群众生活区提供免费大灵通亲情电话，在桑枣镇新建大灵通基站。

青川县农业银行楼的 G、C 网共用站是青川县城唯一的 C 网基站。农业银行楼遭地震破坏，后倾 10 余度，随时有倒塌危险，已被封锁入口，准备实施爆破。中国联通广元分公司全力组织抢修农行 G、C 网基站。5 月 13 日晨，广元分公司网络部技术员孙操带着几名技术人员，驱车向青川进发，直奔农行基站。在孙操一再请求下，危楼看管人员答应给他 15 分钟的上楼时间。孙操携带随身仪器，只身冲进危楼，立即进行检测，为县城 C 网基站开通赢得时间。16 日，广元分公司青川抢险队一行 80 余人进入青川县进行多点抢修。孙操引领陕西联通、巴中联通等单位抢险队对损毁光缆线路进行抢修。在安装青川县城的一个基站时，孙操冒着房屋被震倒的危险，果断把门撬开，进入屋内对光缆进行熔接。其间，余震突发，孙操仍在屋内继续抢修。经 3 小时奋战，基站终于开通。至 18 日，抢险队全部完成 150 余公里光缆线路的修复、6 套卫星基站的安装开通以及 10 余个基站的通信恢复。（参见图 196）

地震发生后，中国联通甘肃公司通过调整网络参数、疏通话务量等各种技术手段恢复正常通信，同时成立由公司领导和相关部门组成的应急抢险领导小组，统一调度省内各地救灾工作。5 月 12 日 18 时，两个抢险小组由公司领导带队分赴陇南、天水协助抢险，于 20 时整派出 G、C 网各 1 辆应急车和 2 台油机车、15 台油机奔赴灾区，与两市分公司一道组织现场抢险救援工作，在最短时间内开通大部分通信基站。至 16 日，灾区除个别偏僻乡镇外，甘肃公司所有设点县市的通信基本恢复。

5 月 12 日下午，中国联通陕西公司第一支卫星通信技术支援小分队配备卫星通信技术人员、卫星传输车辆和相关设备，紧急奔赴四川灾区。从 13 日凌晨开始，先后在绵阳、德阳、绵竹执行通信保障任务。14 日 7 时，技术支援小分队到达北川，与其他救援突击队密切协同、进行联调，连续作战 50 多个小时，于 15 日 8 时开通系统，20 时在北川开通 C 网，16 日 3 时开通 G 网。至此，北川通信基本恢复正常，为整个抢险救灾工作提供了通信保障。

图 196　5 月 13 日，中国联通连夜开通青川县 G 网基站
（工业和信息化部　提供）

5 月 15 日，中国联通陕西公司及其汉中分公司及时抢通宁强、略阳等受灾地区的基站。至 20 日 22 时，GSM 网络基站中断减至 2 个、CDMA 网络基站停电 1 个。至 19 日，陕西公司已抢修 SCDMA、GSM 移动通信网络基站 2214 个，恢复中断通信线路 829 公里，全省通信网络运行平稳畅通。

5 月 16 日晨，中国联通西安分公司抢险队从广元向青川进发，全力恢复青川县城—孔溪乡—板桥乡—木鱼镇—沙州镇光缆传输线路，开通主要乡镇的基站。抢险队在余震和滑坡、泥石流等次生灾害不断的情况下，艰苦测试，冒险抢修。至 18 日，这条线路全部被抢通。为缓解抗震救灾指挥部和群众安置点的通信负荷，救援队决定从青川县委、县政府驻地放缆到背后山上，开通临时通信基站。当抢险队到达青川县委驻地时，其后院两栋危楼随时可能倒塌，而放缆线路必须从中间通过。队长刘小兵带着几名队员越过危墙，成功地将光缆铺放到县城西北山丘的 3 号电力杆上。19 日，救援队准备撤离青川时，又发生 5.4 级余震，新布放的光缆再次被阻断。救援队继续留在青川，恢复光缆。他们兵分两组，一组处理青川县城至三锅方向断点，一组到金洞基站处理故障，终于在 22 日抢通线路。中国联通西安分公司抢险队三进青川，历时 11 天，现场熔接断点 24 处，新建基站割接 2 处，放代通光缆 3 段计 8.4 公里，修复基站 11 个。

5 月 13 日 6 时 30 分，中国联通重庆公司支援四川灾区的 G、C 网应急通信车、卫星通信车及 8 人应急通信保障小组到达成都。此时，中国联通从北京公司紧急调集的 100 套 VSAT 卫星通信站设备及时运抵成都。15 日，重庆公司在北川县城开通灾后第一个 GSM 网络基站。同日 18 时 3 分，中国联通新疆公司员工乘军用直升机到达平武县南坝镇，立即开展通信抢修，并在 21 时开通两部 VSAT 卫星电话。

5月23日，中国联通河南公司通信抢险队12人到达绵阳，帮助当地分公司抢修、恢复基站。抢险队在22天里，奋战在北川、平武、安县、江油、都江堰、彭州等灾区，紧急抢通基站78个站（次），新开基站51个，抢修光缆断点63处，在山区布放光缆31公里，安装基站传输设备50余套。

中国网通抢修通信基站 地震造成中国网通四川公司多套基站中断，中国网通组织近100台油机和30余支抢险队前往灾区参加通信抢修。同时，组织北京、天津、黑龙江、山东、辽宁、山西等省（市）公司派遣人员、援助设备，帮助四川公司抗震保通信。至5月18日，中国网通在成都、德阳、绵阳、广元灾区通信受阻的乡镇全部恢复；27日，中国网通在四川境内受损的通信设施除汶川县尚有一个基站未恢复外，其余全部恢复通信，日均恢复基站25个。整个抢修通信的过程中，共处理故障基站200个，调通2M电路40个，配置基站数据40个。

5月17日16时至18日6时，为解决马尔康、汶川等地传输中断的问题，中国网通四川公司信威公司历史性地通过卫星作为传输中继调试成功。按照中国网通的安排，此次改装的以卫星为中继的SCDMA 1800M基站被派往马尔康、汶川等地。18日13时58分，马尔康由卫星传输车替代因地震而受损的光缆，恢复SCDMA通信。19日19时38分，开通汶川大灵通基站，恢复汶川县的大灵通业务。

地震发生当日，中国网通四川公司维护中心干线光缆维护主管严继周迅即赶到海特机房，检查、抢修网络设备受损情况。5月16日晨，严继周担任阿坝抢险队队长，抢险队一行10人由成都前往马尔康，途径小金县，翻越夹金山，到达马尔康县卓克基镇，已是23时。严继周决定从米亚罗同时向马尔康和汶川两个方向测试光缆，接续抢通。19日，抢险队协同阿坝分公司和沈阳机动局的抢险队，通过布放电源线、2米线、接地线等工作，于当日21时30分利用卫星车开通汶川县境内的红军桥基站。20日，严继周一行又转战松潘、茂县等地，陆续开通松潘、川主寺大灵通机站，恢复樟扎建设银行大客户专线和九寨黄龙机场ONU的通信，开通茂县、松潘、汶川到马尔康的本地电路，调通成都至马尔康的15个2米电路，恢复松潘、川主寺、茂县、雁门SCDMA基站，全面恢复阿坝藏族自治州的通信业务。

地震发生后，中国网通四川公司维护中心的技术人员迅速冲进在成都的机房，采取措施对无线核心网进行保护，同时紧急启动“高话务应急预案”，对无线网络进行话务紧急疏通，保障无线网络最大话务吸收和通信的基本畅通。5月17日晚，由辽宁、河北、吉林、内蒙古公司组成的27人抢险队到达马尔康，进行成都至汶川电路的调试恢复工作。至18日13时58分，经20小时紧张抢修，在马尔康开通一套KU卫星通信系统、两套VSAT卫星地面站设备，在成都和马尔康之间开通传输电路，恢复当地CDMA大灵通通信。21日18时30分，四川网通抢险队抢通马尔康互联网业务。23日，中国网通四川公司网络运维部陈华彬带领抢险队进入马尔康，连夜搬运整理设备和物资、布放光缆、安装传输（PDH）设备、焊接2米线头、测试光路、更改数据。24日24时，抢险队终于抢通松潘CDMA基站。25日14时，抢险队抢通九寨黄龙机场、九寨沟建设银行专线业务；22时，抢通松潘、川主寺CDMA基站。

地震发生后，中国网通德阳分公司综合生产用房及交换、传输、电力、网管等通信设备在地震中受损，设在华山路大厦的机房和基站损坏严重。德阳分公司员工袁典、许朝波不顾生命危险，从地下停车场进入到大厦14层抢修基站，经过一天的艰苦抢修，恢复了该大厦的基站通信。至5月20日，德阳市受损网点得到恢复，34个受损数据通信网点得到恢复，四川公司基本通信功能和服务全面恢复。13日晨，德阳分公司什邡市营业部的领导和技术人员对全市的所有机房进行巡检，一天内完成对什邡全部16处SCDMA基站及洛水机房的检查。设在什邡市金桥酒店18层的基站设备全部倒塌，整栋楼成了危房。营业部经理李训带领员工立即抢救设备，随后又对云西基站和洛水基站进行抢修。德阳分公司绵竹市营业部的工作人员携带设备，巡查14个基站；在震后第二天下午，成功恢复绵竹市3个核心机房和3个SCDMA基站。至22日，恢复区域内所有基站。

地震发生后，中国网通绵阳分公司迅速组织恢复城区的网通通信，维护抢险人员将备用移动发电机送到各片区的汇聚机房，开始发电启动。5月13日晚，恢复绵阳市市区网通用户的通信。抗震救灾期间，绵阳分公司在中国网通、四川公司以及各相关公司支持下，累计处理故障1000余件，恢复SCDMA基站80个、WLAN基站240个，修复纤芯1560芯，新建临时机房20个。

中国铁通等抢修通信基站 5月18日，中国铁通抽调32名技术骨干组成空降突击队，携带给养、工具，分别空降至平武县徐塘羌族乡、汶川县卧龙镇、北川羌族自治县漩坪乡和小窝子、安县千佛镇、绵竹市天池乡、青川县桥楼乡及理县，搭建无线通信基站，进行卫星地面接收和发射设备的安装、调试，开通卫星电话。

5月23日16时，中铁二院救援队五分队的5名电务专业志愿者到达宝成铁路沙溪坝站，完成电气集中、微机监测、TDCS系统、自动闭塞等抢修任务。

解放军、武警部队和民兵抢修通信基站 在抢修基站过程中，解放军、武警部队官兵结合“进村入户”工作，积极配合通信部门抢修各类通信台（站）。

5月24日20时30分，平武县大印镇通信基站几近倒塌。71426部队1营3连连长李勇带领7名战士，冒着大雨赶到基站，找到19根竹子和圆木，历经3小时将20余米高基站撑起，确保灾区通信不中断。

6月10—11日，驻平武县水观乡71309部队60名官兵在副部队长司圣现带领下，协助武警水电部队架设马安石堰塞湖排险专项通信基站。官兵们采取人工搬运的方法，徒步行进约8公里，将重达2吨的通信器材运送至2250高地，并架设线路2公里。

6月13日11时，因连日暴雨和余震，茂县县城东北角锦州村山顶的移动基站设备被毁坏。71998部队部队长牛斌迅速派出32名通信兵赶到移动公司，协助装运移动机柜和内部模块。在搬运过程中，官兵们手抬肩扛、跪爬接力，顶着烈日炙烤，忍着荆棘刺肉的疼痛，冒着不断余震和谷深路陡的危险，抬运300多公斤铁架机柜，徒步行军10公里，把1吨重设备送到海拔2300余米的山顶上。

6月14—16日，71677部队连续出动官兵300余人次，将3座重达3吨的临时通信发射塔架设到海拔1500米的山顶，铺设10余公里的电缆线，解决了青川县红光乡、马公乡、石坝乡近8000村民的通信问题。

7月6日，71407部队教导队出动25名官兵，在队长郑铸钢带领下，向青川县凉水镇凉山村一山顶运送铝材、通信设施和作业工具10余吨。经7小时奋战，在山顶搭建一座移动通信中继站。

8月9日，武警四川省总队90人受领恢复绵竹市公安局“天网”系统功能任务。官兵冒着危楼随时可能坍塌的危险，借助云梯、吊车等大型救援装备，进入原指挥中心大楼拆除各种设备，分散在几十个作业面上展开光纤测试和接续作业。至15日，完成“天网”监控指挥系统恢复建设任务。

5月18日以后，四川陆军预备役高射炮兵师积极协助中国移动绵阳分公司在平武、北川29个通信盲点乡（镇）进行抢修，确保灾区无通信盲点。

三　抢修邮政设施

地震造成灾区邮政系统建筑物严重破坏，邮政设备、设施损毁，邮路和邮政信息网中断。国家邮政局迅速与四川、甘肃、陕西、湖北、云南、贵州等省邮政管理局联系，了解各地受灾情况。5月12日16时30分，国家邮政局党组副书记盛汇萍主持召开紧急会议，副局长徐建洲、王渝次和市场监管司司长安定等研究部署抗震救灾，立即启动一级应急响应，成立国家邮政局抗震救灾领导小组，负责指挥邮政行业抗震救灾。

5月13日10时45分，国家邮政局发出《关于做好抗震救灾工作的通知》。14日晨，王渝次和中国邮政集团公司纪检组组长马建中带队的联合工作组抵达成都，先后考察郫县唐昌邮政支局、四川省邮政印刷厂和都江堰市邮政局等局所和生产场地，现场指挥救灾。15日8时，工作组到绵竹市紫岩街邮政支局、汉旺镇邮政局，查看灾后临时邮局办公地点。25日，国家邮政局局长马军胜一行到绵阳市邮政局，安县邮政局及花荄邮政支局、永安邮政支局、安昌镇流动邮局，中国邮政成都航空转运站和四川邮政抗震救灾指挥部，查看受损局房，指挥抗震救灾。国家邮政局有计划地开展灾后邮政通信恢复，充分利用“帐篷邮局”“集装箱邮局”“板房邮局”“流动车邮局”等，逐步恢复受灾乡镇的邮政基本服务。

5月12日下午，四川省邮政管理局成立以局长孙明江为组长的抗震救灾领导小组，立即启动应急预案，从办公楼内抢出电脑、传真机、复印机等办公设备，在最短时间内恢复传真、电话联络，有序地开展全省邮政系统的抗震救灾。甘肃省邮政管理局立即启动应急预案，局长高俊有组织协调全省邮政行业积极投入抗震救灾，局领导赴陇南市及其属县了解灾情，慰问灾区邮政职工。15日，陕西省邮政管理局向全省邮政业发出《关于做好全省抗震救灾工作的通知》，要求全力组织恢复受损的邮政基础设施，确保灾区机要邮件安全保密传递和党报党刊的及时传递。

中国邮政集团公司作为承担普遍服务和特殊服务的国有企业，在邮政业抗震救灾中发挥了主力军作用。5月15日，成都至周边各省的一级干线汽车邮路恢复正常。17日，交通运输部决定由中远公司和中海公司负责筹集60个集装箱，经简单改造后，调配给四川邮政部门用作临时营业房。集装箱运抵灾区后，分配给成都、绵阳、雅安、广元四市及下属七县的11个邮政局，当作临时营业用房。19日，青川县邮政局利用交通运输部提供的集装箱改造成营业用房，将营业场所从原帐篷中搬迁到集装箱内，开办灾区第一个“集装箱邮局”。有关四川省、甘肃省、陕西省等受灾省恢复邮政运营情况，详见《汶川特大地震抗震救灾志·灾区生活志》。

第二节 抢修恢复广播电视设施

汶川特大地震发生后，广电总局和四川、甘肃、陕西、重庆等灾区省（市）广播电视局迅速启动应急救灾方案，全力开展广播电视设施抢修，紧急调配救灾资金和物资，迅速恢复广播电视台（站），恢复无线发射台（站）和有线电视网络。广电总局无线局与国内广播电视设备生产企业一道，全力以赴参与灾区广播电视发射设备抢修恢复工作，为及时抢修恢复灾区广播电视设施、确保灾区人民及时收听到党和政府的声音做出重要贡献，极大地鼓舞了全国各地的抗震救灾热情和士气。

一 抢修恢复广播电视台（站）

广电总局恢复灾区广播电视播出 地震发生后，四川省广播电视局向广电总局上报《四川地震灾区广播电视过渡期恢复播出方案》，立即得到明确批复。按照广电总局下拨的紧急救灾援助资金，四川省广播电视局为当时定为A类重灾县（市）的北川、平武、理县、汶川、青川、茂县、彭州广播电视播出机构应急采购约145万元的广播电视恢复播出应急及辅助设备；为定为B类重灾县（市、区）的44个县级广播电视播出机构应急采购价值约56万元广播电视播出设备及辅助设备；为绵阳市级广播电视台和广元市级广播电视台分别应急采购价值约25万元的广播电视应急播出设备；为四川广播电视集团应急采购价值约31万元的恢复播出设备；为四川省88个一般受灾县（市、区）的广播电视播出机构各购置约12.1万元的广播电视恢复播出设备。8月10日前，全部完成以上设备的购置和发送。同时，广电总局与四川省广播电视局通过应急采购，以集中安置点50户为单位，配置一个广播室和两个电视集中收看点。四川广播电视局先后分3批采购，为734个过渡安置点设置广播室和电视集中收看点，还为阿坝藏族羌族自治州配置500套卫星接收系统和电视机，使广大受灾群众及时了解中共中央、国务院和各级党委、政府抗震救灾的信息和政策，发挥舆论宣传的主导作用和鼓舞斗志、凝聚人心的积极效果。5月19日、6月16日、6月19日，在广电总局的协调下，北京北广科技股份有限公司分3批向灾区赠送广播电视设备。

5月14日，与震中地区相隔只有几十公里的成都广播电视设备有限公司（以下简称成广公司），不顾自身受灾，将捐款和救灾物资送到成都市红十字会，并向都江堰市赠送调频300瓦发射机（含天线一套），由成广公司现场安装并开通。16—24日，成广公司先后派出200余人次，为汶川、映秀、都江堰、绵竹、什邡、安县、北川、江油、青川等地安装电视调频发射机100～1000瓦共13台、双层四面四偶极子天线及垂直极化天线共18套。

抢修四川灾区广播电视设施 地震使四川广播电视局中心系统26个广播电视台（站）遭受不同程度破坏，安县609、盐亭602、梓潼603、广元527、绵阳523、名山714、汉源607、新都520等12个台（站）损失惨重。四川灾区各市州广播电视台及县级广播电视台设施设备受损严重，广播电视信号一度中断。四川省广播电视局迅速启动应急救灾方案，组织指挥市、县两级广播电视部门抢修发射设备，抢救播出设备，及时统筹全省广播电视系统救灾，合理地实现赈灾援助与援助对象科学“配对”。四川省唯一一座大功率中短波发射台520台因强震造成供电系统瘫痪，520台为全省骨干发射台，其无线广播信号覆盖全省大部分地区。四川省广播电视局立即组织协调对该发射台供电线路的抢修恢复，使该发射台的3部广播发射机在5月14日全部恢复正常播出。地震发生后20天内，四川省广播电视局为确保极重灾县（市）广播电视的应急恢复播出，通过企业捐赠或采用紧急采购等方式，为青川、汶川、北川等极重灾县（市）广播电视播出机构及四川广播电视集团所属609台、522台、527台紧急运送调频发射机总计17部；为青川、安县、绵竹、北川、崇州等地广播电视播出机构及510台、545台、546台、541台紧急运送电视发射机10部；为545台、546台紧急调运中波发射机2部。另外，还调运调频天馈系统、电视发射天线等应急恢复播出设备。6月4日，6个灾区市（州）及所有重灾县恢复对中央人民广播电台第1套节目的播出；5日，全部恢复对中央电视台第1套节目的播出。其间，广播电视局545台坚持播出，北川、什邡等电视台在帐篷临时直播间里进行播出。

地震发生后，阿坝藏族羌族自治州广播电视局立即启动“广播电视局破坏性地震灾害应急预案”，按照“先广播、后电视，先无线、后有线，先恢复、后重建”的原则，果断做出“先应急播出、后全面恢复”的部署，全力开展应急播出。5月15日，马尔康至汶川道路抢通后，阿坝藏族羌族自治州广播电视局组织抗震救灾突击队赶赴理县、汶川，迅速查看灾情，及时组织技术人员对无线发射设备进行抢修，搭建临时工作间，把广播电视送进群众安置点和村寨。由于信息不畅，收音机成为灾区群众了解抗震救灾进展的重要载体。19日，由广电总局、四川省广播电视局捐赠的1万台收音机、3万只电池、50套喊话器、10台扩音机、10台发电机等第一批广播电视专用救灾物资送到汶川、茂县、黑水、理县等受灾地区群众手中；27—30日，将广电总局和省广播电视局紧急援助的1.25万台收音机及电池、喇叭、扩音机等第二批广播电视专用救灾物资送到汶川县漩口、映秀地区和群众安置点。成都市广播电视局援助的2套卫星电视地面接收设施和2台电视机，被送往映秀抗震救灾前线指挥部，用以解决收看中央电视台第1套、四川电视台第1套电视节目问题。从5月29日到6月12日，四川省委宣传部、广播电视局分别支援500台电视机、500台地面卫星接收设施，该州广播电视局筹资购买351台发电机，及时抽调、组织全州广播电视系统及省属8个中波台107名技术骨干，全面完成汶川、理县、茂县3个灾区县375个行政村的卫星电视接收设施安装调试。

空军政治部文化工作站站长王维忠带领95786部队工程师翟耀龙赶赴藏区，安装卫星电视接收设备和发电机。5月28日，因直升机无法降落到理县甘堡藏寨，转乘小卡车时，在崎岖不平的山路上，他一直把卫星电视接收设备抱在怀里。同日，再次调派两架直升机飞抵理县，成都军区空军政委贾延明带领专业技术人员乘直升机赶赴甘堡藏寨，安装两套卫星液晶电视系统。

地震发生后，茂县电视广播被迫中断。6月10日，71998部队通信连官兵，全面展开对电视广播通信设施的检查、修复。官兵在工程机械无法作业的情况下，沿着乱石林立的崎岖山路，翻越平均坡度达30度的大山，经过连续10天奋战，抢修线路40公里，埋设光缆28公里、通信线杆200根，协助群众抢修通信台（站）12台。（参见图197）20日，茂县地区全部恢复电视广播。

图197　6月10日，71998部队通信连官兵在山路上抬运电视广播通信设备（济南军区　提供）

地震造成绵阳市广播电视台及县（市、区）广播电视台设施、设备不同程度受损，广播电视信号一度中断。绵阳市广播电视局立即启动广播电视安全播出预案，组织指挥市、县两级广播电视部门应急抢险队冒着余震不断的危险，进入广播电视发射高塔和播出机房，抢修发射设备，抢救播出设备，搭建临时播出机房。市、县广播电视台迅速启用USP备用电源，全力以赴抢救和抢修受损设施、设备，搭建“帐篷电视台”“车库广播电台”等。5月12日17时许，绵阳人民广播电台恢复临时播出；19时许，绵阳电视台临时恢复播出。除北川、安县、平武、江油四县（市）外，其余各县广播电视台均恢复临时播出。绵阳市广播电视局按照“靠前指挥、重心下移、管理前移”的原则，直接协调市、县播出机构开展抗震救灾宣传报道。强震刚过，绵阳市广播电视台职工临时成立新闻、技术、后勤组，迅速投入抗震救灾。派出3支技术抢险队快速抢救、抢修广播电视器材设备，抢救出发电机、话筒等设备，在露天搭建起广播电视传输平台。两小时内，临时直播间靠自己发电，开通直播。市广播电视台声屏网报互动，有效地沟通灾区各地信息，搭建起绵阳地震灾区通往全国的信息平台。安县、平武等极重灾区及江油、三台、盐亭、梓潼、游仙、涪城等重灾区，通过建立临时调频广播等方式，纷纷搭建起“帐篷电台”“帐篷电视台”，启动抗震救灾宣传报道。19日，北川羌族自治县广播电视台建成临时调频广播设施，实现灾后第一次播音；8月1日，正式恢复播出。6月16日8时，71426部队成立应急分队，协助地方电力部门尽快架设宣传广播设施。通信科科长钟伟受命带领指挥1连80人，在平武县广播电视局职工协助下，靠人工搬运，徒步行走约8公里，将重达2吨的抢修器材运送至平均海拔1700余米的平武县响岩镇4个村。

地震发生后，广元市广播电视局立即组织开展自救，安排记者奔赴极重灾区青川县，迅速开展恢复广播电视播出工作。截至5月15日晨，广元市除青川县外，均恢复广播电视信号传输。

图 198　5 月 19 日，甘肃省广电局专业技术人员正在抢修无线发射台

（甘肃省　提供）

月 12 日至 6 月 24 日，传输中心多次与广电总局卫星管理及应急空中新闻采集系统管理部门联系，请求支援。广电总局同意支援一套移动卫星传输设备，并派无线电台管理局的两名技术专家帮助安装、调试设备。5 月 19 日晚，开通新闻采集卫星系统。（参见图 198）

地震发生后，陇南市区南山、苏家坪、五凤山、成县鸡山 4 座高山转播台，顷刻间供电线路中断。陇南市各发射台迅速派出 4 组突击队分赴各高山转播台，技术人员带着急需物资徒步前行，连夜核查地震中损毁的播出设备，一边抢修损坏设备，一边搭建临时播出场地，仅用 6 个小时，就陆续修复 4 座高山转播台的机器设备，大面积恢复中央、省无线广播和电视节目信号。5 月 17 日晚，舟曲县两台卫星数字接收机损坏，广播电视局及时更换损坏的接收机，排除故障，确保广播电视节目正常播出。同时，卓尼、迭部、临潭等县相继恢复无线发射台和广播电视台。

抢修陕西灾区无线发射站　地震造成宝鸡市的千阳县龟山无线发射台遭到损坏，节目信号中断。千阳县广播电视局立即行动，开展自救，在信号中断 28 小时后，恢复正常播出。

抢修重庆市灾区无线发射站　大足广播电视台南山转播台上山公路大面积裂缝，局部地段滑坡，转播机房墙身出现裂缝，发射铁塔受损，调频发射机烧毁。8 月，经技术人员抢修，南山转播台转播机房修复。12 月底，修复上山公路，维修发射铁塔。地震发生后，梁平县东山箩斗寨广播电视发射台广播与电视发射设备各一台遭到损坏，梁平县广播电视台立即派出工程技术人员赶赴箩斗寨台，对该台房屋顶部渗水问题进行过渡性技术处理，并修复狮子岩台垮塌的围墙。

三　恢复有线电视网络

恢复四川灾区有线电视网络　地震造成四川省广播电视网络公司前端播出设备、中心机房、成都市内接入网络和机房、省干线网络和机房以及公司办公大楼均遭受不同程度的损坏。5月13日，广播电视网络公司立即派人前往彭州、都江堰查看省干线光缆机房受灾情况，抢通成都—彭州段省干线光缆；19日，处理并抢通峨边大渡河地段的国、省干线故障；30日，抢通乐山段省干光缆线路。地震当日下午，广播电视网络公司立即更换中心机房的受损设备，冒着余震，出动人员970人次，抢修传输线路与用户故障。同时，四川省广播电视网络公司还全力配合和保障四川电视台至中央电视台、上海电视台等全国多家省级电视台和凤凰卫视4路上传信号的通道畅通，确保全省（除阿坝藏族羌族自治州外）各市州至四川电视台的新闻回传通路传输。

6月11日，96531部队担负绵竹市东北、汉旺、九龙、武都、遵道5条广播电视主干光缆的抢通任务。突击队官兵冒着高温，钻进仅有半人高的地下管道，利用管道疏通器、光缆穿地鼠等先进工具，一个管孔一个管孔地疏通，一米一米地向前推进。在重建电视微波发射塔的任务中，官兵冒着余震不断、飞沙走石、道路塌方的危险，肩扛手抬，将位于九龙镇山顶重两吨多的微波台站设备紧急转移下山，安装至14层高的大楼上，并迅速完成调试。至3日，累计出动兵力1900人次、机械装备75台（套），清理疏通光缆管道13公里，铺设广播电视线路36.8公里，安装广播电视有线信号前端机房1个，绵竹市5条主干光缆抢通竣工，实现当地电视直播。

地震发生后，汶川、茂县广播电视局奋力抢修恢复城区有线电视节目。汶川县恢复城区有线电视节目11套、有线用户3000余户，茂县恢复城区有线电视节目32套，城区传输有线电视节目套数和有线用户已基本达到震前水平。其余各县均采取措施，确保有线电视传输畅通。广元市广播电视局在地震发生后迅速组织工程、技术、维护等相关部门连续奋战100余小时，对有线电视传输网络进行拉网式排查，及时组织工程抢险人员抢修，确保网络传输线路的畅通和网络传输设备恢复正常。同时，开通因发展数字电视而关闭的50个光接点的模拟电视信号。德阳市广播电视局集中力量，恢复并强化数字微波传输系统，弥补有线电视和地面无线两种覆盖方式的灾后功能损失。

恢复甘肃灾区有线电视网络　地震造成陇南市属450杆公里光缆严重损毁，其中武都到文县损坏40公里、文县到碧口损坏80公里、碧口到康县损坏150公里、武都到望子关损坏80公里、宕昌到礼县损坏100公里。5月13日，武都区广播电视局指挥部组织协调各县，联系原施工厂家，将急需物资运转各受灾点，对损坏光缆线路进行抢修。经过两天两夜连续奋战，除文县、宕昌、礼县外，陇南市其余各县电视台节目信号恢复正常。武都至文县、武都至宕昌光缆有近20处被崩石砸断，毁坏之处崖高坡陡且受损路线长。13日，维护部员工冒着生命危险，爬上高墙、楼顶，更换设备和线路，排除故障。17日，陇南市广播电视局组织40余名技术施工人员，对损坏光缆线路进行抢修；在6天内，先后抢通西和至礼县、武都至宕昌、武都至文县光缆线路。（参见图199）与此同时，地震致使武都城区数十个光接点损毁、近百米有线电视线路损坏。甘肃省广播电视网络传输有限公司组织113人次完成光缆抢修、设备安装调试、306公里光缆线路迁改

图 199　5 月 17 日，陇南市广播电视局技术人员抢修因地震损坏的有线电视光缆（甘肃省广电局　提供）

割接任务。6 月底前，完成直埋光缆线路部分加固防护，恢复电视网络传输。

舟曲县有线电视光缆全长 7.8 公里，由于连续余震，致使 3 条 3 个方向共长 5 公里的主干线光纤多处拉断，有线电视机房和广播机房部分设备受损严重。5 月 13—17 日，舟曲县广播电视局抢修有线电视播控台 DFX-II 型微机控制台、2 路 4×1 切换器、电视墙 7 台监视器，确保广播电视播出。经抢修，临潭、卓尼等县先后恢复有线电视网络。

恢复陕西灾区有线电视网络　5 月 12 日，地震造成宝鸡市地税局、供销社、房管局围墙倒塌，光缆、电缆、钢绞线全部被砸断。宝鸡市广播电视网络公司领导带领抢险突击队，冒着余震危险，清理废墟，奋力抢险；至 21 时 40 分，信号恢复通畅。25 日，陈仓区武警中队电视信号出现故障，突击队立即驱车前往，在余震频发的情况下，及时更换了损坏电缆。

地震造成千阳县张家塬镇双庙塬村、寺坡村，南寨镇尧头村、朝阳村、阎家村，沙家坳乡阎家庵村多处有线电视线路受损。5 月 18 日，南寨镇小塬村滑坡，造成 160 米 4 芯光缆损坏。千阳县广播电视网络支公司及时组织人力、物力进行恢复抢修。至 25 日，千阳县有线电视网络恢复正常。

第四章　抢修恢复电力设施

汶川特大地震导致灾区发电设施和输变电设施损坏，大多数电站和输电线路遭到破坏。5 月 12 日 16 时，国家电监会主席王旭东主持召开紧急会议，部署抢险救灾保电工作；强调全力抢修发电设施和受损电网，并连夜指派副主席史玉波、王禹民奔赴四川、甘肃灾区，现场指导受损电力设施抢修和恢复保电工作。按照统一部署，国家电网精心组织完成 13 座受损电厂、229 座 35 千伏及以上变电站、3160 条 10 千伏及以上输电线路的修复任务，开展多种方式的对口支援，加速地方电力企业供电设施的修复进度。中国华能、中国大唐、中国华电、中国国电、中电投集团、中国水电集团等中央企业所属发电站（厂）抓紧抢修，中国华电宝珠寺电厂成为重灾地区地震停机后最早并网发电的中央水电企业；四川地方电力企业先后完成 127 座水电站和多座火电厂的修复发电任务；武警水电部队冒着余震不断、滑坡不止的极大危险，抢修损毁极重的国家电网映电总厂，为及时恢复发电发挥了重大作用。

为落实国务院抗震救灾总指挥部、国家防总的指令部署，电监会组织各方专家会商方案，协调有关专业救援力量，成功排除岷江紫坪铺水库上游险情，消除了隐患，稳定了民心。中国电力工程集团举全院之力抓紧完成巴蜀江油发电厂及 500 千伏茂县变电站、220 千伏二台山变电站等多座发、供电设施的抢修工程设计；水电顾问集团和大坝中心在水电厂设施抢修、水电大坝排险中提供技术资料，编制可行方案，发挥了不可替代的技术抗震先行龙头作用。解放军、武警部队、广大民兵预备役人员及大批志愿者队伍奋不顾身支援抢救受损电力设施，有力推进了电力设施抢修恢复进程。

第一节 抢修恢复发电设施

汶川特大地震发生后，分布在灾区的四川地方电力系统、甘肃陇南水电系统、陕西地方电力系统、国家电网公司系统，以及中国华能等各大企业的发电设施，均受到不同程度的震损和破坏。各电力企业迅速展开抢修和维护，主动开展生产自救，对存在问题的设备及时进行检修处理，尽快恢复受损设备，安全快速恢复生产，为抗震救灾和灾区恢复重建提供强有力的电力支持。

一 抢修恢复火力发电设施

检修中国国电四川白马电厂发电设施 地震发生时，国家引进的第一台单机容量最大的中国国电四川白马30万千瓦循环流化床示范机组带26万千瓦负荷运行，突然集控室出现强烈振动，且愈演愈烈，工作人员立刻意识到发生了地震，首要任务是要保住机组安全。当班值长令主、副操手加强各控制画面的监视及控制，特别是对汽机各项振动数据进行监视和调试，同时令巡操就地对锅炉、汽轮机、电气所有系统进行异常查看，并将情况立即向相关领导汇报。地面振动消失，机组在经过强烈地震、各项参数又回到正常值后，电厂运行、检修人员对机组进行全面仔细检查，对存在问题的设备及时进行检修处理，保证发电设施正常运转。

检修恢复中国华电四川内江高坝电厂发电设施 地震发生后，中国华电内江高坝发电厂立即组织对全厂生产设备设施，特别是灰坝、油库、建构筑物、烟囱、酸碱储存罐、制氢站等重点部位进行安全检查；对停机备用的21～23号机组锅炉和汽轮机管道进行水压试验，组织转机试转，未发现重大设备损坏。地震发生后20分钟，内江发电厂高坝电厂11号机组重新成功并网，在一小时内负荷恢复到震前水平，成为四川电网第一台恢复运行的火力发电机组。受地震影响，内江发电厂生产现场和办公区部分建筑出现裂纹、变形，通过修复处理，保证了安全生产。6—7月，内江发电厂利用机组年修机会，对因地震造成轴封损坏较为严重的高坝电厂11号机组汽轮机进行揭缸更换轴封片并调整间隙处理，消除了设备隐患。

抢修恢复中国华电陕西蒲城发电厂发电设施 地震发生后，中国华电陕西蒲城发电厂1号、2号机组运行受到影响，机组负荷下降。5月12日14时35分，蒲城发电公司紧急投入燃油，稳定燃烧，恢复锅炉燃烧工作；汽轮机主操手同时启动电泵，配合锅炉迅速提高气温、气压；电气主操将厂用系统直接切换至备用电源，确保机组运行稳定。14时38分，1号、2号机组主气温升至540摄氏度，主气压升至18.3兆帕，负荷稳定至18万千瓦。经过6分钟紧急抢险，1号、2号机组恢复稳定运行。蒲城公司对油库、氢站、烟囱、水塔、灰坝、变电站、水源地等要害部位和主要设备、附属设备、承压管道、承重墙进行拉网式检查，对检查中发现的330千伏变电站的33222刀闸C相刀口偏斜隐患进行处理，保证了设备安全。

抢修恢复中国大唐陕西略阳等电厂发电设施 地震发生后，中国大唐略阳发电厂 3 号（5 万千瓦）、6 号（33 万千瓦）火力发电机组受损停机，其余机组陷入孤网运行，查出设备缺陷 124 项。为防止 3 号机组孤网运行，避免因余震而引发全厂停电事故，生产指挥组立即制订 110 千伏 1 号母线抢修措施，保证全厂用电，并恢复宝成铁路、略阳城区、自来水公司等重要用户的供电。5 月 12 日 16 时至 20 时 25 分，略阳县民兵电力设施抢修分队 54 人和电力职工奋力抢修损毁电力设施；20 时 45 分，略阳发电厂 3 号机组重新启动。13 日，在汉中电网严重受损的情况下，汉中供电局派出 3 名员工带着发电车，沿着崎岖山路连续行驶 70 余公里，于 14 时到达略阳发电厂，随即投入抢修。15 日 11 时 30 分，在汉中供电局发电车连续 46 小时发电的强力支援下，略阳发电厂 33 万千瓦发电机组再次并入大电网运行，保证了汉中电网和宝成、阳安等入川铁路的可靠供电。

大唐集团户县第二发电厂立即对退出运行的机组进行修复。5 月 13 日零时 15 分、14 日 7 时 13 分，户县第二发电厂两台 30 万千瓦机组分别并网发电，恢复运行。

抢修恢复中国国电四川华蓥山等电厂发电设施 地震发生后，中国国电立即对安全生产和抗震救灾工作做出安排部署。在四川、甘肃、陕西企业按照集团公司的统一部署，对主辅设备、生产生活建筑等展开排查，成立抢修队伍，对受损设备进行修复。中国国电华蓥山发电公司地震发生后发电机组振动增大，3 号机组跳闸，后查明机组参数正常，机组重新启动，按调令于 5 月 12 日 15 时 28 分并网。中国国电达州发电公司 31 号机组停运，在对设备进行全面检查并确定一切正常后，按调令于 12 日 20 时 11 分并入系统，生产恢复正常。中国国电金堂发电公司 62 号机组因受地震影响被迫停机，在通信中断情况下，想方设法与省调中心联系，于 12 日 15 时 30 分获取开机指令；于 15 时 39 分机组点火，因煤的质量较差，燃油油位仅 1.8 米，火检时有时无。运行人员在保证安全的情况下手动反复点火，终于在 20 时 47 分并网成功，生产恢复正常。

5 月 12—18 日，中国国电岷电公司组织对主厂房、输煤除灰系统、烟塔、江边泵房、灰场坝体以及其他建筑物受损设施进行排查修复；15 日，按调度指令将受损的 11 号机组切换为 12 号机组运行；22 日、30 日，两次委托西南交通大学建设工程质量事故鉴定中心对公司生产生活建筑受损情况进行鉴定，于 6 月 30 日完成修复工作。

检修恢复中电投集团重庆合川发电厂发电设施 地震使中电投集团合川发电厂 2 号机组停运。合川发电厂立即组织对机组本体、辅助设备进行检查，2 号炉于 5 月 12 日 15 时点火成功；16 时 30 分，2 号机组冲转至 1000 转，发现 2 号机组 2 号高排逆止门门盖法兰发生泄漏，停机处理。13 日 3 时 50 分，合川发电公司 2 号机组恢复向系统供电。

抢修恢复川投集团巴蜀江油发电厂发电设施 地震发生后，川投集团巴蜀江油发电厂积极开展生产自救工作，采取 24 小时倒班的方式，按照确保安全、科学、有力、有序、有效的原则进行设备抢修和恢复生产。四川省经委组织巴蜀江油发电厂综合性评价专家组，根据专家组评估意见和设备系统抢修、试运、试验，对该厂抢修计划进行修正和调整。

在巴蜀公司统一协调和安排下，电厂组织检修力量对受损发电设备进行抢修，在转动设备系统试运，压力管道和承压部件的金属监督，制氢系统抢修工作结束后恢复试运行，输卸煤设备恢复正常，化水系统恢复正常；500 千伏、110 千伏系统升压站恢复和调试工作结束后，220 千伏系统1号母线、2号母线先后恢复运行。

巴蜀公司还委托四川电力试验院对升压站开关、刀闸探伤，以及防雷设备进行调试，协助编写地震发生后机组首次非常规启动技术方案。四川省建筑科学院（以下简称建科院）完成机组主厂房安全鉴定，经巴蜀公司协调，建科院进场开展机组烟囱及其他建构筑物的安全鉴定，并与中电工程西南院召开联络会，委托西南院对现场进行踏勘，根据现场设备损坏情况和安全鉴定结果，制订修复或重建方案。根据上级领导关于科学鉴定、确保安全的要求，征得四川省经委同意，由四川省经委组织专家组对巴蜀江油发电厂4台共126万千瓦等级机组进行综合性评价。

5月17日11时，国家电网江西公司援川抗震救灾第四抢险队（由江西省水电工程局人员组成）开赴江油发电厂110千伏升压站，进行抢险作业。江油发电厂系老电厂，升压站作为开关站输送5条线路的电流互感器地脚螺栓已严重锈蚀。升压站内被地震损坏的电流互感器扭曲断裂，设备不停漏油，附件扭曲，导线断裂。至17时15分，经过6个多小时抢险，江油发电厂110千伏升压站实现成功送电。

巴蜀江油发电厂是此次地震中受到破坏最为严重的火电厂。中电工程集团总经理汪建平多次强调，西南电力设计院一定要把协助江油发电厂恢复发电工作作为全院工作的重中之重，举全院之力，优先安排抗震救灾工作，积极主动配合江油发电厂生产恢复工作。5月13日上午，中电工程集团西南院副院长辛晓光率领技术人员赶赴巴蜀江油发电厂，随即成立以总工程师苑奇为总指挥的巴蜀江油发电厂恢复重建工程指挥部。尔后，院领导和相关专业技术人员多次赶赴电厂，并送去食品、饮料、电风扇等救灾物资。至15日，西南院项目设总、土建、水工主设人员全部赶赴现场。22日，对江油发电厂水工建（构）筑物进行初步检查；24日，重点对机组烟囱的损坏情况进行查看，并同业主、鑫达海公司有关人员就烟囱的修复交换意见。26日，西南院设计人员至巴蜀公司汇报现场查看的受损情况及初步处理意见。31日，该院第一批修复和加固方案完成。6月10日，交付冷却塔、主厂房B列柱、网控楼等修复加固施工图，为电厂恢复发电提供技术保证。28日5时33分，遭受地震破坏的江油发电厂32号机组并网，较原计划30日提前两天恢复发电。9月24日，完成全部修复方案设计图纸计算书共4200余张，随后又派出工地代表配合施工。截至2009年2月，该院共投入人力1.67万个工日。

抢修恢复四川地方电力发电设施 地震发生后，四川地方电力川南发电公司泸州电厂，立即启动1号机组发电救灾。由于地震影响，1号机组在开机过程中锅炉发生振动。当值员工沉着冷静，正确处置，地震发生后4小时内1号机组顺利并网，为保障电网稳定运行和抗灾用电做出重要贡献。

地震使四川地方电力嘉阳煤矿煤矸石电厂60米烟囱产生5条裂缝，经江苏悦能高空维修安装防腐公司加固维修，于6月30日竣工，恢复生产。矿区内段公路3处滑坡治理于8月动工，于2009年4月完工，总投资400万元。小火车旅游线路沿线出现3处山体滑坡，老鹰嘴隧洞地震发生后产生多处裂缝，最大宽度达5厘米，危及芭石铁路运输安全。公司迅速组织安监、工程技术人员现场勘探，采取爆破、加固等措施进行处理，消除安全隐患，保证了电力供给。

二 抢修水力发电设施

抢修恢复国家电网四川公司水电站发电设施 国家电网映电总厂位于汶川县境内岷江支流，映秀湾电站是映电总厂3个电站中最大的水电站。映电总厂所辖映秀湾、渔子溪、耿达3座水电站，共11台机组。地震发生后，映电总厂遭受重创，配电设施破坏殆尽，发电机组停止运行。耿达电站厂房全部被塌方体所埋。渔子溪电站闸坝和厂房段山体大面积崩塌，闸首启闭设施和门机全部被毁损。

地震发生时，国家电网岷电公司草坡电站机运人员迅速赶到机组操作屏旁，将3台机组调速器开限调至关闭状态，机电班班长带领各自班员对设备进行必要的检查、操作，但草坡电站大坝泄洪闸门未开启，对下游地区构成重大威胁。厂长肖明、副厂长丁顺良带领员工组成抢险队，历经艰辛，绕道雅安、丹巴、金川、马尔康、理县、汶川，到达草坡大坝。经过30小时连续鏖战，在没有电源、大型设备的情况下，将重达数十吨的3道泄洪闸门、2道冲砂闸门提起。6月14日，草坡电厂正式开始恢复重建。

地震发生后，国家电网岷电公司福堂3回220千伏线路部分铁塔倒塌，220千伏线路保护动作分别跳开。在余震不断的间隙中，运行和维护人员派人对电厂机、电、水设备受损情况进行检查。5月12日16时30分，水位达到1269米。17时，闸首运行人员启动2号柴油发电机，将1号泄洪闸提起3米，将水库放空。13日，国家电网岷电公司黄龙电力公司巡线突击队冒着生命危险对35千伏下威线路进行巡查。14日13时30分，经过6小时艰苦跋涉，抢险救援突击队终于到达厂区，检查设备，设施受损情况。15日晨，下庄电厂厂领导再次徒步赶到现场，组织员工检查升压站、35千伏线路，清理倒塌树木。电厂员工和消防官兵一起对下横渡槽下游20米左右处被山体大面积塌方阻断的渠道进行临时清理，用沙袋临时垒砌上横渡槽下游10米左右被巨石砸塌的渠道边墙，确保临时过水。然而，大坝启闭系统无工作电源，进水口生产闸门的卷扬式启闭机无动力。突击队在对设备现状进行分析后，决定采用管钳人工转动启闭机传动轴的办法来提起生产闸门。经过8小时的艰苦努力，成功将生产闸门提起50厘米左右，基本满足自保厂用电的用水量。

5月13—17日，耿达电站在现场条件极其恶劣的条件下，闸首运行值班人员和在上游小水电进行维修的水工建筑厂人员一道，自发在现场组织起来，征用耿达乡的车辆和柴油发电机用于维修。17日，泄洪排沙洞的两扇闸门开启，缓解了耿达电站闸坝泄洪压力。19时10分，耿达水电站成功开启4号机组，带100千瓦负荷向汶川县城供电。

地震造成沙牌电站厂区被河水淹没，电厂被迫紧急停机。5月16日20时30分，在公司总工程师谭树清带领下，沙牌抢险小组唐志亮等从草坡电厂徒步进入沙牌，检查修复大坝启闭设备设施后，成功关闭排架受损的沙牌电站进水口闸门，解除了对下游安全的威胁。沙牌电厂因河道改道，升压站、厂房被河水淹没，不具备应急抢修条件。8月，草坡至沙牌道路抢通后，沙牌电厂开始灾后恢复重建。

5月26日，武警水电第三总队十一支队奉命执行映秀湾电站泄洪闸排险任务。渔子溪电站系跨流域电站，厂房和开关楼等垮塌，引水隧洞等建筑和设施受损严重，恢复困难。抢修情况详见《汶川特大地震抗震救灾志·灾后重建志》有关章节所载。

抢修恢复中国华能水电站发电设施 地震发生后，中国华能四川公司太平驿电站的生产全部停止，工作重点是对受灾人员的施救和转移。5月29日，四川公司召开党委扩大会议，重点对太平驿电站的生产恢复和重建进行部署。6月12日，太平驿电站灾后恢复生产及重建总体方案得到原则通过；15日，恢复生产工作正式实施。9月1日，中国水电七局安装分局正式进场修复毁坏设施。2009年9月26日，太平驿电站4台机组全部恢复到震前水平。

中国华能所属水牛家、自一里、木座3个电站机组保护性停机，火溪河工地现场对外交通、通信、电力等全部中断。5月12日14时33分，中国华能涪江公司抢险队对自一里电站大坝和厂房、木座电站大坝和厂房、水牛家龙头水库进行抢险。突击队冒着滚石、余震等危险，徒步10多公里赶到木座电站现场，迅速进行黑启动。18时20分，水牛家电站大坝成功启动柴油发电机，提冲砂闸控制大坝水位；18时40分，木座电站在地震发生后不到5个小时实施黑启动成功，带厂用电孤网运行。19时5分，自一里电站黑启动成功，带厂用电孤网运行。到13日1时，恢复3个电站及管理中心供电，防止了水淹厂房和库水漫坝等危险。

6月9日，中国华能涪江分公司总经理贺瑜章向在平武县木座藏族乡和木皮藏族乡的71366部队装甲步兵营求助，3连、炮兵连在教导员李勇带领下，出动90名官兵，组织为木座和自一里水电站卸载并运送输电线塔材。官兵们接力互助、分段作业，人均负重50公斤塔材，沿着陡峭的山路，攀越海拔1950米的高山，行程2.4公里，艰难将11吨塔材运送到山顶。10日8时30分，装甲步兵营炮兵连在指导员陈志明带领下，帮助华能公司施工人员浇筑塔基、组塔架线。15日7时，木座和自一里两座电站按时并网发电。9日8时30分至10日17时50分，装甲步兵营2连在水牛家水电站技术人员指导下，组成3个党员突击队，分3个方向，采取“分段施工、合力攻坚、对进合龙”的方法，攀越海拔2500米的陡峭山坡，执行线路抢修任务。经过两天奋力拼搏，共撤除、转运、组立86基输电线杆，抢修30余公里输电线路，全面恢复白马藏族乡电力供应。

抢修恢复中国大唐水电站发电设施 地震发生后，中国大唐天龙湖、金龙潭电站生产生活建筑设施、发电设备、送出线路及茂县基地等不同程度受损，所有对内、对外通信全部中断，电站变成“孤岛”。地震发生时，金龙潭电站机房值班长彭洪波不顾关节炎的疼痛，迅速跑到控制台，一手扶住控制台，一手紧握鼠标执行命令，使机组迅速减少负荷，保证了机组安全。当日，天龙湖电站3台机组恢复空载运行。5月13日，金龙潭电站姚远等4人冒着大雨和余震，从金龙潭电站徒步15公里到达天龙湖电站协助抢险。16日，金龙潭电站对所有设备进行检查和部分试验，处理受损的220千伏避雷器后，恢复厂内用电。

5月13—22日，中国大唐党组书记、总经理翟若愚先后5次召开总经理办公会暨抗震救灾领导小组会议，研究部署包括天龙湖、金龙潭电站在内的系统企业抗震救灾工作。14—16日，翟若愚冒着余震不断的危险、克服路途险阻赶赴成都，坐镇一线指挥部署抗震救灾工作。针对天龙湖、金龙潭电站的救援工作，翟若愚要求三级责任主体要迅速落实集团公司应急预案，所处灾区的各级领导干部靠前指挥，并派集团公司总工程师金耀华赶赴两座水电站指导恢复生产和职工安置工作；迅速做好天龙湖、金龙潭水电站水工建筑的检查、诊断，在保证安全前提下尽快恢复生产，保障四川灾区抗震救灾电力供应。

面对突如其来的地震灾害，天龙湖电力公司领导班子和党员干部临危不惧，在与外界失去联系情况下，带领员工不等不靠，奋起自救。在余震不止、垮塌时有发生情况下，公司启动应急预案，成立指挥部，并立即在现场开会研究抗震救灾方案，组织对大坝、导流洞、水工建筑物、高边坡等的巡视检查；同时，制订地震发生后设备恢复启动运行前施工方案，以最快速度投入到生产自救中。天龙湖电力公司副总经理李显明、总工程师覃树敏从地震发生那一刻起，一直坚守在天龙湖电力公司。主震过后，李显明、覃树敏带领中层干部立即进入厂房检查设备情况。金龙潭电站2号、3号机组已保护解列停机，1号机组处于空载运行状态，李显明迅速组织1号机组停机工作，并下令所有人员撤离厂房。在成都学习的天龙湖电力公司总经理黄汉艺，于地震发生后当日下午即赶往电站，冒着随时发生滑坡和塌方的危险，经过艰难跋涉，终于在5月17日赶到抢险现场，组织抢修恢复天龙湖电站。

中国大唐、大唐广西分公司和天龙湖电力公司三级责任主体领导靠前指挥，身临灾区一线开展生产恢复工作。5月17日下午，桂冠电力股份公司广西分公司首批抗震救灾联合抢险队抵达茂县天龙湖、金龙潭电站。18日，在电站通信未通的情况下，现场指挥部派出两名职工冒着飞石的危险，驱车90公里和阿坝藏族羌族自治州九龙电网公司进行联系，协商天川线复电事宜。19日晨，广西分公司组织的两批救灾物资先后抵达天龙湖、金龙潭电站。5时，首批水电机组抢修小组从成都启程赶赴茂县。21日，中国大唐总工程师金耀华抵达天龙湖电站，指导抗震救灾和恢复生产。16时，中国水利电力物资公司通过海事卫星电话接到天龙湖电站的紧急求援，电站急需3支Y10W5-200/520氧化锌避雷器；22时，公司将3支避雷器连夜装车，从湖北随州运往成都。22日16时，随着金龙潭电站3号机组对220千伏母线零起升压成功，标志着天龙湖电力公司所属天龙湖电站、金龙潭电站共6台机组，已基本具备向外送电条件。经过11个昼夜的紧张抢修，23日完成受损设备修复，基本具备发电条件。24日上午，公司抗震救灾车队经过800公里22个小时的日夜兼程，冒着余震和道路滚石的危险，先后翻越海拔4000米以上的夹金山、梦笔山、雅克夏雪山，将避雷器等转运到天龙湖电站。16时16分，天龙湖电站通过天川线经川主寺变电站，顺利实现向九寨黄龙机场及松潘地区供电。

中国大唐广西分公司领导班子成员一直轮流在天龙湖、金龙潭电站坐镇指导抗震救灾工作，两座电站恢复生产的各项工作有序推进。6月14日，完成对两座电站设备的检查、修复工作；7月底，完成两座电站引水隧洞放空检查、修复工作；随后，经过突击工程队连续奋战，于9月23日完成两座电站送出线路的修复工作，具备发电条件。11月2日8时46分，500千伏茂德线恢复后，天龙湖电站和金龙潭电站各两台机组正式并入四川主电网恢复运行，标志着广西分公司历时近6个月开展的抗震救灾工作取得决定性胜利。

地震发生后，中国大唐甘肃发电公司抗震救灾指挥部组织对大唐碧口发电厂遭地震损坏的设备和重大灾情隐患进行抢修。在电监会和中国大唐有关专家的指导和电网调度机构配合、支援下，经过紧急抢修，5月13日9时30分，满足向系统供电条件。14日，生活区恢复供电，并通过110千伏系统向文县恢复供电。15日晨，通过220千伏碧早二线恢复对灾区所在地陇南电网和四川方向供电。文县人武部组织碧口电厂民兵150人组成电力抢修分队，修复供电设施53套，并对碧口受损水库进行不间断巡逻，抓紧抢修道路。从6月25日起，碧口发电厂恢复到地震前生产能力。

抢修恢复中国华电水电站发电设施 中国华电宝珠寺电厂是四川北部地区的大型水电站，装机容量70万千瓦。地震时，全厂在强震中紧急停机，保设备安全；迅速撤离，保人身安全；重返厂房，保机组发电，成为重灾地区并网电厂中最早恢复发电的中央企业水电站。由于地震发生时当值工作人员及时切除照明设备，保证了蓄电池能量，为机组黑启动提供了必要条件。5月12日16时58分，宝珠寺电厂用电得到恢复。17时2分，12号机组并网成功。21时39分，13号机组开机并入系统。13日18时2分，2号机组并入系统，带负荷2万千瓦，机组运行基本恢复。由于地震造成部分生产设备、厂房建筑物受损，为确保发电设备正常、稳定运行，抢修突击队对宝珠寺、紫兰坝站机组进行震后检查，排除设备隐患。另外，还对影响生产的重大隐患，如宝珠寺站监控系统频繁死机、紫兰坝站组合电器楼沉降等及时安排治理，确保发电设备的正常稳定运行。

地震造成位于理县境内中国华电杂谷脑水电公司狮子坪、红叶二级、薛城电站和古城电站（厂房在汶川县境内）设备、建筑物和送出线路遭受不同程度损坏，其中狮子坪和古城电站属于正在建设项目。5月15日、23日，中国华电杂谷脑公司红叶二级电站3号机组和薛城电站3号机组分别实施黑启动，恢复厂用电。6月2日，抢险人员克服难以想象的困难，完成红叶二级电站和薛城电站高压一次设备的试验，完成红叶二级电站1号变压器吊罩大修和110千伏一次设备的检查和维护，恢复110千伏系统。7月14日，茂县开关站1号机组投运。薛城、红叶二级电站分别于11月14日、15日相继投入220千伏主网运行，向红原牧区供电。

抢修恢复中国国电水电站发电设施 地震发生后，中国国电龚嘴水力发电总厂迅速安排人员到铜街子、龚嘴两站现场检查大坝、厂房、机组、设备的安全情况，及时切断沙湾集控中心及铜街子中控与省调的联系，依靠龚嘴电站中控室与省调进行联络，加大巡检力度，按省调要求进行调峰、调频，龚嘴1号、5号停机备用，其余5台机组和铜街子4台机组全部满负荷运行，水库水位始终保持中、低限，生产恢复正常。龚嘴站大坝450吨门机使用频率较高，为应对地震对门机的使用频繁要求，门机被迫推迟到6月17日检修，并于7月8日完工并通过验收。由于地震发生后四川省电力需求紧张，五六月份铜街子电站14号机组一直未能停机消缺。7月12日，经与省调联系，该机组受油器甩油过大、测速装置故障、温度开关故障等缺陷处理完毕，实现并网发电。

地震发生后，中国国电四川公司所属水电站以突出“保人身、保财产、保设备”为重点，组织对主辅设备进行排查处理，并随时跟踪机组运行参数变化情况，发现问题及时报告和处理；加大对重点部位的监视力度，对大坝扬压力进行重点观测监视；鉴于雅泸高速公路施工，余震可能引发南桠河发电厂、栗子坪、紫马电站厂区公路垮塌，为避免次生灾害，各企业加强上下班车辆、值班车辆的安全宣传和管理，生产生活迅速恢复正常。地震发生后，南桠河流域各水电站立即启动应急预案，密切监视机组各项运行参数，迅速开展对生产、基建现场的安全隐患排查，对运行机组设备进行巡检消缺，增加加密设备巡视检查次数，及时对监测数据进行整理分析。5月12日19时，检查发现姚河坝电站高边坡第一道防护网被滚石破坏，13日16时清理完毕。16日，栗子坪水电站场内施工公路沿线边坡至调压室和蝶阀室交通恢复。18日，栗子坪水电站调压室斜井钢筋混凝土回填、灌浆和机组调试恢复施工，22日完成回填，引水隧洞各支洞口及其边坡已重新喷护，洞脸的排水天沟重新疏通，恢复正常安全生产。

抢修恢复中电投集团水电站发电设施　地震发生后，中电投集团代管薛城项目部电站机组停运。5月13—19日，运行维护人员重点监视厂内水位上升情况，并先后投入大功率柴油发电机、10千瓦汽油发电机及潜水泵、临时消防泵抽水抢险；20日，按照《薛城电厂厂用电恢复计划》恢复厂用电，同时恢复渗漏排水泵、中低压风系统、直流充电装置、厂房照明，检修排水泵和蝶阀层1号、2号检修动力柜。24日1时26分，3号机组手动开机带厂用电运行正常；25日，2号机组自动开机成功；26日，3号机组黑启动模拟试验方案试验正常；8月1日23时，1号机组自动开机成功。由于电网没有恢复，直到11月初，薛城电站一直带厂用电和古城电站施工电源孤网运行。

抢修川投集团紫坪铺水电站发电设施　紫坪铺水利枢纽工程位于都江堰市与汶川县交界处，大坝是岷江至成都市的最后一个大坝。地震发生后，大坝面板发生裂缝，厂房等其他建筑物墙体发生垮塌，局部沉陷，整个电站机组全部停机。紫坪铺水利枢纽工程水位高于成都市区300米左右，主要为成都地区供水供电。紫坪铺大坝一旦溃坝，不仅将淹没都江堰地区，也势必影响位于下游的成都市区。

地震发生后，川投集团党委书记、董事长黄顺福立即与总经理郭勇商议应对措施。5月12日15时20分，在通信完全中断的情况下，主要领导在人民公园里的一块草地上召开短暂的紧急碰头会，成立川投集团公司应急工作领导小组，启动应急预案，做出紧急部署。川投集团领导24小时值班，紧急联络紫坪铺电站、巴蜀电力公司等集团下属各企业负责人进一步了解灾情。在了解到紫坪铺电站机组全部停机、巴蜀公司受灾严重、人员伤亡不清楚等情况之后，川投集团公司又紧急召开党委会议，成立抗震救灾领导小组和由公司领导挂帅的6个对应工作组。13日晨，川投集团副总经理金群带队驰援并24小时定点蹲守紫坪铺库区，协助抢险。黄顺福又在深夜带车冒着余震、山体滑坡滚石不断的危险，将两卡车救灾物资运送到紫坪铺电站。

5月15日17时30分，紫坪铺水电站向中国西电集团紧急求援。西电集团迅速派出由西电开发电气公司副总工程师带队的抢修小组前往救援。16日17时，抢修小组成员冒着余震危险，赶到紫坪铺水电站。17日3时，抢修小组冒着余震危险，全力奋战。19时52分，紫坪铺水电站恢复向四川电网供电；22时，3台机组上网发电。此举有效提高了大坝的泄流能力，确保了抗震救灾用电。23日，电监会组织川投公司会同水电顾问集团成都院，根据可能发生新灾情和即将到来的汛期，研究制订详细的排险方案，确保岷江流域电站大坝能满足设计最大通流能力。

地震发生时，四川水电集团茂县黑虎乡水电站地下引水管道因埋得不深，被山上滚落的石头砸坏。6月8日，武警8742部队政委杨建全率领100名官兵参与该站管道抢修。在无大型机械设备的情况下，抢修官兵冒着余震危险，用十字镐刨、用铁锹挖、用肩扛。当抢修完约30米的管道时，一块重约10吨的巨石突然滚落，官兵们紧急避险后，再次从两头向中间分别施工。经12小时艰苦奋战，抢修引水管道80余米，电站在当晚成功发电。

四川水电集团汶川县水磨镇漩口水电站发电水渠泄洪井口在地震中被塌方泥石堵塞，全镇供电中断。5 月 27 日，武警四川省总队汶川抗震救灾第三梯队（由武警巴中市、南充市、眉山市、宜宾市、内江市支队组成）紧急投入 635 名官兵，连续奋战 21 天，清理塌方泥石 1 万余立方米，疏通发电水渠。官兵们长时间浸泡在冰冷的地下水中，脚被泡得发白发胀，却无一人叫苦叫累。巴中市支队士官班长江境贤在搬运石头过程中，因地面湿滑摔倒在地，肘部摔伤划出一条长约 4 厘米的口子，血流不止；经过简单处理后，他又迅速投入到泥石清理之中。6 月 16 日，经电站全体职工对受损设施紧急修复和抢险官兵的艰苦奋战，电站恢复正常发电。

四川水电集团茂县叠溪镇朝高水电站发生严重山体滑坡和泥石流，导致发电站河道被沙石堵塞。6 月 4 日，71998 部队 4 连 50 余名官兵在连长王保勇带领下前往救援。到达电站后，全连分为清理河道和转运泥沙两个小组展开救援。王保勇第一个跳入冰冷河水中，冒着大雨和山体滑坡的危险，带领全连逐点逐段对发电厂河道进行排查清理，采取先挖沟排除淤泥、后打眼逐层碎石的方法，将河道淤泥清理干净，对河道两侧可能再次出现滑坡地段进行加固。经过 3 天艰苦奋战，官兵们共清理沙石 370 立方米，疏通河道 200 余米。至 7 日 18 时，水电站恢复通电。

四川水电集团平武县 10 余座水电站部分设施和输电线路在地震发生后遭到严重破坏，近 10 个乡（镇）电力中断。5 月 12 日 18 时，平武电力公司对受灾较轻的水电站采取紧急措施恢复发电，抢修设备排除故障，保障县城重要单位用电。20 日，在解放军和武警部队大力支援下，豆叩、大印、宫慈、徐塘电厂相继发电，任家坝、水晶、星光、黄羊等三级电站也恢复临时发电。26 日，大印镇水电站部分堰渠被山体滑坡冲毁堵塞。71426 部队副参谋长王学刚带领由 135 名官兵组成的抢险突击队，经过 3 天连续奋战，先后排除险段 70 余处，疏通水渠 7500 米，清理土方和淤泥 500 余立方米。6 月 3 日，大印、江东、宫慈 3 座电站投入运行；11 日，豆叩电站发电。至 9 月 10 日，平武电力公司除南坝电站受损严重未恢复发电外，其余 24 座电站（装机容量 3.5 万千瓦）全部恢复发电。

川投西部能源公司郫县水电厂设备受损解列。5 月 20 日，经过紧张的抢修，陆续开机，恢复发电，成为巴蜀系统第一家灾后恢复发电的企业。6 月 12 日，随着唐家山堰塞湖险情基本排除，为加快恢复北川通口、江油香水两个电站的生产，巴蜀公司委派副总经理杨树林，率领恢复生产工作水电现场组的人员，赶赴北川通口和江油香水电站，同电站有关人员一起研究解决恢复生产的一系列问题。按照巴蜀公司抓紧恢复生产的要求，现场组织专业厂家、抢险部队以及当地民工先后对通口电站 4 号泄洪闸、冲沙闸、尾水平台堆积物进行检查处理；对香水电站厂房淤积物进行清理、修补引水渠道裂缝、检查处理 1 号机绝缘故障。对生产厂区建筑物进行安全鉴定和消毒处理。在得到有关主管部门同意后，两个电站及时下闸蓄水。14 日 8 时 45 分，通口电站 2 号机并网发电，带负荷 0.5 万千瓦；11 时，1 号机组并网发电，两台机组共带负荷 2 万千瓦运行。香水电站 2 号机组于 14 日 14 时 6 分带负荷 0.9 万千瓦并网发电，在通过对 1 号机组绝缘故障处理后，于 16 日 16 时 10 分带负荷 0.4 万千瓦并网发电。至 16 日 17 时，装机容量 4.5 万千瓦的通口电站坝前水位 598.1 米，入库流量 170 立方米／秒，发电引用流量 110 立方米／秒，带满负荷运行；装机容量 2 万千瓦的香水电站坝前水位 546 米，入库流量 230 立方米／秒，发电引用流量 62 立方米／秒，带负荷 1.4 万千瓦。

地震发生后，川投能源天彭电力公司立即成立灾后重建工程部，加紧各受损设备、设施、线路及水工建筑震损的整治工作。5 月 20 日至 6 月 17 日，完成 110 千伏和 10 千伏线路的检修；6 月 4—18 日，完成电气一次设备检修，先后恢复凤鸣、官田车间厂用电、机组检修。11 月 25 日，凤鸣车间 2 号机组也成功投运，提前 37 天实现 2008 年年底恢复部分机组发电生产的目标。12 月 22 日，官田车间 1 号机组并网发电；28 日，2 号机组并网发电。

抢修四川灾区地方电力系统水电站发电设施　地震发生后，四川地方电力系统不等不靠，积极开展生产自救，优先处理可能造成次生灾害或影响汛期安全的项目，采取必要、果断措施立即排除险情，在确保安全的前提下恢复发电。截至 10 月 10 日，全省因地震受损的 831 座电站中，累计有 375 座电站恢复或部分恢复发电，涉及装机容量近 140 万千瓦，占受损装机容量的 36.9%。（参见表 21）

四川灾区受损地方水电站恢复情况统计表

表 21

受灾地区	受损座数（座）	受损装机容量（万千瓦）	恢复座数（座）	恢复装机容量（万千瓦）
绵　阳	110	65.85	37	20.20
阿　坝	218	155.59	36	26.45
广　元	33	7.01	13	2.89
德　阳	71	6.76	3	0.09
成　都	125	31.39	19	7.75
雅　安	131	37.18	131	37.18
南　充	20	25.45	18	2.65
巴　中	19	1.83	19	1.83
达　州	9	3.31	9	3.31
甘　孜	25	2.43	20	1.91
广　安	6	1.23	6	1.23
乐　山	23	17.99	23	17.99
眉　山	5	8.60	5	1.10
内　江	14	1.57	14	2.47
遂　宁	7	7.91	7	7.91
宜　宾	4	0.06	4	0.06
资　阳	9	1.08	9	1.08
自　贡	2	3.60	2	3.60
合　计	831	378.84	375	139.7

抢修甘肃灾区水电厂（站）发电设施　甘肃电力明珠集团汉坪嘴水电站位于白龙江下游，上距文县 46 公里，下距碧口镇 32 公里。地震导致文县汉坪嘴电站水库大坝出现裂缝、碧口电厂坝

体发生移位。国家电网甘肃公司、甘肃省抗旱防汛指挥部和水利调度指令开启汉坪嘴水电站排沙洞弧门泄水，电站坝前水位于5月20日降低至749米运行；从21日起，降至748～749米之间运行。汉坪嘴水电站组织员工冒着余震和紧靠边坡的危险，在溢洪洞、排沙洞和机组进水口紧急铺设应急照明。在机组对外电网全部解列的紧急关头，成功启动1号机组带厂用电运行，避免了灾情扩大。甘肃电力明珠集团组织专业技术人员对汉坪嘴大坝及其设施，迅速进行全面检查、跟踪监测分析。12日14时52分，汉坪嘴水电站满足向系统供电的条件，并同时恢复厂用和办公楼供电。15日7时4分，3号机组开机并网恢复向文县供电。

地震发生后，甘肃电投集团大容公司石门坪电站发电机组停止运行并与电网解列。大容公司干部员工始终坚守岗位，迅速开展抗震抢修。5月12日19时3分，重新并入电网恢复运行。在甘南藏族自治州境内，迭部县共维修水电站14座，碌曲县对正在建设的西仓水电站及时进行抢修，临潭县维修水电站2座。

抢修陕西灾区水电厂（站）发电设施 陕西省受损电站涉及宝鸡市、汉中市、商洛市、西安市的12个县，受损电站32座，主要集中在汉中、宝鸡两市。其中，重灾区宁强、略阳、勉县、陈仓13座，宝鸡10座、汉中8座、西安1座。略阳县葫芦头水电站受损严重，宁强县柿子坝、东方红、广坪等7座水电站受损。5月15日，陕西省水利厅赴汉中等地对农村水电站进行排查，重点检查略阳葫芦头、宁强二郎坝等水库电站，对受损的32座水电站进行应急修复，很快恢复发电。

第二节　抢修恢复输变电设施

汶川特大地震造成四川电网大量输变电设备损毁严重，10千伏以上线路累计停运2769条，35千伏以上变电站停运171座（17座完全损坏）。尽快修复受损输电线路、变电站，恢复供电运营，成为抗震救灾的紧迫任务。国家电网充分发挥企业集团优势，集中人力物力开展对重灾企业的对口支援，陕西、青海、宁夏、新疆抢修骨干力量4314人支援四川、甘肃重点受灾企业，重点支援四川成都、德阳、绵阳、广元、阿坝及甘肃陇南、陕西汉中等供电企业的输变电设施抢修与恢复运营工作。

一　抢修恢复输电设施

地震发生后，国家电网四川公司迅速启动应急预案。5月12日，成都市城网全面恢复。13日，国家电网广元电业局重要高危客户及辖区六县（区）城区保安负荷全部恢复。15日，苍溪电网10千伏主干网络全部恢复供电，青川县城全面恢复供电，德阳220千伏线路全部恢复供电。19日，青川国家电网供区24个乡（镇）全部恢复供电。21日，都江堰、映秀地区基本恢复供电，德阳

110 千伏线路全部恢复供电。

5 月 26 日，在抗震救灾工作转入安置和恢复重建阶段之际，国家电网拟定四川电网灾后抢修恢复重建方案，全面启动灾区电网恢复重建工作。第一阶段，国家电网四川公司灾后电网抢修恢复重建已基本完成，即通过采取临时应急措施，抢修重要线路和变压器，恢复重要用户供电和居民生活基本供电。第二阶段，公司在 6 月 10 日前完成四川主网受损设备和配网设备的抢修、改造，满足受灾地区全部用电需求。第三阶段，在 8 月 31 日前完成受灾地区电力设施原地重建工作，恢复电网正常运行方式。

抢修恢复成都电网输电设施 地震造成四川省输电线路损毁严重，多条线路停运，国家电网四川公司立即组织抢修。5 月 12 日 21 时 20 分，成都电业局都江堰供电局的 220 千伏聚源站恢复，抢送出 1 号主变压器、110 千伏聚金线 135 和 136 出线，为都江堰市供电的 2 座 110 千伏变电站提供电能支撑。地震导致全站失压的 110 千伏王场站、胥家站、金江站、府青路站也于 12 日相继恢复送电；13 日上午，都江堰恢复供电线路 6 条；14 日，恢复线路 10 条。成都市城网故障于同日处理完毕，城网全面恢复。

5 月 13 日，成都电业局调集全局力量，抽调精兵强将火速驰援都江堰和彭州局，经过紧急抢修，于当日 20 时左右恢复都江堰市广场和主干道照明。从 15 日开始，在援助单位协同抢修下，陆续恢复 35 千伏灌山线及石支线、西中线及青支线等 20 余条线路。至 30 日，除灌小线、磁大线外，所有 35 千伏线路基本恢复。21 日 24 时，都江堰基本恢复供电能力，电网除一座 35 千伏变电站需要重建外，其余变电站均恢复运行。7 月，成都电业局将 220 千伏青山线（即丹山线）与映山线在二台山开关站外搭接，同时组织紧急抢修 220 千伏青山线 29 ～ 31 号段、38 ～ 41 号段、44 ～ 46 号段，以及丹景一二台山段搭接的 1 ～ 9 号段。抢修队伍迁移塔基、重做铁塔、重做堡坎、更换导线，220 千伏青山线抢修恢复重建工程在 11 月 23 日竣工，国家电网映电总厂恢复供电。成都电业局在国家电网四川公司安排下，新建源山南线 7 号、27 号、28 号塔，并在 7 号与 220 千伏银圣线之间新立铁塔 2 基，完成 2 条线路搭接，恢复了 220 千伏源圣线供电。11 月 30 日，成都电业局完成地震发生后第一个大型工业项目阿坝铝厂的供电任务。彭州、崇州、大邑等受灾地区亦在最短时间内恢复电网运行和安全供电。

5 月 15 日，成都电业局副主任肖勇和主任工程师李化带领高压、检修、带电、车队等近 20 名技术人员赶赴紫坪铺电厂，按照事先制订的方案，紧张有序地展开受损设备外观检查、高压试验、新设备运输安装、验收等各项工作。21 时，紫坪铺电厂 500 千伏紫景线援救抢修全部完成。

地震发生后，彭州市头峡电站至小鱼洞镇、龙门山镇的供电线路全部瘫痪。5 月 23 日，71622 部队通信营出动兵力 156 人，编成清除路障、组立线杆、线路接续 3 个小组，采取流水作业的方式，配合彭州市宝山电力公司完成从头霞电站至小鱼洞镇、龙门山镇各村的线路抢修任务，共拆除旧高压线约 30 公里，架设输电线路约 25 公里，清除高压线下树障 65 公里，埋设及紧固线杆 140 余基。至 29 日 19 时 23 分，龙门山镇、小鱼洞镇各户全部通电。71622 部队还为小鱼洞镇、龙门山镇的灾区群众安置点安装变压器、埋设电缆（见图 200），为尽快向安置点恢复供电创造了条件。

图 200　5 月 27 日，71622 部队通信分队穿越急流架设电缆，协助彭州市宝山电力公司恢复向小鱼洞镇、龙门山镇各村供电

（济南军区　提供）

抢修恢复德阳电网输电设施　地震发生后，德阳电业局全体员工迅速投入到各自生产岗位。5 月 15 日，220 千伏线路全部恢复供电。21 日，110 千伏线路全部恢复供电。27 日，35 千伏线路全部恢复供电，其中包括汉天线、汉鱼线两条用户线路。

5 月 12 日地震当天，广汉局将德阳城网故障处理完毕。13 日，中江公司将城网全面恢复，罗江供电局对城网全部故障处理完毕。14 日，德阳市城区供电局城市配网全面恢复。共计恢复 110 千伏线路 5 条、恢复 35 千伏线路 12 条、恢复 10 千伏线路 76 条。15 日 17 时整，什邡供电局将什邡城网故障处理完毕，恢复配网线路 39 条。同日晨，96531 部队抢修绵竹市汉旺镇、体育场、景观大道等应急救治中心的供电系统。部队抽调 163 人分成 4 个抢修小组，连续奋战 6 小时，抢通绵竹市抗震救灾指挥部和汉旺镇、东北镇、九龙镇应急供电线路。16 小时后，恢复 9 个镇和 1 个粮食加工厂的应急供电。截至 6 月 28 日，部队完成绵竹市供电主干网抢通任务，共抢修 10 千伏高压线路 252.65 公里、低压线路 187.49 公里，安装变压器 209 台、电表 2600 块，抢修配电台区 177 个。（参见图 201）各供电局在抢修各自所属配电设备故障的同时，抽调精兵强将驰援绵竹局，共抽调 210 人支援绵竹局配网的恢复。6 月 30 日，恢复绵竹配网线路 64 条。截至 11 月 12 日，

图 201　6 月 9 日，96531 部队架设绵竹市东城区 10 千伏双回线路

（第二炮兵　提供）

绵竹—清平乡山区电网的恢复重建工程竣工。清平新建 10 千伏输电线路 11 公里，改造 10 千伏输电线路 14 公里；恢复专用变压器台区 12 个，新增专用变压器台区 5 个；恢复公用变压器台区 10 个；新建低压线路 14.5 公里，改造低压线路 17.5 公里；低压用户恢复供电 531 户。

抢修恢复绵阳电网输电设施　绵阳电网 500 千伏茂谭一、二线位于北川和安县境内的线路（500 千伏茂谭一、二线 136 ～ 208 号铁塔）受损极其严重；2 条 220 千伏线路损毁，5 条 220 千伏线路不同程度损坏；17 条 110 千伏线路不同程度受损，电网瘫痪，通信中断。

在没有得到上级指令情况下，绵阳电业局及所属县（市、区）供电局、供电所按照应急管理制度，分别成立抗震救灾指挥部，对电网受损情况进行清查，制订切实可行的抢险方案，为电网恢复和重建赢得了时间。在抗震救灾指挥部统一部署下，各专业组在最短时间内对供电及其辅助设施进行全面排查，摸清农网设施受损情况，特别对 10 千伏主线、变压器等影响安全运行的关键设备、关键部位进行重点排查；各供电企业迅速组织农网设备材料供应，集中精兵强将抢修，尽快恢复供电；重点做好重要用户和高危用户抗震救灾供电保障，优先保障医院、学校、交通、通信、居民生活和农业排灌用户的正常供电；加强抢修单位与运行、调度等部门的沟通协调，强调安全注意事项，对倒塌的围墙、设备基础等及时组织土建维修，保护好变配电设施，保证已经恢复的电网设备安全运行。

5月12日20时，绵阳电业局对电网受灾情况进行汇总，制订电网恢复重建进度安排，绵阳输电线路工区立即启动电网应急预案。13日晨，绵阳城区范围内的医院、加油站等重要场所恢复供电。线路运行人员及时安排对安县至德阳段线路（500千伏茂谭一、二线136～208号铁塔）进行巡视检查和抢修。6月3—5日，两个线路运行队分成6个小组，徒步从北川羌族自治县擂鼓镇向茂县方向对剩余地段进行逐基全面巡视，对500千伏茂谭一、二线全线地震发生后受损情况进行巡查评估。（参见图202）掌握了地震发生后的第一手资料，为绵阳电网灾后恢复供电提供了有力保障。根据电网恢复要求，在国家电网四川公司组织协调下，500千伏茂谭一、二线主要是针对发生倒塔、铁塔严重变形受损和导地线断线等情况的3段线路进行改线重建，于10月底恢复供电。220千伏输电线路除茂永线在灾后重建中恢复外，均于2008年年底恢复供电。110千伏输电线路列入灾后重建项目。

图202　6月5日，绵阳输电线路工区员工为220千伏江油大康变电站改接线路
（张俊　摄）

北川羌族自治县是地震极重灾县（市）之一，国家电网四川公司北川供区的电网线路设备全部被损毁。国家电网北川供区范围内因震灾停运10千伏线路40条、低压线路2435条，城镇用户2.45万户、农村7个乡（镇）111个村的2.2万户停电。地震发生后，北川临时供电乡镇的电网恢复供电方案：贯岭乡、都坝乡因道路中断无法进入，发电机尚未送达，暂不具备供电条件；通口镇待上游唐家山堰塞湖垮塌危险消除后即可恢复电网供电；其余乡镇由江油甘溪变电站10千伏专线恢复供电。所有乡镇设置的救灾指挥部及受灾群众临时救护点等重要场所转为电网供电。

从5月13日起，国家电网四川公司陆续组织近2000千瓦的应急发电设备支援北川，为擂鼓镇、曲山镇以及通口镇、桂溪乡、陈家坝乡提供发电机（车），确保县、乡镇抗震救灾指挥部、群众临时救护点等重点场所的临时用电问题。至25日16时，擂鼓镇抗震救灾指挥中心、曲山镇的北川中学区域（临时指挥部所在地）和群众临时安置点等地区已转为电网供电。国家电网从安县35千伏城关变电站引入10千伏电源，用以解决北川部分地区电网的供电问题。北川县城由于地震损毁严重，北川电网在政府确定重建方案后实施重建。

绵阳市区、游仙、梓潼等城市配网设施受损较轻，在5月20日前基本完成配网设施抢修工作。安县、江油城市配网设备受损严重，也在28日前全部完成城市配网设施的抢修工作。截至5月28日，绵阳电业局全面完成城市配网线路的抢修恢复，保证了灾区人民的生活和生产自救用电。

5月31日，绵阳电业局在完成城市配网设施抢修工作的同时，积极实施农村电网抢修恢复工程，农电部门协调相关单位对极重灾区北川羌族自治县、安县进行援建。其中，线路工区援建安县高水、茶坪的小茶线和北川供电公司的团都线；梓潼供电局援建北川供电公司的团甘线。绵阳电业局农网共抢修10千伏线路213公里、低压线路948.6公里，更换变压器652台、42740千伏安，修建配电室1137座，完成户表工程42131户，共计投资9650万元。所有工程于12月底全部竣工。

6月10日，四川电网因灾停运需要恢复的最后一条线路绵阳35千伏线路永擂线，于18时48分送电成功。至此，四川电网因震灾受损的35千伏以上变电站154座、10千伏及以上线路2605条已全部恢复运行。

6月10日，自贡市大安区民兵应急连出动23名民兵，协助安县供电局抢修，历时10小时，抬运电线杆12根。针对通往北川羌族自治县禹里乡输电线路全部瘫痪的状况，6月19日至8月25日，武警四川省总队自贡市支队每天出动50名兵力，协助河南省电力援建人员担负禹里乡输电线路的疏通任务。官兵徒步深入梨子园、大河坝、杨家坪、张家园等10余个乡村，帮助搬运电力物资10余吨，恢复线路10余公里。

抢修恢复广元电网输电设施　5月12日14时35分，广元电业局紧急启动抗震救灾应急预案，利用光纤通道紧急恢复电网调度，组成4个查险小组分赴各变电站抢修。广元电业局利用地震发生后设备资源，采取特殊运行方式，仅用7小时就恢复了广元城区供电，17小时恢复除青川以外的各县区供电，39小时恢复青川县城供电，7天全部恢复青川国家电网供区24个乡（镇）供电，19天全部恢复青川国家电网供区164个行政村供电。

5月12日17时12分，广元市朝天区供电恢复正常；19时27分至21时51分，白石岩变电站主供的110千伏懒土坡、上西、九华、城郊变电站陆续正常供电；22时前，启明星铝业公司、广元南电气化铁路及朝天电气化铁路牵引站、城区市政用电已恢复供电。至13日8时，广元电业局重要高危用户及除青川以外的六县城区保安负荷全部恢复，全网供电负荷22万千瓦，其中供启明星铝业公司保安负荷18.5万千瓦。

广元市启明星铝业是广元市的龙头支柱企业，为电力营销部重点关注的用户；企业在地震中受损最重，生产被迫停止。地震发生39分钟后，电力营销部便深入现场了解用户设备损毁情况。5月13—15日，广元电业局派出技工人员帮助企业更换避雷器、高压开关等设备，协助企业制订临时供电方案，采取母线分段运行、临时加固等措施，于20日21时20分全面恢复生产供电。

青川供电局“点亮乡镇”方案分为两步走：先通各乡镇及医院、学校、移动电信机站、自来水厂等重要用电户，再通过场镇向各村社、群众聚集点延伸。自5月15日恢复青川县城供电后，青川供电局与前来支援抗震救灾各单位并肩作战，恢复供电开始向各乡镇延伸。16日，广元市救灾指挥部又发出“3天通乡镇、5天通村、10天内全面恢复供电”的命令。广元电业局局长龙洲说：“恢复供电的意义，点亮乡镇就是在点亮灾区百姓的心。”面对交通、通信中断的巨大困难，青川供电局全体员工及各抗震救灾援助队伍迅速投入到农网抢建工作之中。19日，经过国家电网河南公司、宁夏公司、四川公司、乐山电业局及广元、青川供电局500余名抢险队连续奋战，青川国家电网供区全面恢复24个乡（镇）供电。同时，国家电网抢修队还帮助地方电网实现关庄镇和凉水镇供电。

5月16日下午，剑阁供电公司在抗震救灾指挥部的部署下，经过全体员工连续奋战，处理供电缺陷137处，为3381家已具备带电条件的用户恢复送电。从6月起，剑阁供电公司大力对输配电设施进行恢复重建，其中恢复重建35千伏变电站4座，投资155万元；恢复10千伏线路130公里，投资290万元；恢复重建0.4千伏及以下线路150公里，投资320万元；恢复重建配电台区18个，投资65万元。

地震发生后，旺苍供电局10千伏配电变压器受损及低压线路多处倒杆断线，造成全县多地区供电中断。5月12日晚，旺苍供电局召开抗震抢险紧急调度会，确定抢险方案。13日，旺苍供电局组织9个施工队全力以赴投入抢险。从13日开始进场至，6月17日，辖区内供电设备及线路恢复正常运行，共投入抢修职工759人、民工1337人。

恢复全面供电后，广元电业局和外援单位不怕疲劳连续作战，仅用27天就抢通全部受损变电设施，恢复全接线运行方式。其间，还更换增容110千伏松林坡变电站、剑阁变电站、木鱼变电站、竹园变电站变压器4台，为110千伏乔庄站增加变压器1台，110千伏电网净增变电容量14.4万千伏安，提高了广元电网的供电能力。

抢修恢复阿坝电网输电设施　地震发生后，阿坝电网220千伏红薛线、薛州线、州茂线、茂永线、竹茂线、福银线均受到巨大破坏，500千伏茂县变电站全站失电，220千伏银杏变电站整体被埋，阿坝全州供电与水电送出全部中断，汶川县映秀镇的供电全部靠发电机、发电车提供。5月19日，国家电网四川公司总经理朱长林带领成都电业局人员到达映秀镇，通过发电机、发电车应急供电，解决阿坝藏族羌族自治州抗震救灾指挥部和汶川县映秀镇的抢险救灾应急供电。经过现场调查后，四川公司制订出由杨家坪变电站供郭家坝变电站，然后由郭白线—白春线供春天坪变电站，最后由春天坪变电站对映秀镇的供电方案。此方案中，郭白线、白春线都需要进行抢修，35千伏春天坪变电站以及所有的10千伏出线均需要新建。由此，四川公司指定成都电业局负责35千伏春天坪变电站的新建以及郭白线的重建，乐山电业局负责白春线及10千伏春渔线、春桤线、春湾线的新建及恢复工作。7月14日，春天坪变电站建成带电；24日，春天坪变电站6300千伏安主变压器投入运行，确保了映秀镇主网供电。

6月初，“都汶电网”输电线路抢修被列入国家电网四川公司议事日程。23日，勘察设计拉开序幕。7 月 10 日，成都供用电安装公司正式开工重建“都汶电网”输电线路。经 4 个月零 13 天的艰辛努力，在崇山峻岭中，靠马帮驮运、身背肩扛，硬是把 800 多吨重的材料、器具运进大山工地，顽强打胜 220 千伏青山线抢修恢复“攻坚战”，其间经历强余震 86 次、泥石流 7 次，直至重建工程竣工。

7 月 14 日，国家电网四川公司召开映电总厂恢复生产协调会议。会议再次明确恢复抢建 220 千伏映秀湾—二台山—丹景变电站的线路。成都电业局负责二台山—丹景变电站线路（原青山线）的恢复重建工作；阿坝公司负责映秀湾—二台山段建设管理，四川送变电建设公司负责施工。29 日，四川送变电建设公司开始进场，阿坝公司负责协调地方关系和 220 千伏映山线建设管理。8 月 2 日，送变电建设公司对茂县变电站、阿坝公司 220 千伏输电线路进行抢修。10 月 28 日，茂县变电站带电。11 月 1 日，220 千伏竹茂线恢复供电；14 日，220 千伏州茂线、薛州线恢复送电；15 日，220 千伏红薛线恢复送电；28 日，220 千伏青山线重建竣工。12 月 12 日，220 千伏映山丹线带电，映秀湾电站 3 号机组投入试运行，水电站在废墟中重新站立起来。2009 年 1 月，为保障二台山变电站的建设，又新建了 10 千伏春山线。

抢修恢复甘肃电网输电设施 5 月 12 日 15 时 30 分，国家电网甘肃公司总经理肖创英到电力调度中心了解甘肃电网受损情况。15 时 50 分，肖创英主持召开电网受损情况分析会，研究部署抗震抢险工作。国家电网甘肃公司启动电网应急机制，公司抢险救灾指挥部成立。当日，200 多人组成的抢险队伍紧急奔赴灾区。晚上，国家电网紧急召开会议，听取甘肃等灾区情况汇报，研究部署甘肃电网抢修恢复工作。21 时，按照国家电网甘肃公司紧急调集人员赴陇南抗震抢险救灾的命令，天水供电公司首批由 23 名技术骨干组成的抢险队，在公司总经理张玉宏的带领下，于 13 日零时 45 分到达成县，成为国家电网甘肃公司第一批到达灾区的抗震抢险队伍。至 20 日，甘肃电网全面恢复陇南灾区 220 千伏线路 2 条、110 千伏线路 9 条、35 千伏线路 67 条、10 千伏线路 367 条，供电台区 14458 个。21 日 22 时，实现通电户数 866597 户，需要通电的用户通电率达 100%，陇南地区 1242 个行政村全部恢复供电。

5 月 12 日 15 时 40 分，陇南供电公司完成 35 千伏两灰线（武都 110 千伏两水变电站至武都 35 千伏灰崖子变电站）和 35 千伏两东线（武都 110 千伏两水变电站至武都 35 千伏东江变电站）的巡查，对受损的部分杆塔基础进行加固，用 4 小时恢复陇南抗震救灾指挥部供电。13 日 3 时 18 分，一次供电成功。9 座 35 千伏变电站中有 7 座变电站相继恢复供电。

5 月 14 日，国家电网甘肃公司以天水供电公司、定西供电公司为主要抢险力量的抢险队，承担抢修武都电网任务。陇南、天水、庆阳、定西、兰州等供电公司抢险队先后奔赴武都地区抢修。10 千伏安马线和 10 千伏大外线，是武都电网受损最为严重的 2 条 10 千伏配网线路。10 千伏安马线是由 35 千伏安化镇变电站至汉林乡上板桥村的一条配网线路，线路全长 20.73 公里，主要保证武都区安化、柏林、马街、汉林 4 个乡（镇）84 个行政村的供电。线路大多数杆塔处在地震的断裂带上，抢修恢复任务非常艰巨。10 千伏大外线是从 35 千伏大岸庙变电站至武都区外纳乡的一条配网线路，全长 22.03 公里，主要向外纳乡 18 个行政村供电。15 日 8 时，由 400 人组成的抢险队会集安马、大外、安华线。在 10 千伏安马线，山高坡陡，汽车开不动，用人推；没有路，上山的物资靠人背肩扛；余震袭来，无人退却，硬是把一根根电杆立起来。在 10 千伏大外线，全长68公里的线路跨越湍急的白龙江。17日，武都抢修队第三施工组在抢修大岸庙供电所112（大外线）线路57～67号杆线路段时，要从公路向水深8米的白龙江对面运送3根10米电杆。队员采用502毫米钢绞线，在白龙江两岸打铁桩架设钢绞线滑道，再用滑轮运电杆过江。当施工人员运送第二根电杆到白龙江中心时，由于电杆重量大，运杆索道长，杆梢一头顶到江中石头上，不能移动。4名施工人员当即奋不顾身地跳入江中，由于水流湍急，一名队员被江水冲走10多米后才游上岸。抢险指挥部决定在江面拉绳索，把钢丝绳牵引到河对岸，固定好钢丝绳后，再把电线杆绑住，用滑轮从钢丝绳上滑过江去。当地村民主动加入抢修队伍，人拉肩扛运送电杆。至17时，终于把第一根电杆运送过江。18日，在112（大外线）线的57～67号杆线路段，该地段位于大山脚下且紧临白龙江，山上石块欲坠，余震不时发生，在立最后8基电杆时，40余名民工忧虑家中受灾，施工负责人、53岁的老党员段林，在1公里长的施工路段，一边动员民工作业，一边指挥立杆架线，硬是把几天才能干完的立杆和导线架设任务，在一天内全部完成。10千伏安华线35公里长的线路全在高山峻岭中，地震发生后，山头像被剖开的馒头一样，地面裂缝最宽的有1米，滚石遍地，整个山里一片废墟。抢险队每天都扛着沉重的导线、绝缘子等材料和工器具在山间跋涉，队员平均每人负重都在25公斤以上，安全帽经常被山上滑落的碎石击中，队员熊向阳背上留下了几道被滚石砸伤的鲜红伤疤，仍顽强战斗。19日18时，10千伏安马线恢复送电。20日19时，10千伏大外线恢复送电。

5月20日6时，定西供电公司第五批抢险队第一抢修小分队到达10千伏113安马线半山分支线路现场后，奋力开展抢修。7时，第二抢修小分队分成4个小组抢修，第一小组负责51号门形杆停电松线，第二小组拆除54号门形杆上的导线，第三小组负责52号门形杆的校正和松线，第四小组负责53号门形杆的拉绳固定、拆线、异地组装及立杆。正在急需人员帮助搬运的时刻，潘家山村党支部书记杜根带领200名村民赶来协助运送电杆。在广大群众和抢修人员的共同努力下，仅用3个半小时，就将重500公斤、长12米的2根水泥杆安全运送到施工现场。经过6小时不间断抢修，险情被排除。16时8分，修复113安马线汉林乡周家山段受损线路。

文县碧口电网有35千伏变电站3座、35千伏线路13条、10千伏线路14条。地震发生后，碧口地区配电系统全面瘫痪。5月13日，陇南供电公司抢险队冒着余震对碧口镇内10千伏112何肖线进行抢修。112何肖线全长9.16公里，是由110千伏何家湾变电站至碧口镇肖家坝的配网线路。14日17时，经过抢修队连夜奋战，恢复中庙变电站供电。15日，国家电网甘肃公司所属电科院、陇南供电公司、平凉供电公司、信通公司、白银供电公司等单位组成的抢修队先后到达文县碧口镇。16日，碧口地区配网抗震救灾抢险指挥部调集平凉供电公司和陇南市7个县电力局的专业队员组成6个抢险队，对碧口供电辖区11条10千伏主干线和285条分支线以及364个配电台区进行逐级逐台故障处理。至23日，除李子坝村未恢复供电外，其余基本恢复供电。（参见图203）9月初，碧口地区全面恢复供电。

35千伏文尚线是110千伏文县变电站至35千伏尚德变电站的供电线路，由于110千伏文县变电站没有10千伏配网线路，文县县城的供电由35千伏尚德变电站的10千伏出线直供，故抢修35千伏文尚线对恢复整个文县县城供电意义重大。5月13日10时许，天水供电公司20余人组

图203　5月21日，平凉供电公司抢修队在文县中庙乡抢修供电设施

（田松　摄）

成的抢修队，分3个抢修小组对文尚线10多公里线路进行逐级检查，并在37号杆塔检查出有倒杆和短路等故障。11时30分，抢修队紧急调用杆塔和导线等材料，并开始立杆架线。抢险队在不断有滚石从附近山上滚落的情况下，仅用3个小时完成任务。与此同时，抢险队又对35千伏尚德变电站112间隔（直供文县县城线路）进行检查调整。15时41分，文尚线送电成功。16日晨，兰州供电公司配电抗震救灾队开始对文县10千伏配电网进行抢修。在随后5天内，共出动车辆203台次，行车9000余公里，步行巡线180公里，对文县13个乡的配电设备、线路进行巡视、检查，修理变压器241台。

2211旱成线从220千伏旱阳变出线至330千伏成县变电站，线路长136.99公里，沿线海拔在960～1980米之间，人迹罕见。5月24日17时30分左右，220千伏旱成线碧口镇坪里山区半山腰的14号铁塔损坏倾倒。兰州超高压输变电公司抢险队承担对2211旱成线14号、38号铁塔进行恢复性抢修。25日，抢修队一行16人一边清理道路，一边把塔材运送到施工点，经六昼夜连续奋战，成功地在原14号铁塔旁边竖起一座新铁塔，220千伏旱成线带电。

5月15日，110千伏1111宕舟线124～125号塔段开始排险（线路为陇南宕昌变电站侧出线，与舟曲县一点联络）。宕舟线全长48.09公里。124号塔外边坡出现裂缝（长约200米）和大面积滑坡，滑坡面露出的巨石对下方125号塔身造成严重威胁。甘南公司在地震发生后立即组织抢修队，对受损的110千伏电力设备、设施进行抢修。16日晨，公司送电工区运检班等23人组成抢修队，首先对巨石进行拦护加固，逐步凿碎后再清理掉。16时，经10小时连续抢修，受损的1111宕舟线124～125号塔段险情被排除。另外，迭部县共修复电力设施61处、供电线路12余公里。碌曲县修复受损变电所2座、变压器3台，于17日抢通。至21日，甘南地区农网7条10千伏受损线路、225个台区，全部恢复供电。

5月12日15时10分，舟曲电力公司采取紧急措施安排应急抢修，舟曲县人武部组织150名民兵，协助电力部门抢修线路。至16日19时，全县6条10千伏线路和125个村基本恢复供电。

5月12日14时50分，天水供电公司20名业务骨干组成抢修队，前往秦安县莲花变电站、天水市麦积区社棠变电站，开展对10千伏以上主配网的紧急抢修。13日10时，社棠变电站1号主变压器恢复供电；18时，莲花变电站主变压器投入运营。14日17时，天水电网受损的2台主变压器恢复运行；受损的1条110千伏线路、1条35千伏线路、8条10千伏配网线路，以及农电7座35千伏变电站、33条10千伏配电线路，全部恢复供电。

地震发生后，平凉供电公司成功处理2条35千伏故障线路跳闸。其中，110千伏天门变电站35千伏3523天大线（天门变电站—大秦变电站）速断保护动作，开关跳闸，重合成功；110千伏水洛变电站35千伏3512水卧线（水洛变电站—卧龙变电站）速断保护动作，开关跳闸，重合不成功，强送成功，随即恢复供电。此外，30条6～10千伏配网线路跳闸后，其中6条重合成功。至5月12日22时40分，共有29条6～10千伏线路经强送恢复供电，仅有崆峒分公司10千伏113草香线（35千伏草峰变电站—香莲乡）因线路附近一水塔倒塌未恢复供电。13日10时，恢复配网供电。

地震发生后，陇南军分区组织各县民兵，协助电力部门奋力抢修电力线路。文县刘家坪乡关头村山岭上4根距离2公里的高压线水泥电杆倒塌，文县人武部出动民兵120人，配合县电力部门工程技术人员，冒着余震，进入大山进行抢修。由于作业面在半山腰，重达1000余公斤的4根水泥电杆和长2公里的高压线，全靠人力肩扛绳拉，一步一寸移送上山。经过5天抢修，恢复电力供应。礼县2条输电线路受损，11台变压器损坏。5月12—18日，礼县人武部出动民兵27名，配合电力部门对受损线路和变压器进行维修、更换。14—30日，文县人武部组织民兵预备役人员150人，对碧口电厂、碧口镇、中庙乡受损严重的输电线路和电力设施进行紧急抢修。其中，碧口电厂组织的150人电力抢修分队，经6天抢修，修复供电设施53套。31日，两当县人武部部长张华、政委张树斌组织站儿巷镇基干民兵27人，对松动电杆进行加固，及时排除险情。15—23日，兰州2765厂出动由25名技术骨干组成的民兵抢修分队，赶赴陇南灾区参加电力设施抢修。9天时间，先后为文县16个乡（镇）新立电线杆7基、加固存在安全隐患的电线杆3基、抢修断损线路28处、新架设线路7处、拆除报废线路2处、巡查改造线路90公里。

抢修恢复陕西电网输电设施　5月14日20时47分，中国大唐略阳电厂重新并入主网，陕西电网在短短54小时恢复对外供电。15日8时54分，经奋力抢修，220千伏汉—勉—略线恢复运行。11时29分，330千伏略武1号线恢复运行。16日8时，陕西受灾电网全部恢复供电。22日16时30分，陕西电网所辖经营区域停电台区已全部恢复供电。

汉中电网是陕西电网受损最严重的部分，国家电网陕西公司采取一系列措施进行抢修。略阳县供电设施受损，略阳县人武部立即出动由54人组成的民兵电力设施抢修分队，与电力部门共同抢修损毁电力设施，抢修11处35公里。宁强县人武部配合电力局，组织全体员工和民兵参与供电抢修，5月12日20时40分，恢复8条线路（城西线、城关线、农关线、镇东线、农燕线、代曾线、农柏线、农网线），解决了15个乡（镇）的抗震用电。13日14时30分，广金线、广青线、农大线馈路及红二分支线抢修完毕，供电成功；17日14时，农大线后端及禅家岩支线全部恢复供电。全县共出动民兵256人次，投入皮线1.9万米、护套线5860米。

5月18日，陕西公司抽调215名线路专业骨干，加上汉中供电局自身的专业巡线队伍，组成近300人的巡线队，用6天时间，对汉中地区81条线路、共计1619公里进行彻底排查。6月13日，陕西主网输变电设备隐患排查工作全部结束，累计排查110千伏及以上变电站363座、110千伏及以上线路716条，共计发现缺陷279处。

抢修四川省水电集团输电设施 四川地方电力系统在抢修恢复输配电生产中，首先是恢复保证抗震救灾工作及受灾群众临时安置点用电的电源电网项目，其次是重点保障抢通和临时恢复的电源电网，最后是进行后续的保障维护工作。截至10月10日，地方电网抢修恢复线路275条，其中110千伏线路7条、35千伏线路100条、10千伏线路107条，抢修恢复变电站86座；极重灾区由地方电力系统供电的96个乡（镇）全部恢复供电。

地震使汶川、理县、茂县电网损失巨大，汶川电网几乎损毁殆尽。5月28日，九寨沟县民兵突击队伴着余震和山体滑坡的危险，抬着沉重的设备，踩着地震发生后松动的乱石，爬行在七八十度陡坡上，民兵集体喊着口号，经过1小时40分钟的艰难跋涉，将350公斤重的柴油卷扬机和4块100公斤的水泥墩、滑轮、钢绳等设备抬到汶川县威州镇沙窝村后山上的高压电杆下。29日，九寨沟县民兵70余人在岷江电力公司技术人员指导下，分别前往沙窝村后山和郭作部山上拆除高压线。经过6小时奋战，将5根25吨重的高压线从400米高空安全拆除。6月13—16日，茂县人武部部长仇大海带领县民兵应急分队赴茂县渭门乡椒园村高半山，抢挖高压线路铁塔基坑和浇注铁塔基础。7月22—26日，71702部队炮兵营160余名官兵，抢修遭到严重破坏的阿坝铝厂电力设施，官兵们利用锹、镐、推车、绳索等简易工具，对厂房内电力设施进行清理、恢复，共敷设电缆线500余米，搭建变压器基础3座，安装变压器4台；26日上午，厂房用电设施正常运转。

在抢修恢复输电运行中，汶川县电网已临时恢复城区10千伏联网线路、桑坪线路、政府专用线、城市线路4回，共抢修恢复10千伏线路12公里；恢复变压器台区36个，共计容量1.2万千伏安；恢复水磨茅坪子变电站、三江变电站、茅坪子—三江35千伏线；水田坪变电站一次设备检测完毕。漩口电站并网发电，35千伏茅黑线投运正常，向黑土坡电站送出稳定可靠的电源。7月25日，驻汶川县绵虒镇71332部队出动300人，翻山越岭搬运线杆、架设电线，协助电力部门在绵虒镇架设电线2公里。马尔康县人武部组织民兵120人与汶川县电厂工人一起，在岷江河两侧山顶上重新选择杆塔位置。民兵们冒着塌方、飞石不断的山坡艰难前行，将水泥杆、钢索、拉杆等物资运到预定位置，按电厂要求挖掘和立好电杆。

理县电网在抢修恢复输配电运行中，已抢修恢复35千伏线路26.56公里；10千伏线路63.75公里、400伏线路70.15公里，新建变电台区15台，完成3000余间过渡板房的用电安装工程。

松潘县电网在抢修恢复输电运行中，全县输电线路已基本恢复至地震发生以前的正常运行状况。松潘县属5座变电站、7台变压器、容量22950千伏安及35千伏变电站全部恢复生产。位于松潘县境内九龙电网公司也恢复正常生产。截至12月底，松潘县在建的11座总装机容量41.41万千瓦水电站工程全面恢复建设。

茂县电网在抢修恢复输电运行中，共恢复35千伏线路3条、16.4公里，恢复35千伏变压器1台，恢复6个供区10千伏及以下线路工程，全县供电基本恢复。6月6日10时20分，茂县永和乡配电站在地震中遭到严重破坏。71998部队部队长牛斌令驻永和乡执行搜救任务的75名官兵紧急赶往救援地点。10时40分，连长常加杰带领官兵抬着沉重的变压器材，行进到2公里外的永和乡配电站。一路上山高路窄，经两小时努力，官兵终于把变压器抬到山上站点。随后，官兵们又协助电力公司更换变压器，并找来水泥和石块，修补变压器房。15时10分，永和乡配电站全部抢修完毕。8—12日，为解决永和乡部分地段高压电线下垂问题，71998部队驻永和乡官兵在营长侯俊涛带领下，又担负疏通进出道路、搬运电机配件、在海拔2500米以上高山上架设电线的任务，共疏通道路4.6公里，搬运物资240余吨，架设电线18公里。

平武县在电网抢修恢复输配电生产中，先后共恢复110千伏线路50公里、35千伏线路131公里、10千伏线路1475公里、10千伏配电台区607个、低压线路1974公里，全县送变电网络恢复正常运行。71426部队驻徐塘救援分队出动官兵135人，不顾山体滑坡、泥石流危险，在当地村民和平武供电局职工协助下，历时两天，冒雨奔赴海拔2000米高山上抢修线路7公里，新立、加固电杆30余基，架设电线2000米，使全乡5个村全部恢复通电。6月3日，71366部队政委裴晓昌带领350名官兵，每人负重30余公斤，沿着70度陡峭山间小路艰难向上爬行，将抢修受损线路急需的套管、滑轮、瓷瓶及拉线棒运往2000米高的崖顶。官兵们手足并用，膝、肘紧贴坡面，抓住树根向上攀爬，直到崖顶。在倒塌铁塔下方，负责线路铺设的第三小组迅速展开，战士朱应武等两名通信特级能手攀上跨越深谷之上的牵引铁索，连接断开的线路。经过12小时奋战，受损地段全线贯通，恢复供电。

青川县在抢修恢复输配电运行中，民兵和青年志愿者参加恢复境内输电设施的战斗。5月13日1时，广元市民兵应急营突击队分三路赴青川查巡110千伏线路供电故障，通过110千伏线路，从宝轮经三堆、木鱼，将电送到乔庄镇。15日21时25分，35千伏三锅石变电站逐渐恢复桥楼、青溪、唐家河等片区的供电。峨眉山供电局青年志愿者两人一组，为每个棚户点接通照明用电，沿着棚户点放线、接头、装灯，所到之处受到受灾群众热情欢迎。至17日19时30分，青溪变电站恢复带电，10千伏线路恢复5条60公里，青川县除石坝乡、马公乡、红光乡因特大地质灾害形成8个堰塞湖，当地群众已基本转移，暂时无法由网络供电外，其余乡镇均恢复电网供电。至24日，四川省水电集团青川电力公司抢险突击队已临时恢复桥楼—青溪35千伏线路13公里和曲河—桥楼35千伏线路12公里。6月13日8时20分，71677部队1营3连官兵急行军，赶到东河口与青川电力公司施工人员会合，加入抢修行动。东河口至红光直线距离仅3公里，两地之间山势较高，山上树木茂密，实际距离在5公里以上。3连官兵经过艰难的砍伐、挖掘、架线，采用近乎原始的方法，共伐树300余棵、立杆11基、架设电线10公里。17日10时50分，关庄镇关庄村高压输电线杆被撞倒，200余米输电线落在道路旁。71407部队迅速出动100人展开抢修，经两小时奋战，将电线全部架设好。7月18日下午，71620部队后装直属分队针对地震发生后沙州镇学校供电线路破坏严重的状况，组成70人的线路架设突击队，连续奋战6小时，为沙河镇学校整修供电线路3公里。9月23—24日，青川县普降大到暴雨，红光、石坝、马公、房石、曲河、茶坝、观音店、毛坝8个乡（镇）重新陷入水、电、路、通信“四不通”境地。广元军分区官兵连夜冒雨启程，赶往竹园、七佛、马鹿、凉水、关庄、红光等乡（镇），对道路、江河汛情、地质灾害进行勘察，并迅速组织民兵1200人次监测汛情、清障导流河道、疏通道路、抢修电力设施。至10月，完成35千伏曲关线改道建设，及时恢复供电区内受损的高低压线路和台区。

截至12月31日，四川省水电集团已抢修恢复110千伏变电站1座、容量4万千伏安，35千伏变电站24座、容量123900千伏安；恢复110千伏线路31公里、35千伏线路37条260.5公里，恢复10千伏线路236条2661.9公里；恢复10千伏配电台区3373个、容量122110千伏安；恢复低压线路6665.3公里。

抢修恢复川投集团能源专供输电设施 阿坝铝厂是阿坝藏族羌族自治州最大的工矿企业和制造企业，厂址位于汶川县漩口镇，是国家电网阿坝公司唯一的重要供电用户。主供电源从阿坝公司的220千伏银杏变电站262开关出线，220千伏银圣线供电。该线路于2008年4月20日完成施工，并于5月初带电，为阿坝铝厂5月13日即将投运的年产20万吨技改一期11万吨电解铝开工提供电力保证。但突如其来的地震，使阿坝铝厂厂房和设备遭到严重破坏，已投产的2万吨生产线轰然崩塌，准备开工的11万吨电解铝生产线全部受损，输电线路220千伏银圣线全部损毁，直接经济损失达5亿元以上。

由于阿坝铝厂位于中国西部经济欠发达民族地区，在当地经济发展和社会稳定中具有重要作用，因此其恢复生产和重建工作受到党和国家领导人的高度重视。5月17日，胡锦涛一行在抗震抢险的关键时刻，驱车到漩口考察，要求阿坝藏族羌族自治州的这家“龙头企业”抓紧复建，尽快投产。

6月7日，四川省召开阿坝铝厂恢复生产工作会议，明确提出阿坝铝厂是一个符号，它不仅是阿坝最大的工矿企业、最大的制造企业，也是距离震中最近的工矿企业之一，它的复产和重建是汶川地震之后，四川工业、阿坝工业能不能崛起的一个标志，其政治意义大于经济意义。会议决定，成立由四川省经委牵头、国家电网四川公司等各有关部门参与的阿坝铝厂恢复生产领导小组，并确立两个基本原则：全力支持阿坝铝厂恢复重建，不仅不能说“不行”，还要指明“怎么才行”；必须进行充分论证和勘测，不能为了尽快“交卷”而丧失科学性，要经得起历史的考验。国家电网四川公司总经理朱长林要求，全力以赴，不惜代价抢通聚源至二台山Ⅰ回线路，采用临时方案解决阿坝铝厂复产用电问题。与此同时，公司决策者和专家们已在思考或酝酿映秀片区输变电枢纽工程—二台山输变电工程重建的课题。四川省发改委力促阿坝铝厂恢复重建列入《汶川地震灾后恢复重建总体规划》。四川省经委协调各类恢复重建所需设备、材料、能源，请求贵州省技术专家给予支援。四川省国土资源厅派出专家对厂区周围地质灾害进行评估，将周边边坡治理纳入全省规划。国家电网四川公司负责电力供给。为确保12月12日阿坝铝厂点火生产，国家电网四川公司多次召集阿坝公司和其他援建单位一起，研究制订阿坝铝厂的供电方案，决定从成都220千伏聚源变电站搭建专线220千伏源圣线临时单电源对阿坝铝厂供电。阿坝公司专门成立阿坝铝厂供电恢复重建领导小组，公司领导多次带队到阿坝铝厂调研，了解阿坝铝厂生产电气设备的恢复和调试情况，营销部专门指定大客户经理，上门帮助阿坝铝厂解决用电过程中的问题。5月20日至6月17日，川投能源恢复输配电生产，完成110千伏和10千伏线路检修，具备恢复供电生产的能力。成都电业局新建源山南线7号、27号、28号铁塔，并在7号与220千伏银圣线之间新立铁塔2基，完成2条线路搭接工作。

9月2日9时，温家宝到阿坝铝厂考察，在听取相关部门的汇报后说：国家和政府对铝厂的重建会给予大力支持，希望大家迎难而上，打好这场重建铝厂的攻坚战；阿坝铝厂位于少数民族地区，只有团结共进，才能共渡难关。11月30日，经过各方紧张抢修，220千伏源圣线（由220千伏源山北线和银圣线临时搭接形成，作为对阿坝铝厂供电的新通道）顺利带电，220千伏聚源变电站为主供电源，完成地震发生后第一个大型工业项目——阿坝铝厂的供电任务。

抢修恢复华能集团企业专供线路输电设施 中国华能涪江公司在地震灾害中输配电线路受损严重。从6月7日起，涪江公司迅速组织德阳明源和绵阳启明星两家施工单位进行抢修施工。16日，木坪天线临时抢通，线路具备带电20万千瓦负荷的条件，并于21日正式向国家电网输送25万千瓦的电能。7月8日，木坪天线和里天线临时跳接工程的基础施工完成，并于23日通过验收。7月底，220千伏线路及其他输电线路的临时抢通任务完成。截至10月25日，火溪河35千伏、10千伏输电线路和水牛家、自一里、阴坪、木座4个水电站的厂用电联络线全部恢复。

地震发生后，杂谷脑公司配网线路受损较重，红闸线、闸狮线4基杆塔断线，6基杆塔移位、倒杆，造成沿线电缆和光纤等损毁。相应的修复工程于12月底全部完成。

二　抢修恢复变电设施

地震造成四川电网大量变电设备严重损毁，35千伏及其以上变电站停运171座，17座完全损毁，其中500千伏变电站1座、220千伏变电站4座、110千伏变电站5座、35千伏变电站7座。国家电网甘肃电网停运330千伏变电站1座、220千伏变电站1座、110千伏变电站4座、35千伏变电站63座。国家电网陕西电网35千伏及以上125座变电站设备受损，其中330千伏16座、220千伏1座、110千伏79座、35千伏29座。灾区电力企业为落实国家电监会抗震救灾、抢险保电，全面恢复电力生产的指示精神，迅速展开恢复变电生产的任务。（参见表22）

四川电网、四川地方电网抢修恢复情况统计表

表22 单位：座（条）

区　分	变电站、输电线路	累计停运数量	恢复数量
四川电网	500千伏变电站	1	0
	220千伏变电站	15	7
	110千伏变电站	68	32
	35千伏变电站	123	56
	电铁牵引站	5	5
	合计（变电站）	212	100
	500千伏线路	4	0
	220千伏线路	59	11
	110千伏线路	113	52

续表 22

区　　分	变电站、输电线路	累计停运数量	恢复数量
四川电网	35 千伏线路	104	38
	10 千伏线路	683	387
	合计（线路）	963	488
四川地方电网	110 千伏变电站	3	3
	35 千伏变电站	11	11
	合计（变电站）	14	14
	35 千伏线路	28	28
	10 千伏线路	76	76
	合计（线路）	104	104

说明：此表数据为 5 月 14 日统计数。12 日，四川电网震前负荷为 1178 万千瓦、地震后为 734 万千瓦，重庆电网震前为 489 万千瓦、震后为 410 万千瓦，华中电网震前 6037 万千瓦、震后为 5555 万千瓦，西北电网损失负荷 230 万千瓦。13 日 9 时，四川电网负荷 674 万千瓦

抢修恢复省域电网变电设施　国家电网四川公司在全面了解电网灾情的基础上，迅速确定抢险救灾恢复变电生产的原则和方案。总体要求是：需要供电并具备修复条件的，抓紧抢修；需要供电但电力设施损毁严重的，原地重建；电力设施基本损毁，负荷完全丧失的，规划重建；需要供电但短期不具备抢修或重建条件的，采取临时应急措施供电。具体分工是：所有输配电线路和 35 千伏及以下变电设施的抢修工作由国家电网四川公司承担；110 千伏及以上变电设施抢修恢复工作由国家电网四川公司和各外援单位共同承担。其中，成都地区的抢修工作由成都电业局承担，德阳、绵阳、广元地区的抢修工作由受灾区域电业局和外援队伍共同承担，其余受灾较轻地区的抢修工作由各受灾电业局承担。

为使以上原则和分工得到落实，国家电网四川公司与华中电网各省市公司援建队伍密切配合，确保电网抢险救灾工作顺利推进，受损电网快速恢复，灾区供电得到积极保障。截至 5 月 20 日，四川省内 220 千伏电网主网架基本恢复，除绵阳地区北川和阿坝藏族羌族自治州以外，其余地区基本恢复供电；宝成铁路电铁牵引站、东汽、821 厂等重要用户均于 14 日前恢复供电或照明。

5 月 19 日 23 时 45 分，国家电网陕西电网全面恢复变电生产。220 千伏勉县变 1 号、2 号变压器抢修完工，恢复运行，标志着地震发生后陕西电网全部恢复正常运行方式。20 日，国家电网甘肃电网全面恢复变电生产。其中，陇南灾区 330 千伏变电站 1 座、220 千伏变电站 1 座、110 千伏变电站 4 座、35 千伏变电站 63 座。为使变电生产尽快得以恢复，国家电网四川公司根据灾后电网的实际情况，提出“以设备排查为主线、以消除隐患及次生灾害为重点、以综合治理为手段，全面开展电网设备、设施的隐患排查及治理”工作方针，从 6 月开始，在全公司系统开展为期一年的隐患排查工作。

抢修恢复四川成都电网变电设施　地震造成成都电业局 56 座变电站受损，承担大半个都江

堰负荷供应的220千伏聚源变电站1号、2号主变压器全部跳闸，110千伏胥家、金江、灌县3座变电站全站失压，整个都江堰陷入无电的紧急险境。

国家电网成都电业局立即组织6个小组抢修电网设备。成都电业局生产技术部（以下简称生技部）组织所有在场人员，对聚源站全站设备进行详细检查并隔离故障设备，天黑时即恢复1号主变压器运行。之后，生技部人员赶赴110千伏胥家站，用最短时间将故障设备隔离后恢复运行，再赶到110千伏金江变电站抢修。到达金江站时，站内漆黑一片，生技部人员爬上主变压器检查，发现1号主变压器受损较轻，当即决定立即恢复1号变压器的运行。不到一小时，即恢复110千伏金江变电站的运行。与此同时，生技部另外5个小组分别到达各抢险现场，全面展开设备巡查、故障隔离，陆续完成回龙、大面、柏合、马家、昭觉变电站的设备隔离和恢复。在灾后9个小时内，陆续恢复除都江堰地区灌县变电站外的所有110千伏变电站，成都中心城区供电全部恢复。5月15日，生技部派出4个专家组，奔赴都江堰、彭州地区各35千伏变电站和线路所在地现场，查看输变电设备受损情况。18日，所有临时恢复供电方案实施完毕，都江堰所有供电区范围的35千伏变电站恢复运行，都江堰灌县变电站2号主变压器经紧急抢修后也恢复送电。至此，都江堰3座110千伏变电站全部恢复送电。同时，及时对500千伏蜀州变电站等进行了抢修。至20日，成都电网各单位共发现电网重大缺陷242处，紧急处理212处。6月13日，成都电网实现地震发生后电网稳定运行。

地震造成110千伏灌县变电站1号主变压器套管严重损坏，2号主变压器震倒后倾斜损毁。灌县变电站承担着都江堰三分之一的负荷，支撑着6个35千伏变电站，故恢复灌县变电站供电意义重大。5月13日晨，生技部组织修试所、继保所人员抢修灌县变电站。灌县变电站恢复分两步进行：先恢复110千伏部分开关站，恢复都江堰地区110千伏电网；再更换110千伏灌县站2号主变压器，恢复110千伏灌县站所带负荷。14日，生技部采用发电机作为站用电源，恢复灌县站110千伏母线及其出线的运行，继续组织更换2号主变压器。18日18时45分，2号主变压器一次投运成功。

5月14日晚，成都电建公司临危受命，承担起紫坪铺升压站故障恢复和确保500千伏紫景线送出重任。15日10时30分，电建公司总工程师李强率领28名抢险人员挺进紫坪铺现场，展开抢修。16日16时，抢险队进行500千伏出线架空线至A相避雷器的恢复，小心翼翼地将高约7米、重达3吨的设备吊装至距离地面23.8米的安装平台上。设备每提升一个高度，队员的心就揪紧一分。紧张时刻，余震发生，登高工刘孝文正跨坐在500千伏出线的架空线上作业，身体随着导线剧烈摆动。吊装人员死死护住尚未安装固定的设备，避免了损失。15—17日，抢险队经连续48小时昼夜抢修，更换完A相避雷器，又对C相出现裂纹的避雷器、受损的互感器和母线连接金具进行更换。至17日14时30分，抢险队终于一次性结束所有修复任务，实现当天500千伏紫景线送出，保证了紫坪铺大坝泄洪成功。

抢修恢复四川德阳电网变电设施 地震发生后，国家电网德阳电业局有52座变电站遭到不同程度损坏。德阳电业局反应迅速，争分夺秒抗灾保电，最多时组织3300余人全力开展电网抢修。 5月12日15时50分，德阳电业局德润公司即派出人员赶到灾区现场查看灾情，为绵竹市机关、医院提供抗灾抢险电力保障。抢修人员坚持冒雨施工，1号变压器于14日18时41分成功投运。14日，国家电网湖南公司火速支援德阳电业局抢修恢复变电设施；27日，新市站2号变压器投入运行。至此，220千伏新市变电站全面恢复运行。

5月12日晚，经德阳电业局及时组织抢修，有1座500千伏变电站、5座220千伏变电站和14座110千伏变电站恢复部分带电。泸州电业局负责人率领100余人、17台车，于13日紧急开赴什邡，承担万春、永宁、双盛、两路口4座110千伏变电站的抢险复电任务，至17日圆满完成抢修任务。

5月13日3时，德阳云西变电站2号变压器恢复带电运行；当日，云西变电站恢复部分带电运行。14日，国家电网湖南公司援助人员赶到现场。14—22日，云西变电站恢复全接线方式带电运行。16日，进行220千伏母联212号开关支柱瓷瓶的更换。22日，经过德润公司和湖南送变电抢险队员工日夜奋战，云西变电站1号变压器恢复带电运行。

5月20日，在德阳电网基本恢复供电能力的基础上，德阳电业局及时提出“确保5月31日前全面恢复德阳城市及农村主干电网供电”的目标。22日17时50分，湖南省送变电抢险队变电一分公司、调试所突击队抢修的土塘110千伏变电站施工。19时10分，由电建分公司承担施工的圣母泉110千伏变电站投入运行。至此，湖南送变电抢险队负责的8个变电站已连续完成4个站的带电运行。国家电网湖南公司在抢修德阳电网中，超高压四分局局长王宇平强忍病痛，带领队员战斗在第一线，突击队中的党员和“光头突击队”发挥了重要作用。（参见图204）与此同时，解放军后勤工程学院分别在什邡市红白镇、绵竹市汉旺镇设立电力保障分队，为抢险救灾部队驻地进行电力保障和检测维护。

截至5月22日8时，德阳电网中旌阳区、广汉市、什邡市、罗江县、中江县的城网、农网已全部恢复供电，绵竹市全部20个乡（镇）均恢复部分供电。全市供电到村率达到96.26%，其中极重灾区绵竹市225个村已实现156个村供电，余下69个村于22日全部实现供电。

图204 5月22日，湖南省送变电抢险队中的“光头突击队”集合准备出发
（电监会 提供）

截至5月30日，德阳市在地震中损坏的1座500千伏变电站和7座220千伏变电站全部恢复运行，24座110千伏变电站恢复投运20座，20座35千伏变电站全部恢复投运。全市停电的126个乡（镇）全部恢复供电，乡镇恢复供电率达到100%；停电的1865个村也全部恢复，全市国家电网供电到村率为100%。

作为绵竹市的主供站110千伏绵竹变电站，在此次大地震中受损严重，站内2台变压器喷油、重瓦斯动作跳闸、1组110千伏刀闸损坏、3组电流互感器喷油、1只避雷器倾倒。德润公司为按计划在6月4日之前完成任务，于5月26日组建抢修突击队进驻绵竹变电站。至6月3日21时，经突击队昼夜抢修，成功投入运行。往常需要3个月才能完成的工程量，突击队仅仅用8天即完成。

抢修恢复四川绵阳电网变电设施 绵阳电业局有多座变电站严重损坏。从6月1日开始，绵阳电业局修试所40余名抢修人员冒着生命危险，历经7天艰苦奋战，完成临时电源抢建工程，再经13天连续战斗，完成24座变电站抢修。7月10日，在国家电网重庆公司援建突击队大力支援下，安县变电站提前投入运行。8月26日，绵阳电业局原地重建的江油220千伏大康变电站竣工。

5月14日，国家电网湖北公司组织输变电工程公司、襄樊供电公司、宜昌供电公司等7个单位共390人的抢修队到达绵阳。18日，湖北公司70余名抢修队员，冒着余震抢修绵阳电网。19日15时40分，110千伏高水变电站受损设备成功修复。20日，110千伏石桥铺、小枧变电站受损设备全部抢修完毕，具备送电条件。21日，湖北公司援川抗震救灾突击队首战告捷，经过近400名电力抢修队员连续3个昼夜的紧张施工，绵阳市110千伏高水、小坝变电站受损设备全部抢修完毕。同日，湖北公司援川抗震救灾现场指挥部重新部署兵力，展开对绵阳其他9座220千伏和110千伏变电站抢修大会战，全力抢修江油市220千伏天明变电站受损电力设备。220千伏天明变电站位于江油市双河镇，是绵阳电业局所管辖的连接川西和川北电网的枢纽站。湖北襄樊供电公司抢修分队承担抢修220千伏天明站2号、3号主变压器任务。后因高压套管未能到位，抢修一度受阻。25—27日，绵阳相继发生3次强余震和唐家山堰塞湖可能溃坝的险情，抢修队冒着生命危险，毅然坚守阵地，完成套管起吊就位。29日15时，湖北襄樊供电公司抢修队负责抢修的最后一座220千伏天明变电站抢修完成。至此，共抢修12座变电站（220千伏变电站4座、110千伏变电站8座）受损变电设施。

北川羌族自治县地方电网因灾停运35千伏变电站2座、35千伏线路2条，10千伏线路661公里、10千伏配电变压器291台，低压线路1305公里。当地电力企业超过五分之一骨干人员在地震中伤亡，无力恢复供电。6月9日，国家电网河南公司派出先遣队紧急赶往北川。北川地方电网重建除时间紧、任务重外，河南公司援建人员还面临着当地堰塞湖垮坝等危险。71名援建人员来自河南省巩义、新密、荥阳电业局和郑州市环城电力分局，负责坝底乡和墩上乡200余公里10千伏供电线路和部分低压线路的重建。由于堰塞湖水位居高不下，泥石流、山体滑坡不断，全县12个乡（镇）中仍有2个乡（镇）援建人员无法进入施工。至27日，河南公司共抽调郑州、新乡供电公司人员200余人，进驻能够进入的10个乡（镇）加紧抢修，累计抢修恢复35千伏变电站2座、35千伏线路13.5公里、10千伏开关站1座、10千伏线路68公里、配电台区23个、低压线路310.6公里。

5月15日8时，国家电网江西公司南昌供电公司成立以总工程师为总指挥，集中变电检修、高压试验、通信自动化、直流等47名专业民兵骨干，调运应急发电车、大型吊车、登高作业车等10辆专业作业车，组成突击队开赴四川灾区。17日，抢修突击队对江油市110千伏甘溪变电站进行抢救性恢复抢修；经18小时连续奋战，于18日下午恢复该站供电。同日晚，抢修突击队对绵阳市110千伏仙人桥变电站进行全面试验检查、消缺，于19日20时使该站变电设备恢复到震前水平。23日，完成新增加的110千伏甘溪变3号主变抢修任务。

从5月18日起，国家电网重庆公司派出9支抢险队共500余名抢险队员，负责援建安县境内220千伏安县变电站和花荄、睢水、永安、晓坝4座110千伏变电站，并提前完成4座110千伏变电站抢建任务。从20日开始，重庆电网为保证四川灾区迎峰度夏期间的电力供应，每天向四川省送电15万千瓦、电量360万千瓦时。之后，重庆公司抢险队集中力量，抢修受损更为严重的220千伏安县变电站。经过500余人56天的共同努力，对全站毁损设备进行更换，对两台主变进行复位，更换了套管等部件，对110千伏设备进行消缺处理，并对全站进行设备防腐处理。7月10日11时，国家电网四川公司、重庆公司领导宣布“220千伏安县变电站竣工移交”，宣告重庆公司援建的四川变电工程全部圆满结束，恢复重建工期比国家电网的要求提前一个半月。

抢修四川广元电网变电设施 地震造成广元市33座变电站跳闸停运，其中220千伏变电站2座、110千伏变电站14座、35千伏变电站17座。地震发生后7分钟，广元电业局紧急启动抗震救灾应急预案，利用光纤通道紧急恢复电网调度，组成4个小组分赴各变电站，全面展开应急抢修恢复供电。5月13日，六县（区）供电基本恢复。

地震发生后，220千伏袁家坝变电站因2台主变发生位移脱轨，4台220千伏开关倒塌损毁，全站不具备带电条件，全网负荷由220千伏白石岩变电站以特殊运行方式供电。220千伏赤化开关站2条线路跳闸，恢复电网运行时甩开故障设备。5月12日17时12分，试送110千伏朝天变电站成功，朝天区供电恢复正常。19时27分至21时51分，由白石岩主供的110千伏懒土坡、上西、九华、城郊变电站陆续正常带电。22时前，启明星铝业公司、广元南电铁及朝天电铁牵引站、城区市政用电已恢复供电。13日1时30分，变电工区紧急处理220千伏白石岩变电站1号主变中特点套管漏油故障，恢复双主变正常运行方式。

地震发生后，110千伏宝轮变电站10米余长的避雷针断裂倒在母线上，电业局线路工区和变电工区配合作战，于5月12日21时10分使用吊车将故障排除，为宝轮站、剑阁站恢复送电打下基础。接着为110千伏松林坡、宝轮、剑阁、苍溪、陵江站送电成功，旺苍县城、苍溪县城、剑阁老县城供电正常。广旺矿务局坑口电厂、碗厂河电厂、荣煤电厂、嘉川煤铁厂并网正常，重要煤矿及监狱供电恢复，沙溪坝电铁牵引站改变系统运行方式恢复供电。13日8时，广元电业局重要高危用户及除青川以外的六县（区）城区保安负荷已全部恢复。

地震使821厂110千伏671变电站受损，造成110千伏组合电器白六线进线开关故障，企业技术力量有限，不能及时进行恢复。5月13日3时，广元电业局接到821厂紧急求援后，派出精干力量，冒着余震带来的危险，对671变电站进行紧急抢修；18时16分，恢复正常送电。至20

日，广元市所有企业恢复供电。

5月18日上午，国家电网河南公司赴川抗震救灾前线抢修队赶赴广元，前线指挥部也随之设在广元。河南公司赴川抗震救灾前线指挥部争分夺秒，在摸清两座220千伏变电站的详细受损情况后，鉴于青川不完全具备抢修施工条件，暂时把抢修精力集中到这两座220千伏变电站的抢修上。19日，经过河南公司、宁夏公司及四川乐山电业局和青川供电局500余名抢险队员连续奋战，青川国家电网供区全面恢复24个乡（镇）供电，并帮助四川地方电网实现关庄、凉水两镇供电。负责广元市利州区配网抢修的乐山电业局突击队恢复东坝水厂和一大型设备厂供电，同时为当地居民接通临时电源。负责广元市朝天区配网抢修的队员为朝天区加油站更换故障变压器，恢复宝成铁路10千伏信号自备电源线路，抢修断线1.2公里的10千伏朝农线。

抢修恢复四川阿坝电网变电设施 地震发生后，国家电网阿坝公司管辖的500千伏茂县变电站全站失电，220千伏银杏变电站整体被埋，阿坝公司220千伏福银线全线无法恢复；220千伏州茂线67号塔倒塔、断线，3基塔基础严重受损，红薛线22～23号导线被飞石打断，4基塔基础严重受损；220千伏竹茂线2基塔基础严重受损。映秀镇供电全部靠发电机、发电车供应。国家电网四川公司制定下达抢修计划。7月24日，在汶川县映秀镇新建的35千伏春天坪变电站，由国家电网四川公司交给下属阿坝电力公司运营，正式恢复电网供电。这也是地震之后映秀镇第一个竣工的新建工程项目。经过国家电网成都电业局、乐山电业局的连续奋战和艰苦努力，7月14日，春天坪变电站带电，于17日竣工投运，2回10千伏送出线路分别于18日、20日竣工投运，实现了映秀镇由国家电网主网供电。

茂谭500千伏输变电工程包括茂县500千伏变电站、谭家湾500千伏变电站、茂谭500千伏输电线路三部分，全线途经茂县、北川、安县、罗江，全长127.7公里，共有铁塔255基。地震中，该线路损毁严重。国家电网四川公司将该工程列为重点抢建工程，要求9月底全面完成抢修任务。6月20日上午，国家电网四川公司明确茂谭500千伏输变电抗震抢修工程由四川省超高压建设管理公司（以下简称超高压建管公司）承担建设管理，将500千伏茂谭线输变电抗震抢修工程分为500千伏茂谭线路工程和500千伏茂县变电站抢修工程两部分。超高压建管公司迅速启动应急机制，各参建单位投入设计、施工、监理、物资运输等员工共572人，冒着生命危险投入抢修。7月4—6日，工程施工人员就位。17日，该线运输道路全部恢复，所有安全设施布置妥当，新建塔基开挖施工全面展开。21日，500千伏茂谭线抢修如火如荼。施工中，经历3次6级以上强余震后，部分已抢建好的工程再次受损，新修运输道路也多处垮塌，114号、119号、123号等多基铁塔基坑严重垮塌，用于浇筑铁塔基础的钢筋笼严重变形，所幸人员及时疏散。由于地震造成北川道路中断，已被疏散的抢修人员和物资运输不得不绕道600余公里，从绵阳经平武、松潘、茂县进入施工现场。9月18日，国家电网四川公司副总经理何源森前往茂县500千伏变电站抢修现场督察，并与阿坝藏族羌族自治州负责人就电网抢修、电网灾后重建等交换意见。24日，遭特大暴雨袭击，施工区段张力场遭严重损毁，施工队驻地及材料站被洪水冲毁，大量工程抢修材料物资在暴雨中受困和受损，工程几毁几建。超高压建管公司组织300余名抢修人员冒着余震、飞石等危险，奋战在北川、茂县灾区，对500千伏茂（县）谭（家湾）输电线路和500千伏茂县变电站进行抢险。10月21—26日，茂谭线开始进行投运验收；31日7时25分，500千伏茂谭线输变电设备并入四川电网运行。

茂县地方电网因损失严重停运。国家电网湖南公司抽调123名队员支援茂县地方电网恢复重建，湖南公司副总经济师王路任前线总指挥。6月7日，湖南省超高压局组成技师突击抢修队抵达茂县，辗转于崇山峻岭之间，全力对各个受损变电站进行抢修。共抢修恢复35千伏变电站9座，检查、抢修110千伏和220千伏送出电站各1座，取得继德阳电网抢修恢复后又一个胜利。累计完成设备检查500余台（项）、设备修复性大修60余台、受损设备更换30余台、处理设备缺陷上百处，排除设备隐患20余项（次）。湖南省超高压局突击队中的10名党员充分发挥先锋模范作用，带领全体队员高效优质地抢修恢复变电设备。18日下午，完成茂县电网35千伏甘沟变电站受损变压器更换。截至6月26日，湖南公司抢修队累计抢修恢复南新水电站110千伏变电站1座、35千伏变电站9座、5千伏线路5条、10千伏线路241.9公里、10千伏配变214台、低压线路2392公里。

二台山联合开关站位于国家电网映电总厂映秀生产区厂部后侧二台山上。该站在地震中损失巨大（见图205），直接影响着阿坝铝厂等重要工程恢复重建。5月17日，胡锦涛抵达汶川漩口考察，要求阿坝藏族羌族自治州的“龙头企业”阿坝铝厂抓紧复建，尽快投产。20日，国家电网公司下达抢修47座受损变电站任务，要求二台山、银杏站结合阿坝水电站的重建进行重建规划。国家电网四川公司将二台山开关站改建为二台山变电站，此举既可满足110千伏电压等级水电站送出的需要，又可满足百花工业区、映秀镇工业及当地居民的用电需求。9月18日，四川公司和阿坝藏族羌族自治州政府将二台山重建输变电工程纳入抗震抢险项目。10月31日，四川公司决定，封堵退路原址重建二台山变电站。中电工程西南院设计人员率先进入工地，四川省送变电公司员工连续奋战、挑灯夜战。2009年5月11日，新二台山变电站及其部分输变电设施投入运行。

图205　图为5月12日在地震中损毁的国家电网映电总厂220千伏二台山开关站
（电监会　提供）

6月4日，自贡电业局和眉山公司先遣队全力支援汶川县电力抢修。30日，经两家单位艰苦奋战，抢修恢复汶川县地方电网110千伏线路1条，35千伏变电站2座、35千伏线路6条，10千伏线路152公里、10千伏配变199台，低压线路781.4公里。

小金县地方电网因灾停运35千伏变电站3座、35千伏线路4条，10千伏线路511.3公里、10千伏配电变压器520台，低压线路1900公里。6月5日，国家电网江西公司突击队对口支援小金县地方电网抢险抢修与恢复重建。在近一个月抢险中，全面修复该县3座35千伏损毁变电站，并在海拔3000余米的山区架设35千伏线路88公里；修复10千伏线路485公里、10千伏配变247台；恢复低压线路1738公里。

抢修甘肃灾区电网变电设施 地震造成甘肃省330千伏变电站、220千伏变电站各1座及110千伏变电站4座、35千伏变电站63座停运，各级电压等级设备均有不同程度损毁，陇南市尤为突出。国家电网甘肃公司及所属陇南电力部门紧急启动抗震救灾应急预案，及时抢修变电设施。

220千伏旱阳变电站地处白龙江畔，位于文县碧口镇，距县城83公里，是甘肃地区首座220千伏组合电气设备的综合自动化变电站，也是甘肃电网的枢纽变电站，连接甘肃、四川、陕西三省电网，承担甘肃电网南电北调（碧口电厂电力输送甘肃电网）任务。该变电站在地震中遭受严重损坏，变电站停运。5月12日，在甘肃公司抗震指挥中心部署下，兰州供电公司、兰州超高压公司、天水供电公司、天水超高压公司、陇南供电公司、电力设计院、电科院7个单位先期到达，连夜展开抢修。14日，兰州供电公司第二批抢修队由总经理张志立带领80多名技术骨干、18辆工程车，星夜兼程，于15日15时到达旱阳变电站，立即投入抗震救灾。15—24日，兰州供电公司抢险队对旱阳变1号主变电站完成大修试验、更换破损套管和保护检查。16—23日，对旱阳变电站220千伏、110千伏线路进行全面检查和恢复。24日8时，变压器零序升压带电成功。同日11时42分，在天水超高压公司、兰州供电公司等单位抢修队伍的共同努力下，随着旱阳变电站2201开关合闸，旱阳变电站1号主变压器投入运营。

何家湾变电站是文县境内小水电与陇南电网联系的唯一通道，在地震中受损严重，两台主变压器停运。5月15日，由兰州供电公司、天水供电公司组成的抢险队冒着余震危险，对何家湾变电站设备逐一进行排查。当日，完成对2号主变压器的试验。18时37分，1号主变压器充电成功。

地震造成成县330千伏变电站严重损毁，如不及时抢修，将造成陇南电网与甘肃电网联络中断。330千伏成县变电站的抢险恢复由兰州超高压公司负责。5月13日21时，甘肃电力科学研究院抗震抢险突击队以最快速度完成对2号主变压器的高、中、低压绕组的变形测试。24时，兰州超高压公司青年突击队在探照灯和应急照明灯照耀下，技术攻关小组采用金属支架和混凝土浇筑共用的方法加固设备，提高了抢修效率。2号主变压器受损比较严重，10千伏套管在地震中断裂，经过现场勘查分析，其原因主要是套管接线装头与母线桥连接采用硬连接方式所致。抢修组决定对接线装头与母线桥连接进行改造，采用软连接铜镀锡技术，并进行防止变压器低压侧短路的绝缘包缚热缩。15日零时至14时，兰州超高压公司抢险队完成2201开关二次回路接线（机构箱及开关控制柜），并进行二次回路调试、330千伏保护直流系统的恢复。（参见图206）19日14时

图 206　5 月 15 日，甘肃省电力抢险队紧急抢修 330 千伏成县变电站

（电监会　提供）

40 分，330 千伏成县变电站 1 号主变压器与 330 千伏大电网并列成功。

地震造成兰州供电公司所辖 110 千伏雁滩变电站 1 号主变压器线圈移位严重。5 月 14 日，抢修人员排除 1 号主变故障，变电站恢复正常。

抢修陕西灾区电网变电设施　地震导致陕西供电区域内汉中、宝鸡等 7 个市 30 个县电力设施不同程度受损，35 ~ 330 千伏变电站累计受损 125 座。国家电网陕西公司各受灾单位不等不靠，迅速开展自救工作。5 月 19 日 8 时，受损的 102 条线路全部抢修完毕，所有灾区供电恢复正常。在抢修过程中，及时化解凤翔县玻璃纤维公司铂金炉体报废险情，新建油区双回配电线路，成功转移 2000 千瓦负荷，实现吴起油田增产石油援救灾区的目标。截至 6 月 2 日，陕西公司共组建 25 个应急抢修队，派遣 4 支抢修队前往汉中、宝鸡一线抢修，并搭建“帐篷服务厅”，设立灾区供电服务站，确保供电服务高效及时不中断。

地震发生后，陕西电网汉中供电区域内一些设备出现明显伤痕，一些设备外部虽无明显伤痕，但内部可能存在伤痕，如果瓷瓶带伤运行，可能在以后的运行中被击穿或断裂，对电网安全运行造成重大损害。从5月13日开始，陕西电力科学研究院派出精兵强将，携带先进仪器，在汉中220千伏勉县变电站、110千伏定军山变电站开展“支柱瓷瓶探伤”，保证了陕西电网设备安全稳定运行。

陕西地方电力供电设施和建筑物在地震中也受到严重损坏。5月12日18时30分，陕西地方电力集团迅速启动应急预案。19时40分，公司领导带领有关人员连夜赶赴灾情严重的汉中地区，先后深入洋县、宁强、南郑、城固电力局和部分基层站所，现场查看灾情，指导抗震救灾。

第五篇

防治次生灾害

汶川特大地震导致灾区特别是极重灾区和重灾区很多山体崩塌滑坡，形成泥石流和堰塞湖；一些水库大坝严重开裂或沉降，水电站被损毁，水库大坝不能正常泄流；许多河渠堤堰塌陷溃口，水利设施受到不同程度损害；化学危险品和易燃易爆物品的生产与储存设施不同程度受损，有的危险品被埋在废墟之下，有的出现泄漏、挥发和燃烧，局部环境受到污染；地面多数建筑物受损，有的倒塌，有的摇摇欲坠形成危险建筑。地震导致的严重次生灾害，给灾区人民群众的生命财产安全造成新的巨大威胁。

防治次生灾害成为抗震救灾中的一项极其重要和十分紧迫的任务。为此，中共中央、国务院、中央军委在迅速组织各方力量抢救生命财产和抢修基础设施的同时，高度重视次生灾害防治工作。胡锦涛在四川考察地震灾情和指导抗震救灾工作时明确提出："加强对塌方、泥石流等地质灾害的监测和预防，确保水库大坝等重点设施安全运行，防止发生次生灾害。"温家宝三次到唐家山堰塞湖，组织研究处置方案，多次强调要"认真防范次生灾害特别是要预防堰塞湖溃堤造成新的损失"。

在国务院抗震救灾总指挥部的领导下，解放军、武警部队官兵和民兵预备役人员，国家有关部委科技工程人员和抢险救援分队、公安干警，与四川、甘肃、陕西等受灾省各级党委、政府及有关部门密切配合、连续奋战、不畏艰险、科学施工，彻底排除105座堰塞湖险情，实现无一伤亡目标。特别是在排除极高危级唐家山堰塞湖险情中，以气壮山河的英雄气概和攻坚克难的雄心壮志，顽强攻关、科学处置，"创造了世界上处理大型堰塞湖的奇迹"（温家宝语）。广大军民克服重重困难，迅速排除巨石、塌方险情，清理塌方、滑坡和泥石流；及时排除水库险情，治理变形河道；各路突击队冒着频繁余震和爆炸、中毒的危险，舍生忘死，奋勇排险；清理转运农药，防治化学品泄漏，转移和销毁易燃易爆物品，拆除各类高危建筑，消除各种次生灾情隐患，保护灾区群众的生命财产安全，维护灾区生产、生活秩序。

沧海横流方显英雄本色。在防治次生灾害的斗争中，解放军、武警部队官兵，国家和地方各方面的专家与科研部门人员，坚决响应中共中央、国务院、中央军委的号令，坚决贯彻国务院抗震救灾总指挥部关于防治次生灾害的决策部署，置人民的利益高于一切，视灾情为命令，视时间为生命，哪里有灾情就出现在哪里，哪里最危险就冲向哪里，哪里最艰苦就战斗在哪里，不怕牺牲、不怕疲劳、连续作战，为夺取抗震救灾最后胜利做出不可磨灭的贡献。

第一章　排除堰塞湖险情

汶川特大地震引发大规模山体崩塌和滑坡，造成一些河道被堵塞或被完全截断，形成危险级堰塞湖105座，其中四川省104座、甘肃省1座。堰塞湖大小不一，情况各异，但由于堰塞体均为滑落的山体，质地疏松，难以阻挡汹涌而至的上游河水，极易造成溃坝、决口。特别是各类堰塞湖分布地域广泛，且多在深山峡谷之中，有的甚至呈串珠形排列，使险情成倍叠加，如不及时排险治理，一旦溃决，大量湖水瞬间下泄形成洪峰，将对下游人民群众生命财产安全构成极大威胁。一时之间，堰塞湖排险成为抗震救灾期间国内乃至国际社会高度关注的重大问题之一。

为消除堰塞湖可能造成的严重危害，中共中央、国务院、中央军委高度重视堰塞湖应急抢险处置工作，胡锦涛做出重要指示，温家宝三次身临唐家山堰塞湖现场指挥。国务院抗震救灾总指挥部统一部署，在集中力量重点排除极高危级唐家山堰塞湖险情同时，展开对其他高、中、低危级堰塞湖的应急排险。特别是唐家山堰塞湖危险程度之高、国内外影响之大、组织之复杂、处置之艰难，史无前例。在水利部和受灾省地方党委、政府的组织下，解放军、武警部队官兵和民兵预备役人员与广大水利专家、职工密切配合，克服各种艰难险阻，采取科学有效的措施强力推进排险，最大限度地消除堰塞湖造成的危害，保护了灾区人民群众的生命财产安全。

第一节　排除高危级堰塞湖险情

汶川特大地震发生后，除唐家山堰塞湖为极高危级之外，还有分布地域广阔的高、中、低危险级各类堰塞湖，其中高危级6座，分别是老鹰岩、肖家桥、文家坝、小岗剑电站上游、石板沟、枷担湾堰塞湖，分布在安县、平武、绵竹、青川、都江堰等县（市）。（参见图207）这些堰塞湖

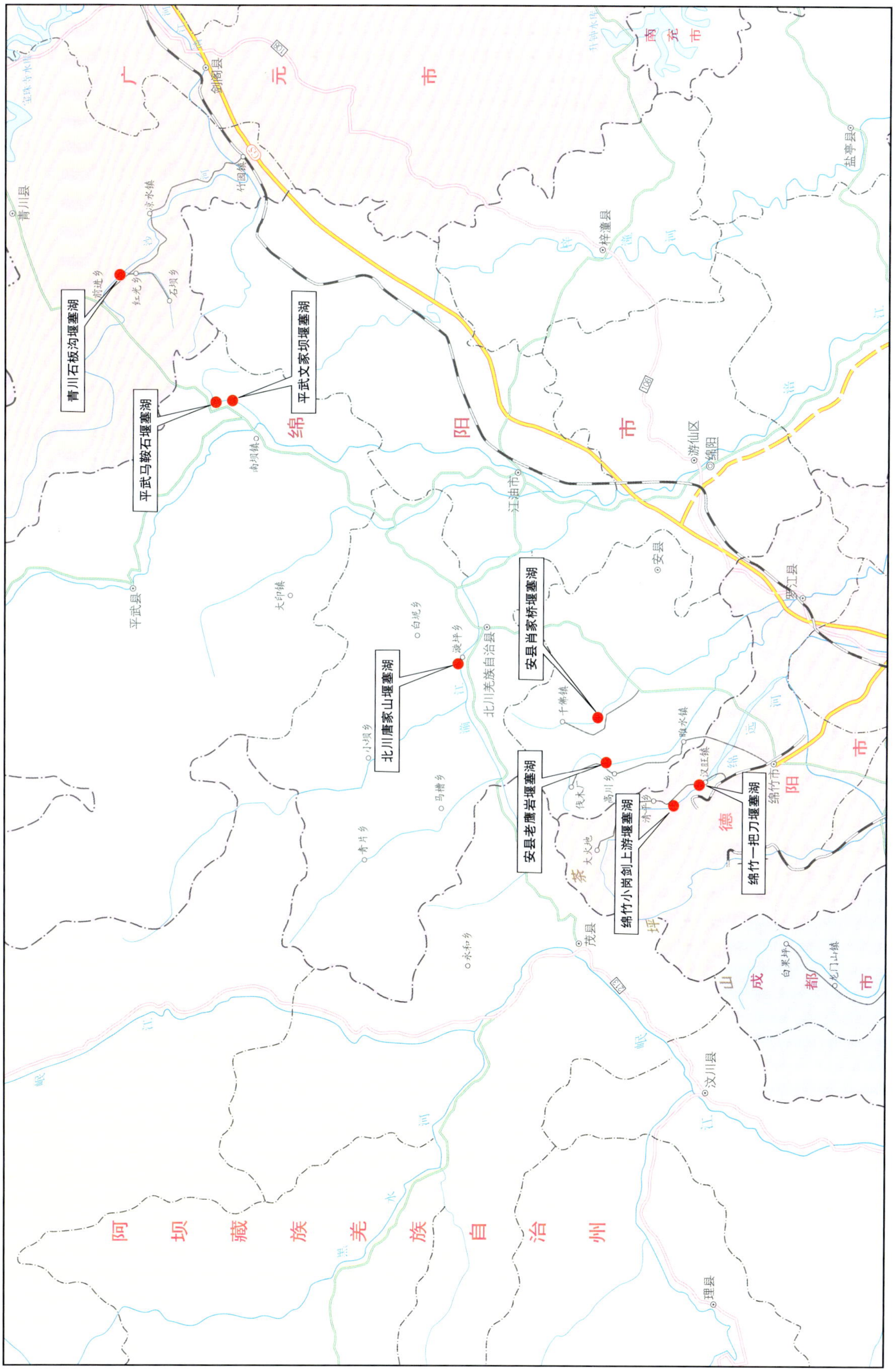

图 207　四川省重点堰塞湖分布情况图

的特点是，堆积体坝高均在 50 ~ 80 米，最大库容在 1000 万立方米到 1 亿立方米之间，且下游受威胁地区有公路、铁路、电站、工厂等重要设施和人口密集的城市、乡镇。堰塞湖多在深山峡谷之中，海拔高、落差大，如不及时排除险情，一旦发生溃决，将对人民群众生命财产造成重大损失。为排除这些堰塞湖可能造成的严重危害，根据国务院抗震救灾总指挥部统一部署指挥，有关部门在集中力量重点排除唐家山堰塞湖险情的同时，组织了对其他高危级堰塞湖的排险作业。

一　排除老鹰岩堰塞湖险情

老鹰岩堰塞湖位于安县高川乡泉水村，睢水河黄洞子沟中段老鹰岩水电站附近。堰塞体由山体滑坡、崩塌体构成，主要沉积于河床和两岸凹槽之间，两岸基岩均为坚硬的白云岩。堰塞坝呈上宽下窄梯形状，主要由支流孤石和块碎石组成，大块孤石高度均在 3 米以上，个别高达 10 米。堰塞体顺河向底边长约 500 米，顶宽约 130 米；横河向顶宽约 240 米，底宽 25 ~ 60 米，体积约为 470 万立方米。堰塞湖两侧山体陡峭，滑坡塌方不断。堰塞坝下游坡脚处有水渗漏流出，流量约 0.15 立方米 / 秒。排险前堰塞湖蓄水量已达 250 万立方米，湖面水位距坝顶约 8 米，水位以平均每天 0.8 米的速度上升，对下游 10 多个乡（镇）群众及抗震救灾官兵构成极大威胁。经四川省抗震救灾指挥部水利组勘查评估，老鹰岩堰塞湖排险面临上游不明堰体持续塌方、施工区域两侧山体持续崩塌、左岸坝肩崩溃、下游山体随时可能崩塌、汛期山洪难以预测等五大风险；同时，受公路阻断和气象因素影响，大型工程机械无法投送使用，加之坝体大块孤石堆积叠压、施工作业面小、兵力难以全面展开，组织排险施工十分困难。

5 月 31 日，国务院抗震救灾总指挥部和成都军区联指发布命令，由第二炮兵抗震救灾部队受领老鹰岩堰塞湖排险任务。当晚，第二炮兵副参谋长王治民在成都连夜组织有关技术专家，研究制订排险初步方案。6 月 1 日晨，王治民率第二炮兵司令部工程部、96501 部队、96657 部队有关人员，会同四川省水利厅、成都勘察设计院、解放军理工大学专家共 27 人，从安县永安镇出发，历时 10 小时，徒步行军 30 公里，于 18 时抵达高川乡。2 日 9 时，抵达老鹰岩堰塞湖坝顶，组织实地勘察，研究抢险部队进场、宿营、施工和安全避险等问题，对施工风险进行评估；决定由 96501 部队 17 人留在堰塞湖现场，开辟施工紧急避险通道。

6 月 3 日下午，第二炮兵司令员靖志远、副司令员于际训组织召开老鹰岩堰塞湖排险专题会议，听取勘察情况汇报，决定成立由副参谋长王治民、96501 部队领导和地方相关领导组成的排险领导小组，计划投入兵力 221 人、大型施工机械装备 9 台（套）、小型机工具 160 台（套）。拟定在堰塞体顶部开挖一道深 10 米、宽 8 米、长 130 米的泄洪渠。1—3 日，第二炮兵抗震救灾现场指挥组派遣精干人员，完成高川乡至老鹰岩堰塞湖被毁两座桥梁的迂回路构筑，组织将抢修人员、小型机具器材运至坝上，为 4 日主力部队登坝作业创造条件；选择并平整供直升机起降的场坪，调集爆破器材，完成施工骨干调配及物资、施工机具和器材准备。

6 月 4 日，军地双方在高川乡召开联席会议，成立老鹰岩堰塞湖排险工程军地联合指挥部、第二炮兵排险施工现场指挥组和排险工程技术专家组具体组织实施。12 时 30 分，担负老鹰岩堰塞湖排险任务的 96512 部队完成直升机运输准备。14 时 30 分，于际训、王治民和政治部副主任张西南组织排险突击队150人，携炸药1吨、电雷管和导爆管5000枚、内燃风钻13部、小型机工具50套、野战连用炊事单元2套，以及生活保障物资等共11吨器材物品，乘71687部队2个机组的直升机向老鹰岩堰塞湖实施空运；至20时结束，共运送16个架次。17时30分，王治民率排险突击队采取定向爆破方式，在坝顶成功实施第一次爆破。

6月5—6日，抢险队实施小型爆破25次、大型爆破1次，共爆破石方1000立方米。（参见图208）7日，采取定向爆破、人工搬运循环作业方式继续挖掘泄洪渠，将20米宽、134米长的泄洪渠挖深2米。解放军理工大学专家抢险队在现场进行勘察、组织装药试爆等指导，加快了作业速度。8日，抢险队投入309人、内燃凿岩机33台进行凿岩作业，清理石方约2400余立方米；泄洪渠槽已平均挖深3米。由于高川地区连续降雨、余震不断，施工作业现场周边山体滑坡、滚石不断，对现场排险和上下坝作业人员生命安全构成严重威胁。指挥组连夜召集施工部队和军地专家召开安全形势分析会，对排险施工安全形势进行全面系统分析。专家们认为，从已知险情和未来汛情看，老鹰岩排险施工作业人员安全风险极大。按照四川省抗震救灾指挥部水利组意见，同意成都勘测设计院和施工部队提出的“施工部队尽可能降低坝体顶部天然形成的凹槽，形成底宽5米、顶宽15米、深2～4米的泄洪明渠”的处理意见，并要求搞好堰塞体上下游监测、预警和下游群众的转移避险方案。现场指挥组明确有关安全措施，细化险情排除、紧急疏散和规避风险等方案；指定安全责任人，设立安全警示标志，设置专职安全员、警戒哨，给重要岗位人员配备胸牌、口哨、报警器、对讲机、荧光背心等安全器材，规定各种警戒信号。绵阳市地震局、安县气象局等有关单位积极配合排险，收集地震信息和气象预报，及时通知部队做好防范。

6月9日，老鹰岩堰塞湖排险施工部队官兵增至417人，继续采取定向爆破、人工搬运循环作业方式挖掘泄洪渠，泄洪渠深已平均降低4米（坝内水位距泄洪渠最高处约2.8米）。11时40分，第二炮兵司令部工程部、工程设计研究所、中科院等4名军地专家，携地质围岩测量监测设

图208　6月6日，96501部队官兵利用小型机械在老鹰岩堰塞湖展开施工会战（第二炮兵　提供）

备1套，乘直升机抵达堰塞湖，对两侧山体变化情况进行实时监测，以提前发现塌方等危险征兆，确保施工安全。10日，部队投入兵力310人，携带内燃凿岩机33部及其他小型机工具，集中突击清理泄流槽底部较高部位；至12时，共钻孔483眼、裸露爆破132处，消耗炸药577公斤，人工清槽外运碎石2700立方米，泄流槽底最多降低1米。

经驻四川省抗震救灾指挥部堰塞湖排险组和成都军区联指工作组人员牵头，军地双方相关抗震救灾专设机构人员参加，对老鹰岩堰塞体泄流槽施工进行验收。经检查、测量，泄流槽上宽20米、下宽12米、深5米、长160米，泄流槽最高点与最低点高差3.32米；泄流槽底部距堰塞湖水位最高点1.52米。联合验收组一致认为，泄流槽相关参数均达到或超过方案要求，符合中国水电集团成都勘测设计院处理方案和水利部、四川省抗震救灾指挥部堰塞湖组关于应急排险的要求。至此，老鹰岩堰塞湖应急排险任务圆满完成。

二　排除肖家桥堰塞湖险情

肖家桥堰塞湖位于安县千佛镇双电村境内，涪江一级支流茶坪河上，地震导致右侧边坡大规模垮塌，形成仅次于唐家山堰塞湖的第二大堰塞湖。堰塞坝坝顶高程760～770米，下游河床高程695米左右，堰塞坝高度65米，坝顶长390米、宽260米，堰体体积228万立方米，最大库容可达2000万立方米，属高危级堰塞湖。同时，垮塌的堰塞体还阻断了河道右岸的公路。

肖家桥堰塞湖的应急排险施工由水利部和四川省抗震救灾指挥部负责，四川省水利水电勘测设计院负责设计、四川省水利水电工程局组织施工。5月27日下午，开挖泄水渠，清理茶坪河河道，于6月6日13时30分开始溢流，之后坝体局部溃决，最大下泄流量587立方米/秒。此后，经几次整修，泄流槽长900米、宽70米、深30米，坝体堰口无变化，泄流槽基本稳定，水流下泄平稳，经风险评估已降为低危险级堰塞湖，险情基本解除。泄流中，组织下游群众安全转移避险，无人员伤亡。

三　排除文家坝堰塞湖险情

文家坝堰塞湖地处平武县南坝镇文家坝涪江一级支流石坎河上。由于地震造成山体左岸滑坡，将石坎河河道堵塞，形成堰塞体高25～50米，横河向顶宽约600米，顺河向底部长约500米，顶部长约200米，堰塞体体积约为600万立方米，最大蓄水量可达1500万立方米的堰塞湖，水面以每天1米的速度上升。5月24日下午，堰塞坝出现渗水，且渗水面积迅速扩大，情况十分危急。据气象部门预报，两天之内南坝地区有强降雨。水利专家分析，一旦决堤，南坝、平通等镇将遭泥石流、山洪的毁灭性淹没，对下游村镇数万名群众及驻地救灾部队的安全形成直接威胁。

5月24日15时，由绵阳市抗震救灾指挥部负责、长江水利委员会抢险队承担的文家坝应急排险施工迅速展开。抢险队采用在堰塞体右岸挖掘泄流渠导流、降低水位的抢险方案，连续72小时不间断作业，在堰塞体上挖出一条顶宽11米、底宽6米、深平均2.5米、长400余米的过水通道；27日10时30分，导流渠泄流。30日，抢险队为加快施工进度，将4台重型挖掘机、3台重型推土机、1台装载机分批运至现场，采取分层开挖、复式断面过流、挖冲结合、充分利用水头的冲击和水流的挟带能力、有效扩大过流断面等抢险施工技术；同时采纳解放军后勤工程学院郑宏录、方玉树、刘兴林3位地质专家的建议，将原泄流渠底宽增至10米、渠深增至4米，使堰塞湖水位进一步下降，且泄流平稳。6月4日，文家坝堰塞湖险情基本解除，成为四川地震灾区第一个以工程措施成功疏通的堰塞湖。

95900部队官兵在平武县南坝镇执行文家坝堰塞湖应急抢险任务中，主要担负疏通导流渠、架设加固维护桥梁、施工机械油料保障、气象水文预警、观察警戒和铺设输电线路等任务。5月24日至6月4日，共投入官兵300余人，经通宵作业、连续作战，整修道路2公里，挖运土方2000立方米，保障机械用油10.8吨，装填沙袋1.2万余袋，搬挪倒压树木100余棵，铺设输电线路2000米，完成长600米、宽6米导流渠疏通拓宽和2座钢架桥、1座徒步桥的架设加固维护任务。国家防总、长江水利委员会领导对95900部队的积极支持配合给予充分肯定。

四　排除小岗剑电站上游堰塞湖险情

小岗剑电站上游堰塞湖位于绵竹市天池乡梅子林，处于沱江绵远河小岗剑电站上游约300米处。地震引发右岸岩质岸坡发生大规模滑坡，滑坡体堵塞河道，形成的堰塞体坝高62～72米、顺河长300米、横河宽150米，体积约90万立方米，蓄水量780万立方米，堰体含石量三分之一左右，为高危级堰塞湖。加之绵远河上游来水量达5立方米/秒，堰塞湖水位以日均4米的速度上升，库容量以日均100万立方米的速度增加，随时都有溃坝可能。

5月15日，根据四川省抗震救灾指挥部统一部署，由武警水电部队第三总队承担小岗剑电站上游堰塞湖应急排险任务。同日，武警水电部队第三总队副总队长王殿林、副参谋长马学强率总队和十支队技术人员，会同德阳市水利局副局长杨方清、绵竹市水利局副局长卢招才及相关水利专家准备对小岗剑电站上游堰塞湖进行首次空中勘察，但因绵远河上游天气恶劣，飞机被迫返航。16—18日，地方勘察人员多次尝试对小岗剑电站上游堰塞湖进行空中和地面侦察，均未成功。16日，德阳应急指挥中心组织召开小岗剑电站上游堰塞湖排险专题会议，决定首先打通通往堰塞湖的道路，具体排险任务由武警水电部队第三总队十支队172名官兵承担，王殿林为堰塞湖排险总指挥。

5月17日上午，武警水电部队第三总队十支队60名工程、爆破、推挖装机操作手，携设备到达绵阳，开始抢通道路。地震发生后，通往堰塞湖的道路已经被滚落的石块和滑下的泥土压埋，为了能进入堰塞湖坝顶，准确掌握堰塞湖的第一手资料，官兵只好沿着偶尔露出的道路痕迹前进。余震不断袭来，石块在官兵身旁不时滚落，官兵手脚并用前进，终于到达堰塞湖坝体上。18日6时、9时，绵远河堰塞湖排险指挥所派出两批共8人乘直升机从汉旺镇直飞清平乡，徒步进入小岗剑电站上游堰塞湖实地勘察。水利部专家会商后认为，通往坝体的道路因地震被彻底摧毁，无法接近坝体；如果要把道路打通，至少要一周以上的时间。因堰塞湖水位上涨近60米，库容量达700万立方米，险情加剧，时间紧急，原来的道路推进爆破抢险应改为空投爆破抢险，用直升机将人员、炸药空投到清平乡，然后由人员携带炸药徒步行进 3.5 公里，再乘坐橡皮艇抵达坝体实施爆破，将坝体炸出一个缺口，使水流逐步通过，缓解一次性溃堤的风险。尽管风险很大，但这是唯一排险的方法。21 日 5 时，在武警水电部队第三总队参谋长梁建忠带领下，按照既定方案，由爆破专家、总队副总工程师杨享渠、总队司令部网管中心副主任龚军仓、十支队支队长李书健、十支队一中队中队长袁帅以及 13 名技术精湛的士兵组成 18 人爆破突击队，从广汉机场乘坐两架直升机降落在清平乡的空地上。

地震发生后，清平乡一直是一座"孤岛"。余震不断，山涧洪水仍在上涨，摆在抢险官兵面前的第一道难题就是如何将爆破所需的近 500 公斤炸药、90 枚雷管等火工器材和两艘橡皮艇搬运到堰塞湖岸边。运送路程虽然只有 3.5 公里，但道路被地震扭曲撕裂，路基几乎被彻底损毁，道路一侧是不断滑落石块的山体，另一侧是水流湍急的绵远河，官兵只能在随时都有滚石下落的塌方体上摸索前进，每人背负近 50 公斤炸药和器材，喊着号子，互相鼓励，相互搀扶，在刀尖般锋利的乱石丛中匍匐、攀爬。一次余震突然发生，大地颤动起来。"快速前进！"李书健站在悬崖边一边挥舞着手臂，一边对着身边鱼贯而过的战士大声招呼着。警勤中队二级士官王晓一个趔趄几乎摔倒，龚军仓回手拽住他。王晓回头看去，脚下就是 70 多米深的绵远河谷，而对面的山坡上，一块巨石裹着滚滚沙尘，从数百米的山顶直冲而下，夹裹着路边一辆被遗弃的越野汽车，一起滚落到河水中，激起四五米高的巨浪。经近两小时艰难跋涉，18 名排险官兵终于到达堰塞湖对岸，乘坐橡皮艇向坝体驶去。

摆在排险官兵面前的第二道难题就是如何把近 500 公斤炸药、90 枚雷管等火工器材运送到堰塞湖坝顶。70 多米高的坝体，官兵要负重攀爬 100 余米坝坡才能到达坝顶，异常艰巨困难。排险官兵想到下游几万人民群众和几千名救灾官兵的生命安全，毫无畏惧，义无反顾地向上爬去。梁建忠第一个冲上去；龚军仓凭借自己结实的身体和顽强的精神，背着 40 多公斤重的炸药往上爬；袁帅在背起炸药箱的同时，双手拎上 4 把铁锹，沿着巨大石块间的缝隙艰难地攀爬着；警勤中队二级士官王晓在蓥华中学救灾时胳膊被深度擦伤尚未痊愈，但他全然不顾，让战友帮他把炸药放在背上，用铁锹做拐杖起身就走。与此同时，副总队长王殿林在前进指挥所通过卫星电话和专用电台，不间断地与排险队员喊话联系，鼓励他们前行。20 分钟后，官兵终于爬上坝顶。不断的余震，石块顺着滑移的山体滚落下来飞溅到湖中，官兵紧张地开始做爆破前的各项准备。经过 6 小时艰苦奋战，官兵顺利完成爆破准备，迅速向安全地段撤离。18 时 20 分，梁建忠下达爆破命令，一条长 45 米、宽 25 米、深 8 米的引水槽终于形成，有效降低堰塞湖水位 8 米，减少库容 200 万立方米。抢险突击队员被新闻媒体称为"炸坝 18 勇士"。

五　排除石板沟堰塞湖险情

石板沟堰塞湖位于青川县红光乡东河口上游 3 公里处，在嘉陵江一级支流清江河上，是青川县境内最大的堰塞湖。堰塞体高 70 ~ 80 米、顺河长 800 米、横河宽 300 ~ 400 米、体积 1680 万 ~ 2240 万立方米，最大蓄水量 1000 万 ~ 1100 余万立方米；堰体左低右高，以块石骨架为主，块石直径 1 ~ 6 米，为高危级堰塞湖。通往石板沟堰塞湖的道路被湖水和滑坡山体淹埋无法直接到达，只能从东河口乘坐冲锋舟先到踏水桥，再从踏水桥徒步穿越有 4 处塌方的 2 公里公路，最后爬上 50 米高乱石堆积的陡坡才能到达坝顶。虽然距离只有 5 公里，但由于受落石和滑坡影响，有些路段根本没有路，必须绕行，给应急排险造成很大困难。

石板沟堰塞湖应急排险由水利部和四川省抗震救灾指挥部负责，成都市水利水电勘测设计研究院负责设计。由于堰塞体主体为石方，且主要为大直径孤石，必须用爆破方式分解，再用挖掘机处理。由武警水电部队第三总队十一支队负责爆破施工，71352 部队承担将 125 箱 3 吨炸药运送到石板沟堰塞湖坝顶的任务。6 月 4 日 6 时，71677 部队派出 78 名官兵，携带救生衣、铁锤、操舟机、冲锋舟等装备器材，于 7 时 10 分到达东河口集结地域，官兵将炸药分 4 批搬到冲锋舟上驶往踏水桥。由于人工搬运炸药路线过长，加之道路崎岖难行，抢险部队决定将人员分成 3 组接力转运。13 时 30 分，125 箱重达 3 吨炸药被运至指定位置。14 时 10 分，武警水电部队第三总队十一支队抢险突击队开始向泄流槽安装炸药；14 时 35 分，开始排查、转移危险区内群众。71352 部队通信连 3 排翻越两座海拔 1200 米的大山到达关庄镇康乐村，转移 23 名群众到安全区域；16 时 20 分，通信连 4 排在踏水桥南侧居民点转移两名群众，其中一人是精神病人，通信连战士把自己的救生衣给两名群众穿上，从水路安全转移至东河口。17 时 10 分，工兵连警戒人员到达凉水桥警戒点，53 个警戒哨人员全部到位。18 时 10 分，爆破准备工作完成。

6 月 4 日 18 时 24 分，石板沟堰塞湖泄流槽起爆，拓宽溢流口 15 ~ 20 米，水断面接近 30 米，下泄流量增大，水面半个小时降低 30 厘米，第一次爆破取得成功。8 日，因连日降雨，石板沟堰塞湖水位暴涨。71677 部队又出动 50 余名官兵，分 10 批将 10.8 吨炸药安全搬运到大坝各爆破点，武警水电部队第三总队十一支队对石板沟堰塞湖泄流渠再次进行爆破，使用炸药 8.04 吨。（参见图 209）9 日下午，对堰塞体孤石实施爆破，使用炸药 1 吨，共完成石方爆破 1.6 万立方米，水位下降 1.5 米，过流断面底宽 30 米、上口宽 40 米，挖深 3.5 米，过流断面长 160 米，达到设计要求，基本排除石板沟堰塞湖险情。此后，继续对该堰塞湖险情进行排除，直至 7 月 8 日彻底排除。

图209　6月4日，武警水电第三总队十一支队实施水下爆破作业，排除石板沟堰塞湖险情

（武警部队　提供）

第二节　排除中低危级堰塞湖险情

汶川特大地震形成的105座危险级堰塞湖中，除极高危级1座、高危级6座堰塞湖外，还有中低危级堰塞湖98座。在国务院抗震救灾总指挥部和四川、甘肃两省抗震救灾指挥部统一指挥调度下，对98座中低危级堰塞湖分别进行排险作业。统筹调配解放军、武警部队、民兵预备役人员、水利水电工程技术人员、抢险专业队，与地方党委、政府和水利部门密切配合，及时有效地展开施工排险、疏散转移群众等各项工作，并在6月主汛期到来前基本排除险情。本节只对几个典型中低危级堰塞湖排险情况进行记述，其他略述。

一　排除马鞍石堰塞湖险情

马鞍石堰塞湖位于平武县南坝镇涪江支流石坎河上，地震造成的山体滑坡将石坎河河道堵塞形成堰塞湖。该堰塞体坝高平均67.6米、坝体体积1120万立方米，最大蓄水量达1150万立方米，为中危级堰塞湖。武警水电部队第三总队担负马鞍石堰塞湖排险任务。

6月8日21时，武警水电部队第三总队副总队长赵秀玲带领爆破专家、副总工程师杨享渠赶赴现场，经勘察和集体商讨，决定出动150名官兵，采用定向爆破拉槽和人工开挖泄流槽的方式实施泄洪排险。9日12时40分，烈日当空，气温高达38摄氏度，第三总队十支队官兵在副政委包迪民带领下奋战4小时，在堰塞坝体上挖掘出6个深2米、宽1.5米的爆破孔。19时，马鞍石堰塞湖首次爆破成功。10日，部队决定在堰塞体上再挖掘44个直径1.5米、深2米的爆破孔，实施二次爆破。11日，天下起瓢泼大雨，为了加快排险进度，官兵冒雨作战，每人身背25公斤炸药向堰塞体运送；19时30分，二次爆破成功，坝体上导流槽雏形形成。12日，经过第三次爆破和人工清理，挖掘出一条长约200米、宽2米、平均深度约6米的导流槽（参见图210），武警水电部队完成任务后撤离。

图210　6月12日，武警水电部队第三总队实施马鞍石堰塞湖坝体爆破排险

（水利部　提供）

从6月17日开始，在平武县堰塞湖排险指挥部指挥下，第三总队十支队官兵继续组织水利工程技术人员，采用“水切割”法，对堰塞湖进行排险施工，同时按二分之一溃坝方案

启动黄色预警，将堰塞湖影响区域内的1.5万名群众全部转移，全力推进堰塞湖排险工程进程。在马鞍石堰塞湖应急排险过程中，71309部队主动请缨参加排险施工，组织驻平武县水观乡282名官兵行军12公里，协助背运炸药15吨；动用一台挖掘机协助开挖导流明渠，共清理土石700余立方米，挖掘泄流槽80余米；紧急疏散堰塞湖下游26个村庄群众，疏散转移群众3000余人，搜救群众76人，搬运各类物资400余吨，并协助公安机关进行交通管制。95900部队出动两个应急战备连，主动受领架设桥梁和抢修道路任务，出动300名官兵清理河道，奋战14个小时，沿石坎河浅滩一线构筑涉水通道400余米，配合地方警力疏散转移群众200余人。

6月21日，第三总队十支队官兵使用4台抽水泵抽湖水冲刷泄流槽。22日，堰塞湖溢流。23日14时，堰塞湖开始泄流；18时30分，急剧上升至最大流量600立方米/秒，此后流量逐渐下降。至24日8时，入出库流量稳定在2.16立方米/秒，堰塞坝上下游落差几乎持平。至此，马鞍石堰塞湖险情排除。

二 排除“一把刀”堰塞湖险情

“一把刀”堰塞湖位于绵竹市天池乡境内，处在沱江绵远河上，距汉王场水文站上游4.5公里。河岸边的德阳至茂县公路汉清段是绵竹市清平乡对外的唯一通道，长20余公里，进山约5公里处，怪石嶙峋，壁如刀削，当地群众称之为“一把刀”。震后，山体滑坡、乱石滚落，巨石碎片堵塞峡谷、截断河流，形成堰塞坝高26.4米、顺河长度248米、横河长度57.6米、坝体体积32.9万立方米、蓄水量100万立方米。5月21—26日，德阳市水文勘测队经勘测发现，短短5天水位上涨7米，若再上涨就有溃堤危险。28日13时许，堰塞湖已开始溢流，溢流口宽11米左右，水位比26日又上涨1.9米；一旦溃堤，下游群众及位于汉旺镇的东汽将遭受灭顶之灾。

6月1日8时40分，德阳市委书记方小方、德阳军分区司令员李木生、海军南海舰队副司令员苏支前、水利部建管司司长孙继昌、武警水电部队第三总队副参谋长马学强、山西省交通厅负责人等在汉旺至清平公路现场召开“一把刀”堰塞湖应急排险协调会议。会议决定，主要由武警水电部队第三总队负责对“一把刀”堰塞湖坝体巨石进行爆破排险，并与92051部队共同负责清障，疏通河道。13时30分，刚刚参加唐家山堰塞湖排险任务的武警水电部队第三总队十支队120名官兵克服多日作战的疲劳，发扬连续作战的精神，在副总队长赵秀玲、副参谋长马学强、十支队政委黄秀华的带领下紧急出发，连夜开辟进山的道路，于2日6时到达“一把刀”堰塞湖排险现场。

摆在官兵面前的第一任务就是爆破河中的巨石，而很多巨石距离岸边有5米左右。警勤中队战士王晓与王利荼将安全绳和安全带紧系在挖掘机大臂和自己的腰部，抱着手持风钻站在挖掘机的斗铲内，挖掘机伸长机臂，将他们送到巨石上。两人一人手持钻杆，一人操作钻机，开始在巨石上钻孔。岸边负责供风和发电的8名战士，站在已没膝深的河水中，直到巨石完全爆破才上岸。由于运输道路不通，车辆不能通行，官兵们冒着山体滑坡、巨石滚落的危险，硬是背起一箱箱炸药跨过数道“鬼门关”，把炸药背到爆破现场。6月9日18时，随着一连串的爆炸声，“一把刀”堰塞湖堰塞体被成功爆破，堰塞坝顶扩口成功，积蓄近一个月的400万立方米湖水，以50立方米每秒的流量平缓泄洪，解除了对下游群众的威胁。不料，又传来消息："一把刀"堰塞湖下游一块大约1200立方米的千吨巨石还挡在狭窄的河道中，如果不及时清除，上游打开的多个堰塞湖水不能及时流出，湖水将在那里大量汇集形成新的堰塞湖，情况十分紧急。10日中午，绵竹市抗震救灾指挥部决定，将"一把刀"堰塞湖下游河道右岸巨石清障工作移交给武警水电部队第三总队十支队，限期3天完成。

经现场勘察，巨石属于石灰岩，质地较硬，10余米高的巨石上仅有一个倾斜达70度的斜边可以攀爬，爆破难度较大。经研究论证，决定采用潜孔钻机造孔实施爆破。由两台挖掘机大臂在左右岸伸出5米，架设工字钢制成临时栈桥，将潜孔钻机开至栈桥上，对巨石实施"梅花形"造孔；11日20时20分，钻成28个5米深爆破孔，填装2吨炸药。（参见图211）随着"轰"的一声巨响，1200立方米的巨石顿时四分五裂，"一把刀"堰塞湖排险作业全线告捷。

图211　6月11日，武警水电部队第三总队十支队官兵在"一把刀"堰塞湖进行钻爆施工

（武警部队　提供）

三　排除嘉陵江堰塞湖险情

地震造成宝（鸡）成（都）铁路徽县嘉陵镇段109隧道山体垮塌，隧道上方12万立方米滑坡土石落入河谷，将嘉陵江拦腰截断，形成一座堆石坝。坝高10～30米、长约100米、宽约30米，形成一条长约4公里、宽约80米、深10米、蓄水量约100万立方米的狭长堰塞湖。随着汛期临近和堰塞湖水位的不断上升，严重危及下游陕西略阳、宁强和四川广元沿江村镇80万人口的安全。5月13日，由于水位上升，两侧部分农田和国道316线被淹没，宝成铁路109隧道抢险作业无法正常进行，连接华北至西南的铁路大动脉无法尽快抢通，直接影响着灾区生产、生活物

资和抗震救灾物资的运输。

5 月 13 日，按照中共中央关于尽早实现 109 隧道和嘉陵江河道“两通”的指示精神，在 109 隧道抢险指挥部的统一指挥下，成立嘉陵江河道疏通领导小组，由中铁一局副总经理崔科宇任组长、68202 部队副部队长李春红任副组长；中铁一局五公司副总经理胡新生、68202 部队司令部工化科科长郭永超负责现场指挥；解放军理工大学教授齐世福、徐全军负责爆破作业技术指导，中铁一局五公司施技部副部长范仕鸿负责现场技术指导；中铁一局负责施工，68202 部队配合爆破作业。为加强组织领导，兰州军区司令员王国生指挥调动兵力，政委李长才率工作组赶赴嘉陵镇查看灾情、安排部署应急抢险。同日，68212 部队出动 531 人、68202 部队直属分队出动 122 人共 653 名官兵，携带相关抢险救灾装备器材，赶赴嘉陵江堰塞湖执行应急排险任务；68202 部队机关部分人员、68212 部队工兵连共 75 人及工程机械也相继到达嘉陵镇。14 日，由西安铁路局提供的 10 万枚雷管、30 吨硝铵炸药、8000 米双芯导线、10 箱绝缘胶布、100 把雷管钳、4 台空压机、4 台风钻，也被安全运至嘉陵江堰塞湖抢险现场。

5 月 15 日，指挥组会同爆破专家，现地勘察、查阅资料，在掌握河道地质结构、抽样检测确定山体稳定系数、实地测算坝体整体结构、走访水文站了解进水量的基础上，对 1000 余组爆破数据进行分析，制订《嘉陵江河道疏通工程爆破方案》，准备对 5 块巨石实施爆破，炸开一条泄洪渠。16 日，指挥部对《嘉陵江河道疏通工程爆破方案》进行修改后批准实施。施工部队组成“共产党员攻坚队”“士官突击队”“共青团员青年克难队”，相互协助、相互鼓励、轮流作业。工兵分队首先在公路西侧开挖一条长 100 米、宽 5 米、深 2.5 米的泄流渠，使水位始终处于可控状态。17 日 2 时 56 分，爆破专家齐世福、徐全军带参谋人员和 68202 部队工兵营地爆连骨干，采取分头对进方式，逐点装药布线，对疏浚口北侧一块巨石实施爆破。18 日 5 时 30 分，68202 部队工兵营又对横堵在堰塞湖出水口一块约 50 平方米的巨石实施爆破。工兵营班长张延东、申景涛，副班长许永辉，上等兵刘阳系好安全带首先进入齐腰深的水中作业。作业现场地处山区，昼夜温差大，加之水流湍急，战士们在江中冻得发抖，被水冲得站立不稳，仍手拉手搭成人梯继续作业。68210 部队部队长何清成赶至作业现场，给战士们敬酒，现场指挥水中作业。从 5 时 50 分开始至 10 时，先后有 15 名战士跳入 1 米多深的急流中，完成 8 孔深 2.5 米的打孔任务。（参见图 212）

5 月 19—21 日，68202 部队工兵营官兵转入清理爆破石块任务，任务分队与中铁一局协调挖掘机、装载机、液压锤、自卸车等机械 7 台，进行爆破后河道清渣、高危部位岩石破碎等工程作业。架设 GQL111 型重型机械化桥 2 跨，由东向西拓展作业面 2000 平方米，构设石方破碎、河道掏挖和废渣清运作业点 6 处，构筑长 200 米、宽 5 米的临时进出道路，挖掘机、自卸车东西两岸同时展开施工，工程作业快速推进，河道出口处表层落石基本被清理完毕，平整出一块水中作业平台。

68212 部队工兵分队“共产党员突击队”展开工程攻坚战。作业期间又逢几场大雨，官兵克服恶劣的自然环境，昼夜冒雨在接近零度的水中作业，渴了就喝一口江水，饿了就啃一口馒头，汗水和岩石粉末浸在一起。经过艰苦奋战，官兵创造了 3 小时连续打眼 56 个的最高纪录。至 5 月 21 日，官兵连续奋战八昼夜，用简单工具在石头上开辟出一条长 175 米、宽 16 米、深 3 米的导流槽。

图212　5月18日，68202部队官兵跳入急流中展开水下钻孔爆破作业，爆破排除嘉陵江堰塞湖险情
（兰州军区　提供）

5月23日，张德江在嘉陵镇考察109隧道和嘉陵江河道抢险工作，看望堰塞湖排险官兵。

至6月6日，经68202部队官兵和中铁一局100余名工作人员25天奋战，成功疏通嘉陵江堰塞湖。共开凿药孔3547个，累计长度6892米，消耗炸药2300公斤，爆破山石4.3万立方米，清运土石3.6万立方米，开通一条长215米、宽25～50米、深5米的泄流渠，使堰塞湖水深由9～12米下降至1～3米。经工程总指挥部、中铁一局和部队三方现场验收评估，提前8天完成嘉陵江堰塞湖河道疏通抢险任务。

四　排除其他中低危级堰塞湖险情

在对中低危级堰塞湖应急排险过程中，武警水电部队根据成都军区联指和当地抗震救灾指挥机构统一部署，承担唐家湾、孙家院子、罐子铺、红石河、东河口、黑洞崖、干河口、木瓜坪、马槽滩（上、中、下）、燕子岩、红松电站、红岩等14个堰塞湖的排险治理任务。部队官兵克服余震、塌方、泥石流的危险，发扬不畏艰险、顽强作战的作风，累计出动兵力5000余人次，投入设备1000余台（套），至6月14日全面完成堰塞湖排险任务。在木瓜坪堰塞湖排险过程中，突然发生余震，左边山体升起滚滚浓烟，右边山体大石滚落，在湖中激起七八米高巨浪。武警水电部队第三总队十一支队抢险官兵临危不惧，坚持施工作业，成功实施爆破，使堰塞湖顺利泄流。燕子岩堰塞湖由于河道狭窄，一侧是高山，一侧是陡峭的崖壁。第三总队十一支队10余名官兵，用绳索绑着身体，脚蹬悬崖，吊降至巨石形成的堰塞体上，跨过湍急的水流，踩着嶙峋的巨石，打出50余个爆破钻孔实施爆破。通往红松电站堰塞湖、黑洞崖堰塞湖的道路均被损毁，爆破器材无法用车辆运送。第三总队58名官兵，人均背负35公斤炸药徒步运送，在海拔1800～2200

米的高山峡谷中行进。他们冒着余震和滑坡的危险，紧贴峭壁攀爬前进，肩膀磨破了，脚被扎破了，雨水、汗水和血水混在一起。在罐子铺堰塞湖排险现场，挖掘机操作手、一级士官李九红由于挖掘操作时间过长，手都磨出血泡；在红岩堰塞湖排险现场，挖掘机操作手、三级士官张旭由于天气炎热中暑晕倒，醒来后仍坚持不下火线，咬牙继续战斗。

成都军区、济南军区、空军、海军、第二炮兵工程部队和四川省民兵预备役部队，承担部分中低危级堰塞湖排险任务。在排险任务重、时间要求紧的情况下，各部队和当地党委、政府及水利部门密切合作，积极创造条件，充分发掘人员和装备潜力，综合运用工程爆破、人工挖掘、机械作业等办法，克服余震不断、山体滑坡、地形复杂、道路受阻、天气恶劣等重重困难，争分夺秒，连续施工，解灾区人民之所急，除灾害威胁之险，为加速抗震救灾进程，发挥了重要作用。

专记 唐家山堰塞湖排险

唐家山堰塞湖位于北川羌族自治县，涪江支流通口河上游湔江河段上，距北川县城约 4.6 公里。经侦测，唐家山堰塞湖最大库容达 3.15 亿立方米，水深达 80 余米。如果溃决，下游绵阳、遂宁 130 万人民生命财产和宝成铁路、兰成渝输油管道等重要基础设施将面临灭顶之灾，被水利专家称为“一号风险”。排除唐家山堰塞湖险情刻不容缓！国务院抗震救灾总指挥部紧急部署，组织制订排险实施方案。水利部和唐家山堰塞湖险情应急处置指挥部迅速组织各方力量投入抢险。解放军、武警部队官兵和民兵预备役人员与水利专家、工程技术人员密切配合，军民团结一心，顽强拼搏，克服各种艰难险阻，采取科学有效措施，强力推进排险，至 6 月 11 日，彻底排除唐家山堰塞湖造成的险情。

一 唐家山堰塞湖险情

发现唐家山堰塞湖 5 月 13 日，为查清汶川地震灾情，空军组织对汶川、理县、北川、茂县 4 个县 18 个乡（镇）进行侦照，侦照面积 1883 平方公里。航侦总站 4 个情报处理工作组和专家组在分析地震灾情时，通过仔细研判，发现湔江北川县城上游唐家山地区有一个特大山体滑坡将整个河道堵塞，河水上涨明显，专家组认为灾情具有严重的威胁性。（参见图 213）

5 月 15 日，专家组将唐家山出现的险情以《灾情要报》上报成都军区、中央军委和国务院抗震救灾总指挥部。此后，有关部门加大对唐家山地区监测力度，于 16 日、17 日、19 日连续侦照监测，发现堵塞河道水位上涨速度快，蓄水量大，已形成高危级堰塞湖，并对下游的北川、江油、绵阳等地区构成重大威胁。在确认这一重大险情后，有关部门又及时将唐家山堰塞湖情况上报。

图 213　5 月 14 日湔江唐家山河段滑坡形成的堰塞湖遥感监测图

（水利部　提供）

5 月 16 日，武警四川省总队副总队长兼参谋长邓厚明，率 500 名抢险突击队员到达北川羌族自治县禹里乡，在组织抢险救灾的同时，勘察监测湔江上游水情变化。18 日 21 时，邓厚明向武警四川省总队、四川省抗震救灾指挥部报告湔江水情监测情况："大地震导致湔江北川羌族自治县唐家山段形成堰塞湖，水位以每 4 小时 0.43 米速度上涨。" 19 日，再次将监测情况上报并提出建议。

监测唐家山堰塞湖险情　5 月 16 日 23 时 50 分，为进一步摸清唐家山堰塞湖情况，77289 部队派出 25 名官兵护送四川省水文局 8 名水利专家和 300 余公斤器材，徒步 30 余公里赶赴唐家山堰塞湖建立水情观测站。17 日 11 时，在堰塞湖坝顶建立 3 个水文观测站，随即报告了水文情况。20 日，由四川省水文局 4 名水文地质专家组成的堰塞湖现场勘测突击队乘坐军用直升机，于 10 时 50 分强行登陆唐家山堰塞湖坝顶，对堰塞湖进行实地测量，获取了唐家山堰塞湖坝体和高程等数据。21 日上午，水利部工作组 20 余名技术人员空降唐家山堰塞湖，实地勘察堰塞湖险情：巨大山体崩塌和滑坡把湔江阻断，使旧河道垫起近 200 米高。滑坡为土石堆积体，顺河方向长 803 米、横河最大宽度 612 米、坝高 82 ~ 124 米，体积 2037 万立方米。坝体高程 669.5 米，最高点高程 793.9 米。滑坡体彻底把湔江隔断，形成最大库容可达 3.15 亿立方米、水深达 80 多米的堰塞湖。堰塞湖回水长达 20 公里，上游集雨面积达 3550 平方公里，水位每天以最高 3 米、平均 1.8 ～ 2 米的速度上升，每天入库水量 720 万立方米。危险分级评定为“极高危险级”。

评估可能造成的灾情后果　余震在继续，降雨在持续，结构松散的堰塞坝极易垮塌，唐家山堰塞湖成为下游数百万群众头顶上的“悬湖”，随时都会倾泻而下。唐家山堰塞湖一旦发生溃决，将对绵阳市的北川羌族自治县、江油市、三台县、涪城区、游仙区（含农科区、科学城）及遂宁市的安全构成严重威胁，对运输大动脉宝成线铁路、能源大通道兰成渝成品油管道等重要基础设施构成极大威胁。按应急避险预案，唐家山堰塞湖若三分之一溃坝，需要撤离 25.86 万人，淹没城镇面积460.2万平方米；若二分之一溃坝，需要撤离120.6万人，淹没城镇面积5386.6万平方米；如果全溃坝，需要撤离 130 万人，淹没城镇面积 6234.6 万平方米。

唐家山堰塞湖灾情危重，排除唐家山堰塞湖险情时间紧迫，引起全国人民乃至国际社会的高度关注。

二　唐家山堰塞湖排险组织准备

面对错综复杂的唐家山堰塞湖重大险情，中共中央、国务院、中央军委积极应对，靠前指挥。胡锦涛要求，唐家山应急排险工作一定要坚持以人为本，确保把人民群众生命安全放在首位，要认真组织，精心安排，加强巡视，做好应急预案，确保紧急情况下不出大的问题。

成立唐家山堰塞湖险情应急处置指挥部　5 月 22 日晚，温家宝在绵阳市主持召开国务院抗震救灾总指挥部第 12 次会议，听取总指挥部水利组关于唐家山堰塞湖重点疏通工程方案的汇报，主持研究应急处置具体方案，明确“主动、尽早、排险与避险相结合”的原则和“安全、科学、快速”的指导方针。会议决定，成立唐家山堰塞湖险情应急处置指挥部，由四川省省长蒋巨峰任指挥长，水利部副部长矫勇、武警水电指挥部主任李光强、成都军区空军参谋长战厚顺等任副指挥长；统一指挥、调度和协调水利部、地方、军队和有关部门的力量，实施唐家山堰塞湖抢险排险，尽力避免堰塞湖溃决可能造成的次生灾害；为加强堰塞湖应急处置工作，组建唐家山堰塞湖应急疏通工程指挥部，由四川省政府、水利部、武警水电部队、成都军区空军等单位组成。23 日，成都军区联指在绵阳市开设唐家山堰塞湖排险指挥所；当日 23 时 50 分，成立由武警水电指挥部主任李光强任组长、副主任岳曦任副组长的唐家山堰塞湖抢险前方指挥部；26 日，唐家山堰塞湖险情应急处置指挥部决定，成立以水电部队领导成员为主的施工现场指挥部，岳曦为指挥长，水利部总工程师刘宁为副指挥长。27 日，国务院副总理、国务院抗震救灾总指挥部副总指挥回良玉赶赴唐家山堰塞湖现场查看险情，并主持召开唐家山堰塞湖应急抢险紧急工作会议，要求从大局出发，尽最大努力，千方百计完成唐家山堰塞湖抢险任务。28 日、29 日，解放军总参谋长陈炳德、国务委员兼国防部长梁光烈先后到唐家山堰塞湖，现场查看坝体地形，研究排险问题。

水利部认真贯彻落实中共中央、国务院的决策部署，将唐家山堰塞湖应急处理作为抗震救灾工作的重中之重，成立唐家山堰塞湖应急处理指挥部，专门负责唐家山堰塞湖应急处理工作。总指挥由国务院抗震救灾总指挥部水利组组长、水利部部长陈雷担任。6 月 5 日 16 时，温家宝乘直升机再次前往唐家山实地查看；18时20分许，返回绵阳机场后，对下一步抢险工作做出重要指示：“特大地震以后，次生地质灾害仍然威胁着人民生命财产安全，特别是悬在我们头顶上的唐家山堰塞湖。采取工程排险与人员转移避险的方式来解决堰塞湖隐患，这在中国抗震史上是前所未有的。我们的目标是在处理堰塞湖的过程中，决不能让一个百姓伤亡。如果说地震是难以避免的自然灾害，那么排除堰塞湖险情，确保群众安全，就是我们的责任。唐家山堰塞湖的隐患一天不消除，我们的抗震救灾任务就没有完成。”20时，温家宝在绵阳主持召开国务院抗震救灾总指挥部会议，对下一步彻底排除唐家山堰塞湖险情做出专门部署。他指出：“现在解决唐家山堰塞湖问题，在气候、地质、余震、坝体结构等方面还有很多不确定因素，我们仍然要坚持安全、科学、快速三条原则，尽快彻底排除安全隐患。”

6月6日，温家宝指示解放军副总参谋长葛振峰担任唐家山堰塞湖抢险指挥部副总指挥，具体负责现场的组织指挥。葛振峰会同水利部副部长矫勇、有关专家和工程技术人员，及成都军区、第二炮兵、武警部队领导坐镇唐家山，现场组织指挥唐家山堰塞湖的排险，直至堰塞湖险情基本解除。

制订唐家山堰塞湖排险实施方案 5月22日晚，为及时有效处理唐家山堰塞湖险情，国务院抗震救灾总指挥部研究确定唐家山堰塞湖抢险基本方案，即在堰塞湖坝体自然形成的低槽处再下挖7～8米（总工程量6万～8万立方米土石方），采取小口慢流，争取少移民，少淹地；确定技术支撑和技术决策由水利部负责，武警水电部队负责施工，四川省负责组织移民；成都军区负责派出直升机担负排险技术人员和物资设备空运任务，视情派出工兵分队支援；成都军区空军负责开辟空中“绿色通道”，保证执行排险任务的军队、民航直升机能随时起飞。24日，水利部会同长江设计院、成都勘测设计院、四川省水文资源勘测局、武警水电部队等单位，研究制订《唐家山堰塞湖应急疏通工程施工方案》和《唐家山堰塞湖泄流水文应急监测方案》。同日，按照确立的“坚持以人为本，把确保人民群众生命安全放在首位，同步实施工程措施除险和人员转移避险，确保唐家山堰塞湖不能导致一人死亡”的总体目标，出台《排险避险方案》。排险方案考虑到爆破的难度和风险，选择开挖泄洪槽，计划25日全面开工，6月5日完工；避险方案按照唐家山堰塞湖3种溃坝方式，即三分之一溃坝、二分之一溃坝、全溃坝来确定避难方案，组织下游群众疏散。为加强唐家山堰塞湖沿程水文要素的监测，设立白升、片口、唐家山、富顺、治城和油房6个雨量监测站监测流域雨情；为保障上游水文监测的可靠性，又增设一处水文自动监测站，同时在通口电站下游和通口监测站下游各增设一处临时观测站，各水文监测站点自动采集后由北斗卫星自动传输到绵阳分中心，并通过当时的水情网络送达水利部水文信息中心和长江水利委员会水文局。为实时监控堰塞湖泄流后的动态情况，设置堰塞湖远程实时视频监控系统，由唐家山堰塞湖到绵阳市区涪江桥沿线设置的14个监测点组成，其中堰塞湖坝上5个，另外9个分布在下游的北川县城、通口电站、涪江桥、香水乡、青莲镇等地，监测点采用无人值守视频摄像头采集数据，在夜间也可监视。采取的数据通过卫星即时传送到北京、成都、绵阳等各个抗震救灾指挥部，为制定决策提供重要支持。为实时准确掌握堰塞坝坝体稳定和变形情况，武警水电部队在坝区设置安全监测系统，集地质灾害监测和数据采集、网络化信息传输、信息分析处理、信息发布和应急指挥于一体，对唐家山堰塞坝坝体稳定和变形情况监测预警，实时掌握坝体变形情况的发生、发展和变化过程。同时，在坝体下游低台阶处的5个测点，安装6套地表位移无线监测设备，无线监测设备可在无人值守的情况下，对坝体的整体运动情况、裂隙渗流对坝体的影响、坝体发生变形坍塌前兆等实施动态实时监测。

唐家山堰塞湖排险人员、物资和技术准备　5月22日，按照国务院抗震救灾总指挥部统一部署，唐家山堰塞湖应急排险准备工作全面展开。23日，成都军区联指下达《全力以赴排除唐家山堰塞湖险情》的命令；指挥77200部队和武警水电部队1700余名官兵及工程技术人员向唐家山开进。

武警水电部队主动请缨，决心打好抢险排险这场硬仗。5月22日22时40分，武警水电部队正式受领唐家山堰塞湖排险任务；并在前期已到部分人员的基础上，决定从水电指挥部机关、各总队、三峡工程指挥部抽调精兵强将。23日，部队抢险排险人员陆续到位。为打好唐家山堰塞湖应急排险这场硬仗，武警水电部队党委发出动员令，号召全体抢险官兵要强化“使命高于一切、完成任务第一”的政治意识，增强参加抢险排险的光荣感和使命感，切实把唐家山堰塞湖排险作为压倒一切的重大政治任务，不讲任何条件，不惧任何困难，不惜一切代价，甚至流血牺牲，也要啃下这块“硬骨头”。武警水电部队决定在全部队调集最优秀的46名工程、爆破、地质专家，及130名技术最精湛的大型设备操作手参加会战。武警水电部队第一总队、第三总队驻川部队临危受命，立即投入战斗。第三总队和三峡工程指挥部闻令而动，以最快速度、用最短时间，分别从江西、湖北等八省（区）千里驰援，共投入兵力1142人，筹措推土机、挖掘机、装载机、运输车等大型施工设备108台（套），筹措炊事车3台、油罐9个、油料180吨、炸药10.16吨、食品43吨、帐篷148顶、棉被棉褥各1200床、迷彩服2500套、迷彩鞋2500双等保障物资。23日，水利部由20余名工程、爆破、机械等专家组成的唐家山堰塞湖排险工作组亦赶赴绵阳。成都军区空军出动直升机50余架次，运送抢险器材等各类物资47.6吨，运送抢险人员352名。

5月21日7时30分，武警水电部队排险专家组分3组先期向唐家山堰塞体开进。10时，第一总队四支队高级工程师梁启成带领测量员赵林景、黎家勇、陈全义受命担负唐家山水文和堰塞湖体观测任务，被空投到唐家山堰塞湖坝体。到位后，立即架设测量仪，设置参照物、控制点，24小时轮班监测水位、堰塞体形状和地质变化。为使测量数据更加精准，他们在原定15个测量点的基础上再增加10个，尽可能在每一个可以到达的位置观测。他们每天睡眠不足4小时，步行20余公里往返于各测量点之间，甚至站到堰塞湖体最边沿去采集数据。由于持续的阴雨迷雾天气，接连4天直升机无法到达，空中通道受阻，通信中断，与外界完全失去联系。在余震不断、滚石轰鸣、黄蜂萦绕头顶、毒蛇近在咫尺、溃坝随时可能发生、四周弥漫着恐怖凄凉的气氛下，始终坚持使命高于一切，昼夜不停地工作，每隔半小时观测一次水位、记录一组数据。23日，他们所带的干粮已经吃完、水已经喝光，开始挖野菜、摘野果、嚼草根、舔露水充饥解渴，至24日已是饥渴难耐。梁启成留下一名战士坚守岗位，自己和另外两名战士在一片狼藉的倒塌民房中寻找食物，直到体力近乎透支的时候，仅仅刨出两截腊肉；带走腊肉前，他们凑出身上仅有的98元钱，用砖块压在原来放腊肉的地方。25日，直升机送来第二批战友和给养，并将测量的第一手资料带回前方指挥所。

5月22日上午，绵阳抗震救灾指挥部原计划将40名武警水电部队官兵一次投放到唐家山堰塞湖，因直升机承载不下全部人员和设备，只将21名队员和少量物资空投唐家山堰塞湖坝体，负责平整临时生活区、停机坪，搭建帐篷。23日，因气候变化异常，直升机仍难以正常飞行进入堰塞湖体上空。24日9时30分，为争取排险时间，武警水电指挥部副主任岳曦、副总工程师吴国如、副参谋长孙来成，武警水电部队第一总队总队长刘松林、副总工程师李虎章，武警水电部队第三总队副总队长王殿林等6名指挥人员，乘直升机冒险向现场进发。由于唐家山堰塞湖地处深山峡谷、气候多变，飞机在堰塞湖上空盘旋一个多小时后，终于在云层透开的几分钟里单轮悬停到堰塞体上。6名指挥员在岳曦带领下，从悬停的直升机上跳下后，立即组织先前到达的25名官兵对现场进行地形测量。在余震不断、乱石纷飞和供应殆尽、食品短缺又无法休息的情况下，他们紧张地进行实地勘测，研究细化排险方案，利用信号微弱的海事卫星电话向绵阳指挥部汇报情况；并用简单工具，在几天时间内开辟临时停机坪3个，平整生活居住区1700平方米，搭建30平方米的帐篷16顶，为后续部队和设备的进驻提供基本保障。

由于气候影响，直升机仍无法降落唐家山堰塞湖坝顶，空中通道受阻，原有的陆路通道也全部被震毁；唐家山堰塞湖上游持续降雨，水位在不断上涨，预计5天左右将过流。新闻媒体不断报道，全国人民高度关注。5月25日，唐家山堰塞湖抢险指挥部决定采取人员徒步运输物资，尽早展开排险。为此，武警水电部队唐家山堰塞湖排险指挥部指令，已集结到绵阳机场的第一总队、第三总队和三峡工程指挥部406名官兵改为徒步行进，于25日、26日背负炸药及必要食品、工具迅速赶赴排险现场。15时30分，武警水电部队第一总队三支队副参谋长任大军带领11名官兵组成“探路突击队”，在当地群众引导下，背着电台、干粮，带着砍刀、铁锹等开路工具，向险象环生的唐家山堰塞湖挺进。震后的山体异常陡峭，坡度达70多度，随处可见山体裂缝，有的裂缝达1米宽，上下错层近2米高。天降大雨，余震不断，滑坡频发，乱石横飞，随时都有生命危险。为确保行军安全，任大军命令官兵成一路纵队行进，每向上爬10米，就用绝缘胶布和红色彩条带绑在树枝上，为后续人员作指路标记。官兵手脚并用，拽着树枝和灌木向上攀登，越往上爬山势越陡荆棘越多，衣服被荆棘扎破，手臂鲜血直流，脚底磨出血泡，官兵全然不顾。到达半山腰时，一次强余震袭来，山体剧烈抖动，巨大的山石裹着泥土倾泻而下，任大军指挥官兵迅速蹲下，顺坡隐蔽，使大家安全避过强余震。天色渐暗，雨越下越大，剩下的路举步维艰，官兵借助手电筒弱光，喊着号子互相搀扶着，小心翼翼地在刀尖般锋利的乱石从中行走、匍匐、攀爬（参见图214），终于在22时39分抵达坝顶，成功开辟出唐家山堰塞湖抢险的道路。任大军等11名官兵成为震后第一批徒步登上唐家山的人员，被誉为“开路敢死队”。官兵带来的食品和饮用水，解救了忍饥挨饿在唐家山堰塞湖坚守38小时的6名指挥员和先期到达4个昼夜的25名官兵。

5月25日16时许，武警水电指挥部394名官兵从北川县城出发，在当地群众的带领下奔赴唐家山。每名官兵身背炸药、食品等物资，负重近30公斤。由于大部分路段已经被塌方体所埋，有的路段震后形成深不见底的裂缝，有的路段坡度达到70度，每走一步都要抓着两旁的树木。一次又一次余震袭来，山体颤动，人左摆右晃，抢险官兵跌跌撞撞负重而行，有几次差点连人带

图214　5月25日，武警水电部队官兵身背炸药奔赴唐家山堰塞湖执行抢险任务
（武警部队　提供）

背篓滚下悬崖。26日1时30分，经9小时艰难跋涉，官兵们终于到达唐家山堰塞湖坝体，并将10.16吨炸药徒步背至坝顶。

77226部队1000名官兵担负向唐家山堰塞湖运送炸药、雷管的任务，在部队长范宏斌、政委曹军带领下，冒着6.4级余震和山体滑坡、泥石流不断的危险，途经4个陡峭湿滑地段，采取“荆棘地带开路、交叉路口标识”的方法，肩挑背扛翻山越岭徒步行军8小时，连夜将7吨炸药、雷管运送到唐家山堰塞湖坝顶。（参见图215）

图215　5月25日，77226部队官兵向唐家山堰塞湖坝顶运送炸药
（成都军区　提供）

图217　5月28日，绵阳电业局员工为唐家山堰塞湖疏散群众安置点安装照明灯
（王元树　摄）

动民兵380名，并协调部队官兵350名，在群众撤离后第一时间到达各疏散地设置卡点80余处，组织巡逻队17支，防止已撤离人员回流，并保护疏散地群众财产安全。为给安置点群众提供更好的居住环境，人武部调动100余名民兵组成10支民兵服务队，到各个疏散安置点提供服务保障，帮助300余户群众解决用水、用电、防潮板铺设等问题。截至5月30日，绵阳军分区共协调动用民兵9200余人，深入涪城、游仙、江油、北川等县（区）的210个住宅小区和190多个村庄，成功转移群众18万余人。（参见图217）

内江军分区先后出动民兵208人赴绵阳市游仙区协助当地政府疏散群众2万余人，转移群众4359人，搭建和拆除帐篷2581顶。民兵们连续奋战40个小时，挨家挨户帮助群众把日常生活用品搬运至安全地带。专职武装干部黄佐凯，白天搭建帐篷，晚上值勤巡逻，由于疲劳过度得了肺炎，高烧不退，仍坚持不去住院，坚守在岗位上。四川陆军预备役高炮师出动官兵500余人，紧急疏散游仙区、江油市及青莲镇群众5700余人，并担负巡逻警戒维护疏散地域秩序任务，直到险情解除。

从6月5日19时起，63820部队为做好唐家山堰塞湖泄洪区群众疏散转移，从机关及所属单位抽调兵力213人，组成抢险救灾突击队，对绵阳市疏散区进行拉网式排查，协助地方政府和公安机关，对唐家山堰塞湖三分之一溃坝淹没区内群众进行排查和疏散，设置警戒卡点开展巡逻，避免疏散群众回流，保护群众财产。突击队全体官兵在极其艰苦的条件下，日夜奋战，疏散群众1.3万人，实现无伤亡、无事故、无违纪的目标。

开挖唐家山堰塞湖导流槽　唐家山堰塞湖排险现场指挥部按照国务院抗震救灾总指挥部前方指挥部批准的排险设计方案，针对堰塞体的地形特点和泄流槽的体形要求，确定在堰塞体右侧布置泄流槽开挖轴线，将泄流槽分为进口引渠段、中间泄槽段和出口段3个部分施工，在进口段布置一个工作面，中间段上下游各布置一个工作面，出口段布置一个工作面，共计4个工作面同时

图 218　5 月 31 日，武警水电部队组织大型机械设备在唐家山堰塞湖开挖泄流槽

（武警部队　提供）

施工的开挖方案；组织 45 台（套）设备，采取 2 ~ 3 人负责一台设备运行，人停机不停 24 小时连续施工。武警水电部队第一总队根据排险方案任务分工，投入 150 人负责开挖土石 7 万立方米和设备吊装、堰塞湖上下游监测及工地供油；第三总队和三峡工程指挥部投入 500 人，负责后勤保障、爆材运送、堆砌块石及爆破等。

图 219　5 月 27 日，武警水电部队排险官兵在唐家山堰塞湖挑灯夜战

（武警部队　提供）

5 月 26 日 11 时 6 分，武警水电部队第一总队四支队挖掘机操作手四级士官方振伟挖下第一铲土石方，唐家山堰塞湖排险战役正式打响。641 名官兵在不足一平方公里的坝体上，展开一场人与自然灾害抗争、与时间和洪水赛跑的战斗。（参见图 218、219）

四支队挖掘机操作手陈平，家住安县，离唐家山很近，家中受灾、房屋倒塌、父亲受伤，但他无暇顾及，始终坚守在抢险一线。六支队二中队指导员家在绵阳市区，地震中家里房屋垮塌，孩子刚满两个月，为了救灾，他三过家门而不入。当爱人给其打电话时，他只说了一句："你们人没事就好，堰塞湖险情没有排除，我还不能回家。"九支队装载机操作手陈本颖，定好5月15日在山东老家结婚，请柬已发出，酒席已订好，陈本颖一接到命令就说服未婚妻推迟婚期，立即返回部队参加抢险。

为抢进度，操作手们坚持在闷热潮湿的驾驶室里两班倒、连轴转，昼夜施工。有的中暑晕倒，打完点滴继续上；有的裆部溃烂，抹点药膏接着干。排险官兵克服气候恶劣、地形复杂、余震不断、保障不继等重重困难，几十个人挤住一顶帐篷，仅靠有限的饮用水和干粮充饥解渴，有时一天只吃到一听八宝粥，4个人共喝一瓶矿泉水。嘴唇干裂、喉咙嘶哑、便秘和体力不支，他们凭着顽强意志挑战生命极限，坚持战斗在自己的岗位上。在艰难环境下，排险官兵创造日均开挖2万立方米、最高日挖量3.8万立方米的纪录。

5月29日9时，武警水电部队全线挖通唐家山堰塞湖导流槽。30日19时，抢险现场指挥部决定将泄流槽底板降低1米，即开挖至741米高程。31日15时，抢险现场指挥部再次决定将泄流槽底板再降低1米即开挖至740米高程。22时，泄流槽底板挖至740米高程。至此，武警水电部队官兵经过连续六天六夜鏖战，开挖土石方13.55万立方米，形成一条长475米、底宽7～10米、深12米左右的导流槽，超额完成方案确定的土石方开挖10万立方米、开挖深度10米的目标要求，比原方案预定工期提前5天，抢险工程取得阶段性胜利。参加抢险的武警水电部队和工程技术人员分批撤离唐家山堰塞湖。

清除唐家山堰塞湖漂浮物 唐家山堰塞湖形成以后，上游漂浮的20多艘船只、40多个大型油罐和上千只大型油桶等大量漂浮物，对湔江、涪江沿岸的重要设施，特别是宝（鸡）成（都）铁路涪江大桥构成严重威胁。作为西南运输大动脉的宝成铁路，在涪江上有两座并行的涪江铁路大桥，是宝成铁路的咽喉，是抗震救灾人员和物资运输的"生命线"。为保护大桥免受漂流物的撞击破坏，成都铁路局对大桥桥墩进行加固保护。同时，由部队负责清除涪江大桥上游大型漂浮物。

6月1日23时35分，77289部队奉命清除涪江大桥上游大型漂浮物。根据成都军区联指批准的《应对唐家山堰塞湖对涪江可能出现的漂浮物进行射击摧毁预案》，77289部队出动第1、第2炮兵连和第4、第5步兵连计55人，组成火力清障突击队，动用82无坐力炮8门、炮弹120发，40火箭筒8具、火箭弹150发，激光测距仪4具，指挥车1辆，EQ1118运输车4辆，设立4个炮击阵地，分别配置在江油市龙凤场镇飞凤村1社堤坝、青义村堤坝、红岩电站大桥、涪江大桥，于5日18时前占领阵地，完成一切应急准备。至11日18时，火力清障队击毁各类大型漂浮物37件（块），确保泄洪沿线红岩、通口、香水水电站和青莲大桥、宝成铁路涪江大桥等重要设施的安全。8日8时，77208部队爆破队在解放军理工大学专家的帮助下，制订"定向爆破与分散爆破结合、水下爆破与水面爆破结合"等方案，对堰塞湖泄洪口大型漂浮物实施爆破，使大量漂浮物在爆破作用下解体，随着湍急的水流，向泄洪槽涌去。（参见图220）至9日，工兵爆破分队对漂浮物和导流槽底部成功组织17次爆破，扩大导流槽排水量。

图 220　6 月 8 日，77289 部队在涪江岸边随时准备炮击唐家山堰塞湖泄洪时的大型漂浮物
（成都军区　提供）

扩挖新挖导流明渠　6 月 3 日，水利部总工程师、唐家山堰塞湖抢险指挥专家组组长刘宁在新闻发布会上公布，由于堰塞湖堰塞体巨大、余震威胁、气象条件恶劣，在采取多种措施后，仍处于极危险状态。4 日，唐家山堰塞湖水量已达 2.12 亿立方米，水头超过 70 米，并且已经出现渗水现象。受余震威胁以及上游降水量、坝体地势构造等不确定因素影响，出现溃坝的可能性不断增加。6 日，陪同温家宝考察唐家山堰塞湖险情的解放军副总参谋长葛振峰主动请缨，留下来现场指挥抢险。13 时许，葛振峰在唐家山堰塞湖坝体上给成都军区副司令员范晓光、武警部队副司令员息中朝打电话部署任务，两人于 15 时赶到大坝；之后，武警水电部队政委贾方亮也迅速赶到，随即与水利部部长陈雷研究，决定采取双管齐下的办法，爆破、施工并举，在增大现有导流槽深度和宽度的同时，加紧新的导流明渠的开挖进度，努力使两条导流明渠尽早汇合。虽然施工量要大一些，但为了早日解除下游群众头上“这盆水”的威胁，有必要采取“双保险”的办法。

根据温家宝指示和国务院抗震救灾总指挥部紧急会议部署，6 月 6 日，武警水电指挥部迅速从第一总队、第三总队调集 340 名官兵，投入 43 台设备，全部由直升机空运，再上唐家山，二战堰塞湖。下午，在泄流槽下游段左侧开始开挖施工，主要施工方法是反铲拉槽修坡，推土机接力向下游运料。7 日 15 时，77208 部队 20 余名工兵，对唐家山堰塞湖泄流槽成功实施第一次爆破，增大泄流量。官兵们连续奋战五天四夜，完成土石方 7 万立方米。至 10 日，在堰塞体左岸成功新开辟一条长 180 米、宽 20 米、深 15 ~ 22 米的分流渠，为扩大过水断面、加快泄洪速度、增大泄洪流量创造了条件。

6 月 10 日 11 时 30 分，唐家山堰塞湖泄洪槽流量达到峰值 6500 立方米 / 秒。15 时 15 分，洪峰顺利通过绵阳，下游群众无一伤亡，重要基础设施没有造成损失，排险取得决定性胜利。18 时 30 分，唐家山堰塞湖水位已下降到 720.25 米，流量 454 立方米 / 秒，库容约 1.1 亿立方米，标志着唐家山堰塞湖危险基本消除。同日，根据唐家山堰塞湖抢险指挥部指示，支槽开挖中止，排险任务圆满完成，现场施工人员全部撤至绵阳。

6 月 11 日 16 时，唐家山堰塞湖坝前水位从最高 743.23 米下降到 714.13 米，比最高水位下降 29.1 米，泄流流速 56 立方米 / 秒，相应蓄水量从 2.48 亿立方米降至 0.86 亿立方米。经过水流的冲刷，泄流渠形成长 800 米、上宽 145 ~ 235 米、底宽 80 ~ 100 米、进口端底部高程 710 米、出口端底部高程 700 米的峡谷型河道，新形成的河道具有通过 200 年一遇洪水的能力。（参见图 221）唐家山堰塞湖抢险指挥部认为已解除险情，决定于 16 时全线解除黄色警报，紧急转移疏散的 20 多万群众可以返回家园。胡锦涛对此做出批示：“唐家山堰塞湖抢险工作取得重大进展。请陈雷同志转达向参与排险工作的全体同志致以亲切慰问和崇高敬意。”国务院抗震救灾总指挥部发出贺电，称赞唐家山堰塞湖抢险“消除了汶川地震次生灾害的一个特大威胁，确保了人民群众生命安全，避免了大的损失，创造了世界上处理大型堰塞湖的奇迹”。

图 221　6 月 11 日，唐家山堰塞坝过流后河道平面形态，形成宽敞的新河道

（水利部　提供）

第二章 防治塌方、滑坡、泥石流

汶川特大地震以其极强的破坏力，致使大地颤动，山崩地裂，加之频繁发生的余震和降雨的影响，灾区很多地方出现山体塌方滑坡，山体移动、垮塌，遭遇强降雨和山洪暴发又形成泥石流。滑坡具有瞬间发生和面积大、土石方量多等特点，泥石流携带泥沙、石块奔泻而下，对地面物体、农田水利和交通道路造成极大破坏，对灾区基础设施和人民群众生产、生活造成严重威胁。

中共中央、国务院、中央军委高度重视对塌方、滑坡和泥石流的防治工作。5 月 17 日，胡锦涛在四川指导抗震救灾时就明确指示“加强对塌方、泥石流等地质灾害的监测和预防”“防止发生次生灾害”。在国务院抗震救灾总指挥部和四川、甘肃、陕西等受灾省抗震救灾指挥部的统一部署下，解放军、武警部队、民兵预备役人员和地方各级党委、政府及受灾群众一起，迅速展开防治塌方、滑坡、泥石流的攻坚战，军民同心协力，迎难而上，迅速排除塌方险情，及时清理和防治滑坡、泥石流，彻底消除各种灾情隐患，保护了灾区群众的生命财产安全，维护了灾区的生产、生活秩序。

第一节 治理塌方与山体裂缝

汶川特大地震发生后，塌方在地震灾区发生的数量多，涉及地域广，灾情面积大，对道路、堤坝、房屋建筑等造成不同程度损毁，甚至直接威胁到人民群众的生命财产安全。灾区各级党委、政府和解放军、武警部队、民兵预备役人员把清理和治理塌方，作为抢险救灾中一项事关全局而又急需解决的重要任务，及时组织排除巨石塌方险情，整修塌方道路，治理塌方隐患。

一　排除巨石塌方隐患

爆破排除巨石、危崖隐患　地震发生后，灾区很多地方出现巨石塌方险情。5月20日，因山体塌方，一块巨石滚落在63831部队油库旁边的主防洪沟内，如遇洪水将严重威胁油库安全，需尽快清理。部队邀请西南科技大学专家进行实地勘察，确定对巨石进行解离吊装清理方案。武汉理工大学资源与环境工程学院组织人员，筹备静态破裂剂20吨，于21日下午到达绵阳，成功实施排险作业，确保了油库的安全。

地震造成茂县维城乡中村山出现塌方，百吨巨石悬在山腰摇摇欲坠，直接威胁到山下学校、乡政府、小型电站及35户人民群众的生命财产安全。6月6日11时，77133部队接到火速赶往维城乡执行排险任务的命令，立即抽调24名官兵组成突击队，冒雨驱车93公里，于16时30分到达任务现场。坡度约80度的中村山因地震造成半壁塌方，距简易公路上方70米的山腰上突出一块巨石。其时，雨下个不停，不断有泥石从山上冲刷下来，巨石随时有滑落的危险。经抵近勘察，发现巨石呈长方体，外露部分长6米、宽5米、高3米，几近一半悬在空中，其上方还压着两块几十吨重的不规则巨石。7日8时，由部队和地方成立排险领导小组并制订排险方案，设置3条安全防线，即在巨石下方50米远可能滑落的路线上开挖一条宽2米、深1米的减速沟，间隔20米，在公路下沿再挖一条减速沟，然后在巨石正下方建筑物前用装满土的编织袋堆砌一道防护墙，最大限度地减少爆破过程中可能带来的危害。14时，77133部队工兵连连长陈俊带领5名战士，身背72公斤炸药艰难地爬上山腰。爆破手周玉明、花泽伟腰系安全绳，将安全绳另一端固定在巨石上方30米处的粗灌木上，小心翼翼攀上巨石，将炸药、电雷管放好压实，向上引出200米导线。随着一声轰响，百吨巨石被削去一半，碎石飞落在预定范围内。随后，由5名爆破手再次实施爆破。经过3次爆破，巨石塌方险情被彻底排除。

6月30日，受连日降雨影响，彭州市白鹿镇塘坝村附近山体出现塌方，部分石质山体悬于半空中，随时可能坍塌堵塞山下道路。71897部队工化营出动15名官兵、3名爆破骨干和1台挖掘机，与地方技术人员一起对塘坝村附近悬石实施爆破2次，排除险情5次，协助清理塌方土石350立方米，确保附近群众生命财产安全和道路通畅。

7月2日，针对强降雨天气增多，塌方、泥石流等次生灾害发生频繁的情况，71702部队政委张友书组织人员对驻地汶川县漩口镇圣音寺附近易发生塌方的山体进行全面排查，发现3块10余吨重的巨石已离位，且山上坡度较陡，遇到余震或暴雨，巨石随时可能滚落，对山下群众威胁很大。部队将情况报告汶川县漩口镇抗震救灾指挥部，指挥部立即指派汶川县人民检察院检察长带领专业爆破人员赶到现场，与部队共同拟订爆破方案。部队派出千余名官兵，首先疏散转移当地群众，之后与地方专业人员紧密配合，采取由近及远、由下至上的步骤，经两小时紧张作业，顺利实施爆破，险情被及时排除。

受地震影响，礼县白河镇白河村发生山体塌方，山上一块巨石移位孤垂，其大部分与山体相连，碎裂部分凸出于山体，裂缝约20厘米，裂纹基本呈水平分布，最大碎石直径约10米，距离坡底100米。在余震频发的情况下，巨石随时有滚落的可能，严重威胁着下方25户群众和村小学、派出所、工商所等单位的安全。7月7日，礼县县委、县政府和天水天强民爆公司与68202部队工兵营地爆连排险小分队，联合成立排险指挥部。通过实地勘察，按照排险、定位、钻孔、爆破、清渣的步骤实施作业。官兵冒着余震危险，克服炎热天气和山高坡陡、作业时间长、危险性大的困难，经过10天奋战，累计钻孔98个、长度162米，经过7次爆破，使用炸药104公斤、电雷管150枚，清理土石1.4万立方米，完成巨石剥离爆破任务，险情被成功排除。

7月30日，应都江堰市青城山镇政府求助，71282部队副政委宫松奇和71566部队政委王高峰组织71282部队工兵营75人、71566部队25人，对青城山沙坪林至青城岗段可能塌方的3处危石实施爆破，成功消除安全隐患，受到当地群众高度赞誉。镇政府组织在石头上铭刻“铁军安民石”以作纪念。

地震使位于甘洛县黑马乡海拔1800米、一直属于地方政府危险源监控点的一块危崖体又产生3条新裂缝，随时都有坍塌的可能，山脚下数百名彝族群众的生命财产安全受到严重威胁。5月20日，中国国电大渡河瀑布沟公司组织人员实地勘察，制订爆破方案。24—29日，抢险人员进行钻孔作业，持续奋战6个昼夜，在安全转移山下群众之后实施爆破，成功排除山体危崖垮塌的威胁。

清理土石塌方 地震发生后，彭州市小鱼洞至银厂沟一线山体垮塌，道路被截断，救援物资设备进不去，地震受伤受困群众出不来，严重影响救灾工作的进行。5月12日22时，成都军区空军空防8处紧急出动11人、8台工程机械车连续奋战13小时，打通龙门山镇白水河至接引殿道路。15日，95538部队出动118名官兵、42台大型工程机械车辆，会同彭州市交通部门到达龙门山镇白水河，在山体崩塌极为严重的谢家店子，连续奋战两天一夜，于16日晚打通谢家店子路段。满天星路段布满山上滚落的巨石，有的重达几百吨，8台工程机械车通过接力方式清理和填运大量土石，经过近50小时奋战，整条道路被抢通。至20日12时，累计清理塌方80余处、土石方130多万立方米，全线打通小鱼洞至银厂沟大小龙潭岔路口40公里通道。

5月14日，宁强县民兵巡查组发现县域内兰（州）成（都）渝（重庆）输油管道安乐河乡阴岩子K527+733处严重塌方，340余米管道裸露在外，直接危及管道安全。宁强县人武部立即组织广坪镇、安乐河乡、燕子砭镇的民兵300余人，奋战近4个昼夜，清理土石方1800余立方米，装填沙袋近2万条，垒筑防护墙800余米，及时排除塌方隐患，保护了输油管道安全。

麻柳坪位于什邡市蓥华镇石门村2组，地处海拔1200米的山上，居住着277名村民。地震发生后，石门通往麻柳坪的道路多处断裂。随着余震频发，山体还在继续坍塌，山上飞石不断滚落，村民根本无法下山，使麻柳坪成为一个与世隔绝的“孤岛”。5月20日5时，95985部队“常胜模范连”奉命清理石门通往麻柳坪之路的土石塌方。连长单伟带领官兵赶到塌方现场，只见泥土掺杂着大小不一的石块阻挡在路面上，山上不断有飞石滚落，另一侧是悬崖峭壁。战士们用铁锹、铁镐、钢纤奋力清除塌方，同时又用一台大型挖掘机、一台推土机清除巨石和倒塌山体。经过两天奋战，清理坍塌土石2万余立方米，平整道路12公里，终于打通麻柳坪的“生命之路”。6月15日11时30分，麻柳坪公路由于余震再次发生3处大面积塌方，原路基塌陷处又被塌方土石压埋，交通中断。95900部队工兵分队接到命令后立即赶赴现场，编成飞石排除组、人工清障组、机械作业组展开施工，连续奋战28小时，搬运石块178块，清理土石1100立方米，平整塌方压埋路面 100 米，于 16 日 15 时 30 分，完成塌方清理任务。

5 月 23 日至 8 月 2 日，广州军区空军后勤部机场工兵勤务队 29 名官兵，携带 11 台机械设备在极重灾区什邡市、绵竹市清理塌方土石。在 67 天时间里，先后辗转什邡市蓥华镇和马祖镇、绵竹市广济镇的 12 个村，共投入兵力 4100 余人次，出动装备 3700 余台次，累计清理道路塌方 24 处，清理土石方 9040 立方米，平整场地 13.5 万平方米，转运路基土方 15 万立方米。

5 月 23 日，理县蒲溪乡至道桥公路大面积塌方，由泸定、理县民兵应急分队 880 余人和甘孜军分区机关官兵组成的甘孜军分区突击队迅速赶到现场。蒲溪乡公路沿蒲溪沟依山而建，弯多坡陡，路面狭窄，4.5 公里长的公路严重垮塌地段多达 42 处，最为严重的几处集中在一道桥两侧 1 公里路段，大面积山体垮塌将蒲溪沟堵塞，形成堰塞湖。垮塌的巨石砸在一道桥桥头，小的几十吨，大的上百吨，清理工作十分艰难。一道桥上方一段长 20 米、高 8.8 米的路基完全垮塌，几乎成为垂直的崖壁，修复工作难度很大。突击队民兵发挥自身技术优势，克服悬崖作业的困难，采取先人工用石头垒堡坎，再用机械挖填土方的办法，搬运土石近 1000 立方米，投入人员 2800 余人次，动用机械 200 余台次，将峭壁公路基本修通。

5 月 24 日，受余震影响，国道 317 线理县至汶川方向 2 公里和 12 公里处相继发生大面积山体垮塌，甘孜军分区突击队组织 4 台重型机械连夜施工。不到两小时，国道 317 线理县至汶川方向 10 公里处再次垮塌，军分区突击队再次赶赴现场清理土石方。在抗震救灾期间，突击队保通护通 35 天，清理疏通因山体塌方等造成的道路中断 100 余处，保障从北线到汶川县的交通畅通。

频繁余震和连续降雨，造成汶川县三江乡寿溪河上黑土坡电站下游 50 米处山体崩塌，约 5 万立方米壅堵体阻断河床，对黑土坡电站和寿溪河沿岸人民生命财产安全构成极大威胁。6 月 17 日 9 时，77105 部队部队长王健带领 22 名突击队员冒雨赶赴现场，决定采取关水爆破、放水冲刷的施工方法清除壅堵体。官兵与黑土坡电站工作人员密切配合，每次爆破作业一结束，电站工作人员就开闸放水，用激流冲走爆破后的碎石。经过 5 天爆破 6 次，于 22 日成功清除壅堵体，解除了黑土坡电站险情。24 日，77105 部队爆破抢险队又对三江乡龙竹村黑土坡水电站拦水坝河道壅堵体成功实施爆破清除，消耗炸药 320 公斤，爆破岩石 1100 余立方米，使原长 80 米、宽 3 米的河道扩宽至 15 米，有效地排除了险情。

6 月 9 日 15 时 28 分，彭州与汶川交界处发生余震，出现多处山体塌方。在当地参加抢险救灾的 71622 部队迅速组织由 250 名官兵、3 台运输车、2 台多功能作业车组成 4 支应急抢险队，清理彭州与白水河山体塌方 100 立方米，及时加固、修复彭州市龙门山镇国坪村一座即将倒塌的木桥，转运因道路受阻乘客 340 人，疏导车辆 128 台，派出警戒 12 处。（参见图 222）

图 222　6 月 9 日，71622 部队清理彭白公路山体塌方

（济南军区　提供）

14日，安县永安镇平桥村发生山体坍塌，严重威胁当地群众的生命财产安全。77226部队立即出动100名官兵和运输车2辆，迅速赶到平桥村展开救援。部队官兵将230名群众转移到安置点，随即展开清理坍塌土石方作业，共清理土石方250余立方米，抢修挡水墙160米，解除了塌方威胁。

青川县乔庄镇石原村通往镇上的道路位于海拔1300米以上的高山峻岭之间，在地震中遭严重损坏，有200米路段严重塌方，近300米路段被滚落山石阻挡，车辆无法通行，群众生产、生活受到很大影响。6月10—13日，71336部队2营出动兵力200余人次，采取人推、绳拉、棍撬等方式，清理土石2800多立方米，抢修道路5公里。

6月23日，什邡市蓥华镇钟鼎寺景区道路塌方，95900部队工兵连31名官兵，携带炸药800公斤、挖掘机1台、装载机1台开赴作业点，在海拔1500米、塌方滚石不断的山路上，连续奋战4天，清除体积达300立方米、重达千余吨巨石1块，清理土石2000余立方米，抢修道路3.2公里。

地震导致通往什邡市蓥华镇瓦窑村10组一乡村道路被塌方土石堵塞。7月9—11日，95900部队工兵分队，集中3天时间，投入兵力150人次，出动工程机械车3台，抢修道路塌方3处，清理碎石3500余立方米，于11日前全面打通通向瓦窑村10组的乡村道路。

地震发生后，北川羌族自治县桂溪乡、陈家坝乡至曲山镇路段被塌方泥石流淹埋或冲毁。96514部队担负清理塌方任务。6月24日15时30分，投入兵力50人，携工程机械6台，由安县雎水镇转场至北川羌族自治县桂溪乡金宝村。25日，第二炮兵副参谋长王治民率机关人员20人、2台挖掘机，赶赴道路抢通施工现场实地勘察。经过奋战，共清理土石1.2万立方米，陈家坝乡至曲山镇道路上场口1.72公里塌方路段于7月2日被抢通。截至7月10日，挖填土石方8万立方米，完成全线12公里抢通任务。

受余震影响，迭部县电尕镇至多儿乡沙石公路76公里处发生山体塌方，造成交通堵塞，救灾物资无法进入灾区。5月14—18日，迭部县人武部组织民兵预备役人员30人，连续奋战4天，清理土石方300多立方米，疏通了堵塞路段。

6月7日晨，受暴雨影响，舟曲县大川镇梁家坝附近山体发生大面积塌方和泥石流，致使省道313线梁家坝段约600米路面被毁。舟曲县人武部接到灾情报告后，迅速组织大川镇120名民兵组成突击队投入抢险行动。由于路面堆积泥石量巨大，道路损毁十分严重，人武部部长樊黎明指挥民兵突击队抢修便道，以保证进入灾区的救灾物资运输。舟曲县公路段出动5台工程机械，68206部队出动两个排增援。经连续4天艰苦奋战，共挖掘清理土石3900余立方米，省道313线恢复通行，确保“生命线”的畅通。至10日14时，舟曲县先后出动民兵3500多人次，清理塌方2.46万立方米，排除险情50多处，疏通道路70余公里。

抗震救灾期间，兰州军区空军后勤部机场工兵勤务队，抽组20人组成抗震救灾小分队，执行什邡市蓥华镇至石门村、天宝村和瓦窑村山区公路的抢通、拓宽任务。小分队先后出动机械112台次、官兵189人次，清理道路塌方1990立方米，疏通道路涵洞2处，拓宽道路1857米。北京军区空军机场工兵勤务队应急抢修小分队抢修打通道路2条，清理道路塌方8处。济南军区空军机场工兵勤务队抗震救灾小分队清理塌方7处，修路180米，清理土石方190立方米，打通道路2条。

二 处置山体裂缝隐患

地震使部分山体开裂，形成重大灾情隐患。灾区地方党委、政府和抢险部队及民兵预备役人员，及时对山体裂缝进行监测、回填治理，有效地防止发生新的险情。

处置青川县境内山体裂缝隐患 青川县关庄、东河口、红光、石坝、马公沿线山体震后出现裂缝，有的裂缝宽达 1 米。5 月 17 日，旺苍县人武部派出 50 名民兵突击队员，负责处理关庄镇牛包岭沿桑树垭一线裂缝。民兵突击队经现场勘察，决定采取用防水条布遮盖裂缝、挖掘水沟引流、防止雨水浸透裂缝的办法进行处置，并每天派出民兵监测检查裂缝变化，因处理得当，使灾情得到有效控制。

处置平武县境内山体裂缝隐患 6 月下旬，平武县国土资源局组织人员对全县地质裂缝进行全面勘察，发现最宽裂缝达 1 米，最近一处距离居民点仅 500 米，且大部分有垮塌可能，严重威胁人民群众的生命财产安全。25 日，根据平武县抗震救灾指挥部统一部署，71366 部队担负 33 处裂缝的回填处理任务。部队长李世林、政委裴晓昌命令各任务点官兵与当地乡镇取得联系，实地勘察险情，制订《回填责任区地质裂缝实施方案》和《回填地质裂缝应急避险预案》。26 日 6 时，装备处处长赵强带领修理连 50 名官兵，动用运输车 2 辆，携带镐、锹等工具，前往古城镇白草村广元坪执行回填裂缝任务。到达白草村后，抢险官兵徒步行军翻越平均坡度 60 度、海拔 1100 米的高山，行程 5 公里到达现场。裂缝险情属于塌陷裂缝，长约 50 米、深约 10 米、最宽处达 0.5 米。赵强将人员分成 4 个小组，经过近 11 小时奋战，共回填土石 200 余立方米，将广元坪裂缝回填完毕。同日 8 时，1 营 80 名官兵在营长张胜利带领下，携带一台小型搅拌机和水泥、沙子、石子等材料，到达水晶镇木天村张家梁裂缝处，用混凝土浇灌实施回填。至 27 日 16 时，官兵共浇灌混凝土 400 余立方米，将张家梁裂缝回填完毕。28 日 7 时，参谋长刘必东率通信连、修理连官兵 90 余人，对古城镇又新村水井盖裂缝进行回填。30 日 8 时，李世林带坦克 2 营 60 名官兵，针对平武县主汛期来临、降雨量大、回填裂缝容易再次塌陷等情况，采用回填裂缝后覆盖一层塑料薄膜、再埋压一层土石的方法回填裂缝，共回填土石 700 立方米，铺设塑料薄膜 600 平方米，完成大桥镇关坪村旋牛坪裂缝回填。6 月 26 日至 7 月 1 日，71366 部队共出动兵力 3200 人次、运输车 100 余台次，回填土石 2.26 万立方米，喷灌混凝土 1321 立方米，削坡土方 2.12 万立方米，铺设塑料薄膜 600 平方米，开挖排水沟 3012 米，完成 33 处裂缝回填任务。

地震导致平武县豆叩、大印、锁江、徐塘 4 个乡（镇）73 处山体出现严重裂缝，裂缝平均宽度 0.4 米、最大宽度 1 米以上，对灾区群众生命财产安全构成严重威胁。6 月 29 日，71426 部队副部队长王高带领官兵 500 余人组成排险救援分队，与平武县及有关乡镇政府组成联合防治组，在查明山体裂缝的数量、宽度、深度，塌方的面积、高差、土石量，可能跌落的危石情况及大型工程机械的进出路线、展开位置等情况后，按照任务量和地理位置区分任务，安排兵力。对于相对较大的工程，采取机械作业和人工作业相结合的方式进行重点攻关。截至 7 月 3 日，先后出动兵力 7400 人次、挖掘机 30 余台次，填补山体裂缝 20 处，构筑护坡 15 处。

处置广元市朝天区境内山体裂缝隐患　广元市朝天区境内的大中坝清风山山体震后出现裂缝，不但严重威胁着朝天区城区3万群众的生命财产安全，还威胁到宝成铁路复线的运营。7月7日，成都军区联指第五责任区指挥部派遣71872部队前往处理，由广元军分区及朝天区人武部负责组织协调及后勤保障。71872部队接到命令后，即组织技术人员上山现场勘察，连夜制订实施方案。8日，广元军分区协调地方车辆运送大型机械，并进行道路引导和交通管制，使71872部队500余名官兵和大型机械顺利抵达施工现场。按照排危治理方案，需在海拔637米的山体上从590米高程至510米高程，每10米构筑一个平台。为加快工程进度，71872部队采用人机结合方式，每天三班倒，从5时一直干到21时，中午就在工地上吃方便面、喝矿泉水。部队长王树文坚持一线指挥，政委万幼文带领官兵，冲锋在最危险地段；500余名官兵顶烈日、战酷暑，挥汗如雨。经过3个月连续作业，累计出动兵力3.6万人次、装备2250台次，消耗炸药50吨，爆破土石约80万立方米，开挖山体深度110米，开挖、回填土石约210万立方米，排除了清风山山体裂缝可能造成的灾情隐患。

第二节　清理和防治滑坡、泥石流

汶川特大地震发生后，由于频繁发生余震，加上降雨的影响，地震灾区多处出现山体滑坡，造成山体移动、垮塌，遭遇强降雨和山洪暴发时又形成泥石流。参加抢险救灾的解放军、武警部队官兵、民兵预备役人员和灾区各级党委、政府密切配合，精心部署，采取多项措施，组织力量及时排除滑坡和泥石流险情，千方百计防治滑坡和泥石流造成的各种危害。

一　清理和防治滑坡

地震发生后，山体滑坡致使道路中断、桥梁断裂、沟渠阻塞。抢险部队和当地党委、政府密切配合，及时组织清理滑坡土石，抢修道路、桥梁，疏通沟渠，消除滑坡造成的危害。在清理滑坡的同时，抢险救灾人员注意加强对滑坡进行综合治理，采取多种措施消除滑坡隐患，把滑坡可能造成的危害降到最低限度。

6月11日晚，陇南市武都区普降暴雨，外纳乡周家山、磨坝藏族乡朱园村皂山社均发生山体滑坡，4条通村公路被阻塞。武都区抗震救灾指挥部组织人员对公路抢修清淤，并加强监测预警，安装4台国土资源部新配发的滑坡监测报警仪。震后山体滑坡频发，茂县多条公路出现堵塞、塌陷，71998部队奉命在出动官兵疏通、抢修公路的同时，组织人员对滑坡山体实地勘察，综合分析情况，制订治理滑坡实施方案。15日，部队出动60名官兵，对受灾最为严重的太平村地段进行排查，采取清理土石、固定木桩、垒砌石墙等方法，对滑坡隐患进行治理，加固公路两侧可能出现滑坡的山体。截至7月1日，累计出动官兵1200余人次、运输车辆60台次，沿茂县至汶川、茂县至黑水、茂县至松潘等主要路段，治理滑坡山体68处，清理土石5万余立方米，固定木桩1200余根，垒砌石墙860余米，对部分可能出现滑坡的山体给予及时治理。

6月21日9时，一场暴雨袭击致使绵阳至广元高速公路金子山出口至竹园方向山体滑坡，泥土和山石堆压在公路中间，仅半个小时，就有来往300余辆车被堵。巴中军分区抗震救灾指挥部组织平昌县民兵应急分队50人火速前往现场，奋力抢险，并协调大型机械，人机配合，仅用一小时就将公路上一块近30立方米的巨石和50余立方米的泥土清除，抢通了青川至广元南线公路。23日，受余震和连日降雨影响，彭州市磁峰镇莲花洞水库大坝东北侧山体发生滑坡，部分石质山体夹杂树木悬于半空中，随时可能塌方堵塞磁峰镇通往莲水村的公路，并危及水库大坝安全。应彭州市水务局求助，71897部队装备部部长黄毕雄迅速带领2营的部分官兵赶赴现场进行勘察、制订排险方案，并迅速出动187人次、运输车8辆次、工程机械7台次。救援官兵爬上100余米高的山坡，利用绳子拉、铁锹挖、橇杠撬等方法排除险情3处；利用机械搬运，清理滑坡山体1100余立方米，确保水库大坝安全和道路畅通。24日，连续暴雨引发绵竹市金花镇金石湾附近大面积滑坡，95982部队奉命担负清理公路滑坡土石的任务。部队出动750名官兵，采取绳拉、棍橇、人扛等办法，配合135地质爆破队，在近80度的陡峭山坡上搬运重型装备2吨、炸药500余公斤，成功对山体实施钻孔爆破，清理土石280余立方米，恢复什邡至红白公路的畅通。29日晚，持续暴雨引发绵竹市金花镇柿子坪村3组大规模山体滑坡，由山顶至居民区长约8公里水渠12处严重受阻，全村约93户居民用水中断，情况紧急。95982部队接到村民报告后，1营2连85名官兵连夜冒雨进行堵漏、清淤、导流作业，经7小时艰苦奋战，清理土石160余立方米，顺利疏通水渠、恢复供水。同日，陇南市武都区角弓镇半山村滑坡隐患点出现险情，武都区抗震救灾指挥部组织防汛、民政、国土、水保、农牧等部门于30日8时到达现场，与当地乡镇和交通部门开展应急排险工作。陇南军分区组织民兵预备役人员954人，对武都区、康县、两当县部分地区滑坡进行清理。武都区人武部组织民兵预备役人员789人，对洛塘片部分山体滑坡进行清理，疏通了公路。

7月5日，山体滑坡使什邡市红白镇五桂坪、峡马口等村级公路4处严重受损，交通中断。95982部队炮兵营和1营机炮连337名官兵紧急出动，与地方配合，清理土石310立方米，疏通村级公路近15公里。7日，68202部队在对礼县白河镇白河村山体滑坡进行清理的同时，对可能出现滑坡的危险山体进行治理，组成排险小分队，对危险山体实施爆破。经过10天奋战，成功消除滑坡隐患，排除新的滑坡险情。14日晚，因强烈余震和持续暴雨引发大面积山体滑坡，什邡市至红白镇公路金花段4处中断。应地方政府请求，95982部队迅速出动兵力750人，清理土石180余立方米，疏通公路近4公里。同日，竹溪村至高桥村的部分河道被山体滑坡的碎石堵塞，引起河水上涨，威胁附近村庄群众的生命财产安全。95985部队得知情况后，紧急出动300名官兵赶赴现场组织抢险。官兵冒雨连续奋战6个多小时，清除碎石1000余立方米，及时疏通河道，排除了可能出现的洪水险情。26日、27日两天连降暴雨，致使什邡市蓥华镇至麻柳坪道路山体滑坡，巨大山石将前期已打通的道路再次阻断。95942部队工兵连出动挖掘机、装载机各一台前往清理路障，经过4小时努力，使受阻路段恢复通车。

8月6日22时左右，安县永安镇平桥村6组附近皇帝山发生山体滑坡。荣县应急民兵连闻讯后，立即派人前往勘察情况，发现大块滚石、泥土和折断的树木将公路阻断。听到路边有呼救声，荣县应急民兵连 2 排长罗珍祥带一名队员不顾滚石滑落的危险，把路过此地的受伤村民抬了出来，背到连部医务室紧急救治；同时在被阻公路两头设立警戒线，安排 4 人一组封锁现场，疏导车辆。7 日晨，荣县应急民兵连派出 1 排、2 排民兵携带铁锤、铁钎等工具赶到现场，与永安镇政府组织挖掘机、推土机同步展开施工，对公路及沟渠中的滚石、树木、泥土进行清理，经连续奋战，使这条从绵阳通往北川的交通要道在被阻断 12 小时后疏通。

受地震和强降雨影响，舟曲县发生山体滑坡 63 处，其中有 10 处严重危及 10 个村 3000 多群众的生命财产安全。舟曲县各乡镇武装部及时组织民兵抢险，发动群众自救，紧急疏散群众 3000 余人、牲畜 4300 余只（匹）。截至 10 月 14 日，舟曲县先后出动民兵 3500 余人次，清理滑坡 2.46 万立方米，排除险情 50 余处，疏通道路 70 余公里，确保灾区群众的生命财产安全和救灾物资的正常运输。

二　清理和防治泥石流

地震发生后，伴随强降雨和山洪暴发而瞬间发生的泥石流，对灾区基础设施和人民群众的生命财产造成严重危害。参加抢险救灾的部队官兵，灾区各级党委、政府及全国各路抢险大军，组织人员装备，及时发起清除治理泥石流会战，努力消除次生灾害对群众生命财产和救灾行动造成的威胁。

5 月 15 日，文县城关镇关家沟突发泥石流，导致国道 212 线关家沟段交通中断，文县人武部组织城关镇民兵突击队和县公路段道路抢修队共 50 人冒着大雨投入抢险，救出被困车内的 4 名受伤群众，打捞出被泥石流冲走的汽车 2 辆，并组织人力紧急疏通道路。17 日，文县城关区突降暴雨，暴雨引发文县城区关家山、朱家山发生泥石流。关家沟泥石流预警点预警员及时发现险情，发出警报。文县国土、水保、公安交警、城关镇政府立即组织人员，在关家沟出口处疏散群众，在危险地带堆放沙袋堵截，对部分路段实施交通管制，阻拦过往沟口车辆数十辆及过往行人数百人。在人员撤离仅 20 秒后，首次洪峰到达沟口，撞击声震耳欲聋，流量达 15.5 立方米 / 秒。泥石流将停放在关家沟口（县医院旁）的 4 辆小车冲埋，其中 2 辆被冲走、2 辆被冲毁。由于人员疏散及时，没有造成伤亡。

5 月 25 日 16 时 21 分，青川县发生 6.4 级余震，同时突降大雨，导致松潘县镇江关乡发生大面积泥石流，约 1800 余立方米沙石泥土阻断从松潘至茂县、汶川等地的道路，并威胁到当地村民安全。正吃晚饭的武警广元市支队官兵闻讯后立即放下碗筷，由副支队长薛军强带领 70 名官兵迅速从县城赶赴现场清理沙石泥土。官兵们挖沙、铲土、搬运，衣服被雨水和汗水浸湿，浑身上下满是泥沙，双手磨出血泡，但无一人叫苦叫累。经过 7 个多小时的连续奋战，清理泥沙土石 700 余立方米，疏通道路 100 米，紧急疏散约 400 米处的 32 户、126 名村民至安全地带，使公路恢复通行。

6 月 8 日，陇南市武都区五库乡政府后侧山体松动暴发泥石流，在五库乡执行抢险任务的 68212 部队高炮连奉命前去抢险。高炮连将兵力分为指挥、引导、帮扶、搜救 4 个组，一边以少部分兵力抢运连队物资，一边派出主要兵力，协助乡政府组织老人、学生、小孩向安全地域转移。为确保不漏一人，高炮连组成10人小分队冒着发生二次泥石流的危险，逐家逐户搜寻群众。至9日1时，高炮连共转移受灾群众60余人。9日，高炮连全天协助五库乡政府清理街道淤泥，帮助受灾群众抢运生产、生活物资。8日19时30分，文县临江乡突发强降雨，国道212线临江段多处被泥石流阻断，白龙江截流4分钟，泥石流沟堆积物近10万立方米，威胁临江乡6个村3880人和参与抗震救灾的60余名官兵的安全。接险情报告后，文县国土资源局参与地质灾害隐患排查的工作人员和内蒙古自治区国土资源厅专家组人员，会同临江乡党委、政府，迅速疏散各村群众。22时10分，文县国土、水利、公路交通等部门人员赶赴现场参加抢险。22时30分，当地村民和驻地官兵全部撤离到安全地带，被困人员也被成功救出，未造成人员伤亡。9日晨，陇南市国土资源局与文县政府组成的工作小组共同指挥公路抢通工作，抽调专家现场调查评估，制订防治方案，安排专人监测预警。8时30分，在陇南市公路总段的全力抢修下，中断12个小时的国道212线恢复通车。13日20时许，文县石坊、尖山、口头坝三乡持续暴雨引发山洪，造成泥石流灾害。文县东峪口至九寨沟的公路中断近13小时，经抢修于14日9时疏通。石坊乡邓草坝23户村民房屋进水，4户农户的8间圈舍倒塌，有10户防震棚被冲走。文县县政府和石坊乡政府组织相关部门对部分群众进行转移，清理泥石流堆积物。30日4时，临江乡出现较强降雨，东风沟泥石流再次爆发，造成国道212线临江至武都段沿线山体落石较多，严重威胁过往车辆安全。文县国土资源局、临江乡政府和交通等有关部门迅速开展排险工作，对国道212线沿途山体危岩体、崩塌隐患、泥石流沟进行应急处理，排除了塌方、泥石流险情。

6月9日2时，徽县虞关乡普降暴雨，谈虞公路许坝村段发生山洪和泥石流，山洪冲毁道路10公里，泥石流将徽县圣鑫公司选矿厂内的原矿和铁精粉冲到谈虞公路上，堆积物体积约2000立方米。泥石流发生后，当地乡政府、国土资源部门和企业首先组织疏散群众。降雨停止后，圣鑫公司出动铲车与乡、村两级干部群众清理泥石流淤积物，将道路疏通。12—13日，文县大暴雨造成国道212线尚德镇水坝村至马泉村路段多处发生泥石流。县人武部组织民兵95人赴尚德镇水坝村至马泉村配合地方交通部门疏通道路，经过4小时奋战，险情被排除，道路恢复通行。9日7时，受余震和降雨天气影响，舟曲县、夏河县连续发生多次泥石流灾害。舟曲县南峪乡政府至两河口部分路段突发多处塌方和泥石流，道路被严重损毁，交通陷入瘫痪。68206部队3营8连30名官兵闻讯赶往现场，迅速进行清理和抢修。经过3小时奋战，完成60余米道路的清理任务，使南峪乡至两河口道路恢复通车。11日，连续降雨使大量泥石流涌入舟曲县城，造成舟曲县城西1200余米路段被泥石流覆盖，车辆无法通行。68206部队3营8连30名官兵迅速赶到县城，配合当地政府对城西泥石流进行清理，疏通堵塞路段，打通由迭部进入县城的通路，确保救灾物资运输线通畅。（参见图223）29日，舟曲县境内连降大雨，曲告纳乡木头岭村至陇南市武都区两水镇路段发生多处泥石流及塌方，造成道路和通信网络中断，部分河道阻塞。其中，在曲告纳乡铁坝村至定子河口近7公里道路有7处泥石流和塌方。正在木头岭村执行抢险救灾任务的68206部队3营9连官兵冒雨赶到铁坝村，官兵们在半米深的泥石流中，用铁锹、铁镐等工具手工作业，共清理泥石流200余立方米，清理道路120米。30日，因大雨不断，铁坝至定子河口之间路段又出现多处塌方和泥石流，拱坝河水位迅速上涨，冲毁多处河堤，造成公路坍塌，交通再次中断。抢

图223　6月11日，连续作战的68206部队官兵在清理泥石流后，疲惫地相依而眠
（兰州军区　提供）

险分队连续作战，对定子河口附近4处140余米泥石流进行清理，共清理土石260余立方米，恢复定子河口至铁坝的道路通行。7月1日8时，68206部队9连官兵又对曲告纳乡木头岭村至岔坪村、铁坝至大年之间塌方路段和泥石流进行清理，清理泥石流230余立方米，清理落石路段8公里，使曲告纳乡木头岭村至两水镇之间的道路全部实现通车。同日，冷水泉村至风安山村新修道路因塌方泥石流造成道路中断。68206部队7连官兵迅速赶往受损路段组织抢通，共清理泥石流260余立方米，平整道路近4公里，使该路段恢复正常通车。19日晨，舟曲至两河口部分路段发生多处泥石流及塌方，造成道路中断。68206部队9连出动80名官兵，对6处170米滑坡和塌方路段淤泥进行清理，共清理塌方土石130立方米，抢通舟曲至两河口交通线。（参见图224）

6月11日23时，陇南市武都区普降暴雨，有8个乡（镇）受灾严重，汉王镇固水子村、马坝村发生泥石流，冲毁农地2公顷，堵塞国道212线。武都区抗震救灾指挥部迅速组织人员对公路抢修清淤，很快恢复通车。

6月中旬，茂县石大关乡连降暴雨，山体渗水严重。15日8时30分，71998部队坦

图224　6月9日，甘肃公路交通部门清理泥石流堆积物，开通简易道路
（兰州军区　提供）

克2营接到石大关乡政府求助，教导员叶合迷迅速带领40名官兵，冒雨奔赴石大关乡，迅速勘察地形并展开工作。经过5小时奋战，共清理淤泥、排挖沟渠200米，固定木桩150根，敷设塑料薄膜200平方米，防治泥石流发生。

6月18日，由于连日降雨，平武县高村乡小学后山堰渠水位上涨，出现不同程度渗水，加上余震影响，山体疏松，极易发生泥石流灾害。高村乡地处谷底，一旦发生泥石流，将对小学和村庄造成严重威胁。高村乡向71366部队炮兵营紧急求援。营长阮凌云一边向团指挥所汇报，一边集合官兵50人，冒雨上山清理淤泥，固定木桩，加固堰渠，历时3小时，疏通堰渠1000余米，使水位下降到警戒线以下。

针对6月连续降雨容易发生泥石流等情况，驻平武县响岩镇71426部队，专门向平武县响岩、豆叩、锁江、徐塘、大印、泗耳6个乡（镇）派出次生灾害防治组，由部队长杨文耀、政委魏世春统一指挥，共出动兵力800余人次、挖掘机12台次，对6个乡（镇）为泥石相对松软山体及时修筑护坡，全力控制土石滑落；对经常有水流经过的松软土石区，特别是靠近交通要道和居民地位置，开掘导流槽；对部分裂缝进行回填。共加固木桩200余根，清理废墟7处，回填裂缝4处，修筑护坡3处，挖掘导流槽5个，全面做好泥石流防治工作。

8月19日晚，夏河县发生泥石流灾害。20日8时，甘肃省军区应急指挥所协调68206部队组织应急排险，由副部队长张宝林带领3营310人、14台车辆，携带土木工具赶赴现场执行救灾任务。3营官兵到达县城后，主要街道已被1米多深的泥石流覆盖，地势较低的居民区房屋进水，泄洪渠河堤多处塌方，通过县城主要街道的4条涵洞已经完全被泥石流堵塞，如果不及时疏通，将会造成更为严重的灾害。官兵立即投入到清理道路、加固河堤、疏通河道战斗中。在地方工程机械的帮助下，连续奋战6小时，在县城主要街道开挖出宽4米、长3公里的排洪道，及时排除县城街道积水，恢复县城通车。后又经过4天施工，完成夏河县城泥石流清除任务。同日晚，都江堰市玉堂镇遭暴雨袭击，引发的泥石流导致彩虹桥受灾群众安置小区板房被淹、部分倒塌，河沟堵塞，淤泥遍地。95607部队47营迅速组织43名官兵，在营长邓浩带领下，冒雨赶往受灾地点救灾。47营2连连长刘刚带领小分队跳进河道，清理淤泥。水浑流急，有的官兵被扎破鞋底、划伤手臂，四处飞溅的泥石流把官兵裹成“泥人”。经5小时战斗，共清理河道30米，清除淤泥20余吨，解除了泥石流险情。

第三章　排除水利设施险情

汶川特大地震导致灾区境内的水利设施受到不同程度损害，有的水库大坝严重开裂或沉降，有的河渠堤堰塌陷溃口，有的水电站被损毁不能正常泄流。如不及时解决，不仅各种水利设施将会毁于一旦，还可能进一步引发溃堤、漫坝、河流改道等重大次生灾害，严重威胁到灾区人民群众的生命财产安全。

中共中央、国务院高度重视水利设施排险工作，在国务院抗震救灾总指挥部领导下，水利部及时组织受灾省、市、县及相关水利部门进行实地险情查勘，研究制订处置方案。灾区各级党委、政府和参加抢险救灾的解放军指战员、武警部队官兵、民兵预备役人员和专业工程技术人员密切协同配合，及时调配抢险救援力量，科学实施应急抢险，使灾区震损水库无一溃决，各项水利设施得到加固维修，特别是及时对紫坪铺水库实施泄洪排险，消除了地震引发的次生灾害险情隐患，确保水利设施安全运行。

第一节　水库泄洪排险

汶川特大地震发生后，灾区水库、河道受损严重，且分布面广，情况复杂，应急处置难度大，形势严峻。水利部在地震发生当日就把抗震救灾重点锁定在震损水利设施的抢险上，尽一切可能避免因震损水库溃决和河道变形造成重大次生灾害。灾区各级党委政府和抢险救灾部队及水利、水电工程专业技术人员迅速制订和落实应急处置方案，及时排除险情，确保震损水库、河道和其他水利设施的安全运行。

一　紫坪铺水库泄洪排险

紫坪铺水利枢纽工程位于成都市西北60余公里的岷江上游，为混凝土面板堆石坝。水库坝高156米，库容11.12亿立方米，装机容量76万千瓦，承担着都江堰灌区和成都市2000余万人的供水和发电任务。紫坪铺水利枢纽工程距汶川地震震中约17公里，距离中央断裂带8公里，距离前山断裂带5公里。地震发生后，紫坪铺水库电站机组瞬间全部停机，交通、通信中断，下游岷江断流，枢纽工程各建筑设施均遭受不同程度的震损震害。

地震刚停，紫坪铺公司总经理李洪、常务副总经理宋彦刚冒着滚石危险，从紫坪铺大坝后坡一口气冲上坝顶，并与公司副总经理由丽华、总工程师邓良胜紧急成立公司抗震救灾指挥部，部署排查险情，应急抢险，同时安排专人想方设法向水利部、四川省水利厅和四川省委、省政府报告灾情。5月12日下午，四川省委书记刘奇葆在都江堰召开紧急会议，指示紫坪铺公司要加强监测，确保大坝安全，确保下游人民生命财产安全。当日，四川省组织成立紫坪铺大坝抢险指挥部，指挥抗震抢险工作。

5月13日，紫坪铺库区及上游来水区普降大雨，水库水位不断上涨，泄洪闸门无法开启，情况十分危急。尽快开闸泄洪，迅速降低水位，保证大坝安全，成为紫坪铺公司最重要、最紧迫的任务。13日凌晨，水利部副部长矫勇、总工程师刘宁率国家防总、水利部工作组赶到紫坪铺大坝，听取灾情汇报，立即部署对工程震损情况进行全面排查。紫坪铺公司安排宋彦刚、邓良胜各带一个由四川省水利厅、四川省水利勘测设计院专家组成的检查组，分别深入到坝顶以下130米处的1号、2号泄洪洞内进行检查。隧洞反弧段以下水深齐腰，冰冷刺骨。专家们穿着短裤用脚踩、用手摸，一点一点地感知洞体震损情况。10时，省、部领导听取检查组的汇报，根据专家组的分析评估意见，决定集中力量打通下泄通道，限制水库水位，将水位从830米降到820米；加大对大坝各个部位的监测；严密监测上游来水情况；抢修受损的输电设备，尽快恢复机组发电，确保大坝万无一失。但1号泄洪洞因启闭设备严重损坏，检修门无法开启；2号泄洪洞因控制系统盘柜被震倒在地，工作门无法打开；前往冲沙洞工作闸室的道路也因山体滑坡阻断。为尽快打开冲沙洞，由丽华和公司抢险队员沿着溢洪道外侧陡峭山壁攀爬前行。山壁几近笔直，头顶时有飞石滚落，脚下岩体湿滑。抢险队员手脚并用艰难前行，衣服刮破了，手掌也擦破了，硬是从陡峭的山坡上蹚出一条应急通道。到达冲沙洞闸室后，立即开始对闸门设备进行紧急抢修。14时18分，抢险队员成功打开冲沙洞闸门，下泄流量达280立方米/秒。

由于1号、2号泄洪洞闸门均因启闭设备严重损坏不能开启，水库水位仍在持续上涨。震后24小时，水库上游来水由270立方米/秒增加到520立方米/秒，水位由828米上涨到830米，大坝险情不断加剧。经领导、专家反复分析研究，决定立即组织实施解除远控取消保护，直接启动油泵电机开启闸门的方案，由紫坪铺公司组织抢险突击队抢修2号泄洪闸控制系统。抢险队员分成3组，第一组在闸顶平台抢修，第二组负责配件和工具的传递，第三组队员冒着生命危险，双手紧抓栏杆，艰难爬到60米深处的另一平台抢修。5月13日17时28分，经过争分夺秒奋力抢修，2号泄洪洞闸门成功开启，水库总泄量达到850立方米/秒，大于入库流量，大坝安全风险暂时得到缓解。

大地震过后，一时间社会上有关紫坪铺大坝的各种猜疑、谣传四起。有人说紫坪铺水放不下去了，大坝要垮了；有人说泄洪洞大流量泄水放空水库，大坝可能不安全了。下游地区居民处于恐慌之中。5月14日，紫坪铺大坝现场指挥部针对上述情况，召开部、省专家会商会，会商结论是紫坪铺大坝整体稳定、安全，可以请下游居民放心；同时将会商的结果及时向四川省委、省政府做了报告，随后在《四川日报》、四川电视台、四川人民广播电台等媒体进行公告，澄清公众猜疑，消散各种谣言。

虽然冲沙洞、2号泄洪洞闸门已成功开启，紫坪铺水库泄流能力暂时大于岷江上游来水量，但水库的电站机组仍在空载过流，加之主汛期即将来临，紫坪铺上游9座电站被震毁或严重破坏，岷江河道堰塞湖情况正在排查，紫坪铺水库泄流能力仍然不足。因此，尽快恢复机组发电过流，打开1号泄洪闸，仍是彻底解除紫坪铺水库安全风险的当务之急。应公司请求，水利部副部长矫勇通过发展改革委主任张平协调，请国家电网予以支持。四川电力公司紧急调运电站急需更换的设备，并及时派出抢险队进行送出线路的抢修；西安高压开关公司、保定天威变压器公司和成都勘测设计院等省内外相关单位紧急派出专家，迅速赶往紫坪铺电厂对设备进行诊断。至5月17日19时52分，经过公司和省内外协助单位紧张抢修，紫坪铺电站恢复发电，解除机组长时间空载过流给电站安全带来的风险，有效提高了工程的泄流能力。

1号泄洪洞启闭设施在地震中受损严重，仍然无法开启。由于灾情紧急，水利部部长陈雷、副部长矫勇要求必须在5天内提开闸门。中国水电集团夹江水工机械厂接到紫坪铺工程指挥部紧急通知后，迅速确定了抢修方案，冒着余震不断的危险加班生产，3天内赶制出关键部件8套轴承座和支架。5月17日凌晨，厂长雷建容带领专业抢险队和机械、电器配件赶往紫坪铺水电站，进入被震损的泄洪洞进水闸室里，对启闭机进行抢修。抢险队员们在没有任何起吊设备的情况下，自行准备工装工具，饿了吃方便面，困了轮流在旁边搭的帐篷里休息一会儿，但谁也不愿多休息，都是提前去换班。在多次发生较强余震情况下，抢险队员们仍然不顾危险，全身心地投入到设备的抢修中，利用千斤顶顶起卷扬机卷筒，更换卷扬机承轴及支座，校正启闭设施扭曲变形的部位，于20日12时成功开启1号泄洪洞。至此，经过八昼夜全力抢修，所有泄洪设施全部成功开启，电站恢复正常发电，大地震给紫坪铺水利枢纽工程造成的安全威胁被全部解除。

二　铜钟水电站泄洪排险

茂县南新镇的铜钟水电站大坝因震受损，水闸紧闭，山洪汹涌而来，一夜之间洪水漫堤。铜钟水电站是岷江流域的中型水电站，在400多万立方米库容的压力冲击下岌岌可危，一旦决堤，电站下游数百羌寨将被淹没，数万羌族百姓及滞留群众将面临巨大灾难。应阿坝藏族羌族自治州政府请求，77100部队政委崔昌军、政治部主任张贡献当即命令77133部队派出突击队排险。突击队与地方专家进行现地勘察后，研究制定了3套方案：一是外接电源强行拉起水闸放水，二是采取爆破闸门方式放水，三是用无坐力炮炮击闸门放水。第一方案对投资上亿元水坝和下游人民生命财产较为安全，但需泅渡拉接电缆，然后在水坝控制室（已成为危险建筑）作业，作业人员安全风险较大。在现场指挥抢险的77133部队部队长陈军决定采取第一方案。

5月13日20时，77133部队代理副参谋长陈锐华带领由工兵连、警侦连组成的40人爆破抢险突击队，从叠溪海子出发，冒着余震和飞石，克服重重困难，冒雨连夜徒步急行军108公里，于14日14时20分到达茂县南新镇。16日13时16分，突击队员、警侦连战士王浩冒着被漩流冲走的危险，艰难游过300余米到达大坝另一端，其余4名突击队员紧随其后，带着作业工具泅渡至大坝中央，并护送3名工程技术人员到达电站水闸控制室。（参见图225）至16时25分，经过两个多小时连接电源和排除故障，在技术人员操作下，第一道闸门缓缓提起，蓄水喷涌而出，电站出现剧烈震动，位于大坝中央的控制室摇摇欲坠，提闸电源突然出现故障。水坝工程技术人员在部队的配合下再次接通电源，但试了多种办法都无法激活提闸电源。水位越来越高，险情越来越重。在这千钧一发的时刻，电工欧苏军冷静地分析了现场情况，提出再外接一条零线的处置意见，并主动申请到提闸房现场处理。顺着20米高摇摇欲坠的楼梯进入提闸房后，欧苏军很快查出提闸电源无法启动的症结所在，然后娴熟地架设外接零线，接通220伏操作仪表盘，水库提闸电源终于被激活。他用尽全身力气，缓缓推动提闸手柄，变形的第一道闸门挣脱巨大的水压，开始慢慢上升。抢险突击队员沉着冷静，紧接着提起第二道、第三道闸门，成功完成开闸泄洪作业。在全体抢险突击队员的共同努力下，成功架设700米长4条电缆，强行外接150千瓦电源，使水库顺利泄洪。至16日20时30分，水库水位下降到安全线。

图225　5月16日，77133部队抢险突击队员泅渡铜钟水库泄流排险

（成都军区　提供）

三　黄公坪水电站泄洪排险

5月19日2时许，茂县东兴乡大面积山体滑坡，引发的泥石流沿着涪江支流土木河涌向300余米长、10余米宽、20余米深的黄公坪水库，在黄公坪电站大坝前形成两个约20米高的堰塞湖。一旦决堤，洪水将直接威胁下游上百个村庄乃至北川县城的安全，情况紧急，刻不容缓。77100部

队命令所属77133部队组织精干工兵爆破组火速前往排险。20日7时，77133部队88分队分队长陈俊带领工兵连5名战士携带24公斤炸药，从南新镇出发，急行军52公里到达黄公坪电站。电站大坝闸门死死紧闭，没有半点活动的余地。大坝前的两个3公里长、100余米宽的堰塞湖在山洪冲击下岌岌可危。水利部专家组现场勘察后，决定用炸药将大坝的闸门炸开，疏通河道。但炸药怎么安置？怎样起爆？药量多大才能既炸开闸门又不会崩堤？一个个技术难题摆在官兵面前。在与地方专家协商后，突击队决心登上大坝实施爆破。工兵连三级士官周玉明面对随时可能溃坝的危险，踩着湿滑的坝顶一步一步地向闸门走去。泥浆一样的洪水上下翻滚着冲击大坝，激起半米高的泥水柱，随时都可能将周玉明吞噬。周玉明没有退缩，走到闸门上方后，果断取出测量器，沉着地测算需要炸药量，考察爆破方法，20分钟后即拿出爆破方案。经专家组论证，一致认定方案可行。工兵连连长陈俊将经过测算的2.5公斤防水炸药绑在一根10厘米粗的树枝上，再次冒死登上大坝，将绑上炸药的树枝插进堤坝闸门内侧。此次爆破，闸门下方只炸开了一道缝。第二次爆破，闸门下半部分炸开一个脸盆大小的口子，洪水形成一道水柱喷涌而出。第三次、第四次、第五次爆破，闸门终于被彻底炸开，洪水夹着树枝、树干倾泻而下，电站保住了，下游百余个村庄解除了威胁。

四 映秀湾水电站泄洪排险

映秀湾水电站大坝在地震中同样受损，泄洪闸门不能开启，上游水位越涨越高，随时都有可能溃堤，下游数十万群众的生命财产安全受到威胁。要救坝救人就必须尽快开闸放水。武警水电部队第三总队十一支队党委召开紧急会议，决定请战排险。5月26日9时34分，由11名武警官兵和2名国家电网映电总厂技术人员组成的“敢死队”乘坐直升机出发，飞往映秀湾水电站大坝实施排险。面对险情，有3种排险方案可选择：拆闸门；炸大坝；组织人员冒险上坝，人工提起闸门，保住大坝。支队党委最后决定按第三个方案组织实施。没有大型机械，只能用手摇把手，一点一点地提升泄洪闸。电站共有5个泄洪闸，每个重100吨。手动提升泄洪闸门的手摇把手只有40厘米长，最多只允许两人同时转动一个摇把。但是，闸门已经严重变形，两名战士连吃奶的劲儿都使出来了，传动轴依然纹丝不动。“我有办法了！”突击小分队队长张光钊灵光一现，带着战士们在摇把上加上钢管，把手增长了，可以4人一组摇动。但是，5座闸门，最低的一座需提升2.7米，最高一座需提升8米，即一座闸门至少要摇2.7万圈；每摇100圈，闸门只能上升1厘米。官兵饿了啃块压缩饼干，渴了喝口矿泉水，困了往太阳穴上抹点风油精，夜以继日地整整奋战4天，终于完成闸门提升。1～5号闸门分别开启至8米、2.5米、9.6米、6.2米、8米（2号、4号闸门由于严重变形已不能提起），抢险队员还拆除非常溢洪道，保证即使有超标洪水时也不会产生灾害。

五 太平驿水电站泄洪排险

汶川县映秀镇太平驿水电站闸门因地震变形，无法正常提起，水位不断上升，河水翻过坝顶，水库有崩塌的危险。为防止重大次生灾害发生，在中国华能统一组织下，中国水电七局紧急

图 226　5 月 26 日，77105 部队官兵协助中国华能突击队员在太平驿水电站从直升机上卸载发电机

（吴玉城　摄）

抽调技术骨干组成青年突击队，同中国华能四川公司人员和 77105 部队官兵于 5 月 26 日 10 时 20 分，前往太平驿水电站闸坝实施抢险（见图 226）。抢险突击队和部队官兵冒着生命危险清除废墟，抢通电源，全力排除隐患。20 时 50 分，通过现场组装，柴油发电机通电成功，1 号、3 号、4 号闸门被液压提起，加之 5 号闸门已被水冲开，4 孔泄洪闸最大泄洪能力达到 4500 立方米 / 秒，超过有记录以来 2700 立方米 / 秒的最大洪峰流量，大坝险情得以解除。为了确保万无一失，本着对人民群众安全绝对负责的精神，中国华能四川公司仍决定 27 日派出技术骨干，对大坝液压系统进行修复，想方设法开启 2 号闸门。27 日 17 时 27 分，2 号闸门液压系统被成功修复，2 号泄洪闸得以开启。至此，5 孔泄洪闸门及引渠道全部被打开，太平驿水库险情被彻底排除。

第二节　加固大坝堤坝

汶川特大地震发生后，国家电监会大坝安全监察中心专家对灾区水库大坝的安全稳定状况逐个进行专项检查确认，并对抵御余震破坏和安全度汛能力做出科学评估。为了确保水库大坝万无一失，根据专家组意见和震后大坝监测方案，当地政府、抗震救灾指挥机构，采用人工和自动化两种方式，每 3 小时对大坝安全运行情况进行一次监测，发现问题及时处理；同时，组织军地专业抢修队伍，对水库和江河存在安全隐患的大坝、堤坝实施抢修加固，确保水库大坝安全运行，确保灾区群众生命财产安全。

一　加固水库大坝

加固西河水库大坝　5 月 12 日 19 时，位于彭州市西北、储水量达 290 万立方米的西河水库大坝出现大面积裂缝，长度达 440 米，最宽处达 1 米多，严重威胁着下游 2 万余居民生命财产安全。77113 部队一方面火速向彭州市政府通报灾情，一方面就近安排 60 名官兵冒雨奔赴危险地段，分段进行沙袋填充、土石加固，连续奋战 8 小时，排除水库隐患。

加固紫坪铺水库大坝 震后两小时，承建都江堰市紫坪铺水库大坝的中国水电十二局巴山施工局，派出专业技术人员冒着余震赶到紫坪铺水库大坝现场，与大坝留守人员一起察看大坝受损情况，测量受损面积，为专家组科学制订抢修方案提供第一手资料。5 月 18 日，水电十二局巴山施工局组织 180 余人的抢险队自带抢修设备、干粮、水和帐篷等，克服重重困难，赶到紫坪铺水库大坝抢修工地。紫坪铺水库大坝在大地震中受损，主要是混凝土面板局部连接处错位。修复混凝土面板需先将受损面板混凝土凿除，将变形的钢筋割掉，然后按原土石级配填补土石，绑扎焊接加固钢筋，再浇筑混凝土，最后经灌注水泥和粉煤灰掺和的浆液填充脱空部位与原面板连接成整体。这些工序都需要抢修人员在 60 度挡水坝面进行施工。60 度的光滑斜面，不要说施工，就连站立都十分不易，再加上频繁的余震、炎炎烈日、瓢泼大雨，其危险和艰难程度极大。水电十二局抢险队面对危险、困难没有退缩，队员们身系安全绳，穿着救生衣，24 小时轮班抢修，施工中不仅讲求速度，更讲求工程质量，每道工序都一丝不苟。经过全体抢险队员日夜奋战，全力抢修，提前一个月完成大坝挡水面 845 米高程以下的抢修任务，为大坝安全迎汛争取了宝贵时间。

加固丰收水库大坝 秀水镇丰收水库是安县一座大型水库，总库容 196 万立方米，水深 15 米，水库大坝长 220 米、宽 8.5 米，为梯形结构。水库主要保障当地群众生活用水和下游农田灌溉，被誉为当地的“生命之水”。地震发生后，水库大坝出现约 200 米长、0.6 米宽、3 米深的裂缝。加上连日余震不断，阴雨连绵，雨水灌入裂缝，大坝随时有垮塌的危险，严重威胁着水库下游秀水镇红桂村等 5 个村庄 8000 余名群众生命财产安全。

5 月 15 日 9 时许，按照当地抗震救灾指挥部命令，天津市公安消防总队副总队长李同仁带领 50 名官兵执行加固大坝的任务。总队副参谋长李章友、宁河消防大队教导员裴玉春指挥官兵分成三路，一路刨土装袋，一路负责运送，一路负责灌堵裂缝。当地村民闻讯后，很多青壮年也加入到封堵大坝的救援行动中，他们还从受灾后的家中拿出食物送到官兵身边。11 时，天津市公安消防总队政委尹俊士带领慰问小分队赶赴秀水镇慰问官兵，送去被子、饮用水、食品、燃料等生活必需品，并随即投入抢险救援行动。尹俊士带领全体官兵手推、车载、肩扛，不怕疲劳，连续作战，于 20 时 20 分将水坝所有裂缝封堵。18 日 1 时 8 分，当地发生 6 级余震，强风大雨再次威胁水坝安全。在大坝上昼夜守护的天津市公安消防总队抗震抢险救援队 33 名官兵立即投入战斗。铺在大坝上的防水苫布被风刮跑，长达 220 米的裂缝一旦有雨水渗入，大坝将面临溃决的危险。突击队员顾不得休息，将苫布重新铺好，并用沙袋和木桩将苫布固定住。此时，一阵剧烈的余震突发，突击队员们立即趴在地上，死死抱着沙袋和木桩，待余震有所减弱后，又重新投入战斗。至 19 日天亮时，大坝险情再次被排除。20 日 12 时至 21 日 9 时，强震和大雨又多次袭击水库大坝，在大坝上的天津市公安消防总队抢险救援官兵昼夜守护，时刻监控大坝防护情况，保证丰收水库大坝的安全。

加固高峰水库堤坝 地震造成成县高峰水库堤坝受损。5 月 18—26 日，成县城关镇武装部组织民兵 50 人，对受损的 30 米堤坝进行除险加固，堆积土石方 300 立方米，使堤坝增高 1 米。

加固东北镇境内水库大坝 6 月 12 日，针对绵竹市东北镇上峰坡塘、红刺藤、双卧龙 3 座水库震损严重，难以安全度汛的紧急情况，海军南海舰队工程指挥部官兵在泥水中连续奋战 7 天，铺设泄洪槽管道 15 条，装填沙袋 6400 包，回填土方 400 立方米，修补堤坝裂缝 400 米，完成险情排除及坝体加固工作，保护了下游 2400 余名群众的生命财产安全。

加固富兴镇建新水库大坝 5 月 19 日 11 时 30 分，刚从绵竹市抢险一线撤回中江、还没有来得及休息的中江县民兵再次接到抢险命令。由于受地震影响，中江县富兴镇建新水库大坝发生严重管涌和渗漏，一旦垮塌，将直接危及下游上万群众的生命。接到命令后，中江县人武部政委熊兵华一边紧急动员集结应急民兵，一边快速准备抢险救灾保障物资。20 分钟后，130 名党员民兵突击队出现在水库大坝上。为了争取时间止住险情，在大坝随时可能崩溃的情况下，人武部副部长王科首先带领 20 名突击队员，纵身跳进汹涌的洪流中，奋力用沙袋封堵管涌和渗漏点。20 日 1 时，经 13 小时艰苦奋战，建新水库险情得到控制。（参见图 227）

图 227 5 月 19 日，中江县民兵在建新水库封堵管涌，排除险情

（总参动员部 提供）

加固鲁班水库大坝 5 月 22 日，绵阳市报告，蓄水达 2.7 亿多立方米的四川省大型水库鲁班水库大坝渗漏量比震前大了 3 倍，主坝主体表面出现 2 ~ 3 厘米的裂缝。水利部工作组和地方有关部门紧急赶赴现场排查险情，制订应急预案。三台县人武部组织水库周边预留动员的 5 个乡（镇）民兵 200 人协助水库管理局进行除险加固。

加固南华镇团结水库大坝 5 月 25 日 11 时 30 分，中江县人武部再次接到县抗震救灾指挥部通报，南华镇团结水库大坝出现险情，大坝已经发生裂缝，一旦垮塌，将直接危及群众生命。县人武部迅速启动抢险救灾应急预案，部长刘启永紧急组织 110 名民兵组成的应急分队火速赶赴现场。民兵应急分队分成3个抢险小组，50人装土、30人运土、30人身穿救生衣在水中作业。抢险工作紧张进行期间，突然发现大坝右侧50米处发生管涌，南华镇武装部部长涂勇一边向指挥长报告，一边组织20人的民兵突击分队，穿上救生衣，跳进大坝水中堵漏抢险。经过民兵分队15小时的连续奋战，数万条装满沙土的防洪袋被严严实实地覆盖在大堤上，险情基本上得到控制。为及时排除部分水库堤坝开裂等安全隐患，中江县各乡镇武装部组织应急民兵成立排险队，协助地方水利部门对团结水库进行维修加固，为水库安全度汛做好准备。

加固仙海水库大坝　地震发生后，绵阳市游仙区仙海水库出现险情。游仙区人武部部长郑强带领250名民兵奉命赶往水库参加抢险。当民兵们到达水库时，水库大坝已有10多处裂缝，最大的裂缝有15厘米宽。仙海水库高出城区40米，储水量达1.2亿立方米，一旦决堤，将会给绵阳城区带来灭顶之灾。郑强带领民兵立即投入战斗。在有关专家的指导下，民兵们有的用铁铲筑土，有的用麻袋填进黄泥加固，有的用沙袋围堰堵住缺口。经过16小时艰苦奋战，终于排除这个离绵阳城区仅12公里的人工湖所出现的溃堤险情。

加固八一乡白河水库堤坝　77225部队在江油市执行抗震救灾任务期间，部队长卢兴波带领总后勤部营房部专家对江油任务区内的水库险情进行考察论证，及时将考察结果通报江油市抗震救灾指挥部，并派出兵力对存在险情的7座水库进行加固处理。7月26日，由于江油地区普降暴雨，造成容量约20万立方米的八一乡白河水库堤坝出现滑坡险情，泄洪槽被下滑的土石堆积堵塞，导致水位迅速上涨，八一乡政府请求77225部队予以支援。11时14分，77225部队出动兵力30人，携带土木工具和部分通信工具，火速赶赴水库执行抢险任务。至14时46分，经过官兵努力奋战，疏散转移水库下游群众760人，清理堆积土石20余立方米，疏通水库泄洪槽，使水库顺利排水。（参见图228）

图228　7月26日，77225部队加固江油市八一乡白河水库堤坝（成都军区　提供）

加固宁强县境内水库大坝 地震发生后，宁强县余震频繁，时值雨季，连日普降中到大雨，水库频频出现险情，全县9座小（二）型水库和1座中型水库受损严重，尤其是青木川镇青西水库、高寨子镇刘家沟水库、小堰沟水库整个坝体出现纵横交错裂缝，最大裂缝宽达50毫米，造成溢洪道周围渗漏，一旦溃决，20万～30万立方米的库水将奔泻而下，直接威胁着水库下游人民群众的生命财产安全。面对水库巨大险情，宁强县出动200名民兵，配合水利局技术人员，协调3台机械车辆对坝体裂缝、渗漏点等危险处进行加固，对所有出现险情的水库、大塘采取降低水位、空库运行措施，严防决口、溃堤等次生灾害发生。

二 加固河渠堤坝

加固成都灾区河渠堤坝 地震导致都江堰市聚源镇导江水电站引水渠堤坝30余处受损，最大裂缝宽达0.2米、长10多米，坝身受损处渗水造成周围3.33公顷庄稼被淹，且有进一步扩大趋势，严重威胁电站设备以及周边人民群众生命财产安全。5月18日12时30分，71282部队侦察营接到聚源镇导江电站求助后，营长宋中明迅速组织130名官兵，采取先修坝截流、后浇灌加固的方法，全力排除险情。侦察营将人员分成6个小组迅速展开行动。装填组在堤坝南侧50米河滩处选择装填点，先期组织装填300条麻袋沙石；搬运组在取土点与堤坝之间开辟往返两条路线。14时10分，截流组20名突击队员身穿救生衣进入渠中，开始将麻袋投放水中，修筑拦水坝。由于此时水深近2米、水速达3米/秒，投放的单个麻袋无法沉到渠底。指挥组马上调整方案，决定将5个麻袋用绳子捆成一组，增大重量,投放取得成功。15时5分，截流组队员一字排开，采用齐力投放方法，将搬运组运送上来的麻袋逐个投入水中，拦水坝逐步加高至1米，但水流冲击力依然很大，指挥组便改用从南向北逐段加高的方法，使用沙袋进行修筑。19时40分，拦水坝修筑至距北岸还有2米时，由于缺口内水流速度过快，投进去的沙袋无法落到坝基底部，拦水坝随时都有被冲垮的可能。根据这一情况，指挥组决定改变行动方案，利用现有拦水坝减缓水流速度，然后在其下游20米处再修筑第二道拦水坝，待第二道拦水坝筑成后，再将第一道拦水坝进行截流合龙。22时50分，指挥组决定立即投入预备队，对两道拦水坝同时进行修筑。19日零时20分，经10小时奋战，第二道拦水坝距对岸不足3米时，缺口处的水流流速越来越急。为确保拦水坝成功合龙，指挥组迅速决断，采取利用人墙封堵的方式减缓水流速度，并组织力量快速投放沙袋，确保拦水坝一次性合龙成功。20日3时50分，两道拦水坝全部修筑完毕，但由于沙袋之间密封不严，从第二道拦水坝麻袋缝隙中渗出的水仍有0.3米深，仍无法对坝底进行修复加固。指挥组又紧急研究决定，采取坝基外侧覆盖防渗油布的方法封堵缝隙控制渗水，迅即指定3名水性较好的突击队员在第一道拦水坝外侧潜入水中，将准备好的防渗油布固定于坝底，然后将防渗油布的另一边固定在坝顶。作业完成后，渗水流量明显减少，水位明显降低。6时20分，截流任务圆满完成。随后，指挥组与水电站负责人协商并调用水电站抽水泵，对两道拦水坝之间积水实施抽水减压，确保修复工作万无一失。7时，部队分成3个小组对水渠受损处进行修复，共浇灌水泥混凝土20余吨，修复堤坝60余处350米。至20日9时，经过43小时艰苦奋战，水渠受损处全部修复完毕。

进入6月，彭州地区阴雨连绵，纵贯磁峰镇蟠龙村的蟠江河水位不断上涨。蟠龙村内活动板房定居点受当地环境所限，正好处于河流转弯的河滩谷地。蟠江河流经活动板房定居点河段总长400米，呈约130度拐角从居住点北侧流过，河流最宽处45米、最窄处8米，距离活动板房最近处不过30米。主汛期就要来临，洪水直接威胁着520间活动板房的安全，影响到全村338户、1210名灾区群众能否按时入住，影响到蟠龙村灾后重建能否顺利进行。6月9日8时，磁峰镇政府、蟠龙村村委会紧急向71897部队求助，迅速构筑拦河堤坝、加快工程进度，确保安全防汛。71897部队3营机枪连连长宋丹龙、指导员吴磊迅速带领骨干会同地方水利专家，赶到现场勘察。经实地考察和现场测量，军地双方共同研究制订修筑河堤方案，并根据双方优长明确分工：蟠龙村负责筹集大型工程机械，疏通河道，并负责河堤修筑过程中的技术保障；机枪连就地筹集所需石料，编制固堤铁丝网笼修筑河堤。在全连范围内挑选18名素质比较全面的战士学习编制网笼技术。10日下午，在距离作业地域15公里的通济镇旁一个河谷中，找到大量合乎规格的石料，足以满足河堤修筑的需要。根据现地测量，军地指挥小组认为，必须利用河中砂石构筑4米高的河堤护坡，才能抵御随时可能出现的洪水。71897部队随即增派力量，增加3台工程机械投入救援。机枪连官兵不顾连续作战的疲劳，战胜恶劣天气影响，与地方政府密切协调、科学分工、严密组织、连续奋战，先后投入兵力1573人次，各种汽车53辆次、大型机械4台。至7月4日，历经25天，完成一条长420米、高4.5米的拦河堤坝，确保了蟠龙村338户、1210名村民安全度汛。

6月10—12日，71282部队防化营在营长吴干东率领下，每天出动兵力146人次，帮助都江堰市翠月湖镇加固黑水河永固段大堤。官兵冒着酷暑，挖土石、扛沙袋、垒护坡，共挖掘运送土石110立方米，加固大堤20余米。受地震影响，贯穿青城山景区的味江河河堤多处坍塌。16日，由于连日突降暴雨，河水上涨，味江河泰安古镇堤段多处出现险情。得知情况后，71566部队政委王高峰迅速带领65名官兵，携带工具赶赴泰安古镇堤段组织抢险。王高峰将人员分成安全观察组、搬运组、加固组和装填组4个小组，冒雨奋战3小时，加固7处坍塌河堤120米，运送土方200余立方米，消除了险情。

6月28日，71897部队根据彭州市白鹿镇政府求助，出动110名官兵、1部挖掘机，采取“编网围石、筑石固堤、清淤疏道”的办法，编织长5米、直径0.7米的铁丝网带170余条，加固河堤300米，清理淤泥200立方米，疏通河道500米。7月1—5日，由于主汛期到来，白鹿镇防汛压力不断增大。为协助当地政府做好防汛准备，71897部队先后出动1100人次、工程机械18台次，在白鹿镇回水村、水观村编织铁丝网4000余米，装填石块600余立方米，清理疏通河道2200米，修筑加固防洪堤1500米，确保雁江河沿岸3000余名群众安全度过汛期。18—19日，71897部队工化营再次出动50余名官兵，继续在雁江河回水村段加固河堤，利用2天时间，共编织防洪铁丝网300余个，装填沙石200立方米，疏通清理河道1500米，加固防洪堤500米。

6月30日，应彭州市通济镇政府请求，71960部队出动147名官兵装填铁笼子、沙袋1000余个，加固河堤70米，确保湔江河沿岸群众安全度过汛期。同日9时，为做好防汛准备，应隆丰镇政府请求，71823部队出动160名官兵、牵引车3辆，协助该镇加固西河水库河堤，奋战7小时，共装填搬运沙包2300余袋，抬运石块1.5万余块，加固堤坝260米。7月2日8时，应桂花镇政府请求，71622 部队出动 300 余名官兵，协助彭州市水务局加固红石桥村土石桥段危险河堤，经过 4 小时的连续抢修，加固堤坝 150 米。10 日 8 时 40 分，应通济镇政府请求，71960 部队指挥连出动 59 名官兵，赶赴青河埝村段帮助完善防汛设施，经 6 小时连续奋战，共加固河堤 76 米，清挖河道 200 余米，装填土石 170 立方米。

7 月 14 日，应彭州市红岩镇政府请求，71897 部队 4 营出动 30 余名官兵，赶赴鸭子河虎形村段，连续奋战 3 个多小时，装填沙袋 500 个，加固防护堤 150 米，为虎形村板房安置点 100 余户群众安全度汛打下坚实基础。21 日，因暴雨影响，彭州市鸭子河葛仙山镇社区至张泉村段河堤受损严重。71897 部队 4 营迅速出动 80 余名官兵赶赴现场，连续奋战 4 个多小时，对河堤加高加固，转运沙石 200 立方米、沙袋 1000 个，加固河堤 800 米，保障了当地群众安全度汛。

加固德阳灾区河渠堤坝 6 月 12 日 9 时 30 分，绵竹市抗震救灾指挥部针对绵远河上游小岗剑堰塞湖爆破期间可能出现的突发情况，启动防汛抢险黄色预警，请求绵远河附近的部队协助当地政府做好河堤维护和居民疏散。13 时 30 分左右，绵远河上游堰塞湖准时爆破，因实际出水量远超过计划出水量，来水在绵远河汉旺镇河段形成特大洪峰，出汉旺山口时峰值流量高达 3000 立方米 / 秒，过境时造成绵远河汉旺、兴隆、拱星、富新四镇河段共约 450 米河堤决口，部分地段河水淹没隔离林带，冲毁养殖场、房舍等生活生产设施，严重威胁绵远河沿岸群众的生命财产安全。77223 部队出动官兵 1005 人、运输车 22 辆，赶赴绵远河下游 6 个行政村执行抗洪抢险任务。至 13 日 17 时，经 27 小时昼夜奋战，共疏散群众 4936 人，修固堤坝 6 段共约 180 米，确保下游富新镇、什地镇、绵远镇约 3 万余名群众的生命财产安全。

6 月 12 日 16 时 45 分，得知汉旺镇牛鼻村绵远河大堤发生溃堤险情后，95964 部队迅速出动 400 名官兵，在副政委石华带领下，紧急协调 6 台工程机械奔赴现场，勘察险情，现场动员，并及时向上级报告情况。95971 部队参谋长刘正军针对灾情危急、人机混杂、工程作业面窄等情况，科学组织指挥抢险。95829 部队部队长王维山、参谋长李凤彪得知情况后，随即赶到现场组织指挥。19 时 40 分，95942 部队在参谋长丁光辉带领下，紧急出动 600 人增援 95971 部队行动。95971 部队通信科科长刘晓明带领通信分队在抢险地段组成现场指挥所，展开了警报网、观测站，建立溃堤抢险指挥所与成都军区抗震救灾联指、第三责任区基本指挥所、地方指挥所、95971 部队基本指挥所等的通信联络。在 95829 部队统一指挥下，各部队团结协作，冒着生命危险在绵远河内侧填沙袋，紧急封堵溃堤决口。汉旺镇 100 余名群众自发组织起来，有的给官兵送水和食物，有的主动加入到抢险队伍中。至 13 日 5 时 30 分，经过军民共同努力，共挖掘转运土石近 5 万立方米，在绵远河牛鼻村段垒起一道长 300 米、高 7 米、宽 5 米的简易河堤，封堵溃堤决口，加固主堤，排除了险情。

6 月 13 日，继绵远河大堤汉旺镇牛鼻村发生险情后，下游绵竹市兴隆镇安仁村绵远河段又出现溃堤决口。95964 部队“卫国英雄营”官兵紧急出动抢险，101 名官兵在营长杨锋、教导员张海舟的带领下，锹挖镐刨、肩扛手抬，抢修安仁村绵远河溃堤。13 时 36 分，95971 部队副政委石华决定让因参加抗洪抢险已经彻夜未眠的 95964 部队 350 名官兵，携带大型工程机械 6 台，继续冒雨出动参加溃堤抢险。已十分劳累的 350 名官兵发扬不怕疲劳、连续作战的作风，立即投入到紧张的抢修堤坝战斗中。由于溃坝严重，情况危急，95964 部队又紧急抽调在东汽家属区担负执勤任务的1连、2连官兵120人，在部队长闫振祥、副部队长李春生的带领下，于14时20分加入抢修大坝行列。至14日20时，经过抢险官兵和地方群众连续奋战，共装运沙石3500立方米，装运编织袋5万余个，抢修宽9米、高5米的堤坝310米，完成抢修安仁村段堤坝任务，成功封堵加固了绵远河溃堤。

6月13日12时50分，绵竹市兴隆镇景家林段发生160米溃堤、张家巷子段发生50米溃堤，95829部队再次投入兵力500人（其中95971部队200人、95942部队300人）、机械8台，于13时35分到达任务地区展开作业。至21时10分，冒雨连续奋战7小时35分，挖掘转运土石近8万立方米，在河堤内侧垒筑起长210米、高8米、宽3米的简易河堤，控制了险情。16日15时，应绵竹市政府请求，95971部队又出动应急抢险小分队100人，冒雨奋战5小时，成功封堵绵竹市官硼堰大堤20米宽溃口。

绵远河上游小岗剑堰塞湖实施泄洪后，洪水顺着绵远河道倾泻而下，使绝缘桥和官硼堰取水枢纽之间长达450米防洪堤损毁严重，出现多处垮塌。加之主汛期即将来临，洪水不断汇入，河道水位不断上涨，一旦溃坝，防洪堤两侧1.07万公顷农田将全部被淹，汉旺镇7万人民群众生命财产安全受到威胁。6月18日，武警水电部队第三总队十支队受领防洪堤坝抢险任务。支队长李书健、参谋长唐孝良立即带领抢险分队技术人员前往现场实地勘察，对施工组织等方面进行详细论证。19日8时30分，十支队召开会议，研究制订排险方案。20日8时，副参谋长王国印带领104名官兵组成抢险突击队，出动挖掘机3台、装载机1台、自卸车1辆、混凝土罐车6台、发电机2台、电焊机4台奔赴汉旺镇抢险现场。泄洪后的绵远河堤坝千疮百孔，洪水沉积泥石抬高河床，几乎与汉旺镇地面持平。13时10分，官兵分批次赶到施工现场。五中队中队长李安迅速按照施工方案将人员进行分组。被毁地段水流湍急，且防洪堤基础被洪水淘深约5～7米，而施工现场右侧为滑坡山体，山体稳定性差，伴着不断余震，随时都有山体滑坡和巨石滚落，加之道路被震毁，大型施工机械无法到达现场，修筑防洪堤的战斗进行得十分艰苦。官兵只能用最原始的方法进行人工搅拌浇筑。为保证混凝土搅拌和均匀，担负混凝土搅拌任务的警卫班班长曹毓栋与二级士官王晓跳入泥砂浆中，不顾皮肤灼痛，任凭灰尘拂满面颊，用自己的脚和手搅拌，一天下来，他俩手脚被泡得发白裂口。上等兵胡石强在振捣浇筑过程中，左右手分别拎着50余公斤振捣棒，双管齐下，水泥浆在他的脸上糊了厚厚一层，只剩下两只眼睛在闪光，被战友们称之为“钢铁战士”。工程师兼现场技术指导王海波在夜间指挥时，脚底打滑，身体失去平衡，跌落水中，在战友帮助下才得以平安脱险；清醒后，他对大家说：“没事儿，继续干。”截至7月4日，经官兵15个昼夜的连续奋战，将一条长450米、高9.5米、上宽23米的防洪堤坝顺利加固完成，共浇筑混凝土4.68万立方米、制作安装钢筋10吨、开挖及回填土石方1.2万立方米，比预期时间提前5天完成任务。7月8日，绵远河洪水上涨至防洪堤坝处，在约150个流量河水强劲冲击下，武警水电官兵修筑的防洪堤坝成功经受住洪水考验，险情被彻底排除，下游汉旺镇和沿岸低洼地区受灾群众临时安置点避免了被淹没的危险。

鸭子河是什邡市主要河流之一，流经市境段长23.5公里。马井镇河段是鸭子河防洪的控制河段，马井镇光华村菠萝堰河堤修建于20世纪70年代，因年久失修、地震损害和洪水冲刷，有50余米堤坝出现土石松散、垮塌凹陷等险情，直接威胁着马井镇河道两岸4个村、1万多人的生命

图 229　6 月 30 日，凉山彝族自治州民兵在什邡市马井镇光华村加固波萝堰河堤

（成都军区　提供）

财产安全。6 月 30 日至 7 月 3 日，为确保大堤的安全，西昌市和会东县民兵承担鸭子河马井镇菠萝堰段防洪任务。民兵冒雨采集防洪石料，蹚进河水，把防洪石装进铁笼，加固鸭子河菠萝堰河堤。市县两级共计出动民兵 770 余人次，搬运石料 9 车 220 立方米，扎铁丝笼 50 余张，加固河堤 50 多米，疏通防洪渠 5000 米，使菠萝堰大堤险情排除。（参见图 229）

连日大雨，什邡市杉木林村河道拦水坝又出现较大塌方。7 月 5 日，在八角镇楠木村执行抗震救灾任务的 95985 部队 3 营接到当地政府的求援电话后，迅速调整兵力，立刻赶赴杉木林村，对 4 号桥进行桥墩加固及河道清理。经过全营官兵 10 多个小时的艰苦作战，共加固堤坝 100 余米，清理河道 300 米，搬运石头 400 立方米。

什邡市蓥华镇的河道堤坝工程在地震中被损坏。7 月 13 日，为确保安全度过汛期，95900 部队应当地政府请求，派出 95985 部队 500 余名官兵，对蓥华镇段家磨防洪堤段损坏的部位修复加固，并对河道内的废墟进行清理。95985 部队共加固河堤 200 米，搬运土石方 1300 立方米，装填防洪铁丝笼 400 米。石亭江大堤在地震中部分堤坝受损，尽快加固河堤成为防洪度汛的重中之重。13 日，95944 部队共出动兵力 600 人次，搬运土石方 1200 立方米，加固河堤 1.6 公里。

加固绵阳灾区河渠堤坝　地震发生后，位于平武县高村乡五一村的老河沟电厂蓄水池围堰出现大面积开裂，裂缝最宽处达 5 厘米，连日大雨致使向电厂供水的老河沟水位暴涨，受到重压的蓄水池围堰随时可能坍塌，电厂下方 30 余户群众和 24 公顷农田受到严重威胁。6 月 10 日，71366 部队炮兵营教导员宋文武带领 40 名官兵迅速出动，从山脚向 300 余米高的电厂蓄水池紧急搬运施工所需沙石、水泥等建材。由于刚下过雨，仅容一人行走的道路非常湿滑，官兵将建材装在竹篓里，背着竹篓沿“S”形山道向山顶艰难爬行。抢险官兵吃住在施工现场，连续作业 4 天，在

围堰内外两侧各用混凝土加筑 1 米厚的围堰，险情被顺利排除。

连日暴雨，造成涪江水位持续上涨，突破警戒水位，上游洪峰直接威胁上河坝段第十救助站 1297 名受灾群众的安危。6 月 22 日 19 时，71811 部队修理营接到协助筑堤防洪、转移群众命令后，由营长李寒民带队，出动官兵 220 人、运输车 5 辆，携带镐 50 把、锹 150 把、编织袋 1000 条、手电筒 100 只。官兵们分成两个组，第一组 108 人，由全营 12 名四川籍官兵分别带 9 人小组，分头做群众工作，准备向安全地带疏散；第二组 112 人按 4 人一组装袋筑堤，实施防洪，两组同时展开工作。19 时 20 分，修理营到达救助站，迅速按既定方案分头行动。疏散群众小组将救助站分成 12 个责任区，由 12 名四川籍官兵分头负责对群众宣传解释和引导疏散。20 时 15 分，官兵开始组织群众有序转移。23 时 40 分，经 6 次转移，救助站 325 户 1297 名群众被全部转移完毕。与此同时，筑坝抗洪组在涪江岸边组织江堤加固。23 时 10 分，负责转移疏散群众的 108 名官兵也加入到构筑堤坝队伍之中。经过 8 小时连续奋战，一道长 200 米、宽 4 米、高 3 米的防洪大堤构筑完毕。23 日 5 时，洪峰顺利通过救助站，群众无一伤亡，财产无一损失。

6 月 23 日 14 时，77216 部队 300 余名官兵接到命令，紧急奔赴江油市青莲镇月圆村至文丰村段盘江防洪大堤构筑堤坝。唐家山堰塞湖泄洪造成此段防洪大堤 500 余米受损，汛期即将来临，3 万多名群众的生命财产安全面临威胁。77216 部队部队长刘勇战带领 300 余名官兵火速赶赴现场抢险。烈日下，官兵扛着沙袋，汗如雨下，顽强奋战。直到加固好堤坝排除了险情，部队才撤出现场。

7 月 2—5 日，77225 部队出动官兵 102 名、机械 13 台，为江油市涪江青莲镇河段加固堤岸，修筑完成长 500 米、上宽 6 米、下宽 10 米的河堤，施工土石方量约 7600 立方米。6 日，组织官兵 40 名、大型机械 8 台，为盘江太白村河段加固河堤，挖填土石方 700 立方米。28 日，安县永安镇苏包河河水暴涨，河堤告急。77226 部队 3 营紧急出动 300 名官兵，奋战 4 小时，修筑一条长 200 米、高 1.5 米的防洪坝，为下游万名群众筑起一道安全屏障。

7 月 21 日晨，江油市普降特大暴雨，江油城区和多个乡镇出现严重内涝。绵阳军分区及江油市人武部组织 6000 余名民兵预备役人员立即投入抗洪抢险。在江油境内的涪江、盘江河沿线受灾严重的三合、太平、武都等乡（镇），转移价值 20 万余元的生产、生活物资，疏散被洪水围困的群众 4300 余人，排查险情 300 余处，挖运沙石 1.5 万余立方米，加固河堤 1000 余米。

加固广元灾区河渠堤坝 青川县乔庄镇回龙村安置点是县计划集中搭建板房的最大安置区，与回龙村毗邻的尖角子河防洪堤坝遭地震严重破坏。进入主汛期后，一旦山洪暴发，板房区 2 万多名灾区居民生命财产安全将受到严重威胁。71521 部队政委高建国了解到这一情况后，主动请缨承担尖角子河堤坝加固任务，决心赶在洪水到来之前为地方政府和群众修筑一条坚固堤坝。6 月 12 日晚，高建国组织北线指挥所召开专题会议，研究部署尖角子河堤坝加固任务，决定抽调 71352 部队、71762 部队 5 个营共 1200 余名官兵，统筹 12 部工程机械，编成河道疏浚队、堤坝加固队、石料搬运队、道路整修队 4 个作业分队，集中兵力攻坚作战。15 日，71521 部队救援官兵在尖角子河段全面展开疏通河道、加固堤坝工作。71352 部队组成常委突击队，带头搬运土石方，累了就在堤上喘口气，饿了就与官兵一样啃口自带的馒头。12 部工程机械操作手实行轮班制，昼夜连轴转。机械到不了的地方，官兵们就下到一米多深的河水中，用手搬、用肩扛，昼夜加固大堤。为加快施工进度，各单位成立党员突击队，各个危险地段都由党员带头上阵作业，带头攻坚克难，争分夺秒抢工期，先后有118名官兵手指被磨破、12名官兵因中暑晕倒在施工现场。为保证施工质量，抢险部队实行领导承包责任制，划分地段层层签订责任书，并邀请专业技术人员具体实施技术指导。施工中采取地方政府、承建单位与部队三方联合验收的办法，坚持完成一项、验收一项、审核一项。经过近20天集中大会战，开挖河道土石30余万立方米，垒起7～12米高、底宽14米、顶宽8.5米、土石方量20余万立方米的河堤，完成堤坝加固和河道疏浚任务。

6月19—23日，广元军分区组织元坝区、利州区、苍溪县民兵160余人，在副司令员程广建指挥下，完成青川县竹园镇黄沙坝河堤加固任务，累计装填沙袋5000余袋，使1200米河堤增高0.6米，使受灾群众安置点水患得到有效预防。7月6日16时，西充县民兵应急连在县人武部部长邱汉乔、副部长周理荣的带领下，在青川县乔庄镇北井坝社区奋战3天，出动兵力430人次，携带抢险救灾工具300余件，帮助当地加固长20米、高7米的水坝，于9日10时圆满完成加固任务，保障安置点6000余名群众的生命财产安全。

受地震影响，青川县曲河乡井坪村、大岩村之间50余米的清竹江防洪堤坝出现裂缝，加之雨水增多，堤坝出现多处缺口，一旦暴雨骤至、河水暴涨，堤坝随时可能被冲毁，大片农田将被淹没。6月28日，71620部队接到青川县水利局和曲河乡政府求助后，命令2营担负防洪堤坝加固任务。营长刘瑞江随即带领各连连长赶到河堤勘察地形，研究修固方案，决定将堤坝加高加宽，再用木桩巩固，增强河堤防洪能力。4连、机枪连负责在清竹江下游装沙袋，5连、炮兵连负责搬运，6连负责加固。8时40分，各连展开作业。6连指导员张劲松强忍腰椎间盘突出的疼痛，始终和战士一起抬沙袋。至19时，全营官兵连续奋战10余小时，运送土石1000余立方米，打桩200余根，加高堤坝5米。30日，突降大雨，给修固工作带来很大困难，同时山体滑坡危险增大。为争取时间，全营官兵带上锹、镐冒雨加固堤坝。刘瑞江及各连连长指挥作业，教导员带领各连指导员在堤坝周围巡查，及时预警并排除险情。战士们坚持在雨水、泥水中奋战。至7月2日18时，防洪堤坝加固完毕，共挖掘土石1500余立方米，搬运沙石70余吨，加高河堤10.3米、加宽4.2米。

地震发生后，南溪县高峰村6组有一口被群众称为“当家塘”的提灌站拦水堤多处出现裂缝，无法蓄水，群众生活受到了很大影响。7月13日，南溪县民兵应急连派出以党员突击队为主的精干队伍，担负加固提灌站拦水坝任务。到达现场后，队员成立搬运组、清淤组和打桩组，经过一天多的连续奋战，于15日完成提灌站拦水坝加固任务。

第三节　疏通河道

汶川特大地震导致灾区一些河道被垮塌的山体、泥石流堵塞，有的河道严重变形，村庄、道路、农田被淹，形成洪灾隐患，严重威胁灾区群众生命财产安全。在当地党委、政府的领导下，广大军民以及其他水利抢修力量及时疏通治理河道，排除了可能发生的洪灾险情。

一 疏通平通镇境内河道

平武县平通镇易阳村通往镇上的河道因地震塌方，大量泥土堆积堵塞河道，河水漫溢，四处横流，造成灾区群众安置点和平通镇主要街道被淹。5月28日，达州预备役炮兵旅组织800余人，动用挖掘机、吊车等大型机械130余台次，清理河道4公里，清除淤泥6000余立方米，避免发生山洪对灾区造成威胁。

二 疏通接龙桥垭口至水田坝间河道

6月11日上午，根据绵阳市抗震救灾指挥部要求和成都军区联指的指示，96512部队担负接龙桥垭口和水田坝电站河道8公里疏浚任务。施工部队进入现场后，立即组织人员对大坝水道及周围设施进行勘察，并在作业面布设铁丝、钢筋、安全带等防护标识，进行施工准备。下午，部队开始人工凿岩、定向爆破、手工搬运等作业方式展开施工。12日14时，第二炮兵副司令员于际训、副参谋长王治民陪同国务院副秘书长汪永清考察疏浚施工情况，看望慰问一线施工部队官兵。14日，部队官兵冒雨进行施工，继续清除险石和滑坡土石方。至17日11时，施工部队共投入兵力61人、大型工程机械2台、内燃凿岩机12部，连续奋战7天，爆破降低水田坝坝高2米，清除险石、滑坡1万立方米，清理河道淤积石渣1500立方米，满足上游堰塞湖泄洪要求。

三 疏通岷江老虎嘴壅塞体

地震导致大量山体垮塌，国道213线映秀镇至汶川方向5公里处老虎嘴山体大塌方，岷江河道被垮塌山体堵塞，江面水位上涨近10米。6月14日，77105部队接到抢险命令，立即组织对老虎嘴壅塞体进行现地勘察，决定采取机械开挖和爆破作业的方式对老虎嘴壅塞体进行疏通排险。由舟桥营在老虎嘴壅塞体上游100米处架设一座70吨型漕渡门桥，先期将地方大型施工机械、车辆、机具和器材输送至对岸，越过老虎嘴继续往前推进，为尽早抢通道路争取时间；由道路桥梁2营采取先梯次爆破后机械开挖的作业方式，逐步拓宽老虎嘴壅塞体处河道，降低上游水位。7月8日至8月4日，77105部队道路桥梁2营出动200人、工程机械设备20余台，开始在老虎嘴壅塞体处河道实施爆破作业。在官兵们连续奋战、顽强拼搏下，圆满完成老虎嘴爆破疏通河道任务。作业中，部队官兵实施爆破作业16批次，累计钻孔4357个、炸毁巨石1442块，消耗炸药6024公斤，爆破土石1.09万立方米，拓宽老虎嘴壅塞体河道近10米，使上游水位下降近3米，达到安全位置。

四 疏通平武石坎河支流河道

6月23日，平武县马鞍石堰塞湖分流泄洪，引发特大洪水，石坎河支流桥梁全部被毁，通往平武方向的道路中断。24日，95900部队驻南坝部队会同地方指挥部，迅速勘察灾情，研究抢修方案。在地方机械配合下，部队出动官兵300人清理河道，搬运石块、树木，官兵蹚水查情，不畏艰险，连续奋战14小时，沿石坎河浅滩一线构设涉水通道400余米。

五　疏通蟠龙河、雁江河河道

受余震和降雨影响，彭州市磁峰镇蟠龙村、白鹿镇水观村板房安置点附近蟠龙河、雁江河河道被滑坡泥石流堵塞，严重威胁着安置点群众的生产生活。7月26日、8月10日，71897部队两次共出动官兵640余人、挖掘机1部，清理堵塞泥石700余立方米，疏通河道250米。

六　疏通清竹江、红石河河道

地震造成青川县红光乡东河口村、康乐村马家梁山体垮塌，将清竹江、红石河河道堵塞，形成3个总库容2000万立方米的堰塞湖，随着积水增多，溃堤险情加剧。5月27日，71407部队、71677部队、武警水电部队第三总队和旺苍县民兵应急分队采取机械与人工相结合的方式，拓宽东河口自然泄洪渠道。官兵首先采取爆破作业，将东河口沿红光方向堤坝上的“地震石”炸毁，然后动用3台挖掘机在东河口挖开一条近20米宽的泄洪渠，促使红石河与东河口堰塞湖分别实现自然泄洪。（参见图230）

图230　5月27日，71677部队清理青川县东河口堰塞湖入河口堆积物

（济南军区　提供）

七　疏通叠溪镇境内河道

6月6日7时30分，71998部队接到茂县叠溪镇政府求助：由于茂县地区突降暴雨，叠溪镇部分山体发生大面积滑坡，导致叠溪镇境内河道严重变形，冲毁良田0.67公顷，严重影响灾区群众生产生活，请求部队协助治理变形河道。部队受领任务后，迅速组织召开治理河道军地协调会，组建由参谋长殷毅峰带队的治理河道小组，针对路途远、道路险、要求高、难度大和社情复杂等特点，研究确定治理方案，制定应急措施。8时10分，殷毅峰带领机关人员到达作业地点。9时16分，60余名官兵，携带镐、锹、塑料布等工具到达现场，把人员区分为清除淤泥、搬运沙袋、打牢木桩3个小组，每组党员干部带头负责，平行展开作业；采取先清除淤泥后进行治理、先打牢木桩再填大石块的方式，逐段进行。经过6小时紧张施工，共清除淤泥300立方米，疏通河道300米，搬运沙袋600袋，打牢木桩120根，使变形河道得到及时治理。

第四章　处理危险物品

在地震的巨大破坏作用下，一些易燃易爆物品生产、贮存设施受到损毁，部分易燃易爆物品被埋在废墟之中，在余震频发和恶劣天气等环境条件下，一旦引发爆炸或燃烧，将会造成严重的后果。有的房屋建筑全部倒塌，成为废墟；有的部分倒塌，形成断壁残垣；有的虽未倒塌，但已开裂错位，千疮百孔，摇摇欲坠。在余震频繁发生、面临夏季多雨的环境条件下，这些高危建筑随时可能倒塌，成为威胁灾区人民群众生命安全的极大隐患。

地震灾区各级党委、政府和参加抗震救灾的解放军、武警部队官兵和民兵预备役人员，在国务院抗震救灾总指挥部和成都军区联指的领导下，在有关部门、有关专家的指导下，及时应对，科学处置，转移处置易燃易爆化学危险品，排除各种险情隐患；有序地进行清理废墟和拆除危险建筑工作，为灾区人民尽快恢复生产、生活秩序，重建美好家园打下坚实基础。

第一节　防止化学危险品泄漏

汶川特大地震使一些化学品的生产、储存设施受到损毁，造成部分化学危险品泄漏、挥发和渗入土壤，严重污染环境，对灾区人民群众的生产、生活、健康及生命安全构成严重威胁。灾区各级党委、政府和抗震救灾部队、专业技术人员采取多种应急抢险措施和除险手段，加强防范和处置，及时有效地防治危险化学品的泄漏，切实加强对危险化学品的整治和管控。

一　清理和转移农药

6月2日7时，理县农业局“三农”服务站因余震遭到破坏，库存的10吨农药部分包装损毁，一些药品外漏。71117部队接到理县政府求助后，部队长郭永忠迅速组成80人的抢险突击队，在第三军医大学新桥医院专家指导下展开工作，连续奋战1小时50分钟，将农药转移至安全地带，对泄漏药品进行安全处理，对服务站库房进行全面洗消，彻底清除泄漏农药造成的危害。

6月8日15时，71998部队在茂县叠溪镇校场村拆除供销社危房时，发现1000余瓶农药被埋在废墟之下，药瓶大部分已经被压破，药液随着雨水不断向外渗透，威胁周围群众生活环境和饮用水安全。部队长牛斌立即集合40名官兵，冒着大雨，清理转移30箱共300瓶农药，同时在安全地带挖掘出两个3米深的坑，将散落和破碎农药瓶及污染物全部掩埋，并及时派出卫生队军医对周围一公里范围内群众生活用水进行检测消毒，确保当地群众、牲畜饮用水安全。

二　处置有毒化学气体

扑灭宏达集团化工厂有毒大火　地震致使什邡市蓥华镇宏达集团化工厂厂房绝大部分倒塌，工业储备硫酸的铁塔和加工硫酸的原料硫黄池破裂倒塌，硫酸以及硫黄大量外泄。由于地震时工厂正在作业，泄漏的硫黄遇火燃烧，浓烟滚滚，有毒气体随风飘散。5月13日，为保护人民群众的生命安全，保护厂房设备不被大火吞噬，尽可能把损失减少到最小，95985部队2营机炮连接到命令后，紧急赶赴宏达集团化工厂。全连60名官兵在条件简陋而又十分紧急情况下，没有防毒面具，就用口罩浸湿作为简易防护器材；没有搬运工具，就从群众家里借来推车、背篓、三轮车；为了防止硫酸腐蚀，就用棉布手套作为防护。在参谋长王群力带领下，60名官兵分成两组，一组由连长蔡要带领冲向火灾第一线，另一组由副指导员高云峰带领负责运土。刚一接近大火，刺鼻的浓烟窜入口罩，刺激着战士们的呼吸道；炙热的高温烘烤着身上的衣服，但一双双被呛得通红、泪水直流的眼睛依然紧紧注视着火情。战士们个个挥起手中铁锹，奋力铲土扑火，一车车泥土也以最快的速度运过来。有的战士手划破了，仍然坚持战斗；有的战士眉毛、头发被大火烤焦，仍然顶着高温继续干；有的战士嘴唇干裂，也顾不上把挂在身上的水壶取下来喝一口。经过两小时连续奋战，终于将大火扑灭。

扑灭华丰磷化黄磷火灾　华丰磷化工有限公司（磷化厂）距绵竹市汉旺镇1.5公里，距德阳市区仅10公里左右，是一家以生产黄磷、三聚磷酸钠等剧毒化工产品为主的中外合资企业。在地震中厂房倒塌，机械设备全部受损，生产黄磷的沉淀池和部分成品黄磷暴露在厂区外面，随时都可能出现有害物质外泄的危险。根据天气预报，绵竹地区将出现降雨过程，雨水冲刷会造成沉淀池内有害物质外溢，污染整个绵竹市水源，严重威胁着绵竹人民的生命安全。5月15日11时，95936部队接到绵竹市抗震救灾指挥部的排险命令，迅速派出炮营150名官兵，由政治处主任赵继业带队，火速赶往华丰磷化工有限公司紧急排险。部队到达后，发现部分黄磷已经缓慢自燃，冒着刺鼻的白烟，沉淀池内有害物质随时有溢出的可能。赵继业迅速将官兵分成两组，一组负责

图231　5月17日，77223部队扑灭绵竹市华丰磷化厂黄磷火灾
（成都军区　提供）

用沙土填埋暴露在外的黄磷，另一组负责加固磷池。官兵们冒着有害气体侵蚀和随时会被外溢黄磷烧伤的危险，扛着编织袋运送沙土及混凝土，很多官兵肩膀、背上、手上磨起血泡。官兵克服伤痛和疲劳，连续奋战7个多小时，终于在19时50分完成对磷池的加固，以及对自燃黄磷的填埋灭火。部队构筑起长460米、高1.5米、宽1.2米的堤坝，消耗水泥70余吨、沙子140余立方米、编织袋近5000个，初步排除了险情。17日晨，华丰磷化厂黄磷起火。77223部队接到绵竹市抗震救灾指挥部命令后，部队长廖永红立即带领300名官兵，火速赶往磷化厂进行抢救。震后，存有120吨黄磷的库房成为危房。因距黄磷库房150米的循环水池堤坝裂缝，含有大量黄磷的循环水泄漏而发生自燃，一旦波及黄磷库，将会引发一枚“巨型炸弹”。更为严重的是，磷化厂与绵远河仅一墙之隔，一旦黄磷等有毒物质流入河道，下游生态环境和数百万人民群众生命安全将受到严重威胁。到达磷化厂后，300名官兵迅速戴上防毒面具，穿上防化服，手持铁锹跃入浓烟中。官兵就地取土，用土覆盖火苗，用水浸湿棉被扑灭火焰。经过两个小时生死搏斗，最后一粒火星被扑灭（见图231）。大火虽然被扑灭，但库房内存放的黄磷仍是重大隐患，稍有不慎就可能引发更大的灾难，必须争分夺秒抢运黄磷。廖永红带领官兵接着投入抢运黄磷的战斗。浓烈的烟雾中，200余平方米的库房内密密麻麻排列着金黄色的存储罐，墙面多处裂缝，天花板悬在头顶摇摇欲坠，仅靠几根细小的钢筋勉强牵连，随时都有掉下来的危险；地面残砖遍地，到处散落着大大小小的玻璃碎片。厂生产部一位副经理提醒：罐子每只有1米多高，一罐足有200公斤，如有强烈碰撞就有爆炸危险，必须尽快转移到离库房200余米外的广场上。廖永红立即把人员分成两个梯队抢运黄磷。抢运到一半时，余震发生，库房剧烈晃动，头顶上天花板吱呀作响，廖永红急令战士们躲避。余震一停，官兵们又冲进库房继续搬运，激战5个小时，将120吨黄磷全部转移到安全地点。

华丰磷化厂车间存储了约20吨黄磷，因锅炉等设备在地震中损坏，已无自行排险能力，极可能发生泄漏再次发生燃烧，产生大量五氧化二磷等有毒气体，对下风向10公里范围内的群众生命构成威胁。6月9日上午，71146部队部队长马宜明、副参谋长褚华率71988部队政委冯奕、高工徐兴田等，对现场进行详细勘察，细化处置程序及兵力分工。10日，71988部队针对存储黄磷发生冒烟、起火的现状，出动4辆喷洒车对存储设备加水60吨进行水封，作初步安全处理。71988部队成立"黄磷排危分队"，设排危作业、应急处理和警戒3个组，对华丰磷化厂安全性最好的1号存储罐进行试验性黄磷处置。20日，为确保全面处置黄磷的安全性，派出高工徐兴田、作训股长宋福仪携带处置方案，与厂方、绵竹市安监局、环保局执法大队有关人员共同前往四川省安监局督察大队、四川省环保局，对处置方案进行会审，方案得到一致通过。22—26日，71988部队"黄磷排危分队"用5天时间，分别对该公司1 ~ 4号黄磷生产车间内的16个黄磷精制锅、11个受磷槽内黄磷进行排危回收。处置中，派出4辆淋浴车分别对黄磷精制锅、受磷槽进行加热，一辆喷洒车负责机动保障拉水，一辆喷洒车固定在适当位置负责黄磷着火后对着火点实施水封灭火。（参见图232）此次任务，累计出动兵力480人、运输车37辆次，共回收黄磷24.1吨，挽回经济损失70余万元，成功排除一起威胁汉旺镇周围10公里范围内人民群众生命安全和导致绵远河、沱江及长江严重水污染的次生灾害隐患。

图232　6月下旬，71988部队1营官兵在华丰磷化有限公司进行黄磷排危回收工作（济南军区　提供）

封堵蓥峰化工厂氨气泄漏　什邡市蓥华镇蓥峰化工厂厂区内存有液氨1100吨、硫酸6000吨、盐酸80吨、硫黄23吨。在地震和多次余震的破坏下，储存这些化学原料的罐体多处破裂，发生严重泄漏，浓浓的烟雾不断从罐体中喷射出来，化工厂周围10公里的大部分植物被污染，部分恐慌的受灾群众向什邡市区转移。

5月15日7时，蓥峰化工厂负责人向95985部队紧急求援。95985部队立即决定将此任务赋予有“常胜模范连”荣誉称号的1营3连。3连迅速研究制订救援方案，并成立65人突击队。突击队员携带防护器材飞奔至蓥峰化工厂（见图233）。全队迅速通过已倒塌的围墙，直接奔向液氨储存罐所在的位置。烟雾中，6个1000立方米的液氨储存罐高低错落着夹杂在整个向南倾倒的双层厂房中，长达20余米的混凝土横梁断为三截悬在空中，钢筋支架也严重扭曲。刺鼻的白色烟雾不断从裂缝处“嗤嗤”冒出。连长单伟决定迅速查明泄漏点，尽快制止泄漏。很快，战士王飞发现一处由于管道破裂造成的泄漏，指导员指挥人员进行抢修。紧接着又发现两处阀门损坏造成的泄漏，队员们用带着防护手套的双手堵住泄漏处。一双手堵不住了，就又上来一双手；再堵不住了，他们就用身体堵。车间温度达到30摄氏度，汗水早已湿透官兵衣服，再加上队员们穿戴防护服，呼吸非常困难。经过两个多小时的紧张抢修，突击队终于堵住泄漏的氨气罐。然而硫酸、氯化钾反应车间依然猛烈喷射着有毒气体，突击队员顾不上休息，又投入到另一场战斗中。通往硫酸、氯化钾反应车间道路两旁的厂房严重倒塌，数百袋硫黄散撒在车间，厂区弥漫着浓浓的烟雾，虽身着防护服，队员们仍感觉咽喉疼痛，呼吸困难；赶到硫酸、氯化钾反应车间后，发现整个反应车间连同反应罐倒向西侧，而西侧又并立着3个1000立方米的盐酸储存罐，如果反应车间倒塌，很有可能压向盐酸罐，由此造成连锁反应，3个盐酸罐也是岌岌可危，如不及时排险，一旦大量泄漏，后果更不堪设想。队员们紧急抢运来近百袋生石灰，虽然肩上磨破的皮肤一碰到编织袋里渗出来的石灰就痛得钻心，但他们硬是咬着牙对所有罐体的漏缝进行堵塞密合，直至封堵任务全部完成。

图233　5月15日，95985部队作战前简要动员部署后进入什邡市蓥峰化工厂厂区排险

（空军　提供）

5月16日13时50分，95985部队再次接到地方政府的紧急求助电话：“蓥华镇蓥峰化工厂因余震再次发生氨气泄漏，请速派部队救援。”部队领导迅速将任务下达给2营4连。4连在5分钟内携带防毒面具、毛巾、铁锹等用具出发，20分钟后跑步赶到蓥峰化工厂。此时，大量氨气已

在氨气罐周围约100平方米范围内形成一团白雾，周围弥漫着刺鼻的气味，并且范围在继续扩大。连长当即决定分为3个战斗小组，人人带上防毒面具，从不同方向进行摸排。任务划分后，干部、党员、骨干率先冲进车间，找到多个氨气罐的泄漏源头，排长施川迅速组织战士堵漏。他们冒着生命危险，争分夺秒进行抢修，经过一小时的处理，减缓了氨气泄漏，战士们却不同程度地出现恶心、头晕等不良反应。此时，专业人员赶到，官兵在专家指导下坚持战斗，终于彻底堵住氨气泄漏，杜绝了更大事故发生。

蓥峰实业有限公司位于什邡市蓥华镇，为什邡市经济支柱企业，其下属复合肥厂常年储有大量的液氨、盐酸、硫酸等强腐蚀性化工原料。地震发生后，复合肥厂厂房和生产设备受损严重，液氨、盐酸存储设备多处泄漏，大量有毒有害化学物质泄漏，致使厂区内烟气弥漫，气味刺鼻，下风方向数公里外人员无法正常呼吸，厂区附近未及时撤离的群众出现皮肤干燥、瘙痒、发红及咳嗽、气短和哮喘等敏感症状。据厂方相关负责人介绍，震后至5月16日晨，厂区内有毒有害化学物质已持续泄漏4天，其主要泄漏化学物质为液氨和浓度为31%的浓盐酸。更可怕的是，若对液氨存储容器泄漏点处理不当则会引起爆炸，后果不堪设想。液氨挥发后会与空气中的水蒸气结合生成氨水及氨的化合物，人员吸入后会对鼻、喉和肺产生强烈刺激引起咳嗽、气短和哮喘等，严重时可引发喉头水肿或肺水肿死亡；氨水溅入眼内，可造成严重损害，甚至导致失明，皮肤接触可致灼伤；盐酸蒸汽或烟雾也会对人的眼睛、口腔黏膜、气管、皮肤造成伤害，特别是对环境造成严重污染。

5月16日8时，根据95829部队抗震救灾指挥部命令，防化处处长赵先华带领直属防化连40名官兵，携带空气呼吸器4部、手持式化学探测器2部、毒剂报警器2部、隔绝式防护器材41套、标示带及相关化学救援装备器材60部（件、套），紧急赶往蓥峰实业有限公司复合肥厂。在距厂区一公里处，手持式化学探测器即发出急促的声光警报，说明厂区内有毒有害气体浓度特别高。进入厂区后，赵先华和官兵不顾个人安危，迅速深入厂区勘察泄漏情况，发现3个贮存量为700立方米的盐酸罐发生泄漏，一个罐体有明显倾斜，两个罐体的顶部被震掉。为了找到泄漏点，侦察小组攀上绕梯查看，其间发生余震两次，罐体发生摇晃，在十分危急的情况下，侦察小组坚持继续查探，最终查明盐酸罐4个泄漏点的具体位置；另有3个位于厂房二层的液氨反应炉，因地震导致楼体倾斜，管路及阀门损坏，最终查明液氨反应炉有3个泄漏点。情况查明后，将防化连40人编为6个小组，在赵先华的指挥下，3个小组20人由防化连连长李军带队，首先对氨气泄漏点堵漏。由于泄漏点在厂房的第二层，因此确定先由连长李军带两名战士携带空气呼吸器由管道攀爬至第二层，将脱落的阀门关闭，将破损的管道用编织袋进行捆绑。10时20分左右，成功地对氨气泄漏点实施堵漏，随后采用生石灰中和法对泄漏物质进行中和处理。12时10分，另外3个小组20人用生石灰对4个盐酸泄漏点实施堵漏处理，共使用生石灰2.5吨。14时45分，部队圆满完成对3个液氨泄漏点、4个盐酸泄漏点的堵漏任务。16—27日，防化连还对蓥峰实业有限公司复合肥厂3200立方米盐酸污染池、3500立方米硫酸污染池进行中和处理，共使用生石灰655吨；协助厂方转运液氨470吨、盐酸950吨，抢运硫黄等化工原料98吨、成品化肥300余吨。

抢险期间，部队官兵均需在全身防护状态下执行任务，每日工作超过12小时。全体官兵发扬特别能吃苦、特别能战斗、特别能奉献的战斗精神，持续作战，将危险化学品泄漏降到最低限度，防止更严重次生灾害的发生。总参谋长陈炳德批示，95829部队“科学使用防化专业兵种，对蓥华磷氨厂泄漏险情进行了排除，取得了成功，应予以表彰”。在蓥峰实业有限公司有毒化油品泄漏抢险中，乐山陆军预备役步兵旅出动的第1、2、3营和警调连380名官兵也赶赴现场，冒着余震不断的危险投入排险工作，直至彻底排除险情。

封堵北川化工厂氯气罐 5月19日晨，距北川县城20公里处的一座垮塌化工厂内的氯气储存罐发生泄漏，含有大量有毒气体的浓浓烟雾随风飘散，严重威胁着周边群众和抢险救灾部队官兵的生命安全。7时50分，77221部队官兵紧急投入到处理氯气泄漏抢险工作中。部队长谢志荣带领侦察组冲进垮塌的工厂废墟中察看现场情况，发现3个氯气罐中有2个正冒着浓烟。判明情况后，谢志荣迅速召集救援人员研究救援方案，决定组成3个组，侦察组对化工厂周边地域和水源进行侦检化验，巡测组对下风向200米处的空气进行监测，堵漏组迅速对泄漏氯气罐体实施封堵。8时5分，抢险工作有序展开，4辆喷洒车同时向垮塌的车间喷水，4条水柱形成一道水幕，防止浓烟飘散，同时给氯气罐体降温。官兵身穿防化服戴着防毒面具，不顾氯气罐体随时爆炸的危险展开作业。8时48分，氯气罐被成功封堵，随后官兵又对周围地域进行化学洗消。

三　销毁转移危险化学品

销毁转移实验室试剂化学品 地震使灾区学校、医疗卫生机构及化工企业损毁严重，其日常用于实验、医疗或生产的大量危险化学品残存在损毁危房或倒塌建筑废墟内，一旦发生泄漏，将会严重污染环境，危及人民群众健康及生命安全。

5月15日12时30分，77221部队参谋长浦绍兵带领侦测连16名官兵，携带化验箱和全身防护器材、正压式空气呼吸器等装备，前往阿坝师范高等专科学校执行实验室化学药品搜寻销毁任务。13时30分，根据现地侦察及学校负责人情况介绍，化验室所在教学楼已部分坍塌，排险危险性大，不确定因素多。浦绍兵将救援人员分为排查搜寻、转移运送、检测化验、销毁处理4个小组，首先由排查搜寻及转移运送小组进入实验楼，逐个房间、逐个角落搜排化学药品，并将搜排到的药品迅速送交分析化验组。分析化验组根据标签及外包装说明按其酸碱性及物化性进行分类，对标签脱落或注记不清的药品立即进行分析检验，区分类别后再进行归类；销毁处理小组选择远离水源、居民区的适当位置，对其中的强酸强碱化学品采取酸碱性中和的方式销毁，对有机化学物采取焚烧的方式销毁，销毁药品共计80余升，主要有高浓度的盐酸、氢氧化钠、乙酸乙酯、硝酸、氨水、无水乙醇、三氯甲烷、苯、冰乙酸、丙三醇等，最后对作业现场进行消毒处理。至18时，部队圆满地完成了任务。17日，77221部队再次派出10名骨干力量，携带化验箱、全身防护器材、正压式空气呼吸器等装备，前往理县人民医院起获销毁医院的硫酸、氢氧化钠等共计约50升的遗存化学品。24日8时，71622部队接到彭州市龙门山镇宝山村新科油化制剂有限公司求助，该公司贮存的价值700余万元的盐酸、硝酸等化学试剂200余吨，地震中被废墟深埋地下，需尽快转移，否则不仅将全部失效，还将严重污染环境。71622部队立即组织步兵4营366名官兵，穿戴防护衣和防毒手套、防毒面具，动用挖掘机、铲车各一台，实施紧急救援。通过现地勘察，将人员划分成观察组、指挥组、挖掘组、转运队等“三组一队”，展开紧张抢运工作，经过近10个小时奋战，成功转移被埋化学试剂。

转移过氧乙酸　5月18日晨，武警达州市支队接到紧急求援，在汶川县漩口镇卫生院门前，有大量高浓度过氧乙酸开始膨胀、泄漏，情况十分危急。8时，支队参谋长刘云率20名官兵不顾连夜奋战的疲劳立即前往排险。小山堆似的过氧乙酸散发出的气味熏得人睁不开眼睛，刺激得鼻子喉咙疼痛。更严重的是，一旦遭到剧烈碰撞，膨胀的高浓度过氧乙酸很可能发生爆炸，液体接触到人体将把人灼伤。面对险情，刘云带领官兵迅速行动，将这堆高危液体成功转移到安全地带，及时化解了险情。

6月14日10时30分，77221部队接到阿坝藏族羌族自治州卫生局请求，在汶川县威州民族师范学校内存放有8吨过氧乙酸的卫生局库房发生泄漏，请求派出专业人员处理。77221部队参谋长浦绍兵带领25人组成的应急分队，出动喷洒车1辆、侦察车1辆，前往应急处理。10时50分，应急分队赶到现场进行勘察，确认8吨过氧乙酸发生泄漏。应急分队迅速实施处置：由应急分队负责警戒，政府、公安部门负责将附近群众转移至安全地域；应急分队利用喷洒车对仓库疑似泄漏区实施喷水降温，防止过氧乙酸发生爆炸；5连连长带领两名技术骨干进入仓库，逐个搬运排查，对泄漏情况进行检查，共发现6桶、每桶25公斤的过氧乙酸泄漏。根据过氧乙酸浓度达到16%时易发生爆炸的性质，作业人员先用水缓慢稀释，后用吸水棉吸收的方式，将泄漏过氧乙酸回收处理。11时30分，泄漏事件处置完毕，累计喷洒清水5吨，回收泄漏过氧乙酸150公斤。

转移、销毁医院危险化学品　6月6日10时35分，77221部队根据地方政府请求，迅速前往北川羌族自治县疾控中心医技大楼，承担起获转移剧毒危险化学品任务。部队长谢志荣带领喷洒车2辆、防化侦察车1辆及车组人员共计15人，在疾控中心检验科科长王萍等协助下赶往现场。北川羌族自治县疾控中心在地震中严重受损，7层大楼大部分坍塌。谢志荣决定带领4名骨干组成精干突击力量，着防化服、戴防毒面具，携扶着王萍，沿着已严重损毁的楼梯残部攀爬楼道，冒着生命危险小心撬开封存危险化学品的防盗门。室内已是一片狼藉，各类试剂瓶碎片、化学品液体撒满一地。经勘察，存放剧毒品的保险柜还未受到损毁。王萍用密码成功打开保险柜，官兵迅速将650余克氰化钾、420余克三氧化二砷接力传递下楼，放入提前装有沙子的密封罐内，并移交给地方有关部门人员安全带走。12日，77221部队应茂县县政府请求，由政治处主任李希敏带领25人、喷洒车1辆、侦察车1辆，将茂县疾控中心仓库内的消毒剂、氧气瓶等危险品转移至安全地点。至13日20时，77221部队共出动人员50人次，搬运过氧乙酸50.5吨、次氧酸钙9.5吨、84消毒液300升、敌敌畏180升，完成危险化学品转移任务。

7月19日7时30分，77221部队应汶川县疾控中心请求，将疾控中心已成危房的仓库内存放的硫代硫酸钠、高锰酸钾、蚁酸、氢氟酸、过氧化氢、过氧化钠、硫酸钾、硫酸汞、硫化钠、红磷、硅胶、异丁醇、甲苯、甲醛、氯酸钠、环已烷硝基苯、亚砷酸钠、重铬酸钾、苯二钾酸氢钾等90余种危险化学品，转移至安全地点。参谋长浦绍兵带领25人、喷洒车1辆、侦察车1辆、运输车1辆前往执行转移销毁任务。8时30分，部队到达现场后，立即向汶川县疾控中心工作人员详细了解具体情况，由侦测连指导员带领5名战士对现地进行认真勘察，决定首先对化学药品实行分类封装，防止运输过程中出现危险化学品泄漏对人体造成危害。化学品运抵预先勘察好的销毁点后，官兵将所有药品实行无害化处理。先在沙地上挖一个直径约3米、深2米的沙坑，然后对有机化学品实施焚烧，在作业人员全身防护的状态下，用4个多小时将所有有机化学品全部处理完毕；对于强酸强碱，作业人员则采用分类中和的方法，在塑料桶内进行酸碱中和；对一些重金属盐实行永久性封装销毁，防止对环境造成污染和对周围居民造成伤害。经6小时奋战，官兵安全地将危险化学品进行了无害化处置。

搜寻转移剧毒化学品 绵竹市汉旺镇天池煤矿储存的剧毒危险化学品被埋在废墟中，急需搜寻挖掘。5月24日，95829部队防化处处长赵先华奉命带领防化连副连长、化验员等5人，携带喷洒车1辆、化验箱1部、防护装备5套，于14时27分赶到天池煤矿，会同先期到达的95942部队防化科科长舒黎阳、防化连连长张险峰，向煤矿负责人和化验室负责人了解情况。该化验室自建厂以来储存有大量强酸强碱、化学试剂，另存有1瓶氰化钾、1袋三氧化二砷、1瓶汞等剧毒危险化学品；地震发生后，化学品容器标签脱落，化学品名称不详，具体数量不明。经现场勘查，化验室所在的3层楼房已全面坍塌，成为一片瓦砾，随处都是人畜粪便，空气中能闻到刺鼻的化学品气味。勘查现场后，部队制订了搜寻挖掘方案。25日9时25分，赵先华率95829部队防化连5人、舒黎阳率95942部队防化连14人携带化验箱、全身防护器材、正压空气呼吸器等装备，与天池煤矿副总经理、化验室负责人一并到达化验室所在地。在危险性大、不确定因素多的情况下，根据坍塌地形划定挖掘范围，抢险人员进行全身防护后进入废墟，在挖掘机配合下进行搜寻和挖掘。全部人员分成搜寻组、化学品转运组和化验组：搜寻组主要负责对废墟中的剧毒危险化学品实施搜寻；化学品转运组主要负责将搜寻出的危险化学品转运至安全地带并负责警戒；化验组主要负责对挖掘搜寻出的疑似氰化钾、三氧化二砷等剧毒危险化学品进行化验分析。作业中，赵先华指挥挖掘机操作轻挖轻放；舒黎阳在挖掘机每挖一铲后立即组织人员进入废墟仔细搜寻，发现有化学品时就及时取出；化验员马红星对挖掘出的疑似氰化钾、三氧化二砷等剧毒危险化学品进行化验分析。搜寻期间，遭遇强余震。17时40分左右，经8小时艰苦搜寻挖掘，搜寻出疑似氰化钾、三氧化二砷和汞等剧毒危险化学品，马红星经过化验分析，确认一白色塑料瓶中所装物品是氰化钾，一白色塑料袋中所装物品是三氧化二砷，一棕色玻璃瓶中所装物品是汞。18时10分，搜寻、挖掘、确认工作结束，共搜寻挖掘出剧毒危险化学品氰化钾500克、三氧化二砷300克、汞500克，以及其他化学品液体39瓶、固体117瓶，并将挖掘出的危险化学品用袋子装好后移交给天池煤矿和绵竹市安监局、环保局。26日上午，防化连使用喷洒车1台、人员1个车组、消毒剂1个基数，对化验室废墟进行彻底消毒，消除安全隐患。

清理铜砂 5月26日7时，71622部队接彭州市环保局求助，龙门山镇白水河旁一废弃铜矿堆积的大量含铅等多种重金属的铜砂，因地震严重塌方，需及时清理，否则一旦进入河道，将严重污染白水河、新润河等水域。7时15分，71622部队工化营出动官兵246人，动用装载机3台、翻斗车1辆、挖掘机2台，紧急向救援地点机动。经过近9个小时连续作业，紧急清理塌方铜砂3100立方米，避免铜砂流入河流造成污染。

消除漂白粉、优氯净危害 5月29日上午，北川羌族自治县擂鼓镇储存近100吨漂白粉、优氯净等消毒剂的露天仓库，因受潮部分发生剧烈反应，顿时仓库内浓烟滚滚，方圆500米范围内街道笼罩在浓烟之中，且范围在迅速扩大，附近群众出现咳嗽、气短和哮喘等症状，并有人员中毒晕倒。9时50分，77221部队部队长谢志荣带领2营4连30人携带全身防护器材及防化、运输和指挥车6辆（喷洒车4辆、运输车1辆、指挥车1辆）、隔绝式空气呼吸器10套，到达事故地点紧急救援。10分钟后，77221部队副参谋长令狐已家带主力部队150人、喷洒车12辆、运输车3辆、指挥车1辆，携带全身防护器材及部分作业工具，也到达现场参加救援行动。经现场勘察，反应燃烧最为剧烈的点位是一间不足30平方米的库房，其中存放着近3吨袋装消毒剂漂白粉及优氯净。根据现场情况，经综合分析考虑，谢志荣当即确定，首先由2营4连10名官兵着隔绝式防护服，背负空气呼吸机，冒着危险深入库房内，迅速将反应燃烧堆进行区分、隔离，搬运出未遇水反应燃烧消毒剂100余袋。随后，由赶到的后续主力部队进行全身防护，分成3个小组，每组集中喷洒车4辆，集中水柱对室内消毒剂反应燃烧产生的有毒气体进行快速水溶沉降，同时对消毒剂进行稀释、降温、溶解（见图234）。经过全体官兵两个小时的全力奋战，于12时30分将险情排除。此次救援行动，搬运转移袋装优氯净、漂白粉等消毒剂100余袋，并现场发给参加抢险救援的友邻单位15套个人防护器材。30日12时25分，77221部队接到抗震救灾指挥部命令，前往北川羌族治县擂鼓镇抗震救灾办公室转运处理约20吨因雨水渗漏受潮引起化学反应的漂白粉、优氯净等。77221部队出动2营4连及其他分队部分官兵共82人、各型车5辆（指挥车1辆、运输车2辆、喷洒车2辆），携带个人防护器材82套及隔绝式空气呼吸机4套，由副政委徐礼兵、副参谋长令狐已家带队前往执行救援任务。13时40分，77221部队再次接到命令，要求转移处理任家坪地域另一库存点30余吨因受潮发生化学反应的漂白粉、优氯净消毒剂。77221部队再次出动防化1营、直属分队共140人、各型车15辆（喷洒车7辆、

图234　5月29日，77221部队官兵排除北川羌族自治县擂鼓镇露天仓库化学品燃烧险情

（成都军区　提供）

运输车6辆、指挥车2辆)，携带个人防护器材140套及隔绝式空气呼吸机6套，由部队长谢志荣带领前往执行救援任务。官兵们分别将20吨漂白粉、优氯净等消毒剂，全部转运至新的库房安全存放；将任家坪的30吨漂白粉、优氯净消毒剂转运至附近地域，并完成消除危害处置。

在紧急处理擂鼓镇露天仓库存放消毒剂的应急抢险中，武警绵阳市支队副支队长王千军带领60名官兵紧急赶赴现场，分成3个组参加抢险：一组由警通中队中队长惠斌带20名官兵负责转运物资，二组由一中队中队长杨雪春带领20名官兵设立警戒，掩盖发烟物，开挖隔离带，三组由20名战士负责疏散周围群众。官兵们不顾个人安危快速搬运，将20余袋冒烟的二氯乙氰尿酸钠全部转移到安全地带，交由77221部队处理；同时，疏散组及时将周围1000多名受灾群众全部转移到安全地带。同日，武警凉山彝族自治州支队政治部副主任王大杰也率领100名官兵，参加了擂鼓镇一化工厂转运有毒化学品的救援行动，搬运、转移二氯乙氰尿酸钠20吨。官兵在搬运、转移的过程中，注意加强自我保护，无一产生不良反应，按时完成了任务。

第二节　处理易燃易爆危险品

汶川特大地震发生后，一些易燃易爆物品生产、贮存设施受到损毁，部分易燃易爆物品被埋在废墟之中。在余震频发和恶劣天气等环境条件下，一旦引发爆炸或燃烧，将会造成更为严重的后果。灾区各级党委、政府及抗震救灾部队，把转移处置易燃易爆物品作为一项特殊而紧迫的任务，迅速组织力量，慎重周密决策，及时排除隐患，避免灾情进一步扩大。

一　处置爆炸器材

守护炸药库　震后的绵竹市汉旺镇白溪口村成为一座“孤岛”，通信、电力中断，交通道路瘫痪。绵竹市盾安兴远特种化工有限公司30余吨炸药还存放在村里，一旦发生爆炸，对汉旺镇及绵竹地区将造成巨大灾难。炸药库仅有3名保安坚守待援。5月18日，77223部队受领守卫炸药库任务，警卫侦察连13名官兵写下遗书，背负5天的食品、药品和饮用水向白溪口村挺进。由于山体滑坡，唯一通往炸药库的道路被泥石覆盖，13名官兵只得攀岩上山。行至半山腰，头顶上突然传来一阵巨响，副连长成诗平高声呼喊：“塌方了！”官兵迅速靠近崖壁一侧卧倒，紧接着，一块块巨石夹杂着泥土铺天盖地倾泻而下，从队员身旁擦过。20分钟后，大山恢复宁静，官兵继续前进，15公里路程避过3次塌方。救援队员艰难地到达炸药库后，只见炸药库已经倒塌，30余吨炸药散落一地，严重开裂的墙体孑然耸立；坚守弹药库的3名保安已经三天三夜粒米未进。简单了解情况后，成诗平随即制订详细警卫计划，在距炸药库200米远的4个方向设置观察哨，实施定点警戒；在炸药库周围设置两组游动哨，进行昼夜巡逻。同时，官兵把炸药整理好搬运到安全的库房。5天过去后，官兵携带的干粮已经吃完。此时，指挥部通过“北斗一号”发来短信：

受余震影响，山体塌方，物资给养无法到位，就是吃草根树皮，也要坚持下去！13名官兵定下决心，以露水解渴，以野菜充饥，一分一秒也不离开自己的岗位。24日23时，寒气袭人，班长毕丽学正趴在一棵大树下警戒，突然发现正前方100米处有5个人影在晃动。毕丽学判断是不法分子企图抢劫炸药，立即用“北斗一号”将情况报告成诗平。5名不法分子离炸药库越来越近，8名官兵手持防暴棍迅速将5名不法分子团团围住。不法分子挥舞着手中利刃，疯狂叫喊着扑向官兵。一级士官林剑侧身一躲，飞起一脚踢落一名不法分子手中的砍刀，官兵们随即将5人全部制服。搏斗中，一名战士负伤。29日，守卫炸药库任务完成。

销毁与转移雷管、炸药　地震使绵竹市汉旺镇天池煤矿7号井炸药库房墙体严重受损，稍有余震就可能垮塌，库房内囤积着大量炸药、雷管等实爆品，若不及时处理，将危及周边群众生命安全。5月16日，95942部队工兵连连长韩国荣带领地爆分队人员奉命前往天池煤矿7号井，搜寻并销毁囤积的炸药、雷管等实爆品。煤矿炸药库房位于山脚下，库房西侧山体滑坡严重，进出道路已被土石压埋，库房墙体严重受损，部分炸药火具散落在外，若有余震发生，库房随时可能坍塌，将会造成更大危险和损失。因保管人员在地震中不幸遇难，库房内尚有部分雷管无法确定具体位置，给搜寻工作造成很大困难。韩国荣迅速召集地爆分队人员，分析现场情况，确定执行任务方案。因山体松动，为防止销毁作业造成山体塌方等次生灾害，决定对炸药采取水浸失效的方法处理，对导火索采取燃烧法处理，对雷管采取分批多次爆破的方法处理，并提出作业要求。根据任务特点，地爆分队人员编为场地设置组、搬运组、销毁组，并指派观察员，观察矿井周围情况，防止因余震发生而带来不可预测的危险。因炸药库受损严重，将炸药、火具从库内转移难度较大，为确保作业人员安全，首先利用周围的木板对库房进行简易加固，再由地爆排排长刘昊带领两名专业技术骨干进入库房，将炸药上积压的废墟清理掉，将炸药化整为零转移到库房外安全地带。据煤矿负责人介绍，在炸药库旁边严重受损的库房内还有雷管2万余枚。刘昊立即组织人员消除身上静电，进入破损库房，将散落的雷管一枚枚装入箱中，再整箱搬出库房。经两个小时搜寻搬运，工兵连成功将炸药、雷管、导火索等实爆品背出矿井，并全部予以销毁，合计销毁炸药2吨多、雷管2万余枚、导火索3.5万米。

5月16日，汶川县抗震救灾临时指挥部得知威州镇七盘沟民爆公司仓库已成危房，仓库内存有大量炸药、雷管，严重危及周边居民的生命财产安全。正在指挥部担负警戒任务的汶川县武警中队指导员王庆丰主动请战，带领4名战士，冒着余震飞石危险，赶赴13公里外的七盘沟民爆公司危房仓库，将400余公斤炸药、1000余枚雷管安全转移至威州镇派出所，并坚持守护5天，保证爆炸物安全。同日，77293部队1营接到求援，平武锰业集团下属有两个炸药仓库，一个靠近石坎子小学教学楼和平武锰业集团劳保财务室，另一个靠近石坎子中学学生宿舍楼和平武锰业集团周转资金储备室；两个炸药库内存放有1735枚电雷管、2500余枚火雷管、300余吨炸药，地震时刚好矿工正进行上下班交接，有3吨炸药已启封，雷管已装药，随时都可能爆炸，请求部队救援。救援队队长、77293部队政治处主任姜绍强一边派出工兵，在可能存放炸药的地方进行挖掘和标示，一边紧急疏散群众。当最后一趟引导3名小学生离开时，靠近小学教学楼的雷管发生爆炸。爆炸没有吓倒救援官兵，战士们顺着雷管爆炸炸出的缺口，一路开挖。15时，官兵挖掘到存放现金的保险柜，发现保险柜被挤压在财务室与坍塌的炸药库房墙中间，与雷管炸药搅混在一起，中间的缝隙只能容一人爬入，稍有不慎就会将火雷管引爆。一支由38人组成的"党员敢死队"冒险展开作业，高温和紧张施工使他们汗流浃背，但他们无暇顾及，全神贯注地将雷管炸药全部抠出。19时，雷管、存放现金的保险柜及8万余元现金被安全取出，排除了险情。

5月17日，位于汶川县龙溪乡阿尔村的龙和矿业有限公司炸药仓库旁山体滑坡，仓库内有2.5吨炸药、2388枚雷管和4000米导火索，随时可能因撞击发生爆炸，严重威胁着当地1000余村民生命财产安全，且无人看管仓库。武警8740部队工化营教导员郭锐带领20余名官兵，在余震和飞石中经过4小时强行军赶到事发地。官兵顾不上休息，迅速进行现场勘察，研究处置方案，同时派出警戒，疏散群众，控制现场，然后肩挑背扛雷管炸药，沿着雨后泥泞小道往返3趟，行程近6公里，经过6小时连续奋战，安全转移危险品。彻底消除安全隐患。同日，武警8741部队1连50余名官兵奉命转移汶川县克枯乡古城电站炸药。5吨多炸药位于半山腰上，一旦因山石撞击发生爆炸，将对电站形成严重威胁。在震后无路可行的情况下，官兵手脚并用攀爬而上，下山时把背包绳连起来捆在腰间，每人扛着20余公斤重的炸药包，一步一步往下挪。经7小时4趟往返，将炸药安全转移。

5月22日下午，国防科工局接到四川省国防科工办紧急报告，绵竹市武都四方村的一民爆仓库中20多吨炸药即将处于无人值守状态，造成较大安全隐患。原来，地震发生后，国防科工局紧急下发通知，要求四川省国防科工办组织做好民爆仓库的保卫和受损仓库产品的转移工作。四川省国防科工办报省抗震救灾指挥部，请求派出解放军、武警、公安人员加强民爆仓库的守卫，并组织对受损的北川、汶川民爆仓库内的产品和绵竹兴远特种化工公司生产厂区内的部分产品和450吨硝酸铵实施安全转移。但兴远特种化工公司在四方村的总库因地震造成交通、电力、通信中断，因该地属人员疏散地区，居民已全部撤出，故该地区的道路不再修复，负责守卫总库人员也准备撤离，因此库存的20余吨炸药将无人值守。当日17时，为确保库存炸药安全，防止民爆物品流失，国防科工局采取紧急措施，协调守卫部队暂缓撤离，协调四川省国防科工办抓紧制订销毁炸药的方案，并请当地部队协助运送专业技术人员、专用器材，协助完成炸药销毁任务。23日，国防科工局立即启动专家保障机制，成立由兵器工业安全技术研究所为牵头单位，南京理工大学、石家庄成功机电有限公司等单位共同组成的专家组，对销毁方案进行会商。专家组通过卫星电话向守库部队了解总库周边环境后，最终确定化学溶解的销毁方案。26日，兴远特种化工公司组成20余人的工作组，在部队官兵协助下，携带工具、药剂进入位于四方村的库区执行现场指导。现场工作人员连续作业，分3批将炸药销毁。至29日，28.25吨炸药全部被销毁，隐患得以彻底消除。

汶川县漩口镇东部半山腰有一个矿山炸药库，存有1500公斤炸药和1.5万余枚雷管，由于厂房受损，山上石头滚落，极有可能造成库房垮塌，发生爆炸，威胁到附近100余户居民安全。5月22日，71332部队接到群众求助后，政委刘成立、参谋长索博平立即组织200余名官兵直奔现场，发现炸药库库房已被地震部分震塌，里面堆满爆炸物品，险情十分严峻。刘成立立即组织拟制行动方案，明确任务分工，历经4小时紧张搬运，将炸药和雷管安全转移。威州镇七盘沟炸药仓库在地震中遭受严重损坏，6块滚石击穿房顶，一块重约3000公斤的石头落下后紧靠在雷管垛边，一旦发生余震极易引起爆炸，直接威胁附近近万名群众的生命财产安全。24日2时3分，应阿坝藏族羌族自治州政府紧急求援，71282部队受领七盘沟炸药仓库转运排险任务。3时30分，71282部队副部队长闫玉川与汶川县防爆大队长、民爆公司负责人一同赶往七盘沟炸药仓库现场勘察库区，决定由71117部队派出80人警戒分队，对库区实行封锁。7时20分，71282部队工兵营地爆分队12名官兵，在副营长张晓辉带领下从都江堰乘直升机赶赴汶川，对炸药仓库实施点验，确定仓库实际存有硝铵炸药52吨、导爆索36万米、导火索3万米和雷管11万枚。经研究论证，部队决定以工兵营为技术主体，联合地方专业力量，采取分批分类转移与现地引爆销毁相结合的方法，彻底消除炸药仓库潜在威胁。25日6时30分，部队到达七盘沟炸药仓库，运输组立即展开装载，并于10时30分装载完毕后出发。运输途中，抢险人员经过长约20公里的危险路段，3次被堵，2次遭遇较大险情，其中一次尾车通过3秒后大面积滚石落下；14时30分，运输车辆全部到达茂县炸药仓库。至28日17时，七盘沟炸药仓库转运排险任务全部完成。

5月31日，95936部队防空营“进村入户”搜寻地震失踪人员时，当地村民和矿主反映，位于清泉村的白云山发春、天益煤矿有大量雷管、炸药等危险品，且无人看管，随时都有丢失被盗的危险。防空营迅速上报95936部队指挥组。指挥组连夜制订搜寻处理方案，并指示防空营成立80人突击队，下辖指挥组、先遣组、搜救组、安全警戒组、物资运输组、医疗救护组执行搜寻与转移任务。6月1日8时25分，在部队长谢圣松、副部队长翟少军带领下，各小组携带救援工具，以摩托化机动方式挺进白云山。13时10分，搜寻人员开始对矿区每一处厂房、仓库、作业区进行排查。经查，发春煤矿存放2号氨松腊炸药840公斤、电雷管1800枚，仓库完好，看守人员已撤离；天益煤矿存放炸药1882公斤，仓库严重受损，墙壁裂缝达3厘米，随时有倒塌的危险。考虑到引爆销毁炸药和雷管可能引发山体滑坡，危及救援人员安全，部队决定对发春煤矿35箱炸药进行转库封存，1800枚雷管作深埋处理；对天益煤矿78箱9620余筒炸药进行抛撒销毁。经过3个多小时的努力，部队完成对两个煤矿雷管炸药的搜寻处理任务。此次行动，部队共出动兵力100人，行程40余公里，销毁、处理炸药2.7吨、雷管1800枚，为驻地排除两处重大隐患。

6月4日5时，正在茂县雅都乡执行抗震救灾任务的71998部队营教导员李军，接到雅都乡党委书记赵小强求助电话：暴雨使雅都乡大寨村党支部书记王天才家房屋倒塌，大寨村准备炸山修路的14箱336公斤炸药、2箱导火索（约2000米）被深埋，随时有可能爆炸，65户226名居民面临严重威胁，需紧急挖掘转移。71998部队决定由李军带领炮兵连45名官兵赶往目的地排险。7时50分，李军查看炸药被埋情况后，现场决定成立观察警戒、危房拆除、炸药搜排、搬运转移等4个小组。40分钟后，官兵与群众协调配合，3处危墙被拆除。9时45分，官兵用手将埋压在炸药上的石块、木头小心清除。在清理废墟中，有两块水泥板压住炸药，官兵利用切割机分块切割，然后两人一组，用绳抬、棍撬等方法，将两块水泥板移除。10时30分，李军带炸药搜排小组15人，由上至下、由外向内全面搜排。11时40分，官兵采用背、抬、搬等方法，将14箱336公斤炸药和2箱导火索安全转移至一公里外的指定地域。

处置民兵装备弹药 受地震影响，文县人武部民兵武器装备仓库严重受损，620箱弹药散落移位，存在严重安全隐患。5月12日15时30分，文县人武部出动民兵应急分队90人，对武器弹药进行整理，并用铁丝加固，对受损武器库房屋顶采取防雨措施，及时消除安全隐患。地震造成西和县民兵武器装备仓库库房墙体出现严重裂缝，存放在库房内的35吨弹药受到严重威胁。13日，在西和县人武部部长张清明、政委黄晓成的带领下，全体干部职工连续奋战10多个小时，将35吨弹药转移至安全地带。

地震造成汉中军分区民兵武器装备仓库3号库2垛82迫击炮弹突然倒垛，8垛其他弹药出现不同程度倾斜。为排除安全隐患，军分区参谋长符忠勇带领武器库干部、战士、职工对炮弹箱重新分类堆垛，对倾斜弹药堆垛采取木板支撑的办法逐一进行加固，并加强动态监控，确保万无一失。

5月27日，宝鸡市陈仓区人武部接到宝鸡军分区关于将武器弹药进行安全转移的命令后，制订详细的转移方案，出动5辆运输车辆，协调公安、武警等20名警力，组织民兵对处于险境的民兵武器弹药实施转移。经过周密的组织实施，公安、武警和民兵共同将50吨弹药安全转移至军分区武器库。

江油市人武部民兵武器装备仓库在地震中受损，因余震不断，随时会有房屋垮塌而发生爆炸危险。6月13日，77225部队炮兵营出动官兵23人、运输车6辆，在营长樊治云带领下，协助江油市人武部转移武器弹药。官兵冒着余震房屋坍塌的危险，在指挥员和军械人员组织下，将枪支弹药搬运到车上，并安全转运至绵阳军分区军械仓库。

二　处置气罐、瓦斯和酒罐

清理转移埋压液化气罐　5月17日10时，71426部队指挥2连在清理平武县平通镇废墟时，发现一个已经倒塌的液化气店铺内弥漫着刺鼻的瓦斯气味。镇干部介绍，那里压埋着20多个液化气罐，受余震影响，可能已发生泄漏。指挥2连气象站站长朱胜利带领一个10人突击队，担负液化气罐排险清理工作。10时40分，在安全转移周围群众后，救援人员戴上防毒面具进入废墟中。为避免挖掘工具碰出火花，引燃液化气发生爆炸，救援人员轮流用手一点一点将碎石往外抠。为加快进程，朱胜利脱下迷彩服，将清理出来的碎石包着往外送。3个小时后，终于打开一个仅能容一个人爬着进去的入口。朱胜利钻进去，借着微弱的光线，找到液化气罐，逐一进行检查，除两罐开关被震开外，其余均完好。他首先拧上开关，然后抱着液化气罐一个一个往外送。一小时后，20多瓶液化气罐全部被安全转移。

地震使什邡市蓥华镇仁和村村部一液化气站楼房倒塌，大量液化气罐被埋在废墟底下，不断有气体异味飘散出来，给周围群众造成威胁。5月19日11时，95985部队2营4连在连长张晓刚的带领下，70余名官兵火速奔赴现场。在重型机械配合下，战士们用小铁锹刨挖。随着越挖越深，煤气味越来越重，为防止工具撞击产生火花引发爆炸，战士们就用手刨，手套磨破，手指也磨出血泡。经过两个多小时艰苦奋战，终于将18个液化气罐挖出，并迅速转移到安全地点。

地震发生后，彭州市顺昌石油液化气公司龙门山换气站被埋在废墟中，如不及时对废墟中的液化气罐进行清理，将给周围群众带来很大威胁。5月23日17时30分，71622部队工化营

图235　5月23日，71622部队官兵在彭州市龙门山镇清理液化气罐
（济南军区　提供）

应龙门山镇政府请求，迅速组织人员前往清理挖掘，经过一个多小时奋战，挖出25个液化气罐（见图235）。

6月17日18时40分，安县永安镇受灾群众救助站冒出滚滚浓烟，救助站存放有8个50升、9个20升液化气罐的厨房突然失火，火借风势，越燃越大，直接威胁到群众的生命财产安全。63831部队立即调集84名官兵、3台消防车组成应急抢险分队赶赴现场。现场一个50升的液化气罐已开始喷射火苗，一旦爆炸，将直接威胁救助站340多名受灾群众的人身和财产安全。63831部队10余名官兵冒险冲进火场，及时抢救出17个液化气罐，其中已有3个50升、4个20升的液化气罐出现泄漏。危急时刻，官兵抱着高温罐子跳进消防池为罐体降温。一个多小时后，火情被完全控制，液化气罐因抢救及时没有发生爆炸，避免了重大事故。

清理转移乙炔气罐　5月17日13时，武警甘肃省总队第三支队地震灾害紧急救援队，接到青川县沙州片区救灾指挥部通报，沙州镇白云街一家经营氧气和乙炔气体的3层楼房倒塌后，41罐易燃易爆气体被压在废墟中，随时有爆炸危险。得知险情后，甘肃省地震局副局长周志宇和武警甘肃省总队副参谋长王继亮、第三支队支队长陈小平带领破拆组、排爆组25名队员火速赶到现场。气罐被压在水泥楼板下面，坍塌的楼板和两面墙体相互支撑。移动压在气罐上的楼板，就可能导致墙体倒塌，砸向气罐，引起爆炸。判明情况后，王继亮迅速组织队员利用液压千斤顶支撑墙体，小心清理碎石砖块。移出两块预制板后，中队长张小平发现后墙角有一个口子可以进入，便爬了进去，想通过这个口子取出气罐。就在这时余震发生，一块楼板摇摇欲坠，一班长王斌磊见此情形迅速将张小平拽出。余震把唯一的口子堵死，官兵只得用切割器、液压剪切割楼板再次打开入口。为防止切割产生高温引发爆炸，官兵采取边切割边浇水冷却的方法，经过8个小时奋战，将41个装满氧气、乙炔和液化气的罐子安全转移，险情被排除。（参见图236）

5月19日，71282部队接到都江堰市抗震救灾指挥部求助，称在市郊都江村发现一个储存乙炔罐和氧气罐化学品的仓库，在地震中内墙倒塌，一旦发生爆炸，后果不堪设想。闻讯后，71282

图236　5月17日，武警甘肃省总队第三支队地震灾害紧急救援队员在青川县沙州镇转移乙炔罐
（武警部队　提供）

部队副参谋长王学兵带领工兵营20名官兵赶往现场，采取分类搬运、全程监控方式，经一个多小时的努力，成功将2车乙炔罐和3车氧气罐转运到侨援汽修厂。

排除煤矿瓦斯泄漏险情　5月25日20时20分，71897部队接到彭州市白鹿镇社区村民的紧急求助，当地一座煤矿由于地震造成地表破损，引起瓦斯泄漏并出现明火，如不及时排除，将产生严重后果。71897部队紧急抽调工化营76名官兵赶到现场，边派出警戒疏散群众，边组织勘察，进行排险。在地方专家指导下，官兵先使用树枝、灭火器将明火扑灭，而后利用气泵抽取泄漏的瓦斯。23时40分，官兵们经过3个小时紧张作业，将瓦斯泄漏险情全部排除，确保了当地村民安全。

转移剑南春酒厂酒罐　剑南春酒业集团是享誉国内外的大型酒类生产、加工企业。地震发生后，坐落在绵竹市区的剑南春酒厂主产区近15万平方米的成品酒库房成为危房，内存的29万件、合计34.5万公斤、价值数亿元的成品酒，加上每栋房上存放着3个50吨重的成品酒罐，一旦余震造成危房倒塌、酒水泄漏着火爆炸，不仅会给酒厂造成巨大经济损失，而且将对绵竹市15万灾区群众造成严重威胁。由于厂区内房屋、设备严重受损，泄漏、外溢的酒精气体充斥厂区，甚至在厂区外一公里范围内均可闻到，爆燃等因素日益成为次生灾害隐患。5月21—26日，77223部队先后出动211人、运输车36辆，抢运1200余人次、700余台次，累计行程4万余公里，成功将29万件成品酒和3个50吨成品酒罐转运至30公里外的德阳市剑南春分厂酒品仓库。

三　销毁转移电石

5月18日11时30分，两辆满载60吨电石（即碳化钙，遇水激烈分解产生乙炔气体，并释放出大量热量，乙炔气体遇火极易发生爆炸）的卡车在汶川县银杏乡兴文坪村西南侧公路被困，卡车东侧30米处有一座储油量40余吨的加油站，向北40米公路沿线有一处灾区群众安置点。暴雨将至，两车电石严重威胁着周围群众的生命安全。71702部队部队长刘豫闻讯后带领25名官兵奔赴现场。11 时 40 分，在当地政府配合下，组织附近灾区群众紧急疏散，官兵利用加湿被褥、衣物等就便器材对加油站等重要设施进行防护，防止意外爆炸引起更大损失。12 时，部队对电石进行销毁。由于电石刺激性大，刘豫指挥官兵采取分组交替实施的方式，将部队分为 3 组，一组负责将电石敲碎并清理下车，另外两组负责装袋搬运进行销毁，每 20 分钟进行一次调整。历时 8 个小时，将 60 余吨电石全部销毁，消除了安全隐患。

5 月 22 日，汶川县桃关工业园区顺发电冶厂向 71332 部队求助，由于近日大雨将至，该厂露天存放的 50 余万公斤电石成为一枚定时炸弹，若电石遇水爆炸，将危及附近 700 余人生命安全；有毒物质流入岷江，将会对江水造成重大污染，后果不堪设想。71332 部队部队长黄长清立即组织 200 名官兵赶赴顺发电冶厂，冒着余震频发、厂房严重受损、房顶摇摇欲坠的危险抢运物资，经过 24 个小时的连续奋战，将 50 余万公斤电石安全转移，及时消除安全隐患。

第三节　拆除危险建筑

汶川特大地震发生后，有的房屋建筑全部倒塌，成为废墟；有的部分倒塌，形成断壁残垣；有的虽未倒塌，但已开裂错位，千疮百孔，摇摇欲坠，形成危险建筑。在余震频繁发生、面临夏季多雨的环境条件下，危险建筑成为威胁灾区人民群众生命财产安全的重大隐患。参加抗震救灾的部队官兵，在抢救人民生命财产、安置受灾群众的同时，帮助灾区各级党委、政府对重点高危建筑实施有序清理、拆除工作。

一　拆除高危水塔、烟囱

地震发生后，极重灾区什邡市多处房屋倒塌，部分房屋和高危建筑受余震影响很容易再次坍塌，特别是水塔、烟囱遭到更为严重的破坏，给当地居民带来巨大威胁。仅什邡市区就有濒危水塔 18 座、烟囱 29 个。任务部队组织专门力量对高危水塔、烟囱进行拆除排除作业，排除隐患，解除民忧。

拆除高危水塔　5 月 20 日 8 时，在当地政府统一协调下，77118 部队爆破组决定对位于四川宏达集团的水塔进行定向爆破。由于水塔正好位于宏达集团质检中心大楼旁，仅有 22 米距离，水塔却有 25 米高，侧面又是工人上班的必经之路，加之水塔主体结构严重损坏，给爆破带来相当大难度。为了提高定向爆破的成功率，爆破组组长胥强冒险带领队员深入到水塔内部，对里面的墙体、水管等进行精确测量，对危塔结构及相关数据进行精细分析，最后决定对水塔进行扩孔爆破。经过 6 小时的前期准备，爆破组对水塔进行了第一次扩孔爆破，在水塔的底部炸出 9 个 4 厘米的药孔。随后，爆破组冒着生命危险再次进入水塔里面，往药孔里装药。14 时 15 分，水塔按照预定方案被成功爆破。宏达集团的一名职工激动地说："炸掉了水塔，心中悬着的一块石头终于落了地。”27日，77118部队又分别在什邡市区和师古镇爆破拆除40米高的水塔各一座。

5月30日，南海舰队副司令员苏支前带领前指有关人员赴绵竹市东北镇人民公园，现场组织指挥拆除高15米、濒临倒塌的水塔。至此，南海舰队救灾部队已拆除高危水塔97座，及时消除了灾区群众身边的安全隐患。

都江堰市蒲阳镇谭江堰电厂一座高35米的水塔在地震后严重倾斜，水塔系砖混结构，塔壁从上至下呈现0.03米的贯穿裂纹，局部地方已有“S”形裂隙，只要发生较大余震或者大风，随时可能倒塌。厂区内仍有650余人居住，进出厂区都要路过水塔旁，危险性日益增大。6月3日11时，成都军区工程科研设计院抗震救灾爆破救援分队应谭江堰电厂请求，决定对水塔进行定向爆破拆除。队员们用1小时30分钟完成钻孔作业、装填炸药，为防止爆炸溅起的石块伤人，用黏性强的泥巴将炮孔堵上，再在上面盖上6层草帘子。15时30分，爆破队员、工程师沈朝虎按下点火按钮，竖立在电厂职工和周边群众身边的这颗“定时炸弹”终于被成功拆除。从5月20日起，爆破救援分队已对30座高危建筑成功实施爆破拆除。

6月6—20日，95829部队工兵爆破分队分别在什邡市回澜镇、禾丰镇、洛水镇对高危水塔实施爆破拆除。6日，工兵爆破分队爆破回澜镇威德福石化公司水塔。水塔高35米，砖砌结构，位于威德福公司西北距围墙1.2米处，围墙外有高压线，西侧距变压器房仅5米，并有一间控电平房。水塔上体与下体裂缝达0.01米，无法正常使用，处于危险状态。考虑到爆破环境复杂，为保全变压器房和高压线，爆破分队决定采用打孔装药、向南定向爆破的方式实施爆破。装药位置距地高0.5米，每孔装药50克，各个药孔之间用电雷管连接，并用草帘子进行外部遮盖，以减少爆破物向外飞散。16时，实施爆破点火，一次爆破成功，共消耗炸药2.15公斤、电雷管43枚，危塔按设计方向倒塌，误差仅为0.5米，对围墙和变电器房均未造成影响。7日，95829部队工兵爆破分队爆破禾丰镇炼铁厂水塔。该水塔在地震中严重受损，底部离地面2米处形成一道环形裂口，且上下部之间已错位0.03米之多，随时有倒塌的危险。为保护水塔北侧5米处的变压器和东边、南边的围墙，爆破队决定实施爆破，并使水塔向西侧菜地倒塌。方案确定后，爆破分队在水塔离地面1.2米的地方进行布孔，孔距0.5米，孔深为水塔墙厚度的一半；打孔3列，每列18个，每个药孔装药50克，共消耗炸药2.7公斤、电雷管54枚。11时35分起爆，水塔成功向西定向倒塌。16日，工兵爆破分队爆破洛水镇大王庙水塔。此水塔是大王庙唯一供水处，地震中结构严重受损，且中部已开裂，上、下部之间出现错位，随时有可能倒塌。水塔周围环境十分复杂，北边1米外紧靠宿舍楼，南边3米外为鱼塘，西侧为寺庙大门，东侧为饭堂。为了保全现有的设施，不再造成二次破坏，爆破队决定设计倒塌方向为西南方向，使倒塌的水塔既不砸到大门，也不倒进鱼塘。8时20分开始作业，共开设药洞36个，使用炸药2.1公斤、电雷管31枚。11时12分实施起爆，水塔按设计方向准确倒塌。18日，工兵爆破分队爆破尚家场社区水塔。水塔高30米，直径约4.5米，水塔底部已震开3道裂缝，且水塔处在居民楼的包围之中。分队官兵在对水塔进行仔细勘察后，决定采用向南侧空地实施定向爆破。爆破分队在水塔外部打孔42个，共设3列，每列间距0.5米；每列14个，孔距0.3米，每孔装填炸药40克，共消耗炸药1.6公斤、电雷管42枚。10时20分，水塔向南侧定向倒塌，一次爆破成功。19日、20日，工兵爆破分队又对洛水镇尚家场灵池村水塔、洛水镇自来水厂高约50米、直径约5米的危险水塔，采用外部打孔作业、电起爆法起爆，均一次爆破成功，未对周围建筑物造成影响。

6月9日，71282部队抗震救灾指挥部接到都江堰市崇义镇党委政府求助，请求支援爆破拆除镇内合邦科技工业园、新威肠衣厂、镇水利发电站3座危险水塔。3座水塔位于3个厂区，周边情况比较复杂，厂内有居民居住，靠近公路；2座水塔靠近高压线，1座水塔距加油站不足80米。3座水塔在地震中严重受损，从上到下有多处断层和错位，对周边群众造成极大威胁。10日，71282部队副政委宫松奇带领装备部工化装备科科长王清伟、工兵营地爆连连长王利杰，对3座水塔现地进行认真勘察，绘制基本情况要图。11—13日，王利杰组织本连专业人员对水塔爆破用药量进行计算和试验，详细制订爆破方案。14—15日，根据方案组织作业人员展开钻孔作业，并做好相关清理、防护和警示工作。16日，地爆连作业人员针对爆破作业所需器材进行准备，并对个别重点人员专门培训，采用“无机作业”的方法进行战前演练。17—18日，宫松奇率工兵营地爆连48名官兵，分别对3座危险水塔成功实施定向爆破，共消耗硝铵炸药700公斤、电雷管和火雷管各1000枚。

受地震影响，青川县竹园镇黄沙村一座高22米水塔出现严重裂缝，随时有倒塌可能，影响附近群众安全，同时给灾区群众饮水造成困难。6月20日，应地方政府请求，71697部队通信连、工兵连在参谋长张占方带领下，出动官兵65人，采取定向爆破、分块清理的方法，将水塔安全拆除；并铺设500米水管，解决200多名灾区群众饮水问题。同日，78098部队爆破分队在绵竹市新市镇长乐村爆破清除一座40米高的水塔。至此，该部队爆破分队在绵竹市成功爆破拆除因地震造成的19座高危建筑。

6月21日8时30分，71633部队接到都江堰市中兴镇政府求助电话，称该镇一座高约20米、直径约5米的震损水塔，随时可能倒塌，需要爆破拆除，但爆破时会有砖块炸出，影响周围居民安全，还可能破坏通行道路，请部队协助铺垫水塔倒塌缓冲土层。71633部队副参谋长孙义伟即带领20名官兵，乘坐一辆运输车，于9时25分到达中兴镇爆破水塔现场。对水塔周围情况进行了解后，孙义伟安排连长丁和气带领4人负责安全警戒，其余人员乘坐运输车到附近运土。16时30分，官兵在指定位置堆起一个长8米、宽3米、高2米的土堆，以减缓爆破时塔体对地面的冲击，保证爆破工作顺利进行。16时40分，孙义伟将20名官兵分为5个组，分别守在各个路口，担负安全警戒任务，拉起警戒线，疏散群众，维护秩序。17时，水塔定向爆破成功。

拆除高危烟囱　5月15日，资阳市陆军预备役工兵团组织专业人员携带爆破工具，对位于双流县公兴镇的成都市化纤纺织厂63米高、出现严重裂缝并倾斜的烟囱实施爆破，及时排除了险情。16日9时30分，成县抗震救灾指挥部通报，成县抛沙镇广化村一废旧烟囱在地震中倾斜，经过两次余震后，不断往下掉砖块，威胁着周围9户居民的安全。成县人武部部长庞军接到通报后立即驱车前往查明险情，及时组织30名民兵和20名消防官兵冒雨对危险烟囱进行拆除。礼县城区砖厂一座高50米的烟囱和县农业银行家属院高30米的锅炉烟囱在地震中严重受损，面临随时倒塌的危险。24日，礼县人武部政委孙文毅接到县抗震救灾指挥部下达的拆除这两座烟囱的任务后，立即组织消防官兵和民兵到现场勘察，详细制订拆除方案，成功拆除两座烟囱。

6月4日，95942部队工兵连15名战士组成的爆破分队在工兵科科长李阳的带领下，成功对什邡市回澜镇稻田地的危险烟囱实施爆破拆除。该烟囱在地震中结构严重受损，多处开裂，且上部已松动错位，整体向北侧倾斜，重心不稳，随时可能倒塌。为了消除这一重大安全隐患，爆破分队采取在烟囱内部设置炸药包、向北侧定向爆破的方法，共消耗炸药12公斤、电雷管4枚，一次爆破成功。回澜镇中心村砖厂烟囱已经废弃，顶部在震前已有部分砖块松动、脱落；震后，上部约有1米被震落，部分砖块松动，随时可能坍塌砸伤群众。12日，95829部队工兵爆破分队决定采用定向爆破的方法，在离地面约1米的烟囱内部设置3个分别为3公斤的炸药包，设置成串联线路一次同时起爆；16时10分实施点火，烟囱在爆炸声中按设计的方向向北侧轰然倒塌，向北最大飞散距离只有20米左右，彻底消除了安全隐患。

什邡市华建贸易公司烟囱在地震中严重受损，对附近建筑和群众构成很大威胁。烟囱高50米，水泥砖砌结构。烟囱的南边为洗衣粉厂，西边3米外有一水塔，东边10米外为一旧厂房，这些厂房建筑均被要求保留，仅北边有宽约12米的狭长地带可实施倒塌。6月10日，95829部队直属工兵营地爆连13名官兵奉命对烟囱实施爆破拆除。为了保证周围建筑完好，官兵采用打孔作业、内部装药的方法实施爆破，装药位置距地高0.5米，设3列孔，每孔装药50克，共消耗炸药2.35公斤、电雷管47枚，一次起爆成功。

7月3日，总装通用装备保障部工程防化装备保障局会同解放军理工大学专家排险队一行8人，帮助63820部队拆除地震受损建筑，确定63831部队、63839部队对3座20～40米高的烟囱爆破拆除。5日，排险队完成爆破拆除任务。（参见图237）

图237　7月5日，解放军理工大学专家排险队爆破拆除高危烟囱

（总装备部　提供）

二 拆除危险房屋建筑

拆除学校、幼儿园危险建筑 地震发生后，汶川县映秀镇漩口中学教学楼和师生公寓楼严重垮塌，数十具遗体深埋在危楼下的废墟中，急需通过爆破后将遗体取出安葬。成都军区工程科研设计院4名爆破专家和77105部队官兵组成的抗震救灾爆破拆除分队，决定先对教学楼实施爆破。副院长、爆破分队队长杜云鹤召集成员紧急商议方案，由于教学楼三面都被群众帐篷所包围，采用常规爆破作业虽然危险系数小，但易造成整座楼垮塌，直接威胁到周边群众的安全，最终决定采用危险系数大的非常规定向倾倒爆破作业。5月20日14时，77105部队工程师沈朝虎带领官兵钻进楼体。空气中弥散着尸臭味，但为了便于作业交流，队员们放弃防毒面具，每个人戴上3层口罩作业。突然，一波余震袭来，楼板上方不断掉下砖渣，旁边一堵危墙在摇晃中轰然倒塌，沈朝虎招呼大家赶紧往楼梯间躲避。大约3分钟后，地面平静下来，沈朝虎带领队员继续作业。经过2小时30分钟紧张施工，成功实施爆破，教学楼朝预定方向倒下。第二天，爆破分队按预定计划对漩口中学师生公寓楼实施非常规定向倒塌爆破作业。两天之内，爆破队使用炸药370多公斤，成功爆破拆除危房面积达1万多平方米，并从废墟中运出23具遇难者遗体。同日，77105部队和77156部队工兵营，又成功爆破漩口中学一栋严重受损的5层教学楼（见图238）。至6月6日，77105部队累计爆破37栋高危建筑，共设置炸点8404个，爆破面积达13万余平方米，及时排除危险建筑隐患。

图238 5月22日，77105部队成功爆破汶川县漩口中学教学危楼后，相关单位用机械清理废墟
（成都军区 提供）

5月23日，71892部队2营在平武县响岩镇“进村入户”抢险救灾时发现，响岩小学受地震破坏，大部分教室成为危房，学校不能进行正常的教学活动。71892部队参谋长赵清旭与镇政府

和学校负责人联系协商后，决定对受损程度较轻的房屋加固、受损程度较重的拆除，并组织70名官兵迅速展开作业。经过近7小时努力，71892部队共为学校拆除危房30间，清理垃圾5吨，拆除学校附近商铺危房35处，搬运价值4万余元的贵重物品，为两家药店转移价值1万余元的药品。

青川县中学教学楼、住宿楼在地震中部分倒塌，大多数成为危房。学校师生和附近部分群众被安置在中学后操场的空地上。在通往安置点的必经之路旁，一幢危房墙体倾斜，仅被一根细铁丝牵连着，摇摇欲坠，随时威胁着学校师生和群众的生命安全。5月28日，营山县人武部部长冯祥权火速带领应急民兵连赶到青川中学，面对4层高的危房和随时可能发生的余震，官兵不顾自身安危，攀上危房楼顶，将绳索绑在断墙上，将断墙拉垮，排除了危险。

6月9日，68310部队指挥组与宁强县政府联合勘察南街小学、金家坪村小学、铁锁关镇中学、黄坝驿乡小学、毛坝河镇中学及小学、燕子砭镇中心小学、广坪镇中学、广坪镇中心小学、金山寺村小学、水观音村小学等16个点、25幢危楼（房）。指挥组将16个点划分为5个任务区，汉源镇任务区为基本指挥所，由部队长周丕峰负责，部署兵力382人、装备58台（部）；毛坝河镇任务区由参谋长刘新永负责，部署兵力192人、装备16台（部）；广坪镇任务区（距宁强79公里）由政委李历负责，部署兵力332人、装备30台（部）；青木川镇任务区（距宁强100公里）由装备处处长张荣负责，部署兵力118人、装备17台（部）；阳平关镇任务区（距宁强36公里）由道桥营助理员王锃负责，部署兵力6人、装备7台（部）。13日，兰州军区为宁强灾区增配工程机械7台（推土机1台、装载机2台、挖掘机2台、20千瓦发电机2台）和2000把大镐运送到位。从10日起，舟桥营前期展开对8栋砖瓦结构平房校舍的拆除，共用9天时间拆除校舍240多间，回收砖40万余块、瓦片5万余片、圆木2520根、门窗936扇。从21日起，开始拆除钢混结构的两层教学楼，经15天连续奋战，于26日如期完成拆除任务。

与此同时，68331部队还展开对宁强县金山寺小学危楼的拆除工作。金山寺小学教学楼为4层钢筋混凝土框架结构，长45米、宽15米、高14米。地震后，大楼12根承力主梁不同程度受损，大楼东侧下陷40厘米，门窗全部扭曲变形，玻璃全部破碎，墙皮大片脱落，裂纹纵横交错，随时都有垮塌的危险。6月13日，指挥组带领相关人员对金山寺小学作业点现场勘察，发现危楼四周民房聚集，仅有的两条4～5米宽的进出道路，工程车辆装备很难通行，作业场地狭小，拆除难度很大。为了早日拆除危楼，指挥组制订了详细拆除方案。14日10时，道路桥梁营机械操作手12人、司机5人、警戒人员15人、作业手20人，携带指挥车1辆、运输车2辆、自卸车2辆、挖掘机2部、装载机和推土机各1台、爆破作业箱1套、测量工具1套及钢丝、绳索、钢钎、大锤、锹、镐等到达作业现场。从10时30分开始，展开挖掘机1台、装载机1台配合2台自卸车作业。为加快作业进程，指挥组又临时增调2台自卸车。至25日13时，完成拆除任务，68331部队共出动兵力680余人次，动用车辆215辆次、装备43台次转运沙石1240余立方米，清运建筑垃圾920余立方米，平整场地620平方米，清理砖块5.34万块、木材270立方米、钢筋3.8吨。

地震发生后，宝鸡市陈仓、渭滨、金台三区的学校等公共设施受损严重，出现20栋总面积2.6万平方米的高危建筑，严重威胁着人民群众生命财产安全。6月11日，根据地方政府请求，

68211部队政委杨新民带领3营125人及地爆、通信、修理、卫勤等保障分队28人，赴宝鸡市执行学校等公共设施危旧建筑的拆除任务。截至7月26日，累计施工35天，出车474辆次，出动工程机械95台次；拆除危旧楼房8幢、平房10栋，合计建筑面积2.2万平方米、房间514间，平整场地7950平方米，清运建筑废料2.4万吨；清理出可二次利用的红砖8万余块、钢筋31吨、木料186根，挽回直接经济损失21.2万余元。

6月15日，95829部队工兵爆破分队奉命爆破德阳市旌阳区孝泉镇中学教学楼。该教学楼共有6层，占地面积1030平方米，砖混结构。教学楼主体有明显裂缝，楼体后侧部分坍塌。教学楼呈“L”形，结构十分稳固。爆破分队决定采用外部装药的方法实施爆破。为确保爆破质量并尽可能减少飞散物对周围环境的影响，爆破分队进入楼内拆卸门窗和玻璃；整个爆破共消耗炸药220公斤及75枚雷管。29日，95829部队工兵爆破分队执行什邡市八角镇中学教学楼爆破拆除任务。为了保全附近民房，将损失和危害降到最低，他们采取分段爆破、在每一层打孔装药实施定向爆破，共消耗炸药28公斤、导爆雷管928个、电雷管42枚。

6月16日，南海舰队工程指挥部前方指挥部官兵执行绵阳市二轻幼儿园、绵竹市畜牧幼儿园等地危险建筑拆除任务。拆除过程中，绵阳市二轻幼儿园教学楼4楼外侧一水泥残块存在较大安全隐患，一有震动极有可能滑落，严重影响拆除任务的完成。前方指挥部总指挥许乃银决定实施单人上楼切割。工程指挥部机运科助理员陈军攀附受损墙体登上墙顶实施切割，将钢缆系扣在待切割的残块上，使切割后掉落的残块稳稳挂在吊车吊钩上，从而确保拆除任务的顺利完成。

6月19日9时，应彭州市龙门山镇政府求助，71622部队工化营出动40名官兵、破碎机1台、挖掘机1台，对龙门山镇小学一栋6层教学楼进行拆除。经4个多小时作业，拆除危房144间，清理废墟1152立方米（见图239）。

图239 6月19日，71622部队在彭州市龙门山镇拆除危房

（济南军区 提供）

68331部队在完成宁强县高危建筑的拆除任务后，即转场略阳县继续执行拆除危楼任务。7月5日，筑城伪装连接到拆除略阳二中教学楼命令，即迅速组织人员对略阳二中教学

向峨乡7个村、1个社区，帮助受灾群众拆除危房230处，清理建筑垃圾3.5万立方米。

5月21日，68211部队派出特务连、汽车连、桥梁1连共77名官兵和指挥车1辆、运输车3辆、挖掘机1台、吊车1台，分赴彭州市丽春镇官渠村、利河村、清河社区，对震后危房进行拆除排险，共拆除危房58间。22日，彭州市丽春镇政府再次向68211部队提出拆除震后危房的请求。68211部队迅速派出特务连、汽车连、桥梁1连100余名官兵，动用指挥车1辆、运输车3辆、挖掘机2台、吊车2台，再赴丽春镇官渠村、利河村、清河社区，对震后危房继续进行拆除排险。拆除危房158间，为受灾群众尽快恢复生产自救创造条件。

5月21日至6月27日，71811部队副部队长王春杰带领直属队，在平武县南坝镇何家坝、文家坝、南坝林场等13个村庄执行“进村入户”任务，协助灾区群众拆除危险房屋，累计出动1083人次、车辆82辆次，拆除清理危房543间。

汶川县映秀镇大量房屋倒塌，急需推土机、挖掘机、装载机机械操作。拆除危房，首先要把埋在废墟下面遇难者的遗体全部挖出。资阳陆军预备役工兵团接受任务后，立即从预任官兵中挑选出55名技术精湛的机械操作手火速赶往映秀镇。5月23日10时，在团政委杨宗泽带领下，参谋长吴再兴率16名操作手驾驶推土机、挖掘机及10名爆破手、20名作业人员投入到拆除危房、挖掘废墟工作中。官兵不怕危险，不怕臭气，不怕疲劳，昼夜奋战，爆破拆除危房10余处，清理废墟1.2万余立方米，挖出遇难者遗体117具，运输垃圾600余吨，清除道路砖瓦5000余立方米。

自5月25日起，95829部队工兵爆破分队先后在什邡市红白镇、蓥华镇、洛水镇、禾丰镇、回澜镇和德阳市旌阳区孝泉镇等灾区，拆除各种危险建筑共31栋。26日，工兵营地爆连执行爆破拆除红白镇水泥厂家属楼任务。家属楼建筑面积约1600平方米，5层砖混结构。其北侧为河谷，250米处为帐篷区；东侧30米处为沙石场院；南侧20米处为水泥厂厂房；西侧80米处为居民地。地震中，家属楼的一层已全部垮塌，并向北倾斜达30度，随时可能在余震中倒塌。工兵爆破分队在参谋黄书平和教导员李伟的带领下，出动45名官兵，采用外部装药，向东北侧方向定向倒塌的爆破方法，对该楼实施爆破拆除，共设置炸药包86个，消耗炸药264公斤、各类雷管101枚。爆破后，家属楼向预定方向倒塌。

什邡市洛水镇医院家属楼占地约3120平方米，6层砖混结构。其东侧为洛水镇一主要街道，且楼外1米处为一高压电线杆；南侧3米外有群众平房；西侧20米处为医院器材库，并有一条小河贯穿而过；北侧为四合院空地，20米外为老门诊楼。家属楼在地震中严重受损，多根承重柱断裂，且整个楼已向下坍塌0.5米，结构严重变形，随时可能倒塌，过往群众安全受到很大威胁。5月28日，95829部队工兵爆破分队奉命对该楼实施爆破拆除。7时，全连45名官兵进行爆破前各项准备。为保障作业人员安全，又能快速炸塌该楼，爆破指挥小组决定采用外部装药，使用毫秒段导爆管雷管传爆，向北控制定向倒塌的方法实施爆破，共消耗炸药292公斤、各类雷管104枚。11时，爆破一次成功，倒塌方向与设计一致。

什邡市宏达化工厂家属楼建筑面积约3600平方米，共6层，为砖混结构，其楼道为外悬式结构，楼房结构相对比较稳定。由于家属楼左侧商场倒塌而挤向该楼，使该家属楼向右倾斜，且受挤压的一个单元已严重变形，部分已垮塌，随时可能倒塌。5月30日，95829部队工兵爆破分队 45 名官兵奉命对其实施爆破拆除。由于楼前面为一主要街道，前面还有高压电线，对面还有需保留的房屋，后侧则为一宽阔的院子，距后面楼房约 40 米。根据危楼的外部环境，爆破指挥小组决定采取外部装药向后定向倒塌的爆破方法实施爆破，共设炸药包 124 个，并用沙袋对药包进行外压，使用各类雷管 135 个。16 时 30 分点火起爆，该楼成功向后院倒塌，主要飞散物向后抛散，对周围建筑和人员未造成任何影响。

什邡市蓥华镇林场家属楼建筑面积约 1000 平方米，6 层砖混结构。南侧和北侧均为已倒塌楼房。家属楼在地震中受损严重，多处承重梁柱断裂，楼面出现多处塌陷，对林场受灾群众构成极大威胁。6 月 2 日，95829 部队工兵爆破分队奉命对该楼实施爆破拆除。为及时消除安全隐患，爆破指挥小组针对该楼的外部环境，决定采用外部装药，向南侧定向倒塌的爆破方法实施爆破。8 时整，爆破分队开始设置炸药，并在炸药上外压沙袋，经 4 小时作业，于 11 时 40 分准时起爆，一次起爆成功，危楼按设计方向倒塌（见图 241），共消耗炸药 224 公斤、各类雷管 81 枚。

图 241　6 月 2 日，95829 部队工兵分队对什邡市蓥华镇林场家属楼实施爆破拆除（空军　提供）

6 月 20 日，71897 部队 4 营出动 89 名官兵，帮助彭州市红岩镇、葛仙山镇政府拆除群众危险房屋。官兵利用一周的时间，采取“人机编组、拆清一体、逐点推进”的办法，集中兵力逐点攻坚，分层次、有重点地推进拆危清墟，共帮助红岩镇窝窝店、梨花、幸福村和葛仙山镇百顺、官仓村拆除危房 600 余间、水塔 7 座，清理废墟 1.25 万余立方米、房屋木料 300 余立方米。

舟曲县在地震中共有 2758 户居民受灾，1.6 万间民房倒塌。68206 部队共出动兵力 4377 人次，为八楞乡、南峪乡、江盘乡拆除危房 2274 间，搬运木材 4925 立方米，整理旧瓦片 110 余万块。5 月 20 日，68206 部队 3 营赴八楞乡林家山村和东岔湾村、南峪乡洛地坪村及江盘乡姚家楞村转移受灾群众，拆除危房，帮助群众搬运木材，搭建救灾帐篷，清理废墟。由于藏区经济困难，村民担心拆除过程中损失旧建筑材料，大都不愿意拆迁危房。据此，救灾指挥组对官兵进行培训，掌握拆房顺序和技巧，尽可能保证旧建筑材料的完好；拆除前征得房主同意，拆除时房主、乡村干

图242　5月20日，68206部队官兵协助舟曲县村民拆除危房（兰州军区　提供）

部、部队领导三方到场，拆除后清理现场、请房主验收，此举赢得灾区群众的信任和支持。（参见图242）6月15日上午，峰迭乡咀上村因连续下雨，村民居住的房屋裂缝加大，存在严重安全隐患。68206部队3营8连迅速出动45人对全村危房进行拆除，共拆除危房30间。6—8月，68202部队在陇南地区执行危房拆除任务，拆除危房15715间、危墙1355米，整理砖瓦534万余块，清理废墟47.9万立方米、楼板1088平方米、木板3869块、木头29万余根、门窗217扇。

天水陆军预备役步兵旅机关帮助秦州区中梁乡兄集村拆除危房。兄集村108户群众中22户房屋完全倒塌，57户房屋出现危险不能住人。旅机关官兵帮助受灾群众拆除危房54间，清理倒塌房屋10间，搬运生活用品7000余件。5月18—22日，迭部县人武部组织民兵50人，先后拆除旺藏乡卫生院危房3间，拆除群众危房8间。文县人武部组织民兵清理倒塌房屋3460间，拆除危房6897间、受损校舍230间。康县人武部组织民兵3024人，拆除群众危房1.8万间、学校危房96间。徽县人武部组织民兵6600人，帮助群众拆除危房2533间。陇南市武都区人武部组织民兵应急连出动300多人次，协助安化镇、马街镇、城郊乡等乡（镇）军属拆除危房500余间。

6月3—29日，宁强县人武部及时组建1100人的民兵排险队，协调武警汉中市支队40名、武警宁强县消防大队20名、武警宁强县中队15名官兵，对26个乡（镇）的群众危房逐一进行排查，帮助拆除危房3000余间。

5月18日至6月20日，为防止余震对已损坏房屋再次破坏，产生新的危害，减少人员财产损失，略阳县人武部组织全县民兵应急分队1200人，协调机械2台，协助受灾群众拆除危房660间。（参见图243）略阳县马蹄湾乡大石峡村30余户房屋都不同程度遭到破坏，其中19户57间房屋结构全部变形，人员不能入住，需要及时拆除。6月6—27日，武警汉中市支队先后出动1368人次，帮助略阳、宁强灾区群众拆除危房404间。7月18日，68331部队舟桥营舟桥3连翻

图243 5月18日，略阳县人武部组织民兵协助受灾群众拆除危房（总参动员部 提供）

山越岭徒步行军20公里到达大石峡村，拆除村民危房，并将拆除的危房里面可用木材搬出，使村民财产损失减到最小。68331部队在宁强、略阳两县执行拆除危险房屋任务中，共拆除13个乡（镇）的危险房屋，计1116户3324间5.9万平方米，清理建筑垃圾7.2万立方米，为群众回收砖块163.4万块、瓦片261.7万块、木料8.7万余根、楼板350块，并完整拆除保存青木川魏氏老宅圆木和瓦片，帮助搬运韩家堰古建筑群的各类木料2670根。

拆除工厂、煤矿、酒店等危险建筑 地震致使彭州市小鱼洞镇房屋倒塌，且有大量危房直接威胁到人民群众生命安全。5月16日21时，71960部队750名官兵连夜从30公里外的白鹿镇紧急转移至小鱼洞镇，集中展开大规模的拆除危房、清理废墟和物资抢运行动。17日5时30分，部队长韩玉军带领炮兵营和修理所共270余人，对一批高大危险建筑进行拆除。由于区域内多为两层以上楼房，危房数量多，韩玉军从71872部队调来7台大型工程机械进行拆除作业。副部队长魏福春带领200余名官兵，对厂区76间危房集中拆除。此次排险除危行动，71960部队官兵出动兵力750人，奋战12小时，共拆除危房123间，清理废墟5000余立方米，抢运公私财物1200余件。（参见图244）

5月20—30日，77105部队在成都军区工程科研设计所爆破专家指导下，对汶川县映秀镇震后危房成功实施爆破拆除，共消耗炸药10.36吨、电雷管737枚，设置炸点7662个，爆破危房15栋，拆除面积62150平方米。位于汶川县漩口镇的阿坝铝厂是投资7亿元建立的新厂，在地震中损失惨重。23日，资阳陆军预备役工兵团的官兵们不顾个人安危，利用控制爆破技术，成功将该厂4处危房定向爆破在指定区域，保护了大量机器设备。

海军抗震救灾部队在拆除高危建筑过程中，合理调配兵力，严密组织，科学施工。截至6月1日，海军抗震救灾部队成功拆除绵竹市东北镇和西南镇高危房屋112栋2.3万平方米，拆除绵竹市中心广场、川润化工厂液氨车间等城区高危建筑和宗教场所高危房屋20栋3970平方米，清理废墟2.5万立方米，拆除高危水塔97个，及时消除灾区群众身边的隐患。

图244　5月17日，71960部队在彭州市小鱼洞镇拆除危房
（济南军区　提供）

6月13日，95829部队工兵爆破分队奉命爆破拆除德阳市旌阳区孝泉镇灵泉酒店。酒店共5层，占地面积2000平方米，为砖混结构，部分楼体坍塌。酒店紧靠附近民房，爆破难度很大，爆破分队采用外部装药的方法进行作业。为尽可能地减少对周围建筑物的影响，爆破采用二次起爆方法以及微差起爆线路，共消耗炸药240公斤、导爆管雷管64枚、电雷管1枚，两次起爆均获成功。至此，95829部队工兵分队共出动693人、机械车辆161辆，先后爆破拆除各类危险建筑物31栋，机械拆除各类危楼16栋。

7月5日，受连日降雨影响，彭州市白鹿镇一座在地震中受损的天主教堂出现倒塌险情。71897部队出动20名官兵、1台挖掘机、1台吊车，在勘察地形、制订方案、组织警戒的基础上，连续作业4个多小时，加固危房4间，排除险情13处，拆除危房1间，清理建筑废墟100余立方米，及时排除了险情。

第六篇

抢险救灾保障

第一章　政治保证
第二章　抢险救灾行动保障
第三章　社会安全保障

汶川特大地震发生后，在中共中央、国务院、中央军委的统一领导和指挥下，全国各级党委、政府、解放军、武警部队以及社会各界紧急动员，快速行动，大力加强抢险救灾中的政治工作，紧急启动和完善各种救灾保障机制，为抗震救灾行动提供强大的精神动力和源源不断的物资装备保障。从中央到地方，从部队到各行各业，紧急进行思想发动，号召广大军民迅速投入到抗震救灾行动之中。灾区各级党委、政府和参加抢险救灾的部队，及时建立健全临时党组织，迅速展开工作，充分发挥各级党组织在抗震救灾中的领导核心作用、战斗堡垒作用和广大党员的先锋模范作用。各级组织部门，注重在抢险救灾一线考查党员干部的政治表现、战斗精神和组织指挥能力，及时将表现突出的优秀干部提拔使用或充实到后备干部之中；广泛开展“火线”入党和立功创模活动，在救灾人员中形成“比思想、比作风、比干劲、比贡献”的立功竞赛热潮。

国家、军队和地方舆论宣传部门，调动各种媒体力量，运用现代传媒手段，以丰富多彩的形式，宣传中共中央、国务院、中央军委的决策部署和军民战胜一切困难的英勇气概。广大新闻工作者以神圣的责任意识深入抢险第一线，大力宣传在抢险救灾中涌现出来的先进集体和英雄模范人物，宣传伟大的抗震救灾精神，宣传军民同呼吸、共命运、心连心的鱼水深情。文艺团体和大批艺术家、作家深入灾区，夜以继日地创作演出，为抗震救灾提供不竭的精神动力。各级党委、政治机关通过开展战地鼓动、挂标语、插旗帜、带标志、举办故事会等多种形式进行现场宣传鼓动，营造攻坚克难、不怕苦累、勇于牺牲的战斗氛围，极大地鼓舞军民抗震救灾士气，为抗震救灾的胜利提供有力的舆论支持。

交通运输部门和解放军、武警部队调动大量地面、空中运输力量，各级政府、企事业单位和社会各界动员数以万计的运输工具，将抗震救灾人员和装备物资迅速运往灾区；周密实施地面和空中交通管制，确保大密度、高强度的输送通畅与安全。广大军民在公路、铁路、水路、空运沿线及交通枢纽，对救灾车辆提供引导、护送、信息、餐饮等多种服务保障，使立体交通网成为快速通向灾区的“绿色通道”。通信和电力部门重点保障指挥机构、抢救现场、医疗救治等重要场所的应急供电和通信服务。军地侦查测绘、气象水文等部门，及时侦察监测灾情，提供气象水文和测绘信息，为各级抗震救灾指挥和救灾行动提供全天候的服务。卫星定位、红外探测与遥感等先进技术的使用，显著提高了指挥效率和救援速度。

国家和军队各部门、各系统、各行业调集、筹措数以亿计的抢险工具、各类车辆、工程机械等抢险装备器材，紧急运往灾区。交通运输、通信、电力等系统和解放军、武警部队，采取定点保障、伴随保障等方式，设立临时维修点和流动维修队伍，及时维修“战损”的各类装备器材、车辆与机械，保障救援行动连续、不间断地实施。国家采取统一调拨、应急采购、紧急生产、社会筹措等形式，在全国范围内向灾区筹集调运食品、药品、帐篷、油料、建材等各种救灾物资。国务院、中央军委应急压缩各类开支，为抗震救灾划拨大量经费。各任务部队和地方救援队伍采取自筹、贷款、预支垫付、动用“家底”等办法筹措资金，支援抗震救灾。强大的综合国力和雄厚的物资资金投入，确保了救灾行动的顺利进行。

地震灾区的各级党委、政府、公安部门和参加抢险救灾的解放军、武警部队，着力解决抗震救灾中出现的社会问题，及时化解各种社会矛盾，广泛开展军警民联防联治，加强对重点目标的守卫守护，严厉打击各种刑事犯罪，妥善处置各种突发情况，维护灾区社会稳定，为抗震救灾工作顺利进行，提供了良好的社会安全保障。

第一章　政治保证

汶川特大地震发生后，全国各地各级党委、政府和解放军、武警部队紧急动员，深入做好抗震救灾中的思想政治工作，建立健全各级临时党组织，组建“党员突击队”“党员抢险队”，大力开展“火线入党”“立功创模”活动，各级党组织和广大党员成为灾区人民群众的主心骨。

地震灾区军民在抢险救灾现场组织宣传鼓动，各路救援大军举起旗帜、打出条幅、亮出标志、喊响口号，营造众志成城、攻坚克难的战斗氛围。中央主要新闻单位和其他媒体，派出强大的新闻队伍深入灾区第一线，及时采写、编发抢险救灾新闻。广大文艺工作者，深入一线现编现演抢险救灾军民的英雄事迹，为抗震救灾提供强大的思想保证、精神动力和舆论支持；各任务部队和各方救援队伍，把灾区当故乡，视人民如父母，大力开展拥军爱民活动，与灾区群众同呼吸、共命运，大力弘扬不怕牺牲、连续作战的精神。军地救援力量紧贴抗震救灾任务和救灾人员思想实际，开展强有力的政治思想工作，为夺取抗震救灾胜利提供坚强的政治保证和精神动力。

第一节　思想政治教育

在抗震救灾斗争中，中共中央、国务院、中央军委及各省市党委、政府，十分重视抗震救灾中的政治思想工作，不断加强抢险救灾工作的政治动员和思想教育。各级党委、政府和解放军、武警部队，以及社会各界救援力量，及时召开任务部署会议，进行“临战”思想动员；在抗震救灾的不同阶段，开展针对性、实效性教育，对任务部队、民兵预备役人员以及灾区群众，采取不同形式、不同内容的心理咨询、疏导与危机干预，为抚慰灾区群众、提高军民救灾战斗力发挥了重要作用。

一　抗震救灾紧急动员

中共中央发出抗震救灾动员令　5月12日晚，中共中央政治局常委会召开会议。会议强调，灾情就是命令，时间就是生命；灾区各级党委、政府和中央各部门要紧急行动起来，把抗震救灾作为当前最重要、最紧迫的任务，不怕困难，顽强奋战，全力抢救伤员，切实保障灾区人民群众生命安全；号召灾区各级党组织和全体党员要坚持人民利益高于一切，奋不顾身地投入到抗震救灾第一线，急人民群众之所急，解人民群众之所难，把党和政府的关怀送到受灾群众中去；全国各地区、各部门要大力发扬“一方有难、八方支援”的精神，万众一心、众志成城，迎难而上、百折不挠，共同夺取抗震救灾斗争的胜利。

5月14日，中共中央政治局常委会再次召开会议，进一步研究部署抗震救灾工作。中央重申，各地、各有关方面务必把抗震救灾工作作为当前最重要、最紧迫的任务，不畏艰难，连续作战，团结协作，全力以赴，坚决打胜抗震救灾这场硬仗。中央号召，全党和全国军民要更加紧密地团结起来，一切为了灾区，全力支援灾区，以实际行动为抗震救灾贡献力量。中共中央、国务院各部门以及四川、甘肃、陕西、重庆等灾区省（市）党委、政府再次紧急动员，要求各部门、各系统、各行业迅速投入到抗震救灾行动之中。

5月22日上午，中共中央政治局常委会又一次召开会议，研究部署继续全力做好抗震救灾工作。会议要求，把抗震救灾作为当前最重要、最紧迫的任务，扎扎实实做好各项工作；继续搜救被困群众，切实把搜救工作落实到每一个乡村，特别要抓紧彻底排查边远乡村，努力做到无一疏漏。继续做好思想工作，注重做好心理安抚和思想疏导，加强社会管理，维护好社会秩序，确保灾区社会安定，人心稳定。解放军和武警部队官兵要深入偏远乡镇，进入所有村庄，逐村逐户搜救被困群众，夺取抗震救灾的全面胜利。

国家有关单位、灾区省市紧急动员　5月13日，国家电网公司党组下发《关于加强抗震救灾应急工作的紧急通知》，要求各部门、各公司，根据公司党组总体部署，做好抗震救灾思想动员及有关工作。17日，公司领导到四川灾区指挥抗震救灾工作，鼓励干部职工发挥不怕疲劳、连续作战的优良作风，按照中共中央、国务院的决策部署，团结一心、顽强奋战，把破坏的家园建起来，把破坏的电网建起来。各级党组织要讲政治、顾大局，发挥领导核心和战斗堡垒作用，广大党员要发挥先锋模范作用。同日下午，中国移动召开抗震保通信电视电话动员会议，要求坚决贯彻中共中央、国务院的部署要求，超常付出，调动全部资源，尽快恢复灾区通信；及时掌握员工思想动态，关心和安抚灾区公司员工的情绪，发现典型、宣传先进，激励全体员工的工作干劲。四川公司应急通信指挥中心在思想动员中，要求党员、干部和广大员工为了抢救灾区人民的生命财产安全，每一分钟都不能停止努力，全体党员在最危难时刻勇于亮出党员身份，到最困难、任务最艰巨的地方去，将党员的先进性体现于抗震救灾保通信工作中，增强党员突击队的凝聚力和战斗力。

5月14日上午，西安市委召开常委扩大会议，对抗震救灾工作进行思想动员。会议强调，要坚决贯彻执行中央和省委部署，全力做好抗震救灾工作；认清形势、统一思想，立即行动起来；加强正面舆论引导和宣传力度，反映在抗灾中的典型人物和先进事迹，做好稳定人心工作。会议要求，全市各级领导干部要以对人民高度负责的精神，立即行动起来，深入抗震救灾一线，采取有力措施，确保抗震救灾工作有序进行。全体党员干部要以坚强的党性，克服困难，勇挑重担，做好各自承担的工作，确保群众安全、城市安定和社会有序。

陇南市委先后 4 次召开抗震救灾工作紧急会议，研究部署抗震救灾工作，广泛开展思想发动；成立 12 个工作组，派出 9 名地市级干部带队的工作组奔赴一线指导救灾；召开抗震救灾动员大会，从市县乡机关紧急抽调 10054 名干部，组建小分队，迅速赶往 3108 个受灾村，进村入户抢救伤员，妥善安置群众；落实部门包村制度，由市级领导做表率，联系一个县，依托一个乡，落实一个村，县级干部和市县级各部门都包一个村，科级以上干部包户帮扶，帮助受灾群众重建家园；所属县（区）委共组织 195 个工作组，由 300 余名县级领导干部带队，快速赶赴乡村，排除险情，组织抗震救灾。甘南藏族自治州的迭部、卓尼、临潭、碌曲、玛曲等县，通过召开紧急动员会议或全县干部大会进行思想动员；要求各级党组织带领广大人民群众，迅速投入到抗震救灾中。天水市各级党政军组织、各级工青妇组织深入灾区一线，深入灾区群众，包厂、包村、包校，并结合包点帮扶广泛开展思想动员；要求各级党委、政府组织动员干部群众发扬中华民族“一方有难、八方支援”的传统美德，积极投入抗震救灾中去，为灾区人民献爱心，支持灾区人民渡过难关。

解放军和武警部队紧急动员 5 月 13 日，总政治部下发《坚决贯彻落实胡锦涛主席重要指示、扎实做好抗震救灾中政治工作》。14 日，总政治部印发《军队参加抗震救灾宣传教育提纲》，要求部队坚决打赢抗震救灾这场硬仗，自觉在这场重大斗争中接受洗礼、经受锤炼。15 日，总参谋部、总政治部联合下发《关于进一步做好抗震救灾政治工作的指示》，要求各部队进入最急需的地区、担负最艰巨的任务、发挥最关键的作用，向全党、全国人民交出一份合格答卷。解放军四总部、各军区、各军兵种和武警部队，采取不同的方式陆续下发做好抗震救灾工作指示，逐级进行紧急动员。（参见图 245）

图 245 5 月 22 日，在震中汶川县映秀镇，抗震救灾的官兵举行集体宣誓动员大会

（成都军区 提供）

5月12日20时，成都军区政治部下发《抗震救灾政治工作指示》《军区部队抗震救灾动员教育提纲》，要求各部队深入搞好思想发动，做好政治动员。各任务部队紧密结合救灾工作实际，搞好动员和学习教育，要求官兵以强烈的政治责任感和高昂的战斗精神，打赢抗震救灾这场硬仗。巴中军分区战前请老红军作出征动员，打出“红军后代突击队”旗帜，100名红军后代编为4个班，分布在4个应急连，用“不怕流血牺牲”的红军精神，争分夺秒地从废墟中救人、转运伤员。

5月13日，济南军区发出抗震救灾动员令后，全区196名官兵推迟婚期，1490人中止或放弃休假，58名参加军校招生考试的战士随队开赴灾区。71320部队从接到预先号令到开赴灾区的3天半时间里，各营、连开展向军旗宣誓、在军旗上签名、挑应战、表决心等活动，广泛进行思想动员。14日11时，济南军区副司令员叶爱群、副政委杜恒岩在紫坪铺水电厂大坝，向首批挺进极重灾区汶川县映秀镇的71282部队750名官兵作战前动员，要求全体官兵不畏艰苦、不惧疲劳、英勇顽强、连续作战，用实际行动为军旗增辉、为部队添彩。震后，兰州军区政治部下发《关于做好抗震救灾中政治工作的指示》，要求部队搞好思想教育和“临战”思想动员，充分认清执行抗震救灾任务的重大意义，坚决打赢抗震救灾这场硬仗。

空军在进行紧急动员后，任务部队官兵人人递交请战书，1500余名官兵放弃休假，760名休假官兵提前归队，1750名家在灾区的官兵顾不上亲人安危，奋战在抢险一线。5月13日，空军政委邓昌友从昆明赶到成都，冒雨迎接空降兵某部首批到达的1500名官兵，并在现场作战前动员。成都军区空军任务部队专门召开党委会、干部大会、军人大会对部队再动员，开展挑应战活动，形成争上前线、争当功臣的浓厚政治氛围。

5月12日晚上，武警总部向部队下发《认真贯彻胡主席重要指示，坚决完成抗震救灾任务的通知》《关于认真做好抗震救灾任务中政治工作指示》，要求各种警种部队立即进行“战前”动员，迅速投身抗震救灾“战场”。武警四川省总队下发《关于做好抗震救灾中政治工作指示》，紧急动员官兵投身到抗震救灾之中。13日，总队政治部下发《抗击地震灾害宣传教育提纲》，要求官兵坚定抗震救灾必胜信心，树立长期作战思想。14日，总队下发《关于进一步做好抗震救灾政治工作指示》，将胡锦涛的指示和温家宝亲临一线指挥抗震救灾战斗的情况通报官兵，以党和国家领导人与军民并肩作战的垂范行动，鼓舞官兵夺取抗震救灾胜利的信心和决心。17日，总队将胡锦涛看望一线任务部队，对武警部队官兵提出“要不辱使命，圆满完成抗震救灾任务”要求，转发任务部队，激励一线官兵继续发扬成绩，再立新功。武警甘肃省总队出发前，分别在兰州、武都召开誓师动员大会；开进途中，采取简洁、快速、便利的形式，由带车干部传达中央精神和上级指示，为做好救灾思想准备争取时间。武警黄金、森林、水电、交通部队受领任务后，迅速下达动员令；武警8650、8690、8740部队，在开进途中不间断地进行思想动员。武警水电部队受领排除唐家山极高危级堰塞湖险情任务后，及时向部队发出《“决战唐家山”政治动员令》，叫响“灾情就是命令，灾区就是战场”“坚决贯彻中共中央命令指示，打赢唐家山排险攻坚战”等战斗口号，强化官兵“使命高于一切、完成任务第一”的政治意识。参战部队中有2000多名官兵主动递交请战书，80多名官兵不顾亲人有难、56名官兵中止休假，义无反顾地奔赴抗震救灾战场。

二 抗震救灾思想教育

5月18日，总政治部下发《关于认真学习胡锦涛主席在四川抗震救灾工作会议上重要讲话的通知》，要求各任务部队围绕各阶段抢险救灾任务，提出政治工作要点，搞好针对性思想教育；把思想教育、心理疏导和解决实际问题结合起来，开通“亲情电话”，邀请心理专家咨询疏导。针对任务部队“进村入户”点多面广、高度分散，每天流动任务点多达上万个的实际，23日、30日，总政治部先后下发《深入做好抗震救灾政治工作指示》和《关于以抗震救灾实践为生动教材，深化“坚定中国特色社会主义信念，有效履行我军历史使命”主题教育活动的通知》，要求官兵再接再厉，夺取抗震救灾斗争的全面胜利。6月8日，经胡锦涛和军委批准，总政治部在成都召开抗震救灾任务部队政治工作会议，部署安排加强政治工作、把主题教育引向深入的内容和要求。26日，总政治部印发《坚决贯彻中共中央、中央军委和胡锦涛主席决策部署，努力为夺取抗震救灾斗争全面胜利再立新功》的宣传教育提纲，要求部队认清执行抗震救灾任务的重大意义，以高度负责的精神，高标准、高质量完成好部队担负的救灾任务；继续保持旺盛的战斗热情和顽强拼搏的战斗作风；大力弘扬听党指挥、服务人民、英勇善战的优良传统，树立连续作战、艰苦作战、长期作战的思想；坚持学人民、学英模、见行动；自觉维护人民军队威武文明之师的良好形象；维护军政军民团结，密切军内外关系，严格遵守群众纪律，始终做到秋毫无犯；确保部队安全稳定和集中统一。

解放军和武警部队根据中央军委和总政治部的部署安排，坚持做到官兵抗震救灾到哪里，思想政治工作就跟进到哪里。采取召开誓师会、开办战地快报和广播、编发手机短信等形式（参见图246），把思想教育做到抗震救灾现场，渗透到每项抢险救灾活动之中。6月10日，成都军区联指政治部转发77100部队“坚持从‘四防’入手，确保部队思想不松、作风不散、干劲不减”

图246 6月26日，77113部队通过板报评比形式鼓励官兵连续作战，夺取抗震救灾最后胜利

（成都军区 提供）

图 247　6 月 27 日，成都军区联指召开抗震救灾部队经验交流会

（成都军区　提供）

的经验，针对抗震救灾任务转换和官兵思想实际，从“防自满、防松懈、防急躁、防松散”入手做好思想政治工作。27 日，成都军区联指在成都召开抗震救灾工作经验交流会（见图 247），动员部队进一步完成新阶段抗震救灾任务。各级政治机关根据部队遂行任务特点，改进工作指导方式，增强政治工作针对性、实效性。7 月 13 日，成都军区联指政委张海阳主持召开会议，专题研究大力弘扬人民军队优良传统和抗震救灾精神，完成好“进村入户”任务的具体做法。77100 部队广泛开展“学英模、励斗志、建新功”教育活动，进一步激励部队的斗志。

6 月 3 日，济南军区针对抗震救灾任务的转换，及时提出“六个强化”要求，即强化持续长期作战、任务第一、团结协作、模范守纪、以人为本、科学求实的思想。17 日，济南军区前指下发《关于广泛开展“向英雄模范学习、向灾区人民学习、向优秀志愿者学习、向友邻部队学习”活动的通知》，“四学”活动的开展，使部队的优良传统和作风在抗震救灾中得到发扬光大。71521 部队还把中共中央、中央军委关爱抗震救灾部队官兵的一项项政策措施、一件件感人事例、一桩桩动人故事，梳理归纳为生活保障篇、身心健康篇、文化服务篇、鼓舞激励篇 4 个专题，制成口袋书印发官兵随时阅读。27 日，济南军区前指下发《关于在继续执行抗震救灾任务部队中深入开展“五查五防”活动的通知》，从 28 日开始，组织任务部队分动员教育、检查整改、巩固提高 3 个阶段，深入开展“查思想防松懈、查作风防松散、查纪律防违纪、查工作防消极、查安全防事故”活动，以凝聚思想、振奋精神、明确目标、细化责任、强化领导，确保军区抗震救灾部队的高度稳定和集中统一。

6 月 22—25 日，71988 部队在政委冯奕倡导下，购买 2000 余张明信片，组织官兵以明信片为载体，开展以“感受使命、感受责任、感受崇高”为主题的抗震救灾明信片人生感悟寄语活动，把“愿所有的不幸像汉旺钟楼一样永远定格在那一刻”“把对祖国和人民的忠诚镌刻在巴山蜀水之间”等20余张思想深刻、语言优美、鼓舞斗志的优秀感言放在宣传栏上展评。济南军区有1236名官兵家在地震灾区，受灾比较严重，亲属不幸遇难。各级党委和政治机关采取多种途径和办法，跟踪了解受灾官兵家庭情况，搞好思想疏导和安慰，引导他们化悲痛为力量，以奋力救灾的实际行动告慰亲人。71352部队在68个分散居住点各安装一部亲情电话，让官兵能够向家人报平安。在青川救援的部队组织开展暖心探望慰问活动，到青川县方圆100公里范围内的受灾官兵家庭走访慰问。71872部队参加抗震救灾的43名都江堰籍新战士中，有30人家中房屋坍塌、13人家中房屋严重受损、16位亲人在地震中遇难、34位亲人在地震中受伤。5月31日，部队组织43名都江堰籍战士与亲人集体见面，向每名受灾战士家庭赠送一份礼品和1000元慰问金，为他们拍摄一张全家福，组织他们共吃一次团圆饭。战士们把失去亲人的悲痛深埋心中，坚强地战斗在抢险第一线。工兵地爆连战士尹凯与父亲在救灾现场相遇，当得知家中房子全部坍塌、奶奶和二伯遇难、大伯和舅母受伤住院的消息后，尹凯跪在父亲面前磕了个响头，站起身抹干脸上的泪水又继续投入抢险战斗。

兰州军区部队注重做好家庭受灾官兵思想工作，68210部队开展爱心捐助活动，向家庭受灾严重的官兵发放3000元慰问金。南京军区部队有3890名官兵家庭受灾，各级干部逐个与灾区籍官兵谈话，做到对家庭受灾官兵数量、亲属伤亡、财产损失、救助情况和思想状况“五个搞清楚”，拨专款救济家庭受灾官兵。沈阳军区北川野战医院用现实教育稳定人心，开展“三个为什么”（军队的宗旨是什么、来到灾区为什么、能为灾区做什么）教育和“三学”（向灾区人民群众学习、向灾区党员干部学习、向抗震救灾的兄弟部队官兵学习）活动。大家表示“一切为了灾区、一切为了群众、一切为了救治”。广州军区75752部队在强有力的思想教育中，600多名官兵全部向组织递交了“请战书”，7名家庭受灾的四川籍飞行员主动请缨参战。空军部队共有10120名官兵家庭不同程度受灾，其中有1750余名家庭受灾官兵顽强地战斗在抢险救灾第一线。95829部队针对少数官兵存在的畏难情绪，组织宣传15勇士空降茂县、“上甘岭特功八连”冒死架设“生命天梯”的英雄壮举，开展在黄继光铜像前宣誓、在上甘岭战旗前签名活动，激发官兵作为英雄部队一员的自豪感、责任感。

武警总部对任务部队下发慰问电，拨出专款，救济家庭受灾官兵，帮助妥善处理善后。武警水电第三总队在完成唐家山堰塞湖抢险任务后，转战5个县18个堰塞湖抢险。官兵持续作战，身心极度疲惫，而18个堰塞湖紧急排险任务又十万火急。第三总队召开团以上干部会议，下达《执行马槽滩等18个堰塞湖紧急排险任务政治动员令》，利用部队开进途中、集结待命等时机，不间断进行思想发动，使用便携式广播喊话器见缝插针宣传鼓动。在余震不断、滑坡不断、滚石不断的危险面前，各堰塞湖抢险点都开展“水电官兵忠诚履职责、堰塞湖排险当先锋”等立功创模和火线入党活动，激励广大官兵把群众的利益放在心中，将自己生死置之度外。

三　心理教育和疏导

地震发生后，灾区民众普遍存在紧张、焦虑、哀伤、沮丧、抑郁等心理问题，少数经历死亡威胁的幸存者存在绝望情绪，部分救灾官兵面对灾区惨烈的景象，也出现不同程度的心理障碍。党和国家、灾区政府和救灾部队高度重视心理救援与服务工作，把心理疏导、危机干预作为思想工作的重要组成部分。5 月 17 日，胡锦涛在四川省抗震救灾工作会议上指出，要深入灾区群众特别是遇难者家属家中，耐心细致地做好思想工作，注重做好心理安抚，维护好特殊情况下的社会秩序，保证灾区社会安定、人心稳定。卫生部、教育部等部委，解放军和武警部队，灾区政府和救援队伍、国际组织，都派出心理专家骨干，在灾区展开了中华人民共和国成立以来，应对特大自然灾害中首次专门实施的心理救援行动。解放军和武警部队首次把心理救援专家骨干，作为作战力量投入到非战争重大军事行动中，对于促进任务部队思想教育工作，稳定灾区民众情绪，缓解、减少救援人员和灾区群众的心理压力发挥了重要作用。

灾区群众心理服务 国务院有关部门、灾区各级政府组织数百支心理危机干预队伍奔赴灾区开展心理救援。四川省及时成立心理服务小组，各受灾地区也随之成立相应的领导小组，对心理服务资源进行整合，开展灾区心理服务工作。

5 月 14 日，四川省人民医院、四川大学华西医院等 10 余个医疗单位组织由 1000 余名心理专家和志愿者组成的 40 个心理服务队，其他各市、县也都组织规模不等的心理服务队。先后有近 3000 余名心理专家和专业医务人员在灾区做心理服务。北京、上海、广东、辽宁、浙江、安徽、甘肃、江西、云南、河南、内蒙古、山西等省（区、市）200 余名精神科和心理专家，组成 8 支心理危机干预医疗分队赴川服务。18 日，卫生部对各省心理危机干预骨干进行一天紧急培训，并召开心理危机干预专家紧急会议，部署安排心理疏导事宜。20 日、21 日，中国红十字会总会派出两支包括首都医科大学、中国人民大学、西南大学及北京同仁医院等单位的 20 余名临床心理学专家的心理救援队，赴成都、绵阳、安县、德阳、绵竹、北川、青川和重庆等受灾地区开展心理援助。截至 12 月底，四川省培训心理服务人员 600 余名；华西医院组织 5 期心理危机干预培训班培训 1150 余人；成都市举办心理知识培训 48 场，培训 6368 名专职人员。6 月 12—14 日，陕西省在西安举办地震灾后心理援助人员培训班，汉中、宝鸡的市级综合医院及宁强等 8 个县（区）50 多人参加培训；甘肃省在兰州市举办心理危机干预培训班培训 300 余人，天水市和武都区、舟曲县等地共举办 7 期培训班，培训人员 800 余人。

心理服务队在灾区对住院伤员开展心理卫生知识讲座、群体及个体心理疏导、心理咨询和心理治疗；对德阳、北川、什邡、青川、都江堰、彭州、温江、新都、双流等地居民点开展工作，为约 14 万人提供心理服务。什邡市和省内外心理危机干预专业人员 100 余人到红白镇、八角镇、蓥华镇、洛水镇等镇（街道）安置点，发放宣传资料 3000 余份，开展团体咨询和讲座 10 多次、服务 1000 余人次。广元市同省内外心理服务专家，分别在青川县青溪镇、乔庄镇、孔溪乡、竹园镇等灾区为群众提供心理服务达 6000 余人，心理治疗近 1000 人。浙江省心理救援专家组在平武县半个月时间里，开展集体心理辅导 17 场、心理治疗 16 场次，参与人员达 6000 余人次，个人心理危机干预 1000 余人次。广东省心理危机干预分队在重灾区江油市 5 个安置点心理疏导 5000 余人、问卷调查及心理危机干预 315 人。在心理服务中突出中小学生和伤残特殊人群。5 月 16—19 日，华西医院派出 8 支队伍到德阳、双流、北川、都江堰、什邡、温江等地学校，为师生进行心理服务 3000 余人次。据统计，灾后共对中小学生和特殊伤残人群 5 万余人开展心理服务。

任务部队心理服务 5月20日，总政治部下发《关于加强抗震救灾中心理教育和疏导工作的通知》，要求各级党委和政治机关，加强抗震救灾官兵心理教育和疏导工作，解决官兵抗震救灾中出现的心理问题。同日，总政治部组建军队抗震救灾第一批心理服务专家组21人、编为6个组赶赴灾区，配置在救灾部队较多的成都、德阳、绵阳和都江堰、彭州、青川6个市、县。专家组梳理出救灾官兵中18种常见心理现象，编印《抗震任务部队官兵常见心理现象问题解答》，发给救灾官兵人手一册，并为部队讲授心理知识课4000余场次。21日，总参谋部下发《关于向灾区增派防疫队和心理救援队事通知》，决定从总参谋部、总后勤部、总装备部、沈阳军区、北京军区、南京军区、空军、第二炮兵、第二军医大学、第四军医大学等单位分别抽调24名心理专家，组成8支心理救援队赶赴彭州、绵竹、什邡、北川、平武、汶川、茂县等极重灾县（市），为抢险救灾部队官兵和灾区群众提供心理援助服务。22日，成都军区联指政治部下发《转发总政治部〈关于加强抗震救灾中心理教育和疏导工作的通知〉》，要求各级党委和政治机关紧贴抗震救灾实际，组织官兵学习心理健康知识，提高心理承受能力，为受灾群众提供心理援助，帮助群众重建“心灵家园”。23日，成都军区医疗系统抽调6名心理专家，组成3个服务组到达救灾现场，为官兵和受灾群众服务。24日，总政治部转发《勇敢面对艰难困苦，始终保持积极健康心态——空军抗震救灾心理教育疏导宣讲提纲》，要求各任务部队加强心理教育宣传，认真做好心理疏导工作。

6月5日，成都军区联指装备部邀请四川大学、成都大学、成都军区总医院等军地知名心理专家，为在什邡救灾的装备部3个直属单位、800余名官兵做心理疏导。8日，由50名心理服务专家组成的第二批专家组，分5组抵达四川地震灾区。各军区也向任务部队派出心理服务分队陆续赶赴救灾一线，指导任务部队做好心理教育与疏导工作。14日，总政治部组织第三批抗震救灾心理专家服务小组赴甘肃灾区进行心理服务。抗震救灾期间，全军共派往灾区57支心理救援队、204名心理救援专业人员，分别进入5个责任区实施心理服务。（参见图248）

图248 6月14日，77133部队邀请专家进行心理骨干培训（成都军区 提供）

解放军心理专家组与军地有关医院协作，联合开设5个野战心理门诊部，建立20个心理咨询服务站，为任务部队培训懂心理知识、会做咨询疏导的骨干5000余名；对官兵进行心理普查、心理教育、心理评估、团体疏导、个体咨询、放松训练；运用国际通用的“症状自评量表（SCL-90）”和“军事群体心理应激预警检测工具”等手段，对不同级别348个任务部（分）队和7500余名官兵进行整体抽样调查；利用各种时机普及心理知识，帮助灾区群众和救援官兵正确认识救灾中出现的心理应激反应，掌握自我调适放松的方法；在中央人民广播电台、中央电视台公布11条服务热线号码，接受电话咨询3800余人次；与中央电视台第7频道合作，摄制播出“用我的心牵你的手”“心灵之约”等4部专题片，在中央人民广播电台开设心理卫生知识讲座；总政治部派赴甘肃灾区的心理专家组与陇南电视台联合创办“重建心灵家园”系列心理访谈栏目，转战1300多公里，深入10多个乡（镇），为400余户受灾严重群众提供心理服务；在平武县冒着余震塌方危险，翻越海拔2800余米的山垭口进入泗耳藏族乡，为1000余名藏族群众提供服务；与伤亡惨重的聚源中学、漩口中学、南坝小学等学校，建立对口帮扶关系；组织开展“跟恐惧对话”“向逝者告别”等团体心理辅导活动；组织北川中学1000余名同学开展“爱在校园”活动，讲心理知识，做心理游戏，编排“重建家园·展示风采”文艺演出；在绵竹市体育中心、什邡市蓥华镇“帐篷学校”，培训130多名教师，教会他们掌握让学生儿童走出心理阴影的科学方法和技巧。通过两个月耐心工作，专家组共为3万多名群众提供心理服务，对2600余名心理创伤严重的群众做心理疏导治疗，对6300余名孤儿、孤老、孤残人员和遇难学生家长做心理疏导和跟踪安抚服务。

济南军区为参加抢险救灾的每个旅、团调配2名以上心理工作骨干，实施“跟进心理”服务；选拔培养46名专职、兼职心理医生，设立6个心理咨询站，组成21个心理干预小组，深入部队和108个村、14所学校，开展集体心理辅导300余场次、1.2万余人，个体疏导和治疗367人，培训基层干部、思想骨干和乡镇医生916人，编印发放心理防护手册3万余册，对救灾官兵和灾区群众进行心理跟踪疏导与综合治疗。（参见图249）

图249　5月25日，71320部队组织官兵做心理常识和心理防护教育

（济南军区　提供）

成都军区空军心理专家组组织任务部队开展“自信呐喊”“勇气传递”“同舟共济”“突出重围”等心理训练和游戏活动。5月21日至6月8日，第二炮兵抽调6名心理专家和教授，组成第一支心理服务队，行程1200余公里，为821人次官兵、293名灾区群众和学生心理进行疏导和安抚服务。6月7日，第二炮兵总医院抽调13名医护骨干组成第二支心理服务队，赶赴绵竹、安县开展服务，对370余名官兵进行心理摸底调查；举办3期培训班和辅导讲座，对257名心理骨干进行业务培训；组织健康知识宣讲6次，参加听课官兵1600余人；为官兵康复理疗268人次，与570名官兵进行“一对一”心理交流。武警四川省总队组织编发《抗震救灾心理健康教育提纲》和《心理疏导手册》，邀请总部21名心理教育专家到北川、绵竹、汶川、都江堰、理县5个救灾任务较重的县（市），对一线抢险救灾官兵进行辅导，使1300余名官兵得到心理疏导。

第二节　组织干部工作

参加抗震救灾的部队和其他抢险队伍，加强在灾区一线的组织干部工作，建立健全各级党组织，调整充实一线党员骨干。各级党组织广泛开展“火线”入党入团和立功创模活动，激发抢险救灾人员的顽强斗志。在灾区艰难困苦的条件下，采取各种措施培养考察干部。创新和发展干部工作的应急考察与使用举措，一大批经过抗震救灾极其艰苦环境摔打、磨炼的优秀干部脱颖而出，为抢险救灾的胜利提供坚强有力的组织保证。

一　组织工作

建立临时党组织　地震发生后，中组部先后下发16个文件，对抗震救灾中基层党组织建设，发挥干部、党员先锋模范作用等提出明确要求。在灾区抢险队、医疗队等抢险队伍中，建立临时党组织900余个，完善、重建900个受损的基层党组织。5月20日，质检总局前方指挥部决定，在绵阳、都江堰分别成立总局卫生防疫队临时党支部。

重庆市交通委员会在四川的救援队伍有450余人，其中有110余名党员，成立1个临时党委、5个临时党支部，以及12个党员突击队和11个青年突击队，在排查隐患、开辟“绿色通道”、运输救灾物资等方面发挥了重要作用。重庆市公路局组织的自愿赴川抗震救灾突击队中，有一支由38名桥梁、道路、隧道专家组成的赴川支援专家组，均为党员干部，他们成立了临时党支部，对救灾行动实施强有力的组织领导。江苏质监局检验检测队7名党员成立临时党支部，浙江省质监局检验检测队13名党员成立临时党支部，广东省质监局检验检测队和特种设备队10名党员成立临时党支部。这些党支部在抢险救灾斗争中，发挥了坚强的战斗堡垒作用。中国移动从所属北京、江苏、浙江、山东、湖北、湖南、广东公司抽调42名员工，组建随军通信突击队，其中18名党员在灾区一线成立临时党支部。42名突击队员以党支部、党小组为核心，建立和完善指挥体系，短短的11天中，有13名突击队员和3名驾驶员递交了入党申请书。

北京电力医院医疗队临时党支部为了表明决心、鼓舞士气、激励斗志，决定尽快举行一次宣誓仪式。当时身边没有携带党旗，也无法购买，最后决定自制一面特殊党旗。他们截下一块长70厘米、宽60厘米的红色条幅，几个队员举着手电筒和应急灯，一双双曾经奋战在无影灯下的手，在条幅的左上角位置用26枚小党徽组成了镰刀锤头的图案，全体队员在这面“特殊党旗”下举行了庄严的宣誓仪式。这面党旗已被国家博物馆收藏。

西电集团医疗救护队的20余名队员中有党员7名，到达广元后，立即成立临时党支部。党员在救治伤员和转运伤员工作中，处处吃苦在前、冲锋在前，充分发挥了党员模范带头作用。成都电业局参加水上救援工作的11名党员，成立水上临时党支部，带领水上救援队战胜艰险，5天往返610船次，运送受伤受灾人员、抢险救灾人员5000余人和大量急需的救灾物资。

参加抢险救灾的解放军、武警部队根据救灾任务特点和灾区实际情况，分别成立成都军区联指党委、5个责任区党委和300余个任务部队临时党委，健全了2141个党支部、947个临时党支部，形成党委、支部、小组、党员“四位一体”的组织网络。

济南军区任务部队，有599个建制党委（支部）和106个临时组建的党组织，对抢险救灾行动实施坚强有力的领导。兰州军区执行抗震救灾任务的部队按区域、分点位成立19个临时党委，各救灾分队结合任务点位，调整健全了178个党支部和597个党小组，新组建了92个临时党支部。

5月13日，北京军区任务部队建立前指党委，下设1个医疗所党委、2个党总支、11个党支部，形成分队有党支部、站有党小组、点有党员骨干。沈阳军区抗震救灾医疗防疫队成立3所野战医院临时党委和23个党支部、46个党小组。南京军区入川抗震救灾部队，及时完善临时党组织，根据任务与部队分队编成及配置地域特点，成立2个临时党委和11个临时党支部。广州军区抗震救灾医疗队成立临时党委，下辖第1、2、3医疗分队等3个临时党支部。

海军任务部队健全与完善建制部队党组织，对临时调整编组的救灾力量，如湛江后装保障组、工程机械突击队、防疫消杀突击队等，依据任务和工作需要，都成立临时党委、党支部。舰队前指临时党委下辖1个旅级、2个团级、13个营级党委和72个党支部。5月13日，空军为加强对救灾部队机关工作的领导，95829部队成立机关临时党支部。16日，空军后勤部野战防疫分队成立3个临时党支部，“进村入户”的158个小分队均成立临时党支部或党小组；18日，成立成都军区空军彭州和都江堰抗震救灾前指临时党委；22日晚，成立由空军部队为主的第三责任区临时党委。

第二炮兵任务部队成立17个临时党委、53个临时党支部。武警任务部队共成立85个临时党委、320个临时党支部、1185个党小组，8387名党员组成489个党员突击队，成为抢险救灾的中坚力量（见表23）。

武警抗震救灾部队临时党组织情况统计表

表 23

单　位	党员人数（人）	临时党委（个）	临时党支部（个）	党员突击队（个）
四川省总队	3531	24	133	240
甘肃省总队	357	2	8	10
陕西省总队	198	1	4	22
重庆市总队	116	4	4	13
8740 部队	561	5	17	46
8690 部队	1242	23	79	52
8651 部队	217	0	9	31
黄金部队	129	3	8	4
森林部队	418	8	20	5
水电部队	1038	11	32	52
交通部队	580	4	6	14
合　　计	8387	85	320	489

开展“火线”入党与立功创模活动　震后，中组部立即下发指示，要求在抗震救灾行动中采取特殊措施，发现和培养入党积极分子，做好发展党员工作。在抗震救灾一线各级党组织培养入党积极分子 30678 人、提交入党申请书者 71013 人、发展党员 14567 人。

四川电力公司德阳电业局 15 个突击小组中，有 52 人提交入党申请书；12 人表现突出，“火线”入党。5 月 21 日，黑龙江省质监局 9 名队员“火线”入党；30 日，黑龙江省质监局又吸收 3 人“火线”入党。江苏煤炭地质局专家组 4 人被发展为预备党员。华侨城集团党委在华夏艺术中心举行抗震救灾主题党日活动，35 名新党员与 800 余名老党员举行入党宣誓和重温誓词仪式。中国中铁二局向灾区派出近 1000 名党员、5318 名抢险队员，各临时党支部对 53 名申请入党的突击队员严格考察后批准为预备党员。

5 月 26 日晚和 6 月 2 日，东方电气集团党委两次举行“东汽抗震救灾、恢复生产、重建家园‘火线’入党宣誓仪式”，黄朝辉等 36 人加入中国共产党。

6 月 11 日，在江油市敬元乡公路保通施工现场，贵州省交通援川抗震救灾突击队 40 多名老党员和 10 名“火线”入党的新党员面对党旗庄严宣誓，不怕牺牲，排除万难，誓保公路通畅，为抢险救灾做贡献。同日下午，在江油市敬元乡公路施工现场，河南省交通厅赴川公路抢通保通工作队 10 名队员举起右手宣誓加入中国共产党。驻马店市公路抢通突击队芦东升等 9 人，也光荣地加入了中国共产党。至 12 日，河南省援川抗震救灾队共有 82 人“火线”入党。23 日下午，河南省委副书记陈全国等领导到抢通保通施工现场慰问，陈全国主持突击队员“火线”入党宣誓仪式。同日，山东省交通厅北川抗震救灾总指挥部临时党委，在桂溪乡抢通保通工地举行抢险队

图 250　6 月 23 日，山东省交通厅党委组织举行北川抢险队员“火线”入党仪式

（交通运输部　提供）

员“火线”入党仪式，13 人被吸收为中共预备党员，中组部徐南鹏、交通运输部周海涛、山东省委组织部和当地交通部门的领导参加仪式（见图 250）。30 日，质检总局在绵阳和都江堰防疫队临时党支部举行入党宣誓仪式，37 人被批准“火线”加入中国共产党的新党员在党旗下庄严宣誓。7 月 8 日 10 时，在安县抗震救灾指挥部现场，重庆电力救援人员中，有 21 名新党员面对党旗庄严举起右手，向党立下铮铮誓言。

5 月 18 日，总政组织部下发《关于在执行抗震救灾任务部队中开展“火线”入党入团、立功创模活动的通知》。通知指出，把在抗震救灾中表现特别突出的入党、入团积极分子，及时吸收为预备党员或团员，任务结束后补办相关手续。通知还指出，“火线”记功嘉奖，属于本级权限内的可由军政首长临机实施，事后向党委报告；需要上级党委审批的要快评、快报、快批。20 日，成都军区联指政治部转发总政治部通知，要求坚持向重点灾区任务部队倾斜，坚持以救灾事迹和贡献为依据，坚持与平时表现相结合，在执行抗震救灾任务的一线部队中，及时把表现特别突出的积极分子吸收为预备党员。救灾任务部队党委和政治机关把发展党员工作纳入抗震救灾政治工作总体计划，统筹安排，周密组织，科学实施。各任务部队按照通知要求，广泛开展“火线”入党和立功创模活动，形成比思想、比干劲、比贡献的立功竞赛热潮。有 3 万多名入党积极分子、4000 余名发展对象向所在党组织请战，要求把最艰巨、最繁重的任务交给自己；3000 余名共青团员和青年向党组织递交入党申请，要求在抗震救灾一线的特殊战场接受党组织的考验。截至 6 月 6 日，抗震救灾部队共有 33991 名入党积极分子，3240 人“火线”入党。（参见图 251）

图 251　7 月 1 日，77283 部队司令部直属队组织在抗震救灾中表现突出被批准“火线”入党的 22 名战士（图中前排）在废墟前进行入党宣誓活动

（成都军区　提供）

在“火线”入党和立功创模活动中，济南军区有 939 人“火线”立功，1048 人“火线”入党。71622 部队、71897 部队有 879 名官兵写下决心书，670 余名入党积极分子又递交入党申请书。广州军区医疗队、防疫队先后批准 11 名表现突出的官兵“火线”入党。海军先后给 2 个单位和 83 名个人记功，批准 50 名官兵“火线”入党。

空军前指党委在开展立功创模活动中明确，凡在废墟中救出人员的官兵，立即记三等功。部队迅速掀起立功竞赛热潮，有 591 人“火线”立功受奖。战士殷金龙是小木岭大营救 6 人“敢死队”中的一员，凭借顽强的毅力和高超的技能，与救援突击队连续奋战三天两夜，成功救出 756 名矿工，在救灾一线光荣入党。“上甘岭坚守英雄连”和黄继光生前所在的 95942 部队要求在关键时刻“只吹冲锋号、不打退堂鼓”，像坚守上甘岭坑道一样，不怕牺牲敢打硬拼，有 1172 名共青团员和青年递交入党申请书，63 人光荣入党。

解放军总医院在开展“立功创模、‘火线’入党入团”和“比思想、比作风、比干劲、比贡献”活动中，42 名医疗队员在一线被批准加入党组织。医院赴汶川县水磨镇医疗队党支部，在交通严重阻塞、无法购到党旗的情况下，从老乡家里借来红布，安排 2 名党员一针一线绣出一面党旗，组织 3 名新党员在党旗下举行简朴庄重的宣誓仪式。

5 月 21 日，第四军医大学医疗救援队段建军等 24 名入党积极分子，面对党旗庄严宣誓：用行动诉说忠诚，用忠诚兑现承诺，以优异成绩回报党组织的关怀和信任，出色地完成抗灾救治任务。第 455 医院医疗队老职工顾振华已 50 多岁，是第 455 医院医疗队在灾区申请入党的唯一一名职工。顾振华站在党旗下宣誓完毕后眼泪夺眶而出，誓愿在特殊战场完成一辈子的追求。

武警部队先遣分队队员、8740部队通信营女兵班副班长周秋蘋，在参谋长王毅带领下冒着余震不断、山体滑坡危险，历时21小时、徒步强行军90公里进入汶川展开救援，荣立二等功，被批准“火线”入党。

德阳市旌阳区人武部职工罗建秋已50岁，抢险救灾中冒着余震威胁冲进废墟救人，冒雨奋战25小时，和战友们从废墟中抢救出16条生命，被批准“火线”加入党组织。

发挥党组织领导核心和战斗堡垒作用 地震发生后，中组部先后派出4批干部深入灾区，指导和督促各级党委在抗震救灾中发挥党组织作用。灾区各级党组织在突如其来的地震灾害面前，成为灾区人民的主心骨，发挥着中流砥柱的作用。解放军和武警救灾部队各级党组织，审时度势、精于谋划、灵活指挥、沉着冷静，把救灾现场作为广大官兵特别是党员干部“高举旗帜、听党指挥、履行使命”的“战场”，与灾区党组织一道，把保护人民生命安全放在首位，急人民群众之所急，解人民群众之所难，把党和国家的关怀送给每一个受灾群众，带动、影响和调动灾区群众救灾积极性，凝聚成万众一心迎难而上、共御天灾建设家园的伟大力量。为了加强抗震救灾中各级党组织的核心领导作用，中组部向灾区赠送党旗1.7万面、党徽15万余枚。

德阳市委在地震发生后10分钟，就成立抗震救灾指挥部，立即动员各种救援力量火速赶赴绵竹、什邡等极重灾区，全力抢救受困群众，共从废墟中救出12477人，收治伤员59276人，临时安置受灾群众124万人。绵竹市清平乡小木岭村千余群众受困，德阳市委商请有关方面，在广汉建立飞行基地，在清平乡建立营救基地，协调救灾部队1000余人，翻山越岭实施营救，解救被困群众1300余人。

地震发生时，北川羌族自治县委书记宋明正在去成都学习的途中，地震余波未息便调转车头返回；因道路受阻，赶至北川中学就地指挥教师和当地群众抢救被埋师生。地震时，县长经大忠正在县委礼堂参加全县庆祝五四青年节暨青年创业大赛颁奖表彰大会。经大忠高喊“让学生先走，党员干部留下”，掩护学生安全撤离，与会人员无一遇难，随后迅速成立北川县委抗震救灾指挥部。为避开滑坡和上游堰塞湖等“悬顶”之危，指挥部在地震当天成功转移老城区5000余名群众；5月13日晨，再次转移约3000名新城区幸存群众。组织党员和干部群众用手刨棒撬，共搜救出群众15063人，救治受伤群众2万多名，掩埋和火化1万余具死难者遗体，安置受灾群众14.2万人。

汶川县映秀镇党委、政府机关里原本有30余人，地震发生后，集合起来6个人。在多名乡镇干部下落不明的情况下，镇党委副书记蒋青林担起重担展开救援。地震当天，镇党委、镇政府组织人员用简易工具，救出被困人员500余人，救治伤员1000余名。镇党委书记王长红在出差途中被滚石砸伤双腿，伤情严重，就医期间用电话指挥映秀抗震救灾。副镇长徐红军从废墟里爬出，快速跑向幼儿园，带领群众当天在废墟中救出20余个孩子。至5月14日凌晨，镇党委带领群众在废墟中累计救出被埋压群众500余人，其中学生100余人。

地震后，东汽党委迅速组织以党员为骨干的2000余人自救互救抢险队，用简单的工具和双手刨挖，在废墟里进行“地毯式”搜寻，抢救转移1000余名伤员。都江堰市向峨乡以村党支部（社区）为单位，组织13个党员干部搜救小分队，搜救幸存人员，奋战七天七夜，营救出87名受困群众。理县杂谷脑镇党委在地震后30分钟内组织200余名党员，自发集结在镇党委所在地，

4小时内救出26名受灾群众，12小时内将受灾群众安全转移。汶川县雁门乡萝卜寨村党支部，带领全村党员用肩扛手刨，成功解救60余名受困群众。

地震后，陇南市委连夜下发《关于立即组织基层党组织和共产党员开展抗震救灾工作的紧急通知》，一夜之间，紧急抽调26名市级、628名县级、2800名科级、6600名一般干部，共10054名干部，自带干粮、被褥，深入全市受灾村、特别是598个重灾村，查看灾情，组织救灾。全市3394个乡村党组织、2.2万名乡村干部、10万名党员干部响应市委号召，带领群众奋力抢救群众生命和财产，安排受灾群众生活。文县中庙乡党委组织全乡70名党员干部赶赴19个村，转移疏散群众，搭建帐篷2060顶，安置群众13408人，排除险情80余处，抢修乡村公路105公里，抢收油菜和小麦45.3公顷、300余吨。

成都军区联指党委、5个责任区党委、2000多个部队建制党委和临时党委以及基层党支部，对在四川灾区执行抢险任务的部队实施高度的集中统一领导，形成坚强的领导核心。全军百余名军以上干部深入偏远山寨，在一线指挥救灾行动，2300余名师、团职干部与部队一起奋战在抢险救灾第一线。

5月12日20时，成都军区政治部下发《抗震救灾政治工作指示》，就部队在抗震救灾中发挥党委领导核心、党支部战斗堡垒、党员先锋模范作用提出要求。全区部队紧急行动，就地就近突进震中地带，跨越生死界线，克服千难万险，进入千家万户，抢救灾区人民的生命和财产。抢险救灾部队中，有1500余名党员在家庭受灾、痛失亲人的情况下，义无反顾地顽强战斗在救灾第一线，成为一颗颗铆在关键部位的“螺丝钉”。

地震时，北川羌族自治县人武部包括正在集训的民兵在内共有38人遇难、37人失踪、63人受伤。党委书记、政委钟良军从血泊里爬起来，组织从废墟中爬出来的3名党委委员，召开了两分钟的党委会，组织幸存干部和民兵开始救人，24小时内从废墟中搜救出42名幸存者；一个月内，组织全县民兵转移受灾群众5600余人，运送生活物资20余万件，建起北川第一个受灾群众临时安置村，为当地受灾儿童搭建起“兴川希望小学”，解决了120名儿童上学问题，被群众誉为“废墟上不倒的旗帜”“令人赞叹的英雄团队”。

济南军区部队在地震灾区一线，有599个建制党委（支部）和106个临时党组织，对抢险救灾行动实施坚强有力的领导，有28名军以上领导干部和49名师旅团主官战斗在第一线。他们按照党委统一领导下的首长分工负责制的原则，在最关键、最危险的岗位上，既当指挥员又当战斗员，以自己的表率示范作用，带动全区近4.6万官兵众志成城、顽强抢险。有15名已确定转业待安置的干部也随救灾部队行动，有1236名官兵失去亲人或家庭受灾仍坚持在一线抢险，20多名重伤官兵不下“火线”，1600余人轻伤坚持战斗。5月16日14时，71282部队直属队在政委刘法峰、政治部主任黄晓健带领下，对都江堰市区进行拉网式搜救。当要进入一座随时可能倒塌、可能发生生命危险的危楼时，刘法峰决定组织敢死队先上，让不是独生子女的人举手，285名官兵全部举起了手。他又让入伍两年以上党员举手，官兵们又一次齐刷刷地举起了手。在场的媒体记者见此情景感动而泣。刘法峰指挥部队组成多个敢死队，在烟尘滚滚、刺鼻的消毒水气味中，持续搜救7个多小时，一口水也没顾得上喝，直至任务完成。

兰州军区有10名军职领导干部和100余名师、团职干部战斗在救灾一线。在2900余名党员中，有270余名党员推迟婚期或放弃休假提前归队；参加抗震救灾的7700余名官兵中，有156名党员家在灾区亲人遇难、失踪，他们以大局为重，始终战斗在最前线。168个党员突击队，战斗在最危险、最艰苦的位置上。173支“进村入户”小分队全部由党员带队，每个抢险点都由党员组织，每个危险地段都由党员负责，出色地完成全面搜救任务。

海军92051部队两栖侦察队队长詹建中、副队长严林剑带领突击营救分队，两次深入绵竹市最偏远的天池乡和清平乡山区，徒步行军100余公里，奋战36小时，经历20余次余震，解救受困群众120余名。由党员组成的“海豹工程突击队”，冒着危险拆除对群众威胁较大的烟囱、水塔、楼房等高危建筑。

空军抗震救灾部队在救灾一线有36名军以上领导干部、900余名团以上干部奋战在救灾一线，以实际行动践行“讲党性、重品行、作表率”的要求。300余个“党员突击队”队员都戴上红袖标，搜救被困群众时冲在最前面，遇有险情时第一个上，搬运遇难者遗体时带头干。93897部队司令部管理股股长赵勇家在北川，地震夺去了兄嫂、侄女等4位亲人的生命，父母等10多位亲人下落不明。部队领导特批他回家看望。赵勇说：“虽然我的家受灾严重，失去了亲人，但我更是一名党员干部，大灾当前我不去抢救灾区的父老乡亲，怎么向死去的亲人交代？”毅然参加向灾区一线运送物资的任务。

武警救灾部队有95名军、师职领导干部和382名团职干部战斗在救灾一线，8387名党员共组织了数百个党员突击队。（参见图252）武警成都市支队政委李丕金家中3名亲人遇难、10名亲属下落不明，仍始终坚持在一线指挥。武警绵阳市支队政委徐超带领40名党员，转移灾区群众时，被一条小河挡住，他们跳进齐腰深的河水中排成4列，让1000余名老弱和受伤群众从他们的肩上踩着过河。武警8690部队1302名党员干部组成52个党员突击队、38个干部抢险组、4个敢死队，成为抗震救灾的“尖刀利刃”。武警水电部队3名军职、19名师职干部、100余名团职干

图252　5月18日，武警甘肃省总队党员突击队在灾区抢险救灾
（武警部队　提供）

部，以指挥员和战斗员双重身份奋战在抢险一线。地震发生后，武警水电第三总队6小时内集结千余名官兵、近百台机械设备，在汶川、北川、都江堰等7个极重灾县（市）连续奋战五天五夜，转战5所中小学、2座化工厂、87处居民楼废墟现场，救出46名幸存者、转移遇险群众5.3万余人。该总队抽调658名精兵强将，投入150多台大型机械设备，参加唐家山堰塞湖排险任务。在历时半个月的抢险中，200名机械操作手组成数个党员突击队昼夜不停作业，开挖出一条长470米、宽50米、深13米的泄洪槽，为唐家山堰塞湖顺利泄洪做出了贡献。

武警水电三峡工程指挥部，担负向唐家山运送炸药、开挖泄流槽、抢修北川到唐家山交通便道、人力装卸转运救援物资等繁重任务，9个党员突击队，扛着“党员突击队”的旗帜，哪里最危险就战斗在哪里。指挥部主任马青春高烧39度仍与官兵并肩战斗；副参谋长崔元军带领部队翻越4座山崖，通过5个滑坡体，将1560公斤炸药和中央电视台摄影转播器材运送到施工现场。

发挥党员先锋模范作用 面对特大地震灾害，参加抗震救灾的共产党员舍生忘死、无私无畏、勇往直前，充分发挥先锋模范作用，彰显了新时期共产党员的先进性。

5月13日上午，青川县石坝乡党委书记舒云正在开会，有人递给他纸条说：“地震后，大家都没见到你父母，很有可能压到房子下面了。”他看完纸条顺手装进衣袋，接着布置工作。下午，舒云在村里指导搭建避雨棚，又收到一张纸条：“你父母被压在房屋下面，请速回家。”他看了纸条后什么也没说，继续组织抢救被埋人员。晚上，正在避震棚安抚群众的舒云，接到姐姐从木鱼镇托人捎来的父母在地震中罹难的消息。舒云拭去悲伤泪水说：“我是石坝乡抗震救灾总指挥，作为一名党员干部，不能为了安葬父母而丢下受灾群众。”说完便继续坚持工作。

28岁的彭州市公安局政工监督室女民警蒋敏，在爷爷、奶奶、母亲、女儿等10余位家人遇难的重创下仍坚守岗位，顽强救灾。17日凌晨，她因劳累和悲伤过度晕厥在临时安置点上，醒来后医生要送她到医院治疗，她却挣扎着回到天彭中学的安置点，继续着她的工作。地震发生后，婴幼儿食品、用具极度匮乏，在安置点协助工作的江油市公安局巡警大队警察蒋晓娟将不满半岁的儿子交给自己的父母，主动提出给灾区新生婴儿哺乳。受灾群众看着自己的孩子吃上了母乳，都感动得流下了热泪。蒋晓娟每天要为10多个婴儿哺乳，被人们称为“救灾时最美丽的女性”“孤儿的警察奶妈”“最最可敬的女党员”。徽县嘉陵镇党委委员、人武部部长田宇的祖母遇难，他脱掉孝衣换上迷彩服，带领本村民兵挨家挨户抢险救灾，先后从废墟中救出8名群众，抢出粮食3000余吨、家电和物品2000余件、牲畜200余头（只）。

解放军和武警部队3.7万余名党员在抢险救灾中不畏艰险冲锋在前，有4800余名党员在痛失亲人、家中受灾情况下，舍小家顾大家，展现了共产党员的光辉形象。邱光华是年过半百的特级羌族飞行员、副师职直升机机长，再有11个月就将退休。地震发生后，他连续执行飞行任务。5月15日，到青川执行空运物资任务，在满目疮痍的地面上找不到降落场。他带着机组人员反复盘旋观察，沉稳操作，多次试探性悬停着陆，最终将直升机降落在由几块石头形成的不足200平方米的地面上，完好无损地将救灾物资送到灾区群众手中。26日，邱光华驾机进汶川运送伤员，拟降落的峡谷仅100余米宽，5道高压线挡在下降航线上。飞机一次次下降，又一次次拉起来，在空中盘旋30多分钟，悬停下降11次后，终于穿过电线网强行降到目的地。他对记者说：“伤员在下面急待救援，我们冒死也得下去。”为了抢救更多的生命，他6次从茂县家乡上空飞过，都没有落地回家看上一眼。在一次执行投送帐篷任务中，投送点刚好在他老家附近，直升机悬停投放时，他清楚地看见家中倒塌的房屋，但他仍满怀着对亲人的愧疚继续投入下一次飞行任务中。31日，邱光华奉命驾驶直升机执行运送救援专家任务返航途中，不幸失事，他和机组其他4名成员牺牲。从地震发生到飞机失事，他在气候条件复杂多变、各种参数接近临界值、通信联络不畅的情况下，冒险飞行63架次、50小时31分钟，运送物资25.8吨、各类人员131人，转移受灾群众180人。

实习士官武文斌所在的济南军区某部接到抗震救灾命令后，连队考虑武文斌近期将返校参加毕业典礼和举行婚礼，就安排他留守，但武文斌坚决要求参加抗震救灾。5月15日下午，在都江堰倒塌楼房抢救压埋群众时，武文斌说："我是学测绘的，有这方面的知识，让我在前头吧。"余震袭来，悬在头上的楼板剧烈晃动，他毫无惧色，连续两次进入危楼搜救被压埋人员。当他们历时3个小时抬出两具遗体后，危楼在余震中轰然倒塌。6月17日上午，武文斌与战友们一起为当地群众搭建板房；中午，搭完排里的帐篷又去搭建饭堂；下午，平整场地后又去安装晾衣场；傍晚至晚上，又连续卸下重庆市支援的8车活动板材，完成本排的任务后，又去帮助其他排干，累得手脚麻木站都站不起来。18日凌晨，武文斌终因劳累过度引起肺血管畸形破裂出血，心脏永远停止了跳动。他被中央军委授予"抗震救灾英雄战士"荣誉称号，被追认为中共正式党员。

绵阳市游仙区人武部部长郑强，家中有16位亲人遇难、13人受伤，他忍着悲痛带领民兵奔袭100余公里到极重灾区北川，连续抢险救灾4个昼夜，最后晕倒在地震废墟上。

二　干部工作

在抢险救灾一线考察干部　地震发生后，中组部连夜下发通知，要求在抗震救灾中加强对干部的考察与使用工作；5月30日，四川省委组织部下发《关于抓紧优秀年轻干部到地震灾区支援灾后重建的通知》，全省各级组织部门积极选派优秀干部到受灾地区代职、挂职，在组织领导抗震救灾和灾后重建中锻炼提高，经受考验。

5月25日，总政治部下发《关于认真做好抗震救灾中干部工作的通知》，要求在艰苦条件、艰巨任务中考察使用干部，重点考察了解干部的政治表现、战斗精神、组织指挥和临机处置复杂棘手问题能力、完成任务情况，掌握一批优秀干部，及时调整充实到后备干部和中青年干部培养对象名单中，对表现特别突出的提拔重用；获二等功以上奖励的干部可以优先或提前晋职晋衔，获一等功以上奖励的士兵符合年龄条件的可直接保送上学。对参加救灾任务的预备役军官，按有关规定商地方参照现役军官标准进行。6月27日，总政治部、国务院军队转业干部安置工作小组、中组部和人力资源社会保障部联合下发《关于做好参加抗震救灾军队转业干部安置工作的通知》。通知要求，对在2008年参加抗震救灾的军队转业干部"给予从优安置，对立功受奖的重点安置"。30日，总政治部干部部就贯彻落实总政治部《关于认真做好抗震救灾中干部工作的通知》的几个问题做进一步明确，其中对因抗震救灾获二等功以上的士兵，优先列入保送入学对象。

5月27日，成都军区联指政治部转发总政治部《关于认真做好抗震救灾中干部工作的通知》，要求各级发现和掌握一批决心很硬、标准很高、要求很严的优秀干部；优秀的副军职、师职和正团职干部名单及现实表现，于31日前报联指政治部，同时报送所在军区级单位政治部。6月21日，成都军区联指政治部下发《关于做好抗震救灾干部考察鉴定工作的通知》，就做好抗震救灾干部考察鉴定工作提出要求，全面客观地对干部做出鉴定，增强考察鉴定的真实性和公信度。

6 月 3 日，总政治部干部部转发济南军区做好抗震救灾中干部考察工作做法。济南军区和第二炮兵组织力量深入一线考核干部，重点对象是师职以下指挥干部、机关参谋人员和高中级专业技术职务干部；突出在政治态度上、在履行职责能力上、在战斗精神上、在完成任务上考察干部实绩，准确掌握执行艰巨复杂任务中的现实表现。

从 5 月 17 日开始，成都军区空军先后组织两批 8 个考察组奔赴各抗震救灾一线，对参加抗震救灾的正营职以上领导干部和中级技术职务以上干部逐一进行考察了解，对表现突出的 34 名营团职干部优先提升使用，8 名技术干部越级或提前晋升技术等级。7 月 10 日，总政治部主任助理许耀元等一行 6 人，到成都军区联指调研各级领导干部在执行任务中的表现。11—15 日，许耀元率总政工作组，分别到 5 个责任区调研考察干部。8 月 7—12 日，成都军区联指政治部主任吴昌德带工作组分别到 77100 部队指挥所、四川省军区及成都军区司令部、装备部、联勤部调研团以上干部完成重大任务情况，并将调研情况上报联指党委，作为提升调配使用的依据。

组织士兵军校文化考试 抗震救灾期间，正值军队院校招生考试时间，也是考生复习最紧张的时段。为了不影响抗震救灾任务部队考生考试，成都军区联指政治部于 5 月 27 日做出决定，抗震救灾任务部队军校招生文化考试时间推迟到 7 月 6 日、7 日。（参见图 253）7 月 6 日，成都

图 253 5 月 20 日，77126 部队参加军校考试的士兵奋战在抗震救灾一线

（成都军区 提供）

军区联指组织成都军区参加抗震救灾的93名士兵考生在新都考场参加全军第二批军校招生文化考试。10日，成都军区一线部队77名士兵考生在绵阳考场，参加第二批士官学员招生文化统考。这批考生因执行抗震救灾任务，未能如期参加士官军校学员文化考试，成都军区专门为他们组织文化统考，并在录取时给予优惠。

济南军区有400余名士兵考生前往地震灾区执行抗震救灾任务。济南军区政治部协调成都军区政治部，为每名考生配发复习资料，所在部队领导也安排时间组织文化课复习，挑选大学生干部担任辅导老师。7月6—7日，这些士兵考生从抗震救灾第一线赶往71897部队驻地考场，参加军队院校招生文化统考；10—11日，分别在都江堰、彭州、平武、茂县、青川驻地设置5个考点，利用帐篷、板房设置13个帐篷考场，组织抗震救灾的366名战士参加士官学员招生文化统考。10日，空军、第二炮兵也在安县等地设置帐篷考场，组织抗震救灾一线的考生参加士官学员招生文化统考。

第三节　舆论宣传

抗震救灾期间，军地各级宣传部门，调动各种宣传力量，运用现代传媒手段，以丰富多彩的形式，宣传中共中央、国务院、中央军委决策部署和军民战胜一切困难的英勇气概，宣传抗震救灾先进集体和模范人物的先进事迹以及军民同呼吸、共命运、心连心的鱼水深情，鼓舞抗震救灾军民始终保持高昂的战斗意志，营造攻坚克难、不怕苦累、勇于牺牲的战斗氛围，为夺取抗震救灾的胜利提供有力的舆论支持。

一　现场鼓动

5月16日和25日、6月19日，总政治部根据抢险救灾进入不同阶段的任务实际，先后3次印发《军队参加抗震救灾战斗口号》，成都军区联指政治部组织任务部队大力开展宣传鼓动活动，激励广大官兵弘扬抗震救灾精神，保持旺盛斗志。

5月12日20时，成都军区政治部下发《做好抗震救灾宣传报道工作的通知》，就部队在抗震救灾中发扬优良传统、加大宣传力度等问题提出要求。四川省军区政治部制作“四川民兵”“抗震救灾民兵应急分队”等红旗、袖标，下发部队和民兵预备役人员，无论转战到哪里，都把旗帜、标语口号展示在哪里；在民兵预备役人员中，叫响“四川民兵加油”“为家乡争光”口号。南充军分区刚进入青川就亮起“朱德故乡民兵”“张思德民兵班”“南充民兵突击队”等一面面旗帜；大力宣扬父亲病逝毅然坚守救灾现场的专武干部徐定东、身患癌症强忍病痛救灾的党员王洪刚、让蜜月在抗震救灾中度过的退伍兵褚勇、舍弃数百亩成熟西瓜投身抗震救灾的“西瓜大王”张元培等一批英模事迹，对部队和民兵产生强大的感召作用。

5月17日，济南军区政治部加强对任务部队的教育引导，拟制朗朗上口、简短有力的宣传口号，制作5万副印有抗震救灾战斗口号的扑克牌下发部队；采取多种形式把战斗口号挂起来、打出来、喊起来，不间断地搞好思想动员和现场鼓动，使部队始终保持高昂的士气和顽强作风。5月30日至6月20日，71352部队在“进村入户”中，建立“流动广播站”，把党和政府的关怀送到千家万户；71521部队用光荣历史和优良传统，用“铁军”精神教育部队、激励官兵凝聚军心，开展“旗子打起来、士气鼓起来、形象树起来”和“珍惜铁军荣誉、弘扬铁军传统”教育实践活动。所有红军团、营、连把自己的历史荣誉旗帜插到救灾现场，悬挂起“铁军来了”“济南军区猛虎师”“铁甲雄师”等横幅，官兵都佩戴“铁军”“猛虎”臂章，车辆都悬挂“铁军称号人民授、铁军永远为人民”等标语，叫响“任务重于生命、使命高于一切”“不惜一切代价救生命”“把人民利益举过头顶、把艰难困苦踩在脚下”等战斗口号。许多官兵几天几夜得不到休息，有的生病、负伤，但官兵抱着必胜信念克服困难，顽强奋战，轻伤继续战斗，重伤不下火线，“铁军师”“猛虎师”“铁甲雄师”“铁拳劲旅”的威名和传奇故事在巴蜀大地传扬。71282部队政治机关组织官兵叫响“困难面前有铁军、铁军面前无困难”“人民安危放首位、流血牺牲不后退”等口号的同时，引导官兵认清形势任务，强化使命意识，始终保持昂扬的斗志和勇往直前的精神，为夺取抗震救灾斗争全面胜利提供坚强的政治保证和强大的精神动力。

兰州军区政治部要求部队持续搞好抗震救灾中的舆论宣传与现场鼓动工作，激发救灾官兵高昂的战斗激情。任务部队均成立宣传鼓动组，不间断地对部队宣传鼓动。68202部队战士业余演出队很快创作演出“挺进范坝乡”“20双血手套”“余震之后”“通向茶乡的生命通道”等文艺节目，既丰富战地生活，又鼓舞了部队士气。68206部队文艺小组把救灾场景、日常生活、助民劳动等编排成合唱、相声、小品等艺术作品，巡回演出，并编办“抗震救灾先锋报”，开设“工作进程”“经验做法”“好人好事”“安全防护”“官兵心语”“每日一星”等栏目，及时通报信息，宣传先进。甘肃省军区在救灾现场和宿营地悬挂国旗、党旗，组织高唱国歌、军歌、《歌唱祖国》《团结就是力量》等歌曲，用以凝聚军心，鼓舞斗志。天水预备役旅在救灾现场叫响“有一线希望、尽百倍努力”“危难时刻伸援手、地震无情人有情”“宁愿葬身废墟、决不后退半步”等战斗口号，开展“比思想、比劲头、比贡献”活动，激励鼓舞部队顽强的战斗精神。

海军下发《关于做好执行抗震救灾任务中政治工作的通知》，编印《冯理达的故事》，授予“冯理达抗震救灾医疗队”队旗。医疗队利用救灾间隙，组织宣誓仪式、召开感言会、撰写学习体会等，开展“追忆冯理达、坚定跟党走”主题活动。海军南海舰队在营地、救援现场和交通要道悬挂张贴具有海军工程兵特色的横幅标语共59条，在安全帽上印制“南海工兵”；采取开办广播快报、叫响战斗口号、悬挂横幅标语、编印教育小册子等形式，深入开展宣传鼓动工作。92051部队把英雄战旗插到救灾现场，将横幅、标语挂在醒目之处，叫响“听党指挥冲在前，服务人民我为先，英勇善战必胜天”“视灾情为命令，视灾区为战场，视人民为亲人”等口号；通过《猛虎风采》快报刊登上级指示精神和慰问电、嘉奖令，利用《猛虎之声》广播宣扬救灾中涌现出来的各类英模人物和好人好事。7月1日19时，在绵竹市剑南镇茂泉村驻地举行战旗签名仪式，海军司令员吴胜利、政委胡彦林和92051部队代表在战旗上签名，鼓励官兵弘扬抗震救灾精神，在救灾“战场”再立新功。

空军政治部下发《抗震救灾政治工作指示》，成立政治工作信息中心和宣传报道中心，分别负责指导部队做好抗震救灾中的政治工作和统筹协调新闻宣传报道工作 。(参见图254) 5月28日，第二炮兵文化服务队携带集政治宣传、科普知识、文化娱乐于一体的野战宣传文化车，赴绵竹、北川等地乡镇，为灾区提供文化服务。文化服务队白天制作张贴标语，挂设横幅，滚动播放电视新闻节目，晚上深入村镇利用广播、电视传达党和国家领导人对灾区人民亲切关怀，宣传抗震救灾最新动态，宣传英雄模范人物事迹。在绵竹市近2万人的群众聚集点设立文化宣传角，循环放映影片和电视新闻。63820部队在抢险救灾现场叫响“谁英雄谁好汉、抗震救灾比比看”及“艰苦时候干在前、危难时候冲在前”等战斗口号，激发官兵职工坚定必胜信念。6月上旬，63820部队开展了“三比三看”活动，即与老一辈建设者比，看不懈攀登的精神强不强；与灾区人民群众比，看恢复建设的信心足不足；与抗震救灾兄弟部队比，看顽强拼搏的作风硬不硬，有效地激发部队的斗志。

武警四川省总队编印下发《抗震救灾宣传鼓动口号》20条，制作标语横幅600余幅、党团旗260余面，发放传单8000余份，播放广播1000余次，下发抗震救灾常识手册4万余份，放映宣传片50余场次。5月12日18时，武警四川省消防总队制作130面“武警消防部队抗震救灾突击队”战旗，印制1000份简、繁体两个版本的汉字《感谢信》，送给一线参战部队和香港消

图254 抗震救灾期间，空军部队制发的抗震救灾宣传画

(空军 提供)

防处的增援人员。武警重庆市总队针对任务区域分散、多以班组行动的实际，将各级领导讲话、宣传教育提纲、战斗口号制作成小卡片，送给每名官兵，运用“一两分钟宣誓、三五句话发动”等形式激励官兵连续战斗精神。武警8690部队在救灾一线的连、排组织挑应战，叫响“谁英雄、谁好汉、救灾一线比比看”的口号，制作“哪里最困难、哪里就有武警”等标语、横幅悬挂在车厢、救灾点上。武警8740部队在3个重灾区派出35个工作组、16个宣传队，建立706个“三互”小组，提出“争分夺秒赶路、连续奋战救人”“干部站排头、党员当标杆”等口号，编发手机短信实施现场鼓动。同时制作宣传标语、横幅55条，下发电视机30台、收音机2100台、喊话器60个，使用宣传车3辆，充分发挥各种宣传设备的效能，为完成任务营造浓烈的战斗气氛。17日，武警8650部队分赴汶川县草坡、耿达、银杏3个乡为灾区群众送粮送药。为多背一点救命粮、救命药，官兵宁愿少为自己带干粮和水。高强度的跋山涉水，能量消耗大，干粮和水很快就用完了，指挥员利用小休息表扬好人好事，鼓励大家先人后己，把一瓶水、一口干粮让给战友。面对被称作“死亡之谷”的银杏乡到映秀镇路段，官兵用“生命通道上的开路先锋”、武警8740部队参谋长王毅的事迹和“冒死率队赴震中”的四川省军区副司令员李亚洲的事迹以及“让我回去再救一个，我还能再救一个”的某部战士荆利杰事迹，教育激发官兵树立不怕牺牲、团结互助、英勇奋战的精神。武警交通部队担负抢通26条公路任务，施工作业面狭窄，余震不断，对施工安全造成极大威胁，官兵身心极度疲劳。总队及时拟制《动员令》，与总部的《慰问电》一起印制成小卡片下发救灾官兵，组织官兵唱响战斗组歌，提出“困难面前不低头、危险面前不退缩”及“奋勇抗震救灾、锻造交通铁军”等战斗口号，制作“特别能战斗、特别能忍耐、特别能奉献”等标语横幅和“抢通突击队”旗帜1000余面，悬挂在抢险现场，插在机械设备上和宿营地，编制《抗震救灾图片展板》，宣传交通官兵抢险救灾的战斗风采，营造浓厚的战斗氛围。

二 新闻报道

中央传媒宣传报道 新华社在地震发生后17分钟播发北京地区有震感的英文快讯，于5月12日15时首发成都、河南等地有震感的现场报道，18时7分播发受灾现场的图片。地震发生后10余小时，新华社出动16路记者向主震区挺进，一个月内派出4批284名采编和技术人员进入震区。在“抗震救灾英雄谱”专栏共播发通稿52篇，推出典型人物和集体52个；新华社《永远和人民在一起——献给顽强奋战在抗震救灾最前线的中国共产党人》《惊天动地战汶川——写在军队和武警部队抗震救灾向纵深推进之际》等重点稿件，歌颂了党员干部和部队官兵英勇向前、舍己救人的英雄事迹和伟大精神。

人民日报社所有部门、报纸的所有版面都参与抗震救灾相关报道，共有近70名记者奔赴抗震救灾一线，不畏艰险，克服困难，深入采访，发回大量新闻稿件、图片、言论和内参，对抗震救灾进行全方位报道。截至6月18日，《人民日报》刊登各类报道1677篇、言论141篇、图片544幅；从5月16日开始，在5～8版推出“抗震救灾特刊”，尝试以大幅图片为核心的视觉设计，选用图片数量多、质量高、篇幅大、冲击力强，成为引导舆论的亮点，开创了《人民日报》历史上为突发公共事件创办特刊的先河。截至6月26日,《人民日报》在“抗震救灾英雄谱”专栏共刊登报道23篇，推出典型人物和集体32个。

5月18日,《中国日报》出版“中国日报抗震救灾号外”，在北京、上海等外国人集中的城市和航空公司免费发行近10万份。同日起，中宣部组织新华社、《人民日报》《光明日报》《经济日报》、中央人民广播电台、中央电视台等中央主要新闻媒体开设“抗震救灾英雄谱”专栏，突出报道解放军指战员、武警官兵、公安消防干警，党员、基层干部和各族群众、医疗卫生工作者、教师等在危难时刻挺身而出的感人事迹，热情讴歌他们的英勇献身精神，突出表现灾区基层党组织和广大党员干部，在关键时刻发挥战斗堡垒作用和先锋模范作用，以及团结带领灾区群众抗震救灾的凝聚力、战斗力和领导指挥能力。

5月13日,《光明日报》在刊发地震消息的同时，刊出以“万众一心、迎难而上、夺取抗震救灾胜利”为通栏标题的专版，调整了新闻版面，创办抗震救灾特刊36期，先后推出262个版面，开办“抗震救灾英雄谱”“党旗飘扬”“我在一线”等10余个栏目，并推出融知识性、服务性于一体的《灾区特刊》，免费向8个极重灾县发送，每期发送8万份。“抗震救灾英雄谱”专栏共刊登报道27篇，推出典型人物和集体27个；到6月底，共刊发各类报道、言论、文章、图片2046篇（幅），其中自采自编稿1197篇，中央人民广播电台播发19篇、中央电视台播发13篇。

《经济日报》举全社之力，调配人员调整版面，按照中共中央指示和“及时、准确、公开、透明”的要求，全力做好抗震救灾宣传报道。从5月13日至6月2日，共刊登抗震救灾报道1251篇113.1万字，其中图片图表232幅（个）、言论47篇，自采稿件660篇、拍摄图片127幅，推出“抗震救灾特别报道”专版56个，涉及版面142个。

5月12日14时50分，中央人民广播电台发布第一条汶川发生大地震的快讯，15时3分14秒，第一套节目“中国之声”收到中国地震局传真后，立即插播地震消息。13日7时开始24小时不间断直播“汶川紧急救援”节目。18日，中央人民广播电台记者随陆航部队进至极重灾区。从19日开始，以“生命故事”方式回顾地震发生后178小时、196小时、216小时生命奇迹的发生，表现意志让生命延续、爱把生命留住的主题。中央人民广播电台新闻纵横栏目，制作“抗震救灾英模事迹报告”专题节目进行深入报道。截至6月30日，中央人民广播电台投入灾区记者90余人次，深入到受灾严重的50余个市、县、乡镇展开多点采访。前方报道组进行直播连线2600余人次，发回录音报道1100余条次，在“全国新闻联播”“新闻和报纸摘要”节目中播发报道200余篇。全台9套节目共播出抗震救灾新闻65126条次（包括消息、评论、现场连线、录音报道）、专题1461个、直播时长2239.5小时。中国广播网发稿10869条、图片3764幅、音频直播476小时、视频报道1160分钟、博客评论3181条、特别策划专题29个、网友贴文7.5万条。

中国国际广播电台用53种语言大篇幅、多视角、全方位地展开抗灾救灾报道工作。国际台派遣汉、英、日、朝、菲、俄、法、德、西、意10种语言的20余名记者赴地震灾区采访，全程跟踪采访奋战在灾区的日本、韩国、俄罗斯、新加坡、德国、古巴、法国等国政府和红十字会的救援队、医疗队，报道大量独家信息。华语广播联合纽约中国广播网、澳大利亚墨尔本3CW中文电台、新加坡国际广播电台中文广播、加拿大中文电台、《欧洲时报》（法国）、《芝加哥华语论坛报》(美国)、日中新闻(日本)、《英中时报》(英国)等50家海外主要华文媒体，推出《华人同心、抗震救灾——携手全球华人华侨与灾区人民共渡难关》大型特别报道。国际台充分利用32家海外记者站，采访报道国际社会、中国驻外使领馆、驻国际组织代表处、驻外中资机构以及海外华人华侨对抗震救灾的反应，发出《国际奥委会主席罗格就中国四川地震灾害向中方表示慰问》《法国记者诬蔑中国救灾遭驳斥》《欧盟委员会表示随时准备援助中国地震地区》等200多篇录音报道和消息。中国国际广播电台还通过内参刊物《外台对华广播快报》上报境外舆情，截至6月16日，共编发地震舆情稿13.7万字，向中宣部、中央外宣办、国防部等部门报送舆情60万字，报送《汶川地震境外重要舆情动态分析和对策建议》30期计6.3万字。《外台对华广播快报》在地震发生后两小时即给中宣部等部门报送地震境外舆情，截至6月底，共收到海外反馈15万多封(件)。中国国际广播电台编发的《"四川的朋友，我牵挂你们！"——中国国际广播电台〈天下四川 · 熊猫故乡〉知识竞赛特等奖听众心系地震灾区》一文，新华社全文转发，人民网、《光明日报》、中国经济网、四川人民广播电台、网易等在内的40多家中央及地方媒体、网站转载该文。

地震发生后22分钟，中央电视台新闻频道即播发滚动震情字幕消息；新闻频道、中文国际频道等在15时整点新闻中均头条口播地震信息，并连线身处四川的记者，开启直播特别节目窗口。地震发生两个多小时后，中央电视台第一路记者就分乘空军运输机、民航专机紧急奔赴四川灾区采访报道。地震发生后4小时，中央电视台第一批25名记者即已全部抵达灾区，迅速在都江堰搭建起记者指挥中心。当晚，温家宝到达成都10余分钟后，"新闻联播"就播出温家宝在专机上的重要讲话。派往灾区的各路记者通过陆路、水路、航空等方式前往重灾地区采访、拍摄，从13日起中央电视台即在各档直播节目中播出抗震救灾的画面。6月11日上午，中央电视台在直播首场"抗震救灾英模事迹报告"会后，当晚黄金时间重播，随后几天先后4次重播。17—23日，综合频道、新闻频道在晚间黄金时段开设"抗震救灾英模事迹报告"专题，每天播出报告团成员的报告，"焦点访谈""实话实说""新闻会客厅""面对面"等栏目，及时制作播出抗震救灾英模事迹。中央电视台"新闻联播"制作播出《抗震救灾众志成城》《抗震救灾英雄谱》《抗震救灾英雄少年》《抗震救灾党旗飘扬》等系列新闻。"焦点访谈"栏目持续制作21期特别节目"我们在一起"，对救灾工作做深度报道。抗震救灾报道创中央电视台乃至中国电视史上直播时间最长纪录。至30日13时，中央电视台各频道累计直播特别节目时长1535小时24分，播出新闻3.3万余条次、时长逾1200小时，播出专题节目610期、时长260余小时。中央电视台赴四川地震灾区采访记者达556人次(参见图255)，其间联络到18个地方台、150余名记者参与报道。截至6月底，仍有215名记者坚守灾区宣传报道的第一线。

在抗震救灾新闻报道中，充分运用网络这一新兴信息传媒，形成全方位宣传抗震救灾伟大精神的重要形式。人民网、新华网、央视国际的抗震救灾专题网站，集纳中央媒体报道，特别策划"抗震一线党组织和党员干部事迹选编""面对地震灾害共产党员擎起一片天"等专栏，主要商业网站推出《中国脊梁 · 抗震救灾英雄谱》专题，汇聚抗震救灾中涌现出来的英雄人物和感人事迹，盛赞他们表现出来的伟大精神。5月18日，新华网、人民网、中国网、新浪网等网站联合建成"汶川大地震网上纪念馆"，共同发起"汶川大地震遇难同胞网络公祭活动"。新华网推出"抗

图 255　5 月 21 日，中央电视台记者张泉灵采访抗震救灾一线官兵

（成都军区　提供）

震救灾手机报”，向 1500 万灾区手机用户免费发送，成为发行量最大、普及率最高（每期 2500 万份）的手机报纸。中国国际广播电台国际在线英文网为 iPhone 手机用户量身定做了抗震救灾新闻专题，方便海内外广大 iPhone 用户随时随地了解最新消息。

从 5 月 19 日开始，《中国新闻周刊》在一个月时间内，连续推出《大地震》《国殇悲痛中汲取成长的力量》《汶川的孩子》《一个国家的动员》4 期专题深度报道。《三联生活周刊》从 26 日起，推出《生命高于一切：汶川地震举国大救援》《我们都要一个家》《吾国吾民》等封面文章。《中华儿女》2008 年第 6 期推出封面文章《有一种爱叫“坚不可摧”——汶川大地震生死接力大援救纪实》，《人民画报》2008 年第 6 期《一切为了生命》，《人民文学》2008 年第 6 期出版号外《汶川！汶川！》，《诗刊》2008 年第 11 期出版“抗震救灾诗专号”，都讴歌了中华民族不畏艰难险阻，勇往直前的生命力、战斗力和社会主义制度的优越性。

地方主要传媒宣传报道　四川广电集团以现场直播、滚动播出的方式，大量采编播发汶川、北川、绵竹、什邡、青川、茂县、安县、都江堰、平武、彭州等极重灾县（市）和省内其他灾区抢险救灾信息。截至 5 月 14 日，四川电视台选派 700 余名采编人员参与抗震救灾宣传报道。从 12 日起，四川广播电台集全台之力派出 7 组记者深入重灾地区采访。雅安、阿坝、遂宁等 20 个市（州）电台、电视台，共播出抗震救灾新闻 1000 余条，开辟“救援大接力”“大营救纪实”“抗震救灾英雄谱”“群星灿烂”“志愿者行动”“真情人生——抗震救灾特别报道”等专题，强势推出大型连线直播节目——“我们在一起”，全国所有省级电台以及香港、澳门电台都参与连线直播。14 日，四川人民广播电台与北京音乐台共同策划，联合全国卫星音乐广播协作网 33 家广播电台同步播出“万众一心、抗震救灾——首都音乐家慈善义演音乐会”。16日，吸纳国内知名网站参与，面向全国直播内地歌手爱心赈灾晚会。17日，与广东人民广播电台等联合主办长达7小时的“川粤同心、众志成城——广东省抗震救灾大型募捐晚会”，还创作完成讴歌战斗在抗震救灾第一线解放军、武警官兵和公安干警的歌曲《士兵啊，士兵》，反映总书记和总理带领全国人民和灾区同胞抗震救灾的歌曲《这里是中国》和《总理走进地震棚》。由四川省委宣传部、四川广电集团、凤凰卫视等主办，四川电视台、凤凰卫视中文台等承办的《以生命的名义——四川省抗震救灾大型特别节目》经过18天筹备，于30日推出，四川卫视、凤凰卫视中文台、欧洲台、美洲台和成都电视台等15个电视频道，四川人民广播电台城市之音、岷江音乐等37个广播频率，以及新浪网、神韵在线、凤凰网等46家网络同步向全球直播。新华社、中央电视台新闻频道和第6频道、四川电视台、《北京青年报》《新民晚报》《扬子晚报》《四川日报》《文汇报》（香港）、《南方都市报》、《太阳报》（英国）、路透社等30多家海内外媒体，对特别节目进行报道。四川电视台根据抗震救灾进程，适时推出多组宣传片，如“救援篇”“医护篇”“爱心篇”“精神篇”“关爱篇”“感恩篇”“重建家园篇”等，在两个频道滚动播出。

甘肃广播电影电视总台以两个新闻中心（广播新闻中心和电视新闻中心）为龙头、前方记者为骨干，以广播、电视、网络、报纸媒体为支撑，全力开展抗震救灾宣传。5月12日14时40分，甘肃人民广播电台交通台发布了地震消息，并立即开办“抗震救灾特别节目”；同日下午，派出两组记者赶赴灾区报道灾情。13日上午，组织第二批记者赶赴灾区；13日中午，第三批记者赶赴灾区。总台两个新闻中心和其他频率频道也先后派出20余个采访报道组，共80多名记者在救灾一线采写稿件。截至6月30日，甘肃省广播电影电视总台广播新闻中心和6个广播频率播发新闻28065条、专题494期，电视新闻中心和6个电视频道播出新闻8999条、专题（访谈）204期，其中上送中央人民广播电台稿件279条、播出85条，上送中央电视台新闻稿件705条、播出338条。

陕西电视台把3台电视转播车分别开到西汉高速公路、宝成铁路109隧道和汉中灾区，投入采编人员近400余人，对抢险救灾行动作前所未有的宣传报道。宝成铁路109隧道直播报道小组，携带卫星直播设备，乘车辗转数百公里赶往抢险一线，同数千名抢险人员一道连续作战，分别在中央电视台新闻频道、海外频道，东方卫视以及陕西电视台抗震救灾特别栏目总计直播79次，向国内外广泛宣传109隧道抢险成果和抢险大军的感人事迹，每天播出稿件200余条。5月14—16日，先后11次直播陕西省抗震救灾捐款活动和宝成铁路109隧道抢险新闻。陕西广播电台共有140余人参与抗震救灾报道，动用40余辆车，创造该台成立以来参与人员最多、报道规模最大、播发新闻最多的专题宣传报道。

重庆人民广播电台6个频道推出地震重大事件特别报道。截至7月10日，共派赴灾区记者130人次、播发新闻稿件26.09万余条、记者连线节目29.22万余条。从5月13日至7月10日，重庆电视台派出赴灾区记者108人次、综合频道推出《我们一起承担——重庆卫视抗震救灾特别编播》节目，播发新闻稿件6.49万余条、记者连线节目34.42万余条。重庆移动电视同步为路途中的群众及时报送每天有关地震的最新消息，发表文字新闻9.87万余条、视频新闻1.29万余条、上载图片3.63万余幅、专栏点击率达116.43万余次。

云南广播电视局开展《汶川大救援、云南大行动》的宣传报道，广播电台、电视台派记者跟随“医护大行动”专列，对行动全程作跟踪报道。省电视台在大型直播节目——《灾区亲人、云南就是你的家》中，对各医疗机构接治伤员准备情况进行直播报道。在《爱心留给孩子——七彩云南爱心大行动》报道中，媒体与云南省妇联沟通，对孤儿们抵达昆明和行动启动日进行直播报道，跟踪报道云南省社会各界为来滇的灾区孩子奉献爱心的“行动”全过程。

宁夏广电局把“宁夏新闻联播”节目扩版为30分钟，5月19—21日哀悼日期间为45分钟。每天重播“宁夏新闻联播”7～10次。“午间报道”调整后每天增加10分钟自治区内抗震救灾内容，“今晚播报”栏目增设“抗震巴蜀、情系灾区”和“抗震减灾知识”板块。截至6月19日，电视新闻节目共编发各类报道600余条、广播新闻节目播发报道140余条。交通广播电台与全国73家广播联盟台连线，每天同步播出8个小时抗震救灾节目。宁夏广电总台派出广播记者2人、电视记者16人分批奔赴绵阳、广元及北川、青川、绵竹、江油、什邡等灾区，采访报道宁夏各类救援人员的抢险救灾情况，发回《宁夏抢险队救出166位受困群众》《医疗救治在青川》等一线报道260余条。宁夏广播电台、电视台抽调精干人员组成10余个采访组，到各地厂矿企业、行政机关、学校和农村采访，报道宁夏人民心系灾区、奉献爱心的事迹，讴歌宁夏各族人民具有的一方有难、八方支援的优秀品德。

解放军和武警部队宣传报道 5月13日上午，总政治部宣传部下发《关于认真做好抗震救灾宣传报道的通知》。解放军和武警部队各新闻媒体的500余名记者紧急赶赴灾区。截至7月26日，仅总政治部4家直属新闻单位就刊播各类稿件3.5万余条（幅、篇），形成夺取抗震救灾斗争重大阶段性胜利的舆论强势，先后在中央媒体开设的“抗震救灾英雄谱”专栏，推出解放军和武警部队各类典型58个，占“抗震救灾英雄谱”宣传的典型总数的一半；集中宣传77116部队邱光华机组、“抗震救灾英雄战士”武文斌、77126部队部队长王凯的先进事迹，以及排长牛玉新、士官李明明、义务兵严情勇等一大批基层官兵典型；突出报道从废墟中救出的3岁娃娃郎铮躺在担架上，用稚嫩的小手向解放军叔叔敬军礼的情景，经各大媒体报道后感动了全中国。

地震发生后，解放军报社把抗震救灾宣传作为首要任务。两天内有20名记者到达灾区，迅速成立抗震救灾应急编辑组，宣传报道中央的决策部署和部队的救灾进程，中共中央政治局常委会议抗震救灾工作部署，胡锦涛、温家宝赴灾区现场指挥，中央军委组织部队紧急驰援灾区以及各部队救灾行动等重要新闻。在全国各大媒体中率先推出评论员文章《坚决打赢抗震救灾这场硬仗》。在地震发生10天之内，《解放军报》刊发各类稿件815篇、平均每天80余篇，图片226幅、平均每天20多幅，几乎拿出所有的版面报道抗震救灾；在报道内容上力求全景式地反映中共中央、中央军委和总部的决策部署，部队救灾的最新动态，人民群众的关怀厚爱，国际社会的援助等；宣传领导干部身先士卒，普通一兵舍生忘死服务人民的高尚情怀。《解放军报》专门开辟《震中故事——让我们记住的瞬间》专栏，《灾区父老为娃壮行》《小姑娘的画表达对叔叔的爱》《救灾路上，母子惊喜相遇》《凝聚在帐篷上的深情》《汶川，北京在呼唤》等文章，全方位、立体式、多角度展现人民军队为人民的感人事迹，体现了新闻传播正确的舆论导向作用和较强的冲击力、感染力。

5月13日，解放军电视宣传中心派记者赶赴一线，后方编辑部调整中央电视台第7频道“军事报道”的栏目编排，开设“三军奋力抗震灾”专栏，报道最新动态和救灾成果。14日晨，在网络与海事卫星传输的基础上，协调空军专机将宣传中心的电视卫星传输车空运至灾区；23 时 30 分，将第一组清晰电视画面传回宣传中心。

5 月 13 日，中央人民广播电台军事宣传中心和各大单位驻站记者、通讯员共 36 人分成 3 个小组进入灾区，并协调组织 60 余名记者和通讯员随任务部队展开抗震救灾的连续报道；平均每小时有 5 ~ 8 名记者在一线报道军队救援行动，每小时滚动播出 20 条最新消息。至 14 日 15 时，有关部队抗震救灾的报道，占到中央人民广播电台“汶川紧急救援”新闻报道总时长的 60% 以上。

新华社解放军分社在灾情发生后，派遣分社记者，从陆、水、空三路奔赴都江堰、北川、汶川等极重灾县（市）。5 月 14 日 10 时 30 分，采编副主任徐壮志乘直升机到达汶川县城，通过海事卫星发回地震发生后汶川的第一张照片、第一篇稿件。两天内，解放军分社在地震灾区的 15 名记者，编播各类报道 400 余篇，其中通稿 150 篇、图片 60 幅、网络稿件 202 篇，编发内参 11 篇。6 月 5 日，总政治部联络部组织 311 基地成立由 18 名编辑、记者和技术人员组成小分队，抵达四川地震灾区，成立解放军抗震救灾战地广播电台，这是解放军首次在部队大规模行动中开设的战地广播电台。

5 月 12 日 16 时 29 分，解放军政工网《四川汶川强烈地震》大型专题正式上线；至 19 日 9 时，编发文字消息 5854 条、图片报道 1800 余幅、视频 100 余个，专题点击量已超过 110 余万次。解放军政工网强军论坛首页推出《四川发生地震请大家关注》《用实际行动为四川地震灾区积极做贡献》等置顶帖，引导官兵进行主题讨论。新华社解放军分社加大网络宣传力度，新华网军事频道实时报道解放军和武警部队抗震救灾情况，日点击率达到 1000 万次，成为各大网站军队抗震救灾信息的主要来源。

成都军区战旗报社在地震发生后一小时即派出人员到一线组织报道，全社 29 名干部到灾区救灾现场采写，及时报道一线官兵救灾事迹。（参见图 256）5 月 13 日，成都军区政治部组织 6 个

图256　5月14日，成都军区《战旗报》采编人员深入灾区第一线采访

（成都军区　提供）

电视新闻小分队深入抗震救灾一线采访报道。从17日开始，《战旗报》由一周五刊改为日报，由4个版面扩大为8个版，刊稿量和工作量是平时的2.8倍。地震发生后的8天内，《战旗报》共刊发稿件623篇、计57.8万字。

济南军区政治部为新闻报道人员配备海事卫星电话和“视讯通”传输设备，组装《前卫报》机动办报平台，在抗震救灾一线印刷出版“前卫报战地特刊”。前卫报社将抗震救灾部队的特约记者、特约通讯员以及新闻报道人员，编为15个机动记者组，在抗震救灾一线出版200余个专版、20期抗震救灾特刊，组织6个重大专题新闻策划，刊发12篇重要评论，成功宣传以“抗震救灾英雄战士”武文斌为代表的9个先进个人和单位，开设专栏8个，刊登照片200余幅，文字报道200余万字。

兰州军区《人民军队报》1版以《万众一心、众志成城，共同夺取抗震救灾斗争的胜利》为栏题，报道部队开赴甘陕灾区抗震救灾的新闻。5月15日至7月10日，兰州军区在《人民军队报》开设专题、专栏和专版，刊发稿件362篇、图片218幅；在政工网开通“众志成城、抗震救灾”网页，刊登文章2539篇、图片1529幅。18日，人民军队报社派出记者赴四川极重灾区绵竹市和彭州市，跟随军区第六支抗震救灾医疗队和随后到达的军区防疫队采访。在宝成铁路109隧道抢修现场，人民军队报社报道组3次现地采访，撰写刊登军区部队协助有关部门打通109隧道、疏通嘉陵江堰塞湖的长篇纪实通讯《水火英雄》。该报还集中版面，突出宣传某团战士李愿、岷县民兵连长谭卯成、陇南军分区司令员崔喜春、某陆航团副参谋长钟建文、徽县嘉陵镇人武部部长田宇的先进事迹。《西北民兵》先后两次派记者行程8000余公里，连续编辑出版抗震救灾专辑，发稿255篇。截至7月31日，兰州军区在《人民日报》《解放军报》《中国青年报》等媒体刊发部队在甘、陕地震灾区抗震救灾文字、图片稿件170余篇（幅），电视报道270余条，在中央电视台播出新闻213条，其中“新闻联播”19条、“军事报道”69条、“和平年代”专题2部。

5月15日，南京军区任务部队在都江堰成立抗震救灾宣传小组。宣传小组在为14家中央媒体和网站精心采拍稿件的基础上，主动协调江苏、浙江省委宣传部，组织两省地方媒体对“排头兵”肖铭学、73602部队部队长司启富、飞行员饶新和何永庆等先进典型同步进行宣传报道，在中国军网推出专题“南京军区抗震救灾全景扫描”。《人民前线》报共出版抗震救灾专版19个、副刊5个，刊发稿件近400篇，突出宣传司启富、范颂杰及411医院临床部等10余个先进典型单位和个人，全方位开展抗震救灾报道。

5月12日，广州军区新闻宣传工作者17人，随军区抗震任务部队开赴一线，先后邀请7家中央新闻单位11名记者、8家地方媒体15名记者，深入军区任务部队采访。在抗震救灾期间，有关抗震救灾的新闻和图片在中央媒体刊登文字、摄影稿件300余篇（幅），在省、市地方媒体刊稿600余篇（幅），在中央电视台播发电视新闻50余条，在省、市电视台播发新闻100余条。《战士报》先后刊发头条新闻10条，开设专版15个，刊发稿件近千篇。广州军区新闻记者采写的武汉总医院院长浦金辉、75752部队部队长李波的事迹，被中宣部选入“抗震救灾英雄谱”，被《人民日报》、新华社、《光明日报》《解放军报》和中央电视台等十几家中央新闻媒体宣传报道。

沈阳军区政治部宣传部派出影视和文字记者，跟随沈阳军区北川野战医院采访报道，先后在新华社上稿3篇，在中央和地方电视台上稿26条，在《解放军报》上稿6篇，在军区《前进报》上稿168篇，在人民网、新华网等上稿200余篇，在地方报刊上稿220余篇。沈阳军区驻绵竹野战医院专门成立宣传工作领导小组，在《前进报》发稿76篇（幅）、头版头条新闻5篇，在地方报纸上发稿15篇、中央级网络媒体发稿146篇。

5月12日，人民海军报社成立抗震救灾报道特别小组。13日，海军新闻工作者开始陆续前往灾区。截至6月2日，《人民海军》连续推出10期“抗震救灾专号”，刊发文字稿件235篇、图片116幅，每期加印的1000份报纸及时送到抗震救灾一线部队官兵手中。截至6月12日，海军累计发表抗震救灾新闻稿件420篇，其中《人民日报》12篇、新华社通稿56篇、中央电视台135条、《解放军报》86篇、中央人民广播电台30条、其他重要媒体101篇。

5月13日，空军抽调52名新闻骨干，组成5个采访小分队赶赴灾区开展报道。14日，《空军报》推出第一期反映抗震救灾情况的增刊，到5月底连续出版日报10余期，把报纸送到官兵手中。空军政工网在中国军网开设“空军抗震救灾全景扫描”和“空降，用生命抢救生命”两个专题，刊发稿件1800余篇，日点击量达350万人次。截至8月8日，空军在中央主要媒体刊（播）发新闻稿件2060篇（条），其中在《解放军报》刊发5个头版头条、11个综合头条和1个整版报道。在地方省市以上主要媒体刊发稿件8900余篇（幅），在中央电视台播出新闻628条（新闻联播38条）、专题56部，播出时长累计300多小时。在凤凰卫视播出新闻212条、时事评论18部。在中央人民广播电台播发新闻368条（新闻和报纸摘要39条）、专题42部。在《人民日报》、新华社和《解放军报》刊发内参11篇。在“抗震救灾英雄谱”栏目宣传95942部队、95006部队和邱德甫、钟旺、张肇荣、王君等17个典型的先进事迹。

汶川地震发生后，第二炮兵部队十分重视抗震救灾新闻报道工作。两天内《火箭兵报》有20余名记者奔赴抗震救灾一线采访报道。为了加大宣传报道效果，报社做出改周二、三、五、六版为每日出版，用90%以上的版面报道抗震救灾一线的新闻。在任务部队进入灾区5天内，《火箭兵报》迅速刊出《紧急部署支援灾区抗震救灾工作》《听党指挥服务人民，第二炮兵将士闻令出征》《火速奔赴一线全力展开营救》《“不要惊慌，我是解放军”》《双手托起废墟中的生命》等头条消息，以强有力的舆论导向、新闻视角，鼓舞、激励救灾官兵的战斗意志。

武警部队专门下发《关于做好抗震救灾宣传报道工作的紧急通知》，对抗震救灾新闻宣传做出部署，召集新华社武警部队支社、《解放军报》记者站、中央人民广播电台记者站和电视宣传艺术中心等新闻机构人员成立抗震救灾新闻宣传小组。5月13日上午，人民武警报社派出由一名领导带领23名记者、特约记者参加的报道力量赶赴灾区。从14日起，《人民武警报》每天以头版整版篇幅和其他版面的大部分篇幅，刊发武警部队英勇抢险的事迹；14—20日，连续刊发190篇报道。武警部队在《人民日报》、新华社、《解放军报》、中央人民广播电台、中央电视台等中央主要媒体（含网络）刊稿1100余篇（条、幅）。12日晚，武警四川省总队新闻站干事张莉，在都江堰及时报道温家宝在都江堰考察灾情实况，在中央电视台滚动播出，使全国人民看到受灾情况和部队救援图像。武警黄金部队指挥部文化新闻工作站派出4名采编人员，与驻成都的黄金三总队新闻干事一起撰写全景式扫描纪实《生死大营救——黄金部队利剑出鞘抗震冲锋》，在各类媒体刊发稿件总数80多篇。武警水电部队在《人民日报》《解放军报》《人民武警报》等报刊发表稿件59篇；指挥部8名新闻骨干随任务部队赶赴唐家山，采写报道水电官兵决战唐家山的情况；长篇通讯《决战唐家山》在《人民日报》、新华社通讯、《经济日报》《光明日报》《中国青年报》等媒体分别以头版头条或专版形式刊发。武警水电部队共刊发《亲人啊！子弟兵，绵阳人民感谢你！》等报道100余篇、照片80余幅；在中央级媒体发稿1249篇、省部级媒体发稿1779篇、网络媒体发稿25万条。武警交通部队抽调20余名干部组成宣传报道组，从13日起，在中央电视台第1套电话连线5次、播出专题报道2次，协调中央电视台、解放军生活、解放军文艺等新闻媒体记者采访100余人次；在新华社发稿23篇，在中央电视台播发联播3条、直播连线5条、专题17部，在中央人民广播电台播发"新闻与报纸摘要"8篇。武警消防部队在中国消防在线网站开设"四川汶川'5·12'地震抢险救援"专题，每天更新抗震抢险救援信息200余篇。12—21日，武警消防部队在中央电视台共播发新闻436条（次），其中新闻联播51条（次）；在中央人民广播电台播出稿件201篇；在《人民日报》《法制日报》《人民公安》报等媒体发稿361篇；还在中国消防在线网站发稿2680余篇，在人民网、新华网、新浪网等网站共发稿4700余篇。

港澳台地区及国外媒体采访报道 汶川地震发生后，港澳台地区的凤凰卫视、亚视、《南华早报》《明报》、香港电台等12家媒体的109名记者和台湾的东森电视、"中国电视"、中天电视、三立电视、《联合报》等9家媒体的30名记者，前往灾区采访。5月13日凌晨即有外国记者进入都江堰灾区。至22日18时，已有25个国家和地区125家媒体的524名记者赶赴灾区采访。其中，既有来自美国的《纽约时报》、美联社、美国有线电视新闻国际公司CNN、美国哥伦比亚广播公司等22家媒体的83名记者，也有来自英国路透社、《泰晤士报》、英国广播公司BBC等10家媒体的37名记者，有来自日本的共同通讯社、日本放送协会NHK、《朝日新闻》《读卖新闻》等16家媒体的156名记者，以及德国电视二台、法新社AFP、韩国广播公司KBS、卡塔尔半岛电视台、俄罗斯国家电视一台、西班牙《先锋报》、新加坡《海峡时报》等媒体的记者。

大多数国外媒体对中国政府有力、有序、有效的抗震救灾行动，解放军和武警部队的英勇表现给予高度评价和赞誉。中国港澳台地区媒体都给予客观公正的报道，对于引导国际社会同情中国、支持中国、捐助灾区和支持北京奥运起到积极作用。如中评社的《胡锦涛指挥有力，解放军让人刮目相看》、路透社的《冲在救灾第一线中国军队形象大为提升》、多维新闻网的《中国政府找到了新的危机应对方式》、德国之声的《中国学会了正确的做法——抗灾体现了透明度和效益》、美国之音的《美国媒体评中国》、多维新闻网的《从四川大地震看信心、信息、信任与信誉》等。国外记者对赴灾区报道的接待服务工作给予较高评价，改变原有的怀疑态度。如《联合早报》的《我这样进入汶川》、《华尔街日报》的《记者北川震区亲历记》等。香港凤凰资讯以《外媒报道汶川地震政府开放姿态受好评》为题，对国外媒体的评价作了综合报道。同时，国外及中国港澳台地区媒体也非常关注遗体处理、防疫、排险和学校垮塌较多、师生死亡严重等情况，如《信息时报》的《就地掩埋：一层石灰一层遗体》、《联合报》的《每小时要对尸体消毒》、路透社的《紫坪铺排险拯救成都》、《亚洲时报》的《蜀地大震特征之一：群死群伤多为学童》、万维读者网的《中央誓查豆腐渣学校，只能抗5级地震近七千倒塌》等。这些报道对宣传中国、让世界人民了解真实的中国都起了很好作用。也有一些媒体报道了一些救灾工作中的缺陷和不足，恶意歪曲攻击者甚少。

三　重大活动宣传

抗震救灾大型募捐活动宣传　5月18日晚，由中宣部、中央外宣办、文化部、广电总局、新闻出版总署、解放军总政治部、中国文联、中国作协、中国记协共同发起，中央电视台承办的“《爱的奉献》——2008宣传文化系统抗震救灾大型募捐”活动，在北京人民大会堂隆重举行。由中央电视台1、3、4频道和全国43家卫星频道并机直播，总收看人数超过6亿人，产生了强烈社会反响。央视网联合21家大型互联网站进行网上直播，央视网相关网页访问量2.16亿人次，在线视频访问超过648万人次，创央视网访问最高纪录。央视手机网进行全程视频、图文直播，点击量超过230万人次。主办单位收到短信留言近4万条，接到感言电话5000余个。活动筹集了15亿元巨额善款，对全国各族人民也是一次深刻的爱国主义、集体主义精神教育。

全国哀悼日宣传　中共中央、国务院将5月19—21日定为全国人民哀悼地震遇难同胞的哀悼日。为做好全国哀悼日期间的宣传报道工作，中央电视台召开紧急会议，制订各频道节目调整预案。19日零时，中央电视台实现1、2、3、5、7频道，戏曲、社会与法、少儿、音乐频道，11个付费频道、中视购物频道以及电影、娱乐、戏曲频道与新闻频道并机播出，4频道（亚、欧、美）、9频道、10频道、西班牙语频道、法语频道、高清综合等频道也调整节目安排播出，在全国、全世界引起强烈反响。

抗震救灾英模事迹报告活动宣传　6月11日上午，抗震救灾英模事迹报告团首场报告会在北京人民大会堂隆重举行，刘亚春等7位报告团成员讲述他们在抗震救灾斗争中的亲身经历和真切感受，3500余名观众现场参加报告会。中央电视台综合频道、新闻频道、国际频道、经济频道都做了实况直播，全国各省（区、市）卫视台同步转播。从11日下午至13日下午，报告团成员分别为中央直属机关、中央国家机关和北京市干部、驻京部队官兵、首都高校师生等共做报告19场，现场听众2万余人。从6月16日至7月3日，报告团成员37人分6个分团，赴全国30个省（区、市）巡回报告，共报告31场，现场听众近7万人。《人民日报》《光明日报》《经济日报》《解放军报》等中央报刊对各场报告作详细报道。中央主要新闻网站、主要商业网站和各地政府网站在首页开设“抗震救灾英模事迹报告团”专题、专栏，邀请报告团成员与网民在线交流21场次，通过音频、视频、图片、文字等形式，报道了37位报告团成员的先进事迹和社会反响。全国各主要地方报纸在头版显著位置刊发各分团报告会消息，全文刊登报告团成员的照片和报告稿，对报告团活动进行全程跟踪报道，及时全面报道社会各界反响。各省（区、市）广播电台、电视台卫视频道和综合频道、公共频道直播了各分团报告会实况。部分网民还在网上给四川女民警蒋敏征集了2008万个敬礼，表达网民敬仰英雄的真情。

“抗震救灾英雄少年”评选活动宣传　汶川地震中，涌现出许多舍己救人的少年。为充分反映灾区少年儿童所表现出的临危不惧、勇于救人的高尚品质，用他们的感人事迹激励广大未成年人奋发向上、健康成长，中央文明办、教育部、共青团中央、全国妇联组织开展“抗震救灾英雄少年”评选表彰活动，确定50名“抗震救灾英雄少年”候选人。6月16日，《人民日报》《光明日报》《经济日报》《中国青年报》《中国妇女报》《中国教育报》等报纸开辟专版，刊发50名候选人名单和主要事迹。投票从16日零时开始，至21日24时止，共收到投票5300多万张，网上留言10万余条，相关网页访问量近1亿次，其中投票页面访问量达1081万次。主办单位根据公众投票情况，最后选出“抗震救灾英雄少年”和“抗震救灾优秀少年”。27日，“抗震救灾英雄少年”颁奖晚会《英雄少年》在中央电视台举行。

抗震救灾主题展览宣传 9月20日至11月20日，中宣部、发展改革委、解放军总政治部在中国人民革命军事博物馆联合主办《万众一心、众志成城——抗震救灾主题展览》。10月7日下午和晚上，党和国家领导人胡锦涛、吴邦国、温家宝、贾庆林、李长春、习近平、李克强、贺国强等分别到军事博物馆参观展览。展览全面回顾规模空前的抗震救灾斗争历程，反映可歌可泣的英雄壮举和感天动地的崇高精神，展示党和人民的伟大力量，激励和鼓舞全国各族人民在中共中央领导下，弘扬伟大抗震救灾精神，夺取抗震救灾全面胜利。展览历时62天，共接待观众115万余人。新华社、《人民日报》、中央电视台、《解放军报》等中央主流媒体，对展览内容、中央领导和广大军民参观实况、公众参观感言等都做了突出报道，使展览成为学习中国特色社会主义理论体系的鲜活教材，成为爱国主义、集体主义、社会主义思想教育的重要阵地，成为伟大抗震救灾精神的生动课堂。

抗震救灾总结表彰大会宣传 10月8日，中共中央、国务院和中央军委举行全国抗震救灾总结表彰大会，从中央到地方各大新闻媒体以直播和转播等方式，全方位地宣传报道大会盛况；宣传大会隆重表彰的抗震救灾英雄集体和抗震救灾模范；全面报道胡锦涛在会上的讲话；号召全党全社会大力弘扬伟大抗震救灾精神，使之转化为艰苦奋斗、重建家园的坚定意志，转化为推动经济和社会又好又快发展的强大力量。

四　慰问演出

中宣部、文化部、广电总局、总政治部、中国文联、中国作协组织多个“心连心”慰问演出团、小分队赴四川、甘肃、陕西灾区慰问，为数十万灾区群众、抗震救灾部队、公安干警、医疗卫生工作者、全国各地的抢险救灾队和志愿者演出上百场。艺术家们把中央的亲切关怀、全国各族人民和广大文艺工作者的深情厚谊，送给灾区广大群众和参与抗震救灾的各界人士。6月19—22日，由广电总局、中国广播艺术团组成的抗震救灾“心连心”艺术团小分队一行23人赴绵阳灾区慰问，先后在江油市太平镇、大康镇，安县花荄镇、睢水镇、安昌镇，绵阳长虹培训中心（北川中学临时学校）和绵阳机场演出8场，在四川境内行程1200公里，观众达11.2万人。23日，由文化部派出的27位艺术家、2位记者和2名工作人员组成“心连心”慰问演出团，赴汶川县映秀镇、漩口镇、水磨镇，彭州市白鹿镇、通济镇和阿坝藏族羌族自治州灾区群众安置点等地慰问演出6天。不论是在乡镇坝子上的临时安置点，还是在地震的废墟上，只要能容纳观众的地方，就是演员的舞台，就是宣传抗震救灾精神的阵地。25—29日，由广电总局派出的抗震救灾“心连

图 257　6 月 22 日，总政治部“心连心”艺术团为抢险救灾部队慰问演出

（第二炮兵　提供）

心”艺术团中央电视台小分队前往灾区慰问演出，5 天内行程 1300 多公里，演出 9 场，观众达 10 万余人。29 日，抗震救灾“心连心”艺术团中央电视台小分队，在绵阳市九洲体育馆外的广场上为最后一批撤离的灾区群众慰问演出，原本只能容纳 3000 余观众的九洲体育馆外广场，吸引了 1 万余观众。当天下午，小分队又赶到极重灾区北川羌族自治县擂鼓镇慰问演出，把党的关怀带给灾区人民。光彩数字电影抗灾爱心宣传队，是由来自全国工商联和国内外 108 位志愿者组成、拥有 163 个流动放映队的团队。队员每天背着沉重的影视器材，冒着余震、滑坡、泥石流等重重危险，自带干粮，披星戴月，奔波于崇山峻岭、“帐篷学校”、群众安置点和废墟瓦砾旁，为 28 个县（市）的数百个乡（镇）、灾区群众和救援官兵放映电影 8000 余场。

6 月 18 日，总政治部组织两支抗震救灾“心连心”艺术团小分队赴灾区慰问。当日，第一小分队在绵竹市演出 5 场，观众达 1.7 万余人。第二小分队演出 4 场，观众人数达 1.2 万余人。从 18—22 日，两支小分队行程 3800 余公里，演出 26 场，观众 12 万余人。（参见图 257）7 月 4—7 日，由总政治部宣传部组织的第三支抗震救灾“心连心”艺术团小分队一行 20 余人，奔赴陇南地震灾区，在甘肃境内行程 3800 余公里，演出 9 场，观众达 20 万余人。9 日，总政治部话剧团在彭州市新兴镇、龙门山镇演出话剧《士兵，我对你说，永不放弃》，再现英雄场景，观看演出的灾区群众和部队官兵被感动得热泪盈眶。

5月24日，成都军区战旗文工团，由30余名演员组成文艺小分队，在绵阳市南河体育中心灾区群众安置点为3000余名受灾群众慰问演出。6月7—24日，战旗文工团文艺小分队先后在绵阳和都江堰、什邡、绵竹、彭州等重灾地区演出15场，观众达4万余人。成都军区组织协调9支文化服务队和演出小分队，200余名文艺骨干深入灾区慰问演出50余场次，观众达10万余人次。5月28日至6月10日，济南军区前卫文工团32名演员组成3支文艺演出小分队，赴四川灾区慰问演出81场，观众达5万余人。6月14日，71897部队会同济南军区前卫文工团，参加彭州市文体广电局举办“5·12”抗震救灾慰问演出，将济南军区的慰问演出活动推向高潮。

5月29日，6月22日，7月1日、2日，海军政治部文工团、电视艺术中心几十支小分队，分4个批次奔赴灾区慰问演出40余场，观众达8万余人次。5月13—18日，空军政治部文工团由18名演员组成的小分队，深入一线慰问演出10场，向灾区群众和任务部队赠送抗震救灾光盘2000张、《空军文艺》抗震救灾专刊1000册。6月5日，第二炮兵文工团19人演出队赴灾区演出14场，观众达7.7万余人。13日，96201部队演出小分队专门赴北川羌族自治县陈家坝乡，以“明天会更好”为主题，为4000余名灾区群众和任务部队演出。21日14时，95829部队文艺小分队一行5人，赴平武县南坝镇任务部队慰问演出。

五　创作出版抗震读物

抗震救灾期间，全国出版界紧急动员，为灾区紧急编写、出版抗震救灾相关读物。人民卫生、气象、海洋、地质、地震、科普、中国轻工、河南科技、江苏科技、新世界等多家出版单位，夜以继日地策划出版了通俗实用的防震救灾、卫生防疫、心理干预等知识性图书和挂图、张贴画，满足灾区人民和救灾人员所需。中国大百科全书出版社在地震发生16小时内编写、印制完成2万册《抗震救灾自助手册》发往灾区；中国农业出版社的《地震灾后动物疫病防控知识宣传挂图》于5月15日发往灾区；地震出版社重印了《地震知识宣传手册》、修订加印《农村居民抗震指南》、《农村居民抗震常识》等图书运往灾区；浙江工商大学出版社编写的《让悲不再痛、让哀不再伤——灾后心理自我调适手册》，首印5万册免费向灾区发送。

河北教育出版社的《感天动地——从唐山到汶川》、四川文艺出版社的《汶川大地震：从震撼到崛起》，都从不同角度展示党和政府心系灾区，广大军民不畏艰险、连续作战的感人事迹；新华出版社出版抗震救灾纪实图书《中国汶川抗震救灾纪实》，收录新华社记者现场采写、拍摄的140余篇新闻报道精品和80余幅照片；群众出版社编辑出版的《汶川诗抄》汇集了抗震救灾中原创诗歌近100首；人民文学出版社编选的诗集《有爱相伴——致2008·汶川》等，都在全国引起强烈反响。

在国家出版局和中国音像协会组织策划下，中国唱片总公司汇集在抗震救灾中创作的歌曲《生死不离》《与你同在》等歌辑，并制作成光盘出版发行，其中《生死不离》《祝福每一个明天》《我一定找到你》《红旗飘飘》等优秀抗震歌曲在全国迅速传唱。中央广播电视大学音像出版社组织全国10余名权威心理学专家，编辑出版第一套面向灾区的心理援助音像制品《与爱同行——

危机与灾难心理援助》光盘。仅5月12日至6月20日，全国共有151家出版社安排出版262种抗震救灾相关图书。四川、甘肃、陕西等省委宣传部门组织编辑大量报告文学、诗集、大型摄影集与连环画册等。

5月21日，总政治部宣传部向全军文艺单位下发《关于进一步做好抗震救灾文艺创作的通知》。22日，全军各文艺单位组织多个门类、121名创作人员，分成28个小组深入灾区采访创作。由总政宣传部组织编写的第一部再现解放军和武警部队抗震救灾斗争的《惊天动地战汶川》作品集，内容包括报告文学、散文、诗歌、歌曲、美术作品等12本图书，由58位专业作家和业余作者深入汶川、北川等极重灾县（市），冒着余震危险采访写作完成，在震后一个月由解放军出版社出版，并送到抗震救灾官兵手中。在全国抗震救灾表彰大会召开之际，解放军出版社出版《全军抗震救灾作品集》，全方位、全景式、全过程地反映14.6万官兵抗震救灾中可歌可泣的感人事迹。之后，又推出《惊天动地战汶川》姊妹篇《万众一心建家园》。《全军抗震救灾美术作品集》收录了“心系汶川——全国美术作品特展”中刘大为、张道兴等众多军内名家作品。5月26日，由总后政治部宣传部创作录制、反映抗震救灾的歌曲MTV专辑一套，包括《凝聚的爱》《有我在你身旁》《圣洁的真爱》《真情》《手牵手》等歌曲和《抗震救灾诗传单》《伤痛的7天》《伤口上开出的花朵》《汶川地震，我看到了》等诗词。

6月27日，成都军区联指政治部编写的长篇报告文学《重兵汶川》出版发行；同日，收录14首反映抗震救灾主题歌曲专辑光盘《我们众志成城》，首批1万张发给任务部队。8月20日，成都军区联指编辑出版发行大型画册《“永恒的丰碑”——“5·12”汶川大地震解放军、武警部队抗震救灾纪实》《感动中国——抗震救灾的故事》共5万余册下发任务部队，共收录111位抗震救灾部队官兵的感人故事。（参见图258）

6月24日，由济南军区政治部黄河出版社出版、再现官兵“把人民利益举过头顶、把艰难困苦踩在脚下”豪迈气概的《大爱士兵——2008汶川·中国军人写给人民的真情报告》一书，首发暨赠送仪式在71282部队抗震救灾现场举行。7月16日，济南军区20集大型纪实电视剧《震撼世界的七日》在中央电视台第1套播出。22日，“两岳雄师战汶川——济南军区抗震救灾摄影展”在济南举行开幕式，展览分“闻令即动，千里驰援；争分夺秒，生死营救；进村入户，情注山寨；扶危济困，书写大爱；重建家园，托举明天”5个部分，共200余幅纪实图片，展示抗震救灾将士闻令出征、千里驰援的真实场景。30日，济南军区政治部拍摄的大型电视纪实片《铁血汶川》下发军区团以上单位。

图258　9月，反映部队官兵抗震救灾英雄事迹的光碟下发部队

（成都军区　提供）

海军政治部创作拍摄的反映海军医疗队员抗震救灾的纪实电影《前方后方》在社会上受到广泛赞誉。6 月 17 日，在中国美术家协会和总政治部宣传部联合举办的抗震救灾全国美术作品展览上，海军送展 34 幅、入选 25 幅。6—8 月，空军先后组织 5 批 19 名专业文艺创作人员，深入救灾一线采访创作。空军电视艺术中心两个摄制组，在地震发生后两天内赶制出 3 集电视专题片，在中央电视台第 7 套“防务新观察”栏目播出。著名作曲家孟庆云在做完手术第三天，头缠绷带、忍着剧痛在病床上创作出歌曲《承诺》。截至 8 月，空军政治部创作完成《神兵天降》《来自汶川的报告》《祖国的怀抱更温暖》等 22 首歌曲和文艺作品。6 月 12 日，《中国空军》杂志制作的抗震救灾大型图文专刊《国家使命——四川“5·12”大地震空军救援行动备忘录》正式出版。7 月，由空政创作室人员采访创作的《天地深情》报告文学集由蓝天出版社出版。

六　发放文化器材

5 月 15 日，中宣部、广电总局向四川灾区紧急赠送 10 万台收音机。广电总局与四川省、甘肃省、陕西省广播电视局为过渡安置点应急采购广播扩音设备、电视机，设置灾区群众集中收看

图 259　5 月 22 日，成都军区联指政治部将文化器材发放给救灾部队

（成都军区　提供）

收听点。5 月 18 日至 6 月 7 日，总政治部为抗震救灾部队配发 17 万台收音机，其中有 9 万台手摇自发电式收音机，基本做到人手一机。6 月 25 日至 7 月 5 日，总政治部宣传部组织文化服务小分队巡回放映电影和培训技术骨干，为每个连队配发一台数码摄像机，制作配发抗震救灾专题首日封 20 万个，为后续救援部队官兵补充发放收音机 2.3 万台，各任务部队及时将文化器材补充到基层连队。（参见图 259）各种文化器材的发放，使任务部队和受灾群众及时收听收看中共中央对灾区人民的关爱和军民奋力抗震救灾的英雄壮举，活跃了部队生活，减消了灾区群众的心理阴影，激发了灾区军民抗震救灾的信心和重建家园的精神动力。

第四节　拥军爱民

参加救灾的解放军和武警部队官兵，发扬人民军队的光荣传统，严守纪律，爱护灾区人民，尊重少数民族的风俗习惯，在清理废墟中面对金银财宝不为所动，在缺食品少饮水的困难情况下，不动救灾物资和群众的一针一线。任务部队官兵“视灾区为故乡、把群众当亲人”，开展“学人民、爱人民、为人民”活动，协助受灾严重的乡村恢复、帮建基层党组织，带领受灾群众恢复重建美好家园。全国和灾区各级党委、政府和广大群众采取各种形式“拥军优属”，从各个方面支援部队抗震救灾。在灾区满目疮痍的特殊“战场”上，广大军民用团结拼搏、共赴国难的感人故事，演绎着人间大爱、鱼水深情。

一　支援部队抗震救灾

5 月 16 日，总政治部群众工作办公室会同民政部有关部门以全国双拥办名义下发通知，要求各级双拥工作领导小组要把支持配合部队抗震救灾作为重要政治任务，加强领导，科学筹划，精心组织。

为抗震救灾官兵排忧解难　地震发生后，全国和灾区各级党委、政府和广大群众大力支持部队抗震救灾行动，全力保障部队集结输送、紧急调运补充救灾物资器材、为官兵家庭助耕收种排忧解难，做了大量解危困、暖人心的实事好事。

济南军区驻豫部队奉命驰援四川灾区救灾，驻地党委、政府和有关部门从物资供应、交通保障、宣传鼓动等方面，为部队快速集结机动提供有力支持。信阳市为 71897 部队配送 1.5 万双手套、2 万个编织袋、2000 公斤棕麻绳。开封市为 71320 部队筹集价值 30 余万元的常用药品。洛阳市为 71282 部队紧急调配锹、镐近万把。针对部队集结机动时间紧、任务急、兵力多等特点，公安、交通部门抽调警力上路保交护通，组织民兵疏导交通。伊川县紧急动员 70 辆大巴车运送 71117 部队到达集结地；许昌火车站快速调拨车辆保障部队装载；洛阳、安阳、三门峡等地党政主要领导，到营区、车站、机场为部队送行；针对部队留守人员少、营院管理难度大的实际，驻地公安机关组织警力加强对营区和武器弹药仓库等重要目标的警戒。

许昌、洛阳教育部门专门为参加抗震救灾官兵子女考学，出台了加分、择校等相关优待政策。6月11日，装甲某师33名河北省香河籍战士在平武县执行抗震救灾任务，香河县人武部组织300余名民兵帮助战士的家庭抢收小麦。香河县委、县政府、县人武部领导分头到战士家中慰问，人武部把领导慰问、民兵助耕的场景和亲人的嘱托录制成光盘，连同慰问信，一并寄到香河籍抗震救灾战士所在部队，激励他们完成好救灾任务。

慰问抢险救灾部队 5月19日，山东省委书记姜异康、省长姜大明率领慰问团，到济南军区机关慰问抢险救灾官兵，赠送慰问金200万元，表达9000余万齐鲁人民对子弟兵的敬仰之情。6月29日，河南省委书记徐光春、代省长郭庚茂、省委秘书长曹维新赴都江堰看望慰问济南军区抗震救灾官兵，向部队赠送慰问金200万元，并与军区抗震救灾前指领导一起学习研究宣传武文斌烈士英雄事迹事宜。30日，河南省委、省政府做出《关于在全省开展向武文斌同志学习活动的决定》，号召全省各界广泛开展向武文斌学习活动。7月29日，总政治部副主任贾廷安和民政部部长李学举一道，赴四川都江堰慰问第一责任区抢险救灾的解放军指战员、武警部队官兵和民兵预备役人员，赠送200万元慰问金。四川省委常委分别率7个慰问团到成都、绵阳、德阳、广元、阿坝、甘孜等灾区慰问抢险救灾部队，开展文艺演出，赠送锦旗、慰问信、纪念章和慰问品。八一建军节前夕，甘肃省委、省人大常委会、省政府领导分别带队前往68210部队、甘肃省军区和驻灾区的军分区、人武部，赠送价值300万元的慰问品。陕西省召开党政军领导庆八一座谈会，军地领导畅谈在抗震救灾中军民同心协力、互相支持，战胜特大自然灾害所取得的重大胜利。

宜宾市委、市政府和军分区联合下发《关于做好抗震救灾中双拥工作的通知》，组织196个慰问小组，挨家挨户慰问参与抗震救灾的宜宾籍官兵家（亲）属2000余名。时值夏收夏种，宜宾县革坪村民兵何强战斗在抗震救灾一线，家中父母年迈，妻子要照顾不到半岁的儿子，收割小麦、插秧缺乏劳动力。柏溪镇人武部知情后，组织一支7人民兵服务小分队赶到家里协助，一天多就把农活干完。宜宾军分区在每个乡镇、街道都组织两支由6～8名基干民兵组成的民兵服务小分队，向每名参与抗震救灾的官兵和应急民兵家庭公布服务电话，确保随叫随到。

全国各地企事业单位和人民群众纷纷开展慰问抗震救灾部队活动，表达对子弟兵的深情厚谊。（参见图260）湖北省的工商银行、建设银行等单位向95900部队赠送慰问金275万元，第二汽车公司赠送价值350万元的猛士汽车5辆。山东临沂、潍坊等地群众向济南军区抗震任务部队赠送水果、蔬菜等慰问品。灾区群众在自身生活困难的情况下，自发慰问部队官兵，送去饮料、猪肉等慰问品。都江堰市玉堂镇永康村党支部书记孙建英，代表受灾群众向部队赠送“子弟兵情系灾区，甘洒热血立奇功；老百姓永记恩情，艰苦奋斗建家园”的锦旗。

7月28日，总政治部主任李继耐给四川省委书记刘奇葆、省长蒋巨峰回信，对四川省各级党委、政府和广大群众在自身遭受巨大损失的情况下，仍想方设法支持部队、保障部队，为部队抗震救灾创造良好条件表示感谢。信中写道：巴蜀大地到处呈现出爱军拥军的感人场景，再次生动地诠释了“军队打胜仗、人民是靠山”的真理。

图260　5月31日，全国拥军模范庄印芳妈妈慰问77126部队抗震救灾官兵
（成都军区　提供）

欢送抗震救灾部队回撤　7月21日，抢险救灾官兵在完成任务后开始陆续回撤，灾区各地党委、政府和广大群众热情组织欢送。送别现场到处都是满含泪花的双眼，到处都是紧紧相握舍不得松开的双手，生动展现出一幅幅“人民军队爱人民、人民军队人民爱”的感人画面。（参见图261）

图261　7月21日，灾区群众、学生欢送抗震救灾解放军、武警部队官兵回撤
（成都军区　提供）

7月21—27日，首批回撤的抢险救灾官兵分70余个梯队采用铁路、摩托化和空中机动方式，分期分批返回驻地。21日，首批回撤部队的欢送仪式在成都火车站举行。四川省委书记刘奇葆、省长蒋巨峰，在蓉检查指导工作的总参谋长助理孙建国、成都军区联指首长等20余名军地领导出席。成都军区联指向回撤部队赠送抗震救灾纪念牌，四川省委、省政府向救灾官兵赠送抗震救灾纪念章，军乐队、锣鼓队、秧歌队和近千名灾区群众到车站为首批回撤的空降兵部队送行。同一天，成都军区联指和四川省还分别在德阳、绵阳、广元火车站举行仪式，欢送首批回撤官兵。成都市领导分别带队，到抢险部队驻地向每名官兵赠送印有“成都人民永远铭记您”的抗震救灾纪念水杯。彭州市的一些学生在官兵的衣服或挎包上，写下“你们太辛苦了”“长大了，我也要当兵”“亲人解放军，彭州人民爱你没商量”等感人话语。北京军区医疗队回撤时，驻地群众敲锣打鼓，夹道欢送。医疗队收到地方政府、群众锦旗（铜匾）310面（块）、感谢信116封。

二　尊重热爱灾区群众

遵守群众纪律　抗震救灾期间，任务部队严格落实群众纪律规定，组织专门人员纠察督察，营有纪检小组，连有纪检委员，班排有纪律监督员。5月17日开始，成都军区联指政治部组织3个督查组，分赴汶川、什邡、绵竹、北川、平武等极重灾县（市）督促检查群众纪律。22日，总政治部下发《关于加强抗震救灾群众纪律的通知》，对抢险救灾部队提出：有针对性地开展群众纪律教育，自觉尊重地方党委、政府，不给地方增添麻烦，遵守民族宗教政策，尊重群众风俗习惯，保护公共财产和群众财物，严格规范军地交往，做好地方捐赠的接收工作、加强群众纪律检查等8项要求。

6月2日，成都军区联指党委下发关于认真学习贯彻中央军委重要指示、做好抗震救灾中纪检监察工作的通知。6日，总政治部印发《抗震救灾群众纪律》“10个不准”：不准私藏清理出的钱物，不准与群众争水、争电、争购物资，不准向灾区群众借款赊账，不准截留、私分救灾款物，不准接受灾区馈赠宴请，不准擅自进入群众居所，不准与地方人员不正常交往，不准涉足地方消费娱乐场所，不准违犯少数民族风俗禁忌，不准通过参与救灾工程项目谋取私利。7日，成都军区联指政治部转发总政治部《印发〈抗震救灾群众纪律〉的通知》，要求各任务部队官兵，要倍加珍惜已经取得的成绩和树立的良好形象，防止发生违反群众纪律的问题；坚决执行“三大纪律、八项注意”，不擅自接受慰问馈赠，尊重民族习惯和当地群众风俗，做到秋毫无犯。12日，成都军区联指党委下发《关于进一步做好抗震救灾中纪检监察工作的指示》，要求各部队要突出重点，加强纪检监察工作针对性、实效性。18日，总政治部将抗震救灾群众纪律“十不准”印刷成卡片，下发抗震救灾每一名官兵。

成都军区所属部队还组织群众纪律检查工作组，深入部队分散任务点，采取走访地方政府、与驻地群众座谈、现地了解查看各种登记等方法，检查部队官兵执行群众纪律情况。任务部队宁饿不吃救济粮，再渴不喝救命水，甘愿裹着雨衣睡觉不住救灾帐篷，不给政府添麻烦，不给群众增负担。77200部队制订下发《抗震救灾群众纪律九不准》，叫响“抗震救灾打头阵、爱民守纪当模范”的口号，做到助民不扰民。77105部队在山里实施夜间搜救时突遇暴风雨，就近找到一家农舍准备避雨，当发现羌族同胞挂有表示忌客的红纸条后，官兵立即离开农舍，在雨中露营。

天气寒冷，官兵冻得浑身发抖，都自觉地不拿废墟上的木料烤火，不吃群众家里的粮食；在行军中，宁可多绕一些路也不踩踏群众一棵菜、一株苗。当地群众被部队铁的纪律所感动，背着背篓翻山越岭给搜救官兵送去饭菜，官兵在无法拒绝的情况下，与村民一道吃下“拥军饭”，事后给村里留下 865 元钱作为酬谢。77169 部队在赵公山执行搜救失事直升机任务时，得知向导是回族同胞后，立即将火腿肠、午餐肉等食品转交其他分队，主动不带、不吃猪肉食品。阿坝军分区部队和民兵在“进村入户”全面搜救中，任务区大多是藏族、羌族和回族群众聚居区，他们不进寺庙、不动经幡、不转经轮。部队在掩埋遇难藏族同胞遗体时，充分考虑藏族同胞天葬、土葬、火葬和水葬的习俗，尊重遇难者家属或亲人的意愿。羌族群众忌戴草帽入室，部队每次入室搬运物资都自觉脱帽；回族群众忌食猪肉，救援分队在给回族群众运送食品时，都严格检查，从不将猪肉夹杂在运送的食品中。茂县民兵应急连在无人监督、无人登记的情况下，每天运送空投物资 10 余吨，从未发生私分、私藏、私自处理的现象。

77136 部队官兵在北川县城搜救群众中，捡拾现金 33452 元、银行卡和存折 12 张，如数交给地方有关部门。77133 部队在茂县“进村入户”行动中，从废墟中清理出现金 14996 元，全部交还给房主。

济南军区任务部队制订严禁听信谣言，严禁泄露部队编制、番号，严禁携带涉密载体外出，严禁谈论、传递灾情涉密事项，严禁私自携带枪弹外出，严禁私藏灾区群众财物，严禁与地方乱拉不正当关系，严禁强占抢用地方单位和个人的物资、住房及场所，严禁强买和赊账购物，严禁违犯灾区少数民族风俗禁忌的“十条纪律”。截至 6 月 15 日，济南军区任务部队清理出大量现金、存折、银行卡、金银首饰，均如数交给物主或地方政府，做到分文不差。17 日，济南军区纪委转发军委纪委《认真学习贯彻中央纪委〈关于严肃纪律保证抗震救灾工作顺利进行的通知〉的通知》，要求各级严肃纪律，确保中共中央、中央军委指示贯彻落实。军区 16 名将军和 400 余名师、团职干部在救灾一线带头带领部队遵守和执行纪律。

海军抢险救灾部队逐级签订遵守群众纪律责任书，有针对性地抓好群众纪律专题教育，并把总政治部《抗震救灾群众纪律》和成都军区联指“十条规定”制成卡片，人手一张随身携带，执行任务前集体学一遍，执行任务后逐条对照检查。6 月 19 日，总政治部转发《海军抗震救灾部队逐级签订遵守群众纪律责任书》，按语说：《抗震救灾群众纪律》印发后，海军抗震救灾部队逐级签订遵守群众纪律责任书，严格落实责任；把启发官兵的自律意识、细化领导的责任与接受群众监督有机结合起来，实在管用，行之有效，值得借鉴。

7 月 7 日，总政治部下发《转发 71521 部队〈抓住爱民守纪关键环节，打造威武之师文明之师形象〉的通知》，对该部队的做法予以推广。

空军 95829 部队针对部队分散管控难、群众纪律要求高的实际，及时制发纪律小卡片，要求官兵每日对照检查。95607 部队将搜寻到的财物、钱物共计 130 余万元完好无损地归还群众。该部 47 营担负着接收、保管、分发救灾物资的任务，每天连续不断地装卸物资 800 余吨，官兵们忍着干渴和饥饿，守着堆积如山的矿泉水和食品，不拿属于灾区人民的一瓶水、一块面包。95944 部队 2 营在什邡市洛水镇信用合作社抢救人员时，清理出 3.5 万元的现金、41 万元的存折和部分金银首饰，全部交给信用社。

第二炮兵工程部队在清理北川县城两个金库时，官兵们仔细捡收废墟四周的散钞，将760余万元现金一分不少移交地方。武警部队先后从废墟中清理出价值1000余万元的贵重物品，请地方人员现场清点并及时上交。救灾各部队在现场废墟中清理出来的数亿元现金和大量贵重物品，均如数上缴当地政府。

武警各任务部队组织专门人员纠察监督群众纪律执行情况，杜绝违反群众纪律现象的发生。武警8740部队在单位建制被打乱、原有纪检监察力量严重不足的情况下，充分整合干部、警务、财务等部门的力量，增设60名纪检监督员，由纪检监察部门牵头成立16个临时纪检监察组，向群众公示军队纪律，对未征得村民同意擅自入户救人、推辞不了收下群众馈赠食品等4起苗头性问题，及时予以纠正。

开展“学人民、爱人民、为人民”活动　6月4日，总政治部下发《关于在抗震任务部队中广泛开展“学人民、爱人民、为人民”活动的通知》，要求部队在抢险救灾中真心学人民、真情爱人民、真诚为人民，竭尽所能地为灾区群众排忧解难，把践行军队根本宗旨贯穿到抗震救灾全过程；要配合地方党委、政府做好遇难者亲属的心理安抚工作，稳定人心，化解矛盾；要大力协助地方安置受灾群众，帮助灾区学生复课，使他们有饭吃、有水喝、有住所、有学上；要支援灾区通路、通水、通电，恢复生产，重建家园。各军区、海军、空军、第二炮兵和武警部队相继转发总政治部《关于在抗震任务部队中广泛开展“学人民、爱人民、为人民”活动的通知》，向所属部队提出具体要求。（参见图262）

图262　6月6日，参加抗震救灾的两支“红军师”在汶川县映秀镇开展“携手并肩、互学互促，坚决打赢抗震救灾硬仗”活动，共同践行“学人民、爱人民、为人民”的口号

（成都军区　提供）

成都军区联指政治部为了帮助受灾群众解决生活急需，恢复生产，解决好吃饭、喝水、居住和医疗问题，调集兵力，集中搭建10余个近5万平方米过渡性安置房，调派10余辆野战炊事车、8辆淋浴车，埋设自来水管，派出医疗分队巡回义诊，尽最大努力，帮助群众解决食宿、看病、清洁饮用水等问题。

77100部队按照“团营包乡、连包村、排包组、班包户”的方法，从10个方面为灾区群众办实事、解难事：协助地方安置受灾群众，保证有饭吃、有水喝、有临时住所；在排除水库大坝裂缝、堰塞湖、山体滑坡等重大安全隐患中发挥突击队作用；协助专业防疫人员搞好环境清理、消毒和防疫工作；协助灾区群众搭建临时校舍，帮助中、小学复课；发挥人力、技术、装备优势，帮助抢修道路、通信、水电等基础设施；帮助群众处置危房，清理废墟；帮助群众抢运生产生活物资，恢复生产；与灾区孤儿、孤老、孤残结对帮扶，帮助解决生活急需；协助做好灾区群众思想工作，搞好遇难者亲属的心理安抚，稳定人心，增强战胜困难的信心；开展捐款、捐物等献爱心活动，帮助灾区群众渡过难关。针对汶川、北川、茂县等极重灾县（市）伤员救治困难、群众缺药少粮等问题，部队出动直升机1728架次、各种车辆6399台次，运送伤员14932人、物资1.3万余吨，为灾区群众购买大米和药品价值5万余元，缓解灾区群众燃眉之急；先后为灾区群众运送并搭建临时住所10654间，抢修道路453.4公里，拆除危房5917户，清理废墟58134立方米，排除水库、堰塞湖、山体滑坡等重大险情20余次。

77283部队一个连队帮助一个村庄，108个建制连队分别就近选择一个受灾村，帮助恢复基层党组织，搭建帐篷（板房）、搬运物资、清理危房、抢修道路和安抚群众。该部副营职以上干部，每人在地震灾区资助一名贫困学生，帮助购买书包、书籍等学习用具。

济南军区在平武担负“进村入户”任务的官兵背着救命粮跋山涉水220公里，进驻高海拔的平武县泗耳藏族乡，送去中共中央的关心关怀，藏族群众眼含热泪手捧哈达长跪表达感谢。5月31日至6月30日，71620部队针对灾区群众出现恐惧、无助、等靠、急躁心理，开办“灾区群众夜校”，设置“党的创新理论、灾后重建方针政策、和谐社会主义新农村建设、灾后重建致富技能”等专题，对群众疏导讲解，化解“等靠”心理，建立重建信心。他们还制作印有胡锦涛、温家宝等党和国家领导人在灾区考察时有关指示的笔记本5000册，利用文化宣传方舱及野战音视频系统，为群众讲课30余场次，听众达1.1万余人次。

71320部队叫响“军民共同建家园、少给国家添负担”的口号，规定一个团负责一个镇、一个连队负责一个村，组织由教导员、指导员负责的96个群众工作队、1800余名党员和干部深入受灾群众中，帮助群众搭建过渡性简易住房，从废墟中挖掘清理生活用品，帮助群众尽可能减少损失；采取结对帮扶的办法，对困难户、重灾户、“三孤”（孤儿、孤老、孤残）户等进行援助。截至5月29日，为受灾群众搭建帐篷和简易房15351间，清理废墟88271立方米，运送救灾物资7861吨，抢修道路239公里，建“帐篷学校”12所，开设卫生防疫和消毒站点33个，建便民“小电站”17个，设立赈灾饮食服务站14个，发放各类食品688.3吨，各类药品价值56.99万元。71352部队坚持在“进村入户”中宣传动员群众，围绕群众关心的热点问题，开办“群众夜校”，共开课30余场，听众达1.1万余人次；每天早中晚利用“猛虎之声”广播，向灾区群众宣讲地方政府对堰塞湖的疏浚方案和应急避险措施；每晚为群众巡回放电影，放映前利用10分钟时间向群众讲解抗震和卫生防疫常识；成立38个示范班深入乡镇巡回示范，向灾区群众传授简易帐篷、活动板房搭建技术；挑选128名有一技之长的“小能人”，开设车辆维修、烹饪、种植养殖等28个专业技能培训点，为灾区群众扩大致富门路。

68210任务部队制订30条为群众办实事的具体内容，即抓好恢复生产秩序和示范村建设、扩大完善“帐篷学校”、深入做好“进村入户”工作、扶助“三孤”和军烈属人员、建立固定医疗救治站、设立流动诊所对分散居住点群众巡诊、加强对地方医疗机构的帮扶工作、对官兵和受灾群众实施心理救助和疏导、定期环境卫生消毒、饮用水源安全检测、组织卫生防病教育、开展环境卫生治理、拆除危房、组织小分队搜寻受灾物资、协助地方清理建筑废墟、尽快修复受损道路、抢修水电、修缮水渠水窖、组织官兵投入夏收夏种、成立为民科技和法律服务队、帮助群众搞好生产技能培训、搞好救灾物资装卸运送、积极协助维护社会治安、加大重建宣传力度、对倒塌房屋等进行专项统计、组织官兵测量技能培训、设计建设好样板设施、开展“联建共创”活动、宣传群众、建立领导干部联系点等，在群众中引起强烈反响。

5月29日至6月5日，空军后勤部组织成都军区空军后勤部、成都军区空军勘察设计所、空降兵某团、95996部队、95538部队，在什邡市洛水镇政府的协调下，经过7个昼夜的日夜奋战，建成什邡市震后第一所援建学校——洛水镇“灵杰中心小学”（又称“空军爱民小学”），包括5栋1396平方米教学活动板房校舍，以及附属配套设施；赠送750套学生课桌椅、730个书包、17个讲台、17块黑板、40套教师办公桌椅和32件不锈钢餐厨用品。在救灾期间，空军部队共援建学校5所和敬老院、幼儿园、医院各1所，义务献血31万余毫升。95829部队在组织受灾群众集中搬迁至绵竹市广济镇安置中，搭建帐篷830顶、安置群众420户。6—8月，在六一儿童节、八一建军节，筹措30余万元，组成380个小组，对2975名幸存儿童、362个遇难儿童家庭和200余个“三孤”、军烈属家庭走访慰问，为遇难学生家庭搭建帐篷或临时住所929顶（间），发放慰问金19万余元、粮食近1.5万公斤，巡诊看病1328人次。

5月29日，总政治部摘转第二炮兵政治部《关于开展“学习灾区人民，忠实履行使命”的通知》。96531部队组织官兵以“感动我的每一天”为主题，撰写“战地日记”，将灾区人民表现出的崇高品质化作抗震救灾官兵的精神动力。该部教育官兵视灾区为故乡、把群众当亲人，为灾区搭建帐篷1700余顶，建起1个居民示范村，援建1所希望小学，修通9个乡（镇）照明线路。96201部队为解决北川羌族自治县陈家坝乡受灾群众困难，成立8个帮扶小组，与陈家坝乡28名孤寡老人和烈军属建立帮扶对子。官兵与陈家坝乡41名单亲学生结成“一帮一”助学对子，捐助现金1.81万元。

6月19日，总政治部转发71352部队《坚持在“进村入户”中宣传动员群众，努力形成军民共建家园的良好局面》，要求各部队借鉴他们的做法，认真贯彻落实抗震救灾部队政治工作会议精神，广泛深入开展“学人民、爱人民、为人民”活动，把广大群众进一步发动和组织起来，军民携手、团结奋斗，重建美好家园，为夺取抗震救灾全面胜利做出新的贡献。

武警部队派出187个宣传队，为部分受灾村庄安装调试卫星电视接收系统10套，向群众发放收音机8000余台，让群众及时了解党和政府声音、社会各界对灾区群众的关心；出动35辆宣传车，印发宣传单1.2万余份，编印相关资料3.2万余册，宣传防震和卫生防病常识，保持灾区社会稳定。至6月3日，武警四川省总队共为受灾群众搭建帐篷6600余顶，抢修公路120余公里，医治群众5000余人，抢收抢种农作物326.67公顷，运送救灾物资3870吨。

三 共建基层党组织

地震发生后，极重灾区基层党组织的干部、党员有不同程度的伤亡或随灾区群众转移，组织不健全，正常的组织领导功能基本丧失。参加抗震救灾的解放军和武警部队，在当地县、乡镇党委的领导下，全力协助受损严重的乡村恢复党的基层组织。

77283部队下发《帮建灾后基层组织活动方案》，77296部队在青川县极重灾乡镇采取团对县、营对乡镇、连对村社的办法，对安置任务重、问题多的关庄、红光、石坝、苏河、马公等一镇四乡的26个村、130个组和6所学校的党组织，进行情况摸底和挂钩结对帮建，协助2个乡（镇）党委和17个村党支部"组织健全起来、制度落实起来、活动开展起来、作用发挥起来"；帮助灾区恢复5个村和2所学校的党支部，建立4个临时党支部，动员52名分散在剑阁县和青川县竹园镇等安置点不愿回乡的党员和6名村支委回乡。（参见图263）马公乡朝阳村的房屋倒塌严重，窝

图263 7月1日，77283部队在北川羌族自治县开展军地党组织帮建活动

（成都军区 提供）

前组村民伤亡大，村党支部已不存在。77296部队坦克2连指导员严宏宇深入该村，协助召开党员大会选举村委会成员，并召开支委会研究村民生活、居所等问题，分散在外的32户150名群众主动回乡，全力投入到重建家园之中。他们为乡、村购买党旗55面和《新党章辅导材料》《如何当好党支部书记》《党支部工作常识100问》等组织建设书籍450册，帮助乡村党组织恢复正常工作秩序。8月8日，一镇四乡基层党委和26个村党支部全部挂牌办公。

在安置回乡群众中，围绕“地址如何选、房子如何建、设施如何配”的问题，77296部队部队长马洪昌深入一线，与乡村干部一起对15个堰塞湖、45个山体滑坡危险地段、76个居民点现地勘查，为3个乡、5个村的办公场所选址，及时转移2个受山体滑坡威胁、2个受堰塞湖威胁的临时办公场所，帮助他们把“家”建起来。部队与地方成立联合党员突击队，军地党员携手当先锋、打头阵，帮助村民搭建活动板房300余间，平整场地6300余平方米，挖排水沟4100余米，帮助6所学校5700余名学生复学开课。青川县一镇四乡分散在6个受灾群众安置点上的2739户1万余人，在乡村党组织领导下，得到妥善安置。

平武县南坝镇垭头坪村党支部5名支委中有3名被地震夺去生命。“进村入户”任务部队开展的第一项工作就是由军地7名党员选出联合临时党支部，使村民人心不散。平武县坝子乡双龙村支部委员大部分伤亡失踪，村支书请求部队参与组建临时支部。77293部队党委决定由9连指导员担任临时党支部副书记，加强对自救自建工作的领导，做到“屋子倒旗帜不倒、人员散组织不散”，使救灾工作很快转入正轨。77283部队党委还从上级下拨的专用党费中拿出1.2万元，为北川羌族自治县曲山镇、擂鼓镇党委及所属的75个村居委会、党支部配备部分办公用品，为乡村组织及时恢复工作创造条件。

5月27日，71426部队对任务区内平武县锁江、豆叩、大印、徐塘、响岩、泗耳6个乡（镇）98个行政村组织建设情况进行调查，与各乡镇签订帮建协议书，把锁江羌族乡锁江村、豆叩镇裕华村、泗耳藏族乡茶坊村等6个村党支部作为重点帮建对象。七一建党节，还与响岩镇党委组织集中党课教育，联合表彰32名抗震救灾中先进党员。

68202部队政治部和陇南市委组织部联合下发《关于开展村党支部与连队党支部“联建共促”活动的意见》。基本活动内容有：及时传达学习中共中央、国务院、中央军委重要指示和方针政策；学习省市党委政府有关部署要求；组织宣传抗震救灾及卫生防疫知识；及时分析党员、群众思想和工作情况，研究提出对策；协调商定任务，安排部署工作，明确职责分工；组成联合党员突击队、团员青年突击队，完成急难险重任务；开展军民互帮互助，携手生产自救；谋划特色农业开发和增产增收思路办法；共同研究规划灾后重建和新农村建设；了解掌握“三孤”人员、重灾户、贫困户和军烈属情况，采取双方党员结对包户的办法重点帮扶；注重在完成任务中考察、讲评、激励党员；开展火线入党、立功活动，做好入党积极分子考察培养工作。“联建共促”活动开展之后，部队邀请14名受到市州表彰的乡镇党委书记、村党支部书记和25名基层党员介绍抗震救灾先进事迹，安排“红九连”“钢铁八连”等5个先进党支部介绍抓好党课教育、发挥战斗堡垒作用、树立党员先进性形象等方面的做法。

68210部队有14个营党委、59个连队党支部、1404名党员，与灾区基层党组织开展以“营乡党委互促、连村支部共建、军地党员结对”“促进民族团结进步，促进社会安全稳定，军民共建藏乡灾后新秩序”为主要内容的“联建共促”“双促共建”活动。6月13日，总政治部转发68210部队《坚持与灾区基层党组织“联建共促”，努力为打好抗震救灾硬仗提供坚强保证》的做法。68210部队党委针对灾区部分基层党组织基础薄弱、功能弱化的问题，着眼加强灾区党组织建设，帮助每个村建立党员活动室，激励受灾群众增强信心勇气、搞好生产自救、开展灾后重建。在开展“联建共促”活动中，军地党员统一佩戴“我是党员”胸标，发挥地方基层党组织环境熟、灾情熟、群众困难熟的优势，将连队党员与地方党员统一编组，组成军地抢通道路、抢运物资党员突击队，相互比干劲、鼓士气；拆除危房中，请地方有经验的党员讲解注意事项，做到科学安全施工；安排军地各一名干部党员包干负责一位“三孤”人员，帮助缺少劳力的群众收割庄稼（参见图264）；制作救灾物资分配公示栏，军地党组织共同管理和监督救灾物资发放；共同商定过渡安置选址规划，组织党员参加公共设施建设，发挥灾后重建的主心骨作用；立足提高灾区基层党组织自建能力，给每个村党支部制作“七项组织生活制度”流程图和党务公开栏，修订完善自身建设措施和议事规则，共同研究制订加强外出务工党员管理，发挥“老党员、老干部、老模范”作用的措施，对抗震救灾中表现突出的64名地方入党积极分子进行党的基本知识培训，鼓励他们在抗震救灾一线接受党组织的考验。

“进村入户”搜救展开后至7月，空军95964部队“红三连”党支部与绵竹市汉旺镇武都村党支部结成“联建共促”对子，坚持“两个支部一起抓、两个堡垒都要强”的思路，加强武都村

图264 5月24日，68210部队官兵帮助地震灾区群众抢收夏粮

（兰州军区 提供）

党组织建设，帮助建成“两院一所一校”，实现了“三通”，恢复了武都村正常的生产生活秩序，在任务区内第一个完成示范村建设。

第二炮兵任务部队帮助驻地周边、施工沿线乡村基层党组织补选缺额的支部成员、建立党员简易“活动之家”、成立党小组、恢复党组织生活制度，帮助恢复北川羌族自治县擂鼓镇柳林村等31个基层党组织。6月1日晚，在96501部队政委马力、副政委安海林指导下，柳林村16名党员在红星爱民新村“柳林村党员之家”内，组织地震后第一个“特殊党日”。3—5日，官兵深入安县桑枣镇第一小学、飞龙村，睢水镇金华村、红石村、灌滩村，永安镇工农村、跃进村、大安村，以及北川羌族自治县擂鼓镇柳林村、麻柳湾村、银定村、街道社区，帮助恢复和健全12个党支部。4日，96531部队结合担负救灾任务，帮助灾区乡村制订加强党支部建设方案，并迅速展开对绵竹市东北镇天齐村、谷王村、玉马村和汉旺镇凌法村4个党支部帮建工作。

第二章　抢险救灾行动保障

为了确保抗震救灾行动快速、有效、高效运行，国家各部门、各系统、各行业，全国各省（区、市）和解放军、武警部队，从交通、电力、通信、气象、水文、装备、物资等各个方面给予全力保障。交通运输部门在全国范围内组织调集公路、铁路、水路、航空运力，建立多头推进、水陆空并举的立体输送通道。电力行业在国家电监会协调下，快速调集人力物力，全力抢修电力设施，及时调运应急发电设备，为抗震救灾提供及时有力的保障。军地通信部门快速建立应急指挥通信，在短时间内形成空中地面一体、固定移动结合、数据传真兼容、网络语音互补、传统现代并举的通信保障体系。气象、水文和侦察测绘部门，不间断地侦察监测、获取、提供各种信息，及时准确地为抢险指挥和救援行动服务。中共中央、国务院举全国之力，将抗震救灾急需的工程机械、装备器材和食品、药品、油料、帐篷、板房、建材等物资，源源不断运往灾区，充分展现了社会主义制度的无比优越性。

第一节　交通运输保障

汶川特大地震发生后，灾区交通设施基本瘫痪，面对大量人员、车辆向灾区集结，国家交通运输部门、军队军事交通部门和灾区省市，迅速组织公路、铁路、水陆、航空等运输力量，建立立体输送的“绿色通道”，为运送救灾物资、抢救受灾群众创造了重要条件。

交通运输部和各省（区、市）在通向灾区的主要交通沿线组织地面交通管制，为公路运输创造安全顺畅环境。铁道部提高铁路运输效率，组织救灾物资优先发运。军队各级军事交通部门周密计划、科学调度，组织车辆调集和物资装载，保证部队及物资能迅速驰援灾区。交通运输部和四川省地方海事局，充分利用四川、重庆、湖北等省（市）水上交通资源，组织水路运输，长江三峡和重庆郭家沱码头在水运中发挥了“枢纽”作用。

中国民航局和解放军空军、陆航部队快速调集空中力量，开辟航线、开放机场，全力支援和保证抢险救灾人员和物资的空运、空投等行动。根据灾区空域狭小、地形复杂、环境恶劣、任务繁重、飞行密度大的实际，严格组织空中管制，确保空中飞行安全。

一　公路运输保障

地震发生后，交通运输部从全国紧急调集运力，从重庆、甘肃、陕西、云南、贵州五省（市）调集1195辆应急运力入川，连同四川省本地运力，累计投入59850辆客运、货运车辆，开展救灾物资、救援人员和灾区群众疏散的运输。军地交通管理部门以及企事业单位、社会各界，组织全时空、全方位的立体交通服务网络，严格地面交通管制、组织安全设施检查、建立免费通行的“绿色通道”、昼夜提供交通信息，为救援车辆快速机动提供有力的后勤与技术服务。

省市交通系统组织运输保障　震后一小时，四川省交通厅党委启动应急预案，成立交通厅抗震救灾道路运输保障指挥部，派出人员组织救灾车辆，当夜派出客车37辆，连夜将首批武警官兵800余人送往都江堰。5月12日23时，南充汽车运输（集团）有限公司抗震救灾车队连夜赶到成都双流机场。此时天下大雨，来自全国各地的解放军、武警部队和公安消防官兵陆续到达，车队迅速装载救援官兵冒雨向极重灾区转进。12—13日，成都市公共交通集团公司抗震救灾应急指挥中心抽调公交车433辆、出租车323辆、驾驶员和修理工898人，参与成都至都江堰、彭州、绵竹、什邡等地运送救灾人员和物资。震后48小时，四川省交通厅抗震救灾道路运输保障指挥部调用1098辆客车，向灾区运送解放军、武警部队、公安消防官兵和医疗救援人员3.2万人。

抗震救灾期间，四川省各级运输指挥部累计投入应急货车44982辆，运送抢险救灾物资44.2万吨。

5月13日，甘肃省抗震救灾总指挥部在天水建立救援物资中转站。截至6月19日9时，天水市交通局协调社会运输车辆2580辆次，运送帐篷26331顶、棉被48916包（件）、发电机100台、衣服83940包（件）、大米64吨、其他救灾物资460吨。甘肃省运管局还运送安徽省对口支援四川帐篷2500顶、挖掘机6台。5月15日18时，甘肃省交通厅运输管理局从定西、通渭、陇西3家运输企业抽调客车50辆，支援四川救灾运输。5月12日至6月16日，甘肃道路运输行业运送救灾人员、灾区群众1.5万余人，运送物资43万吨。

陕西省除调集本省运力向汉中运送救灾物资外，还调集410余辆客货车支援四川。抗震救灾期间，陕西省筹调入川客车3985辆、货车2070辆，运送人员12.47万人次、物资1.28万吨。

5月14日下午，重庆市公路运输管理局调集大客、货车各100辆，组成抗震救灾车队开往成都支援救灾运输。16日晚，重庆市货运企业将120吨药品运往灾区，重庆市扶贫办协助香港某企业支援的价值300万元方便面分两批运送灾区。18日上午，重庆市交通委员会组织29辆货车，将台湾顶津公司价值700万元救灾物资运往四川灾区。21日，重庆市公交集团调集客车30辆、后勤保障车4辆、驾驶员和修理人员72人组成抗震救灾突击队，开赴四川地震灾区；至6月2日，出动客车 295 辆次、转运人员 10866 人次，出动货车 1069 辆次、运送物资 1408 吨。重庆市公安消防总队协调重庆交通运输公司，调集大客车 59 辆，累计出动 130 辆次，接送经渝入川公安消防官兵 4300 余人。

地震发生后，云南省交通系统派出 594 辆货车向四川运送救灾物资，截至 6 月 2 日，共运送救灾物资 4255 吨。

5 月 15 日中午，贵州省交通厅接到四川省交通部门要求支援 100 辆 30 ~ 39 座中型以上客车的紧急请求后，立即协调省运管局调集车辆，快速集结 115 辆客车，于 16 日 8 时开往四川灾区。抗震救灾期间，贵州省交通系统先后调集客车 161 辆、货车 108 辆支援四川灾区执行运输任务。山西省交通厅组织运输保障车辆 1509 辆，其中货车 1258 辆、客车 251 辆，运送食品药品 1200 吨、其他救灾物资 7.8 万吨。

截至 6 月 14 日，河南全省交通系统投入抗震救灾车辆 2194 辆次，其中货车 2106 辆次、客车 88 辆次，运送物资 25870 吨。

部队组织车辆运输保障　成都军区除动用车辆运送抗震救灾官兵外，还调集运输车 1234 辆，担负通过空中和铁路运输到达成都及其周边的其他抢险救灾部队的中转运送任务。78511 部队在震后半小时即召开党委会，启动应急预案，中止进藏运输，迅速收拢人员，组织调整运力，所属运输部队在 5 小时内，完成由进藏运输向抗震救灾应急运输保障任务转换，组成以 78525 部队、78526 部队、78528 部队为主要运输力量，78542 部队 100 辆车作为支援运输力量，另有 80 辆车作为预备运输力量。（参见图 265）

图 265　7 月 11 日，成都军区救灾运输分队向四川灾区运送救灾物资

（成都军区　提供）

四川省军区在救灾初期组织运输车1253辆次，运送被装物资92种25.21万套、食品31种1320吨、给养器材27种638台（套、个），为汶川、北川等极重灾县（市）输送帐篷1351顶、发电机85台、单兵睡垫1400床、折叠床170张、野外工程应急灯1000盏等救灾物资。后在救灾物资分发运输中，又出动运输车3570辆次，运送物资28522吨、转运人员2314人次，行驶85万公里。5月21日，盐边县民兵运输队22辆大货车，绕道马尔康，翻越夹金山，冒着余震落石塌方危险，将3560吨救灾物资运到汶川。

兰州军区动用运输车1720辆次，为部队和灾区群众前送各类物资2940吨。5月13日晚，兰州警备区紧急抽调504厂25名民兵、11辆汽车，历经44小时、行程1300余公里，将价值近百万元的药品、食品和其他救灾物资运往四川灾区；17日晨，又赶赴都江堰执行运输任务，为792厂社区送去370顶帐篷。13日，重庆警备区出动运输车24辆，向都江堰、广元、北川等灾区紧急运送食品、药品、饮用水、搜索灯等救灾物资182吨。14日23时3分，山东省军区派出运输车13辆、49名官兵，连夜运送2万件工兵器材，历时五天五夜，跨越4个省16个市、往返4200余公里，将救灾物资送达四川灾区。19日，宁夏军区出动运输车41辆，将250余吨清真食品、蔬菜、防疫药品和生活用品运往四川灾区。

武警四川省总队累计出动后勤保障人员1600余人、运输车18239辆次，运送各类救灾物资7200余吨。武警甘肃省总队投入后勤保障兵力104人、各种运输车38辆，从成都仓库为赴青川救援部队紧急调运食品、药品等物资900箱。武警陕西省总队投入后勤保障兵力120人、车辆1500辆次，征用地方大客车30辆和运输车28辆，为四川救灾部队紧急运送野战食品520箱、被装物资826件（套）、行军床66张、充气床垫1000张、发电机5台等。5月17—22日，武警湖北省总队共出动保障人员370人、车辆140辆次，连夜装载救灾物资260余吨、帐篷2.2万顶运往灾区。5月24日至6月5日，武警长春市支队先后3次共出动保障人员300人、运输车18辆，为灾区儿童运送5000套服装和学习用品、160余吨食品、500箱可乐煲姜等救灾物资。5月26日至6月5日，武警吉林省总队后勤基地3次出动运输车10辆，完成500顶帐篷、1761箱药品、60吨豆油、11吨面粉和80吨救灾物资的调运任务。

交通管制　为了保障将救灾人员和物资快速运往四川灾区，四川、陕西等省对入川干线公路和救灾重要通道都实行了交通管制。四川省各级交通管理部门周密组织公路交通管制，灵活实施车辆分流，及时提供交通信息，发放特殊交通证件，严格检查违规治限等措施，保障交通快捷顺畅。为确保救灾物资运输，四川省对前往汶川、平武、青川、北川、茂县等极重灾县（市）的货运车辆轴数、车货总重实行限制。运送救灾物资的货运车辆，车货总重不得超过20吨，轴数不得超过3轴，其中省道105线平武公路响岩至南坝桥头绕行段，限车货总重10吨以下。运送抢险工程机具的平板拖车前往上述地区，必须持有四川省交通厅公路局应急指挥部相关手续方能通行，与救灾无关车辆严格控制前往灾区。

5月19日，陕西省高速公路建设集团公司对前往汉中方向货运车辆，在西安绕城高速3处出入口管制的基础上，对涝峪口、龙亭执勤点进行重点检查，对非抗震救灾车辆予以劝返。龙亭执勤点对由汉中驶向西安方向的货运车辆，除军车、救治伤员车、3轴以下货车、燃油供应车外，实施强制分流，一律绕经国道108线、210线、316线或姜眉公路；国道108线龙亭至周至段，仅允许单向通行汉中至西安方向货车，禁止西安至汉中方向货车通行国道108线。车辆途经有限载要求的受损桥梁时，单向、单车、匀速通过。经宁强前往四川方向的车辆，除运送救灾人员和物资的车辆外，一律改经国道316线到达西乡后，由国道210线入川。陕西公路管理部门只允许由西安至汉中方向的抗震救灾物资和人员运输车辆、客车、军车通行西汉高速公路，其他车辆通行国道210线西安至宁陕段，从宁陕收费站驶入西（安）汉（中）高速公路，或通行国道210线宁陕至石泉段、经行国道316线至汉中。从27日开始，西汉高速采取在宁强、勉县、汉中、汉中东、上远观、城固、洋县收费站，提示驶往西安方向的货运车辆，由姜眉公路及国道108线、210线、316线择路通行，并在龙亭收费站主线设置强制分流点，将3轴以上货车强制分流至国道108线。同时，禁止龙亭、金水、大河坝、宁陕、皇冠、朱雀、纸坊收费站入口放行3轴以上货运车辆驶入西安方向。从龙亭分流保畅点共分流3轴以上货车57102辆，缓解了西汉高速公路秦岭段的保畅压力，以保障西（安）汉（中）高速真正成为运送救灾人员和物资的专用快速通道。

5月20日，国务院抗震救灾总指挥部第11次会议决定，用3个月时间在四川重灾地区建造过渡安置房，并对运送救灾物资的车辆统一设置通行标志。各地建设主管部门负责本地区通行标志的制作、登记和编号，并加盖地市级以上建设主管部门公章。对持有住房城乡建设部统一设置的通行标志运输物资车辆，免收车辆通行费，保证优先通行。

四川省交通厅与公安交警部门商定，由四川省运输指挥部向征集的抗震救灾运输车辆发放“应急交通”通行证，给予抢险救灾车辆免费优先通行。成都市交通委员会制订《临时交通设施调配方案》，调配首批20余座移动信号灯、40余套移动指示牌及500余个锥形筒等交通设施，送往都江堰、彭州灾区一线，满足当地交通管制需求。

提供运输服务保障　各级公路管理部门为了保障救灾车辆快速顺畅通过，采取了开辟“绿色通道”、引导护送车辆、提供信息和饮食服务等多项措施。

开辟“绿色通道”。5月13日上午，交通运输部公路局下发《关于对抗震抢险救灾物资免缴通行费的紧急通知》，要求川、陕、甘、渝等地，对运送抗震抢险救灾物资运输车辆，开辟“绿色通道”，一律免费、快速、优先通行，确保抢险救援人员、设备、物资快捷运往灾区。四川、甘肃、陕西、重庆四省（市）开辟从成都、兰州和西安方向进入灾区的3条陆上“绿色通道”和长江—岷江经重庆、泸州、宜宾、乐山4条水上“绿色通道”。长江三峡船闸对运送抗震救灾物资的船舶优先签证、引航、过闸、装卸。

四川省要求各市州交通主管部门和高速公路经营管理单位，全力开展相关支援工作，确保通往灾区公路畅通，全力保障救灾人员和物资运输。5月12日22时，成都市根据抗震救灾紧急情况需要，下令市属4条高速公路（成灌、成彭、成温邛、机场高速）共18个收费站免费放行抢险车辆。截至6月25日，所有收费公路免费通行抗震救灾车辆1334.65万辆次，免收通行费2.14亿元。

5月13日8时，甘肃省对通往陇南方向的运送抗震救灾人员和物资的车辆免费优先放行，在已建立的“绿色通道”基础上，专门为救灾运输开辟3条运输通道。第一条：从兰州出发沿国道213线，经甘肃的临夏、合作、碌曲和四川的若尔盖、松潘至汶川。第二条：从兰州出发沿国道

图 266　地震后，甘肃省开通抗震救灾专用通道，保证救援物资及时运往灾区
（交通运输部　提供）

212 线，经甘肃临洮、岷县、武都和四川沙州、广元至四川腹地灾区。第三条：从兰州出发沿国道 316 线，经定西、天水、成县、两当和陕西凤县、汉中，再至四川、陇南灾区。（参见图 266）为保证 3 条运输通道顺利通行，甘肃省运管局在运输行业抗震救灾工作领导小组内，增设客运保障组、货运保障组和维修救援保障组。在 3 条“绿色通道”上执行北京、天津、上海三市对口支援灾区的活动板房运输任务。甘南藏族自治州两河口大桥在震前已开工建设，进入舟曲车辆无法通行，当地在此处搭建临时便桥让运送救灾物资、人员车辆免费通行。抗震救灾期间，甘肃省为 1694287 辆次抢险救灾车辆免收通行费 17860.41 万元。

从 5 月 13 日 9 时起，陕西省由西安至汉中的西（安）宝（鸡）高速公路、西（安）汉（中）高速公路、国道 108 线、国道 210 线、国道 316 线、省道 212 线全部开通抗震救灾“绿色通道”，对所有任务部队、救灾物资车辆一律免于超限超载检测，免收通行费。仅 13 日一天，就有 4000 余辆救灾车辆免费通过西汉高速进入四川灾区，这条路被称为华北乃至东北地区入川最快捷的“生命线”。15 日，西安市质量技术监督局开辟“赈灾产品绿色检验通道”，对抗震救灾物资实行免费检验，随到随检，优先放行。5 月 12 日至 7 月 22 日，陕西省收费公路免费通行车辆 200 余万辆次，免收通行费 6600 余万元。

重庆市高速公路发展有限公司开设 46 个“抗震救灾专用通道”，对救灾抢险车辆一律免费放行。从 5 月 13 日至 6 月 25 日，重庆市高速路网累计免费放行救灾车辆 32671 辆次，其中运送救援物资车辆 18905 辆次，救援人员车辆 10348 辆次，其他医疗、通信消防等救灾车辆 3418 辆次，免收通行费 963.54 万元。

云南、内蒙古、贵州、山西、河南、湖北等省（区、市）政府办公厅也专门下发文件，要求各交通部门开通紧急救灾物资运输专用通道，保证运输救灾人员、物资车辆免费、快速通行。在各省范围内，对本省或途经本省运送抢险救灾人员和物资前往灾区的车辆均开设“绿色通道”，免收通行费。截至6月15日，贵州省已有26216辆次抢险救灾车辆通过贵州省，累计减免通行费716万元。截至6月25日，浙江省免费通行抗震救灾物资车辆177万辆次，免收费用5324万元。河南省高速公路免费通行救灾物资车辆17243辆次、免收通行费1080.3万元。山西省高速公路放行救灾车辆3万辆次，免收通行费566万元。安徽省免费通行救灾车辆34089辆次，免收通行费1010.37万元。截至12月16日，全国累计为救灾运输车辆免收通行费6.1亿元。

引导护送车辆。四川省交警总队专门抽调24名机关民警，集中机关全部越野警车和新购越野警车组成警卫开道保障组，24小时滚动出警，承担由成都始发的跨地区车队和领导人车队的警卫开道。抗震救灾期间，出动警力1.76万余人次、警车6230余台次，提供咨询服务1.46万余次，为各方救援力量快速进入灾区和灾区群众转移提供交通保障。成都市交通委员会组织运输引导与护送工作，保障救灾车辆便捷快速通行，先后在凤凰山机场、双流机场、邛崃机场完成引导接机车辆602辆次。（参见图267）

图267　5月15日，在运政执法车的引导下，满载救灾物资的车辆驶向灾区
（交通运输部　提供）

5月12日至8月22日，陕西汉中、宝鸡、西安、安康四市交通部门采取一切措施，确保入川“生命线”安全畅通。由于宝成铁路交通中断，西（安）潼（关）高速、西（安）宝（鸡）高速、西安绕城高速和西汉高速就成为西北、华北、东北通往四川灾区公路运输的“生命通道”。入川沿线高速交警部门实行警车开道、路政收尾护送的办法，保障运送抗震抢险救灾人员、装备和物资车辆优先通行。入川高速公路沿线千名交警安全引导护送抗震抢险救灾车辆23374辆，其中部队车辆2977辆、油料车辆1286辆、客车4867辆、救灾物资车7843辆、其他车辆6401辆。陕西省交通厅配备路政人员和巡查车辆，对前往灾区的大型救援车队全程护送，共出动路政人员310人次、148辆次，对29317辆救灾车辆进行引导护送，对2506辆抗震救灾车辆全程护送。

广东、广西、湖南、贵州、云南、海南、湖北等省（区、市）以及国外救援人员和物资，大都经过重庆前（运）往四川灾区。重庆市交通行政执法总队高速公路支队执法队员，24小时值守渝遂高速公路大学城隧道、成渝高速公路中梁山隧道等“咽喉”路段，引导车队尽快通过成渝高速公路通道。仅 5 月 13—24 日，在通往四川的高速公路通道上，重庆市共出动公路执法人员 2232 人次、执法车 1098 辆次，引导云南、贵州、浙江、广东、湖南等省途经重庆前往四川灾区的救援车队 284 批次、6409 辆。

5 月 14 日，济南军区部分部队和 92051 部队，以摩托化机动方式向四川灾区机动。济南军区、兰州军区、广州军区和成都军区交通战备办公室，及时对有关省（区、市）进行部署，交通战备办公室及相关部门主动靠前服务，出动警车为部队开道，护送部队经过大中城市时，当地交通管理部门均实施交通管制、警车引导，确保任务部队快速机动。

交通信息和饮食服务。交通运输部指示各省级交通主管部门和公路管理机构、高速公路经营管理单位，利用媒体和公路沿线信息板等设施，及时发布通往灾区公路路况信息。甘肃、陕西、重庆、四川四省（市），采取由媒体播发路况信息、增设标志、警车引导、增加临时服务点和设置路边信息台等各种措施，为过往车辆实行 24 小时不间断服务。

四川省向过往车辆发放灾区路线图（参见图 268），通过情报板和四川人民广播电台 101.7 交通频率，滚动播出抗震救灾车辆优先通行的提示语、24 小时服务电话和道路通行信息等。为方便救灾车辆快速行驶，四川成渝高速公路成（都）雅（安）分公司，在高速公路上专门安装救灾路

图 268 5 月 17 日，成雅高速公路工作人员向抗震救灾车辆发放行车路线图

（交通运输部 提供）

线指示牌，在15个收费站设置救灾车辆专用通道，印发8000份路线图，并在6个情报板上滚动播出路况信息。

甘肃省各级路政调度人员实行昼夜巡查、及时发布路况信息、设置警示标志、协同交警部门疏导交通等，引导华北、西北等地区经甘入川的大型救灾车队通行，同时配合公路养护部门排除路障，抢修受损公路。截至6月10日，甘肃省共出动路政人员14050人次，出动路政执法疏导车5143辆次，巡查公路24.86万公里，设置安全应急警示牌1519块。

陕西省交通运管部门自5月13日凌晨起，在西（安）临（潼）高速经西安绕城高速转入西汉高速公路的各个匝道口，竖起指路大牌37块，指引车辆顺利入川。西汉高速公路宁强管理所悬挂90条横幅，并及时在落石、滑塌等地段增设相关标志6面，在主线站增设“抗震救灾专用车道”标志牌8面，张贴宣传标语800余张，印发宣传单1万余张，及时引导救灾车辆快速通行。

贵州省各公路管理部门和金关、云关公路有限公司，利用电视、广播、移动通信等媒体和公路沿线信息板，及时发布公路路况信息，引导抗震救灾车辆顺畅通行。

抢险救灾期间，四川成（都）渝（重庆）高速公路成（都）雅（安）分公司在高速公路进出口和服务区设置3个抗震救灾服务点，为抗震救灾车辆司乘人员提供开水、药品、路线图，帮助解决车辆加水、加油、维修等服务。截至5月26日，成都、石象湖两个抗震救灾服务点为1200余人次提供问讯服务、为20余车次联系加油服务、为30余车次提供免费加水、为10辆车提供义务维修。

5月22日零时，甘肃省在兰州通往陇南、兰州—甘南、兰州—中川机场及陇南市、甘南藏族自治州境内的公路收费站设立“抗震救灾服务点”，免费为运送救灾物资、机械设备车辆的司乘人员和川籍返乡人员发放方便面、火腿肠、矿泉水等食品和治疗腹泻、感冒类药物。至27日，各服务点为救灾车辆提供免费服务折合8.55万元，所有“绿色通道”服务区、收费站、养路道班等，都向过往的救灾军车、军人及其他抗震救灾人员免费提供热食、饮用水、方便食品和燃油等服务。

陕西省高速公路建设集团服务区管理分公司，对所有抗震救灾人员、车辆免费提供就餐等服务和临时休息场所，帮助救灾车辆加油、加水和抢修。济南军区上万名官兵到达华山服务区时，全体员工总动员，热情给子弟兵递水，送方便面、绿豆汤。空军74辆运输车队到达西安时，绕城高速汉城服务区全力组织油料补给。宁强公路段设立3个服务站点，除生活保障外，还提供车辆维修服务。西汉高速秦岭服务区海拔1500余米，深夜气温降至4摄氏度至5摄氏度，员工轮流值班，坚持24小时服务，确保过往救援人员吃上热饭菜。5月15日中午，济南军区任务部队部分人员因时间紧迫没有吃上饭，秦岭服务区遂即改进保障办法，特制“抗震包子”“保畅面”“爱心花卷”等便携食品，供匆匆而过的抢险救灾部队食用，仅15日，就保障官兵1万余人。截至10月14日，西汉高速公路累计投入保畅人员11479人次，巡查3549次，为车辆加水4626次、加油376次，排除故障393次，排险166次，接待救灾人员68.7万人次，服务司乘人员17586人次，发放“文明服务承诺卡”及《安全行车指南》6万份。

河南省高速公路各收费站、服务区加大物品储备，设立抗震救灾车辆服务台和临时休息室，配备必要的茶水、毛巾、食品、维修工具等，为奔赴抢险救灾一线人员提供优质服务；抽调车况

量为2000～5000吨的油船组成的运输队，从上海、江阴、南京等地运输救灾急需的柴油和汽油62381吨。其间，重庆郭家沱滚装码头成为物资输送的中转站。重庆市朝天门海事处开辟“绿色通道”，对救灾物资运输船实行优先签证、优先通过、优先引航的“三优先”措施。21日，湖北省交通第一突击队39辆车124名司乘人员从重庆赴四川灾区，重庆市港航局协调万州滚装运输集团有限公司1号滚装船，由湖北宜昌至重庆专船运输湖北交通系统对口支援车辆和人员；24日11时，在比正常多消耗3吨燃油的情况下，提前近6个小时到达重庆郭家沱滚装码头，在交警与水上执法大队车辆引领下驶向四川灾区。

5月23日下午，为运送钢架桥梁归来的27辆“湖北交通刚毅突击队”车队到达郭家沱滚装码头，重庆港航局组织一艘滚装船“串通1号”，专门运送“湖北交通刚毅突击队”车辆，并免收滚装码头货港费。考虑到鱼嘴大桥施工实行禁航，重庆海事局与朝天门海事处沟通，派出海巡艇将“串通1号”一路护送进港，与郭家沱港埠公司、派出所等单位开辟“绿色通道”，派出所警车为车队开道，20时50分全部车辆装上滚装船。

截至6月30日，重庆市港航管理局组织载重滚装汽车运输船舶445艘次，运送救灾药品、食品和建筑材料、工程机械等滚装车辆2763辆；组织油品运输船舶44艘次，运输救灾油11.7万吨，组织普货船舶1艘，运送用于唐家山堰塞湖抢险的装卸机6台。同时，重庆市港务局对通过水路经过重庆市境内的救灾车辆，实行停征交通规费，停收停（卸）车费、代理费，运费按成本收取等优惠政策，减免费用326万元。

5月12—29日，甘肃省航务海事系统共投入船舶321艘次，运送抢险、受伤人员及疏散群众29272人次，渡运救灾物资2732吨。

5月27日，绵阳市地方海事局向平武县南坝镇运送棉絮3205床、帐篷357顶、棉被750床以及其他生活物资。雅安市投入一艘载重60吨的货船，在汉源银合堡渡口转运大米、饮水、食用油等约230吨。12—28日，四川省航务海事系统共投入船舶130余艘，运送抢险人员9万人次，运送伤员和疏散受灾群众3.5万人次，运送救灾物资600吨。

湖北省在震后一个月里，在宜昌调度滚装船264艘次，运输抗震救灾物资车辆1640辆次、物资22585吨。

四　航空运输保障

抗震救灾行动展开后，总后军交运输部与民航局联合下发《关于为抗震救灾人员物资提供快速安检的紧急通知》，明确由总后军交运输部归口申请运力，简化人员、物资安检、登机手续，对空运救灾部队飞机予以优先安排。民航局从全国30个航空公司，调集航空运力支援灾区，解放军从空军和陆航部队调集各型飞机、直升机近200架，投入抗震救灾空中运输，成都军区空军开放军用机场和航线，全力支援抢险救灾空运、空投行动。空军与国家民航部门联合实施灾区空中管制，保证抗震救灾空运安全。中国民航局和解放军动用历史上最大规模的空中投送力量，在空中编织起抗震救灾的“生命天路”。

开放军用机场　5月12日，成都军区空军奉命开放邛崃、太平寺、凤凰山、彭山机场，保障抢险救灾空中运输。成都场站（太平寺）紧急架设、调试着陆雷达和定向台，为空运空投提供导航保障；采取“划区保障、分机种保障、联合交叉保障”等措施，提升飞机停放和机场起降效能；紧急铺设各类缆线3.5万米，加装电话130余部，保障指挥畅通。5月12日至8月22日，波音－737、伊尔－76、运－8及米－17等14种型号的飞机在太平寺机场起降和停放；5月15日一天就起降77架次，最密集时23分钟内起降7架大型运输机、3架直升机，平均间隔时间仅2分多钟；共保障救灾飞行1349架次，空运空投物资1900余吨，运送救灾人员3900余人次，转运伤员100余人。

邛崃场站在自身受灾严重，住宿、用水、用电等生活保障较为困难的情况下，紧急搭建简易住房1000余平方米、帐篷90顶，筹措战备床600余张，安装水电线路5000余米，铺设电话线路2000米，解决空、地勤人员生活保障问题。5月14日，邛崃场站接到成都军区空军关于接收45架陆航直升机进驻、保障随行1000人食宿的命令后，迅速调派4台压路机，连夜碾压草坪近100亩，开辟直升机临时停机位50个，调整人员住房，筹措生活物资，保证陆航直升机进驻。5月12日至8月22日，共保障各类飞行457架次。

凤凰山场站在断电、断水、营房损毁的情况下，紧急抢修营房、水电等设施，及时恢复保障能力。5月12日16时37分，即保障77116部队2架直升机出动侦察地震灾情；18日，凤凰山场站保障救灾飞行141架次，创造场站日飞行保障量的最高纪录。5月12日至8月22日，共保障77116部队、95655部队、94672部队搜救队等单位米－17、米－171、黑鹰等各型直升机救灾飞行1930架次，转运伤员1083人，转移被困群众1229人。

绵阳场站组建时间短、人员少、无配套保障装（设）备，不具备独立保障能力。95616部队抽调邛崃和凤凰山场站22名骨干和21台装（设）备，组成绵阳伴随保障分队，于5月20日连夜进驻。5月12日至8月22日，绵阳场站保障各类救灾飞行258架次，抢运装卸救灾物资297吨，帮助民航搭建帐篷63顶；5月26日、27日，出动3台次加油车，赴北川伴随保障米－26直升机执行唐家山堰塞湖工程抢险任务。

5月13日晨，95596部队彭山场站接到保障大型运输机起降、运送救援人员和物资装备的命令后，立即组织夜航灯光布设，成立机务保障、货物装卸应急分队。14日，接到保障陆航两个直升机部队进驻彭山机场的命令后，连夜碾压直升机停机位17个，调整床铺200个；增派直升机维护保障人员。从15日起，彭山场站同时担负起运输机、直升机救灾飞行保障和转运人员、物资的任务。截至6月23日，彭山场站共保障各类救灾飞行622架次，其中伊尔－76飞机2架次、运－8飞机58架次、米－171直升机562架次，运送各类救灾人员2202人、受灾群众613人、伤员375人，转运物资844.3吨。

空中管制　成都地区空域是全国飞行密集地区之一，半径60公里范围内有8个军民用机场，空域结构复杂，飞行矛盾突出。抗震救灾行动开始后，飞行密度更高、机型种类更多，增加了空中管制难度。为此，总参谋部下发《全力以赴做好抗震救灾空管保障》指示。抗震救灾期间，军民航飞行39986架次，其中救灾飞行7127架次。仅5月18日一天，空军救灾飞行155架次，陆、海航空救灾飞行258架次、民航救灾飞行111架次，单日总量达524架次，确保了飞行安全。

5月14日，空军连夜召开紧急会议，决定成立成都地区抗震救灾空中管制委员会，空军副司令员景文春任主任，总参陆航部部长马湘生、空军副参谋长张建平、成都军区副参谋长刘永新、成都军区空军副司令员朱心文、民航西南管理局副局长吕尔学任副主任，空军、总参陆航部、成都军区、民航等为成员单位，下设成都地区抗震救灾空中管制委员会办公室。办公室为成都地区抗震救灾飞行空中管制日常办事机构，成都军区空军参谋长战厚顺任办公室主任。空军司令部航管部副部长庞惠军、副处长李孝荣、参谋方奇勇和孟万良赶赴成都，组织并展开抗震救灾空中管制委员会办公室日常工作。

空中管制委员会还依托成都军区空军航空管制中心，设立抗震救灾联合管制指挥中心，由空军牵头，总参陆航部、成都军区和民航派人参加。联合管制指挥中心在抗震救灾空中管制委员会领导下，对成都地区抗震救灾飞行活动实施统一管制指挥。联合管制指挥中心下设组织协调组、管制值班组和技术保障组。组织协调组由空军司令部航管部处长谭国楷负责，空军司令部作战部、通信部、航管部、气象局，成都军区司令部作战部，成都军区空军司令部作战、通信、领航、航管、气象处和民航西南空管局等有关人员参加，负责成都地区抗震救灾飞行计划组织协调工作。管制值班组由成都军区空军司令部航管处处长袁仕理负责，成都军区空军航管中心全体人员参加，负责成都地区抗震救灾空中管制工作。技术保障组由成都军区空军空管办及相关技术人员组成，负责技术设备、通信手段的现场协调和保障工作。5 月 18 日，为充实成都地区航管值班力量，从北京军区空军航管处抽调副处长张建国、副主任张国瑞、参谋张海明 3 人赶赴成都，参加成都地区抗震救灾联合管制指挥中心工作。

为了加强空中管制，避免因救灾飞机多、飞行密度大而危及飞行安全，成都地区抗震救灾空中管制委员会在四川灾区空域划设临时空中管制区，其范围是黑水—松潘—青川—中江—眉山—雅安—四姑娘山—黑水连线范围以内，飞行高度为 8100 米（含）以下。临时空中管制区东西长约 180 公里、南北长约 240 公里，管制面积约 4.3 万平方公里。

5 月 20 日，为确保管制区飞行安全，联合管制指挥中心又设置指挥中心、绵阳、广汉、邛崃、汶川 5 个临时空中管制分区。之后，根据空运空投力量部署及便于组织指挥，将原划设的 5 个管制分区调整为绵阳、广汉、成都 3 个临时空中管制分区，各分区内航空器原则上在区内实施空运空投。绵阳管制分区飞行管制由民航飞行学院绵阳分院负责组织实施，广汉管制分区飞行管制由民航飞行学院空管中心负责组织实施，成都管制分区飞行管制由联合管制指挥中心负责组织实施。

为有序、高效地向唐家山堰塞湖抢险的各类突击队伍空运和空投装备物资，确保该空域与航线飞行安全，在管制分区的基础上又设置以唐家山堰塞湖为中心，半径 30 公里，真高 600 米以下范围为临时空中限制区。各管制分区之间、管制分区与联管中心之间、管制分区与各机场之间，都建立直接通报关系，以便相互通报有关飞行情况，协商调整飞行矛盾。

5 月 17 日后，大批直升机进驻地震灾区，空运空投任务繁重，飞行活动频繁，地形十分复杂，飞行安全压力增大。空中管制委员会专门就直升机指挥分工、进出航线等飞行安全问题做出规定：机场有进驻飞行部队飞行时，由进驻飞行部队派出飞行指挥员；同一机场有多家单位同时组织救灾飞行时，由总参陆航部确定飞行指挥员，有关驻场部队派出飞行副指挥员；太平寺机场由该场站管制室负责指挥；广汉机场由民航飞行学院负责指挥；直升机脱离本场指挥加入航线飞行前，必须经联合管制指挥中心同意后方可出航；民航直升机飞行由民航广汉飞行学院负责组织，陆航直升机飞行由总参陆航部负责组织，空军各型飞机的飞行活动由成都军区空军指挥所负责组织。进入空投或机降点的飞机或机群，飞行安全由机长或长机负责，同时明确直升机到进出点前飞行安全高度与进出航线。空中管制委员会为了确保直升机飞行安全，还明确规定直升机山谷飞行“低进高出、向右偏置”的防相撞措施。25日，为确保直升机山谷内飞行安全，严防空中飞机相撞事故发生，空中管制委员会下发《明确直升机山谷飞行活动方法》《关于直升机气象条件掌握问题》，明确气象条件、高度层配备、情况报告，根据气象标准，严格掌握条件。26日，空中管制委员会办公室通报《组织召开直升机山谷飞行方法协调会》情况。协调会分析都江堰经映秀、汶川至茂县一带的山谷地形、地貌及气候特点，明确直升机在该地段的飞行方法和空中指挥问题。28日，联合管制中心进一步规范《直升机执行专机和重要任务有关规定》《直升机山区救灾飞行空中管制规定》《直升机专机装备保障工作有关规定》等，确保直升机飞行安全。

民航空运保障 地震发生后，中国民航局先后从30个航空公司调集各类运输机150架、直升机31架投入抗震救灾人员和物资抢运。至5月20日，民航局安排抗震救灾包机783班，运送军、警、医等抗震救灾人员3.5万余人、运输各类救灾物资5685吨。至26日，中国民航共运送救灾物资1万余吨，向外疏散受阻旅客72830人。民航直升机共执行抗震救灾飞行350架次，运入救援人员190人、救灾物资73吨，运输伤员1100人。

5月12日20时，成都双流机场开放；21时45分，第一个航班起飞，货运进港量从平时日均200吨猛增到2000吨。截至6月2日，共保障运输飞行航班8235架次、救灾飞行2808架次，运送救灾物资3.51万吨，运送出港旅客45.2万人次，转运伤员3495人。民航飞行学院保障33架直升机执行救灾飞行621架次，运送救灾物资155.7吨、救援人员420人，从灾区接运伤员和群众1535人。12—21日，九寨黄龙机场共保障航班起降220架次，疏散滞留旅客13957人次，快速转运抗震救灾物资13批次共53吨。13日，根据成都军区空军命令，11时30分开放温江机场。至26日，广汉民航机场共执行飞行救援任务407架次，运入各类救灾物资96.5吨、救援人员268人，从灾区运出伤员和灾区群众1154人、重伤员153人。

抗震救灾期间，重庆江北机场成为空运的重要中转站和备降港。5月13日，江北机场起降架次创纪录地达到723架次，大大超出平常日均500架次的飞行量。同日17时38分，从南京飞往成都的MU2715航班，空运首批救灾物资备降江北机场。这批抢险物资为120件帐篷，重达4.4吨，机场立即组织卸载，并快速转运至成都。同日，从海口和洛阳飞往成都运送救灾物资的HU7991、SC911、8Y9049、CZ0054次航班，因成都区域机场无法降落而备降江北机场。5月13日至6月3日，备降江北机场航班71架次，保障救灾航班389架次，转运旅客45584人次，运送救灾物资446.14吨。

地震发生后，北京各机场每天往返成都航班约30架次。5月12日17时38分，北京航空食品有限公司按照国航指示，一小时内筹集600箱方便面、100箱饼干、320箱大矿泉水、160箱小矿泉水、20箱榨菜、1600条小毛巾、8000张湿纸巾，紧急采购160箱方便面、100箱八宝粥，迅速送往专机现场。截至6月2日，北京机场集团公司所属各机场，共保障救灾专包机1528架次，运送救灾物资7557吨，运送抗震救灾人员25910人次。

5月12日至6月16日，民航华北地区各机场全天候保障救灾运输。其中，保障国航运输飞行661班次，运送人员13479人次、救灾物资34925件、计2940.3吨；保障海航救灾运输飞行84班次，运送人员907人、救灾物资398.8吨；保障川航救灾运输飞行149班次，运送人员217人、救灾物资341.6吨；保障东航救灾运输飞行38班次，运送人员1027人、救灾物资111.8吨；保障南航救灾运输飞行39班次，运送人员182人、救灾物资533.7吨；保障奥凯航抗震救灾运输飞行25班次，运送人员1620人、救灾物资45.8吨；保障中联航救灾运输飞行17班次，运送人员253人、救灾物资56.4吨；保障邮政航救灾运输飞行7班次，运输救灾物资76.7吨；保障翡翠航救灾运输飞行5班次，运送人员4人、救灾物资472.3吨；保障扬子江快运救灾运输飞行3班次，运输救灾物资29.9吨；保障金鹿航救灾运输飞行2班次，运送人员74人、救灾物资5吨；保障深航抗震救灾运输飞行8班次，运输救灾物资180.1吨；保障新华航抗震救灾运输飞行5班次，运送人员46人、救灾物资41.87吨。

郑州新郑机场担负震后不正常航班备降任务，5月12日即保障19班次，安置旅客1200人次。13—26日，共保障救灾航班109架次，运送救灾物资583.26吨。

5月12—28日，华东民航各单位保障抗震救灾运输飞行831班次，运送人员18916人、物资4375.8吨。其中，浙江省各民航机场共保障抗震救灾人员和物资运送59架次，运送救灾人员840人、各类救灾物资192.2吨，仅杭州机场、宁波机场、温州机场即分别保障抗震救灾物资运送62.8吨、39.6吨和30.2吨。截至5月29日，厦门机场保障抗震救灾46个航班，运送救灾人员352人、各类救灾物资98.56吨。

5月13日2时50分，国货航接到国航总部命令，临时增加货运包机CA1089航班，运输军用压缩饼干、毛巾被、帐篷等40吨共2100箱救灾物资到成都。国货航北京运营基地为救灾物资开辟“绿色通道”，航班于8时32分起飞。机组克服成都双流机场建筑、通信、导航等设施不完备和成都附近地区普降中到大雨等困难，于11时成功降落在双流机场，成为全国为灾区人民运送救灾物资的第一个货航班。同日4时，国货航运行控制中心接到从沈阳运送350吨救灾物资到成都的通知，出动CA1091、CA1093两个航班将4套机组改为两套双组执行全程运送任务。当CA1091航班飞机从北京抵达沈阳桃仙机场时正下大雨，机务保障人员冒雨穿行在机坪上近20小时。20日，发展改革委组织的500吨物资器材要运往灾区，国货航接到通知后，迅速调整运力分4天向灾区输送；对一些超大、异形医疗设备，货机室破例收运，反复研究组装方案，使这些物资顺利装载，安全飞抵成都。

5月13—31日，广州白云机场保障各航空公司运送救援物资及人员近200架次，运送各类人员3189名、救灾物资717吨。16日12时55分，南航集团公司总经理刘绍勇亲自驾驶A-330飞机，执行CZ3413航班至成都双流机场，将广东省政府支援灾区的药品、医疗设备、折叠帐篷等抗震救灾物资共21795公斤快速运往四川灾区。截至6月1日，广州白云国际物流有限公司国际货站开辟“绿色通道”，完成9个国际航班、2143件、53.33吨国际救援物资地面保障任务。救援物资包括帐篷、睡袋、药品、消毒药水等，这些救援物资主要来自菲律宾、马来西亚、新加坡、澳大利亚、荷兰等国，由南航承运，经广州运往成都。

5月13日晨，中国邮政集团公司组织上海邮政，在浦东机场装载上海市政府10吨救灾物资，并在2小时内采购500套帐篷、118块雨布、500件棉大衣、3168节大号电池、1728节5号电池、100箱八宝粥、100箱方便面、50箱饼干及手电筒、蜡烛等灾区急需的物品；14时，满载着上海市政府救灾物资以及上海邮政价值20万元的救灾物资的飞机，从上海浦东机场飞向四川灾区。截至6月11日，邮政航共飞行112个小时50航次，运送救灾物资270吨，帮助红十字会等组织运送救灾物资1800余吨、邮政企业抢运救灾物资470余吨。联邦快递公司从美国向成都灾区空运250集装箱应急药品及大型净水系统等。敦豪（DHL）公司将香港红十字会和国际红十字会募集所得的 15 吨救灾物资，由香港空运至成都。

解放军空运保障　解放军空军出动各型飞机 94 架、飞行 1800 架次，运送人员 1.7 万人、物资 4730 余吨。空军各机场保障各类飞行 5100 架次，向遍布灾区的 108 个受灾点投送救灾物资 1714 吨。

陆航部队共出动直升机 101 架，前送救援人员 5300 人次，转移危重伤员、解救被困群众 7800 人，运送生活物资 2200 万吨。

5 月 13—19 日，总后勤部运输油料部采取包机和托运方式，空运单兵速热食品 97 吨、防化物资 25 吨；为唐家山堰塞湖抢险的武警水电部队空运油囊 20 个、“软油罐” 20 套。13 日上午，空军运 -8 飞机降落在太平寺机场，是运 -8 飞机地震后首次执行空运任务。仅 13 日一天，运 -8 飞机运送空降兵 1165 名、救灾物资 36.8 吨和特种车 4 辆。19 日 6 时至 21 日 20 时 50 分，总装通保部将一线部队急需的防毒口罩 1061 箱、11.26 吨、67.75 立方米，由空军运往成都。截至 6 月 17 日，运 -8 飞机群执行抗震救灾任务累计飞行 1670 小时 45 分、实施 665 个起落，空运救灾人员 2641 名、物资 1753 吨，空投救灾物资 385 吨。

5 月 12 日至 6 月 2 日，95006 部队共组织救灾飞行 1621 架次，除空运 1 万余名官兵和装备外，还空运了救灾装备千斤顶 1000 个、食品药品及医疗器械 16771 箱、衣被 22425 包、救生衣 23080 件、帐篷 33315 顶、手套和口罩 200 万只，共计 3117 吨物资。由于灾区道路被毁坏、水路受阻，许多村镇成为“孤岛”，急需食品、药品和帐篷。95006 部队开辟 89 条“空中航线”，在绵竹、北川、茂县、汶川等极重灾县（市）86 个空投点投下食品、药品、帐篷、衣被、饮用水等物资 9823 件、1205 吨及空降伞兵 25 人。（参见图 270）5 月 12 日 15 时 56 分，95118 部队最先将首批抗震专家和救灾物资运往灾区。13 日，部队飞行 47 个架次，总航程 5.76 万公里，空运货物 340 吨。抗震救灾期间，95118 部队共飞行 397 架次，航迹遍布 18 个省（区、市），总航程 46.33 万公里，空运人员 7286 名，空投救灾物资 6104 件 727.87 吨，创下中国空军空运、空投史上，伞兵空降、夜间云上空投、高山峡谷“三无”（无气象资料、无地面引导、无空投标识）空投、单日飞行架次等多项纪录。

图 270　5 月 13 日，95006 部队正在装运救灾物资（总后军交运输部　提供）

5 月 15 日，空军后勤部紧急筹措行军床 3000 张、发电机 50 台、迷彩服和作训鞋等被服装具 6.2 万件、伞兵食品 3 万份，出动运 -8 飞机 20 架次，由南苑、嘉祥机场运往彭山机场。

抗震救灾期间，95959部队共飞行282架次、566小时56分，运送救灾人员6791名、物资157.2吨（见表24～25）。CRJ公务机型飞机共飞行144小时30分、62架次，运送人员560名、货物11.5吨；超美洲豹型直升机共飞行102小时55分、68架次，运送人员144名、伤员81人、货物10.3吨；图-154型飞机共飞行105小时31分、49架次，运送人员2312名、货物73.7吨。

5月15日至6月23日95959部队运送救灾人员、物资和伤员情况一览表

表24

时间	任务性质	机型、架数	航线	起飞机场及时间	降落地及时间	运送人数及物资重量
5月15日	运入抢险救灾人员及物资	图-154 1架	南苑—武汉—成都	南苑 17:55	成都机场 22:16	162人 3吨
5月16日	运出灾区伤员及物资	超美洲豹 1架	太平寺—九凤村—太平寺（3次）	太平寺 8:00	返回太平寺机场15:30	33人 2.1吨
5月16日	运出灾区伤员及物资	超美洲豹 1架	太平寺—虹口—太平寺	太平寺 16:00	返回太平寺机场18:30	13人 0.6吨
5月17日	运出灾区伤员及物资	超美洲豹 1架	太平寺—虹口—太平寺	太平寺 9:00	返回太平寺机场11:30	4人 0.55吨
5月19日	运出灾区伤员及物资	超美洲豹 1架	太平寺—青坪—太平寺	太平寺 8:35	返回太平寺机场13:30	10人 0.6吨
5月20日	向南坝地区运送救灾物资	超美洲豹 1架	太平寺—南坝—太平寺	太平寺 9:00	返回太平寺机场14:00	0.5吨
5月21日	运出灾区伤员及物资	超美洲豹 1架	太平寺—龙宝坪—太平寺	太平寺 8:00	返回太平寺机场13:30	6人 0.78吨
5月22日	向理县运送救灾人员	超美洲豹 1架	太平寺—理县—太平寺	太平寺 8:30	返回太平寺机场14:30	6人
5月23日	运入抢险救灾人员及物资	图-154 1架	南苑—双流	南苑 14:57	双流机场 17:12	24人 10.7吨
5月28日	运入抢险救灾人员及物资	图-154 1架	南苑—绵阳	南苑 14:30	绵阳机场 17:00	2人 4吨
5月29日	运送中国烹饪协会人员及八一跳伞队	图-154 1架	南苑—双流—邛崃	南苑 8:17	邛崃机场 12:22	38人 4.2吨
5月31日	运入抢险救灾人员及物资	超美洲豹 1架	太平寺—理县—太平寺	太平寺 8:00	返回太平寺机场14:30	5人 0.2吨
6月1日	运入抢险救灾人员及物资	超美洲豹 1架	太平寺—理县—太平寺	太平寺 8: 00	返回太平寺机场14:30	7人 0.5吨
6月8日	运入抢险救灾人员及物资	超美洲豹 1架	太平寺—南坝—绵阳—太平寺	太平寺 8:00	返回太平寺机场14:30	9人 0.3吨
6月12日	运入直升机维护人员	波音737-300 1架	西郊—太平寺	京西郊 8:00	太平寺机场	20人 1吨

续表 24

时　间	任务性质	机型、架数	航　线	起飞机场及时　间	降落地及时　间	运送人数及物资重量
6月13日	运入空政文艺小分队	图-154 1架	南苑—太平寺	南苑 8:00	太平寺机场 10:38	52人 1吨
6月19日	运入直升机维护人员	CRJ 1架	西郊—太平寺	京西郊 8:30	太平寺机场	13人
6月23日	接空政文工团回京	CRJ 1架	西郊—太平寺—西郊	京西郊 8:10	返回西郊机场	14人 1吨

5月14日至6月17日95959部队运送医疗防疫队人员及物资情况一览表

表 25

时　间	任务性质	机型、架数	航　线	起飞机场及时　间	降落地及时　间	运送人数和物资重量
5月14日	空运医疗人员及物资	图-154 1架	南苑—温江—武汉—绵阳	南苑 15:26	绵阳机场 22:33	225人 4吨
5月14日	空运医疗人员及物资	图-154 1架	南苑—温江—武汉—绵阳	南苑 16:09	绵阳机场 23:37	205人 2吨
5月15日	空运医疗人员及物资	图-154 1架	南苑—温江	南苑 11:16	温江机场 14:19	58人 5吨
5月16日	空运医疗人员及物资	图-154 1架	南苑—双流	南苑 9:18	双流机场 11:34	81人 7吨
5月17日	空运医疗人员及物资	图-154 1架	南苑—东塔—双流	南苑 8:35	双流机场 14:03	156人 4吨
5月17日	空运医疗人员及物资	图-154 1架	南苑—东塔—太平寺	南苑 8:27	太平寺机场 14:19	156人 4吨
5月21日	空运防疫人员及物资	图-154 1架	南苑—东塔—双流	南苑 6:18	双流机场 12:30	271人 6吨
5月21日	接防疫人员回京	图-154 1架	南苑—成都—南苑	南苑 9:07	南苑机场 14:53	71人 5吨
5月26日	运送空军总医院医务人员及物资	超美洲豹 1架	太平寺—绵虒—太平寺	太平寺 8:00	返回太平寺机场 14:00	10人 1.17吨
5月27日	运送空军总医院医务人员及物资	超美洲豹 1架	太平寺—绵虒—太平寺	太平寺 8:00	返回太平寺机场 12:30	6人 0.8吨
5月28日	运送空军总医院医务人员及物资	超美洲豹 1架	太平寺—绵虒—太平寺	太平寺 10:00	返回太平寺机场 14:30	6人 0.8吨
6月16日	运送空军总医院医务人员及物资	超美洲豹 1架	太平寺—绵虒—太平寺	太平寺 8:00	返回太平寺机场 14:30	9人 0.8吨
6月17日	运送空军总医院医务人员及物资	超美洲豹 1架	太平寺—绵虒—太平寺	太平寺 8:00	返回太平寺机场 14:00	6人 0.7吨

驻太平寺机场的95788部队，担负着抗震救灾飞行保障和物资保管转运任务，共保障飞行1349架次，空投物资1900余吨，运送救灾人员3900余名，装卸物资5000余吨，转运伤员100余人；还担负飞机加油、飞行执勤、警卫、检修、营区警戒、物资看管、出入场检查，保障5倍于已的新增部队食宿等繁重任务，工作量增加约20倍，官兵们每天只能休息两三个小时。炊事班长唐世坤连续工作72小时，最后累倒在灶台边。助理员卢军每天指挥调度车辆上千台次，累计行程1500公里，磨破了4双军鞋。95788部队先后有4名官兵累得晕倒在工作岗位上。他们以泰山压顶不弯腰的精神，顽强挑战体力和生理极限，圆满完成任务，被中共中央、国务院、中央军委授予“全国抗震救灾英雄集体”荣誉称号。

国际空运保障 5月16—18日，巴基斯坦空军执行两班伊斯兰堡—乌鲁木齐—成都—乌鲁木齐—伊斯兰堡8个架次空运救灾物资任务，新疆空管局飞行服务中心提前联系有关单位，确保航班按时到达、按时起飞。至21日，保障运送救灾物资16架次。

5月23—25日，长城工业总公司担负承运巴基斯坦政府援助救灾帐篷任务，共飞行5架次，将1200顶帐篷、600吨货物由巴基斯坦卡拉奇机场安全运抵成都双流机场。5月15日至6月30日，双流机场共接纳转运来自俄罗斯、阿拉伯联合酋长国、英国、印度尼西亚、越南、澳大利亚、比利时、乌克兰、沙特阿拉伯、印度、美国、意大利、巴基斯坦、日本、法国、新加坡、韩国、西班牙、菲律宾、斯里兰卡、孟加拉国、泰国、加拿大、荷兰、德国、约旦、以色列、马来西亚等44个国家和中国香港、澳门特区及台湾地区的443批捐赠物资和救援人员，其中98批为专机运抵，捐赠物资总重量9989.82吨。机场工作人员精确保障飞机按时到达，及时卸载，快速投送。

5月18日，两架装载救灾物资的美国C-17飞机飞抵成都双流机场，为美国向中国地震灾区提供的首批救援物资，包括帐篷、发电机、食品、毛毯等，价值70余万美元。成都双流机场保障人员对国际援助给予周到的接待。

第二节 通信和电力保障

汶川特大地震灾害造成广大灾区特别是极重灾区、重灾区通信设施被损毁，部分城镇、乡村变成与世隔绝的“生命孤岛”。赴灾区抗震救灾的通信战线的广大军民以“保畅通就是保生命、就是保胜利”的信念，在极其艰苦的条件下，军民协作，精心组织，以最快速度建立和开通通信枢纽和网络，确保各级领导的正确指挥和抢险救援行动的顺利展开。国家电网和电监会组织指挥四川电力公司以及全国各地电力行业，快速向灾区调集人力物力，为各级指挥部、救人现场、医院、安置点、重要工业、国防、交通等重要场所提供应急电源。广大电力战线干部职工不畏艰险，连续奋战，保障抗震救灾工作顺利进行。

一　通信保障

汶川地震发生后，全国、全军、中央通信企业集团和灾区各级通信部门，迅速调集人员，调运装备器材，团结协作，科学组织，及时建立军地指挥机构的通信枢纽和网络。在通信保障中，涌现出机动通信营、特遣通信队和空降兵通信“四勇士”、绵竹市清平乡“孤岛通信兵”安宁等先进集体和个人。

建立成都军区、成都军区联指指挥通信枢纽　5月12日16时34分，78108部队2营、3营部分官兵共63人赶赴成都市北较场，不到两个小时完成了成都军区抗震救灾基本指挥所通信枢纽开设。当晚，78086部队1营通信保障分队，在成都军区大院开设通信方舱，开通光传输、程控交换、视频会议等，负责军区基指指挥通信保障。18时，78108部队应急通信保障分队赶到都江堰，于23时50分开通卫星干线传输系统和CDMA移动通信系统，建立成都军区抗震救灾前进指挥所通信枢纽，开通成都军区抗震救灾指挥网、协同网和无线电台值班网（见图271）。13日12时40分，78108部队成都军区抗震救灾前指开通了至军委一号台保密专线电话；14日17—18时，为进驻都江堰的71521部队和进驻彭州市小鱼洞镇的71320部队指挥所建立通信枢纽。

图271　5月12日18时，成都军区建立通信枢纽

（成都军区　提供）

5 月 12 日 21 时 30 分，78108 部队保障分队从都江堰向映秀镇进发；13 日 9 时 50 分，当车行至离紫坪铺水库 5 公里处时，道路中断，队员们徒步行军，一段平时只有 10 分钟的路程，艰难地爬行了一个半小时；14 日 13 时 55 分，经一路强行军抵达映秀镇，开设卫星通信站，建立任务部队与成都军区作战指挥中心的通信联络。15 日 17 时 28 分，78108 部队 4 人机降茂县，运用多种通信手段为茂县抗震救灾指挥部、77100 部队、茂县人武部等各救灾指挥机构提供通信保障。

5 月 14 日，78086 部队成立都江堰保障分队，为成都军区、济南军区、71521 部队、71282 部队前指提供通信保障，安装光传输设备 75 台（套）、会议终端 17 台（套）、指挥专网文电终端 35 台（套）、指挥网视频终端 10 台（套），敷设野战光缆 58 公里，调度信道 1461 条次。至 15 日，成都军区先后派出 18 个应急通信分队，相继在青川、安县等 13 个方向开设 6 个应急通信站，建立由无线电台网、KU 卫星网、海事卫星网、战术数据终端网组成的应急通信通道，有效地保证通信指挥畅通。

5 月 14 日，78086 部队什邡市保障分队负责 95829 部队、92051 部队指挥所通信保障，北川卫星通信分队负责任家坪、擂鼓镇和安县指挥所通信保障。同日，进至彭州市的成都军区通信分队负责 71320 部队前指、71622 部队指挥所通信保障。

5 月 15 日 15 时，根据中央军委命令，以成都军区抗震救灾指挥所为主，增加济南军区、军兵种部队首长，组成成都军区抗震救灾联合指挥部，统一指挥灾区解放军、武警部队的救灾行动。成都军区通信保障力量，承担成都军区联指的通信保障任务。15 日 16 时 21 分，成都军区联指在北川开通卫星干线网和 CDMA 移动通信系统，沟通军区作战指挥中心与该地域任务部队的通信联络。当日下午，成都军区联指与 77100 部队、77200 部队、71320 部队、71521 部队、95829 部队、四川省军区所属师旅以上部队建立了无线电台通信指挥网。（参见图 272）

图272　5月15日，71391 部队在彭州市龙门山镇三沟村开设地域通信网

（济南军区　提供）

5月16日，78086部队出动193名官兵、22辆车分别在成都金牛宾馆、太平寺机场、都江堰市虹口乡、彭州市小鱼洞镇、北川、平武等地，为抢险救灾部队遂行通信保障任务。同日18时5分，78088部队支援78086部队通信保障任务。23时30分，78088部队从重庆出发，于17日11时15分赴平武、青川为灾区部队建立通信枢纽，开通成都军区联指与77100部队、77200部队、71320部队、71521部队、第二炮兵、海军、95829部队、四川省军区抗震救灾指挥所的通信网；18日，完成平武县南坝镇71811部队、71352部队指挥部与成都军区联指的通信联络。

5月18日，成都军区联指司令部在汶川县映秀地区，开通CDMA移动通信系统和视频转播系统，使震中的任务部队实现CDMA军用手机通信。至此，成都军区联指与各责任区、师旅级任务部队指挥所，全部实现有线接入，并开通保密传真通信。至19日15时，成都军区联指通信部先后派出23批、10个应急通信保障分队，补充通信装备1700余部，分散在14个点上，为救援部队提供通信保障；24日，成都军区联指司令部开通至第二炮兵、海军、空军抗震救灾指挥所及5个责任区指挥所的通信网和电视会议系统。

5月28日，成都军区联指与5个责任区、6个军级单位指挥所及空军、海军、第二炮兵前指的保密传真、指挥专网和电视会议等通信系统全部开通。23个作战师旅级单位全部建立指挥所通信枢纽，具备无线短波、卫星、军用CDMA移动、有线通信等多种通信手段。联指司令部共为救灾部队配发各类通信装备1.15万余部（台、套），其中卫星通信1200余部、无线电台3700余部、对讲机6600余部。

成都军区联指通信部组织部队共铺设光缆600余公里，架设被复线8000余公里。

6月2日，成都军区联指第四责任区指挥所从北川羌族自治县擂鼓镇转移至安县花荄镇。28日，成都军区联指第三责任区指挥所从什邡市雍城东路凤凰城转移至什邡市回澜镇，成都军区和责任区任务部队的通信保障部（分）队及时为两个指挥所开通通信指挥网络。

建立军区抗震救灾指挥通信枢纽 5月13日晨，济南军区72556部队派出2人随一线部队出发。15日晚，在济南军区前指至71521部队前指之间架设2000米光缆，安装重保PCM设备1套，开通2M传输信道4个。在济南军区前指至成都军区78086部队通信方舱间开通2M信道2个、电路45条，安装重保PCM设备2套，协调开通济南军区前指至济南44站、军区一号台等，开通2M通信信道2条和人工专线电路4条，安装TGM-323型保密机2部，为军区前指电视会议系统、指挥网和军事综合信息网开通固定信道。协调中国电信都江堰分公司，为济南军区前指架设全国直拨电话12部。济南军区先后出动通信兵力3099人，综合使用无线、有线、光纤、运动通信和简易信号通信等手段，构建覆盖7个县（市）、117个乡（镇），连通32个团以上部队指挥所的综合通信网络。

5月13日，兰州军区调动通信保障和抢修力量1275人携通信器材赶赴灾区。68202部队组织通信兵力518人和通信装备器材180余部（件），迅速建立兰州军区抗震救灾前进指挥部通信枢纽，并保障任务部队逐级建立通信保障网；与兰州军区、甘肃省军区、陇南抗震救灾指挥所、68212部队基指，文县碧口镇、陇南市、徽县嘉陵镇等任务分队指挥所建立1号指挥网；使用超短波电台建立前指内部、团到营（连）指挥通信；使用CDMA手机终端60部，依托联通公司CDMA基站建立所属营级单位和前指重要任务分队CDMA指挥通信网；以手持对讲机建立指挥所内部及部分任务分队协调与指挥网。同日23时30分，68241部队应急通信保障分队到达成县，连夜与68210部队基指建立无线电和卫星通信；15日，在北京米格公司协助下，开通海事卫星电话，建立抢险救灾现场指挥员与68210部队基指备用专线电话。

建立军兵（警）种抗震救灾指挥通信枢纽 5月12日至8月21日，空军从全国45个机场向四川、甘肃灾区实施空投、空运、空降等救援行动，在救灾一线保障的通信官兵3800余人，依托空军既设地空通信和导航设施，架设野战通信线路110余公里，开通光传输设备4套，增调2M信道62个、各类专线（热线）196条，安装电话1000余部，构建团以上部队有线电通信网；投入装备4100余部（套），开通各类无线网络（专向）56个；增开超短波对空台12部，为太平寺机场新建着陆雷达和定向台；新增、引接指挥信息系统席位26个，将指挥控制平台延伸到一线师以上指挥机构；紧急完成空军前指、成都军区空军应急指挥所、95829部队前指等38个团以上指挥机构通信枢纽开设，保障团以上指挥所通信枢纽转移12次；组建10个通信伴随保障组，前出执行对空指挥引导和地空通信补盲任务。5月12日15时40分，成都军区空军下达在大院指挥楼前紧急开通应急指挥所的指示；16时50分，司令部通信处组织完成应急指挥所通信枢纽开设，开通有线、对空、卫星和指控要素，并沟通与四川省委应急中心的专线电话。

5月16日，海军通信总站完成海军前进指挥所指通信枢纽开设，开通短波网络3个。海军南海舰队前指对基指开通海军01号无线电短波网，对92051部队开通02号短波网。海军通信总站对任务部队开通KU干线卫星网2个，用于保障现场图像的实时传递和保障卫星电话；组织卫星KU支线和烽火战术卫星通信网各一个。17日，海军通信总站协调成都军区，由中国联通为指挥部开通保密传真和机要传真。22日，海军前进指挥所建立北京至绵竹市东北镇指挥所2M信道1条及电视电话会议系统，调通东北镇指挥所至成都军区有线电路3条，至海军1号台有线专线1条、KU卫星专线3条。24日，海军前进指挥所调通前指至成都军区电视电话会议系统、指挥网（310网）2M信道2条，开设电视电话会议终端1套、310文电终端1部。

5月14日，第二炮兵通信保障小组完成建立指挥机构、公路机动、北川羌族自治县任家坪通信接替转换、指挥所转进、安县63833部队驻地指挥通信保障等任务。19日，第二炮兵指挥中心通信保障分队派出6人，携通信保障设备100余套，完成第二炮兵现场指挥所转进、安县老鹰岩堰塞湖排险、擂禹公路指挥部通信保障等任务，保障会议120余次，收发文电900余次。5月22日至8月21日，96251部队通信保障小分队担负第二炮兵抗震救灾现场指挥组通信保障任务，提供2M信道，完成老鹰岩堰塞湖排险视频传输任务。

5月12日14时40分，武警四川省总队在机关大院开设总队基本指挥所通信枢纽，派出卫星通信车开赴都江堰灾区；13日4时，在北川开设前进指挥所通信枢纽，及时向汶川指挥组、映秀指挥组派出综合通信车，开设卫星箱式站，实现与武警总部基本指挥所的卫星通信联络。14日，武警四川省总队分别在都江堰前进指挥所和北川、汶川方向指挥组建立通信应急分队。救灾期间，武警四川省总队协助武警重庆市总队、武警四川省森林总队及武警8690部队、8740部队、8650部队在任务区组织救援通信保障。武警四川省森林总队机关和武警阿坝、攀枝花、凉山森林支队出动4台通信车、卫星电话10部、电台11部、对讲机115台，赴都江堰、汶川、茂县救灾一线实施伴随保障。森林总队还利用手机通信、北斗通信系统，建立从总队基本指挥所到都江堰、汶川、卧龙前进指挥所和阿坝基本指挥所等各级互联互通网络。

建立地方指挥通信网络 5月12日14时35分，中国移动四川公司一辆应急通信车被派往四川省委、省政府，另一辆应急通信车奔赴汶川。15时55分，四川公司组织特别通信抢险突击队挺进各极重灾区，紧急投入抢险救灾通信保障。至13日下午，应急通信车一直跟随温家宝在德阳市执行通信保障。14日10时30分，温家宝查看北川县城灾情后，登上应急通信车观看实时图像传输。14—22日，通信车成为北川地震现场的通信枢纽，保障着北川与外界的通信联系、数据传输，共收集传输视频图像20GB、图片40GB。13日晚，工业和信息化部紧急调集35台应急通信车、453部卫星电话、350部海事卫星电话运往灾区。公安部也紧急调集2辆卫星通信车、60部海事卫星电话送往灾区。

5月12日晚，西安市电信局给指挥部办公室临时安装10部专线电话和1部卫星电话，抽调4名专职接线员到指挥部保障。13日，中国电信甘肃公司为甘肃省委、省政府提供5部卫星电话、200部小灵通电话指挥抗震救灾。截至6月，中国电信四川公司累计为四川灾区各级党委、政府指挥中心提供1000部小灵通、100余部电话及众多宽带电路用于应急指挥。（参见图273）中国电信成都分公司向党、政、军机关派出应急通信车，现场开通50部小灵通应急电话。各县（市、区）电信公司也向当地政府提供累计550部应急指挥电话。

抗震救灾期间，中国联通四川公司向各级抢险指挥部提供海事卫星电话54部，为中南海局提供海事卫星电话及10条专用电路；为卫生部、地震局、空军后勤司令部等，开通多条北京至灾区传输电路、互联网专线及语音专线。中国联通甘肃公司陇南市分公司向市、县抗震救灾指挥部提供40部CDMA手机，并及时开通4部无线公用电话。

5月13日晨，北京网通为中央开通10部救灾指挥电话，交换机房在3分钟内完成号码生成工作，测量室在10分钟内即完成开通任务。同日，为总参通信部、中国地震局、北京市消防局等单位开通电话，增加长途功能，修通电话百余部，为中国地震局地壳研究所开通50部虚拟组电话和20M互联网专线。15日，中国网通抢险小组共8人，徒步两小时，背负海事卫星电话、全球星等通信设备，辗转进入汶川县映秀镇，为阿坝藏族羌族自治州指挥中心开设通信网络，为

图273 5月12日晚，中国电信四川公司机动通信局通信应急车在都江堰担负国务院抗震救灾总指挥部四川前方指挥部通信保障任务
（工业和信息化部 提供）

中国地震局在都江堰设立抗震救灾指挥中心提供固话、宽带通信服务。

5月12日至7月30日，四川省专用通信局协调相关单位，共同保障中央领导专线指挥通信，共测试专线44次，话务台转接、查询电话3378次，为抗震救灾指挥部安装密话16次26部，为四川省委、省政府、省抗震救灾指挥中心和金牛宾馆、成都市公安局救灾指挥中心等单位，开通、迁移紧急救灾指挥电话131部次，保障一级重点通信任务10次、二级重点通信任务9次，新增开通6部首长专线业务。

5月17日下午，中国电科第28研究所出动10人小分队和3辆应急指挥车，其中一辆中型地震应急指挥车部署在成都，承担保障国务院抗震救灾总指挥部四川前指任务和在回良玉驻地值班的任务；另两辆派往都江堰地震局前线指挥所。

军队和地方通信力量相互支援　在部队集结阶段，中国联通为部队提供无线基站10余座，为先头部队紧急配发军用手机2000余部，帮助跨区机动部队建立对各团、营行军梯队指挥网。在部队进入任务区后，中国联通为在曲山、映秀、小鱼洞等重灾点部队无偿提供3套VSAT卫星地面站设备和CDMA移动基站。在部队实施搜救行动中，四川省国防动员委员会协调中国移动四川公司，支援部队一台移动应急通信车部署在都江堰市龙池地域；为彭州、都江堰、什邡、绵竹、安县、北川、青川、平武等极重灾县（市）救援部队免费开通5部卫星电话和26部GSM移动电话；组建45个随军通信组、135名技术人员，配发45部卫星电话，在平武县南坝镇开通G网和C网应急通信，为部队展开拉网式搜救提供通信保障。5月16日，中国移动成都分公司支援成都军区空军30万元电话充值卡，并提供230部移动终端。救灾期间，中国电信成都分公司免费为成都军区空军一线救灾部队提供2M信道和专用电路12条。19日，成都军区联指司令部会同中国移动四川公司在彭州市龙门山镇开设移动应急通信系统IDR设备2套；为解放军、武警部队等抗震抢险部队提供25名随军通信人员，向成都军区联指提供20部卫星电话。

中国电科第14研究所在接到雷达技术保障命令后，立即派出技术人员奔赴灾区，每天连续工作18小时以上，进行装备维护和为飞机安全飞行提供雷达观测数据，确保灾区“空中走廊”指挥畅通。5月15日、17日，中国电科第28研究所接到成都军区空军求助电话，立即选派技术人员赶赴成都，现场保障两套机动指挥系统的通信畅通。从14日起，中国电科第30研究所陆续向部队提前交付智能保密卡6000余块、车辆定位监控系统及终端400余台；15日，配合海军第二批救援队临时组装的海军应急通信车，保障92051部队在绵竹市汉旺镇抗震救灾应急通信。中国电科第38研究所为救灾部队研制的雷达每天工作22小时以上，上报空情量1000批/天以上；还派出维修保障组赶赴成都、绵阳、遂宁等地，为空军部队雷达提供技术保障。中国电科第54研究所向成都军区、济南军区各派遣2.4米干线网卫星通信车载站2辆。

5月19日9时54分，77200部队通信处协调中国移动绵阳分公司，调通2M信道3个，架设北川羌族自治县冷风垭至任家坪野战通信光缆1.7公里；10时30分，为77200部队指挥所开通军用自动电话2部，为77283部队、96501部队、77136部队、77289部队开通自动电话。

5月15日，济南军区前指通信组与当地通信部门建立联合保障关系。中国电信为济南军区任务部队提供宽带信道21个、音频电路167条、大灵通电话1200余部。中国移动、中国联通恢复和补建济南军区抢险救灾责任区所在地的基站，提供移动电话500余部。洛阳网通为96531部队紧急开通一条洛阳—绵竹的 1×2M 数字专线电路。

5 月 22 日，中国移动抗震救灾物资调配工作组，委托上海公司多方采购 600 部迷你型卫星电话野外充电器（含电源）和 140 台多功能后备电源，为部队救灾行动提供保障。中国移动四川公司向参加救援的部队、防疫部门共提供卫星电话 191 部、手机 1.5 万部、充值卡 1800 万元、手机卡 2.7 万个。

5 月 12 日 16 时 20 分，由于通信中断，阿坝藏族羌族自治州州委书记侍俊，面对巨大灾害无法发出指令指挥救灾行动，情急之下，赶到驻地装备技术大队请求通信支援。大队长魏传博指示用有线电话呼通马尔康、九寨沟等县政府电话，保障阿坝藏族羌族自治州政府抗震救灾命令的下达。13 日 9 时，四川省军区协调中国移动四川公司，军地联合派遣两支应急通信保障分队，搭乘直升机抵达平武、青川，支援当地政府抗震救灾指挥部建立通信联系。17 日 2 时，经四川省国动委协调，上海市国动委和上海警备区紧急支援四川灾区一辆应急通信指挥车运抵成都。

5 月 18 日，成都军区联指司令部协助中国移动四川公司，空运抗震救灾工程技术人员 16 人、通信物资 5.6 吨；协助中国联通四川公司，空运抗震救灾工程技术人员 13 人、通信物资 4.9 吨；协助中国电信四川公司空运抗震救灾工程技术人员 22 人、4 套 VSAT 卫星系统设备。24 日，72671 部队成立视频保障小组，随队保障中央电视台记者新闻采访报道；至 6 月 22 日，行程 4000 余公里，采集、传输视频新闻报道 40 则。5 月 30 日上午，解放军第 1 卫星站赴四川抗震救灾小分队抵达成都，于 15 时赶到都江堰市崇义镇，保障中央电视台节目直播。从 5 月 30 日至 7 月 5 日，解放军第 1 卫星站保障中央电视台现场直播 47 场。

二　电力保障

国家电网四川、甘肃、陕西、重庆公司千方百计提供应急电源，昼夜不停抢修恢复电力设施，实施灾区应急保电。国家电网先后筹集总容量 12871 千瓦应急发电车 45 辆、总容量 26779 千瓦应急发电机 1160 台，全力保障各级各类指挥部（所）、搜救现场、医院（医疗救护点）、安置点以及供水、供气、通信等重要场所提供应急电源设备，保障重要场所、设施的用电需求。（参见表 26）

国家电网紧急调集应急发电设备统计表

表 26

受灾地区	来　源	应急发电车		应急发电机	
		数量（辆）	容量（千瓦）	数量（台）	容量（千瓦）
四　川	河南公司	6	950	181	5182
	湖北公司	2	400	15	60
	湖南公司	6	1911	74	4668
	重庆公司	7	2680	135	1300
	江西公司	—	—	100	6509
	陕西公司	—	—	102	2410
	江苏公司	5	1486	60	343

续表 26

受灾地区	来　源	应急发电车		应急发电机	
		数量（辆）	容量（千瓦）	数量（台）	容量（千瓦）
四　川	安徽公司	—	—	38	121
	华中公司	—	—	100	213
	浙江公司	—	—	200	140
	山西公司	—	—	55	750
	上海公司	—	—	15	245
	泸州电业局	2	400	2	400
	广安电业局	1	400	—	—
	乐山电业局	1	200	—	—
	成都电业局	2	1000	8	495.5
	绵阳电业局	1	200	9	110
	德阳电业局	—	—	24	2106
	广元电业局	—	—	2	215
	眉山电业局	1	200	—	—
	自贡电业局	1	400	—	—
	四川公司	—	—	8	1201.28
	小　计	35	10227	1128	26468.78
其　他	宁夏公司	2	1056	—	—
	青海公司	2	450	—	—
	西北公司	—	—	30	250
	新疆公司	2	650	—	—
	天水供电公司	1	200	1	30
	兰州供电公司	1	100	—	—
	白银供电公司	1	100	—	—
	甘南供电公司	1	88	—	—
	定西供电公司	—	—	1	30
	小　计	10	2644	32	310
合　计		45	12871	1160	26778.78

另外，工业和信息化部紧急向四川灾区调拨 15 ～ 20 千瓦柴油发电机 4 台、10 千瓦汽油发电机 2 台、小型发电机 245 台；从浙江、江苏、上海等厂家紧急调拨汽油发电机 700 台，迅速发运成都、德阳、绵阳等地。

保障各级指挥机构用电　各电力企业都把保证抗震救灾指挥部门应急用电作为重要任务，确保指挥中心及其要害部门的应急供电。地震发生后，国家电网四川公司及所属成都、德阳、绵

图 274　5 月 13 日，国家电网四川电力公司在都江堰保障国务院抗震救灾总指挥部四川前方指挥部电力供应

（电监会　提供）

阳、广元等供电企业，立即调集人员和应急电源，为国务院抗震救灾总指挥部四川前方指挥部、四川省抗震救灾指挥部、绵竹救灾指挥中心、什邡指挥中心、绵阳救灾指挥中心、青川救援指挥部、剑阁救灾指挥部、什邡救援部队指挥部 8 处救灾指挥机构架设临时电源，实施应急供电。地震造成都江堰市全城供电中断，国务院、四川省、各部队的指挥机构，大都在这里开设。四川电力公司及时把应急发电车调往都江堰，保障抗震救灾指挥机构用电（见图 274）。5 月 12 日 20 时至 13 日，成都电业局应急保电小组在大雨中展开作业，35 分钟后发电成功，为国务院抗震救灾总指挥部四川前方指挥部、四川省抗震救灾指挥部、成都军区前指、济南军区前指、武警四川省总队前指、中国地震局指挥中心、四川省军区指挥所等提供应急供电，共施放各种电缆线 1000 多米，安装低压配电箱 6 个。12 日 17 时，青羊供电公司接到四川省委办公厅的紧急指令，速派两名工作人员带两台发电机保障四川省委应急指挥中心的指挥调度和机要通信照明，青羊供电公司在一个半小时后完成任务。国务院抗震救灾总指挥部四川前方指挥部在都江堰成立后，青羊供电公司担负保电任务，在应急发电设备已经用完的情况下，副总经理王振华带人在成都市内四处寻找发电机，终于在 22 时冒雨将发电机运送到指挥部。

5 月 21 日，四川电力公司出动 100 余人带着发电设备赶赴汶川县映秀镇抢险现场，经 6 个多小时抢修，为映秀抗震救灾指挥中心、附近安置点安装灯具。20 时 20 分，映秀镇全部通电。同日，成都电业局向四川省抗震救灾指挥部提供应急发电设备 17 台，向成都市政府提供大功率发电机 3 台，以备急需。

地震使剑阁新县城 110 千伏沙溪坝站主变压器受损，为确保剑阁县政府抗震救灾指挥部的应急供电，剑阁供电局向广元电业局请求应急发电支援。5 月 13 日 23 时，广元电业局为剑阁供电局紧急调配一台功率为400千瓦的发电机，满足了剑阁县抗震救灾指挥部应急供电。

保障抢救压埋学生现场用电 5月12日23时许，绵阳市城区供电局检修班康勇等5人前往北川县医院应急保电。当他们发现北川中学救援现场没有照明时，主动把车开进北川中学，用400千瓦应急发电车的车灯向废墟照明；至13日零时，共安装6盏灯泡，把北川中学救援现场照亮。都江堰供电局聚源供电所全体员工20余人，带着10多台发电机、油料、电线、灯架和灯泡等材料，在抢救现场点亮几十盏灯，保障聚源中学营救压埋学生。德阳电业局领导带领电力抢修队伍及车载应急照明电源和吊车，到绵竹市汉旺镇小学和东汽等单位为抢险救灾指挥保电，为拯救生命提供照明。绵竹市九龙初中有300余名师生被压在废墟下，入夜后没有电源，救援工作无法继续。德阳电业局党员服务队的鲁鹏和同事开车为九龙初中送去一台用于现场照明的发电机。绵竹市汉旺供电所副所长崔学勇带领该所员工16人及全所应急照明设备，为九龙初中、武都小学、汉旺东汽学校及汉旺镇小学救援保电。

保障医疗救治点用电 5月12日17时，绵竹市城区供电局鲁鹏和同事开着一辆75千瓦的应急发电车到达绵竹市人民医院，为医院抢救伤员提供电源。13日晚，设在绵竹第二中学操场的"帐篷医院"，请求绵竹市城区电业局支援"帐篷医院"照明。绵竹供电局服务队闻讯后火速前往，用汽车灯光为医务人员照明，并组织全队人员为"帐篷医院"安装照明设施。18日晨，绵竹市城区供电局保障班接到市建筑医院电话求助。由于有强余震预警，医院所有伤病员都已经疏散到开阔地，有一位重伤患者急需手术治疗，医院自备照明不能满足手术要求。城区供电局保障班以最快速度接好临时供电线路，保证手术顺利进行。

5月12日23时30分，广汉供电局接到市抗震救灾指挥中心救援电话，要求为市第二职中操场内大型医疗抢救点架设临时电源。从12日23时40分到13日6时，供电局保障班连续作业6个多小时，架设线路800米，给医疗抢救点很快送去光明（见图275）。15日，广汉人民医院安置了几百名伤员，保障班又到医院安装照明电源，保障医院及时展开救治。20日凌晨，资阳市第一人民医院100余位病人及灾区伤员被转移到安全地带，需要在烟厂生活区和师范学校操场搭接临时电源。电力服务队立即奔赴伤员救护点，在现场勘察打桩、拉线，夜半时分，临时救护点亮起灯光。北川羌族自治县擂鼓镇发电厂被毁，伤员救治困难。13日，到达擂鼓镇救援的四川陆军预备役高射炮兵师3团政委朱安平，命令军务股股长毛明辉带车返回驻地，将大功率专用发电机运到擂鼓镇，保障救护所、救灾指挥所、武警部队、供水站等重要部门的电力供应。

图275 5月12日晚，广汉供电局城市供电保障班在广汉第二职业中学操场用抢修车灯为医疗抢救点照明

（电监会 提供）

保障灾区群众临时安置点用电 在国家电网协调下，四川电力公司、成都电业局和乐山电业局组织100余名职工，调集914台发电车（机）为灾区群众临时安置点等场所提供应急电源，临时防震棚内均亮起灯光。

什邡市在宏义机械厂搭建帐篷，安置400多名受灾群众。5月13日23时20分，什邡供电局保障班班长陈俊文受领为安置点实施保电任务。他带领6名员工赶往宏义机械厂，为暂住点搭接临时线路200余米，并接通电源。14日16时，什邡供电局再次为宏义机械厂安置受灾群众2000余人提供照明用电。此后，陆续保障在什邡中学、蓥华山路、体育场等共34处临时安置点58093名伤员和受灾群众提供应急供电。

5月15日12时，青川供电局受领为3个居民临时安置点安装照明设施任务。在青川县支援供电的峨眉山供电局4个突击队经过10多个小时全力奋战，恢复300米10千伏主干线路，完成3个居民临时安置点照明用电任务，为1500余名灾区群众送去光明。17日10时，4个突击队在完成青川县城内多处保电任务后，又赶赴大坝乡抢险。在青川的5天保电期间，峨眉山供电局突击队转战城区、大坝乡、茶坝乡、瓦砾乡，为3500余名受灾群众安置点解决了生活用电。

甘肃陇南市委、市政府在武都区设立4个临时安置点，安置1000余名无家可归的受灾群众。武都区电力局成立4个临时安置点保电小分队提供应急电源。从5月13日上午开始，在陇南市委党校边安置点改造10千伏、0.4千伏线路678米，安装200千伏安配电变压器1台，为400余户恢复供电；在污水处理厂安置点改造10千伏、0.4千伏线路272米，安装200千伏安配电变压器1台，为230户居民供电；在武都区东江镇赵坝村安置点改造10千伏、0.4千伏线路849米，安装315千伏安配电变压器1台，为439户居民恢复供电。陇南供电公司对武都、文县、碧口3处受灾严重的居民临时安置点，采取新建、改造10千伏线路、0.4千伏线路和新安装配电变压器等办法，保证安置点临时供电。在9处比较集中的居民临时安置点共新建、改造10千伏、0.4千伏线路6239米，安装配电变压器9台，确保各安置点及时供电。14日，甘南供电公司为受灾严重的舟曲县江盘乡姚家楞村、八楞乡凤安山村、中牌乡下庄村、峰迭乡嘴上村、南峪乡骆子坪村临时安置点架设供电线路，经过四昼夜奋战，临时架设变压器4台，架设0.4千伏线路4.5公里，无偿支援入户线1.2公里、灯泡和开关415套，完成受灾群众临时安置点供电任务。

保障重点交通设施用电 汉中地区成为全国各地救援大军和赈灾物资入川的重要通道，陕西电力公司全力做好各级交通枢纽保电工作。5月15日11时，担负空运赈灾物资飞行中转任务的汉中机场突然停电，陕西电力公司救援职工紧急赶赴现场进行检查抢修，20分钟后排除故障恢复供电。

宁陕县筒车湾、皇冠、七亩坪和洋县35千伏西水变电站10千伏西金线跳闸，西安至汉中高速公路的众多特长隧道瞬间陷入黑暗中。担负西汉高速全线近1/3路段供电任务的西汉高速供电集团公司、宁陕县电力局组织力量，迅速恢复筒车湾、皇冠、七亩坪3个供电站运行。扼守西汉高速汉中平原出口的洋县电力局的抢险队员及城区供电所8名职工，组成线路故障排查小组，对10千伏西全线巡视检查、抢修。5月12日18时12分，西汉高速上的数十个隧道全部恢复供电。

在抢修宝成铁路109隧道中，国家电网陕西公司组织宝鸡供电局，连夜将应急发电车开到抢修现场，保障109隧道抢修施工，连续奋战12天，为宝成线109隧道恢复通车做出贡献。

国家电网四川公司还为中央电视台在灾区的报道组、国营821厂、东汽、卧龙自然保护区等重要用户提供应急供电。

第三节　侦察测绘与气象水文保障

汶川特大地震造成灾区通信、交通中断，信息隔绝。国家、灾区省市和抗震救灾部队采取地面侦察（勘察）与航空、航天侦察，协调国际合作组织空间力量援助等方式获取灾情资料，对灾情、余震、地形变形、滑坡体、堰塞湖等次生灾害实施跟踪监测，为各级指挥机构实施救灾行动决策，提供准确可靠的信息情报。全国、全军测绘和气象水文部门，全力以赴投入抗震救灾气象保障，确保各路救援大军顺利向灾区集结，及时准确地保障抢险救灾行动。

一　灾情侦察监测

陆路侦察灾情　地震发生后10分钟，四川省军区司令员夏国富前往都江堰查看灾情、开设前线指挥所。5月12日14时40分，武警四川省总队总队长王佐明带领前进指挥所赴都江堰了解灾情，利用卫星通信车将第一个现场画面传送至武警总部。14时58分，正在阿坝军分区调研的四川省军区副司令员李亚洲组织小分队，从马尔康赶赴汶川了解灾情。同日16时30分，成都军区副司令员李作成率成都军区、四川省军区有关人员到达都江堰，因通往汶川县的道路塌方被堵，遂就地开设成都军区抗震救灾前方指挥所，组织查看灾情，指挥77146部队向汶川方向侦察，为上级提供灾情信息。17时15分，77126部队部队长王凯率直属分队和77136部队向北川灾区挺进；于13日1时到达北川县城，并向成都军区作战指挥中心报告北川县城灾情。20时20分，77146部队副参谋长杨伟东带领的先遣组21名官兵，乘车到达都江堰后，由于道路严重受损，遂徒步向映秀镇前进；至13日12时20分，先遣组强行军16小时，抵达震中映秀镇，及时向成都军区报告灾情。

5月12日19时，甘肃省军区派出先遣组赴陇南侦察灾情。13日2时，先遣侦察组到达陇南市武都区，与陇南市抗震指挥部和陇南军分区领导接洽，初步掌握并上报当地受灾情况。先遣侦察组共勘察道路523公里，查明93处危险路段，对6处桥梁做标示，向部队基本指挥所传回道路沿途情况报告38份、武都区灾情报告7份。5时30分，68210部队防化团副参谋长扈海洋，带先遣勘察组到达徽县虞关灾区，对宝成铁路109隧道崩塌和油罐车燃烧事故现场实地勘察。8时50分，68210部队副参谋长李富华带领工化处处长、68206部队侦察科科长等38人组成侦察组，前往汶川勘察道路，于18时30分到达松潘，沿国道213线对道路实地勘察；14日上午，进至距茂县55公里处，了解并上报沿途受灾情况。

5月13日1时43分，武警总部命令驻守若尔盖执行任务的武警重庆市总队先遣侦察组，赴茂县侦察灾情；18时，到达茂县石大关乡，向前进指挥所报告灾情；14日15时，到达茂县县城，分别向四川省、武警总部情报部报告灾情。

5月13日23时15分，武警8740部队参谋长王毅率200名先遣官兵，克服重重困难，从马尔康经理县到达汶川县城，将沿线及汶川灾情上报。14日7时，95982部队3营8连排长王明凯带领9名士官，编成灾情侦察分队出发，于10时抵达平武县南坝镇石坎村，分成3个侦察小组对石坎村及其附近地域组织侦察，并将情况报告指挥部。同日8时29分，武警绵阳市支队北川中队20名官兵连续行军40多个小时，翻越海拔2500米以上的王家山、席家山、望乡岭、禹里垭4座大山，于15日零时39分到达禹里乡，发回灾情信息。

5月15日12时30分，武警8740部队抽调17名官兵编成2个侦察通信分队，从汶川出发，沿都（江堰）汶（川）公路对映秀镇沿线灾情及道路实施侦察。每过一个村寨都采取勘察、询问方式详细了解当地群众损失及道路、桥梁损毁情况，将草坡乡3000多人急需紧急救援和银杏乡桃关工业园区3000多名群众受困情况及时上报。

5月18日6时30分，武警8740部队直工科长黄晓彬率11名党员骨干组成先遣侦察分队，从映秀镇出发，沿悬崖峭壁和滑坡轻装前往汶川县耿达乡侦察。20日14时，侦察分队翻越6座大山、12处断崖，行军25公里到达耿达乡，及时上报全乡灾情。

空中侦察灾情 5月12日16时37分和18时9分，77116部队两次共出动4架次直升机搭载军地领导到都江堰市、紫坪铺水库查看灾情。震后24小时内，部队连续出动27架次分批分组搭载军地领导查看北川、青川、绵竹、平武等县（市）受灾情况，将灾区录像、图片报送成都军区。21时，总参谋部命令95829部队出动一个伞兵连，乘95006部队运输机，在汶川、郫县、茂县、北川地区实施伞降侦察灾情。

5月13日零时，95829部队组成100人先遣侦察分队，由空降兵研究所所长李振波负责伞降茂县侦察灾情。飞机两次飞临目标上空，因天气原因未果。14日11时20分，飞机再次飞临茂县波西村上空，当飞行高度达4999米时，从云空缝隙中降至4300多米，15名侦察小分队队员分两批伞降成功，着陆在茂县县城西北约1.5公里处；12时30分，向95829部队前指报告茂县情况。15日，小分队从茂县徒步向汶川方向侦察，行军220多公里，途经2个县7个乡55个村庄，先后向上级报告灾情20余次，沿途开辟10个直升机机降点，引导直升机10多个架次，营救和疏散被困群众1000余人。

5月14日9时4分，77116部队3架直升机载着成都军区抗震救灾应急通信小分队和物资装备飞向汶川。此为第九次飞向汶川，前8次都因气候恶劣无法着陆而返回。直升机从都江堰沿岷江而上，被飞行界视为高难度飞行。3个机组绕开云层，拔高飞机，看准一个云洞钻下去进入正常航线。10时20分，直升机机降在汶川县城边的牛脑寨山顶上；11时41分，展开通信枢纽，打通与外界的联系，报告汶川县城及周边5个乡（镇）灾情。

从5月13日起，成都军区空军连续组织航测机，对灾区陆路交通线、江河水路线、偏远山区、人口密集区和水库库区等“两线三区”实施航测；组织航空侦测飞行183架次，累计航拍面积22万平方公里、获影像3.36万幅，获取汶川、茂县、北川、平武、青川等极重灾县（市）航空遥感影像，整理上报各类材料431份，发现严重灾情40处、堰塞湖28个，绘制《空军航空侦察堰塞湖分布示意图》；向成都军区基本指挥所、四川省抗震救灾指挥部提供航拍照片165幅、文字材料18份；向水利部四川前方领导小组提供航拍照片10套56幅。（参见图276）成都军区测绘保障中心对堰塞湖区的人口、地质等信息展开勘测。通过空中拍照、地面分析、数据修正和图像融合，为领导机关决策提供精细的测绘信息。至27日，成都军区测绘保障中心共航摄堰塞湖高清晰图片2000余幅。

5月14日10时29分，空军副司令员景文春从成都机场起飞，乘机查看极重灾区灾情。飞机在茂县6300米高空反复盘旋、搜索，确定空降地点；利用积云缝隙，对受灾区域的目标点实施可见光监测。当日，飞机共飞3架次，分别对茂县、江油、汶川、武安河谷、北川河谷等1个市3个县12个乡（镇）进行侦照。15日10时15分，接收第一批灾区航拍照片后，空军副司令员景文春、成都军区空军司令员方殿荣立即组织判读，发现北川唐家山发生特大面积滑坡，将湔江完全截断，造成上游水位上涨，对北川县城及下游地区造成严重威胁。成都军区当即命令绵阳军分区组织人员现场查看。14时，成都军区空军向四川省抗震救灾应急指挥中心电话通报唐家山堰塞湖险情，情报处处长携带影像资料现场向四川省省长蒋巨峰和政法委书记王怀臣作详细汇报。

5月19日，空军出动3架飞机侦照5架次、共15小时50分，对湔江、北川、曹山坡、禹里乡实施第四次空中灾情监测，通过对航空照片判读，发现唐家山堰塞湖水位进一步上涨，漩坪乡政府所在地已被完全淹没，湔江干流泛水线已达禹里，对北川县城威胁加剧。19日，空军司令员许其亮乘直升机穿越岷江峡谷查看灾情，开辟进入汶川、绵阳、南坝等灾区空中航线，并专题向中央军委报告汶川地震不是一个点，而是一条地震带，需要注意堰塞湖及相关次生灾害等。许其亮的建议报告引起中央领导的高度关注。

图276　5月25日，空军专业人员正对汶川县漩口镇航空照片进行数字化处理

（空军　提供）

四川奥林通用航空有限责任公司（以下简称奥林公司）应国土资源部和测绘局请求，于5月14日派出两架208B飞机实施航拍侦照。机组克服地形陌生、山高谷深、余震不断的困难实施航拍，连续飞行7天20余架次、40余小时，分别对汶川、北川、理县、茂县、绵阳、德阳、安县、都江堰、绵竹、江油、漩口、耿达、卧龙、红白镇、灌县等地实施航拍，为抗震救灾提供灾情依据。民航飞行学院、东方通用航空公司、北京泛亚通用航空有限公司，先后出动5架飞机（直升机），执行空中勘查、航空摄影拍摄任务，累计飞行47架次、58小时。16日7时55分，中飞四维集团赴灾区执行应急航空摄影任务。经2小时40分钟飞行，对汶川、茂县、理县、漩口镇、映秀镇、南新镇、校场镇及沿途河谷、居民地等进行航拍，拍摄彩色相片233张，航带覆盖面积约1400平方公里。5月18日至6月8日，中飞四维集团动用2架飞机飞行5架次，对汉中、勉县、宁强等3000平方公里地区实施红外航空摄影。

卫星监测灾情 地震发生后一小时，国防科工局会同民政部国家减灾中心，申请启动“国际空间与重大灾害国际宪章”机制。通过这一机制，美国、加拿大、法国、日本、印度等11个航天机构的20颗卫星均向受灾国提供灾区图片。截至5月13日23时，日本先进陆地观测卫星（Alos）提供100米分辨率灾区雷达图像；美国、加拿大、法国、日本等国家也安排美国地球资源卫星（Landsat）、法国地球观测卫星（Spot）、高分辨频率商用雷达卫星（Radarsat）、先进陆地观测卫星（Alos）等卫星对灾区不间断观测并提供影像成果。

中国卫星导航应用管理中心，为救援部队紧急配备1000余台“北斗一号”终端机，实现各点位之间、点位与北京之间精确定位与联络，为指挥部提供重要信息。截至5月16日，全国共有9种型号15颗卫星为抗震救灾提供支援。“风云”系列气象卫星、“资源”系列对地观测卫星、“北斗”导航卫星、“遥感”系列卫星、“北京一号”小卫星等，不断地将灾区信息汇集到国务院抗震救灾总指挥部。

从5月16日起，中国卫通执行对地震中心区域的航空拍摄任务。第一阶段，对汶川、茂县、北川、都江堰、绵竹等地约3000平方公里面积航空摄影，快速获取重灾地区影像图，为灾害评估和救灾工作提供决策依据。第二阶段，对包括成都、阿坝、绵阳、广元在内约1.4万平方公里面积航空摄影，为灾后重建提供指导。（参见图277）

从5月12日15时起，中国资源卫星应用中心在此后的23天里每天安排一颗资源卫星经过灾区，满足灾害监测要求。14日，在CBERS-02B卫星CCD图像上，首次发现湔江唐家山上游漩坪乡段发生滑坡形成堰塞湖，滑坡前水面面积约14.5万平方米、宽度约66米，滑坡后水面面积约63.5万平方米、宽度约380米，湔江河道宽度约66.65米；17日，从灾区CBERS-02B卫星CCD传感器影像中看出，理县—汶川国道317线沿线发生大面积山体滑坡；茂县发生约21.45平方公里滑坡。18日，从CBERS-02B卫星CCD图像上发现，在九寨沟、松潘、文县有3处堰塞湖。22日，中国资源卫星应用中心对地震灾区侧摆观测，获取汶川、都江堰、彭州、什邡、绵竹、安县、青川、平武、北川、茂县、江油11个县（市）的卫星遥感影像数据。通过对卫星图像分析解译，得到北川山体滑坡和堰塞湖现状。23日，中国资源卫星应用中心同时获取CHARTER成员国提供的ALOS卫星多光谱影像，首次清楚地解译出平武县境内多处滑坡体与堰塞湖。至28日，中国资源卫星应用中心已安排资源一号卫星02与02B星连续15天对部分灾区进行观测，制

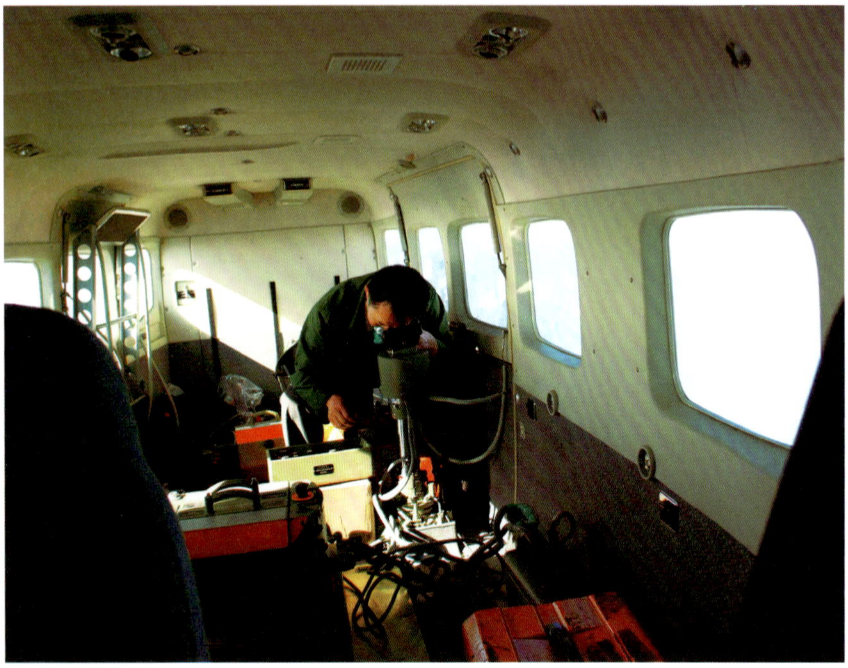

图 277　5 月 16 日，中国卫通技术人员在进行航拍作业
（工业和信息化部　提供）

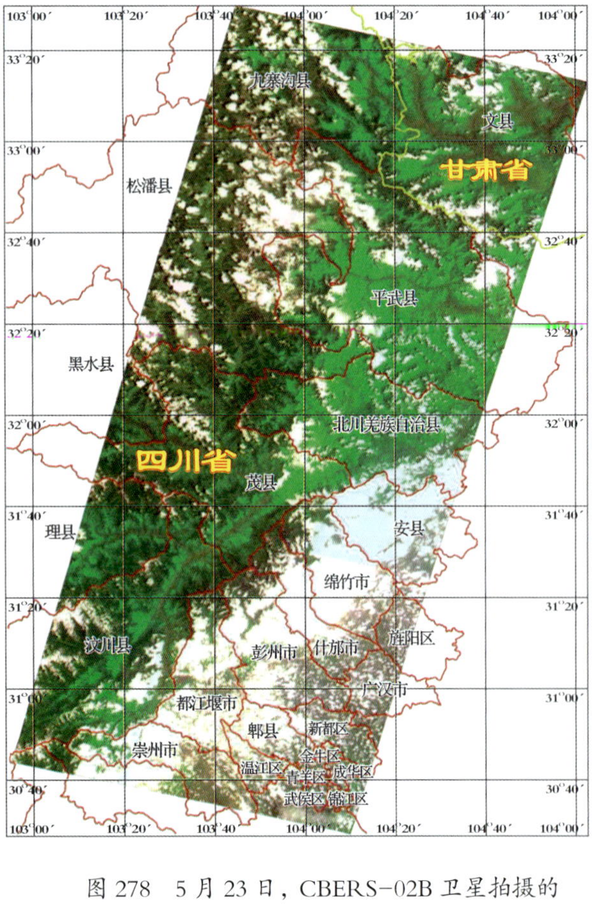

图 278　5 月 23 日，CBERS-02B 卫星拍摄的四川、甘肃部分地区灾情监测图
（国防科工局　提供）

作灾情监测汇总图，从图中解译 50 余处滑坡体和 7 个堰塞湖。（参见图 278）6 月 1 日，在 CBERS-02B 卫星 CCD 图像上，唐家山堰塞湖水面范围继续扩大，已向北延伸至包上村与灯包村之间，在漩坪乡河段处宽度增至约619米，比5月23日宽度（约 530 米）明显增加。同日，北川通口河沿岸发现 4 处滑坡体。中国资源卫星应用中心利用当日获取的 CBERS-02B 卫星 HR 图像与 CCD 图像融合，得到文县县城震前震后影像对比图，清楚辨别出地震中损毁的房屋、公路、桥梁以及安置受灾群众的临时安置点。将平武县城的震前 HR 影像与震后 HR 和 CCD 融合影像对比，辨别出损毁的房屋、安置群众的临时安置点以及山体滑坡。4 日，从 CBERS-02B 卫星 CCD 图像上，发现青川县有 5 处堰塞湖，从前进乡到东河口村水面面积约 100 万平方米，对下游的关庄镇、固井村、旭光村、群力村等村镇构成威胁。同日，利用 CBERS-02B 星 CCD 相机和 HR 相机对地震灾区侧摆观测，通过对

影像分析解译，在青川发现2处滑坡体，在江油发现3处滑坡体。这些监测数据为抢险救灾行动提供十分重要的依据。

从6月6日开始，按照国土资源部和测绘局对地震灾区地质灾害调查评估计划，测绘局第一航测遥感院利用1—2日摄影的1∶2.5万彩色影像，对陕西略阳、宁强、勉县、南郑、城固等县进行次生地质灾害影像解译；重点调查威胁县城、乡镇、村庄、受灾群众临时安置点和救援人员集中区域，重要流域、交通干线和重大设施等重点地区地震发生后新发生的滑坡、崩塌、巨大滚石和泥石流、堰塞湖、地震裂缝及塌陷的分布和规模，完成1500余个航空立体像对的影像信息解译，实地面积约8000平方公里；解译出疑似灾害点滑坡112个，确定灾害点滑坡27处。14日，影像解译成果上交测绘局进行次生灾害评估分析。

5月13日至6月11日，历时30天，空军先后进驻太平寺、温江、城固、邛崃4个机场，采用可见光和微波侧视雷达两种手段，对目标区实施航空照相，监测范围以龙门山断裂带为纵轴，包括绵阳、都江堰、汶川、北川、清平乡、映秀镇等180余个市、县、乡镇，重点监测灾区内公路、铁路、水路、交通阻隔的偏远山区、受灾严重的人口密集区，以及堰塞湖和水库库区。空军出动飞机149个架次，共飞行423小时零5分；11名图像处理人员、39名图像判读人员以及41名图像情报保障人员，全力参与航空侦察监测图像处理。

二　测绘制图保障

应急用图保障　地震发生后，国家测绘局紧急制作、提供98个受灾县分县影像地图和部分地区的1∶2.5万、1∶1万、1∶5000、1∶2000影像地形图。测绘部门累计提供控制点近1200个，读取坐标数据3000余个；提供灾区地图5.3万幅，新加工制作3.1万幅；提供遥感影像等基础地理信息数据约3.1TB。5月16日，应住房城乡建设部要求，测绘局组织国家基础地理信息中心，连夜赶制512幅1∶5万DLG数据和1∶5万DEM数据。17日下午，应国家防总、交通运输部、民航局要求，国家基础地理信息中心制作两套1∶10万地形图140幅、1∶5万DRG数据267幅，交付国家防总；制作震区14个市、县区域的测绘成果数据；制作149幅1∶5万地形图，于17时交付民航局。

中国测绘科学研究院100多名职工昼夜加班，处理灾区几万平方公里的航空影像，对12个极重灾和重灾县（市）及30个受灾县进行灾害遥感解译和评估，形成灾害遥感解译图斑3581个，建立汶川地震灾害综合地理信息解译结果图件、分析报告和“汶川地震灾情综合地理信息服务系统”，于5月27日交国土资源部和测绘局；制作四川省42个受灾县正射影像图，完成次生地质灾害监测与评估，提供应急响应快速判读与解译结果。

5月12日22时，中国地图出版社发行部迅速调配四川省地图100幅、中华人民共和国地图20幅和中华人民共和国省级行政单位系列图10套，于23时准时送至中南海；16日16时，印制完成第一张布质1∶100万四川省地图，18日6时印制完成四川、陕西、甘肃36幅布质地图，送交中央有关领导。19日16时，中国地图出版社绘制的30幅汶川抗震救灾专用区域图全部印制完成并送到测绘局，其中20幅送往中南海，10幅送往中央各大新闻媒体。震后一周内，中国地图出版社共制作完成70幅地震灾区地图，为北京、济南、成都军区及武警部队、中国地震局搜救应急中心提供各类地图共计3000余册（幅），向中国红十字会、中华慈善总会和抗震救灾指挥部等部门捐赠1万余册地图。

5月13日，中国测绘科学研究院为国家交通战备办公室和解放军总后勤部紧急提供四川、甘肃、陕西、重庆等受灾省（市）军事交通图。14日，应总参作战部要求，为军队抗震救灾指挥组、成都军区分别提供10套军事交通电子地图系统和20份《四川省军事交通图》；15日，加印450份地图送达救灾第一线团以上部队使用。震后一个月，先后向国家交通战备办公室和总后军交部机关提供“军事标图系统”“军事交通电子地图系统”和“三维影像系统”。自12日晚开始，中国测绘科学研究院赶制地震灾区震前的卫星影像图，及时送达中央办公厅、国务院办公厅和国土资源部；14日，完成首张都江堰地区灾后雷达影像图。

地震发生后，国家基础地理信息中心在一个月内就向有关任务部队提供大地控制点成果106点，向国务院办公厅、国务院应急办、国家防总、民航局、地震局等单位提供1∶5万、1∶10万、1∶20万、1∶25万、1∶100万地形图4088幅，向环保部、住房城乡建设部、国务院应急办、国土资源部、解放军疾病预防控制中心、交通运输部等部委及单位提供应急系统50套、专题图1600余幅。

5月14日，甘肃省测绘局突击编制《震区影响范围图》《灾区交通图》等20多种抗震救灾专题图，以及省地震灾情三维地理信息系统，还提供灾区22万平方公里1∶10万地形图、21万平方公里1∶5万地形图、1万平方公里1∶1万地形图，专门为抗震救灾指挥部输出绢质地图，编绘印制陇南市及所辖9个县（区）、甘南藏族自治州及所辖4个县的地图5110幅及小幅面陇南市地图2000幅，为各部门提供9000余份救灾地图和近3万平方公里遥感影像地图，还制作了“‘5·12’汶川特大地震甘肃灾情专题三维系统”，于14日挂装到甘肃省政府专网上。16日，突击制作文县、康县、两当县、西和县、武都区和宝成铁路抢修地徽县嘉陵镇等10幅灾区影像图。

5月13—16日，陕西省测绘局组织陕西省基础地理信息中心、西安地图出版社、陕西省第五测绘工程院紧急制作《“5·12”大地震陕西省重点灾区灾情图》，包括陕西省及西安、汉中、宝鸡、咸阳等市的《地震灾情总图》《地震灾情人员伤亡、灾民安置分布图》《地震灾情公路、铁路、通信等基础设施损毁分布图》《地震灾情房屋损毁分布图》。23日，为陕西省国土资源厅紧急提供汉中市部分地区1万多平方公里的SPOT卫星影像图。25日，陕西省基础地理信息中心完成宁强、略阳、勉县、陈仓等18个县（区）194幅1∶5万数据范围的航空摄影地理图制作。30日，根据最新灾情数据，更新《陕西省地震灾情分布图》《汉中市地震灾情分布图》《宝鸡市地震灾情分布图》《西安市地震灾情分布图》，增加制作《“5·12”四川汶川大地震陕西断层图》，形成《“5·12”大地震陕西省灾情专题地图》。6月1—4日，西安地图出版社利用无人机低空遥感航摄影像，制作《宁强县抗震救灾重点区域低空航摄系列影像图》，并按航摄条带分区制作宁强县城区、宁强县城东、宁强县城西、宁强县高寨子镇、燕子砭镇、青木川镇、广坪镇（广坪镇和金山寺）、阳平关镇（阳平磁镇和阳平关）等12幅低空遥感影像图以及《略阳县抗震救灾重点区域低空航摄影像图》。7月，陕西省测绘局完成宁强县、略阳县、勉县、陈仓区共184平方公里1∶2000数字正射影像图184幅。

5月16日10时，四川省测绘局完成3幅1∶8000北川、汶川、茂县灾后现状影像图。同日晚，运用最新航摄资料，制作汶川、茂县、北川以及安县、平武1∶7500灾后现状彩色正射影像图，协助完成灾区约 2.8 万平方公里航空摄影，获取约 19 万平方公里卫星影像数据，赶制 150 余种高分辨率灾后影像专题图；组织四川省基础地理信息中心职工及时赶制出《58 个乡镇地震救援推进情况地图》，送达成都军区和四川省抗震救灾指挥部，为地面救援队伍提供详细地理资料。救灾期间，四川省测绘局为国务院、四川省和灾区市县救灾指挥部，交通、水利、卫生等 20 多个专业部门，成都军区、武警四川省总队等多个军事部门，提供图件 1500 余幅、数据 6127 份，赶制《四川汶川地震抗震救灾指挥图》等专题图 98 种 29207 幅，开发应急保障信息系统 2 套。

5 月 17 日 20 时，高德软件有限公司编制组赶制出第一批极重灾区（都江堰、汶川、北川、绵竹）卫星影像地图。之后，高德软件公司分两批编制完成汶川特大地震四川省、德阳市、什邡市、什邡城区卫星影像地图。

汶川地震发生后，总参谋部紧急印制 16 万份救灾专用图，发往四川灾区。5 月 12 日 14 时 30 分，成都军区测绘信息中心官兵打开图库，在断电、供图巷道车滑轨的情况下，冒着余震危险爬上存图架取图；30 分钟后，第一张震区大比例地图拼接完成，在最短时间内制作出两个永久性极重灾区沙盘。13 日，测绘信息中心派出两个地理勘察分队，与四川省民政、公安、地质、地震、水利、林业、气象等部门协调，收集灾区相关资料和数据，进行灾前灾后资料对比，制作最新抗震救灾专题图。14 日 6 时，成都军区测绘部队兵分五路，在铁路成都北站、双流机场等地设立野战供图点，为各军区、各军兵种、武警部队供图，并快速将安装有《抗震救灾应急测绘服务系统》的电脑和北斗导航定位装备配发到救灾部队。至 21 日，先后为任务部队及地方政府提供测绘保障 389 次，供应纸质地图 18.3 万幅、各种航片资料 1 万余份。

5 月 13 日凌晨，济南军区测绘信息中心连夜标绘制作《灾区情况图》，制作《济南军区抗震任务部队部署图》《济南军区抗震救灾机动方案图》《济南军区抗震救灾路线图》。至 13 日 15 时，共收集、整理各类新版数字地图 955 幅、遥感资料 184 幅、军事地理和兵要地志资料 121 份。兰州军区空军测航团给机关、部队发放地图 7000 余幅，绘制各类图表 180 余份。成都军区空军利用测绘保障系统三维图像信息、电子地图和大比例尺地图，精心选择空投航线和空投场，选择空投航线 108 条，向空军请领地图 4500 幅，给机关和部队发放 4000 余幅，绘制各类图表 80 余份。

6 月 29 日，兰州军区测绘大队紧急抽调正在执行中蒙边境和青海测区任务的 8 名技术骨干，赴康县 11 个乡（镇）22 个自然村，执行恢复重建规划用图测绘任务。官兵们每天行程近百公里，白天顶着烈日和蚊虫叮咬野外作业，晚上坚持加班加点整理编辑数据，于 7 月 30 日完成 16 个点、22 个自然村的 16 幅 1∶1000 地形图测绘任务，面积约 4 平方公里。

航空测绘保障　地震发生后，国家测绘局紧急调集 9 架无人机、直升机对灾区实施航空摄影。5 月 13 日，中国飞行试验研究院派出 3 个机组，分别对四川、陕西、甘肃灾区进行航空摄影，第一机组执行对汶川、茂县、北川、都江堰、绵竹、成都、阿坝、绵阳、广元等地约 17807 平方公里面积进行 1∶8000 ～ 1∶3 万比例尺航空摄影。至 22 日，第一机组共计飞行 5 个架次近 15 小时，获取除都江堰之外的汶川、北川等其他重灾地区 4000 平方公里的航摄资料及映秀、漩口、茂县、理县、汶川等地区 220 平方公里彩色照片。第二机组执行对陇南灾区 5 万多平方公里，包括天水以南整个甘肃南部地区的航摄任务。18 日、19 日，完成徽县附近 8000 平方公里的彩色航摄资料，第二天把相片送往陇南抢险一线。至 6 月 4 日，飞行 8 架次计 27 小时，获取文县、康县、武都、

图279　5月16日，中国飞行试验研究院航摄小组赴灾区执行航拍任务
（国防科工局　提供）

徽县等地约1.8万平方公里的彩色航摄资料，完成对陇南地区5万余平方公里1∶3.5万比例尺航空摄影。第三机组执行对宁强、略阳等地区航空摄影任务。5月18日至6月18日，机组飞行5架次，获取宁强、略阳、城固等地约3000平方公里1∶2000及1∶2.5万比例尺航空摄影。（参见图279）

5月15日，兰州军区空军航测团组织对四川地震灾区第一架次大比例航拍。由于地面建筑被毁、地貌发生巨变、航测区域积云多、地标难以辨认、航测机须控制在高度5000米以上飞行。航测团采取“穿插航测”的方法，先测无云区，后测淡积云移动区。当日，在空中飞行近8个小时，在云缝中抢拍到极重灾区汶川、北川、茂县、安县1.5万平方公里的数码影像。20日8时47分，机组再次起飞，在云层厚和气流强的恶劣环境下，创下连续空中作业8小时零5分的纪录，及时准确地提供了汶川灾区两个堰塞湖的资料。5月15日至7月4日，兰州军区空军航测团共计出动飞机5架，组织地震灾区航测飞行46架次，航测灾区面积9万多平方公里，提供了灾区大量有价值的灾情资料。

5月16日，在国家测绘局协调支持下，黑龙江龙飞航摄公司和太原航摄公司，对陇南地震烈度Ⅵ度（6度）以上重灾地区9万平方公里区域实施彩色航空摄影。19日，经过一天航摄，完成宝成铁路109隧道、舟曲、徽县、两当、凤县、成县共6500平方公里的航空摄影和真彩像图制作。

5月16日，中国测绘科学研究院派出直升机和无人机工作组到达广元市利州区三堆镇，共拍摄影像850余张，航摄面积5000平方公里，完成茂县、南新镇、汶川等地区模拟航空影像处理和绵竹市20平方公里的无人机数码影像处理。16—19日，使用工程院院士刘先林具有自主知识产权SWDC-4数字航空摄影仪，在平武、北川、青川航拍，摄影面积达1000平方公里，采集到灾区最新影像资料。

应四川、陕西、甘肃灾区省政府申请，国家基础地理信息中心先后调集9支航摄队伍，采用先进的GPS、IMU、数字航摄仪、Lidar等设备和技术，获取航空摄影资料近10万平方公里，获取卫星遥感影像32万平方公里，从相关部门收集航摄数据8万多平方公里，为灾区省抗震救灾决策指挥提供了翔实的地理信息资料。

5月16日，兵器工业集团中兵光电公司“华鹰”无人机航测系统团队共13人，携带两架无

人机赶赴四川灾区，对广元、青川、木鱼等受灾区域航拍测绘，将清晰图片和遥感测绘数据传回抗震救灾指挥部。

5月21日17时，四川省遥感信息测绘院组织技术骨干昼夜奋战，制作沿国道213线茂县—汶川—映秀段及省道105线安县—北川—滴林段总长约120公里、宽约4.5公里的公路影像图。四川省测绘局还制作重灾地区12个市（州）、45个县（市、区）《灾后重建规划工作底图》，编制印刷灾后损失评估图12种500份、规划专题图10种1万份。

三　气象水文保障

国家气象水文应急服务　5月15日，国家卫星气象中心启动“风云二号”气象卫星加密监测模式，每隔15分钟提供一张卫星影像云图，协助灾区气象台站做好气象服务。同日，中国气象局协调国营784厂携带移动多普勒天气雷达到达绵阳、广元，开展观测服务；25日上午，到达红原县查针梁子，10时开始探测；22时，第一份探测资料准时传回四川省和阿坝藏族羌族自治州气象局。16日，中国气象局派出由国家气象中心、贵州省和云南省气象台预报员组成的预报专家组赶赴四川，协助灾区做好气象服务。18日，中国气象局再次派重庆、云南、贵州、湖北、湖南五省（市）气象局5名预报员增援四川灾区，并要求四川、甘肃、陕西、重庆、青海等地有关台站，增加探空加密观测。20日，中国气象局为四川省气象局调配8辆应急救灾车。（参见图280）

图280　5月22日，中国气象局专家正在分析唐家山堰塞湖地区天气状况

（中国气象局　提供）

部队气象水文服务 抢险救灾部队针对灾区气象复杂，向北川、汶川（映秀镇）、理县、平武重灾地区派出16个机动气象分队，实施现场气象观测保障，及时发布天气预报和灾害性天气警报，做好专机飞行和空运、空投、空降、搜救等行动的气象水文保障和灾区气象水文灾害监测预警工作。抢险救灾期间，部队及时发布抗震救灾气象水文要报50期、天气预报354期、水文情况通报83期、灾害性天气警报25期，共计1.2万余份，增发各类抗震救灾专项气象水文信息570GB。气象保障抗震救灾专机飞行137架次，空运、空投和空降1261架次，其他任务飞行380架次，陆航直升机飞行2629架次。

5月14日至7月2日，总参作战部气象水文局共编发抗震救灾气象水文要报50期。总参谋部气象水文空间天气总站信息中心在抗震救灾期间，先后派出9人执行现场保障任务，共发布预报、警报126期900余份，提供气象水文信息570GB。总参陆航部气象主管部门，组织通州场站气象台发布天气预报76期，保障救灾任务飞行26架次。

5月17日，军地联合气象水文保障指挥组下发《四川地区抗震救灾任务飞行气象保障工作指示》，明确由成都军区空军司令部气象处牵头，成立抗震救灾任务飞行气象保障领导小组，具体负责四川灾区抗震救灾任务飞行气象保障工作的组织领导和协调。成都军区空军指挥所第八分队负责航线气象保障和灾区区域天气预报；成都、凤凰山、邛崃、彭山机场气象台负责本场起降（备降）气象保障；驻场飞行部队及时向气象台通报飞行计划和气象条件。成都军区空军指挥所八分队，每小时以传真方式向任务机场气象台发布航线、灾区区域和机场天气预报，气象台收到后及时向驻场飞行部队发布。6月8日，成都军区联指指示，在平武县南坝镇、北川羌族自治县擂鼓镇、理县杂谷脑镇、什邡市蓥华镇、安县花荄镇5个观测点基础上，新增6个观测点，由成都军区空军气象部门派出人员组成都江堰市紫坪铺镇、什邡市雍城东路、汶川县映秀镇3个观测点，由成都军区联指气象中心派出人员组成平武县、青川县乔庄镇、茂县3个观测点。5月23日，总参谋部作战部气象水文局向成都军区联指和成都军区空军紧急调拨两部XYE01型车载风廓线仪（风廓线仪无须放球，即可连续探测3000米高空以下大气的风向风速和垂直速度），于25日15时运抵成都，一部部署在绵阳机场，另一部部署在凤凰山机场。14—16日，总参作战部气象水文局局长李福林在成都军区气象中心，3次主持召开抗震救灾气象水文保障会议，讨论研究抗震救灾的气象水文保障问题；决定组成14人气象水文保障分队，部署在都江堰，向成都军区联指、四川省抗震救灾指挥部发布48小时天气预报。成都军区空军气象中心把上级紧急调拨的19套综合气象观测仪、激光测云仪、手持式北斗用户机等装备，及时配发给成都军区联指和成都军区空军使用，并建立气象会商机制，每天6时30分、10时、16时、22时进行4次天气会商，于7时30分、17时发布2次预报。

成都军区气象中心，77100部队、77200部队测绘气象室，77116部队气象台等单位共50余人参加气象水文保障，先后派遣2个气象机动保障分队和8个军地联合野外气象小分队，观测、接收与发送天气实况；向成都军区联指、四川省气象局发送预报、通报、警报90余份，与成都军区空军气象中心、总参气象水文空间天气总站以及地方气象水文部门会商天气110余次，保障各类直升机飞行3000余架次，制作和发布《抗震救灾天气预报》140期、《抗震救灾灾害性天气警报》25期、《中期天气预报》15期、《灾区水文情况通报》16期、《汛期天气预测》3期，临时

图 281　5 月 13 日，济南军区气象水文中心研究会商地震灾区气象水文情况

（总参作战部气象水文局　提供）

天气答询 280 余次；每天向成都军区联指、成都军区空军、77116 部队、空援组、总参气象水文空间天气总站、四川省气象局发送实况 12 次。

5 月 13 日 14 时 30 分，济南军区气象水文中心整理出《四川灾区 5 月至 8 月气候资料》，供机关和救灾行动参考。（参见图 281）济南军区测绘气象处和 6 个业务保障单位共 114 人参加抗震救灾气象水文保障，有 9 人赴灾区伴随部队实施气象水文保障，保障直升机飞行 706 架次，发布任务区短期天气预报 305 期、中期天气预报 22 期、危险天气警报 28 期、水文通报 4 期、任务区地理环境及气候背景资料 4 期共 363 期；向济南军区抗震救灾基指和前指提供灾区天气预报 190 期、主要机场天气预报 117 期、任务部队机动路线天气预报 6 期、灾害性天气警报 17 期、灾区水文通报 4 期、答询天气咨询 210 次。保障区域涉及四川、陕西、湖北、河南、山东 5 个省 24 个县（市）。

南京军区气象水文中心和 73602 部队气象台共 40 余人，投入抗震救灾气象水文保障；组织天气讨论 120 次，电话报告天气情况 105 次，发布天气警报 101 期，提出气象保障建议 30 次。73602 部队气象台保障直升机转场和救灾飞行 423 架次，制作航线和任务区天气预报 80 期、天气警报 30 期，针对恶劣天气提出重要保障建议 10 次，为指挥决策、大机群转场、直升机救灾飞行等提供及时准确的气象水文保障。广州军区气象水文中心和 75752 部队气象台共 20 余人，投入气象水文保障，至7月26日，组织讨论天气75次，汇报灾区天气72次。75752部队气象台保障直升机转场18架次，制作本场天气预报8次，保障了决策指挥、部队转场和救灾飞行。

海军海洋水文气象中心每天制作地震灾区24～72小时天气预报和地质灾害报告，并实施良乡—成都、湛江—成都24～72小时航线天气预报。5月18日至7月27日，共制作提供多媒体气象信息2000余组。

5月13日上午，空军司令部下发《加强天气研究和掌握，全力以赴做好抗震救灾气象保障工作指示》，气象处、气象中心有关人员随空军工作组分赴成都、武汉，组织空中救灾行动气象保障。针对太平寺、邛崃、凤凰山等机场部分气象装备受损，空军司令部气象局从长春紧急筹措10套自动观测设备、2套便携式激光测云仪，于16日下午空运至成都。抗震救灾期间，空军司令部气象局与各军区空军每天组织2次天气会商，滚动制作南苑、太平寺、汉口等12个机场未来3天天气预报；每天收集、处理天气图表资料100余份，接收传真预报和灾区地方天气观测资料60余份，掌握全国66个军民用机场的天气变化情况；每天制作、发布天气预报近200份，向空军各级指挥员和指挥机构提供书面天气预报。

5月12日至9月8日，成都军区空军气象中心等5个单位共计185人，全程投入抗震救灾飞行气象保障。有100余人24小时坚守在保障一线，定时组织2次天气会商，滚动制作南苑、太平寺、汉口等12个救灾任务机场未来3天天气预报；至6月10日，完成保障抗震救灾专机、重要任务飞行120架次，空运飞行793架次，空投和空降382架次，其他任务飞行364架次，陆航直升机飞行2629架次；至6月17日，连续工作870余小时，分析各种气象图表资料6500余份，每天掌握全国66个机场的天气变化情况，制作、发布天气预报近200份，收集、处理天气图表资料100余份；向各级指挥员和指挥机构提供书面天气预报40余份。抗震救灾期间，成都军区空军气象中心共制作发布天气预报8000余次，发布灾区降水过程天气通报4次。

5月13日10时，第二炮兵启动抗震救灾应急气象保障机制，收集整理震区实时天气资料和30年历史气象资料。14日11时，气象中心接到参加抗震救灾气象保障命令，立即展开震区保障点位标绘、调试装备、沟通天气预报发布渠道、震区天气实况资料收填等准备工作。17时，上报第1期《四川震区三天天气预报》。从23日起，气象中心为96501部队抢通墩秀公路安县睢水镇至高川乡段提供专项气象保障。

灾区气象水文部门服务保障 5月17日，四川省气象局决定组建气象应急小分队，在汶川县映秀镇、茂县南新镇、理县古尔沟镇、北川县城、安县永安镇、平武县平通镇、绵竹市汉旺镇、什邡市蓥华镇、彭州市小鱼洞镇等9个点建立临时应急观测站。当日，16个气象观测站和9个气象应急小分队即展开气象观测；此后，白天每小时、夜间每3小时提供一次气象要素资料。

5月24日，为解决汶川县漩口镇气象保障需求，四川省信息中心技术员奔赴漩口镇安装自动气象站，于16时实现气象资料实时传输。四川省气象局为向喷洒药物、实施灾后防疫的飞机提供准确实时的气象保障，在安县晓坝镇、平武县南坝镇、什邡市红白镇、绵竹市九龙镇、崇州市三郎镇、青川县青溪镇和关庄镇、广元市朝天区、汶川县绵虒镇增设10个临时区域观测站。至27日，各站点的气象观测设备全部安装调试部署到位，开展每小时气象观测业务。四川省还组织67个应急观测站（队），实施加密应急观测业务，为抗震救灾提供实时精准服务。

6月15日，兰州军区牵头成立抗震救灾军地联合气象水文保障队，由军区气象水文中心、甘肃省气象局中心气象台和陇南市气象局共14人组成，于17日15时正式开展气象水文保障。截至7月12日，联合保障队向救灾任务部队发布气象水文预报、警报66期，收集气候水文资料136份，向陇南市气象局捐赠4套总价值12万元的气象设备。

第四节 装备器材保障

汶川特大地震发生后，国家各部门，灾区省各级党委、政府，解放军、武警部队，全国各地各界，调集大量装备器材、航空油材，支援和保障抗震救灾需要。许多民营企业顾全大局，不计得失，自带装备器材参加抗震救灾。灾区政府和军地参加抢险救灾的单位，紧急调集各类专业人员，组成各种专业抢修队，保障救灾车辆、工程机械的维修、检修，不断提高受损装备器材的"再生"和"连续作战"能力，为抗震救灾提供强有力的装备技术支撑。

一 调拨补充装备器材

抗震救灾所需各类装备器材数量庞大、种类繁多。国家、军队、地方政府和社会各界的抢险救灾队伍，着眼于灾区所需，采取国家调拨、动用战备装备、市场采购、租借租赁、自筹携行等方式，在极短的时间内，向灾区运送了大量抢险工具、装备器材、航空油材和道桥器材等，为夺取抗震救灾全面胜利，奠定了坚实的装备技术基础。

调拨工程装备与车辆 抗震救灾期间，工业和信息化部迅速从25个生产厂家调拨装载机1130台、叉车10台、风镐300台、千斤顶1300个、铁锹100把、扩张钳1000台、液压大钳子30把、切割机1070台，分别从江苏、浙江、上海等地空运至都江堰、彭州、北川、汶川、绵竹等极重灾县（市）。

5月16日至6月14日，发展改革委两次向军队支援11万余部（件、套）、价值2亿余元的装备器材，其中包括"东方红"C1002-1推土机2台，分别于5月17日、24日从洛阳运抵绵阳。交通运输部组织全国交通系统和交通相关大型企业，向四川灾区捐赠公路抢通保通机械设备228台、发电机组70套，昼夜兼程运往成都、绵阳、德阳等地。

四川物资集团接到省抗震救灾指挥部关于调拨10吨钢钎送往灾区的指令后，组织四川省储运公司连夜生产加工；5月13日晚，派专人送往极重灾区北川羌族自治县。17日，四川省抗震救灾指挥部从四川长江起重机厂调运吊车40台，支援救灾部队使用。22日晚，四川省经委通过多种渠道连夜组织带破碎锤的挖掘机3台、小型挖掘机10台和装载机5台前送汶川县映秀镇支援道路抢修。23日，四川省经委紧急组织25台挖掘机、5台装载机、10台自卸车赴北川支援武警水电部队堰塞湖抢险。北京市路政局、天津市公路管理局、重庆市交通委员会，新疆维吾尔自治区、西藏自治区、内蒙古自治区、海南省、广东省、青海省、江西省、辽宁省、黑龙江省交通厅，云南第二公路桥梁工程有限公司、南京交通工程有限公司等单位，共向四川灾区捐赠298台机械设备。这些设备于14—28日陆续运向灾区各救援现场。

解放军和武警部队，为保障抗震救灾行动的快速有效开展，奉命动用战备装备参加抗震救灾。5月13日上午，总装备部为63820部队补充通用车辆和工程机械30台、军用卡车篷布66顶、轮胎200套、蓄电池160只，保障部队很快投入救援。15日，总装通用装备保障部为成都军区抗震救灾部队调拨勇士指挥车85辆、东风EQ1118G运输车300辆、解放7000升运油车10辆、抢修车15辆、解放运水车10辆、跃进2045越野救护车20辆、解放消防车10辆和斯太尔16吨吊车15辆，陆续运至成都。17日，总装通用装备保障部为兰州军区抗震任务部队调拨勇士指挥车20辆，经铁路输送至兰州军区综合仓库。

5月17日23时，总装备部筹措的79台内燃式切割机共1.2吨、5.3立方米，从上海虹桥机场起运送往四川灾区。同日，总装备部从四川长江工程起重机有限责任公司调拨70辆起重机支援部队抗震救灾，分别采取铁路与公路输送方式送达广安、凤县等任务部队。18日，总装备部为四川抢险救灾部队补充野战急救车6辆、卫生防疫车9辆、运输车2辆、炊事挂车1辆和其他装备车18辆空运成都。

5月23日，总装备部为63820部队调拨跃进2045越野救护车3辆、东风6吨自卸车2辆和长江25吨吊车2辆，分别以铁路与公路输送方式运至63820部队；为成都军区抗震救灾部队调拨勇士指挥车100辆，由总后勤部丰台仓库运送至成都东站；6月5日，又为成都军区抗震救灾部队调拨勇士（长轴）指挥车30辆、斯太尔10吨自卸车70辆、跃进2045越野救护车10辆、汽车抢修车12辆、解放运水车20辆，共计142辆，于9日晚全部运抵成都。

5月15日8时，总参动员部为四川省军区从天津调出600具手持强光照明具，从天津滨海机场启运成都；从江苏调出2千瓦汽油发电机160部、团指挥帐篷8顶，于9时运抵虹桥机场并于当日转运成都；从山东调出大锹、大镐各1万把，由山东省军区调集12辆运输车送往四川省军区的各救援现场。19日，总参动员部再次为四川省军区调运手持强光照明灯100具、2千瓦汽油发电机69部，增拨军用折叠锹5000把；为甘肃省军区调运手持强光照明灯50具、2千瓦汽油发电机50部、大锹和大镐各2000把、班用帐篷19顶；为陕西省军区调运手持强光照明灯50具、2千瓦汽油发电机50部、大锹和大镐各2000把。

5月13日，成都军区装备部为78511部队发放车辆装备器材4653件，为抢险救灾部队补充土木工具11750件、救护车5辆、挖掘机2台。14日，成都军区从呈贡调运空压机4台、79式冲锋舟23只、40马力操舟机24部到双流仓库。同日，成都军区装备部再次为抢险救灾部队补充土木工具17350件、挖掘机2台。15日，成都军区与总装备部协调，从辽宁调拨镐把2万根，从沈阳钢铁厂、总装沈阳仓库各调拨大锹5万把，从石家庄6411工厂调拨大镐2万把，从济南工兵仓库调拨大镐1万把，经铁路输送至双流仓库。16日晨，成都军区联指装备部补充77105部队炸药50吨（TNT10吨、硝铵炸药40吨）、电雷管1万枚、火雷管4万枚、拉火管4万枚、导火索4万米、导电线1.5万米、内燃凿岩机30部、起爆器3套、爆破作业工具3套、土木工具2900把。18日，成都军区联指装备部一次性将总部下拨的车辆、通信、工程、防化4类50种23万余件装备，分配到各任务部队，并从成都军区2007年已分配给部队的车辆中，为济南军区、第二炮兵、成都军区空军、95829部队、92051部队调拨112辆，共下发各类装备物资400余万件（套）。成都军区联指装备部经与济南军区协调，从济南发出工程保养车6辆、工程拆装车1辆、大镐1万把，从青岛发出工兵锹1万把分别运抵成都。5月13日至6月13日，成都军区联指为任务部队调拨车辆器材995项8338件，紧急向总装备部申请轮胎650套、蓄电池700块分别发送到任务部队，大大缓解了救灾部队装备器材的保障压力。

5月14日，济南军区部队出动前，动用战备物资补充土木工具1.7万余件。15日，筹措补充切割机、千斤顶等专用工具器材1.05万余件，征用、租用民用工程机械1020台次；同日17时，连夜从济南、泰安、临沂、淄博等地筹措千斤顶1200只、切割机600部、钢筋钳1000把、撬杠900根直接送至灾区。为71282部队筹措便携式液压多功能钳、液压顶杆、冲击器各1套及液压破碎组合工具6套、内燃式切割机2套；为71320部队筹措便携式液压多功能钳、液压顶杆、破拆工具、冲击器各1套及液压破碎组合工具6套、内燃式切割具2套、土木工具3600具、防毒手套2000副、钢盔100顶。同日晚，总装备部又为71320部队从济南仓库调集大镐1万把，从许昌仓库调集大锹、大镐各1000把及小锹、小镐各500把。16日3时，为71872部队和71811部队从许昌仓库前送工程装备维修器材1108件（套）、土木工具600把。17日11时，济南军区装备部前送一批工具设备到彭州市通济镇71320部队抗震救灾后方指挥所，其中千斤顶760只、切割机300台、钢筋钳507把。18日12时，成都军区联指拨给济南军区任务部队装备器材13256部（辆、套）。16—18日，山东省军区向广元军分区运送土木工具2800件、向绵阳军分区运送土木工具5400件、向德阳军分区运送土木工具5200件、向四川省军区民兵装备仓库运送土木工具6600件。

5月14日，兰州军区根据甘南藏族自治州政府的请求，向甘南调拨大锹、大镐3000把支持地方抢险救灾；16日，为68202部队补充土木工具500件。17日，总装备部向兰州军区补充车辆、民用工程机械、设备器材10064辆（部）。同日，兰州军区装备部为陕西省军区、甘肃省军区、68210部队、68310部队补充车辆21辆、工程装备24台（挖掘机10台、装载机10台、推土机4台）、小型发电机10部、铁镐1万把；20—22日，为68206部队、68331部队补充土木工具1900把。

5月13日，海军装备部为92051部队调拨库存100AH（安时）车用蓄电池50只、车辆轮胎50套、航空钢丝绳5公里；16日，调配生命探测仪2台、视频内窥镜12台、舰用手持热成像仪15具、穿墙雷达5台；17日，调发冲锋舟20只、操舟机25部、救生衣1500件，以保障该部队抗震救灾的紧急需求。6月26日、28日，海军后勤部从东海、南海舰队各调运1台履带式挖掘机运抵灾区。92854部队到达灾区后，向上级申请救灾物资4项2736件，其中凯夫拉头盔2700个、舰用手持热成像仪15具、内燃式切割机20台、高压清洗机1台。

5月13日至8月30日，空军装备部为任务部队调整补充各型车辆614辆、发动机18台、投物系统10256套、各类装备器材1447项10670件，补充发电机、千斤顶、液压锤、钳锯等工程机具2.05万余件（套）。5月17日，空军装备部紧急调整补充抗震救灾各型车95辆，分2批相继于19日11时、20日16时运抵成都，交付空军抗震救灾部队使用。17日，空军装备部协调总后勤部军交运输部，从长春第一汽车厂为成都军区空军调拨解放1121运输车100辆，于20日运抵成都。5月13日至8月20日，成都军区空军向成都军区联指申请各型通用车135辆、工程机械

10台、各类机工具505台（件）。空军装备部航材部累计为参加抗震救灾的空军任务部队，调拨补充各型四站装备51台（套）、器材607项5398件、氧气瓶400只、航空蓄电瓶1140块、伞兵供氧面罩1360具、固体氧源1900个、伞兵伞716具、航空救生背心750件、着陆吊放系统500副。

第二炮兵调拨工程、防化等装备480台（套），请领补充大型装备51台（套），征用、租用地方工程机械246台（套），共计投入工程、防化、通信、机要和通用车辆等装备14137辆（件），尽最大努力满足抗震救灾部队的需求。

武警总部启用直属仓库战备物资，补充任务部队起重机12台、推土机13台、挖掘机13台、消防车12辆、冲锋舟35只、军用铁锹1.83万把、军用铁镐1.74万把、救生衣6000件、生命探测仪64部、混凝土切割器190部、破拆工具组155套、担架605副、钢钎2650根、救生绳2200根。武警水电部队根据道路抢修任务需要，调配推土机、挖掘机等大中型抢险装备333台套，请领运送炸药10吨、雷管1200枚。该部队在四川省的13个项目全部暂时停工，将所有推土机、挖掘机等机械装备全部投入抢险救灾，计投入大型机械装备127台（套）、小型机具1659台（套），及时与供货商沟通协调，租赁大中型机械设备50台（套），调配90台（套），新购34台（套）。截至5月26日8时，武警消防部队（不含四川省总队）累计向任务部队调集车辆200辆、探测侦检器材597台、个人防护装备67277套、抢险救援装备9723套、通信照明器材6583套。

调拨道桥装备器材 地震造成成都—都江堰、都江堰—映秀、成都—绵阳、绵阳—广元、成都—彭州、成都—温江等高速、国道公路路基、桥梁的破坏，省道和大量县乡公路几乎全部中断，严重阻碍救灾人员和物资的进入。国家交通战备办公室为尽快恢复公路畅通，紧急协调交通运输部从各地调集42座战备钢桥运往四川灾区。其中，从陕西调拨至广元5座，云南调拨至绵阳10座，贵州调拨至德阳5座，重庆调拨至成都10座，湖南、湖北各调拨至成都5座，交通运输部直接调拨至雅安2座。

5月13日18时19分，陕西省交通厅从陕西省公路局渭南、安康、西安3个战备仓库调集5座战备钢桥，于当晚调集21辆大货车，于15日12时运抵广元；19时，重庆市交通厅公路局调集搬运工80人、装卸车12台，连续奋战55小时，用17辆平板大货车，于16日2时将10座战备钢桥运抵成都。14日，云南省交通厅公路局分别从昆明和大理调用25辆大型运输车，连夜调运战备钢桥10座，于16日晨运抵绵阳。贵州省交通厅公路局紧急调集5座321装配式加强型战备钢桥和13座钢桥面板，用18辆大型货车装运，16日14时30分运抵绵竹。湖北省交通厅调集战备钢桥5座，采取水陆联运的方式，于23日运抵成都。湖南、浙江、云南、河南、湖北、山西、贵州、山东、甘肃、重庆、陕西、内蒙古12个对口支援省（区、市）交通系统先后投入1391台抢通保通机械设备，其中大型机械680台（套）。

5月14日，广东省国防动员委员会交通战备办公室，组织交通战备应急器材保障基地，向成都发送价值80万元的公路战备钢桥组件。17日，湖北华舟重工责任有限公司，向成都军区提供一批钢质舟桥备件，向四川灾区提供8座钢桥，支援抢通公路。21日，北京市交通委员会捐赠的桥梁检测车、地质雷达、遥测数据采集系统、机桩承载力测试装置、液压式百米钻机、裂缝探测仪、非金属超声波检测仪等，价值约500万元的34台（套）桥隧检测设备运抵四川灾区，用于灾区道路、桥梁、隧道、基桩的质量安全检测。

中国铁路物资总公司武汉木材防腐厂，向成都铁路局紧急提供枕木5000根，用于恢复破损的铁路。5月15日至6月1日，中铁物资总公司鹰潭木材防腐厂生产33车2000余立方米枕木，紧急运往灾区，用于抗震救灾铁路抢修和加固。

5月16日16时5分，中铁山海关桥梁厂营销部，接到成都铁路局要求紧急支援相关轨道抢修配件的求援电话；19时30分，贴有“抗震救灾铁路抢险器材”条幅的汽车，满载着38吨的道岔配件、高锰钢辙岔和道岔尖轨驶出桥梁厂大门，连夜驶向成都。该厂根据成都铁路局提报的计划，紧急安排生产、调度产品库存，于7月前又将道岔配件310根尖轨、80个叉心发往成都。

二 维修装备器材

车辆维修 地震发生后，四川省交通厅指定雅安、甘孜两地组织汽车维修企业在雅安—小金—马尔康—理县—汶川的迂回线路沿线，设立应急运输车辆维修救援点，为过往救灾车辆提供维修服务。指定成都派出维修企业人员和设备，前往都江堰—映秀—汶川线路，驻点为车辆提供救援维修服务。仅此两线就派出19家维修企业157人，设备维修救援点50余个，维修车辆4014辆次。成都市维修行业设立13个维修救援点，并在5个应急车辆集结点设立临时维修抢修救援点，实行24小时救援服务。

由都江堰通往汶川的道路在地震中被全线阻断，救灾初期车辆只能绕行省道210线，翻越夹金山经马尔康运送救援人员和物资进入汶川。夹金山附近没有汽车维修厂点，救灾车辆故障得不到及时抢修。5月15日，四川省运输指挥部命令：沿途运管机构全力做好省道210线救灾运输车辆的抢修保障。雅安市组织宝兴县4家维修企业，在夹金山段新寨子、波日沟、泽根3处临时设立维修救援点，每个点有4名救援人员和1辆救援车；各救援点由运管所人员带队，负责夹金山路段巡查，及时救援故障车辆。20日，有40辆大客车翻越夹金山过雅安到成都运送受灾群众，其中有10多辆车发生故障，维修技术人员放下碗筷，带上工具和配件，立刻驱车赶往救援点检修。5月16日至8月23日，夹金山维修救援保障点设立整整100天，共救援维修故障车1578辆。

5月13日，海军装备部抽组中车集团湛江汽车修理厂10名技术人员，组成车辆技术保障队，随机动部队实施伴随保障。15日，空军装备部从武汉汽车修理厂抽组1支抗震救灾车辆抢修分队，前往太平寺场站，承担车辆维修保障任务；从北京汽车修理厂抽组3支抗震救灾车辆抢修分队，对救灾车辆进行维修保障。16日，空军装备部从武汉汽车修理厂抽组2支抗震救灾车辆抢修分队，分别前往开封场站和阳逻、当阳场站，共为空军各型救灾车辆排除故障966台次。5月13日至8月20日，成都军区空军抽组专用车辆技术保障人员31人、抢修车10台，统一编为3个车辆抢修队，分别为成都军区空军救灾部队和95829部队提供伴随保障，发运车材467项1.05万余件，累计检修、修复车辆1800余台次。

5月14日15时30分，济南军区71426部队118名装备保障人员编为4个伴随保障组和1个机动抢修组，对摩托化机动各梯队实施伴随保障。济南军区驻河南部队在向灾区实施摩托化开进途中，7447工厂和焦作市万友汽车修理厂派出技术工人支援部队机动抢修组修复车辆。同时，每台车辆都配发单车携行器材包，供驾驶员实施“自我保障”。15日晨，部队11个伴随保障组、

3个机动修理组、2个收容拖救组，协同地方保障力量与服务区汽车维修力量，分别在渭南、三门峡、渑池、洛阳等高速公路服务区，利用部队休息时间对11个摩托化行军梯队展开装备检修，排除故障36起，更换制动分泵总成1个、前刹车片2套、滤清器8套。（参见图282）16日，济南军区坦克修理大队抽组装甲装备保障分队，前出汶川方向对77100部队、71521部队、71320部队等伴随维修保障。至8月24日，济南军区任务部队建制内26个修理机构2170名修理人员，以师、旅、团为单位，编成若干修理小组对部队实施伴随保障，共维修各类车3860辆次，其中02式装甲抢修车和指挥车23辆次、工程车83台、消耗器材141件（套）。

6月27日，总装备部协调东风汽车公司商用车公司、东风越野汽车公司和北京汽车制造有限公司派出技术人员，组成技术保障组前往灾区，协助任务部队修复车辆共计600辆；28日，向成都军区补充维修箱组30套、汽车篷布1160套、维修配件1457项、轮胎9350套、蓄电池4650只

图282　5月15日，济南军区抗震救灾部队伴随保障组检修保养车辆

（济南军区　提供）

和班用快速拆装工具50套；30日，为成都军区补充车辆装备维修器材和机具设备共14457件套、价值3896万元，其中从预置在成都军区后方仓库调拨维修箱组30套、汽车篷布1160套；从一汽、二汽等调拨补充轮胎8550套、蓄电池4650只、班用快速拆装工具50套、车辆维修配件17个车型。抗震救灾期间，总装备部及时在全国范围内筹措车辆维修器材3万余件（套）。

工程防化装备维修　5月14日，总装备部组织6411工厂，抽调精通高速挖掘机、高速推土机、TL-160型推土机、ZL-50型装载机修理的8名专家技术骨干，组成应急工程装备抢修分队，配属成都军区联指装备部，遂行大型工程装备的应急保障任务。6月8日，总装备部从工程兵科研第2所、防化研究院、广西柳州机械股份有限公司、郑州宇通重工有限公司、贵阳詹阳机械工业有限公司、上海格拉曼国际消防装备有限公司、武汉客车厂等科研单位及生产厂家抽调32名装备维修技术人员，组成抗震救灾工程、防化装备维修支援保障队，分成5个组，其中防化装备支援保障队分成3个组，赴地震灾区的南线、北线和江油防化仓库，为工程兵和执行消毒防疫任务的防化兵部队提供装备维修保障。

5月15日，根据成都军区联指装备部的部署，分别从双流和呈贡仓库各抽组一支30人组成的工程装备保障支援队，分别保障南线和北线工程装备的维护抢修。从昆明仓库抽组31人组成防化装备保障维修小组参加救灾。至7月23日，海军装备保障部（分）队已经修复工程车927辆次、工程机械33台次、防化车8辆次。

救灾行动展开后，第二炮兵抽调45名技术骨干编成9个保障小组，靠前实施伴随保障。将3692件维修器材备件预置施工一线，先后协调技术骨干200余人次到一线巡检巡修和进行新装备技术培训，共抢修大型装备232台次，维护保养装备9600余台次。8月2日，针对第二炮兵道路抢通部队后续任务繁重、环境恶劣、装备磨损严重的实际，成都军区联指装备部将北线装备综合保障基地8名技术骨干、3台保障车辆组成装备维修分队，调到第二炮兵部队救灾现场，负责对第二炮兵抗震任务部队工程机械和车辆装备巡修服务。（参见图283）95829部队建立健全维修保

图283　8月2日，第二炮兵抗震救灾部队对工程装备进行检修（第二炮兵　提供）

障体系，成立1个机动、4个定点和7个伴随的专业装备抢修组，共出动车辆维修人员1216人次，单车行程7300余公里，检修车987辆次，排除故障879起，消耗各类维修器材120余类3890余件。

兰州军区装备部协调中车集团兰州工程机械修理厂6名工程机械修理人员，组成工程装备修理组，对在陕西、甘肃救灾的68202部队、68211部队工程机械实施检修，至6月25日，共修理工程机械31部（台）。

雷达装备维修　5月15日，空军装备部从空军军械修理厂、自动化设备修理厂、中电14所、中电38所、武汉滨湖机械厂等单位共抽组29个抢修小组，对担负抗震救灾空情保障任务的95786部队、95645部队、93897部队、93856部队雷达装备实施伴随维修保障。抗震救灾期间，空军装备部军械通用装备部动用雷达抢修指挥车、雷达抢修车、雷达器材输送车等各种装备保障车76辆次，紧急抢修雷达13部，排除疑难故障39起。16日，空军从782厂、764厂各抽调2名技术人员，到太平寺机场加强对盲降设备、793着陆雷达的维护保障。17日，成都军区空军把由10人组成的雷达抢修队部署到95645部队、95786部队相关雷达站，实施对雷达设备的监控维修。

飞机维修　抗震救灾期间，飞机出动强度大，为了加强飞行安全，空军特别重视飞机的维修保障工作。派机关领导赶赴成都，现场指导机务保障工作。从5701厂、5702厂、5713厂及凌云集团等军队装备保障企业紧急抽调42名专业技术人员，组建航空修理技术支援保障队，分成直升机、运输机、发动机3个分队，在四川的太平寺、凤凰山、邛崃、彭山、绵阳、广汉以及湖北当阳、河南开封等机场，协助任务部队维护抢修飞机等装备。从5月13日至8月20日，空军组织部队自身抢修力量紧急恢复2架伊尔—76、1架图—154飞机，筹调10台涡桨—6发动机、恢复得—30发动机4台，组织直—8、米—17—B7、米—171直升机改装22架次，开展定检13架次，串换发动机31台次，辅助动力装置6台次，发现、排除故障、缺陷90余起；组织运—8（C）飞机GPS连接电缆、直升机尾桨操纵钢索、直—8直升机旋翼锥体和自动驾驶仪、运—8飞机风挡玻璃等4项专项普查；开展直升机滑油光谱分析143台次、液压油污染度分析58架次；现场协调太平寺机场无伊尔—76飞机BCY地面气源启动车、运—8飞机电源车等问题；特别是现场研究制订95829部队空投员补氧措施和货舱增减压方案，对2个空投组进行带教，成功解决空军首次6000米高空大规模空投中遇到的空投员失压缺氧问题。（参见图284）空军95959部队对波音737型飞机定检81架次，排除故障251起，更换机件162件；对CRJ公务机型飞机定检42架次，排除故障80起，更换机件174件；对超美洲豹型直升机（2155号）定检1架次，排除故障8起，更换机件13件；对图—154型飞机定检4架次，排除故障23起，更换机件23件。航空修理技术支援保障队对伊尔—76、运—8型飞机及米—171、米—17—B7、直—8型直升机、得—30、涡桨—6、特维—3型发动机等航空装备实施现场技术支援保障，共出动人员685人次，协助任务部队排除故障102起，抢修损伤直升机4架；配合部队保障飞行1418架次，其中太平寺机场保障263架次、协助陆航保障1155架次。5月17日，某部一架伊尔—76飞机着陆时，1号发动机突然吸入飞鸟，导致一级叶片中的5号、7号叶片报废，8号叶片受损。根据指挥部下达的抢修命令，保障分队携带抢修设备，连夜乘机赶赴开封机场，克服技术条件等困难，连续工作15个小时，更换了5号和7号叶片，修复了8号叶片。21日下午，经保障分队抢修的

图284　5月18日，空军飞行维修保障分队冒雨更换直升机旋翼（总参陆航部　提供）

发动机一次试车合格，开创了国内外场条件下更换得—30—76发动机低压Ⅰ级转子损伤叶片的先例。

5月13日，5701厂赶制出5套直升机抗震救灾所需吊具；15日，又紧急完成5架米—17系列直升机专机改装任务。17日，5701厂、凌云集团紧急为两架直升机和一架安—26飞机，加装喷洒消毒粉和消毒液装置。6月5日，5701厂紧急为空军、陆航38架救灾直升机加装"北斗一号"定位系统，有效地满足救灾任务急需。

5月16日，空军装备部指示成都军区空军组织成都四站装备抢修队，携带426电源车2台、810电瓶蓄电池起动车3辆，紧急开赴绵阳场站执行专机支援保障任务；组织四站装备抢修队到太平寺机场抢修422型电源车，将2台故障高压油泵带回工厂连夜修理。

抗震救灾期间，海军装备部组织力量加强对执行任务飞机和其他装备的维护抢修。至7月23日，空军装备保障部（分）队共完成任务飞机各类定检23架次，紧急恢复完好飞机18架，修理及更换部件98项，装备完好率保持在95%以上。

陕西飞机工业（集团）公司共派出由52人组成的常驻和机动技术保障小分队7个，分别在成都、邛崃、沈阳、南京、应山、开封、城固等地实施保障，排除故障30余起，紧急提供成品备件3项3件、零件55项246件、标准件74项981件、工具5项15件，确保飞机完好率和出动率。5月17日16时49分，驻陕西飞机工业（集团）公司军事代表室收到95006部队需备件和器材97项的请求，工厂紧急筹措54项备件，对无库存且来不及组织生产的备件从批次飞机上串装，通过15小时连续工作，由技术保障分队随队送往开封。29日，空军某部运—8飞机正在执行救灾任务，在成都双流机场进行例行检查时发现涡轮发电装置温度测量系统热电耦故障，保障小分队立即对飞机进行检查，并于当日用备件装机，使飞机很快恢复完好状态。

第五节　救灾物资保障

汶川特大地震震级大、范围广、损失重，抗震救灾所需各种物资数额巨大。中共中央、国务院举全国之力，严密组织、科学调度，采取各种措施，有效地组织实施物资保障。全国上下树立一盘棋思想，发扬“一方有难、八方支援”的集体主义精神，形成一切为了灾区、全力支援灾区的团结协作局面。5月26日，中共中央政治局召开会议，专题研究部署抗震救灾和灾后重建工作。会议要求，要调动各方面资源，抓紧生产和调运帐篷、篷布房材料、活动板房等物资，抓紧调运生活物资，确保灾区群众临时居住和基本生活。国家、地方各级财政部门，解放军与武警部队，投入大量资金支持抗震救灾，体现了中共中央、国务院、中央军委始终以人为本、人民利益高于一切的理念，显示社会主义制度的无比优越性。

一　国家紧急调运战略物资

地震发生后，国务院各部门和煤、油、粮行业，通过陆路、水路和空运把国家统一调配的电煤、油料、粮食等物资迅速运往灾区，支援救灾行动。

调运电煤　地震发生后，四川电煤供应量大幅度下降，给抗震救灾和群众生产生活造成极大影响。5月16日，发展改革委紧急调拨6列运煤专列入川，每天从陕（西）、甘（肃）、贵（州）方向，至少开出一列电煤专列入川，解决火电企业电煤供应困难。20日，铁道部指令兰州铁路局、西安铁路局等单位以最快速度，每天增开6列优质电煤专列发往四川。截至10月14日，铁路共运电煤957万吨。

从5月13日起，四川省经济委员会每天从川煤集团所属的煤炭生产企业调运6000吨，用于火电发电企业急需，并从攀枝花、凉山、达州、广元等市（州）地方煤矿共调运4800吨电煤至江油电厂。从18日开始，贵州省每天开行2列3200吨煤炭专列，供应广安电厂；重煤集团每天开行1列1920吨煤炭专列，供应广安和华蓥山电厂。从20日开始，陕西省铜川煤矿每天开行1列2400吨电煤专列供应成都金堂电厂，甘肃省华亭煤矿每天发出1列2585吨电煤专列供应江油电厂。通过国家和各省的紧急调运，保证了四川发电企业电煤的正常需求。

调运油料　抗震救灾期间，由于大量工程机械和各种车辆的投入，各类成品油的保障成为支撑抗震救灾行动的关键环节。国家、军队和地方各级政府，各有关石油企业，特别是中国石油，采取各种措施为抗震救灾提供充足的油料保障。（参见图285）

地震发生后，公路、铁路、管道运力受到影响，中国石油增加水路渠道调油入川。5月14日，中国石油东北销售分公司，组织5万吨成品油装船从大连港起航，越过渤海、黄海、东海，入长江至重庆，再沿成渝铁路入川。中国石油从重庆永川、江津和陕西咸阳等油库紧急调运成品油3654吨，通过铁路运输入川。中国石油抽调977辆运油专用车和1749名员工，担负抗震救灾保

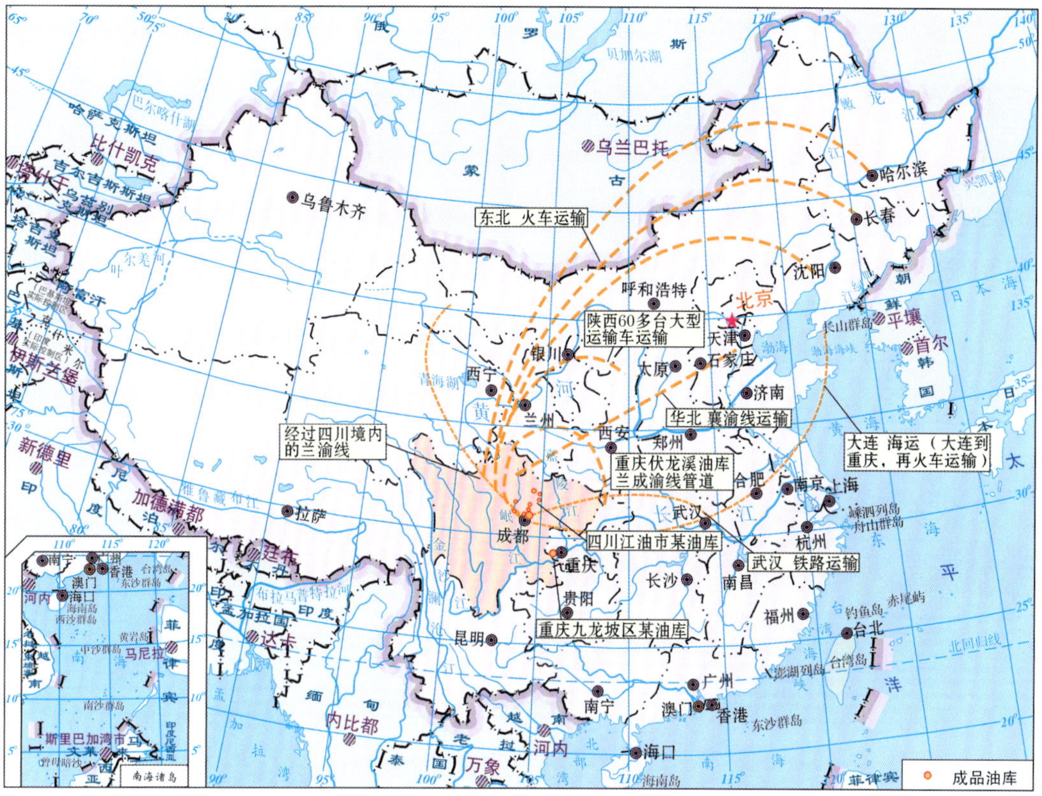

图 285　中国石油成品油入川路线示意图

（国资委　提供）

供成品油配送任务，至 31 日，向四川、重庆、陕西、甘肃四省（市）调运成品油 130 万吨，承担了四川灾区 90% 以上的抢险救灾用油。宝成铁路中断后，川渝铁路成为通过铁路运输调油入川的重要渠道，中国石油积极协调铁道部增加专列，加大铁路运输力度。至 31 日，经川渝铁路发往四川的成品油共 16.59 万吨。中国石油兰（州）成（都）渝（重庆）成品油管道受损严重，经过 22 个小时抢修，全线输油量恢复至震前水平。13—31 日，兰成渝成品油管道累计向灾区输送成品油 22.4 万吨。

四川省经济委员会协调中国石油四川销售分公司，调运 110 吨 93 号汽油到紫坪铺水库大坝，调运汽油和柴油各 1000 吨至茂县—马尔康一线，保证救灾运输车辆加油；协调中国石化川渝公司调运 8 吨 93 号汽油支持宝成线抢修。

5 月 12 日下午，宝成线、成昆线多处铁路接触网断电，成都铁路局需大量内燃机车摆渡，急需机车柴油 1500 吨。武汉石油公司当天装车、当天发运，累计向成都方向发送柴油 143 车，大大超过 1500 吨的需要。

解放军和武警部队大力加强抗震救灾行动的油料保障。5 月 12 日至 8 月 20 日，空军共调运航空油料 2.8 万吨、地面油料 5500 吨，成都军区空军调运航空油料 5745 吨、地面油料 926 吨，兰州军区空军保障地面油料 280 吨。

5 月 13 日，空军后勤部军需物资油料部组织运油专列，为太平寺机场紧急补充航油 1900 吨；

14日，就近从峨眉油库调运航油1400吨、地面油料500吨。针对陆航、民航160余架直升机进驻灾区，空军油料研究所仅用48小时就筹措生产7吨直升机专用附属油料，运送到彭山和邛崃机场。空军后勤部指导成都军区空军后勤部，协调区内公路运输力量，为无铁路直达供应的邛崃、梁平场站补充油料1200吨。

5月14日17时，71521部队1500余辆车沿连（云港）霍（尔果斯）高速公路豫陕段向灾区机动，15日凌晨途经西安急需油料补充保障，兰州军区联勤第28分部西安第1油料仓库快速、周密地协助完成加油保障任务。（参见图286）15日、16日，西安第1油料仓库在高速路口，引导济南军区6个批次的赴川任务部队补充油料159.8吨。

图286　5月14日，兰州军区驻西安某油料仓库为赴川执行救灾任务的71521部队车辆加注油料
（济南军区　提供）

5月15日上午，92051部队摩托化行军至贵阳附近，急需补充油料。9时30分，总后勤部军需物资油料部立即与中国石化联系协调，所有车辆在3个加油站同时加油，共补给油料58吨。

5月16日22时，78348部队在都江堰开设第1野战加油站，保障都江堰、汶川、茂县及理县等区域的抢险救灾部队用油，共保障各类油料210吨。17日10时，78348部队和78511部队在什邡开设第2野战加油站，保障德阳、什邡、绵竹、彭州等地区抗震任务部队用油，共保障各类油料943吨。17日20时，78300部队在北川开设第3野战加油站，保障绵阳、江油、北川、安县、平武、青川等地区抢险救灾部队用油，共保障各类油料789吨。18日23时，后勤工程学院在青川开设第4野战加油站保障青川、平武等地区抢险救灾部队用油，共保障各类油料156吨。20日，成都军区联指后勤工作会议专题讨论研究抢险救灾部队油料保障问题，根据部队每天消耗油料约300吨的实际，决定在已部署到位的4个野战加油站、3个前沿加油点、4支油料保障分队和13个驻灾区部队固定加油站的基础上，由后勤工程学院在汶川开设第5野战加油站，保障汶川等地抢险救灾部队用油（参见图287），同时，动员中国石油所属103个加油站保障部队用油需要。

图287　5月21日，成都军区联勤保障加油车队快速通过玻璃山高危塌方区
（成都军区　提供）

兰州军区先后与中国石油陇南销售分公司、舟曲县舟江加油站和汉中销售分公司建立代供关系，委托中国石油陇南销售分公司下属的48个加油站和甘南、汉中的地方加油站，就近就便保障抗震救灾任务部队油料近4000吨。5月25日，在陇南灾区执行抢险救灾的68202部队急需0号轻柴油200吨，兰州军区联勤部机关协调中国石油甘肃销售公司和兰州炼油厂等有关单位，仅用一天时间就完成追加铁运0号轻柴油计划200吨，于27日运抵天水。

武警总部后勤部为武警四川省总队调拨100个油桶、调集4台油罐车保障油料前送，为任务部队配发120个200升油桶、100个20升扁提桶、26台活塞手摇泵等油料战备器材；协调总后勤部为武警任务部队调拨油料3000余吨。武警水电部队根据救灾所需，筹措油桶1927个，协调中国石油供应油料200吨，自筹油料120吨。

调运粮食　5月14—30日，甘肃省粮食局动员协调景泰金源面业、景泰三福粮油、会宁三利土特产、定西同兴面粉、平凉云翔面业、兰州陇雪面粉公司6个粮食加工企业，租用社会车辆300多辆，紧急调运抗震救灾面粉5750吨，其中调运到陇南市4000吨、甘南藏族自治州1750吨。

5月21日、22日、27日，发展改革委、粮食局、财政部等联合下发《关于下达第一批中央储备粮抗震救灾计划的通知》，先后分3个批次向甘肃省下达中央储备粮抗震救灾计划，调拨小麦9.26万吨（折合面粉6.38万吨），第一批小麦5.71万吨（折合面粉3.94万吨）、第二批小麦2.85万吨（折合面粉1.96万吨）、第三批小麦0.7万吨（折合面粉0.48万吨）。

甘肃省根据通知要求，向有关市下达的两批中央储备粮抗震救灾加工调运计划。庆阳市及时与中央储备粮平凉直属库和庆阳驿马直属库衔接，6月9—25日，完成第一批中央抗震救灾小麦3030吨的出库、加工、调运任务；8月12日，完成第二批中央抗震救灾小麦1678吨的出库、加工、调运任务。白银市组织粮油加工企业紧急加工生产成品粮，向甘肃灾区提供救灾面粉20391吨。

5月21日、22日、27日，陕西省根据有关部门要求，第一批中央储备粮抗震救灾计划原粮小麦3740万公斤、折合面粉2580万公斤，粮源从中央储备粮库存中无偿划拨地方。7月17日，陕西省发改委按453021人，每人每天0.5公斤成品粮、3个月92天标准核算，将原计划下达的全省救灾粮调拨、加工、供应总量2541.26万公斤调整为2083.9万公斤。

黑龙江农垦总局组织10个米厂的20个民兵号机组昼夜生产，仅用两天时间就完成2400吨精米加工装袋任务；又抽调600余名民兵应急分队队员和120余辆大型运输车，昼夜兼程，将2400吨"爱心大米"发往四川灾区。

地震发生后，成都军区向地方军粮供应系统紧急下达军粮筹措供应任务，要求地方军粮供应系统按照10万人两个月量紧急调运大米、面粉和植物油，并尽量筹措鲜肉、蔬菜、调料等副食品保障救灾部队。到8月26日，四川省共有18个军供站承担抗震救灾军供保障任务。截至5月28日，四川省粮食局累计为灾区筹措调运成品粮4500万公斤、植物油310万公斤，其中依托军粮供应站，累计为任务部队供应大米162万公斤、面粉（挂面）33.2万公斤、植物油8万公斤、鲜肉40万公斤、蔬菜和其他副食品110万公斤；依托军供主渠道，主副食品源源不断地配送到分布在10多万平方公里任务部队的各个驻点上。（参见图288）

图288　5月21日，77200部队组织官兵连夜搬运军粮
（成都军区　提供）

二　部队紧急下拨战备物资

地震发生当天，总后勤部即向灾区预置价值2800万元的帐篷和药品等，在3天内调拨价值1.7亿元的后勤装备物资。

5月13日4时，总后军需物资油料动用6人单帐篷300顶、毛巾被1万条、压缩干粮10吨，合计126.21万元的救灾物资运往灾区。10时30分，总后武汉后方基地向成都军区应急发运帐篷

5000 顶、发电机 400 套、运水罐 100 个、90 干粮 8 万公斤、肉罐头 2 万公斤、菜罐头 2.5 万公斤。14 日，总后勤部为 61195 部队特批解决发电机、帐篷、棉被褥、雨衣等装备物资 3 类、9315 套件。同日 14 时，总后勤部为济南军区任务部队补充野营装备物资 828 台（顶、套），从成都军区为成都军区空军调拨 81 型迷彩单帐篷 100 顶、81 型草绿单帐篷 700 顶、0.8 千瓦发电机组（含网络）50 套；从广州军区为各任务部队紧急调运 90 干粮 20 万人份，同时为任务部队补充迷彩服、作训鞋、陆空棉被、棉褥、带袖雨衣 1200 套（批、件）；从北京丰台调拨战略储备 81-1 型单兵净水片 8 万片、三角巾急救包 1000 个；从成都军区调拨战略储备 93 型棉帐篷 300 顶、0.8 千瓦发电机组（含网络）15 套、81 型草绿单帐篷 630 顶补充任务部队；从成都军区为第二炮兵任务部队调运 81 型班用迷彩单帐篷 363 顶、网架卫生帐篷 4 顶、0.8 千瓦发电机组 10 套、3 千瓦发电机组 3 套、2 立方米软体贮水罐 64 个、6 立方米软体运水罐 40 个。

5 月 15 日 15 时，总后勤部向成都军区预置后勤装备物资 1506.35 万台（套、件），其中被装物资 220 万套（件）、给养物资 9.02 万吨、卫生装备物资 1276.71 万台（套），同时向成都军区预置野营装备物资 6144 台（套）。同日，总后勤部分别从成都军区 5 个后方仓库，向灾区紧急调运迷彩服和作训鞋各 2200 套（双）、绒手套 1 万副、给养器材单元 22 套、帐篷 3062 顶、发电机组 212 套、挂车电站 1 套、贮水罐 228 个、运水罐 27 个。总后直属供应保障局向四川灾区任务部队发出 13 批次、451 个品种、13 万套（件）的物资。武汉后方基地所属仓库向任务部队发出卫生器材 2 万件（个）、被装 2341 套（件）、毛巾 20 万条、固体燃料 50 吨、野战给养单元 150 套、罐头食品 5 万日份，有力地保障了部队的救灾所需。

5 月 16 日，总后勤部向灾区紧急调运价值 8000 多万元的后勤装备物资，其中为任务部队调拨被装 23.3 万套（件）、野战食品 14.4 万日份、油料 1000 吨、帐篷 6580 顶、发电机组 114 台、挂车电站 5 台、贮水罐 180 个、运水罐 16 个、淋浴车 8 辆、充气床垫 6000 个。23 时，总后勤部从信阳调拨战略储备棉被 6 万床、绒衣 6 万件；从晋城调拨战略储备棉被 4 万床、绒衣 4 万件；从北京房山动用战备储备野战食品 10 万日份；从南京军区福州、鹰潭各调运 2000 顶单帐篷，从广州军区调运 1000 顶班用单帐篷解决灾区群众住宿急需。

5 月 17 日 22 时，总后勤部为济南军区任务部队补充第二批野营装备物资 1390 台（顶、套），为总装备部调拨 87 夏迷彩服（帽）2200 套（顶）、99 作训鞋 2200 双、线手套 1 万副；从成都军区为 95829 部队调运 81 型班用迷彩单帐篷 1049 顶、60 平方米网架指挥帐篷 1 顶、2 立方米软体贮水罐 100 个、0.8 千瓦发电机组 100 套。28 日 18 时，总后勤部从兰州军区战略储备中调拨野战给养器材单元 30 套，由兰州军区联勤部交付甘肃省政府，支援陇南地震灾区“帐篷学校”。

6 月 5 日 9 时，总后勤部为成都军区联指联勤部，调拨补充各类后勤装备物资 327.36 万台（套、顶），包括军需油料装备器材 141.53 万台（套）、野营装备物资 1.25 万顶（台），其中从战略储备中动用 123.61 万台（套）、从正常周转中补充 72.02 万台（套）。8 日 11 时，总后勤部为兰州军区补充野营装备物资 215 顶（套、个），其中帐篷 148 顶、发电机 8 套、贮水罐 59 个。10 日 17 时，总后勤部为成都军区联勤部再次补充后勤装备物资 55.39 万床（套、件、个），包括被装 8.59 万套（件）、油料装备 60 个，其中从战略储备中动用 28.49 万套（件）、从正常周转中调用 4.86 万套（件）。15 日，总后勤部为陕甘灾区部队下拨 87 迷彩服（帽）、99 作训鞋、陆空毛巾被、87 中蚊帐、竹凉席每人 1 套（双、床），01 式体能训练服、01 裤衩、01 弹力袜每人 2 套（条、双），8 层口罩、毛巾每人 4 个（条），线手套每人 6 副；同日，为成都军区联指联勤部补充后勤装备物资 1966 顶（套、吨），包括给养物资 145 吨、油料 45 吨、野营装备物资 1776 顶（顶、吨），其中从战略储备中动用 1781 顶（套、吨）、从正常周转中补充 85 吨。

与此同时，各军区、军兵种、武警部队也动用较大数量战备物资，紧急下发所属部队，保证抗震救灾部队和灾区群众的急切需求。

三　应急采购救灾物资

汶川地震事发突然，破坏程度高，仅靠各级库存的物资难以保障救灾所需。国家、军队和地方各级政府投入大量资金，组织应急采购各类救灾物资，及时保障救灾人员和广大群众的生产生活需要。

地震发生当晚，国务院抗震救灾总指挥部决定，向地震灾区下拨救灾应急资金 10.2 亿元，调拨救灾帐篷 20 万顶、棉衣和棉被各 40 万件，紧急运往灾区。5 月 20 日，民政部、财政部决定从全国 75 家企业中紧急采购 90 万顶帐篷、2500 吨篷布用于灾区群众的临时安置。

5 月 19 日，总参通信兵部和指挥自动化局协调总装相关业务部门，订购配发 PCM 设备 40 套、会议电视系统 MCU 设备 1 套、会议终端 40 套。至 27 日 8 时，总参通信部累计动用空军专机 4 个架次，搭乘空军和民航班机 21 个架次，使用铁路篷车 2 个车皮，为抗震任务部队紧急采购、配发各类装备器材总计 12734 部（套）、价值 14820 余万元。

总后勤部应急采购军需与野营药品、物资 131.73 万瓶（套）。5 月 29 日，总后军需物资油料部下达 4 批、568 万件（套）的后勤装备物资应急采购任务，其中第一批 22 种 103 万件（套）、第二批 8 种 5 万件（套）、第三批 3 种 85 万件（套）、第四批 21 种 375 万件（套），签订采购合同计 2.77 亿元。（参见图 289）6 月 10 日 17 时，总后勤部为成都军区联勤部应急采购药品 22.04 万瓶（盒）。按照总后勤部通知，华东军用物资采购局采购 2 套飞机运输伤员附加装置、2 套飞机医疗救护设备调运到北京丰台。15 日，总后勤部为成都军区联指联勤部应急采购后勤装备物资 100 吨。截至 6 月 15 日，总装备部共 4 次追加采购装备器材 203 万余件（套、部），价值约 6.9 亿元。

抢险救灾期间，成都军区累计组织实施物资应急采购 148 批，出动运输车 1500 余辆次，保障 5 个责任区 200 余个建制团以上单位、30 余支医疗小分队，保障方便食品、饮用水、劳保用品以及各类抢险器材 26.74 万件（套、双）、副食品 4000 余吨，总价值达 5100 万元。

5 月 12 日，成都军区空军采购镐、锹、铁锤、手套等物资 3000 余件。抗震救灾期间，空军装备部军通部自行采购机工具 2300 件、紧急采购调拨油料装备器材 1371 台（件）、采购雷达器材 976 项 24673 件。第二炮兵采购急需救援设备和通信器材 101 台（套）。同日，武警陕西省总队购置 30 万元医疗急救药品和器材共 47 个品种；武警四川省森林总队购置铁镐、钢钎、大铁钳、千斤顶等救灾工具 3000 把（个）和大量救灾物资和器材；武警总部为灾区各省总队采购超短波手持电台及电池 200 部（件）。

5 月 13 日，海军装备部为 92510 部队采购自动力锯 180 台、180AH 车用蓄电池 50 只，各种

图 289　5 月 30 日，解放军总后勤部采购人员与供应商洽谈应急采购协议事项
（总后勤部　提供）

器材、工具计 31 项 287980 件。92854 部队出发前，为 92051 部队购置手套 7400 双、便携式强光防爆应急灯 100 只、野战车库 40 套，切割机、手电、钢丝钳、野战帐篷等 20 项 26532 件应急救灾物资。14 日，成都军区装备部从地方厂家紧急购置大锤和手锯各 2000 个（根、把）、钢钎 6000 根、钢锯 10 万片、破坏钳 1500 把，紧急补充任务部队土木工具 17350 把、防毒面具 100 具、防毒手套 100 双、救护车 5 辆、挖掘机 2 台、消毒液 1600 公斤。15 日，成都军区装备部从市场紧急采购工具器材 11.17 万件。17 日，成都军区装备部根据任务部队需求从一汽贸易总公司采购解放 CA1121J 车辆器材第一批 59 项、7325 件、约 46 万元；在成都采购北京 BJ2020VJ、猎豹等 19 项、122 件车辆器材，约 3.8 万元；22—24 日，采购 CA1121J、EQ2050 猛士等车辆器材 47 种约 30 万元。

5 月 12 日至 7 月 31 日，四川省经济委员会采购调集救灾物资 51738 件（吨、米），金额约 4375.73 万元，其中设备购置费 4350.38 万元、运输费 1.95 万元、设备租赁费 23.4 万元。

5 月 13 日 23 时 30 分，四川电力物流集团公司兵分几路，顶风冒雨赶往都江堰等地，紧急采购 1000 把手电筒、506 套防寒服、183 顶帐篷、15 台发电机以及生活食品运送到抗震救灾一线。20 日零时，物流集团公司接到抗震救灾指挥部指令，要求 21 日 7 时前采购灾区急需发电机、防化设备、汽油、柴油并运送到都江堰。当时余震不断，商家早已关门，他们东奔西跑、四处联系，于次日 2 时把物资送到救灾现场。21 日 23 时 30 分，物流集团公司又接到指令，紧急采购护套线、双绞线等 1.1 万米，开关、灯头、灯泡插座等 2500 个，发电机 2 台及配电瓶、油箱、油管，润滑油 25 桶以及各类生活用品等物资，于 22 日 7 时前送到都江堰市抗震救灾指挥部。公司采购员沿街询问、一家家敲门，连夜求购，配送公司的员工连夜装车；22 日 3 时，满载抢险物资的 2

辆军用运输车开往都江堰市和汶川县映秀镇。

5 月 14 日、15 日，中国联通重庆分公司共采购价值 110 余万元的物资，并协助总部购买价值 100 余万元灾区急需的皮卡车 10 辆，分两批次输送到四川分公司。

四　应急生产急需物资

地震发生后，国家、军队和地方各级政府，根据抗震救灾的需求，组织有关厂家紧急生产抗震救灾所需的各类物资，有效地保障抢险救灾行动。各生产厂家急灾区军民所急，开足马力，昼夜连续组织生产，以最快的速度产出装运，及时送往灾区。

地震发生后，航天科工集团 207 所紧急完成新研制机载高分辨率合成孔径雷达（SAR）测量系统的安装调试并调往灾区，于 5 月 14 日上午开始在灾区连续展开机载飞行观测。航天科工集团 33 所急灾区之所需，专门研制生产的新型钻孔测斜仪，用于岩土地基位移测量，通过监测岩土工程和土体边坡的稳定性，可以对崩塌、滑坡做出预报。14 日，该所加班赶制生产的测斜仪发往四川，并派出技术人员赶赴雅安指导钻孔测斜仪在峡口滑坡监测点的使用。航天科工集团 307 厂研制生产加油车 40 辆、特种车 12 辆、洒水车 10 辆、高压清洗车 4 辆、吸粪车 4 辆，分批紧急运往灾区迅速投入使用。

航天科工集团梅岭化工厂，把用于航标灯的锌空电池改为帐篷照明设备支援灾区，于 5 月 16 日将第一批 30 台锌空照明设备送到灾区医疗队手中；17 日，第二批 20 台被调送到遵义市红十字会；20 日，第三批 100 台被调送至遵义市民政局。

5 月 22 日，国务院抗震救灾总指挥部向浙江泰普森休闲用品有限公司下达 40 天内生产 3 万顶帐篷的生产任务。胡锦涛考察该公司后，董事长杨宝庆受到巨大鼓舞，立即与外商沟通后推后 2000 余万美元的外贸订单的交货时间，主动把生产任务增加到 8.5 万顶，同时生产 20 万套帐篷钢架，并将生产时间缩短到 28 天。德清县人武部得知情况后，发动民兵投入到支援生产任务中，前后历时 23 天，累计出动干部职工和民兵 4520 人次、用车 162 辆次，提前两天完成生产、装袋、搬运和发送任务。22 日，国务院抗震救灾总指挥部向江苏阿珂姆野营用品有限公司下达生产 18.5 万顶救灾帐篷任务。27 日下午，扬州市邗江区人武部组织 120 名民兵冒雨装卸生产救灾帐篷用的原材料 22.5 吨重的帐篷金属支架和地钉等。28 日上午，第一批 3000 顶救灾帐篷运往德阳灾区。22 日，甘肃省抗震救灾总指挥部通知金川集团公司，组织金川万方实业公司 10 日内生产钢架彩条帐篷 1000 顶，金川万方实业公司按时完成任务，并生产彩条布 20 万米。同日，鞍钢接国资委急电，要求鞍钢紧急支援广东生产过渡安置房用的彩涂板基本原料——热轧板 3 万吨。27 日，鞍钢又接到辽宁省关于紧急生产过渡安置房用彩涂板的生产任务，要求提供首批 2 万吨的彩涂板和 1 万吨镀锌板；6 月 2 日，首批 1000 吨彩涂板成品发往用户。此后，鞍钢周密组织后续生产任务，提前完成 5 万吨抗震救灾专用钢材。新兴铸管集团有限公司、南京际华 3521 特种装备有限公司，共完成国家下达的 3.3 万顶救灾帐篷和 11107 顶军用帐篷生产任务。6 月 25 日，武汉钢铁（集团）公司完成首批 1 万套活动板房的生产任务，7 月 20 日完成第二批 1 万套，8 月 10 日完成第三批 4 万套，并相继运往灾区。

图 290　5 月 19 日，海军秦皇岛被装修理所昼夜加班，应急生产海洋迷彩服

（总后勤部　提供）

5 月 21 日，总后勤部决定应急生产陆空棉被 50 万床、07 林地迷彩服 10 万套、01 短袖体能训练服 10 万套、87 夏迷彩服 15 万套。不到一个月，各厂家即完成任务。18 日，海军后勤部军需物资油料部，向海军秦皇岛被装修理所下达应急生产 1 万套海洋迷彩服的生产任务，该所于 6 月 8 日即全部完成生产任务运至成都。（参见图 290）6 月 20 日，根据海军任务部队被装需求，海军后勤部军需物资油料部再次从秦皇岛被装修理所订制 1300 套海洋迷彩服，保障救灾官兵抢险和生活所需。

5 月 16 日，空军装备部分别向 95829 部队空降装备器材厂下达改制小件投物伞，向空军株洲修理厂下达生产投物捆绑系统的紧急生产任务，4 天内紧急改制投物伞 2118 具和生产捆绑系统 1700 套，并完成 6438 套小件投物伞系统的配套工作，确保救灾空投装备保障需要。17—21 日，成都军区空军装备部主动向空军装备部申请生产 2000 套 150A 型快速连投系统，装备部及时收拢修理厂骨干人员组成专项任务组，在从未生产过 150A 型快速连投系统的情况下，技术人员对样品进行仔细的技术分析和制图，赶制工艺、材料配套资料，17 日展开连投系统样品试制生产，21 日首批 240 套交付部队。抗震救灾期间，修理厂共生产 150A 型快速连投系统 2001 套，维修 1064 套。20 日晚，湖北航天化学技术研究所接到空军通知，急需研究所生产高空伞兵应急供氧装备——固体氧气发生器。经过三天三夜工作，首批 200 件产品于 24 日交付使用。

6 月 1 日，中科院为实现无线移动多媒体系统全天候实时监控堰塞湖险情，在试验多种能源无果的情况下，遂请求成都建中锂电池有限公司给予援助。从 2 日 4 时成都建中锂电池有限公司提供首批 6 组专用锂电池组后，至 30 日 10 时 50 分，共提供 86 组专用锂电池组，为野外监控唐家山堰塞湖险情提供了可靠、持续的电能支持。

第三章　社会安全保障

汶川特大地震发生后，参加抢险救灾的解放军、武警部队、民兵预备役人员和公安民警，认真贯彻落实中共中央、国务院关于确保灾区和全国大局稳定的指示，与灾区政府和广大人民群众一道，坚持一手抓抗震救灾，一手抓维护社会稳定；了解掌握社情民意，妥善解决受灾群众安置、恢复生产和灾后重建工作中可能出现的突出问题，严厉打击各种违法犯罪活动；耐心做好心理安抚、思想疏导工作，化解受灾群众的情绪和矛盾纠纷，搞好对重点目标的安全警卫，开展军警民联防联治，维护灾区的社会稳定，为抗震救灾创造良好的社会安全保障。

第一节　维护治安秩序

面对灾区社会稳定和社会治安面临的一些新情况和新问题，灾区各级党委、政府、抢险救灾部队官兵、民兵预备役人员和公安民警坚决贯彻落实《中央维护稳定工作领导小组关于切实做好地震灾区维护社会稳定工作的通知》精神，加强组织领导，加强协调配合，及时疏散滞留旅客，疏导和化解矛盾纠纷，耐心做好灾区群众的思想工作，开展治安巡逻，建立军警民联防，加强对武器弹药和违禁物品的收缴管理，强化对社会治安态势和主要矛盾的掌控，维护灾区社会秩序，保障抗震救灾工作的顺利进行。

一　疏散转移滞留旅客

疏散转移公路滞留旅客　地震发生后，极重灾地区的道路交通损坏严重，大量旅客、游客滞留在交通沿线极为险恶的环境中，仅汶川、理县、茂县就滞留旅客 5.9 万余人，平武滞留旅客 5000 余人，江油滞留旅客 2.4 万余人，汶川县城滞留人员 1 万余人。在突如其来的灾害和十分危险的处境面前，被困群众情绪激动，逃生和返乡心切，若处置不当则极易引发群体性社会问题。交通运输部迅速部署运力疏散转移滞留旅客，灾区省市交通运输部门立即调集车辆加开班线。5 月 13 日，彭州市交通局组织 332 辆公交车、班线车、出租车转移旅客。甘孜藏族自治州、阿坝藏族羌族自治州、雅安市交通运输部门通力协作，组织 40 余辆客运班车，及时转移滞留在汶川灾区的旅客。

5 月 19 日早晨，汶川县公安局民警在汽车站组织滞留人员疏散。因滞留人员多、运力有限，大量群众涌入车站，争抢上车和座位，相互拥挤，秩序混乱，出现踩踏、斗殴先兆。汶川县抗震救灾联合指挥部要求武警 8740 部队紧急增援。7 时，武警 8741 部队政委罗德礼率领 80 名兵力赶至现场，会同县公安局局长确定处置方案；利用车载警报指挥调度，向群众反复公布“老弱病残和妇女先走”的疏散原则和当日疏散车辆去向、临时候车位置及登车点，劝说非当日疏散对象离开现场，并划分出人员临时候车区和登车区，在旅客与车辆之间建起人墙阻隔线。9 时 40 分，部分群众见站内车辆渐少，当日离开汶川的可能性越来越小，开始涌向车站试图强行登车，个别人员不顾劝说，大喊大叫，冲击部队封控隔离线。为有效控制秩序，经请示成都军区联指同意，急调 50 名兵力增援。官兵们用人墙顶住冲击，保持忍耐和克制，以理解、关心和同情的态度对待群众。20 日 5 时，执勤官兵封控车站所有入口，采取人车分离、穿插隔离的方法，手挽手对人群分片隔离，以人墙形成登车通道；在车站门口建立 5 道防线，防止人群集体冲闯入站；疏散中，官兵对老人、儿童、怀抱婴儿的妇女和残疾人员，组成环形队形护送上车。在官兵耐心劝说下，大多数旅客表示理解和支持，紧张局面逐步缓解，客车出入站秩序恢复正常。至 25 日，阿坝藏族羌族自治州调集客车 2168 辆次，转移滞留人员 5.9 万余人。至 6 月 9 日，在平武、江油滞留的 2.9 万人全部安全疏散转移。

疏散转移铁路滞留旅客 地震造成四川、甘肃、陕西 10 多条铁路线中断，31 列客车、2 万多名旅客滞留灾区途中。铁道部立即指示成都、西安铁路局，迅速与滞留旅客列车取得联系，全力满足旅客要求，千方百计做好安全转移工作，5 月 14 日 7 时 30 分，滞留途中旅客安全到达。至 21 日，滞留各车站旅客全部被安全转移。

5 月 13 日、14 日，由于宝成铁路中断，在西安火车站滞留的四川方向旅客陡增十几倍，造成旅客拥挤、秩序失控。西安市委、市政府高度重视滞留四川旅客的返乡问题，市交通局紧急动员，责成西安市交通局紧急动员，调集客车，尽快将滞留人员安全运送入川；责成公安局加强警力，日夜值守，全力维护秩序和做好滞留旅客的疏导工作；西安市委书记孙青云、市长陈宝根到西安火车站，带头做滞留旅客的劝导工作。从 14—18 日，省汽车站和西安市城南、城西客运站、环建客运站，调集客运班车、公交旅游车和班线车 878 辆，发送入川客车 1040 班次，运送返乡群众 40250 人。

从 5 月 13 日起，在宝鸡滞留了前往广元、绵阳方向旅客 1 万余人。当日，宝鸡交通局周密组织 400 余名旅客返乡；14 日，又有 1000 多名旅客滞留在宝运机厂街和宝鸡火车站。滞留旅客归乡心切，情绪不稳，情况十分危急。宝鸡市交通局成立专门疏散滞留旅客的领导小组，从宝运和秦龙集团调集 30 台大巴车，安全顺利地完成滞留旅客疏散返乡任务。13—21 日，宝鸡市交通系统出动 442 名干部职工、调集客运车 211 辆，发送 619 班次，安全疏散抢运滞留人员 16783 人。

图291　5月14日，空中客车A380飞机在成都双流机场平稳降落，疏散转移滞留旅客
（中国民航局　提供）

疏散转移机场滞留旅客　地震造成7家航空公司21个机场设备受损，滞留旅客6.8万人。中国民航局迅速做出部署，组织20家航空公司转移滞留旅客。5月12日地震发生后，成都双流机场候机楼内滞留旅客出现惊慌失措、夺路而逃的混乱局面。机场领导组织候机楼内的安检人员引导、协助旅客疏散到候机楼外和停机坪等安全地带，并安排部分人员留守安检现场、监控隔离区和临时疏散区人员。至14时40分左右，候机楼内的旅客和工作人员疏散完毕。（参见图291）

5月13日零时至4时50分，国航西南分公司实施通宵飞行，出动空中客车A340和波音777大飞机，并利用部队进川航班组织空运，至15日，转移旅客2.1万人；川航于12—14日，飞行航班159班次，转运旅客6740人；南航于5月12日至7月2日，执行491个救灾航班，转移旅客3万余人。至5月26日，中国民航局组织各航空公司，从地震灾区向外安全转移受阻旅客7.3万人。

北京首都机场全力做好疏散旅客的服务保障工作。地震发生后，从灾区疏散滞留旅客的航班大增。5月15日1时46分，从成都双流机场起飞的国航CA086A航班搭载着首批161名灾区旅客顺利抵达北京首都机场，开始了从成都向北京疏散滞留旅客的空运工作。北京首都机场为疏散旅客提供全程式引导服务，在值机区域专门开设4个售票柜台，为到京疏散旅客提供客票改签服务，还为疏散旅客准备了饼干、饮水和1000条毛毯，在宾馆预订500个床位以供转机时间较长或需要过夜的疏散旅客休息。15日全天，北京首都机场共保障由成都到北京的25个疏散旅客航班、2626人次，为在北京中转至沈阳、长春、大连、哈尔滨、银川、西宁、乌鲁木齐、西安、兰州等城市的疏散旅客1056人次提供签转服务。

二　开展治安巡逻

四川灾区开展治安巡逻　5月13—19日，四川省军区充分发挥民兵预备役部队熟悉民情、熟悉地形的优势，组建11支摩托车骑巡队和200多支治安队，24小时不间断巡逻，协同当地公安机关维护社会治安秩序。德阳军分区在各县（市、区）成立民兵治安巡逻队。广汉市人武部组

织200名应急民兵，加强对居民地、党政机关、水电、交通要道、物资仓库等重点目标的巡逻。罗江县人武部出动民兵110人，到绵竹体育广场受灾群众临时救助站巡逻执勤，维护救助站秩序稳定。绵竹市人武部组织全市21个乡（镇）成立民兵夜巡队；剑南镇武装部组织应急民兵连担负市区巡逻执勤任务，昼夜维护城区安全，安抚灾区群众恐慌情绪。什邡市红白镇武装部及时成立40人的民兵巡逻小分队，昼夜巡逻在大街小巷，针对大批受灾群众不断撤出灾区、交通秩序混乱的现象，民兵巡逻分队还担负疏导交通、疏散滞留人群任务。德阳市旌阳区人武部组织民兵应急分队112人，到剑南春集团协助安全保卫工作，实施昼夜不间断巡逻，确保国有资产不流失。

绵阳市涪城区人武部每晚出动50名民兵，从24时到次日5时，在绵阳火车站、汽车站、广场、社区居民点和商业区等地，配合公安加强城区夜间巡逻。为保证南郊机场飞机安全起降，制止群众焚烧秸秆。各乡镇武装部组织620名民兵巡逻察控，保证飞行安全。绵阳军分区组织各县（市、区）人武部先后成立20余支民兵治安巡逻队，在受灾村庄和安置点巡逻，昼夜保护群众的生命和财产安全。（参见图292）

图292　5月15日，四川省军区组织民兵在受灾群众安置点巡逻（四川省军区　提供）

5月25日，广元市的青川、朝天、苍溪、旺苍等县（区）共派出民兵200余人，负责竹园、七佛、乔庄、关庄、木鱼5个片区、26个临时安置点的治安工作；帮助制定有关规定，设立标志牌，安排岗哨勤务，组织巡逻；26个安置点秩序良好，受灾群众互相帮助，没有发生打架盗窃等治安问题。

彭州、都江堰等灾区的帐篷村建起后，成都警备区抽调3800名民兵，编成300多支民兵治安巡逻小分队，协助公安部门维护帐篷村秩序。白天，民兵穿梭在各个帐篷村分发救灾物资，宣传安全防范知识。夜晚，民兵执勤巡逻，遇有余震预报，挨家挨户通知群众避险。

德阳军分区成立120支民兵治安巡逻队，对居民户外居住地、群众安置点、赈灾物资存放点等重要场所进行昼夜巡逻守护。为防止因哄抢、偷盗引发社会混乱，民兵对每个救助站和物资存放点都加强巡逻守护，有力地震慑了犯罪分子。

5月12—25日，武警德阳市支队驻绵竹市汉旺镇分队每天派出30名官兵，在主要街道武装巡逻，疏导交通，维护灾区社会稳定。5月15日至6月30日，武警成都市支队每天出动280名官兵，分别担负聚源中学、新建小学和都江堰市城区的治安巡逻，共抓获犯罪嫌疑人138人，制止部分群众哄抢物资事件4起。5月17日至10月14日，武警广元市支队每天出动300名兵力，分别在青川县城及沙州、木鱼、王家营、竹园镇等地担负治安巡逻任务。5月21日至8月15日，武警内江市支队、宜宾市支队先后各出动300余人次，担负汶川县水磨镇主要街道治安巡逻，维护社会稳定任务。武警汶川、理县、黑水等县中队也派出兵力，执行城区受灾群众安置点的治安巡逻任务。6月9日，武警救灾部队派出2136人，对灾区48个重要目标实施安全警戒，对部分城镇和重要地段组织治安巡逻。

震后，平武县豆叩镇和徐塘羌族乡信用社、邮局、商店等重点目标无人看护。5月20日，71426部队了解情况后，立即安排驻豆叩、大印、锁江、徐塘4个乡（镇）分队担负夜间巡逻和重点目标警戒任务。21日，71426部队又与平武县豆叩、徐塘等6个乡（镇）的部分派出所所长和乡党委书记共同研究加强军地协作，构筑军警民联防机制。各乡（镇）和部队各自指定一名信息员，负责定时联络、互通情况。军地双方坚持做到“三个一”，即每天进行一次联系、每晚进行一次联合巡查、每周研究一次防范重点。77200部队在绵阳城区、江油、北川等地设卡152个，防止转移群众回流；成都军区空军、95971部队、71352部队加强军警民联防，共同维护任务区稳定。（参见图293）6月7—29日，95963部队派出21名官兵，在绵竹市汉旺镇白果村老熊沟开设执勤检查点，先后劝阻欲冒险进山群众530余人，对106名出山人员进行检查消毒，查出可疑人员9名并移交公安部门处理。

6月12日，71426部队1营5名战士在班长陈凯带领下，在平武县徐塘羌族乡巡逻时，发现两名青年骑摩托车在街上游窜，经询问发现两人身份不明、语无伦次、形迹可疑，立即将其控制，移交地方公安人员。后查明，两人系外地人员流窜本地，欲伺机实施盗窃。同日，71366部队抽调150余名官兵，协助平武县任务区各乡镇派出所联合建立43个警务室，加强巡查警戒，有效地遏止盗窃、抢劫等案件的发生。15日，应都江堰市公安局请求，71282部队派出兵力协助公安机关昼夜巡逻。巡逻队分成4个组，一组由通信营负责，在城区内共设8个卡点，每个点15人，对过往的可疑人员、车辆盘查验证；二组由汽车营负责，在城区内成立4支巡逻队，每支巡逻队18人负责城区巡逻；三组由工兵营、修理营负责对城区15个棚区巡逻；四组由炮兵指挥连负责，设立2支巡逻队，每支巡逻队18人，负责青城桥—都江村—马鞍石隧道一线巡逻，协助交警疏导交通。通过协管联防，维护了灾区社会稳定，保障救灾工作的顺利进行。

震后，平武县平通镇治安形势一度恶化，镇上10余家商铺被洗劫一空。在此执行抗震救灾任务的武警南充市支队组织20人，昼夜对镇上主要街道实施武装巡逻，有力地震慑犯罪行为，治安形势逐渐好转。5月20日至6月20日，由于危险建筑大量拆除，夜间偷盗建材（钢筋、砖块、木料）等案件呈多发态势。武警南充市支队每天派出3个巡逻组，每组20人，分早、中、晚3个时段，对场镇街面实施巡逻防范，配合公安民警制止哄抢废旧钢材事件3起，抓获犯罪嫌疑人7名，查控非法收购钢筋车5辆、非法收购生猪车1辆。

6月1—13日，武警内江市支队北川前指官兵每天派出8名干部、72名战士，先后出动1100

图 293　5 月 22 日，救灾部队组织巡逻队在灾区群众安置点维护秩序

（成都军区　提供）

余人次，配合当地政府，昼夜担负唐家山堰塞湖排险期间绵阳市涪城区塘汛镇 5 个村、3 个社区、49 个卡点之间重点区域的巡逻任务，制止 12 起入室盗窃事件，抓获犯罪嫌疑人 23 人。6 月 2 日至 8 月 25 日，武警四川省总队直属支队每天出动 200 名兵力，在安县桑枣镇开展武装巡逻，制止盗窃事件 38 起，配合公安民警抓获犯罪嫌疑人 63 名，收缴被盗物资 200 余件。

甘肃灾区开展治安巡逻　地震发生后，陇南市政法部门组织联防队、巡逻队，共出动警力 29486 人次、警车 7896 台次，采取主要街道车辆巡逻、小区小巷徒步巡逻、夜间重点时段巡逻、便衣蹲点守候等方式，24 小时不间断巡逻。5 月 17 日至 8 月 25 日，武警陇南市支队、天水市支队抗震救灾分队每天出动 160 名兵力对陇南市"八县一区"实施武装巡逻，配合公安民警处置治安事件 56 起，抓获犯罪嫌疑人 23 名。

5 月 13 日至 8 月 25 日，在天水市委、市政府统一部署下，武警天水市支队每天出动官兵 60 人、车辆 2 台，在秦州区、麦积区、秦安县、甘谷县、清水县开展武装巡逻。重点对辖区内的天水机场、天水火车站、甘谷火车站和 7 个县（区）汽车站及其周边进行监控，深入主要街道、广场和临时帐篷区宣传疏导，配合交通部门疏导 3500 余名旅（乘）客，配合公安民警化解 5 起群众纠纷，制止 2 起打架斗殴事件，抓获 3 名犯罪嫌疑人。

平凉市组织武警、公安干警开展治安巡逻，出动武警234人次、公安干警5300人次，全市没有发生大的社会治安案件。5月12—29日，武警庆阳市支队共出动兵力280人次，担负防震避险群众聚集场所和城市武装巡逻任务。

陕西灾区开展治安巡逻 5月13日至6月22日，武警汉中市支队每天出动50名兵力，在市中心广场、民主街、明珠小区、桥北广场等防震避险群众聚集场所周边开展武装巡逻，配合公安民警制止打架斗殴23起，抓获犯罪嫌疑人8名，处理交通事故5起。武警宝鸡市支队每日出动40名兵力，在宝鸡市区主要街道、堤坝等群众避震集居地开展武装巡逻，配合公安民警处理治安事件2起，抓获犯罪嫌疑人6名。武警安康市支队每天出动20名兵力，在安康市区担负武装巡逻任务，配合公安民警抓获犯罪嫌疑人3名，处理交通事故1起。

略阳县城关镇武装部和略阳钢厂武装部，每天有16人在城区和略阳钢厂受灾群众安置点担负治安巡逻和执勤任务。（参见图294）6月7—8日，略阳县人武部组织城关镇30名民兵在县城东关小学、县城二中两个高考点执勤，保障学生高考。

汉中市公安机关以市区和县城为重点，出动800余名警力和45名公安消防官兵开展城区治安巡逻，重点对市区汽车站、火车站、医院、广场等人员聚集场所巡防。各派出所依靠街道办事处和乡镇开展群防群治，在群众集中安置点和棚户区设立警务室、执勤点，了解社情民意，化解不稳定因素。汉台区人武部组织民兵应急分队，担负城区居民集中安置点的服务与管理，配合公安机关治安巡逻。

图294　5月21日，略阳县民兵分队在嘉陵广场群众安置点巡逻

（甘肃省军区　提供）

三　维护安置点秩序

从5月14日起，绵阳市涪城区每天出动240名民兵到九洲体育馆、南河体育中心群众安置点维护社会秩序，帮助分发救灾物资。同日19时，四川省新华劳教所接到绵阳市抗震救灾指挥部紧急求助电话，要求派警力到九洲体育馆群众集中收容点协助维护秩序。新华劳教所在10分钟内组织起应急小分队，半个小时后30名队员全部到达现场。应急小分队分3个小组，一组协助负责体育馆西区片区巡逻，做好宣传解释和服务，防止发生骚乱；另外两个组分别把守西区片区两个路口，盘查车辆和人员，防止不法分子带入危险品和违禁品制造事端。18—19日，新华劳教所还分别派出6名和10名救援队员到安县黄土镇和北川羌族自治县擂鼓镇协助维护秩序。

5月15日上午，青川县人武部受灾群众安置点的个别人员因分发救灾食品，与工作人员发生矛盾，引起哄抢食品的现象。南充市顺庆区执勤民兵16人到现场维持秩序，保护分发食品人员，劝阻少数人哄抢食品的不良行为，使混乱场面得到控制。5月16日至6月20日，担负平武县南坝镇和响岩镇救灾物资守护任务的武警泸州市支队官兵，成功处置两起群众哄抢救灾物资事件。

5月16—20日，武警四川省总队直属支队每天出动50名兵力，维护安县安昌镇政府发放救灾款现场秩序；6月2—9日，每天出动160名兵力，配合公安民警对都江堰市幸福大道、灌口镇安置区、幸福家园、亚细亚广场、长途汽车站等地昼夜巡逻，制止盗窃和群众争抢救灾物资事件19起，抓获犯罪嫌疑人15名，收缴被盗物资70余件。

5月19日8时20分，青川县苏河乡大批群众聚集到救灾物资发放点，等待领取救灾物资，但由于发放工作推迟，村民越集越多，情绪也越来越激动，开始哄抢救灾物资。苏河乡政府随即向71677部队1营求助。由于事情紧急，1营在向上级抗震救灾指挥部报告的同时，命令1连迅速赶往事发地点，并分成3个组，一组负责追回被哄抢救灾物资，另两个组赶往发放点维持秩序。通过宣讲政策、解释原因，追缴被哄抢大米500公斤、帐篷2顶、彩条布3捆。同时，在乡党委、乡政府还没有明确发放标准、群众几次情绪失控的情况下，官兵通过真诚的劝解和讲解政策，在烈日炎炎下筑起人墙，维护秩序，直到乡领导诚恳地解释和道歉，物资发放工作才恢复正常。

5月25日至6月7日，应都江堰市翠月湖镇政府请求，71282部队防化营每天派出50人协助发放救灾专款，采取跟随请领、全程押运、护送到村、维护现场的方法，帮助地方政府安全有序地发放救灾专款680万元。5月30日，西安市公安局特警支队206名民警赴广元维护灾区治安。至7月18日，西安特警队共出动警力9181人次、车辆713辆次；盘查可疑人员20059人、各型车6210辆；协助公安民警查处治安案件9起，破获刑事案件8起，抓获违法犯罪嫌疑人20人；担负守护重点目标任务171起，疏导交通任务202次，协助处置突发事件7起；担负大型活动安保任务3次、警卫任务5次，调解纠纷338起。

6月10日晚，有30余名群众因为救灾物资分配问题强行冲进青川县救灾指挥中心，扬言找负责人讨说法，并直言要强行拿走救灾物资。在场执勤民兵一边阻止群众进入救灾物资存放点，一边全力配合指挥中心人员向群众作解释工作，及时阻止不明真相群众冲击救灾指挥中心，防止哄抢救灾物资事件的发生。21日晚，舟曲县南峪乡发生部分村民哄抢救灾物资的现象，个别村民与乡政府领导发生争执。在南峪乡刚执行完卸载救灾物资任务的68206部队30名官兵迅速赶到现场，对村民反复劝解，化解矛盾，稳定村民情绪。随后，68206部队在舟曲县与地方联合开展以“促进民族团结进步，促进社会安全稳定，军民共建藏乡灾后新秩序”为主题的军地“双促共建”活动，联合设立5个临时治安点，派出3个联合治安督察队，组织治安联防和执勤巡逻，维护正常生产生活秩序。

四　收缴枪支等管制器具

抢险救灾期间，71897部队在彭州市白鹿镇共查缴自制火药枪3支、雷管51枚、管制刀具1把。5月29日，71897部队通信营在彭州市通济镇黄村清理房屋废墟时，发现5.5毫米气枪1支，12.5毫米、10.5毫米单管自制猎枪各1支，9毫米发令枪改装成的火枪1支。31日，71897部队工化营在彭州市白鹿镇回水村和关沟村清理房屋废墟时，在两户灾区群众家中发现气枪1支、猎枪2支、电雷管25枚、火雷管26枚。6月13日15时38分，71823部队在彭州市桂花镇利济村和双林村清理废墟时发现2枚手枪弹、1发步枪弹、1把匕首和1把长刀。20日9时28分，71622部队2营在平武县宝山村1组清理一处废墟时发现3发步枪弹等违禁物品。26日，71897部队教导队官兵在彭州市新兴镇海窝子社区帮助灾区群众搬家时，发现18发56式7.62毫米步枪弹。这些枪支、子弹、雷管及管制刀具，经官兵向群众反复说明相关政策法规后，按照相关规定，当即通报当地政府，并将违禁物品按规定移交当地公安机关处理。

第二节　守护重点目标

在全力进行抢险救灾的同时，解放军和武警部队官兵、公安民警，在灾区各级党委、政府以及公安机关的统一部署下，派出兵力守护重要基础设施，保障“生命线”畅通；加强重点目标和要害部位警戒，保护国家财产和救灾物资安全；及时制止和依法打击违法犯罪活动，保持灾区社会安定。

一　守护机场、隧道、大坝

守护机场　由于受地震影响，成都双流机场大量旅客滞留，同时周边群众纷纷到候机楼避难，导致候机楼内人流急剧增多，治安压力骤然加大。民航四川机场公安局巡逻警察大队采取有效措施，24小时不间断地对候机楼及公共区域开展执勤巡逻，坚守在候机楼售票处、值机柜台、安检通道等重要部位疏导旅客，全力维护机场治安秩序；严厉打击倒卖机票、扰乱机场秩序、围攻机场工作人员等违法行为发生；协助应急指挥中心开展应急飞行任务保障。截至 5 月 16 日，共接处警 34 起，处置群体性事件 14 起，帮助求助 7 起，处置纠纷 6 起。

守护宝成铁路 109 隧道　5 月 12 日 17 时 37 分，应西安铁路局请求，96401 部队于 19 时 30 分派出特运团铁运营 33 人，搭乘铁路抢险车于 22 时抵达宝成铁路 109 隧道受灾现场，担负隧道抢通期间现场警戒任务。13 日 3 时 45 分，副参谋长高庆峰带领机关人员抵达现场指挥。事故现场山高路险、地域狭小、塌方不断、参加救援人员多、现场管控难度较大。警戒分队制订“分片负责、就近部署、定点执勤、全面管控”现场警戒方案，在事故隧道、迂回道路、货场、铁路沿线等约 2 平方公里区域内，勘察选定 7 个执勤点位部署警戒。分队严格落实干部带班、不定时查哨、统一验证等制度，坚持每片有一名连长负责，每两小时组织一次查哨，每个执勤点位配备一名安全观察员，规范警戒执勤秩序，确保救援行动顺利进行。

5 月 13 日 15 时，略阳县人武部部长侯东平，组织略阳铁路民兵护路分队 105 人奔赴宝成铁路 109 隧道现场，加大维护抢修现场秩序的力量。他们连续奋战 12 个昼夜，为抢通宝成线 109 隧道做出了贡献。

守护大坝　地震使都江堰市紫坪铺水库大坝坝体局部下沉。5 月 14 日，武警成都市支队根据四川省抗震救灾联合指挥部指示，抽调 32 人担负紫坪铺水库大坝临时守卫任务。6 月 16 日，成立临时守卫中队，担负紫坪铺水库电站和大坝的守卫任务。

二　守护金融机构

5 月 12 日 16 时至 15 日 18 时，武警德阳市支队出动 40 人，分别对德阳市区中国银行、中国人民银行、中国建设银行、中国工商银行等 8 个金融目标组织警戒，确保金融机构的安全。

地震使汶川县映秀镇的银行、信用社遭到严重破坏。5 月 14 日，71282 部队部队长杨剑率 3000 名官兵到达映秀镇后，立即与当地救灾指挥部取得联系，抽调 250 名官兵组成 10 个应急抢救小组，首先对银行、信用社进行抢救，派出专人对金库和银行零散现金进行清理。映秀镇信用社 6 层大楼完全坍塌，信用社主任和 4 名职工被埋，柜台里还有 30 万元现金。官兵一边抢救被埋人员和资金，一边组织力量 24 小时值勤，确保信用社金融资产的安全。19 日 16 时 20 分，在平武县徐塘羌族乡执行抗震救灾任务的 71426 部队 1 营 1 连指导员张文波，得知乡信用社房屋损毁严重，有 10 万元现金埋在废墟下，由于没有专业设备和大型机械，一时很难抢挖清理出来。而个别不法分子已经盯上这笔埋在废墟下的集体财产，企图自行挖掘。张文波立即调整力量，派出 8 名党员，从 4 个方向分别担任信用社警戒。夜幕降临，下起雷阵雨，担任警戒的 8 名党员全然不顾，整整守护一夜，直至武警专业抢救分队到来。5 月 25 日至 8 月 22 日，武警广元市支队派出官兵，担负青川县人民银行金库约 2 亿元现金、青川县农业银行约 3000 万元现金、江油市人民银行金库 1.7 亿元现金及城市信用社等金融目标守卫任务。银行临时营业点恢复营业后，又派兵配合银行和城市信用社维护营业点秩序，保证救灾资金的安全。在青川县人民银行被埋金库挖掘过程中，发生较强余震，现场保卫的西安市公安民警冒着被瓦砾、石块砸伤的危险始终坚守岗位，帮助工作人员安全挖掘、搬运并转移 6000 多万元现金。7 月 11 日至 8 月 22 日，武警遂宁市支队出动100名官兵，在平武县城区担负信用联社金库和农业银行、工商银行及邮政储蓄所4个金融网点办公区的安全警戒。

三　守护救灾物资

地震发生后，从全国各地运到灾区的各类救灾物资堆积如山，没有完整的存储房舍和防护设施，大都露天堆积，容易发生被盗、强拿和哄抢问题。加强对救灾物资的看管守护，成为各级政府和救灾部队的一项重要任务。5月16日22时，武警德阳市支队担负什邡市救援物资存放点守卫任务的哨兵发现两名青年溜到仓库，企图实施盗窃，武警罗江县中队班长李想与执勤点的两名战士迅速包抄过去，将两人抓获，并移交当地派出所。20日16时，武警广元市支队副参谋长李永国率领100名官兵，在青川县竹园镇搬运救灾物资过程中，有60余名受灾群众试图哄抢猪肉、大米等救灾物资。李永国组织官兵立即对救灾物资实施警戒，及时制止了哄抢事件的发生。至10月14日，武警广元市支队官兵在青川县各个物资转运点和发放站，制止不法分子盗窃和少数群众争抢救灾物资事件16起。

6月1—20日，武警内江市支队驻汶川官兵每天出动15名兵力，担负汶川县水磨镇联合医院救灾物资仓库和药品、医疗器械仓库保卫任务。官兵采取定岗与巡逻相结合的方法，对仓库周边进行警戒，严防无关人员进入仓库，并对出入库人员进行严格盘查和登记，确保救灾物资与医疗器械完好无损。武警宜宾市支队第二大队副大队长吴东裕带领第十一中队31名官兵、武警宜宾市支队副支队长陈孟才带领108名官兵，分别担负汶川县水磨镇和北川羌族自治县擂鼓镇两个救灾物资仓库守卫任务，在20天的守护执勤中，恪尽职守，尽心尽责，没有出现任何被盗、丢失现象。

青川县沙州镇仓库中有价值1000余万元救灾物资，大部分为易燃品。为防止发生火灾，担负守护任务的71336部队制订消防预案，购买消防器材，并组织80名官兵进行灭火演练，确保救灾物资安全。驻平武县南坝镇95900部队与长春市特警建立联防联巡制度，加大对救灾物资的守护管理力度，协助公安人员严厉打击危害社会治安滋事闹事人员，抓获3名哄抢救灾物资的不法分子。

6月3日，95964部队4营营长杨恒桥带领13连50名官兵奉命进驻东汽运业公司，配合工作人员进行物资接收、整理与发放工作，同时担负仓库安全警卫。7月3日，骤降大雨，由于物资仓储地四周没有围墙，大雨迅即向仓库猛灌，地面积水蔓延，如不采取措施，仓库内存放的大米、面粉、方便面等群众“生命口粮”势必被淋湿受损。95964部队官兵应急出动，冒雨搭设防雨布，及时排出仓库内积水，避免了救灾物资损失。95964部队4营官兵在50天的执勤时间里，先后制止13起企图偷盗救灾物资的事件，并协助公安人员抓获一名假冒军人。

四　守护重点企业

地震造成中国工程物理研究院部分防范设施毁损，部分围墙倒塌，报警、监控、门禁等技术防范设施损坏严重。科研人员来不及清理涉密文件资料和关闭计算机，有的甚至办公室和科研室的门也来不及关闭，涉密介质和涉密计算机出现安全隐患。5 月 12 日 14 时 50 分，中物院院长赵宪庚召开紧急会议，部署抗震救灾和安全保密，要求各单位对安全保密防范设施进行检查，组织人员对科研工作区大门、围墙倒塌地段、保密要害部位巡逻值班，严防死守。院属各单位组织党员和领导干部冒着余震危险，对文件资料和涉密载体进行清理，锁闭因人员紧急撤离未关闭的房门。保卫保密部及时调度驻院武警部队和安全保卫力量，控制科研工作区、重点涉密的建筑群、易燃易爆和危险物品存储库等保卫保密要害场所，实行 24 小时执勤治安巡逻，防止无关人员进入科学城。

绵竹市供水排水总公司各水厂围墙大多倒塌，部分设施被毁，不明身份人员和车辆随意进入水厂取水，水厂设施遭受人为破坏。5 月 16 日 20 时，95936 部队连夜进驻水厂担负警戒任务，官兵不分昼夜，冒着余震危险，在危墙下穿行，对分散在郊区的 18 个井口等重要目标进行巡查。30 多天里，官兵始终坚守在岗位上。新战士杨恒是什邡市八角镇人，他家离水厂距离不到 20 公里，家中房屋倒塌，受灾严重。当部队组织到他家慰问时，他仅在家待了 3 分钟就告别父母返回工作岗位。第一厂区担负着向偏远村镇和驻军输送饮用水任务，一天 24 小时都有数不清的大小车辆来取水。官兵严格作业程序，不分昼夜地对每一辆车消毒、检查、登记、调整、监控，从不放过任何一个细节，保证灾区群众和救灾任务部队用水安全。

汶川县水磨镇禧龙硅厂在地震中受损严重，为防止不法分子盗窃企业财产，5 月 21 日至 6 月 5 日，武警巴中市支队参谋长刘双庆率领第一中队 21 名官兵，进驻禧龙硅厂担负守卫任务。另外，在水磨镇新建有潘达尔硅业和大洋硅业两个工厂，都是汶川县投资数千万元以上的大型重点企业，其中大洋硅业因新建尚未投入生产，价值数百万的新机器一旦受到破坏将会造成严重后果。6 月 9 日至 8 月 25 日，武警眉山市支队第一中队中队长何昭昕和排长周懿各带 10 人，分别进驻潘达尔硅业和大洋硅业工厂，对该厂实施不间断的警戒巡逻，确保工厂安全。

天池集团玻璃纤维厂坐落在绵竹市汉旺镇，地震中损失严重，不法分子蓄意偷盗厂内贵重物资和设备。厂区内有价值 7000 万余元的铂金坩埚，还有 500 多公斤丙酮溶液和 20 多箱有毒化学物品。由于天池集团玻璃纤维厂警卫力量薄弱，向部队请求援助。5 月 23—28 日，95969 部队“上甘岭特功八连”所在团通信连 19 名官兵奉命前往该厂执行安全警卫任务。连长杜焱将人员分为 3 个组，一组负责厂区警戒，二组负责天池集团指挥部警戒，三组负责临时家属区警戒。警戒人员认真履行职责，严格遵守纪律，严密监视警戒区域的一草一木。23 日，官兵在清理天池集团财务室废墟时，共挖掘出现金 36572.3 元和价值 2000 多万元的现金票本，分文不少地交还给相关负责人。24 日 9 时 20 分，400 多名群众围堵厂区，部分不明真相人员哄抢物资，阻挠技术人员拆卸铂金坩埚。执勤官兵一方面安排人员誓死护住设备，一方面冒着生命危险，在混乱中忍着拳打脚踢对哄抢群众进行说服教育，给他们讲政策、讲道理、讲形势，经过近两小时耐心劝说，围堵群众逐渐散去，确保铂金坩埚的正常拆卸，安全运送至四川省玻璃纤维总厂。

甘南军分区玛曲县民兵应急分队接到守卫格萨尔金矿的任务。金矿存放着大量化学药品和用于开矿的炸药、雷管，如果遇到不法分子哄抢、偷盗、破坏等，后果不堪设想。民兵们迅速进驻金矿，周密警戒、严格管控，确保了金矿安全。

中核集团某企业在震后迅速成立由厂保卫、公安、武警组成的治安保卫组，组织厂区、生活区各项治安保卫工作，严防外籍、可疑人员混入厂区、生活区。截至10月14日，该企业保卫保密部门审查外来施工人员共计1329人次，施工车辆审查办证236车次，排查出有违法犯罪记录5人、盗窃前科的5人。

地震致使中国燃气涡轮研究院厂区周边的围墙大面积坍塌，供电系统遭到破坏，电视监控系统、红外报警系统和门禁系统全面瘫痪。在余震不断的威胁下，研究院组织安全保卫人员夜以继日地利用警车、摩托车等交通工具对重点保密、保卫、消防等要害部门、部位和生活区进行武装巡逻。研究院保卫部采取措施，将涉密实物及时转移，存放在安全场所，并腾出部分厂房，划出安置区，设置警戒线，安置职工家属和受灾群众。在抗震救灾中，涡轮院未出现一起失泄密事件和治安、刑事案件。

第三节　处置突发情况

解放军和武警部队官兵在参加抢险救灾的同时，积极协助地方政府、当地公安部门处置各种突发事故，营救各类事故中的遇险者，耐心做好灾区群众思想工作；排解各种矛盾纠纷，尽力帮助解决各种困难和问题；坚决打击和制止谣言惑众的不法分子，稳定群众情绪；多次出动兵力扑灭山林大火和居民区火灾，全力保护人民群众生命财产安全，在灾区群众中树立“文明之师、威武之师”形象，有效地维护了灾区社会稳定。

一　处置车辆事故

由于灾区道路被严重损毁，多数路段交通中断，虽经道路抢修队伍突击作业，能通行的道路大都是临时开辟的便道，依山临谷，崎岖曲折，路况险恶，通行艰难，加之救灾运行车辆数以万计，致使车辆事故频发。任务部队官兵积极配合有关部门处理车辆事故，保护人民群众的生命财产安全；5月12日至10月14日，为四川省处置交通车辆事故7295起，为甘肃省处置交通车辆事故1592起，为陕西省处置交通车辆事故3065起。

5月16日10时许，71643部队1营1连机动至青川县竹园镇隧道时，遇地方一台农用卡车侧翻，随时有爆炸的危险，车上8名群众被困。1连官兵迅速停车，设置调整哨，疏导交通，奋力从卡车中救出8名受伤群众并包扎救治，将侧翻卡车推出隧道，确保隧道交通畅通。同日9时57分，在西汉高速公路宁强段许家嘴，一辆载有10余吨柴油的油罐车发生侧翻，宁强县消防大队官兵火速赶往事发现场。经勘察发现，大量柴油从油罐顶部的两个气阀处流出，由于地面温度较高，如处理不当或不及时，可能引发严重后果。在当地交管部门对该路段实施临时交通管制的同时，两辆道路清障车实施起吊作业。在起吊过程中对罐体、路面、漏油进行冲洗。11时20分，事故车辆被成功救起。

5 月 23 日 12 时，彭州市天彭镇村民王正斌、吴远洪驾驶小轿车行至龙门山镇综合市场时，因车辆发生故障，突然翻入路边 3 米深沟中，两人被卡在座位上，车辆冒出浓浓黑烟，随时可能爆炸。正在附近清理废墟的 71622 部队工化营战士曲元辉、王铁通，不顾个人安危迅即冲过去，跳入深沟，用撬棍撬开车门，及时救出两名群众，转移到安全地带。他们刚脱离险境，轿车便发生爆炸。27 日 15 时 50 分，一辆载有 5 吨救灾物资的运输车行至青川县七佛乡新坪渡口时，车辆失控，翻入水中，司机及押送人员共 7 人被困。71697 部队 2 营接到当地政府紧急求助后，副营长王全伟立即带领 10 人小分队赶到出事地点，采取乘船和涉水相结合的方式，分 4 批成功救出 7 名落水群众。30 日 6 时，一辆运输救灾物资的卡车，在竹园至青川公路酒家垭段因坡陡弯急发生侧翻，致使 300 余辆救灾车辆被堵。71352 部队侦察营紧急出动，直工科科长于永波、侦察营营长冯光兴率 2 连 1 班先期赶到事发地点，在上下行方向疏通单行道 100 米，从被堵车队中协调赴青川救援装载机、起重机各一台参加抢险。至 9 时 40 分，救援物资全部安全转移，出事卡车驶离事发地段，青竹公路恢复交通。

6 月 2 日 20 时 35 分，在彭州市隆丰镇汽车修理基地门前发生一起严重车辆事故，重伤 2 人、轻伤 2 人。71320 部队接到求助请求后，后勤部副部长张友仕带领医疗队迅速赶到事故现场，对一名生命垂危的重伤员实施紧急救治，并派两名医护人员将其送往彭州市人民医院，由于处置得当，抢救及时，为挽救伤员生命赢得宝贵时间。同时，对另外 3 名伤员进行包扎处理，伤员均脱离生命危险。3 日 12 时 20 分，一辆小轿车与一辆大卡车在彭州市小鱼洞镇太子村公路相撞，小车上乘客陈昊左锁骨骨折，驾驶员伍志琦左下腹被异物刺进，车辆完全损毁，二人被卡车中。71622 部队汽车连战士听到呼救后，一边通知医疗队，一边赶到车祸现场，经大家共同努力救出二人，二人脱离生命危险（见图 295）。13 日，彭州市新兴镇社区段，发生一起面包车与运送石头的三轮车相撞事故，造成一人骨折、两辆车损毁严重。71897 部队教导队出动人员立即赶到现

图 295　6 月 3 日，71622 部队官兵在彭州市小鱼洞镇抢救交通事故中受伤的一名群众

（济南军区　提供）

场，一边将受伤司机送往附近医院治疗，一边组织官兵清理公路上石头，协助交警将横在公路中间的面包车推移至路旁，使交通很快得到恢复。14日20时33分，因连续降雨，一辆地方东风牌卡车在行至青川县木鱼镇木鱼村附近拐弯处时翻转，司机到71336部队1营驻地求助。部队长刘德俊闻讯后，令修理连带吊车和牵引车火速赶到木鱼村救援。连长魏涛指挥吊车，修理工李树旗用锤敲击变形的车顶，救出被困人员。

7月7日凌晨，一辆运送石子的货车因车胎爆裂，翻倒在青川县孔溪乡青丰村一户群众帐篷上，造成司机和群众2人重伤、4人轻伤。71620部队后勤处处长胡晓松带领80余人及卫生队医护人员立即展开救援，将伤员转移至青川县卫生院，伤员很快脱离危险。14日，彭州市磁峰镇庙坪村附近一辆装载灭火器的卡车因道路塌陷导致翻车。71897部队3营出动40名官兵、1部吊车前往抢救；到达现场后，迅速将3名受伤司机救出，送往医院救治，并将卡车顺利吊出；随后，协助将70个灭火器搬运至安全地带。

8月17日23时36分，西汉高速宁强段铁锁关处，满载黄油的一辆大货车着火。24时14分，汉中市消防大队14名消防官兵及2辆水罐消防车到达现场，与宁强、勉县、南郑支队联合奋战，将大火扑灭，西汉高速公路恢复通行。

二　调解矛盾纠纷

突如其来的特大灾难，使灾区群众面对亲人死伤、失去家园、财物殆尽、生活无着的困境与精神上的巨大创伤，一部分灾区群众心态变异、情绪失控、行为极端，对灾区社会环境的稳定性造成一些负面影响。灾区各级党委、政府和各任务部队针对在救灾物资发放、搭建帐篷安置点、生活物资紧缺、遇难失踪学生亲人痛苦等所引发的各类思想与社会矛盾，深入细致地做好灾区群众的思想抚慰与疏导工作，及时帮助解决实际问题，化解各类矛盾纠纷，避免一些群体事件的发生，推动灾区社会平安和谐建设。

5月17日，平武县金加湾加油站恢复油料供应。消息传出后，加油站外立刻聚起各种车3000余辆。震后首次供油，司机们加油心切，有的车主不守秩序，引发争执，加油站顿时陷入混乱。紧急关头，77293部队3营接到求助请求后，营长谭宏带领炮连20名官兵火速赶到加油站。经过耐心劝解，稳定司机们的激动情绪，加油站秩序得以重新恢复。同日晚，一辆满载救灾药品的上海货车开进青川中学医疗点，与一辆正在中转救灾货物的本地货车刮擦，两司机为事故责任问题发生争吵，后动手厮打起来，本地司机还叫来人帮忙，事态不断扩大。在青川执行救灾任务的南充市顺庆区人武部政委李伟明闻讯后，带领应急分队20名民兵赶到现场，劝解和控制双方情绪，最后两位司机握手言和。19日，武警雅安市支队副政委朱平孝率救灾分队30名官兵，协助汉源县公安局处置红源歌舞厅群体性械斗事件，抓获嫌疑人34名，使事态平息。21日1时，大批灾区群众在绵阳市五一广场与一外来人员发生冲突，群众情绪激动，一辆轿车被掀翻在地。正在巡逻的绵阳市涪城区人武部军事科科长刘敦亚带领民兵赶到现场，迅速将冲突双方隔离，通过劝解制止了一场群体械斗事件。

6月9日19时45分，71309部队军需股股长王建伟向该部值班室报告，平武县垭头坪救助站附近群众因对分发救灾物资不满，与当地干部发生争执、斗殴。部队长朱兵及时与在垭头坪救助站负责工作的副政委孟召乾取得联系，迅速对群众进行隔离，加强警戒，防止发生人员伤亡，避免事态进一步扩大。20 时 12 分，经调解事件得到平息。

6 月 18 日 9 时 32 分，正在茂县县城执勤的 71998 部队纠察小分队，巡逻中发现大量人员聚集在羌乡大酒店门前争吵，其中 10 余人手握铁棍、木棒等物，情绪非常激动。治安纠察小分队一边向茂县公安局 110 值班室通报，一边安抚群众。经耐心调解、安抚，劝说双方放下棍棒，避免了群殴事件发生。

三　制止谣言惑众

地震发生后，灾区群众处在惊慌状态，少数不法分子趁火打劫，散布谣言蛊惑人心，影响救灾工作和灾区群众的生活。对此，任务部队配合当地政府和公安机关，加大对群众宣传解释工作，消除舆情中的“杂音”和在群众中传播的奇谈怪论，稳定灾区群众情绪。

5 月 14 日 9 时，谣传地处绵竹市汉旺镇之上的水库决堤，受灾群众惊慌失措，扶老携幼涌入地势较高的东汽，整个汉旺镇一片恐慌，社会秩序一度混乱。紧要关头，德阳军分区司令员李木生果断组织部队 200 余人，迅速向人群相反方向机动，沿途向群众说明事实，揭穿谣言，使混乱局面及时得到控制。15 日、16 日，什邡市公安局 110 指挥中心、什邡电视台陆续接到群众电话，称什邡市湔氐镇、师古镇等地有几十人沿途抢劫群众物资，引起群众极度恐慌，纷纷持械上路自卫。接报后，德阳市公安局调遣德阳市、什邡市两级公安机关共计 100 余名民警前往处置。经查，湔氐、师古两镇几十人持械抢劫的说法纯属谣言。公安机关迅速严厉追查谣言散布者，同时广泛宣传，澄清事实，安抚群众。16 日晚，巡逻民警接群众举报，一男子正驾车在什邡市师古镇共和村一带沿途宣称有人抢劫，民警迅速出击，将正在散布谣言者抓获。

5 月 28 日，广元、绵阳、南充、成都等灾区纷纷传言还将发生 7 ～ 8 级地震，引起社会普遍恐慌。四川省抗震救灾指挥部随即向各市州转发四川省地震局的震情趋势公告，专门向公众媒体播发，澄清误传。同日 23 时 38 分，陕西省地震信息网站遭到个别不法分子恶意攻击。29 日 20 时 53 分许，不法分子再次攻击该网站，并在网站主页散布“23 时 30 分陕西等地会有强烈地震发生”的谣言，在社会上产生较大混乱。陕西省、西安市领导高度重视，要求公安机关迅速破案。30 日上午，在陕西省公安厅网监总队的指导下，成立以西安市网监局副局长马学新为组长、网监支队长李建民为副组长、抽调部分骨干组成的“5·28”专案组。专案组人员克服各种困难，经过五天五夜的缜密侦查，于 6 月 3 日将作案嫌疑人查获。8 月 29 日，西安市雁塔区人民法院以编造、故意传播虚假恐怖信息罪判处其有期徒刑 1 年零 6 个月。

由于余震不断，加之达州市的通川区、大竹县、渠县等地先后发现河流、水井、动物出现异常现象，造成部分群众心理严重恐慌。其间，一犯罪嫌疑人用手机短信篡改达州市防震办公室公告，发布“即将发生更大地震”信息，致使很多市民先后 7 次涌上街头，严重影响社会稳定。达州市委、市政府迅即通过达州市防震办公室，先后 4 次将四川省地震局专家的震情趋势意见向社会发布信息公告，通过手机短信发布受众 1329 万人次，通过广播电视台发布受众 1231 万人次，通过宣传车发布受众620万人次。达州市公安局经过侦察迅速破案，将犯罪嫌疑人依法刑事拘留。

四　扑灭火灾

抢险救灾期间，灾区发生多起山林大火，一些工厂、居民区、庙宇等地也常有火灾发生。各任务部队官兵不顾个人安危，紧急出动，顽强奋战，扑灭各种火灾，为国家和人民群众挽回了损失。

扑灭山林大火　5月28日17时，由于村民烧秸秆，引发青川县黄坪乡党家坪秧天湾南侧海拔近1400米的黑衫窝山林大火。71336部队得知情况后，一边向上级报告，一边组织指挥连85名官兵紧急出动，沿山路急行军4公里火速奔赴现场，利用铁锹、扫把等工具迅速展开扑救。因风势大、地形复杂、植被茂密，火势难以控制。17时30分，71352部队部队长胡武帅、政委李振领带领预备队280余人，出动2台喷洒车以最快速度奔赴火场增援。预备队兵分两路从火源两侧扑救，在距火场四周50～100米处建立4条长500米、宽5米的隔离带，做到建一段、清一段、巩固一段，有效地阻止火势蔓延。19时50分，将所有明火彻底扑灭。

5月30日22时左右，平武县豆叩镇玉华村村民焚烧油菜秸秆时引燃山林。71426部队4营闻讯立即出动，130余名官兵携带铁锹、斧头、脸盆、水桶等工具，沿着山路，奔赴火灾现场。面对数尺高的火苗，官兵不顾自身安危，锹拍斧砍，迅速清除大火周围林木、杂草，硬是抢出一条5米宽的隔离带。经过近3小时奋战，林火被官兵全部扑灭。31日19时46分，彭州市小鱼洞镇董坪村村民燃烧油菜秆引起大面积森林起火。71622部队官兵发现火情后，由副部队长陈海清迅速带领146名官兵赶到起火地点，一部分官兵将11户村民转移至安全地带，一部分官兵采取扑打、水浇、土盖等方法展开灭火，经30分钟奋力扑救将大火扑灭。

6月5日16时52分，青川县板桥乡铁炉村姚家坪孙家湾突发森林火灾。71620部队接到求助电话后，边向上级报告，边命令炮兵营前往扑救。炮兵营营长刘志坚带领348名官兵抵达后，快速开辟一条宽约5米的隔离带，控制火势蔓延；随后集中力量，分8个小组围点扑救，经过1小时28分艰苦奋战将大火扑灭。10日18时，71998部队坦克3营官兵在岩窝村完成危房拆除任务返回途中，接到村民呼救，对面山上燃起大火，请求部队紧急前往救援。此时，火势蔓延已经危及旁边村庄，3营营长朱德锦立即带领98名官兵火速奔赴现场展开灭火。由于山高坡陡附近没有水源，官兵相互协助攀上近70度的陡坡，利用锹、扫把、树枝等简易工具展开扑救，经一小时全力奋战大火被扑灭。随后，朱德锦带领官兵逐一排查现场，防止暗火死灰复燃，并用铁锹铲出一条隔离带预防。

扑救居民区火灾　6月6日6时15分，在彭州市龙门山镇白水河桥头，因群众燃烧垃圾，引起附近300多平方米的木材和部分简易木棚发生大火，火势快速向附近群众临时安置点蔓延。71622部队接到求助电话后，组织就近2营98名官兵赶到现场，采取土盖、水浇、扑打、隔离等方法，奋战近两小时将大火扑灭，抢出价值14万余元的木材，避免更大灾情损失。28日，都江堰市聚源镇三坝村鑫耀橡胶厂起火。应镇政府请求，71282部队参谋长公茂栋带领侦察营186人、防化营100人，出动6辆喷洒车紧急前往灭火。官兵冒着橡胶燃烧散发出的有毒气体和厂区危墙随时可能倒塌的危险，采取逐片排查和逐点消除、人工挖掘、跟随洗消相结合的方法，与熊熊烈火战斗3个多小时后将大火扑灭，共抢出橡胶粉400余立方米，橡胶轮胎半成品500余吨，挽回经济损失900余万元。

7月6日下午，青川县石坝乡五一村一村民堆放的大量木材突然着火，严重威胁着附近的20余顶帐篷和100余名群众的安全。71677部队2营迅速出动100余人，在营长肖新华指挥下，冒着被烧伤的危险，历时两小时将大火扑灭，挽回经济损失4万余元。9日晚，平武县水晶镇马元村庙梁组村民杨春祥家发生火灾，火势迅速蔓延到附近7户22间房屋。20时10分，71366部队1营接到水晶镇政府求助后，出动75名官兵、运输车2辆，携带铁锹、脸盆、扫把等工具火速赶往火灾现场。到达马元村时，因庙梁组位于海拔2000米高山半山腰，地势险要，车辆无法通行，改为徒步疾进。到达火灾现场后，官兵们在粪便池里取污水灭火。救火中，1连班长阴帅旗听到着火的房屋内有呼救声，立即带领两名战士直接冲进火海，将一名返回屋内抢取物品的老人从即将倒塌的房屋里背出。2连连长刘登波冲进燃烧着的房屋，抢救出一个小木箱。经查点，木箱里3900元现金完好无损。21时40分，突然刮起大风，原本已减弱的火势又迅速扩大，形成300米火带，并向后侧马元林场蔓延。距离大火现场15公里的8连派出45名官兵火速赶到现场。23时40分，经过全体官兵3个小时奋战，大火被全部扑灭，29名群众被转移到安全地带，2名受伤群众得到及时救治。为防止暗火复燃，38名官兵继续留在火灾现场担任观察警戒，并协助受灾群众搭设帐篷、整理物资。

第四节　打击刑事犯罪

汶川特大地震发生后，一些不法分子趁灾打劫，打着抗震救灾的名义，发布虚假手机短信诈骗钱财，在灾区伺机盗窃、抢劫、抢夺民财，哄抢救灾物资，趁灾拐卖、绑架妇女儿童，进行各种干扰和破坏活动，严重影响抗震救灾和灾后重建工作的进行。灾区政府及当地公安机关组织专门力量，在解放军和武警部队协助下，依法严厉打击各种刑事犯罪活动，维护灾区社会秩序的稳定，保障抢险救灾工作的顺利进行。

一　打击诈骗犯罪

5月14日，公安部刑事侦查局向全国刑侦部门下发通知，要求各地立即行动起来，严厉打击、严密防范各种趁灾违法犯罪活动，保障抗震救灾工作顺利进行。15日，根据公安部刑侦局部署，上海、陕西、贵州三省（市）公安机关迅速行动，联手打掉以赈灾捐款为名实施短信诈骗的犯罪团伙，抓获10名犯罪嫌疑人，缴获作案用手机200余部、手机卡400余张、银行卡62

张、电脑主机10台。16日，公安部刑侦局根据上海、陕西、贵州三省（市）公安机关通过侦破此案梳理出的诈骗短信、涉案银行账户及电话号码等线索，再次向全国刑侦部门下发通知，要求立即采取行动，冻结涉案账户，并要求湖南、江西两省公安机关对涉案账户提取现金情况及录像资料、现场手机信息等展开调查，查明犯罪窝点，抓捕犯罪嫌疑人，依法严惩。23日，针对发布捐款手机短信趁灾诈骗犯罪地域性强的特点，公安部刑侦局向全国发出《关于近期发布捐款手机短信趁灾诈骗钱财犯罪案件多为地域性职业犯罪群体所为的通报》，要求各地公安机关在打击趁灾诈骗犯罪工作中，要密切掌握地域性犯罪群体动向，及时发现线索，快侦快破。12—30日，武警德阳市支队先后出动40名兵力，配合德阳市公安局对德阳市区进行清理整顿，打击哄抢超市商场、造谣惑众等违法犯罪活动，先后抓获犯罪嫌疑人48名。16日，贵州省威宁彝族回族苗族自治县杨某向重庆市公安机关报案，有人用手机进行诈骗。29日，此案移交重庆市涪陵区公安分局刑侦支队侦办，通过近4天的缜密侦查，于6月2日在丰都县城一出租房内，将2名犯罪嫌疑人抓获。据两人交代，地震发生以后作案4起，其中贵州1起500元、江苏1起4000元、湖北2起3000元。5月23日，武警凉山彝族自治州支队第一中队排长袁一力率10名兵力，在北川羌族自治县擂鼓镇巡逻执勤时，抓获借救灾名义进行盗窃、诈骗活动的犯罪嫌疑人2名，移送公安机关处理。

二　打击盗抢犯罪

5月12日，成都市金牛区公安分局接到报案，汇城商务酒店一旅客在躲避地震时房间内背包被盗，经侦查将犯罪嫌疑人抓获，查获被盗现金和价值千余元的财物。同日晚，成都市新都区公安分局民警在一网吧内抓获3名犯罪嫌疑人。经审查，3名犯罪嫌疑人趁震后混乱，以持刀、殴打等方式，抢走三河核工业机电学校一学生农行卡1张、邮政储蓄卡3张，3名犯罪嫌疑人对犯罪事实供认不讳，还交代了其他抢劫作案30余起的犯罪事实。13日，绵阳市游仙区公安分局抓获盗窃嫌疑人3人。他们利用地震混乱之机，在游仙区阳光路“红狐网吧”内多次盗窃，共盗走价值5000余元的副食品、电脑等物。同日，成都市成华区公安分局接到一群众报案，家中一部笔记本电脑被盗，经民警蹲守，于14日在犯罪嫌疑人家中将其抓获，并现场缴获被盗笔记本电脑。15日3时许，中国电信蓝天公司抗震护线队工作人员刘某在成都市武侯区铁佛村6组巡查时被多人持刀抢劫。接警后，民警迅速出击，循线追踪，于6时许在菜市场抓获两名犯罪嫌疑人。经审查，两人交代伙同他人持刀抢劫的犯罪事实。16日下午，彭州市公安局民警在龙门山镇抗震救灾过程中，现场抓获一名可疑男子，从其随身携带的手提包中搜出高档数码相机、手机、项链等贵重物品。经审查，犯罪嫌疑人交代了趁灾后部分农户家中无人看守之机，疯狂盗窃贵重物品的犯罪事实。17日4时许，郫县公安局民警在执行例行夜间巡逻时，接到有人持刀抢劫的报警后，立即组织追捕，在安靖镇一建筑工地将两名犯罪嫌疑人抓获，追回受害人被抢走的电动自行车。经审查，犯罪嫌疑人交代震后疯狂抢劫作案10余次的犯罪事实。

5月28日，阿坝藏族羌族自治州公安机关驻汶川县映秀镇工作组，在重庆市公安局刑警总队协助下，成功抓获映秀镇中滩堡村一盗窃团伙，缴获软中华、娇子、玉溪等各类香烟20余件，挽回经济损失40余万元。经查，该团伙多次趁灾窜至阿坝烟草公司映秀仓库实施盗窃活动，被冒雨蹲点守候的民警现场抓获。30日10时58分，3名作案人员开着拖拉机在茂县物资公司仓库抢劫物资，其同伙窜入家属区公开入室抢劫。茂县人武部迅速派出10名民兵，赶往物资公司协助公安人员抓捕。20分钟将3名作案人员全部抓获。6月11日晚，理县下孟乡武装部组织民兵通过严密布控，彻夜蹲点守候，一举抓获在该乡虹鳟鱼养殖场盗窃的4名犯罪嫌疑人，并及时移交给公安机关处理。

6月1日10时左右，71352部队联防联治信息员、军医王晓林和战士李永德正在青川县人民医院东墙外执行消毒防疫任务，发现一人正从县人民医院住院部倒塌的围墙口向外搬运一台电视机，随即上前盘问，发现对方神情紧张并慌忙将电视机捆绑于摩托车后座离开。王晓林、李永德立即将其摩托车牌号和体貌特征抄记下来，将此情况报告给青川县刑警大队。警方依据他们提供的线索，迅速将犯罪嫌疑人抓获，缴获被盗物资，并成功破获系列盗窃案。7月1日14时20分，95963部队12名官兵在绵竹市民爆公司执勤时，发现4名形迹可疑人员，遂上前盘问，4人说法不一，并有逃跑迹象，随即对其进行管控，并向绵竹市公安局汉旺分局报告，对其物品进行搜查，发现背包里装有大量古币、戒指、手镯、项链等贵重物品，军警配合将4名犯罪嫌疑人抓获。

抗震救灾期间，德阳市区连续发生数起盗窃帐篷内财物案。市公安局责成刑警支队牵头全力侦破。刑警支队抽调支队二大队、旌阳刑警大队、旌东刑警大队精干力量投入案侦，对全市救灾期间发生的盗窃帐篷内财物案进行汇总、梳理，串并侦查。6月7日中午，经连续数日艰苦工作，专案组侦查员在市区大信通手机商场内抓获犯罪嫌疑人，破获盗窃帐篷内财物案3起。8日9时10分许，德阳市宏达石化公司保卫部人员向公安机关报案称：保卫人员在公司厂区巡逻时抓到一名盗窃电缆线的男子，要求出警。云南援川工作队三大队民警接报后，立即与蓥华派出所民警一同赶往现场，协助派出所民警开展调查取证，使案件得以快速侦破。犯罪嫌疑人供认先后3次到该公司盗窃电缆铜芯线40余公斤。

5月14日15时许，天水市电信局派人到陇南市武都区参加抢险救灾，途经武都区马街镇官堆村加油站附近时，遭到一伙青年殴打并被抢走一条黄金项链。武都区公安分局立即派精干力量赶赴现场调查此案，迅速抓获3名嫌疑人；15日凌晨，在市公安局配合下，抓获另两名犯罪嫌疑人。21日，武都区公安分局刑警大队通过缜密侦查，成功抓获涉嫌盗窃的6名犯罪嫌疑人。经查证，该盗窃团伙自地震后，利用群众在外躲避余震家中无人之际，疯狂作案31起，盗得现金、物品等折合2.69万余元。7月4日8时许，在武都区汉王镇汉王小学承担搭建活动板房的中建二公司张某报称，3日晚至4日凌晨，近200盘活动板房所用的铜线被盗，价值近5万元，致使汉王镇小学及其他学校搭建的活动板房全部停工。武都区公安分局刑警大队立即对现场及周边进行勘查，对城区、汉王等各个收购点进行走访。通过摸排，侦查人员确定了犯罪嫌疑团伙并将其抓获。经突审，犯罪团伙交代了盗窃汉王镇汉王小学活动板房所用铜线的全部犯罪事实。6—7月，武都区公安局共破获系列盗窃电瓶案47起，追回被盗电瓶32台，挽回经济损失2万余元，还破获了一起被骗轿车案件。5月12日至10月14日，陇南市公安机关共破获各类刑事案件 219 起，其中盗窃案 131 起、抢劫案 3 起、抢夺案 1 起、诈骗案 6 起，抓获犯罪嫌疑人 116 名，追回被盗被抢汽车 3 辆、摩托车 24 辆、耕牛 1 头，挽回经济损失 88 万余元。

5 月 15 日夜至 16 日凌晨，宝鸡市陈仓区金山磁材有限公司模具等物资被盗，损失约 2 万余元；17 日 2 时，民警将正在庄稼地里取赃的一名犯罪嫌疑人当场抓获，其他犯罪嫌疑人于 18 日向公安机关投案自首。16 日 9 时许，宝鸡市陈仓区法士特集团公司“抗震救灾募捐箱”捐款被盗。接报后，刑侦大队技术人员立即赶赴案发现场勘验并立案侦查。经过调查摸排，依法传唤嫌疑人，办案民警出示有力证据，犯罪嫌疑人最终交代其先后 3 次从募捐箱中盗窃现金 2.62 万元的犯罪事实。同日，宁强县公安局经侦大队在汉台区明珠小区抓获涉嫌挪用资金犯罪嫌疑人，为代家坝镇中心信用社追回资金 136 万元。27 日，宁强县公安局经缜密侦查，成功破获安乐河乡任家坝村 3 组村民被盗案件，抓获犯罪嫌疑人，追回现金 2.16 万元。29 日，宁强县公安局分别在汉源镇、阳平关镇、大安镇抓获 6 名犯罪嫌疑人，破获宁强外出打工人员连续盗窃中国移动、中国电信通信电缆线案及盗窃摩托车案 12 起。7 月 8 日，宁强县公安局破获汉源、大安、代家坝、胡家坝等镇连续发生的 8 起盗窃中国电信通信电缆案。

5 月 17 日凌晨，重庆市渝中区公安分局七星岗派出所抓获一名涉嫌入室盗窃的犯罪嫌疑人。经审查，此人交代了在渝中区和平路一居民家中盗走一台价值 6000 多元戴尔牌手提电脑、一部价值 2980 元的诺基亚手机及一个手包的犯罪事实。30 日 10 时，95964 部队 2 连在东汽技校执勤点的哨兵发现 3 名可疑人员，哨兵边控制可疑人员，边报告指挥所，并立即与东汽路派出所联系，紧急出动 20 人的小分队，在东汽派出所配合下将 3 名犯罪嫌疑人抓获。

三 打击暴力犯罪

震后，灾区各省公安部门针对抗震救灾特殊形势和特点，对各类暴力犯罪采取高压态势，强化打黑除恶专项斗争，确保灾区治安秩序稳定。5 月 16—17 日，绵阳市公安局以及崇州市、彭州市公安局，破获一起强奸抢劫案和两起强奸案以及命案逃犯、一起持枪敲诈勒索案。甘肃省破获一起爆炸案。陕西省破获“5·29”杀人抢劫案、“7·19”爆炸装置案、咸阳“8·23”杀人案。

5 月 14 日，宁强县公安局查处毛坝河镇大竹坝村 2 组村民，以河道取沙阻挡施工队抢修茅（坪沟）毛（坝河）公路大竹坝段施工案，3 名犯罪嫌疑人被依法刑事拘留。25 日 21 时 50 分，武警安康市支队副参谋长王明峰带领巡逻分队行至市区金州路南段闹市区时，突然听到一名中年妇女尖叫“抢包了”。只见一个 20 多岁的男子怀抱一白色手提包，冲开人群向雷神殿方向跑去。王明峰迅速令第一中队长陈亚明和 3 名战士追缉抢包男子，追至 800 米时将其控制。随后，官兵们将追回的手提包归还给中年妇女，将抢包男子移交给公安民警处理。同日 19 时左右，小金县达维乡武装部接到电话，日隆镇境内发生群体械斗，有犯罪嫌疑人持枪射击，有人被杀伤，10 多名犯罪嫌疑人作案后逃窜至达维乡境内。武装部立刻组织当地民兵和群众协助公安部门实施抓捕。民兵充分发挥熟悉地形优势，与公安、武警一道连夜展开拉网式搜捕，严密封锁各个路

图 296　5 月 28 日，武警部队巡逻人员在都江堰市抓获两名非法持有枪支的贩毒犯罪嫌疑人

（武警部队　提供）

口，当晚抓获 9 名犯罪嫌疑人，于次日 12 时许抓获另外 5 名犯罪嫌疑人。18 日 8 时许，罗江县公安局接到居民刘云兴报案，17 日下午，曾某伙同几名男子驾车到其家中，以合伙做生意为名，持枪勒索其 1 万元钱。由于此案发生在抗震救灾非常时期，加之又是涉枪案件，在受灾群众中造成非常恶劣的影响。县公安局当即成立专案组，于当日 9 时许将准备逃离的 3 名犯罪嫌疑人抓获，现场缴获仿制手枪 1 支、子弹 3 发、弹簧刀 1 把。经突审，3 人对持枪敲诈勒索犯罪事实供认不讳。

5 月 28 日，武警成都指挥学院学员十五队队长邓从强带领 15 名学员，在都江堰市柳河街大药房门前巡逻，发现一辆挂有可疑军用牌照轿车。邓从强和赶来的刑警立即对该车进行搜查，发现车后座上方藏有疑似大麻 10 余克和针管、吸毒管、打火机及其他吸毒用具，巡逻人员将两名犯罪嫌疑人控制，随即扩大周边搜索范围，在治安亭门口发现一黑色塑料袋，内藏有仿 64 式手枪 1 支、子弹 4 发。17 时 30 分，巡逻人员将两名犯罪嫌疑人及相关赃物移交公安机关处理（见图 296）。30 日 22 时 30 分，71117 部队巡查分队正在都江堰市石羊镇临时物资调配站执行任务时，接到一名群众求救，称石羊镇卫星村发生一场抢劫案，被抢群众与持枪抢劫犯之间发生激烈冲突。71117 部队 1 营教导员潘新军迅即带领 65 名官兵赶到现场，协同前来实施抓捕行动的石羊镇派出所所长周朝清等 20 余名公安干警将歹徒制服。同日下午，经跟踪侦察，在绵阳市高新区足球俱乐部广场地棚内，将 1991 年 1 月 14 日在江油市二郎庙青林口电影院门前杀人后潜逃的犯罪嫌疑人抓获。

6月1日上午，平武县锁江羌族乡花桥村平岩社一村民因企图多占救灾物资被村干部拒绝后，扬言要用私藏的土枪和自制火药报复村干部。驻守在平武县响岩镇的71426部队1营2连接到乡政府求助后，连长张强立即挑选3名战士，紧急赶赴现场，协助派出所民警研究对策。严密布局后，战士张二松上前敲开房门，其余官兵紧随其后，协力将其制服。民警在其家中找到0.22公斤炸药、一包钢珠以及一支已压入火药和钢珠的土枪，并按规定予以收缴，避免一起恶性事故的发生。14日9时许，家住什邡市红白镇五桂坪村6组的张辉华到红白镇派出所报案，称其面包车被人砸坏、朋友被打，要求派出所进行处理。接报后，云南援川工作队一大队民警立即协同红白派出所民警出警，在红白镇集市一刚开业的饭店里将3名犯罪嫌疑人抓获，后移交什邡市刑侦大队处理。7月4日11时30分，据有关方面通报，71566部队参谋长齐成喜带50名官兵赶赴向峨乡玻璃厂。到达后，部队边勘察地形、边了解情况、边部署任务，分3个方向实施包围，在4名当地民警的协助下，顺利将15名犯罪嫌疑人制服，并缴获管制刀具5把。经审讯，该犯罪团伙经常在都江堰至向峨乡一带拦路抢劫、持刀杀人，多次偷盗救灾物资，其中5人犯有命案。

6月15日22时30分，武警汉中市支队派出的巡逻人员，在防震避险群众聚集场所巡逻，至桥北广场滨江路时，突然听到有人大喊“抓贼啊，有人抢劫啦”。循声望去，发现前方50米处有两名男子正向西飞跑，其中一男子手提一女式提包。官兵们立即兵分两路进行包抄，将两名犯罪嫌疑人抓获，移交公安机关处理。

7月12日12时许，陇南市武都区角弓镇硝坝子村因发放救灾物资发生矛盾，犯罪嫌疑人杀人后逃离。案发后，武都区公安分局立即赶赴案发现场，当天将犯罪嫌疑人抓获。22日9时20分，71702部队在汶川县银杏乡沙坪关村执勤点巡逻时，一名地方青年前来求助，声称自己受到一名犯罪嫌疑人挟持，危及生命。71702部队迅速将情况上报汶川县驻银杏乡抗震救灾指挥部，并采取多种方式拖延时间，稳住犯罪嫌疑人。地方公安人员到达后，71702部队1营营长曹建民、作训股参谋曹乐文，配合公安干警对持刀在逃盗窃犯吕某实施抓捕，于15时30分将其抓获。

四　打击拐卖儿童犯罪

地震发生后，灾区儿童安全引起中央领导的高度重视。温家宝等领导人相继做出重要批示，确保灾区儿童的人身安全，防止拐卖儿童犯罪发生。6月3日，四川省公安厅与省妇联联合下发《关于切实加强对灾区儿童实施安全保护的通知》，对打击和防范拐卖灾区儿童犯罪工作做出部署，要求切实防止犯罪分子借探视、认领之机拐带、绑架儿童的案件发生，建立快速反应机制，依法从重从快打击，公开宣判处理，以震慑犯罪。

5月16日20时许，江油市公安局接到有人拐卖婴儿的举报后，立即抽调数名精干警力开展侦破工作，一举抓获6名犯罪嫌疑人，安全解救被拐婴儿5名。经查，6名犯罪嫌疑人受他人雇佣从西昌转运被拐婴儿去西安，途中因地震受阻而被抓获。

第五节　转移服刑人员

汶川特大地震发生后，四川省监狱系统的一些监管设施遭到严重破坏，已不具备安全监管条件。为防止发生意外，确保监管安全和服刑人员生命安全，经公安部批准，四川省公安厅、武警四川省总队、省司法厅、省监狱管理局组织服刑人员向安全地区转移。由于监狱大都地处川西高原山区，震后道路状况险恶，沿途余震不断，随时可能爆发泥石流和山体滑坡等险情。在这种情况下，四川监狱管理部门和全省各监狱动员 1.9 万名民警、2800 名狱警、7000 余名职工紧急行动，于 5 月 12 日下午，组织服刑人员采取乘车输送、徒步行进等方式，实施避险转移和跨监转移。至 6 月 4 日，7.7 万余名服刑人员全部被转移到安全地点，没有发生一起事故，创造了中国监狱史上在特大地震灾害的恶劣条件下，服刑人员实施安全大转移和生命大救援的奇迹，充分展示了中国政府对服刑人员的人文关怀与人道主义精神。

一　避险转移服刑人员

万家监狱受地震影响，监狱基础设施严重受损，四川省监狱管理局决定将该监狱 700 名服刑人员转押至相距 35 公里的崇州监狱新监区。武警成都市支队受领任务后，参谋长董斌率第二十二中队 50 名官兵，冒着滚石不断、山体滑坡等危险，徒步穿越山间小路，往返 10 次，步行 700 余公里，圆满完成 700 名在押服刑人员押解任务。

地震使新源监狱第一监管区围墙倒塌长达 450 余米，40 米高的烟囱中段出现 3 道明显裂纹，随时可能在余震中倒塌，严重威胁着管区所有人员的安全。新源监狱党委当机立断，迅速组织民警在两小时内安全有序地将第一监管区 453 名服刑人员分批次紧急押解转移至 3 公里外的第二监管区关押安置。

崇州监狱老基地处于龙门山脉地震断裂带上。地震发生后，民警职工不顾个人安危，紧急组织服刑人员安全撤离。监狱医院监区年近六旬的管教民警李代良冲进病房，在短短两分钟内，连续打开医院大门、服刑病员监舍楼门和 6 个监舍门的 12 把锁，将在住院的 11 名服刑病员和医院 6 名从事医疗勤杂工种的服刑人员共 17 人全部疏散出来。为了抢时间，李代良背起住院的一位藏族服刑病员冲了出去。二分监区分监区长秦先学在 10 分钟内，带领民警将 126 名老、残服刑人员一个不漏、一个没伤地安全撤离危险地带。七监区民警张径成功组织 113 名服刑人员通过狭长通道逃生，被百万网民誉为“特殊的生命指挥员”。704 名服刑人员和 400 余名民警职工刚刚转移到安全地带，崇州监狱老监区的 3 栋房屋便轰然倒塌，上千名监区人员逃过一劫。

服刑人员虽被临时撤离安置，但由于临时安置点地处峡谷之间，在余震不断和暴雨冲刷下，那里随时可能爆发泥石流和山体滑坡，且文锦江上游已有堰塞湖形成，随时可能溃坝决堤。监狱长任卫新与武警成都支队参谋长董斌召开现场紧急会议，决定尽快将 704 名服刑人员紧急转移到新监狱关押。5 月 13 日 5 时，将转移方案电传四川省司法厅和省监狱管理局，司法厅、监狱管理局党委迅速研究并及时批复同意实施。5 时 30 分，受领转运任务的 40 余名民警冒着大雨准时集结，任卫新在雨中作动员讲话，强调这是一次“生命大转移”，必须确保监管安全、服刑人员生命安全和民警自身安全。司法厅副厅长江金河，与监狱管理局纪委书记张碧贵冒雨赶到崇州监狱，现场指挥“5·13”服刑人员紧急大转移行动。从山上老基地到崇州新监狱路程约 40 公里，而必经的尖尖山路段严重塌方，车辆和人员无法通行，必须步行绕道翻过塌方处 2.2 公里的山坡才能乘车。当时大雨未停，余震不断，山体垮塌严重，翻山的路又陡又滑，往返一趟至少需要 80 分钟，转移队伍只能缓慢行进。被转移的 704 名服刑人员中，有一些病犯、老残犯和反改造服刑人员，监管压力极大。虽然监狱领导和民警们已一天一夜未合过眼，体力透支，身心疲惫，但为了争分夺秒，确保转移行动安全稳定，民警没有一丝一毫松懈，不停地在这段险路上来回奔波，监管押送着每一名服刑人员到达转移地点。21 时，历时 15 小时，704 名服刑人员大转移行动获得成功。

二　跨监转移服刑人员

为确保对服刑人员的监管安全，需要对自贡监狱的服刑人员进行跨监转移。转移行动实施前，自贡监狱首先与四川省公安厅、武警四川省总队、四川省高速公路管理局和自贡市委政法委协调，通报此次行动的主要目的、行动时间和行动路线。5 月 28 日下午，四川省监狱管理局局长刘志诚召开由自贡监狱、川西监狱、武警自贡市支队参加的服刑人员转移行动预备会。会议听取 3 个单位详细的工作方案、各项准备工作的进展情况以及需要调解决的问题，明确工作职责与任务，并通过实地勘察地形，细化服刑人员集结时间、地点、检查人员、上车交接、责任划分、车辆摆放、行车顺序、通信联络、危机处理等具体问题。29 日 7 时 30 分，自贡监狱开始组织服刑人员装运行李物品；8 时整，安排服刑人员上车并交接；9 时，行动车队按既定行车顺序驶离自贡监狱。途中，公安交警、高速公路管理部门连续出动警力警戒，及时反馈车队行进情况。12 时 30 分，押解自贡监狱 650 名服刑人员的车队抵达川西监狱，实现无服刑人员脱逃闹事、无监管安全事故发生的预定目标。

6 月 2 日 6 时 30 分，蓬安监狱需要转移的服刑人员集中整队准备转移。由于蓬安监狱外居民区、学校人员复杂，道路狭窄，押解车辆不能进入监狱等情况，必须用中型车辆把服刑人员转运到押解车上。蓬安监狱民警和武警部队对监狱外围严密警戒，保证服刑人员安全转运。8 时 30 分，转移车队向南充市监狱进发。转移押解途中，南充市公安交警沿途实施交通管制，全程开道护送。因 6 号押解车辆两次出现故障，遂将 6 号车上的 40 名服刑人员换乘到备用车上，保证转移押解车队正常行进。10 时 50 分，转移车队安全抵达南充市监狱。此次转移行动共出动警戒车、运输车等车辆 35 辆，出动民警 100 余人、武警 120 人。

6 月 3 日，武警四川省总队副参谋长郑启雄率广元市支队 60 名官兵，配合监狱干警从广元监狱出发，经剑阁、绵阳、德阳，将 300 名服刑人员转移至成都新源监狱关押（见图 297）。9 日，武警广元市支队第二大队大队长刘彬率领 50 名官兵，配合广元监狱 80 余名干警将 320 名服刑人

图297　6月3日，武警官兵协助押解转移广元监狱服刑人员
（武警部队　提供）

员分别转移至广元监狱一、四、五监区等处关押。

川中监狱服刑人员数量多、重刑犯多，转移行动难度大。四川省司法厅、省监狱管理局深入研究细化转移行动方案，重点加强嘉陵江大桥安全保卫措施。6月4上午，四川省司法厅副厅长江金河和省监狱管理局局长刘志诚到达现场指挥押解行动。为防止服刑人员中暑、突发疾病及其他监管安全事故，对服刑人员上车地点做出相应调整。13时25分，押解车队从川中监狱出发，共出动警戒车、武装警戒车、押解运输车、武装巡逻车等45辆，押解民警130余人。武警南充市支队派出120名武警官兵、2辆武装警戒车和1辆指挥车全程参与武装押运。南充嘉陵江大桥全长1300米，是押解车辆的必经之路。为防止过桥时发生服刑人员强行破窗、跳河脱逃、劫持人质等恶性事件，监狱民警和武警官兵50人提前布控，对大桥道路两边实施封锁，保证转移押解车队安全通过大桥。13时50分，600名服刑人员被安全转移到嘉陵监狱。

专记　阿坝监狱服刑人员“千里大转移”

汶川特大地震发生后，阿坝监狱一度成为地震“孤岛”，监狱监管设施严重损毁，已不具备监管改造的基本条件。监狱所处的位置山体破损严重，飞石不断滚落，山体滑坡和泥石流等次生灾害随时可能暴发，巨大的险情时刻威胁着山下民警职工和服刑人员的生命安全。因余震不断，服刑人员担心生命安全，期盼尽快被转移到安全地带。重灾区籍服刑人员担心家庭变故和灾后家庭重建问题，情绪波动。部分服刑人员出现强迫性重复记忆、失眠、恐惧、臆想等症状。由于监管条件差，所有服刑人员住在简易帐篷里，无法在空间上形成物理隔离；2197名服刑人员生活、居住在5个狭小地带，加之活动区域狭窄，棚内气温高，服刑人员情绪焦虑烦躁，且容易形成已有疾病的交叉感染和灾后疾病暴发流行，疫情防控困难。此外，监狱关押功能丧失，民警不仅要灾后自救，更要确保监管安全，昼夜工作在监管现场，出现了身体及心理疲劳。四川省监狱管理局抗震救灾指挥部在认真分析阿坝监狱面临的险情和监管压力后，及时向司法部及四川省委、省政府、省司法厅报告险情和应对措施。在司法部和省委、省政府的支持下，果断决定对阿坝监狱服刑人员实行应急避险转移。6 月 5 日，阿坝监狱制订应急避险行动方案，四川省司法厅厅长刘作明提出“立足抢运、蚂蚁搬家、全部转移、分段实施”的 12 字工作方针。

服刑人员“千里大转移”的组织与准备 在司法部及四川省委省政府和省司法厅党委领导下，省监狱管理局与阿坝藏族羌族自治州委、州政府，武警四川省总队，省公安厅，省交警总队，省交通厅运管局，省公路局，省气象局，省地震局，茂县县委、县政府，松潘县委、县政府联合成立“千里大转移”应急避险行动总指挥部（以下简称“千里大转移”总指挥部），由省监狱管理局局长刘志诚任总指挥长，武警四川省总队参谋长郑启雄、省公安厅指挥中心主任张伟等任副总指挥长。（参见图 298 ～ 299）

6 月 11 日，“千里大转移”总指挥部第一次协调会议在四川省监狱管理局召开。会议由总指挥长刘志诚主持，省武警总队、省交警总队、成（都）雅（安）高速安全处等部门领导参加会

8批服刑人员转移情况

批次	从阿坝监狱出发时间	从松潘中转站出发时间	到达目的地时间	人数（人）
1	6月16日6时	16日9时30分	17日1时35分到雅安	180
2	6月17日5时30分	17日9时	17日21时40分到崇州	180
3	6月18日5时30分	18日8时30分	19日2时30分到崇州	270
4	6月19日5时30分	19日8时35分	19日22时35分到雅安	270
5	6月20日5时30分	20日8时30分	20日21时10分到崇州	270
6	6月21日5时29分	21日8时34分	21日22时30分到崇州	270
7	6月22日5时30分	22日8时40分	22日22时46分到崇州	280
8	6月23日5时		23日22时20分到甘孜	180

图 298　阿坝监狱服刑人员转移路线图

图299　6月16日，“千里大转移”总指挥部成员研究转移行动实施方案
（司法部　提供）

议。会议对“千里大转移”行动的总体部署、押解方案、突发事件应急处置预案等进行详细研究论证。武警、公安、交通运管、公路等成员单位对方案涉及路线、时间、车辆及人员安排等提出可行性意见及建议。刘志诚提出“务必加强领导，高度重视；务必顾全大局，加强协调；务必明确责任，细化方案；务必严肃纪律，政令畅通；务必严格管理，确保安全；务必树立形象，深度宣传”的6个“务必”和整个行动必须做到确保方案切实可行、确保不发生一起安全事故、确保不发生一名服刑人员脱逃、确保不发生枪支弹药管理事故的4个“确保”的总体要求。指挥部决定在茂县、松潘、平武、名山、青川、崇州分别建立食宿、加油、加水6个战时补给站，保持24小时通信畅通。

6月14日7时30分，“千里大转移”总指挥部全体成员67人冒雨从成都出发，绕道绵阳、江油、平武、黄龙等地，在交通、交警等部门的大力支持配合下，于当日21时安全到达松潘。15日7时，刘志诚率“千里大转移”总指挥部人员从松潘出发，于10时左右到达阿坝监狱，并立即进入监区，检查服刑人员露宿区、医疗点、临时食堂、帐篷办公区，查看受损监舍、民警住房，看望慰问地震发生以来一直战斗在监狱一线的民警和武警官兵。14时，“千里大转移”总指挥部在茂县县委、县政府抗震救灾指挥部召开协调会议。阿坝藏族羌族自治州州委常委张万平、茂县县委书记尼玛木及副书记石玉辉、副县长巴黎等参加会议。会议就“千里大转移”的实施方案、有关准备情况、沿途各县的配合协助，以及线路考察、交通、油料保障等问题进行研究，明确分工。

由于连日阵雨，余震不断，转移行动又要穿越地震重灾地区，必须从中选择相对最安全的线路，尽最大可能降低风险。6月15日深夜，刘志诚及“千里大转移”总指挥部成员在听取广元监狱勘查线路的情况汇报后，与四川省交通厅、省交警总队、阿坝藏族羌族自治州州委州政府等部门紧急磋商并征求意见后认为，由于总体方案经由绵阳、江油、平武到松潘的押解路线部分路段严重受损，多处出现山体滑坡、泥石流，平武县南坝镇应急便桥受洪水冲击成为危桥，虽正在抢修但无法确保押解车队安全通行。因此，决定更改转移路线为从松潘经平武、青川、金子山、绵广高速、成绵高速、成雅高速到达雅安监狱。

服刑人员“千里大转移”的实施 6月16日5时，阿坝监狱对首批180名大转移服刑人员进行分批检查后，在武警武装看押下组织上车。6时，180名服刑人员全部进入运输车，押解民警和武警准备就绪。在举行简短出发仪式后，随着总指挥长刘志诚一声令下，首批服刑人员转移行动正式展开。在茂县到松潘的沿途，当地公安、交警、公路等部门已预先进行交通管制和道路清障，特别是在危险路段还设置观察员，为押解车队顺利机动提供有力保障。9时，首批转移服刑人员在松潘中转站与雅安监狱交接。9时30分，省监狱管理局副局长、副指挥长游柱石率第一押解组迅即启程，向雅安进发。押解组在翻越海拔近4200米的雪山梁时，部分服刑人员出现高山反应，个别服刑人员晕车现象加剧，押解组医务人员对其及时进行治疗。到达青川时，由于加油站水压不足，押运车辆无法加水，总指挥部设在青川的中途补给站立即联系消防部门，开来消防车解决了加水问题。在沿途各地交警和道路管理等部门大力支持下，首批押解组一路顺畅，按照总指挥部确定的押解路线，180名服刑人员经由平武、青川、绵广高速金子山出口，于17日1时35分抵达雅安监狱接收点，成功完成首批押解任务。

首批押解组出发后，“千里大转移”总指挥部随即召开会议进行研究总结，刘志诚要求进一步细化押解方案，增加应急预案，严把押解各个环节，提高押解处置能力，特别是人员检查环节、行李集中环节、防晕车环节、防高山缺氧环节、防病环节、车辆安全检测环节等，并安排押解车队马上购置氧气瓶，保证每辆运输车配置15瓶；同时，每个押解组再增加两名医务人员，增加一台医疗车，确保转移途中服刑人员发病紧急治疗需要。6月16日7时30分，四川省监狱管理局副局长、副指挥长肖乾华率第二押解组从成都出发，经金子山—凉水—青川—平武，于20时40分抵达对接点松潘。随后，刘志诚连夜主持召开会议，对押解路线、加油加水补给点设置、次日交接方案等进行研究。17日晨，茂县公路局全员到危险路段蹲点监控，清障保通，确保押解车队安全通过。5时30分，阿坝监狱第二批180名服刑人员押解出发，于8时45分到达松潘。由于优化了方案，两组12辆运输车一对一对接，整个点名、检查、交接过程一气呵成，仅用15分钟时间，第二押解组车队9时整准时出发。在翻越雪山梁时，部分服刑人员出现高山反应及晕车现象，两名服刑人员心脏病发作，医疗组医生立即上车及时救治。（参见图300）同时，通过车载电台向全体服刑人员再次讲解高山反应防治常识，稳定服刑人员情绪。在采取必要救护措施后，发病服刑人员的情况得以好转。16时许，6号运输车驾驶员在途中得到母亲去世的消息，肖乾华代表“千里大转移”总指挥部当即对其进行慰问并发给慰问金，使各车驾驶员深受感动，纷纷表示一定尽力做好工作，确保转移行动顺利完成。21时40分，在沿路公安交警、高速公路管理部门的大力支持配合下，押解车队提前抵达目的地崇州监狱，也为“安全、有序、高效”地进行下一步押解任务提供了经验。

经指挥部研究决定，从第三批开始每批增加转移90名服刑人员，并在原计划6批次押解转移的基础上再增加两批转移任务，把阿坝监狱所有能转移的服刑人员全部送出重灾区。6月17日晚，针对松潘经黄龙到平武的道路出现严重险情的新情况，刘志诚连夜召集“千里大转移”总指挥部开会研究，再次调整押解路线，决定从松潘绕道九寨沟，避开危险路段进入平武、青川，经

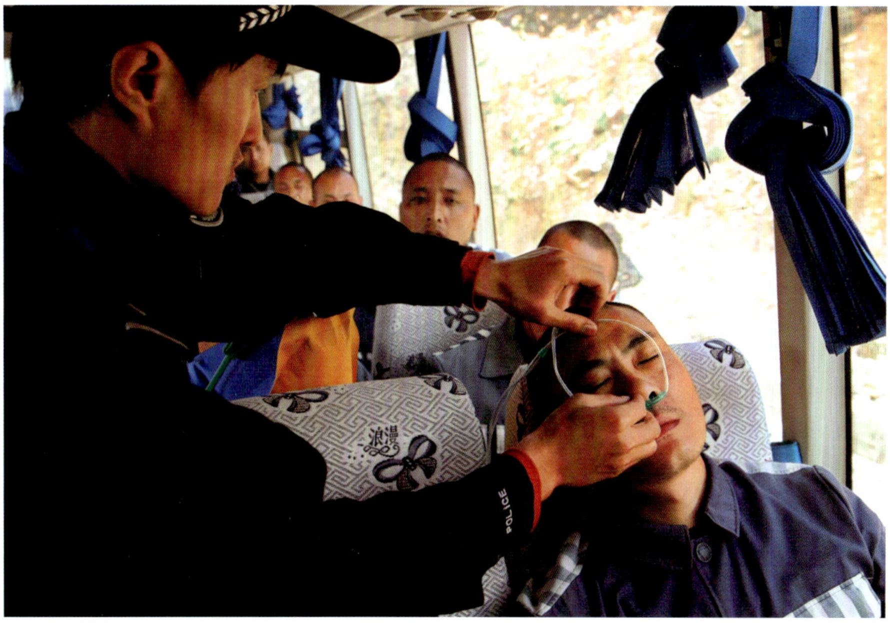

图300 6月17日，“千里大转移”行动中，医疗组在车上抢救心脏病发作服刑人员
（司法部 提供）

金子山上高速公路押往崇州监狱。线路变更后路途增加110公里，押解任务更为艰巨；随即通报阿坝藏族羌族自治州委、四川省交警总队和各押解组。张万平立即对沿途的九寨沟、松潘和茂县提出要全力确保押解车队安全、顺利通过的要求。由于九寨沟县在线路变更后成为押解必经重点县份，九寨沟县委、县政府立即召开紧急会议，对开道、交通控制、道路清障等做出详细安排，并落实到相关部门，做好充分准备。阿坝监狱认真总结前两批的经验，充分准备、提前行动，于18日5时30分即集结完毕、出发，8时20分到达松潘交接点。经过10分钟有条不紊的对接转移，8时30分，四川省监狱管理局副局长、副指挥长赵小维率队出发。由于线路延长、路况复杂、押解服刑人员增加，总指挥部决定加强对押解组的领导，派四川省监狱管理局纪委书记、副指挥长张碧贵护送车队到达平武。赵小维高原反应强烈，仍坚持带病出征。在克服道路艰险、运输车辆抛锚、个别服刑人员心情紧张出现不良反应等重重困难后，押解组平安通过余震频发的平武、青川后转上高速公路，经18小时长途跋涉，于19日2时30分，将270名服刑人员全部平安押解到崇州监狱。

第一押解组将首批180名服刑人员押解至雅安监狱后，又承担第四批的转移押解任务。按照新增3辆运输车、90名服刑人员的要求，游柱石重新编制押解方案。6月18日7时30分，率押解车队从雅安监狱出发，经成（都）雅（安）高速、成（都）绵（阳）高速、金子山、青川、平武、黄龙，于19日凌晨到达松潘县对接点。在夜间途经平（武）松（潘）线小河乡滑坡危险地段时，开道车先行指挥，使用探照灯警戒，各车辆逐一安全通过。19日5时30分，阿坝监狱押解组出发赶赴松潘，在两河口、石大关、十里铺等路段，多处发生塌方、泥石流险情。在每个险情地段，监狱长刘国民都冒着生命危险下车指挥车辆通过。8时25分，阿坝监狱押解组车队安全到达松潘对接点，在紧张、有序、高效地完成服刑人员交接后，第一押解组于8时35分出发。（参见图301）为鼓舞参战官兵和驾驶人员斗志，分散服刑人员注意力，缓解紧张情绪，减轻高原反应，第一押解组特别从成都女子监狱、雷马屏监狱抽调两名女警组成战地宣传队。车行途中，

图301 6月19日，“千里大转移”服刑人员在松潘中转站转移交接现场
（司法部 提供）

宣传队员不断发动领导、民警、武警和服刑人员通过车载台拉歌，为大家加油鼓劲，起到良好效果。（参见图302）19日22时35分，在沿途各地公安交警和道路管理等部门的大力支持下，经14小时长途押解，将第四批270名服刑人员安全押解至雅安监狱。至此，已成功转移900名阿坝监狱服刑人员，实现“时间过半、任务过半”的目标。

6月19日6时40分，第二押解组在完成第二批服刑人员转移押解任务后从崇州出发，又马不停蹄地赶赴松潘总指挥部交接点。10时40分，车队行至青川县酒家垭隧道口陡坡上，遇一辆大货车路中抛锚。肖乾华当机立断，立即组织押解组民警、武警等100多警力，将抛锚车辆推上陡坡，用最短时间疏通道路，使押解车队迅速通过的同时，大批被堵车辆也得以顺利通过，不仅为押解行动争取了时间，也为各类抗震救灾车辆疏通了道路。20日5时30分，为给长途押解组争取更多的白天押解时间，阿坝监狱押解组一路快速推进，于8时20分顺利到达松潘交接点。8时30分，经10分钟交接后，第二押解组押解第五批270名服刑人员出发。途中，肖乾华向所有参战人员宣读四川省监狱管理局党委发来的慰问信，参战人员听后精神倍增，士气高涨，车队快速、有序前进。21时10分，第二押解组押解第五批服刑人员平安抵达崇州监狱。

图302 6月19日，女警宣传队员在“千里大转移”押解转移途中积极开展宣传鼓动工作
（司法部 提供）

6月21日5时29分，阿坝监狱第三押解组从阿坝出发，于8时25分到达松潘对接点。8时34分，在赵小维的率领下，经短暂交接后，押解第六批270名服刑人员，从松潘出发前往崇州监狱。由于准备充分，

高山反应和晕车现象得到有效控制，车队顺利翻过雪山梁。在途经平武县水晶镇上坡路段时，11号车刹车失灵，备用车车胎爆裂，赵小维迅速组织随车修理人员紧急排险，确保车队车辆正常运行。一路上，押解车队得到各地公安、交警、路管等部门的大力配合，平安通过平武、青川等余震频发路段，于22时30分安全到达崇州监狱。当晚，按照总指挥部指示，第三押解组在崇州举行授旗仪式，赵小维代表总指挥部向承担第六批押解任务的武警乐山市支队、亚细亚汽车运输公司授予锦旗。

6月22日5时30分，阿坝监狱押解组押解第七批280名转移服刑人员出发，于8时28分到达松潘对接点。8时40分，完成交接后，刘志诚下达出发命令，押解车队驶离松潘县城。由于这批转移的许多服刑人员在身体健康上都存在一定问题，指挥部专门从金堂监狱抽调救护车和专人参加第七批押解行动。在翻越雪山时，部分服刑人员严重的高原反应让医生们非常忙碌，还有几个服刑人员出现小便无法排出的问题，医护人员积极采取有效措施，为服刑人员导尿、服药，避免危险情况发生。由于平武县南坝镇交通仍然不畅，车队只好绕道青川县。在青川至金子山路段，弯道多，视线差，山体滑坡严重，刘志诚果断命令车队拉开车距、减速行驶。（参见图303）命令下达不到10分钟，突然一阵巨响，距总指挥车不足30米处，山体垮塌，一块巨石飞滚而下，刘志诚立即安排避险，稍事停顿，迅速带领车队通过危险地带。为消除参战人员连续长途押解的疲劳，保持良好的精神状态，也为了稳定押解服刑人员的情绪，第一押解组专门成立的战地宣传队，利用对讲机、用歌声宽慰和鼓励已经连续战斗7天的战友。押解车队途经10个市、县，行程近700公里，于22时46分胜利抵达崇州监狱，圆满完成第七批次转移服刑

图303 6月22日，为确保安全，“千里大转移”押运车队拉开距离减速前行

（司法部 提供）

人员押解任务。

6月22日，为了确保最后一批押解行动顺利进行，张碧贵赶赴阿坝监狱召开第八批次押解行动动员大会。针对第八批押解路途遥远、路况艰险、穿越藏区、情况复杂，特别是参战人员长期连续作战出现疲劳现象等问题，张碧贵强调，要高度重视，精心准备，全力确保行动圆满成功；要深化教育，稳定犯情，加强耳目和互监小组建设，发现苗头，及时疏导，同时对尚未转移的服刑人员要做好管理，确保不出任何监管事故；要周密组织，落实职责，所有人员必须坚决服从指挥，严格遵守纪律；要有序推进，一气呵成；途中除道路险情、加水、加油外，一律不安排停靠；要做好交接，善始善终，确保不发生意外。23日5时，押解车队准时从阿坝监狱出发。阿坝藏族羌族自治州委、州政府和甘孜藏族自治州州委、州政府高度重视，大力支持，安排沿途各县出动大量公安、交警、路政等人员，为车队顺利前进提供有力保障。按预定路线，押解车队顺利经过茂县、黑水、马尔康、金川进入甘孜藏族自治州，再从丹巴、八美、塔公到新都桥。22时20分，第八批180名服刑人员平安到达甘孜监狱。

阿坝监狱服刑人员“千里大转移”应急避险行动历时10天，先后6次更改押解路线，途经重灾地区腹地和高原山区，累计行程1.35万公里，途径7个市（州）、16个县（市）；参战民警、武警官兵、公安交警、驾驶人员和公路抢通保通人员等11893人次，出动各种车辆1583台次。通过精心组织、周密部署，全体参战人员不畏艰险、连续奋战，尤其是四川省级各部门和地方党委政府紧密配合、特事特办、全力护航，形成“统一指挥、部门联动、地方配合、安全高效”的联动机制，成功转移到雅安监狱2批次450人，转移到崇州监狱5批次1270人，转移到甘孜监狱180人。全狱2197名服刑人员，除按预定方案297名青壮服刑人员留守监狱，其余1900名服刑人员全部安全转移。

“千里大转移”阿坝监狱服刑人员应急避险行动取得无一起服刑人员脱逃、无一起服刑人员人身安全事故、无一起交通安全事故、无一起枪支弹药管理事故、无一起重大失泄密事件的巨大成功，确保了服刑人员生命安全和监狱的安全稳定。7月22日下午，四川省委维护社会稳定领导小组在成都召开四川省“千里大转移”阿坝监狱服刑人员应急避险行动总结表彰大会。四川省委常委、省委政法委书记王怀臣在讲话中指出，“千里大转移”行动是新中国成立以来，四川省监狱涉及面最广、转移数量最大、转移时间最紧、动用警力最多的集中统一行动，是一次应急处置的成功典范，为大范围转移人员、紧急避险工作积累了宝贵经验。

编纂始末

2009年1月6日，根据《汶川特大地震抗震救灾志》编纂委员会（以下简称全志编委会）的部署，经中央军委批准，由解放军四总部、各军区、军兵种，军事科学院、武警总部，以及国家相关部、委、局等领导和机关部门组成《汶川特大地震抗震救灾志 · 抢险救灾志》（以下简称《抢险救灾志》）编纂委员会，由总参作战部和军事科学院牵头，组织协调解放军、武警部队和国家相关部、委、局及受灾省（区、市），共同编纂《抢险救灾志》。总参作战部和军事科学院受领任务后，立即以全军军事志指导小组办公室为基础，成立《抢险救灾志》编纂委员会办公室，全面部署《抢险救灾志》编纂工作。在全志编委会和《抢险救灾志》编委会的指导下，解放军各总部、各军区、各军兵种，武警部队和国家相关部、委、局以及受灾省（市），分别成立相应领导小组，专门抽调人员，展开广泛的资料收集和志稿编写工作。

2009年2月17日，《抢险救灾志》编委会办公室组织人员开始研究制订《抢险救灾志》篇目。篇目初步拟定后，经向有关参编单位征求意见和4次修改，由全志编委会审改备案，下发各参编单位，作为资料收集和资料长编编写的依据。4月26—28日，《抢险救灾志》编委会办公室在成都举行业务骨干培训，来自全军、武警部队、灾区省市和国家各部、委、局的80余名代表参加。至2010年2月底，各参编单位先后上报资料2000余万字，办公室按照6个方面的内容进行初步归纳分类，形成《抢险救灾志》资料专辑。2010年5月15日，编委会办公室召开编纂工作会议，组织编纂人员和有关专家讨论研究编纂的指导思想、撰稿原则、人员分工等问题，编纂工作全面展开。2011年3月，初稿总纂完成，送交有关专家和各参编单位广泛征求意见，编委会办公室又多次组织编纂人员集中进行修改，六易其稿，先后于2011年9月、2012年6月通过了初审、复审，基本完成志书编纂工作。

《抢险救灾志》编纂过程中，全体编纂人员在编委会办公室的组织领导下，本着对历史高度负责的使命感和责任感，至诚尽智，殚精竭虑，全身心地投入到工作之中，夜以继日地对入志资料进行甄别提炼、增删修改，全面审查志书的政治、史实、体例、保密、涉外问题，反复核查、比对相关数字。编纂人员还深入灾区现场踏勘、搜集整理、考证核实相关资料，他们在一个个感天动地的事迹面前掩面落泪，把一件件鲜为人知的史实凝聚笔端，以打造精品佳志为目标，告慰英灵、激励后人，为志书的出版付出了艰辛劳动。

《抢险救灾志》第一篇由邹达开编纂，第二篇由谭开先、孙志彦编纂，第三篇由王玉杰、李新民、王立功、唐晓柯编纂，第四篇由孙生玉编纂，第五篇由孙成行编纂，第六篇由渠鸿章、段育达编纂。

主要参编单位有中宣部、教育部、工业和信息化部、公安部、司法部、交通运输部、铁道部、水利部、农业部、卫生部、人民银行、国资委、质检总局、广电总局、安全监管总局、旅游局、地震局、电监会、国家电网公司、国防科工局、测绘局、民航局、邮政局、税务总局、气象局、全国总工会、中国红十字会、四川省、甘肃省、陕西省、总参办公厅、总参作战部、总参作战部气象局、总参军训和兵种部、总参通信部、总参军务部、总参二部、总参三部、总参动员部、总政办公厅、总后司令部、总装司令部、总装综合计划部、海军司令部、空军司令部、第二炮兵司令部、成都军区、济南军区、兰州军区、广州军区、北京军区、沈阳军区、南京军区、甘肃省军区、四川省军区、武警部队司令部等。

《抢险救灾志》在编纂中得到了全志编委会办公室和赵庚奇、段育达等专家的帮助指导。专家齐家璐全程跟踪指导，为志书修改完善做出了重要贡献。国务院应急办、总参作战部、军事科学院战争理论和战略研究部领导，成都军区、济南军区机关对该志成书予以有力协助。总参测绘局和北京军区测绘大队对本志地图示意图进行了制作。在此，谨对上述单位、领导和专家，以及所有参编单位、提供资料人员和关心支持这部志书编纂的其他领导、专家表示诚挚的感谢。

《抢险救灾志》重点记述四川、甘肃、陕西三省灾区，特别是四川省极重灾区和重灾区的抢险救灾行动，对一般灾区记述较少。志中涉及部门、行业、人员较多，救灾行动复杂，任务调整频繁，搜集的资料尚不完整系统，可能有诸多缺陷；因保密问题，有些资料不能入志，也在一定程度上造成记述内容的缺憾，加之编者的政治理论水平和文字能力所限，会存在疏漏和错识之处，恳望各界专家学者、广大读者提出批评意见。

《汶川特大地震抗震救灾志·抢险救灾志》
编纂委员会办公室
二〇一三年二月

汶川特大地震抗震救灾志　卷五　抢险救灾志

编　　者：《汶川特大地震抗震救灾志》编纂委员会
责任编辑：冯　松

出 版 人：冀祥德
出 版 者：方志出版社
地址　北京市朝阳区潘家园东里 9 号（国家方志馆 4 层）
邮编　100021
网址　http://www.fzph.org
发　　行：方志出版社发行中心
电话　（010）67110500
经　　销：各地新华书店
设　　计：北京古涧文化艺术传播有限公司
排　　版：北京中文天地文化艺术有限公司
印　　刷：北京华联印刷有限公司

开　　本：889 × 1194　1/16
印　　张：57.5
字　　数：1468 千字
版　　次：2015 年 8 月第 1 版　2015 年 8 月第 1 次印刷
印　　数：0001 ～ 5000 册

ISBN　978-7-5144-1223-9　　定价：998.00 元
审 图 号：川 S（2015）15 号